GARRISON
원가관리회계
MANAGERIAL ACCOUNTING

17TH EDITION

MANAGERIAL ACCOUNTING | 17TH EDITION

GARRISON 원가관리회계

김우영 · 고창열 · 박삼복 · 이은철 · 정경철 옮김

GARRISON
NOREEN
BREWER

McGraw Hill

MEDIA JIPHIL (주)지필미디어

Managerial Accounting, 17th Edition

1 2 3 4 5 6 7 8 9 10 JP 20 21

Original: Managerial Accounting, 17th Edition © 2021
By Peter C. Brewer, Ray H. Garrison, Eric W. Noreen
ISBN 978-1-260-24778-7

This authorized Korean translation edition is published by Jiphil Media in arrangement with McGraw-Hill Education Korea, Ltd. This edition is authorized for sale in the Republic of Korea.

This book is exclusively distributed by Jiphil Media.

When ordering this title, please use ISBN 979-11-86674-83-3 (93320)
Printed in Korea

GARRISON
원가관리회계 17TH EDITION
MANAGERIAL ACCOUNTING

발 행 일	2021년 8월 31일
저 자	Peter C. Brewer, Ray H. Garrison, Eric W. Noreen
역 자	김우영, 고창열, 박삼복, 이은철, 정경철
발 행 인	김성남
발 행 처	(주)지필미디어
주 소	경기도 파주시 문발로 115 세종벤처타운 404호
전 화	(031) 957-4504
팩 스	(031) 957-4503
이 메 일	book@jiphil.co.kr
홈페이지	www.jiphil.co.kr
등록번호	제 312-1997-000043호 (1997년 7월 16일)
I S B N	979-11-86674-83-3 93320
편 집	(주)아작
정 가	40,000원

About the Authors 저자 소개

Ray H. Garrison

Garrison 교수는 Brigham Young University에 명예교수로 재직 중이다. Brigham Young University에서 학사, 석사를 마치고 Indiana University에서 경영학 박사 학위를 취득했다. 공인회계사로서 대형회계법인과 함께 경영컨설팅에도 참여하였다. *The Accounting Review*, *Management Accounting* 등의 저널에 다수의 논문을 게재하였다. 강의실에서의 혁신적인 강의를 통해 Brigham Young University에서 우수강의상(Karl G. Maeser Distinguished Teaching Award)을 수여받기도 하였다.

Eric W. Noreen

Noreen 교수는 프랑스의 INSEAD, 홍콩과학기술대학교 등 세계 각지에서 강의를 해 왔으며 University of Washington의 명예교수이다. 현재 Temple University의 Fox 경영대학의 회계학 교수로 재직 중이다. 그는 University of Washington에서 학사를 마치고 Stanford University에서 MBA과정을 마치고 박사 학위를 취득했다. 공인관리회계사로서 공인관리회계사협회(ICMA)로부터 상을 받기도 했다.

Noreen 교수는 The Accounting Review, Journal of Accounting and Economics의 편집위원으로 활약하고 있으며 *Journal of Accounting Research*; *The Accounting Review; Journal of Accounting and Economics; Accounting Horizons; Accounting, Organizations and Society; Contemporary Accounting Research; the Journal of Management Accounting Research*와 *Review of Accounting Studies*등의 저널에 많은 논문을 게재했다. Noreen 교수는 우수강의상도 수차례 수상하였다.

Peter C. Brewer

Brewer는 Wake Forest University에서 강의하고 있으며 이전에는 Miami University의 회계학과 교수로 재직했었다. Penn State University에서 학사 학위, University of Virginia에서 석사학위, 그리고 University of Tennessee에서 박사학위를 취득하였다. *Management Accounting Research, Journal of Information System, Cost Management, Strategic Finance, Journal of Accountancy, Issues in Accounting Education*과 *Journal of Business Logistics* 등의 저널에 40편의 논문을 게재하였다.

Brewer 교수는 *Issues of Accounting Education*과 *Journal of Accounting Education*의 편집위원이기도 하다. 그의 논문인 "Putting Strategy into the Balanced Scorecard"는 2003년 International Federation of Accountants's Article로 선정되었으며, "Using Six Sigma to Improve the Finance Function"과 "Lean Accounting: What's It All About?"은 2005년과 2006년에 IMA(Institute of Management Accountants)의 Lybrand 금메달과 은메달을 수상하였다. 또한 Miami University의 Richard T. Farmer경영대학에서 최고의 강의상을 수상하기도 했다.

Miami University에 재직하기 전에는 Touche Ross에서 감사를 했었고, Presbyterian Church의 내부감사로 일하기도 했다.

About the Translators 역자 소개

김우영

한양대학교 경영학박사, 공인회계사, 세무사
현) 동덕여자대학교 경영학과 교수
전) SK네트웍스 인사팀 과장, 재정회계법인, 새빛회계법인 근무

동덕여대에서 회계원리, 원가및관리회계, 세법개론, 세무회계를 강의하고 있음

고창열

한양대학교 경영학박사
현) 제주대학교 회계학과 교수
전) 한국외환은행, 정보통신정책연구원, 한국전자통신연구원, 한국정보통신산업연구원 근무

제주대학교에서 회계학의 기초, 원가및관리회계, 회계정보관리 등을 강의하고 있음

박삼복

한양대학교 경영학박사
현) 전북대학교 회계학과 교수
전) 한양대학교 ERICA 회계세무학과 교수

전북대학교에서 재무제표분석, 원가및관리회계, 세법개론 등을 강의하고 있음

이은철

연세대학교 경영학박사
현) 동덕여자대학교 경영학과 교수
전) 현대경제연구원 재무전략실 연구원

동덕여대에서 회계원리, 원가및관리회계, 중급회계를 강의하고 있음

정경철

고려대학교 경영학박사, 공인회계사, 미국공인회계사, 세무사
현) 경북대학교 경영학부 교수
전) 삼일회계법인 시니어 매니저, 미국 PwC Atlanta Office 근무

경북대학교에서 원가관리회계와 회계감사 등을 주로 강의하고 있음

역자 후기

이 책의 저자인 Garrison 교수, Noreen 교수, Brewer 교수는 굳이 소개할 필요가 없을 정도로 현존하는 관리회계 분야의 최고의 권위자들이다. 이 세 명의 저자가 공저한 *Managerial Accounting* 17th edition의 번역을 통해 이분들을 간접적으로 만날 수 있다는 것만으로도 역자들은 큰 행운으로 생각한다.

이 책은 전세계적으로 관리회계 분야에서 가장 많이 이용되는 대학 교재 중 하나이다. 그만큼 책의 내용과 구성이 좋다는 의미일 것이다. 번역을 진행하면서 역자들은 이 책의 가치를 다시 한번 느낄 수 있었다. 이 책은 단순히 관리회계에 대한 이론을 전달하기보다 저자들의 많은 경험을 들려주고 있었다. 특히 각 장의 본문에 제시되어 있는 기업의 현장 사례와 각 장의 후반에 포함되어 있는 Excel을 활용한 연습과제는 학생 및 독자들에 대한 사명감과 애정을 느낄 수 있으며, 세분의 저자 모두 각 대학에서 우수 강의상을 수상한 이유를 알게 해주었다.

우리나라에서 출판된 회계학 교재들의 상당수는 각종 공인자격증 준비를 위해 필요한 지식을 전달하는데 초점을 맞추고 있다. 따라서 본문의 내용이 문제 풀이 과정에 포커스를 맞추고 있고 강의를 듣지 않으면 책의 의미를 파악하기 힘든 부분도 있다. 그러나 이 책은 사례를 중심으로 실제 기업에서 의사결정이 진행되는 과정에 초점을 맞추고 있기 때문에 책을 읽다보면 기업현장에 있는 듯한 느낌을 준다. 따라서 대학 교재로 이용한다면 학생들이 스스로 예습, 복습을 하는데 어려움이 없을 것이다. 또한 각 장의 학습이 끝난 후 각 장별로 제시되어 있는 풍부한 연습문제를 학습한다면 실무에서의 응용력을 키울 수 있을 것이며, 자격증 취득을 위한 시험 준비에도 도움이 될 것이다.

번역하는 과정에서 역자들은 직역보다는 저자들의 의도를 파악하고 그 의미를 전달하고자 노력하였다. 이 과정에서 영어와 우리말의 표현 방식에 많이 차이가 있는 문장들은 원문의 의미를 최대한 반영하며 의역(意譯)을 하였다. 또한 저자들이 포함시킨 사례(In Business) 중에서 우리나라의 경영 환경과 잘 맞지 않는 내용들은 삭제하기도

Translator's Epilogue

하였다. 마지막으로 원문의 의미를 전달하기 위해 일부 용어들은 원문을 그대로 이용하기도 했다.

수차례에 걸쳐 수정을 하였으나 아직 미진한 부분이 남아있다. 원저가 17판에 걸친 수정을 통해 발전해 왔듯이 본 역서도 계속 수정, 보완해 갈 것이며 지필미디어 홈페이지(http://www.jiphil.co.kr)의 자료실을 통해 정오표를 제공할 것을 약속드린다. 이를 위해 독자 여러분들의 많은 충고를 기다린다.

마지막으로 McGraw-Hill 한국지사, 지필미디어, 디자인을 해주신 아작의 관계자 여러분께 감사드린다.

2021년 8월
역자 일동

Brief Contents 간추린 목차

목차 Contents

Chapter 2

개별원가계산: 제품 단위당 원가 계산 74

Chapter 3

개별원가계산: 원가의 흐름과 외부보고 130

Chapter 4

종합원가계산 178

Chapter 5

원가-조업도-이익 분석 228

Chapter 6

변동원가계산과 부문별 공시: 경영을 위한 도구 304

Chapter 7

활동기준원가계산: 의사결정에 도움이 되는 도구 370

Chapter 8

종합예산 432

Chapter 9

변동예산과 성과분석 494

Chapter 10

표준원가와 차이 536

Chapter 11

책임회계시스템 606

Chapter 12

전략적 성과지표 654

Chapter 13

차액분석: 의사결정의 핵심 698

Chapter 14

자본예산 의사결정 792

Chapter 15

현금흐름표 860

Chapter 16

재무제표 분석 910

관리회계: 개관

프롤로그

©LuckyImages/Shutterstock

관리회계: 광범위한 맥락의 이해

BUSINESS FOCUS

"가치를 통한 가치 창출"은 오늘날의 관리회계사의 신조이다. 즉, 관리회계사는 자신의 지식과 기술을 활용하여 조직의 이해관계자들에게 가치를 창출하는 의사결정에 영향을 미치면서 윤리적인 가치에 대한 변함없는 노력을 유지해야 한다. 이러한 기술에는 계획, 예산 및 예측을 통한 리스크 관리 및 전략 실현과 고급 분석, 시각화 및 스토리텔링을 포함한 데이터 과학이 포함된다. 관리회계사는 기업의 재무, 운영 및 시장상황을 이해하는 전략적 비즈니스 파트너이다. 이들은 이익(재무제표), 프로세스(고객 관리 및 만족도), 사람(직원의 성장 및 만족도), 지구(환경적 책임)와 관련된 성과에 대한 재무 및 비재무적 척도를 보고하고 분석한다. ■

Source: Conversation with Jeff Thomson, president and CEO of the Institute of Management Accountants.

관리회계란 무엇인가?

프롤로그에서는 경영학을 공부하는 모든 학생들의 향후 진로를 위해 왜 관리회계가 중요한 지에 대해 설명하고자 한다. 먼저 두 가지 질문에 대한 답을 해 보자.

1. 관리회계란 무엇인가?
2. 왜 관리회계가 여러분의 진로에 중요한 것인가?

여기에 대해 일곱 가지의 주제로 나누어 살펴보고자 한다. 빅 데이터, 기업윤리, 경영전략, 전사적 위험관리, 기업의 사회적 책임, 공정관리 및 리더십—이들은 관리회계의 양적인 측면이 적용될 수 있는 기업의 환경들이다.

이 책을 읽고 있는 학생들 대부분은 이미 재무회계 입문 과정을 수강했을 것이다. **재무회계(financial accounting)**는 주주, 채권자, 규제당국 등 조직 외부의 이해관계자들에게 재무정보를 제공하는 것과 관련이 있다. 반면에 **관리회계(managerial accounting)**는 조직 내부의 경영자들에게 정보를 제공하는 것과 관련이 있다. 도표 P-1은 재무회계와 관리회계의 주요한 차이를 일곱 가지로 요약하고 있다.

도표 P-1
재무회계와 관리회계의 비교

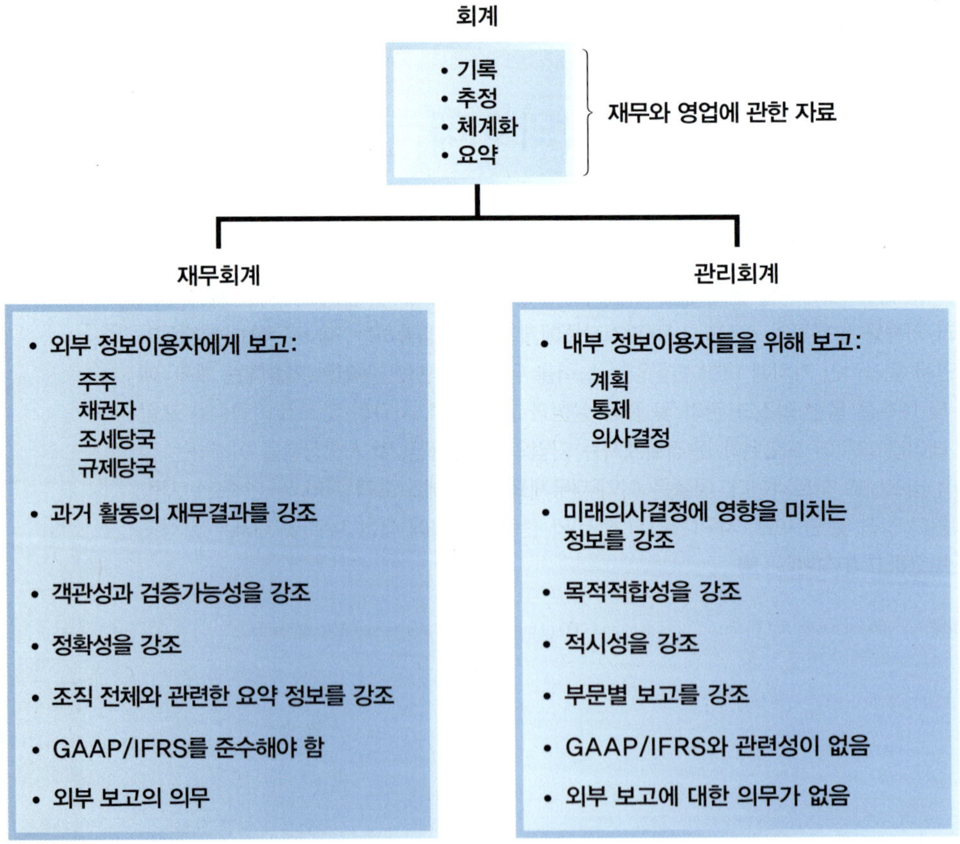

재무회계와 관리회계의 근본적 차이는 재무회계는 조직 **외부의** 사람들에게 필요한 정보를 제공하는 반면, 관리회계는 조직 **내부의** 경영자들에게 필요한 정보를 제공하는데 있다. 이러한 정보이용자들의 근본적인 차이로 인하여, 재무회계는 과거 활동의 재무적 결과, 객관성과 검증가능성, 정확성, 조직전체 관점에서의 성과를 강조한다는 특징을 갖는 반면, 관리회계는 상대적으로 미래 의사결정에 영향을 미치는 정보, 목적적합성, 적시성과 부문별 성과를 강조하는 특징이 있다. **부문(segment)**은 관리자들이 원가, 수익 및 이익 관련 정보를 얻고자 하는 조직의 부분이나 활동을 의미한다. 이러한 부문의 예로는 생산라인, (연령별, 민족별, 성별, 구매량 등으로 구분되는)고객집단, 영업지역, 부서, 공장 등을 들 수 있다. 마지막으로, 재무회계는 외부보고의 의무가 있으며 일반적으로 인정된 회계원칙(generally accepted accounting principles; GAAP) 혹은 국제회계기준(international financial reporting standards; IFRS) 등의 규칙을 준수해야 하는 반면, 관리회계는 외부보고의 의무가 없으며 모든 기업이 동일하게 준수해야 할 원칙이 존재하지 않는다.

도표 P–1에 제시한 바와 같이 관리회계는 경영자들이 세 가지 중요한 활동—계획, 통제, 의사결정—을 하는 데 도움을 준다. **계획(planning)**은 목표를 수립하고 목표를 달성하기 위한 방안을 구체화하는 것을 포함한다. **통제(controlling)**는 계획이 적절히 수행되고 있음을 피드백(feedback)하는 것 혹은 상황 변화에 따라 계획이 적절하게 수정되도록 하는 것을 포함한다. **의사결정(decision making)**은 복수의 선택 가능한 대안들 중 특정한 대안을 선택하는 것이다. 지금부터 관리회계가 다루는 이러한 세 가지 핵심적인 부분에 대해 자세히 살펴보도록 하겠다.

계획(Planning)

여러분이 Procter & Gamble(P&G)에서 일하고 있고 졸업예정자를 대상으로 하는 캠퍼스 리크루팅 담당자라고 가정해 보자. 계획의 첫 단계로 여러분은 최고로 우수한 대학생들을 채용해야 한다는 목표를 수립하는 것부터 시작할 것이다. 다음 단계로 아래와 같은 많은 질문에 답을 함으로써 이러한 목표를 달성하기 위한 방안을 구체화 할 것이다.

- 우리는 각 전공별로 총 몇 명의 학생들을 채용해야 하는가?
- 어떤 학교를 대상으로 이러한 채용과정을 진행해야 할 것인가?
- 직원 중 누가 각 대학의 채용과정에 참여할 것인가?
- 면접은 언제 진행해야 하는가?
- 채용과정에 참가한 학생들을 어떻게 비교하고 평가해야 하는가?
- 채용하는 경우 급여수준을 얼마로 할 것인가? 전공별로 다르게 정할 것인가?
- 이러한 채용과정에 경비를 얼마나 지출할 수 있는가?

기업현장 | IN BUSINESS

커뮤니티 극장 운영의 재무적 측면

계획을 세우고 예산을 수립하는 것은 지역사회 극장을 운영하는데 있어 중요한 부분이다. 예를 들면 Florida 주 Bradenton에 있는 **Manatee Players**는 극장 그룹으로 지난 10년 동안 연간 운영 예산 48만 달러에서 150만 달러까지 성장해왔다. 이 극장의 티켓 판매는 운영비의 약 77%를 차지하며, 개인과 기업 기부자들의 추가적인 재정 지원을 받는다. 극장 측은 수익 관리 외에도 프로그램 제작을 사내로 하여 연간 3,000달러를 절약하는 등 다양한 방법으로 비용을 통제하고자 한다. 이 그룹은 개별 쇼를 홍보하기 보다는, 쇼의 시즌 전체를 홍보하는 데 마케팅 비용을 집중하기로 결정했다. 또 마케팅 예산의 일부를 기존 방식에서 벗어나 보다 경제적인 소셜미디어 매체로 옮겼다.

Source: Brass, Kevin, “Let’s Put on a Show,” *The Wall Street Journal*, November 3, 2014, p. D7.

계획과정에서 결정해야 할 많은 사항들이 존재한다. 계획은 흔히 예산 문제를 수반한다. **예산(budgets)**이란 미래를 위한 세부적인 계획을 의미하며, 대개 정량적으로 나타내는 것이 일반적이다. P&G의 채용 담당자로서, 여러분들의 예산에는 두 가지 중요한 요소가 포함되어야 한다. 첫째, 신규 직원들에게 제시할 총 급여액에 대한 예산을 수립하기 위해 회사 내부의 선임 관리자들과 협의해야 할 것이다. 둘째, 캠퍼스 리크루팅 과정에 얼마의 경비를 지출할 예정인지에 대해 계량화하여 예산을 수립해야 할 것이다.

통제(Controlling)

채용계획을 수립하여 실행에 착수했다면, 통제과정으로 넘어가야 한다. 이 과정은 자료수집, 대안평가 및 채용과정이 예상대로 수행되어 가는지에 대한 피드백을 포함한다. 또한 다음 연도에 보다 효과적인 채용 활동을 수행하기 위한 채용과정에 대한 전반적인 평가도 여기에 포함된다. 이러한 통제과정은 다음과 같은 많은 질문에 답을 하는 과정을 포함한다.

- 우리는 각 대학별, 전공별 계획된 인원대로 학생들을 채용하는 것에 성공했는가?
- 많은 우수한 인재들을 경쟁사에 뺏긴 것은 아닌가?
- 채용과정에 참가한 직원들이 만족할만한 성과를 냈는가?
- 학생들을 다른 학생들과 비교하는 방법이 효과적이었는가?
- 캠퍼스와 사무실에서의 면접이 원활하게 진행되었는가?
- 신규 직원들에게 지급하기로 한 총급여가 예산을 초과하지는 않았는가?
- 채용과정에 소요된 경비가 예산을 초과하지는 않았는가?

계획과정에서와 마찬가지로, 통제과정에도 답해야 할 많은 질문들이 있다. 이러한 질문들에 답을 함에 있어, 단순히 ‘예’, ‘아니오’로 답하는 것으로 그치지 않고, 어떻게 성과가 당초 예상을 초과할 수 있었는지 또는 왜 미달했는지에 대한 근본적인 원인을 찾아야 한다. 통제

과정의 한 부분으로서 성과보고서를 작성하는 데, **성과보고서(performance report)**는 어느 부분에서 훌륭한 성과가 이루어졌는지 확인하여 이를 학습하고, 어디에서 불만족스러운 성과가 나왔는지 확인하여 이를 제거하기 위하여 예상 자료와 실제 자료를 비교하는 보고서이다. 또한 성과보고서는 임직원들을 평가하고 보상하는 다양한 방법 중 하나로 이용될 수도 있다.

비록 지금까지의 예들이 P&G의 캠퍼스 리크루팅과 관련한 것이었지만, 우리는 계획을 통해 어떻게 **FedEx**가 하룻밤 사이에 지구 건너편에 소포를 배송할 수 있는지 혹은 **Apple**이 어떻게 iPad를 개발하여 시장에 내놓을 수 있었는지를 설명할 수 있다. 또한 우리는 통제과정을 통해 **Pfizer**, **Eli Lilly** 및 **Abbott Laboratories**와 같은 제약회사들이 어떻게 엄격한 품질 기준을 준수한 의약품들을 생산할 수 있는지, 또는 **Kroger**가 매장에 재고를 유지하기 위해 어떠한 통제과정을 이용하고 있는지에 대해서도 토론할 수 있을 것이다. 또한 우리는 **Honda**, **Ford**, **Toyota** 그리고 **Subaru**와 같은 여러 완성차 업체가 설치한 3천만 개 이상의 **Takata**사의 운전석 에어백 리콜 사건을 통해 계획과 통제의 실패사례를 살펴볼 수도 있다. 요약하자면, (아마도 미래의 여러분들을 포함한) 모든 관리자들은 계획과 통제 활동을 수행하고 있다.

의사결정(Decision Making)

아마도 가장 기본적인 경영기술은 지능적이면서 자료에 근거한 의사결정을 하는 능력일 것이다. 넓게 보자면, 의사결정은 다음의 세 가지 질문들을 중심으로 이루어진다.

- 무엇을 팔아야 하는가?
- 누구에게 제공해야 하는가?
- 어떻게 실행해야 하는가?

도표 P-2는 이러한 세 가지 의사결정의 예를 보여주고 있다.

도표 P-2 의사결정의 예

무엇을 팔아야 하는가?	누구에게 제공해야 하는가?	어떻게 실행해야 하는가?
어떤 제품과 서비스에 마케팅 노력을 기울일 것인가?	누가 주된 마케팅 노력의 대상이 될 것인가?	어떻게 부품과 서비스를 공급할 것인가?
새로 제공하게 될 제품과 서비스는 무엇인가?	누구에게 제공을 시작할 것인가?	어떻게 생산능력을 확장할 것인가?
제품과 서비스에 대해 가격책정을 어떻게 할 것인가?	누가 할증가격을 지불할 것이고 누가 가격할인을 받을 것인가?	어떻게 생산능력을 감축할 것인가?
중단해야 할 제품과 서비스는 무엇인가?	제공을 중단해야 할 대상은 누구인가?	어떻게 능률을 개선시킬 것인가?

도표 P–2의 왼쪽 칼럼은 판매할 제품 또는 서비스와 관련하여 회사가 내려야 할 의사결정의 예를 제시하고 있다. 예를 들어 **Procter & Gamble**은 성장 잠재력이 충분한 브랜드뿐만 아니라 각 매출규모가 10억 달러가 넘는 25개의 브랜드 별로 매년 마케팅 예산을 어떻게 배분해야 할지를 결정하여야 한다. **Mattel**은 시장에 어떤 새로운 장난감을 내놓을 지에 대해 결정해야 한다. **Southwest Airlines**는 하루에 수 천 편에 달하는 비행별로 티켓 가격을 어떻게 책정해야 할지에 대해 결정해야 한다. **General Motors**는 어떤 자동차 모델의 생산을 중단할 것인지에 대해 결정해야 한다.

도표 P–2의 중간 칼럼은 고객과 관련하여 회사가 내려야 할 의사결정들을 보여주고 있다. 예를 들어 **Sears**는 남성 고객이 관심을 가질 제품과 여성 고객이 관심을 가질 제품 간에 마케팅 예산을 어떻게 배분할 지를 결정해야 한다. **FedEx**는 어떤 새로운 국가에 그들의 서비스를 확장할 것인가에 대해 결정해야 한다. **HP**는 그들의 제품을 대량으로 구매하는 기업고객에 대해 가격을 얼마나 할인해 줄 것인지를 결정해야 한다. 은행은 수익성이 낮은 고객들에 대해 거래를 중단할지를 결정해야 한다.

도표 P–2의 오른쪽 칼럼은 실행과 관련하여 회사가 내려야 할 의사결정들을 보여주고 있다. **Boeing**은 그들이 항공기를 제작하는 데 부품을 제공하는 **Goodrich**, **Saab** 및 **Rolls-Royce**와 같은 외부 공급업자들에게 얼마나 의존할 것인지에 대한 결정을 해야 한다. **Cintas**는 세탁 및 청소 능력을 확장하기 위해 현재의 설비를 개량하여 사용할 것인지 아니면 새로운 설비로 교체할지에 대해 결정해야 한다. 경기침체기에, 제조업체들은 세 공장에 대한 8시간 교대 근무조 중 하나를 없앨 것인지 아니면 공장 하나를 폐쇄할 지에 대해 결정해야 한다. 마지막으로, 모든 회사는 개선안 중에서 하나를 선택해야 하는 문제에 직면하고 있다. 예를 들어 설비를 업그레이드하는 새로운 소프트웨어 시스템을 설치할 것인지 아니면 임직원에 대한 추가적인 교육을 실시할 것인지에 대해 의사결정을 해야 할 수도 있다.

지금까지 관리회계의 세 가지 핵심적인 부분인 계획, 통제, 의사결정에 대해 설명하였다. 본 교재는 여러분들이 어떻게 지능적이고 자료에 근거한 의사결정을 할 것인지, 어떻게 미래를 위한 재무계획을 수립해야 할 것인지, 그리고 피드백에 대한 대응을 통하여 어떻게 지속적으로 목표를 향해 나아갈 수 있는지에 대한 내용을 담고 있으며, 이러한 내용을 잘 이해한다면 여러분들이 훌륭한 경영자로 성장하는 데 도움이 될 것이다.

왜 관리회계는 여러분의 진로에 중요한 것인가?

많은 학생들은 전공을 선택하면서 고민에 빠진다. 왜냐하면 그들이 선택한 전공이 그들에게 만족할만한 미래를 제공해 줄 수 있을지에 대한 확신이 없기 때문이다. 그러한 고민을 덜어주기 위해, 우리는 여러분들이 통제할 수 없는 미래에 대한 압박감을 조금 낮추는 대신 지금 당장 통제할 수 있는 현재의 것에 초점을 두길 권하는 바이다. 보다 구체적으로 말하자면,

다음의 질문에 대한 답에 집중하길 바란다. '알 수 없는 미래 진로에 성공하기 위하여 지금 준비해야 할 것이 무엇인가?' 최선의 해답은 여러분들이 불확실한 미래에 쉽게 적응할 수 있는 기술을 익히는 것이다. 여러분들에게는 적응할 수 있는 능력이 필요하다!

여러분들이 어느 나라에서 일을 하든 상관없다. 또한 여러분이 대기업에서 일을 하든, 중소기업, 비영리기관 또는 정부 등 어디에서 일하게 되더라도, 여러분들은 어떻게 미래에 대한 계획을 수립해야 할 지, 어떻게 목표를 향해 나아가야 할 것인지, 그리고 어떻게 지혜로운 의사결정을 할 것인지에 대한 지식을 습득할 필요가 있다. 관리회계 지식은 어떤 직업, 조직 및 산업에 있어서 모두 유용하게 이용할 수 있다. 여러분들이 이 과목에 열정을 쏟아 부으면, 여러분들의 미래—비록 명확하게 그려낼 수는 없지만—에 대한 현명한 투자가 될 것이다. 다음으로, 이러한 관점에서 경영학 전공과 회계학 전공자들의 진로에 관리회계가 어떠한 관련성을 가지는 지에 대해 살펴보자.

경영학 전공자들

도표 P–3은 회계학을 제외한 경영학의 세 가지 주요한 세부 전공—마케팅(marketing), 공급망 관리(supply chain management), 인적자원관리(human resource management)—과 관리회계의 세 가지 핵심주제(계획, 통제, 의사결정)가 어떻게 관련이 있는지에 대한 예를 제시하고 있다.

도표 P-3 경영학의 주요 세부전공과 관리회계의 관련성

	마케팅 (marketing)	공급망 관리 (supply chain management)	인적자원관리 (human resource management)
계획 (planning)	TV, 인쇄물 및 인터넷 광고에 예산을 얼마나 배부해야 하는가?	다음 연도 목표 생산량은 몇 개로 설정해야 하는가?	직업안전훈련을 위해 얼마의 경비를 지출해야 하는가?
	새로운 영역에 진출하기 위해 몇 명의 영업사원을 채용해야 하는가?	다음 연도 수도광열비 예산은 얼마로 해야 하는가?	종업원 채용홍보를 위해 얼마의 경비를 지출해야 하는가?
통제 (control)	가격 인하로 인하여 예상한대로 매출이 증가했는가?	실제 생산에 소요된 비용이 예상을 초과했는가 아니면 미달했는가?	종업원 근속율 목표를 달성하였는가?
	휴가철 쇼핑기간 동안 판매할 재고를 너무 많이 비축한 것은 아닌가?	불량률 감소 목표를 달성했는가?	목표한 바와 같이 적시에 성과 평가를 수행하였는가?
의사결정 (decision making)	서비스를 묶음으로 판매할 것인가 아니면 개별적으로 판매할 것인가?	부품을 해외 공급업자로부터 공급 받아야 하는가?	의료비를 줄이기 위해 현장 의료진을 고용해야 하는가?
	고객에게 직접 판매할 것인가, 아니면 유통업자를 통해 판매할 것인가?	재고 수준을 낮추기 위해 공정을 재설계해야 하는가?	임시직 혹은 정규직 중 어떤 형태의 종업원을 고용해야 하는가?

도표 P–3의 왼쪽 칼럼은 계획, 통제 및 의사결정을 마케팅 분야에 적용한 것이다. 예를 들어 마케팅 관리자는 광고비를 다양한 통신매체 중 어디에 배분할 것 인지와 새로운 판매 지역에 인력을 얼마나 지원해야 할지에 대한 계획을 수립해야 한다. 통제의 관점에서 본다면, 가격 인하로 인하여 예상대로 매출 증가가 있었는지 판매 데이터를 면밀히 검토할 필요가 있으며, 휴가철 쇼핑기간 동안 최적의 매출에 필요한 가격을 조정하기 위한 재고 수준에 대해 분석을 해야 할 수도 있다. 이 외에도 마케팅 관리자는 서비스를 묶음으로 제공해야 할지 혹은 개별로 제공해야 할지 등 많은 중요한 결정을 해야 한다. 혹은 고객에게 직접 제품을 판매할 것인지 혹은 유통업자를 통해 고객에게 제품을 판매할 것인지 여부에 대해서도 결정해야 한다.

도표 P–3의 중간 칼럼은 공급망 관리자들이 예상되는 고객의 수요에 맞춰 얼마만큼의 제품을 생산할 것인지에 대한 계획을 수립해야 함을 보여주고 있다. 그들은 수도광열비, 소모품 및 노무비 등의 영업비용을 위한 예산도 수립할 필요가 있다. 통제의 관점에서, 그들은 예산과 비교하여 실제 지출이 얼마나 되는지를 감시해야 하고, 계획했던 바와 비교하여 불량품이 많이 발생했는가 같은 운영측정지표도 예의주시해야 한다. 공급망 관리자들은 부품 생산을 해외 공급업자에게 맡겨야 하는 지와 같은 의사결정을 해야 한다. 또한 그들은 재고 수준을 낮추기 위해 공정을 재설계해야 하는 지와 같은 의사결정도 해야 한다.

도표 P–3의 오른쪽 칼럼은 인적자원 관리자들이 직업안전 훈련과 임직원 채용 홍보에 얼마의 경비를 지출해야 하는 지와 같은 계획을 수립해야 하는 것을 보여주고 있다. 그들은 임직원 근속율과 적시적인 성과 평가와 같이 경영자들이 관심을 가지는 많은 부분과 관련한 피드백을 수행한다. 또한 그들은 의료비를 줄이기 위해 현장 의료진을 고용할 것인지, 불확실한 경제상황 하에서 임시직 혹은 정규직 중 어떤 형태의 임직원을 고용할 것인지와 같은 중요한 의사결정도 수행해야 한다.

도표 P–3에는 재무관리, 경영정보시스템 및 경제학과 같은 전공은 지면 관계상 제시하지 않았다. 여러분들 스스로 이러한 전공들과 관련될 수 있는 계획, 통제 및 의사결정에 대해 설명할 수 있는가?

회계학 전공자들

회계 전공 졸업생들 중 상당수는 고객에게 다양한 가치 있는 서비스를 제공하는 회계법인에서 그들의 경력을 시작한다. 졸업생들 중 일부는 이 분야에서 성공적인 경력을 쌓아 나가지만, 대부분은 일정기간이 지나면 회계법인을 떠나 다른 조직으로 이직한다. 사실상, **미국관리회계사협회(Institute of Management Accountants; IMA)**는 미국 내 회계사 중 회계법인이 아닌 곳에서 일하는 회계사의 비율이 80%를 초과하는 것으로 추정하고 있다(www.imanet.org).[1]

1 This statistic was provided by Raef Lawson, the Institute of Management Accountants Vice-President of Research & Policy and Professor in Residence.

회계법인의 업무는 재무회계 지향적인 성격이 강하다. 그들의 가장 중요한 기능은 기업이 그들의 재무성과를 회계기준에 따라 보고했는지를 확인함으로써 투자자 등의 외부 이해관계자들을 보호하는 데에 있다. 관리회계사도 재무회계에 상당히 숙련되어 있다. 예를 들어 그들은 그들의 회사가 신뢰성 있는 재무공시를 할 수 있도록 재무회계 시스템을 설계하고 유지해 나가는 데 도움을 준다. 그러나 관리회계사의 주된 역할은 조직 내부에서 동료들이 성과를 개선하는 데 도움을 주는 파트너가 되는 것이다.

위에서 언급한 80%라는 수치에서 알 수 있듯이, 여러분들이 회계학을 전공하더라도 회계법인이 아닌 다른 분야에서 일하게 될 가능성이 매우 높다는 것을 알아야 한다. 회사는 여러분들이 재무회계에 능숙하길 바라겠지만, 그보다 관리회계의 근간이 되는 계획, 통제 및 의사결정 기술을 적용하여 조직의 성과를 향상시키는 데 도움이 되기를 더 바랄 것이다.

IN BUSINESS | 기업현장

인적 네트워크를 통한 기회

미국관리회계사협회(Institute of Management Accountants; IMA)는 140개 국가에 100,000이 넘는 회계 및 재무 전문가 네트워크를 가지고 있다. IMA는 매년 학생리더십대회를 개최하고 있는데, 여기에는 50개 대학에서 300명이 넘는 학생들이 참가하고 있다. 예년의 경우, 초청강사들이 여러분들과 함께 리더십, 성공적인 진로에 대한 조언, 어려운 경제상황에서 어떻게 자신을 알릴 수 있는지, 그리고 다양한 세대의 노동력으로 구성되어 있는 요즘의 현실에서 과연 여러분들이 어떻게 두각을 나타낼 수 있는지 등과 같은 주제에 대해 토론하였다. 대회에 참가한 한 학생은 "내가 일하게 될 수도 있는 분야의 전문가들과 교감할 수 있는 기회를 가지게 되어 좋았다."라고 말했다. 이러한 인적 네트워크를 통한 기회에 대한 추가적인 정보를 얻고 싶은 분들은 아래의 전화 혹은 웹사이트 **https://www.imastudentconference.org**를 통해 IMA와 접촉해 보길 바란다.

Source: Conversation with Jodi Ryan, the Institute of Management Accountants' Director, Student & Academic Relations. She can be contacted at (201) 474-1556.

전문자격증제도 — 현명한 투자 회계분야에 관심이 있다면 공인관리회계사(Certified Management Accountant; CMA)와 공인국제관리회계사(Chartered Global Management Accountant; CGMA)라는 세계적으로 인정받는 자격증이 여러분들의 신뢰도, 경제적 지위의 상승 및 보상을 높일 것이다.

CMA 시험은 뉴저지 몬트베일(Montvale, New Jersey) 소재 미국관리회계사협회(Institute of Management Accountants, IMA)의 후원을 받는다. CMA가 되려면 IMA 회원이어야하고, 공인된 대학에서의 학사학위, 연속 2년 이상의 관련된 전문 경력이 필요하며, CMA 시험 통과가 필요하다. 도표 P-4는 CMA 시험에 응시하기 위해 필요한 주제들을 요약하고 있다. 우리는 이 표에 있는 모든 주제들에 대해 살펴보지는 않을 것이다. 단지 CMA 시험이 모든 관리자에게 매우 중요한 계획, 통제 및 의사결정 기술에 초점을 두고 있다는 것을 강조하기 위

도표 P-4
CMA 시험과목

Part 1	**Financial Planning, Performance, and Control (재무계획, 성과 및 통제)**
	Planning, budgeting, and forecasting(계획, 예산 및 예측)
	Performance management(성과평가)
	Cost management(원가관리)
	Internal controls(내부통제)
	Professional ethics(직업윤리)
Part 2	**Financial Decision Making (재무의사결정)**
	Financial statement analysis(재무제표 분석)
	Corporate finance(기업재무관리)
	Decision analysis and risk management(의사결정기법과 위험관리)
	Investment decisions(투자의사결정)
	Professional ethics(직업윤리)

해서 표를 제시하는 것일 뿐이다. CMA가 되기 위한 정보는 미국관리회계사협회(IMA) 웹사이트(www.imanet.org)에서 얻을 수 있다.

CGMA 자격은 **미국공인회계사협회(AICPA)**와 **관리회계사협회(CIMA)**가 공동 후원하며, 각각 CGMA가 되기 위한 분명한 경로를 제공한다. AICPA 과정에는 회계학 학사 학위(총 150학점의 대학 학점 수반), 공인회계사(Certified Public Accountant; CPA) 시험 통과, AICPA 회원 자격, 3년 간 경영 또는 회계 관련 업무 경험 및 CGMA 시험—테크니컬 기술, 비즈니스 기술, 리더십 기술, 인력관리 기술 및 윤리, 무결성 및 전문성에 중점을 둔 사례 기반 시험—합격이 요구된다. CGMA가 되기 위한 AICPA의 경로는 여러 부분으로 구성된

기업현장 | IN BUSINESS

급여가 얼마나 되나요?

미국 관리회계사협회(Institute of Management Accountants)는 관리회계담당자의 급여가 얼마가 될지 추정할 수 있도록 하기 위해 다음과 같은 표를 만들었다.

			계산결과
초봉		$48,722	$48,722
최고경영진이라면	가산	$50,462	
혹은 상급관리자라면	가산	$34,665	
혹은 중급관리자라면	가산	$15,758	
이 분야에서의 근무 연수 ____년	곱하기	$968	
석사 이상의 학위가 있다면	가산	$16,050	
CMA 자격증이 있다면	가산	$15,788	
CPA 자격증이 있다면	가산	$10,447	______
추정 급여 수준			______

예를 들어 여러분이 10년 뒤에 최고경영진에 속하고, 석사 학위와 CMA가 있다면, 추정 급여는 $140,702 [$48,722 + $50,462 + (10 × $968) + $16,050 + $15,788]가 될 것이다.

Source: Shannon Charles, "IMA's Global Salary Survey," *Strategic Finance* March 2019, pp. 29–39.

CPA 시험을 통과해야 하며, 이는 보증 기준, 재무회계 표준, 비즈니스 법률 및 세법 같은 규칙 기반 준수를 강조한다. CGMA가 되기위한 정보는 www.cgma.org에서 확인할 수 있다.

관리회계: 숫자 그 이상의 것

도표 P-5는 경영자들이 현실에서 매일 사용하고 있는 측정 기술을 이 책의 각 장에서 어떻게 학습할 것인지를 요약한 것이다. 예를 들어 제8장에서는 경영자들이 내년도 재무계획을 수립하기 위해 이용할 수 있는 기법에 대해 학습할 것이다. 제9장과 제10장에서는 사전에 수립한 계획을 잘 수행해 나가고 있는지를 확인하기 위해 경영자들이 이용할 수 있는 기법에 대해 학습할 것이다. 제7장에서는 제품, 고객수익성과 관련한 측정방법에 대해 배울 것이다. 그러나 여러분들은 관리회계가 단순히 숫자를 처리하는 것 이상의 것임을 이해하는 것이 매우 중요하다. 성공한 경영자가 되기 위해서는 이러한 측정치들을 이용하여 올바른 계획, 통제 및 의사결정을 가능하게 하는 것은 물론이고, 이 숫자들을 7가지 경영관점에 활용하며 숫자 이면에 담겨있는 계량적 정보 그 이상의 의미를 찾을 수 있도록 노력할 필요가 있다.

빅 데이터

전문가들은 매일 매 초마다 1인당 1.7메가바이트의 새로운 정보를 만들어내고 있다고 추정한다. 전 세계의 인구가 75억 명이 넘는다는 점을 감안할 때, 이것은 정말 놀라운 데이터 생

도표 P-5
경영기법들: 경영자의 관점

구분	경영자 입장에서 핵심적인 질문
제1장	다양한 경영의사결정 목적을 위해 원가를 어떻게 분류하는가?
제2장	고객의 주문별 각 작업의 원가는 얼마인가?
제3&4장	외부보고 목적을 위한 기말재고와 매출원가는 얼마인가?
제5장	판매가격, 판매량 혹은 원가가 변경되는 경우 이익이 어떻게 변하는가?
제6장	손익계산서는 어떻게 보고되어야 하는가?
제7장	제품과 고객들의 수익성은 어떻게 되는가?
제8장	내년을 위한 재무 계획을 어떻게 수립해야 하는가?
제9&10장	계획을 얼마나 잘 실행하고 있는가?
제11&12장	전략적 목표 달성을 관찰하기 위해서 어떤 성과 지표들을 사용해야 하는가?
제13장	어떤 대안을 선택하는 지에 따른 재무적 효과를 어떻게 계량화하는가?
제14장	장기투자의사결정을 어떻게 할 것인가?
제15장	현금유입과 유출의 원인과 이로 인한 현금의 변동을 어떻게 분석하는가?
제16장	성과를 보다 잘 이해하기 위하여 재무제표를 어떻게 분석하는가?

성 비율이다. 그러나 이렇게 생성된 데이터 중에서 의사결정에 이용되는 비율이 0.5% 미만에 불과하다는 점[2]은 빅 데이터를 활용하여 특별한 기회를 가질 수 있음을 시사한다. **빅 데이터(big data)**란 지속적인 보고와 분석을 위해 기업 내외부에서 수집되는 대규모 데이터 집합을 의미한다.[3] 빅 데이터는 메모나 보고서와 같은 '구조화'된 형태와 동영상, 사진, 오디오, 기타 디지털 형태와 같은 '구조화되지 않은' 형태 모두를 포함한다.

빅 데이터는 종종 5개의 V의 관점에서 논의된다. 첫 3개의 V는 variety(다양성), volume(양), velocity(속도)로 빅 데이터를 재정의한다. 다양성(*variety*)은 정보가 저장되는 데이터 형식을 가리킨다. 여기에는 소셜 미디어뿐만 아니라 웹 페이지의 클릭 스트림, 센서 지원 피드백, 인터넷 기반 오디오/비디오 파일을 포함한 전통적인 형식과 디지털 형식이 모두 포함된다. 양(*volume*)은 기업이 수집, 정화, 정리, 분석해야 하는 데이터의 양이 지속적으로 확대되고 있는 것을 의미한다. 더 큰 회사의 경우, 이것은 수백 페타바이트(petabyte)의 데이터일 수 있다(1 페타바이트 = 100만 기가바이트). 속도(*velocity*)는 조직이 데이터를 수신하고 실행하는 속도를 말한다. 이것은 특히 데이터의 저장 수명이 제한된 경우에 중요하다. 예를 들어 소매업체는 판매 데이터를 며칠 또는 몇 주가 아니라 몇 초 또는 몇 분 만에 수신하고 응답하는 경우 수요와 공급을 더 잘 맞출 수 있을 것이다.

나머지 2개의 V는 value(가치)와 veracity(진실성)으로 이는 빅 데이터에 대한 사용자의 기대와 관련이 있다. 가치(*value*)는 빅 데이터를 분석하기 위해 조직에서 소비하는 시간과 비용이 이해당사자들에 의해 가치있는 통찰력을 이끌어내야 한다는 것이다. 예를 들어 주주들은 빅 데이터 분석을 통해 기업의 매출 상승, 투자 수익률 증가, 주가 상승 등의 효과가 나타날 것을 기대한다. 진실성(*veracity*)은 사용자들은 자신의 데이터가 정확하고 신뢰할 수 있기를 기대한다는 사실을 가리킨다. 회계전문가의 경우 "5개의 V" 중에서 진실성을 가장 중요하게 생각하는데, 그 이유는 수많은 이해관계자(경영자, 투자자, 감독당국 등)가 의존하는 분석과 의견이 검증가능한 데이터에 의해 뒷받침되어야 하기 때문이다.

관리회계 관점에서, 관리자의 목표는 빅 데이터의 분석을 통해 가치를 도출하는 것이다. **데이터 분석(data analytics)**은 전문화된 시스템과 소프트웨어를 이용하여 데이터를 분석하고 이를 통해 포함하는 정보에 대한 결론을 도출하는 과정을 의미한다.[4] 관리자는 종종 그래프, 차트, 지도 및 다이어그램과 같은 데이터 시각화 기법을 이용하여 데이터 분석 결과를 전달한다.

데이터 분석은 기술, 진단, 예측 및 처방 목적으로 사용될 수 있다. 기술적 분석은 다음과 같은 질문에 답하기 위해 사용된다. '무슨 일이 벌어진거지?' 예를 들어, 관리자들은 수익과 비용의 과거 추세를 더 잘 이해하기 위해 기술적 분석을 사용할 수 있다. 진단 분석은 다

2 Bernard Marr, "Big Data: 20 Mind-Boggling Facts Everyone Must Read," Forbes, September 30, 2015.

3 Lisa Arthur, "What is Big Data," Forbes, August 15, 2013.

4 https://searchdatamanagement.techtarget.com/definition/data-analytics.

음과 같은 질문에 답변하는 데 사용된다. '왜 그런 일이 일어났을까?' 예를 들어, 관리자들은 왜 매출이 증가하거나 감소했는지를 설명하기 위해 실업률의 변화와 같은 경제 지표를 분석할 수 있다. **예측 분석**을 사용하여 다음과 같은 질문에 답한다. '무슨 일이 일어날까?' 예를 들어, 관리자는 회귀분석과 같은 예측 기법을 사용하여 다음 기의 매출 또는 비용을 추정할 수 있다. 마지막으로 **처방 분석**을 사용하여 다음과 같은 질문에 답할 수 있다. '어떻게 해야 하지?' 예를 들어, 관리자는 처방 분석을 사용하여 어떤 제품이 홍보, 강조 또는 중단되어야 하는지를 결정할 수 있다.[5]

윤리

윤리적 행동은 경제가 순환하기 위한 윤활유 역할을 한다. 윤활유가 없다면 경제가 비효율적으로 운용될지도 모른다. 예를 들어 소비자들의 선택의 폭은 줄어들고, 품질은 낮아질 것이며, 가격은 높아질 것이다. 즉 기업에 대한 근본적인 신뢰가 없다면 경제는 효율성이 떨어질 수밖에 없다. 이와 같이, 신뢰를 기반으로 윤리적인 틀 안에서 경영활동이 이루어지는 것은 기업 뿐만 아니라 사회 구성원 모두의 이익을 위해 매우 중요하다.

관리회계사의 윤리규정(Code of Conduct for Management Accountants) **관리회계사협회(Institute of Management Accountants; IMA)**는 관리회계사들의 윤리적 책임에 대해 상세히 기술하고 있는 **전문직업윤리규정**(*Statement of Ethical Professional Practice*)을 채택 하고 있다. 비록 이 규정이 관리회계사들을 위해 제정된 것이긴 하지만, 다른 분야에도 적용될 수 있다. 전문직업윤리규정은 도표 P-6에 상세히 나와 있듯이 두 부분으로 구성되어 있다. 첫 번째 부분은 윤리적 행동에 대한 일반적인 지침을 규정하고 있다. 이를 요약하자면, 관리회계담당자들은 넓게 네 부분의 영역에서 윤리적 책임을 진다. 첫째, 높은 수준의 전문가적 적격성을 유지하는 것, 둘째, 비밀을 유지하면서 민감한 문제를 다루는 것, 셋째, 성실성을 유지하는 것, 넷째, 신뢰할 수 있는 방식으로 정보를 공시하는 것이다. 규정의 두 번째 부분은 개인이 윤리적 위반행위의 증거를 발견하였을 때 어떻게 해야 하는지를 명시하고 있다.

윤리규정은 관리회계담당자와 경영자들에게 필요한 건전하고 실무적인 권고사항을 규정하고 있다. 규정의 대부분은 실무적인 측면을 반영한 것이다. 만약 이러한 규정들이 기업에서 일반적으로 준수되지 않는다면, 경제 전반에 악영향을 미치고 우리 모두 손해를 보게 될 것이다. 규약을 준수하지 않음으로써 일어날 수 있는 다음의 예들을 생각해 보자.

5 Jake Frankenfield, "Data Analytics," published by Investopedia and available at the following link: https://www.investopedia.com/terms/d/data-analytics.asp.

도표 P-6 IMA의 전문직업윤리규정

IMA의 회원들은 윤리적으로 행동해야 한다. 직업윤리에 대한 책임은 우리의 행동 지침에 대한 가치와 기준을 나타내는 중요한 원칙들을 포함한다.

원칙

IMA의 중요한 윤리 원칙은 정직, 공정, 객관성 및 책임을 포함한다. 회원들은 이러한 원칙에 따라 행동해야 하고 조직 내의 다른 사람들이 그것을 지키도록 장려해야 한다.

기준

IMA의 회원은 적격성, 비밀유지, 성실성, 신뢰성을 준수하고 유지할 책임이 있다. 다음의 기준을 따르지 않는 회원은 징계 처분을 받게 될 것이다.

I. 적격성(competence)

1. 지식과 기술을 지속적으로 개발함으로써 적절한 수준의 전문가적 자질을 유지하라.
2. 관련 법률, 규제 및 기술적 기준에 따라 의무를 수행하라.
3. 의사결정에 도움이 되는 정보를 정확하고, 명확하고, 간결하고, 시기적절하게 제공하고 건의하라. 위험을 인식하고 이를 관리하도록 지원하라.

II. 비밀유지(confidentiality)

1. 공개가 승인되거나 법적으로 요구되는 경우를 제외하고는 정보에 대한 비밀을 유지하라.
2. 기밀 정보가 적절하게 사용되도록 관련 당사자들에게 알려라. 하급자들이 잘 따르고 있는지 그들의 활동을 감시하라.
3. 기밀 정보를 비윤리적이거나 불법적인 이익을 위하여 사용하지 마라.

III. 성실성(integrity)

1. 이해관계의 상충을 완화하라. 명백한 이해관계의 상충을 예방하기 위하여 동료들과 정기적으로 의사소통하라. 잠재적으로 갈등이 있을만한 모든 당사자들에게 충고하라.
2. 윤리적으로 의무를 수행하는 데 손상이 될 만한 어떤 행동에도 관여하지 마라.
3. 전문가로서의 평판이 훼손될만한 어떠한 활동도 지지하거나 거기에 관여하지 마라.
4. 긍정적 윤리 문화 확산에 기여하고 개인의 이익보다 전문가로서의 성실성을 우선시 하라.

IV. 신뢰성(credibility)

1. 공정하고 객관적인 정보를 전달하라.
2. 정보이용자들이 보고서, 분석자료, 건의서를 이해하는 데 영향을 미칠 것이라고 합리적으로 기대할 수 있는 모든 적절한 정보를 공개하라.
3. 정보, 적시성, 처리과정의 지연이나 부족, 혹은 조직 정책이나 적용 법률에 적합한 내부통제를 공개하라.
4. 책임 있는 판단 및 활동의 성공적인 수행을 방해하는 전문가적 한계 혹은 다른 제약을 인식하고 의사소통하라.

윤리적 갈등의 해소

전문직업윤리규정을 적용함에 있어, 여러분은 비윤리적 행동을 확인하거나 윤리적 갈등을 해소해야 하는 문제에 직면하게 될지도 모른다.
이러한 상황에 직면했을 때 회원들은 이것을 무시하지 말고 적극적인 문제 해결을 모색해야 한다.
어떤 단계를 따라야 하는지를 결정할 때, 회원은 관련된 모든 위험과 보복에 대한 보호장치가 존재하는지 고려해야 한다.

비윤리적 문제에 직면했을 때, 회원은 가능한 익명 신고 시스템을 사용하는 것을 포함한 조직의 정책을 따라야 한다.

만약 조직의 정책이 존재하지 않는 경우 회원은 다음의 행동방침을 따라야 한다.

- 결정과정에는 회원의 직속상사와의 논의가 포함될 수 있다. 직속상사가 개입되어 있는 경우에는, 더 상급자에게 쟁점을 보고하라.
- IMA는 회원이 IMA 전문직업윤리규정의 핵심요소를 윤리적 문제에 어떻게 적용할 수 있는지에 대한 익명의 지원을 제공한다.
- 회원은 윤리적 갈등과 관련한 법적 책임과 권리, 그리고 위험에 대해 변호사와 상담하는 것을 고려해야 한다.

윤리적 갈등이 만족스럽게 해결되지 못할 경우, 회원은 조직과의 관계단절도 고려할 수 있다.

- 비밀이 유지되어야 할 정보를 알려주지 못할 정도로 임직원들을 신뢰할 수 없다고 가정해 보자. 그렇다면 최고경영자는 회사 내에서 그러한 정보를 임직원과 나누기를 꺼리게 될 것이고, 결과적으로 의사결정은 불완전한 정보에 근거하게 되고 영업은 악화될 것이다.
- 임직원들이 공급자들로부터 뇌물을 받는다고 가정해 보자. 그렇다면 가장 적격한 공급자가 선택되지 못하고 가장 뇌물을 많이 준 공급자와 계약하게 될 것이다. 여러분들은 가장 뇌물을 많이 준 하도급자가 만든 날개가 달린 비행기를 타고 싶은가? 그래도 여러분들은 예전처럼 자주 비행기를 탈 수 있겠는가? 이렇게 계약된 부품으로 만든 제품 때문에 안전이 의심된다면 항공업계에는 어떤 일이 벌어지겠는가?
- 기업의 사장이 관례적으로 연간보고서와 재무제표를 거짓으로 보고한다고 가정해 보자. 투자자들이 기업의 재무제표에 대해 신뢰할 수 없다면, 투자와 관련한 의사결정을 하지 못할 것이다. 합리적인 투자자들은 기업이 발행한 주식을 비싼 값에 사지 않을 것이고, 아예 투자하기를 꺼릴지도 모른다. 결과적으로, 기업은 자금조달이 어려워 더 이상 투자활동을 할 수 없게 될 것이다. 이로 인해 경제성장이 둔화될 것이고, 재화와 서비스의 생산량은 줄어들 것이며, 가격은 더욱 높아질 것이다.

윤리적인 행동은 경제의 윤활유가 될 뿐만 아니라, 관리회계의 근간이 된다. 관리자들이 계획, 통제 및 의사결정을 하기 위해 의존하는 수치들이 적법하고, 객관적이고, 정직한 방법으로 수집, 분석 및 보고되지 않는다면 이 모든 것이 무의미해 질 수도 있다. 여러분들이 경력을 쌓아가면서 윤리적 의미가 내재된 의사결정을 내려야 할 때가 있다. 그러한 결정을 하기 전에, 다음과 같은 단계를 거치는 것을 당부한다. 첫째, 다른 행동 대안을 찾아본다. 둘째, 여러분들의 의사결정에 영향을 받는 모든 이해관계자들을 찾아 본다. 셋째, 각 대안의 실행에 따른 영향을 받는 각 이해관계자들에게 좋은 영향을 미칠지 아닐지에 대해 파악한다. 여러분들이 IMA 전문직업윤리규정의 전반적인 부분에 대해 완전하게 이해했고, 그럼에도 불구하고 혼란스러운 부분이 있다면 IMA 윤리 전화 서비스(800-245-1383) 등과 같은 외부의 도움을 받을 수 있는 방안을 강구해 보길 바란다(도표 P-6 참고). 최종적으로 의사결정을 내리기 전에 스스로 한 가지 질문을 해 보자. "내가 선택한 대안이 **월스트리트저널**의 1면을 장식해도 아무 문제가 없을까?"

경영전략

기업은 요행만으로는 성공할 수 없다. 기업은 시장에서 성공하기 위해서 실효성 있는 **전략**을 수립해야 한다. **전략(strategy)**은 기업이 자신을 경쟁자에 비해 두드러지게 함으로써 고객의 마음을 사로잡을 수 있게 하는 "작전 계획(game plan)"이다. 기업 전략의 초점은 기업의 목표 고객에 맞춰져 있어야 한다. 기업은 고객들이 경쟁자보다 자신을 선택할만한 이유를 만들어 내야 성공할 수 있다. 이러한 이유들, 혹은 보다 공식적으로 **고객가치 제안**(*customer value propositions*)이라고 하는 것이 전략의 본질이다.

고객가치 제안은 세 가지의 넓은 범주—**고객 친밀성**(*customer intimacy*), **운영 효율성**(*operational excellence*), **제품 선도성**(*product leadership*)—로 구분된다. 고객 친밀성 전략을 채택한 기업들은 본질적으로 그들의 목표 고객들에게, "당신이 우리를 선택해야 하는 이유는 우리가 당신의 개인적인 요구를 우리 경쟁사들보다 더 이해하고 만족시켜 주기 때문입니다."라고 말한다. Ritz–Carlton, Nordstorm 및 Virtuoso(프리미엄 서비스 제공 여행사)는 그들의 성공을 위해 고객 친밀성 전략에 주로 의존하고 있다. 두 번째 고객가치 전략인 운영 효율성을 추구하는 기업들은 그들의 목표 고객들에게, "당신이 우리를 선택해야 하는 이유는 우리가 제품과 서비스를 우리 경쟁사들보다 더 빠르고 편리하게 그리고 더 낮은 가격으로 제공하기 때문입니다."라고 말한다. **Southwest Airlines**, **WalMart** 및 **Google**은 운영 효율성으로 성공한 기업들이다. 세 번째 고객가치 전략인 제품 선도성을 추구하는 기업들은 그들의 목표 고객들에게, "당신이 우리를 선택해야 하는 이유는 우리가 다른 경쟁사들에 비해 고품질의 제품을 제공하기 때문입니다."라고 말한다. **Apple**, **Cisco System** 및 **W.L. Gore**(GORE-TEX® 원단 제작자)는 제품 선도성으로 성공한 기업들이다.[6]

경영자들이 수립하는 계획, 그들이 통제하고자 하는 변수들 및 그들이 내리는 의사결정들은 모두 기업의 전략에 영향을 받는다. 예를 들어 Walmart는 고가의 의류를 판매하는 매장을 설치하는 계획을 수립하지는 않을 것이다. 이는 그들이 내세우는 운영 효율성이나 "365일 최저가(everyday low prices)"라는 전략에 부합하지 않기 때문이다. Apple은 원가절감에만 초점을 둔 성과측정치로서 그들의 영업을 통제하지는 않을 것이다. 왜냐하면, 이는 그들이 내세우는 제품 선도성을 통한 고객가치 창출이라는 전략과 상충되기 때문이다. 마지막으로, **Rolex**는 단기적으로 판매량 증가를 통해 이익 증가를 달성할 수 있더라도 시계 가격을 인하하는 정책을 시행하지는 않을 것이다. 이는 당초 제품 선도성을 통한 고객가치창출이라는 전략을 기반으로 형성된 Rolex의 고급 브랜드 이미지에 부정적인 영향을 줄 수 있기 때문이다.

전사적 위험관리

모든 전략, 계획 및 의사결정은 위험을 내포하고 있다. **전사적 위험관리(enterprise risk management)**는 그러한 위험을 미리 식별하고 적절히 대응하여 그들의 목표 달성을 확고히 하기 위하여 기업이 사용하는 절차이다. 도표 P–7에서 좌측 칼럼은 기업이 직면하는 10가지 사업 위험의 예를 제시하고 있다. 이러한 위험에는 날씨와 관련한 위험부터 컴퓨터 해커, 법규 준수, 임직원 절도, 고객에 해악을 미치는 위험까지 그 범위가 다양하다. 도표 P–7의 우측 칼럼은 도표의 좌측에서 언급한 각 위험을 감소시키기 위해 기업이 실시하는 통제활동의

6 이러한 세 가지 고객가치 제안에 대한 구체적인 내용은 Michael Treacy와 Fred Wiersema의 논문인 "Customer Intimacy and Other Value Disciplines," *Harvard Business Review*, Volume 71 Issue 1, pp. 84-93.을 참고하기 바란다.

도표 P-7 사업위험의 식별

사업 위험의 예	사업 위험을 감소시키기 위한 통제활동의 예
• 컴퓨터 파일을 통한 지적자산의 도난	• 해커로부터 지적자산의 손상이나 도난을 방지하기 위해 방화벽 설치
• 고객에게 해악한 제품들	• 공식적이고 엄격한 제품 테스트 프로그램 개발
• 경쟁사의 예상치 못한 행위로 인한 시장점유율 잠식	• 경쟁사의 계획과 실행에 대한 정보를 합법적으로 수집하는 접근방법 개발
• 악천후로 인한 영업 정지	• 날씨와 관련한 혼란을 극복하기 위하여 우발상황에 대비한 계획 수립
• 웹사이트 마비	• 웹사이트에 대한 철저한 테스트
• 원재료의 수급을 중단시키는 공급자의 파업	• 필요한 원재료를 제공받을 수 있는 복수기업과의 관계 유지
• 종업원이 잘못된 의사결정을 하게 만드는 취약한 성과급 시스템	• 바람직한 행동이 유발되도록 하는 균형적인 성과측정 기준 개발
• 재무제표에 부정확한 재고자산의 보고	• 재무보고와 일치하는지를 확인하기 위한 재고 실사
• 종업원에 의한 절도	• 동일한 종업원이 자산의 보관과 그에 대한 회계업무를 동시에 맡지 못하도록 업무를 분리
• 권한 없는 정보에 대한 종업원의 접근	• 종업원이 직무에 필요하지 않은 정보를 획득하지 못하도록 비밀번호를 이용한 보호장치 마련
• 초과 혹은 부족한 제조를 초래하는 부정확한 예산 추정	• 엄격한 예산 검토 과정 실시
• 남녀고용평등법의 위반	• 법률 준수와 관련한 주요 지표에 따라 보고서 작성

예를 제시하고 있다.[7] 이러한 유형의 통제들이 위험을 완전히 제거할 수는 없지만, 기업들이 불행한 사건에 너무 늦게 대응하지 않고 선제적으로 위험을 관리할 수 있도록 해준다.

관리회계는 기업이 계획을 달성하지 못할 위험을 감소시키기 위한 통제활동을 돕는다. 예를 들어 만약 회사가 한정된 예산과 시간을 이용하여 새로운 제조설비를 건설하는 계획을 수립하였다면, 이를 엄수하기 위한 통제 수단을 확립하고 감시해야 한다. 위험관리는 의사결정에 있어서도 아주 중요한 측면이 있다. 예를 들어 회사가 업무 중 일부를 해외로 아웃소싱함으로 인해 절감된 노무원가를 계량화하는 경우에는 재무분석 외에도 그에 따른 위험도 신중히 평가하여 보완해야 할 것이다. 해외의 제조업체들이 아동 노동력을 착취하지는 않을까? 제품의 품질이 저하됨으로써 사후보증수리에 문제가 발생하거나, 고객 불만 및 소송 등이 뒤따르지는 않을까? 고객으로부터 주문을 받은 때부터 배달까지 걸리는 시간이 너무 길어지지는 않을까? 국내 임직원들을 해고시키는 것이 조직 내 사기를 저하시키지는 않을까? 이러한 것들이 바로 경영자들이 의사결정을 함에 있어 통합적으로 고려해야 할 위험의 유형들이다.

7 위험 감소를 위한 통제 뿐만 아니라, 회사는 위험 수용 또는 회피 등 다른 대응 방안을 선택할 수 있다.

또한 회사는 재무회계의 통제를 사용하여 자산을 보호하고 재무보고 오류의 위험을 최소화해야 한다. 도표 P-8은 회사가 자산을 보호하고 재무보고 위험을 줄이기 위해 사용하는 7가지 유형의 통제 방법이 설명되어 있다. 도표의 각 항목은 예방 통제와 또는 적발 통제로 표시되어 있다. **예방 통제**는 바람직하지 않은 이벤트 발생을 방지한다. **적발 통제**는 이미 발생한 바람직하지 않은 이벤트를 탐지한다.

도표 P-8에서 볼 수 있듯이 특정 유형의 거래에 대한 권한 부여는 예방 통제이다. 예를 들어, 회사는 부적절한 현금 지급의 위험을 줄이기 위해 특정 선임 관리자가 일정 금액을 초과하는 모든 수표에 서명하도록 하는 경우가 종종 있다. 조정(*reconciliations*)은 적발 통제에 속하게 된다. 만일 여러분이 불일치를 해결하기 위해 은행 명세서를 수표장(checkbook)과 비교한 적이 있다면, '은행 조정' 이라고 하는 조정 유형을 수행한 것이다. 이것은 은행에서 이미 저지른 실수를 찾거나 본인의 기록에서 실수한 내역을 확인하는 것이기 때문에 적발 통제에 속하게 된다. 회사에서 재고 실사를 수행할 때 다른 유형의 조정이 발생한다. 실제 재고값이 회계 정보와 비교되어 불일치가 식별되고 해결될 수 있다.

또한 도표 P-8에는 거래 승인, 거래 기록 및 관련 자산의 보관 유지에 대한 책임을 분리하는 예방 통제인 업무분장이 언급되어 있다. 예를 들어, 동일한 직원이 재고 구매를 승인하고 해당 구매에 대한 회계 처리, 재고 관리를 할 수 없어야 한다. 물리적 보호는 권한이 없는 직원이 재고품이나 컴퓨터 장비와 같은 자산에 접근할 수 없게 한다. 성과 검토는 벤치마킹 대상과 비교할 때 실제 결과가 합리적임을 보장하기 위해 감독직 직원이 수행하는 적발 통제이다. 만일 실제 결과가 예상과 다른 경우 추가 분석을 시작하여 편차의 근본 원인을 확인한다. 회사는 각 거래를 지원하는 증거를 제공하기 위해 기록을 유지한다. 예를 들어, 회사는 일련 번호가 매겨진 수표(적발 통제)를 사용하여 모든 현금 지급을 쉽게 추적할 수 있다. 마지막으로 회사는 암호(예방 통제) 및 접근기록(탐지 통제)을 사용하여 전자 데이터의 접근을 적절하게 제한함으로써 정보 시스템 보안을 유지한다.

도표 P-8 재무보고의 내부통제의 유형

통제의 유형	분류	설명
승인	예방	경영진이 특정 유형의 거래를 공식적으로 승인할 것을 요구
조정	적발	관련있는 자료를 비교하여 불일치 식별 및 해결
업무분장	예방	거래의 승인, 거래의 기록 그리고 관련자산의 물리적 통제와 관련된 업무를 분리
물리적 보호	예방	자산을 보호하기 위해서 카메라, 잠금장치 그리고 물리적 보호장치를 사용
성과 검토	적발	예상치 못한 결과를 식별하기 위해서 다양한 벤치마크와 실제 성과를 비교
기록의 유지	적발	거래를 뒷받침하는 수작업 증거 또는 전자적 형태의 증거를 유지함
정보시스템 보안	예방/적발	적절한 데이터 접근제한을 위해 패스워드나 접근기록 등의 통제를 사용함

이러한 유형의 통제는 회사가 위험을 줄이는 데 도움이 될 수 있다고 강조하지만 회사가 목표를 달성한다고 보장할 수 없다. 예를 들어, 통제 시스템을 우회하기 위해 두 명 이상의 직원이 공모할 수 있고, 회사의 고위 경영진이 의도적으로 규정된 정책과 절차를 무시하여 재무 결과를 조작할 수도 있다. 이러한 현실은 조직을 윤리적으로 "최상의" 상태를 유지하기 위하여 노력하는 고위 경영진(최고 경영자 및 최고 재무 책임자 포함)의 중요성을 강조하고 있다.

IN BUSINESS | 기업현장

환자가 수술을 받을 때 위험관리

존스 홉킨스 대학의 연구자들에 의한 연구는 의료사고라고 불리는 잘못된 신체 부위를 수술하는 것과 같이 절대로 일어나서는 안 되는 수술적 오류에 대해 매년 4,000건 이상의 청구서가 접수된다고 추정했다. 이 연구는 20년 동안 이런 의료사고에서 환자의 6.6%에서 사망하고 거의 33%에서 영구적인 부상을 입었다는 것을 발견했다. 이 사건들의 후속 소송으로 인한 총 지급액은 13억 달러를 넘어섰다.

이러한 통계를 볼 때, 많은 병원들이 위험을 식별하고 그러한 위험을 줄이기 위해 통제력을 구현하는데 더 많은 관심을 기울이고 있다는 것은 놀라운 일이 아니다. 예를 들어, 수술 종료 후 수술 물체가 환자 내부에 남아 있을 위험을 줄이기 위해, 병원에서는 수술 절차 전후에 계측기, 바늘, 스폰지 등의 숫자를 세는 등 통제절차를 도입하고 있다. 무선 주파수 식별(RFID) 태그도 상처 봉합 전에 환자 내부의 기기를 감지하는 데 사용되고 있다.

Source: Landro, Laura, "How to Make Surgery Safer," *The Wall Street Journal*, February 17, 2015, pp. R1–R2.

기업의 사회적 책임

기업은 주주들이 만족할만한 재무적 성과를 달성하기 위한 전략을 개발해야 할 책임이 있다. 뿐만 아니라 기업은 회사의 성과에 관심이 있는 고객, 임직원, 공급자, 지역공동체 및 환경단체와 인권단체와 같은 다른 이해관계자들에 대한 사회적 책임도 있다. **기업의 사회적 책임(corporate social responsibility; CSR)**은 기업이 의사결정을 함에 있어 기업 주변의 모든 이해관계자들을 고려해야 한다는 개념이다. CSR은 단순히 기업이 법률 등 규제를 준수해야 한다는 개념을 넘어 이해관계자들의 기대에 부응하기 위하여 자발적인 행동을 수행해야 함을 의미한다. **Procter & Gamble**, **3M**, **Eli Lilly and Company**, **Starbucks**, **Microsoft**, **Genentech**, **Johnson & Johnson**, **Baxter International**, **Abbott Laboratories**, **KPMG**, **PNC Bank**, **Deloitte**, **Southwest Airlines** 및 **Caterpillar**와 같은 많은 기업들이 사회적 책임에 대한 성과를 웹사이트에 게재하고 있다.

도표 P–9는 여섯 그룹의 이해관계자에 대한 기업의 사회적 책임의 예를 제시하고 있다.[8]

8 도표 P–9의 예들 중 대부분은 Terry Leap and Misty L. Loughry의 "The Stakeholder-Friendly Firm," *Business Horizons*, March/April 2004, pp. 27-32에서 발췌한 것이다.

도표 P-9

기업의 사회적 책임에 대한 예

고객에 대한 책임
- 안전하고 품질이 높은 합리적 가격의 제품
- 제품과 서비스의 만족스럽고 친절하고 신속한 배달
- 제품 관련 위험에 대한 완전한 공시
- 구매와 배송추적을 용이하게 할 수 있는 정보시스템

종업원에 대한 책임
- 안전하고 인간적인 작업환경
- 차별 철폐 및 고충처리를 요구할 수 있는 권리
- 공정한 보수
- 훈련, 승진 및 자기계발을 위한 기회

공급자에 대한 책임
- 공정한 계약 및 신속한 결제
- 주문 처리를 할 충분한 시간
- 적시에 완료된 배송에 대하여는 문제 제기 없이 수락
- 일방적이 아닌 협동적인 행동

지역공동체에 대한 책임
- 공정한 세금 납부
- 공장폐쇄 등의 계획에 대한 투명한 정보
- 자선단체, 학교 및 시민단체에 대한 지원
- 지역주민들의 알 권리 충족

주주에 대한 책임
- 능력있는 경영진
- 정확하고 완전한 재무정보에 대한 용이한 접근
- 기업의 전사적 위험에 대한 완전한 공시
- 합리적인 질문에 대한 솔직한 답변

환경단체 및 인권단체에 대한 책임
- 온실가스 배출 데이터 공개
- 재활용과 자원 보호 데이터 공개
- 아동 노동력에 대한 투명성
- 개발도상국에 있는 공급자에 대한 완전한 공시

기업이 이 여섯 그룹의 이해관계자들의 요구를 충족시키지 못하는 경우에는 재무성과에 악영향을 미칠 수도 있다. 예를 들어 회사가 환경오염을 유발했다거나 혹은 안전한 작업환경을 제공하지 못한 경우에는 환경단체 및 인권단체로부터 부정적인 여론이 형성되어 고객들은 떠나고 우수한 인재들은 다른 회사를 지원할 것이다. 그리고 두 경우 모두 결국에는 회사의 재무성과에 악영향을 끼치게 될 것이다. 이러한 이유로 관리회계에서는 관리자들이 계획을 수립하고, 통제를 실시하고, 의사결정을 함에 있어 모든 이해관계자들에게 미치는 영향을 고려해야 함을 강조하는 것이다.

기업현장 | IN BUSINESS

피난 계획: 불행하지만 필요한 기업의 사회적 책임

기업은 직원의 업무에 대해 돈을 지불하는 것 이상의 책임을 진다. 예를 들어, 세계적으로 분산된 기업의 직원들이 정치적 불안, 테러, 에볼라 사태, 폭력적인 봉기 등의 사건으로 위협을 받을 때, 그들의 안전을 주의해야 할 책임이 있다. 이러한 노력에 있어서 고용주들을 돕기 위해, **글로벌 구조**와 **국제 SOS**와 같은 회사들은 위험한 상황에서 직원들을 (항공, 육지 또는 해상으로) 탈출시키기 위한 비상 계획을 설계하고 실행하는 것을 전문으로 한다. 이러한 기업 책임의 심각성을 인정하여, 영국은 기업 과실치사 처벌 법안을 가결했다.

Source: Fry, Erika, "The Great Escape Business," *Fortune*, December 1, 2014, p. 16.

공정관리

대부분의 기업들은 마케팅부서, 연구개발부서 및 회계부서와 같이 기능별 조직구조를 가지고 있다. 이러한 부서들은 "지휘 계통(chain of command)"에 따라 명확하게 상하의 관계를 가지고 있다. 그러나 능력있는 경영자라면 단순히 기능별로 구분된 부서의 개념을 뛰어 넘어 기업의 가장 중요한 이해관계자인 고객의 요구를 충족시킬 수 있는 비즈니스 프로세스를 이해해야 한다. **비즈니스 프로세스(business process)**란 사업에서 어떤 과업을 수행하기 위한 일련의 단계를 말한다. 비즈니스 프로세스를 구성하는 연쇄적인 단계들은 부서의 경계를 서로 연결해준다. **가치 사슬(value chain)**이란 조직의 기능부서들이 비즈니스 프로세스를 형성하기 위해서 어떻게 서로 상호작용하는지를 의미한다. 도표 P-10에서 보듯이 가치사슬은 기업의 제품과 서비스에 가치를 더해주는 주된 사업기능으로 구성된다.

경영자들은 계획, 통제 및 의사결정이 효과적으로 수행되도록 하기 위해 가치사슬에 대해 이해할 필요가 있다. 예를 들어 회사의 엔지니어가 새로운 제품을 설계하기 위한 계획을 수립하는 경우, 그들은 제조부서와는 그러한 제품이 실제로 제조가 가능한지, 마케팅부서와는 그러한 제품에 대한 고객들의 수요가 있는지, 유통부서와는 비용 측면에서 효율적으로 고객들에게 배송이 가능한지, 그리고 회계부서와는 새로운 제품으로 인해 수익성이 향상될 것인지에 대해 의사소통해야 한다. 통제와 의사결정의 관점에서 보면, 경영자들은 기능별 성과보다는 프로세스 효율성에 초점을 맞춰야 한다. 예를 들어 구매부서에서 원재료의 구입 원가 절감에만 신경을 쓴다면, 제조부서에서는 이로 인한 불량과 재작업이 증가할 것이고, 고객서비스부서의 불만이 증가할 것이다. 또한 고객들이 제품에 만족하지 못하고 경쟁사로 눈을 돌리게 됨으로써 마케팅부서에도 큰 위협이 될 수 있다.

경영자들은 흔히 **린 사고**(*lean thinking*) 혹은 **린 생산**(*lean production*)이라고 불리는 공정관리를 이용하고 있다. **린 생산**이란 비즈니스 프로세스의 흐름을 둘러싼 사람과 기계 등의 자원을 조직화하는 경영 접근법으로 고객의 주문에 대응하여 제품을 생산하는 방식을 의미한다. 이는 흔히 **적시생산**(*just-in-time production, JIT*)이라고 불리는데, 왜냐하면 제품은 고객의 주문에 의해서 생산되고 적시에 완성되어 고객에게 배송되기 때문이다. 전통적인 제조 방식은 고객의 요구에 상관없이 일단 생산을 극대화하여 재고가 남아도는 시스템이었던 반면, 린 사고는 이러한 전통적인 제조방식과는 다른 방식이다. 린 사고는 고객의 주문에 의해서 제품을 생산하기 때문에, 생산량과 판매량이 거의 일치하게 되고, 이로 인하여 재고를 최소한의 수준으로 줄일 수 있게 된다. 린 접근법은 전통적인 제조방식에 비해 불량이 줄고, 제품을 완성하기까지 소요되는 시간도 감소되고, 보다 빠른 고객 대응이 가능한 생산 방식이다.

도표 P-10 가치사슬을 구성하는 사업 기능

리더십 관점

임직원들은 다양한 요구, 신념 및 목표를 가지고 직장생활을 한다. 따라서 조직의 리더는 그들을 두 가지 공통된 주제—전략적 목표를 추구하고 최적의 의사결정을 하는 것—로 통합하게 하는 중요한 역할을 수행해야 한다. 이러한 임무를 완수하기 위해, 리더들은 인간 행동에 영향을 미치는 **내적 동기**, **외적 동기** 및 **인지 편향**에 대한 이해가 필요하다.

내적 동기 내적 동기(*intrinsic motivation*)는 우리 자신 안으로부터 나오는 동기를 의미한다. 여러분들의 삶에서 가장 성취감이 컸던 때를 생각해 보라. 그리고 무엇이 여러분들을 그 목표에 도달할 수 있도록 동기부여 했는지 스스로에게 물어보라. 아마도 강제적으로 어쩔 수 없이 했던 일들이 아니라, 여러분 스스로 성취하길 원했던 일에서 목표를 달성할 수 있었던 경험이 더 많을 것이다. 즉 여러분들은 내적으로 동기부여를 받아온 것이다. 이와 유사하게, 조직도 회사의 이익을 추구할 수 있도록 임직원들이 내적으로 동기부여를 받았을 때 발전할 수 있다. 조직 내에서 **신뢰**와 **존경을 받는** 리더는 임직원들이 조직의 전략적 목표를 쫓을 수 있도록 내재적으로 동기부여할 수 있어야 한다. 경력을 쌓아나갈수록, 신뢰성있는 리더로 인정받으려면 세 가지 자질을 갖추어야 하는데, (가치사슬을 연결시킬 수 있는) 기술적 적격성, (윤리와 정직성 관점에서) 개인적 성실성, 그리고 (연설뿐만 아니라 글을 쓰는 기술까지 포함한) 강력한 의사소통 기술이 그것이다. 리더로서 인정받기 위해서는 조직 내 동료들의 가치를 존중해야 하고, 추가적으로 세 가지 자질을 더 갖추어야 하는데, (다른 사람들이 그들의 잠재력을 이끌어낼 수 있도록 하는) 강력한 멘토링 기술, (동료로부터 배우고 그들의 요구에 대응할 수 있는) 경청할 수 있는 능력, 그리고 (조직의 성공에 기여한 임직원에 대한 경의를 표시하는) 겸손함이 그것이다. 여러분들이 이러한 여섯 가지 자질을 갖춘다면, 여러분들은 임직원 스스로 조직의 목표로 향하게 하는 리더가 될 수 있는 잠재력을 가지게 될 것이다.

외적 동기 많은 조직들이 조직의 목표를 강조하고 임직원들을 동기부여하기 위해 **외적 동기**(*extrinsic incentives*)를 이용한다. 예를 들어 회사가 과업 완수에 소요되는 시간을 20% 감축시킬 목표를 수립했다고 가정하자. 추가로 회사가 3개월 내에 목표를 달성하는 임직원들에게 보너스로 보상하기로 했다고 가정하자. 이 예에서, 회사는 회사의 목표를 강조하고 임직원들이 그것을 달성하도록 동기부여를 하기 위하여 보너스라고 알려진 외적 동기의 한 유형을 선택하여 이용하고 있는 것이다.

이러한 유형의 보상이 임직원들의 행동에 강력한 영향을 미칠 것이라고 주장함으로써 외적 동기를 지지하는 사람들이 있는 반면에, 이로 인하여 부작용이 생길 것이라는 비판도 많이 있다. 예를 들어 앞에서 언급한 바와 같이 3개월 내에 20%의 시간 감축이라는 목표를 달성하는 임직원들이 보너스로 이를 보상받는다고 가정하자. 하지만 3개월 동안 임직원이 완수한 과업의 품질이 저하되어 회사의 수선유지비용, 반품 및 고객이탈 현상이 급증할 수도 있다는 점을 간과해서는 안 된다. 이 사례에서 외적 동기가 적절히 작동하고 있다고 볼 수 있을까? 대답은 그렇다가 될 수도 있고 아니다가 될 수도 있다. 보너스 체계는 시간 감축이라는 목표를 달성하도록 임직원에게 동기부여를 했지만, 임직원들이 이러한 목표를 달성하는 데에만 초점을 두고 품질을 소홀히 한다면 수선유지 비용, 반품 및 고객이탈 현상의 증가라는 의도하지 않은 결과가 나타날 수도 있다. 즉 보기에는 잘 갖추어진 외적 동기라 하더라도, 회사에 뜻하지 않은 나쁜 결과를 초래할 수도 있는 것이다. 이 사례는 여러분들이 리더로서 언젠가는 겪게 될 측면을 강조한 것이다. 여러분들은 임직원들이 회사에 해를 끼치지 않도록 하면서도 그들의 노력에 대해 공정하게 보상받을 수 있도록 외적 동기를 부여하는 성과급 체계를 고안해야 한다.

인지 편향 리더는 자신을 포함한 모든 사람들이 계획, 통제 및 의사결정에 부정적인 영향을 미치는 **인지 편향**(*cognitive biases*) 혹은 사고의 왜곡 과정을 가지고 있음을 알 필요가 있다. 인지 편향이 어떻게 작용하는지 예를 들어보자. 판매자는 시청자들이 30분 내에 주문전화를 하면, $200의 가치를 가진 제품을 $19.99에 판매하겠다고 "해설식 광고(infomercial)"를 하고 있다. 여러분들은 왜 판매자가 그 제품이 $200의 가치가 있다고 주장하는 지에 대해 생각해 보았는가? 판매자는 인지 편향 혹은 **기준점 편향**(*anchoring bias*)을 이용하고 있는 것이다. "기준(anchor)"은 그 제품이 실제로 $200의 가치가 있다는 거짓 주장이 된다. 시청자들이 이 잘못된 정보를 믿게 되면, 실제 가치가 $19.99도 안되는 제품에 그들의 돈을 낭비하는 왜곡된 판단을 할 수 있는 것이다.

인지 편향을 완전히 제거할 수는 없더라도, 유능한 리더라면 그 부정적인 영향을 감소시키기 위하여 두 가지 단계를 거쳐야 한다. 첫째, 스스로가 인지 편향의 영향을 받을 수 있다는 점을 인정해야 한다. 예를 들어 리더의 결정은 낙관주의 편향(optimism bias; 미래 성과에 대해 지나치게 낙관하는 경향) 혹은 자기 고양 편향(self-enhancement bias; 다른 사람과 비교하여 자신의 강점은 지나치게 과대평가하고 약점은 지나치게 과소평가하는 경향)에 빠질 수 있다. 둘째, 다른 사람들에게 인지 편향이 나타날 수 있음을 인정해야 하고, 그에 따른 부정적인 영향을 최소화시킬 수 있는 기법을 도입해야 할 것이다. 예를 들어 확증 편향(confirmation bias; 사람들이 자신의 선입견을 확인해 주는 정보에만 집중하고, 그에 반하는 정보들은 평가절하하는 경향) 혹은 집단사고 편향(groupthink bias; 그들이 속해 있는 집단의 다른 사람들이 그렇게 하기 때문에 특정 대안을 지지하는 현상)의 위험을 감소시키기 위해, 리더는 다른 개인 혹은 집단이 제안한 권고사항을 평가하는 독립적인 조직을 구성하여 도움을 받을 필요가 있다.

관리회계전문가에 대한 더 넓은 견해

IN BUSINESS | 기업현장

IMA(Institute of Management Accounters)는 관리회계사가 시장에서 성공해야 한다고 생각하는 다양한 기술을 설명하는 역량 체계를 구축했다. 체계의 중심 부분은 리더십으로 다른 사람들과 협업하고 팀이 조직 목표를 달성하도록 격려하는 데 필요한 역량이다. 이 체계의 토대는 전문가적 윤리와 가치이며, 나머지 네 가지 역량에는 전략, 계획 및 성과, 보고 및 통제, 기술 및 분석, 경영 통찰력 및 운영이 포함된다.
이 체계는 프롤로그 앞부분에서 설명한 계획, 통제 및 의사결정의 핵심 요소로 확장된다. IMA는 회계 전문가들이 자신의 기술을 개발할 수 있도록 안내하고 경력 향상에 관심이 있는 동료들에게 멘토링을 할 수 있도록 이러한 확장된 역량 집합을 정의했다.

Source: The 44-page document that provides a detailed description of this framework is available at https://www.imanet.org/career-resources/management-accounting-competencies.

요약

이 장에서는 관리회계가 무엇인지 정의하고, 왜 그것이 경영학과 회계학 전공자들에게 중요한지에 대해 살펴보았다. 또한 관리회계의 양적 측면이 적용될 수 있는 기업의 환경으로서 일곱 가지 주제—빅데이터, 윤리, 경영전략, 전사적 위험관리, 기업의 사회적 책임, 공정관리, 리더십—에 대해서도 살펴보았다. 이 장의 가장 중요한 목표는 전공에 상관없이 관리회계가 여러분들의 향후 진로에 중요하다는 것에 대한 이해를 돕는 데에 있다. 회계는 기업의 언어이고, 그 언어는 여러분들이 동료 관리자들과 효과적으로 소통하고 영향을 미치는 데 필요한 것이다.

용어해설

가치사슬(value chain) 연구개발, 제품 디자인, 제조, 마케팅, 유통 및 고객 서비스 등과 같이 기업의 제품과 서비스에 가치를 더해주는 주된 사업 기능들.

계획(planning) 행동방침을 선택하고 그 행동이 어떻게 이행될지 정하는 것.

관리회계(managerial accounting) 조직 내부에서 사용할 목적으로 경영자들에게 정보를 제공하는 것과 관련이 있는 회계 분야.

기업의 사회적 책임(corporate social responsibility) 기업이 의사결정을 함에 있어 기업 주변의 모든 이해관계자들을 고려해야 한다는 개념.

린 생산(lean production) 비즈니스 프로세스의 흐름을 둘러싼 사람과 기계 등의 자원을 조직화하는 경영 접근법으로 고객의 주문에 대응하여서만 제품을 생산하는 것.

부문(segment) 경영자들이 원가, 수익 및 이익 관련 데이터를 얻고자 하는 조직의 부분이나 활동.

비즈니스 프로세스(business process) 경영에서 어떤 과업을 수행하기 위하여 따르는 일련의 단계.

빅 데이터(big data) 지속적인 보고와 분석을 위해 위해 기업 내외부에서 수집되는 대규모 데이터 집합.

성과보고서(performance report) 예산과 실제 결과를 구체적으로 비교하는 보고서.

예산(budget) 미래에 대한 구체적인 계획으로, 보통 정량적 형태로 나타남.

의사결정(decision making) 선택가능한 복수의 대안들 중 특정 행동방침을 선택하는 것.

재무회계(financial accounting) 주주, 채권자 및 조직 외부의 이해관계자들에게 정보를 제공하는 것과 관련이 있는 회계 분야.

전략(strategy) 기업이 자신을 경쟁자에 비해 두드러지게 함으로써 고객의 마음을 사로잡을 수 있게 하는 "작전 계획".

전사적 위험관리(enterprise risk management) 기업이 합리적으로 목표를 달성할 수 있도록, 기업이 직면하고 있는 위험을 식별하고 그러한 위험에 대응하는 방법을 개발하기 위해 사용되는 프로세스.

통제(control) 조직의 모든 부분이 효과적으로 작동하고 회사 전체의 목표를 달성하는 방향으로 나아가기 위한 절차를 수립하고 피드백을 얻도록 하는 프로세스.

질문

P–1 재무회계와 관리회계의 차이점은 무엇인가?

P–2 주요 텔레비전 방송국 중 하나를 선택해서 그 곳의 경영자들이 수행하고 있는 계획과 통제 활동에 대해 설명하시오.

P–3 부품을 자체적으로 생산할 것인지 혹은 해외의 공급자로부터 구매할 것인지에 대한 의사결정을 함에 있어 고려해야 할 양적, 질적 요소에는 어떠한 것이 있는가?

P–4 회사는 왜 예산을 수립하는가?

P–5 왜 관리회계가 경영학 전공자들과 그들의 향후 진로와 관련이 있는가?

P–6 왜 관리회계가 회계학 전공자들과 그들의 향후 진로와 관련이 있는가?

P–7 대기업 중 하나를 선택하여 이 장의 내용을 토대로 그들의 전략에 대해 설명하시오.

P–8 왜 관리회계담당자들은 기업의 전략을 이해할 필요가 있는가?

P–9 대기업 중 하나를 선택하여 그들이 직면하고 있는 세 가지 위험과 어떻게 이에 대응할 것인지에 대해 설명하시오.

P–10 기업의 위험이 그들의 계획, 통제 및 의사결정 활동에 어떠한 영향을 미치는 지에 대한 예를 세 가지 제시하시오.

P–11 대기업 중 하나를 선택하여 기업전체의 성과를 부문으로 나눌 수 있는 세 가지 방법에 대해 설명하시오.

P–12 기업의 사회적 책임에 대해 공시하고 있는 기업의 웹사이트를 찾아 그 보고서에 담겨있는 세 가지 비재무적 성과측정치에 대해 설명하시오. 회사는 이러한 보고서를 왜 공시한다고 생각하는가?

P–13 기업이 재고를 최소화하는 린 생산을 도입한 이유는 무엇인가?

P–14 리더십 기술이 관리자에게 중요한 이유는 무엇인가?

P–15 기업의 윤리적 행동이 중요한 이유는 무엇인가?

P–16 당신이 만일 식당 주인이라면 현금 관리를 위하여 어떤 내부 통제 방법을 구현할 것인가?

P–17 내부 관리의 한 형태로 공급 업체로부터 받은 송장에 대금 지불하기 전에 어떤 문서를 검토할 것인가?

P–18 외상 매출과 채권 관리를 위하여 어떤 내부 통제를 구현할 것인가?

P–19 회사가 연간 최소 1회의 재고 실사를 수행하는 이유는 무엇인가?

P–20 회사에서 수표, 판매 송장 및 구매 주문서와 같은 문서에 순차적으로 일련 번호를 매기는 이유는 무엇인가?

연습문제 connect

문제 P-1 계획과 통제

여러분이 영업관리자이고 사장과 함께 내년도 매출예산을 짜고 있다고 가정하자. 일단 매출예산이 수립되면, 조직 내 다른 부서들의 계획에도 영향을 미치게 될 것이다. 예를 들어 제조부문의 관리자는 매출예산을 달성하는 데 필요한 수량의 생산에 대한 계획을 수립해야 할 것이다. 매출예산이 너무 크면 재고 과잉이 되고, 너무 적으면 매출 손실이 발생한다.

모든 관련 자료를 분석한 결과, "가장 가능성이 높은" 결과는 매출 $100만라는 결론을 내렸다. 당신은 또한 영업팀이 초과근무를 하는 등 더욱 열심히 일한다면, "낙관적인" $120만의 판매도 가능하다고 생각한다. 반대로 경기가 안 좋아지면 "비관적인" $90만의 매출을 할 수 있을 것이라 생각한다.

요구사항:

1. 회사가 매출 예산을 단 하나의 목적으로만 사용한다고 가정하자. 즉, 생산량과 고객의 수요량을 맞춤으로써 재고와 판매 손실을 최소화는 것이다. 당신은 사장에게 어떤 매출 예측치를 제공할 것인가?
2. 회사가 매출 예산을 임직원들에게 예외적으로 놀라운 목표 달성을 위한 동기부여라는 목적을 위하여 수립한다고 가정하자. 당신은 사장에게 어떤 매출 예측치를 제공할 것인가?
3. 회사의 매출 예산이 세 번째 목적, 즉 임금 인상, 보너스 및 승진 가능성을 결정하는 데 사용된다고 가정하자. 만약 실제 판매가 판매 예산을 초과한다면, 그것은 당신의 경력에 도움이 될 것이다. 반대로 만약 실제 판매가 예산 판매보다 적다면, 그것은 당신의 금적적인 보상과 승진 가능성에 부정적인 영향을 미칠 것이다. 당신은 사장에게 어떤 매출 예측치를 제공할 것인가?
4. 처음 세 문제에 대한 답은 같은가 아니면 다른가? 그 이유는 무엇인가? 만약 사장이 당신의 예측치에 5~10%를 더한다는 것을 과거의 경험을 통해 알고 있다면, 앞의 3개의 요구사항에 대한 당신의 예측에 어떤 영향을 미칠 것인가?
5. 여러분의 조언 없이 사장이 단독으로 매출예산을 수립하는 것이 적절하다고 생각하는가? 이유는 무엇인가?
6. 사장의 조언 없이 여러분이 단독으로 매출예산을 수립하는 것을 회사가 허용할 것이라고 생각하는가? 이유는 무엇인가?

문제 P-2 통제

여러분이 항공기에서 수하물을 내리는 일을 하고 있다고 가정하자. 한 비행기 당 평균 100개 정도의 수하물이 있다고 한다. 여러분은 100개의 수하물을 10분 이내에 비행기에서 내려야 한다. 오늘 도착한 비행기에는 150개의 수하물이 실려 있었고, 여러분들은 그것들 모두를 13분만에 내렸다. 150개의 수하물을 다 내리고 나서, 사장은 여러분들에게 수하물을 내리는데 10분이 넘은 것에 대해 호통을 쳤다.

요구사항:

150개의 수하물을 내리는 데 13분 걸린 일로 사장이 호통을 친 것에 대한 여러분들의 생각은 어떠한가? 이 이야기를 기업이 어떻게 통제제도를 설계해야 하는가라는 큰 주제와 연결시킬 수 있는가?

문제 P-3 의사결정

본문의 도표 P–2에는 기업들이 흔히 직면하는 12가지 유형의 의사결정과 관련된 12가지의 질문을 포함하고 있다. 본문에서는 이 12가지 의사결정의 문제를 영리조직 차원에서만 논의하고 있다. 그러나 비영리조직에 대해서도 이들을 적용하는 것이 가능하다. 이 점을 설명하는 데 도움이 되는 예로서, 여러분이 대학의 총장, 교무처장 혹은 학장과 같은 상급 관리자라고 가정하자.

요구사항:

도표 P–2에 제시되어 있는 12가지의 의사결정을 참고하여, 대학에 대해 적용될 수 있는 의사결정 유형의 예를 제시하시오.

문제 P-4 의사결정

Richmond, Inc.는 북서지방에 44개의 백화점 체인을 운영하고 있다. 2년전 Richmond의 이사회는 고소득의 고객들을 유치하기 위해 매장을 대규모로 리모델링하는 것을 승인하였다.

이러한 계획을 최종적으로 승인하기 전에, 2개의 매장을 시범적으로 리모델링 하였다. 회계과장인 Linda Perlman은 이러한 시범 매장의 재무보고서 작성을 요청받았다. 그리고 그녀와 다른 경영자들은 이러한 매장의 수익성과 매출 성장률에 기초한 보너스를 제의했다. 재무보고서를 작성하던 중, Perlman은 할인 판매하거나 제조업자에게 반품해야 할 정도로 진부화된 재고가 많음을 발견했다. 그녀는 동료들에게 이러한 상황을 논의했지만, 재무적 성과와 보너스를 감소시키므로 진부화된 재고를 보고서에 포함시키지 않는 것으로 의견이 모아졌다.

요구사항:

1. IMA의 전문직업윤리규정(Statement of Ethical Professional Practice)에 따르면, Perlman이 진부화된 재고를 보고하지 않는 것은 윤리적이라 할 수 있는가?
2. Perlman이 위와 같은 상황에서 윤리적인 행동을 하는 것은 쉬운 일인가?

(CMA 수정)

문제 P-5 전략

아래의 표에는 여섯 회사의 이름이 나와 있다.

요구사항:

각 회사가 초점을 두고 있는 전략을 고객 친밀성, 운영 효율성, 제품 선도성으로 분류하라. 이 질문에 대한 답을 하기 전에 고객가치 제안(customer value propositions)에 대한 여러분들의 이해를 증진시키기 위하여, 각 회사가 가장 최근에 발행한 연차보고서를 검토해 보길 바란다.

회사명	전략
1. Deere	?
2. FedEx	?
3. State Farm Insurance	?
4. BMW	?
5. Amazon.com	?
6. Charles Schwab	?

문제 P-6 전사적 위험관리

다음의 표에는 일곱 종류의 산업이 제시되어 있다.

요구사항:

각 산업별로, 산업 내에서 경쟁하고 있는 기업들이 직면하고 있는 중요한 위험 한 가지를 찾아서 제시하시오. 또한 기업들이 여러분들이 제시한 위험을 감소시키기 위하여 사용할 수 있는 통제활동 한 가지를 제시하시오.

산업(예)	위험의 유형	위험을 감소시키기 위한 통제활동
1. 항공 (Delta Airlines)		
2. 의약품 (Merck)		
3. 배송 (United Parcel Service)		
4. 은행 (Bank of America)		
5. 석유가스 (ExxonMobil)		
6. 전자상거래 (eBay)		
7. 자동차 (Toyota)		

문제 P-7 기업윤리

40개가 넘는 주의 소비자와 변호사 연맹은 브레이크부터 얼라인먼트에 이르기까지의 자동차 수리 과정에서 꼭 필요하지도 않은 부품을 끼워 넣거나 불필요한 정비를 수행함으로써 고객들에게 부당한 이익을 챙긴 한 유명한 자동차 수리 체인점을 고소했다. 이와 관련하여 Lynn Sharpe Paine은 *Harvard Business Review*, Volume 72 Issue 3에 "조직의 위상을 위한 경영"이라는 글을 게재했는데 그 일부는 다음과 같다.

> 수익 감소, 시장점유율 감소, 경쟁자가 증가하는 시장 상황에 직면하여 … 경영자는 카센터의 성과를 증진하기 위해 … 자동차 서비스 전문가는 부품 또는 서비스별(스프링, 충격 흡수장치, 바퀴 정렬 서비스, 브레이크 작동 확인 서비스)로 판매수량을 할당하여 판매량에 따라 성과급을 지불하는 정책을 조언한다 … 판매할당량을 채우지 못하는 경우는 작업시간을 전가시키거나 줄여버린다. 특정 임직원들은 매출로 인한 압박이 너무 심하다고 호소하고 있다. 이러한 압박 때문에 임직원들은 최고경영자를 만족시키기 위해 고객에게 필요하지도 않는 부품과 서비스를 판매하고 있다.

모든 자동차 정비업체가 일상적으로 고객에게 필요하지도 않는 부품과 서비스의 판매를 시도 하고 있다고 가정하자.

요구사항:

1. 이러한 행동이 고객에게 어떤 영향을 미치게 될까? 고객들이 이러한 정비업체의 행동을 막기 위해서는 어떻게 해야 하는가?
2. 이러한 행동이 자동차 정비업체의 수익과 임직원에게 어떠한 영향을 미칠 것인가?

문제 P-8 인지 편향

1970년대에 대학진학을 앞둔 백만명의 학생들을 대상으로 자신과 그들의 동료들을 비교하는 조사를 시행한 적이 있다. 이 조사의 몇 가지 핵심적인 발견은 다음과 같다:

a. 70%의 학생들이 그들을 평균 이상의 리더십 자질이 있다고 평가한 반면, 2%의 학생들만이 그들이 리더십 자질에 있어 평균 이하라고 평가하였다.

b. 운동 능력에 있어서는, 60%의 학생들이 그들이 중위수 이상의 능력을 가졌다고 평가하였고, 6%의 학생들만이 그들이 중위수 이하라고 평가하였다.

c. 다른 사람들과 잘 어울려 지내는지에 대한 능력을 평가함에 있어, 60%의 학생들이 그들이 상위 10% 이내에 든다고 평가하였고, 반면 25%의 학생들은 그들이 상위 1% 안에 드는 대인관계 기술을 가지고 있다고 느끼는 것으로 나타났다.

요구사항:

1. 앞에서 언급된 데이터에 어떠한 유형의 인지 편향이 나타나 있는가?
2. 이러한 인지 편향이 관리자의 계획, 통제 및 의사결정 활동에 어떠한 방식으로 부정적인 영향을 미칠 것 같은가?
3. 관리자들은 그들의 행동에 부정적인 영향을 미칠 수 있는 이러한 인지 편향을 감소시키기 위하여 어떠한 조치를 취해야 하는가?

출처: Dan Lovallo and Daniel Kahneman, "Delusions of Success: How Optimism Undermines Executives' Decisions," *Harvard Business Review*, July 2003, pp. 56–63.

문제 P-9 윤리와 의사결정

여러분들이 Mountain 주립대학의 회계학과 학과장이라고 가정하자. 회계학과 교수 중 한명인 Candler 교수는 10년 넘게 학생들로부터 최악의 교수로 알려져 있다. 회계학과의 다른 교수들이 Candler 교수의 수업을 참관하고 내린 결론은 Candler 교수의 강의 능력이 매우 부족하다는 것이었다. 그러나 Candler 교수는 12년 전에 종신 재직권을 부여 받았기 때문에, 평생 Mountain 주립대학에서의 일자리가 보장되어 있다.

놀랍게도, 여러분은 오늘 Oregon Coastal 대학의 회계학과 교수로부터 전화를 받았다. 통화에서 Oregon Coastal 대학에서 Candler 교수에게 그 대학의 교수직을 제안하려 한다는 사실을 알게 되었다. 그러나 본격적으로 교수직을 제안하기 전에, Oregon Coastal 대학의 교수들은 Mountain 주립대학에서 Candler 교수의 강의 능력에 대한 여러분들의 평판을 듣고 싶어하고 있다.

요구사항:

여러분들은 Oregon Coastal 대학의 교수에게 어떻게 대답하겠는가? Candler 교수의 강의 능력에 대해 뭐라고 대답할 것 같은가? 이 질문에 대한 여러분들의 답변이 윤리적이라고 할 수 있는가? 그 이유는 무엇인가?

문제 P-10 기업의 사회적 책임

경제학자인 Milton Friedman은 그의 저서 자본주의와 자유(*Capitalism and Freedom*) 133페이지에서 "자유로운 사회에서 기업의 사회적 책임은 단 한 가지만 존재한다. 즉 그것은 기업이 사기와 부정 행위를 하지 않는 공정하고 자유로운 경쟁 환경 내에서… 이익을 증대시키기 위해 그들의 자원을 활용하며 행동하는 것이다."라고 하였다.

요구사항:

위 인용문의 견해에 동의하는가? 동의하지 않는가? 이유도 설명하시오.

문제 P-11 내적 동기와 외적 동기

*Harvard Business Review*에 실린 "왜 성과급제도가 제대로 작동하지 않는가,"(Volume 71, Issue 5)에서 저자인 Alfie Kohn은 다음과 같이 언급하고 있다.

"연구는 대체적으로 보상은 한 가지만을 확실히 보장하고 있다. 일시적인 순응이 그것이다. 태도와 행동의 변화를 지속시키려는 경우에는 징계와 마찬가지로 보상은 굉장히 비효과적이다. 보상이 소진되면, 사람들은 그들의 예전 행태로 다시 돌아가게 된다. … 심리학자들이 외적 동기라고 부르는 성과급은 우리의 행동을 근본적으로 변화시킬 수 없다. 그러한 보상들이 사람들에게 어떠한 가치나 행동을 지속적으로 하도록 만들 수는 없다. 이러한 보상은 우리가 늘상 하고 있는 일을 단순히, 혹은 일시적으로 변화시킬 뿐이다."

요구사항:

1. 위 인용문의 견해에 동의하는가? 그 이유는 무엇인가?
2. 경영자로서, 임직원들에게 동기부여를 하기 위한 방안을 어떻게 찾을 것인가?
3. 경영자로서, 임직원들의 성과에 대해 재무적 보상을 이용할 것인가? 만약 그렇다면, 그것이 효과적으로 작동하기 위한 핵심요소는 무엇인가? 만약 아니라면, 여러분들은 임직원들에 대해 어떠한 방식으로 보상을 하겠는가?

문제 P-12 인지 편향과 의사결정

제2차 세계대전 중, 미군은 실전 경험이 있는 전투기들을 대상으로 전투기의 어떤 부분이 적의 공격에 가장 취약한 지를 파악하기 위한 분석을 수행하였다. 이 연구의 목적은 각 전투기의 가장 취약한 부분을 찾아내어, 조종사의 안전과 전투기 내구성을 개선시키기 위하여 이 부분을 보강하는 것이었다. 미군이 수집한 자료에 따르면 전투기의 특정 부분은 비행기의 다른 부분들보다 적군의 공격에 더 많이 노출된 것으로 나타났다.

요구사항:

1. 여러분들은 적군의 공격에 더 많이 노출되었던 부분을 보강하기를 권하겠는가, 아니면 적군의 공격에 덜 노출되었던 부분을 보강하기를 권하겠는가? 그 이유는 무엇인가?
2. 인지 편향이 전투기 보강과 관련한 미군의 의사결정 과정에 영향을 미친다고 보는가?

출처: Jerker Denrell, "Selection Bias and the Perils of Benchmarking," *Harvard Business Review*, Volume 83, Issue 4, pp. 114–119.

문제 P-13 윤리와 의사결정

여러분은 12월의 마지막 주말을 미국 내 카지노에서 보냈다. 여러분들은 운좋게 카지노에서 $10,000를 따게 되었다. 카지노가 여러분들의 칩을 현금으로 교환해 주면서, 여러분들의 운전면허증 번호나 사회보장번호와 같은 개인정보를 기록하지 않았다. 4개월 후에 이전 연도에 대한 세금신고서를 작성하는 과정에서, 국세청이 납세자들의 도박소득을 소득세신고서(Form 1040)에 포함하여 신고할 것을 요구한다는 사실을 알게 되었다.

요구사항:

여러분들은 도박소득에 대한 세금을 납부하기 위해 도박소득을 국세청에 신고하겠는가? 여러분들의 그러한 행동이 윤리적이라고 생각하는가? 그 이유는 무엇인가?

Chapter 1

관리회계와 원가개념

©Scharfsinn/Shutterstock

학습목표

1장을 공부한 후에 다음을 할 수 있어야 한다.

학습목표 1-1 원가대상에 원가를 할당하기 위한 원가를 직접원가와 간접원가로 분류할 수 있다.

학습목표 1-2 기본적인 3가지 제조원가의 범주를 식별하고 예를 제시할 수 있다.

학습목표 1-3 재무제표 작성에 필요한 원가를 제조원가와 기간원가로 분류할 수 있다.

학습목표 1-4 원가를 원가행태에 따라 변동원가, 고정원가, 혼합원가로 분류할 수 있다.

학습목표 1-5 의사결정에 사용되는 원가인 차액원가, 매몰원가, 기회원가를 분류할 수 있다.

학습목표 1-6 상거래기업의 손익계산서를 전통적 방식과 공헌이익 접근법을 이용하여 작성할 수 있다.

전기차 배터리—관리회계 관점

BUSINESS FOCUS

McKinsey & Company의 연구에 따르면 전기 자동차 배터리의 가격은 2010년 킬로와트시 당 1,000달러에서 최근에는 킬로와트시 당 227달러로 꾸준히 하락하고 있다. 이들 배터리의 가격이 계속 하락함에 따라, 제조업체의 판매 가격 하락이 전기 자동차 판매 증가로 이어질지는 두고 볼 일이다.

관리회계 관점에서 전기차 제조업체는 배터리 원가는 직접재료원가, 제품원가, 변동원가 성격이다. 각 배터리의 원가는 특정 차량에 쉽게 추적할 수 있기 때문에 직접재료원가이다. 제조 공정에서 각 차량에 배터리를 하나씩 장착하는 것이 필수적이므로 제품원가에 해당한다. 차량당 배터리 원가는 일정한 반면, 더 많은 차량이 생산될수록 배터리 총원가는 증가하기 때문에 변동원가로 분류된다. ■

Source: Jacky Wong, "EV-Battery Makers Face Price Crunch," *The Wall Street Journal*, December 5, 2017, p. B13.

회계에서는 경영자의 필요에 따라 원가를 다양하게 분류한다. 예를 들어 **재무회계(financial accounting)**의 목적은 주주, 채권자, 규제당국 등 조직 외부의 이해관계자들에게 재무정보를 제공하는 것이다. 이러한 관점에서 원가는 재무제표작성 원칙에 따라 분류한다. 반면, **관리회계(managerial accounting)**의 목적은 조직 내부의 경영자들의 계획수립, 운영, 통제 등의 의사결정을 하는데 필요한 정보를 제공하는 것이다. 이러한 관점에서 원가는 경영자의 다양한 목적(미래 원가 예측, 실제원가와 예산원가의 비교, 부문별 원가의 배부, 경쟁 대안간의 원가 비교 등)에 따라 다양하게 분류된다.

각각의 목적에 맞는 원가 분류를 적용하는 것이 관리회계에서는 매우 중요하다. 도표 1-1은 이번 장에서 정의될 다양한 원가의 분류를 요약한 것이다. 원가는 (1) 원가를 원가대상에 할당하기 위한 분류, (2) 제조기업의 회계처리를 위한 분류, (3) 재무제표 작성을 위한 분류, (4) 원가행태 예측을 위한 분류, (5) 의사결정을 위한 분류 등으로 다양한 목적에 따라 다양하게 분류된다. 이 장에서 설명할 각각의 목적에 따른 원가의 분류에 따른 원가 용어들을 잘 이해한 다음 다시 이 도표를 확인하며 원가에 대한 개념을 총정리하기 바란다.

도표 1-1
원가의 분류 요약

원가 분류의 목적	원가 분류
원가대상에 원가 할당	• 직접원가 (쉽게 추적할 수 있음) • 간접원가 (쉽게 추적할 수 없음)

제조기업의 회계처리	• 제조원가
	  • 직접재료원가
	  • 직접노무원가
	  • 제조간접원가
	• 비제조원가
	  • 판매비
	  • 일반관리비

재무제표 작성	• 제품원가 (재고가능) • 기간원가 (비용처리)
활동(조업도)의 변화에 따른 원가행태 예측	• 변동원가 (활동에 비례하여 증가) • 고정원가 (총액이 일정) • 혼합원가 (변동요소와 고정요소 혼합)
의사결정	• 차액원가 (대안 간의 차이) • 매몰원가 (무시되어야 함) • 기회비용 (포기한 효익)

원가를 원가대상에 할당하기 위한 원가의 분류

학습목표 1-1

원가대상에 원가를 할당하기 위한 원가를 직접원가와 간접원가로 분류할 수 있다.

원가는 가격 결정, 수익성 분석 그리고 지출 관리 등의 다양한 목적을 위해 원가대상에 할당된다. **원가대상(cost object)**은 원가 정보가 요구되는 제품, 고객, 작업 및 조직 단위 등이 될 수 있다. 원가를 원가대상에 할당하기 위해 원가를 **직접원가**와 **간접원가**로 분류한다.

직접원가

직접원가(direct cost)는 특정 원가대상에 쉽고 용이하게 추적될 수 있는 원가이다. 예를 들어, **Adidas**가 여러 지역의 영업소에 원가를 할당하는 경우, 도쿄 영업소 관리자의 급여는 그 영업소의 직접원가가 될 것이다. 만약 인쇄업체가 10,000부의 인쇄물을 특정 고객을 위해 만들었다면 이 인쇄물을 만들기 위한 종이의 원가는 이 고객에 대한 직접원가가 된다.

간접원가

간접원가(indirect cost)는 특정 원가대상에 쉽고 용이하게 추적될 수 없는 원가이다. 예를 들어, **Campbell Soup** 공장은 수십 종류의 다양한 통조림 수프를 생산한다. 공장 관리자의 급여는 치킨누들수프와 같은 특정 종류의 제품에 대하여는 간접원가가 될 것이다. 왜냐하면, 공장 관리자의 급여는 공장 전체의 운영과 관련하여 발생하는 것이지 한 종류의 수프를 생산하기 위해 발생한 것은 아니기 때문이다. **특정 제품과 같은 원가대상에 추적되기 위해서는 원가가 그 원가대상이 원인이 되어 발생해야 한다.** 공장 관리자의 급여는 공장의 다양한 종류의 제품을 생산하는 것과 관련되어 있으므로 공통원가라고 부른다. **공통원가(common cost)**는 많은 원가대상을 지원하기 위해 발생하는 원가로 개별적으로 추적될 수 없는 원가이다. 공통원가는 간접원가의 한 유형이다.

원가는 원가대상을 무엇으로 하는지에 따라 직접원가 또는 간접원가가 될 수 있다. 캠벨 수프 공장 관리자의 급여는 원가대상을 치킨누들수프로 할 경우는 **간접**원가이지만, 원가대상을 전체제조부서로 설정한다면 **직접**원가가 된다.

제조기업의 원가 분류

학습목표 1-2

기본적인 3가지 제조원가의 범주를 식별하고 예를 제시할 수 있다.

Samtec, **Mack Trucks** 및 **3M**과 같은 제조기업들은 원가를 크게 2가지 범주—제조원가와 비제조원가—로 분류한다.

제조원가

대부분의 제조기업들은 제조원가를 2가지의 직접원가(직접재료원가, 직접노무원가)와 1가지의 제조간접원가로 분류한다. 각각의 원가에 대해 살펴보면 다음과 같다.

직접재료원가(direct materials) 제품에 투입되는 재료를 **원재료(raw materials)**라고 부른다. 이 용어는 다소 오해의 소지가 있는데, 이는 가공처리 되지 않은 목재펄프나 철광석과 같은 천연자원을 의미하는 것처럼 보이기 때문이다. 실제로, 원재료는 제품에 사용되는 모든 재료를 의미한다. 그리고 어떤 기업에서 완성된 제품이 다른 기업에서는 원재료가 될 수 있다. 예를 들어, **DuPont**에서 생산된 플라스틱이 **HP**가 만드는 개인용 컴퓨터의 원재료로 사용된다.

직접재료원가는 제품의 필수 구성요소가 되고, 제품에 용이하게 추적될 수 있는 원가이다. **Airbus**가 항공기에 설치하기 위해 하청업체로부터 구매하는 의자, **Samsung**이 스마트폰 제조에 이용하기 위한 전자부품, **Whirlpool**이 냉장고에 부착하는 문 등이 직접재료원가의 예이다.

직접노무원가(direct labor) **직접노무원가**는 제품의 개별단위에 용이하게 추적될 수 있는 노무원가를 의미한다. 일반적으로 제조과정에서 직접노무 근로자들은 제품에 직접 손을 대기 때문에, 때로는 직접노무원가를 **접촉노무원가**(*touch labor*)라고 부르기도 한다. 직접노무원가의 예로는 **Toyota**의 조립라인 근로자들, 주택건설업자인 **KB Home**의 목수들, **Bombardier Learjet**의 항공기 장비를 설치하는 전기기사들을 들 수 있다. 경영자들은 2개의 직접원가를 기초원가(*prime cost*)로 분류한다. **기초원가(prime cost)**는 직접재료원가와 직접노무원가의 합이다.

제조간접원가(manufacturing overhead) 제조원가의 세 번째 요소인 **제조간접원가**는 직접재료원가와 직접노무원가를 제외한 모든 제조원가를 포함한다. 제조원가 계산 관점에서 제조간접원가는 특정 제품에 쉽게 추적할 수 없기 때문에 간접원가이다. 제조간접원가에는 간접재료원가와 간접노무원가를 포함한다. **간접재료원가(indirect materials)**는 **Toshiba** HDTV를 생산하면서 전자기판에 사용되는 납이나 **Ethan Allen** 의자를 조립하는데 쓰이는

IN BUSINESS | 기업현장

GM의 저렴한 부품 비용이 야기한 거액의 손실

디텐트 플룬저라고 불리는 직접 재료 부품은 **제너럴 모터스**가 자동차 점화 스위치 제조에 사용한다. 단 몇 분 만에 직접 노동자가 설치할 수 있는 이 부품을 GM이 생산하는데 드는 비용은 개당 $2~5이다. 그러나, 이 사소한 부품이 12명의 목숨을 앗아간 점화 시스템 고장을 일으켰을 때, GM에 대한 법적, 재정적 영향은 큰 뉴스가 되었다.

GM의 혐의에는 결함이 있는 디텐트 플룬저를 재설계, 리콜 및 교체하기 위해 더 신속하게 조치를 취하지 않은 점도 포함되었다. GM은 2004년 체비 코발트에서 점화 스위치 고장에 대해 인지한 것으로 보이지만, 2007년까지 이 문제를 해결하기 위한 재설계 노력을 하지 않았다. 더욱이 2014년까지도 결함 있는 점화 스위치가 들어 있는 차량에 대해서 리콜을 실시하지 않았다. GM은 법적 문제 외에도 리콜된 160만대 차량의 점화 스위치를 교체하는 데 $800만의 비용이 소요될 것으로 예상하고 있다.

Source: Bennett, Jeff, "For GM, Cheap Part Now a Pricey Fix," *The Wall Street Journal*, March 13, 2014, pp. B1–B2.

접착제와 같이 원재료 중에서 제품에 쉽게 추적할 수 없는 재료들을 의미한다. **간접노무원가(indirect labor)**는 건물 관리인, 감독자, 재료 취급자 및 야간 경비들에 대한 노무원가 등을 포함한다. 비록 이러한 근로자들의 노력이 생산에 필수적인 것이라 하더라도, 정확하게 그들의 원가를 특정 제품 단위에 추적하는 것은 불가능하거나 중요하지 않다. 따라서, 이러한 노무원가는 간접노무원가로 취급되는 것이다. 간접재료원가와 간접노무원가는 특정 제품에 추적하기 어렵기 때문에, 이 원가들은 제조간접원가에 포함된다.

제조간접원가에는 제품에 추적될 수 없는 제조 설비에 대한 감가상각비, 수도광열비, 재산세, 제조시설에 대한 보험료 등의 항목을 포함한다. 한편 회사는 제조와 관련없는 경영활동에서도 감가상각비, 수도광열비, 재산세, 보험료가 발생한다. 그러나 이 항목들은 제조와 관련없이 발생한 것이므로 제조원가에 포함되지 않는다. 오직 **제품의 제조**와 관련하여 공장에서 발생한 간접원가들만 제조간접원가에 포함된다.

실무적으로 경영자들은 제조간접원가라는 용어 대신 **간접제조원가**, **공장간접원가**, **공장부담원가** 등 다양한 명칭을 사용하지만 모두 같은 의미이다. 경영자들이 실무적으로 빈번하게 사용하는 용어로 **가공원가**가 있다. **가공원가(conversion cost)**는 직접노무원가와 제조간접원가의 합이다. 가공원가라는 용어는 원재료를 제품으로 **가공**하기 위해 직접노무원가와 제조간접원가가 발생한다는 의미에서 붙여진 이름이다.

비제조원가

비제조원가(nonmanufacturing costs)는 일반적으로 (1) **판매원가**(*selling costs*)와 (2) **관리원가**(*administrative costs*)로 나누어진다. **판매원가(selling costs)**는 고객의 주문을 받고 제품을 고객에게 인도하기 위해 발생하는 모든 원가를 포함한다. 이러한 원가는 **주문수락**(*order-getting*) **원가**와 **주문이행**(*order-filling*)**원가**로도 불린다. 판매원가는 광고, 선적, 영업 출장, 판매수수료, 판매급여 및 제품 창고비용 등을 포함한다. 예를 들어 특정한 제품의 판매를 위한 광고 캠페인에 지출된 원가는 그 제품에 대한 직접원가라고 할 수 있지만 다양한 제품의 광고를 담당하는 마케팅 매니저에게 지급되는 급여는 개별 제품의 관점에서 간접원가에 해당한다.

관리원가(administrative costs)는 제조와 판매보다는 조직의 **일반 경영**(*general management*)과 관련된 모든 원가를 의미한다. 관리원가는 임직원 급여, 일반 회계, 비서, 이해관계자와의 관계, 홍보 및 조직 전체에 대한 **전반적**이고 일반적인 경영활동과 관련된 원가들을 포함한다. 관리원가는 직접원가와 간접원가로 분류할 수 있다. 예를 들어 동부지역의 매출채권을 전담하는 회계담당 매니저에게 지급되는 급여는 동부지역에 대한 직접원가이다. 반면 전지역을 책임지는 재무최고책임자(CFO)에게 지급되는 급여는 각 지역의 관점에서 볼 때 간접원가에 해당한다.

이러한 비제조원가는 판매와관리원가(selling, general, and administrative; SG&A) 또는 판매비와관리비라고도 부른다.

재무제표 작성을 위한 원가 분류

학습목표 1-2
재무제표 작성에 필요한 원가를 제조원가와 기간원가로 분류할 수 있다.

제조기업의 재무상태표(balance sheet)와 손익계산서(income statement)를 작성하기 위한 목적으로 원가를 **제품원가**(*product costs*)와 **기간원가**(*period costs*)로 분류할 필요가 있다. 제품원가와 기간원가의 차이점을 이해하기 위해서는 먼저 재무회계의 수익비용대응의 원칙을 이해할 필요가 있다.

일반적으로, 원가는 원가로 인한 효익이 발생한 기간에 손익계산서상의 비용으로 인식된다. 예를 들어, 어떤 기업이 2년 동안의 보험료를 선급했다면, 지급한 금액 전체를 보험료를 지급한 기간의 비용으로 인식하지 않고 2년간에 걸쳐 절반씩을 각 연도별 비용으로 인식한다. 이렇게 처리하는 이유는 보험료로부터의 효익이 2개 연도에 걸쳐 발생하기 때문이다. 지급한 보험료 중에서 첫해에 비용화되지 않은 보험료는 재무상태표에 선급보험료라는 자산계정으로 처리되어 차기로 이월된다.

수익비용대응의 원칙(*matching principle*)**은 특정한 수익을 창출하는데 발생한 원가는 수익이 인식된 동일 기간에 비용으로 인식되어야 한다는 발생주의**(*accrual*) **개념에 근거를 두고 있다.** 이것은 만약 어떤 원가가 판매될 무엇인가를 취득하거나 만들기 위하여 발생했다면, 그 원가는 매출이라는 효익이 발생했을 때 비용으로 인식해야 한다는 것이다. 이러한 원가를 **제품원가**라고 한다.

제품원가

재무회계 목적으로, **제품원가(product costs)**는 제품을 취득 또는 제조하는 활동과 관련된 모든 원가를 포함한다. 제품원가는 제품을 매입 또는 제조할 때, 제품 단위에 부착(attach)되고, 이 원가들은 매출을 위해 대기 중인 동안 여전히 부착되어 있다. 제품원가는 일단 재무상태표의 재고자산 계정에 할당된다. 그리고 제품이 판매되면, 재고자산의 원가는 수익에 대응하여 비용(일반적으로 이러한 비용을 매출원가라고 함)이 된다. 제품원가는 판매전까지는 재고자산으로 존재하므로, **재고가능원가(inventoriable costs)**라고도 한다.

제조기업은 제조원가에 직접재료원가, 직접노무원가, 제조간접원가를 포함한다.[1] 제조기업의 제조원가는 손익계산서에 매출원가로 기록되기 전까지 재무상태표에서 3가지 재고자산 계정과목—원재료, 재공품, 제품—에 기록된다. 원재료는 최종 제품에 투입되는 모든 재료를 포함한다. **재공품(work in process)**은 부분적으로만 완성된 미완성품 단위들에 포함된 원가들이며 최종적으로 고객들에게 판매되기 전에 추가적인 작업을 필요로 한다. **제품(finished goods)**은 완성되었으나 아직 고객들에게 판매되지 않은 완성품에 포함된 원가이다.

1 내부관리 목적으로 제조원가 중에서 몇가지 제조원가들을 제외하고 의사결정하기도 한다. 이러한 예에 대해서는 제6장에서 살펴볼 것이다.

직접재료가 제조에 투입되면, 이 원가는 원재료에서 재공품으로 대체된다. 직접재료를 제품으로 가공하는 과정에서 발생한 직접노무원가와 제조간접원가도 재공품에 가산된다. 제품이 완성되면 이 원가는 재공품에서 제품으로 대체된다. 기업이 제품을 고객에게 판매하면 이 원가는 제품에서 매출원가(Cost of Goods Sold)로 대체된다.

중요한 점은 제품의 제조원가는 원가가 발생한 기간에 반드시 손익계산서상의 비용으로 기록되는 것은 아니라는 점이다. 제조원가 중에서 판매된 제품에 해당되는 부분만 손익계산서의 비용으로 기록되며, 판매되지 않은 부분은 재무상태표에 보고된다.

기간원가

기간원가(period costs)는 제품원가를 제외한 모든 원가를 의미한다. 모든 판매비와 관리비는 기간원가로 취급된다. 기간원가의 예로는 판매수수료, 광고비, 임원 급여, 홍보비, 사무실 임차료 등이 있다. 기간원가는 매입 혹은 제조된 제품의 원가에 포함되지 않고 발생주의 원칙에 따라 발생한 기간에 손익계산서상 비용으로 처리된다. 주의할 점은 원가가 발생하는 기간이 현금이 지출되는 기간과 반드시 일치하지는 않는다는 점이다. 예를 들어, 앞에서 논의했듯이, 보험료는 지급한 기간에 모두 비용으로 처리되지 않고 보험으로부터 효익을 얻는 기간에 걸쳐 배분되어 비용으로 처리된다.

도표 1-2는 제조기업에서의 원가 흐름을 전반적으로 요약하여 보여주고 있다. 핵심적인 사항은 제조원가는 손익계산서에 매출원가로 기록되기 전까지는 재무상태표에 3가지의 재

도표 1-2 제조기업에서의 원가 흐름과 분류

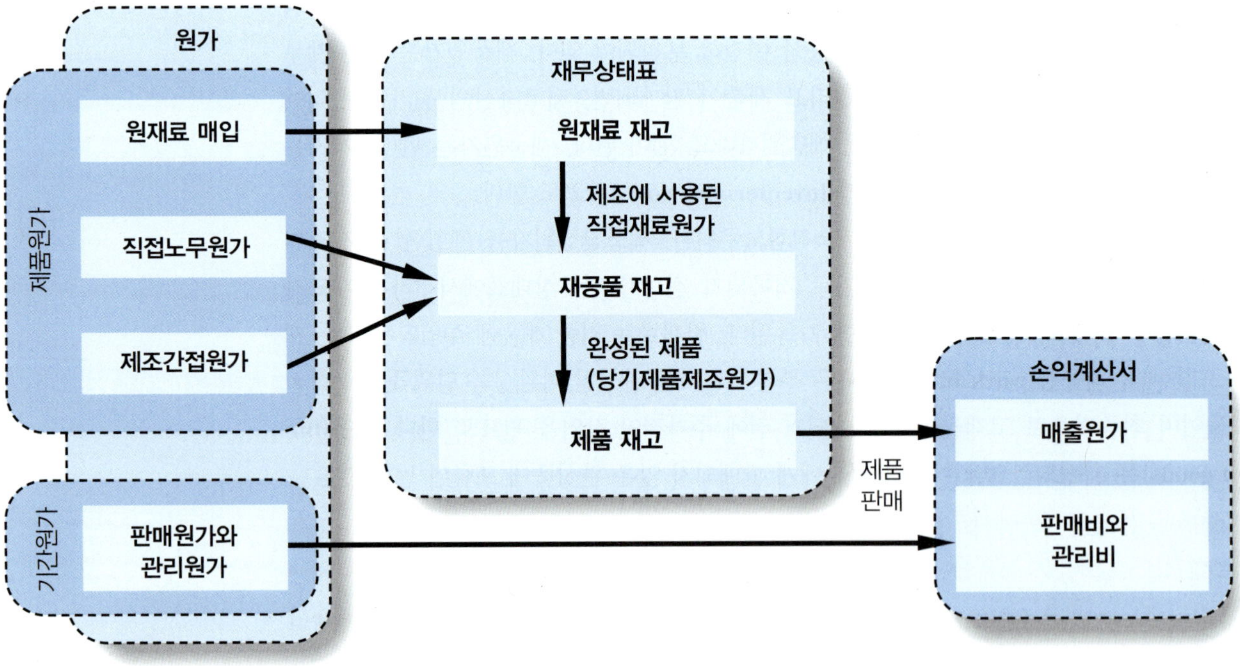

고자산으로 기록된다는 점이다. 이에 반해, 기간원가는 재무상태표 상의 재고자산에 포함되지 않으며 또한 손익계산서상의 매출원가에도 포함되지 않는다. 기간원가는 발생한 기간에 손익계산서상의 판매비와관리비로 기록된다.

IN BUSINESS | 기업현장

로봇이 재무팀에 쳐들어오다

Equinor는 최근 Roberta를 재무팀에 고용한 노르웨이 회사이다. Roberta의 흥미로운 점은 성이 없으며, 팔, 다리, 얼굴도 없다. Roberta는 인간보다 더 효율적이고 효과적으로 시간을 사용하고, 소모적이고 반복적인 사무 업무를 수행하도록 설계된 로봇이다.

Hackett Group은 67%의 글로벌 기업이 "재무 부서의 일부 또는 대부분 작업"을 자동화함으로써 향후 수년간 인건비와 아웃소싱 비용을 20~35% 절감할 것으로 예상하고 있다.

비용 절감 효과 외에도, Atos SE의 재무 책임자인 Elie Girard는 직원들이 복잡하고 의사결정 지향적인 작업을 보다 효과적으로 수행할 수 있도록 로봇을 도입할 계획이다. 그는 부서의 지루한 업무들을 로봇으로 대체한다면 다른 직원들의 업무 수행능력을 발전시킬 것이라고 주장하였다.

Source: Tatyana Shumsky, "Firms Leave Bean Counting to the Robots," *The Wall Street Journal*, October 23, 2017, p. B5.

원가행태 추정을 위한 원가 분류

학습목표 1-4

원가를 원가행태에 따라 변동원가, 고정원가, 혼합원가로 분류할 수 있다.

원가가 활동(조업도)의 변화에 따라 어떤 행태를 보일 것인가를 예측하는 것이 종종 필요하다. 예를 들어, **Under Armour**의 경영자는 매출이 5% 증가할 때 회사의 직접재료원가에 미치는 영향을 예측하고 싶을 것이다. **원가행태(cost behavior)**는 활동 수준이 변동함에 따라 원가가 어떻게 변동할 것인가와 관련이 있다. 활동 수준의 증감에 따라 같은 방향으로 증감하는 원가도 있을 것이고, 어떤 원가는 변하지 않고 일정할 수도 있다. 경영자는 미래에 대한 계획을 세우기 위해 어떤 일이 일어날 지를 예상할 수 있어야 한다. 그리고 만약 원가가 변화될 것으로 기대되는 경우에는, 경영자는 그것이 얼마나 변화할 것인지를 추정할 수 있어야만 한다. 이러한 의사결정을 돕기 위해 원가를 원가행태에 따라 **변동원가**, **고정원가**, **혼합원가**로 분류한다. 조직 내에서 각각의 원가가 차지하는 상대적 비율을 **원가구조(cost structure)**라고 부른다. 예를 들어, 어떤 조직은 고정원가가 많이 발생하지만, 변동원가와 혼합원가는 거의 발생하지 않을 수 있다. 혹은, 변동원가가 많이 발생하는 반면 고정원가나 혼합원가는 미미한 회사가 있을 수도 있다.

변동원가

변동원가(variable cost)는 활동 수준의 변화에 비례하여 총액이 변동하는 원가이다. 변동원가의 일반적인 예로는 상거래기업의 매출원가, 직접재료원가, 직접노무원가, (간접재료원가, 소모품비, 동력비 등의) 제조간접원가, (판매수수료, 선적비용 등의) 판매관리비 등을 들 수 있다.[2]

변동원가로 분류되기 위해서는, 원가가 어떤 것에 따라 변해야 한다. 여기에서 "어떤 것"이 바로 활동기준이다. **활동기준(activity base)**이란 변동원가를 발생시키는 어떤 측정치를 의미한다. 활동기준은 원가동인(*cost driver*)이라고도 불린다. 가장 흔한 활동기준의 예로서 직접노무시간, 기계시간, 생산량, 판매량 등이 있다. 활동기준(원가동인)의 다른 예로서는, 외판원이 운전한 거리, 호텔이 처리한 세탁물의 무게, 소프트웨어회사의 서비스 직원이 처리한 서비스 횟수, 병원의 병상일수 등이 있다. 조직에는 많은 활동기준이 있지만, 이 교재 전반에 걸쳐서 재화나 서비스의 총수량이 가장 자주 이용될 것이다. 이보다 더 좋은 명확한 활동 기준이 있는 경우를 제외하고는 이것이 가장 명확한 기준이기 때문이다.

변동원가의 예로 노스캐스케이드산에 있는 급류 래프팅 여행상품을 전문으로 취급하는 눅삭익스페디션의 예를 들어보자. 회사는 필요한 장비와 숙련된 가이드 및 고급 식사까지 제공하고 있다. 식사는 1인당 $30에 구매한다. 이 변동원가의 행태를, 단위당 및 총액 기준으로 표현하면 다음과 같다.

고객의 수	고객당 식사 원가	식사의 총원가
250	$30	$7,500
500	$30	$15,000
750	$30	$22,500
1,000	$30	$30,000

총변동원가는 활동 수준에 따라 변화하지만, 단위당 기준으로 표현하면 단위당 변동원가는 일정하다는 점에 주목해야 한다. 예를 들어 총식사 원가는 고객수에 따라 증가하고 감소하지만 고객 1명당 식사원가는 $30로 일정하게 유지된다. 도표 1–3의 왼쪽 그래프는 활동 수준의 증감에 따라 비례하여 총변동원가가 증감하는 변동원가를 표현한 것이다. 고객수가 250명일 때, 식사의 총원가는 $7,500이다. 고객수가 1,000명일 때, 식사의 총원가는 $30,000로 증가한다.

고정원가

고정원가(fixed cost)는 활동 수준이 변화하더라도 총액이 일정하게 유지되는 원가이다. 제조간접원가에는 다양한 고정원가가 포함되는데 감가상각비, 보험료, 재산세, 임차료, 감독자

---

2 직접노무원가는 때로는 다양한 이유들로 인해 고정원가로 분류될 수 있다. 예를 들어 몇몇 국가들(프랑스, 독일, 일본 등)에서는 노동법과 문화적 관습 등으로 인해 노동력을 기업 활동의 변화에 맞춰 조정할 수 있는 유연성이 거의 없다. 본 교재에서는 특별한 언급이 없는 한 직접노무원가를 변동원가로 가정한다.

도표 1-3 **변동원가와 고정원가 행태**

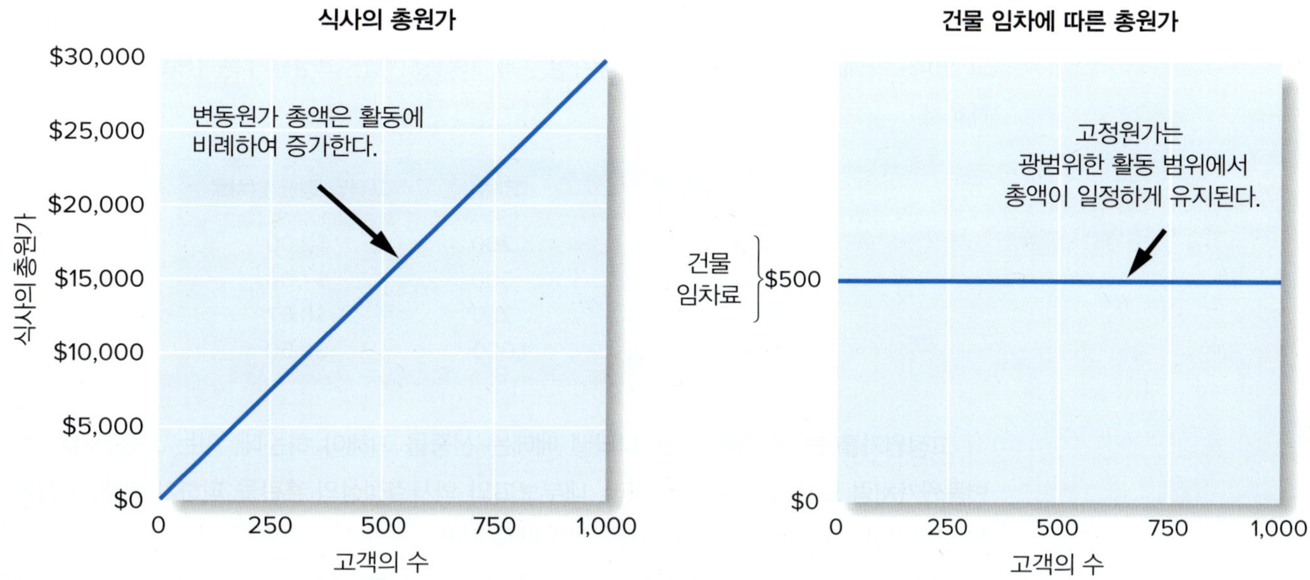

30분 동안 자전거를 빌린다면?

IN BUSINESS 기업현장

우버 테크놀로지스는 주문형 자전거 대여로 사업을 확장하기 위해 점프 바이크를 구입했다. 이 회사는 이제 워싱턴 D.C.와 샌프란시스코에서 수백 대의 자전거를 빌려줄 수 있게 될 것이다. 고객들은 30분 동안 자전거를 빌리는데 2달러를 지불한다. 만약 그들이 60분 동안 자전거를 빌린다면, 원가는 4달러이다.

고객의 관점에서 볼 때 자전거 임대료는 변동원가이다. 원가는 단위당 일정하며, 매 30분마다 2달러이다. 또한 임대 기간이 증가함에 따라 원가도 비례하여 증가한다. 만약 고객이 자전거를 90분 동안 빌린다면, 총 원가는 6달러이다.

Source: Greg Bensinger "Uber to Acquire Cycle-Rental Startup Jump Bikes," *The Wall Street Journal*, April 10, 2018, p. B6.

급여 등은 고정원가에 포함된다. 유사하게, 판매비와관리비도 다양한 고정비가 포함되는데 일반사무직원의 급여, 광고비, 비제조부문에서 사용하는 유형자산의 감가상각비 등이 고정비 성격이다. 변동원가와는 달리 고정원가는 활동의 변화에 영향을 받지 않는다. 따라서 활동 수준이 증감하더라도, 가격변화와 같은 외부 영향이 없다면, 총고정원가는 일정하게 유지된다. 임차료는 고정원가의 좋은 예이다. 눅삭익스페디션의 예를 계속 살펴보면, 회사가 월 $500에 장비를 보관할 건물을 임차한다고 가정하자. 이 회사가 건물을 임차하면서 지급한 임차료 총액은 매월 여행에 참여한 고객수와 상관없이 일정하다. 도표 1-3의 오른쪽 그래프는 활동수준과 무관하게 총원가가 일정한 고정원가를 표현한 것이다.

고정원가가 활동수준의 변동과 무관하게 총액이 일정하게 유지되기 때문에, 단위당 평균 고정원가는 활동수준의 증가에 따라 점차적으로 줄어든다. 만약 월 250명의 고객이 있다면,

$500의 고정임차료는 고객당 평균 $2가 될 것이다. 만약 월 1,000명의 고객이 있다면, 고정임차료는 고객당 평균 ¢50로 줄어들 것이다. 아래의 표는 이러한 고정원가의 특징을 보여주고 있다. 아래의 표에서 고객수가 증가할수록 고객당 평균 고정원가는 감소한다는 점을 이해하자.

월 임차료	고객수	고객당 평균 임차료
$500	250	$2.00
$500	500	$1.00
$500	750	$0.67
$500	1,000	$0.50

고정원가를 단위당 평균으로 나타낼 때에는 신중을 기해야 하는데, 이는 고정원가가 마치 변동원가처럼 보일 수 있기 때문이다. 내부보고와 의사결정상의 혼란을 피하기 위해, 고정원가는 단위당이 아닌 총액으로 표현되는 것이 바람직하다.

계획수립 목적으로 고정원가는 확정고정원가와 재량고정원가로 구분될 수도 있다. 근본적인 변화 없이는 단기간에 급격하게 감소될 수 없는 설비, 장비 및 기본 조직 구조 등에 대한 투자액을 **확정고정원가(committed fixed cost)**라고 부른다. 이러한 원가의 예로는, 건물과 장비에 대한 투자뿐만 아니라 재산세, 보험료 및 최고경영진의 급여 등을 들 수 있다. 영업이 중단되거나 감소되는 경우에도, 일반적으로 확정고정원가는 단기적으로는 변동하지 않는다. 예를 들어, 불경기라고 해도 회사는 중요한 중역의 직위를 없앤다든지, 핵심 설비를 매각하지는 않을 것이다. 복구하는 비용이 단기적인 원가 절감액보다 훨씬 클 것이기 때문에 기본 조직구조와 설비는 일반적으로 손을 대지 않는다. **재량고정원가(discretionary fixed cost 혹은 managed fixed cost)**는 경영자가 매년 특정 고정원가 항목과 관련한 의사결정을 하는 경우에 흔히 발생하는 원가이다. 재량고정원가의 예로는, 광고, 연구, 홍보, 경영개발프로그램 및 인턴쉽 프로그램 등을 들 수 있다. 재량고정원가는 조직의 장기적 목표관점에서 일시적으로 절감될 수도 있다.

선형성 가정과 관련범위

관리회계 담당자들은 일반적으로 원가는 선형이라고 가정한다. 즉, 활동과 원가 사이의 관계는 관련범위라고 알려진 활동 범위 내에서 직선으로 나타낼 수 있다는 것이다. **관련범위(relevant range)**는 원가행태에 대한 가정이 유지되는 활동의 범위이다.[3]

3 최근의 연구는 비용이 활동수준의 변화에 따라 어떻게 변동하는지에 초점을 맞추었다. 연구 결과, 대체적으로 선형성 가정과 일치하며 관련범위를 벗어나는 활동으로 인해 고정원가가 조정되는 것으로 나타났다. Source: Rajiv Banker and Dmitri Byzalov, "Asymmetric Cost Behavior", *Journal of Management Accounting Research*, 2014, Vol. 26, No. 2, pages 43–79, and Eric Noreen, "Capacity Constraints and Asymmetric Cost Behavior", working paper, 2014-5.

관련범위 개념은 고정원가 개념을 이해하는데 있어서 중요하다. 예를 들어, **Mayo Clinic**이 백혈병 진단장비를 월 $20,000의 임차료를 지불하고 임차한다고 가정하자. 또한 이 장비를 이용하여 최대 3,000회의 테스트를 할 수 있다고 가정해 보자. 진단장비에 대한 월 임차료 $20,000는 월별로 0~3,000회의 테스트 범위 내에서 유효하다. 만약 마요클리닉이 월별로 5,000회의 테스트를 필요로 한다면 진단장비를 추가로 임차해야 하므로 $20,000의 임차료가 추가로 발생할 것이다. 진단장비를 절반만 임차하기는 어려울 것이기 때문에 이러한 원가는 도표 1-4와 같이 표현될 것이다. 이 도표는 0~3,000회의 관련범위 내에서는 임차료가 $20,000이며, 3,001~6,000회의 관련범위 내에서는 임차료가 $40,000로 증가함을 보여준다. 이 도표를 통해 장비의 임차료는 테스트 회수에 따라 선형으로 증가하지 않고, 테스트 회수가 매 3,000회 증가할 때마다 계단형태로 증가함을 알 수 있다.

이러한 계단형 원가 행태는 일부 노무원가에서도 찾아볼 수 있다. 예를 들어 고정된 월 급여를 받는 근로자에 대한 급여는 계단형으로 표현될 수 있다. 예를 들어 연간 $40,000의 급여를 받는 근로자의 근로 계약이 연간 50주, 주당 40시간(연간 2,000시간)으로 체결되어 있다고 가정하자. 이 경우 연간 필요한 업무시간이 0~2,000시간 범위에 있다면 근로자가 1명이면 되므로 급여는 $40,000일 것이다. 그러나 만약 회사의 필요한 업무가 2,001~4,000시간 범위에 있다면 근로자가 2명이 필요하므로 급여는 $80,000로 증가할 것이다. 이러한 형태의 원가를 **계단형 변동원가**(*step-variable costs*)라고 부르기도 한다. 계단형 변동원가는 대개 상황의 변화에 따라 신속하게 조정될 수 있다. 더 나아가 계단형 변동원가의 경우 보통 계단의 폭이 좁기 때문에, 대부분의 경우 계단형 변동원가는 변동원가로 취급되기도 한다. 반면에, 고정원가의 경우 계단의 폭이 넓기 때문에, 이들 원가는 관련범위 내에서 고정원가처럼 취급되어야 한다.

도표 1-5는 변동원가 및 고정원가의 행태를 요약하고 있다. 이후의 내용들을 진행하기 전에 이 도표의 내용을 반드시 이해할 필요가 있다.

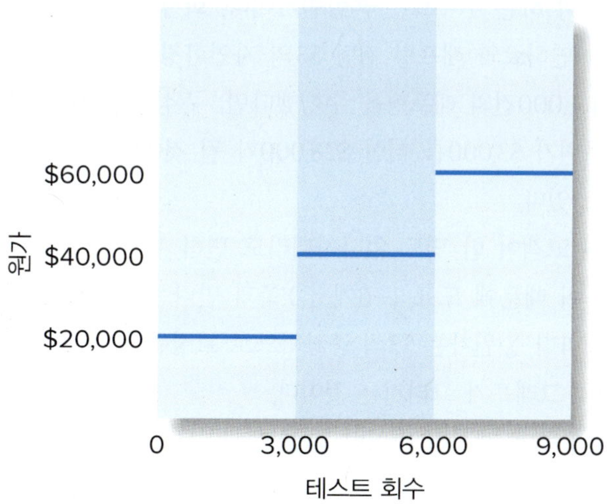

도표 1-4
고정원가와 관련범위

도표 1-5
변동원가 및 고정원가 행태 요약

원가	원가 행태 (관련범위 내에서) 총액	단위당
변동원가	총변동원가는 활동 수준의 변화에 비례하여 증가하고 감소한다.	단위당 변동원가는 일정하다.
고정원가	총고정원가는 관련범위 내에서 활동 수준의 변화에 따라 영향을 받지 않는다.	단위당 고정원가는 활동 수준이 증가하면 감소하고 활동수준이 감소하면 증가한다.

기업현장 | IN BUSINESS

몇 명의 가이드가 필요한가?

브리티시 콜롬비아의 유클루릿에 있는 **마제스틱 오션 카야킹**은 Tracy Morben-Eeftink가 소유·운영하고 있는 회사이다. 회사는 유클루릿항에서 세 시간 동안 카약을 즐길 수 있는 상품부터 클레이컷 사운드에서 6일 동안 카약을 즐기면서 캠핑까지 할 수 있는 상품에 이르는 다양하게 카약을 즐길 수 있는 가이드 상품을 제공하고 있다. 회사의 여행 상품 중 하나로 퍼시픽 림 국립공원에 있는 브로큰 그룹 아일랜드로 카약여행을 하면서 캠핑도 즐길 수 있는 4일짜리 여행상품이 있다. 이 상품에는 여행객 5명 혹은 그 미만의 인원에 대해 반드시 한 명의 공인된 가이드가 할당되어야만 한다는 특별한 규정이 있다. 예를 들어, 12명의 여행객이 있는 경우에는 공인된 가이드 3명이 필요하게 된다. 가이드는 수당을 고정급으로 지급받는 것이 아니라 일당으로 지급받게 된다. 따라서 회사 입장에서 가이드에 대한 원가는 고정원가나 순변동원가가 아니라 계단형 변동원가가 된다. 1명부터 5명까지의 여행객에 대해서는 1명의 가이드, 6명부터 10명까지의 여행객에 대해서는 2명의 가이드, 11명부터 15명까지의 여행객에 대해서는 3명의 가이드가 필요하다.

혼합원가

혼합원가(mixed cost)는 변동원가와 고정원가의 두 요소를 모두 가지고 있다. 혼합원가는 준변동원가(*semivariable costs*)로도 알려져 있다. 눅삭익스페디션의 예를 계속해서 살펴보면, 회사가 주정부에 납부해야 하는 수수료는 혼합원가이다. 회사가 주정부에 납부해야 하는 수수료에 연간 $25,000의 면허료와 래프팅 건당 $3의 자연환경 이용료가 포함되어 있다고 가정해보자. 회사가 올해 1,000건의 래프팅을 수행했다면, 주정부에 지급하는 총수수료는 고정원가 $25,000에 변동원가 $3,000를 더한 $28,000가 될 것이다. 도표 1–6은 이러한 혼합원가의 행태를 보여주고 있다.

눅삭익스페디션의 고객이 한 명도 없다하더라도 면허 유지를 위해 주정부에 $25,000를 지불해야 할 것이다. 이 때문에 도표 1–6에서 *Y*축과 만나는 점(*y*절편)이 $25,000인 것이다. 고객이 1명 증가할 때마다 총원가는 $3씩 증가하므로 고정원가인 $25,000에 고객당 $3씩 증가하는 우상향 형태의 그래프가 그려지는 것이다.

혼합원가는 도표 1–6에 제시된 바처럼 직선 형태이므로, 혼합원가와 활동 수준의 관계를 수식으로 표현하면 다음과 같다.

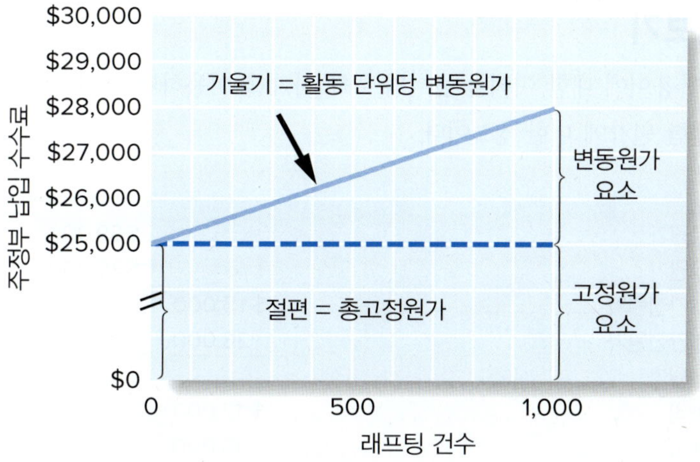

도표 1-6
혼합원가의 행태

$$Y = a + bX$$

Y = 총혼합원가
a = 고정원가 (y절편)
b = 활동 단위당 변동원가 (직선의 기울기)
X = 활동 수준

직선의 기울기는 단위당 변동비를 의미하므로, 기울기가 가파를수록 단위당 변동원가가 높다는 의미가 된다.

늑삭익스페디션이 주정부에 지불할 수수료는 다음과 같이 표현될 수 있다.

$$Y = \$25{,}000 + \$3.00X$$

(총혼합원가 = Y, 총고정원가 = \$25,000, 활동 단위당 변동원가 = \$3.00, 활동 수준 = X)

이 등식은 관련범위 내의 어떤 활동에 대한 혼합원가도 쉽게 계산할 수 있게 해 준다. 예를 들어, 다음연도에 회사가 800건의 래프팅을 계획 중이라고 가정한다면 주정부에 지불할 수수료는 다음과 같이 계산될 것이다.

$$\begin{aligned} Y &= \$25{,}000 + (\text{래프팅 건당 } \$3.00 \times \text{래프팅 } 800\text{건}) \\ &= \$27{,}400 \end{aligned}$$

원가용어 살펴보기

지금까지 살펴본 원가용어에 대한 이해를 높이기 위해 사례를 이용하여 계산해보자. 다음은 최근 한달 동안 발생한 원가에 대한 정보이다.

직접재료원가		$69,000
직접노무원가		$35,000
변동제조간접원가	$15,000	
고정제조간접원가	28,000	
제조간접원가		$43,000
변동판매비	$ 12,000	
고정판매비	18,000	
판매비		$30,000
변동관리비	$ 4,000	
고정관리비	25,000	
관리비		$29,000

이 원가와 비용은 다음과 같은 여러 가지 항목으로 분류할 수 있다.

제조원가	=	직접재료원가 + 직접노무원가 + 제조간접원가
	=	$69,000 + $35,000 + $43,000
	=	$147,000
기간원가	=	판매비 + 관리비
	=	$30,000 + $29,000
	=	$59,000
가공원가	=	직접노무원가 + 제조간접원가
	=	$35,000 + $43,000
	=	$78,000
기초원가	=	직접재료원가 + 직접노무원가
	=	$69,000 + $35,000
	=	$104,000
변동제조원가	=	직접재료원가 + 직접노무원가 + 변동제조간접원가
	=	$69,000 + $35,000 + $15,000
	=	$119,000
총고정원가	=	고정제조간접원가 + 고정판매비 + 고정관리비
	=	$28,000 + $18,000 + $25,000
	=	$71,000

의사결정을 위한 원가 분류

의사결정은 대안들 중에서 선택하는 것과 관련된다. 현명한 선택을 하기 위해서는 **관련원가**(수익)는 고려하고, **비관련원가**(수익)는 무시해야 한다. 좀 더 구체적으로는 **차액원가**, **매몰원가**, **기회원가**의 개념을 잘 이해하는 것이 중요하다.

학습목표 1-5

의사결정에 사용되는 원가인 차액원가, 매몰원가, 기회원가를 분류할 수 있다.

차액원가와 차액수익

경영의사결정에 있어, 각 대안별로 원가와 효익을 파악하여 비교해야 올바른 선택을 할 수 있다. 이 때 두 대안 간에 미래에 발생할 원가의 차이를 **차액원가(differential cost)**라고 한다. 차액원가는 관련원가이다. 두 대안 간에 미래에 발생할 수익의 차이는 **차액수익(differential revenue)**이라고 한다. 차액수익은 관련수익의 예이다. 대안간에 차이가 없는 원가와 수익은 비관련원가(수익)라고 하며 이는 의사결정시 무시된다.

차액원가는 **증분원가(incremental cost)**라고도 하는데, 엄밀한 의미에서 증분원가는 다른 대안을 선택함으로 인해 원가가 증가하는 경우만을 의미하므로 원가가 감소하는 경우에는 감액원가(*decremental cost*)로 불러야 한다. 차액원가는 대안 간에 원가가 증가(증분원가)하거나 감소(감액원가)하는 경우를 모두 포함하는 보다 확장된 용어이다.

차액원가의 개념은 경제학에서의 한계원가 개념과 비교될 수 있다. 원가와 수익의 변화를 설명할 때, 경제학자는 한계비용(*marginal cost*)과 한계수익(*marginal revenue*)이라는 용어를 사용한다. 제품을 한 단위 더 판매할 때 획득될 수 있는 수익을 한계수익이라고 하고, 제품을 한 단위 더 생산하는 것과 관련된 원가를 한계비용이라고 한다. 경제학에서 이용하는 한계의 개념은 근본적으로 회계에서의 단위당 증분의 개념과 동일하다고 할 수 있다.

차액원가는 고정 혹은 변동원가 형태일 수 있다. 네이처 코스메틱이 소매상을 통하지 않고 영업사원 네트워크를 이용한 유통으로 마케팅 방식의 변화를 꾀하고 있다고 가정해 보자. 아래 표에서는 현재의 원가 및 수익을 예상되는 원가 및 수익과 비교하고 있다:

	소매상 유통망 이용 (현재)	영업사원 이용 (대안)	차액원가 및 수익
수익 (변동)	$700,000	$800,000	$100,000
매출원가 (변동)	350,000	400,000	50,000
광고비 (고정)	80,000	45,000	(35,000)
수수료 (변동)	0	40,000	40,000
창고 감가상각비 (고정)	50,000	80,000	30,000
기타 비용 (고정)	60,000	60,000	0
총비용	540,000	625,000	85,000
영업이익	$160,000	$175,000	$ 15,000

앞의 분석에 의하면, 차액수익은 $100,000이고 차액원가는 총 $85,000가 되어, 새로운 마케팅 계획을 시행할 경우 영업이익이 $15,000 증가할 것으로 예상되므로 새로운 대안은 긍정적이라는 결론을 내릴 수 있다.

일반적으로, 대안 간에 차이가 발생하는 원가만 의사결정과 관련이 있다. 모든 대안에 동일하여 의사결정에 영향을 주지 못하는 항목은 의사결정 과정에서 무시될 수 있다. 예를 들어, 앞의 예에서 네이처 코스메틱의 두 대안 모두에서 $60,000인 "기타 비용"은 의사결정에 영향을 미치지 못하기 때문에 무시될 수 있는 것이다. 만약 기타 비용을 계산에서 제외한다 하더라도, 영업사원을 이용하는 대안은 여전히 $15,000만큼 유리하다는 결론을 내리게 된다. 이것은 관리회계에서 매우 중요한 주제이므로 이후 장에서 다시 살펴볼 예정이다.

기회원가와 매몰원가

기회원가(opportunity cost)는 한 대안이 다른 대안에 우선하여 선택되는 경우 포기되는 잠재적 효익을 의미하는 용어이다. 예를 들어 당신이 대학에 다니면서 주급 $200인 파트타임 직업에 종사하고 있다고 가정하자. 당신은 봄방학동안 해변에서 일주일을 보내고 싶어 했고, 사장은 당신에게 무급휴가를 주기로 했다. 해변에서의 휴가로 인하여 당신이 받지 못하게 될 급여 $200는 기회원가가 될 것이다. 기회원가는 일반적으로 회계 기록에서는 찾아볼 수가 없지만, 경영자가 행하는 모든 의사결정에 반드시 고려되어야 하는 원가이다. 실질적으로, 모든 대안은 기회원가를 포함하고 있다.

매몰원가(sunk cost)는 과거에 이미 발생하여 현재 혹은 미래의 의사결정에 의하여 변경될 수 없는 원가이다. 매몰원가는 어떤 의사결정을 하더라도 변경되지 않기 때문에, 차액원가가 아니다. 그리고 차액원가만이 의사결정과 관련이 있으므로, 매몰원가는 의사결정 과정에서 무시될 수 있고, 무시되어야 한다.

매몰원가를 이해하기 위해, 어떤 기업이 몇 년 전에 특수목적용 기계에 대하여 $50,000를 지급했다고 가정해 보자. 이 기계는 진부화되어 더 이상 팔리지 않는 제품의 제조를 위해 사용되어왔다. 시간이 흐른 뒤 그 기계를 매입한 것은 현명하지 못한 일이었다는 것을 알게 되었지만, $50,000의 원가는 이미 발생되었으므로 되돌릴 수 없다. 그리고 기계의 취득원가를 "회복"하기 위하여 팔리지도 않을 제품을 계속 생산하는 것은 어리석은 일이다. 요약컨대, 기계를 구입하기 위해 과거에 지불한 $50,000는 당기의 의사결정에서는 무시되어야 하는 매몰원가이다.

다음 주제를 살펴보기 전에, 우리는 경영자가 지금까지 설명한 것 외의 또 다른 비용 분류 방법을 사용할 수 있다는 점을 언급하고 싶다. 예를 들어, 관리자들은 종업원의 성과평가 목적으로 원가를 통제가능원가와 통제불가능원가로 분류하기를 원할 수 있다. **통제가능원가**는 관리자의 성과평가에 영향을 미칠 수 있다. 반면 통제불가능원가는 관리자의 성과평가에 영향을 미칠 수 없다. 또한 경영자는 공정 개선을 위해 원가를 부가가치원가와 비부가치원가로 분류하기를 원할 수 있다. **부가가치원가**는 기업의 이해관계자에게 제공되는 제품과 서비스의 가치를 높이는 반면, **비부가가치원가**는 회사의 이해관계자들에게 어떠한 이익도 제공하지 못하는 원가를 의미한다. 이번 장에서 중요한 점은 경영자가 어떤 목적으로 원가정보를 이용하려는지에 대한 목적을 파악한 후, 그 목적에 맞게 원가를 분류해야 한다는 점이다.

IN BUSINESS | 기업현장

식당에서 점심을 먹는 일이 줄어들고 있다.

NPD 그룹은 미국인들이 식당에서 점심을 먹는 횟수가 예년에 비해 4억 3천 3백만 번 정도 감소한 것으로 추정한다. 직원들은 점심을 먹는 3가지 방법(식당에서 점심 먹기, 사무실에 배달받은 점심 먹기, 가정에서 도시락 챙겨와서 먹기)중에서, 시간과 비용을 절약할 수 있는 후자의 2가지 선택지를 더 많이 선택하고 있다.

Texas Roadhouse의 사장인 Scott Colosi는 직원들이 점심 식사를 너무 자주 배달해서 현지 배달 기사들의 이름을 알고 있을 정도라고 말한다. 그들은 이 방법이 시간을 절약하고 효율성을 높일 수 있다고 생각하고 있다. 한편, 식당의 평균 점심 가격은 19.5% 인상된 7.59달러인 반면, 식료품점들은 50여 년 만에 가장 오랜 기간 가격 하락을 경험하고 있다. 이러한 다양한 경향은 왜 많은 직원들이 식당에서 식사하는 것보다 집에서 점심을 준비해 오는 것을 선택하는지를 설명해준다.

Source: Julie Jargon, "Lunch Business Serves Up Less For Restaurants," *The Wall Street Journal*, May 31, 2017, pp. B1-B2.

목적에 따른 원가 분류

학습목표 1-6

상거래기업의 손익계산서를 전통적 방식과 공헌이익 접근법을 이용하여 작성할 수 있다.

이번 절에서는 상거래 기업을 중심으로 전통적인 손익계산서와 공헌이익 손익계산서의 양식이 어떻게 다른지에 대해 살펴본다.[4] 상거래기업은 고객에게 판매할 재화를 직접 생산하지 않는다. 예를 들어 **Lowe's** 또는 **Home Depot**와 같은 회사는 상거래기업으로 분류된다. 그 이유는 이 회사들은 판매할 재화를 생산하지 않고 제조업자로부터 구매하여 고객에게 판매하기 때문이다.

이러한 두 가지 유형의 손익계산서를 대조하면 **다른 목적을 위한 서로 다른 원가의 분류**에 대한 이번 장의 주제에 대한 이해에 도움이 된다. 전통적인 손익계산서는 주로 **외부보고**를 목적으로 작성된다. 이것은 과거 거래에 대한 재무적 결과를 나타내기 위한 것으로 재무제표 작성 목적으로 원가를 제품원가와 기간원가로 분류한다. 공헌이익 손익계산서는 **내부관리**를 목적으로 작성한다. 이것은 **미래의 경영의사결정**을 위한 것으로 원가예측을 위해 원가를 원가 행태에 따라 변동원가와 고정원가로 분류한다.

서로 다른 목적으로 두가지 손익계산서는 재무회계와 관리회계의 가장 중요한 차이점, 즉 과거 성과의 기록과 보고에 중점을 두는 재무회계와 미래 성과의 예측과 경영의사결정을 강조하는 관리회계의 차이점을 반영한다.

4 다음 장 부터는 제조기업의 손익계산서 형식을 비교한다.

전통적인 손익계산서

전통적인 손익계산서는 일차적으로 외부 이해관계자들을 위한 공시를 목적으로 작성된다. 도표 1-7의 왼쪽은 상거래기업의 전통적인 손익계산서의 예를 제시하고 있다. 이 손익계산서에서는 원가를 크게 2가지(매출원가, 판매비와관리비)로 분류한다. 매출액에서 매출원가를 차감하여 **매출총이익**(*gross margin*)을 계산하고, 매출총이익에서 판매비와관리비를 차감하여 영업이익을 계산한다.

매출원가는 일정 기간 동안 판매된 상품의 원가를 의미한다. 판매비와관리비는 일정 기간 동안 발생하여 비용으로 처리된 모든 **기간원가**를 의미한다. 상거래 기업의 매출원가는 판매된 상품의 개수에 판매된 상품의 단위당 원가를 곱하여 계산할 수 있다. 또는 다음과 같은 공식을 이용하여 간접적으로 계산할 수도 있다.

매출원가 = 기초 상품 원가 + 당기 상품 매입액 − 기말 상품 원가

예를 들어, 도표 1-7에서 기초 상품 원가와 기말 상품 원가가 각각 $7,000, $4,000이고, 당기에 매입한 상품이 $3,000라고 가정하자. 이 정보를 매출원가 계산 공식에 대입하면 매출원가는 다음과 같이 계산된다.

매출원가	=	기초 상품 원가	+	당기 상품 매입액	−	기말 상품 원가
	=	$7,000	+	$3,000	−	$4,000
	=	$6,000				

도표 1-7 상기업의 전통적인 손익계산서와 공헌이익손익계산서의 비교

전통적인 손익계산서			공헌이익 손익계산서		
매출액		$12,000	매출액		$12,000
매출원가*		6,000	변동원가:		
매출총이익		6,000	변동매출원가	$6,000	
판매비및관리비:			변동판매비	600	
판매비	$3,100		변동일반관리비	400	7,000
일반관리비	1,900	5,000	공헌이익		5,000
영업이익		$ 1,000	고정원가:		
			고정판매비	2,500	
			고정일반관리비	1,500	4,000
			영업이익		$ 1,000

* 제조회사의 경우라면, 매출원가에는 직접재료원가, 직접노무원가, 변동제조간접원가 등의 변동원가와 고정제조간접원가가 포함될 것이다. 제조기업의 손익계산서 작성과 관련한 자세한 내용은 다음 장에서 다뤄질 예정이다.

전통적인 손익계산서는 외부 공시 목적으로는 유용하지만 내부 의사결정 목적으로는 한계점을 가지고 있다. 전통적인 손익계산서는 고정원가와 변동원가를 구분할 수 없다. 예를 들어, 판매비와관리비 항목 내에는 변동원가 성격의 일반관리비 $400와 고정원가 성격의 일반관리비 $1,500가 함께 합산되어 일반관리비 $1,900로 나타난다. 내부적으로 경영자는 계획수립, 통제 등의 의사결정을 위해 원가행태에 따른 원가 정보를 필요로 한다. 공헌이익 손익계산서는 이러한 필요에 의해 개발된 양식이라고 할 수 있다.

공헌이익 손익계산서

원가를 고정원가와 변동원가 요소로 구분하는 것은 의사결정에 중대한 영향을 미친다. 고정원가와 변동원가의 중요한 차이점은 **공헌이익 접근법(contribution approach)**에 의한 손익계산서에서 드러난다. 공헌이익 접근법의 특별한 점은 이 접근법은 경영자들에게 고정원가와 변동원가가 명확하게 구분된 손익계산서를 제공해주며, 이로 인해 계획, 통제 등의 다양한 의사결정을 용이하게 해준다는 것이다. 도표 1–7의 오른쪽은 상거래 기업의 손익계산서를 공헌이익 접근법에 의해 작성한 공헌이익 손익계산서의 예를 보여주고 있다.

공헌이익 접근법은 원가를 변동원가와 고정원가로 구분하며, 첫 단계로 매출액에서 변동원가를 차감한 **공헌이익(contribution margin)**을 계산한다. 상거래 기업에서 매출원가는 일반적으로 변동원가 성격이라 할 수 있으므로 공헌이익 손익계산서에서는 변동원가 항목에 포함된다. 공헌이익은 매출액 중에서 변동원가를 차감하고 남은 금액을 의미한다. 이 금액은 고정원가를 커버하고 이후에는 당기의 이익에 공헌하게 된다. 공헌이익은 단위당으로 표현될 수 있다. 예를 들어, 도표 1–7에서 이 회사가 500개를 판매하여 공헌이익 $5,000를 보고했으므로 단위당 공헌이익은 $10(=$5,000 ÷ 500개)인 것이다.

공헌이익 손익계산서는 내부의 계획 및 의사결정 수단으로 이용된다. 공헌이익 손익계산서는 원가 – 조업도 – 이익 분석, 경영성과평가 및 예산수립 등을 용이하게 하는 원가행태에 중점을 둔다. 특히, 공헌이익 접근법은 경영자들이 생산라인 분석, 가격 결정, 희소한 자원의 사용 및 자가제조 여부 등과 같은 수많은 의사결정에 유용한 정보를 제공한다. 이러한 의사결정 주제들은 본 교재의 다른 장에서 다루어질 것이다.

요약

이번 장에서는, 원가의 다양한 분류에 대해 살펴보았다. 원가는 다양한 목적—원가대상에 할당, 외부 보고서 작성, 원가행태 예측, 또는 의사결정—에 따라 다양하게 분류된다.

원가는 제품이나 부서와 같은 원가대상에 할당하기 위한 목적으로 직접원가와 간접원가로 분류한다. 원가대상에 용이하게 추적될 수 있는 원가는 직접원가로 분류하며, 원가대상에 용이하게 추적될 수 없는 원가는 간접원가로 분류한다.

원가는 외부 보고를 목적으로 분류할 때는 제조원가와 기간원가로 분류한다. 제조원가는 재고자산에 할당되어 제품이 판매되기 전까지는 자산으로 기록된다. 그리고 이후에 제품이 판매된 기간에 제품원가는 손익계산서상의 매출원가로 회계처리된다. 이에 비해, 기간원가는 발생한 시점에 당기 비용으로 손익계산서에 보고된다.

활동의 변화에 따라 원가가 어떻게 움직이는지를 예측할 목적인 경우, 원가는 변동원가, 고정원가, 혼합원가로 분류된다. 총변동원가는 활동에 정확하게 비례하여 움직이는 반면 단위당 변동원가는 일정하다. 총고정원가는 관련범위 내에서 활동의 변화와 관계없이 일정하게 유지되지만 단위당 평균고정원가는 활동이 증가함에 따라 감소한다. 혼합원가는 변동원가요소와 고정원가요소를 모두 포함하는 원가이며 $Y = a + bX$ (Y는 총혼합원가, a는 고정원가, b는 활동 단위당 변동원가, X는 활동 수준) 형태의 식으로 표현된다.

의사결정을 위해서 경영자는 관련원가(수익)와 비관련원가(수익)를 구분해야 한다. 이를 위해서 차액원가와 차액수익, 기회원가 및 매몰원가의 개념을 이해해야한다. 차액원가와 차액수익은 두 대안 간에 차이가 있는 원가와 수익을 의미한다. 기회원가는 한 대안이 다른 대안에 우선하여 선택되는 경우 포기되는 효익을 의미한다. 매몰원가는 과거에 이미 발생하여 되돌릴 수 없는 원가로 의사결정과 관련이 없으므로 무시되어야 한다. 차액원가와 기회원가는 의사결정에 신중히 고려되어야 한다.

이번 장에서 중요한 사고인 목적에 맞는 원가의 분류 사용이라는 주제는 전통적 손익계산서와 공헌이익 손익계산서의 차이를 통해 강조된다. 전통적 손익계산서 양식은 주로 외부보고 목적으로 이용된다. 이 손익계산서는 원가를 제품원가와 기간원가로 분류한다. 공헌이익 접근법에 의한 손익계산서는 원가를 변동원가와 고정원가로 분류함으로써 의사결정에 더 적합하게 이용된다.

종합예제 1: 원가 용어

이번 장에서는 여러 가지의 원가 용어가 소개되었다. 각 원가의 개념이 무엇인지 그리고 조직에서 원가가 어떻게 분류되는 지를 이해하기 위해 예제를 제시한다. 아래의 예는 가구나 책상 등을 제조하는 포터의 원가자료이다. 선택할 원가들은 아래에 제시되어 있다.

1. 테이블은 나무로 만들어지는데 각 테이블당 나무의 원가는 $100이다.
2. 테이블은 인부들에 의해 조립되는데 각 테이블당 $40의 임금이 지급된다.
3. 인부들은 관리자의 지시에 따라 작업을 수행하는데 관리자에게 지급되는 임금은 연간 $45,000이다.

4. 기계가 1시간 작동할 때 전기요금은 $2이다. 테이블 1개를 제조하기 위해 4시간의 기계시간이 소요된다.
5. 기계에 대한 감가상각비는 연간 $10,000이다.
6. 최고경영자의 급여는 연간 $200,000이다.
7. 회사는 광고비로 연간 $250,000을 지출한다.
8. 판매직원은 테이블당 $30의 판매수수료를 받는다.
9. 테이블을 만들지 않고 공장시설을 임대하면 연간 $50,000를 받을 수 있다.

요구사항:

위의 원가들을 이번 장에서 소개된 다양한 원가개념들로 분류하라. 각 원가들을 신중하게 분류해야 한다. 원가가 어떻게 분류되어야 할 지 잘 이해되지 않는다면 본문의 내용을 다시 읽어보기 바란다. 예를 들어 **변동원가**와 **고정원가**는 연간 완성된 테이블수에 따라 원가가 어떤 행태를 보이는지에 따른 구분이다.

해답

	변동 원가	고정 원가	기간원가 (판매비와 관리비)	제조원가: 직접재료 원가	제조원가: 직접노무 원가	제조원가: 제조간접 원가	매몰 원가	기회 원가
1. 테이블에 사용된 나무 (테이블당 $100)	X			X				
2. 테이블 조립을 위한 노무원가 (테이블 당 $40)	X				X			
3. 공장감독자의 급여 (연간 $45,000)		X				X		
4. 테이블 제조를 위한 전기요금 (기계작업시간당 $2)	X					X		
5. 테이블 제조에 이용되는 기계의 감가상각비(연간 $10,000)		X				X	X*	
6. 최고경영자의 급여 (연간 $200,000)		X	X					
7. 광고비(연간 $250,000)		X	X					
8. 판매직원의 판매수수료 (판매한 테이블 당 $30)	X		X					
9. 포기한 공장 임대료수익 (연간 $50,000)								X†

* 당기 이전에 기계장치를 구입하기 위해 발생한 원가이므로 매몰원가이다.
† 공장을 테이블 제조에 이용함으로써 희생하게 될 잠재적 효익이므로 이것은 기회원가이다. 기회원가는 일반적으로 회계장부에는 나타나지 않으나 의사결정시에는 신중하게 고려해야 할 원가이다.

종합예제 2: 손익계산서 양식

상거래기업인 맥팔랜드와 관련한 정보는 다음과 같다.

판매량	35,000개
단위당 판매가격	$40
단위당 변동판매비	$3
단위당 변동관리비	$1
총고정판매비	$45,000
총고정관리비	$28,000
기초상품	$21,000
기말상품	$35,000
상품매입액	$805,000

요구사항:

1. 전통적인 손익계산서를 작성하시오.
2. 공헌이익 손익계산서를 작성하시오.

해답

1. 전통적인 손익계산서

맥팔랜드 전통적인 손익계산서		
매출액(단위당 $40 × 35,000개)		$1,400,000
매출원가($21,000 + $805,000 − $35,000)		791,000
매출총이익		609,000
판매비와관리비:		
판매비((단위당 $3 × 35,000개) + $45,000)	$150,000	
관리비((단위당 $1 × 35,000개) + $28,000)	63,000	213,000
영업이익		$ 396,000

2. 공헌이익 손익계산서

맥팔랜드 공헌이익 손익계산서		
매출액		$1,400,000
변동비:		
매출원가 ($21,000 + $805,000 − $35,000)	$791,000	
판매비 (단위당 $3 × 35,000개)	105,000	
관리비 (단위당 $1 × 35,000개)	35,000	931,000
공헌이익		469,000
고정비:		
판매비	$ 45,000	
관리비	28,000	73,000
영업이익		$ 396,000

용어해설

가공원가(conversion cost) 직접노무원가와 제조간접원가의 합계.

간접노무원가(indirect labors) 건물 관리인, 감독자, 재료 취급자 및 기타 공장근로자에 대한 노무원가로서, 특정 제품에 용이하게 추적될 수 없는 노무원가.

간접원가(indirect cost) 쉽고 용이하게 특정 원가대상에 추적될 수 없는 원가.

간접재료원가(indirect materials) 접착제나 못과 같이 제품을 제조하는데 필요한 재료이지만 금액의 중요성이 낮고, 제품에 용이하게 추적될 수 없는 원가.

고정원가(fixed cost) 관련범위 내에서 활동 수준의 변화와 관계없이 총액이 일정하게 유지되는 원가. 고정원가가 단위당으로 표현되는 경우, 단위당 고정원가는 활동량에 반비례한다.

공통원가(common cost) 많은 원가대상을 지원하기 위하여 발생하는 원가이지만, 개별적으로 추적될 수 없는 원가. 예를 들어, 747 여객기 기장의 급여는 항공기에 탑승한 모든 승객들에 대한 공통원가이다. 기장이 없다면, 비행도 승객도 없을 것이다. 그러나 기장 급여의 어떤 부분도 항공기에 탑승하고 있는 어떤 승객에 의해 초래되는 것은 아니다.

공헌이익(contribution margin) 매출액에서 모든 변동원가를 차감한 금액.

공헌이익접근법(contribution approach) 원가를 원가 행태에 따라 체계화시킨 손익계산서. 원가를 외부보고 목적인 제품원가와 기간원가로 분류하지 않고 원가행태(변동, 고정)로 분류한다.

관련범위(relevant range) 변동 및 고정원가 행태에 대한 가정이 유효한 활동의 범위.

관리비(administrative costs) 제조와 판매보다는 조직의 일반 경영과 관련된 모든 임원, 조직 및 직원에 대한 비용.

관리회계(managerial accounting) 조직 내부에서 사용할 목적으로 경영자들에게 정보를 제공하는 것과 관련이 있는 회계 분야.

기간원가(period costs) 발생한 기간의 비용으로 손익계산서에서 직접 비용처리되는 원가.

기초원가(prime cost) 직접재료원가와 직접노무원가의 합계.

기회원가(opportunity cost) 한 대안이 다른 대안에 우선하여 선택되는 경우 포기되는 잠재적 효익.

매몰원가(sunk cost) 과거에 이미 발생하여 현재 혹은 미래의 의사결정에 따라 변경될 수 없는 원가.

변동원가(variable cost) 활동 수준의 변화에 직접적으로 비례하여 총액이 변동하는 원가. 단위당 변동원가는 일정하다.

원가구조(cost structure) 조직 내에서 고정원가, 변동원가 및 혼합원가의 상대적 비율.

원가대상(cost object) 원가 자료가 요구되는 그 어떤 것. 원가대상의 예로는 제품, 고객, 작업 및 과나 부서와 같은 조직 하부단위 등이 있다.

원가행태(cost behavior) 활동 수준의 변화에 따라 원가가 반응하는 행태.

원재료(raw material) 제품을 생산하기 위해 사용되는 재료.

재고가능원가(inventoriable costs) 제품원가의 동의어.

재공품(work in process) 부분적으로만 완성된 미완성품 단위들에 포함된 원가들이며 최종적으로 고객들에게 판매되기 전에 추가적인 작업을 필요로 한다.

재량고정원가(discretionary fixed cost) 광고비, 연구비와 같이 경영진이 특정 고정원가의 지출에 대해 연간 단위로 의사결정하는 경우 흔히 발생하는 원가.

재무회계(financial accounting) 주주, 채권자 및 조직 외부의 이해관계자들에게 정보를 제공하는 것과 관련이 있는 회계 분야.

제조간접원가(manufacturing overhead) 직접재료원가와 직접노무원가를 제외한 모든 제조원가.

제품(finished goods) 완성되었으나 아직 고객들에게 판매되지 않은 완성품.

제품원가(product costs) 제품을 취득하거나 만드는 것과 관련된 모든 원가. 제품을 제조하는 경우에, 이러한 원가들은 직접재료원가, 직접노무원가 및 제조간접원가로 구성된다.

증분원가(incremental cost) 다른 대안을 선택할 때 증가하는 원가.

직접노무원가(direct labor) 개별 단위나 제품에 용이하게 추적될 수 있는 공장노무원가. 접촉노무원가(touch labor)라고도 불린다.

직접원가(direct cost) 특정 원가대상에 쉽고 용이하게 추적될 수 있는 원가.

직접재료원가(direct materials) 제품의 필수 구성요소가 되고, 제품에 용이하게 추적될 수 있는 재료원가.

차액수익(differential revenue) 두 대안 간에 발생하는 수익의 차이.

차액원가(differential cost) 두 대안 간에 발생하는 원가의 차이.

판매원가(selling costs) 고객의 주문을 받고 제품을 고객에게 인도하기 위하여 발생하는 모든 원가.

혼합원가(mixed cost) 변동원가와 고정원가의 두 요소를 모두 가지고 있는 원가.

확정고정원가(committed fixed cost) 근본적인 변화 없이는 단기간에 급격하게 감소될 수 없는 설비, 장비 및 기본 조직 구조 등에 대한 투자액.

활동기준(activity base) 변동원가를 발생시키는 원인에 대한 측정치. 예를 들어, 병원에서 수술이 증가함에 따라 수술용 장갑의 총원가는 증가하게 될 것이다. 따라서 수술 건수는 수술용 장갑의 총원가를 설명해 주는 활동기준이 된다.

질문

1–1 제조회사의 제품원가를 구성하는 3가지 기본요소는 무엇인가?

1–2 아래에 나열된 용어들을 정의하시오.

a. 직접재료원가
b. 간접재료원가
c. 직접노무원가
d. 간접노무원가
e. 제조간접원가

1–3 제품원가와 기간원가의 차이점에 대해 설명하시오.

1–4 변동원가, 고정원가, 혼합원가를 각각 간략히 설명하시오.

1–5 조업도(또는 활동수준)의 증가가 아래의 항목에 미치는 영향을 설명하시오.

a. 단위당 고정원가
b. 단위당 변동원가
c. 총고정원가
d. 총변동원가

1–6 다음 용어의 정의를 서술하시오.

a. 원가형태
b. 관련범위

1–7 변동원가를 예측할 때 사용되는 활동기준(activity base)이란 무엇인가? 활동기준의 몇 가지 예를 들어 설명하시오.

1–8 경영자는 원가와 조업도간에 선형 관계를 가정한다. 어떤 가정에서 이러한 가정이 유효하거나 유효하지 않게 되는지 설명하시오.

1–9 재량고정원가와 확정고정원가를 간략히 설명하시오.

1–10 관련범위는 고정원가에도 적용되는 개념인가? 설명하시오.

1–11 전통적인 손익계산서와 공헌이익 손익계산서와의 차이를 설명하시오.

1–12 공헌이익이란 무엇인가?

1–13 차액원가, 매몰원가, 기회원가란 무엇인가?

1–14 변동원가만 차액원가라는 주장에 대해서 동의하는가? 그 이유를 설명하시오.

엑셀 응용

학습목표 1-6

아래 엑셀 워크시트는 본문에 있는 도표 1–7을 완성하기 위해 사용할 것이다. 이 파일과 파일 작성과 관련한 안내서는 Connect에 접속하면 이용할 수 있다.

	A	B	C	D
1	제1장 : Excel 응용			
2				
3	**자료**			
4	매출액	$12,000		
5	변동원가:			
6	매출원가	$6,000		
7	변동판매비	$600		
8	변동관리비	$400		
9	고정원가:			
10	고정판매비	$2,500		
11	고정관리비	$1,500		
12				
13	'?' 표시된 곳에 알맞은 함수식을 채우시오.			
14	**도표 1–7**			
15				
16	**전통적인 손익계산서**			
17	매출액		?	
18	매출원가		?	
19	매출총이익		?	
20	판매비와관리비			
21	판매비	?		
22	관리비	?	?	
23	영업이익		?	
24				
25	**공헌이익 손익계산서**			
26	매출액		?	
27	변동비			
28	매출원가	?		
29	변동판매비	?		
30	변동관리비	?	?	
31	공헌이익		?	
32	고정비			
33	고정판매비	?		
34	고정관리비	?	?	
35	영업이익		?	
36				

Chapter 1 Form | Filled in Chapter 1 Form

요구사항:

1. 자료에서 변동판매비가 $900로 변동하고 다른 자료는 변동이 없다고 할 때 워크시트를 확인하시오. 워크시트가 잘 작동되면, 전통적인 손익계산서의 영업이익과 공헌이익 손익계산서의 영업이익은 $700, 공헌이익은 $4,700가 될 것이다. 계산한 것과 다르다면, 워크시트에서 오류를 찾고 수정하시오.
   매출총이익은 얼마인가? 변했는가? 변한 이유 혹은 변하지 않은 이유는 무엇인가?
2. 아래의 자료처럼 매출액이 10% 증가했다고 가정하자.

매출액	$13,200
변동원가	
매출원가	$6,600
변동판매비	$660
변동관리비	$440
고정원가	
고정판매비	$2,500
고정관리비	$1,500

위의 새로운 자료를 워크시트에 입력하시오. 매출액뿐만 아니라 다른 항목도 위의 값들로 모두 바꾸시오. 워크시트의 손익계산서를 프린트하거나 복사하시오.

매출액이 10% 증가하면, 변동원가와 고정원가는 어떻게 되는가? 이유는 무엇인가? 공헌이익이 10% 증가했는가? 증가한 이유 혹은 증가하지 않은 이유는 무엇인가? 영업이익이 10% 증가했는가? 증가한 이유 혹은 증가하지 않은 이유는 무엇인가?

기본문제 connect

학습목표 1-1, 1-2, 1-3, 1-4, 1-5, 1-6

Martinez Company의 생산 관련범위는 7,500개에서 12,500개이다. 10,000개를 생산하여 판매할 때, 단위당 원가는 다음과 같다.

	단위당 원가
직접재료원가	$6.00
직접노무원가	$3.50
변동제조간접원가	$1.50
고정제조간접원가	$4.00
고정판매비	$3.00
고정관리비	$2.00
판매수수료	$1.00
변동관리비	$0.50

요구사항:

1. 재무회계 목적으로 계산한다면, 10,000개를 생산할 때 발생한 총 제품원가는 얼마인가?
2. 재무회계 목적으로 계산한다면, 10,000개를 판매할 때 발생한 총 기간원가는 얼마인가?
3. 8,000개를 판매했다면, 판매단위당 변동원가는 얼마인가?
4. 12,500개를 판매했다면, 판매단위당 변동원가는 얼마인가?
5. 8,000개를 판매했다면, 판매량에 대한 총 변동원가는 얼마인가?
6. 12,500개를 판매했다면, 판매량에 대한 총 변동원가는 얼마인가?
7. 8,000개를 생산한다면, 생산단위당 평균 고정제조원가는 얼마인가?
8. 12,500개를 생산한다면, 생산단위당 평균 고정제조원가는 얼마인가?
9. 8,000개를 생산한다면, 이 생산 수준을 지원하기 위해 발생한 총 고정제조원가는 얼마인가?
10. 12,500개를 생산한다면, 이 생산 수준을 지원하기 위해 발생한 총 고정제조원가는 얼마인가?
11. 8,000개를 생산한다면, 이 생산 수준을 지원하기 위해 발생한 총 제조간접원가는 얼마인가? 단위당 기준으로 계산한 총 제조간접원가는 얼마인가?
12. 12,500개를 생산한다면, 이 생산 수준을 지원하기 위해 발생한 총 제조간접원가는 얼마인가? 단위당 기준으로 계산한 총 제조간접원가는 얼마인가?
13. 단위당 판매가격이 $22라면, 단위당 공헌이익은 얼마인가?
14. 11,000개를 생산한다면, 이 생산 수준을 지원하기 위해 발생한 총 직접제조원가와 총 간접제조원가는 얼마인가?
15. 생산량이 10,000개에서 10,001개로 증가한다면 증가하는 원가는 얼마인가?

연습문제

McGraw Hill connect

문제 1-1 직접원가와 간접원가의 분류 [학습목표 1-1]

Northwest 병원은 종합병원이다. 이 병원은 외래환자들에 대한 응급진료부터 중요한 외과수술까지 모든 의료서비스를 제공한다.

요구사항:

Northwest 병원에서 발생하는 원가와 원가대상을 참고하여 직접원가 또는 간접원가 중 어느 항목에 해당하는지를 X로 표시하시오.

원가	원가대상	직접원가	간접원가
Ex. 환자에게 제공되는 식사	개별 환자	X	
1. 소아과 간호사의 급여	소아과		
2. 처방약	개별 환자		
3. 병원 난방비	소아과		
4. 소아과장의 급여	소아과		
5. 소아과장의 급여	소아과 특정 환자		
6. 병원 내 교회 목사의 급여	개별 환자		
7. 외부에 맡긴 검사 원가	개별 환자		
8. 외부에 맡긴 검사 원가	관련 부서		

문제 1-2 제조원가의 분류 [학습목표 1-2]

PC Works 사는 다양한 부품업체들로부터 공급받은 부품들을 조립하여 컴퓨터를 생산하고 있다. 이 회사는 Washington의 Redmond 공단 내에 조립공장과 판매점포를 보유하고 있는 규모가 작은 회사이다. 아래는 이 회사에서 발생한 원가들이다.

요구사항:

이 회사에서 발생한 다음의 원가들이 직접재료원가, 직접노무원가, 제조간접원가, 판매비와 관리비 중 어디에 속하는지 구분하시오.

1. 컴퓨터에 설치될 하드 드라이브
2. Puget Sound Computer User 신문의 광고 비용
3. 컴퓨터 부품을 조립하는 근로자들의 급여
4. 판매부서의 직원에게 지급되는 판매수수료
5. 조립공장의 감독자 급여
6. 회계부서의 직원에게 지급되는 급여
7. 완성된 컴퓨터를 테스트하기 위한 설비의 감가상각비
8. 공장 임차료

문제 1-3 제조원가와 기간원가의 분류 [학습목표 1-3]

당신이 Issac Aircams에서 단기 인턴으로 근무한다고 가정하자. 이 회사는 군용 항공기에 부착되는 원격제어가 가능한 소형 카메라를 제조하는 회사이다. 이 회사는 성장을 위해 은행으로 차입을 받으려고 한다. 은행은 대출을 심사하기 위해 재무제표를 요구하였다. 당신은 재무제표 작성을 돕는 역할을 맡게 되었고 이에 필요한 다음의 원가 항목들을 분류해야 한다.

요구사항:

아래에 제시된 항목들을 재무제표 작성 목적으로 제조원가 또는 기간원가로 분류하시오.

1. 판매사원이 판매를 위해 사용하는 자동차의 감가상각비
2. 공장 설비의 임차료
3. 기계의 유지를 위한 윤활유
4. 제품을 보관하는 창고 직원의 급여
5. 공장 노동자들이 작업 후에 사용하는 비누와 종이타월
6. 공장 감독자의 급여
7. 공장에서 사용되는 난방비, 수도료, 전기요금
8. 해외배송용 제품 포장을 위한 포장지 (일반 제품에는 사용되지 않음)
9. 광고비
10. 공장 근로자들을 위한 보험료
11. 공장 구내식당의 의자와 식탁에 대한 감가상각비
12. 본사의 관리사무실 직원의 급여
13. 회사의 임원들이 사용하는 비행기의 리스료
14. 연간 판매회의를 위한 Florida 리조트 회의실 임차료
15. 회사의 제품 포장비

문제 1-4 고정과 변동의 원가형태 [학습목표 1-4]

Espresso Express는 도심 외곽의 쇼핑센터에 에스프레소 커피를 판매한다. 고정원가는 일주일에 $1,200이며, 커피한잔당 변동원가는 $0.22이다.

요구사항:

1. 각 조업도 수준의 총원가를 추정하여 아래의 표의 각 항목별 금액을 완성하시오. 단위당 원가는 10센트에서 반올림하시오.

	일주일에 판매되는 커피의 수량		
	2,000	2,100	2,200
고정원가	?	?	?
변동원가	?	?	?
총원가	?	?	?
단위당 원가	?	?	?

2. 주(week)당 제공되는 커피의 수량이 증가함에 따라 단위당 커피원가는 어떻게 변화하는가? 증가하는가? 감소하는가? 불변인가? 그 이유도 설명하시오.

문제 1-5 차액원가, 매몰원가, 기회원가 [학습목표 1-5]

Northwest 병원은 종합병원이다. 이 병원의 방사선과는 비효율적인 구 X-ray 기계를 최신식의 X-ray 기계로 대체할 것을 고려하고 있다. 새 기계로 대체하는 경우, X-ray 사용과 관련한 시간과 원가를 절감할 수 있다. 또한 구 기계와 비교하여 전기요금도 절감되고 칼라레이저프린터를 사용함으로써 판독하기 쉬운 X-ray 사진을 제공한다. 그러나 실험실에서는 X-ray 기계보다 DNA 분석기가 더 필요하다고 병원 경영자들에게 로비를 하고 있다.

요구사항:

구 X-ray 기계를 최신식의 기계로 대체하는 경우, 아래에 열거된 항목이 차액원가, 기회원가, 매몰원가 중 어느 항목에 해당하는지 표시하시오. (해당하는 항목이 없는 경우에는 공란으로 남겨둘 것)

항목	차액원가	기회원가	매몰원가
Ex. 구기계에 사용되던 X-ray 필름	X		
1. 구 X-ray 기계 구입 원가			
2. 방사선과장의 급여			
3. 소아과장의 급여			
4. 새로운 칼라레이저프린터 구입원가			
5. 방사선과 공간의 임차료			
6. 구기계 유지 원가			
7. DNA 분석기를 통해 얻게되는 효익			
8. X-ray 기계를 운영하기 위한 전기요금			

문제 1-6 공헌이익계산서와 전통적 접근방식의 손익계산서 [학습목표 1-6]

Cherokee Inc.는 상품매매기업(상거래 기업)이며 관련 자료는 다음과 같다.

판매 수량	20,000
단위당 판매가격	$30
단위당 변동판매비	$4
단위당 변동관리비	$2
총 고정판매비	$40,000
총 고정관리비	$30,000
기초상품 재고	$24,000
기말상품 재고	$44,000
당기 상품 매입액	$180,000

요구사항:

1. 전통적인 손익계산서를 작성하시오
2. 공헌이익 손익계산서를 작성하시오.

문제 1-7 직접원가와 간접원가 [학습목표 1-1]

Kubin의 관련범위는 제품 18,000개~22,000개이다. 20,000개의 제품을 생산했을 때 단위당 원가는 다음과 같다.

	단위당 평균원가
직접재료원가	$7.00
직접노무원가	$4.00
변동제조간접원가	$1.50
고정제조간접원가	$5.00
고정판매비	$3.50
고정관리비	$2.50
판매수수료	$1.00
변동관리비	$0.50

요구사항:

1. 원가대상은 제품으로 가정한다.
   a. 20,000개를 생산했을 때 직접제조원가는 총 얼마인가?
   b. 20,000개를 생산했을 때 간접제조원가는 총 얼마인가?
2. 원가대상을 제조부서로 가정하고, 20,000개 생산을 가정한다.
   a. 제조부문에 직접 추적가능한 제조원가는 총 얼마인가?
   b. 제조부문에 직접 추적이 어려운 제조원가는 총 얼마인가?
3. 원가대상을 회사의 판매관련 부서로 가정한다. 또한, 회사의 총 고정판매비 중에서 $50,000를 광고비로 지출하고, 나머지는 판매관련 부서에 대한 보상금으로 가정한다.

a. 회사가 20,000개의 제품을 판매했을 때, 각 판매부서에 추적가능한 총 직접판매비는 얼마인가?
b. 회사가 20,000개의 제품을 판매했을 때, 각 판매부서에 추적이 어려운 총 간접판매비는 얼마인가?

4. 회사의 관리비는 내부운용보고서 상에 항상 간접원가로 보고되는가?

문제 1-8 제품원가와 기간원가: 변동원가와 고정원가 [학습목표 1-3, 1-4]

1–7의 자료를 참고하자. 아래의 각 요구사항은 독립적이다.

요구사항:

1. 재무회계 목적으로, 20,000개를 생산했을 때 제품원가는 얼마인가?
2. 재무회계 목적으로, 20,000개를 판매했을 때 기간원가는 얼마인가?
3. 재무회계 목적으로, 22,000개를 생산했을 때 제품원가는 얼마인가?
4. 재무회계 목적으로, 18,000개를 판매했을 때 기간원가는 얼마인가?

문제 1-9 고정원가, 변동원가, 혼합원가 [학습목표 1-4]

1–7의 자료를 참고하자. 아래의 각 요구사항은 독립적이다.

요구사항:

1. 18,000개의 제품을 생산하여 판매했다면, 생산과 판매와 관련한 단위당 변동원가는 얼마인가?
2. 22,000개의 제품을 생산하여 판매했다면, 생산과 판매와 관련한 단위당 변동원가는 얼마인가?
3. 18,000개의 제품을 생산하여 판매했다면, 생산과 판매와 관련한 총변동원가는 얼마인가?
4. 22,000개의 제품을 생산하여 판매했다면, 생산과 판매와 관련한 총변동원가는 얼마인가?
5. 18,000개의 제품을 생산했다면, 단위당 고정제조원가는 얼마인가?
6. 22,000개의 제품을 생산했다면, 단위당 고정제조원가는 얼마인가?
7. 18,000개의 제품을 생산했다면, 총 고정제조간접원가는 얼마인가?
8. 22,000개의 제품을 생산했다면, 총 고정제조간접원가는 얼마인가?

문제 1-10 차액원가, 매몰원가 [학습목표 1-5]

1–7의 자료를 참고하자. 아래의 각 요구사항은 독립적이다.

요구사항:

1. 회사가 제품 생산량을 20,000개에서 20,001개로 증가시켰을 때 증분제조원가는 얼마인가?
2. 회사가 제품 생산량 및 판매량을 20,000개에서 20,001개로 증가시켰을 때 증분원가는 얼마인가?
3. 회사는 20,000개의 제품을 생산하여 19,800개를 판매할 것으로 예상하고 있다. 예상치 않았던 새로운 고객이 남아있는 200개의 제품을 구입하겠다고 제안하는 경우, 이와 관련한 단위당 증분 제조원가는 얼마인가?
4. 회사는 20,000개의 제품을 생산하여 19,800개를 판매할 것으로 예상하고 있다. 예상치 않았던 새로운 고객이 남아있는 200개의 제품을 구입하겠다고 제안하는 경우, 이와 관련한 단위당 증분 판매비와관리비는 얼마인가?

문제 1-11 원가행태; 공헌이익 손익계산서 [학습목표 1-4, 1-6]

Harris Company는 단일종류의 제품을 제조하고 판매한다. 관련범위 30,000개에서 50,000개에 해당하는 자료는 다음과 같다.

	제조 및 판매량		
	30,000	40,000	50,000
총원가			
변동원가	$180,000	?	?
고정원가	300,000	?	?
총원가	$480,000	?	?
단위당 원가			
변동원가	?	?	?
고정원가	?	?	?
단위당 원가	?	?	?

요구사항:

1. 회사의 총원가와 단위당 원가에 관한 위의 표를 완성하시오.
2. 이 회사가 1년간 45,000개의 제품을 생산하여 단위당 $16에 판매하였다고 가정하자. 공헌이익 손익계산서를 작성하시오.

문제 1-12 제품원가와 기간원가의 흐름 [학습목표 1-3]

Devon 자동차 회사는 자동차를 생산하여 판매한다. 4월 1일 현재 기초재고는 없으며 4월에 개당 $80에 8,000개의 배터리를 구입했다. 한달 동안 7,600개가 사용되었는데, 이 중에서 100개는 회사내부 영업용 차량의 배터리를 교체하는데 사용되었고, 7,500개는 생산중인 차량에 사용되었다. 4월에 생산중인 차량의 90%가 완성되어 재공품에서 제품으로 대체되었다. 4월에 완성된 차량 중에서 30%는 4월말 현재 재고로 남아있다.

요구사항:

1. 4월 말 현재 배터리와 관련한 다음의 계정에 대한 금액을 결정하시오.
   a. 원재료
   b. 재공품
   c. 제품
   d. 매출원가
   e. 판매비
2. 위의 계정과목이 재무상태표, 손익계산서 중 어디에 공시될 것인지 구분하시오.

문제 1-13 변동원가와 고정원가 [학습목표 1-4]

Munchak의 관련범위는 제품 9,000~11,000개이다. 지난달에 회사는 10,000개의 제품을 생산하였다. 단위당 제조원가는 $70이다. 이 활동 수준에서 회사의 변동제조원가는 총제조원가의 40%이다.

요구사항:

다음 달에 Munchak이 10,050개의 제품을 생산하였고, 원가행태는 그대로 유지된다고 가정하자. 다음달과 관련한 아래의 기술에 대해 옳으면 True, 틀리면 False로 구분하시오. 1~6번에 대해서는 계산기를 사용하면 안되며, 7~12번은 계산기를 사용할 수 있다. 표의 True, False에 'x'로 표시하시오.

	True	False
1. 단위당 변동제조원가는 지난달과 동일하게 유지될 것이다.		
2. 총 고정제조원가는 지난달보다 증가할 것이다.		
3. 총 제조원가는 지난달보다 증가할 것이다.		
4. 단위당 고정제조원가는 지난달보다 감소할 것이다.		
5. 총 변동제조원가는 지난달보다 감소할 것이다.		
6. 단위당 제조원가는 지난달보다 증가할 것이다.		
7. 단위당 변동제조원가는 $28일 것이다.		
8. 총 고정제조원가는 $422,100일 것이다.		
9. 총 제조원가는 $701,400일 것이다.		
10. 단위당 고정제조원가는 약 $41.79일 것이다.		
11. 총 변동제조원가는 $280,000일 것이다.		
12. 단위당 제조원가는 약 $69.79일 것이다.		

문제 1-14 원가의 분류 [학습목표 1-2, 1-3, 1-4, 1-5]

Australia의 New South Wales에 위치한 Wollogong Group Ltd.는 10년 전에 공장 건물을 취득하였다. 수년간 건물의 뒤쪽에 위치한 별관을 임대하여 연간 $30,000의 임대료를 받아왔는데, 곧 임대기간이 종료된다. 회사는 이 곳의 임대를 연장하지 않고 신제품을 생산하는데 사용하기로 결정하였다.

신제품을 생산하기 위해서는 제품 단위당 $80의 직접재료원가가 소요되며, 완성된 제품을 보관하기 위한 창고를 임차하여야 하며, 임차료는 매월 $500가 발생할 것으로 예상된다. 게다가 회사는 신제품 생산을 위한 기계장치 임차료로 매월 $4,000가 발생할 것으로 예상된다. 신제품의 생산을 위해 노동자들을 고용할 예정인데, 제품 단위당 $60의 직접노무원가가 소요된다. 별관은 직전년도와 동일하게 정액법에 의해 매년 $8,000씩 감가상각한다.

신제품과 관련하여 연간 $50,000의 광고선전비가 발생할 것으로 예상되며, 제품의 생산을 감독하기 위한 감독자에게 매달 $3,500를 지급할 예정이다. 기계와 관련한 전기료는 제품 단위당 $1.2이며, 생산이 완료된 제품을 고객에게 배송하기 위한 배송료는 개당 $9로 책정되었다. 추가적으로 이러한 신제품 생산과 관련한 자금을 마련하기 위해 현재 연간 $3,000의 이익을 내고 있는 투자액을 회수해야 한다.

요구사항:

다음 표를 작성하시오. 신제품 생산과 관련한 의사결정에 필요한 원가 항목을 표의 맨 우측에 제시하고 각 원가를 4가지 원가의 분류에 따라 분류하시오. (1) 원가예측을 위한 원가행태에 따른 분류(변동원가 또는 고정원가), (2) 제조원가에 해당한다면 3가지 항목 중에서 선택(직접재료원가, 직접노무원가, 제조간접원가)하고, 비제조원가라면 '해당없음'으로 분류, (3) 재무제표 작성 관점에서 분류(제품원가, 기간원가), (4) 의사결정을 위한 원가 분류(매몰원가, 기회원가). (4)번 분류에서 기회원가로 분류된다면 재무제표에 표시되지 않는 항목이므로 (1)~(3)번 분류는 '해당없음'으로 기재하시오.

원가의 분류				
원가 항목	(1) 원가행태	(2) 제조원가	(3) 재무제표 작성	(4) 의사결정

문제 1-15 전통적인 손익계산서, 공헌이익 손익계산서 [학습목표 1-6]

Alpine House, Inc.는 겨울 스포츠 장비를 판매하는 도매점이다. 스키 부문의 1분기 자료는 아래와 같다.

매출액	$150,000
단위당 판매가격	$750
단위당 변동판매비	$50
단위당 변동관리비	$10
총 고정판매비	$20,000
총 고정관리비	$20,000
기초상품 재고	$30,000
기말상품 재고	$40,000
당기 상품 매입	$100,000

요구사항:

1. 1분기에 대한 전통적인 손익계산서를 작성하시오.
2. 1분기에 대한 공헌이익 손익계산서를 작성하시오.
3. 스키 1단위당 공헌이익은 얼마인가?

문제 1-16 의사결정을 위한 원가분류 [학습목표 1-5]

Warner는 7년전에 P50 제품의 출시를 위해 기계를 $319,000에 구입하였다. 불행히도, 이 기계는 고장이 났고 수리도 불가능하다. 이 기계를 대신하여 $313,000의 모델 300 또는 $275,000의 모델 200으로 교체할 수 있다. 경영자는 모델 200을 구입하기로 결정했다. 모델 200은 모델 300에 비해 생산능력은 적지만 P50 제품을 지속적으로 제조하는데 충분하다. 경영자는 P50 제품의 생산을 중단하고 구기계를 대체하지 않는 대안도 고려하였지만 기각하였다. 만약 그렇게 되었다면, $275,000의 신기계 구입비용은 $374,000의 이익을 창출하는 새로운 프로젝트를 위해 투자될 수 있었을 것이다.

요구사항:

1. 모델 300이 아닌 모델 200을 구입하는 의사결정에서 차액원가는 총 얼마인가?
2. 모델 300이 아닌 모델 200을 구입하는 의사결정에서 매몰원가는 총 얼마인가?
3. 모델 200을 구입하는 의사결정과 관련하여 기회원가는 총 얼마인가?

문제 1-17 변동원가와 고정원가, 제조원가와 기간원가의 분류 [학습목표 1-3, 1-4]

다음은 각 조직에서 발생한 여러 가지 원가들이다.

1. 웬디스 식당에서 판매하는 햄버거에 사용하는 빵
2. 치과 광고선전비
3. 델몬트 통조림 제조에 투입되는 사과
4. 델몬트 공장에서 생산된 통조림의 배송비용
5. 바슈롬 콘텍트 렌즈 공장에 대한 보험료
6. Nucor 본사의 보험료
7. Ricoh의 프린터 생산을 감독하는 관리자의 급여
8. 자동차 판매사원에게 지급하는 판매수수료
9. General Electric 공장의 구내식당 설비의 감가상각비
10. Tesla 자동차에 장착되는 핸들

요구사항:

다음 표를 작성하시오. 위에 제시된 각 원가 항목을 2가지 원가의 분류에 따라 분류하시오. (1) 원가예측을 위한 원가행태에 따른 분류(제조 및 판매에 따른 변동원가 또는 고정원가), (2) 재무제표 작성 관점에서 제품원가와 기간원가(판매비와관리비)로 분류.

	원가의 분류	
원가 항목	(1) 원가행태	(2) 재무제표 작성

문제 1-18 직접원가와 간접원가: 변동원가 [학습목표 1-1, 1-4]

다음은 Montgomery 백화점의 7월달 영업과 관련한 자료이다.

기업 법무부서의 급여	$56,000
의류 매장 매출원가—Evendale 지점	$90,000
본사 빌딩 임차료	$48,000
매장 관리자 급여—Evendale 지점	$12,000
의류매장 판매수수료—Evendale Store	$7,000
수도광열비—Evendale 지점	$11,000
의류 매장 관리자 급여—Evendale 지점	$8,000
중앙 창고 임차료	$15,000
매장 잡역부 원가—Evendale 지점	$9,000

Evendale 지점은 백화점이 소유한 여러개의 지점 중 하나이다. 의류 매장은 Evendale 지점의 여러개의 매장 중 하나이다. 중앙 창고는 백화점 전체의 상품을 보관한다.

요구사항:

1. 위의 원가들 중에서 의류 매장과 관련한 직접원가는 총 얼마인가?
2. 위의 원가들 중에서 Evendale 지점과 관련한 직접원가는 총 얼마인가?
3. 의류 매장과 관련한 직접원가 중에서 백화점 매출과 관련한 변동원가는 총 얼마인가?

문제 1-19 전통적인 손익계산서와 공헌이익 손익계산서

상거래회사인 Todrick사의 판매량 1,000개일 때의 정보는 다음과 같다.

매출액	$300,000
기초상품 재고	$20,000
당기 매입	$200,000
기말상품 재고	$7,000
고정판매비	?
고정관리비	$12,000
변동판매비	$15,000
변동관리비	?
공헌이익	$60,000
영업이익	$18,000

요구사항:

1. 공헌이익 손익계산서를 작성하시오.
2. 전통적인 손익계산서를 작성하시오.
3. 단위당 판매가격을 계산하시오.
4. 단위당 변동비를 계산하시오.
5. 단위당 공헌이익을 계산하시오.
6. 경영자가 판매량 변동에 따른 영업이익의 변화를 예측하는데, 전통적인 손익계산서와 공헌이익 손익계산서 중에서 어떤 것이 더 유용한지 선택하고 이유를 설명하시오.

문제 1-20 변동원가와 고정원가, 직접원가와 간접원가 [학습목표 1-1, 1-4]

Madison Seniors Care Center는 노인들에게 다양한 건강서비스를 제공하는 비영리기업이다. 이 센터는 다양한 부문으로 구성되어 있는데, 그 중 하나는 노인들에게 매일 따뜻한 음식을 가정에 배달해주는 급식봉사 프로그램이다. 아래는 센터와 급식봉사 프로그램과 관련한 원가들이다.

Ex) 급식봉사를 위한 식료품 원가
a. 급식봉사 차량 리스료
b. 급식을 위한 부수적인 재료들 (소금, 후추, 냅킨 등)
c. 급식봉사 차량 유류비
d. Madison Seniors Care Center 건물 임차료
e. 급식봉사 프로그램을 위한 비상근 경영자의 임금

f. 급식봉사 프로그램을 위한 주방설비 감가상각비
g. 급식을 배달하는 요양보호사의 시간급
h. 주방 건강안전규칙 준수를 위한 원가
i. 급식봉사프로그램을 위한 기부금 요청에 사용되는 우편료

요구사항:

아래의 표를 완성하시오. 원가대상에 따라 각 항목이 직접원가 또는 간접원가 중 어디에 속하는지를 표시하시오. 또한 급식봉사프로그램의 노인수의 증감과 관련하여 각 원가가 변동원가인지 고정원가인지를 표시하시오.

		급식봉사프로그램에 추적가능여부		급식봉사프로그램의 개별 노인에 추적가능여부		급식봉사프로그램의 노인 수의 변동에 따른 원가행태	
항목	설명	직접원가	간접원가	직접원가	간접원가	변동원가	고정원가
Ex)	식료품 원가	X		X		X	

문제 1-21 전통적인 손익계산서, 공헌이익 손익계산서 [학습목표 1-6]

Marwick's Pianos, Inc.는 피아노를 판매한다. 이 회사는 피아노 제조회사로부터 1대당 $2,450에 매입하여 고객에게 대당 $3,125의 가격에 판매한다. 회사의 월간 판매관리비는 다음과 같다.

원가	계산식
판매활동 관련:	
광고비	$700/월
판매직원 급여와 수수료	$950/월 + 매출액의 8%
피아노 배달비용	피아노 판매건당 $30
수도광열비	$350/월
판매 시설의 감가상각비	$800/월
관리활동 관련:	
임원급여	$2,500/월
보험료	$400/월
사무직원 급여	$1,000/월 + 피아노 판매건당 $20
사무실 비품 감가상각비	$300/월

8월중에 Marwick's Pianos, Inc.는 40대의 피아노를 판매하였다.

요구사항:

1. Marwick's Pianos, Inc.의 8월에 대한 전통적인 손익계산서를 작성하시오.
2. 8월에 대한 공헌이익 손익계산서를 작성하시오. 공헌이익까지는 각 항목별 총액 옆에 단위당 금액도 함께 제시하시오.
3. 요구사항 2에서 작성한 손익계산서를 참조하여, 고정원가를 단위당으로 제시할 때 어떤 오해가 있을 수 있는지 설명하시오.

문제 1-22 원가개념, 공헌이익 손익계산서 [학습목표 1-2, 1-4, 1-6]

Miller사의 매출액은 $120,000이다. 이 회사의 직접노무원가는 $15,000로, 이는 가공원가의 30%, 기초원가의 40%에 해당한다. 총 판매비와관리비는 $18,000달러이며, 이 중에서 변동판매비와관리비는 매출액의 5%인 판매수수료만 발생한다. 기초재고와 기말재고는 없으며, 제조간접원가는 모두 고정원가이다.

요구사항:

1. 총 제조간접원가는 얼마인가?
2. 총 직접재료원가는 얼마인가?
3. 총 제조원가는 얼마인가?
4. 총 변동판매비와관리비는 얼마인가?
5. 총 변동원가는 얼마인가?
6. 총 고정원가는 얼마인가?
7. 총 공헌이익은 얼마인가?

문제 1-23 원가의 분류 [학습목표 1-1, 1-3, 1-4]

아래의 항목들은 조직에서 발생하는 전형적인 원가들이다.

1. 공장건물 재산세
2. 공장에서 생산되는 합성세제의 포장에 사용되는 박스
3. 판매사원의 판매수수료
4. 공장의 감독자 급여
5. 임원 차량의 감가상각비
6. 컴퓨터 조립라인 근로자의 급여
7. 제품보관창고의 보험료
8. 설비기계의 유지비용
9. 광고선전비
10. 계산기를 생산하기 위한 마이크로칩 원가
11. 판매를 위한 제품 배송비용
12. 공장내 휴게실에 비치할 잡지 구독료
13. 의류공장에서 사용하는 실의 원가
14. 임원의 생명보험료
15. 도서출판을 위해 사용한 잉크원가
16. 재료처리 근로자들에게 제공된 복리후생비
17. 스웨터 생산을 위해 사용한 뜨개실 원가
18. 임원 비서실 직원의 급여

요구사항:

위의 항목들을 아래의 표에 맞게 표시하시오. 각 항목이 제품의 생산과 판매와 관련하여 변동원가와 고정원가 중 어디에 해당하는지 V, F로 표시하고, 해당 원가가 판매비, 관리비 또는 제조원가 중 해당되는 항목에 X 표시 하시오. 원가 항목이 제조원가에 해당하는 경우에는 직접원가와 간접원가로 구분하여 표시하시오. 3가지 원가에 대해 예를 제시하면 다음과 같다.

원가 항목	변동원가(V) 고정원가(F)	판매비	관리비	제조원가 직접원가	제조원가 간접원가
직접노무원가	V			X	
임원 급여	F		X		
설비 임차료	F				X

문제 1-24 목적에 따른 원가의 분류 [학습목표 1-1, 1-2, 1-3, 1-4, 1-5]

Dozier사는 영업을 개시한 첫 한달간 1,000개의 제품을 생산하여 판매하였다. 이와 관련한 원가 및 비용에 대한 정보는 다음과 같다.

직접재료원가		$69,000
직접노무원가		$35,000
변동제조간접원가	$15,000	
고정제조간접원가	28,000	
총 제조간접원가		$43,000
변동판매비	$12,000	
고정판매비	18,000	
총 판매비		$30,000
변동관리비	$ 4,000	
고정관리비	25,000	
총 관리비		$29,000

요구사항:

1. 재무제표 작성 관점에서 원가를 분류한다면,
   a. 총 제품원가는 얼마인가?
   b. 총 기간원가는 얼마인가?
2. 원가대상에 원가를 할당하는 관점에서 원가를 분류한다면,
   a. 총 직접제조원가는 얼마인가?
   b. 총 간접제조원가는 얼마인가?
3. 제조업체의 분류 방식에 따라 원가를 분류한다면,
   a. 총 제조원가는 얼마인가?
   b. 총 비제조원가는 얼마인가?
   c. 가공원가와 기초원가는 얼마인가?
4. 예측을 위한 원가 행태에 따라 원가를 분류한다면,
   a. 총 변동제조원가는 얼마인가?
   b. 총 고정원가는 얼마인가?
   c. 단위당 변동원가는 얼마인가?
5. 의사결정 관점에 따라 원가를 분류한다면,
   a. Dozier가 1,000개에서 1,001개로 생산량을 증가시킨다면 제조원가는 얼마나 증가하는가?

문제 1-25 전통적인 손익계산서, 공헌이익 손익계산서 [학습목표 1-6]

상거래기업인 Milden사는 다음 분기에 단위당 $100에 12,000개의 상품을 판매할 계획이다. 다음 분기에 예상되는 원가는 다음과 같이 수집되었다.

원가	계산식
매출원가	단위당 $35
광고비	분기당 $210,000
판매수수료	매출액의 6%
운송비	분기당 $28,000 + 단위당 $9.10
관리직 급여	분기당 $145,000
보험료	분기당 $9,000
감가상각비	분기당 $76,000

요구사항:

1. 다음 분기에 대한 전통적인 손익계산서를 작성하시오.
2. 다음 분기에 대한 공헌이익 손익계산서를 작성하시오.

사례 connect

사례 1-26 분석적 사고 [학습목표 1-1, 1-2, 1-3, 1-4]

Dorilane Company는 테이블과 4개의 의자로 구성된 목재 파티오 세트 생산에 특화된 기업이다. 이 세트는 매우 인기가 있으며, 회사는 밀려드는 주문에 의해 최대생산수량인 연간 2,000 세트를 생산해 왔으며, 이와 관련된 자료는 다음과 같다.

직접노무원가	$118,000
광고선전비	$50,000
공장 감독자 급여	$40,000
공장 건물 재산세	$3,500
판매수수료	$80,000
공장 보험료	$2,500
감가상각비 (본사 비품)	$4,000
공장설비 리스료	$12,000
간접재료원가	$6,000
감가상각비 (공장건물)	$10,000
사무실 소모품비	$3,000
사무실 직원 급여	$60,000
직접재료원가	$94,000
공장 수도광열비	$20,000

요구사항:

1. 예시를 참조하여 아래에 있는 표를 완성하시오. 예로 제시된 두 개의 예를 참고하여 같은 형태로 완성하시오.

	원가행태			제품원가	
원가항목	변동비	고정비	판매관리비	직접원가	간접원가*
직접노무원가	$118,000			$118,000	
광고선전비		$50,000	$50,000		

* 제품에 대한 간접원가를 의미함

2. 요구사항 1에서 완성한 표의 각 항목의 총액을 표의 제일 아래에 채우시오. 목재 파티오 세트의 단위당 제조원가는 얼마인지 계산하시오.
3. 제품 생산량이 1,000개로 감소되었다고 가정하자. 목재 파티오 세트의 단위당 평균원가는 어떻게 변하는가? 그 이유도 설명하시오. (계산결과 불필요)
4. 제시된 자료를 참고하여 다음에 답하시오. 경영자의 처남은 파티오 세트를 스스로 제작하기 위해 자재 매장에서 필요한 재료의 가격을 알아보았다. 처남은 매형인 Dorilane의 사장에게 파티오 세트를 "원가"에 구입할 수 있는지 물어보았고, 매형은 이를 수락하였다.
   a. 처남이 지불할 것으로 생각하는 가격이 서로 불일치할 것이라고 기대하는가? 그 이유는? 경영자와 처남이 제시하는 가격은 각각 얼마일 것 같은가?
   b. 공장의 생산 능력이 최대로 가동되고 있으므로 경영자가 처남에게 정상가격을 완전히 다 받아야 한다는 것이 정당화될 수 있다면 이에 해당하는 원가개념은 무엇인가?

사례 1-27 윤리경영 [학습목표 1-3]

M.K. Gallant는 상장기업인 Kranbrack Corporation의 경영자이다. 올해 초 애널리스트와의 미팅에서 Gallant는 회사의 이익이 20% 증가할 것이라고 예측했다. 불행하게도, 당기의 매출액은 예상보다 감소하였으며, Gallant는 극적인 일이 발생하지 않는 한 최종보고서에 예측치에 미달한 성과를 보고하게 될 것이라는 것을 이번 기말이 끝나기 2주전에 알게 되었다. 이에 따라 Gallant는 관련 비용의 지출을 가능한 다음기로 연기(공급자의 주문을 취소하거나 연기, 교육의 연기, 당기말의 광고비와 출장비의 절감)하라고 지시하였다. 게다가, Gallant는 회사의 경리부장에게 회사의 기간원가를 가능한 많이 제품원가로 재분류하라고 명령하였다. 마지막으로 당기말 재고자산수량이 많을 것으로 예상된다.

요구사항:

1. 기간원가를 제품원가로 재분류하는 경우 보고되는 이익이 증가하는 이유는 무엇인가?
2. Gallant의 행위가 윤리적이라고 생각하는가? 그 이유는 무엇인가?

Chapter

2

개별원가계산: 제품 단위당 원가 계산

학습목표

2장을 공부한 후에 다음을 할 수 있어야 한다.

학습목표 2-1 제조간접원가 예정배부율을 계산할 수 있다.

학습목표 2-2 제조간접원가 예정배부율을 이용하여 제조간접원가를 작업에 배부할 수 있다.

학습목표 2-3 공장전체 제조간접원가 예정배부율을 이용하여 작업별 총원가와 제품 단위당 원가를 계산할 수 있다.

학습목표 2-4 복수의 제조간접원가 예정배부율을 이용하여 작업별 총원가와 제품 단위당 원가를 계산할 수 있다.

학습목표 2-5 (부록 2A) 활동기준전부원가계산을 이용하여 제품 단위당 원가를 계산할 수 있다.

학습목표 2-6 (부록 2B) 제조간접원가 예정배부율을 예상조업도가 아니라 최대조업도를 이용하여 계산해야 한다는 주장의 근거를 이해할 수 있다.

©Scharfsinn/Shutterstock

University Tees는 미국 전역으로 150개 캠퍼스 이상에 진출함

BUSINESS FOCUS

University Tees는 3학년에 재학중인 두 명의 학생에 의해 2003년에 설립된 회사이다. 이 회사는 대학의 홍보 사교 클럽 또는 동아리의 로고를 프린팅하는 주문형 티셔츠 제작을 전문으로 하고 있다. 최근, 이 회사는 Cleveland에 본사를 두고 있으며 4명 이상의 캠퍼스 관리자를 고용하여 미국 전역의 150개 이상의 대학 캠퍼스를 대상으로 서비스를 제공하고 있다.

고객의 주문에 대한 정확한 원가계산은 매우 중요하다. 제조에 투입된 원가 이상으로 판매해야 손해가 나지 않기 때문이다. 제조원가에는 티셔츠 자체의 원가, 인쇄 원가(제작될 티셔츠의 수량과 인쇄될 색상의 수에 따라 달라진다), 실크 스크린 원가(디자인에 포함될 색상의 수에 따라 달라진다), 운송 원가, 디자인을 만드는데 필요한 도안 원가 등이 포함된다. 회사는 견적을 낼 때, 경쟁사들의 가격 전략도 고려한다.

대학 캠퍼스에서의 성공을 기반으로 이 회사는 자회사인 **On Point Promos**를 설립하여 영리단체와 비영리단체에도 서비스를 제공하고 있다. ■

Source: Conversation with Joe Haddad, cofounder of University Tees

기업은 일반적으로 두 가지 이유로 제품과 서비스의 원가를 계산한다. 첫째는 계획, 통제, 의사결정의 책임을 완수하는데 필요하기 때문이다. 예를 들어, 기업은 각 제품별 수익성을 더 잘 파악하거나 각 제품의 판매가격을 결정하기 위해 제품 원가에 대한 정보가 필요하다. 두 번째 이유는 외부 보고용 재무제표 작성을 위해 기말재고자산과 매출원가의 금액이 결정되어야 하기 때문이다. 아직 판매되지 않고 보관중인 기말재고자산에 할당된 제조원가는 재무상태표에 보고되고, 판매된 제품에 할당된 제조원가인 매출원가는 손익계산서에 보고된다.

외부 재무보고에 대한 요구사항이 제품과 서비스에 원가를 할당하는 방법에 큰 영향을 미친다. 미국을 포함한 대부분의 국가에서 전부원가계산(*absorption costing*)을 요구하고 있기 때문에 많은 기업들이 전부원가계산을 이용하여 제품의 원가를 계산한다. **전부원가계산(absorption costing)**에서는, 모든 제조원가(고정원가, 변동원가)를 제품에 할당한다. 반면에, 비제조원가는 기간원가로 처리되어 제품에 할당되지 않는다.

이번 장과 다음 장에서 개별원가계산이라고 불리우는 일반적인 전부원가계산에 대해 설명한다. 이번 장에서는 계획, 통제, 의사결정을 위한 개별원가계산의 역할에 대해 살펴본다. 특히 각 작업별 제조원가의 할당에 초점을 맞출 것이다. 다음 장에서는 개별원가계산에서 외부보고 목적으로 기말재고자산의 원가와 매출원가가 어떻게 결정되는지를 살펴볼 것이다.

개별원가계산—개요

개별원가계산(job-order costing)은 각 기간별로 다양한 제품을 생산하는 경우에 사용된다. 예를 들어, **Diesel**의 의류공장이 매월 다양한 종류의 남녀 청바지를 만들고 있는데, 어떤 특정 주문이 스타일 번호 A312의 남성용 스톤워시 청바지 1,000벌로 이루어져 있다고 하자. 이러한 1,000벌의 청바지 주문은 작업(*job*)으로 불린다. 개별원가계산시스템에서는, 원가를 각 작업별로 추적하고, 그런 다음 이 작업별 원가를 작업에서 생산한 생산량으로 나누어 단위당 평균원가를 계산한다.

개별원가계산이 사용되는 다른 예로는, **Bechtel International**이 관리하는 대규모 공사 프로젝트, **Boeing**이 생산하는 항공기, **Vistaprint**가 디자인하고 인쇄하는 연하장, **LSG SkyChefs**가 제공하는 항공 기내식 등이 있다. 이러한 예들은 모두 다양한 제품이라는 특징이 있다. Bechtel이 수행하는 각각의 프로젝트들은 서로 다르다. 예를 들어 이 회사는 나이지리아의 댐과 인도네시아의 교량을 동시에 건설할 수도 있다. 또한 각각의 항공사는 LSG SkyChefs에게 서로 다른 종류의 기내식 서비스를 주문한다.

개별원가계산은 서비스산업에서도 광범위하게 사용된다. 병원, 법무법인, 영화 스튜디오, 회계법인, 광고대행사 및 정비공장 등은 회계처리와 각 고객별로 청구할 금액을 결정할 목적으로 각 고객별로 원가를 집계하는 개별원가계산을 사용하고 있다. 다음 절에서 개별원가계산의 구체적인 예로 제조기업을 다룰 것이지만, 많은 서비스 조직에도 동일한 개념과 절차가 적용된다.

기업현장 IN BUSINESS

여행 상품도 작업(JOB)이 될 수 있나?

Vermont 주 Bristol에 소재한 **VBT Bicycling Vacations**는 미국, 캐나다, 유럽 및 전세계 여러 지역에서 자전거를 탈 수 있는 여행 상품을 제공하고 있다. 예를 들어, 회사는 Italy의 Puglia 지역을 여행할 수 있는 10일짜리 상품을 제공하고 있다. 상품 가격에는 항공료, 10일 간의 숙박, 식비 대부분, 자전거 사용 및 필요한 경우 육상 교통수단을 이용하는데 들어가는 비용까지 모두 포함되어 있다. 각 상품에는 여행을 인솔할 현지 가이드 최소 두 명이 포함되어 있는데, 그 중에 한 명은 여행객들과 같이 자전거를 타고 이동하게 된다. 다른 가이드는 "색 왜건(sag wagon)"을 타고 무리를 따라다니는데, 여기에는 여분의 물, 간식 및 자전거 수리부품 등이 실려 있다. 이 색 왜건은 여행객들의 수화물을 한 호텔에서 다른 호텔로 이동하는데 사용되기도 한다.

각 여행 상품을 하나의 작업(job)으로 볼 수 있다. 예를 들어, Puglia 지역 출신의 Giuliano Astore와 Debora Trippetti는 4월 말경 10일 동안 17명의 여행객과 함께한 VBT 여행을 인솔하였다. 여행이 끝나고 나서, Giuliano는 작업원가표를 정리해서 VBT 본사에 보고서를 제출했다. 이 보고서에는 밴을 운행하는데 들어간 연료비와 운영비, 고객들을 위한 숙박비, 고객에게 제공한 식비, 간식 비용, 육상 교통수단을 이용하는데 들어간 비용 및 두 명 가이드에 대한 급여 등 비용들이 상세하게 포함되어 있었다. 이러한 원가들 외에도, VBT가 공급업체들에게 직접 지급한 원가도 있다. 여행 상품에 소요된 총원가와 고객들로부터 수령한 총수익을 비교하여 여행 상품의 매출총이익을 산출할 수 있다.

Sources: Giuliano Astore and Gregg Marston, President, VBT Bicycling Vacations. For more information about VBT, see www.vbt.com.

개별원가계산—예

개별원가계산을 이해하기 위해, 제조공정에서 특정 작업이 어떻게 진행되는 지를 먼저 이해할 필요가 있다. 이 예는 요스트가 롤러코스터 제조업체인 루프스와 생산 계약을 체결한 두 종류의 시험용 연결장치에 대한 것이다. 연결장치는 롤러코스터의 열차들을 연결해 주며, 탑승의 성능과 안전을 위한 중요한 부품이다. 논의를 계속 진행하기 전에, 앞 장에서 기업들이 일반적으로 제조원가를 세 가지 범주인 (1) 직접재료원가, (2) 직접노무원가, (3) 제조간접원가로 분류했던 것을 기억하고 있어야 한다. 개별원가계산에 대해 학습하면서, 우리는 이 세 가지 유형의 원가들이 제품 단위당 원가계산을 위해 작업에 어떻게 할당되는지 살펴볼 것이다.

MANAGERIAL ACCOUNTING IN ACTION
THE ISSUE

Yost Precision Machining은 미시간주에 위치한 기업으로 심해 탐사선부터 자동차 에어백 장치에 이르기까지 다양한 종류의 정밀 금속부품을 전문적으로 제조하고 있다. 기업의 최고 경영자들은 매일 아침 8:00에 회의실에 모인다. 오늘 아침 회의에는 대표이사인 Jean, 마케팅 최고책임자인 David, 생산 최고책임자인 Debbi, 경리부장인 Marcus가 참석했다. 회의가 시작되었다.

Jean: David, 생산일정에는 오늘 작업 2B47을 시작한다고 나와 있는데요. 시험용 연결장치에 대한 특별주문인가요?

David: 그렇습니다. 루프스가 Magic Mountain의 신형 롤러코스터에 사용할 두 개의 연결장치를 주문했습니다.

Debbie: 왜 연결 장치 두 개 만이죠? 모든 차에 대해 연결 장치가 필요하다고 하지 않던가요?

David: 네. 그런데 이것은 완전히 신형 롤러코스터입니다. 이 신형 롤러코스터는 현존하는 다른 어떤 것들보다도 굴곡, 회전, 낙하, 곡예가 더 심할 것입니다. 이러한 압력을 견뎌내기 위해서, 루프스의 엔지니어는 열차를 완전히 재설계해야 합니다. 그들은 대규모 생산에 앞서 설계에 대한 철저한 테스트를 하려 합니다. 그래서 우리에게 테스트 목적으로 사용될 새로운 두 개의 연결장치만 만들어 주기를 원하는 것입니다. 만약 설계가 성공적으로 된다면, 전체 열차에 대한 연결장치 주문을 받는데 훨씬 유리할 것입니다.

Jean: 우리는 기회를 잡기 위해서 이 주문에 대해서 제조원가에 납품하는 것을 수락하였습니다. Marcus, 우리가 얼마를 받아야 하는지에 대한 문서를 만드는데 무슨 문제가 있나요?

Marcus: 아무런 문제가 없습니다. 루프스와의 계약에서 그들이 우리에게 매출원가와 동일한 금액을 지급하기로 명시하였습니다. 개별원가계산시스템을 사용하여, 작업이 완성되는 날에 그 금액을 말씀드릴 수 있습니다.

Jean: 좋습니다. 이 작업에 대해 우리가 논의하여야 할 사항이 지금 또 있습니까? 없나요? 그러면 다음 항목으로 넘어가겠습니다.

직접재료원가의 측정

루프스에 납품하기 위한 두 개의 시험용 연결장치를 만들기 위해서, 요스트는 G7 연결기와 M46 하우징(기계의 부품이나 기구를 싸서 보호하는 틀)을 필요로 한다. 각각의 연결장치는 두 개의 연결기와 하나의 하우징을 필요로 하므로 두 개의 연결장치를 만들기 위해서는, 네 개의 연결기와 두 개의 하우징이 필요하다. 이것이 표준제품이라면, 이미 **재료명세서**가 있을 것이다. **재료명세서(bill of material)**는 제품을 완성하는데 필요한 직접재료의 종류와 각 종류별 수량이 기재되어 있는 문서이다.

주문 제품의 수량, 가격 및 선적일자에 대해 고객과 합의가 이루어지면, **제조지시서**(*production order*)가 발행된다. 그런 다음 생산부서는 도표 2-1의 양식과 유사한 **재료출고청구서**를 작성한다. **재료출고청구서(materials requisition form)**는 재료창고에서 수령할 재료의 종류와 양이 기재되어 있고, 재료의 원가가 할당될 작업을 식별할 수 있는 구체적인 증빙서류이다. 이 양식은 생산에 투입되는 재료의 흐름을 통제하고, 회계처리를 위해서도 사용된다.

도표 2-1의 재료출고청구서는 기업의 밀링부서가 루프스가 주문한 작업을 위해 두 개의 M46 하우징과 네 개의 G7 연결기의 출고를 요청하고 있음을 보여 주는데, 이 작업의 작업코드인 2B47이 부여되어 있다.

도표 2-1
재료출고청구서

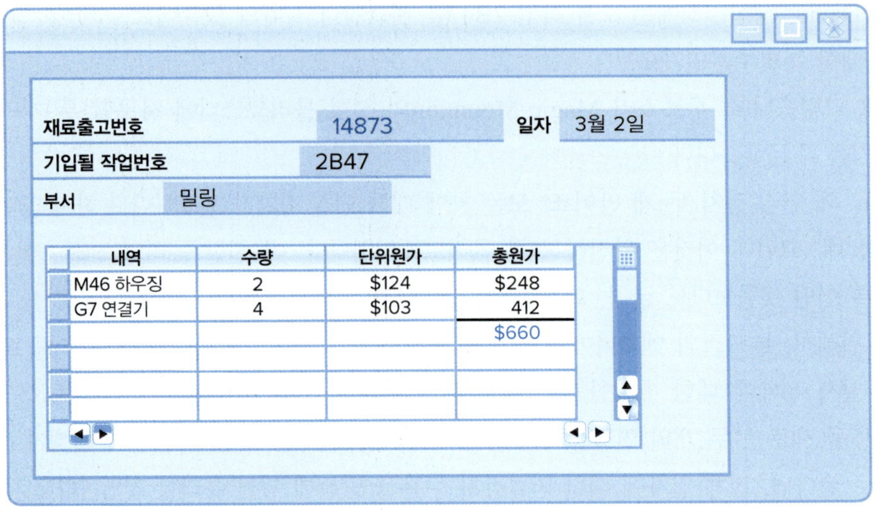

재료출고번호	14873	일자	3월 2일
기입될 작업번호	2B47		
부서	밀링		

내역	수량	단위원가	총원가
M46 하우징	2	$124	$248
G7 연결기	4	$103	412
			$660

작업원가표

제조지시서가 발행되었다는 것을 통지받은 후에, 회계부서는 도표 2-2에 제시된 것과 같은 작업원가표를 작성하게 된다. **작업원가표(job cost sheet)**는 작업에 할당될 재료원가, 노무원가 및 제조간접원가를 기록하기 위해 작성되는 양식이다.

도표 2-2
작업원가표

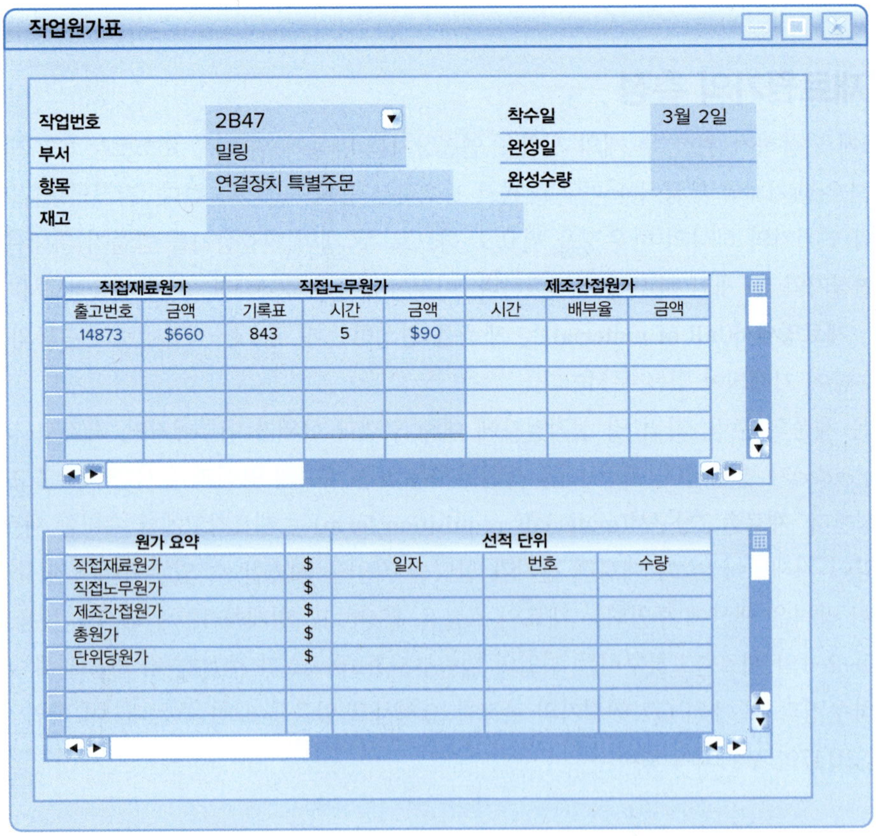

작업원가표

작업번호	2B47	착수일	3월 2일
부서	밀링	완성일	
항목	연결장치 특별주문	완성수량	
재고			

직접재료원가		직접노무원가			제조간접원가		
출고번호	금액	기록표	시간	금액	시간	배부율	금액
14873	$660	843	5	$90			

원가 요약		선적 단위		
		일자	번호	수량
직접재료원가	$			
직접노무원가	$			
제조간접원가	$			
총원가	$			
단위당원가	$			

직접재료가 출고된 후 회계부서는 그 원가를 작업원가표에 직접 기록한다. 예를 들어, 도표 2-2에서, 이전의 재료출고청구서에 나타난 직접재료원가 $660가 작업원가표 상의 작업 2B47에 기입된다는 점에 주목하자. 재료출고청구서의 요청번호 14873은 작업원가표에도 기록되는데, 이는 직접재료원가에 대한 증빙서류를 쉽게 확인하기 위한 것이다.

직접노무원가의 측정

직접노무원가는 특정 작업에 쉽게 추적될 수 있는 노무원가로 구성된다. 어떤 작업에 대한 것인지를 직접적으로 쉽게 추적할 수 없는 노무원가는 제조간접원가의 일부분으로 취급된다. 앞 장에서 논의했듯이, 이러한 노무원가를 **간접노무원가**라고 하는데, 여기에는 특정 작업이 아닌 공장 전체를 유지, 감독, 청소하는 업무와 관련된 노무원가도 포함된다.

대부분의 회사들은 작업과 업무에 투입된 시간을 기록하기 위해 종업원별 **노무시간기록표(time ticket)**를 이용하여 전산화하고 있다. 완성된 노무시간기록표는 하루 동안의 종업원들의 활동을 시간대별로 요약하고 있다. 모든 근로자와 작업은 고유의 바코드를 부여받는다. 작업을 시작할 때, 종업원들은 식료품 매장의 계산대에 있는 바코드 리더기와 유사한 소형 장치를 사용하여 세 가지 바코드를 스캔한다. 첫 번째 바코드는 작업이 시작되었다는 것을 나타낸다. 두 번째는 종업원 신분을 증명하기 위한 고유의 바코드이다. 세 번째는 작업 자체의 고유한 바코드이다. 이러한 정보는 자동적으로 전산망을 통하여 정보를 기록하는 컴퓨터로 전송된다. 업무가 끝날 때에는, 종업원들은 업무가 끝났음을 나타내는 바코드, 신분 증명용 바코드, 부여된 작업의 바코드를 스캔한다. 이러한 정보는 다시 시간을 기록하는 컴퓨터에 전송되고 노무시간기록표가 자동으로 작성된다. 이러한 정보의 예가 도표 2-3에 제시되어 있다. 모든 원본 데이터가 이미 컴퓨터 파일에 기록되었으므로, 노무원가는 자동으로 작업원가표에 기록된다. 예를 들어, 도표 2-3은 작업 2B47과 관련한 직접노무원가는 $90임을 보여주고 있다. 이 금액은 도표 2-2의 작업원가표에 자동으로 기록된다. 또한 도표 2-3의 노무시간기록표는 유지보수활동과 관련한 간접노무원가는 $18임을 보여준다. 이 금액은 제조간접원가로 취급되어 작업원가표에 기록된다.

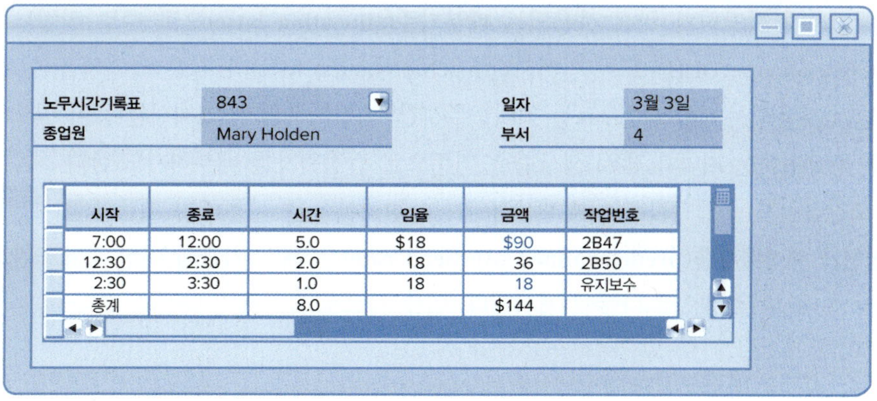

노무시간기록표 843 | 일자 3월 3일
종업원 Mary Holden | 부서 4

시작	종료	시간	임율	금액	작업번호
7:00	12:00	5.0	$18	$90	2B47
12:30	2:30	2.0	18	36	2B50
2:30	3:30	1.0	18	18	유지보수
총계		8.0		$144	

도표 2-3
노무시간기록표

기업현장 | IN BUSINESS

시간당 직접노무원가와 단위당 직접노무원가

Bollman Hat Company는 최근 생산 시설을 중국 광저우에서 펜실베니아 Adamstown으로 이전했다. 하지만 이 회사는 직접노무원가를 직접 관리하는 데 어려움을 겪고 있다. 이 미국 시설의 시간당 직접노무원가는 15.50달러인데 비해 중국은 시간당 2.50달러를 조금 넘는 수준이다. 또한 Adamstown 직원들은 매일 200~250개의 모자를 완성하고 있는 반면, 중국의 각 직원들은 매일 350~400개의 모자를 완성하고 있다. 이는 미국의 경우 모자 단위당 직접노무원가가 약 0.50달러인 반면 중국은 0.05달러라는 것을 의미한다.

Source: Michelle Ma, "For Kangol Hats, a Costly Move to U.S.'" *The Wall Street Journal,* September 29, 2017, p B5.

제조간접원가 예정배부율 계산

학습목표 2-1

제조간접원가 예정배부율을 계산할 수 있다.

제조원가에는 직접재료원가와 직접노무원가뿐만 아니라 제조간접원가도 포함된다는 것을 상기하자. 그러므로, 제조간접원가도 작업원가표에 기록되어야 한다. 그러나 제조간접원가는 특정 작업에 배부하기 어렵다. 그 이유는 다음 3가지를 들 수 있다.

1. 제조간접원가는 **간접원가**이다. 이것은 제조간접원가를 특정 제품이나 작업에 추적하는 것이 어렵거나 불가능하다는 것을 의미한다.
2. 제조간접원가는 기계에 사용되는 윤활유로부터 제조부분 경영자의 연봉에 이르기까지 다양한 항목들로 구성되어 있다. 이 원가들 중에서 일부는 생산량에 따라 변동하는 **변동원가** 성격(예: 간접재료원가, 소모품비, 동력비 등)이며, 일부는 생산량의 변화와 상관없이 일정한 **고정원가** 성격(예: 재산세, 보험료 등)이다.
3. 고정제조간접원가의 금액이 매우 큰 기업이 많다. 고정제조간접원가는 기간별로 생산량이 크게 변동하더라도 총금액은 일정하게 유지된다. 이로 인해 제품 단위당 원가는 기간별로 크게 변동하게 된다.

이러한 점들로 인해, 간접원가는 보통 배부절차를 이용하여 제품에 할당된다. 간접원가는 제품과 서비스에 일반적으로 적용되는 **배부기준**을 선택하여 배부된다. 간접원가를 제품이나 서비스에 할당하기 위해 사용되는 **배부기준(allocation base)**으로 주로 직접노무시간(direct labor-hours; DLH) 또는 기계시간(machine-hours; MH)과 같은 측정치를 이용한다. 가장 널리 사용되는 배부기준으로는 직접노무시간, 직접노무원가, 기계시간 등이 있으며, (단일 제품을 생산하는 기업의 경우) 생산량을 기준으로 간접원가를 배부하기도 한다.

제조간접원가는 일반적으로 제조간접원가 예정배부율을 이용하여 제품에 배부된다. **제조간접원가 예정배부율(predetermined overhead rate)**은 해당 기간의 예상 총제조간접원가를 예상 총배부기준량으로 나누어 계산된다. 이를 식으로 표현하면 다음과 같다.

$$\text{제조간접원가 예정배부율} = \frac{\text{예상 총제조간접원가}}{\text{예상 총배부기준량}}$$

예정배부율은 회계기간이 시작되기 이전에 4단계를 거쳐 계산된다. 1단계는 다음기의 예상 생산량을 달성하기 위해 요구되는 총배부기준량(총직접노무시간 또는 총기계시간 등)을 예상(추정)하는 것으로 위의 예정배부율 계산식의 분모를 추정하는 것이다. 2단계는 다음기의 총고정제조간접원가와 배부기준 단위당 변동제조간접원가를 추정하는 것이다. 3단계는 아래의 원가식을 이용하여 다음기의 총제조간접원가를 추정하는 것이다(3단계는 위의 예정배부율 계산식의 분자를 추정하는 것임).

$Y = a + bX$
$Y =$ 총제조간접원가 예상금액
$a =$ 총고정제조간접원가 추정치
$b =$ 배부기준 단위당 변동제조간접원가 추정치
$X =$ 총배부기준량 추정치

마지막 4단계는 위의 분수식을 이용하여 예정배부율을 계산하는 것이다.[1] 여기서 주의할 점은 배부기준량 추정은 총 제조간접원가 금액을 추정하기 전에 1단계에서 결정되어야 한다는 점이다. 왜냐하면 총제조간접원가에는 배부기준에 따라 변동하는 변동제조간접원가도 포함되기 때문이다.

제조간접원가 배부

제조간접원가 예정배부율은 사전에 계산되어야 한다는 점을 명심하자. 사전에 계산된 제조간접원가 예정배부율은 일정 기간 동안에 진행된 작업의 원가를 계산하는데 이용된다. 제조간접원가를 개별 작업에 할당하는 절차를 **제조간접원가 배부(overhead application)**라고 부른다. 특정 작업에 배부될 제조간접원가를 계산하는 공식은 다음과 같다.

학습목표 2-2
제조간접원가 예정배부율을 이용하여 제조간접원가를 작업에 배부할 수 있다.

$$\text{특정 작업에 배부될 제조간접원가} = \text{제조간접원가 예정배부율} \times \text{작업에서 실제 발생한 배부기준량}$$

1 제조 부문이 복수인 경우, 각 부문별로 서로 다른 배부기준 단위별 변동제조간접원가 배부율을 이용할 수 있다. 이 경우는 각 부문별로 추정식을 이용해야 한다. 이 경우 원가 추정치(Y)는 4단계에서 결합하여 하나의 제조간접원가 배부율을 이용하거나, 부문별 제조간접원가 배부율을 이용할 수 있다.

기업현장 IN BUSINESS

중국의 생산직 근로자들을 대체하는 로봇

쑤저우 빅토리 정밀제조회사는 3가지 이유로 생산직 근로자를 로봇(제조간접원가에 포함)으로 대체하기 시작했다. 첫째, 중국의 '한 자녀 정책'으로 인해 노동력 인구가 줄어들고 있다. 노동 인구는 2010년에 9억 명으로 정점을 찍었고 2050년에는 8억 명 이하로 떨어질 것으로 예상된다. 둘째로, 평균 임금은 시간당 $14.60까지 증가했는데 이는 미국의 64% 수준(2000년에는 미국의 30% 수준)이다. 셋째, 로봇의 능력은 계속 확장되고 있음에도 로봇의 원가는 감소하고 있다. 이에 따라 중국 제조업체들은 로봇으로 더 많이 대체하겠다는 목표로 연간 최소 15만 대의 로봇을 구매할 것으로 예상된다.

Source: Whelan, Robbie and Fung, Esther, "China's Factories Turn to Robots," *The Wall Street Journal,* August 17, 2016, pp B1-B2.

예를 들어, 제조간접원가 예정배부율이 직접노무시간당 $20라면, 직접노무시간당 $20의 제조간접원가가 작업에 **배부된다**. 제조간접원가 배부기준이 직접노무시간이라면, 제조간접원가 배부공식은 다음과 같다.

$$\text{특정 작업에 배부될 제조간접원가} = \text{제조간접원가 예정배부율} \times \text{작업에서 실제 발생한 직접노무시간}$$

특정 작업에 배부되는 제조간접원가는 실제 발생한 제조간접원가가 아니라는 점에 주의해야 한다. 실제 발생한 제조간접원가는 작업들에 배부되지 않는다. 만약 그것이 가능하다면 이 원가들은 간접원가가 아니라 직접원가일 것이다. 각 작업에 배부되는 제조간접원가는 기초에 추정된 제조간접원가이다. 이러한 방식을 정상원가계산이라 한다. **정상원가계산(normal costing)**에서는 제조간접원가 예정배부율에 각 작업에서 실제 발생한 배부기준량을 곱하여 제조간접원가를 배부한다.

제조간접원가 배부 사례

제조간접원가 예정배부율을 이용하여 제조간접원가를 배부하는 절차를 설명하기 위하여, 요스트의 사례로 돌아가 보자. 다음과 같은 가정을 추가한다. 1단계로 회사는 다음 기간의 목표 생산량을 달성하기 위해 40,000시간의 직접노무시간이 필요할 것으로 예상하였다. 2단계로 다음 기간의 총고정제조간접원가는 $640,000로 추정되며, 직접노무시간당 변동제조간접원가는 $4.0로 추정된다. 3단계로 이전 단계들에서 추정한 내용에 근거하여 회사의 총제조간접원가 추정식을 도출하고 이 추정식을 이용하여 다음 기간의 총제조간접원가를 추정하면 다음과 같다.

$$Y = a + bX$$
$$Y = \$640{,}000 + (\text{직접노무시간당 } \$4.0 \times 40{,}000 \text{ 직접노무시간})$$
$$Y = \$640{,}000 + \$160{,}000$$
$$Y = \$800{,}000$$

4단계로 Yost Precision Machining은 다음과 같은 식을 이용하여 제조간접원가 예정배부율을 \$20로 계산할 것이다.

$$\text{제조간접원가 예정배부율} = \frac{\text{예상 총제조간접원가}}{\text{예상 총배부기준량}}$$

$$= \frac{\$800{,}000}{40{,}000 \text{ 직접노무시간}}$$

$$= \$20/\text{직접노무시간(DLH)}$$

도표 2-4의 작업원가표에 의하면 작업 2B47에 27시간의 직접노무시간(DLH)이 투입되는 것으로 나타나있다. 그러므로, 이 작업에 배부될 제조간접원가는 총 \$540로 계산된다.

$$\text{작업 2B47에 배부되는 제조간접원가} = \text{제조간접원가 예정배부율} \times \text{작업에서 실제 발생한 배부기준량}$$

$$= \$20/\text{DLH} \times 27 \text{ DLHs}$$

$$= \text{제조간접원가 \$540가 작업 2B47에 배부됨}$$

이렇게 계산된 제조간접원가가 도표 2-4의 작업원가표에 기입된다.

도표 2-4
완성된 작업원가표

작업원가표

작업번호	2B47	**착수일**	3월 2일
부서	밀링	**완성일**	3월 8일
항목	연결장치 특별주문		
재고		**완성수량**	2

직접재료원가		직접노무원가			제조간접원가		
출고번호	금액	기록표	시간	금액	시간	배부율	금액
14873	\$ 660	843	5	\$ 90	27	\$20/DLH	\$540
14875	506	846	8	136			
14912	238	850	4	60			
	\$1,404	851	10	160			
			27	\$446			

원가 요약		선적 단위		
		일자	번호	수량
직접재료원가	\$ 1,404	3월 8일	—	2
직접노무원가	\$ 446			
제조간접원가	\$ 540			
총원가	\$ 2,390			
제품단위당원가	\$ 1,195*			

*\$2,390 ÷ 2개 = 단위당 \$1,195

예정배부율의 필요성

예정배부율을 이용하는 대신, 이번 기간(매월, 매분기, 매년)이 끝날 때까지 기다렸다가 이번 기에 실제로 발생한 실제 총제조간접원가와 실제 총배부기준량이 확인되면 이러한 실제수치를 이용한 제조간접원가 실제배부율을 이용하면 안될까? 만약 제조간접원가 실제배부율을 짧은 기간(월별 또는 분기별)을 이용하여 계산한다면, 계절적 요인으로 인해 제조간접원가 배부율이 변동될 수 있다. 예를 들어, 일리노이주에 위치한 공장들의 냉난방 원가는 여름과 겨울에는 높고 봄과 가을에 낮을 것이다. 만약 제조간접원가 배부율이 월별 혹은 분기별로 계산된다면, 제조간접원가 배부율은 여름과 겨울에는 상승하고, 봄과 가을에는 하락할 것이다. 이 경우 동일한 작업이 하나는 겨울에 완성되고 다른 하나는 봄에 완성되었다면, 각 작업별 원가가 다르게 계산될 것이다.

많은 경영자들은 이같은 제품원가의 변동은 어떤 목적으로도 좋지 않다고 믿는다. 이러한 계절적 요인으로 인한 변동을 막기 위해 기간을 단기간으로 설정하지 않고 연간 등으로 길게 설정하면 문제가 없을까? 기간을 1년 단위로 설정한다면 매년말에 제조간접원가 실제배부율을 계산할 수 있을 것이다. 예를 들어, 요스트가 제조간접원가 실제배부율을 계산하기 위하여 기말까지 기다려야 한다고 가정해 보자. 그러면 작업 2B47이 3월에 완성되어 고객에게 인도되어야 하는데, 이 작업에 소요된 원가는 기말까지 계산이 지연되는 문제가 발생한다. 이러한 이유들로 인하여, 대부분의 기업들은 원가회계 시스템에서 제조간접원가 실제배부율보다는 예정배부율을 사용한다.

기업현장 | IN BUSINESS

사이버 보험: 제조업체를 위한 새로운 표준

Advisen Ltd.는 최근 제조업체들이 연간 3,690만 달러 이상의 사이버 관련 보험료를 지불하고 있는 것으로 추정하였다. 이들 회사는 제조 시설의 물리적 손상에 대비하여 보험에 가입해왔지만, 최근 공장이 "점점 더 전산화되고 자동화되며 디지털 방식으로 통합되고 있다"는 사실 때문에 사이버 보험에 가입하고 있으며 제조간접원가에 이러한 공장에 대한 보험료가 포함된다. **Kimberly-Clark Corporation**의 위험 관리자인 Daniel Steiner는 자신의 회사가 2009년에 사이버 보험에 가입하기 시작했다고 말한다. 보다 최근에는 **독일 연방 정보보안국**이 사이버 공격으로 인해 독일의 철강 제조 공장 중 한 곳에서 "대규모 피해"가 발생했다고 보고한 이후, 많은 다른 제조업체들이 사이버 보험에 가입하고 있다.

Source: Richard Teitelbaum, “More Manufacturers Weigh Insurance For Cyberattacks,” *The Wall Street Journal*, April 18, 2017, p B4.

총작업원가와 제품 단위당 원가 계산

학습목표 2-3

공장전체 제조간접원가 예정 배부율을 이용하여 작업별 총원가와 제품 단위당 원가를 계산할 수 있다.

요스트가 $540의 제조간접원가를 도표 2-4의 작업원가표에 배부하면 작업원가표가 완성되기까지는 마지막 두 단계만을 남겨두게 된다. 첫째, 작업에 대한 총원가를 계산하기 위해 직접재료원가, 직접노무원가, 제조간접원가 총액은 작업원가표상의 원가 요약 부분으로 옮겨져 합산된다.[2] 그리고 총제품원가 $2,390를 생산수량 2로 나누면 제품 단위당 원가는 $1,195로 계산된다. 제품 단위당 원가 정보는 기말재고자산을 평가하고 매출원가를 결정하는데 이용된다. 앞에서 지적하였듯이, **이 제품 단위당 원가는 평균원가이므로 추가적으로 제품이 생산되는 경우에 추가되는 제품 한개당 증가할 원가로 이해해서는 안된다.** 대부분의 실제 제조간접원가는 추가 단위가 생산되더라도 변하지 않고 고정되어 있기 때문에, 추가 단위를 생산하는데 필요한 증분원가는 단위당 평균 원가인 $1,195 보다는 다소 작을 것이다.

MANAGERIAL ACCOUNTING IN ACTION
THE WRAP-UP

YOST Precision Machining

3월 9일 오전 8시에 열린 회의에서, 요스트의 대표이사 Jean은 시험용 연결장치에 대한 작업인 2B47에 대해 다시 한번 주의를 환기시켰다.

Jean: 작업 2B47이 완성되었다고 알고 있습니다. Loops Unlimited가 그들의 테스트 프로그램을 수행할 수 있도록 즉시 그 연결장치들을 선적합시다. Marcus, Loops에게 얼마를 청구할 예정이죠?

Marcus: 우리가 그 시험용 연결장치를 원가에 팔기로 합의했기 때문에, Loops Unlimited에게 개당 $1,195씩만 청구하려고 합니다.

Jean: 좋습니다. 그 연결장치가 성능을 제대로 발휘해서, 나중에 대량으로 주문이 들어와 회사에 큰 이익을 안겨주면 좋겠군요.

IN BUSINESS | 기업현장

서비스기업의 개별원가계산

액센츄어는 연간 $340억 이상의 매출을 올리는 세계 최대 컨설팅 회사 중 하나이다. 이 회사는 재무상태표상에 재고자산이 없기 때문에 개별원가계산이 필요하지 않다고 생각할 수 있다. 그러나 사실은 그렇지 않다.

액센츄어는 고객들이 의뢰한 컨설팅 서비스를 제공하기 위해 컨설턴트들에게 연간 $230억 이상을 지불한다. 개별원가계산을 이용하여 각 고객별로 수익을 달성하기 위해 투입된 원가를 비교할 수 있다. 또한 그들의 컨설팅 능력 중에서 어떤 부분이 고객에게 청구가능한지, 어떤 부분이 청구되지 않았는지 등을 결정할 수 있도록 해준다.

Source: Accenture 2017 Annual Report

2 2B47작업에 소요된 직접재료원가와 직접노무원가는 앞의 도표 2-1, 도표 2-3에 추가된 것으로 가정하자.

개별원가계산—경영관리 관점

경영자들은 작업별 원가 정보를 이용하여 계획을 수립하고 의사결정을 한다. 예를 들어 경영자들은 다음 연도의 판매와 생산 계획을 수립하기 위해 작업별로 수익성에 대한 보고서를 사용할 수 있다. 기술집약적인 소량생산 제품의 수익성이 높게 나타난 경우 이 제품에 대한 광고 지출을 확대하기로 결정할 수 있다. 반대로 노동집약적인 대량생산 제품의 수익성이 낮게 나타난 경우 이 제품은 생산량을 축소하기 위한 조치를 취할 수 있다.

경영자들은 또한 판매가격 결정을 위해 원가 정보를 이용할 수 있다. 예를 들어, 작업 A의 총제조원가가 $100인 경우 경영자들은 사전에 설정한 이익률 50%인 $50(=$100×50%)를 가산하여 판매가격을 $150(=$100+$50)로 설정할 수 있다. 이러한 원가 가산 가격결정방법에서 경영자들은 작업의 제조원가와 비제조원가 중 일부와 약간의 잔여이익을 얻을 수 있을 정도의 이익률을 가산하여 판매가격을 결정한다.

개별원가계산 시스템이 제조원가를 정확하게 각 작업에 할당하지 못한다면 이를 이용한 계획수립과 경영의사결정에 악영향을 미치게 될 것이다. 즉, 왜곡된 작업별 원가는 경영자들이 수익성이 높다고 생각된 제품의 광고를 확대하도록 유도할 것이지만 실제로는 그렇지 않을 수 있다. 이와 유사하게 부정확한 작업별 원가 계산은 판매가격 결정도 잘못되게 유도하여 정확한 원가계산하에 판매가격을 결정한 경쟁회사들에 비해 판매가격을 너무 높거나 낮게 설정할 수 있다.

여러분은 어떻게 작업별 원가계산이 왜곡될 수 있는지 궁금할 것이다. 개별원가계산이 작업별 원가를 어떻게 잘못 계산할 수 있을까? 이 질문에 대한 답은 제조**간접**원가에 있다. 개별원가계산은 각 작업에 추적 가능한 **직접**재료원가와 **직접**노무원가는 정확하게 추적할 수 있지만, 제조간접원가 배부과정에서 각 작업에 투입된 제조간접원가를 정확하게 배부하지 못하는 경우가 종종 발생한다. 제조간접원가의 부정확한 배부에 대한 근본적인 원인은 배부기준의 선택과 관련되어 있다.

배부기준 선택—정확한 원가계산의 핵심

3명의 친구들과 식당에 간 상황을 상상해보자. 10조각으로 나눠어진 피자를 주문했는데 가격은 $20이다. 한 친구가 5조각을 먹고, 다른 두 친구는 각각 두 조각을 먹고, 여러분은 한 조각을 먹었다. 이 상황에서 5조각의 피자를 먹은 친구가 $20를 배부하는 기준으로 "피자를 함께 먹은 사람 수"를 제안하고, 4명이 함께 먹었으니 각자 $5(=$20 ÷ 4명)씩 지불하자고 했다. 여러분은 이 배부기준에 대해 동의할 수 있겠는가? 아마도 여러분은 이 배부기준에는 동의하지 않을 것이며, "각자 먹은 피자 조각 수"를 기준으로 배부하자고 주장할 것이다. 이 배부기준에 의하면 피자 조각당 $2(=$20 ÷ 10조각)씩 배부되므로 한 조각을 먹은 여러분은 $2를 지불하면 될 것이다. "피자를 함께 먹은 사람 수"는 왜곡된 배부 기준임이 명확하지만 개별원가계산 시스템에서도 이처럼 각 작업별로 제조간접원가 배부 과정에서 실제 사용한 양을 반영하지 못하는 배부기준을 선택하는 오류를 범하여 원가가 왜곡되는 경우가 종종 발생한다.

작업별 원가계산의 정확도를 높이기 위해서는 제조간접원가 예정배부율 계산시 사용하는 배부기준이 제조간접원가의 원가동인이어야 한다. **원가동인(cost drive)**은 기계시간, 병원의 병상일수, 컴퓨터 작업시간, 비행시간 등과 같이 원가를 발생시키는 요인을 의미한다. 제조간접원가 예정배부율의 배부기준이 원가동인이 아닐 경우 각 작업에 제조간접원가를 정확히 배부하지 못할 것이다. 많은 기업들은 직접노무시간(또는 직접노무원가)이 유일한 제조간접원가의 원가동인이라고 생각한다. 이 기업들은 단일 제조간접원가 배부율 또는 **공장전체 제조간접원가 배부율**이라 불리우는 단일 배부기준을 이용하여 제조간접원가를 배부한다. 그러나, 직접노무시간은 실제로 기업의 제조간접원가의 일부를 발생시키는 원가동인일 수 있지만 이것이 유일한 원가동인이라고 가정하는 것은 지나치게 단순하고 부정확한 경우가 많다. 기업이 두 개 이상의 원가동인을 식별할 수 있다면 복수의 제조간접원가 배부율을 이용하여 원가계산의 정확성을 높일 수 있다.

복수의 제조간접원가 예정배부율을 이용한 개별원가계산

복수의 제조간접원가 예정배부율을 이용한 원가계산 시스템에서는 제조간접원가를 작업에 배부하면서 복수의 제조간접원가 예정배부율을 이용한다. 예를 들어 회사는 각 부문별로 서로 다른 제조간접원가 예정배부율을 선택하여 부문별로 제조간접원가를 배부한다. 이 방법은 다소 복잡해 보이지만 작업들이 각 부문별로 제조간접원가를 다르게 소비하는 점을 반영하기 때문에 더 정확한 원가계산이 가능하다. 예를 들어 노동집약적인 부문의 제조간접원가는 직접노무시간을 배부기준으로 설정하고, 기계집약적인 부문의 제조간접원가는 기계시간을 배부기준으로 설정할 수 있다.

> **학습목표 2-4**
> 복수의 제조간접원가 예정배부율을 이용하여 작업별 총원가와 제품 단위당 원가를 계산할 수 있다.

복수의 예정배부율—부문별 접근

딕슨은 두 개의 부문(밀링부문, 조립부문)을 운영하고 있다. 이 회사는 개별원가계산을 이용하고 있으며 부문별 제조간접원가 예정배부율을 이용한다. 제조간접원가 배부기준으로 밀링부문은 기계시간을, 조립부문은 직접노무시간을 이용한다. 회사는 각 작업별 제조원가의 75%를 가산하여 판매가격을 설정하는 **원가 가산** 가격결정방법을 이용하고 있다. 회사는 기초에 다음과 같이 예상하였다.

	부문	
	밀링부문	조립부문
기계시간	60,000	3,000
직접노무시간	8,000	80,000
총 고정제조간접원가	$390,000	$500,000
기계시간당 변동제조간접원가	$2.00	—
직접노무시간당 변동제조간접원가	—	$3.75

한달 동안 작업 407을 새로 착수하여 완성하였다. 다음은 부문별로 작업 407에 투입된 시간과 발생한 직접재료원가 및 직접노무원가에 대한 정보이다.

	부문	
작업 407	밀링부문	조립부문
기계시간	90	4
직접노무시간	5	20
직접재료원가	$800	$370
직접노무원가	$70	$280

도표 2-5는 딕슨이 작업 407의 판매가격을 계산하는 과정을 5단계로 요약한 것이다. 첫 단계는 다음의 식을 이용하여 각 부문별 제조간접원가를 추정하는 것이다.

$$Y = a + bX$$

Y = 총제조간접원가 예상금액
a = 총고정제조간접원가 추정치
b = 배부기준 단위당 변동제조간접원가 추정치
X = 총배부기준량 추정치

도표 2-5의 1단계에 제시된 바와 같이 밀링부문의 총제조간접원가 예상액은 $510,000이며 조립부문의 총제조간접원가 예상액은 $800,000이다.

2단계는 다음의 식을 이용하여 부문별 제조간접원가 예정배부율을 계산하는 것이다.

$$\text{제조간접원가 예정배부율} = \frac{\text{예상 총제조간접원가}}{\text{예상 총배부기준량}}$$

도표 2-5의 2단계에 제시된 바와 같이 각 부문별 제조간접원가 예정배부율은 밀링부문은 기계시간당 $8.50이며 조립부문은 직접노무시간당 $10.00이다.

3단계는 다음과 같은 식을 이용하여 작업 407에 배부될 제조간접원가를 계산하는 것이다.

$$\text{작업 407에 배부되는 제조간접원가} = \text{제조간접원가 예정배부율} \times \text{작업 407에 투입된 실제 배부기준량}$$

도표 2-5의 가운데 부분에 제시된 바와 같이 각 부문별로 작업 407에 배부된 제조간접원가는 밀링부문은 $765, 조립부문은 $200이다.

도표 2-5 딕슨사의 부문별 제조간접원가 예정배부율을 이용한 제조간접원가 배부 사례

1단계: 부문별 총제조간접원가예산 추정

밀링부문의 제조간접원가(*Y*):	조립부문의 제조간접원가(*Y*):
= $390,000 + ($2.00/MH × 60,000 MHs)	= $500,000 + ($3.75/DLH × 80,000 DLHs)
= $390,000 + $120,000	= $500,000 + $300,000
= $510,000	= $800,000

2단계: 부문별 제조간접원가 예정배부율 계산

밀링부문 제조간접원가 예정배부율:	조립부문 제조간접원가 예정배부율:
$= \dfrac{\$510{,}000}{60{,}000 \text{ 기계시간}}$	$= \dfrac{\$800{,}000}{80{,}000 \text{ 직접노무시간}}$
= $8.50/기계시간	= $10.00/직접노무시간

3단계: 작업 407에 배부될 제조간접원가 계산

밀링부문 제조간접원가 배부액(작업 407)	조립부문 제조간접원가 배부액(작업 407)
= $8.50/MH × 90 MHs	= $10.00/DLH × 20 DLHs
= $765	= $200

4단계: 작업 407의 총제조원가 계산

	밀링	조립	합계
직접재료원가	$800	$370	$1,170
직접노무원가	$70	$280	350
제조간접원가 배부액	$765	$200	965
작업 407의 총제조원가			$2,485

5단계: 작업 407의 판매가격 계산

작업 407의 총제조원가	$2,485.00
가산($2,485 × 75%)	1,863.75
작업 407의 판매가격	$4,348.75

마지막으로, 도표 2-5의 하단에는 4단계와 5단계를 요약하였다. 작업 407의 총제조원가는 $2,485이며, 작업 407의 판매가격은 총제조원가의 75%를 가산한 $4,348.75로 결정된다.

이 판매가격은 기계시간 또는 직접노무시간 중 하나의 배부기준을 이용한 공장전체 제조간접원가 예정배부율을 이용한 결과와 다르다는 점이 중요하다. 부문별 제조간접원가 예정배부율을 이용하면 더욱 정확한 작업별 원가계산이 가능하며, 계획 수립과 경영의사결정에 더욱 유용한 정보가 된다는 점을 이해하자.

복수의 예정배부율—활동기준 접근

부문별 제조간접원가 배부 방식은 복수의 제조간접원가 예정배부율을 포함하여 개별원가계산의 접근 방법 중 하나이다. 또 다른 접근 방법은 각 부문내에서 수행되는 활동을 기준으로 제조간접원가를 배부하는 방식이다. 이 접근 방법은 부문별로 다양한 활동을 수행하기 때문에 부문별 제조간접원가 접근법보다 더 많은 배부율을 계산해야 한다. 이처럼 각 작업에 투입된 활동에 근거하여 제조간접원가를 배부하는 원가계산을 **활동기준원가계산**(*activity based costing*)이라고 한다.

여기에서는 일단 활동기준원가계산은 복수의 제조간접원가 예정배부율을 이용한 대안적인 접근방법이며 더욱 정확한 원가계산이 가능하다는 정도로 이해하자. 활동기준원가계산에 대한 자세한 설명은 부록 2A와 제7장에서 진행될 것이다.

개별원가계산—외부보고 관점

이번 장에서는 내부 관리 목적으로 제품 단위당 원가를 계산하기 위한 개별원가계산 시스템에 대해 소개하였다. 그러나, 개별원가계산 시스템은 주주나 채권자 같은 외부 이해관계자 집단을 위한 재무제표 작성에도 이용된다. 재무제표 작성을 위해 개별원가계산 시스템을 어떻게 이용하는지에 대한 상세한 내용은 다음 장에서 설명하겠지만, 이번 장과 다음 장을 연결하기 위해 제조간접원가와 보조원장과 관련한 중요한 사항에 대해 설명한다.

제조간접원가 배부와 손익계산서

제조간접원가 예정배부율을 이용하여 제조간접원가를 작업들에 배부하는 경우, 배부된 제조간접원가 합계액은 기말에 실제 발생한 제조간접원가를 모두 집계한 금액과 차이가 발생하게 된다. 배부된 제조간접원가가 실제 발생한 제조간접원가보다 작은 경우를 **제조간접원가 과소배부**라고 부른다. 반대로 배부된 제조간접원가가 실제 발생한 제조간접원가보다 큰 경우를 **제조간접원가 과대배부**라고 부른다.

배부된 제조간접원가와 실제 발생한 제조간접원가의 차이(과소배부 또는 과대배부)는 재무제표 작성에 영향을 미친다. 예를 들어, 손익계산서에 보고되는 매출원가는 이 차이를 조정한 후의 금액이 공시되어야 한다. 제조간접원가가 과소배부된 경우 이를 조정하면 매출원가는 증가하고, 당기순이익은 감소할 것이다. 반면 제조간접원가가 과대배부된 경우 이를 조정하면 매출원가는 감소하고, 당기순이익은 증가할 것이다. 다음 장에서는 이와 관련한 사항을 구체적인 수치를 이용하여 살펴볼 것이다.

작업원가표: 보조원장

작업원가표에는 각 작업별로 발생한 직접재료원가, 직접노무원가와 작업에 배부된 제조간접원가가 모두 집계된다. 회사의 모든 작업원가표 정보가 모이면 재무회계 목적의 보조원장을 구성한다. 즉, 회사의 작업원가표는 재무제표에 기록될 금액에 대한 근본적인 정보를 제공하는데 구체적으로는 재무상태표에 공시될 **재공품과 제품의 금액**, 손익계산서에 공시될 **매출원가 금액**이 얼마인지에 대한 정보를 제공한다.

예를 들어, 딕슨사가 첫 달에 6개의 작업을 개시했으며, 과소 또는 과대배부된 제조간접원가가 없다고 가정해보자. 월말에 확인한 결과 작업 A, B는 미완성이며, 작업 C는 완성되었으나 판매되지 않았고, 작업 D, E, F는 판매되었다고 가정하자. 또한 6개의 작업에 대한 정보는 다음과 같다고 가정하자.

	작업 (단위: 천 달러)					
	A	B	C	D	E	F
직접재료원가	$100	$ 90	$140	$110	$180	$160
직접노무원가	80	60	90	70	120	100
제조간접원가 배부액	96	72	108	84	144	120
총제조원가	$276	$222	$338	$264	$444	$380

이 6개의 작업별 원가들은 재무상태표의 재공품과 제품, 손익계산서의 매출원가에 다음과 같이 반영될 것이다.

재공품		제품		매출원가	
작업 A	$276	작업 C	$338	작업 D	$ 264
작업 B	222	합계	$338	작업 E	444
합계	$498			작업 F	380
				합계	$1,088

이 단순한 예시는 작업원가표와 재무제표 사이의 상호관계를 보여준다. 예를 들어, 작업 A와 B의 원가 합계는 재무상태표상에 재공품 $498로 표시되며, 작업 D, E, F의 원가 합계는 손익계산서상에 매출원가 $1,088로 표시된다.

서비스기업의 개별원가계산

이번 장에서는 제조기업을 중심으로 살펴보았다. 그러나, 개별원가계산은 제조기업뿐만 아니라, 법무법인, 영화 스튜디오, 병원 및 정비소와 같은 서비스 조직에서도 사용된다. 예를 들어, 법무법인에서는 각각의 고객들이 작업으로 간주될 수 있고, 각 작업별 원가는 법무법인이 고객의 소송 사건을 처리하면서 발생할 때마다 각 고객별 작업원가표에 집계된다. 법정 양식 및 그와 유사한 투입물이 작업에 대한 직접재료원가가 될 것이고, 변호사가 투입된 시간에 따라 직접노무원가가 기록될 것이며, 사무실의 비서, 직원, 임차료, 감가상각비 등의 원가는 제조간접원가로 기록될 것이다.

Columbia Pictures와 같은 영화제작 스튜디오에서는, 스튜디오에서 제작하는 각각의 영화가 작업이 되고 직접재료원가(의상, 소품, 필름 등)와 직접노무원가(배우, 감독 및 엑스트라)는 각 영화의 작업원가표에 기입된다. 영화사의 설비나 비품의 감가상각비, 유지보수 직원의 급여 등과 같은 제조간접원가의 일부도 역시 각 영화별 제작원가에 배부된다.

요약하자면, 개별원가계산은 다양한 제품이나 서비스를 제공하는 어떤 조직에도 적용할 수 있는 원가계산 방법으로 다양하고 많은 조직에서 광범위하게 이용되고 있다.

요약

개별원가계산은 가구 제조업, 병원, 법률회사 등과 같이 다양한 제품이나 서비스를 제공하는 경우에 사용되고 있다. 제조기업에서 개별원가계산을 이용하는 경우 각 작업별 제조원가(직접재료원가, 직접노무원가, 제조간접원가)는 작업원가표에 집약된다. 기간원가에 해당하는 판매비와관리비는 작업원가표에 기록되지 않는다.

재료출고청구서와 노무시간기록표는 개별원가계산시스템에서 직접재료원가와 직접노무원가를 개별 작업별로 추적하기 위해 사용된다. 제조간접원가는 간접원가이므로 제조간접원가 배부율을 이용하여 각 작업에 배부된다. 이상적으로는 제조간접원가를 발생시키는 원인인 원가동인을 배부기준으로 이용하여 제조간접원가를 배부해야 한다. 가장 많이 이용되는 배부기준은 직접노무시간과 기계시간이다.

정상원가계산시스템은 기초에 계산한 제조간접원가 예정배부율을 이용하는데, 이는 당기의 예상 총제조간접원가를 예상 총배부기준량으로 나누어 계산한다. 개별원가계산은 단일의 공장전체 제조간접원가 배부율 또는 복수의 제조간접원가 배부율을 이용할 수 있다.

각 작업별 제조간접원가 배부액은 제조간접원가 예정배부율에 작업에 실제 사용된 배부기준을 곱한 금액이다. 작업별 총제조원가(직접재료원가, 직접노무원가, 제조간접원가 배부액)를 작업별 생산수량으로 나누어 제품 단위당 제조원가를 계산한다.

종합예제: 제품 단위당 원가 계산

Redhawk사는 2개의 제조부문(집합부문, 조립부문)을 운영한다. 회사는 모든 제조간접원가는 고정원가 성격으로 파악하고 있다. 아래의 표의 상단은 기초에 회사 전체에 대해 예상한 자료이며, 하단은 작업 A200에 대한 자료이다.

예상 자료	집합부문	조립부문	합계
제조간접원가	$300,000	$400,000	$700,000
직접노무시간	25,000 시간	15,000 시간	40,000 시간
기계시간	10,000 시간	50,000 시간	60,000 시간
작업 A200	**집합부문**	**조립부문**	**합계**
직접재료원가	$110	$50	$160
직접노무원가	$70	$45	$115
직접노무시간	10 시간	2 시간	12 시간
기계시간	1 시간	7 시간	8 시간

요구사항:

1. 회사가 직접노무시간을 배부기준으로 한 공장전체 제조간접원가 예정배부율을 이용한다면, 작업 A200에 배부된 제조간접원가는 얼마인가?
2. 회사가 부문별 제조간접원가 예정배부율을 이용한다면, 작업 A200에 배부된 제조간접원가는 얼마인가? 집합부문의 배부기준은 직접노무시간, 조립부문의 배부기준은 기계시간을 이용한다.
3. 회사가 요구사항 2의 부문별 제조간접원가 예정배부율을 이용한다고 가정한다. 작업 A200에서 50개의 제품을 생산했다면 단위당 제조원가는 얼마인가?

해답

1. 공장전체 제조간접원가 예정배부율은 다음과 같이 계산된다.

$$\text{제조간접원가 예정배부율} = \frac{\text{예상 총제조간접원가}}{\text{예상 총배부기준량}}$$

$$= \frac{\$700{,}000}{40{,}000\text{ 직접노무시간}}$$

$$= \$17.50/\text{직접노무시간(DLH)}$$

작업 A200에 배부되는 제조간접원가는 다음과 같이 계산된다.

$$\begin{array}{c}\text{작업 A200에 배부되는}\\\text{제조간접원가}\end{array} = \begin{array}{c}\text{제조간접원가}\\\text{예정배부율}\end{array} \times \begin{array}{c}\text{작업 A200에 투입된}\\\text{실제 직접노무시간}\end{array}$$

$$= \$17.50/\text{DLH} \times 12\text{ 직접노무시간}$$

$$= \$210$$

2. 부문별 제조간접원가 예정배부율은 다음과 같이 계산된다.

집합부문:

$$\text{제조간접원가 예정배부율} = \frac{\text{예상 총제조간접원가}}{\text{예상 총배부기준량}}$$

$$= \frac{\$300{,}000}{25{,}000\text{ 직접노무시간}}$$

$$= \$12/\text{직접노무시간(DLH)}$$

조립부문:

$$\text{제조간접원가 예정배부율} = \frac{\text{예상 총제조간접원가}}{\text{예상 총배부기준량}}$$

$$= \frac{\$400{,}000}{50{,}000\text{ 직접노무시간}}$$

$$= \$8/\text{기계시간(MH)}$$

작업 A200에 배부되는 제조간접원가는 다음과 같이 계산된다.

작업 A200	(1) 예정배부율	(2) 실제 시간	제조간접원가배부액 (1) × (2)
집합부문	$12/DLH	10 시간	$120
조립부문	$8/MH	7 시간	56
합계			$176

3. 작업 A200의 단위당 제조원가는 다음과 같이 계산된다.

작업 A200	집합부문	조립부문	합계
직접재료원가	$110	$50	$160
직접노무원가	$70	$45	115
제조간접원가 배부액	$120	$56	176
총 제조원가 (a)			$451
작업 A200의 제품 개수 (b)			50
단위당 제조원가 (a) ÷ (b)			$9.02

용어해설

개별원가계산(job-order costing) 다양한 제품, 작업 및 서비스를 생산하는 경우에 사용되는 원가계산시스템.

공장전체 제조간접원가 배부율(plantwide overhead rate) 전체 공장에서 사용되는 단일의 제조간접원가 예정배부율.

노무시간기록표(time ticket) 근로자가 다양한 활동에 투입한 시간을 구체적으로 기록한 증빙서류.

배부기준(allocation base) 원가를 원가대상에 할당하기 위하여 사용되는 직접노무시간 혹은 기계시간과 같은 활동의 측정치.

복수의 제조간접원가 예정배부율(multiple predetermined overhead rate) 회사 전체의 단일 제조간접원가 예정배부율을 사용하지 않고, 각각의 부문에 대하여 서로 다른 제조간접원가 예정배부율을 사용하는 원가계산시스템. 각 생산부문은 별도의 제조간접원가 부문으로 취급됨.

원가동인(cost driver) 기계시간, 병상 일수, 컴퓨터 작업시간, 비행시간 등과 같이 제조간접원가를 발생시키는 요인.

작업원가표(job cost sheet) 작업에 투입된 직접재료원가, 직접노무원가 및 제조간접원가를 기록하기 위하여 작성되는 양식.

재료명세서(bill of material) 제품을 제조하는 데 필요한 직접재료의 종류와 각 종류별 수량 목록이 기재되어 있는 문서.

재료출고청구서(material requisition form) 재료창고에서 수령할 재료의 종류와 양이 기재되어 있고, 재료가 투입된 작업을 식별하기 위한 보다 구체화된 증빙서류.

전부원가계산(absorption costing) 모든 제조원가(직접재료원가, 직접노무원가, 변동 및 고정제조간접원가)를 제품원가에 포함시키는 원가계산방법.

정상원가계산(normal cost system) 제조간접원가 예정배부율에 각 작업별 실제 배부기준량을 곱함으로써 제조간접원가를 작업에 배부하는 원가계산시스템.

제조간접원가 배부(overhead application) 제조간접원가를 각 작업에 배부하는 절차.

제조간접원가 예정배부율(predetermined overhead rate) 제조간접원가를 각 작업에 배부하기 위해 기초에 산정해 둔 배부율. 이는 당기의 예상 총제조간접원가를 예상 총배부기준량으로 나누어 계산됨.

질문

2–1 개별원가계산이란 무엇인가?

2–2 전부원가계산이란 무엇인가?

2–3 정상원가계산이란 무엇인가?

2–4 작업의 단위당 제품원가는 어떻게 계산되는가?

2–5 제조간접원가 예정배부율을 계산하기 위한 4단계 과정을 설명하시오.

2–6 개별원가계산시스템에서 작업원가표의 목적은 무엇인가?

2–7 일부 원가는 각 제품에 배분되는 과정이 필요한데 그 이유는 무엇인가?

2–8 제조간접원가 실제배부율을 사용하지 않고 제조간접원가 예정배부율을 사용하는 이유는 무엇인가?

2–9 제조간접원가 예정배부율을 계산하기 위한 배부기준 결정시 고려할 점은 무엇인가?

2–10 모든 제조간접원가가 완전하게 배부된다면, 당기에 이익이 발생할 것을 보장할 수 있는가?

2–11 배부된 제조간접원가와 실제 발생한 제조간접원가가 같을 것으로 기대하는가? 이유는?

2–12 제조간접원가의 배부차이(과소 혹은 과대배부)란 무엇인가?

2–13 공장전체 제조간접원가 배부율은 무엇인가? 일부 회사들이 공장전체 제조간접원가 배부율보다 더 복잡한 복수의 제조간접원가 배부율을 사용하는 이유는 무엇인가?

엑셀 응용

connect

학습목표 2-1, 2-2, 2-3, 2-4

아래 엑셀 워크시트는 도표 2–5에 요약된 사례인 Dickson사와 관련된 것이다. 이 파일과 파일 작성과 관련한 안내서는 Connect에 접속하면 이용할 수 있다.

	A	B	C	D	E
1	**제2장: 엑셀 응용**				
2					
3	**자료**				
4	이익률(제조원가의 일정비율을 가산함)	75%			
5					
6		부문			
7		밀링부분	조립부문		
8	기계시간	60,000	3,000		
9	직접노무시간	8,000	80,000		
10	총 고정제조간접원가	$390,000	$500,000		
11	기계시간당 변동제조간접원가	$2.00			
12	직접노무시간당 변동제조간접원가		$3.75		
13					
14	**작업 407의 원가 요약**	부문			
15		밀링부분	조립부문		
16	기계시간	90	4		
17	직접노무시간	5	20		
18	직접재료원가	$800	$370		
19	직접노무원가	$70	$280		
20					
21	'?' 표시된 곳에 알맞은 함수식을 채우시오.				
22					
23	**1단계: 부문별 총제조간접원가예산 추정**				
24		밀링부분	조립부문		
25	총 고정제조간접원가	?	?		
26	배부기준 단위당 변동제조간접원가	?	?		
27	총 기계시간 또는 총 직접노무시간	?	?		
28	총 변동제조간접원가	?	?		
29	총 제조간접원가	?	?		
30					
31	**2단계: 부문별 제조간접원가 예정배부율 계산**				
32		밀링부분	조립부문		
33	총 제조간접원가	?	?		
34	총 기계시간 또는 총 직접노무시간	?	?		
35	제조간접원가 예정배부율	?	?		
36					
37	**3단계: 작업 407에 배부될 제조간접원가 계산**				
38		밀링부분	조립부문		
39	제조간접원가 예정배부율	?	?		
40	작업의 기계시간 또는 직접노무시간	?	?		
41	배부된 제조간접원가	?	?		
42					
43	**4단계: 작업 407의 총제조원가 계산**				
44		밀링부분	조립부문	합계	
45	직접재료원가	?	?	?	
46	직접노무원가	?	?	?	
47	배부된 제조간접원가	?	?	?	
48	작업 407의 총원가			?	
49					
50	**5단계: 작업 407의 판매가격 계산**				
51	작업 407의 총원가			?	
52	이익률 가산			?	
53	작업 407의 판매가격			?	
54					

Chapter 2 Form / Filled in Chapter 2 Form

워크시트를 완성한 후 다음의 요구사항에 답하시오.

요구사항:

1. 다른 모든 자료는 동일하게 유지하고, 밀링부문의 고정제조간접원가만 $300,000로 변경한 후 워크시트를 확인하시오. 워크시트가 잘 작동한다면 작업 407의 총원가는 $2,350로 계산될 것이다. 만약 이 금액이 아니라면 워크시트에서 오류를 찾아 수정하시오. 작업 407의 판매가격은 얼마로 계산되는가? 변경되었는가? 그 이유는 무엇인가?
2. 밀링부문의 고정제조간접원가를 원래대로 $390,000로 수정하고, 다른 자료는 동일하게 유지하시오. 아래의 자료를 이용하여 새로운 작업 408의 판매가격을 결정하시오. 워크시트의 작업 번호를 변경할 필요는 없다.

	부문	
작업 408의 원가 요약	**밀링부문**	**조립부문**
기계시간	40	10
직접노무시간	2	6
직접재료원가	$700	$360
직접노무원가	$50	$150

3. 조립부문의 기계시간을 3,000시간에서 6,000시간으로 증가시키면 작업 408의 판매가격은 어떻게 되는가? 요구사항 2에 비해 증가, 감소, 불변하는지 답하고 그 이유를 설명하시오.
4. 조립부문의 기계시간을 원래대로 3,000시간으로 복원하시오. 조립부문의 직접노무시간을 80,000시간에서 50,000시간으로 수정하면 작업 408의 판매가격에는 어떤 변동이 생기는가? 요구사항 2에 비해 증가, 감소, 불변하는지 답하고 그 이유를 설명하시오.

기본문제 connect

학습목표 2-1, 2-2, 2-3, 2-4

Sweeten Company는 3월초에 진행중인 작업이 없고 기초재고도 없다. 회사는 2개의 제조부문(주형부문, 조립부문)을 운영한다. 3월에 2가지 작업(작업 P, 작업 Q)를 시작하여, 완성하고, 판매하였다. 관련된 자료는 다음과 같다. (모든 자료와 요구사항은 3월과 관련된 것이다.)

	주형부문	조립부문	합계
예상 기계시간	2,500	1,500	4,000
총고정제조간접원가 예산	$10,000	$15,000	$25,000
기계시간당 변동제조간접원가 예산	$1.40	$2.20	

	작업 P	작업 Q
직접재료원가	$13,000	$8,000
직접노무원가	$21,000	$7,500
실제 기계시간:		
주형부문	1,700	800
조립부문	600	900
합계	2,300	1,700

Sweeten Company는 이번 달에 제조간접원가의 과소배부 또는 과대배부가 발생하지 않았다.

요구사항:

질문 1~9번은 회사가 2개의 부문 모두 기계시간을 배부기준으로 하며 부문별 제조간접원가 예정배부율을 이용한다고 가정하시오. 질문 10~15번은 회사가 기계시간을 배부기준으로 공장전체 제조간접원가 예정배부율을 이용한다고 가정하시오.

1. 주형부문과 조립부문의 부문별 제조간접원가 예정배부율은 얼마인가?
2. 작업 P와 작업 Q에 배부된 주형부문의 제조간접원가는 얼마인가?
3. 작업 P와 작업 Q에 배부된 조립부문의 제조간접원가는 얼마인가?
4. 작업 P의 총제조원가는 얼마인가?
5. 작업 P에서 제품 20개를 생산했다면, 제품 단위당 제조원가는 얼마인가?
6. 작업 Q의 총제조원가는 얼마인가?
7. 작업 Q에서 제품 30개를 생산했다면, 제품 단위당 제조원가는 얼마인가?
8. 회사가 제조원가의 80%를 가산하여 판매가격을 결정한다고 가정하자. 작업 P와 작업 Q의 단위당 판매가격은 각각 얼마인가?
9. 3월의 매출원가는 얼마인가?
10. 공장전체 제조간접원가 예정배부율은 얼마인가?
11. 작업 P와 작업 Q에 배부된 제조간접원가는 얼마인가?
12. 작업 P에서 제품 20개를 생산했다면, 제품 단위당 제조원가는 얼마인가?
13. 작업 Q에서 제품 30개를 생산했다면, 제품 단위당 제조원가는 얼마인가?
14. 회사가 제조원가에 제조원가의 80%를 가산하여 판매가격을 결정한다고 가정하자. 작업 P와 작업 Q의 단위당 판매가격은 각각 얼마인가?
15. 3월의 매출원가는 얼마인가?

연습문제

connect

문제 2-1 제조간접원가 예정배부율 계산 [학습목표 2-1]

Harris Fabrics는 연간 직접노무시간을 기준으로 제조간접원가 예정배부율을 계산한다. 연초에 예상한 총 직접노무시간은 20,000시간이고 고정제조간접원가는 $94,000, 노무시간당 변동제조간접원가는 $2로 예상하였다. 실제 발생한 총직접노무시간은 21,000시간이었으며, 실제 제조간접원가는 $123,900로 집계되었다.

요구사항:

당기의 제조간접원가 예정배부율을 계산하시오.

문제 2-2 제조간접원가의 배부 [학습목표 2-2]

Luthan Company는 직접노무시간당 $23.40의 공장전체 제조간접원가 예정배부율을 사용한다. 예정배부율은 예상 직접노무시간 11,000시간, 제조간접원가예산 $257,400를 이용하여 계산한 것이다. 실제 발생한 제조간접원가와 직접노무시간은 $249,000와 10,800시간이다.

요구사항:

당기에 수행한 모든 작업에 배부될 제조간접원가를 계산하시오.

문제 2-3 공장전체 제조간접원가 예정배부율을 이용한 원가 계산 [학습목표 2-3]

Mickley Company의 공장전체 제조간접원가 예정배부율은 직접노무시간당 $14이고, 시간당 직접노무원가는 $17이다. 작업 A–500에 대한 정보는 다음과 같다.

직접재료원가	$231
직접노무원가	$153

요구사항:

1. 작업 A–500의 총제조원가는 얼마인가?
2. 작업 A–500에서 40단위를 생산하였다면, 제품 단위당 제조원가는 얼마인가?

문제 2-4 부문별 제조간접원가 예정배부율을 이용한 원가 계산 [학습목표 2-4]

Fickel Company는 2개의 제조부문(조립부문, 포장부문)을 운영한다. 부문별 제조간접원가 예정배부율은 조립부문은 직접노무시간당 $16이며 포장부문은 직접노무시간당 $12이다. 시간당 직접노무원가는 $20이다. 작업 N-60에 대한 정보는 다음과 같다.

	조립부문	포장부문
직접재료원가	$340	$25
직접노무원가	$180	$40

요구사항:

1. 작업 N-60의 총 제조원가는 얼마인가?
2. 작업 N-60에서 10단위를 생산하였다면, 제품 단위당 제조원가는 얼마인가?

문제 2-5 복수의 제조간접원가 예정배부율을 이용한 총 제조원가와 단위당 제조원가 계산 [학습목표 2-4]

Braverman Company는 2개의 제조부문(마감부문, 조립부문)을 운영하고 있다. 부문별 제조간접원가 예정배부율은 마감부문은 직접노무시간당 $18이며, 조립부문은 직접재료원가의 110%이다. 시간당 직접노무원가는 $16이다. 작업 700에 대한 정보는 다음과 같다.

	마감부문	조립부문
직접재료원가	$410	$60
직접노무원가	$128	$48

요구사항:

1. 작업 700의 총 제조원가는 얼마인가?
2. 작업 700에서 15단위를 생산하였다면, 제품 단위당 제조원가는 얼마인가?

문제 2-6 서비스기업의 개별원가계산 [학습목표 2-1, 2-2, 2-3]

컨설팅회사인 Tech Solution은 개별원가계산 시스템을 이용하고 있다. 직접재료원가는 고객을 대신하여 구입하는 하드웨어와 소프트웨어이다. 직접노무원가는 고객별로 배정된 컨설턴트에게 지급되는 급여이며 제조간접원가는 고객에게 제공되는 다양한 소모품비 뿐만 아니라 사무실과 관련한 감가상각비, 수도광열비, 보험료 등이 포함된다.

회사는 직접노무시간을 배부기준으로 한 제조간접원가 예정배부율을 연 단위로 적용하고 있다. 기초에 예상한 결과 직접노무시간은 80,000시간, 총고정제조간접원가는 $680,000, 직접노무시간당 변동제조간접원가는 $0.5이다. 실제 발생한 제조간접원가는 $692,000로 집계되었으며 실제 직접노무시간은 83,000시간으로 파악되었다.

요구사항:

1. 제조간접원가 예정배부율은 얼마인가?
2. 한 해 동안 회사는 Xavier사와 관련된 컨설팅을 시작하여 마무리하였다. 아래의 자료는 이 컨설팅과 관련한 것이다.

직접재료원가	$38,000
직접노무원가	$21,000
직접노무시간	280 시간

Xavier사와 관련한 총 원가를 계산하시오.

문제 2-7 개별원가계산 [학습목표 2-1, 2-2, 2-3]

Hahn Company는 개별원가계산을 이용하고 있다. 직접노무시간을 배부기준으로 하는 공장전체 제조간접원가 예정배부율을 이용하고 있다. 시간당 직접노무원가는 $15이다. 한 해 동안 2개의 작업(알파, 오메가)을 개시하고 완료하였다. 작업 알파의 직접노무시간은 54,500시간이다. 2개의 작업에 대한 각각의 작업원가표는 다음과 같다.

작업 알파	
직접재료원가	?
직접노무원가	?
제조간접원가 배부액	?
총 원가	$1,533,500

작업 오메가	
직접재료원가	$235,000
직접노무원가	345,000
제조간접원가 배부액	184,000
총 원가	$764,000

요구사항:

1. 공장전체 제조간접원가 예정배부율은 얼마인가?
2. 작업 알파의 작업원가표를 완성하시오.

문제 2-8 제조간접원가 배부, 제품 단위당 원가 계산 [학습목표 2-2, 2-3]

Newhard Company는 직접노무원가의 125%를 제조간접원가에 배부한다. 작업 313의 작업원가표에는 직접재료원가 $10,000와 직접노무원가 $12,000가 포함되어있다. 작업 313을 통해 1,000개의 제품을 생산하였다.

요구사항:

작업 313의 총 제조원가는 얼마인가? 제품 단위당 제조원가는 얼마인가?

문제 2-9 개별원가계산과 의사결정 [학습목표 2-1, 2-2, 2-3]

Taveras Corporation은 현재 생산능력의 50%를 가동하고 있다. 회사는 개별원가계산 시스템을 이용하고 있으며, 기계시간을 배부기준으로 하는 공장전체 제조간접원가 예정배부율을 이용하고 있다. 다음은 연초에 예상한 자료이다.

예상 기계시간	165,000
총 고정제조간접원가	$1,980,000
기계시간당 변동제조간접원가	$2.00

요구사항:

1. 공장전체 제조간접원가 예정배부율은 얼마인가?
2. 한 해 동안 작업 P90을 시작하여 완료하였으며 고객에게 $2,500에 판매하였다. 다음의 추가 자료를 이용하여 작업 P90의 총 제조원가를 계산하시오.

직접재료원가	$1,150
직접노무원가	$830
사용한 기계시간	72

3. 회사의 CFO는 작업 P90의 매출액과 총제조원가를 비교한 후, "내일 똑같은 기회가 찾아온다면 이 작업을 $2,500에 판매하는 것보다는 거절하겠다"고 언급하였다.
   a. CFO의 언급에 대해 숫자를 통해 비판해보시오.
   b. CFO의 언급을 숫자를 통해 지원해보시오.

문제 2-10 제조간접원가 배부 [학습목표 2-2]

Sigma Company는 제조간접원가 배부기준으로 직접노무원가를 이용한다. 당기에 착수하여 완료한 작업 V의 작업원가표에는 $5,000의 직접재료원가, $8,000의 직접노무원가, $6,000의 제조간접원가가 기록되어있다. 기말에 진행중인 작업 W는 $2,500의 직접재료원가와 $4,000의 직접노무원가가 투입된 것으로 기록되어 있다.

요구사항:

1. 미완성품인 작업 W에도 제조간접원가가 배부되어야 하는가? 배부된다면 얼마가 배부되어야 하는지 설명하시오.
2. 작업원가표 상에 기록된 작업 W의 원가는 기말 재무제표에서 어떻게 보고되는가?

문제 2-11 제조간접원가 배부율의 변경 [학습목표 2-1, 2-2, 2-3]

Kingsport Containers Company는 계절에 따라 수요가 크게 변하는 단일 제품을 생산한다. 회사는 개별원가계산을 사용하고, 분기별 생산수량을 배부기준으로 하는 공장전체 제조간접원가 예정배부율을 이용한다. 다음 년도의 분기별 원가와 관련한 예측자료는 다음과 같다.

	분기			
	1분기	2분기	3분기	4분기
직접재료원가	$240,000	$120,000	$ 60,000	$180,000
직접노무원가	128,000	64,000	32,000	96,000
제조간접원가	300,000	220,000	180,000	?
총제조원가 (a)	$668,000	$404,000	$272,000	$?
생산된 제품의 수량 (b)	80,000	40,000	20,000	60,000
단위당 제품원가 (a) ÷ (b)	$8.35	$10.10	$13.60	?

경영자는 분기별로 단위당 제품원가가 차이가 크다는 것을 알고 당황하고 있다. 제조원가에서 제조간접원가가 큰 비중을 차지하기 때문에 제조간접원가를 제품 수량을 기준으로 배분하는 것에 문제가 있다는 것을 알았다. 이 회사의 경영자는 당신에게 이 회사의 제조간접원가를 배분할 수 있는 더 적합한 방법에 대해 조언을 구하였다.

요구사항:

1. 제품 단위당 변동제조간접원가가 $2라고 가정한다면, 분기별 총고정제조간접원가는 얼마인가?
2. 1~3분기 동안의 원가행태가 일정하다고 가정한다면, 4분기의 제품 단위당 제조원가는 얼마인가?
3. 분기별로 단위당 제조원가 계산 결과가 변동하는 원인은 무엇인가?
4. 단위당 제품원가를 분기별로 안정시키기 위해 당신은 경영자에게 어떤 방법을 추천하겠는가? 계산 과정도 함께 제시하시오.

문제 2-12 제조간접원가 예정배부율과 작업원가 [학습목표 2-1, 2-2, 2-3]

Moody Corporation은 개별원가계산 시스템을 이용하며, 기계시간을 배부기준으로 하는 공장전체 제조간접원가 배부율을 이용한다. 기초에 회사가 예상한 자료는 다음과 같다.

예정 생산량에 소요될 것으로 예상되는 기계시간	100,000
고정제조간접원가	$650,000
기계시간당 변동제조간접원가	$3.00

요구사항:

1. 공장전체 제조간접원가 예정배부율을 계산하시오.
2. 당기에 착수한 작업 400이 완성되었다. 작업 400과 관련한 자료는 다음과 같다. 작업 400의 제조원가를 계산하시오.

직접재료원가	$450
직접노무원가	$210
사용한 기계시간	40

3. 작업 400에서 제품 52개를 생산했다면 제품 단위당 제조원가는 얼마인가?
4. 회사가 제조원가에 120%를 가산하여 판매가격을 결정하는 원가 가산 가격책정 방식을 채택하고 있다면 작업 400의 제품 단위당 판매가격은 얼마인가?
5. 회사가 여러분에게 자문을 의뢰한다면 이러한 가격 책정에 대해 무엇이라고 자문하겠는가?

문제 2-13 부문별 제조간접원가 배부율 [학습목표 2-1, 2-2, 2-3]

White Company는 절삭부문과 마감부문을 운영하고 있다. 회사는 개별원가계산을 사용하며, 제조간접원가는 각 부문별 예정배부율을 이용하여 배부한다. 절삭부문은 기계시간을 배부기준으로 이용하며, 마감부문은 직접노무시간을 배부기준으로 이용한다. 회사가 예측한 예산자료는 다음과 같다.

	부문	
	절삭부문	마감부문
직접노무시간	6,000	30,000
기계시간	48,000	5,000
총 고정제조간접원가	$264,000	$366,000
기계시간당 변동제조간접원가	$2.00	—
직접노무시간당 변동제조간접원가	—	$4.00

요구사항:

1. 각 부문별 제조간접원가 예정배부율을 계산하시오.
2. 요구사항 1에서 계산한 예정배부율에 의해 제조간접원가를 배분한다고 가정하자. 당기에 시작하여 완성한 작업 203의 작업원가표가 다음과 같을 때, 작업 203의 총 제조원가는 얼마인가?

	부문	
	절삭부문	마감부문
직접노무시간	6	20
기계시간	80	4
직접재료원가	$500	$310
직접노무원가	$108	$360

3. 부문별 제조간접원가 예정배부율을 이용하는 대신에 직접노무시간을 배부기준으로 하는 공장전체 제조간접원가 예정배부율을 이용한다면 일부 작업에 배부되는 제조간접원가에 중요한 차이가 발생할 것으로 예상되는가? 이에 대해 설명하시오. (계산할 필요는 없음)

문제 2-14 서비스기업의 개별원가계산 [학습목표 2-1, 2-2, 2-3]

영화제작사인 Yancey Production은 개별원가계산 시스템을 이용하고 있다. 직접재료원가는 의상, 소품 등의 아이템들로 구성되며, 직접노무원가는 각 영화의 배우, 감독에 대한 급여로 구성된다. 제조간접원가는 수도광열비, 장비의 감가상각비, 경영자와 사무직의 급여 등으로 구성된다. 회사는 직접노무원가를 기준으로 제조간접원가를 각 영화에 배부한다.

기초에 예상한 자료는 다음과 같다.

총 직접노무원가	$8,000,000
총 고정제조간접원가	$4,800,000
직접노무원가 $1당 변동제조간접원가	$0.05

요구사항:

1. 제조간접원가 예정배부율을 계산하시오.
2. 한 해 동안 영화 "You Can Say That Again"의 제작과 관련한 원가는 다음과 같다. 이 영화의 제작원가는 얼마인가?

직접재료원가	$1,259,000
직접노무원가	$2,400,000

문제 2-15 공장전체 제조간접원가 배부율과 부문별 제조간접원가 배부율

[학습목표 2-1, 2-2, 2-3, 2-4]

Delph Company는 개별원가계산 시스템을 사용하고 2개의 제조부문(조형, 조립)으로 구분하고 있다. 회사가 기초에 예측한 예산자료는 다음과 같다.

	조형부문	조립부문	합계
기계시간	20,000	30,000	50,000
고정제조간접원가	$700,000	$210,000	$910,000
기계시간당 변동제조간접원가	$3.00	$1.00	

당기에 회사는 기초와 기말재고가 없고, 작업 D–70과 작업 C–200 모두 당기에 착수하여 완성되어 판매되었다. 2가지 작업과 관련된 자료는 다음과 같다.

작업 D-70	조형부문	조립부문	합계
직접재료원가	$375,000	$325,000	$700,000
직접노무원가	$200,000	$160,000	$360,000
기계시간	14,000	6,000	20,000

작업 C-200	조형부문	조립부문	합계
직접재료원가	$300,000	$250,000	$550,000
직접노무원가	$175,000	$225,000	$400,000
기계시간	6,000	24,000	30,000

당기에 회사는 제조간접원가 배부차이가 발생하지 않았다.

요구사항:

1. 회사가 기계시간을 기준으로 하는 공장전체 제조간접원가 배부율을 사용한다고 가정하자.
   a. 공장전체 제조간접원가 예정배부율을 계산하시오.
   b. 작업 D-70과 작업 C-200의 제조원가를 계산하시오.
   c. 제조원가의 150%로 판매가격을 결정한다면, 작업 D-70과 작업 C-200의 판매가격은 얼마인가?
   d. 당기의 매출원가는 얼마인가?
2. 기계시간을 기준으로 부문별 제조간접원가 배부율을 사용한다고 가정하자.
   a. 부문별 제조간접원가 예정배부율을 계산하시오.
   b. 작업 D-70과 작업 C-200의 제조원가를 계산하시오.
   c. 제조원가의 150%로 판매가격을 결정한다면, 작업 D-70과 작업 C-200의 판매가격은 얼마인가?
   d. 당기의 매출원가는 얼마인가?
3. 위의 계산과정을 통해서 경영관리 측면에서 시사하는 바는 무엇이라고 생각하는가? (힌트: 요구사항 1번과 2번에서 계산한 매출원가가 서로 다른가? 요구사항 1번과 2번에서 계산한 판매가격이 서로 다른가? 그 이유는 무엇인가?)

문제 2-16 공장전체 제조간접원가 배부율, 판매가격 결정 [학습목표 2-1, 2-2, 2-3]

Landen Corporation은 개별원가계산을 이용한다. 기초에 예상한 자료는 다음과 같다.

예상 직접노무시간	140,000
예상 기계시간	70,000
고정제조간접원가	$784,000
직접노무시간당 변동제조간접원가	$2.00
기계시간당 변동제조간접원가	$4.00

한 해 동안 작업 550을 개시하여 완료하였다. 이 작업과 관련한 정보는 다음과 같다.

직접재료원가	$175
직접노무원가	$225
직접노무시간	15
기계시간	5

요구사항:

1. 회사가 직접노무시간을 배부기준으로 하는 공장전체 제조간접원가 예정배부율을 이용한다고 가정하자.
   a. 공장전체 제조간접원가 예정배부율은 얼마인가?
   b. 작업 550의 총 제조원가는 얼마인가?
   c. 회사가 총제조원가에 200%를 가산하여 가격을 결정한다면 작업 550의 판매가격은 얼마인가?
2. 회계담당자는 직접노무시간보다 기계시간이 배부기준으로 더 적절하다고 생각하고 있다. 기계시간을 배부기준으로 아래의 질문에 답하시오.
   a. 공장전체 제조간접원가 예정배부율은 얼마인가?
   b. 작업 550의 총 제조원가는 얼마인가?
   c. 회사가 총제조원가에 200%를 가산하여 가격을 결정한다면 작업 550의 판매가격은 얼마인가?
3. 회계담당자는 직접노무시간보다 기계시간이 배부기준으로 더 적절하다고 믿고 있다. 회사가 직접노무시간을 유일한 배부기준으로 계속 이용한다면 작업 500의 판매가격 결정에 어떤 영향을 미치는가?

문제 2-17 공장전체 제조간접원가 예정배부율, 부문별 제조간접원가 예정배부율

[학습목표 2-1, 2-2]

Wilmington Company는 2개의 제조부문(집합부문, 조립부문)을 운영한다. 모든 제조간접원가는 고정원가로 간주한다. 상단의 표는 기초에 예상한 자료이다. 하단의 표는 이번 기에 완성된 작업 Bravo와 관련한 자료이다.

예상 자료	집합부문	조립부문	합계
제조간접원가	$600,000	$800,000	$1,400,000
직접노무시간	50,000	30,000	80,000
기계시간	20,000	100,000	120,000

작업 Bravo	집합부문	조립부문	합계
직접노무시간	11	3	14
기계시간	3	6	9

요구사항:

1. 만약 회사가 직접노무시간을 배부기준으로 하는 공장전체 제조간접원가 예정배부율을 이용한다면 작업 Bravo에 배부되는 제조간접원가는 얼마인가?
2. 만약 회사가 부문별 제조간접원가 예정배부율을 이용한다면 작업 Bravo에 배부되는 제조간접원가는 얼마인가? 부문별 배부기준으로 집합부문은 직접노무시간, 조립부문은 기계시간을 이용한다.

문제 2-18 서비스기업의 개별원가계산 [학습목표 2-1, 2-2, 2-3]

자동차 정비소인 Speedy Auto Repairs는 개별원가계산 시스템을 이용한다. 직접재료원가는 각 수리 차량에 소요되는 부품들이며 직접노무원가는 차량수리기사에 대한 급여이다. 제조간접원가에는 관리자의 급여, 장비의 감가상각비, 수도광열비, 보험료, 고객대기실 운영비 등 다양한 항목이 포함된다. 회사는 직접노무시간을 배부기준으로 배부한다. 기초에 예상한 자료는 다음과 같다.

예상 직접노무시간	20,000
고정제조간접원가	$350,000
직접노무시간당 변동제조간접원가	$1.00

요구사항:

1. 제조간접원가 예정배부율은 얼마인가?
2. 윌크스씨는 브레이크, 점화플러그, 타이어를 교체하기 위해 정비소를 방문하였다. 이 작업과 관련한 자료는 다음과 같다. 이 작업의 총원가는 얼마인가?

직접재료원가	$590
직접노무원가	$109
투입된 직접노무시간	6

3. 회사가 총원가에 40%를 가산하여 정비가격을 결정한다면 윌크스씨에게 얼마를 청구해야 하는가?

문제 2-19 복수의 제조간접원가 예정배부율 [학습목표 2-1, 2-2, 2-4]

High Desert Potteryworks 는 다양한 종류의 도자기를 생산하여 판매한다. 이 회사는 부문별 제조간접원가 예정배부율을 이용하여 제조간접원가를 배부하며, 개별원가계산시스템을 사용하고 있다. 주형부문은 기계시간을 기준으로 제조간접원가를 배부하며, 도색부문은 직접노무시간을 기준으로 제조간접원가를 배부한다. 기초에 회사의 경영자가 예상한 자료는 다음과 같다.

	부문	
	주형부문	도색부문
직접노무시간	12,000	60,000
기계시간	70,000	8,000
고정제조간접원가	$497,000	$615,000
기계시간당 변동제조간접원가	$1.50	–
직접노무시간당 변동제조간접원가	–	$2.00

작업 205가 당기 8월 1일에 착수되어 8월 10일에 완성되었다. 이 작업과 관련한 정보는 다음과 같다.

	부문	
	주형부문	도색부문
직접노무시간	30	84
기계시간	110	20
직접재료원가	$770	$1,332
직접노무원가	$525	$1,470

요구사항:

1. 각 부문별 제조간접원가 예정배부율을 계산하시오.
2. 작업 205에 배부될 제조간접원가를 계산하시오.
3. 작업 205의 총제조원가를 계산하시오. 작업 205를 통해 총 50개의 제품을 생산하였다면, 제품의 단위당 원가는 얼마인가?

문제 2-20 공장전체 제조간접원가 예정배부율, 복수의 제조간접원가 예정배부율: 서비스업 [학습목표 2-1, 2-2, 2-3, 2-4]

McCullough 병원은 환자별 원가 계산을 위해 개별원가계산 시스템을 이용한다. 직접재료원가는 약품, 심장 판막, 인공 주형물, 심장 박동 조절기 등의 다양한 품목들을 포함한다. 직접노무원가는 환자별로 수술 및 검사에 직접 투입된 의사, 간호사, 마취과 의사, 방사선 전문의에 대한 급여 등으로 구성된다. 다른 원가들, 예를 들어 의료기기의 감가상각비, 보험, 수도광열비, 부수적인 의료소모품, 24시간 모니터링 시스템 등의 원가는 제조간접원가에 포함된다.

병원은 병상일수를 배부기준으로 하는 제조간접원가 예정배부율을 이용하여 제조간접원가를 각 환자에게 배부해왔다. 최근 회계 담당자가 부문별 제조간접원가 예정배부율을 이용하면 환자에 대한 원가 배부가 더 적절하다고 제안하였다. 이를 위해 병원의 부문을 집중치료실과 그 외의 기타부문으로 구분할 것이다. 상단의 자료는 부문별 예상 자료이며, 하단의 자료는 환자 A, B에 대한 자료이다.

	집중치료실	기타	합계
병상일수	2,000	18,000	20,000
고정제조간접원가	$3,200,000	$14,000,000	$17,200,000
병상일수당 변동제조간접원가	$236	$96	

	환자 A	환자 B
직접재료원가	$4,500	$6,200
직접노무원가	$25,000	$36,000
병상일수(집중치료실 포함)	14	21
집중치료실 병상일수	0	7

요구사항:

1. 병원이 회계담당자의 제안을 수용하여 복수의 제조간접원가 예정배부율을 이용한다고 가정하고 답하시오.
   a. 각 부문별(집중치료실, 기타) 제조간접원가 예정배부율을 계산하시오.
   b. 각 환자별 총 원가는 얼마인가?
2. 병원이 단일의 제조간접원가 예정배부율을 이용할 경우를 가정하고 답하시오.
   a. 제조간접원가 예정배부율을 계산하시오.
   b. 각 환자별 총 원가는 얼마인가?
3. 회계담당자의 접근법에 대해 평가해보시오.

문제 2-21 공장전체 제조간접원가 예정배부율, 복수의 제조간접원가 예정배부율

[학습목표 2-1, 2-2]

Mason Company는 2개의 제조부문(가공부문, 조립부문)을 운영한다. 회사는 모든 제조간접원가를 고정원가로 간주한다. 아래는 연초에 예상한 자료와 작업 A, B에 대한 자료이다.

예상 자료	가공부문	조립부문	합계
제조간접원가	$500,000	$100,000	$600,000
직접노무시간	10,000	50,000	60,000
기계시간	50,000	5,000	55,000

작업 A	가공부문	조립부문	합계
직접노무시간	5	10	15
기계시간	11	2	13

작업 B	가공부문	조립부문	합계
직접노무시간	4	5	9
기계시간	12	3	15

요구사항:

1. 회사가 직접노무시간을 배부기준으로 하는 공장전체 제조간접원가 예정배부율을 이용한다면 작업 A, B에 배부되는 제조간접원가는 각각 얼마인가?
2. 회사가 가공부문은 기계시간을 배부기준으로 하고 조립부문은 직접노무시간을 배부기준으로 하는 부문별 제조간접원가 예정배부율을 이용한다면 작업 A, B에 배부되는 제조간접원가는 각각 얼마인가?
3. 회사가 원가의 일정비율을 가산하여 가격을 결정하는 정책을 갖고 있다면, 공장전체 제조간접원가 예정배부율 이용이 어떤 부정적인 영향을 미치는가?

사례

사례 2-22 공장전체, 복수의 제조간접원가 예정배부율, 판매가격 [학습목표 2-1, 2-2, 2-3, 2-4]

Teledex Company의 경영자인 David Wilson은 최근 Koopers 입찰에 실패하였다. 그는 자사가 제시한 가격이 다른 회사에 비해 $2,000 정도 차이가 난 것으로 분석하고 있다.

Teledex Company는 고객의 주문에 따라 제품을 생산하며, 개별원가계산 시스템을 이용한다. 제조간접원가는 모두 고정원가로 간주되며, 직접노무원가를 배부기준으로 하는 공장전체 제조간접원가 예정배부율을 이용한다. 회사가 당기초에 예상한 자료는 다음과 같다.

	부문			
	조립부문	가공부문	집합부문	합계
제조간접원가	$350,000	$400,000	$90,000	$840,000
직접노무원가	$200,000	$100,000	$300,000	$600,000

작업은 위의 3개의 부문들을 통해 수행된다. 작업 Koopers를 위한 제조원가는 다음과 같다.

	부문			
	조립부문	가공부문	집합부문	합계
직접재료원가	$3,000	$200	$1,400	$4,600
직접노무원가	$2,800	$500	$6,200	$9,500
제조간접원가	?	?	?	?

요구사항:

1. 회사의 공장전체 접근법에 따라 각 물음에 답하시오.
   a. 올해의 제조간접원가 예정배부율은 얼마인가?
   b. Koopers 작업에 배부되는 제조간접원가는 얼마인가?
2. 각 부문별로 직접노무원가를 배부기준으로 하는 제조간접원가 예정배부율을 이용한다고 가정하고 각 물음에 답하시오.
   a. 각 부문별 제조간접원가 예정배부율을 계산하시오.
   b. Koopers 작업에 배부되는 제조간접원가를 계산하시오
3. 요구사항 1.(b)와 2.(b)에서 계산한 Koopers 작업에 배부되는 제조간접원가의 차이에 대해 설명하시오.
4. 일반적으로 제조원가(직접재료원가, 직접노무원가, 제조간접원가)의 150%를 입찰가격으로 제시하는 것이 업계의 관행이라고 가정할 때, 이 회사가 Koopers 입찰건과 관련하여 제시했을 금액을 계산하시오. 회사가 각 부문별 제조간접원가 예정배부율을 사용했다면 제시했을 입찰가격도 계산하시오.

부록 2A: 활동기준 전부원가계산

학습목표 2-5

활동기준 전부원가계산을 이용하여 제품 단위당 원가를 계산할 수 있다.

제 2장에서는 전부원가계산에 대해 살펴보았다. 부록에서는 전통적인 방법을 대체하는 방법으로 활동기준 전부원가계산 방법을 소개한다. **활동기준 전부원가계산(activity-based absorption costing)**은 모든 제조간접원가를 제품 제조를 위해 수행된 **활동들**(*activities*)을 기준으로 제품에 배부한다. **활동(activity)**이란 제조간접원가 자원을 소비하는 원인이 되는 사건을 의미한다. 활동기준 접근법에서는 제조간접원가를 공장전체로 집계한다거나 부문별로 집계하지 않고 각 **활동원가집합**으로 집계한다. **활동원가집합(activity cost pool)**은 각 활동과 관련된 원가를 집계하는 집합단위를 의미한다. 각 활동원가집합은 단일의 활동원가로 집계되며, 이 활동원가는 활동원가를 제품에 배부하기 위한 배부율 계산식에서 분모에 해당한다. **활동원가배부율(activity rate)**은 각 활동별로 집계된 활동원가를 각 활동별 원가동인의 총량으로 나누어 계산한다. 활동원가배부율을 이용하여 활동원가집합의 원가를 제품에 배부한다.

활동기준 전부원가계산은 전통적인 전부원가계산과 두가지 면에서 차이가 있다. 첫째, 활동기준 접근법은 전통적인 접근법보다 더 많은 원가집합을 이용한다. 둘째, 활동기준 접근법에서는 전통적인 접근법에서는 제외했던 생산량과 관계가 없는 몇몇 활동들과 활동 측정치를 포함한다. 예를 들어, 활동기준 접근법은 **묶음수준활동**들을 포함시킬 수 있다. **묶음수준활동(batch-level activity)**은 묶음당 몇 개의 단위가 포함되던지 상관없이 묶음 단위로 처리 또는 가공되는 활동을 의미한다. 예를 들어 원재료의 주문, 기계장치의 셋팅, 작업준비, 제품의 선적활동 등은 묶음수준의 활동들이다. 묶음수준활동의 원가들은 생산량에 비례하지 않고 묶음수에 비례하여 발생하게 된다. 활동기준 접근법은 **제품수준활동**들을 포함시킬 수 있다. **제품수준활동(product-level activity)**은 특정 제품과 관련된 활동으로 제품의 생산량 또는 묶음수와 관계없이 제품라인별로 수행되는 활동이다. 예를 들어 제품의 디자인, 제품 변경을 위한 작업 등의 활동들은 제품수준활동이다. 제품수준활동의 원가들은 생산량이나 묶음수 보다는 제품 종류와 더 깊은 관련이 있다.

고품질의 훈제조리기계를 판매하는 Maxter Industries의 예를 이용하여 전통적인 접근법과 활동기준 접근법의 차이를 보다 구체적으로 살펴보자. 이 회사는 두 종류(고급, 일반)의 제품을 생산한다. 회사는 직접노무시간을 기준으로 계산한 회사전체 제조간접원가 배부율을 이용하여 제조간접원가를 제품에 배부하고 있다. 도표 2A–1은 그동안 회사가 제조간접원가를 배부해 온 전통적인 방법을 요약한 것이다. 전통적인 원가 계산 방법에 의하면 고급제품의 단위당 원가는 $71.6, 일반제품의 단위당 원가는 $53.7로 계산된다.

Maxtar Industries는 최근에 활동기준 전부원가계산을 적용하기 위해 다음과 같은 3가지 활동원가집합을 설정하였다. 3가지 활동원가집합은 (1) 직접노무지원활동 (2) 기계준비활동 (3) 부품관리활동이다. 도표 2A–2의 상단에는 이 활동원가집합의 원가와 관련한 기본자료가 제시되어 있다. 3가지 활동원가집합의 예상 제조간접원가의 합은 도표 2A–1에서 회

도표 2A-1

Maxtar Industries의 전통적인 원가계산시스템

기본 자료		
예상 총제조간접원가	$1,520,000	
예상 총직접노무시간	400,000시간	
	고급	**일반**
단위당 직접재료원가	$40.00	$30.00
단위당 직접노무원가	$24.00	$18.00
단위당 직접노무시간	2.0시간	1.5시간
총 생산량	50,000개	200,000개

제조간접원가 예정배부율 계산

$$\text{제조간접원가 예정배부율} = \frac{\text{예상 총 제조간접원가}}{\text{예상 총 배부기준량}}$$

$$= \frac{\$1{,}520{,}000}{400{,}000 \text{ 직접노무시간}} = \$3.8/\text{직접노무시간(DLH)}$$

전통적인 방법에 의한 제품 단위당 원가	고급	일반
직접재료원가	$40.00	$30.00
직접노무원가	24.00	18.00
제조간접원가 (2시간 × 시간당 $3.8; 1.5시간 × 시간당 $3.8)	7.60	5.70
제품 단위당 원가	$71.60	$53.70

사 전체 예상 총제조간접원가인 $1,520,000와 동일함을 확인하자. 활동원가 접근법은 단순히 이 제조간접원가를 두 종류의 제품에 배부하는 대체적인 방법이다.

도표 2A-2에 제시된 두번째 표에는 활동원가 배부율의 계산 과정이 요약되어 있다. 예를 들어 기계준비활동원가의 배부율인 준비횟수당 $600는 기계준비활동집합의 활동원가 $480,000를 배부기준인 총 800회의 기계준비횟수로 나누어 계산된 것이다.

도표 2A-2에 제시된 세번째 표는 활동원가 배부율을 이용하여 각 제품별로 제조간접원가를 배분한 결과를 제시하고 있다. 예를 들어, 고급제품에 배부되는 기계준비활동의 활동원가는 기계 준비횟수당 $600에 고급제품의 준비활동횟수인 600회를 곱한 $360,000가 배부된다.

도표 2A-2의 하단에는 각 제품별로 제조간접원가를 배부하는 과정과 이를 이용하여 제품 단위별 원가를 계산하는 과정을 요약하고 있다. 단위당 제조간접원가는 총제조원가를 생산량으로 나누어 계산된다. 예를 들어 고급제품의 총제조간접원가 $728,000를 생산량 50,000개로 나누어 제품 단위당 제조간접원가 $14.56를 계산할 수 있다. 제품 단위당 원가

도표 2A-2
Maxtar Industries의 활동기준 전부원가계산시스템

기초 자료				
	예상제조	예상 활동수		
활동원가집합과 배부기준	간접원가	고급	일반	합계
직접노무지원활동(직접노무시간)	$ 800,000	100,000	300,000	400,000
기계준비활동(준비횟수)	480,000	600	200	800
부품관리활동(부품종류)	240,000	140	60	200
총 제조간접원가	$1,520,000			

활동원가배부율 계산			
	(a)	(b)	(a) ÷ (b)
활동원가집합	예상 제조간접원가	총 예상활동수	활동원가 배부율
직접노무지원활동 (직접노무시간)	$800,000	400,000시간	시간당 $2
기계준비활동(준비횟수)	$480,000	800회	1회당 $600
부품관리활동(부품종류)	$240,000	200종류	종류당 $1,200

제조간접원가 배부

고급제품의 제조간접원가 배부			
	(a)	(b)	(a) × (b)
활동원가집합	활동원가 배부율	활동수	활동원가
직접노무지원활동 (직접노무시간)	시간당 $2	100,000시간	$200,000
기계준비활동(준비횟수)	1회당 $600	600회	360,000
부품관리활동(부품종류)	종류당 $1,200	140종류	168,000
합계			$728,000

일반제품의 제조간접원가 배부			
	(a)	(b)	(a) × (b)
활동원가집합	활동원가 배부율	활동수	활동원가
직접노무지원활동 (직접노무시간)	시간당 $2	300,000시간	$600,000
기계준비활동(준비횟수)	1회당 $600	200회	120,000
부품관리활동(부품종류)	종류당 $1,200	60종류	72,000
합계			$792,000

활동기준 전부원가계산에 의한 제품 단위당 원가		
	고급	일반
직접재료원가	$40.00	$30.00
직접노무원가	24.00	18.00
제조간접원가 ($728,000 ÷ 50,000개; $792,000 ÷ 200,000개)	14.56	3.96
제품 단위당 원가	$78.56	$51.96

의 계산 결과가 앞의 도표 2A-1의 결과와 다르다는 점을 주의하자. 활동기준 접근법은 묶음수준활동(기계준비)과 제품수준활동(부품관리)을 포함한 활동원가집합을 이용하기 때문에 제품 단위당 원가를 계산하면 일반적으로 제조간접원가는 대량생산제품에서 소량생산제품으로 이전되는 경향이 있다. 이 예에서 대량생산하는 일반제품의 단위당 원가는 전통적인 원가계산방법에서는 $53.7였으나 활동기준원가계산을 이용하면 $51.96로 작아진다. 이와 반대로 소량생산하는 고급제품의 단위당 원가는 전통적인 원가계산방법에서는 $71.6였으나 활동기준원가계산을 이용하면 $78.56로 커진다. 요약하자면 활동기준 접근법에서는 제조간접원가를 배부하는 기준으로 직접노무시간을 대신하여 묶음수준활동 측정치와 제품수준활동 측정치를 이용하여 제품에 배부한다는 특징이 있다.

용어해설 (부록 2A)

묶음수준활동(batch-level activities) 몇 개의 단위가 포함되는지는 상관없이 묶음 단위로 수행되는 활동들.

제품수준활동(product-level activities) 제품 단위나 묶음별이 아닌 제품별로 발생하는 활동.

활동(activity) 조직내에서 자원을 소비하는 구체적인 사건.

활동기준 전부원가계산(activity-based absorption costing) 모든 제조간접원가를 제품 제조를 위해 수행된 활동들을 기준으로 제품에 배부하는 방법.

활동원가동인(activity measure) 활동원가시스템에서 원가배부 기준이 되는 원가동인.

활동원가집합(activity cost pool) 단일의 활동원가동인과 관련한 유사한 활동원가들을 집계하기 위한 원가집합.

연습문제 (부록 2A) connect

문제 2A-1 활동기준원가계산시스템을 이용한 제품원가 계산 [학습목표 2-5]

Fogerty Company는 티타늄재질의 허브와 톱니바퀴 제품을 생산한다. 2종류의 제품과 관련된 자료는 다음과 같다.

	제품 단위당 직접노무시간	연간 생산량
허브	0.80	10,000개
톱니바퀴	0.40	40,000개

추가자료는 다음과 같다.

a. 허브의 직접재료원가는 제품 단위당 $32이며, 톱니바퀴는 $18이다.

b. 직접노무원가 임률은 시간당 $15이다.

c. 허브는 톱니바퀴에 비해 더 복잡하며 특수공정을 필요로 한다.

d. 활동기준 전부원가계산을 위한 활동관련 정보는 다음과 같다.

활동중심점(활동원가동인)	예상제조간접원가	예상 활동량		
		허브	톱니바퀴	합계
기계준비(준비횟수)	$72,000	100	300	400
특수공정(기계시간)	$200,000	5,000	0	5,000
공장일반관리(직접노무시간)	$816,000	8,000	16,000	24,000

요구사항:

1. 각 활동중심점의 활동원가배부율을 계산하시오.
2. 활동기준 전부원가계산을 이용하여 허브와 톱니바퀴의 제품 단위당 제조원가를 계산하시오.

문제 2A-2 전통적 원가계산의 대안인 활동기준원가계산 [학습목표 2-5]

Harrison Company는 2종류의 제품을 생산하며, 직접노무시간을 기준으로 제조간접원가 예정배부율을 계산하는 전통적인 원가계산시스템을 사용하고 있다. 다음 년도의 2종류의 제품 생산과 관련한 자료는 다음과 같다.

	Rascon	Parcel
제품단위당 직접재료원가	$13.00	$22.00
제품단위당 직접노무원가	$6.00	$3.00
제품단위당 직접노무시간	0.40	0.20
생산수량	20,000	80,000

위의 제품들은 주문에 따라 생산된다.

요구사항:

1. 이 회사의 연간 예상 제조간접원가는 $576,000이다. 전통적인 원가계산시스템을 사용하여 2종류 제품의 단위당 제조원가를 계산하시오.
2. 경영자는 제조간접원가의 절반은 계속해서 직접노무시간을 기준으로 제조간접원가를 배부하며, 나머지 절반은 설계시간을 이용하여 배부하는 활동기준원가계산 시스템을 사용하는것을 고려하고 있다.

	Rascon	Parcel	합계
예상 설계시간	3,000	3,000	6,000

   활동기준 전부원가계산을 이용하여 2종류 제품의 단위당 제조원가를 계산하시오.
3. 2가지 원가계산시스템을 이용하여 계산한 제조원가에 차이가 발생하는 이유를 설명하시오.

문제 2A-3 전통적 원가계산의 대안인 활동기준원가계산 [학습목표 2-5]

Stillicum Corporation은 초경량 배낭형 텐트를 생산한다. 이 회사의 2종류의 제품과 관련한 자료는 아래와 같다.

	고급형	기본형
단위당 직접재료원가	$72.00	$53.00
단위당 직접노무원가	$19.00	$15.20
단위당 직접노무시간	1.0시간	0.8시간
예상 연간생산량	10,000개	50,000개

이 회사는 제조간접원가 배부기준으로 직접노무시간을 이용한다. 차기에 예상되는 제조간접원가와 직접노무시간은 다음과 같다.

예상 제조간접원가	$325,000
예상 직접노무시간	50,000시간

요구사항:

1. 전통적 원가계산 시스템을 사용하여 고급형과 기본형의 제품 단위당 제조 원가를 계산하시오.
2. 이 회사가 외부보고용 제품제조원가를 결정하기 위해 전통적원가계산시스템에서 활동기준원가계산시스템으로 변경하는 것을 고려하고 있다. 활동기준원가계산을 도입하기 위한 3가지 활동중심점과 관련한 정보는 다음과 같다.

활동(활동원가동인)	예상 제조 간접원가	예상 활동량		
		고급형	기본형	합계
직접노무활동(직접노무시간)	$200,000	10,000	40,000	50,000
작업준비(작업준비횟수)	75,000	200	100	300
검사(검사횟수)	50,000	30	70	100
총제조간접원가	$325,000			

활동기준 전부원가계산을 이용하여 고급형과 기본형의 제품제조원가를 결정하시오.

문제 2A-4 전통적 원가계산의 대안인 활동기준원가계산 [학습목표 2-5]

Ellix Company는 2종류의 고품질 스피커(X200, X99)를 제조한다. 각 제품의 제조와 관련한 자료는 다음과 같다.

제품	직접노무시간	연간생산량	총직접노무시간
X200	제품단위당 1.8시간	5,000개	9,000시간
X99	제품단위당 0.9시간	30,000개	27,000시간
			36,000시간

이 회사에 관한 추가적인 정보는 다음과 같다.

a. X200과 X99의 제품단위당 직접재료원가는 각각 $72, $50이다.
b. 직접노무시간당 임금은 시간당 $20이다.
c. 이 회사는 직접노무시간을 기준으로 제조간접원가를 배부한다.
d. X200은 X99를 제조하는 것에 비해 더 복잡하며 특수한 장비도 필요하다.
e. 위의 d에서 언급한 특수작업 때문에 이 회사는 활동기준원가계산을 이용하여 제조간접원가를 배부하는 것을 고려중이다. 이와 관련한 자료는 다음과 같다.

활동중심점	활동원가동인	예상 총원가	예상 활동량 X200	X99	합계
기계준비	준비횟수	$ 360,000	50	100	150
특수작업	기계시간	180,000	12,000	0	12,000
공장일반관리	직접노무시간	1,260,000	9,000	27,000	36,000
		$ 1,800,000			

요구사항:

1. 회사가 계속해서 직접노무시간을 이용하여 제조간접원가를 배부한다고 가정하시오.
   a. 공장전체 제조간접원가 예정배부율을 계산하시오.
   b. 각 모델별로 단위당 제조원가를 계산하시오.
2. 이 회사가 활동기준 전부원가계산을 이용하여 제조간접원가를 제품에 배부한다고 가정하시오.
   a. 각각의 활동중심점별로 활동원가 배부율을 계산하시오. 또한, 각 모델에 배부되는 제조간접원가를 계산하시오.
   b. 각 모델별로 단위당 제조원가를 계산하시오.
3. 활동기준 전부원가계산에서 제조원가가 대량생산 제품에서 소량생산 제품으로 이전되는 이유를 설명하시오.

문제 2A-5 전통적 원가계산의 대안인 활동기준원가계산 [학습목표 2-5]

Siegel Company는 2가지 종류의 제품인 고급형과 기본형 제품을 제조한다. 기본형 제품은 오랫동안 제조해 오고 있었으나, 고급형 제품은 최근에 출시하였다. 고급형 제품 출시 이후 회사의 수익은 꾸준히 감소해왔으며, 경영자는 정확한 원가계산을 통해 이익을 다시 증가시키려 한다. 고급형 제품의 매출은 빠르게 증가하고 있는 추세이다.

제조간접원가는 제품별 직접노무시간에 비례하여 배부한다. 당기에 이 회사의 총 제조간접원가는 $900,000이며, 고급형 5,000개와 기본형 40,000개를 제조할 것으로 예상한다. 고급형 제품은 제품단위당 2시간의 직접노무시간이 필요하며, 기본형은 제품단위당 1시간의 직접노무시간이 필요하다. 제품단위별 직접재료원가와 직접노무원가는 다음과 같다.

	모델 고급형	기본형
직접재료원가	$40	$25
직접노무원가	$38	$19

요구사항:

1. 직접노무시간을 기준으로 제조간접원가를 배부하기 위한 제조간접원가 예정배부율을 계산하시오. 이 배부율과 다른 자료들을 종합하여 각 제품 단위당 원가를 계산하시오.
2. 경영자는 활동기준 전부원가계산을 도입하려고 한다. 활동기준 전부원가계산을 위한 4가지 활동중심점은 다음과 같다.

활동중심점	활동원가동인	예상 제조간접원가
주문	주문횟수	$ 204,000
생산	기계시간	182,000
폐기/재작업	폐기/재작업횟수	379,000
선적	선적횟수	135,000
		$ 900,000

	예상활동수준		
활동(활동원가동인)	고급형	기본형	합계
매입주문횟수	200	400	600
기계시간	20,000	15,000	35,000
폐기/재작업횟수	1,000	1,000	2,000
선적횟수	250	650	900

각각의 활동중심점별로 활동원가 배부율을 계산하시오.

3. 위의 요구사항 2에서 계산한 제조간접원가 예정배부율을 이용하여 다음을 계산하시오.
   a. 활동기준원가계산 시스템을 사용하여 제품 종류별로 총 제조간접원가를 계산하시오. 제품 종류별로 단위당 제조간접원가를 계산하시오.
   b. 각 제품의 단위당 제조원가를 계산하시오. (직접재료원가, 직접노무원가, 제조간접원가 포함)
4. 위의 계산결과들을 이용하여, 회사의 이익이 감소하는 원인을 설명하시오.

문제 2A-6 활동기준 전부원가계산과 가격결정 [학습목표 2-5]

Java Source, Inc.(JSI)는 다양한 커피를 가공하여 판매한다. 이 회사는 전세계적으로 커피를 구입하여 가공한 후에 포장한다. JSI의 신상품을 제외한 대부분의 상품은 시장에서 매우 인기가 많기 때문에 대량으로 판매된다. JSI는 제조원가에 25%의 마진을 가산하여 판매가격을 결정한다. 물론 가격경쟁력을 유지하기 위해서 여기에 약간의 조정을 한다.

JSI는 다음 년도의 제조간접원가를 $2,200,000로 예상하였다. JSI는 제조간접원가를 직접노무시간을 기준으로 배부한다. 직접노무원가 예상액은 $600,000이며, 직접노무시간은 50,000시간으로 예상된다.

두 종류의 제품의 1파운드당 예상되는 직접재료원가와 직접노무원가는 다음과 같다.

	Kenya Dark	Viet Select
직접재료원가	$4.50	$2.90
직접노무원가(커피 1파운드당 0.02시간)	$0.34	$0.34

JSI의 회계부장은 회사의 전통적인 원가계산시스템은 잘못된 원가정보를 제공하고 있다고 생각하고 있다. 이러한 사실의 진위여부를 파악하기 위해 회계부장은 다음과 같은 차기년도의 예상 제조간접원가에 대한 분석표를 작성하였다.

활동중심점	활동원가동인	연간예상활동수준	연간 총 예상원가
구매	구매주문	2,000회	$ 560,000
재료처리	준비횟수	1,000회	193,000
품질관리	묶음수	500묶음	90,000
가열처리	가열시간	95,000시간	1,045,000
혼합작업	혼합시간	32,000시간	192,000
포장작업	포장시간	24,000시간	120,000
총제조간접원가			$ 2,200,000

Kenya Dark와 Viet Select 제품과 관련한 자료는 다음과 같다.

	Kenya Dark	Viet Select
예상 매출량	80,000파운드	4,000파운드
묶음크기	5,000파운드	500파운드
준비횟수	묶음당 2회	묶음당 2회
구매주문크기	20,000파운드	500파운드
100파운드당 가열시간	1.5시간	1.5시간
100파운드당 혼합시간	0.5시간	0.5시간
100파운드당 포장시간	0.3시간	0.3시간

요구사항:

1. 직접노무시간을 기준으로 제조간접원가를 배부하는 방법을 사용하여 아래의 요구사항에 답하시오.
   a. 당기의 제조간접원가 예정배부율을 계산하시오.
   b. Kenya Dark 커피와 Viet Select 커피의 파운드당 제조원가를 계산하시오.
2. 활동기준 전부원가계산을 이용하여 다음 요구사항에 답하시오.
   a. Kenya Dark 커피와 Viet Select 커피에 배부되는 총제조간접원가를 계산하시오.
   b. 위의 결과를 이용하여, Kenya Dark 커피와 Viet Select 커피의 파운드당 제조간접원가를 계산하시오.
   c. Kenya Dart 커피와 Viet Select 커피의 파운드당 제조원가를 계산하시오.
3. 위의 1과 2의 결과를 이용하여 JSI의 사장에게 직접노무시간을 기준으로 제조간접원가를 배부하는 것에 대한 조언을 제시하는 간략한 메모를 작성하시오.

(CMA 수정)

부록 2B: 제조간접원가 예정배부율과 최대조업도

학습목표 2-6

제조간접원가 예정배부율을 예상조업도가 아니라 최대조업도를 이용하여 계산해야 한다는 주장의 근거를 이해할 수 있다.

부록에서는 2개의 제조간접원가 예정배부율 계산 방법을 비교할 것이다. 첫 번째 방법은 외부보고용으로 이용하는 전부원가계산에서 이용하는 방법으로 본문에서 설명한 방법이다.[3] 이 방법은 다음기에 대한 추정치 혹은 예상치에 근거하여 제조간접원가 예정배부율을 계산한다. 두 번째 방법은 주로 내부 경영관리 목적으로 이용하는 방법으로 최대조업도를 이용하는 방법이다. 논의를 단순화시키기 위해 이 부록에서는 2가지의 중요한 가정을 할 것이다. (1) 고정제조간접원가만 존재한다. (2) 기말에 집계된 실제 고정제조간접원가와 사전에 예상한 고정제조간접원가는 동일하다.

Prahad Corporation은 음악 DVD를 제조하는 회사이다. 회사의 DVD 복제기계는 마스터 DVD로부터 매 10초당 새로운 DVD 한장을 복사해 낼 수 있다. 회사는 DVD 복제기계를 연 $180,000에 임차하고 있고, 이것이 회사의 유일한 제조간접원가이다. 작업준비와 유지보수를 고려하더라도, 기계는 이론적으로 연간 900,000장의 DVD를 생산할 수 있다. 그러나 DVD 판매량의 감소로 인하여, 회사와 거래하는 음반판매 소매상들의 내년도 DVD주문량은 600,000장 이하일 것 같다. 회사는 제조간접원가를 배부하는 배부기준으로 기계시간을 사용한다. 이와 관련한 자료는 다음과 같다.

Prahad Corporation 자료	
총제조간접원가	연간 $180,000
배부기준—DVD당 기계시간	DVD당 10초
최대조업도	연간 DVD 900,000장
내년도 예산 생산량	DVD 600,000장

만약 Prahad가 관행에 따라 추정치 혹은 예산액을 사용하여 제조간접원가 배부율을 계산한다면, 다음 연도의 제조간접원가 예정배부율은 다음과 같이 계산된 기계시간 1초당 $0.03가 될 것이다:

$$\text{제조간접원가 예정배부율} = \frac{\text{예상 총제조간접원가}}{\text{예상 총배부기준량}}$$

$$= \frac{\$180{,}000}{\text{DVD 600,000장} \times \text{DVD당 10초}}$$

$$= \text{초당 } \$0.03$$

3 한국채택국제회계기준 제1002호 재고자산에서는 고정제조간접원가를 정상조업도(normal capacity)에 기초하여 제품에 배부하도록 규정하고 있다. 정상조업도는 정상적인 상황에서 상당한 기간 동안 평균적으로 달성할 수 있을 것으로 예상되는 생산량을 의미한다. 본 교재에서 사용하는 예상조업도라는 용어도 이러한 정상조업도를 의미한다.

각 DVD는 10초의 기계시간을 필요로 하기 때문에, 각 DVD당 $0.30의 제조간접원가가 배부될 것이다.

외부보고 목적으로 계산한 것이지만 내부관리 목적으로 본다면 이 과정에서 두 가지의 문제점을 지적할 수 있다. 첫째, 제조간접원가 예정배부율이 예상 활동에 근거한다면, 제품 단위당 원가는 당기의 예상 활동수준에 따라 변동될 것이다. 예를 들어, 만약 예상 생산량이 DVD 300,000장 밖에 되지 않는다면, 제조간접원가 예정배부율은 (기계시간 기준으로) 초당 $0.03가 아닌 $0.06가 될 것이다. 일반적으로, 예상 생산량이 감소하면, 단위당 제조간접원가는 증가하게 되고 생산량이 감소할수록 원가가 더 많이 발생하는 것처럼 보일 것이다. 결국 경영자들은 수요가 감소할 때 오히려 판매가격을 높게 책정하는 잘못된 의사결정을 하게 될 것이다.

둘째, 사용하지도 않는 자원의 원가를 제품에 부담시킨다는 지적도 있다. 고정원가가 예상 활동량으로 나누어지면, 미사용된 조업도의 원가까지 생산된 제품이 떠안게 된다. 그 이유는 단위당 배부된 제조간접원가는 조업도 수준이 감소함에 따라 증가하기 때문이다. 이러한 문제를 해결하기 위해 사용한 조업도에 대한 원가만을 제품에 부담시켜야 한다고 주장한다. 이것은 다음과 같이 최대조업도에 근거한 제조간접원가 예정배부율을 사용함으로써 달성될 수 있다.[4]

$$\begin{aligned}\text{최대조업도에 근거한 제조간접원가 예정배부율} &= \frac{\text{최대조업도에 근거한 예상 총제조간접원가}}{\text{최대조업도에 근거한 총배부기준량}} \\ &= \frac{\$180{,}000}{\text{DVD } 900{,}000\text{장} \times \text{DVD당 } 10\text{초}} \\ &= \text{초당 } \$0.02\end{aligned}$$

최대조업도에 근거하여 계산하면 제조간접원가 예정배부율은 초당 $0.02이다. 이 예정배부율을 이용하면 DVD당 $0.2(= $0.02 × 10초)가 배부된다. 이는 예상 생산량에 근거한 예정배부율보다 낮다. 그 이유는 분모인 최대생산량에 근거한 배부기준 9,000,000초가 예상 생산량에 근거한 배부기준보다 더 크기 때문이다.

기간별로 예상 조업도가 달라지더라도 최대조업도에 근거한 예정배부율은 1초당 $0.02로 일정하다. 따라서 DVD 생산량이 600,000장에서 300,000장으로 감소하더라도 최대조업도에 근거한 예정배부율은 1초당 $0.02로 일정하다. 즉, 미사용 조업도가 증가하더라도 DVD 1개당 제조간접원가는 $0.2로 일정하다.

---

4 일반적으로 변동제조간접원가 때문에 최대조업도에 근거한 예상 총제조간접원가는 예상조업도 수준에 근거한 총제조간접원가보다 더 크다. 그러나 단순화시키기 위해 본 부록에서는 모든 제조간접원가를 고정원가로 가정한다. 즉, 총제조간접원가는 조업도 수준에 관계없이 일정하다.

회사가 최대조업도보다 적은 조업도로 운영할 경우 미사용된 조업도에 대한 고정제조간접원가는 다음과 같이 계산된다.

$$\text{미사용 조업도 원가} = \left(\begin{matrix}\text{최대조업도}\\\text{배부기준량}\end{matrix} - \begin{matrix}\text{실제 사용한}\\\text{조업도}\end{matrix}\right) \times \text{예정배부율}$$

예를 들어, 회사가 실제로 6,000,000 초의 작업을 통해 600,000개의 DVD를 제조했다고 가정하자. 이 상황에서 회사이 미사용 조업도 원가는 다음과 같이 계산된다.

$$\text{미사용 조업도 원가} = \left(\begin{matrix}\text{최대조업도}\\\text{배부기준량}\end{matrix} - \begin{matrix}\text{실제 사용한}\\\text{조업도}\end{matrix}\right) \times \text{예정배부율}$$

$$\text{미사용 조업도 원가} = (9{,}000{,}000\text{초} - 6{,}000{,}000\text{초}) \times \text{초당 } \$0.02$$

$$\text{미사용 조업도 원가} = 3{,}000{,}000\text{초} \times \text{초당 } \$0.02$$

$$\text{미사용 조업도 원가} = \$60{,}000$$

도표 2B-1은 내부관리 목적으로 손익계산서를 작성한다고 가정하고 미사용 조업도 원가 $60,000를 표시한 것이다. 미사용 조업도 원가는 제품 원가로 보고하지 않고 기간원가로 취급하여 매출총이익 아래에 보고할 것이다. **미사용 조업도 원가** $60,000를 별도로 보고함으로써 경영자들에게 미사용 조업도 관리에 대한 필요성을 강조할 수 있다. 이를 통해 경영자는 이러한 미사용 조업도 부분을 활용할 다른 사업 기회를 모색하거나 원가 절감 방안을 모색하는 등의 전략을 마련하게 될 것이다.

도표 2B-1

미사용 조업도 원가를 인식한 손익계산서

Prahad Corporation
손익계산서
200X.1.1 ~ 200X.12.31

매출액[1]		$1,200,000
매출원가[2]		1,080,000
매출총이익		120,000
기타 비용		
미사용조업도원가	$60,000	
판매비와관리비[3]	90,000	150,000
영업손실		$ (30,000)

[1] DVD 1장당 판매가격은 $20이며 600,000장이 판매되었다고 가정함.
[2] DVD 1장당 제조원가는 $1.80이며, 여기에는 $0.2의 제조간접원가가 포함되어 있다고 가정함.
[3] 판매비와 관리비는 총 $90,000라고 가정함.

연습문제 (부록 2B)

문제 2B-1 제조간접원가 배부율과 최대조업도 [학습목표 2-6]

Wixis Cabinets는 특별한 목재로 최고급 오디오에 어울리는 맞춤 목재 캐비닛을 생산한다. 회사는 개별원가시스템을 사용한다. 공장의 최대조업도는 자동화된 톱의 사용시간에 따라 결정된다. 자동화된 톱은 한 달에 180시간까지 사용가능하다. 최대조업도에서 월간 예상 총 제조간접원가는 $14,760이다. 회사는 최대조업도를 이용하여 제조간접원가 예정배부율을 계산하고 있으며 톱 사용 시간당 제조간접원가 예정배부율은 $82이다.

최근 활동 자료는 다음과 같다.

매출액	$43,740
기초 재고자산	$0
기말 재고자산	$0
직접재료원가	$5,350
직접노무원가	$8,860
실제 제조간접원가 발생액	$14,760
판매비와관리비	$8,180
실제 톱 가동시간	150

요구사항:

1. 미사용 조업도 원가가 손익계산서에 표시되는 도표 2B–1과 같은 손익계산서를 작성하시오.
2. 최대조업도를 기준으로 제조간접원가 예정배부율을 계산하면, 미사용 조업도 원가가 발생하는 이유는 무엇인가?

문제 2B-2 제조간접원가 배부율과 최대조업도 [학습목표 2-6]

Security Pension Services는 연금 관련 서비스를 제공한다. 이 회사는 전문가 시간을 기준으로 간접원가를 배분하는 개별원가계산을 사용한다. 회사의 최근 2개년간의 자료는 다음과 같다.

	전기	당기
전문가 투입 예상 시간	4,600	4,500
예상 간접원가	$310,500	$310,500
전문가 투입 최대 가능 시간	6,000	6,000

"전문가 투입 최대 가능 시간"은 회사의 최대조업도를 의미한다. 전문가 투입 시간은 모두 고객과 관련한 서비스를 위해 사용된 시간이다. 간접원가는 모두 고정원가이다.

요구사항:

1. Marta Brinksi는 수년간 이 회사의 서비스를 받아온 고객이다. Ms. Brinksi는 2개년 동안 매년 2.5시간의 서비스를 받았다. 예상 간접원가를 전문가 투입 예상 시간 기준에 의한 예정배부율에 따라 배부하는 경우, 각 기간별로 Ms. Brinksi에 배부되는 간접원가는 얼마인가?
2. 요구사항 1과 같은 방법으로 간접원가를 배부한다고 가정하자. 또한 각 기간별 실제 제조간접원가가 예상 간접원가와 일치한다고 가정하자. 각 기간별로 미사용 조업도 원가는 얼마인가?
3. 간접원가의 예정배부율 계산시 최대조업도(최대 가능 시간)를 이용한다고 가정하자. 각 기간별로 Ms. Brinksi에게 배부되는 간접원가는 얼마인가?
4. 최대조업도를 이용하여 간접원가를 예정배부한다고 가정하자. 또한 실제 투입 시간과 실제 간접원가가 예상 시간 및 예상 간접원가와 일치한다고 가정하자. 각 기간별로 미사용 조업도 원가는 얼마인가?

문제 2B-3 제조간접원가 예정배부율과 최대조업도 [학습목표 2-6]

Platinum Web Services는 웹사이트를 구축하고 유지관리하는 서비스를 제공하는 회사이다. 최근 수년간 경쟁이 심화되고 있으며, 이 회사는 대형 회사들에게 사업기회를 뺏기고 있다. 최근 2년간 운영과 관련한 자료는 다음과 같다.

	전기	당기
예상 작업시간	1,000	800
예상 제조간접원가	$160,000	$160,000
실제 작업시간	750	500
실제 제조간접원가	$160,000	$160,000
최대작업가능시간	1,600	1,600

회사는 작업시간을 기준으로 제조간접원가를 배부한다. 예를 들어 소규모 회사인 Verde Consulting의 웹사이트 유지보수에 총 40시간이 소요되었다. 모든 제조간접원가는 고정원가이며, 최근 2년간 실제 제조간접원가는 예상 제조간접원가와 일치하였다.

요구사항:

1. Platinum Web Services는 예상 제조간접원가와 예상 작업시간을 기준으로 제조간접원가 예정배부율을 계산한다. Verde Consulting 작업이 전기에 이루어졌다면 이 작업에 배부될 제조간접원가는 얼마인가? 이 작업이 당기에 이루어졌다면 배부될 제조간접원가는 얼마인가?
2. Platinum Web Services의 경영자는 다른 회사들이 최대조업도를 이용하여 제조간접원가 예정배부율을 계산하고 있다는 정보를 입수하고 최대작업가능시간을 이용하여 회사의 예정배부율을 재계산하였다. Verde Consulting 작업이 전기에 이루어졌다면 배부될 제조간접원가는 얼마인가? 당기에 이루어졌다면 배부될 제조간접원가는 얼마인가?
3. 최대조업도를 이용하여 계산할 경우 미사용 조업도 원가는 전기와 당기에 각각 얼마인가?
4. Platinum Web Services가 당면하고 있는 근본적인 문제는 무엇인가? 이 문제를 해결하기 위한 제조간접원가 예정배부율의 계산 방법에 대해서 설명하시오.

문제 2B-4 기업윤리, 제조간접원가 예정배부율과 최대조업도 [학습목표 2-6]

Vault Hard Drivers. Int.의 새로운 경리부장인 Par Miranda는 제조간접원가 예정배부율에 관한 세미나에 참석하고 돌아왔다. 세미나 주제가 처음에는 흥미롭게 들리지 않았지만, 사내에서 회의를 열어야할 몇가지 중요한 사항을 발견하였다. 다음은 세미나에서 돌아온 후, 생산부서의 부장인 J. Stevens와 과장인 Marvin Washington과의 회의 내용이다.

Pat: 제조간접원가 예정배부율 계산 방식에 관해 제가 생각한 아이디어를 여러분들과 상의하고 싶어서 회의를 소집했습니다.

J.: 말씀해 보세요.

Pat: 우리는 예상생산량을 기준으로 한 제조간접원가 예정배부율을 사용하고 있습니다.

Marvin: 네, 맞습니다. 이 방법은 제가 회사에 입사한 이후 계속해서 사용해온 방법입니다.

J.: 그리고 이 방법은 직접노무시간을 이용하는 대부분의 회사에서 사용하는 방법입니다.

Pat: 제 생각에는 생산예정수량 보다는 최대생산가능량을 이용하여 제조간접원가 예정배부율을 계산하는 것이 더 바람직할 것 같습니다.

Marvin: 우리가 최대생산가능량을 사용한다면 단위당 제조원가가 줄어들 것이므로 판매부서는 좋아하겠군요.

Pat: 걱정하시는군요. 그래서 판매부서 보다 여러분께 먼저 말씀드리는 겁니다.

J.: 그렇지만, 그렇게 되면 많은 미사용 조업도 원가가 발생하지 않을까요?

Pat: 맞습니다. 그러나 우리가 그것을 어떻게 다룰지를 처리할 수 있는지를 보여드리겠습니다. 여기에 내년도 예산 자료가 있습니다.

예정 생산량	160,000개
예상 판매량	160,000개
최대 생산 가능량	200,000개
제품 단위당 판매가격	개당 $60
단위당 변동제조원가	개당 $15
총 제조간접원가 (모두 고정원가)	$4,000,000
총 판매관리비 (모두 고정원가)	$2,700,000
기초 재고	$0

전통적 방식의 제조간접원가 예정배부율

$$\frac{\$4{,}000{,}000\ (\text{예상 총제조간접원가})}{160{,}000\text{개}\ (\text{예정 생산량})} = \text{단위당 } \$25$$

예상 손익계산서		
매출액 (160,000개 × $60/개)		$9,600,000
매출원가		
변동제조원가 (160,000개 × $15/개)	$2,400,000	
제조간접원가 배부액 (160,000개 × $25/개)	4,000,000	6,400,000
매출총이익		3,200,000
판매비와관리비		2,700,000
영업이익		$ 500,000

새로운 접근방식의 제조간접원가 예정배부율 (최대조업도 이용)

$$\frac{\$4{,}000{,}000\text{ (최대조업도하의 예상 총제조간접원가)}}{200{,}000\text{개 (최대 생산가능량)}} = \text{단위당 }\$20$$

예상 손익계산서		
매출액 (160,000개 × $60/개)		$9,600,000
매출원가		
변동제조원가 (160,000개 × $15/개)	$2,400,000	
제조간접원가 배부액 (160,000개 × $20/개)	3,200,000	5,600,000
매출총이익		4,000,000
미사용조업도원가 [(200,000개 − 160,000개) × $20/개]		800,000
판매비와관리비		2,700,000
영업이익		$ 500,000

J.: 와우, 미사용조업도원가는 좋은 생각 같지 않은데요. 만약 이러한 값이 손익계산서 항목에 나타난다면, 본부의 누군가는 공장직원중의 누군가를 해고하려고 하겠군요.

Marvin: 저는 그것 말고도 걱정되는 부분이 있습니다. 판매가 기대 이하라면 생산량을 조작하려고 하지 않을까요?

Pat: 죄송해요, 잘 이해가 되지 않습니다.

J.: Marvin이 한 이야기는 자주 발생합니다. 만약 매출이 감소하여 기대에 못미칠 경우 경영자는 더 많은 이익을 낼 수 있는 방법을 요구할 것입니다.

Marvin: 우리가 할 수 있는 것은 밀어붙이는 수밖에 없다는 것입니다.

J.: 맞아요, 우리는 원하는 이익수준을 맞출 때까지 생산량만 늘리게 됩니다.

Pat: 아직도 이해가 안 되네요. 판매를 증가시킨다는 뜻인가요?

J.: 그게 아니라 생산을 증가시키는 겁니다. 우리는 판매부서가 아닌 생산부서의 관리자들이니까요.

Pat: 알겠어요. 제품의 생산이 증가될수록 판매직원의 판매가능수량이 많아진다는거죠?

J.: 그것이 아니라 우리는 단지 재고를 많이 쌓아두면 된다는 거랍니다.

요구사항:

전통적인 제조간접원가 예정배부율은 $25이고 새로운 제조간접원가 배부율에 의한 예정배부율은 $20라고 가정하고 아래의 물음에 답하시오.

1. 실제 150,000개의 제품이 판매되었으며, 그 이외의 모든 자료가 예상과 동일하다고 가정한다.
   a. 전통적 접근방식에 의한 영업이익을 계산하시오.
   b. 새로운 접근방식에 의한 영업이익을 계산하시오.
2. 최대생산가능량에 기초한 접근방식은 영업이익의 변동에 어떠한 영향을 주는가?
3. 실제 판매개수가 150,000개이며 그 이외의 모든 자료가 예상과 동일하다고 가정한다. 전통적 접근방식에 의할 경우 영업이익 $500,000를 달성하기 위한 생산량은 몇 개인가?
4. 실제 판매개수가 150,000개이며 그 이외의 모든 자료가 예상과 동일하다고 가정한다. 새로운 접근방식에 의할 경우 영업이익 $500,000를 달성하기 위한 생산량은 몇 개인가?
5. 최대생산가능량에 기초한 접근방식을 이용하는 경우 이익의 조작가능성이 쉬워지는가? 어려워지겠는가?
6. 이러한 조작이 윤리적이라고 생각하는가?

Chapter

3 개별원가계산: 원가의 흐름과 외부보고

학습목표

3장을 공부한 후에 다음을 할 수 있어야 한다.

학습목표 3-1 개별원가계산시스템의 원가 흐름을 이해하고 원가를 기록하기 위한 분개를 할 수 있다.

학습목표 3-2 개별원가계산시스템에서의 원가 흐름을 T-계정을 이용하여 제시할 수 있다.

학습목표 3-3 제조원가명세서와 매출원가명세서를 작성하고 손익계산서를 완성할 수 있다.

학습목표 3-4 과대배부 혹은 과소배부된 제조간접원가를 계산하고 잔액을 마감하기 위한 분개를 할 수 있다.

학습목표 3-5 (부록 3A) 엑셀을 이용하여 개별원가계산에서의 원가의 흐름을 정리할 수 있다.

©Kwangmoozaa/Shutterstock

톨브라더스의 재고자산 회계

BUSINESS FOCUS

톨브라더스는 연간 $58억 이상의 매출을 올리고 있는 미국에서 가장 큰 주택건설업체 중 하나이다. 회사의 재고자산은 토지취득원가, 토지개발원가, 주택건설원가, 개발 및 건설과 관련한 간접원가 등으로 구성된다. 일반적으로 인정된 회계원칙(GAAP)에 따라, 톨브라더스는 이 재고자산들이 완전히 개발되기까지 최대 10년이라는 기간이 필요하기 때문에 유동자산이 아닌 비유동자산으로 취급한다.

톨브라더스가 속한 산업은 몇가지 독특한 속성을 지니고 있지만, 이 산업은 개발원가계산이 적합하다. 예를 들어, 회사가 건설하는 각 신규 주택은 직접재료원가(목재, 조약돌, 벽돌 등), 직접노무원가(하도급 전기기사, 배관공, 지붕공 등), 제조간접원가(건설감독자에 대한 임금, 건설장비 관련 원가 등)를 할당하여 회계처리할 수 있다. ■

Source: 2017 Toll Brothers Annual Report

제2장에서는 기업이 개별원가계산을 이용하여 원가를 각 작업에 어떻게 할당하는지를 살펴보았다. 이번 장에서는 개별원가계산을 이용하는 기업이 외부보고 목적의 재무상태표와 손익계산서를 어떻게 작성하는지를 소개한다.

도표 3-1은 제2장에서 살펴본 7가지 중요한 용어를 요약한 것이다. 각 용어는 앞으로 소개할 내용과 깊은 연관이 있으므로 잘 이해하고 있어야 한다.

도표 3-1 중요한 용어 정리

용어	정의
개별원가계산	다양한 제품, 작업 및 서비스를 생산하는 경우에 사용되는 원가계산시스템.
전부원가계산	모든 제조원가(직접재료원가, 직접노무원가, 변동 및 고정제조간접원가)를 제품원가에 포함시키는 원가계산방법.
배부기준	원가를 원가대상에 할당하기 위하여 사용되는 직접노무시간 혹은 기계시간과 같은 활동의 측정치.
제조간접원가 예정배부율	제조간접원가를 각 작업에 배부하기 위해 기초에 산정해 둔 배부율로 다음과 같이 계산됨. $\text{제조간접원가 예정배부율} = \dfrac{\text{예상 총제조간접원가}}{\text{예상 총배부기준량}}$
제조간접원가 배부	제조간접원가를 각 작업에 배부하는 절차로 다음의 식과 같음. $\text{특정 작업에 배부될 제조간접원가} = \text{제조간접원가 예정배부율} \times \text{작업에서 실제 발생한 배부기준량}$
정상원가계산	제조간접원가 예정배부율에 각 작업별 실제 배부기준량을 곱함으로써 제조간접원가를 작업에 배부하는 원가계산시스템.
작업원가표	작업에 투입된 직접재료원가, 직접노무원가 및 제조간접원가를 기록하기 위하여 작성되는 양식.

개별원가계산—원가의 흐름

학습목표 3-1
개별원가계산시스템의 원가 흐름을 이해하고 원가를 기록하기 위한 분개를 할 수 있다.

제1장의 도표 1-2를 통해 제조기업의 원가의 흐름과 분류를 살펴보았다. 개별원가계산을 이용하는 제조기업의 원가의 흐름과 분류를 살펴보기 위해 이와 유사한 도표 3-2를 이용한다.

도표 3-2는 제조기업에서의 원가 흐름을 전반적으로 요약하여 보여주고 있다. 가장 핵심적인 사항은 제품원가가 재무상태표의 재고자산에서 손익계산서의 매출원가로 이동한다는 점이다. 조금 더 상세하게 살펴보면, 원재료를 매입하면 원재료(raw materials)라는 재고자산 계정에 기록된다. **원재료(raw materials)**는 최종 제품에 투입되는 모든 재료가 포함된다. 원재료가 제조에 사용될 때, 그 원가는 직접재료원가로서 재공품 계정으로 옮겨진다.[1] **재공품(work in process)**은 단지 부분적으로만 완성된 미완성품 단위들에 포함된 원가들이며, 최종적

1 간접재료원가는 제조간접원가의 일부로 포함된다.

도표 3-2 제조기업에서의 원가 흐름과 분류 — 개별원가계산

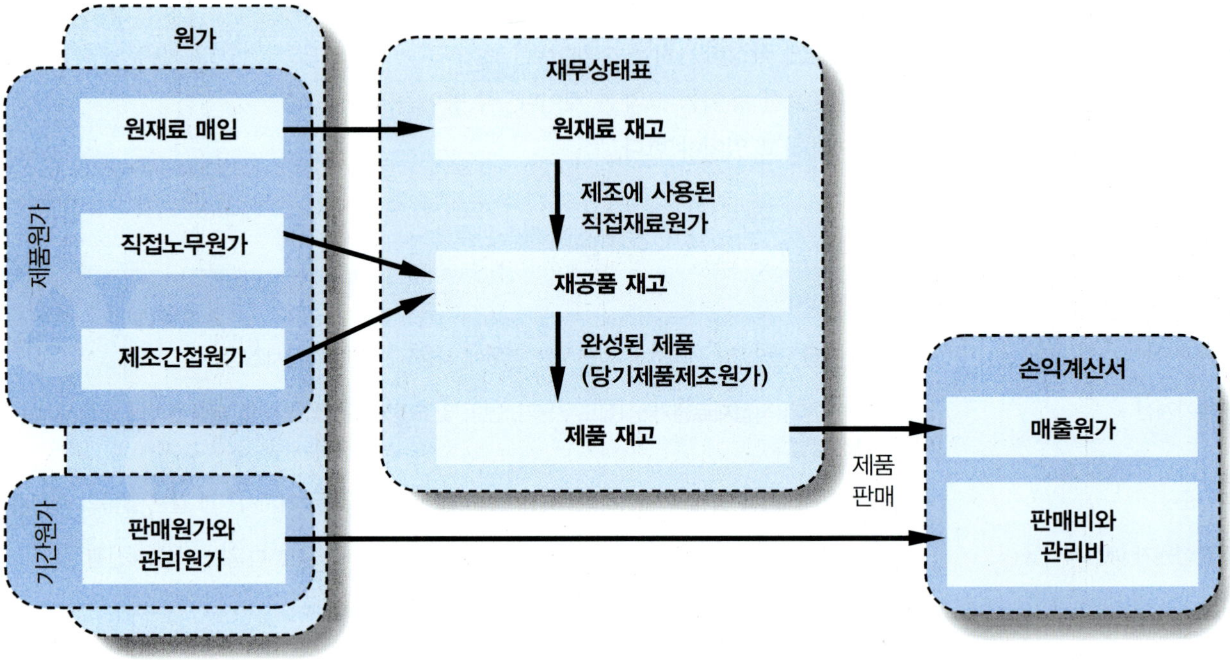

으로 고객들에게 판매되기 전에 추가적인 작업을 필요로 한다. 직접노무원가는 재공품에 직접적으로 가산된다. 제조간접원가는 각 작업별로 실제로 발생한 배부기준량에 사전에 계산한 제조간접원가 예정배부율을 곱한 금액으로 계산되며, 이 금액은 재공품 계정에 가산된다.[2] 제품이 완성되면 이 원가는 재공품에서 제품으로 옮겨진다. **제품(finished goods)**은 완성되었으나 아직 고객들에게 판매되지 않은 제품들에 포함된 원가들로 구성된다.

재공품에서 제품으로 옮겨진 금액은 당기제품제조원가라고 부른다. **당기제품제조원가(cost of goods manufactured)**는 이번 기간 동안 완성된 제품에 포함된 제조원가를 의미한다. 제품이 판매되면, 이 원가는 제품에서 매출원가로 옮겨진다. 제품을 제조하기 위해 소요된 다양한 원가는 판매되었을 때 최종적으로 비용으로 기록된다. 그 전까지는 이 원가들은 재무상태표 상의 재고자산 계정에 기록된다. 기간원가(또는 판매비와 관리비)는 재무상태표의 재고자산으로 포함되지 않는다. 이것들은 발생한 시점에 손익계산서의 비용으로 기록된다.

개별원가계산시스템에서의 원가의 흐름을 더욱 구체적으로 살펴보기 위해, 기념품으로 금메달과 은메달을 생산하는 루거가 수행한 4월의 활동을 이용하고자 한다. 루거는 4월에 진행 중인 두 개의 작업이 있다. 작업 A는 영화 발명을 기념하기 위한 1,000개의 금메달을 특별 주조하는 작업으로 3월에 착수되었고 4월에 완성하였다. 3월말까지 작업 A에 대한 제조원가 $30,000가 재공품 계정에 기록되어 있었고 4월 초의 기초재고로 이월되었다. 작업 B

2 단순화하기 위해, 도표 3-2에서는 매출원가와 관련한 조정사항이 발생하지 않음을 가정한다. 이에 대해서는 후반부에 다시 살펴볼 예정이다.

는 베를린 장벽의 붕괴를 기념하기 위한 10,000개의 은메달 제작 작업으로 4월에 착수되었고 4월말 현재 미완성이다.

재료의 구입과 출고

4월 1일에, 루거는 원재료 $7,000를 보유하고 있다. 한달 동안, 회사는 원재료 $60,000를 외상으로 추가 매입하였다. 매입에 대해 아래 (1)과 같은 회계처리가 필요하다.

(1)

	차변	대변
원재료	60,000	
매입채무		60,000

원재료는 자산계정이라는 점을 기억하자. 따라서, 원재료를 매입했을 때는 비용이 아닌 자산으로 기록한다.

직접재료 및 간접재료의 출고 4월에, 생산에 사용하기 위하여 재료창고에 원재료 $52,000를 요청하였다. 출고요청한 원재료는 $50,000의 직접재료원가와 $2,000의 간접재료원가로 구성되어 있다. 제조부서에 대한 원재료 출고에 대해 (2)의 회계처리가 필요하다.

(2)

	차변	대변
재공품	50,000	
제조간접원가	2,000	
원재료		52,000

특정 작업에 대한 직접재료원가는 재공품 계정에 기입된다. 이 원가는 작업원가표에도 적절하게 기록된다. 이 내용은 도표 3-3에 도해되어 있는데, 직접재료원가 $50,000 중에서 $28,000는 작업 A의 작업원가표에 기입되고, 나머지 $22,000는 작업 B의 작업원가표에 기입된다. (이러한 모든 정보는 요약표와 작업원가표에 나타난다.)

앞에 제시한 분개 (2)에서, 제조간접원가에 기입된 $2,000는 간접재료원가이다. 제조간접원가 계정은 재공품 계정과 분리되어 있다는 점에 주의해야 한다. 제조간접원가 계정은 기간 중에 실제로 발생한 모든 제조간접원가를 집계하기 위한 것이다.

도표 3-3에서 추가로 주의할 사항이 있다. 이 도표에서 작업 A의 작업원가표는 기초잔액 $30,000를 포함하고 있다는 점에 주목하라. 이 잔액은 전기인 3월에 수행하던 작업의 원가로서 이 작업이 완료되지 못했기 때문에 당기인 4월로 이월되었음을 나타내는 것이다. 재공품 계정에도 역시 동일한 $30,000의 잔액이 포함되어 있다는 점에 주목하라. $30,000가 양쪽 모두에 나타나는 이유는 재공품 계정이 통제계정이고 작업원가표가 보조원장의 역할을 하기 때문이다. 이런 이유로, 재공품 계정은 특정 시점에 진행 중인 작업의 작업원가표에 나타난 모든 원가를 요약하는 성격이라고 할 수 있다. 4월 초에는 진행중인 작업이 A만 있었으므로, 4월 초 재공품 계정의 기초잔액은 작업 A의 기초잔액과 동일한 $30,000이다.

도표 3-3 원재료 원가의 흐름

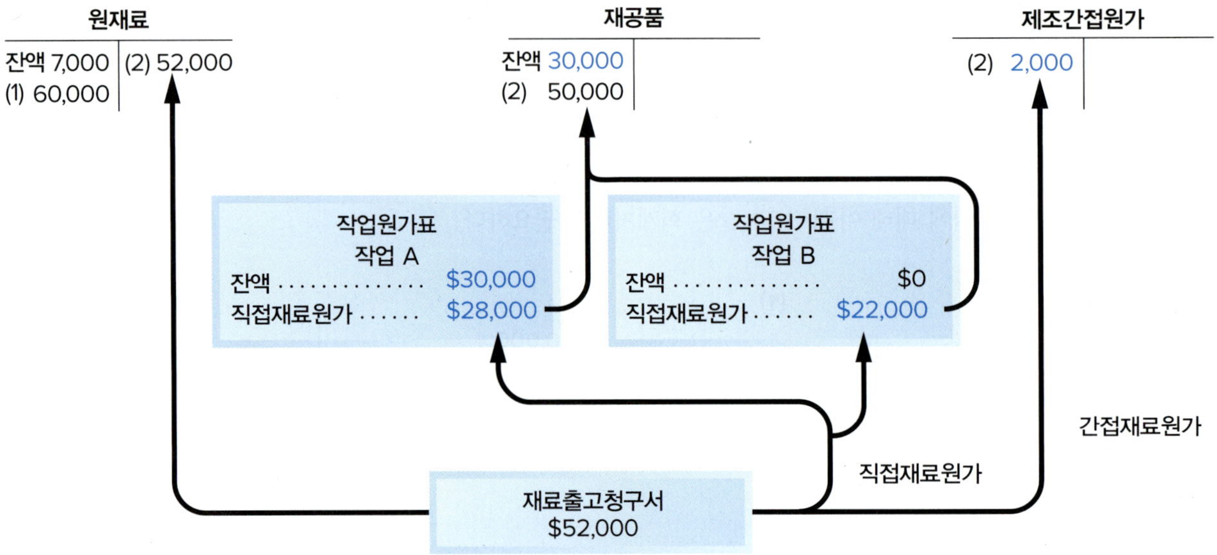

노무원가

4월에, 노무시간기록표에 기록된 직접노무원가는 $60,000, 간접노무원가는 $15,000라면, 이에 대한 회계처리는 다음과 같이 요약할 수 있다.

(3)

재공품	60,000	
제조간접원가	15,000	
미지급급여		75,000

여기에서 $60,000의 직접노무원가만 재공품 계정에 가산됨을 주의하자. 직접노무원가는 재공품에 가산되는 동시에, 도표 3-4에 나타난 것처럼 각각의 작업원가표에도 가산된다. 4월 동안, 직접노무원가 $40,000는 작업 A에 기입되고 잔액 $20,000는 작업 B에 기입된다.

제조간접원가에 기입된 노무원가 $15,000는 당기의 감독, 경비 업무 및 유지보수와 같은 개별 작업별로 추적할 수 없는 간접노무원가를 의미한다.

기업현장 IN BUSINESS

방글라데시의 $200억 규모의 의류산업

방글라데시의 최저 임금은 월 $38이다. 고도로 숙련된 재봉틀 기사는 초과 근무를 제외하고 월 $100 정도 벌 수 있다. 방글라데시의 티셔츠 제조기업인 **파키르 어페럴스**는 이런 저렴한 인건비 덕분에 **월마트**, **갭**, **프리마크** 등의 일감을 수주할 수 있다. 그러나 이 회사는 **토미 힐피거**, **조르지오 아르마니**, **휴고 보스**, **지스타로우** 등의 프리미엄 브랜드의 티셔츠도 제조한다. 파키르 어페럴스의 티셔츠 제조원가는 단위당 $1.6~$6이지만, 이 티셔츠의 판매 단가는 $6(월마트)부터 $91(지스타로우)까지 다양할 수 있다.

Source: Passariello, Christina et al., "Bangladesh's Tale of the T-Shirts," *The Wall Street Journal*, July 1, 2013, pp. B1 and B8.

도표 3-4 노무원가의 흐름

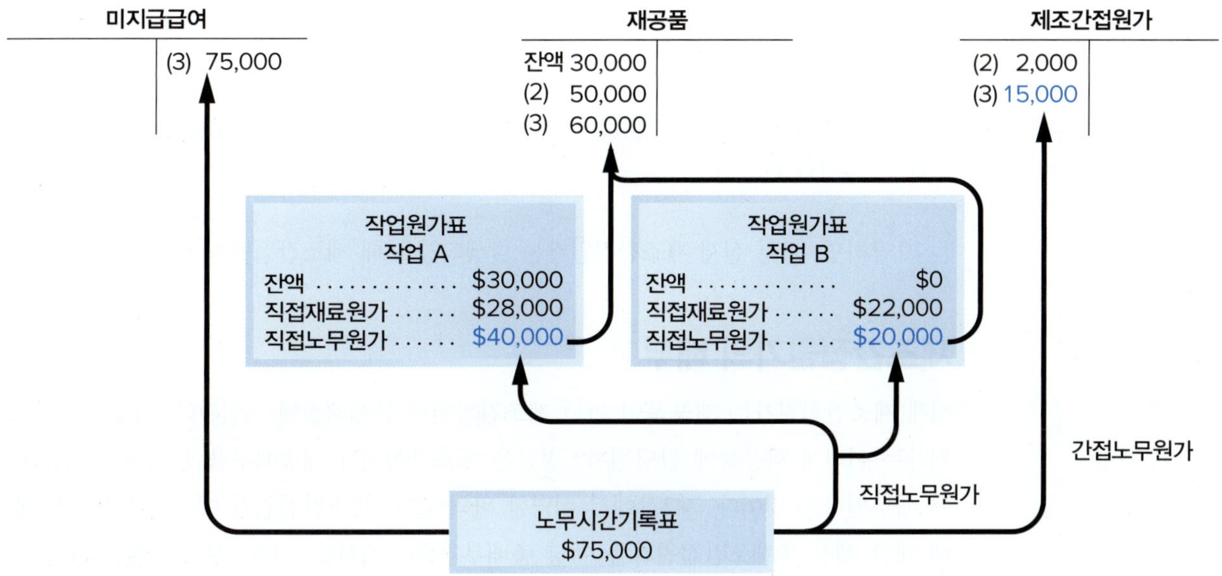

제조간접원가

직접재료원가와 직접노무원가를 제외한 모든 제조원가는 제조간접원가로 분류된다는 점을 다시 한번 상기하자. 이러한 원가들은 발생되었을 때 제조간접원가 계정에 기록된다. 이를 설명하기 위하여, 4월 중에 루거의 공장에서 다음과 같은 일반 경비가 발생하였다고 가정해 보자:

동력비 및 수도광열비	$21,000
공장 설비 임차료	16,000
기타 다양한 간접원가들	3,000
합계	$40,000

이러한 원가들이 발생하면 다음과 같이 회계처리 한다.

(4)

제조간접원가	40,000	
미지급비용*		40,000

*현금으로 지급했다면 현금계정으로 기록할 수도 있다.

추가적으로 루거의 재산세 발생액은 $13,000이고 공장건물과 장비에 대한 선급보험료 중에서 기간 경과분은 $7,000라고 가정하자. 이 항목들에 대한 회계처리는 다음과 같다.

(5)

제조간접원가	20,000	
미지급재산세		13,000
선급보험료		7,000

마지막으로, 회사가 공장 비품에 대한 감가상각비 $18,000를 4월 중에 인식했다고 가정해 보자. 감가상각비의 발생에 대한 회계처리는 다음과 같다.

(6)

제조간접원가	18,000	
감가상각누계액		18,000

요약하면, 모든 실제 제조간접원가는 발생되었을 때 제조간접원가 계정에 직접 기록된다.

제조간접원가의 배부

실제 제조간접원가는 재공품이 아닌 제조간접원가 통제계정에 기입된다. 그렇다면 제조간접원가는 어떻게 재공품에 할당될까? 정답은 제조간접원가 예정배부율에 의해서 재공품 계정에 배부된다는 것이다. 제2장에서 설명한 바와 같이 제조간접원가 예정배부율은 당해 기간에 대한 예상 총제조간접원가를 예상 총배부기준(기계시간, 직접노무시간 혹은 다른 기준들)으로 나누어 계산된다. 제조간접원가 예정배부율은 제조간접원가를 각 작업에 배부하기 위해 사용된다. 예를 들어, 기계시간을 배부기준으로 사용한다면, 작업에 실제 투입된 기계시간에 제조간접원가 예정배부율을 곱한 금액이 제조간접원가로 배부된다.

설명을 위해, 루거의 제조간접원가 예정배부율이 기계시간당 $6라고 가정해 보자. 또한 4월 동안, 작업을 위해 가동한 총기계시간은 15,000시간이며, 이 중에서 10,000시간은 작업 A를 위한 가동시간이며, 5,000시간은 작업 B를 위한 가동시간이라고 가정해보자. 이 경우 재공품에 배부될 제조간접원가는 $90,000(기계시간당 $6 × 15,000 기계시간 = $90,000)이다. 제조간접원가를 재공품에 배부하기 위한 회계처리는 다음과 같다.

(7)

재공품	90,000	
제조간접원가		90,000

제조간접원가 계정의 원가 흐름은 도표 3-5에 나타나 있다. 분개 (2)~(6)을 통해 회계처리된 실제 발생한 제조간접원가들은 도표 3-5에서 제조간접원가 계정의 차변에 기록되어 있다. 재공품 계정의 차변에는 실제 제조간접원가가 기록[분개 (2)~(6)]되어 있으며, 대변에는 예정배부된 제조간접원가가 기록[분개 (7)]되어 있음을 잘 관찰할 필요가 있다.

정리계정의 개념 제조간접원가 계정은 정리계정(clearing account)으로서의 기능을 한다. 이미 살펴보았듯이, 실제 제조간접원가는 기중에 세부 항목이 발생할 때마다 제조간접원가 계정의 차변에 기입된다. 기중에 일정한 간격으로, 제조간접원가는 제조간접원가 예정배부율을 이용하여 각 작업에 배부되는데, 이 배부 금액은 재공품 계정의 차변과 제조간접원가 계정의 대변에 기입된다. 이러한 과정을 통해 기록된 제조간접원가의 T-계정은 다음과 같다.

도표 3-5 제조간접원가의 원가 흐름

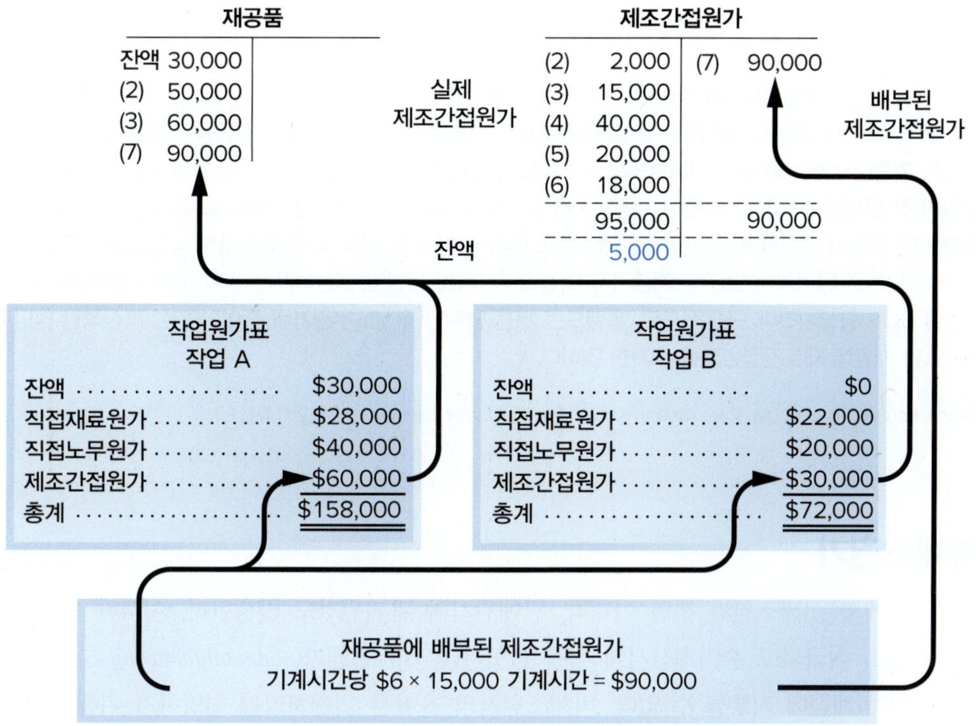

제조간접원가
(정리계정)

차변	대변
실제 제조간접원가는 기중에 발생할 때마다 계정의 차변에 기입된다.	제조간접원가 예정배부율을 사용하여 재공품에 배부된 금액은 대변에 기입된다.

앞에서 강조하였듯이, 제조간접원가 예정배부율은 전적으로 예상에 근거한 추정치이고, 사전에 설정된다. 따라서 기중에 배부되는 제조간접원가는 실제 발생한 제조간접원가와 차이가 발생한다. 예를 들어, 도표 3–5에서 루거의 실제 제조간접원가는 재공품에 배부된 제조간접원가보다 $5,000가 더 크므로, 결과적으로 제조간접원가 계정의 차변에 $5,000의 잔액이 남게 된다. 다음 절에서 이 차변잔액 $5,000를 어떻게 처리할 것인지에 대해 논의하겠다.

지금은 도표 3–5에 제시된 바와 같이, 완성된 작업의 원가는 실제 직접재료원가, 실제 직접노무원가, 그리고 배부된 제조간접원가로 구성된다는 결론만 내리도록 하자. 특히 다음의 내용들을 주의깊게 다시 한번 생각하자. 실제 제조간접원가는 개별 작업에 배부되지 않는다. 실제 제조간접원가는 작업원가표에도 재공품 계정에도 나타나지 않는다. 제조간접원가 예정배부율을 사용하여 배부된 제조간접원가만 작업원가표와 재공품 계정에 나타난다.

기업현장 | IN BUSINESS

기술을 이용한 생산 효율성 향상

일본 제조기업인 **롤랜드디지**는 966명의 직원을 고용하고 있다. 이 회사는 'D-숍'이라는 첨단 생산시스템을 개발했다. 이 기술집약형 시스템은 한 명의 근로자가 처음부터 끝까지 제품을 조립할 수 있게 해준다. 각 작업자는 제품을 조립하기 위해 단계별 작업 지시가 포함된 3D 도면을 이용한다. 자동화된 회전 부품판은 조립 공정의 각 단계별로 적합한 부품이 제공되도록 자동으로 회전한다. 디지털 방식의 드라이버는 나사를 몇 번 돌렸는지, 얼마나 견고하게 조였는지를 확인한다. 미리 지정해 둔 나사 회전 횟수에 맞지 않으면 컴퓨터 화면은 다음 단계로 넘어가지 않는다. 지금까지 D-숍은 두 배의 생산량 달성이라는 장기 목표와 함께 회사의 생산성을 60% 향상시켰다. 근본적으로, 롤랜드는 제품 단위당 직접노무원가를 줄이기 위한 혁신적인 첨단 생산시스템 개발에 제조간접원가를 투자한 것이다.

Source: Negishi, Mayumi, "No More Assembly Line," *The Wall Street Journal,* June 2, 2014, p. R3.

비제조원가

제조기업에서는 제조원가 뿐만 아니라, 판매원가와 관리원가도 발생한다. 이러한 원가들은 기간비용로 취급되고 손익계산서에 직접 기입된다. **비제조원가**(*nonmanufacturing costs*)**는 제조간접원가 계정에 기록될 수 없다.** 비제조원가의 올바른 회계처리를 설명하기 위해, 4월 중 루거의 본사에서 판매 및 관리 직원에 대한 급여가 $30,000 발생했다고 가정하자. 이에 대한 회계처리는 다음과 같다.

(8)

급여	30,000	
미지급급여		30,000

4월 중 사무실 비품에 대한 감가상각비가 $7,000라고 가정하자. 이에 대한 회계처리는 다음과 같다.

(9)

감가상각비	7,000	
감가상각누계액		7,000

이 회계처리와 공장 비품에 대한 감가상각비를 기록한 앞의 (6)의 회계처리가 다르다는 점에 특히 유의하자. 분개 (6)에서는 공장 비품에 대한 감가상각비가 제조간접원가로 기록되어 제품원가의 구성 항목이 된다. 반면 위의 분개 (9)에서는 사무실 비품에 대한 감가상각비는 제조간접원가가 아니라 감가상각비 계정의 차변에 기록된다. 사무실 비품에 대한 감가상각비는 제조원가가 아니라 기간원가이기 때문이다.

마지막으로, 광고선전비가 $42,000이고 4월 중 기타 판매비와 관리비가 $8,000라고 가정하자. 이 항목들에 대한 회계처리는 다음의 (10)과 같다.

(10)

광고선전비	42,000	
기타판매비와관리비	8,000	
미지급비용*		50,000

*현금으로 지급했다면 현금계정으로 기록할 수도 있다.

분개 (8)부터 (10)까지 차변에 기록된 금액은 모두 비용 계정으로 직접 기록된다. 즉, 이 금액들은 제품원가에 영향을 미치지 않는다. 이는 4월 중에 발생한 판매수수료, 판매 관련 비품에 대한 감가상각비, 사무실 설비에 대한 임차료, 사무실 설비에 대한 보험료 등과 같은 모든 판매비 및 관리비에도 동일하게 적용된다.

당기제품제조원가

작업이 완료된 최종 제품은 생산라인에서 제품 창고로 옮겨진다. 이때까지, 회계부서는 직접재료원가와 직접노무원가를 작업에 할당시키고, 제조간접원가는 제조간접원가 예정배부율을 이용하여 작업에 배부할 것이다. 실제 제품이 완성되어 제품 창고로 이전되는 것과 동시에 원가계산시스템 내에서도 완성된 제품에 해당하는 원가를 재공품 계정에서 제품 계정으로 이전시킨다. 이 두 계정 사이에 이전된 금액은 당기에 완성된 제품의 제조원가를 나타낸다.

루거의 예에서, 작업 A가 4월에 완성되었고 작업 B는 4월말 현재 미완성이라고 가정하자. 작업 A의 원가를 재공품에서 제품으로 이전하기 위해 다음과 같은 회계처리를 수행한다.

(11)

제품	158,000	
재공품		158,000

$158,000는 도표 3–5의 작업원가표에서 계산된 작업 A에 대한 원가이다. 4월 중에는 작업 A만 완성되었으므로 $158,000는 당기제품제조원가(cost of goods manufactured)가 된다.

작업 B는 기말까지 완성되지 않았으므로, 작업 B의 원가($72,000)는 재공품 계정에 남게 되고 다음 달(차기)로 이월된다. 재무상태표가 4월말에 작성된다면, 작업 B에 대한 원가는 재고자산 중에서 재공품 계정에 기록된다.

매출원가

제품이 고객에게 판매될 때, 판매된 제품의 원가는 제품 계정으로부터 매출원가 계정으로 이전된다. 제품이 완성됨과 동시에 판매된다면, 작업원가표상의 총원가가 매출원가 계정으로 이전될 것이다. 그러나 완성된 작업내의 모든 제품이 동시에 판매되는 경우는 흔치 않으며, 시간이 지나면서 서서히 판매될 것이다. 이러한 상황에서는, 제품 단위당 원가가 계산되어야 완성된 제품의 원가 중에서 얼마의 원가가 매출원가로 이전되어야 하는지를 결정할 수 있을 것이다.

루거가 4월에 작업 A를 통해 생산한 금메달 1,000개 중 750개를 고객에게 외상으로 판매하였으며 판매 대금은 $225,000라고 가정하자. 1,000개가 생산되었고 작업원가표상 작업의 총원가가 $158,000이기 때문에, 제품 단위당 원가는 $158이다. 이 매출(모두 외상판매를 가정)과 관련한 회계처리는 다음과 같다.

(12)

매출채권	225,000	
매출		225,000

(13)

매출원가	118,500	
제품 (750개 × 단위당 $158 = $118,500)		118,500

학습목표 3-2

개별원가계산시스템에서의 원가 흐름을 T-계정을 이용하여 제시할 수 있다.

(13)의 회계처리를 통해 개별원가계산시스템에서의 원가 흐름이 완성된다. 루거와 관련한 예를 전체적으로 정리하기 위해, (1)부터 (13)까지의 분개를 도표 3–6에 다시 요약하였다. 계정간의 원가 흐름은 도표 3–7의 T-계정에 요약하였다.

제조원가명세서와 매출원가명세서

학습목표 3-3

제조원가명세서와 매출원가명세서를 작성하고 손익계산서를 완성할 수 있다.

이번 절에서는 루거의 사례를 이용하여 제조원가명세서를 작성하는 과정과 손익계산서의 매출원가가 계산되는 과정을 설명한다. **제조원가명세서(schedule of cost of goods manufactured)**는 우리가 앞에서 논의했던 3가지 제조원가(직접재료원가, 직접노무원가, 제조간접원가)와 관련한 내용을 체계적으로 담고 있다. 또한 이 명세서에는 기말 재공품 재고로 남아있는 원가와 재공품에서 제품으로 이전된 원가가 얼마인지를 요약하고 있다. 또한 **매출원가명세서(schedule of cost of goods sold)**에는 기초 제품 재고에 당기제품제조원가를 가산한 당기 판매가능한 제품 중에서 판매되지 않고 제품 재고로 남아있는 제품과 판매되어 제품에서 매출원가로 이전된 원가가 얼마인지가 요약되어 나타난다.

제조원가명세서

도표 3–8은 루거의 제조원가명세서를 제시하고 있다. 이 제조원가명세서에 담겨있는 아래의 3개의 등식에 주의를 기울여야 한다. 첫째, **생산에 사용된 원재료**와 관련한 식은 다음과 같다.

생산에 사용된 원재료 = 기초 원재료 재고 + 원재료 매입액 − 기말 원재료 재고

도표 3-6 루거의 회계처리 요약

번호	계정	차변	대변
(1)	원재료	60,000	
	매입채무		60,000
(2)	재공품	50,000	
	제조간접원가	2,000	
	원재료		52,000
(3)	재공품	60,000	
	제조간접원가	15,000	
	미지급급여		75,000
(4)	제조간접원가	40,000	
	미지급비용*		40,000
(5)	제조간접원가	20,000	
	미지급재산세		13,000
	선급보험료		7,000
(6)	제조간접원가	18,000	
	감가상각누계액		18,000
(7)	재공품	90,000	
	제조간접원가		90,000
(8)	급여	30,000	
	미지급급여		30,000
(9)	감가상각비	7,000	
	감가상각누계액		7,000
(10)	광고선전비	42,000	
	기타판매비와관리비	8,000	
	미지급비용*		50,000
(11)	제품	158,000	
	재공품		158,000
(12)	매출채권	225,000	
	매출		225,000
(13)	매출원가	118,500	
	제품 (750개 × 단위당 \$158 = \$118,500)		118,500

도표 3-7 원가 흐름의 요약—루거

매출채권

잔액	XX		
(12)	225,000		

선급보험료

잔액	XX		
		(5)	7,000

원재료

잔액	7,000	(2)	52,000
(1)	60,000		
잔액	15,000		

재공품

잔액	30,000	(11)	158,000
(2)	50,000		
(3)	60,000		
(7)	90,000		
잔액	72,000		

제품

잔액	0	(13)	118,500
(11)	158,000		
잔액	39,500		

감가상각누계액

		잔액	XX
		(6)	18,000
		(9)	7,000

제조간접원가

(2)	2,000	(7)	90,000
(3)	15,000		
(4)	40,000		
(5)	20,000		
(6)	18,000		
	95,000		90,000
잔액	5,000		

매입채무

		잔액	XX
		(1)	60,000

미지급급여

		잔액	XX
		(3)	75,000
		(8)	30,000

미지급재산세

		잔액	XX
		(5)	13,000

미지급비용

		잔액	XX
		(4)	40,000
		(10)	50,000

매출

		(12)	225,000

매출원가

(13)	118,500		

급여

(8)	30,000		

감가상각비

(9)	7,000		

광고선전비

(10)	42,000		

기타 판매비와관리비

(10)	8,000		

회계처리에 대한 설명:

1. 원재료를 매입하였다.
2. 직접 및 간접재료원가가 생산에 투입되었다.
3. 직접 및 간접노무원가가 발생하였다.
4. 동력비 및 수도광열비 등의 원가가 발생하였다.
5. 공장에 대한 재산세와 보험료가 발생하였다.
6. 공장 자산에 대한 감가상각비가 기록되었다.
7. 제조간접원가가 재공품에 배부되었다.
8. 일반관리직에 대한 급여가 발생하였다.
9. 사무실 비품에 대한 감가상각비가 기록되었다.
10. 광고선전비와 기타 판매비와관리비가 발생하였다.
11. 당기제품제조원가가 제품으로 이전되었다.
12. 작업 A에 대한 매출이 기록되었다.
13. 작업 A에 대한 매출원가가 기록되었다.

도표 3-8
제조원가명세서

당기제품제조원가			
기초 재공품 재고			$ 30,000
직접재료원가:			
기초 원재료 재고	$ 7,000		
가산: 원재료 매입	60,000		
총 사용 가능한 원재료	67,000		
차감: 기말 원재료 재고	15,000		
생산에 사용된 원재료	52,000		
차감: 간접재료원가 (제조간접원가에 포함)	2,000		
제조에 투입된 직접재료원가		50,000	
직접노무원가		60,000	
재공품에 배부된 제조간접원가		90,000	
당기총제조원가			200,000
합계			230,000
차감: 기말 재공품 재고			72,000
당기제품제조원가			$ 158,000

루거의 예에서 기초 원재료 재고 $7,000에 당기에 매입한 원재료 $60,000를 가산하고 여기에서 기말에 재고로 남아있는 원재료 재고 $15,000를 차감하면 당기에 생산에 사용한 원재료 $52,000가 계산된다. 원재료 사용량 $52,000 중에서 $2,000는 제조간접원가에 속하는 간접재료원가이므로 차감한다. 둘째, **당기총제조원가**(*total manufacturing costs*)는 다음과 같이 계산된다.

당기총제조원가 = 직접재료원가 + 직접노무원가 + 재공품에 배부된 제조간접원가

루거의 예에서 직접재료원가 $50,000에 직접노무원가 $60,000와 재공품에 배부된 제조간접원가 $90,000를 더하면 당기총제조원가 $200,000가 계산된다. 여기에서 주의할 점은 당기에 구입한 원재료($60,000)가 아니라 생산에 사용된 직접재료원가($50,000)가 당기총제조원가에 포함된다는 점이다. 원재료의 기초재고금액과 기말재고금액이 다르거나 원재료 중에서 간접재료원가가 포함되어 있어 이를 차감하는 경우, 당기에 사용한 직접재료원가 금액과 당기에 구입한 원재료 금액은 다를 것이다.

또한 이 식에서 **제조간접원가는 실제 발생한 제조간접원가를 가산하는 것이 아니라 재공품에 배부된 제조간접원가를 가산한다는 점을 주의해야 한다.** 루거의 경우 재공품에 배부된 제조간접원가 $90,000는 (사전에 계산해둔) 기계시간당 제조간접원가 예정배부율 $6에 실제 기계시간인 15,000시간을 곱하여 계산된 것이다. **당기에 실제 발생한 제조간접원가가 재공품 계정에 더해지는 것이 아니라는 점을 주의해야 한다.**

제조원가명세서의 세번째 공식은 아래와 같은 당기제품제조원가(cost of goods manufactured)를 계산하는 식이다.

당기제품제조원가 = 당기총제조원가 + 기초 재공품 재고 − 기말 재공품 재고

루거의 경우 당기총제조원가 $200,000에 기초 재공품 원가 $30,000를 가산하고 여기에서 기말 재공품 원가 $72,000를 차감하여 계산된 $158,000가 당기제품제조원가이다. 당기제품제조원가는 당기에 완성되어 재공품 계정에서 제품 계정으로 대체된 원가를 의미한다.

매출원가명세서

도표 3–9에 제시되어 있는 매출원가명세서는 아래의 식에 의해 조정전 매출원가를 계산한다.

조정전 매출원가 = 기초 제품 재고 + 당기제품제조원가 − 기말 제품 재고

기초 제품 재고 원가 $0에 당기제품제조원가 $158,000를 가산한 $158,000는 당기에 판매가능한 제품 원가를 의미한다. 판매가능한 제품 원가 $158,000에서 기말 제품 재고 $39,500를 차감한 $118,500가 조정전 매출원가이다. 마지막으로, 조정전 매출원가 $118,500에 과소배부된 제조간접원가 $5,000를 조정하기 위해 가산하면 조정후 매출원가는 $123,500로 계산된다. 왜 과소배부(또는 과대배부)된 제조간접원가를 매출원가에서 조정해야 하는지에 대해서는 다음 절에서 살펴볼 것이다.

도표 3-9
매출원가명세서

매출원가	
기초 제품 재고	$ 0
가산: 당기제품제조원가 (도표 3–8)	158,000
판매가능 제품	158,000
차감: 기말 제품 재고	39,500
조정전 매출원가	118,500
가산: 과소배부된 제조간접원가 조정	5,000
조정후 매출원가	$ 123,500

*과소배부된 제조간접원가 배부 차이 조정액은 매출원가에 가산된다는 점에 주목하라. 반대로 제조간접원가가 과대배부되었다면, 매출원가에서 차감될 것이다.

손익계산서

도표 3–10에는 루거의 4월달의 손익계산서가 제시되어 있다. 손익계산서상의 매출원가는 도표 3–9에서 계산된 $123,500와 동일함을 확인하자. 판매비와관리비는 총 $87,000로 나타나 있는데, 이는 제조원가명세서와 매출원가명세서에 나타난 원가의 흐름에 포함되지 않고 당기에 즉시 비용으로 처리된 금액이다. 이는 앞의 분개 (8)~(10)을 통해 확인할 수 있듯이 이러한 비용들은 차변에 재고자산 계정으로 기록되지 않고 비용 계정의 차변에 기록되며 즉시 비용 처리된다.

도표 3-10
손익계산서

루거 손익계산서 200×. 4. 1 ~ 200×. 4. 30		
매출		$ 225,000
매출원가 ($118,500 + $5,000)		123,500
매출총이익		101,500
판매비와관리비:		
급여	$ 30,000	
감가상각비	7,000	
광고선전비	42,000	
기타비용	8,000	87,000
영업이익		$ 14,500

IN BUSINESS 기업현장

종이책이 다시 등장하고 있다

수년전, 종이책은 전자책으로 대체되어 곧 멸종될 공룡처럼 여겨졌다. 그러나 최근에는 미국 내 전자책 판매량이 17% 감소한 반면 종이책의 매출은 4.5% 증가했다. **Simon & Schuster**의 CEO인 Carolyn Reidy는 "종이책을 만드는 비용을 조금이라도 줄여보려고 수년간 애써왔었는데, 최근에는 종이책의 질을 높이기 위해 오히려 돈을 투자하고 있다"고 말했다. 또한 각 인쇄 작업이 완료되고 시장에 공급되는 속도를 높이기 위해 노력하고 있다.

Source: Zeke Turner, "In Books, Print Makes a Stand," *The Wall Street Journal,* October 16, 2017, p. B4.

과소배부 또는 과대배부된 제조간접원가의 처리

학습목표 3-4

과대배부 혹은 과소배부된 제조간접원가를 계산하고 잔액을 마감하기 위한 분개를 할 수 있다.

우리는 제조간접원가 배부와 관련한 두 가지 문제를 추가로 고려해야 한다. 첫째는 과대배부 혹은 과소배부된 제조간접원가를 계산하는 것이고, 둘째는 기말에 제조간접원가 계정에 남아 있는 잔액을 처리하는 문제이다.

과소배부 또는 과대배부된 제조간접원가 계산하기

제조간접원가 예정배부율은 당기가 시작되기 전에 설정되고 추정치에 근거하기 때문에, 재공품에 배부된 제조간접원가는 일반적으로 실제 발생한 제조간접원가와 차이가 발생한다. 예를 들어, 루거의 경우에, 기계시간당 $6인 제조간접원가 예정배부율을 사용하여 $90,000가 재공품에 배부된 반면, 4월의 실제 제조간접원가는 $95,000로 집계되었다(도표 3–5 참조). 당기에 재공품에 배부된 제조간접원가와 실제 제조간접원가의 차이는 **제조간접원가 배부차이** 또는 **과소배부 혹은 과대배부된 제조간접원가(underapplied or overapplied overhead)**로 불린다. 루거의 경우, 배부된 원가 $90,000는 실제 원가인 $95,000보다 $5,000만큼 작기 때문에, 제조간접원가가 과소배부된 것이다. 만약 반대로, 실제 발생한 제조간접원가가 $90,000 밖에 되지 않는 반면, 회사가 재공품에 제조간접원가 $95,000를 배부하였다면, 제조간접원가는 과대배부된 것이다.

제조간접원가가 과소배부 혹은 과대배부되는 원인은 무엇일까? 기본적으로 제조간접원가 예정배부율을 사용하여 제조간접원가를 작업에 배부하면서 실제 제조간접원가도 배부기준에 비례할 것이라는 가정을 하기 때문이다. 예를 들어, 만약 제조간접원가 예정배부율이 기계시간당 $6로 계산되었다면, 실제 발생하는 제조간접원가도 기계시간당 $6일 것이라고 가정하는 것이다. 그러나 다음의 두가지 이유로 이러한 가정은 실제와 차이가 발생한다. 첫째, 대부분의 제조간접원가는 흔히 기계시간의 증가 혹은 감소에 따라 변하지 않는 고정원가로 구성된다. 둘째, 제조간접원가 항목에 대한 지출이 통제될 수도 있고 그렇지 않을 수도 있다. 만약 제조간접원가에 대하여 책임이 있는 담당자가 작업을 수행하는 과정에서 원가를 잘 통제한다면 기말에 실제 발생한 원가를 집계해보면 기초에 예상했던 것보다 낮을 것이다. 만약 원가를 잘 통제하지 못하였다면, 원가는 예상했던 것보다 높게 나타날 것이다.

제조간접원가 배부차이를 설명하기 위해 두개의 회사(터보크래프터, 블랙앤호웰)가 다음 회계연도에 대해 다음과 같이 예상하고 있다고 가정하자.

	터보크래프터	블랙앤호웰
배부기준	기계시간	직접재료원가
예상 제조간접원가 (a)	$300,000	$120,000
예상 총배부기준 (b)	75,000 기계시간	$80,000 직접재료원가
제조간접원가 예정배부율 (a) ÷ (b)	기계시간당 $4	직접재료원가당 150%

배부기준이 금액인 경우(블랙앤호웰의 경우처럼 직접재료원가를 배부기준으로 이용하는 경우)에는 제조간접원가 예정배부율은 비율(%)로 표현된다. 금액이 금액으로 나누어지면, 그 결과는 비율(%)이 된다.

예상치 못한 제조간접원가에 대한 지출과 회사 제품에 대한 수요의 변화로 인하여, 기중에 실제 제조간접원가와 실제 활동량이 각 회사별로 다음과 같이 기록되었다고 가정해 보자.

	터보크래프터	블랙앤호웰
실제 제조간접원가	$290,000	$130,000
실제 배부기준합계	68,000 기계시간	$90,000 직접재료원가

실제 활동량과 제조간접원가 예정배부율을 이용하여 재공품에 배부된 제조간접원가를 계산하면 다음과 같다.

	터보크래프터	블랙앤호웰
제조간접원가 예정배부율 (a)	$4 기계시간당	150% 직접재료원가대비
실제 배부기준합계 (b)	68,000 기계시간	$90,000 직접재료원가
배부된 제조간접원가 (a) × (b)	$272,000	$135,000

제조간접원가가 배부차이(과소배부 또는 과대배부)는 다음과 같이 계산된다.

	터보크래프터	블랙앤호웰
실제 제조간접원가	$290,000	$130,000
배부된 제조간접원가	272,000	135,000
과소배부(과대배부)된 제조간접원가	$ 18,000	$ (5,000)

터보크래프터의 경우, 재공품에 배부된 제조간접원가 $272,000는 당기의 실제 제조간접원가 $290,000보다 작다. 즉, $18,000의 제조간접원가가 과소배부되었다.

블랙앤호웰의 경우, 재공품에 배부된 제조간접원가 $135,000는 당기의 실제 제조간접원가 $130,000보다 크다. 즉, $5,000의 제조간접원가가 과대배부되었다.

지금까지 논의한 개념들이 도표 3-11에 요약되어 있다.

도표 3-11
제조간접원가 개념의 요약

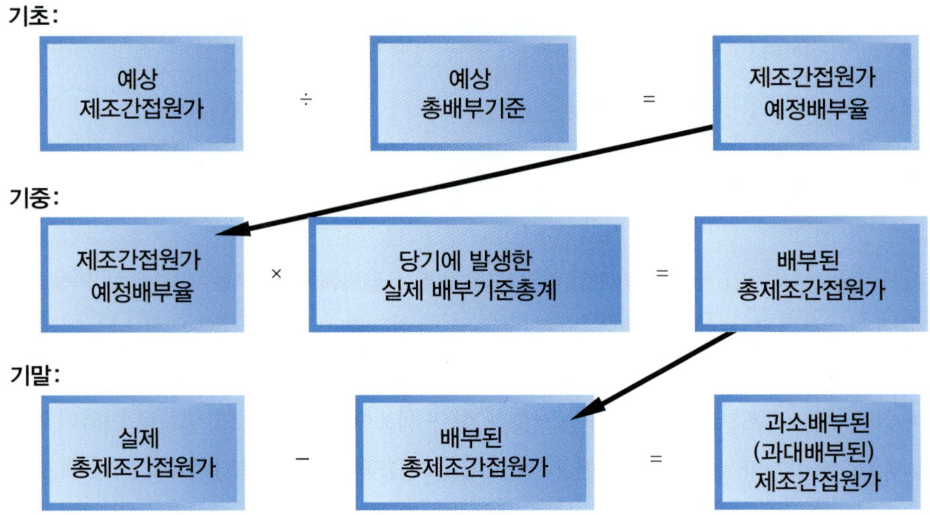

과소배부 또는 과대배부된 제조간접원가의 처리

터보크래프터와 블랙앤호웰 사례는 과소배부 또는 과대배부된 제조간접원가를 계산하는 한 가지 방법이다. 과소배부 또는 과대배부된 제조간접원가를 계산하는 다른 방법은 제조간접원가의 T-계정을 분석하는 것이다. 이 방법은 재무제표 작성과도 연결되므로 과소배부 또는 과대배부된 제조간접원가를 어떻게 분개하는지를 함께 살펴보도록 하자.

도표 3-7에 제시되어 있는 루거의 T-계정 중에서 제조간접원가 T-계정을 보면 차변 잔액이 $5,000임을 확인할 수 있다. 제조간접원가 계정의 차변에는 실제 발생한 제조간접원가가 전기되어 있으며, 대변에는 작업에 배부된 제조간접원가가 전기되어 있음을 다시 한번 명심하자. 이 예에서, 실제 발생한 제조간접원가가 배부된 제조간접원가보다 $5,000 더 크기 때문에 차변에 $5,000의 잔액이 남아 있는 것이다. 이러한 점에 대해서는 바로 앞에서 살펴보았기 때문에 낯설지 않을 것이다. 앞에서 실제 발생한 제조간접원가 $95,000는 배부된 제조간접원가인 $90,000를 초과했으며 이 둘 간의 차이를 과소배부된 제조간접원가라고 부른다고 하였다. 기말에 제조간접원가 T-계정의 잔액을 계산하면 차변 또는 대변 잔액이 나타날 수 있다. 만약 기말에 제조간접원가 T-계정의 차변 잔액이 $X 라면 제조간접원가가 $X 만큼 과소배부되었음을 의미한다. 반대로 만약 대변 잔액이 $Y 라면 제조간접원가가 $Y 만큼 과대배부되었음을 의미한다. 이처럼 제조간접원가 기말 잔액이 존재하는 경우 어떻게 해야 할까?

기말에 제조간접원가 계정에 남아 있는 과소배부 혹은 과대배부된 잔액은 일반적으로 다음 둘 중 하나의 방식으로 처리된다.

1. 매출원가를 조정한다. (매출원가조정법이라고도 함)
2. 당기의 재공품, 제품 및 매출원가에 배분한다. (비례배분법이라고도 함)

매출원가로 마감처리하는 방법 제조간접원가의 배부차이를 매출원가로 마감처리하는 것이 3가지 계정과목에 배분하는 방법보다 훨씬 간편하다. 루거의 예에서, 과소배부된 제조간접원가 $5,000는 매출원가에 다음과 같이 마감처리될 것이다.

(14)		
매출원가	5,000	
제조간접원가		5,000

제조간접원가 계정이 차변잔액을 가지기 때문에, 계정을 마감하기 위해서는 제조간접원가가 대변에 추가되어야 한다는 점에 유의하자. 이로 인해, 4월의 매출원가는 다음과 같이 $5,000 증가하게 된다.

조정전 매출원가 [분개 (13) 참조]	$118,500
과소배부된 제조간접원가의 가산 [분개 (14) 참조]	5,000
조정후 매출원가	$123,500

이러한 조정 작업을 수행한 다음, 루거의 손익계산서에는 도표 3-10과 같이 $123,500의 매출원가가 기록될 것이다.

조정전 매출원가는 실제로 발생한 제조간접원가가 아니라 (사전에 설정한 예정배부율에 의해) 배부된 제조간접원가에 기초하여 계산된 금액이다. 제조간접원가가 과소배부되어 있다는 것은 작업을 위해 수행된 실제 원가가 충분히 반영되지 않았다는 의미이다. 이를 조정하지 않으면 매출원가는 과소계상되어 표시될 것이다. 과소계상된 제조간접원가를 가산하는 조정을 함으로써 매출원가가 정확히 보고될 수 있는 것이다.

재공품, 제품, 매출원가에 배분하는 방법 과소배부 또는 과대배부된 제조간접원가를 재공품, 제품, 매출원가에 배분하는 것은 전체 차이 금액을 매출원가로 마감하는 것보다 복잡하지만 더 정확하다. 제조간접원가 배부차이를 3개의 계정과목에 배분하는 과정은 3단계를 통해 이루어진다.

1단계는 재공품, 제품, 매출원가에 배부된 제조간접원가를 구분하는 것이다. 2단계는 이 3개의 계정에 배부된 제조간접원가의 비율을 계산하는 것이다. 3단계는 배부차이 금액에 2단계에서 계산한 비율을 곱하여 각 계정별로 분개에 필요한 금액을 계산하는 것이다.

도표 3-12는 루거의 예를 이용하여 3단계의 과정을 요약한 것이다. 앞에서 제시했듯이 루거는 4월 동안 2개의 작업(A, B)만 수행했다. 작업 A는 1,000개의 금메달 제조 작업으로 4월에 750개가 고객에게 판매되었고 250개는 4월말 현재 기말 제품 재고로 남아 있다. 작업 B는 10,000개의 은메달 제조 작업으로 4월말 현재 미완성이다.

도표 3-12

루거의 과소배부된 제조간접원가의 조정 (비례배분법)

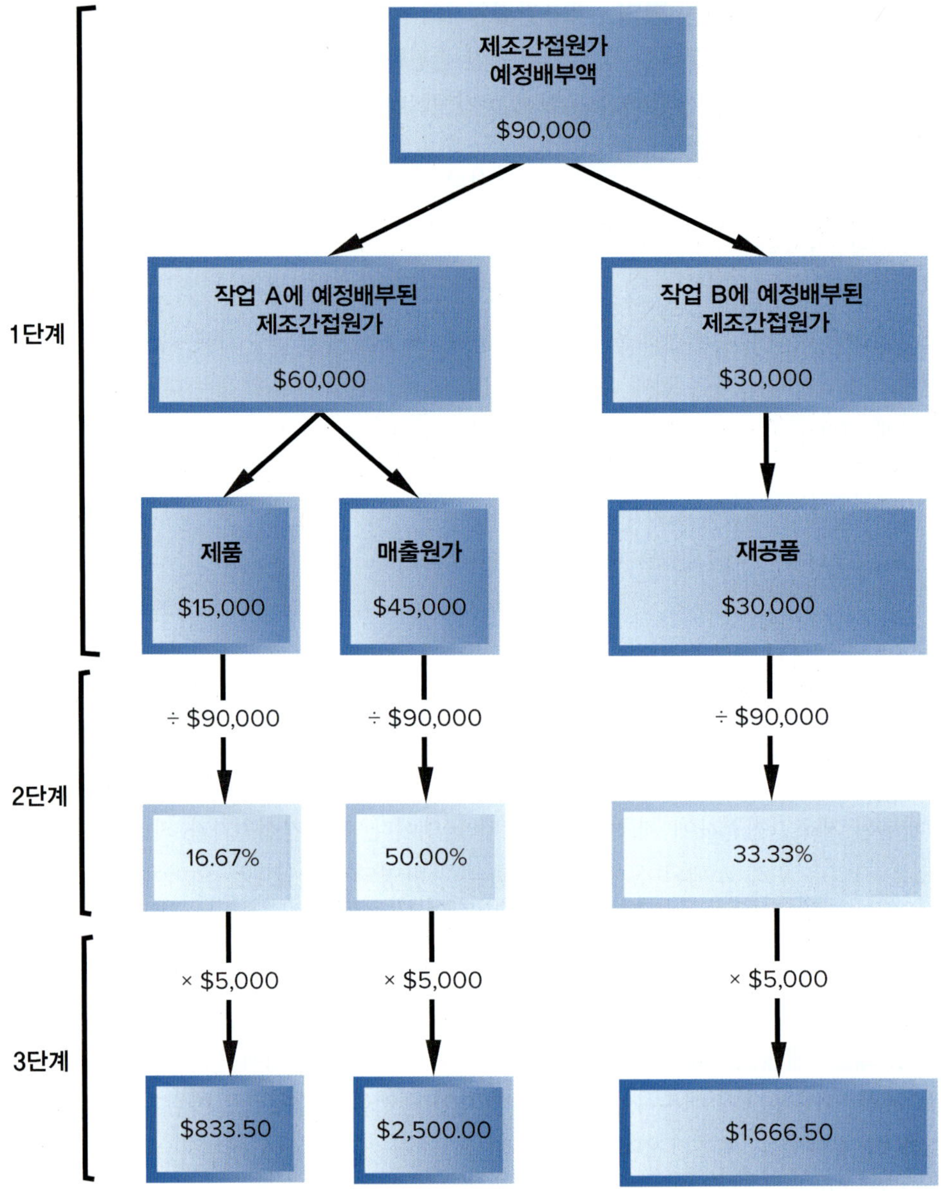

도표 3-12의 1단계를 보면, 루거는 도표 3-5에서 확인할 수 있듯이 총제조간접원가 배부액($90,000)을 작업 A($60,000)와 작업 B($30,000)로 나누었다. 작업 B는 4월말 현재 미완성이므로 작업 B에 배부된 제조간접원가 $30,000는 재공품 계정에 포함되어 있다. 반면에, 작업 A에 배부된 $60,000는 2개의 계정으로 구분될 필요가 있다. 작업 A를 통해 완성된 금메달 중 25%(= 250 ÷ 1,000)는 4월말 현재 제품 계정인 반면, 75%(= 750 ÷ 1,000)는 판매되었으므로 매출원가 계정이다. 따라서 작업 A에 배부된 제조간접원가($60,000) 중에서 $15,000(= $60,000 × 25%)는 제품 계정에 포함되며, $45,000(= $60,000 × 75%)는 매출원가 계정에 포함된다.

도표 3–12의 2단계는 각 계정별로 배부된 제조간접원가의 비율을 계산한 것이다. 재공품, 제품, 매출원가에 배부된 제조간접원가인 $30,000, $15,000, $45,000를 배부된 총제조간접원가($90,000)로 나누면 3개의 계정에 배부된 제조간접원가의 비율은 각각 33.33%, 16.67%, 50%이다. 다시 표현하면 배부된 총제조간접원가 중에서 33.33%는 재공품 계정에 포함되어 있으며, 16.67%는 제품 계정에 포함되어 있으며, 50%는 매출원가에 포함되어 있다는 의미이다.

도표 3–12의 3단계는 2단계에서 계산한 비율에 따라 과소배부된 제조간접원가 $5,000를 3개의 계정(재공품, 제품, 매출원가)에 배분한 것이다. 재공품에는 $1,666.5, 제품에는 $833.5, 매출원가에는 $2,500가 배분된다. 이를 회계처리하면 다음과 같다.

재공품	1,666.50	
제품	833.50	
매출원가	2,500.00	
제조간접원가		5,000.00

대변에 제조간접원가 $5,000를 기입함으로써 제조간접원가 계정의 잔액은 $0로 마감된다. 만약 루거의 예와 반대로 제조간접원가가 과대배부되었다면, 제조간접원가 계정은 대변 잔액을 가지게 될 것이고 위에 제시한 회계처리에서 차변과 대변이 뒤바뀌었을 것이다.

과소배부 또는 과대배부된 제조간접원가 처리 방법의 비교

과소배부 또는 과대배부된 제조간접원가를 처리하는 2가지 방법 중에서 3개의 계정(재공품, 제품, 매출원가)에 비례하여 배분하는 방법이 매출원가로 조정하는 방법보다 더 복잡하지만 더 정확한 방법이다. 예를 들어, 루거가 매출원가조정법을 선택한다면 루거의 매출원가는 더 정확한 비례배분법을 선택했을 때보다 $2,500(=$5,000−$2,500) 과대계상되고, 그 금액만큼 당기순이익은 과소계상될 것이다.

제품원가 흐름의 일반 모델

도표 3–13은 제품원가계산에서 원가의 흐름을 T–계정으로 나타내고 있다. 이 모델은 정상원가계산 시스템에서 제조원가의 흐름이 어떻게 되는지, 그리고 최종적으로는 손익계산서상의 매출원가가 되는지를 이해하는 데에 도움이 된다.

도표 3-13 원가 흐름의 일반적 모델(정상원가계산)

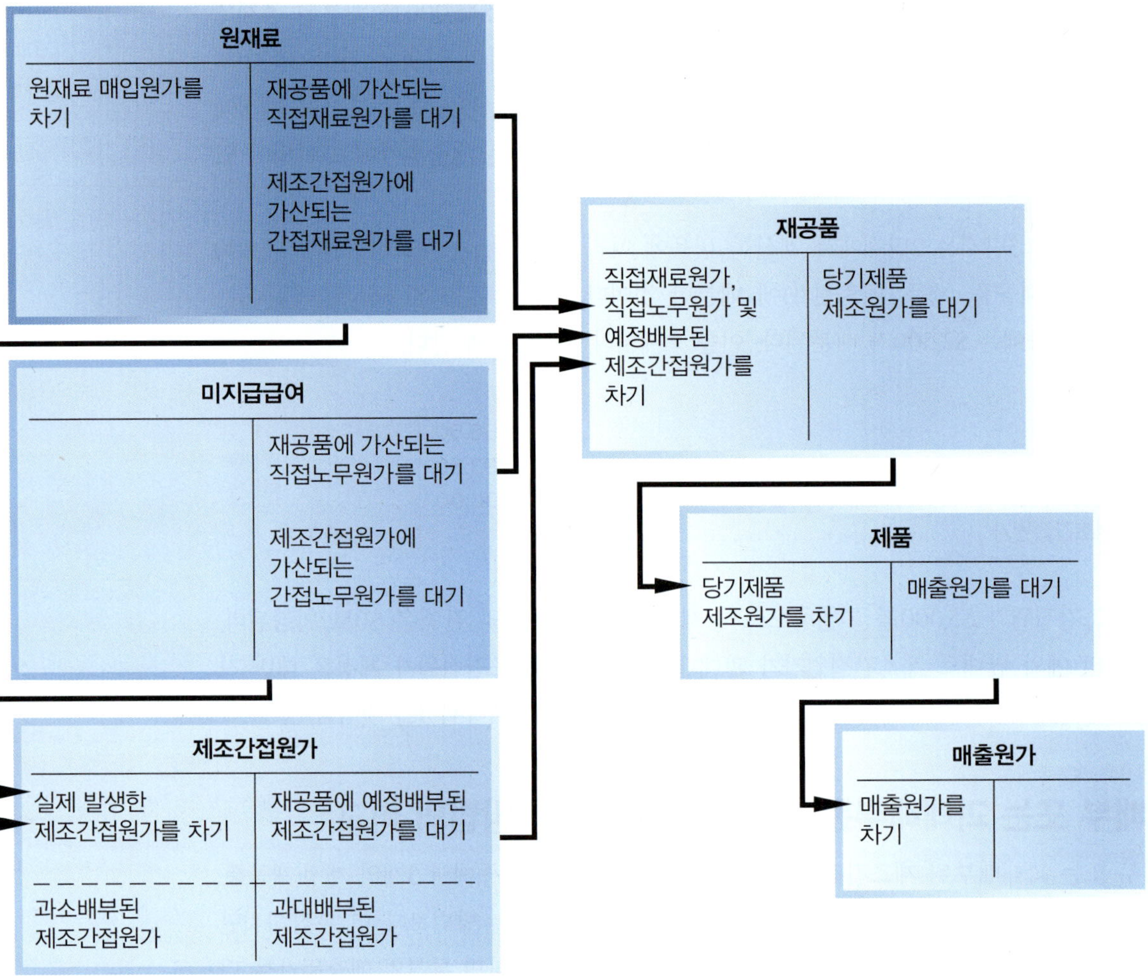

요약

이번 장에서 가장 중요한 내용은 제조기업에서 제조원가의 흐름이다. 공급업체로부터 구입한 원재료는 제조에 사용되기 전까지 원재료 재고로 보관된다. 직접재료원가는 직접노무원가와 제조간접원가 배부액과 함께 재공품 계정에 추가된다. 제품이 완성되면 재공품 계정에서 제품 계정으로 대체된다. 판매된 제품의 원가는 제품 계정에서 매출원가 계정으로 대체되어 손익계산서에 기록된다. 판매비와 관리비는 제품의 원가에 가산하지 않으며, 발생 시점의 손익계산서에 비용으로 기록된다.

재공품에 배부된 제조간접원가는 예정배부율을 이용하여 계산한 제조간접원가 예정배부액이다. 따라서 실제 발생한 제조간접원가와 차이가 발생한다. 실제 발생한 제조간접원가와 예정배부된 제조간접원가의 차이를 제조간접원가 배부차이(과소배부 또는 과대배부)라고 한다. 제조간접원가 배부차이를 조정하는 방법에는 2가지 방법(매출원가조정법, 비례배분법)이 있다. 과소배부된 제조간접원가를 조정하면 재고자산 또는 매출원가가 증가하게 되는데 그 이유는 제조간접원가가 과소계상되어있었기 때문이다. 과대배부된 제조간접원가를 조정하면 재고자산 또는 매출원가가 감소하게 되는데 그 이유는 제조간접원가가 과대계상되어있었기 때문이다.

종합예제: 개별원가계산시스템에서의 원가 흐름

Hogle Corporation은 개별원가계산을 이용하고 있다. 당기의 시작인 1월초의 재고자산 기초잔액은 다음과 같다.

원재료	$20,000
재공품	$15,000
제품	$30,000

이 회사는 제조간접원가 배부기준으로 기계시간을 이용하고 있다. 이번기의 기계시간은 75,000시간으로 예상하고 있으며, 제조간접원가는 $450,000로 예상하고 있다. 이번기에 발생한 거래와 관련한 내역은 다음과 같다.

a. 원재료 매입액은 $410,000이며 외상으로 하였다.
b. 원재료 중에서 $380,000가 제조에 투입되었다. ($360,000는 직접재료원가이고, $20,000는 간접재료원가이다.)
c. 종업원과 관련하여 발생한 임금은 다음과 같다. (아직 미지급 상태이다.)
직접노무원가 $75,000, 간접노무원가 $110,000, 판매수수료 $90,000, 관리직 급여 $200,000
d. 판매를 위한 출장경비가 $17,000 발생했으나 미지급 상태이다.
e. 공장에서 수도광열비로 $43,000 발생했으나 미지급 상태이다.
f. 이번기 광고비가 $180,000 발생했으나 미지급 상태이다.
g. 이번기 감가상각비는 총 $350,000이다(이 중에서 80%는 공장과 관련된 것이다).
h. 선급보험료 중 $10,000는 이번기에 해당하는 보험료이다(이 중에서 70%는 공장과 관련된 것이며 30%는 본사와 관련된 것이다).

i. 이번기의 실제 기계시간은 예상보다 많은 80,000시간으로 파악되었다(제조간접원가 배부기준은 기계시간임).

j. 작업원가표 상으로 당기에 완성된 제품의 원가는 $900,000이다.

k. 당기의 매출액은 $1,500,000이며 전액 외상이다. 작업원가표로부터 파악된 판매된 제품의 원가는 $870,000이다.

요구사항:

1. 각 거래 내용을 분개하시오.
2. 위의 요구사항 1에서 답한 분개를 각 과목별 T-계정에 전기하시오(기초 잔액이 있는 계정들에 주의하시오).
3. 당기의 제조간접원가가 과대계상 또는 과소계상되었는가? 제조간접원가 배부차이를 매출원가로 조정하는 분개를 제시하시오.
4. 당기의 손익계산서를 작성하시오.

해답

		차변	대변
1. a.	원재료	410,000	
	매입채무		410,000
b.	재공품	360,000	
	제조간접원가	20,000	
	원재료		380,000
c.	재공품	75,000	
	제조간접원가	110,000	
	판매수수료	90,000	
	급여	200,000	
	미지급급여		475,000
d.	여비교통비	17,000	
	미지급비용		17,000
e.	제조간접원가	43,000	
	미지급비용		43,000
f.	광고비	180,000	
	미지급비용		180,000
g.	제조간접원가	280,000	
	감가상각비	70,000	
	감가상각누계액		350,000
h.	제조간접원가	7,000	
	보험료	3,000	
	선급보험료		10,000

i. 제조간접원가 예정배부율은 다음과 같다.

$$\text{예정배부율} = \frac{\text{예상 총제조간접원가}}{\text{예상 총배부기준량}}$$

$$= \frac{\$450{,}000}{75{,}000\ \text{기계시간}}$$

$$= \text{기계시간당 } \$6$$

실제 기계시간은 80,000시간이므로 $480,000(기계시간당 $6 × 80,000 기계시간)의 제조간접원가가 재공품으로 배부된다. 이에 대한 분개는 다음과 같다.

		차변	대변
	재공품	480,000	
	제조간접원가		480,000
j.	제품	900,000	
	재공품		900,000
k.	매출채권	1,500,000	
	매출		1,500,000
	매출원가	870,000	
	제품		870,000

2.

매출채권

(k)	1,500,000		

선급보험료

		(h)	10,000

원재료

기초	20,000	(b)	380,000
(a)	410,000		
잔액	50,000		

재공품

기초	15,000	(j)	900,000
(b)	360,000		
(c)	75,000		
(i)	480,000		
잔액	30,000		

제품

기초	30,000	(k)	870,000
(j)	900,000		
잔액	60,000		

제조간접원가

(b)	20,000	(i)	480,000
(c)	110,000		
(e)	43,000		
(g)	280,000		
(h)	7,000		
	460,000		480,000
		잔액	20,000

감가상각누계액

		(g)	350,000

미지급비용

		(d)	17,000
		(e)	43,000
		(f)	180,000

미지급급여

		(c)	475,000

매입채무

		(a)	410,000

매출

		(k)	1,500,000

매출원가

(k)	870,000		

판매수수료

(c)	90,000		

급여

(c)	200,000		

여비교통비

(d)	17,000		

광고비

(f)	180,000		

감가상각비

(g)	70,000		

보험료

(h)	3,000		

3. 당기의 제조간접원가는 과대배부되었다. 이를 매출원가에서 조정하기 위한 분개는 다음과 같다.

	차변	대변
제조간접원가	20,000	
매출원가		20,000

4.

Hogle Corporation 손익계산서 ×1년 1월 1일 ~ 12월 31일		
매출		$1,500,000
매출원가 ($870,000 – $20,000)		850,000
매출원가		650,000
판매비 및 관리비		
판매수수료	$ 90,000	
급여	200,000	
교통비	17,000	
광고비	180,000	
감가상각비	70,000	
보험료	3,000	560,000
영업이익		$ 90,000

용어해설

개별원가계산(job-order costing) 다양한 제품, 작업 및 서비스를 생산하는 경우에 사용되는 원가계산시스템.

과대배부된 제조간접원가(overapplied overhead) 재공품에 배부된 제조간접원가가 당기에 실제로 발생한 제조간접원가를 초과하는 경우 발생하는 제조간접원가의 대변 잔액.

과소배부된 제조간접원가(underapplied overhead) 당기에 실제로 발생한 제조간접원가가 재공품에 배부된 제조간접원가를 초과하는 경우 발생하는 제조간접원가의 차변 잔액.

당기제품제조원가(cost of goods manufactured) 당기에 완성된 제품과 관련된 제조원가.

매출원가명세서(schedule of cost of goods sold) 기초 제품과 당기제품제조원가를 합산한 당기 판매가능 제품원가 중에서 얼마가 기말 제품 재고로 남아있고, 얼마가 판매된 제품에 포함되어 매출원가로 비용처리 되었는지를 보여주는 명세서.

배부기준(allocation base) 원가를 원가대상에 할당하기 위하여 사용되는 직접노무시간 혹은 기계시간과 같은 활동의 측정치.

원재료(raw material) 제품을 생산하기 위해 사용되는 재료.

작업원가표(job cost sheet) 작업에 투입된 직접재료원가, 직접노무원가 및 제조간접원가를 기록하기 위하여 작성되는 양식.

재공품(work in process) 부분적으로만 완성되어 고객에서 판매되기 전까지 추가적인 작업이 필요한 제품.

전부원가계산(absorption costing) 모든 제조원가(직접재료원가, 직접노무원가, 변동 및 고정제조간접원가)를 제품원가에 포함시키는 원가계산방법.

정상원가계산(normal costing) 제조간접원가 예정배부율에 각 작업별 실제 배부기준량을 곱함으로써 제조간접원가를 작업에 배부하는 원가계산시스템.

제조간접원가 배부(overhead application) 제조간접원가를 작업원가표와 재공품 계정에 배부하는 절차.

제조간접원가 예정배부율(predetermined overhead rate) 제조간접원가를 각 작업에 배부하기 위해 기초에 산정해 둔 배부율. 이는 당기의 예상 총제조간접원가를 예상 총배부기준량으로 나누어 계산됨.

제조원가명세서(schedule of cost of goods manufactured) 당기에 발생한 직접재료원가, 직접노무원가 및 제조간접원가를 요약하고, 이 원가 중 얼마가 재공품과 제품으로 할당되었는지를 보여주는 명세서.

제품(finished goods) 완성되었지만, 아직 고객에게 판매되지 않은 제품 단위.

질문

3–1 제조원가명세서와 매출원가명세서는 어떤 관계가 있는가?

3–2 제조간접원가를 재공품에 배부할 때 어떤 계정이 사용되는가? 배부된 제조간접원가와 실제 제조간접원가가 같을 것이라고 기대할 수 있는가? 그 이유는 무엇인가?

3–3 제조간접원가의 배부차이(과소 혹은 과대배부)란 무엇인가? 이 배부차이가 기말에 어떻게 조정되는가?

3–4 제조간접원가가 과소배부될 수 있는 2가지 이유를 설명하시오.

3–5 제조간접원가 과소배부액은 매출원가명세서에서 어떻게 조정되는가? 제조간접원가 과대배부액은 어떻게 조정되는가?

3–6 사용된 직접재료원가의 계산 과정을 설명하시오.

3–7 제조원가명세서에서 당기총제조원가는 어떻게 계산되는지 설명하시오.

3–8 당기제품제조원가의 계산 과정을 설명하시오.

3–9 조정전 매출원가의 계산 과정을 설명하시오.

3–10 개별원가계산 시스템에서 직접노무원가의 흐름을 설명하시오.

엑셀 응용

connect

학습목표 3-1, 3-4

아래 액셀 워크시트는 본문에 제시한 사례인 터보크래프터와 관련된 것이다. 이 파일과 파일 작성과 관련한 안내서는 Connect에 접속하면 이용할 수 있다.

	A	B	C
1	**제3장: 엑셀 응용**		
2			
3	**자료**		
4	배부기준	기계시간	
5	예상 제조간접원가	$300,000	
6	예상 기계시간	75,000	기계시간
7	실제 제조간접원가	$290,000	
8	실제 기계시간	68,000	기계시간
9			
10	빈칸을 채우시오.		
11			
12	**제조간접원가 예정배부율의 계산**		
13	예상 제조간접원가	?	
14	예상 기계시간	?	기계시간
15	제조간접원가 예정배부율	?	기계시간당
16			
17	**제조간접원가 배부차이의 계산**		
18	실제 제조간접원가	?	
19	당기에 재공품에 배부된 제조간접원가		
20	제조간접원가 예정배부율	?	기계시간당
21	실제 기계시간	?	기계시간
22	배부된 제조간접원가	?	
23	제조간접원가 배부차이	?	
24			

Chapter 3 Form / Filled in Chapter 3 Form / Chapter 3 Formulas

워크시트를 완성한 후 아래의 요구사항에 답하시오.

요구사항:

1. 자료에서 예상 기계시간이 60,000시간으로 변하고 다른 자료는 변동이 없다고 할 때 워크시트를 확인하시오. 워크시트가 잘 작동되면, 기계시간당 제조간접원가 예정배부율은 $5.00가 될 것이다. 계산한 결과가 다르다면, 워크시트에서 오류를 찾아 수정하시오.
   제조간접원가 배부차이는 얼마인가? 변했는가? 그 이유는 무엇인가?
2. 다음 자료를 이용하여 다른 회사의 제조간접원가 배부차이를 계산하시오.

배부기준	기계시간	
예상 제조간접원가	$100,000	
예상 기계시간	50,000	기계시간
실제 제조간접원가	$90,000	
실제 기계시간	40,000	기계시간

3. 요구사항 2에서 예상 기계시간이 40,000시간으로 변하고 다른 자료는 변동이 없다고 할 때 제조간접원가 배부차이는 어떻게 되는가? 요구사항 2의 제조간접원가 배부차이와 다른 이유는 무엇인가?
4. 요구사항 2에서 실제기계시간은 50,000시간으로, 실제 제조간접원가는 $100,000으로 바꾸면, 제조간접원가 배부차이는 얼마인가? 요구사항 2의 제조간접원가 배부차이와 다른 이유는 무엇인가?

기본문제

connect

학습목표 3-1, 3-2, 3-3, 3-4

Bunnell Corporation은 제조회사로 개별원가계산을 이용하고 있다. 1월초, 재고자산 잔액은 다음과 같다.

원재료	$40,000
재공품	$18,000
제품	$35,000

회사는 제조간접원가 배부기준으로 직접노무시간을 이용하고 있다. 이번 연도의 직접노무시간당 제조간접원가 예정배부율은 $16.25이다. 이는 예상 제조간접원가 $650,000, 예상 직접노무시간 40,000시간에 기초하여 계산된 것이다. 이번기에 발생한 거래와 관련한 내역은 다음과 같다.

a. 원재료 매입액은 $510,000이며 외상으로 하였다.
b. 원재료 중에서 $480,000가 제조에 투입되었다. 원재료 사용액은 모두 직접재료원가이다.
c. 종업원과 관련하여 발생한 임금은 다음과 같다.
   직접노무원가 $600,000, 간접노무원가 $150,000, 판매관리직 급여 $240,000
d. 여러 종류의 판매비와 관리비(광고비, 여비교통비, 창고관리비 등)는 총 $367,000이다.
e. 여러 종류의 실제 제조간접원가(감가상각비, 보험료, 수도광열비 등) 발생액은 총 $500,000이다.
f. 제조간접원가를 재공품에 배부하였다. 실제 직접노무시간은 총 41,000시간이다.
g. 작업원가표 상 총 $1,680,000에 해당하는 작업이 당기에 완성되었다.
h. 당기의 매출액은 $2,800,000이며 전액 외상이다. 작업원가표로부터 파악된 판매된 제품의 원가는 $1,690,000이다.

요구사항:

1. 원재료 사용액에 대한 분개를 수행하시오.
2. 원재료 계정의 기말 잔액은 얼마인가?
3. 당기에 발생한 임금과 관련한 분개를 수행하시오. (내역 c)
4. 당기에 배부된 제조간접원가는 얼마인가?
5. 재공품 계정에 가산되는 당기총제조원가는 얼마인가?
6. 당기에 완성된 작업에 대한 분개를 수행하시오. (내역 g)
7. 재공품 계정의 기말 잔액은 얼마인가?
8. 당기에 실제 발생한 제조간접원가는 얼마인가?
9. 제조간접원가 배부차이가 발생하는가? 금액은 얼마인가?
10. 당기에 판매가능한 제품은 얼마인가?
11. 매출원가와 관련한 분개를 수행하시오. (내역 h)
12. 제품 계정의 기말 잔액은 얼마인가?
13. 제조간접원가 배부차이를 매출원가에서 전액 조정한다고 가정하자. 조정후 매출원가는 얼마인가?
14. 당기의 매출총이익은 얼마인가?
15. 당기의 영업이익은 얼마인가?

연습문제

connect

학습목표 3-1

문제 3-1 분개 [학습목표 3-1]

Larned Corporation의 이번달 활동은 다음과 같다.

a. 원재료 $80,000를 외상으로 매입하다.
b. 구입한 원재료 중 $71,000를 제조에 사용하였는데, 이 중 $62,000는 직접재료원가이고 나머지는 간접재료원가이다.
c. 총노무원가 발생액은 $112,000이며, 이 중 $101,000는 직접노무원가이며 나머지는 간접노무원가이다.
d. 공장 비품에 대한 감가상각비는 $175,000가 발생했다.

요구사항:

위의 거래들을 분개하시오.

문제 3-2 T–계정 작성 [학습목표 3-2, 3-4]

Jurvin Enterprises의 이번 달 제조 활동과 관련한 자료는 다음과 같다. 기초 재고는 없다.

a. 당기에 매입한 원재료는 $94,000이며 구입 대금은 모두 현금으로 지불하였다.
b. 제품 생산을 위해 $89,000의 원재료가 사용되었다. 이 중 $78,000는 직접재료원가이며, 나머지는 간접재료원가이다.
c. 발생한 총 노무원가는 $132,000이다. 이 중 $112,000는 직접노무원가이며 나머지는 간접노무원가이다.
d. $143,000의 제조간접원가 추가로 발생하였으며 모두 현금으로 지급하였다.
e. 제조간접원가 예정배부율을 이용하여 배부한 제조간접원가는 $152,000이다.
f. 당기에 수행한 모든 작업이 기말에 완성되었다.
g. 완성된 모든 작업은 고객에게 판매되었다.
h. 제조간접원가 배부차이는 전액 매출원가로 조정한다.

요구사항:

1. T–계정을 제시하시오.
2. 당기의 조정후 매출원가를 계산하시오.

문제 3-3 제조원가명세서와 매출원가명세서 [학습목표 3-3]

Primare Corporation의 지난달 제조활동과 관련한 자료는 다음과 같다.

원재료 매입액		$30,000
제조간접원가에 포함된 간접재료원가		$5,000
직접노무원가		$58,000
재공품에 배부된 제조간접원가		$87,000
과소배부된 제조간접원가		$4,000

재고자산	기초	기말
원재료	$12,000	$18,000
재공품	$56,000	$65,000
제품	$35,000	$42,000

요구사항:

1. 지난달의 제조원가명세서를 작성하시오.
2. 지난달의 매출원가명세서를 작성하시오. 제조간접원가 배부차이는 전액 매출원가에서 조정한다고 가정하시오.

문제 3-4 제조간접원가 배부차이 [학습목표 3-4]

Osborn Manufacturing의 제조간접원가 예정배부율은 직접노무시간당 $18.2이다. 예상 직접노무시간은 12,000시간이며, 예상 제조간접원가는 $218,400이다. 실제 발생한 제조간접원가와 직접노무시간은 $215,000와 11,500시간이다.

요구사항:

1. 제조간접원가 배부차이를 계산하시오.
2. 제조간접원가 배부차이를 매출원가에서 전액 조정하는 경우 매출총이익에 어떤 영향을 미치는지 설명하시오.

문제 3-5 분개와 T-계정 [학습목표 3-1, 3-2]

Polaris Company는 개별원가계산을 이용한다. 10월과 관련된 자료는 다음과 같다.

a. 당기에 매입한 원재료는 $210,000이다. 대금은 외상으로 하였다.
b. $190,000의 원재료가 사용되었다. 이 중 $178,000는 직접재료원가이며, 나머지는 간접재료원가이다.
c. 발생한 직접노무원가는 $90,000이며, 간접노무원가는 $110,000이다.
d. 공장설비에 대한 감가상각비는 $40,000이다
e. 10월에 발생한 감가상각비를 제외한 제조간접원가는 $70,000이다.
f. 회사는 기계시간당 $8의 제조간접원가 예정배부율을 사용하며, 10월의 실제 기계사용시간은 30,000시간이다.
g. 작업원가표 상 $520,000가 완성되어 제품으로 이전되었다.
h. 원가 $480,000의 제품을 제조원가의 25%를 가산하여 외상으로 판매하였다.

요구사항:

1. 위의 활동과 관련한 분개를 제시하시오.
2. 제조간접원가와 재공품에 대한 T-계정을 작성하시오. 각 계정의 기말 잔액을 계산하시오. (기초 재공품은 $42,000로 가정하시오.)

문제 3-6 제조원가명세서와 매출원가명세서: 손익계산서 [학습목표 3-3]

Mason Company의 기말 회계장부 상에 기록된 정보는 다음과 같다.

매출액	$524,000
직접노무원가	$70,000
원재료 매입액	$118,000
판매비	$140,000
관리비	$63,000
재공품에 배부된 제조간접원가	$90,000
실제 제조간접원가	$80,000

재고자산	기초잔액	기말잔액
원재료	$7,000	$15,000
재공품	$10,000	$5,000
제품	$20,000	$35,000

요구사항:

1. 제조원가명세서를 작성하시오. 모든 원재료 사용액은 직접재료원가로 가정하시오.
2. 매출원가명세서를 작성하시오. 제조간접원가 배부차이는 전액 매출원가에서 조정하시오.
3. 손익계산서를 작성하시오.

문제 3-7 제조간접원가 배부: 제조원가명세서 [학습목표 3-3, 3-4]

Chang Company의 당기 제조활동과 관련한 자료는 다음과 같다.

발생한 제조간접원가	
간접재료원가	$ 15,000
간접노무원가	130,000
공장 재산세	8,000
공장 수도광열비	70,000
공장 감가상각비	240,000
공장 보험료	10,000
제조간접원가 발생액 합계	$473,000
다른 원가 발생액	
원재료 매입액(직접재료와 간접재료 모두 포함)	$400,000
직접노무원가	$60,000
재고자산	
기초 원재료	$20,000
기말 원재료	$30,000
기초 재공품	$40,000
기말 재공품	$70,000

회사는 기계시간을 기준으로 제조간접원가를 예정 배부하며 제조간접원가 예정배부율은 기계시간당 $25이다. 당기의 실제 기계작업시간은 19,400시간이다.

요구사항:

1. 당기의 제조간접원가 배부차이를 계산하시오.
2. 제조원가명세서를 작성하시오.

문제 3-8 제조간접원가 배부, 분개, 제조간접원가 배부차이의 처리 [학습목표 3-1, 3-2, 3-4]

다음은 Latta Company의 T–계정이다.

제조간접원가

차변		대변	
(a)	460,000	(b)	390,000
기말잔액	70,000		

재공품

차변		대변	
기초잔액	15,000	(c)	710,000
	260,000		
	85,000		
(b)	390,000		
기말잔액	40,000		

제품

차변		대변	
기초잔액	50,000	(d)	640,000
(c)	710,000		
기말잔액	120,000		

매출원가

차변		대변	
(d)	640,000		

배부된 제조간접원가의 내역은 다음과 같다.

기말재공품	$ 19,500
기말제품	58,500
매출원가	312,000
제조간접원가 배부액	$390,000

예를 들어, 당기말의 재공품 잔액 $40,000 중에서 $19,500는 제조간접원가 배부액이다.

요구사항:

1. T–계정에 전기된 (a)~(d)와 관련한 활동을 설명하시오.
2. 회사가 제조간접원가 배부차이를 매출원가에서 조정한다고 가정할 때 이와 관련한 분개를 제시하시오.
3. 회사가 제조간접원가 배부차이를 비례배분법을 사용하여 재공품, 제품, 매출원가에 조정한다고 가정할 때 이와 관련한 분개를 제시하시오.

문제 3-9 제조간접원가 배부, T-계정, 분개 [학습목표 3-1, 3-2, 3-4]

Harwood Company는 개별원가계산을 사용한다. 이 회사는 제조간접원가를 기계시간을 기준으로 배부한다. 당기초에 경영자는 80,000 기계시간을 예상하고 고정제조간접원가를 $192,000로, 기계시간당 변동제조간접원가를 $2.4로 예상하였다.

요구사항:

1. 회사는 이번 기간 동안 기계를 75,000시간 가동하였다. 이번기의 제조간접원가와 재공품 계정 내역은 다음과 같다.

제조간접원가

	차변	대변
수선유지비	21,000	?
간접재료원가	8,000	
간접노무원가	60,000	
수도광열비	32,000	
보험료	7,000	
감가상각비	56,000	

재공품

	차변	대변
직접재료원가	710,000	
직접노무원가	90,000	
제조간접원가	?	

위의 T–계정을 완성하시오 (물음표에 해당하는 금액을 제시하시오.)

2. 제조간접원가 T–계정 잔액을 참고하여, 제조간접원가 배부차이를 계산하시오. 이 배부차이를 매출원가로 조정하기 위한 분개를 제시하시오.
3. 제조간접원가 배부차이가 발생하는 원인을 설명하시오.

문제 3-10 제조간접원가의 배부, T-계정과 분개 [학습목표 3-1, 3-2, 3-3, 3-4, 3-5]

Dillon Products는 고객의 주문에 의해 제품을 생산한다. 이 회사는 개별원가계산을 이용하고 있으며 기계시간에 의해 제조간접원가를 배부한다. 경영자는 기초에 240,000 기계시간과 $4,800,000의 제조간접원가를 예상하였다.

회사는 1월 중 16,000개 생산에 대한 주문을 받았다. 기초재공품은 없으며, 당기의 원가와 관련한 자료는 다음과 같다.

a. 원재료 매입액: $325,000 (외상)
b. 투입한 원재료: $290,000 (직접재료원가: 80%, 간접재료원가: 20%)
c. 공장에서 발생한 노무원가: $180,000 (1/3은 직접노무원가이며 나머지는 간접노무원가임)
d. 공장설비 감가상각비: $75,000
e. 기타 제조간접원가 발생액: $62,000 (외상)
f. 실제 기계시간: 15,000시간
g. 1월 31일 현재 주문받은 16,000개의 제품은 모두 완성되어 제품 창고에서 배송 대기 중이다.

요구사항:

1. (a)~(f)를 분개하시오.
2. 제조간접원가와 재공품 T–계정을 작성하시오.
3. (g)와 관련한 분개를 제시하시오.
4. 2월에 10,000개의 제품을 고객에게 배송하였다. 2월에 기록될 매출원가는 얼마인가?

문제 3-11 원가흐름에 대한 T-계정 분석 [학습목표 3-2, 3-3, 3-4]

다음은 Moore Company의 T–계정의 일부이다.

원재료

기초잔액	15,000	대기	?
차기	120,000		
기말잔액	25,000		

제조간접원가

차기	230,000	대기	?

재공품

기초잔액	20,000	대기	470,000
직접재료원가	90,000		
직접노무원가	150,000		
제조간접원가	240,000		
기말잔액	?		

미지급급여

차기	185,000	기초잔액	9,000
		대기	180,000
		기말잔액	4,000

제품

기초잔액	40,000	대기	?
차기	?		
기말잔액	60,000		

매출원가

차기	?		

요구사항:

1. 당기에 제품 생산에 투입한 원재료는 얼마인가?
2. 요구사항 1에서 계산한 원재료 중 간접재료원가는 얼마인가?
3. 노무원가 중 간접노무원가는 얼마인가?
4. 당기제품제조원가는 얼마인가?
5. 제조간접원가 배부차이가 조정되기 전 매출원가는 얼마인가?
6. 제조간접원가가 직접노무원가를 기준으로 배부된다고 가정할 때 제조간접원가 예정배부율은 얼마인가?
7. 제조간접원가 배부차이를 계산하시오.
8. 기말재공품 기말잔액은 얼마인가? 이 기말재공품에 당기에 발생한 제조원가만 투입되었고 기말재공품의 직접노무원가가 $8,000이라면 기말재공품에 포함된 직접재료원가와 제조간접원가는 각각 얼마인가?

문제 3-12 제조간접원가 예정배부율, 제조간접원가 배부차이의 배부 [학습목표 3-4]

Luzadis Company는 최신 자동화설비를 이용하여 가구를 생산한다. 회사는 기계시간을 기준으로 제조간접원가를 배부하는 개별원가시스템을 사용한다. 제조간접원가 예정배부율 계산을 위한 기계시간은 75,000시간, 제조간접원가는 $900,000로 예상된다.

당기에 가구시장의 공급과잉으로 생산이 감소하고 창고에 재고가 과다하게 쌓이게 되었다. 당기의 회사의 영업과 관련한 실제자료는 다음과 같다.

기계시간	60,000
제조간접원가	$850,000
기말재고	
원재료	$30,000
재공품(간접원가 $36,000 포함)	$100,000
제품(간접원가 $180,000 포함)	$500,000
매출원가(간접원가 $504,000 포함)	$1,400,000

요구사항:

1. 제조간접원가 배부차이를 계산하시오.
2. 제조간접원가 배부차이를 매출원가로 조정한다고 가정하고, 이를 위한 분개를 제시하시오.
3. 제조간접원가 배부차이를 (원가요소별) 비례배분법에 의해 기말 재공품, 기말 제품과 매출원가로 배분한다고 가정할 때, 이를 위한 분개를 제시하시오.
4. 제조간접원가 배부차이에 대한 처리 방법(요구사항 2, 3)에 따른 영업이익의 변화를 설명하시오.

문제 3-13 제조원가명세서, 매출원가명세서, 손익계산서 [학습목표 3-3]

다음은 Superior Company의 12월 31일의 계정과목의 잔액이다. (모든 원재료는 직접재료이다.)

판매비	$140,000
원재료 매입액	$290,000
직접노무원가	?
관리비	$100,000
재공품에 배부된 제조간접원가	$285,000
실제 제조간접원가	$270,000

기초와 기말의 재고자산 금액은 다음과 같다.

	기초	기말
원재료	$40,000	$10,000
재공품	?	$35,000
제품	$50,000	?

당기총제조원가는 $683,000이며, 판매가능제품합계는 $740,000, 제조간접원가 배부차이를 조정하기 전의 매출원가는 $660,000이고, 영업이익은 $30,000이다. 회사는 제조간접원가 배부차이를 전액 매출원가로 조정한다.

요구사항:

제조원가명세서, 매출원가명세서, 손익계산서를 작성하시오. (힌트: 제조원가명세서를 먼저 작성한 후에 매출원가명세서와 손익계산서를 작성하시오.)

문제 3-14 제조원가명세서의 작성, 간접원가의 분석 [학습목표 3-3, 3-4]

Gitano Products는 사용된 직접재료원가(원재료 매입액이 아님)를 기준으로 제조간접원가를 계산하는 개별원가계산 시스템을 사용한다. 기초에 $500,000의 직접재료원가, $800,000의 제조간접원가를 예상하였다. 관련 자료는 다음과 같다.

원재료 매입액		$510,000
직접노무원가		$90,000
제조간접원가		
간접노무원가		$170,000
재산세		$48,000
기계장비 감가상각비		$260,000
수선유지비		$95,000
보험료		$7,000
건물 임차료		$180,000
	기초	**기말**
원재료	$20,000	$80,000
재공품	$150,000	$70,000
제품	$260,000	$400,000

요구사항:

1. 당기의 제조간접원가 예정배부율을 계산하시오.
2. 제조간접원가 배부차이를 계산하시오.
3. 당기의 제조원가명세서를 작성하시오. 모든 원재료는 직접재료로 사용되었다고 가정하시오.
4. 제조간접원가 배부차이를 조정하기 전 매출원가는 얼마인가? 제조간접원가 배부차이를 조정하는 방법에 대해 설명하시오.
5. 기말 재공품의 원가($70,000)와 관련한 아래의 표를 완성하시오. 직접재료원가는 $24,000가 포함되어 있다고 가정한다.

직접재료원가	$24,000
직접노무원가	?
제조간접원가	?
기말재공품원가	$70,000

문제 3-15 분개, T-계정, 재무제표 [학습목표 3-1, 3-2, 3-3, 3-4, 3-5, 3-6, 3-7]

Norway의 Bergen에 위치한 Froya Fabrikker A/S는 원유 시추용 특수장비를 생산한다. 이 회사는 직접노무시간을 기준으로 제조간접원가를 계산하는 개별원가계산시스템을 사용한다. 제조간접원가 예정배부율을 계산하기 위해 900시간의 직접노무시간과 $360,000의 제조간접원가를 예상하였다. 당기의 거래와 관련한 자료는 다음과 같다. (모든 거래는 외상으로 이루어졌다고 가정한다.)

a. 당기의 원재료 매입액: $200,000
b. 제품 생산을 위해 투입한 원재료(모두 직접재료원가임): $185,000
c. 수도광열비: $70,000 (90%는 공장에서 발생, 나머지는 본사 사무실과 관련됨)
d. 인건비 자료는 다음과 같다.

직접노무원가 (975 노무시간)	$230,000
간접노무원가	$90,000
판매관리 직원의 임금	$110,000

e. 공장의 수선유지비: $54,000
f. 광고선전비: $136,000
g. 당기 감가상각비: $95,000
(80%는 공장 설비 관련 감가상각비이며, 나머지는 판매관리활동과 관련된 것임)
h. 건물 임차료: $120,000 (85%는 공장과 관련됨)
i. 제조간접원가 배부액: $____?____
j. 당기제품제조원가: $770,000
k. 당기의 매출액은 $1,200,000이며, 판매된 제품의 작업원가표상의 원가는 $800,000이다.
재고자산의 기초 잔액은 다음과 같다.

원재료	$30,000
재공품	$21,000
제품	$60,000

요구사항:

1. 위에 제시된 사건들을 분개하시오.
2. 기초 잔액에 유의하여 T-계정을 작성하시오. 제조간접원가와 재고자산의 기말잔액을 계산하시오.
3. 제조원가명세서를 작성하시오.
4. 제조간접원가 배부차이를 매출원가로 조정하기 위한 분개를 제시하고 매출원가명세서를 작성하시오.
5. 당기의 손익계산서를 작성하시오.

문제 3-16 종합문제 [학습목표 3-1, 3-2, 3-4]

중국 광동성에 위치한 Gold Nest Company는 새장을 만드는 회사이다. Gold Nest Company는 다양한 종류의 새장을 만들어 판매상에게 판매한다. 회사는 현금으로만 거래를 하며 외상거래는 하지 않는다.

회사는 직접노무원가를 기준으로 제조간접원가를 배부하는 개별원가계산 시스템을 사용한다. 회사는 기초에 $200,000의 직접노무원가를 예상하고 있으며, 제조간접원가는 $330,000로 예상하고 있다. 기초 재고자산 관련 자료는 다음과 같다.

원재료	$25,000
재공품	$10,000
제품	$40,000

당기의 거래는 다음과 같다.

a. 원재료 현금 매입액: $275,000
b. 생산에 사용한 원재료: $280,000 (직접재료원가는 $220,000이며, 나머지는 간접재료원가임)
c. 당기에 종업원과 관련하여 발생한 원가

직접노무원가	$180,000
간접노무원가	$72,000
판매수수료	$63,000
사무직 급여	$90,000

d. 당기 임차료: $18,000 (이 중 공장 임차료는 $13,000이며, 나머지는 판매관리활동을 위한 사무실 임차료임)
e. 공장 수도광열비: $57,000
f. 광고선전비: $140,000
g. 감가상각비: $100,000
(공장과 관련된 감가상각비는 $88,000이며, 나머지는 판매관리를 위한 사무실의 감가상각비임)
h. 제조간접원가 배부액: $___?___
i. 작업원가표 상의 당기에 완성된 제품의 원가: $675,000
j. 당기 (현금) 매출액: $1,250,000 (작업원가표상의 판매된 제품 관련 제조원가는 $700,000임)

요구사항:

1. 위의 내역을 분개하시오.
2. 재고자산, 제조간접원가, 매출원가에 관한 T-계정을 작성하시오. 기초잔액에 주의하여 각 계정의 기말잔액도 계산하시오.
3. 제조간접원가 배부차이는 얼마인가? 제조간접원가 배부차이를 매출원가로 조정하기 위한 분개를 제시하시오.
4. 당기의 손익계산서를 작성하시오. (제조원가명세서를 작성하지 마시오. 손익계산서에 필요한 자료는 위에서 수행한 분개와 T-계정을 이용하시오.)

문제 3-17 원가의 흐름, T-계정, 손익계산서 [학습목표 3-1, 3-2, 3-5, 3-6, 3-7]

Supreme Videos Inc.는 뮤직비디오를 제작하여 판매한다. 회사의 기초 재무상태표는 다음과 같다.

Supreme Videos, Inc. 재무상태표 1월 1일		
자산		
유동자산		
현금		$ 63,000
매출채권		102,000
재고자산		
원재료(필름, 의상)	$ 30,000	
재공품	45,000	
제품	81,000	156,000
선급보험료		9,000
유동자산합계		330,000
설비	730,000	
(감가상각누계액)	210,000	520,000
자산 합계		$850,000
부채와 자본		
매입채무		$160,000
자본금	$420,000	
이익잉여금	270,000	690,000
부채와 자본 합계		$850,000

제작하는 비디오의 길이와 복잡함이 다르기 때문에 회사는 각각의 비디오 제작원가를 결정하기 위해 개별원가계산 시스템을 사용한다. 작업실의 간접원가는 카메라 작업시간을 기준으로 배부된다. 회사는 당기초에 7,000시간의 카메라작업시간을 예상하였고, 이를 통해 $280,000의 작업실 간접원가를 예상하였다. 당기에 발생한 원가와 관련된 자료는 다음과 같다.

a. 필름, 의상 등의 원재료 매입액: $185,000
b. 원재료의 생산 투입액: $200,000 (직접원가: 85%, 간접원가: 15%)
c. 작업실 수도광열비: $72,000
d. 작업실, 카메라와 기타장비의 감가상각비: $84,000
(3/4는 실제비디오제작에 사용되었으나, 1/4는 판매관리에 사용되는 장비의 감가상각비임)
e. 광고선전비: $130,000
f. 인건비 발생액은 다음과 같다.

직접노무원가(감독자와 배우)	$82,000
간접노무원가(세트작업자, 의상코디 등)	$110,000
사무실 관리직원 급여	$95,000

g. 선급보험료 중 기간경과분: $7,000
(80%만이 비디오제작과 관련한 비용이며, 그 외는 판매관리활동에 관련됨)
h. 기타판매관리비: $8,600
i. 당기 중 카메라 작업시간은 7,250시간임.
j. 작업원가표상의 당기제품제조원가는 $550,000임.
k. 당기의 매출액은 $925,000이며, 판매된 제품의 제조원가는 $600,000임

l. 매출채권 중 당기에 현금으로 회수된 금액: $850,000
m. 매입채무 중 당기에 현금으로 지급한 금액: $500,000, 당기에 발생한 급여 중 현금으로 지급한 금액: $285,000

요구사항:

1. 기초 재무상태표를 참고하여 관련 계정과목의 T-계정을 작성하시오.
2. (a)~(m)의 내용을 T-계정에 전기하시오. 기말잔액도 제시하시오.
3. 제조간접원가 배부차이가 존재하는가? 제조간접원가 배부차이를 매출원가로 조정한다고 가정하고 전기하시오. (제조간접원가와 매출원가 계정)
4. 제조원가명세서를 작성하시오. 당기제품제조원가는 위의 분개와 일치하는가?
5. 매출원가명세서를 작성하시오. 조정전 매출원가는 위의 분개와 일치하는가?
6. 당기의 손익계산서를 작성하시오.

사례

사례 3-18 경영자와 윤리 [학습목표 3-4]

Terri Ronsin은 최근에 National Home Products의 가정보안시스템부서로 회계책임자로 옮겼다. 얼마 되지 않아 그녀는 다음 연도의 예정배부율을 예상하여 알려달라는 요청을 받았다. 이 회사는 직접노무시간을 기준으로 제조간접원가를 배부하고 있으며 제조간접원가 배부차이는 매출원가로 조정하고 있다.

제조간접원가 예정배부율을 계산하기 위해, Terri는 생산관리자가 예상한 총제조간접원가를 예상 직접노무시간으로 나누었다. 그녀는 이 값을 총책임자에게 보여주고 승인을 받으려고 했다. 그러나 그가 제시한 조정안을 보고 상당히 놀랐다. Home Security Systems Division의 총책임자인 Harry Irving과 그녀와의 대화 내용은 다음과 같다.

Ronsin: 제가 계산한 차기년도의 제조간접원가 예정배부율입니다. 당신이 승인해 주신다면, 1월초에 이 배부율을 입력하여 개별원가계산시스템을 즉시 가동할 수 있을 것입니다.

Irving: 빠르게 계산해 주셔서 고마워요. 잘하셨네요. 그런데, 조금 수정을 해주시면 좋겠네요. 총 노무시간인 440,000시간을 420,000시간으로 줄이는 것은 어떨까요?

Ronsin: 저에게 그런 권한이 있는지 잘 모르겠습니다. 생산관리자는 차기년도의 예상판매량을 달성하기 위해서는 연간 440,000시간이 필요하다고 하였습니다. 게다가, 당기의 직접노무시간도 이미 430,000시간을 초과했고, 내년에는 더 높은 매출을 계획하고 있는 것으로 알고 있습니다.

Irving: Terri씨, 저도 알고 있습니다. 그렇지만, 저는 직접노동시간을 대략 420,000시간으로 줄였으면 합니다. 아직 잘 모르시겠지만, 그동안 예상 직접노무시간의 5% 이상을 줄여서 계산해 왔습니다. 그렇게 하면 연말에 영업이익이 증가하는 결과가 나타납니다. 우리는 그것을 성탄 보너스라고 불러왔지요. 그동안 계속 그렇게 해왔으니 이번에도 그렇게 해주면 좋겠군요.

요구사항:

1. 제조간접원가 예정배부율 계산의 기준 자료인 직접노무시간을 5% 감소시킴으로써, 영업이익이 어떻게 증가하는지 설명하시오.
2. Terri가 총책임자의 요구에 순응하여 제조간접원가 예정배부율에 사용되는 직접노무시간을 420,000 시간으로 줄여야 하는가?

부록 3A: 엑셀을 이용한 개별원가계산

학습목표 3-5

엑셀을 이용하여 개별원가계산에서의 원가의 흐름을 정리할 수 있다.

부록에서는 마이크로소프트 엑셀을 이용하여 개별원가계산 시스템하에서 거래가 회사의 재무상태표에 어떻게 영향을 미치는지를 설명한다. 본 장의 본문에서는 거래의 기록을 위한 분개에 초점을 맞추었지만, 부록에서는 분개를 이용하지 않고 거래가 재무상태표에 어떤 영향을 미치는지를 분석함으로써 여러분의 경영관리 기술 향상에 도움을 주고자 한다.

본격적으로 예제를 살펴보기 전에, 기본적인 2개의 회계 등식과 3가지 핵심 가정에 대해 살펴보자.

기본 회계등식

재무상태표는 복식부기의 기반이 되는 다음의 회계등식에 따라 작성된다.

자산 = 부채 + 자본

부록에서 사용하는 엑셀 스프레드시트에는 항상 하나의 열에 "=" 표시가 되어 있을 것이다. "=" 표시를 기준으로 왼쪽에 있는 계정은 자산 계정이고, 오른쪽에 있는 계정은 부채와 자본 계정이다. 모든 거래를 분석하여 기록한 뒤 살펴보면, 왼쪽에 있는 금액의 합계와 오른쪽에 있는 금액의 합계는 항상 같아야 한다.

두 번째 기본적인 회계등식은 재무상태표의 이익잉여금에 대한 것이다. 기말 이익잉여금은 다음의 식을 이용하여 계산한다.

기말 이익잉여금 = 기초 이익잉여금 + 당기순이익 − 배당금

이 등식은 재무상태표와 손익계산서의 관계를 강조한다. 손익계산서의 당기순이익은 재무상태표의 이익잉여금에 반영된다. 따라서, 엑셀을 이용한 접근법에서 수익 또는 비용 관련 항목은 재무상태표의 이익잉여금에 기록될 것이다.

3가지 핵심 가정

본 부록의 예와 관련한 첫 번째 가정은 제조간접원가는 항상 예정배부율을 이용하여 배부한다는 점이다. 즉, 제조간접원가 계정과 관련하여 본문에서 설명한 동일한 방법을 엑셀 스프레드시트에서도 적용할 것이다. 두 번째 가정은 제조간접원가 배부차이(과소배부 또는 과대배부)는 매출원가에서 전액 조정한다는 점이다. 당기순이익은 재무상태표의 이익잉여금에 반영되므로 제조간접원가 배부차이는 이익잉여금에 반영하여 마감할 것이다. 세 번째 가정

은 엑셀에서 거래를 기록할 때 재무상태표 계정의 증가는 양수로 기록하고, 감소는 음수(괄호로 표시)로 기록한다는 점이다. 이 점은 본문에서 설명한 일반적인 복식부기 방식(차변과 대변을 이용)과 다르지만 이해를 돕기 위한 대안적인 방법이다. 양수와 음수를 이용함으로써 각 거래가 재무상태표 계정을 증가시키는지 또는 감소시키는지를 명확하게 결정할 수 있을 것이다.

사파이어사의 예—준비

사파이어사는 개별원가계산을 이용하고 있다. 1월초의 재무상태표는 다음과 같다.[3]

사파이어사 재무상태표 1월 1일 현재		
자산		
현금		$ 215,000
재고자산		
원재료	$ 8,000	
재공품	5,000	
제품	13,000	26,000
선급비용		3,000
유형자산(순액)		240,000
자산합계		$484,000
부채와 자본		
매입채무		$ 4,000
이익잉여금		480,000
부채와 자본 합계		$484,000

도표 3A–1의 엑셀스프레드시트에서 제일 상단에 입력된 숫자는 재무상태표 상의 1월초의 금액이다. "J"행의 "=" 표시(셀 J5, J6)를 기준으로 왼쪽 금액의 합계와 오른쪽 금액의 합계는 항상 일치해야 한다.

도표 3A-1 사파이어사: 거래 분석

	A	B	C	D	E	F	G	H	I	J	K	L
1					사파이어사의							
2					거래분석							
3					1월 1일~1월 31일							
5	거래		현금	원재료	재공품	제품	제조간접원가	선급비용	유형자산(순액)	=	매입채무	이익잉여금
6		기초잔액	$ 215,000	$ 8,000	$ 5,000	$ 13,000	$ -	$ 3,000	$240,000	=	$ 4,000	$ 480,000
7												

Exhibit 3A-1 / Exhibit 3A-2 / Exhibit 3A-3 / Exhibit 3A-4 / Exhibit 3A-5

3 예시를 최대한 단순화하기 위해 자본에서 보통주자본금을 제외하였다.

또한 1월초의 재무상태표에는 포함되어 있지 않은 제조간접원가 계정이 추가되어 있음을 주의해야 한다. 본문에서 설명했듯이 제조간접원가는 기말에 잔액이 "0"으로 마감되는 계정이다. 이 제조간접원가 계정은 배부된 제조간접원가와 실제 발생한 제조간접원가를 기록하는 데 사용할 것이다. 배부된 제조간접원가와 실제 발생한 제조간접원가의 차이는 제조간접원가 배부차이(과소배부 또는 과대배부)를 의미한다.

마지막으로 예시를 단순화시키기 위해 유형자산은 감가상각누계액을 차감한 순유형자산으로 기록한다.

사파이어사의 예 — 거래 분석

본 부록은 3단계로 구성한다. 첫째, 사파이어사에서 1월달에 발생한 거래를 나열한다. 둘째, 각 거래를 스프레드시트에 기록한다. 셋째, 이 정보를 이용하여 제조원가명세서, 매출원가명세서, 손익계산서를 어떻게 작성하는지를 설명한다.

사파이어사의 제조간접원가는 $100,000로 예상되며, 예상되는 직접노무시간은 4,000시간이다. 이를 이용하여 계산한 제조간접원가 예정배부율은 직접노무시간당 $25이다. 1월 한 달 동안 다음과 같은 거래가 발생하였다.

a. 원재료 $80,000를 외상으로 구입하였다.
b. 한달간 사용한 원재료는 $78,000이다.
   ($70,000는 직접재료원가이며 $8,000는 간접재료원가이다.)
c. 종업원에 대한 급여 $135,000를 현금으로 지불하다.
   (직접노무원가 $68,000, 간접노무원가 $45,000, 판매관리비 성격의 급여 $22,000)
d. 공장에서 발생한 수도광열비 $15,000을 현금으로 지불하다.
e. 유형자산에 대한 감가상각비는 $40,000이다. (70%는 공장, 30%는 본사와 관련된 것이다.)
f. 광고비로 현금 $18,000을 지불하였다.
g. 한달간 보험료는 $1,000이다. (80%는 공장, 20%는 본사와 관련된 것이다. 보험료는 미리 지불하여 선급비용으로 계상되어 있다.)
h. 제조간접원가 배부액은 $102,500이다. 이 금액은 한달간 실제 노무시간 4,100시간에 직접노무시간당 제조간접원가 예정배부율 $25를 곱한 금액이다.
i. 당기제품제조원가는 $235,000이다.
j. 매출액은 $320,000이며 현금으로 수취하였다.
k. 매출원가는 $245,000이다.
l. 매입채무 $77,000를 현금으로 상환하였다.
m. 제조간접원가 과대배부액 $5,700을 매출원가에서 조정하여 마감하였다.

도표 3A-2는 각 거래를 엑셀 스프레드시트에 기록한 것이다. 각 거래에 대한 설명은 다음과 같다. (괄호는 각 거래별로 스프레드시트의 열 번호를 표시한 것이다.)

a. (7열) 원재료 $80,000를 외상으로 구입하면 원재료와 매입채무가 각각 $80,000 증가한다.

b. (8열) 원재료를 사용했으므로 원재료 $78,000가 감소한다. 직접재료원가 $70,000는 재공품에 추가되고, 간접재료원가 $8,000는 제조간접원가에 추가된다. 실제 발생한 제조간접원가는 재공품에 직접 반영되지 않는다는 점에 주의하자. 재공품에 추가되는 제조간접원가는 실제 발생액이 아니라 예정배부율을 이용해 계산한 제조간접원가 예정배부액이다.

c. (9열) 종업원에게 급여를 현금으로 지급했으므로 현금 $135,000가 감소한다. 직접노무원가 $68,000는 재공품에 추가되고, 간접노무원가 $45,000는 제조간접원가에 추가된다. 판매관리비 성격의 급여 $22,000는 제조원가가 아닌 기간원가 성격으로 1월의 손익계산서에 반영되어야 할 비용이므로 이익잉여금을 감소시킨다.

d. (10열) 공장에서 발생한 수도광열비 $15,000는 제조원가 성격이다. 실제 발생한 제조간접원가이므로 제조간접원가에 추가하고 현금으로 지불하였으므로 $15,000의 현금을 감소시킨다.

e. (11열) 유형자산에 대한 감가상각비는 유형자산(순액)을 $40,000 감소시킨다. 이는 감가상각누계액을 증가시키는 것과 동일한 효과이다. 공장과 관련한 감가상각비 $28,000는 제조원가이므로 제조간접원가에 추가하고, 본사와 관련한 감가상각비는 판매비와관리비 성격의 비용이므로 이익잉여금을 감소시킨다.

f. (12열) 광고비 현금 지출액 $18,000은 현금과 이익잉여금을 감소시킨다.

g. (13열) 한달간 발행한 보험료 $1,000만큼 선급비용을 감소시킨다. 공장과 관련한 보험료 $800는 제조간접원가에 추가하고, 본사와 관련한 보험료 $200는 판매비와관리비 성격의 비용이므로 이익잉여금을 감소시킨다.

h. (14열) 제조간접원가 배부액 $102,500는 재공품 계정을 증가시키고 제조간접원가 계정을 감소시킨다. 재공품에 배부되는 제조간접원가는 예정배부율을 이용한다는 점을 명심하자. 실제 발생한 제조간접원가는 재공품 계정에 기록되지 않는다. 기말에 집계된 실제 발생한 제조간접원가 합계와 예정배부된 제조간접원가를 비교하여 배부차이를 조정하는 것이다.

i. (15열) 당기제품제조원가는 당기중에 작업이 완료되어 재공품 계정에서 제품 계정으로 이전된 금액을 의미한다. 당기제품제조원가 $235,000만큼 재공품 계정을 감소시키고, 제품 계정을 증가시킨다.

j. (16열) 현금 매출액 $320,000는 현금과 이익잉여금을 증가시킨다.

k. (17열) 매출원가 $245,000만큼 제품을 감소시키고 이익잉여금을 감소시킨다.

l. (18열) 매입채무 $77,000를 현금으로 상환하면 현금과 매입채무를 감소시킨다.

m. (19열) 재공품에 배부된 제조간접원가 $102,500는 실제 발생한 제조간접원가의 합계 $96,800(= $8,000 + $45,000 + $15,000 + $28,000 + $800)보다 $5,700 더 크다. 즉, 제조간접원가 배부차이는 $5,700이며 과대배부되었다. 따라서 잔액을 0으로 마감하기 위해 제조간접원가를 $7,500 증가시키고, 이익잉여금을 증가시킨다. 제조간접원가 과대배부액을 매출원가에서 전액 조정하므로 매출원가를 감소시키고, 이에 따라 이익잉여금이 증가하는 것이다.

도표 3A-2 사파이어사: 거래 분석 결과

	A	B	C	D	E	F	G	H	I	J	K	L
1		사파이어사의										
2		거래분석										
3		1월 1일~1월 31일										
5	거래		현금	원재료	재공품	제품	제조간접원가	선급비용	유형자산 (순액)	=	매입채무	이익 잉여금
6		기초잔액	$ 215,000	$ 8,000	$ 5,000	$ 13,000	$ -	$ 3,000	$240,000	=	$ 4,000	$ 480,000
7	(a)	원재료 구입		80,000						=	80,000	
8	(b)	원재료 사용		(78,000)	70,000		8,000			=		
9	(c)	급여	(135,000)		68,000		45,000			=		(22,000)
10	(d)	수도광열비	(15,000)				15,000			=		
11	(e)	감가상각비					28,000		(40,000)	=		(12,000)
12	(f)	광고비	(18,000)							=		(18,000)
13	(g)	보험료					800	(1,000)		=		(200)
14	(h)	제조간접원가 배부			102,500		(102,500)			=		
15	(i)	당기제품제조원가			(235,000)	235,000				=		
16	(j)	매출액	320,000							=		320,000
17	(k)	매출원가				(245,000)				=		(245,000)
18	(l)	채무 상환	(77,000)							=	(77,000)	
19	(m)	과대배부 제조간접원가					5,700			=		5,700
20		기말잔액	$ 290,000	$ 10,000	$ 10,500	$ 3,000	$ -	$ 2,000	$200,000	=	$ 7,000	$ 508,500
21												

Exhibit 3A-1 | Exhibit 3A-2 | Exhibit 3A-3 | Exhibit 3A-4 | Exhibit 3A-5

모든 거래에 대한 기록을 마친 후, 스프레드시티의 맨 아래 열(열 20)에 각 계정별 잔액을 계산하면 1월 31일자 재무상태표를 작성할 수 있다.

사파이어사의 예 — 제조원가명세서와 매출원가명세서

거래를 기록한 도표 3A-2는 제조원가명세서를 작성하는데 이용된다. 도표 3A-3은 사파이어사의 제조원가명세서이다. 괄호 안의 표시는 도표 3A-2의 연결된 셀 번호이다.

도표 3A-3의 최종 수치인 당기제품제조원가 $235,000는 거래 (i)에 해당하며 도표 3A-2의 15열에 해당한다.

도표 3A-4는 사파이어사의 매출원가명세서이며, 괄호 안의 표시는 도표 3A-2의 연결된 셀 번호이다. 매출원가명세서에서 과대배부된 제조간접원가 $5,700를 조정전 매출원가에서 차감하였다. 이는 실제 발생한 제조간접원가보다 더 많은 금액이 제조원가에 포함되어있으며, 따라서 매출원가가 과대계상되어 있다는 의미이다. 이를 조정하기 위해 도표 3A-2에서 과대계상된 제조간접원가 $5,700만큼 이익잉여금을 증가시킨다. 그 이유는 매출원가가 감소하면 당기순이익이 증가하고 이는 곧 이익잉여금이 증가로 반영되기 때문이다.

사파이어사의 예 — 손익계산서

도표 3A-5는 사파이어사의 1월 한달간의 손익계산서이다. 매출액과 판매비와관리비는 도표 3A-2의 거래 분석 내용을 참고할 수 있도록 셀 번호를 괄호 안에 표시하였다. 매출원가 $239,300의 계산과정은 도표 3A-4의 매출원가명세서에서 확인할 수 있다.

도표 3A-3 제조원가명세서(사파이어사)

	A	B	C	D
1	사파이어사			
2	제조원가명세서			
3	1월 1일~1월 31일			
5	기초 재공품 재고 (E6)			$ 5,000
6	직접재료원가:			
7	기초 원재료 재고 (D6)	$ 8,000		
8	가산: 원재료 매입 (D7)	80,000		
9	총 사용 가능한 원재료	88,000		
10	차감: 기말 원재료 재고 (D20)	10,000		
11	생산에 사용된 원재료	78,000		
12	차감: 간접재료원가 (제조간접원가에 포함) (G8)	8,000		
13	제조에 투입된 직접재료원가		$ 70,000	
14	직접노무원가 (E9)		68,000	
15	재공품에 배부된 제조간접원가 (E14)		102,500	
16	당기총제조원가			240,500
17	합계			245,500
18	차감: 기말 재공품 재고 (E20)			10,500
19	당기제품제조원가			$ 235,000
20				

Exhibit 3A-1 | Exhibit 3A-2 | Exhibit 3A-3 | ...

도표 3A-4 매출원가명세서(사파이어사)

	A	B
1	사파이어사의	
2	매출원가명세서	
3	1월 1일~1월 31일	
5	기초 제품 재고 (F6)	$ 13,000
6	가산: 당기제품제조원가 (F15)	235,000
7	판매가능 제품	248,000
8	차감: 기말 제품 재고 (F20)	3,000
9	조정전 매출원가	245,000
10	차감: 과대배부된 제조간접원가 조정 (G19)	5,700
11	조정후 매출원가	$ 239,300
12		

Exhibit 3A-1 | Exhibit 3A-2 | Exhibit 3A-3 | Exhibit 3A-4 | Exhibit 3A-5

도표 3A-5 손익계산서(사파이어사)

	A	B	C
1	사파이어사의		
2	손익계산서		
3	1월 1일~1월 31일		
5	매출액 (L16)		$ 320,000
6	매출원가		239,300
7	매출총이익		80,700
8	판매비와 관리비		
9	급여 (L9)	$ 22,000	
10	감가상각비 (L11)	12,000	
11	광고비 (L12)	18,000	
12	보험료 (L13)	200	52,200
13	영업이익		$ 28,500
14			

Exhibit 3A-1 | Exhibit 3A-2 | Exhibit 3A-3 | Exhibit 3A-4 | Exhibit 3A-5

Chapter 4

종합원가계산

©lev radin/Shutterstock.com

학습목표

4장을 공부한 후에 다음을 할 수 있어야 한다.

학습목표 4-1 종합원가계산에서 직접재료원가, 직접노무원가, 제조간접원가의 흐름을 기록할 수 있다.

학습목표 4-2 가중평균법을 이용하여 완성품환산량을 계산할 수 있다.

학습목표 4-3 가중평균법을 이용하여 완성품환산량 단위당 원가를 계산할 수 있다.

학습목표 4-4 가중평균법을 이용하여 원가를 배분할 수 있다.

학습목표 4-5 가중평균법을 이용한 원가계산보고서를 작성할 수 있다.

학습목표 4-6 (부록 4A) 선입선출법을 이용하여 완성품환산량을 계산할 수 있다.

학습목표 4-7 (부록 4A) 선입선출법을 이용하여 완성품환산량 단위당 원가를 계산할 수 있다.

학습목표 4-8 (부록 4A) 선입선출법을 이용하여 원가를 배분할 수 있다.

학습목표 4-9 (부록 4A) 선입선출법을 이용한 원가계산보고서를 작성할 수 있다.

학습목표 4-10 (부록 4B) 직접배부법을 이용하여 보조부문의 원가를 제조부문에 배부할 수 있다.

학습목표 4-11 (부록 4B) 단계배부법을 이용하여 보조무분의 원가를 제조부문에 배부할 수 있다.

P&G의 원가 계산

BUSINESS FOCUS

Procter & Gamble (P&G)의 바운티 종이 타월은 두 개의 공정(메이킹, 컨버팅)을 통해 생산된다. 메이킹 공정에서는 나무 펄프를 종이로 가공한 후에 2,000 파운드의 원통모양으로 감는다. 컨버팅 공정에서는 기계를 이용하여 2,000 파운드짜리 종이가 감긴 원통을 맞대어 양면으로 풀면서 천공과 양각처리를 한다. 이 공정을 통해 완성된 커다란 종이 타월은 원통형의 코어를 중심으로 감아 8피트의 길이로 절단한다. 그 후에 포장과 배송을 위한 컨베이어로 보내진다.

이러한 제조 환경에서는 원가를 개별적인 제품 단위별로 쉽게 추적할 수 없다. 대신 제품이 동일하기 때문에 메이킹 공정에서 발생하는 총원가를 2,000 파운드의 원통에 균일하게 할당할 수 있다. 마찬가지로 컨버팅 공정에서 발생한 총원가(메이킹 공정에서 이전된 원가를 포함)는 바운티 종이 타월 생산량에 균일하게 할당할 수 있다.

P&G는 타이드 세제, 크레스트 치약, 식기 세척액 등과 같은 제품들에 이와 유사한 원가계산 방법을 이용한다. ■

Source: Conversation with Brad Bays, formerly a Procter & Gamble financial executive.

개별원가계산(job-order costing)과 종합원가계산(process costing)은 제품 단위당 원가를 계산하기 위한 일반적인 방법들이다. 앞 장에서 살펴본 개별원가계산은 각 기간별로 다양한 종류의 작업이 있는 경우에 이용된다. 개별원가계산을 이용하는 산업의 예로는, 주로 주문생산을 통해 다양한 종류를 생산하는 가구 제조업, 특별주문 인쇄업, 조선업과 다양한 유형의 서비스조직 등이 있다.

이와는 대조적으로, **종합원가계산**은 벽돌, 탄산음료 혹은 종이와 같이 원재료를 이용하여 동일한 제품을 연속적으로 대량 생산하는 산업에 흔히 이용된다. 종합원가계산을 이용하는 기업의 예로는, **Reynolds Consumer Products**(알루미늄), **Scott Paper**(화장실 휴지), **General Mills**(밀가루), **ExxonMobil**(휘발유 및 윤활유), **Coppertone**(자외선 차단제) 및 **Kellogg**(씨리얼) 등이 있다. 종합원가계산은 조립공정이 있는 기업에서도 이용되며 가스, 수도, 전기를 생산하는 공정에서도 이용된다.

이 장의 목적은 종합원가계산에서 제품원가가 어떻게 계산되는지를 이해하는데 있다.

개별원가계산과 종합원가계산의 비교

종합원가계산은 개별원가계산과 어떤 면에서는 매우 유사하지만, 어떤 면에서는 매우 다르다. 이 두 가지 원가계산시스템의 유사점과 차이점을 이해한다면 종합원가계산을 이해하는데 도움이 될 것이다.

개별원가계산과 종합원가계산의 유사점

원가계산과 원가 흐름에 대해 앞 장에서 학습했던 대부분의 내용이 이번 장의 종합원가계산에도 동일하게 적용된다. 개별원가계산과 종합원가계산의 유사점은 다음과 같이 요약할 수 있다.

1. 두 시스템은 기본 목적이 동일하다. 즉, 직접재료원가, 직접노무원가, 제조간접원가를 제품에 할당하고 제품 단위당 원가를 계산하는데 목적이 있다.
2. 두 시스템은 제조간접원가, 원재료, 재공품 및 제품과 같은 동일한 원가 계정을 이용한다.
3. 기본적인 제조원가의 흐름은 두 시스템 모두 동일하다.

이처럼 지금까지 학습한 대부분의 원가 지식은 종합원가계산에도 적용된다. 이번 장에서는 지금까지 학습한 내용을 종합원가계산 방식에 맞게 변형하고 확장할 것이다.

개별원가계산과 종합원가계산의 차이점

도표 4-1은 개별원가계산과 종합원가계산의 세 가지 차이점을 요약한 것이다. 첫째, 종합원가계산은 동일한 제품을 연속적으로 생산하는 경우에 이용된다. 반면, 개별원가계산은 차별화된 작업을 요하는 서로 다른 다양한 제품을 생산하는 경우에 이용된다. 둘째, 종합원가계산 하에서는 개별원가계산에서 했던 특정 고객의 주문에 대한 직접재료원가, 직접노무원가, 제조간접원가를 식별하려는 노력을 하지 않는다. 왜냐하면, 각 주문은 동일한 많은 제품 중 하나일 뿐이기 때문이다. 따라서, 종합원가계산은 주문별이 아니라 공정별로 원가를 집계하고, 이 원가들을 당기에 공정을 거쳐간 모든 단위에 균등하게 할당한다. 셋째, 종합원가계산은 공정별로 단위당 원가를 계산한다. 이것은 개별원가계산이 작업원가표를 통해 작업별로 단위당 원가를 계산했던 것과 차이가 있다.

도표 4-1
개별원가계산과 종합원가계산의 차이점

개별원가계산	종합원가계산
1. 각 기간 동안 다양한 종류의 제품을 생산하는 다양한 작업들이 수행된다. 2. 원가는 개별 작업별로 집계된다. 3. 단위당 원가는 각 작업별로 작업원가표를 통해 계산된다.	1. 연속적으로 혹은 장기적으로 단일 제품이 생산된다. 모든 제품단위는 동질적이다. 2. 원가는 공정별로 집계된다. 3. 단위당 원가는 공정별로 계산된다.

종합원가계산의 원가흐름

종합원가계산의 구체적인 예를 살펴보기 전에 종합원가계산에서 제조원가가 어떻게 흘러가는지를 살펴보면 도움이 될 것이다.

공정부문

공정부문(processing department)은 제품에 대한 작업이 수행되고 직접재료원가, 직접노무원가, 제조간접원가가 발생하는 조직 단위이다. 예를 들어 Nalley의 감자칩 공장에는 세 개의 공정(감자 손질 공정, 조리 공정, 검수 및 포장 공정)이 있다. 벽돌 공장에는 두 개의 공정(진흙을 섞어 벽돌 형태로 주조하는 공정, 주조된 벽돌을 굽는 공정)이 있다. 어떤 제품과 서비스는 많은 공정을 거치는 반면, 어떤 공정은 하나 혹은 두 가지 공정만을 거칠 수도 있다. 공정의 수와는 상관없이, 그것들은 모두 두 가지의 본질적인 특징을 가지고 있다. 첫째, 각 공정의 활동은 그 곳을 거쳐 가는 모든 단위에서 동일하게 수행되어야 한다. 둘째, 공정의 산출물은 동질적이어야 한다. 즉 생산된 모든 단위는 똑같아야 한다.

전형적으로 종합원가계산 하에서의 제품은 도표 4-2와 같이 첫 번째 공정에서 완성되면 그 다음 공정으로 순차적으로 이동하게 된다.

IN BUSINESS | 기업현장

파파존스 피자가 도착했다. 문열어!

슈퍼볼 경기가 열리는 일요일에는 1,250만개의 피자가 미국 가정에 배달된다. 피자는 상자에 담겨져 있는데, 이 상자 대부분은 조지아주 노크로스에 있는 **록텐 회사**가 소유한 17개 공장 중 한 곳에서 제조된다. 이 회사의 애틀랜타 공장은 축구장 1개 반 이상의 규모인데, 생산라인은 58인치 직경의 두꺼운 종이 롤을 인쇄기를 거쳐 인쇄한 후, 고속으로 움직이는 커터를 이용하여 개별 박스로 자르고 다듬는 연속적인 공정들로 구성된다. 총 50명의 직원들이 이 생산 라인을 하루 24시간, 일주일에 7일 동안 가동하여 1분당 400개의 상자를 생산하고 있다.

이런 종류의 제조 공정은 분당 400단위로 생산되는 피자 박스들을 서로 구별할 수 없기 때문에 종합원가계산을 이용하여 제조원가를 계산한다. 이러한 원가계산 방법은 고객별로 서로 다른 주문에 따른 고객 맞춤형 제품을 생산하는 기업의 원가계산 방법과는 완전히 대조적이다.

Source: Tita, Bob, "It's Crunch Time for Pizza Boxes," *The Wall Street Journal*, January 30, 2015, pp. B1 and B6.

도표 4-2 순차적인 공정

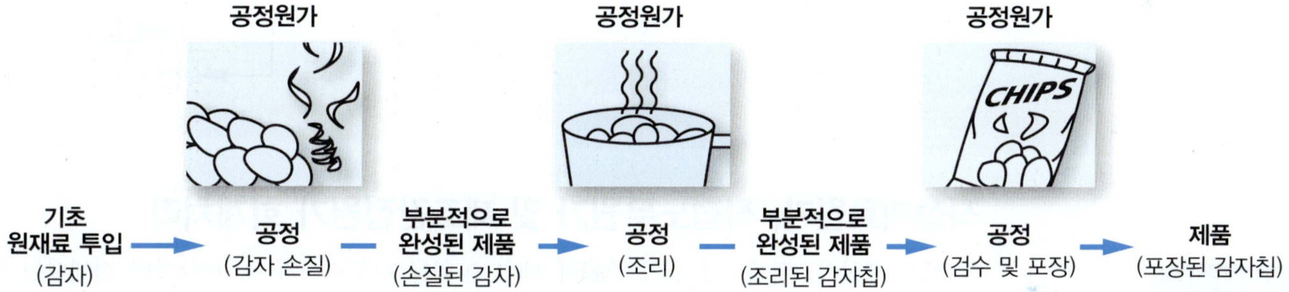

직접재료원가, 직접노무원가 및 제조간접원가의 흐름

종합원가계산의 원가집계는 개별원가계산의 원가집계보다 간단하다. 종합원가계산에서는 원가가 수많은 작업들에 할당되는 것이 아니라 몇몇 공정으로만 할당된다.

도표 4–3은 종합원가계산 하에서 직접재료원가, 직접노무원가 및 제조간접원가의 흐름을 T-계정을 통해 보여주고 있다. 여기에서 몇 가지 주의할 점이 있다. 첫째, 각 공정은 별도의 재공품 계정을 유지해야 한다. 반면, 개별원가계산에서는 기업 전체적으로 하나의 재공품 계정만을 사용한다. 둘째, 첫 번째 공정(도표에서의 공정 A)에서 완성된 완성품은 두 번째 공정(공정 B)의 재공품 계정으로 대체된다. 공정 B에서 추가적인 작업을 거친 후에 완성된 단위가 제품으로 대체될 것이다. 도표 4–3에서는 두 개의 공정만을 보여주고 있지만, 회사는 더 많은 공정을 운영할 수도 있다.

마지막으로 직접재료원가, 직접노무원가 및 제조간접원가는 각각의 공정별로 발생할 수 있다. 공정 B의 재공품 계정의 원가는 직접재료원가, 직접노무원가 및 제조간접원가로 구성될 것이다. 공정 B에서 발생한 원가 외에도 공정 A에서 완성되어 다음 공정인 공정 B로 대체된 원가도 가산된다. 이를 전공정원가(transferred–in costs)라고 한다.

도표 4-3 T-계정을 이용한 종합원가계산의 원가 흐름

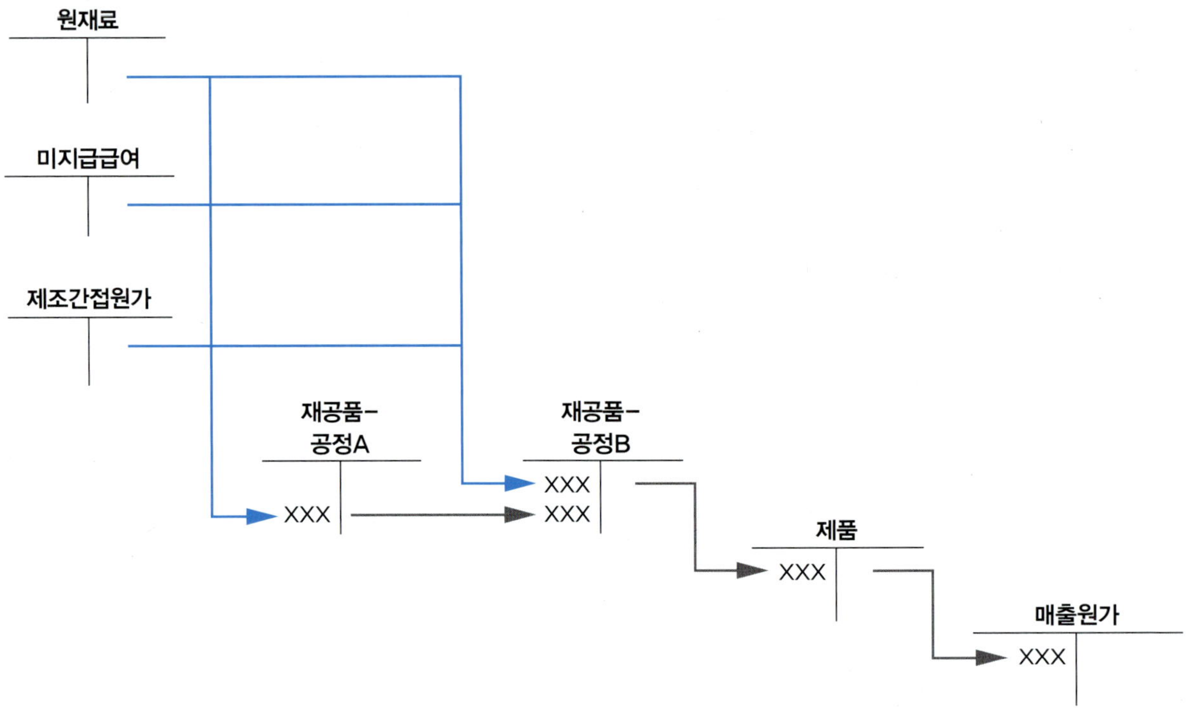

직접재료원가, 직접노무원가 및 제조간접원가 회계처리

학습목표 4-1

종합원가계산에서 직접재료원가, 직접노무원가, 제조간접원가의 흐름을 기록할 수 있다

종합원가계산시스템에서의 원가 흐름에 대한 논의를 마무리하기 위하여 이번 절에서는 두 개의 공정(재료혼합, 병입)으로 이루어진 Megan의 Classic Cream Soda의 직접재료원가, 직접노무원가 및 제조간접원가에 대한 회계처리를 살펴보자. 재료혼합공정에서는 여러 재료들이 품질검사를 마친 후 혼합되고 탄산가스가 주입되어 대량의 크림소다로 만들어진다. 병입공정에서 품질 검사를 마친 병에 크림소다가 채워지고, 병마개를 달고, 다시 한번 품질 검사를 한 후 선적을 위해 포장된다.

직접재료원가 개별원가계산에서처럼 원재료는 재료출고청구서를 통해 재료창고에서 출고된다. Megan의 Classic Cream Soda에서 일부 재료(물, 향료, 설탕 및 탄산가스)는 재료혼합공정에 투입되고, 또 다른 재료(병, 병마개 및 포장재료)는 병입공정에 투입된다. 첫 번째 공정인 재료혼합공정에서 사용된 재료를 기록하기 위한 회계처리는 다음과 같다.

재공품 — 재료혼합공정	XXX	
원재료		XXX

두 번째 공정인 병입공정에서 사용된 재료를 기록하기 위한 회계처리는 다음과 같다:

재공품 — 병입공정	XXX	
원재료		XXX

직접노무원가 종합원가계산에서 직접노무원가는 개별작업들이 아닌 공정별로 추적된다. 다음은 Megan의 Classic Cream Soda의 재료혼합공정의 직접노무원가를 기록하는 회계처리이다.

재공품 — 재료혼합공정	XXX	
미지급급여		XXX

병입공정의 직접노무원가에 대해서도 유사하게 회계처리를 한다.

제조간접원가 종합원가계산에서도 개별원가계산에서처럼 제조간접원가 예정배부율이 사용된다. 제조간접원가는 공정을 거쳐 이동하는 제품에 배부된다. 다음은 재료혼합공정의 제조간접원가에 대한 회계처리이다.

재공품 — 재료혼합공정	XXX	
제조간접원가		XXX

병입공정의 제조간접원가에 대해서도 유사하게 회계처리를 한다.

원가 흐름의 완성 한 공정에서 완성된 완성품은 도표 4-3의 T-계정에 제시된 것처럼, 추가적인 공정을 위해 다음 공정으로 대체된다. 다음은 재료혼합공정에서 완성된 완성품들이 병입공정으로 대체되는 회계처리이다. 최종 완성품이 아니기 때문에 제품으로 대체되지 않는다는 점에 주의하자. 앞에서도 언급했듯이 마지막 공정의 완성품이 제품이 되는 것이다. 이 예에서는 병입공정이 마지막 공정이므로 병입공정에서 작업이 완료된 완성품이 제품으로 대체된다.

재공품 — 병입공정	XXX	
재공품 — 재료혼합공정		XXX

마지막 공정인 병입공정에서 완성된 완성품의 원가는 제품 계정으로 대체된다.

제품	XXX	
재공품 — 병입공정		XXX

고객의 주문이 처리되어 판매되면, 판매된 제품의 원가는 매출원가 계정으로 대체된다.

매출원가	XXX	
제품		XXX

요약하면, 종합원가계산에서 계정 간의 원가 흐름은 기본적으로 개별원가계산과 동일하다. 유일한 차이점은 종합원가계산에서는 각 공정들이 별도의 재공품 계정을 가진다는 점이다.

기업현장 IN BUSINESS

정크푸드는 건강에 좋지 않다

사탕 제조업체들은 자사 제품 중에서 건강에 해로운 성분을 제거하라는 압력을 소비자들로부터 받고 있다. 예를 들어 **Nestlé**는 250개 이상의 초콜릿 제품에서 인공 색소(예: Red 40 및 Yellow 5)와 인공 향료(예: 바닐린)를 제거하기 위해 노력하고 있다. 회사는 인공 색소 대신 아나또(치오테 나무에서 추출)를 사용할 계획이며, 바닐린을 천연 바닐라 향으로 대체할 계획이다. 천연 재료는 원가가 더 많이 들지만 Nestlé는 비싼 재료원가를 더 비싼 소비자 가격을 통해 상쇄하지는 않을 것이라고 한다. Nestlé 외에도 Oreo 쿠키와 Cadbury 초콜릿 제조업체인 **Mondelez International**은 자사 제품의 포화 지방과 나트륨을 10%까지 줄일 계획이다.

Source: Annie Gasparro, "Nestle Bars Artificial Color, Flavors," *The Wall Street Journal,* February 18, 2015, p. B6.

종합원가계산: 세 가지 핵심개념

종합원가계산에서 각 공정은 재무제표 작성을 위해 두 가지 금액(기말 재공품 원가, 당기에 완성되어 다음 공정으로 이전된 원가)을 계산해야 한다. 이 두 가지 숫자를 도출하는 핵심은 각 공정의 단위당 원가를 계산하는 것이다. 표면적으로는 각 부문별 단위당 원가 계산은 매우 간단하다. 각 부문의 원가를 산출물(생산량)로 나누면 된다. 그러나, 이 단순해보이는 계산을 올바르게 수행하기 위한 단계를 설정하기 위해서는 세 가지 핵심적인 개념을 이해해야 한다.

핵심개념 #1

공정별 단위당 원가를 계산하는 방법은 여러 가지가 있다. 이번 장에서는 대표적인 두 가지 방법인 가중평균법과 선입선출법을 설명한다. **가중평균법(weighted-average method)**은 본문에서 설명하며 당기 및 이전 기간의 원가와 산출물을 결합하여 단위당 원가를 계산한다. 부록 4A에서 다루게 될 **선입선출법(FIFO method)**은 오직 당기의 원가와 산출물에 근거하여 단위당 원가를 계산한다.

핵심개념 #2

각 공정은 제조원가 유형별 각각의 단위당 원가를 계산할 필요가 있다. 예를 들어, 특정 공정에서 직접재료원가, 직접노무원가, 제조간접원가가 발생한다면 이 세 가지 원가에 대해 단위당 원가를 계산해야 한다. 계산을 단순화하기 위해 기업들은 직접노무원가와 제조간접원가를 **가공원가(convension cost)**로 묶어서 세 가지 원가 범주를 두 가지 원가 범주로 관리하는 경우가 많다. 가공원가는 앞에서 이미 설명한 바와 같이 직접노무원가와 제조간접원가의 합이다.

핵심개념 #3

일정 기간 동안 각 공정별로 진행된 산출물의 수량을 정량화하는 것은 대부분의 공정이 기말에 미완성된 기말재공품 재고를 보유하고 있기 때문에 복잡하다. 왜냐하면 미완성된 기말재공품을 완성된 제품과 동일하게 취급하면 산출물이 과다하게 계산될 것이기 때문이다. 따라서 부분적으로 완성된 기말재공품을 완성품과 비교할 수 있는 수량으로 환산해야 한다. 종합원가계산에서는 다음의 공식을 이용하여 환산한다.

기말재공품의 완성품환산량 = 기말재공품 수량 × 완성도

이 공식에서 **완성품환산량(equivalent units)**은 기말재공품의 수량과 완성도(%)로 정의된다. 즉, 기말재공품의 완성품환산량은 기말재공품에 투입된 재료와 노력을 완성품을 완성하는데 집중했다면 완성할 수 있는 완성품 수량이라고 할 수 있다.

예를 들어, 공정 A에 60%가 진행된 기말재공품을 500단위 보유하고 있다고 가정하자. 이 기말재공품 500단위에 투입된 노력은 완성품 300단위(= 500단위 × 60%)를 완성하는 노력에 해당한다. 따라서 기말재공품 재고는 300단위의 완성품환산량을 포함하고 있다.

가중평균법: 예제

지금부터는 고성능 스키를 생산하는 Double Diamond Skis의 예를 이용하여 종합원가계산에서의 단위당 제조원가 결정 과정을 살펴본다. 회사의 생산 공정은 도표 4-4에 제시되어 있다. 스키는 성형 및 밀링공정으로 시작하여 마무리 및 짝맞추기로 끝나는 연속된 다섯 개의 공정을 거쳐 완성된다. Double Diamond Skis의 예를 이용하여 종합원가계산에서 가중평균법을 적용하는 과정은 다음과 같은 4단계로 설명한다.

도표 4-4 Double Diamond Skis의 생산공정*

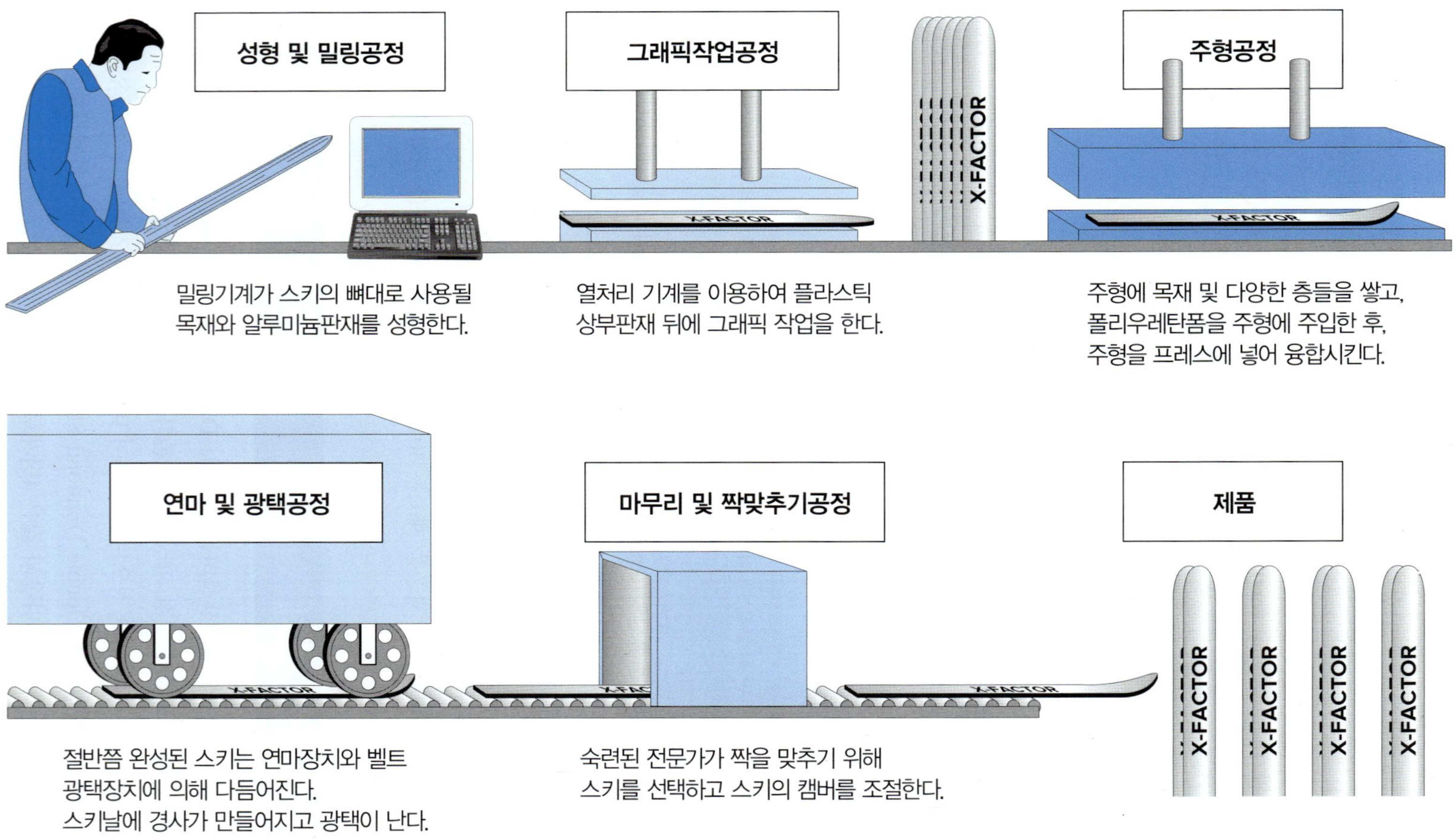

* Adapted from Bill Gout, Jesse James Doquilo, and Studio M D, "Capped Crusaders," Skiing, October 1993, pp. 138–144.

- 1단계: 완성품환산량 계산
- 2단계: 완성품환산량 단위당 원가 계산
- 3단계: 원가의 배분
- 4단계: 원가계산보고서 작성

1단계: 완성품환산량 계산

완성품환산량은 단위당 원가를 계산하는 과정에서 분모에 해당하는 것이다. 각 공정은 제조원가 범주별로 완성품환산량을 계산해야 한다. 가중평균법에서 완성품환산량은 다음 공정으로 대체된 완성품 수량(또는 제품)에 기말재공품의 완성품환산량을 더한 것이다.

학습목표 4-2

가중평균법을 이용하여 완성품환산량을 계산할 수 있다.

가중평균법
(공정별로 각 원가범주별로 각각 계산한다)

완성품환산량 = (다음 공정 또는 제품으로 대체된) 완성품 수량 + 기말재공품의 완성품환산량

공식의 이해를 위해 성형 및 밀링공정을 살펴보자. 이 공정은 스키의 뼈대를 만드는 데 사용할 목재와 금속판재를 정확하게 성형하기 위하여 컴퓨터원용 밀링기계를 사용한다. 도표 4-5는 5월 한 달간의 성형 및 밀링공정의 생산활동 관련 정보를 직접재료원가와 가공원가로 요약한 것이다.

도표 4-5
성형 및 밀링공정의 5월 자료

		완성도	
성형 및 밀링공정	단위	직접재료원가	가공원가
기초재공품 수량	200	55%	30%
5월 중 생산에 착수한 수량	5,000		
5월 중 완성되어 다음 공정으로 대체된 완성품 수량	4,800	100%*	100%*
기말재공품 수량	400	40%	25%

*특정 공정에서 다음 공정으로 대체된 수량은 특정 공정에서 공정이 100% 수행되어 완성된 것으로 가정한다.

도표 4-5에서 첫 번째로 주목해야 할 점은 성형 및 밀링공정에서의 수량의 흐름이다. 이 공정에서는 기초에 200개의 재공품 재고가 있었다. 그리고 5월에 5,000개에 대한 생산이 착수되었다. 이를 합하면 총 5,200개이다. 이 중에서 4,800개는 완성되어 다음 공정으로 이전되었으며, 나머지 400개는 여전히 이 공정에 기말재공품으로 남아있다. 일반적으로 기초재공품 재고 수량에 당기 착수한 수량을 더한 수량 합계는 반드시 기말재공품 재고 수량에 완성품 수량을 더한 수량 합계와 일치해야 한다. 이를 식으로 표현하면 다음과 같다.

기초재공품 수량	+	당기 착수된 (또는 전공정에서 이전되어 온) 수량	=	기말재공품 수량	+	완성되어 다음 공정으로 이전된 완성품 수량

도표 4-5에서 두 번째로 주목할 점은 기초재공품의 직접재료원가에 대한 완성도는 55%이고, 가공원가에 대한 완성도는 30%라는 점이다. 이것은 해당 공정에서 완성되기까지 소요될 직접재료원가 중 55%가 이미 발생하여 이 기초재공품에 포함되어 있다는 것을 의미한다. 또한 완성되기까지 소요될 가공원가 중 30%가 이미 발생하여 이 기초재공품에 포함되어 있다는 것을 의미한다. 그러나 가중평균법의 완성품환산량 계산에서는 기초재공품의 완성도(직접재료원가 55%, 가공원가 30%)는 무시한다는 점을 주의해야 한다.

도표 4-5에서 세 번째로 주목할 점은 성형 및 밀링공정에 미완성으로 남아있는 기말재공품의 직접재료원가 완성도는 40%이고, 가공원가 완성도는 25%라는 점이다. 이는 50%의 직접재료원가와 25%의 가공원가가 기말재공품에 포함되어 있음을 의미한다. 가중평균법 적용 시 기말재공품의 완성도(직접재료원가 40%, 가공원가 25%)는 완성품환산량을 계산할 때 고려되어야 한다.

도표 4-6
완성품환산량: 가중평균법

성형 및 밀링공정	직접재료원가	가공원가
다음 공정으로 대체된 수량	4,800	4,800
기말재공품:		
직접재료원가: 400단위 × 40% 완성	160	
가공원가: 400단위 × 25% 완성		100
완성품환산량	4,960	4,900

도표 4-6은 성형 및 밀링공정의 직접재료원가와 가공원가에 대한 완성품환산량을 요약한 것이다. 이 도표에서 기초재공품 재고에 포함된 부분은 무시한다는 점을 주의해야 한다. 예를 들어 기초재공품 재고 200단위에 가공원가가 이미 30% 완성될만큼 투입된 상태이지만 가중평균법은 기말재공품 재고에 대한 가공원가의 완성품환산량 100단위와 다음 공정으로 대체되는 완성품의 수량 4,800단위를 합산한 완성품환산량 4,900단위만 고려한다. 다시 말하자면 가중평균법을 사용하여 계산되는 4,900단위의 완성품환산량은 전기에 이미 수행된 부분을 포함한다. 이것은 가중평균법의 핵심적인 사항이지만 간과하기 쉬운 부분이다.

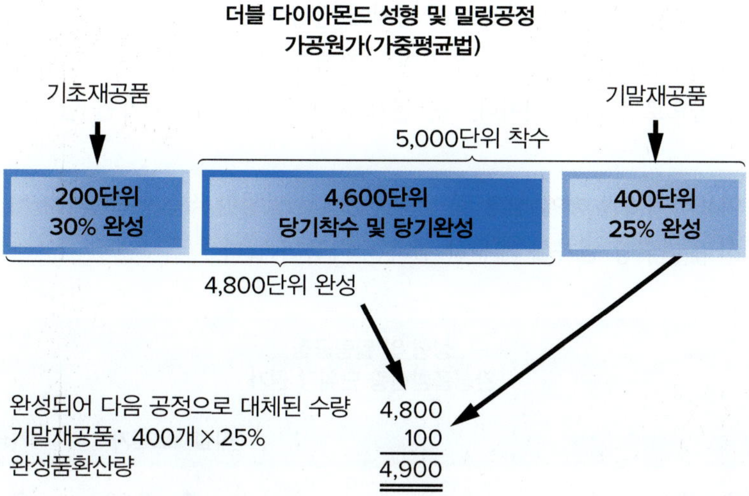

도표 4-7
완성품환산량의 시각적 이해

도표 4-7은 가중평균법을 적용한 가공원가의 완성품환산량 계산 과정을 그림으로 설명한 것이다. 이 도표의 의미를 꼭 이해하자.

2단계: 완성품환산량 단위당 원가 계산

학습목표 4-3
가중평균법을 이용하여 완성품환산량 단위당 원가를 계산할 수 있다.

2단계인 완성품환산량 단위당 원가를 계산하기 위해서 분자에 해당하는 총원가를 결정하고 이 총원가를 1단계에서 계산한 완성품환산량으로 나누어야 한다. 도표 4-8은 이 단계의 이해를 돕기 위한 성형 및 밀링공정의 5월의 원가 정보이다.

도표 4-8
성형 및 밀링공정의 5월 원가 자료

	직접재료 원가	가공원가	합계
기초재공품의 원가	$ 9,600	$ 5,575	$ 15,175
당기에 발생한 원가	368,600	350,900	719,500
총원가	$378,200	$356,475	$734,675

가중평균법에서 완성품환산량 단위당 원가를 식으로 표현하면 다음과 같다.

가중평균법
(각 공정별로 각 원가범주에 대해 각각 계산한다)

$$\text{완성품환산량 단위당 원가} = \frac{(\text{기초재공품 원가} + \text{당기에 발생한 원가})}{\text{완성품환산량}}$$

이 식에서 분자는 기초재공품 원가와 당기에 발생한 원가의 합으로 구성된다는 점에 주의하자. 가중평균법은 전기에 발생한 원가와 당기에 발생한 원가가 구분되지 않고 섞이기 때문에 가중평균법으로 불리는 것이다. 즉, 전기와 당기의 수량과 원가를 합하여 평균화하는 것이다.

이 식을 이용하여 5월 중에 성형 및 밀링공정에서 발생한 직접재료원가와 가공원가에 대한 완성품환산량 단위당 원가를 계산한 결과는 다음과 같다.

성형 및 밀링공정 완성품환산량 단위당 원가	직접재료원가	가공원가
기초재공품의 원가	$ 9,600	$ 5,575
당기에 발생한 원가	368,600	350,900
총원가 (a)	$378,200	$356,475
완성품환산량 (도표 4-6 참고) (b)	4,960	4,900
완성품환산량 단위당 원가 (a) ÷ (b)	$76.25	$72.75

3단계: 원가의 배분

학습목표 4-4

가중평균법을 이용하여 원가를 배분할 수 있다.

3단계에서는 완성품환산량 단위당 원가를 이용하여 기말재공품 원가와 다음 공정으로 대체되는 완성품 원가를 계산한다. 예를 들어, 도표 4-4에 묘사된 것처럼, Double Diamond의 성형 및 밀링공정으로부터 그래픽생산공정으로 대체되는 완성품에는 개당 $149(직접재료 원가 $76.25와 가공원가 $72.75)의 원가가 포함되어 있다. 5월에 4,800단위가 다음 공정으로 대체되었기 때문에 여기에 배분된 총원가는 $715,200(4,800단위 × 단위당 $149)이다.

기말재공품과 완성품 원가의 계산과정은 다음과 같다.

성형 및 밀링공정 기말재공품과 완성품 원가	직접재료원가	가공원가	총계
기말재공품 재고:			
완성품환산량 (도표 4-6 참조) (a)	160	100	
완성품환산량 단위당 원가 (b)	$76.25	$72.75	
기말재공품 원가 (a)×(b)	$12,200	$7,275	$19,475
완성품:			
다음 공정으로 이전된 수량 (도표 4-6 참조) (a)	4,800	4,800	
완성품환산량 단위당 원가 (b)	$76.25	$72.75	
완성품 원가 (a) × (b)	$366,000	$349,200	$715,200

기말재공품과 완성품에 원가를 배분하기 위해 직접재료원가와 가공원가별로 완성품환산량에 완성품환산량 단위당 원가를 곱한다. 기말재공품에 배분되는 가공원가는 기말재공품에 해당하는 가공원가 완성품환산량 100단위에 완성품환산량 단위당 가공원가 $72.75를 곱한 $7,275이다. 완성품에 배분되는 가공원가는 완성품 수량 4,800단위에 완성품환산량 단위당 가공원가 $72.75를 곱한 $349,200이다.

4단계: 원가계산보고서 작성

학습목표 4-5

가중평균법을 이용한 원가계산보고서를 작성할 수 있다.

기말재공품과 완성품에 배부된 원가에 대한 원가계산보고서는 다음과 같이 작성한다. 아래 표에서 배분할 원가는 도표 4-8과 일치한다.

성형 및 밀링공정 원가계산보고서	
배분할 원가:	
기초재공품 원가 (도표 4-8)	$ 15,175
당기 발생 원가 (도표 4-8)	719,500
총원가	$734,675
원가의 배분:	
기말재공품 원가 (앞의 도표 참조)	$ 19,475
완성품 원가 (앞의 도표 참조)	715,200
총원가	$734,675

다음 공정인 그래픽생산공정으로 대체된 원가 $715,200는 "전공정원가(transferred-in cost)"로 회계처리할 것이다. 종합원가계산에서 전공정원가는 직접재료원가나 가공원가 등의 원가범주와 동일하게 취급한다. 유일한 차이점은 다음 공정인 그래픽생산공정 입장에서 이전 공정에서 완성되어 이전되어 온 전공정원가는 100% 완성도로 취급한다는 점이다. 연속되는 공정을 통해 제품이 완성되는 경우 원가는 앞 공정에서 다음 공정으로 이전되어 마지막 공정까지 흘러간다. 최종 공정에서 완성된 완성품의 원가가 최종적으로 당기제품의 원가가 되는 것이다.

작업공정별원가계산

개별원가계산과 종합원가계산은 적용 대상이 다르다. 개별원가계산은 다양한 종류의 제품을 생산하는 기업에 사용되는 방법이다. 반면 종합원가계산은 동질적인 제품을 대량으로 생산하는 기업에 사용되는 방법이다. 이렇게 양극단의 모습을 가지지만 개별원가계산과 종합원가계산의 특성을 모두 가지는 혼합된 시스템도 있다. 이러한 혼합된 시스템 중 하나가 **작업공정별원가계산**이다.

작업공정별원가계산(operation costing)[1]은 제품이 공통적인 특성과 개별적인 특성을 모두 가진 경우에 사용된다. 예를 들어 신발의 경우 스타일이 다른 신발이라 하더라도 동일한 장비를 이용하고 동일한 기초 절차에 따라 제단 및 봉제 과정을 거친다. 한편 신발마다 개별적인 특성도 있다. 어떤 것들은 값비싼 가죽을 사용하고 어떤 것들은 값싼 재료를 사용한다. 이처럼 공통적인 특성과 개별적인 특성을 동시에 가진 제품들의 원가를 계산하기 위해서는 두 가지 원가계산시스템이 혼합된 작업공정별원가계산이 용이하다.

작업공정별원가계산 사용시 제품들은 보통 배치(묶음)단위로 처리된다. 각 배치별로 구분이 되는 직접재료는 별도로 추적한다. 이런 면에서 작업공정별원가계산은 개별원가계산과 유사하다. 그러나 직접노무원가 및 제조간접원가는 작업별 혹은 공정별로 집계되고 원가는 종합원가계산방식으로 배분된다. 신발제조의 경우 각 신발은 스타일과는 상관없이 동일한 단위당 가공원가를 부담하지만, 명확하게 구분되어 사용된 직접재료원가는 별도로 계산된다. 이 경우 직접노무원가와 제조간접원가는 종합원가계산을 이용하여 단순화시킬 수 있다.

작업공정별원가계산을 사용하는 다른 제품의 예로는 반도체와 같은 전자부품, 섬유, 의류 및 보석류(예를 들어 반지, 팔찌, 목걸이) 등을 들 수 있다. 이러한 유형의 제품들은 보통 배치단위로 생산되지만 재료의 사양은 다양할 수 있다. 작업공정별원가계산시스템은 이런 경우의 원가관련 정보를 산출하는데 매우 적합한 시스템이다.

1 역자주: operation costing을 국내 서적에서는 '작업공정별 원가계산' 또는 '작업별원가계산'으로 번역하고 있다. 작업별원가계산은 개별원가계산과 유사한 표현으로 받아들여질 수 있음을 고려하여 작업공정별원가계산으로 소개한다.

기업현장 | IN BUSINESS

COCA-COLA의 포장원가 살펴보기

Coca-Cola 8온스의 원가는 사용된 포장의 종류에 따라 상이하다. 플라스틱 병과 알루미늄 캔에 포장된 콜라가 가장 저렴한 옵션이다. 예를 들어, 8온스의 콜라를 2리터 플라스틱 병에 담았을 때 원가는 $0.18이다. 7.5온스 알루미늄 캔 8개들이 콜라팩의 원가는 $0.43이다. 가장 비싼 포장은 콜라 8온스가 들어있는 알루미늄 병으로 원가가 $1.51이다. 콜라 8온스가 들어있는 8온스 유리병의 원가는 $0.81, 콜라 8온스가 담겨있는 12온스 병의 원가는 $0.89달러이다.

Source: Mike Esterl, "As Sales Fizzle, Pop Makers Bill More for a Sip?" The Wall Street Journal, January 28, 2016, pp. B1-B2.

요약

종합원가계산은 동질적인 제품이나 서비스가 연속적인 공정에 의해 생산되는 경우에 사용된다. 종합원가계산에서 원가의 흐름은 개별원가계산과 기본적으로 동일하다. 그러나 종합원가계산에서는 원가가 작업이 아닌 공정별로 집계된다.

종합원가계산에서 완성품환산량은 각 공정의 원가범주별로 계산되어야 한다. 가중평균법 하에서 완성품환산량은 완성품 수량에 기말재공품에 대한 완성품환산량을 더하여 계산된다. 기말재공품의 완성품환산량은 기말재공품 수량에 각 원가별 완성도를 곱하여 계산한다.

가중평균법 하에서 특정 원가범주에 대한 완성품환산량 단위당 원가는 기초재공품의 원가에 당기에 발생한 원가를 더한 총원가를 완성품환산량으로 나누어 계산한다. 완성품환산량 단위당 원가는 총원가를 기말재공품과 완성품에 배분하는 데 사용된다.

원가계산보고서는 기초재공품 원가에 당기에 발생한 원가를 가산한 금액을 당기 완성품과 기말재공품 원가로 배분한 결과를 요약하여 보여준다.

연속 공정의 경우 한 공정에서 완성된 완성품의 원가는 다음 공정으로 대체된다. 그리고 마지막 공정에서 완성된 완성품 원가가 결국 당기에 완성된 제품의 제조원가가 된다.

종합예제: 종합원가계산의 흐름과 단위당 원가계산

Luxguard Home Paint Company는 외벽용 페인트를 생산하는 회사로 1갤론씩 통에 담아 판매하고 있다. 제품은 기초공정과 마무리공정을 거쳐 생산된다. 기초공정에서는 흰색 페인트 제조에 필요한 재료들을 혼합한다. 마무리공정에서는 흰색 페인트에 안료를 혼합한 색상페인트를 각 통에 담아 라벨을 붙여 포장한다. 4월의 제조와 관련한 정보는 다음과 같다.

a. 직접재료원가: 기초공정 $851,000, 마무리공정 $629,000
b. 직접노무원가: 기초공정 $330,000, 마무리공정 $270,000
c. 제조간접원가 배부액: 기초공정 $665,000, 마무리공정: $405,000
d. 기초공정에서 마무리공정으로 대체된 흰색페인트 원가: $1,850,000
e. 마무리공정에서 완성된 제품 원가: $3,200,000

요구사항:

1. (a) ~ (e) 까지의 내용을 회계처리(분개)하시오.
2. 요구사항 1의 회계처리를 T-계정에 전기하시오. 기초공정의 기초재공품은 $150,000이고 마무리공정의 기초재공품은 $70,000이다. 전기를 끝낸 후 각 공정별로 기말재공품 잔액을 계산하시오.
3. 기초공정의 기말재공품 원가와 완성품 원가를 계산하시오.

다음은 4월 중의 기초공정과 관련한 추가자료이다.

수량 자료:	
기초재공품 (직접재료원가 완성도 100%, 가공원가 완성도 60%)	30,000
당기 착수량	420,000
완성량 (마무리공정으로 대체된 수량)	370,000
기말재공품 (직접재료원가 완성도 50%, 가공원가 완성도 25%)	80,000
원가 자료:	
기초재공품원가	
직접재료원가	$92,000
직접노무원가	21,000
제조간접원가	37,000
기초재공품 총원가	$150,000
당기 발생 원가	
직접재료원가	$ 851,000
직접노무원가	330,000
제조간접원가	665,000
당기 발생 원가 합계	$1,846,000

4. 4월의 원가계산보고서를 작성하시오.

해답

		차변	대변
1. a.	재공품 — 기초공정	851,000	
	재공품 — 마무리공정	629,000	
	원재료		1,480,000
b.	재공품 — 기초공정	330,000	
	재공품 — 마무리공정	270,000	
	미지급급여		600,000
c.	재공품 — 기초공정	665,000	
	재공품 — 마무리공정	405,000	
	제조간접원가		1,070,000
d.	재공품 — 마무리공정	1,850,000	
	재공품 — 기초공정		1,850,000
e.	제품	3,200,000	
	재공품 — 마무리공정		3,200,000

2.

원재료

잔액	XXX	(a)	1,480,000

미지급급여

		(b)	600,000

재공품—기초공정

잔액	150,000	(d)	1,850,000
(a)	851,000		
(b)	330,000		
(c)	665,000		
잔액	146,000		

제조간접원가

(다양한 실제원가들)		(c)	1,070,000

재공품—마무리공정

잔액	70,000	(e)	3,200,000
(a)	629,000		
(b)	270,000		
(c)	405,000		
(d)	1,850,000		
잔액	24,000		

제품

잔액	XXX		
(e)	3,200,000		

3. 먼저, 각 원가범주별로 완성품환산량을 계산해야 한다.

기초공정 완성품환산량			
	직접재료원가	직접노무원가	제조간접원가
완성품	370,000	370,000	370,000
기말재공품 (직접재료원가: 80,000개×50%, 직접노무원가: 80,000개×25%, 제조간접원가: 80,000개×25%)	40,000	20,000	20,000
완성품환산량	410,000	390,000	390,000

다음은 각 원가범주별로 완성품환산량 단위당 원가를 계산한다.

기초공정 완성품환산량 단위당 원가			
	직접재료원가	직접노무원가	제조간접원가
원가:			
기초재공품원가	$ 92,000	$ 21,000	$ 37,000
당기 발생 원가	851,000	330,000	665,000
총 원가 (a)	$943,000	$351,000	$702,000
완성품환산량 (b)	410,000	390,000	390,000
완성품환산량 단위당 원가 (a) ÷ (b)	$2.30	$0.90	$1.80

마지막으로 완성품환산량 단위당 원가를 이용하여 기말재공품원가와 완성품 원가를 계산하면 다음과 같다.

기초공정 기말재공품과 완성품의 원가				
	직접재료원가	직접노무원가	제조간접원가	합계
기말재공품				
완성품환산량	40,000	20,000	20,000	
완성품환산량 단위당 원가	$2.30	$0.90	$1.80	
기말재공품 원가	$92,000	$18,000	$36,000	$146,000
완성품				
완성품수량	370,000	370,000	370,000	
완성품환산량 단위당 원가	$2.30	$0.90	$1.80	
완성품 원가	$851,000	$333,000	$666,000	$1,850,000

4.

기초공정 원가계산보고서	
배분할 원가:	
기초재공품 원가	$ 150,000
당기 발생 원가	1,846,000
총원가	$1,996,000
원가의 배분:	
기말재공품 원가	$ 146,000
완성품 원가	1,850,000
총원가	$1,996,000

용어해설

가공원가(conversion cost) 직접노무원가와 제조간접원가를 더한 것.

가중평균법(weighted average method) 종합원가계산에서 원가 흐름에 대한 가정 중의 하나로 기초재공품의 수량 및 원가가 당기에 착수한 수량 및 당기 발생 원가와 구분되지 않고 혼합된다고 보는 방법.

가중평균법의 완성품환산량(equivalent units of production-weighted average method) 완성품 수량과 기말재공품의 완성품환산량을 더하여 계산.

공정부문(processing department) 제품에 대한 작업이 수행되고 직접재료원가, 직접노무원가 및 제조간접원가가 발생하는 조직 단위.

선입선출법(FIFO method) 종합원가계산에서 원가 흐름에 대한 가정 중의 하나로 완성품환산량과 원가가 당기에 수행된 작업에만 관련되어 있는 것으로 가정하는 방법.

완성품환산량(equivalent units) 재공품의 수량에 원가별로 완성도를 고려하여 계산한 수량 개념. 재공품에 투입한 원가를 완성품에 투입했다면 완성했을 완성품 수량.

작업공정별원가계산(operation costing) 제품이 공통적인 특성과 개별적인 특성을 모두 가진 경우에 사용되는 혼합원가계산시스템.

종합원가계산(process costing) 본질적으로 동질적인 제품이 연속적으로 생산되는 경우에 사용되는 원가계산방법.

질문

4-1 종합원가계산이 적합한 상황에 대해 설명하시오.

4-2 개별원가계산과 종합원가계산의 유사점을 설명하시오.

4-3 개별원가계산에 비해 종합원가계산이 더 쉬운 이유를 설명하시오.

4-4 종합원가계산을 사용하기 위해서는 몇 개의 재공품 계정이 필요한가?

4-5 순차적인 2개의 공정(혼합공정, 소성공정)으로 이루어진 공장이 있다고 가정하고, 혼합공정에서 완료된 작업을 소성공정으로 대체하기 위한 분개를 제시하시오.

4-6 회사에 순차적인 2개의 공정(혼합공정, 소성공정)이 있다고 가정하고, 두 번째 공정인 소성공정의 재공품 계정에 집계되는 원가들에는 어떤 것들이 있는지 설명하시오.

4-7 가중평균법에 의한 완성품환산량의 의미를 설명하시오.

4-8 Watkins Trophies Inc.는 청동, 은, 금으로 메달을 생산한다. 메달의 제조방법은 원재료를 제외하고는 동일하다. 이 회사가 사용해야 할 원가계산방식에 대해 조언하시오.

엑셀 응용

Connect

학습목표 4-2, 4-3, 4-4, 4-5

다음은 본문에 제시된 Double Diamond Skis의 성형 및 밀링공정 사례와 관련한 엑셀 워크시트이다. 아래 Excel 워크시트 양식은 도표 4-5 및 4-8의 데이터를 통합한 것이다. 통합 문서 및 파일 완성 방법에 대한 지침은 Connect에서 찾을 수 있다.

	A	B	C	D
1	**제4장 엑셀응용문제**			
2				
3	**자료**			
4	기초재공품			
5	수량	200		
6	직접재료원가 완성도	55%		
7	가공원가 완성도	30%		
8	기초재공품 원가:			
9	직접재료원가	$9,600		
10	가공원가	$5,575		
11	당기착수량	5,000		
12	당기투입원가:			
13	직접재료원가	$368,600		
14	가공원가	$350,900		
15	기말재공품:			
16	수량	400		
17	직접재료원가 완성도	40%		
18	가공원가 완성도	25%		
19				
20	*아래 물음표(?)로 표시된 곳에 알맞은 금액을 채우시오.*			
21				
22	**가중평균법**			
23				
24	***완성품환산량***			
25		직접재료원가	가공원가	
26	완성품환산량	?	?	
27	기말재공품:			
28	직접재료원가	?		
29	가공원가		?	
30	완성품환산량	?	?	
31				
32	***완성품환산량 단위당 원가***			
33		직접재료원가	가공원가	
34	기초재공품 원가	?	?	
35	당기에 투입된 원가	?	?	
36	총원가	?	?	
37	완성품환산량	?	?	
38	완성품환산량 단위당 원가	?	?	
39				
40	***기말재공품과 완성품의 원가***			
41		직접재료원가	가공원가	합계
42	기말재공품:			
43	완성품환산량	?	?	
44	완성품환산량 단위당 원가	?	?	
45	기말재공품 원가	?	?	?
46				
47	완성품:			
48	다음 공정으로 대체된 수량	?	?	
49	완성품환산량 단위당 원가	?	?	
50	완성품의 원가	?	?	?
51				
52	***원가계산***			
53	배분할 원가:			
54	기초재공품 원가	?		
55	당기에 투입된 원가	?		
56	총원가	?		
57	원가의 배분:			
58	기말재공품의 원가	?		
59	완성품의 원가	?		
60	총원가	?		
61				

제4장 | 제11장 | ...

워크시트를 완성한 후 아래의 요구사항에 답하시오.

요구사항:

1. 기초재공품은 100단위, 당기착수량은 2,500단위, 기말재공품은 200단위로 변하고 다른 자료는 동일하다고 할 때 워크시트를 확인하시오. 워크시트가 잘 작동된다면 직접재료원가에 대한 완성품환산량 단위당 원가는 $152.50, 가공원가에 대한 완성품환산량 단위당 원가는 $145.50가 될 것이다. 계산한 것과 다르다면, 워크시트에서 오류를 찾고 수정하시오. 완성품의 원가는 얼마인가? 변했는가? 그 이유를 설명하시오.
2. 아래의 다른 회사의 자료를 워크시트에 입력하시오.

기초재공품:	
수량	200
직접재료원가 완성도	100%
가공원가 완성도	20%
기초재공품 원가:	
직접재료원가	$2,000
가공원가	$800
당기착수량	1,800
당기에 투입된 원가:	
직접재료원가	$18,400
가공원가	$38,765
기말재공품:	
수량	100
직접재료원가 완성도	100%
가공원가 완성도	30%

완성품의 원가는 얼마인가?

3. 요구사항 2에서 기초재공품의 가공원가 완성도만 20%에서 40%로 변하고 다른 자료는 동일하다고 할 때 완성품의 원가는 어떻게 변하는가? 가공원가에 대한 완성품환산량 단위당 원가는 어떻게 되는가? 설명하시오.

기본문제

connect

학습목표 4-1, 4-2, 4-3, 4-4, 4-5

Clopack Company는 1개의 혼합공정을 통해 단일제품을 생산한다. 원재료는 모두 공정초기에 투입된다. 회사는 가중평균법에 의한 종합원가계산을 사용한다. 6월의 혼합공정의 재공품 T-계정은 다음과 같다. (모든 사항은 6월과 관련된 것이다)

재공품 — 혼합공정

기초 잔액	28,000	제품	?
직접재료원가	120,000		
직접노무원가	79,500		
제조간접원가	97,000		
기말 잔액	?		

기초재공품 수량은 5,000단위이며, 직접재료원가는 $16,000, 가공원가는 $12,000가 투입되었다. 기초재공품에 재료는 모두 투입되었고, 기초재공품 가공원가 완성도는 50%이다. 당기에 37,500단위를 착수하여 생산을 시작했다. 기말재공품은 8,000단위이며, 직접재료원가는 모두 투입되었고, 가공원가에 대한 완성도는 40%이다.

요구사항:

1. 직접재료원가와 직접노무원가에 대한 분개를 제시하시오.
2. 제조간접원가에 대한 분개를 제시하시오.
3. 당기에 완성된 제품은 몇 단위인가?
4. 직접재료원가에 대한 완성품환산량을 계산하시오.
5. 가공원가에 대한 완성품환산량을 계산하시오.
6. 당기에 투입된 직접재료원가와 기초재공품의 직접재료원가를 더한 금액은 얼마인가?
7. 당기에 투입된 가공원가와 기초재공품의 가공원가를 더한 금액은 얼마인가?
8. 직접재료원가에 대한 완성품환산량 단위당 원가는 얼마인가?
9. 가공원가에 대한 완성품환산량 단위당 원가는 얼마인가?
10. 기말재공품의 직접재료원가는 얼마인가?
11. 기말재공품의 가공원가는 얼마인가?
12. 제품의 직접재료원가는 얼마인가?
13. 제품의 가공원가는 얼마인가?
14. 재공품에서 제품으로 원가를 이전하는 분개를 제시하시오.
15. 배분할 원가와 배분한 원가는 각각 얼마인가?

연습문제 connect

문제 4-1 종합원가계산에서의 분개 [학습목표 4-1]

Quality Brick Company는 2개의 공정(주형공정, 소성공정)에서 벽돌을 생산한다. 이 회사의 3월 중 생산관련 자료는 다음과 같다.

a. 직접재료원가: 주형공정 – $23,000 소성공정 – $8,000
b. 직접노무원가: 주형공정 – $12,000 소성공정 – $7,000
c. 제조간접원가: 주형공정 – $25,000 소성공정 – $37,000
d. 회사의 종합원가계산 시스템에 의하면, 주형공정에서 완성된 벽돌의 원가는 $57,000이다.
e. 소성공정에서 완성된 제품은 제품창고로 이전되며, 회사의 종합원가계산 시스템에 의한 당기 제품의 제조원가는 $103,000이다.
f. 완성되어 창고에 보관중인 벽돌은 소비자들에게 판매되는데, 당기에 판매된 제품의 원가는 $101,000이다.

요구사항:

위의 (a)~(f)에 대한 분개를 제시하시오.

문제 4-2 가중평균법에서의 완성품환산량 [학습목표 4-2]

Clonex Labs Inc.는 종합원가계산 시스템을 사용한다. 10월 중 한 공정에서의 생산자료는 다음과 같다.

		완성도	
	수량	직접재료원가	가공원가
기초 재공품	30,000	65%	30%
기말 재공품	15,000	80%	40%

이 공정은 당월에 175,000개를 착수하였고, 190,000개의 제품을 완성하여 다음공정으로 대체하였다.

요구사항:

가중평균법을 사용하여 10월중의 완성품환산량을 계산하시오.

문제 4-3 가중평균법에서의 완성품환산량 단위당 원가 [학습목표 4-3]

Superior Micro Products는 가중평균법에 의한 종합원가계산 시스템을 사용한다. 5월 중 조립공정의 자료는 다음과 같다.

	직접재료원가	직접노무원가	제조간접원가
기초 재공품 원가	$18,000	$5,500	$27,500
당기 투입 원가	$238,900	$80,300	$401,500
완성품환산량	35,000	33,000	33,000

요구사항:

직접재료원가, 직접노무원가, 제조간접원가에 대한 완성품환산량 단위당 원가를 계산하시오.

문제 4-4 가중평균법에 의한 원가 계산 [학습목표 4-4]

종합원가계산 시스템을 사용하는 Prep 공정의 제조활동에 관한 최근자료는 다음과 같다.

	직접재료원가	가공원가
기말 재공품의 완성품환산량	2,000	800
완성품환산량 단위당 원가	$13.86	$4.43

당기 중에 20,100개의 제품이 완성되어 다음 공정으로 대체되었다.

요구사항:

1. 기말재공품 원가는 얼마인가?
2. 당기 중에 완성되어 다음 공정으로 대체된 완성품의 원가는 얼마인가?

문제 4-5 가중평균법을 이용한 원가계산보고서 [학습목표 4-5]

Maria Am Corporation은 종합원가계산 시스템을 사용한다. Baking 공정은 공장의 여러 공정 중 하나이다. 6월에 Baking 공정의 기초재공품 원가는 $3,570이고, 기말재공품원가는 $2,860이며 당기에 추가로 생산에 투입한 원가는 $43,120이다.

요구사항:

Baking 공정의 6월 원가계산보고서를 작성하시오.

문제 4-6 가중평균법의 완성품환산량 [학습목표 4-2]

Highlands Company는 목재펄프를 가공한다. 다음은 6월 동안 펄프를 가공하는 공정에 관한 자료이다.

		완성도	
	수량(단위: 톤)	직접재료원가	가공원가
기초재공품	20,000	90%	80%
기말재공품	30,000	60%	40%
당기 착수량	190,000		

요구사항:

1. 완성되어 다음 공정으로 대체된 펄프는 몇 톤인가?
2. 직접재료원가와 가공원가에 대한 완성품환산량을 계산하시오.

문제 4-7 종합원가계산과 분개 [학습목표 4-1]

Chocolaterie de Geneve, SA.는 스위스에 위치한 초콜렛을 제조하는 회사이다. 이 회사는 2개의 공정(혼합공정과 조형공정)으로 구성되어 있다. 혼합공정에서는 원재료를 혼합하고 조형공정에서는 초콜렛 모양을 완성한다. 이 회사는 종합원가계산 시스템을 사용하고 있으며 4월의 각 공정의 T-계정은 다음과 같다.

재공품 — 혼합공정

기초잔액	8,000	완성품	160,000
직접재료원가	42,000		
직접노무원가	50,000		
제조간접원가	75,000		

재공품 — 조형공정

기초잔액	4,000	완성품	240,000
전공정원가	160,000		
직접노무원가	36,000		
제조간접원가	45,000		

요구사항:

2개의 공정에서의 원가 흐름과 관련한 분개를 제시하시오.

문제 4-8 가중평균법에 의한 완성품환산량, 완성품환산량 단위당 원가 [학습목표 4-2, 4-3, 4-4]

Helix Corporation은 2개의 제조공정을 통해 제품을 생산한다. 5월중에 첫 번째 제조공정과 관련한 자료는 다음과 같다.

		완성도	
	물량	직접재료원가	가공원가
기초재공품	5,000	100%	40%
기말재공품	10,000	100%	30%

기초재공품 직접재료원가	$1,500
기초재공품 가공원가	$4,000
당기 착수량	180,000
완성품 수량	175,000
당기 투입 직접재료원가	$54,000
당기 투입 가공원가	$352,000

요구사항:

1. 회사가 가중평균법에 의한 종합원가계산 시스템을 사용한다고 가정하고, 완성품환산량을 계산하시오.
2. 완성품환산량 단위당 원가를 계산하시오.
3. 기말재공품 원가를 계산하시오.
4. 완성품 원가를 계산하시오.

문제 4-9 가중평균법에 의한 완성품환산량, 완성품환산량 단위당 원가 [학습목표 4-2, 4-3]

Pureform, Inc.는 2개의 제조공정이 있다. 첫 번째 공정과 관련한 자료는 다음과 같다.

	수량	직접 재료원가	직접 노무원가	제조 간접원가
기초재공품	5,000	$4,320	$1,040	$1,790
당기착수	45,000			
당기완성	42,000			
기말재공품	8,000			
당기투입원가		$52,800	$21,500	$32,250

기초재공품의 직접재료원가에 대한 완성도는 80%, 가공원가에 대한 완성도는 60%이다. 기말재공품의 직접재료원가에 대한 완성도는 75%, 가공원가에 대한 완성도는 50%이다.

요구사항:

가중평균법에 의한 종합원가계산을 사용한다고 가정하고 다음에 답하시오.

1. 완성품환산량을 계산하시오.
2. 완성품환산량 단위당 원가를 계산하시오.

문제 4-10 가중평균법에 의한 완성품환산량 [학습목표 4-2]

Alaskan Fisheries Inc.는 도매업자에게 연어를 공급한다. 이 회사는 손질과 포장, 2개의 공정으로 이루어져있다. 7월중 손질공정과 관련한 자료는 다음과 같다.

		완성도	
	수량	직접재료원가	가공원가
기초재공품	20,000	100%	30%
기말재공품	25,000	100%	60%

당기에 380,000 파운드의 연어에 대한 작업을 착수했다. 재료는 손질공정의 공정초기에 모두 투입된다.

요구사항:

가중평균법을 이용한 종합원가계산 시스템을 사용하여, 7월중 손질공정의 직접재료원가, 가공원가에 대한 완성품환산량을 계산하시오.

문제 4-11 종합문제: 가중평균법에서의 두 번째 공정 [학습목표 4-2, 4-3, 4-4, 4-5]

Scribners Corporation은 3개의 제조공정(펄핑, 건조, 마무리공정)을 통해 종이를 생산한다. 이 회사는 가중평균법에 의한 종합원가계산 시스템을 사용한다. 5월의 2번째 제조공정인 건조공정과 관련한 자료는 다음과 같다.

		완성도	
	물량	펄핑공정 원가 (전공정원가)	가공원가
기초재공품	5,000	100%	20%
기말재공품	8,000	100%	25%
기초재공품에 투입된 전공정(펄핑공정)원가		$4,800	
기초재공품에 투입된 가공원가		$500	
완성품 수량		157,000	
당기 투입 전공정원가		$102,450	
당기 투입 가공원가		$31,300	

건조공정에서는 별도의 재료가 투입되지 않고 펄핑공정에서 건조공정으로 대체된 완성품을 추가 가공한다. 전공정원가는 펄핑공정에서 건조공정으로 대체된 완성품의 원가이다.

요구사항:

1. 펄핑공정 원가(전공정원가)와 가공원가에 대한 완성품환산량을 계산하시오.
2. 완성품환산량 단위당 펄핑공정 원가와 가공원가를 계산하시오.
3. 건조 공정의 기말재공품 원가를 계산하시오.
4. 건조 공정의 완성품 원가를 계산하시오.
5. 건조공정에 대한 원가계산보고서를 작성하시오.

문제 4-12 가중평균법에서의 원가배부와 원가계산보고서 [학습목표 4-2, 4-4, 4-5]

Superior Micro Products는 가중평균법에 의한 종합원가계산 시스템을 사용한다. 1월에 Delta 조립공정에서 25,000개를 완성하여 다음공정으로 대체하였다. 1월의 기초재고 원가와 투입된 원가는 총 $599,780이다. 1월의 기말재고는 3,000개이고, 직접재료원가에 대한 완성도는 80%, 가공원가에 대한 완성도는 60%이다. 이번 달의 완성품환산량 단위당 원가는 아래와 같다.

	직접재료원가	직접노무원가	제조간접원가
완성품환산량 단위당 원가	$12.50	$3.20	$6.40

요구사항:

1. 기말재공품의 직접재료원가, 직접노무원가, 제조간접원가에 대한 완성품환산량을 계산하시오.
2. 기말재공품 원가를 계산하시오.
3. 다음 공정으로 대체된 완성품 원가를 계산하시오.
4. 1월의 원가계산보고서를 작성하시오 (주의: 기초재공품과 당기에 투입된 원가를 구분하지 않아도 됨).

문제 4-13 종합문제: 가중평균법에서의 두 번째 공정 [학습목표 4-2, 4-3, 4-4, 4-5]

Old Country Links Inc.는 3개의 제조공정(혼합, 가공, 포장)을 통해 소세지를 생산한다. 회사는 가중평균법에 의한 종합원가계산 시스템을 사용한다. 9월의 가공공정에 관한 자료는 다음과 같다.

		완성도		
	단위	혼합공정 원가	직접재료원가	가공원가
기초재공품	1	100%	90%	80%
기말재공품	1	100%	80%	70%

	혼합공정 원가	직접재료원가	가공원가
기초재공품	$1,670	$90	$605
당기 투입 원가	$81,460	$6,006	$42,490

표에서 혼합공정 원가는 혼합공정에서 가공공정으로 대체된 완성품의 원가(전공정원가)이다. 이 완성품들은 가공공정에서 가공되며 가공공정이 끝난 완성품은 포장공정으로 대체된다. 9월에 50단위를 완성하여 포장공정으로 대체했다.

요구사항:

1. 9월의 혼합공정 원가, 직접재료원가, 가공원가에 대한 완성품환산량을 계산하시오(반올림하지 않아도 됨).
2. 9월의 완성품환산량 단위당 혼합공정 원가, 직접재료원가, 가공원가를 계산하시오.
3. 가공공정의 기말 재공품의 원가를 계산하시오.
4. 가공공정에서 포장공정으로 대체된 완성품 원가를 계산하시오.
5. 9월의 가공공정에 대한 원가계산보고서를 작성하시오.

문제 4-14 가중평균법에 의한 재공품 T-계정 분석 [학습목표 4-1, 4-2, 4-3, 4-4]

Weston Products는 절삭, 혼합, 제조 공정을 통해 공업용 청소용품를 제조한다. 원재료는 절삭공정 초기에 모두 투입된다. 5월의 절삭공정의 재공품의 T-계정은 다음과 같다.

재공품 — 절삭공정

기초재공품	21,800	완성품	?
직접재료원가	133,400		
가공원가	225,500		
기말재공품	?		

기초재공품 수량은 18,000단위이며, 직접재료원가는 $14,600, 가공원가는 $7,200가 투입되었다. 기초재공품에 재료는 모두 투입되어있는 상태이고, 가공원가에 대한 완성도는 30%이다. 당기에 167,000단위를 착수하여 생산을 시작했다. 기말재공품은 15,000단위이며, 직접재료원가는 모두 투입되었고, 가공원가에 대한 완성도는 60%이다. 회사는 가중평균법을 사용한다.

요구사항:

1. 5월의 완성품환산량을 계산하시오.
2. 5월의 완성품환산량 단위당 원가를 계산하시오.
3. 5월말 절삭공정의 기말재공품 원가를 계산하시오.
4. 5월에 완성되어 혼합 공정으로 대체된 완성품의 원가를 계산하시오.

문제 4-15 종합문제: 가중평균법 [학습목표 4-2, 4-3, 4-4, 4-5]

Sunspot Beverages Ltd.는 2개의 공정을 통해 열대과일 혼합음료를 제조한다. 혼합공정에서는 신선한 과일에서 추출한 과즙을 섞는다. 혼합된 음료는 포장공정에서 배송을 위해 병에 넣어 포장된다. 6월 중 혼합공정의 제조관련 자료는 다음과 같다.

		완성도	
	수량	직접재료원가	가공원가
기초재공품	20,000	100%	75%
당기착수	180,000		
완성품	160,000		
기말재공품	40,000	100%	25%
		직접재료원가	가공원가
기초재공품		$25,200	$24,800
당기 투입 원가		$334,800	$238,700

요구사항:

이 회사가 가중평균법을 사용한다고 가정하고 다음에 답하시오.

1. 완성품환산량을 계산하시오.
2. 완성품환산량 단위당 원가를 계산하시오.
3. 기말재공품 원가를 계산하시오.
4. 완성되어 포장공정으로 대체된 완성품의 원가를 계산하시오.
5. 혼합공정의 원가계산보고서를 작성하시오.

문제 4-16 종합문제: 가중평균법 [학습목표 4-2, 4-3, 4-4, 4-5]

Builder Products Inc.는 3개의 공정을 통해 제품을 생산하고 있다. 첫 번째 공정과 관련한 자료는 다음과 같다.

수량자료:	
기초재공품(직접재료원가의 완성도는 100%, 가공원가의 완성도는 80%임)	10,000
당기착수	100,000
완성품	?
기말재공품(직접재료원가의 완성도는 60%, 가공원가의 완성도는 20%임)	15,000
원가자료:	
기초재공품 원가	
직접재료원가	$1,500
가공원가	$7,200
당기 투입 원가	
직접재료원가	$154,500
가공원가	$90,800

회사는 가중평균법을 사용한다.

요구사항:

1. 완성품환산량을 계산하시오
2. 완성품환산량 단위당 원가를 계산하시오.
3. 기말재공품 원가를 계산하시오.
4. 완성되어 다음공정으로 대체된 완성품의 원가를 계산하시오.
5. 당기의 원가계산보고서를 작성하시오.

문제 4-17 원가흐름 [학습목표 5-1]

Lubricants Inc.는 자동차 윤활유를 생산한다. 윤활유는 정제공정과 혼합공정을 거쳐 생산된다. 원재료는 정제공정의 공정 중간에 수차례 투입된다.

3월에 정제공정의 재공품 계정은 다음과 같다.

재공품 — 정제공정

기초재고	38,000	완성품	?
직접재료원가	495,000		
직접노무원가	72,000		
제조간접원가	181,000		
기말재고	?		

정제공정의 기초재공품 원가는 직접재료원가 $25,000, 직접노무원가 $4,000, 제조간접원가 $9,000로 구성되어 있다. 다음 공정인 혼합공정에서 당기에 투입한 원가는 직접재료원가 $115,000, 직접노무원가 $18,000, 제조간접원가 $42,000이다.

요구사항:

1. 3월 중 정제공정과 혼합공정과 관련한 다음의 내용을 회계처리(분개)하시오.
   a. 원재료가 제조에 사용되었다.
   b. 직접노무원가가 발생하였다.
   c. 당기에 발생한 제조간접원가는 $225,000이다. (미지급함)
   d. 제조간접원가 예정배부율을 이용하여 제조간접원가를 배부하였다.
   e. 당월에 정제공정에서 혼합공정으로 대체된 완성품의 원가는 $740,000이다.
   f. 당월에 혼합공정에서 완성되어 제품으로 대체된 원가는 $950,000이다.
   g. 판매된 제품의 매출액은 $1,500,000이며(외상), 매출원가는 $900,000이다.
2. 요구사항 1의 분개에 대한 T-계정을 작성하시오. 아래에 있는 기초재고를 참고하여 완성하시오. (정제공정의 기초재공품은 위에 제시한 자료를 참고하시오.)

원재료	$618,000
재공품 — 혼합공정	$65,000
제품	$20,000

T-계정 작성 후에 재고자산과 제조간접원가의 기말잔액을 계산하시오.

문제 4-18 가중평균법의 원가계산보고서의 해석 [학습목표 4-2 4-3, 4-4]

멕시코의 남부 Sonora주에 위치한 Cooperative San Jose는 사탕수수와 허브를 이용하여 시럽을 제조한다. 이 시럽은 작은 병에 담겨져 병당 $12에 판매되는데 음료나 디저트에 향을 내기 위한 첨가물로 이용된다. 제품 제조를 위한 첫 번째 공정인 혼합공정은 원재료에 포함된 불순물을 제거한 후 다른 첨가물을 혼합한다. 이 회사는 가중평균법을 이용하는 종합원가계산 시스템을 사용한다.

4월에 혼합공정에서 긴급히 작성한 보고서는 다음과 같다.

수량 집계	
기초재공품 (직접재료원가의 완성도 90%, 가공원가의 완성도 80%)	30,000
당기착수	200,000
합계	230,000
수량 배분	
완성품	190,000
기말재공품 (직접재료원가의 완성도 75%, 가공원가의 완성도 60%)	40,000
합계	230,000
원가계산	
배분할 원가	
기초재공품 원가	$ 98,000
당기 투입 원가	827,000
합계	$925,000
원가의 배분	
기말재공품	$119,400
완성품	805,600
합계	$925,000

이 회사의 경영자는 다음과 같은 추가정보에 관심을 갖고 있다.

요구사항:

1. 완성품환산량은 얼마인가?
2. 완성품환산량 단위당 원가는 얼마인가? 기초재공품은 직접재료원가 $67,800와 가공원가 $30,200로 구성되어 있으며, 당기투입원가는 직접재료원가 $579,000와 가공원가 $248,000이다.
3. 당기에 착수하여 당기에 완성된 완성품 수량은 몇 개인가?
4. 새로운 경영자에게 좋은 인상을 주고 싶은 혼합공정의 책임자는 다음과 같이 보고하였다. "지난달 단위당 $2.5였던 직접재료원가가 이번달에 $3로 증가하였으나, 직접재료원가를 $3 미만으로 잘 통제하였습니다." 혼합공정의 책임자는 이에 대해 칭찬을 받을 수 있나? 그 이유를 설명하시오.

사례 connect

사례 4-19 가중평균법에서의 두 번째 공정 [학습목표 4-2, 4-3, 4-4]

Provost Industries의 Ruth Scarpino는 새로운 회계부장을 고용한 것이 실수였다고 언급하며 이렇게 말했다. "그가 작성한 마감공정에 대한 보고서를 보게나. 나는 도대체 이해할 수가 없네."

마감공정의 원가	
기초재공품원가(수량: 450개, 직접재료원가 완성도 100%, 가공원가 완성도 60%)	$ 8,208*
전공정원가 (전공정대체 수량: 1,950개)	17,940
직접재료원가 (공정의 50% 시점에 투입)	6,210
가공원가	13,920
총원가	$46,278
마감공정의 원가 배분	
완성품(제품)원가 (1,800개 × 단위당 $25.71)	$46,278
기말재공품 원가 (600개, 직접재료원가 완성도 0%, 가공원가 완성도 35%)	0
총원가	$46,278

* 전공정원가 $4,068, 직접재료원가 $1,980, 가공원가 $2,160로 구성됨

Frank Harrop(운영 관리자): 그는 우리 회사의 시스템을 배우기 위해 노력하고 있습니다. 적응하는데 시간이 걸리는 것 같습니다.

Scarpino: 보고서의 형식 때문에 이러는 것이 아니야. 그가 제품 단위당 원가를 $25.71이라고 보고했어. 너무 높다고 생각하지 않나?

Harrop: 그렇군요. 조금 높군요. 그렇지만 4월중에 직접재료원가가 상승했기 때문으로 생각됩니다. 제가 다른 사람을 시켜서 다시 보고서를 작성해보겠습니다.

Provost Industries는 금형공정과 마감공정의 2개의 공정으로 세라믹 제품을 생산하며, 가중평균법에 의한 종합원가계산 시스템을 사용한다.

요구사항:

1. 기말재공품과 완성품 원가가 얼마인지를 보여주는 마감공정에 대한 보고서를 작성하시오.
2. 경영자에게 새 회계부장이 작성한 보고서의 단위당 제품원가가 높게 계산된 이유를 설명하시오.

사례 4-20 윤리경영, 가중평균법에서 완성도가 이익에 미치는 영향 [학습목표 4-2, 4-3, 4-4]

Gary Stevens와 Mary James는 전세계에 수십 개의 공장이 있는 GE사의 가전부문 생산 책임자이다. Mary는 Iowa주에 위치한 공장의 책임자이며, Gary는 California주에 있는 공장을 관리한다. 공장 책임자는 당기의 목표이익을 초과하는 경우 급여의 5%에 해당하는 보너스를 받는다.

새해가 시작된 지 몇 일후, Mary는 Gary와 전화통화를 하게 되었는데, 내용은 다음과 같다.

Gary: Mary, 잘 되고 있어요?

Mary: 네, 좋습니다. 당신은 어때요?

Gary: 저도 좋아요. 우리는 목표이익을 달성할 수 있을 것 같아요. 우리의 연간목표이익은 $200,000 이거든요. 우리는 모든 수단을 동원하여 목표를 꼭 달성하고 말겁니다.

Mary: 무슨 말이죠?

Gary: 음, 가장 쉬운 방법은 기말재공품의 완성도 예측자료를 조정하는 것이에요.

Mary: 어떻게 그럴 수 있죠? 저보다 상급자인 Tom Winthrop이 완성도를 제공하고 있고 이미 본사에 제출까지 했는데요.

Gary: 제출과정에 실수가 있었다고 말할 수 있습니다. 잘 생각해보세요. 대부분의 책임자는 마술처럼 보너스를 조작할 수 있어요. 당신은 보너스를 원하지 않을지 몰라도, 다른 사람들은 그렇지 않을 겁니다.

Mary의 생산설비의 최종공정은 당기에 기초재공품이 없었다. 당기에 210,000개가 전공정에서 최종공정으로 투입되어, 200,000개의 제품이 완성되어 판매되었다. 전공정원가는 총 $39,375,000이며, 최종 공정에 투입되는 원재료는 없다. 당기에 발생한 최종 공정의 가공원가는 $20,807,500이다.

요구사항:

1. Tom Winthrop은 최종 공정의 기말재공품에 대한 가공원가의 완성도를 30%로 예상하였다. 예상 완성도를 그대로 사용하는 경우 매출원가는 얼마인가?
2. Gary는 예상 완성도를 높이기를 원하는가? 낮추기를 원하는가? 그 이유를 설명하시오.
3. 완성도가 30%일 때보다 영업이익을 $200,000 증가시키려면 완성도가 어떻게 조정되어야 하는가?
4. Mary가 완성도의 변경을 요청해야 한다고 생각하는가? 그 이유를 설명하시오.

부록 4A: 선입선출법(FIFO)

종합원가계산을 적용하기 위한 두 가지 방법(가중평균법, 선입선출법) 중에서 일반적으로 선입선출법은 가중평균법보다 더 정확한 방법이라 여겨지지만 더 복잡하다. 가중평균법은 당기에 발생한 원가와 전기에서 이전된 원가를 배분하지만 선입선출법은 오직 당기에 발생한 원가만 배분한다는 점에서 차이가 있다.

도표 4-5와 도표 4-8에 요약되어 있는 Double Diamond Skis의 성형 및 밀링공정의 원가 자료를 이용하여 선입선출법의 계산과정을 가중평균법과 유사하게 4단계로 설명하면 다음과 같다.

1단계: 완성품환산량 계산

학습목표 4-6

선입선출법을 이용하여 완성품환산량을 계산할 수 있다.

선입선출법의 완성품환산량은 가중평균법의 완성품환산량과 두 가지 면에서 다르다.

첫째, 선입선출법에서는 완성품을 기초재공품이 당기에 완성된 부분과 당기에 착수하여 당기에 완성된 부분으로 나눈다.

둘째, 기말재공품 뿐만 아니라 기초재공품의 완성품환산량을 계산해야 한다. 기초재공품에 대한 완성품환산량은 (부분적으로만 완성된 상태인) 기초재공품을 당기에 추가가공을 통해 완성하기까지 투입한 노력을 나타낸다. 기말재공품에 대한 완성품환산량은 가중평균법과 동일하게 재공품을 부분적으로 완성시키기까지 투입한 노력을 나타낸다.

선입선출법을 적용하여 완성품환산량을 계산하는 공식은 가중평균법보다 조금 더 복잡하다.

선입선출법
(공정별로 각 원가범주에 대해 각각 계산)

완성품환산량 = 기초재공품 재고를 완성시키기 위한 완성품환산량*
+ 당기 중 착수되어 완성된 수량
+ 기말재공품의 완성품환산량

*기초재공품 재고를 완성시키기 위한 완성품환산량 = 기초재공품 수량 × (100% − 기초재공품 완성도)

완성품환산량은 다음과 같이 계산할 수도 있다.

완성품환산량 = 완성품 수량
+ 기말재공품 재고의 완성품환산량
− 기초재공품 재고의 완성품환산량

선입선출법을 이해하기 위하여, Double Diamond Skis의 성형 및 밀링공정에 대한 자료(도표 4–5)를 다시 참고하자. 이 공정에서 5월 중에 4,800단위가 완성되었고 이 완성품들은 다음 공정인 그래픽생산공정으로 대체되었다. 이 중 200단위는 기초재공품에 해당하는 것이기 때문에, 성형 및 밀링공정에서 5월 중에 착수하여 완성시킨 수량은 4,600단위이다. 기초재공품 200단위의 기초 상태의 완성도는 각 원가범주별로 다르다. 구체적으로 직접재료원가의 기초 완성도는 55%, 가공원가의 기초 완성도는 30%이다. 따라서 200단위의 기초재공품을 완성시키기 위해서는 당기에 원가가 추가로 투입되어야 하는데, 직접재료원가는 추가적으로 45%(= 100% − 55%)가 투입되어야 하고, 가공원가는 70%(= 100% − 30%)가 투입되어야 한다. 이러한 논리에 따라, 5월 중의 완성품환산량은 도표 4A–1과 같이 계산된다.

도표 4A-1
완성품환산량: 선입선출법

	직접재료원가	가공원가
기초재공품을 완성하기 위한 완성품환산량:		
직접재료원가: 200단위 × (100%–55%)*	90	
가공원가: 200단위 × (100%–30%)*		140
당기 중 착수되어 완성된 단위	4,600†	4,600†
기말재공품의 완성품환산량:		
직접재료원가: 400단위 × 40% 완성	160	
가공원가: 400단위 × 25% 완성		100
완성품환산량 합계	4,850	4,840

* 기초재공품을 완성시키기 위해 필요한 작업이다.
† 당기에 착수하여 당기에 완성된 수량은 두가지 방법으로 계산할 수 있다.
첫째, 당기에 착수한 수량 5,000개 – 기말재공품 수량 400개 = 4,600개.
둘째, 당기 완성품 4,800개 – 기초재공품 완성품 200개 = 4,600개.
선입선출법은 기초재공품이 먼저 완성되었다고 가정한다.

선입선출법을 적용할 때의 완성품환산량 계산과정인 도표 4A–1와 가중평균법을 적용할 때의 완성품환산량 계산과정인 도표 4–6을 비교해보자. 도표 4A–2는 이 두 가지 방법을 비교한 그림이다.

두 방법의 본질적인 차이점은 가중평균법은 전기에 수행되어 당기로 이전된 작업 및 원가와 당기의 작업 및 원가를 섞는 반면, 선입선출법은 각 기간을 분리한다는 점이다. 이를 보다 명확하게 하기 위하여, 두 방법으로 계산된 완성품환산량을 조정하고 있는 다음의 표를 살펴보도록 하자.

성형 및 밀링공정	직접재료원가	가공원가
완성품환산량 — 가중평균법	4,960	4,900
기초재공품의 완성품환산량 차감		
200단위 × 55%	110	
200단위 × 30%		60
완성품환산량 — 선입선출법	4,850	4,840

도표 4A-2

완성품환산량에 대한 시각적 이해

더블 다이아몬드 성형 및 밀링공정 가공원가

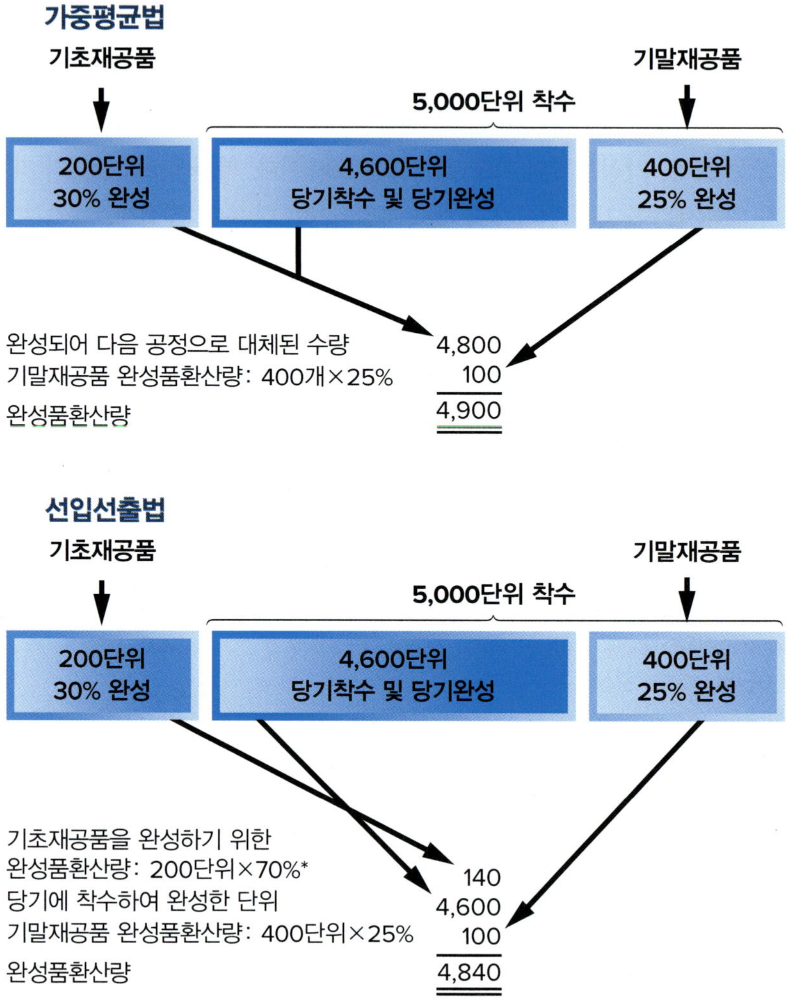

*100% – 30% = 70%. 이 70%는 기초재공품을 완성시키기 위해 당기에 추가로 필요한 작업을 나타낸다.

두 방법간의 완성품환산량 조정과정에서 확인할 수 있듯이 선입선출법하의 완성품환산량은 가중평균법하의 완성품환산량에서 기초재공품에 포함된 완성품환산량을 차감하여 계산한다. 이와 같이, 선입선출법은 당기 중 수행된 작업으로 인한 완성품환산량을 엄격하게 분리시킨다. 반면 가중평균법은 기초재공품에 이미 포함된 완성품환산량과 당기 중 수행된 작업으로 인한 완성품환산량이 구분되지 않고 섞이게 된다. 즉, 가중평균법은 기초재공품에 포함된 원가도 (사실은 당기 이전에 발생한 원가이지만) 모두 당기에 발생한 것처럼 가정하는 방법이다.

2단계: 완성품환산량 단위당 원가 계산

선입선출법에서 완성품환산량 단위당 원가가 다음과 같이 계산된다.

> 학습목표 4-7
> 선입선출법을 이용하여 완성품환산량 단위당 원가를 계산할 수 있다.

선입선출법
(공정별로 원가범주별 별도 계산)

$$\text{완성품환산량 단위당 원가} = \frac{\text{당기 발생 원가}}{\text{완성품환산량}}$$

가중평균법과는 다르게 선입선출법에서의 완성품환산량 단위당 원가는 각 공정별로 당기에 발생한 원가만을 이용하여 계산한다.

성형 및 밀링공정의 5월 중 직접재료원가 및 가공원가에 대한 완성품환산량 단위당 원가는 다음과 같다.

성형 및 밀링공정
완성품환산량 단위당 원가 — 선입선출법

	직접재료원가	가공원가
당기 발생 원가 (a)	$368,600	$350,900
완성품환산량 (b)	4,850	4,840
완성품환산량 단위당 원가 (a)÷(b)	$76.00	$72.50

3단계: 원가의 배분

> 학습목표 4-8
> 선입선출법을 이용하여 원가를 배분할 수 있다.

완성품환산량 단위당 원가는 (1) 기초재공품을 완성시키기 위해 필요한 노력에 대한 완성품환산량, (2) 기말재공품의 완상품환산량, 그리고 (3) 당기에 착수하여 당기에 완성한 완성품 단위의 가치를 계산하는데 사용된다. 예를 들어, 성형 및 밀링공정으로부터 그래픽생산공정으로 대체되는 완성품의 단위당 원가는 $148.50(직접재료원가 $76.00 + 가공원가 $72.50)이다. 5월에 4,600단위가 당기에 착수하여 당기에 완성(도표 4A–1 참조)되었으므로 이 4,600단위에 배분되는 총원가는 $683,100(4,600단위 × 단위당 $148.50)이다.

기말재공품 재고와 완성품에 배분되는 원가를 계산하는 과정을 요약하면 다음의 표와 같다. 선입선출법은 가중평균법의 경우보다 더 복잡하다. 그 이유는 (1) 기초재공품의 원가, (2) 기초재공품을 완성시키는 데 투입된 원가, 그리고 (3) 당기 중 착수되어 완성된 단위의 원가를 고려하기 때문이다. 기초재공품 원가($15,175)는 가중평균법을 적용하는 경우의 완성품환산량 단위당 원가 계산식의 분자에는 **포함되지만** 선입선출법에서는 **제외한다**는 점을 주의해야 한다. 이 점이 두 방법간의 가장 중요한 차이점이다.

성형 및 밀링공정 기말재공품 재고와 완성품의 원가 — 선입선출법	직접재료원가	가공원가	총계
기말재공품 원가:			
완성품환산량 (도표 4A–1 참조) (a)	160	100	
완성품환산량 단위당 원가 (b)	$76.00	$72.50	
기말재공품 원가 (a) × (b)	$12,160	$7,250	$19,410
완성품 원가:			
기초재공품 원가	$9,600	$5,575	$15,175
기초재공품을 완성시키는 데 투입된 원가:			
기초재공품을 완성시키는데 추가된 완성품환산량(도표 4A–1 참조) (a)	90	140	
완성품환산량 단위당 원가 (b)	$76.00	$72.50	
기초재공품을 완성시키는데 투입된 원가 (a) × (b)	$6,840	$10,150	$16,990
당기 중 착수되어 완성된 완성품 원가:			
당기 중 착수되어 완성된 수량 (도표 4A–1 참조) (a)	4,600	4,600	
완성품환산량 단위당 원가 (b)	$76.00	$72.50	
당기 중 착수되어 완성된 완성품 원가 (a) × (b)	$349,600	$333,500	$683,100
완성품 총원가			$715,265

4단계: 원가계산보고서 작성

학습목표 4-9

선입선출법을 이용한 원가계산보고서를 작성할 수 있다.

기말재공품 재고와 완성품에 배분된 원가의 합계는 아래와 같이 도표 4–8에서의 원가와 일치한다.

성형 및 밀링공정 원가계산보고서	
배분할 원가:	
기초재공품 원가 (도표 4–8)	$ 15,175
당기 발생 원가 (도표 4–8)	719,500
총원가	$734,675
원가의 배분:	
기말재공품 원가 (이전 표 참조)	$ 19,410
완성품 원가 (이전 표 참조)	715,265
총원가	$734,675

두 번째 공정인 그래픽생산공정으로 대체된 단위의 원가 $715,265는 전공정원가로 회계처리한다. 이 전공정원가는 두 번째 공정에서 직접재료원가나 가공원가처럼 취급될 것이다. 유일한 차이점은 다음 공정인 그래픽생산공정 입장에서 이전 공정에서 완성되어 대체된 전공정원가는 100% 완성도로 취급한다는 점이다. 연속되는 공정을 통해 제품이 완성되는 경우 원가는 전공정에서 다음 공정으로 이전되면서 마지막 공정까지 흘러간다. 최종 공정에서 완성된 완성품의 원가가 최종적으로 당기제품의 원가가 된다.

원가계산방법의 비교

대부분의 경우 가중평균법과 선입선출법의 단위당 원가는 유사하다. 이상적인 생산 환경으로 인해 기말재고가 없다면 두 방법의 원가 배분 결과는 동일할 것이다. 그 이유는 기말재고가 없다면 차기로 이월되는 원가도 없을 것이고, 가중평균법을 이용하더라도 선입선출법과 동일하게 완성품환산량 단위당 원가를 당기에 발생한 원가로만 계산할 것이기 때문이다. 만약 기말재고가 있다면 투입가격이나 조업도 수준의 변동으로 인하여 두 방법의 단위당 원가는 차이를 보이게 될 것이다. 왜냐하면 가중평균법에서는 전기의 단위당 원가와 당기의 단위당 원가가 섞이기 때문이다. 만약 단위당 원가가 크게 차이가 나지 않는다면 두 방법의 결과는 큰 차이를 보이지 않을 것이다.

그럼에도 불구하고 원가 통제의 관점에서 본다면 선입선출법은 가중평균법보다 우월한 방법이라고 할 수 있다. 당기의 성과는 오직 당기에 발생한 원가만으로 측정되는 것이 바람직하지만 가중평균법은 당기와 전기의 원가를 섞어 버린다. 따라서 가중평균법 하에서는 경영자의 당기의 성과가 전기의 결과에 의해서도 영향을 받게 된다. 이러한 문제는 선입선출법에서는 발생하지 않는다. 왜냐하면 선입선출법에서는 전기의 원가와 당기 중 발생한 원가를 명확하게 구분할 수 있기 때문이다. 선입선출법의 이러한 특징으로 인해 더 최신의 원가 정보를 제공한다는 장점도 있다.

한편, 가중평균법은 선입선출법보다 적용하기 쉽다는 장점이 있다. 가중평균법은 프로그램을 적절하게 짜두면 컴퓨터가 쉽게 계산할 수 있을 정도로 적용이 쉽다.

연습문제 (부록 4A)

문제 4A-1 완성품환산량: 선입선출법 [학습목표 4-6]

문제 4-2의 Clonex Labs, Inc.의 자료를 참고하여 다음에 답하시오.

요구사항:

선입선출법을 이용한 종합원가계산 시스템을 사용하여 10월의 완성품환산량을 계산하시오.

문제 4A-2 완성품환산량 단위당 원가: 선입선출법 [학습목표 4-7]

Superior Micro Products는 선입선출법에 의한 종합원가계산 시스템을 사용한다. 5월중 조립공정의 자료는 다음과 같다.

	직접재료원가	직접노무원가	제조간접원가
당기 투입 원가	$193,320	$62,000	$310,000
완성품환산량	27,000	25,000	25,000

요구사항:

직접재료원가, 직접노무원가, 제조간접원가에 대한 완성품환산량 단위당 원가를 계산하시오.

문제 4A-3 원가의 배분: 선입선출법 [학습목표 4-8]

종합원가계산을 적용하는 조립공정의 자료는 다음과 같다. 회사는 선입선출법을 사용한다.

	직접재료원가	가공원가
기초재공품 원가	$3,200	$650
기말재공품의 완성품환산량	400	200
기초재공품 완성을 위해 추가된 완성품환산량	600	1,200
완성품환산량 단위당 원가	$2.32	$0.75

당기에 26,000개가 완성되어 다음 공정으로 대체되었다. 기초재공품은 2,000개이고 기말재공품은 1,000개이다.

요구사항:

1. 기말재공품 원가를 계산하시오.
2. 완성품 원가를 계산하시오.

문제 4A-4 원가계산보고서: 선입선출법 [학습목표 4-9]

Schroeder Baking Corporation은 종합원가계산을 사용한다. 혼합공정은 공장의 여러 공정중 하나이다. 7월의 혼합공정의 기초재공품 원가는 $1,460이고, 기말재공품 원가는 $3,120이며 생산에 추가로 투입한 원가는 $36,540이다.

요구사항:

혼합공정의 7월의 원가계산보고서를 작성하시오.

문제 4A-5 완성품환산량: 선입선출법 [학습목표 4-6]

MediSecure, Inc.는 투명한 플라스틱 용기를 생산한다. 조형공정의 제조활동에 관한 최근 자료는 다음과 같다.

기초재공품:	
수량	500
직접재료원가 완성도	80%
가공원가 완성도	40%
당기착수량	153,600
당기완성량	153,700
기말재공품	
수량	400
직접재료원가 완성도	75%
가공원가 완성도	20%

요구사항:

MediSecure는 선입선출법에 의한 종합원가계산 시스템을 사용한다. 당기의 조형공정에 대한 완성품환산량을 계산하시오.

문제 4A-6 완성품환산량: 선입선출법 [학습목표 4-6]

연습문제 4–10의 Alaskan Fisheries Inc.의 자료를 참고하여 다음에 답하시오.

요구사항:

선입선출법을 이용한 종합원가계산 시스템을 사용하여, 7월중 손질공정의 완성품환산량을 계산하시오.

문제 4A-7 완성품환산량과 완성품환산량 단위당 원가: 선입선출법 [학습목표 4-6, 4-7]

연습문제 4–9의 Pureform Inc.의 자료를 참조하여 다음에 답하시오.

요구사항:

선입선출법에 의한 종합원가계산을 사용한다고 가정하고 다음에 답하시오.

1. 첫번째 공정의 완성품환산량을 계산하시오.
2. 완성품환산량 단위당 원가를 계산하시오.

문제 4A-8 완성품환산량: 선입선출법 [학습목표 4-6]

연습문제 4-6의 Highlands Company 자료를 참조하여 다음에 답하시오. 단, 이 회사는 선입선출법에 의한 종합원가계산을 사용하고 있다.

요구사항:

1. 6월에 완성되어 다음 공정으로 대체된 펄프의 수량을 계산하시오.
2. 6월의 직접재료원가, 직접노무원가, 제조간접원가에 대한 완성품환산량을 계산하시오.

문제 4A-9 완성품환산량과 원가의 배분: 선입선출법 [학습목표 4-6, 4-7, 4-8]

Jarvene Corporation은 선입선출법에 의한 종합원가계산 시스템을 사용한다. 가공공정과 관련한 최근 자료는 다음과 같다.

기초재공품수량	400
당기착수량	3,000
기말재공품수량	300
완성품수량	3,100

	직접재료원가	가공원가
기초재공품 완성도	80%	40%
기말재공품 완성도	70%	60%

	직접재료원가	가공원가
완성품환산량 단위당 원가	$25.40	$18.20

기초재공품원가는 $11,040이고 이 중 $8,120는 직접재료원가이며 나머지는 가공원가이다. 당기에 투입된 원가는 $132,730이며, 완성품환산량 단위당 원가는 다음과 같다.

요구사항:

1. 당기의 완성품환산량 단위당 총원가는 얼마인가?
2. 기말재공품에 대한 직접재료원가와 가공원가의 완성품환산량을 계산하시오.
3. 당기에 기초재공품을 완성하는데 추가된 직접재료원가와 가공원가에 대한 완성품환산량을 계산하시오.
4. 당기에 착수되어 완성된 완성품의 수량을 계산하시오.
5. 기말재공품 원가를 계산하시오.
6. 완성품 원가를 계산하시오.

문제 4A-10 완성품환산량, 원가의 배분, 원가계산보고서: 선입선출법 [학습목표 4-6, 4-7, 4-8, 4-9]

Selzik Company는 혼합공정과 포장공정을 통해 최고급 케이크믹스를 생산한다. 혼합공정의 7월의 활동과 관련한 자료는 다음과 같다.

수량 자료:	
기초재공품(직접재료원가의 완성도는 100%, 가공원가의 완성도는 30%임)	10,000
당기착수	170,000
기말재공품(직접재료원가의 완성도는 100%, 가공원가의 완성도는 40%임)	20,000
원가 자료:	
기초재공품 원가	
직접재료원가	$8,500
가공원가	$4,900
당기 투입 원가	
직접재료원가	$139,400
가공원가	$244,200

직접재료원가는 모두 공정초기에 투입되며, 회사는 선입선출법에 의한 종합원가계산 시스템을 사용한다.

요구사항:

1. 직접재료원가와 가공원가의 완성품환산량을 계산하시오.
2. 직접재료원가와 가공원가의 완성품환산량 단위당 원가를 계산하시오.
3. 기말재공품원가를 계산하시오.
4. 완성품 원가를 계산하시오.
5. 원가계산보고서를 작성하시오.

문제 4A-11 완성품환산량, 원가의 배분, 원가계산보고서: 선입선출법 [학습목표 4-6, 4-7, 4-8, 4-9]

문제 4-15의 Sunspot Beverage Ltd.의 혼합공정에 관한 자료를 이용하여 다음 물음에 답하시오. 단, 이 회사는 선입선출법에 의한 종합원가계산을 사용하고 있다.

요구사항:

1. 완성품환산량을 계산하시오.
2. 완성품환산량 단위당 원가를 계산하시오.
3. 기말재공품 원가를 계산하시오.
4. 완성품 원가를 계산하시오.
5. 혼합공정의 원가계산보고서를 작성하시오.

사례 4A-12 두 번째 공정: 선입선출법 [학습목표 4-6, 4-7, 4-8]

사례 4-19에 제시된 Provost Industries 자료를 참고하여 다음 물음에 답하시오. 단, 이 회사는 선입선출법에 의한 종합원가계산을 사용하고 있다.

요구사항:

1. 기말재공품과 완성품의 원가가 얼마인지를 보여주는 마감공정에 관한 원가계산보고서를 작성하시오.
2. 문제에 언급된 것처럼, 회사는 4월에 직접재료원가가 상승한 것을 경험했다면 가중평균법과 선입선출법 중에서 어떤 방법이 가격효과가 더 크게 나타나겠는가? 그 이유는 무엇인가?

부록 4B: 보조(지원) 부문의 원가배부

connect

대부분의 큰 조직은 **제조(생산) 부문**(*operating department*)과 **보조(지원) 부문**(*service department*)을 모두 가지고 있다. 조직의 주된 목적인 생산은 제조 부문에서 수행된다. 보조 부문은 제조 활동에 직접적으로 관여하지는 않는다. 하지만 보조부문은 제조 부문의 활동을 지원함으로써 간접적으로 생산에 기여한다. 제조 부문의 예로는, **Mt. Sinai Hospital**의 외과, **University of Washington**의 지리학과, **Allstate insurance Company**의 마케팅 부문 및 **Mitsubishi**, **Hewlett-Packard**, **Michelin**과 같은 제조업체들의 제조 부문 등을 들 수 있다. 종합원가계산에서 공정들은 모두 제조 부문으로 볼 수 있다. 보조 부문의 예로는, 구내식당, 동력 부문, 수선 부문, 내부감사 부문, 인사관리팀, 원가회계팀, 구매팀 등을 들 수 있다.

회사는 동기부여 및 성과평가, 보조부문 자원의 효율적인 사용 장려, 단위당 원가 산정과 같은 다양한 이유로 보조부문의 원가를 제조부문에 배분한다. 제11장에서는 동기부여 및 성과평가, 보조부문 자원의 효율적인 사용 장려 목적의 보조부문 원가 배분을 설명한다. 본 절에서는 다양한 유형의 단위당 원가 계산을 위해 보조부문의 원가를 제조부문에 배분하는 것에 중점을 둔다.

예를 들어, 제조업체의 경우 외부보고 목적으로 재고자산 및 매출원가 산정을 위한 제품 단위당 원가 계산에 포함될 보조 부문의 원가가 발생할 수 있다. 서비스 회사도 서비스 제공 부문에서 단위당 원가 계산에 통합될 보조부문 원가를 발생시킨다. 예를 들어, 병원은 환자당 1일당 원가 또는 실험실 시험당 원가와 같은 단위당 원가를 산출한다. 환자에게 직접적으로 의료서비스를 제공하거나 실험실 시험을 수행하는 서비스 제공 부문에 보조 부문의 원가를 배부하면 병원의 다양한 단위당 원가를 보다 포괄적으로 이해할 수 있다.

본 절에서는 보조 부문의 원가배부 방법으로 직접배부법과 단계배부법을 설명한다.[2] 이 두 가지 방법을 구체적으로 다루기 전에 **부문간 지원**의 개념을 살펴보자.

부문간 지원 많은 보조 부문들은 보조 부문들 상호간에도 서비스를 제공하고 제공받는다. 예를 들어 구내식당은 제조 부문의 종업원들뿐만 아니라 보조 부문의 종업원들을 포함한 모든 종업원들에게 식사를 제공한다. 또한 구내식당은 관리용역 혹은 인사 부문과 같은 다른 보조 부문으로부터 서비스를 제공받는다. 이렇게 보조 부문 간에 제공하는 서비스를 **부문간 지원**(*interdepartmental services*) 혹은 **상호지원**(*reciprocal services*)이라고 한다.

학습목표 4-10

직접배부법을 이용하여 보조 부문의 원가를 제조 부분에 배부할 수 있다.

직접배부법

직접배부법(*direct method*)은 단계배부법보다 간단하다. 왜냐하면 직접배부법은 보조 부문간의 서비스 제공을 무시하고 보조 부문의 원가를 직접 제조 부문에만 배부하기 때문이다. 비

2 상호배부법도 보조 부문의 원가를 제조 부문에 배부하는 방법으로 사용할 수 있다. 다만 상호배부법은 연립선형방정식(simultaneous linear equations)을 사용해야 하므로 여기에서는 다루지 않는다.

록 한 보조 부문(인사 부문과 같은)이 다른 보조 부문(구내식당과 같은)에 많은 양의 서비스를 제공하더라도 보조 부문간에는 원가를 배부하지 않는다.

두 개의 보조 부문과 두 개의 제조 부문을 가진 Mountain View Hospital의 예를 이용하여 직접배부법을 살펴보자. 병원은 종업원 근무시간을 기준으로 행정 부문의 원가를 배부하고 점유면적을 기준으로 관리 부문의 원가를 배부한다고 가정하자.

	보조 부문		제조 부문		
	행정 부문	관리 부문	실험실	환자관리	총계
배부전 부문별 원가	$360,000	$90,000	$261,000	$689,000	$1,400,000
종업원 근무시간	12,000	6,000	18,000	30,000	66,000
점유면적 공간(m^2)	10,000	200	5,000	45,000	60,200

직접배부법을 이용하여 병원의 보조 부문 원가를 제조 부문에 배부하는 방법은 도표 4B-1과 같다. 이 도표에서 몇 가지 사항에 주목해야 한다. 첫째, 행정 부문의 원가를 직접배부법을 이용하여 배부하는 경우 행정 부문과 관리 부문의 종업원 근무시간은 고려할 필요가 없다. 직접배부법 하에서는, 보조 부문 자체에서 발생한 어떤 배부기준도 무시된다. 제조 부문의 배부기준만을 이용하여 보조 부문의 원가를 각 제조 부문에 배부한다. 관리 부문의 원가도 동일하다. 관리 부문 원가를 배부할 때, 보조 부문인 행정 부문과 관리 부문의 점유면적 공간이 있다고 하더라도 직접배부법에서는 이를 고려하지 않는다. 보조 부문의 원가를 제조 부문에 모두 배부한 후에는 모든 보조 부문의 원가는 두 개의 제조 부문에 포함된다.

도표 4B-1 직접배부법

	보조 부문		제조 부문		
	행정 부문	관리 부문	실험실	환자관리	총계
배부전 부문별 원가	$360,000	$90,000	$ 261,000	$689,000	$1,400,000
배부:					
행정 부문 원가(18/48, 30/48)*	(360,000)		135,000	225,000	
관리 부문 원가(5/50, 45/50)†		(90,000)	9,000	81,000	
배부후 원가	$ 0	$ 0	$ 405,000	$995,000	$1,400,000

*두 제조 부문의 종업원 근무시간인 18,000시간 + 30,000시간 = 48,000시간에 근거.
†두 제조 부문의 점유면적인 5,000m^2 + 45,000m^2 = 50,000m^2에 근거.

단계배부법

학습목표 4-11

단계배부법을 이용하여 보조 부문의 원가를 제조 부문에 배부할 수 있다.

직접배부법과는 다르게 **단계배부법**(*step-down method*)은 보조 부문의 원가를 제조 부문뿐만 아니라 다른 보조 부문에도 배부하는 방법이다. 단계배부법은 순서를 정해 단계적으로 배부한다는 의미를 담고 있다. 단계배부법에서는 일반적으로 다른 보조 부문에 제공하는 서비스의 양이 가장 많은 부분부터 순차적으로 배부하게 된다. 그리고 이러한 절차는 마지막 보조 부문까지 순차적으로 진행된다. 도표 4B–2는 이러한 단계배부법의 절차를 묘사한 것이다.

도표 4B–3은 단계배부법의 세부적인 면을 보여주고 있다. 이러한 배부와 관련하여 다음의 세 가지 핵심사항에 주의하자. 첫째, 첫 번째로 배부하는 행정 부문의 원가는 제조 부문뿐만 아니라 다른 보조 부문인 관리 부문으로도 배부된다는 것이다. 직접배부법과는 대조적으로, 행정 부문의 배부기준에는 제조 부문뿐만 아니라 관리 부문에 대한 종업원 근무시간도 포함되어 있다. 그러나 여전히 행정 부문이 자기 부문을 위해 제공한 종업원 근무시간은 제외되어 있다. **직접배부법과 단계배부법에서는 자신을 위해 제공한 서비스는 무시한다.**

둘째, 도표 4B–3에서 확인할 수 있는 것처럼 두 번째 순서로 배부하는 **관리 부문의 원가는 행정 부문에 건물의 점유면적이 있더라도 행정 부문에는 배부되지 않는다.** 단계배부법에서는 이미 원가를 배부한 보조 부문에는 원가를 다시 배부하지 않는다는 점에 주의해야 한다. 셋째, 도표 4B–3의 두 번째 단계에서 다른 부서에 배부된 관리 부문 원가($130,000)에는 도표 4B–3의 첫 번째 단계에서 관리 부문에 배부된 행정 부문의 원가($40,000)가 포함된다.

도표 4B-2
단계배부법의 절차

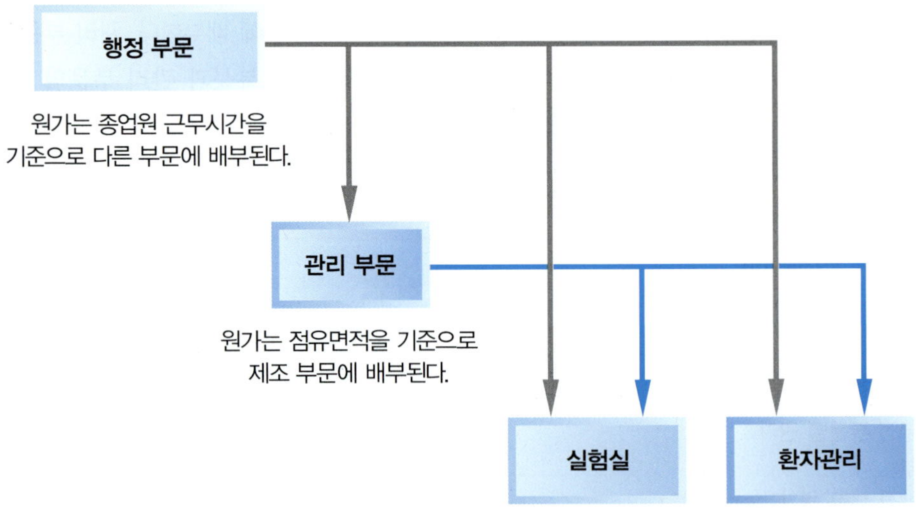

도표 4B-3 단계배부법

	보조 부문		제조 부문		
	행정 부문	관리 부문	실험실	환자관리	총계
배부전 부문별 원가	$360,000	$ 90,000	$261,000	$ 689,000	$1,400,000
배부:					
행정 부문 원가(6⁄54, 18⁄54, 30⁄54)*	(360,000)	40,000	120,000	200,000	
관리 부문 원가(5⁄50, 45⁄50)†		(130,000)	13,000	117,000	
배부후 원가	$ 0	$ 0	$394,000	$1,006,000	$1,400,000

*관리 부문과 두 제조 부문의 종업원 근무시간인 6,000시간 + 18,000시간 + 30,000시간 = 54,000시간에 근거.
†도표 4B–1에서처럼, 두 제조 부문의 점유면적에 근거.

연습문제 (부록 4B)

문제 4B-1 직접배부법 [학습목표 4-10]

Seatle Western University의 보조 부문의 원가 배부를 위한 자료는 다음과 같다.

	보조 부문		교육 부문	
	관리	편의시설 서비스	대학	대학원
배부전 부문별 원가	$2,400,000	$1,600,000	$26,800,000	$5,700,000
학생의 수업이수 시간			20,000	5,000
사용면적	25,000	10,000	70,000	30,000

요구사항:

보조 부문의 원가를 직접배부법을 이용하여 교육 부문으로 배부하시오. 관리 부문의 원가는 학생의 수업이수 시간을 기준으로 배부하고 편의시설 서비스는 사용면적에 의해 배부하시오.

문제 4B-2 단계배부법 [학습목표 4-11]

Madison Park Co-op의 보조 부문의 원가를 배부하기 위한 자료는 다음과 같다.

	보조 부문		영업 부문	
	관리	경비	잡화	선물
배부전 부문별 원가	$150,000	$40,000	$2,320,000	$950,000
근무시간	320	160	3,100	740
사용면적	250	100	4,000	1,000

요구사항:

단계배부법을 이용하여 보조 부문의 원가를 영업 부문으로 배부하시오. 관리 부문의 원가는 근무시간을 기준으로 배부하고, 경비 부문의 원가는 사용면적을 기준으로 배부하시오. 배부순서는 관리 부문, 경비 부문의 순이다.

문제 4B-3 단계배부법 [학습목표 4-11]

Ferre 출판사는 3개의 보조 부문과 2개의 제조 부문으로 구성된다. 5개 부문의 최근 자료는 다음과 같다.

	보조 부문			제조 부문		
	관리부	경비부	유지부	제본	인쇄	합계
원가	$140,000	$105,000	$48,000	$275,000	$430,000	$998,000
직원수	60	35	140	315	210	760
사용면적	15,000	10,000	20,000	40,000	100,000	185,000
기계시간				30,000	60,000	90,000

회사의 보조 부문은 단계배부법에 의해 배부되며, 배부순서는 관리부(직원수), 경비부(사용면적), 유지부(기계시간)의 순이다.

요구사항:

단계배부법을 이용하여 보조 부문의 원가를 제조 부문에 배부하시오.

문제 4B-4 직접배부법 [학습목표 4-10]

문제 4B-3의 Ferre 출판사의 자료를 참고하여 다음에 답하시오.

요구사항:

직접배부법을 이용하여 보조 부문의 원가를 제조 부문에 배부할 때, 각 제조 부문에 배부되는 제조간접원가는 얼마인가?

문제 4B-5 단계배부법 [학습목표 4-11]

Woodbury Hospital은 3개의 보조 부문과 3개의 의료 부문을 가지고 있다. 이번 분기의 각 부문별 원가는 다음과 같다.

	보조 부문			의료 부문			
	병실 서비스	음식 서비스	관리 서비스	연구소	방사선과	일반병동	합계
총원가	$87,000	$301,060	$249,020	$405,900	$520,500	$475,800	$2,039,280
음식제공횟수			800	2,000	1,000	68,000	71,800
점유면적	5,000	13,000	6,500	10,000	7,500	108,000	150,000
업무처리량				14,000	7,000	25,000	46,000

보조 부문의 원가는 단계배부법에 의해 배부되며, 보조 부문별 배분 방법은 아래와 같다.

보조 부문	배부기준
병실 서비스	점유면적
음식 서비스	음식제공횟수
관리 서비스	업무처리량

병원 경영자는 보조 부문의 원가를 3개의 의료 부문으로 배부하고자 한다.

요구사항:

단계배부법을 이용하여 병원 경영자가 요구하는 원가배부보고서를 작성하시오. 보조 부문에서 배부된 원가와 의료 부문의 각각의 원가를 포함하여 작성하시오.

사례 4B-6 단계배부법 vs 직접배부법 [학습목표 4-10, 4-11]

Highland 출판사는 다양한 책을 출판하는 기업이다. 책을 출판하는 제조 부문은 인쇄 부문과 제본 부문으로 구성되며, 이를 지원하기 위한 3개의 보조 부문(인사, 청소관리, 유지)이 있다.

보조 부문의 원가는 아래의 자료를 이용하여 각 부문에 배부된다.

부문	총노무시간	점유면적	직원수	기계시간	직접노무시간
인사	20,000	4,000	10		
청소관리	30,000	6,000	15		
유지	50,000	20,000	25		
인쇄	90,000	80,000	40	150,000	60,000
제본	260,000	40,000	120	30,000	175,000
	450,000	150,000	210	180,000	235,000

당기의 각 부문별 제조간접원가 예산은 다음과 같다.

인사	$ 360,000
청소관리	141,000
유지	201,000
인쇄	525,000
제본	373,500
예산합계	$ 1,600,500

회사는 가장 간단한 직접배부법을 이용하여 보조 부문의 원가를 2개의 제조 부문에 배부해 왔다.

요구사항:

1. 단계배부법을 이용하여 보조 부문의 원가를 제조 부문에 배부하고, 제조 부문의 각 공정별 제조간접원가 예정배부율을 계산하시오(인쇄 부문의 배부기준은 기계시간, 제본 부문의 배부기준은 직접노무시간을 사용).
2. 직접배부법을 이용하여 요구사항 1과 같이 인쇄 부문과 제본 부문의 제조간접원가 예정배부율을 재계산하시오.
3. 당기에 아래의 표와 같은 투입이 필요한 작업을 계약했다.
   a. 이 회사가 요구사항 1에서 계산한 예정배부율을 이용한다면 이 작업에 배부될 제조간접원가는 얼마인가? 요구사항 2에서 계산한 예정배부율을 이용한다면 이 작업에 배부될 제조간접원가는 얼마인가?
   b. 최고경영자에게 왜 직접배부법보다 단계배부법이 더 바람직한 방법인지에 대해 설명하시오.

	기계시간	직접노무시간
인쇄부분	15,400	900
제본부분	800	2,000
합계	16,200	2,900

Chapter 5

원가-조업도-이익 분석

학습목표

5장을 공부한 후에 다음을 할 수 있어야 한다.

학습목표 5-1 매출 조업도의 변화가 공헌이익과 영업이익에 어떤 영향을 미치는지를 설명할 수 있다.

학습목표 5-2 원가-조업도-이익(CVP) 그래프와 이익 그래프를 작성하고 해석할 수 있다.

학습목표 5-3 공헌이익률(CM ratio)을 이용하여 판매량 변동에 따른 공헌이익과 영업이익의 변동을 계산할 수 있다.

학습목표 5-4 변동원가, 고정원가, 판매가격 및 판매량의 변화가 영업이익에 미치는 영향을 설명할 수 있다.

학습목표 5-5 손익분기점을 계산할 수 있다.

학습목표 5-6 목표이익을 달성하기 위한 매출액을 계산할 수 있다.

학습목표 5-7 안전한계를 계산하고 그것의 중요성을 설명할 수 있다.

학습목표 5-8 특정 매출액 수준에서의 영업레버리지도를 계산하고 그것이 영업이익의 변화를 예측하는데 어떻게 이용되는지를 설명할 수 있다.

학습목표 5-9 복수 제품의 손익분기점을 계산하고 매출배합의 변화가 공헌이익과 손익분기점에 미치는 영향을 설명할 수 있다.

학습목표 5-10 (부록 5A) 산포도와 고저점법을 이용하여 혼합원가를 분석할 수 있다.

학습목표 5-11 (부록 5A) 산포도와 최소자승회귀분석법을 이용하여 혼합원가를 분석할 수 있다.

©Matee Nuserm/Shutterstock

고객들은 닭고기를 위해 기꺼이 더 많은 돈을 지불할 의향이 있는가?

BUSINESS FOCUS

수십 년 동안 미국의 닭고기 생산업체들은 슈퍼마켓에 공급하는 닭의 원가를 지속적으로 줄여왔다. 실제로 지난 50년 동안 부화에서 출하까지 일수가 절반으로 줄어든 반면, 도축된 닭의 평균 크기는 두 배가 되었다. 닭의 출하 시기가 짧아짐에 따라, 닭을 기르는데 드는 총 변동원가도 줄어들게 되고, 이는 결국 육류 포장업자들의 이익을 크게 한다.

Cobb-Vantress는 하루에 71g 무게가 늘어나는 Cobb 500이라고 불리는 닭의 품종을 생산하는데 반면에, **Hubbard**는 하루에 평균 28g밖에 늘어나지 않는 JA57 X라고 불리는 닭의 품종을 기르고 있다.

Whole Foods Market과 **Starbucks**는 많은 고객들이 더 느린 속도로 유기적이고 인간 친화적으로 생육하는 닭의 증가된 원가를 상쇄하기 위해 더 높은 가격을 쉽게 지불할 것이라고 믿고 있다. 반대로, Cobb-Vantress의 대변인은 "대부분의 사람들은 닭고기를 식탁에 올리려고 그런 종류의 돈을 기꺼이 내놓으려 하지 않는다."고 말한다. ■

Source: Kelsey Gee, "Demand Swells for Chickens That Grow More Slowly," *The Wall Street Journal*, May 5, 2016, pp. B1–B2.

원가-조업도-이익분석(Cost-Volume-Profit Analysis, CVP)은 경영자들이 어떤 제품과 서비스를 판매할 지, 가격을 어떻게 책정해야 할 지, 어떤 마케팅 전략을 사용해야 할 지, 어떤 원가구조를 적용해야 할 지 등의 다양한 중요한 의사결정을 돕는 도구이다. 이것의 가장 중요한 목적은 다음의 다섯 가지 요소들이 이익에 어떻게 영향을 미치는지를 예측하는 것이다.

1. 판매가격
2. 판매량
3. 단위당 변동원가
4. 총고정원가
5. 제품의 매출배합

CVP 계산을 단순화시키기 위해 일반적으로 경영자들은 다음과 같은 가정들에 기초하여 CVP 분석을 수행한다.[1]

1. 판매가격은 일정하다. 제품 또는 서비스의 판매가격은 조업도(판매량)의 변화에 따라 변하지 않는다.
2. 원가는 선형이며 변동 및 고정 요소로 명확하게 구분될 수 있다. 관련범위 내에서 단위당 변동원가는 일정하며, 고정원가는 총액이 일정하다.
3. 복수제품 처사에서는 매출 제품 배합은 일정하다.

실무적으로는 이러한 가정들이 지켜지지 않을 수도 있지만, 이런 가정하에 수행된 결과는 상당히 유용하다. 경영자가 관련범위를 벗어날 정도의 판매량 변화를 고려하는 경우, 단순히 CVP 분석에만 의존하는 것은 위험할 수 있다. 예를 들어, 경영자는 기업이 과거의 수준을 훨씬 초과한 판매량의 증가를 고려할 수 있다. 그러나 이러한 경우에도 위에서 언급한 가정에 위배되지 않도록, 판매가격, 고정원가 및 매출배합의 예상 변동을 고려하여 조정함으로써 CVP 분석을 수행할 수 있다.

경영의사결정을 수행하는 과정에서 CVP의 역할을 이해하기 위하여, Prem Narayan이 설립한 ㈜어쿠스틱컨셉의 사례를 살펴보자.

MANAGERIAL ACCOUNTING IN ACTION

THE ISSUE

그 당시 공학 계열 대학원생이었던 Prem은 그가 설계한 자동차 음향시스템용 신형 스피커를 판매하는 ㈜어쿠스틱컨셉을 설립하였다. Sonic Blaster라고 불리는 이 스피커는 고급 마이크로프로세서와 소프트웨어를 이용하여 소리를 증폭시킨다. Prem은 대만 전자제품회사와 스피커 생산 계약을 맺었다. Prem은 가족들이 마련해 준 자본금을 바탕으로 제조업체에 주문을 내고 자동차 잡지에 광고를 냈다.

1 이 외에도 기초와 기말 재고자산은 일정하다(즉, 생산량과 판매량은 동일함)는 가정을 추가하기도 한다.

Sonic Blaster는 발매 되자마자 큰 성공을 거뒀고, 매출도 점점 증가하여 Prem은 본사를 그가 살던 아파트에서 산업단지 가까운 곳으로 옮길 수 있게 되었다. 그는 또한 주문접수원, 회계담당자, 판매관리원과 소매점에 스피커를 판매하는 소매담당 영업직원을 고용하였다. 회계담당자인 Bob Luchinni는 다른 기업에서 회계담당자로서 뿐만 아니라 영업 자문 역할도 많이 수행했던 경력자이다. Bob이 고용되고 얼마 지나지 않아 회의가 열렸는데 이 회의의 내용은 다음과 같다.

Prem: Bob, 저는 회사의 재무적인 문제에 대해 궁금한 점이 많아요. 당신이 많이 도와주길 바랍니다.

Bob: 지금 상황은 아주 좋습니다. 가족들로부터 빌린 돈도 몇 달 안에 다 갚게 되었잖아요.

Prem: 그렇습니다. 그런데 저는 사업 확장으로 인해 발생할 위험에 대한 걱정이 많아요. 경쟁자로 인해 우리 회사의 매출이 떨어지면 어떻게 될까? 어느 정도까지 매출이 떨어져도 적자가 발생하지 않을까? 요즘에는 현재 판매부서 직원들이 추진하고 있는 마케팅 캠페인이 명분이 있으려면 매출이 얼마나 증가해야 하는지 등도 관심입니다.

Bob: 마케팅에는 항상 광고비용이 많이 들죠.

Prem: 네, 그런데다가 마케팅부서에서는 스피커 가격을 내려야 한다고 주장해요. 가격을 낮추면 판매가 증가할 것이라는 점에는 동의하지만 개당 판매수익이 줄어든다는 점도 고려해야 하기 때문에 가격을 낮춰도 될 지에 대한 확신이 없습니다.

Bob: 이 질문들은 가격은 물론이고 원가와 조업도까지 모두 관련된 문제인 것 같습니다. 지금 당장 답을 드릴 수 있는 문제는 아닌 것 같습니다.

Prem: 그럼 며칠 뒤에 다시 만나 해결책을 들어볼 수 있을까요?

Bob: 좋습니다. 그 때까지 향후 유사한 상황에 대비하여 사용할 수 있는 분석 모형을 만들어보겠습니다. 그리고 완벽하진 않더라도 몇 가지 방안을 준비하도록 하겠습니다.

원가-조업도-이익(CVP)분석의 기초

Bob Luchinni는 Prem과의 회의 준비를 위해 공헌이익 손익계산서를 이용하여 검토를 시작하였다. 공헌이익 손익계산서는 원가의 행태를 중시하므로, 판매가격, 원가 및 조업도의 변화가 이익에 미치는 영향을 분석하는데 많은 도움이 된다. Bob은 지난 달에 작성했던 공헌이익 손익계산서에 근거하여 분석을 할 것이다.

어쿠스틱컨셉 공헌이익 손익계산서 (6.1~6.30)

	총계	단위당
매출액 (스피커 400개)	$100,000	$250
변동비	60,000	150
공헌이익	40,000	$100
고정비	35,000	
영업이익	$ 5,000	

공헌이익 손익계산서의 매출액, 변동비, 공헌이익은 총계뿐 아니라 단위당 기준으로도 표현된다는 점에 주목하자. 단위당 금액은 Bob의 계산에 많은 도움이 될 것이다. 이 공헌이익 손익계산서는 기업 내부의 경영의사결정 목적으로 작성되고 일반적으로 기업 외부에는 공개되지 않는다는 점도 유의하자.

공헌이익

학습목표 5-1

조업도의 변화가 공헌이익과 영업이익에 어떤 영향을 미치는지를 설명할 수 있다.

공헌이익은 매출액에서 변동비를 차감하고 남은 잔액이다. 따라서 공헌이익은 고정비를 회수한 후, 당기의 이익에 기여하는 금액을 의미한다. 이 순서에 주목하자. 공헌이익은 고정비를 회수하고, 그 다음 남은 금액은 모두 이익이 되는 것이다. 만약 공헌이익이 고정비를 회수하기에 충분하지 않다면, 당기에 손실이 발생하게 된다. 극단적인 상황을 가정하여 설명을 해 보자면, 어쿠스틱컨셉이 특정 월에 1개의 스피커만 판매한다고 가정해 보자. 회사의 손익계산서는 다음과 같을 것이다.

공헌이익 손익계산서
스피커 1개 판매

	총액	단위당
매출액 (스피커 1개)	$ 250	$250
변동비	150	150
공헌이익	100	$100
고정비	35,000	
영업손실	$(34,900)	

회사가 스피커 1개씩 더 팔 때마다, $100의 공헌이익이 증가하여 고정비를 회수하게 된다. 예를 들어, 두 번째 스피커가 판매되면, 총공헌이익은 $100만큼 증가(총 $200)하고, 회사의 영업손실은 $100만큼 감소하여 $34,800이 된다.

공헌이익 손익계산서
스피커 2개 판매

	총액	단위당
매출액 (스피커 2개)	$ 500	$250
변동비	300	150
공헌이익	200	$100
고정비	35,000	
영업손실	$(34,800)	

만약 공헌이익이 $35,000가 될 정도로 스피커가 판매된다면, 모든 고정비가 회수될 것이고, 회사는 **손익분기**(*break even*)를 달성할 것이다. 즉, 이익도 손실도 나지 않고 회사의 원가

를 모두 회수하게 되는 것이다. 스피커 1개가 판매될 때마다 공헌이익이 $100씩 증가할 것이므로, 손익분기점에 도달하기 위해서 회사는 매월 350개의 스피커를 판매해야 할 것이다.

공헌이익 손익계산서 스피커 350개 판매		
	총액	단위당
매출액 (스피커 350개)	$87,500	$250
변동비	52,500	150
공헌이익	35,000	$100
고정비	35,000	
영업이익	$ 0	

손익분기점 계산에 대해서는 이후 부분에서 자세하게 논의될 것이다. 지금은 **손익분기점(break-even point)**은 이익이 0(zero)이 되는 매출 수준이라는 점에만 주목하자.

일단 손익분기점에 도달하면, 이후의 영업이익은 각 단위의 판매에 대한 단위당 공헌이익만큼 증가하게 될 것이다. 예를 들어, 월 351개의 스피커가 판매된다면, 회사가 손익분기에 필요한 판매수량보다 1개를 더 판매한 것이므로, 영업이익은 $100가 될 것이다.

공헌이익 손익계산서 스피커 351개 판매		
	총액	단위당
매출액 (스피커 351개)	$87,750	$250
변동비	52,650	150
공헌이익	35,100	$100
고정비	35,000	
영업이익	$ 100	

만약 352개의 스피커가 판매된다면(손익분기점을 2개 초과), 영업이익은 $200가 될 것이다. 만약 353개의 스피커가 판매된다면(손익분기점을 3개 초과), 영업이익은 $300가 되는 것이다. 손익분기점을 초과한 판매량에 대한 이익을 추정하고자 한다면, 손익분기점을 초과하는 판매량에 단위당 공헌이익을 곱하기만 하면 된다. 그 결과는 당기의 예상이익을 나타낸다. 또는 계획된 매출 증가가 이익에 미치는 영향을 추정하고자 하는 경우, 판매량의 증가분에 단위당 공헌이익을 곱하기만 하면 된다. 그러면 이익의 예상 증가액이 계산될 것이다. 예를 들어, 어쿠스틱컨셉이 현재 월 400개의 스피커를 판매하고 있는데, 월 425개로 매출을 증가시킬 계획이 있다면, 이익에 미치는 기대효과는 다음과 같이 계산될 수 있다.

스피커 판매량 증가분	25
스피커당 공헌이익	× $100
영업이익의 증가	$2,500

이는 다음과 같이 확인할 수 있다.

	판매수량			
	스피커 400개	스피커 425개	차이 (25개)	단위당
매출액 (스피커당 @ $250)	$100,000	$106,250	$6,250	$250
변동비 (스피커당 @ $150)	60,000	63,750	3,750	150
공헌이익	40,000	42,500	2,500	$100
고정비	35,000	35,000	0	
영업이익	$ 5,000	$ 7,500	$2,500	

요약하면, 만약 매출액이 0(zero)인 경우, 회사는 고정비만큼의 손실이 발생할 것이다. 1개 판매될 때마다 단위당 공헌이익만큼 손실이 감소할 것이다. 판매량이 일단 손익분기점에 도달하면, 이후 추가로 판매될 때마다 회사의 이익은 단위당 공헌이익만큼 증가할 것이다.

등식을 이용한 CVP 관계의 이해

공헌이익 손익계산서의 구조는 다음의 등식으로 나타낼 수 있다.

$$\text{이익} = (\text{매출액} - \text{변동비}) - \text{고정비}$$

논의를 간단하게 하기 위해, 등식에서 영업이익이라는 용어 대신 **이익**이라는 용어를 이용하기로 한다.

만약 회사가 어쿠스틱컨셉처럼 **단일** 제품을 갖고 있다면, 위의 등식은 다음과 같이 표현할 수 있을 것이다.

$$\text{매출액} = \text{단위당 판매가격} \times \text{판매량} = P \times Q$$
$$\text{변동비} = \text{단위당 변동비} \times \text{판매량} = V \times Q$$

$$\text{이익} = (P \times Q - V \times Q) - \text{고정비}$$

이 식을 이용하여 앞에서 살펴본 모든 내용들을 쉽게 계산할 수 있다. 예를 들어, 앞에서 살펴본 바와 같이 스피커 351개를 판매할 경우 영업이익(이익)은 $100로 계산된다. 이는 위의 식을 이용한 다음과 같은 과정을 통해 계산할 수 있다.

$$
\begin{aligned}
\text{이익} &= (P \times Q - V \times Q) - \text{고정비} \\
\text{이익} &= (\$250 \times 351\text{개} - \$150 \times 351\text{개}) - \$35{,}000 \\
&= (\$250 - \$150) \times 351\text{개} - \$35{,}000 \\
&= \$100 \times 351\text{개} - \$35{,}000 \\
&= \$35{,}100 - \$35{,}000 = \$100
\end{aligned}
$$

이 공식은 단위당 공헌이익(단위 CM) 개념을 이용하여 다음과 같이 단순한 식으로 표현할 수 있다.

$$
\begin{aligned}
\text{단위당 공헌이익} &= \text{단위당 판매가격} - \text{단위당 변동원가} = P - V \\
\text{이익} &= (P \times Q - V \times Q) - \text{고정비} \\
\text{이익} &= (P - V) \times Q - \text{고정비}
\end{aligned}
$$

$$\text{이익} = \text{단위당 공헌이익} \times Q - \text{고정비}$$

이 공식을 이용하여 스피커 351개를 판매했을 때의 이익을 계산하면 다음과 같다.

$$
\begin{aligned}
\text{이익} &= \text{단위당 공헌이익} \times Q - \text{고정비} \\
&= \$100 \times 351\text{개} - \$35{,}000 \\
&= \$35{,}100 - \$35{,}000 = \$100
\end{aligned}
$$

수학에 자신이 있다면 다양한 수식 중에서 가장 간단한 이익 방정식을 사용하여 이 장의 문제들을 가장 빠르고 쉽게 해결할 수 있을 것이다.

그래프를 이용한 CVP 분석의 이해

학습목표 5-2

원가-조업도-이익(CVP) 그래프를 작성하고 해석할 수 있다.

매출액, 원가, 이익 및 조업도의 관계는 **원가-조업도-이익 그래프[cost-volume-profit(CVP) graph]**로 표현할 수 있다. CVP 그래프는 넓은 활동 범위에서의 원가-조업도-이익간의 관계를 표현한다. Bob Luchinni는 Prem Narayan에게 그의 분석 결과를 설명하기 위해, 어쿠스틱컨셉의 CVP 그래프를 작성하기로 했다.

CVP 그래프의 작성 CVP 그래프는 손익분기 차트(*break-even chart*)라고도 부르는데, 이 차트는 수평축(*X*)에는 조업도를, 수직축(*Y*)에는 금액을 표시한다. CVP 그래프는 도표 5-1에서 묘사된 것처럼 3단계를 거쳐 그려진다.

1. 총고정비를 나타내기 위하여 조업도 축에 평행선을 그린다. 어쿠스틱컨셉의 경우, 총고정비는 $35,000이다.
2. 특정 조업도를 선택하고 선택한 수준에서의 총비용(고정 및 변동)을 나타내는 점을 표시한다. 도표 5-1에서 Bob Luchinni는 판매량은 600개를 선택하였고, 이 수준에서의 총

비용은 다음과 같다.

고정비	$ 35,000
변동비 (스피커 600개 × 스피커당 $150)	90,000
총비용	$125,000

이 점(600, $125,000)을 표시하고 고정비 직선이 축과 만나는 점(0, $35,000)을 연결하는 직선을 그린다.

3. 특정 조업도를 선택하고 선택한 수준에서 총매출액을 나타내는 점을 표시한다. 도표 5–1에서, Bob Luchinni는 판매량이 600개일 때를 다시 선택하였다. 이 수준에서의 매출액은 총 $150,000 (스피커 600개×스피커당 $250)이다. 이 점(600, $150,000)과 원점을 연결하는 직선을 그린다.

완성된 CVP 그래프의 해석은 도표 5–2에 제시되어 있다. 특정 매출 수준에서의 예상손익은 총수익선(매출)과 총비용선(변동비와 고정비의 합계)의 수직거리에 의해 측정된다.

손익분기점은 총수익선과 총비용선이 교차하는 점이다. 도표 5–2에 있는 350개의 스피커 손익분기점은 이전에 계산된 손익분기점과 일치한다.

앞에서 논의했듯이 판매량이 손익분기점(이 예에서는 350개)에 못 미치는 경우, 회사는 손실이 발생하게 된다. 판매량이 감소함에 따라, 손실(총비용선과 총수익선의 수직거리로 나타나는)이 점점 더 커진다는 점에 주목하자. 판매량이 손익분기점을 초과하는 경우, 회사는 이익이 발생하게 되고 판매량이 증가함에 따라, 이익의 크기(총수익선과 총비용선의 수직거리로 나타나는)는 커진다.

CVP 그래프를 이익그래프로 단순화시켜서 표현하면 도표 5–3과 같다. 이 그래프는 다음의 식에 근거한 것이다.

$$\text{이익} = \text{단위당 공헌이익} \times Q - \text{고정비}$$

어쿠스틱컨셉의 예에서, 위의 식은 다음과 같이 표현될 수 있다.

$$\text{이익} = \$100 \times Q - \$35{,}000$$

선형식이므로 그래프로 표현하면 단순한 직선식으로 표현된다. 그래프를 그리기 위해 서로 다른 2개의 판매량을 이용한 점을 표시한 다음, 이 2개의 점을 연결하면 그래프가 완성된다. 예를 들어 판매량이 0개라면 (즉, $Q = 0$) 이익은 –$35,000 (= $100 × 0개 – $35,000)이다. 판매량이 600개라면 (즉, $Q = 600$) 이익은 $25,000 (= $100 × 600개 – $35,000)이다. 이 2개의 점을 연결하는 직선은 도표 5–3과 같이 표현될 것이다.

이익그래프에서 이익이 0인 점은 손익분기점에서의 판매량을 의미한다. 또한 이 점을 기준으로 오른쪽으로 판매량이 증가하면 이익이 점차적으로 증가하며, 이 점을 기준으로 왼쪽으로 판매량이 작아지면 손실이 점점 더 커져간다는 점도 이해하자.

도표 5-1
CVP 그래프의 작성

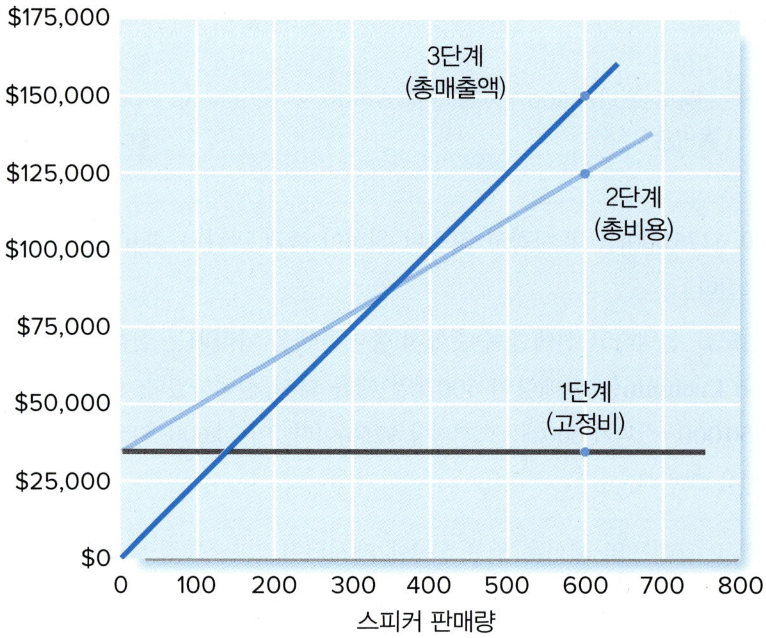

도표 5-2
완성된 CVP 그래프

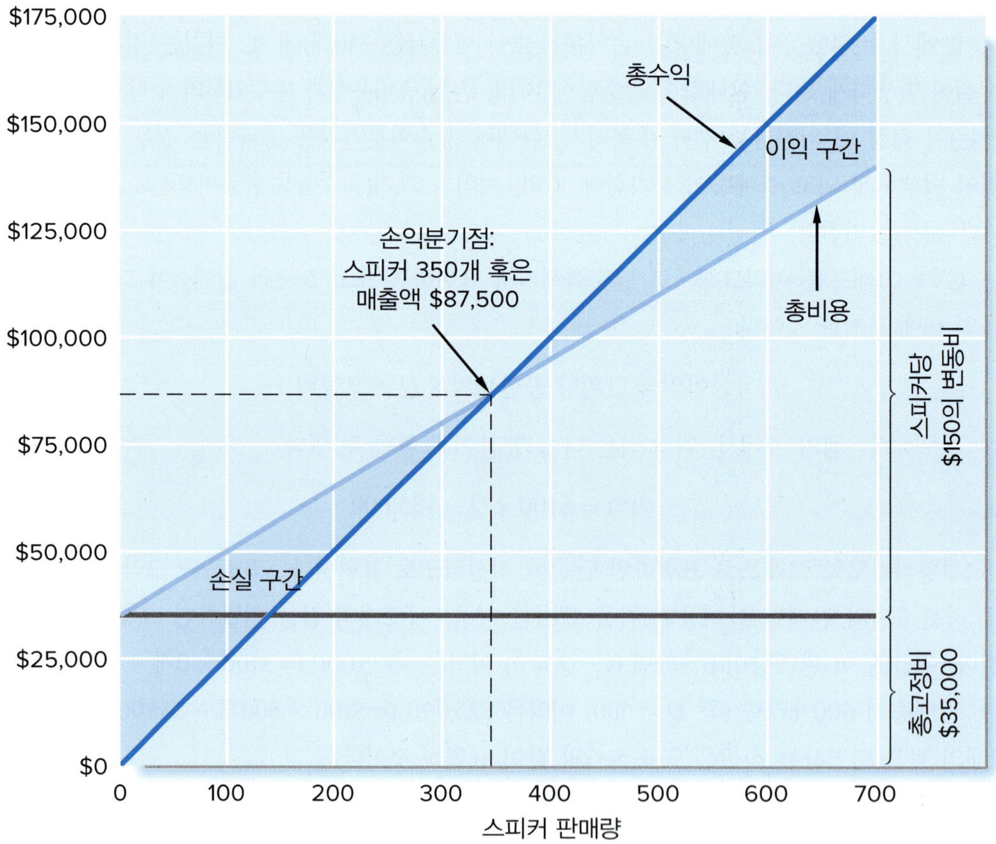

도표 5-3 이익 그래프

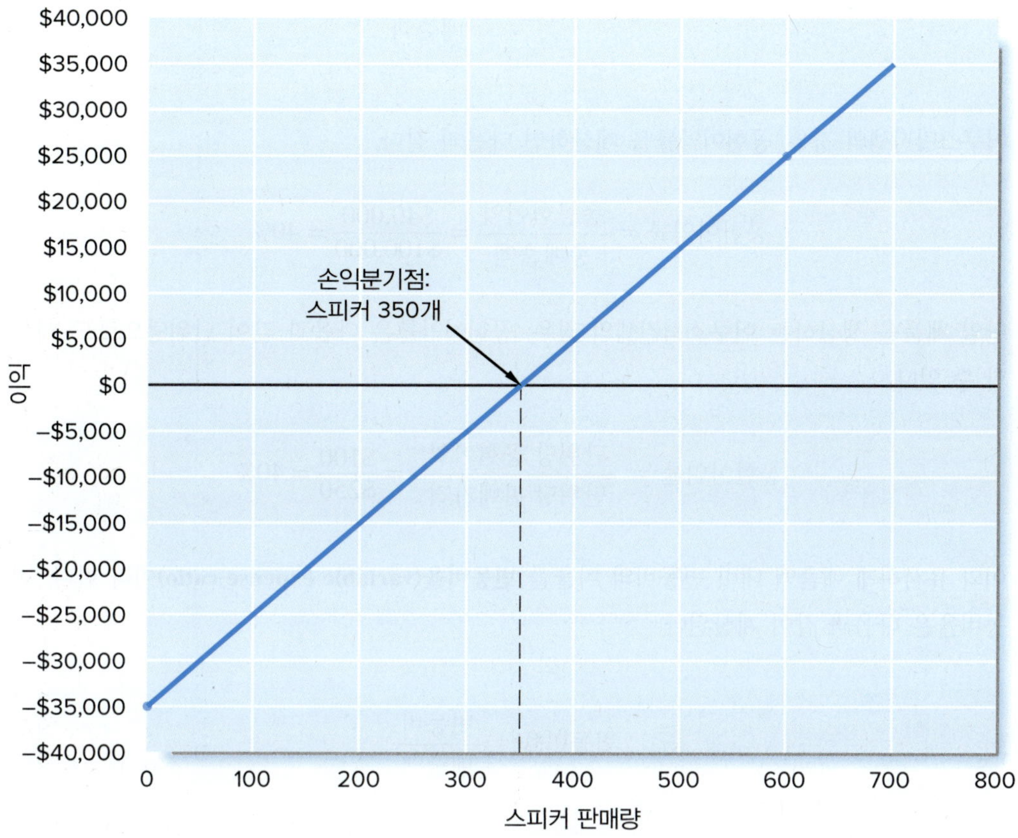

공헌이익률과 변동비율

앞에서 원가 – 조업도 – 이익 관계가 어떻게 도식화되는지 살펴보았다. 지금부터는 공헌이익률(*contribution margin ratio*)이 CVP 분석에 어떻게 이용되는지를 살펴볼 것이다. 첫 번째 단계로서, 어쿠스틱컨셉의 공헌이익 손익계산서에 하나의 칸을 추가하였는데, 여기에는 매출액, 변동비, 공헌이익을 매출액으로 나눈 비율을 백분율(%)로 표시하였다.

	총계	단위당	매출액 대비 비율
매출액 (스피커 400개)	$100,000	$250	100%
변동비	60,000	150	60%
공헌이익	40,000	$100	40%
고정비	35,000		
영업손실	$ 5,000		

매출액 대비 공헌이익의 비율을 **공헌이익률(contribution margin ratio; CM ratio)**이라 한다. 이 비율은 다음과 같이 계산된다.

$$공헌이익률 = \frac{공헌이익}{매출액}$$

어쿠스틱컨셉의 경우, 공헌이익률을 계산하면 다음과 같다.

$$공헌이익률 = \frac{총공헌이익}{총매출액} = \frac{\$40,000}{\$100,000} = 40\%$$

단일 제품을 생산하는 어쿠스틱컨셉의 경우, 공헌이익률은 다음과 같이 단위당으로도 계산할 수 있다.

$$공헌이익률 = \frac{단위당\ 공헌이익}{단위당\ 판매가격} = \frac{\$100}{\$250} = 40\%$$

이와 유사하게 매출액 대비 변동비의 비율을 **변동비율(variable expense ratio)**이라 한다. 변동비율은 다음과 같이 계산된다.

$$변동비율 = \frac{변동비}{매출액}$$

어쿠스틱컨셉의 경우, 변동비율을 계산하면 다음과 같다.

$$변동비율 = \frac{변동비}{매출액} = \frac{\$60,000}{\$100,000} = 60\%$$

단일 제품을 생산하는 어쿠스틱컨셉의 경우, 변동비율은 다음과 같이 단위당으로도 계산될 수도 있다.

$$변동비율 = \frac{단위당\ 변동비}{단위당\ 판매가격} = \frac{\$150}{\$250} = 60\%$$

앞에서 살펴본 공헌이익률과 변동비율의 관계는 다음과 같은 식으로 설명된다.

$$공헌이익률 = \frac{공헌이익}{매출액}$$

$$공헌이익률 = \frac{매출액 - 변동비}{매출액}$$

$$공헌이익률 = 1 - 변동비율$$

어쿠스틱컨셉의 경우, 두 비율간의 관계는 다음과 같다.

$$\begin{aligned}\text{공헌이익률} &= 1 - \text{변동비율} \\ &= 1 - 60\% \\ &= 40\%\end{aligned}$$

공헌이익률의 응용 공헌이익률은 공헌이익이 매출액의 변동에 의해 어떻게 영향을 받는지를 보여준다. 공헌이익률이 40%라는 것은 매출액이 $1 증가하면 총공헌이익이 $0.4(매출액 $1 × 공헌이익률 40%)만큼 증가한다는 것을 의미한다. 판매단위 증가로 고정원가가 변화가 없다면, 영업이익은 $0.4씩 증가할 것이다. 일반적으로 매출액의 변동이 공헌이익의 변동에 미치는 영향은 다음의 식으로 표현할 수 있다.

학습목표 5-3

공헌이익률(CM ratio)을 이용하여 판매량 변동에 따른 공헌이익과 영업이익의 변동을 계산할 수 있다.

$$\text{공헌이익의 변동} = \text{공헌이익률} \times \text{매출액의 변동}$$

매출액의 변동이 영업이익에 미치는 영향은 공헌이익률을 이용하여 쉽게 계산할 수 있다. 예를 들어, 어쿠스틱컨셉이 다음 달에 매출액을 $30,000 증가시킬 계획이라면, 공헌이익은 $12,000(매출액 증가분 $30,000 × 공헌이익률 40%) 증가하게 된다. 앞에서 언급하였듯이, 고정원가가 일정하다면, 영업이익도 $12,000 증가하게 될 것이다. 이는 다음의 표를 이용하여 검증할 수 있다.

	매출액			매출액 비율
	현재	예상	증가	
매출액	$100,000	$130,000	$30,000	100%
변동비	60,000	78,000*	18,000	60%
공헌이익	40,000	52,000	12,000	40%
고정비	35,000	35,000	0	
영업이익	$ 5,000	$ 17,000	$12,000	

* 예상매출액 $130,000 ÷ 단위당 $250 = 520단위. 520단위 × 단위당 $150 = $78,000.

이익과 공헌이익률 간의 관계는 다음과 같은 식으로도 표현할 수 있다.[2]

2 이 식은 기본적인 이익 계산 공식과 공헌이익률의 정의를 이용하여 유도할 수 있다.

이익 = (매출액 − 변동비) − 고정비

이익 = 공헌이익 − 고정비

이익 = (공헌이익/매출액) × 매출액 − 고정비

이익 = 공헌이익률 × 매출액 − 고정비

이익 = 공헌이익률 × 매출액 − 고정비

또는, 증감을 이용하여 표현하면 다음과 같다.

이익 증감 = 공헌이익률 × 매출액 증감 − 고정비 증감

예를 들어, 매출액이 $130,000라면, 이익은 다음과 같이 $17,000로 예상할 수 있다.

$$
\begin{aligned}
\text{이익} &= \text{공헌이익률} \times \text{매출액} - \text{고정비} \\
&= 0.4 \times \$130,000 - \$35,000 \\
&= \$52,000 - \$35,000 \\
&= \$17,000
\end{aligned}
$$

공헌이익률은 복수의 제품을 생산하는 기업에서 한 제품의 매출액이 다른 제품의 매출액과 상충되는 상황에서 특히 유용하다. 이러한 상황에서는 공헌이익률이 가장 큰 제품을 선택해야 한다.

CVP분석 개념의 적용

학습목표 5-4

변동비, 고정비, 판매가격 및 판매량의 변화가 영업이익에 미치는 영향을 설명할 수 있다.

어쿠스틱컨셉의 회계담당자인 Bob Luchinni는 회사의 사장인 Prem Narayan에게 앞에서 제시한 CVP 계산 과정에 공헌이익률이 어떻게 활용될 수 있는지를 회사가 직면한 5가지의 의사결정 사례를 이용하여 제시하려고 한다. Bob은 Prem에게 회사의 월별 고정비는 $35,000임을 상기시키고 다음과 같은 핵심 정보를 제시하였다.

	단위당	매출액 비율
판매가격	$250	100%
변동비	150	60%
공헌이익	$100	40%

사례 1: 고정비와 판매수량의 변화 어쿠스틱컨셉은 한달간 400개의 스피커를 단위당 $250에 판매하고 있으며, 이로 인한 매출액은 총 $100,000이다. 판매책임자가 광고선전비 예산을 $10,000 증가시키면, 판매량이 총 520개가 되어 월별 매출액을 $30,000 증가시킬 것이라 생각하고 있다. 그렇다면 광고선전비 예산을 증가시켜야 할까? 아래의 표는 광고선전비의 변동으로 인한 재무적 영향을 보여주고 있다.

	현재 매출액	광고선전비 추가지출시 예산	차이	매출액 비율
매출액	$100,000	$130,000	$30,000	100%
변동비	60,000	78,000*	18,000	60%
공헌이익	40,000	52,000	12,000	40%
고정비	35,000	45,000†	10,000	
영업이익	$ 5,000	$ 7,000	$ 2,000	

*520단위 × 단위당 $150 = $78,000.

†$35,000 + 광고선전비 추가지출 $10,000 = $45,000.

다른 변화가 없다면 영업이익이 $2,000 증가할 것이므로, 광고선전비 예산 증가는 승인되어야 한다. 이보다 더 간단한 방법으로 의사결정을 할 수도 있다.

의사결정의 다른 방법 1

예상 총공헌이익:	
$130,000 × 공헌이익률 40%	$52,000
현재 총공헌이익:	
$100,000 × 공헌이익률 40%	40,000
공헌이익 증가	12,000
고정비 변동:	
광고선전비 증가	10,000
영업이익 증가	$ 2,000

이 경우는 고정원가와 매출액만 변하고 있기 때문에, 다음과 같이 더 간단하게 결론에 도달할 수도 있다.

의사결정의 다른 방법 2

공헌이익 증가:	
$30,000 × 공헌이익률 40%	$12,000
차감: 광고선전비 증가	10,000
영업이익 증가	$ 2,000

이 방법은 기존 매출액에 근거하고 있지 않다는 점에 주의하자. 또한, 이 두가지 방법 모두 의사결정을 위해 손익계산서를 다시 작성할 필요가 없다는 점도 주목하자. 이러한 분석방법을 **증분분석(incremental analysis)**이라고 한다. 증분 분석은 의사결정으로 인해 영향(증가 또는 감소)을 받는 수익, 비용에만 초점을 맞춰 분석을 수행하는 것이다. 의사결정을 하면서 상황별로 손익계산서를 각각 작성한 다음 의사결정을 할 수도 있지만 이렇게 증분만

고려하는 것이 훨씬 간편하고 초점을 명확하게 할 수 있는 장점이 있다.

사례 2: 변동비와 판매수량의 변화 원래의 자료를 참고하자. 어쿠스틱컨셉이 현재 월 400개의 스피커를 판매하고 있다는 점을 기억하자. Prem은 고품질의 부품 사용을 고려하고 있는데, 이로 인해 단위당 $10의 변동비 증가가 예상된다. 또한 이로 인해 공헌이익도 감소될 것으로 예상된다. 그러나 판매책임자는 고품질 부품을 사용하는 경우 매출이 월 480개까지 증가될 것이라 예상한다. 이 경우 고품질 부품을 사용해야 할까?

단위당 변동비가 $10 증가함으로 인해 단위당 공헌이익은 $100에서 $90로 $10 감소할 것이다.

결론

고품질 부품 사용으로 인한 예상 총공헌이익:	
스피커 480개 × 스피커당 $90	$43,200
현재 총공헌이익:	
스피커 400개 × 스피커당 $100	40,000
총공헌이익 증가분	$ 3,200

이 분석 결과에 따르면, 고품질 부품을 사용하는 것이 바람직하다. 고정원가는 일정하므로, 고품질 부품 사용으로 인한 공헌이익 증가분 $3,200 만큼 영업이익도 증가하게 되기 때문이다.

사례 3: 고정비, 판매가격 및 판매수량의 변화 원래의 자료로 돌아가서, 어쿠스틱컨셉이 현재 월 400개의 스피커를 판매하고 있다는 점을 다시 한번 기억하자. 매출 증대를 위해 판매관리자는 판매가격을 스피커당 $20 인하하고, 광고선전비 예산을 월 $15,000 증가시키려 한다. 판매관리자는 이러한 두 가지의 조치가 취해진다면, 판매량이 50% 증가하여 월 600개의 스피커를 판매할 수 있을 것이라 믿고 있다. 이에 대한 의사결정을 해보도록 하자.

스피커 1개당 판매가격이 $20 감소하면, 단위당 공헌이익은 $20 감소한 $80가 될 것이다.

결론

판매가격 인하시 예상 총공헌이익:	
스피커 600개 × 스피커당 $80	$48,000
현재 총공헌이익:	
스피커 400개 × 스피커당 $100	40,000
공헌이익 증가	8,000
고정비 변동:	
광고선전비 증가	15,000
영업이익 증가(감소)	$ (7,000)

이 분석에 따라 이 변동은 실행되면 안된다. 위에 표시된 영업이익 $7,000의 감소는 다음과 같이 공헌이익 손익계약서를 작성하여 확인할 수 있다.

	월 400개 판매 (현재)		월 600개 판매 (예상)		
	총계	단위당	총계	단위당	차이
매출액	$100,000	$250	$138,000	$230	$38,000
변동비	60,000	150	90,000	150	30,000
공헌이익	40,000	$100	48,000	$ 80	8,000
고정비	35,000		50,000*		15,000
영업이익(손실)	$ 5,000		$ (2,000)		$ (7,000)

*35,000 + 광고선전비 증가 $15,000 = $50,000.

사례 4: 변동비, 고정비 및 판매수량의 변화 원래의 자료를 참고하자. 어쿠스틱컨셉은 현재 월 400개의 스피커를 판매하고 있다. 판매관리자는 판매사원에게 현재와 같이 고정적으로 월 $6,000를 지급하지 않고, 판매되는 스피커 단위당 $15의 판매수수료를 지급할 계획을 가지고 있다. 판매관리자는 이러한 변화로 인해 판매량이 15% 정도 증가하여 월 460개의 스피커를 판매할 것으로 예상하고 있다. 이 의사결정은 기업에 도움이 될까?

결론 판매직원의 보수가 고정비에서 변동비로 변함에 따라, 고정비 및 변동비 모두에 영향을 미치게 된다. 단위당 변동비는 $150에서 $165로 $15만큼 증가할 것이고, 단위당 공헌이익은 $100에서 $85로 감소할 것이다. 고정비는 $35,000에서 $29,000로 $6,000만큼 감소할 것이다.

수수료로 인한 예상 총공헌이익:	
스피커 460개 × 스피커당 $85	$39,100
현재 총공헌이익:	
스피커 400개 × 스피커당 $100	40,000
공헌이익 증가	(900)
고정비 변동:	
수수료 지급으로 회피하게 되는 고정급여	6,000
영업이익의 증가	$ 5,100

위의 분석 결과에 따르면, 이러한 의사결정은 영업이익을 증가시킬 것으로 예상되므로 타당하다고 할 수 있다. 다음과 같은 공헌이익 손익계산서를 통해서도 동일한 결론을 얻을 수 있다.

	월 400개 판매 (현재)		월 600개 판매 (예상)		
	총계	단위당	총계	단위당	차이
매출액	$100,000	$250	$115,000	$250	$15,000
변동비	60,000	150	75,900	165	15,900
공헌이익	40,000	$100	39,100	$ 85	(900)
고정비	35,000		29,000		(6,000)*
영업이익(손실)	$ 5,000		$ 10,100		$ 5,100

*주의: 고정비의 감소는 영업이익의 증가를 초래하게 된다.

사례 5: 판매가격의 변화 어쿠스틱컨셉이 현재 월 400개의 스피커를 판매하고 있는 원래의 자료로 돌아가 보자. 회사는 도매상에게 150개의 스피커를 대량으로 판매할 기회를 가지고 있다. 이렇게 판매하더라도 기존의 판매량에 영향을 미치지 않으며, 총고정비에도 영향을 미치지 않는다. 어쿠스틱컨셉이 월 총이익을 $3,000 증가시키고자 한다면, 도매상에게 스피커당 가격을 얼마로 제시해야 할까?

결론

스피커당 변동원가	$150
스피커당 희망이익	
$3,000 ÷ 150개	20
스피커당 제시가격	$170

이 계산 과정에 고정비는 포함되어 있지 않다는 점에 주의하자. 이는 고정비가 대량 매출에 의해 영향을 받지 않고 일정하기 때문이며, 공헌이익이 증가한 만큼 회사의 영업이익도 증가할 것이다.

기업현장 | IN BUSINESS

신문의 광고전단지: 아직도 투자할만한 가치가 있다.

디지털 시대에는 소매 업체가 인쇄 신문에 수반되는 광고 삽입물 (신문 광고전단이라고 함)을 포기해야한다고 가정하기 쉽다. 그러나 Borrell Associates는 신문 회보, 쿠폰, DM 및 카탈로그에 대한 연간 지출이 2012년 이후 85% 증가하여 연간 총 $760에 이를 것으로 추정한다. 이 놀라운 경향은 아마도 **Wanderful Media**가 인쇄 신문을 읽는 사람들의 80%가 내부의 전단지를 본 반면, 온라인 독자의 1%만이 디지털 회보를 클릭한다는 것을 발견했기 때문에 발생했을 것이다.

Walmart는 North Dakota 주 Fargo, Wisconsin 주 Madison, 애리조나 주 Tucson에서 인쇄 전단을 중단하고, 해당 시장에서 광고비를 디지털 미디어로 전환하였을 때 이러한 통계를 알게 되었다. 이후 매출 감소로 인해 Walmart는 인쇄 신문에 전단지 광고를 즉시 복원하였다.

Sources: Sarah Nassauer, "Digital Ad Trend Can't Slay Lowly Circulars," The Wall Street Journal, January 12, 2018, p. B3; Suzanne Kapner, "Retailers Can't Shake Their Circular Habit," The Wall Street Journal, March 12, 2015, p. B8.

손익분기분석과 목표이익분석

경영자는 회사가 손실이 발생하지 않으려면 몇 개를 판매해야 하는지와 같은 의사결정은 물론이고, 월별 목표이익 $10,000를 달성하려면 몇 개를 판매해야 하는지와 같은 의사결정을 해야 한다. 먼저 손익분기분석을 소개하고 이어서 목표이익분석을 살펴보기로 한다.

손익분기분석

학습목표 5-5
손익분기점을 계산할 수 있다.

앞에서 손익분기점은 회사의 이익이 0이 되는 매출 수준이라고 정의하였다. 손익분기점(판매량 또는 매출액)을 계산하기 위해 경영자는 등식법 또는 공헌이익법을 이용할 수 있다. 어쿠스틱컨셉의 예를 이용하여 2가지 접근법을 설명하면 다음과 같다.

등식법 등식법은 본 장의 앞부분에 설명했던 공헌이익 손익계산서의 기본 구조에 따라 계산하는 방식이다. 어쿠스틱컨셉은 한 종류의 제품을 판매하고 있으므로 공헌이익 손익계산서의 기본 구조에 따라 다음과 같이 표현할 수 있다. 어쿠스틱컨셉의 단위당 공헌이익은 $100이며 고정원가는 $35,000임을 기억하자.

$$\text{이익} = \text{단위당 공헌이익} \times \text{판매량}(Q) - \text{고정비}$$
$$\$0 = \$100 \times Q - \$35{,}000$$
$$\$100 \times Q = \$0 + \$35{,}000$$
$$Q = \$35{,}000 \div \$100$$
$$Q = 350\text{개}$$

따라서, 앞에서 살펴본 바와 동일하게 어쿠스틱컨셉의 이익이 0이 되는 손익분기 판매량은 월 350개로 계산된다.

공헌이익법 공헌이익법은 등식법을 변형하여 공식화시킴으로써 빠르게 계산할 수 있는 속해법이라 할 수 있다. 이 접근법은 공헌이익이 고정비를 회수한다는 점에 기초한다. 즉, 손익분기 목표를 달성하기 위해 고정비를 회수할 수 있는 공헌이익을 달성하려면 몇 개가 판매되어야 하는지를 계산하는 것이다. 이를 위해 총고정비를 단위당 공헌이익으로 나눈 것이다.[3]

$$\text{손익분기 판매량} = \frac{\text{고정비}}{\text{단위당 공헌이익}}$$

3 이 공식은 다음과 같이 유도된다.

$$\text{이익} = \text{단위당 공헌이익} \times \text{판매량} - \text{고정비}$$
$$\$0 = \text{단위당 공헌이익} \times \text{판매량} - \text{고정비}$$
$$\text{단위당 공헌이익} \times \text{판매량} = \$0 + \text{고정비}$$
$$\text{판매량} = \text{고정비} \div \text{단위당 공헌이익}$$

어쿠스틱컨셉의 예에 적용하면 다음과 같다.

$$\text{손익분기 판매량} = \frac{\text{고정비}}{\text{단위당 공헌이익}}$$
$$= \frac{\$35,000}{\$100}$$
$$= 350\text{개}$$

공헌이익법을 이용하여 계산한 결과인 350개는 앞에서 등식법으로 계산한 결과와 동일하다. 공헌이익법은 등식법의 일부 단계를 생략함으로써 단순화시킨 방법일 뿐이기 때문에 이 두 가지 접근법에 의한 계산 결과는 항상 같다.

손익분기 매출액 지금까지는 손익분기점을 판매량으로 파악하는 방법에 대해 살펴보았다. 여기에 추가적으로 손익분기점을 금액(손익분기 매출액)으로 계산하는 3가지 방법에 대해 살펴보자. 첫째, 앞에서 등식법 또는 공헌이익법을 이용하여 계산한 손익분기점 판매수량에 단위당 판매가격을 곱함으로써 손익분기 매출액을 계산할 수 있다. 어쿠스틱컨셉의 예를 들어보면, 손익분기 판매량이 350개로 계산되었으므로 여기에 1개당 판매가격인 $250를 곱하면 $87,500가 계산된다. 이 금액이 손익분기점을 금액으로 표현한 손익분기 매출액이 되는 것이다.

두번째 방법은 등식법을 이용하는 방법이다. 어쿠스틱컨셉의 공헌이익률이 40%이고 고정비는 $35,000이므로, 이를 이용하여 손익분기 매출액을 계산하면 다음과 같다.

$$\text{이익} = \text{공헌이익률} \times \text{매출액} - \text{고정비}$$
$$\$0 = 0.4 \times \text{매출액} - \$35,000$$
$$0.4 \times \text{매출액} = \$0 + \$35,000$$
$$\text{매출액} = \$35,000 \div 0.4$$
$$\text{매출액} = \$87,500$$

세 번째로 공헌이익법을 이용하여 손익분기 매출액을 다음과 같이 계산할 수 있다.[4]

$$\text{손익분기 매출액} = \frac{\text{고정비}}{\text{공헌이익률}}$$

어쿠스틱컨셉의 예에 이 식을 적용하면 다음과 같다.

4 이 공식은 다음과 같이 유도된다.

$$\text{이익} = \text{공헌이익률} \times \text{매출액} - \text{고정비}$$
$$\$0 = \text{공헌이익률} \times \text{매출액} - \text{고정비}$$
$$\text{공헌이익률} \times \text{매출액} = \$0 + \text{고정비}$$
$$\text{매출액} = \text{고정비} \div \text{공헌이익률}$$

$$\text{손익분기 매출액} = \frac{\text{고정비}}{\text{공헌이익률}} = \frac{\$35{,}000}{0.40} = \$87{,}500$$

어떤 방법을 이용하더라도 손익분기 매출액은 $87,500로 동일하다는 점을 확인하자. 이 3가지 방법은 수학적으로 변형한 것에 불과하므로 결과는 항상 같아야 한다.

목표이익분석

학습목표 5-6
목표이익을 달성하기 위한 매출액을 계산할 수 있다.

목표이익분석은 CVP 분석의 핵심 중 하나이다. **목표이익분석(target profit analysis)**을 통해 특정한 목표이익을 달성하기 위해서는 몇 개를 판매해야 하는지, 얼마의 매출액을 달성해야 하는지를 계산할 수 있다. 어쿠스틱컨셉의 Prem Narayan은 월 $40,000의 목표이익을 달성하고자 한다. 이 목표를 달성하기 위해서는 몇 개의 스피커를 판매해야 할까? 이는 앞에서 손익분기점 계산을 위해 소개한 등식법과 공헌이익법을 이용하여 계산할 수 있다.

등식법 월 $40,000의 이익 목표를 달성하기 위한 판매량을 계산하기 위해 손익분기분석에서 이용한 등식법을 이용할 수 있다. 회사의 단위당 공헌이익은 $100이고, 고정비는 $35,000였음을 기억하자. 등식법을 이용한 결과는 다음과 같다.

$$\begin{aligned} \text{이익} &= \text{단위당 공헌이익} \times Q - \text{고정비} \\ \$40{,}000 &= \$100 \times Q - \$35{,}000 \\ \$100 \times Q &= \$40{,}000 + \$35{,}000 \\ Q &= \$75{,}000 \div \$100 \\ Q &= 750 \end{aligned}$$

계산 결과, 월 750개의 스피커를 판매함으로써 목표이익을 달성할 수 있다. 위의 식을 앞의 손익분기점 계산시 이용한 식과 비교하면 이익에 $0 대신 $40,000로 바꾼 것을 제외하고는 동일하다. 손익분기점은 이익이 $0가 되는 판매량을 의미하기 때문에 손익분기점 계산공식에서 이익에 $0를 대입한 것이며, 이번에는 목표이익이 $40,000이기 때문에 이익에 $40,000를 대입한 것이다.

공헌이익법 일반적으로 단일 제품의 경우에는 특정한 목표이익을 달성하기 위한 판매량은 다음의 공식을 이용하여 쉽게 계산할 수 있다.

$$\text{목표이익 달성을 위한 판매량} = \frac{\text{목표이익} + \text{고정비}}{\text{단위당 공헌이익}}$$

이 식을 이용하여 어쿠스틱컨셉의 목표이익 월 \$40,000를 달성하기 위한 판매량을 계산하면 다음과 같다.

$$\text{목표이익 달성을 위한 판매량} = \frac{\text{목표이익} + \text{고정비}}{\text{단위당 공헌이익}}$$
$$= \frac{\$40,000 + \$35,000}{\$100}$$
$$= 750\text{개}$$

목표이익 달성을 위한 매출액 목표이익 달성을 위한 판매목표를 수량이 아닌 금액(매출액)으로 계산하기 위해서는 앞에서 손익분기 달성을 위한 매출액을 계산하기 위해 이용했던 3가지 방법을 응용하면 된다. 첫째, 등식법을 이용하여 목표이익 달성을 위한 판매량을 계산한 다음 여기에 단위당 판매가격을 곱함으로써 목표이익 달성을 위한 매출액을 계산할 수 있다. 어쿠스틱컨셉의 예에서 목표이익 달성을 위한 판매량은 750개로 계산되었으므로 여기에 1개당 판매가격 \$250를 곱하면 목표이익 달성을 위한 매출액은 \$187,500로 계산된다.

둘째, 등식법을 이용하여 목표이익 달성을 위한 매출액을 계산할 수 있다. 어쿠스틱컨셉의 예에서 목표이익은 \$40,000이며, 공헌이익률은 40%, 고정비는 \$35,000이므로 이 정보를 등식법에 적용하여 계산하면 다음과 같다.

$$\text{이익} = \text{공헌이익률} \times \text{매출액} - \text{고정비}$$
$$\$40,000 = 0.4 \times \text{매출액} - \$35,000$$
$$0.4 \times \text{매출액} = \$40,000 + \$35,000$$
$$\text{매출액} = \$75,000 \div 0.4$$
$$\text{매출액} = \$187,500$$

셋째, 다음과 같은 공헌이익법을 이용하여 목표이익 달성을 위한 매출액을 계산할 수도 있다.

$$\text{목표이익 달성을 위한 매출액} = \frac{\text{목표이익} + \text{고정비}}{\text{공헌이익률}}$$

어쿠스틱컨셉의 예에 적용하면 다음과 같다.

$$\text{목표이익 달성을 위한 매출액} = \frac{\text{목표이익} + \text{고정비}}{\text{공헌이익률}}$$
$$= \frac{\$40,000 + \$35,000}{0.40}$$
$$= \$187,500$$

3가지 방법 중 어떤 방법을 이용하더라도 목표이익 $40,000를 달성하기 위한 매출액은 $187,500로 동일하다는 점을 확인하자. 이 3가지 방법은 수학적으로 변형한 것에 불과하므로 결과는 당연히 같아야 한다.

IN BUSINESS | 기업현장

스니커즈 구입을 위해 $800를 지불하겠는가?

어떤 회사는 이익 창출을 위해 판매량에 의존하는 반면 다른 회사는 이익 창출을 위해 희소성에 의존한다. **버스세미**는 시장에 한 켤레당 $760에 스니커스를 출시했다가 $865까지 인상했다. 이 회사는 값을 올리기 위해 의도적으로 생산을 제한했다. 처음에는 600켤레의 스니커즈를 생산했는데, 이 운동화는 몇일만에 모두 판매되었다. 이후 팝스타인 저스틴 비버가 금색 버스세미를 착용한 사진을 인스타그램에 올리자 4,000켤레를 추가로 판매했다. 다음 단계는 50개의 매장에서 8,000켤레만 판매하는 것이다. 충분한 생산 능력을 갖추고 있지만 브랜드의 희소성을 높이기 위한 전략으로 판매를 제한하고 있는 것이다.

Source: Karp, Hannah, "An $800 Sneaker Plays Hard to Get," *The Wall Street Journal*, July 28, 2014, pp. B1 and B7.

안전한계

학습목표 5-7
안전한계를 계산하고 그것의 중요성을 설명할 수 있다.

안전한계(margin of safety)는 예상(또는 실제)매출액이 손익분기 매출액을 초과하는 금액을 의미한다. 안전한계는 매출액이 감소하더라도 손실이 발생하지 않는 매출액의 최대 감소액을 의미한다. 안전한계가 높을수록, 손익분기에 미달하여 손실이 발생할 위험이 감소한다. 안전한계는 다음과 같이 계산된다.

$$\text{안전한계} = \text{예상(혹은 실제)매출액} - \text{손익분기 매출액}$$

안전한계를 매출액으로 나눈 비율 형태로 나타낼 수도 있다. 이를 안전한계율이라고 한다.

$$\text{안전한계율} = \frac{\text{안전한계}}{\text{예상(혹은 실제)매출액}}$$

어쿠스틱컨셉의 안전한계에 대한 계산결과는 다음과 같다:

매출액(현재 스피커 400개 매출) (a)	$100,000
손익분기 매출액(스피커 350개)	87,500
안전한계(금액) (b)	$ 12,500
안전한계율 (b) ÷ (a)	12.5%

이러한 안전한계의 개념은 현재 매출 수준과 회사의 현재 가격 및 원가구조에서, 매출액의 $12,500 또는 12.5%가 감소하면 손익분기점 수준이 된다는 것을 의미한다.

어쿠스틱컨셉과 같은 단일 제품을 생산하는 기업에서는 안전한계 금액을 단위당 판매가격으로 나눔으로써 안전한계를 판매량으로 나타낼 수도 있다. 현재 400개를 판매한다고 가정했을 때, 안전한계 판매량은 50개가 된다($12,500 ÷ 스피커 1개당 $250 = 스피커 50개).

MANAGERIAL ACCOUNTING IN ACTION
THE WRAP-UP

Prem Narayan과 Bob Luchinni는 Bob의 분석결과에 대해 논의하기 위하여 회의를 개최했다.

Prem: Bob, 당신이 저에게 보여준 것 모두가 아주 명확하군요. 저는 판매책임자의 제안이 우리 이익에 어떤 영향을 미칠지 알 것 같습니다. 제안 중에 어떤 것들은 아주 좋지만, 어떤 것들은 그렇게 좋지는 않군요. 저는 안전한계가 50개에 불과하다는 것이 걱정입니다. 이 숫자를 증가시키려면 어떻게 해야 할까요?

Bob: 매출액을 증가시키거나 손익분기점을 낮추거나 혹은 두 가지 모두를 해야 할 것입니다.

Prem: 손익분기점을 낮추기 위해서, 우리는 고정비를 감소시키거나 단위당 공헌이익을 증가시켜야겠죠?

Bob: 그렇습니다.

Prem: 그리고 단위당 공헌이익을 증가시키기 위해, 우리는 판매가격을 증가시키거나 단위당 변동비를 감소시켜야겠죠?

Bob: 맞습니다.

Prem: 그렇다면, 당신은 어떤 것이 가장 바람직하다고 생각하나요?

Bob: 분석 자체만으로는 우리가 이들 중 무엇을 해야 하는지 알 수 없고, 단지 우리가 잠재적인 문제점을 가지고 있다는 것만을 나타낼 뿐입니다.

Prem: 지금 당장 제안할 것이 없다면, 안전한계를 증가시킬 방안에 대해 논의하기 위하여 다음 주에 전체회의를 소집할까 합니다. 매출이 조금만 하락해도 손익분기점 밑으로 떨어진다는 것을 알게 되면 모두가 걱정할 것 같군요.

원가구조 선택과 CVP 분석

원가구조(cost structure)는 조직 내에서 고정원가와 변동원가의 상대적 비율을 의미한다. 이 두가지 유형의 원가들은 서로 상충되는 측면이 있다. 예를 들어, 자동화 설비에 대한 고정비 투자는 변동노무원가를 감소시킬 수 있다. 이번 절에서는 원가구조의 선택에 대해 논의할 것이다. 이와 관련하여 **영업레버리지**(*operating leverage*) 개념도 소개할 것이다.

원가구조와 이익의 안정성

높은 변동원가와 낮은 고정원가, 이와 반대로 낮은 변동원가와 높은 고정원가 중에서 어떤 원가구조가 더 나을까? 이 질문에는 정답이 없다. 각 원가구조는 나름대로의 장점이 있다. 다음에 제시된 블루베리 농장 두 곳의 공헌이익 손익계산서를 참고하여 원가구조에 대한 논의를 진행해보자. 보그사이드 농장은 이주 노동자들의 노동력에 의존하여 수작업으로 블루베리를 수확하고 있는 반면, 스터링 농장은 기계화에 많은 투자를 하였다. 이에 따라 보그사이드 농장은 변동원가가 높고, 스터링 농장은 고정원가가 높다.

	보그사이드 농장		스터링 농장	
	금액	비율	금액	비율
매출액	$100,000	100%	$100,000	100%
변동비	60,000	60%	30,000	30%
공헌이익	40,000	40%	70,000	70%
고정비	30,000		60,000	
영업이익	$ 10,000		$ 10,000	

어떤 농장이 더 나은 원가구조를 가지고 있는가? 이것은 매출의 장기적인 추세, 매출 수준의 연도별 변동, 위험에 대한 소유주의 태도 등의 많은 요인에 의해 달라질 수 있다. 만약 매출이 향후 $100,000를 초과할 것으로 예상된다면, 스터링 농장이 더 나은 원가구조가 된다. 그 이유는 스터링 농장의 공헌이익률이 더 높으므로, 매출 증가에 따라 이익도 더욱 급격하게 증가할 것이기 때문이다. 이를 설명하기 위해 고정원가는 일정한 상태에서 각 농장의 매출이 10% 증가한다고 가정해 보자. 이에 따른 공헌이익 손익계산서는 다음과 같을 것이다.

	보그사이드 농장		스터링 농장	
	금액	비율	금액	비율
매출액	$110,000	100%	$110,000	100%
변동비	66,000	60%	33,000	30%
공헌이익	44,000	40%	77,000	70%
고정비	30,000		60,000	
영업이익	$ 14,000		$ 17,000	

두 농장 모두 매출액이 증가하였지만, 스터링 농장의 공헌이익률이 더 높기 때문에 영업이익이 더 많이 증가한다.

만약 매출이 $100,000 아래로 떨어진다면 어떻게 될까? 이 경우 각 농장들의 손익분기점은 얼마가 될까? 안전한계는 얼마가 될까? 이에 대한 계산 결과는 다음과 같다.

	보그사이드 농장	스터링 농장
고정비	$ 30,000	$ 60,000
공헌이익률	÷ 0.40	÷ 0.70
손익분기 매출액	$ 75,000	$ 85,714
현재 총매출액 (a)	$100,000	$100,000
손익분기 매출액	75,000	85,714
안전한계 매출액 (b)	$ 25,000	$ 14,286
안전한계율 (b) ÷ (a)	25.0%	14.3%

보그사이드 농장의 안전한계는 스터링 농장보다 크지만, 공헌이익률은 더 낮다. 따라서 매출이 하락하는 경우, 보그사이드 농장은 스터링 농장보다 덜 치명적이다. 낮은 공헌이익률로 인해, 매출이 하락하는 경우 보그사이드 농장은 스터링 농장만큼 공헌이익이 급격하게 감소하지는 않을 것이다. 따라서 보그사이드 농장의 이익 변동이 더 작을 것이다. 앞에서 살펴보았듯이, 이것은 매출이 증가하는 경우에는 결점이 되지만, 매출이 감소하는 경우에는 보다 안정적인 보호장치가 된다. 그리고 보그사이드 농장의 손익분기점이 낮으므로, 손실이 발생하는 매출액 수준까지는 많은 여유가 있다.

요약하자면, 미래가 불확실한 상황에서 어떤 원가구조가 더 나은지는 명확하게 말할 수 없다. 둘 다 장점과 단점을 가지고 있다. 높은 고정원가와 낮은 변동원가구조를 가진 스터링 농장은 매출액의 변동에 따라 영업이익도 큰 변동을 보일 것이므로 실적이 좋은 해에는 이익이 더욱 커지고, 실적이 나쁜 해에는 손실이 더욱 커질 것이다. 낮은 고정원가와 높은 변동원가구조를 가진 보그사이드 농장은 이익의 안정성이 높으므로 실적이 나쁜 해에는 큰 손실을 예방할 수 있지만, 실적이 좋은 해에는 낮은 영업이익을 감수해야 한다.

영업레버리지

학습목표 5-8

특정 매출액 수준에서의 영업레버리지도를 계산하고 그것이 영업이익의 변화를 예측하는데 어떻게 이용되는지를 설명할 수 있다.

지렛대(lever)는 힘을 증대시키는 데 사용하는 도구이다. 지렛대를 사용함으로써, 작은 힘으로도 무거운 물건을 움직일 수 있다. 경영에서도 이와 유사한 원리가 작동하는데 이것을 영업레버리지라고 한다. **영업레버리지(operating leverage)**는 매출액이 조금만 변화해도 영업이익의 변화율이 민감하게 반응하는 효과를 의미하는 개념이다. **영업레버리지**는 승수(multiplier)로서의 역할을 한다. 영업레버리지가 높다면, 작은 비율의 매출 증가에도 큰 비율의 영업이익 증가를 초래한다. 영업레버리지를 설명하기 위하여 블루베리 농장 두 곳에 대한 자료로 돌아가 보자. 우리는 매출액 10% 증가(각 농장별로 $100,000에서 $110,000로)가 스터링 농장의 영업이익을 70% 증가($10,000에서 $17,000로)시키고, 보그사이드 농장의 영업이익은 40%만 증가($10,000에서 $14,000로)시키는 것을 보았다. 이와 같이 매출액이 10% 증가했을 때 스터링 농장의 이익은 보그사이드 농장보다 더 큰 비율로 증가하게 된다. 즉, 스터링 농장은 보그사이드 농장보다 더 큰 영업레버리지를 가진다.

일정한 매출 수준에서의 **영업레버리지도(degree of operating leverage)**는 다음과 같은 공식으로 계산된다.

$$\text{영업레버리지도} = \frac{\text{공헌이익}}{\text{영업이익}}$$

영업레버리지도는 일정한 매출 수준에서 판매량 변화가 영업이익에 얼마나 영향을 미치는지를 측정하는 지표의 역할을 한다. 매출액 $100,000에서 두 농장의 영업레버리지도를 계산해 보면 다음과 같다.

$$\text{보그사이드 농장: } \frac{\$40,000}{\$10,000} = 4$$

$$\text{스터링 농장: } \frac{\$70,000}{\$10,000} = 7$$

보그사이드 농장의 영업레버리지도는 4이므로, 보그사이드 농장의 영업이익의 변동율은 매출액 변동율에 영업레버리지도인 4를 곱한 만큼 변하게 된다. 스터링 농장의 영업이익 변동율은 매출액 변동율에 7을 곱한 만큼 변하게 된다. 즉, 매출이 10%만큼 증가한다면, 보그사이드 농장의 영업이익은 현재 금액보다 40% 증가하게 될 것이고, 스터링 농장의 영업이익은 현재 금액보다 70% 증가하게 될 것이라 예상할 수 있다. 일반적으로 매출액 변동율과 영업이익 변동율을 식으로 표현하면 다음과 같다.

$$\text{영업이익 변동율} = \text{영업레버리지도} \times \text{매출액 변동율}$$

$$\text{보그사이드 농장 : 영업이익의 변동율} = 4 \times 10\% = 40\%$$

$$\text{스터링 농장 : 영업이익의 변동율} = 7 \times 10\% = 70\%$$

스터링 농장의 높은 영업레버리지의 원인은 무엇일까? 두 농장의 유일한 차이점은 원가구조이다. 만약 두 기업의 총수익과 총비용은 동일하지만 원가구조가 다르다면, 원가구조에서 고정원가의 비율이 높은 기업이 높은 영업레버리지를 가지게 된다. 원래의 예제로 돌아가 보면, 두 농장의 매출액은 $100,000, 총비용은 $90,000로 동일하지만, 보그사이드 농장은 원가의 3분의 1이 고정원가이고 스터링 농장은 3분의 2가 고정원가이다. 결과적으로 스터링 농장의 영업레버리지도가 보그사이드 농장보다 높다.

영업레버리지도가 항상 일정한 것은 아니다. 영업레버리지도는 손익분기점 부근의 매출 수준에서 가장 크고, 매출액과 이익이 증가할수록 작아진다. 다음의 표는 다양한 매출 수준에서의 보그사이드 농장의 영업레버리지도를 보여주고 있다(앞의 보그사이드 농장에 사용된 자료가 컬러로 나타나 있다).

매출액	$75,000	$80,000	$100,000	$150,000	$225,000
변동비	45,000	48,000	60,000	90,000	135,000
공헌이익 (a)	30,000	32,000	40,000	60,000	90,000
고정비	30,000	30,000	30,000	30,000	30,000
영업이익 (b)	$ 0	$ 2,000	$ 10,000	$ 30,000	$ 60,000
영업레버리지도, (a) ÷ (b)	∞	16	4	2	1.5

이와 같이 이전에 $100,000 매출액 수준에서 계산했던 40%의 이익 증가와 비교하여, 만약 매출액이 $225,000라면, 매출액이 10% 증가할 때 이익은 15%(10% × 1.5)만큼만 증가한다. 손익분기점에서 멀어질수록, 영업레버리지도는 더욱 작아진다. 손익분기점에서 영업레버리지도는 무한대로 커지게 된다(공헌이익 $30,000 ÷ 영업이익 $0 = ∞).

영업레버리지도는 손익계산서를 작성하지 않고서도, 매출액의 다양한 변동이 이익에 어떤 영향을 주는지를 신속하게 추정할 수 있도록 해준다. 예제에서 살펴본 것처럼 영업레버리지의 영향은 크다. 만약 손익분기점 부근에 있는 회사라면, 매출액의 작은 변동비율에도 이익은 큰 폭의 비율로 증가될 수 있다. 이것은 경영진이 매출액을 조금이라도 더 증가시키려고 노력을 기울이는 이유를 설명해 준다. 만약 영업레버리지도가 5라면, 매출액이 6% 증가하면 이익은 30% 증가한다.

기업현장 IN BUSINESS

온라인 식료품점의 원가구조 비교

아마도 닷컴시대로 접어들면서 가장 큰 실패를 경험한 회사는 **웹밴**이라고 불리는 온라인 식료품점일 것이다. 이 회사는 2001년에 파산 신고를 하기 전에 8억 달러의 현금을 투자했다. 웹밴의 문제는 심각할 정도로 고정비가 높은 원가구조였다. 예를 들어, 웹밴은 냉동창고에 많은 양의 재고를 저장했는데, 이 창고는 각각 4천만 달러가 들었다. 또한 이 회사에는 4,500명의 직원(창고 직원과 배달원 포함)을 고용하였고 많은 택배 트럭을 직접 운용했다.

반면 15년 이상 앞을 내다본 **인스타카트**는 수익성이 높은 온라인 식료품점이 되기 위해 노력해왔다. 인스타카트는 웹밴을 어렵게 만든 과다한 고정비 투자를 회피하였다. 인스타카트는 택배기사를 직접 고용하지 않고 기사들과 독립적인 계약을 체결하였다. 이 회사는 기사들에게 배달 건당 10달러를 지불하고 주문 규모와 배송 속도에 따라 추가 보상을 지급하였다. 기사들은 슈퍼마켓에서 식료품을 싣고 자신의 차량을 이용하여 배송을 하기 때문에 회사가 냉동 창고와 배달 트럭 같은 높은 고정비 투자를 할 필요가 없었다.

Source: Benninger, Greg, "Rebuilding History's Biggest Dot-Com Bust," *The Wall Street Journal*, January 13, 2015, pp. B1–B2.

복수제품의 매출배합

> **학습목표 5-9**
> 복수 제품의 손익분기점을 계산하고 매출배합의 변화가 공헌이익과 손익분기점에 미치는 영향을 설명할 수 있다.

CVP 개념에 대한 논의를 마무리 짓기 전에, 매출배합의 변화가 기업의 이익에 미치는 영향을 고려할 필요가 있다.

매출배합의 정의

매출배합(sales mix)이라는 용어는 판매되는 제품간의 상대적 비율을 말한다. 매출배합의 목적은 회사의 이익을 가장 크게 하는 조합 혹은 배합을 찾는 것이다. 대부분의 기업은 다양한 종류의 제품을 생산, 판매하고 있으며, 이러한 제품들의 수익성에는 서로 차이가 있다. 따라서 기업의 이익은 제품들의 매출배합에 따라 상당부분 좌우된다. 만약 고마진 제품 비중이 저마진 제품 비중보다 크다면 회사의 이익은 훨씬 커질 것이다.

매출배합의 변동은 다양한 형태로 회사의 이익에 영향을 미친다. 총매출액이 증가하더라도 높은 이익률을 가지는 품목에서 낮은 이익률을 가지는 품목으로 변화가 발생하게 되면, 총이익은 오히려 감소할 수도 있다. 반대로, 낮은 이익률을 가지는 품목에서 높은 이익률을 가지는 품목으로 변한다면 반대의 결과를 초래할 수 있다. 즉, 총매출액이 감소하더라도 총이익은 증가할 수 있다. 매출액을 늘리는 것과 수익성이 높은 제품배합을 찾는 것과는 별개의 문제로 신중하게 다루어져야 한다.

매출배합과 손익분기분석

회사가 여러 종류의 제품을 판매한다면, 손익분기분석은 더욱 복잡해질 것이다. 이는 제품별로 판매가격, 원가가 다르고 이에 따라 공헌이익도 다르기 때문이다. 결과적으로, 손익분기점은 제품의 매출배합에 의해 좌우된다. 이를 설명하기 위해, DVD를 수입하여 판매하는 소규모 기업인 버츄얼저니스의 예를 살펴보자. 현재 이 회사는 두 종류의 DVD를 판매하고 있다. 하나는 미국의 유명한 천연기념물들을 담은 기념물 DVD이고, 다른 하나는 미국의 국립공원을 담은 공원 DVD이다. 9월의 매출액, 비용 및 손익분기점에 대한 정보가 도표 5–4에 나타나 있다.

도표에 나타나 있듯이 손익분기 매출액은 $60,000인데, 이는 회사의 고정비 $27,000를 회사 전체의 공헌이익률 45%로 나누어 계산한 것이다. 그러나 이 손익분기점은 회사의 매출배합이 변하지 않는다는 가정 하에서만 유효한 금액이다. 현재, 회사의 총 판매금액 중 20%는 기념물 DVD로 인한 것이고, 80%는 공원 DVD로 인한 것이다. 이러한 매출배합이 변하지 않는다고 가정하면, 총매출액이 $60,000인 경우 기념물 DVD의 매출액은 $12,000($60,000 중 20%)가 될 것이고, 공원 DVD의 매출액은 $48,000($60,000 중 80%)가 될 것이다. 도표 5–4에 나타나 있듯이, 이 매출액 수준에서 회사는 실제로 이익이 0이 된다. 즉, 이 점이 바로 손익분기점이다. 그러나 만약 매출배합이 변한다면, 손익분기점도 변하게 될 것이다.

도표 5-4 복수제품의 손익분기분석

버츄얼저니스 공헌이익 손익계산서
9월 1일~9월 30일

	기념물 DVD		공원 DVD		합계	
	금액	**비율**	**금액**	**비율**	**금액**	**비율**
매출액	$20,000	100%	$80,000	100%	$100,000	100%
변동비	15,000	75%	40,000	50%	55,000	55%
공헌이익	$ 5,000	25%	$40,000	50%	45,000	45%
고정비					27,000	
영업이익					$ 18,000	

손익분기점 계산:

$$\frac{\text{고정비}}{\text{전체 공헌이익률}} = \frac{\$27,000}{0.45} = \$60,000$$

손익분기점 검증:

	기념물 DVD	공원 DVD	합계
현재 매출액	$20,000	$80,000	$100,000
총매출액 대비 비율	20%	80%	100%
손익분기 매출액	$12,000	$48,000	$60,000

	기념물 DVD		공원 DVD		합계	
	금액	**비율**	**금액**	**비율**	**금액**	**비율**
매출액	$12,000	100%	$48,000	100%	$60,000	100%
변동비	9,000	75%	24,000	50%	33,000	55%
공헌이익	$ 3,000	25%	$24,000	50%	27,000	45%
고정비					27,000	
영업이익					$ 0	

도표 5-5 복수제품의 손익분기분석: 매출배합의 변화(도표 5-4 참조)

버츄얼저니스 공헌이익 손익계산서
10월 1일~10월 31일

	기념물 DVD		공원 DVD		합계	
	금액	**비율**	**금액**	**비율**	**금액**	**비율**
매출액	$80,000	100%	$20,000	100%	$100,000	100%
변동비	60,000	75%	10,000	50%	70,000	70%
공헌이익	$20,000	25%	$10,000	50%	30,000	30%
고정비					27,000	
영업이익					$ 3,000	

손익분기점 계산:

$$\frac{\text{고정비}}{\text{전체 공헌이익률}} = \frac{\$27,000}{0.30} = \$90,000$$

10월 동안 수익성이 높은 공원 DVD(공헌이익률 50%)에서 수익성이 낮은 기념물 DVD(공헌이익률 25%)로 매출배합이 변한다면, 이러한 매출배합의 변화에 따라 손익분기점이 어떻게 변하는지 살펴보자. 이 결과는 도표 5–5에 제시되어 있다.

매출은 $100,000로 변하지 않았지만, 수익성이 낮은 기념물 DVD의 매출 비중이 증가함으로 인해, 매출배합은 도표 5–4와 정반대이다. 총매출액은 동일하더라도 이러한 매출배합의 변화로 인하여, 전체 공헌이익률과 총이익은 전월에 비해 급격하게 감소하게 된다. 전체 공헌이익률은 9월의 45%에서 10월에는 30%로 감소하였으며, 영업이익은 $18,000에서 $3,000로 감소하였다. 게다가 전체 공헌이익률이 감소함으로 인하여, 회사의 손익분기 매출액은 더 이상 $60,000가 아니다. 회사는 이제 판매 금액 보다 작은 평균공헌이익을 실현하므로, 동일한 고정비를 회수하기 위해 보다 많은 매출액이 필요하게 된다. 따라서 손익분기 매출액은 연 $60,000에서 $90,000로 증가하게 된다.

복수제품에 대한 손익분기분석을 하는 경우, 매출배합과 관련한 가정이 추가되어야 한다. 일반적으로 매출배합은 일정하다는 가정을 해야 한다. 매출배합이 변할 것으로 예상되는 경우, 이러한 점을 CVP 계산과정에 반드시 고려해야 한다.

PEPSICO의 건강 추구로 매출 및 이익 감소

IN BUSINESS | 기업현장

PepsiCo는 글로벌 음료 포트폴리오의 3분의 2가 2025년까지 12온스당 100칼로리 보다 더 적게 포함되는 것을 바라고 있다. 그러나 최근 분기에 회사는 LIFEWTR이라는 프리미엄 생수 브랜드와 같은 건강 제품에 너무 많은 진열공간과 광고 비용을 투자했다고 언급하고 있다. 잘못된 계산으로 인해 북미의 매출과 수익이 각각 3%와 10% 감소하였다.

이 문제를 해결하기 위해 문제를 해결하기 위해 PepsiCo는 Pepsi 및 Mountain Dew와 같은 주력 설탕 음료에 더 많은 진열 공간과 광고비를 재할당하였다. 회사의 재무책임자인 Hugh Johnston은 다음과 같이 말했다. "우리는 사람들이 더 건강한 제품으로 옮기도록 여러 해 동안 추진하고 있다. 더 낮은 칼로지 조건…. 당신은 항상 보조를 잘 맞추고 있어요. 소비자는 얼마나 빨리 습관을 바꿀까요? … 우리는 조금 앞서 갔을 뿐입니다."

Source: Jennifer Maloney, "Health Push Backfires on PepsiCo," *The Wall Street Journal*, October 5, 2017, p. B3.

요약

CVP 분석은 이익이 판매가격, 원가 및 조업도에 따라 어떻게 반응하는지를 나타내는 단순한 모델에 근거하고 있다. 이 모델은 회사의 손익분기점이 어떻게 되는지, 안전한계는 어떻게 되는지와 가격, 원가, 조업도에 특정한 변화가 발생한 경우에 어떤 일이 발생할 것인지와 같은 여러 가지 중요한 질문에 대한 해결책을 제시하는 데 사용될 수 있다.

CVP그래프는 한편으로는 단위당 판매와 고정비, 변동비, 총비용, 총매출액과 또 다른 한편으로는 이익 간의 관계를 보여준다. CVP 그래프는 판매량의 변화에 따라 원가와 이익이 어떻게 반응하는지를 직관적으로 살펴보는데 유용하다.

공헌이익률은 총매출액에 대한 총공헌이익의 비율이다. 이 비율은 총매출액의 변동이 영업이익에 미치는 영향을 신속하게 예측하는데 사용될 수 있다. 이 비율은 손익분기분석에도 유용하다.

손익분기점은 회사의 손익분기에 필요한 매출을 추정하는 데 사용된다. 손익분기 판매량은 고정비를 단위당 공헌이익으로 나누어 계산할 수 있다. 목표이익분석은 목표이익을 달성하기 위한 매출을 추정하는데 사용하는 분석이다. 목표이익을 달성하기 위한 판매량 수준은 고정비에 목표이익을 가산한 금액을 단위당 공헌이익으로 나눔으로써 계산할 수 있다.

안전한계는 회사의 현재 매출액이 손익분기 매출액을 초과하는 금액이다.

영업레버리지도는 매출액의 일정한 비율의 변화가 회사의 영업이익에 미치는 영향을 신속하게 추정할 수 있게 한다. 영업레버리지도가 높을수록, 회사의 이익에 미치는 영향은 커지게 된다. 영업레버리지도는 항상 일정한 것은 아니다. 이는 회사의 현재 매출액 수준에 의해 좌우된다.

복수의 제품을 생산하는 기업의 이익은 매출배합에 의해 영향을 받는다. 매출배합의 변화는 손익분기점, 안전한계 및 다른 중요한 요소에 영향을 미친다.

종합예제: CVP 관계

볼타는 고급 무선전화기를 제조하고 판매한다. 회사의 최근 공헌이익 계산서는 다음과 같다.

	총액	단위당	매출액 대비 비율
매출액(20,000개)	$1,200,000	$60	100%
변동비	900,000	45	? %
공헌이익	300,000	$15	? %
고정비	240,000		
영업이익	$ 60,000		

경영자는 회사의 이익을 증가시키기 위해 많은 신경을 쓰고 있는데, 아래와 같은 다양한 항목들에 대한 분석을 요구하였다.

요구사항:

1. 공헌이익률과 변동비율을 계산하시오.
2. 손익분기 판매량과 손익분기 매출액을 계산하시오(등식법 이용).
3. 다음 기의 매출액이 $400,000 증가할 것이라고 가정할 때 원가 형태가 변하지 않는다면 영업이익은 얼마만큼 증가하겠는가? 공헌이익률을 이용하여 답하시오.
4. 원본자료를 이용하여 답하시오. 경영자는 다음 년도에 회사의 목표이익을 $90,000로 계획하고 있다. 이를 달성하기 위해 판매해야 할 제품수량은 몇 개인가?
5. 원본자료를 이용하여 답하시오. 회사의 안전한계율과 안전한계를 계산하시오.
6. a. 현재 매출수준에서의 영업레버리지도를 계산하시오.
   b. 영업사원의 노력으로, 다음년도의 매출액이 8% 증가했다고 가정하고 영업이익 증가율을 계산하시오. 위에서 계산한 영업레버리지도를 이용하여 답하시오.
   c. 매출액 8% 증가와 관련한 공헌이익 손익계산서를 작성하여 (b)의 답을 검증하시오.
7. 매출액과 이익을 증가시키기 위해 경영자는 고품질 스피커를 사용할 것을 고려하고 있다. 이로 인해 변동비가 단위당 $3 증가하지만, 한 명의 제품검수직원을 감원시킴으로써 연간 $30,000의 급여가 감소된다. 한편 다음 연도의 매출액은 최소 20% 증가할 것으로 예상하고 있다.
   a. 다음 연도의 공헌이익 손익계산서를 작성하시오.
   b. 손익분기 판매량과 손익분기 매출액을 계산하시오(공헌이익법 이용).
   c. 당신은 이 계획을 추천하겠는가?

해답

1.

$$\text{공헌이익률} = \frac{\text{단위당 공헌이익}}{\text{단위당 판매가격}} = \frac{\$15}{\$60} = 25\%$$

$$\text{변동원가율} = \frac{\text{단위당 변동비}}{\text{단위당 판매가격}} = \frac{\$45}{\$60} = 75\%$$

2.

$$\text{이익} = \text{단위당 공헌이익} \times \text{판매량}(Q) - \text{고정비}$$

$$\$0 = (\$60 - \$45) \times Q - \$240{,}000$$

$$\$15Q = \$240{,}000$$

$$Q = \$240{,}000 \div \$15$$

$$Q = 16{,}000\text{개},$$

$$\text{손익분기 매출액} = 16{,}000\text{개} \times \$60/\text{개} = \$960{,}000$$

3.

매출액 증가	$400,000
× 공헌이익률	× 25%
예상 공헌이익 증가	$100,000

고정비는 변하지 않으므로, 공헌이익이 증가한 만큼 영업이익도 $100,000 증가한다.

4. 등식법:

$$\text{이익} = \text{단위당 공헌이익} \times Q - \text{고정비}$$
$$\$90{,}000 = (\$60 - \$45) \times Q - \$240{,}000$$
$$\$15Q = \$90{,}000 + \$240{,}000$$
$$\$15Q = \$330{,}000$$
$$Q = \$330{,}000 \div \$15\text{개}$$
$$Q = 22{,}000\text{개}$$

공헌이익법:

$$\text{목표이익달성 판매량} = \frac{\text{고정비} + \text{목표이익}}{\text{단위당 공헌이익}} = \frac{\$90{,}000 + \$240{,}000}{\text{단위당 } \$15} = 22{,}000\text{개}$$

5.

$$\text{안전한계}(\$) = \text{총매출액} - \text{손익분기 매출액}$$
$$= \$1{,}200{,}000 - \$960{,}000 = \$240{,}000$$

$$\text{안전한계율} = \frac{\text{안전한계}}{\text{총매출액}} = \frac{\$240{,}000}{\$1{,}200{,}000} = 20\%$$

6. a. $\text{영업레버리지도} = \frac{\text{공헌이익}}{\text{영업이익}} = \frac{\$300{,}000}{\$60{,}000} = 5$

b.

매출액 증가율	8%
× 영업레버리지도	× 5
영업이익 증가율	40%

c. 매출액이 8% 증가하는 경우, 21,600개(20,000 × 1.08 = 21,600)의 제품이 판매된다. 이 경우 공헌이익 손익계산서는 다음과 같다.

	총액	단위당 원가	매출액 대비 비율
매출액(21,600개)	$1,296,000	$60	100%
변동비	972,000	45	75%
공헌이익	324,000	$15	25%
고정비	240,000		
영업이익	$ 84,000		

그러므로 영업이익은 40%가 증가하며, 다음 연도의 예상 영업이익이 $84,000가 된다.

$$\frac{\$84{,}000 - \$60{,}000}{\$60{,}000} = \frac{\$24{,}000}{\$60{,}000} = 40\%\text{ 증가}$$

판매량이 20,000개에서 21,600개로 증가하면 총매출액과 총변동원가도 동시에 증가한다. 공헌이익 손익계산서를 작성할 때, 변동원가도 증가한다는 점에 주의하자.

7. a. 매출액이 20% 증가하는 경우 24,000개(20,000개 × 1.20 = 24,000개)의 제품이 판매된다.

	총액	단위당 원가	매출액 대비 비율
매출액(24,000개)	$1,440,000	$60	100%
변동비	1,152,000	48*	80%
공헌이익	288,000	$12	20%
고정비	210,000†		
영업이익	$ 78,000		

*$45 + $3 = $48; $48 ÷ $60 = 80%.
†$240,000 − $30,000 = $210,000.

단위당 변동비의 변화는 단위당 공헌이익과 공헌이익률을 모두 변화시킨다.

b.

$$\text{손익분기점 판매량} = \frac{\text{고정비}}{\text{단위당 공헌이익}} = \frac{\$210{,}000}{\text{단위당 }\$12} = 17{,}500\text{개}$$

$$\text{손익분기점 매출액} = \frac{\text{고정비}}{\text{공헌이익률}} = \frac{\$210{,}000}{0.20} = \$1{,}050{,}000$$

c. 예, 이러한 자료에 근거하여 변경하여야 한다. 회사의 영업이익이 현재 연간 $60,000에서 $78,000로 증가한다. 비록 손익분기점은 16,000개에서 17,500개로 높아지지만 회사의 안전한계가 예전에 비해서 커지게 된다.

$$\begin{aligned}\text{안전한계}(\$) &= \text{총매출액} - \text{손익분기 매출액}\\ &= \$1{,}440{,}000 - \$1{,}050{,}000 = \$390{,}000\end{aligned}$$

위의 (5)에서 제시한 것처럼 기존의 안전한계는 $240,000이었다. 그러므로 여러가지 장점으로 새로운 계획을 실행하는 것이 유리하다.

용어해설

공헌이익률(contribution margin ratio; CM ratio) 공헌이익을 매출액으로 나눈 비율.

매출배합(sales mix) 판매되는 제품들의 상대적 비율. 매출배합은 각 제품별 매출을 총매출의 비율로 나타냄으로써 계산된다.

목표이익분석(target profit analysis) 특정한 목표이익을 달성하기 위한 매출 수준을 예상하는 분석.

변동비(variable expense ratio) 변동비를 매출액으로 나눈 비율.

손익분기점(break-even point) 이익이 0(zero)이 되는 매출 수준.

안전한계(margin of safety) 예산(혹은 실제) 매출액이 손익분기 매출액을 초과하는 금액.

영업레버리지(operating leverage) 영업활동에 따른 매출액의 증가율에 비해 영업이익이 더 크게 증가하는 현상.

영업레버리지도(degree of operating leverage) 일정한 매출 수준에서의 매출액 변동율이 이익에 얼마나 영향을 미치는지 측정하는 수단. 영업레버리지도는 공헌이익을 영업이익으로 나누어 계산된다.

원가–조업도–이익 그래프(cost-volume-profit graph) *X*축에는 조업도(판매량)를, *Y*축에는 고정비, 변동비, 총비용, 총매출액 및 이익을 표시하여 이들 간의 관계를 나타내는 그래프.

증분 분석(incremental analysis) 의사결정에 따라 변동하는 원가와 수익에만 초점을 맞추는 분석적 접근법.

질문

5–1 공헌이익률이란 무엇인가? 이 비율이 경영 계획에 유용한 이유는 무엇인가?

5–2 증분 분석은 경영자의 의사결정 방법 중 많이 이용되는 방법이다. 증분 분석이란 무엇인가?

5–3 A회사의 원가는 대부분 변동비이나, B회사의 원가는 대부분 고정비이다. 매출이 증가함에 따라 회사의 이익이 더 크게 증가하는 회사는 어떤 회사인가? 그 이유를 설명하시오.

5–4 영업레버리지의 의미를 설명하시오.

5–5 손익분기점의 의미를 설명하시오.

5–6 회사의 경영자의 요구에 의해 CVP 그래프를 작성하려 한다. 다음의 각 변화에 따라 그래프가 어떻게 움직이는지, 손익분기점이 어떻게 움직이는지를 설명하시오.

a. 제품단위당 판매가격 감소

b. 고정비의 증가

c. 제품단위당 변동비 증가

5–7 안전한계의 의미를 설명하시오.

5–8 매출배합의 의미를 설명하시오. CVP 분석에서 매출배합과 관련하여 어떤 가정이 사용되는가?

5–9 매출배합이 어떻게 변화하면 손익분기점은 더 높아지고 당기순이익은 더 낮아지는지를 설명하시오.

엑셀 응용

connect

학습목표 5-4, 5-5, 5-7, 5-8

아래의 엑셀 워크시트는 볼타와 관련한 종합예제에 대한 응용을 위한 것이다. 이 양식은 McGraw-Hill Connect에 접속하면 사용안내와 함께 다운로드 받아 활용할 수 있다.

	A	B	C	D
1	**제5장: Excel 응용**			
2				
3	**자료**			
4	판매량	**20,000**	단위	
5	단위당 판매가격	**$60**	단위당	
6	단위당 변동비	**$45**	단위당	
7	고정비	**$240,000**		
8				
9	아래의 물음표(?)에 알맞은 금액을 채우시오.			
10	**종합예제: CVP 관계**			
11				
12	**공헌이익률과 변동비율을 계산하시오.**			
13	단위당 판매가격	?	단위당	
14	단위당 변동비	?	단위당	
15	단위당 공헌이익	?	단위당	
16				
17	공헌이익률	?		
18	변동비율	?		
19				
20	**손익분기점을 계산하시오.**			
21	손익분기 판매량	?	단위	
22	손익분기 매출액	?		
23				
24	**안전한계를 계산하시오.**			
25	안전한계 매출액	?		
26	안전한계율	?		
27				
28	**영업레버리지도를 계산하시오.**			
29	매출액	?		
30	변동비	?		
31	공헌이익	?		
32	고정비	?		
33	영업이익	?		
34				
35	영업레버리지도	?		
36				

Chapter 5 Form

워크시트를 완성한 후, 다음의 요구사항에 답하시오.

요구사항:

1. 고정비가 $270,000로 변경되었을 때 워크시트를 확인하시오. 워크시트가 잘 작동되면, 영업레버리지도는 10이 될 것이다. 계산한 결과가 다르다면, 워크시트에서 오류를 찾고 고치시오. 안전한계율은 얼마인가? 변했는가? 그 이유를 설명하시오.
2. 아래에 제시한 다른 회사의 자료를 워크시트에 입력하시오.

판매량	10,000개
단위당 판매가격	단위당 $120
단위당 변동비	단위당 $72
고정비	$420,000

안전한계율과 영업레버리지도를 계산하시오.

3. 워크시트에서 다른 사항은 그대로 두고, 영업레버리지도를 이용하여 판매량이 15% 증가했을 때의 영업이익 증가율을 계산하시오.
4. 워크시트의 판매량이 15% 증가한다고 가정하고 요구사항 3에서 했던 계산결과를 확인하시오. 새로운 영업이익과 영업이익 증가율은 얼마인가?
5. 오토바이 애호가인 Thad Morgan은 옛날에 유행했던 오토바이를 재출시할 생각을 하고 있다. Thad는 매년 단위당 $10,000에 600개가 팔릴 것으로 예상한다. 변동원가는 단위당 $7,500이고, 연간 고정비는 $1,200,000이다.
   a. 워크시트를 이용하여 손익분기 판매량, 안전한계, 영업레버리지도를 계산하시오.
   b. Thad는 판매가격에 대해서 걱정하고 있다. 과거에 유행했던 다른 오토바이들이 생산될 거라는 소문이 돌고 있다. 소문이 사실이라면, Thad는 경쟁회사에 대응하기 위해 판매가격을 $9,000로 낮춰야 한다. 가격을 낮추고 광고비용을 감소시켜 고정비를 $300,000를 줄일 수 있지만 여전히 연간 600개를 팔고 싶다. 이것이 좋은 계획이라고 생각하는가? 설명하시오. 그리고 워크시트에 계산된 영업레버리지도를 설명하시오.

기본문제 connect

학습목표 5-1, 5-3, 5-4, 5-5, 5-6, 5-7, 5-8

Oslo는 판매량 1,000개(관련범위 500~1,500개)를 기준으로 공헌이익 손익계산서를 작성했다.

매출액	$20,000
변동비	12,000
공헌이익	8,000
고정비	6,000
영업이익	$ 2,000

요구사항:

(각 상황은 독립적이다. 따로 언급하지 않는 한 원본자료를 참고하여 답하시오.)

1. 단위당 공헌이익은 얼마인가?
2. 공헌이익률은 얼마인가?
3. 변동비율은 얼마인가?
4. 판매량이 1,001개로 증가한다면, 영업이익은 얼마나 증가하는가?
5. 판매량이 900개로 감소한다면, 영업이익은 얼마인가?
6. 판매가격이 개당 $2 증가하고 판매량이 100개 감소한다면, 영업이익은 얼마인가?

7. 단위당 변동원가가 $1 증가하고 광고비로 $1,500을 더 지출하고 판매량이 250개 증가한다면, 영업이익은 얼마인가?
8. 손익분기 판매량을 얼마인가?
9. 손익분기 매출액은 얼마인가?
10. $5,000의 목표이익을 달성하기 위한 판매량은 얼마인가?
11. 안전한계와 안전한계율은 얼마인가?
12. 영업레버리지도를 계산하시오.
13. 영업레버리지도를 이용하여 매출액이 5% 증가할 때 영업이익 증가율을 계산하시오.
14. 총변동비와 총고정비가 각각 $6,000와 $12,000로 뒤바뀌었다. 다시 말해, 총변동비가 $6,000이고 총고정비가 $12,000라고 가정한다. 이러한 가정하에 총매출액이 유지된다면, 영업레버리지도는 얼마인가?
15. 요구사항 14에서 계산한 영업레버리지도를 이용하여, 매출액이 5% 증가할 때 영업이익 증가율은 얼마인가?

연습문제

문제 5-1 판매량의 변화가 영업이익에 미치는 영향 [학습목표 5-1]

Whirly사의 최근 공헌이익 손익계산서는 아래와 같다.

	총액	단위당
매출액(10,000개)	$350,000	$35.00
변동비	200,000	20.00
공헌이익	150,000	$15.00
고정비	135,000	
영업이익	$ 15,000	

요구사항:

(각 상황은 독립적이다.)

1. 판매량이 100개 증가하면 영업이익은 얼마인가?
2. 판매량이 100개 감소하면 영업이익은 얼마인가?
3. 총 판매량이 9,000개이면 영업이익은 얼마인가?

문제 5-2 CVP 그래프의 작성 [학습목표 5-2]

Karlik Enterprises는 단위당 판매가격이 $24이고 단위당 변동원가가 $18인 단일 제품을 판매하며, 회사의 월간 고정비는 $24,000이다.

요구사항:

1. 판매량이 8,000개일 때 이 회사의 CVP 그래프를 작성하시오.
2. CVP 그래프를 이용하여 손익분기 판매량을 추정하시오.

문제 5-3 이익 그래프의 작성 [학습목표 5-2]

Jaffre Enterprises는 단위당 판매가격이 $16이고 단위당 변동원가가 $11인 단일 제품을 판매하며, 회사의 월간 고정비는 $16,000이다.

요구사항:

1. 판매량이 4,000개일 때 이 회사의 이익 그래프를 작성하시오.
2. 이익 그래프를 이용하여 손익분기 판매량을 추정하시오.

문제 5-4 공헌이익률의 계산과 이용 [학습목표 5-3]

Holiday Creations사는 지난달 50,000개의 제품을 판매하였다. 지난달의 총매출액은 $200,000이며, 총변동비는 $120,000, 총고정비는 $65,000이다.

요구사항:

1. 회사의 공헌이익률을 계산하시오.
2. 회사의 판매량 250단위와 총매출액 $1,000를 증가시킬 수 있다면 회사의 영업이익은 얼마로 예측되는가?

문제 5-5 변동비, 고정비, 판매가격, 판매수량의 변동 [학습목표 5-4]

Hermann Corporation과 관련한 자료는 아래와 같다.

	단위당	매출액 대비 비율
판매가격	$90	100%
변동비	63	70
공헌이익	$27	30%

고정비는 월 $30,000이며 회사는 월 2,000개의 제품을 판매한다.

요구사항:

1. 월 $5,000의 광고비 증가가 월 $9,000의 매출액을 증가시킨다면 순영업이익은 월간 얼마나 증가(감소)하는가? 광고비를 증가시켜야하는가?
2. 원본자료를 참고하여 답하시오. 회사가 고품질의 재료를 사용한다면 제품 단위당 변동비가 $2 증가하며 판매단위 월 10% 증가된다면 순영업이익은 월간 얼마나 증가(감소)하는가?

문제 5-6 손익분기점의 계산 [학습목표 5-5]

Mauro Products는 판매가격이 $15이고 변동비가 $12인 직물바구니를 판매한다. 이 회사의 월 고정비는 $4,200이다.

요구사항:

1. 손익분기 판매량을 계산하시오.
2. 손익분기 매출액을 계산하시오.
3. 고정비가 $600 증가하면, 손익분기 판매량과 손익분기 매출액은 얼마인가?

문제 5-7 목표이익 달성을 위한 판매량 [학습목표 5-6]

Lin사는 단위당 판매가격이 $120이고 단위당 변동원가가 $80인 단일제품을 판매한다. 회사의 월간 고정비는 $50,000이다.

요구사항:

1. $10,000의 목표이익을 달성하기 위한 판매량을 계산하시오.
2. 목표이익 $15,000를 달성하기 위한 매출액을 계산하시오.

문제 5-8 안전한계의 계산 [학습목표 5-7]

Molander사는 리조트에서 사용하는 파라솔을 판매한다. 다음 달의 예산 자료는 아래와 같다.

단위당 판매가격	$30
단위당 변동비	$20
월간 고정비	$7,500
월간 판매수량	1,000개

요구사항:

1. 이 회사의 안전한계를 계산하시오.
2. 안전한계율을 계산하시오.

문제 5-9 영업레버리지의 계산과 이용 [학습목표 5-8]

Engberg 사는 주택의 마당에 잔디를 깔아주는 사업을 하고 있다. 이 회사의 최근 한달간의 공헌이익 손익계산서는 다음과 같다.

	금액	매출액 비율
매출액	$80,000	100%
변동비	32,000	40%
공헌이익	48,000	60%
고정비	38,000	
영업이익	$10,000	

요구사항:

1. 회사의 영업레버리지도를 계산하시오.
2. 영업레버리지도를 이용하여, 매출액이 5% 증가하는 경우 영업이익에 미치는 영향은 얼마인지 계산하시오.
3. 매출액이 5% 증가하는 경우를 가정하고 이 회사의 공헌이익 손익계산서를 작성하여, 위의 요구사항 2를 입증하시오.

문제 5-10 복수제품의 손익분기점 [학습목표 5-9]

Lucido Products는 Claimjumper와 Makeover의 2개의 컴퓨터 게임을 판매한다. 이 2개의 게임과 관련한 지난달의 공헌이익 손익계산서는 아래와 같다.

	Claimjumper	Makeover	합계
매출액	$30,000	$70,000	$100,000
변동비	20,000	50,000	70,000
공헌이익	$10,000	$20,000	30,000
고정비			24,000
영업이익			$ 6,000

요구사항:

1. 이 회사의 총공헌이익률을 계산하시오.
2. 이 회사의 전체 손익분기 매출액을 계산하시오.
3. 공헌이익 손익계산서를 이용하여 회사의 전체 손익분기점 달성을 위한 제품별 판매량을 계산하시오.

문제 5-11 빈칸 완성하기. CVP의 기본개념 [학습목표 5-1, 5-9]

아래 8개의 상황에 대한 빈칸을 완성하시오. 각 상황은 서로 독립적이다. (힌트: 주어진 자료를 이용하여 공헌이익 손익계산서를 완성하시오.)

a. 아래의 4가지 상황에서는 단일 제품만을 판매한다고 가정하시오.

상황	판매량	매출액	변동비	단위당 공헌이익	고정비	영업손익
1	15,000	$180,000	$120,000	?	$50,000	?
2	?	$100,000	?	$10	$32,000	$8,000
3	10,000	?	$70,000	$13	?	$12,000
4	6,000	$300,000	?	?	$100,000	$(10,000)

b. 아래의 4가지 상황에서는 복수 제품을 판매한다고 가정하시오.

상황	매출액	변동비	평균 공헌이익률	고정비	영업손익
1	$500,000	?	20%	?	$7,000
2	$400,000	$260,000	?	$100,000	?
3	?	?	60%	$130,000	$20,000
4	$600,000	$420,000	?	?	$(5,000)

문제 5-12 복수제품의 손익분기분석 [학습목표 5-9]

Olongapo Sports사는 두 종류의 프리미엄 골프공을 생산하여 판매한다. 각 제품의 월간 매출액과 공헌이익률 자료는 다음과 같다.

	제품		
	Flight Dynamic	Sure Shot	합계
매출액	$150,000	$250,000	$400,000
공헌이익률	80%	36%	?

월간 총고정비는 $183,750이다.

요구사항:

1. 회사 전체에 대한 공헌이익 손익계산서를 작성하시오. (소수점 1자리까지 표시하시오.)
2. 현재 매출배합에서의 손익분기 매출액을 계산하시오.
3. 매출액이 $100,000 증가하는 경우, 영업이익은 얼마나 증가하는가? 이를 계산하기 위해서는 어떤 가정이 필요한가?

문제 5-13 공헌이익 손익계산서 [학습목표 5-1, 5-4]

Miller사의 공헌이익 손익계산서는 다음과 같다.

	총액	단위당
매출액(20,000개)	$300,000	$15.00
변동비	180,000	9.00
공헌이익	120,000	$ 6.00
고정비	70,000	
영업이익	$ 50,000	

요구사항:

아래의 각 상황별로 영업이익을 계산하시오. (각 상황은 독립적이다.)

1. 판매량이 15% 증가하였다.
2. 제품 단위당 판매가격이 $1.50 감소하였으나, 판매량이 25% 증가하였다.
3. 제품 단위당 판매가격이 $1.50 증가하고, 고정비는 $20,000 증가하였고, 판매량은 5% 감소하였다.
4. 제품단위당 판매가격이 12% 증가하였고, 제품 단위당 변동비가 60센트 증가하였으며, 판매량은 10% 감소하였다.

문제 5-14 손익분기점과 목표이익분석 [학습목표 5-3, 5-4, 5-5, 5-6]

Lindon사는 제품 단위당 판매가격이 $40이고 공헌이익률이 30%인 자동차 부품을 독점 판매한다. 회사의 고정비는 연간 $180,000이고 올해에 16,000개를 판매할 계획이다.

요구사항:

1. 제품 단위당 변동비를 계산하시오.
2. 손익분기 판매량과 손익분기 매출액을 계산하시오.
3. 연간 $60,000의 목표이익을 달성하기 위한 판매량과 매출액을 계산하시오.
4. 이 회사가 효율적인 배송업체를 사용하여 제품 단위당 변동비가 $4 감소한다면, 새로운 손익분기 판매량과 손익분기 매출액은 얼마인가? 목표이익 $60,000 달성을 위한 매출액은 얼마인가?

문제 5-15 영업레버리지 [학습목표 5-4, 5-8]

Magic Realm사는 새로운 판타지 보드 게임을 개발하고 있다. 이 회사는 작년에 게임당 $20의 가격으로 15,000개의 게임을 판매하였다. 이 게임과 관련한 고정비는 연간 총 $182,000이며 변동비는 제품 단위당 $6이다. 게임 제작은 계약된 인쇄업자에게 맡겨진다. 변동비의 대부분은 계약업자에 지불된다.

요구사항:

1. 이 회사의 전년도 공헌이익 손익계산서를 작성하고 영업레버리지도를 계산하시오.
2. 경영자는 내년에 18,000개의 게임을 판매할 것으로 예상하고 있다. (전년대비 판매량 3,000개 증가, 또는 20% 증가) 아래의 세부 질문에 답하시오.
   a. 내년의 영업이익 증가율을 계산하시오.
   b. 내년의 예상 영업이익을 계산하시오. (손익계산서를 작성할 필요는 없으며 영업레버리지도를 이용하여 답하시오.)

문제 5-16 손익분기점과 CVP 그래프 [학습목표 5-2, 5-4, 5-5]

Hartford Symphony Guild는 매년 이브닝 파티 이벤트를 개최하고 있다. 이 이벤트와 관련한 예산은 다음과 같다.

식비(인원당)	$18
프로그램 비용(인원당)	$2
밴드	$2,800
무도장 임차료	$900
전문가 초빙	$1,000
광고비용	$1,300

이 이벤트와 관련한 입장료를 1인당 $35로 책정하고 있다.

요구사항:

1. 이 이벤트의 손익분기점을 계산하시오. 몇 장의 티켓을 판매해야 하는가?
2. 작년에 300명이 이 이벤트에 참가하였고, 올해 동일한 인원이 참석한다고 가정한다면, 손익분기점 달성을 위해 티켓 요금을 얼마로 책정해야 하는가?
3. 원래의 자료(인당 $35티켓)를 이용하여 티켓 판매량 0~600개 범위에 대한 CVP 그래프를 작성하시오.

문제 5-17 손익분기분석과 목표이익분석 [학습목표 5-4, 5-5, 5-6]

Outback Outfitters는 레크리에이션 장비를 생산하여 판매한다. 회사의 제품 중 하나인 소형난로는 제품 단위당 $50에 판매된다. 이 난로의 단위당 변동비는 $32이며, 난로와 관련한 고정비는 월 $108,000이다.

요구사항:

1. 손익분기 매출액과 손익분기 판매량을 계산하시오.
2. 변동비가 판매가격에 비례하여 증가하는 경우, 손익분기점은 어떻게 변화하는가? 높아지는가? 낮아지는가? 불변인가? 그 이유를 설명하시오. (고정비는 불변이라고 가정하시오.)
3. 현재, 이 회사는 월간 8,000개의 난로를 판매하고 있다. 판매관리자는 판매가격을 10% 감소시키면, 월간 난로판매수량이 25% 증가할 것이라고 확신하고 있다. 현재의 영업수준과 제안된 변경영업수준에서의 공헌이익 손익계산서를 각각 작성하시오. 각각의 손익계산서에 총액과 제품 단위당 금액을 모두 표시하시오.
4. 위의 요구사항 3의 자료를 참고하여 답하시오. 새로운 판매가격을 이용하여 최소 월 $35,000의 영업이익을 달성하기 위한 난로판매수량을 계산하시오.

문제 5-18 손익분기점, 목표이익, 안전한계, 공헌이익률 [학습목표 5-1, 5-3, 5-5, 5-6, 5-7]

Menlo사는 단일제품을 판매한다. 지난달의 회사의 매출액 및 비용과 관련한 자료는 다음과 같다.

	총액	단위당
매출액	$450,000	$30
변동비	180,000	12
공헌이익	270,000	$18
고정비	216,000	
영업이익	$ 54,000	

요구사항:

1. 손익분기 판매량과 손익분기 매출액은 얼마인가?
2. 다른 계산 과정 없이 위의 요구사항 1의 결과에 근거하여 손익분기점에서의 총공헌이익을 계산하시오.
3. 목표이익 $90,000를 달성하기 위한 판매량은 몇 개인가? 목표이익 $90,000의 공헌이익 손익계산서를 작성하여 결과를 검증하시오.
4. 원래의 자료를 이용하여 이 회사의 안전한계와 안전한계율을 계산하시오.
5. 이 회사의 공헌이익률은 어떻게 되는가? 월 매출액이 $50,000 증가하고 고정비의 변동이 없는 경우, 영업이익은 얼마나 증가하겠는가?

문제 5-19 손익분기분석: 가격결정 [학습목표 5-1, 5-4, 5-5]

작년에 Minden사는 신제품을 출시하여 15,000개를 단위당 $70에 판매하였다. 제품단위당 변동비는 $40이고, 고정비는 연간 $540,000이다.

요구사항:

1. 현재 판매량 수준에서 영업손익을 계산하시오.
2. 현재 상황에서의 손익분기 매출액과 손익분기 판매량을 계산하시오.
3. 회사가 판매가격을 $2 인하할 때마다 이 제품의 연간 판매량은 5,000단위 늘릴 수 있는 마케팅 연구가 이루어졌다고 가정하자. 회사가 $2단위(예, $68, $66 등)로 가격을 인하한다면 이 제품에서 얻을 수 있는 연간 최대 이익은 얼마인가? 최대 이익을 창출하는 단위 판매량과 판매가격은 얼마인가?
4. 위의 요구사항 3에서 결정한 판매가격(최대 이익수준에서의 판매가격)을 이용하는 경우 손익분기 매출액과 손익분기 판매량을 계산하시오. 위의 요구사항 2에서 계산한 결과와 차이가 나는 이유를 설명하시오.

문제 5-20 다양한 CVP 관련 질문들: 손익분기점, 원가구조, 목표 매출액

[학습목표 5-1, 5-3, 5-4, 5-5, 5-6, 5-8]

Northwood사는 농구공을 제조하여 개당 $25에 판매한다. 현재 이 회사는 소규모 공장에서 주로 직접노동에 의해 생산하기 때문에 단위당 변동비는 $15로 높은 편이며, 직접노무원가의 60%이다. 작년에 회사는 30,000개의 공을 판매하였으며, 이와 관련한 자료는 다음과 같다.

매출액(30,000개)	$750,000
변동비	450,000
공헌이익	300,000
고정비	210,000
영업이익	$ 90,000

요구사항:

1. a. 작년도 공헌이익률과 손익분기 판매량을 계산하시오.
   b. 작년도 매출수준에서의 영업레버리지도를 계산하시오.
2. 노무비 증가로 인해 회사는 다음연도에 단위당 변동비가 $3 증가할 것으로 예상하고 있다. 이 상황에서도 판매가격은 $25를 유지한다면, 새로운 공헌이익률과 손익분기 판매량은 어떻게 되는가?
3. 위의 요구사항 2를 참고하여 답하시오. 변동비가 요구사항 2처럼 변화하는 경우, 지난해와 동일한 $90,000의 영업이익을 달성하기 위해 판매해야 하는 수량은 몇 개인가?
4. 위의 요구사항 2를 참고하여 다음에 답하시오. 이 회사의 대표는 농구공의 판매가격을 인상할 계획이다. 지난해와 동일한 공헌이익률을 유지하려는 경우(요구사항 1a에서 계산됨), 증가된 노무비를 충당하기 위해 내년의 단위당 판매가격은 얼마이어야 하는가?
5. 원자료를 참고하여 답하시오. 회사가 새로운 자동화 생산 공장을 건설하려 하고 있다. 공장이 완공되면 단위당 변동비의 40%가 감소하지만, 연간 고정비는 2배가 된다. 신규 공장이 건설되는 경우, 새로운 공헌이익률과 손익분기 판매량을 계산하시오.
6. 위의 요구사항 5를 참고하여 다음 물음에 답하시오.

a. 새로운 공장이 건설되는 경우 지난해와 동일한 $90,000의 영업이익을 달성하기 위해서는 몇 개의 제품을 판매해야 하는가?

b. 다음연도에 신규공장이 건설되었으며, 지난해와 동일한 30,000개의 제품이 제조되어 판매되었다. 공헌이익 손익계산서를 작성하고 영업레버리지도를 계산하시오.

c. 당신이 이 회사의 최고경영자 중에 한명이라면 신규공장건설을 추진하겠는가? 그 이유를 설명하시오.

문제 5-21 매출배합, 복수제품의 손익분기분석 [학습목표 5-9]

Thailand의 Gold Star Rice사는 아시아 전역으로 쌀을 수출한다. 이 회사는 3가지 종류의 쌀(White, Fragrant, Loonzain)을 생산한다. 다음 달의 제품별 예상 매출액 자료는 다음과 같다.

	제품							
	White		Fragrant		Loonzain		합계	
판매비율	20%		52%		28%		100%	
매출액	$150,000	100%	$390,000	100%	$210,000	100%	$750,000	100%
변동비	108,000	72%	78,000	20%	84,000	40%	270,000	36%
공헌이익	$ 42,000	28%	$312,000	80%	$126,000	60%	480,000	64%
고정비							449,280	
영업이익							$ 30,720	

$$\text{손익분기 매출액} = \frac{\text{고정비}}{\text{공헌이익률}} = \frac{\$449,280}{0.64} = \$702,000$$

위에서 제시한 자료에 의하면 예상 영업이익은 $30,720이며, 손익분기 매출액은 $702,000이다. 위에서 제시한 것과 같이 실제 매출액이 월 $750,000이며, 실제로 판매된 제품의 배합은 White 가 $300,000, Fragrant가 $180,000, Loonzain이 $270,000이다.

요구사항:

1. 실제 판매 자료를 이용하여 공헌이익 손익계산서를 작성하시오. 위에 제시된 손익계산서 형태로 작성하시오.
2. 실제 판매 자료를 이용하여 손익분기 매출액을 계산하시오.
3. 회사가 예상한 매출액인 $750,000와 비교해 본 경영자는 위 요구사항 1의 손익계산서를 보고 충격을 받았다. 경영자에게 영업이익과 손익분기 매출액에 대한 예산과 실제 금액의 차이에 대해 간략히 설명하는 메모를 작성하시오.

문제 5-22 기본 CVP 분석: 원가구조 [학습목표 5-1, 5-3, 5-4, 5-5, 5-6]

PEM사는 휴대용 배터리를 판매하고 있다. 최근 이 회사는 재정 운영에 어려움을 겪고 있다. 최근년도에 대한 공헌이익 손익계산서는 다음과 같다.

매출액(19,500개 × 단위당 $30)	$585,000
변동비	409,500
공헌이익	175,500
고정비	180,000
영업이익	$ (4,500)

요구사항:

1. 회사의 공헌이익률과 손익분기 판매량, 손익분기 매출액을 계산하시오.
2. 사장은 판매직원을 독려하고 광고예산을 $16,000 증가시킴으로써, 월 매출액이 $80,000 증가할 것으로 예상하고 있다. 이 예상이 맞을 경우 영업이익은 얼마나 증가하는가?
3. 원자료를 참고하여 다음 물음에 답하시오. 판매책임자는 판매단가를 10% 감소시키고, 월간 광고예산을 $60,000 증가시킴으로써 판매량을 2배 증가시킬 수 있다고 확신하고 있다. 이 경우 영업이익은 얼마인가?
4. 원자료를 참고하여 다음 물음에 답하시오. 마케팅 부서는 매출 증진을 위해 배터리의 포장을 변화시키려고 한다. 새로운 포장지는 포장원가를 단위당 75센트 증가시킬 것이다. 다른 변화가 없다고 가정할 때 $9,750의 목표이익을 달성하기 위한 목표 판매량은 몇 개인가?
5. 원자료를 참고하여 다음 물음에 답하시오. 자동화 생산 시스템의 도입으로 단위당 변동원가가 $3 감소하고, 월 고정비가 $72,000 증가할 것이다.
   a. 새로운 공헌이익률을 계산하고 손익분기 판매량과 손익분기 매출액을 계산하시오.
   b. 이 회사는 다음달에 26,000개의 제품을 판매할 것으로 예상하고 있다. 자동화생산 시스템을 도입하지 않았을 때와 도입했을 때의 공헌이익 손익계산서를 각각 작성하시오. (제품 단위당 원가와 비율뿐만 아니라, 각 대안에 따른 총액도 표시하시오.)
   c. 자동화 생산 시스템을 도입하는 것이 유리한가? 그 이유를 설명하시오.

문제 5-23 CVP 응용. 공헌이익률. 영업레버리지도 [학습목표 5-1, 5-3, 5-4, 5-5, 5-8]

Feather Friends사는 고급 새장을 단위당 $20에 판매한다. 이 회사의 변동원가는 제품 단위당 $9이며, 연간 고정비는 $180,000이다.

지난해 영업활동 결과는 다음과 같다.

매출액	$400,000
변동비	160,000
공헌이익	240,000
고정비	180,000
영업이익	$ 60,000

요구사항:

아래의 각 물음에 답하시오. 각 문제는 독립적이다.

1. 이 제품의 공헌이익률을 계산하시오.
2. 공헌이익률을 이용하여 손익분기 매출액을 계산하시오.
3. 수요 증가로 인해, 내년에 회사는 판매량이 3,750단위 증가하여 매출액이 $75,000 증가될 것으로 예상된다. 고정비가 불변하는 경우에 회사의 내년도 영업이익을 계산하시오.
4. a. 지난해 매출수준에서 영업레버리지도를 계산하시오.
   b. 사장은 내년도에 매출액이 20% 증가할 것으로 기대하고 있다. 영업레버리지를 이용하여 영업이익 증가율을 계산하시오.
5. 판매책임자는 판매단가를 10% 인하하고, 광고선전비를 $30,000 증가시키는 경우, 연간 판매량이 25% 증가할 것으로 확신하고 있다. 이 경우 영업이익은 얼마인가? 이 회사의 판매책임자의 제안(가격인하, 광고선전비 증가)에 대해 조언하시오.
6. 사장은 판매단가를 그대로 유지하면서 판매수수료를 단위당 $1 증가시킬 것을 고려하고 있다. 이로 인해 연간 매출액이 25% 증가할 것으로 예상하고 있다. 작년과 같이 영업이익 $60,000와 동일하게 유지하려면 광고비를 얼마나 증가시킬 수 있나?

문제 5-24 손익분기점과 목표이익분석 [학습목표 5-5, 5-6]

Shirt Works는 매우 다양한 티셔츠와 스웨터를 판매한다. 소유주인 Steve Hooper는 인근 고등학교의 이름과 마스코트가 새겨진 스웨터를 판매할 계획이다. 판매를 촉진시키기 위해 아르바이트 학생을 고용할 예정이며 이들에게는 판매수수료를 지급할 예정이다. 스웨터는 제조업자에게 6주전에 주문하고, 독특한 디자인으로 구성되어 있어서 반품이 불가능하다.

이 스웨터의 최소주문수량이 75개로써, Hooper는 개당 원가는 $8이다. 스웨터의 추가주문은 75개 단위로 하여야 한다. 이 사업과 관련한 원가는 스웨터 단가와 판매수수료 뿐이다. 스웨터의 단위당 판매가격은 $13.50이며, Hooper씨는 고용한 아르바이트 학생에게 단위당 판매수수료로 $1.5를 지급한다.

요구사항:

1. 목표이익 $1,200를 달성하기 위한 판매량과 매출액은 얼마인가?
2. Hooper가 처음으로 75개의 스웨터를 주문받았다고 가정하자. 손익분기 매출액과 판매량을 계산하시오.
3. $1,320의 목표이익을 달성하기 위해 Hooper는 몇 벌의 스웨터를 팔아야 하는가?

문제 5-25 고정비와 변동비의 변화, 손익분기점과 목표이익의 분석 [학습목표 5-4, 5-5, 5-6]

Neptune사는 고객에게 출시하고자 하는 작은 풍선 장난감을 개발하였다. 이 회사의 마케팅 부서는 새 장난감에 대한 수요가 한 달에 15,000개에서 35,000개 사이일 것으로 추정하였다. 새 장난감은 단위당 $3에 판매된다. 회사의 월간 총 18,000개를 생산할 수 있는 능력이 있다. 이 제품의 단위당 변동비는 $1.00이고, 장난감과 관련된 증분 월고정비는 $22,000이다.

Neptune은 또한 이 장난감을 한 대당 $1.75의 가격에 최대 20,000개까지 생산량에 대해 월 $15,000의 고정수수료를 지불하고 생산할 수 있는 외부 공급 업체를 확인하였다. 20,001개에서 40,000개 사이의 생산량에 대한 고정수수료는 매월 총 $30,000까지 증가한다.

요구사항:

1. Neptune이 외부 공급 업체를 이용하지 않는다고 가정하고 판매량의 손익분기점을 계산하시오.
2. 아래와 같이 가정한다면 Neptune의 이익은 얼마인가?
   a. 18,000개를 생산하여 판매한다.
   b. 전혀 생산하지 않는 대신에 18,000개의 생산을 외부공급업체에 아웃소싱하여 고객에게 판매한다.
3. Neptune이 최대 생산 능력을 사용하여 먼저 18,000개 제품을 생산하여 판매할 계획이고 또한 외부 공급 업체를 이용하여 17,000개까지 추가로 제품을 생산할 것이라고 가정하고 손익분기점 판매량을 계산하시오.
4. Neptune이 먼저 18,000개를 생산하기 위해 모든 생산 능력을 사용할 계획이며 외부 공급 업체를 고용하여 17,000개를 추가로 생산할 계획이라고 가정한다.
   a. Neptune이 요구사항 2a에서 얻은 이익과 동일한 것을 달성하려면 총 몇 단위는 얼마인가?
   b. 월 $16,500의 목표이익을 달성하기 위해 Neptune의 판매량은 얼마인가?
   c. Neptune이 한 달에 35,000개를 판매하면 얼마나 이익을 얻을 수 있는가?
   d. Neptune이 매월 35,000개를 판매하고 요구 사항 3의 손익분기점 이상으로 판매된 각 단위당 10센트의 보너스를 마케팅 관리자에게 지불하는 데 동의하면 얼마나 많은 이익을 얻는가?
5. Neptune이 모든 생산을 외부 공급 업체에 아웃소싱하는 경우 회사가 35,000개를 판매하면 얻을 수 있는 이익은 얼마인가?

문제 5-26 CVP 응용. 손익분기분석. 그래프 [학습목표 5-1, 5-2, 5-4, 5-5]

Fashion Shoe사는 도심에 위치한 여성신발 전문점이다. 이 상점은 많은 종류의 신발을 단일 가격으로 판매한다. 판매 직원들은 급여 이외에도 신발을 판매할 때 마다 판매수수료를 추가로 받는다. 회사가 소유한 대리점 중 하나인 48호점의 원가와 수익에 관한 자료는 다음과 같다.

	단위당
판매가격	$30.00
변동비:	
운송비	$13.50
판매수수료	4.50
총 변동비	$18.00
	연간
고정비(연간)	
광고선전비	$ 30,000
임차료	20,000
급여	100,000
총고정비	$150,000

요구사항:

1. 48호점의 손익분기 매출액과 손익분기 판매량을 계산하시오.
2. 48호점의 수익과 원가에 관한 CVP 그래프를 작성하시오. 0~17,000켤레 구간에 대한 그래프를 작성하고, 손익분기점을 정확히 표시하시오.
3. 1년간 12,000켤레의 신발이 팔린 경우, 48호점의 영업이익은 얼마인가?
4. 이 회사는 48호 대리점의 지점장에게 판매 직원에 대한 판매수수료에 추가하여 신발 한 켤레마다 75센트의 장려금 지급을 고려하고 있다. 이러한 정책이 시행된다면, 새로운 손익분기 매출액과 손익분기 판매량은 어떻게 되는가?
5. 원자료를 참고하여 다음 물음에 답하시오. 위 요구사항 4의 대안으로, 회사는 손익분기점을 초과하는 판매량에는 신발 한 켤레마다 50센트의 장려금을 지점장에게 지급할 것을 고려하고 있다. 이러한 정책이 시행된다면, 15,000켤레의 신발이 팔린 경우에 48호점의 영업이익은 어떻게 되는가?
6. 원자료를 참고하여 다음 물음에 답하시오. 이 회사는 대리점 직원들에게 판매수수료를 지급하지 않는 대신에 연간 고정 급여를 $31,500 증가시킬 계획이다. 이러한 정책이 시행된다면, 48호점의 새로운 손익분기 매출액과 손익분기 판매량은 어떻게 되는가? 이러한 정책을 추천하겠는가? 그 이유를 설명하시오.

문제 5-27 매출배합, 손익분기점, 안전한계 [학습목표 5-7, 5-9]

Palau의 Island Novelties사는 2개의 제품(Hawaiian Fantasy, Tahitian Joy)을 생산한다. 이 2개의 제품과 관련한 자료는 다음과 같다.

	Hawaiian Fantasy	Tahitian Joy
단위당 판매가격	$15	$100
단위당 변동비	$9	$20
연간 판매량	20,000	5,000

연간 고정비 총액은 $475,800이다.

요구사항:

1. 위에 제시된 표의 매출배합이 유지된다고 가정하고, 다음 물음에 답하시오.
   a. 총액과 비율을 포함한 공헌이익 손익계산서를 작성하시오. (제품별, 합계를 모두 작성)
   b. 회사 전체 수준에서의 손익분기 매출액과 안전한계, 안전한계율을 계산하시오.
2. 이 회사는 새로운 제품을 개발하여 Samoan Delight라고 이름을 붙였다. 이 제품의 예상 판매량은 10,000개이며 단위당 $45에 판매할 계획이다. 이 제품과 관련한 단위당 변동비는 $36이며, 고정비는 변하지 않는다.
   a. Samoan Delight의 매출을 포함하여 공헌이익 손익계산서를 작성하시오. (기존 제품들의 매출액은 변화지 않는다.)
   b. 이 회사의 신제품을 포함한 손익분기 매출액과 안전한계, 안전한계율을 계산하시오.

3. 회사의 경영자는 위와 관련하여 다음과 같은 의문을 갖고 있다. "회사의 고정비가 변하지 않으므로 신제품이 추가되는 경우 총 공헌이익이 증가해야 할 것 같다. 공헌이익이 증가하니까 손익분기점이 하락할 것 같은데 그렇지 않다. 뭔가 잘못 계산한 것은 아닌가?" 경영자에게 이에 대해 설명하시오.

문제 5-28 매출배합: 복수제품 손익분기점 분석 [학습목표 5-9]

Topper Sports사는 고품질 운동기구를 생산한다. 이 회사의 라켓 사업부는 아마추어 경기에서 널리 사용되는 세 가지 테니스 라켓(Standard, Deluxe 및 Pro)을 제조한다. 라켓에 대해 발췌한 정보는 다음과 같다.

	Standard	Deluxe	Pro
라켓 단위당 판매가격	$40.00	$60.00	$90.00
라켓 단위당 변동비:			
제 조	$22.00	$27.00	$31.50
판매비(판매가격의 5%)	$2.00	$3.00	$4.50

모든 판매는 회사의 자체 소매 아울렛을 통해 판매된다. 라켓 사업부는 다음과 같은 고정원가를 갖는다.

	월 단위
고정제조원가	$120,000
광고비	100,000
관리직 급여	50,000
총 계	$270,000

과거 두 달 동안 단위당 판매량은 다음과 같다.

	Standard	Deluxe	Pro	Total
4월	2,000	1,000	5,000	8,000
5월	8,000	1,000	3,000	12,000

요구사항:

1. 4월과 5월에 대한 공헌이익 손익계산서를 작성하시오. 다음의 표를 이용하라.

	Standard		Deluxe		Pro		Total	
	금액	비율	금액	비율	금액	비율	금액	비율
매출								
기타								

총계 열에만 고정비를 입력하시오. 고정비용에 대한 비율을 표시하지 마시오.

2. (1)의 손익계산서를 보고 사장은 "믿을 수가 없어요! 우리는 4월보다 5월에 50% 더 많은 라켓을 팔았지만 이익은 감소했습니다. 해당 부서에서 원가를 통제하지 못한 것이 분명해요." 순영업이익 감소에 대해 설명 할 수 있는 다른 설명은 무엇인가?
3. 라켓부문의 4월 손익분기 매출액을 계산하라.
4. 계산을 하지 않고 손익분기점이 4월의 매출배합보다 5월의 매출배합이 높거나 낮을지 설설명하라.
5. Standard 라켓의 판매가 $20,000 증가했다고 가정한다. 순영업이익에 미치는 영향은 무엇인가? Pro 라켓 판매가 $20,000 증가하면 어떤 효과가 있는가? 손익계산서를 작성하지 말고, 접근법을 사용하여 답을 작성하시오.

문제 5-29 원가구조의 변화, 순익분기점 분석, 영업레버리지, 안전한계

[학습목표 5-4, 5-5, 5-7, 5-8]

Morton사의 지난달 공헌이익 손익계산서는 다음과 같다.

매출액(15,000개 × 단위당 $30)	$450,000
변동비	315,000
공헌이익	135,000
고정비	90,000
영업이익	$ 45,000

Morton사가 속해있는 산업은 경기 변동에 민감하다. 따라서 경제 환경에 따라 연간 이익의 변동이 심한 편이다. 이 회사의 여유생산능력은 충분하며, 이익을 향상시키기 위해 다양한 방법을 모색 중이다.

요구사항:

1. 이 회사는 자동화 생산설비를 도입하기로 했다. 이로 인해 단위당 변동비는 $9 감소되는 반면 총 고정비는 매월 $225,000 증가하게 된다. 기존 생산방식과 자동화 생산설비에 따른 공헌이익 손익계산서를 각각 작성하시오. 각 계산서의 세로에 합계, 단위당, 비율을 모두 제시하시오. (단, 고정비는 비율을 계산할 필요 없음)
2. 위의 요구사항 1에서 작성한 표를 참고하여 다음에 답하시오. 기존 생산방식과 자동화 생산설비에 따른 영업레버리지도를 각각 계산하시오. 손익분기점에서의 매출액, 안전한계, 안전한계율도 각각 계산하시오.
3. 위의 요구사항 1에서 제시한 자료를 참고하시오. 경영자가 자동화 설비의 구입여부를 결정하는데 있어서 중요한 요인은 무엇인가? (단, 설비를 구입하기 위한 유휴자금은 충분함)
4. 원자료를 참고하여 답하시오. 새로운 설비를 구입하는 대신에 마케팅 책임자는 회사의 마케팅 전략 변경을 고려중이다. 판매 사원에게 현재 변동비에 포함되어 있는 판매수수료를 지급하는 대신에 고정급여를 지급하고 광고비를 증가시킬 계획이다. 경영자는 이를 통해 판매가격의 변동없이 판매량을 30% 증가시킬 수 있을 것으로 기대하고 있다. 이 정책이 시행되면 회사의 월별 고정비는 $180,000가 되며, 영업이익은 20% 증가할 것이다. 새로운 전략 시행에 따른 손익분기 매출액은 얼마인가? 마케팅 책임자의 계획에 대한 의견을 제시하시오.

문제 5-30 그래프. 증분 분석. 영업레버리지 [학습목표 5-2, 5-4, 5-5, 5-6, 5-8]

Angie Silva는 최근에 호주의 Brisbane에 최신 유행 샌들을 전문으로 하는 상점을 오픈했다. 그녀는 상점을 운영하기 위한 자료를 수집해보았다.

단위당 판매가격	$40
단위당 변동비	16
단위당 공헌이익	$24
고정비(연간)	
임차료	$15,000
설비감가상각비	7,000
판매비	20,000
관리비	18,000
총고정비	$60,000

요구사항:

1. 손익분기 판매량과 손익분기 매출액은 얼마인가?
2. 0~4,000 켤레의 판매 구간에 대한 CVP 그래프를 작성하시오. 그래프에 손익분기점을 표시하시오.
3. Angie는 목표이익을 $18,000로 설정하고 있다. 이를 달성하기 위한 판매량은 몇 개인가?
4. Angie는 2명의 판매사원(정규직과 파트타임 각 1명)을 고용하고 있다. 그녀는 파트타임 직원을 정규직으로 변경하려고 한다. 이 경우 연간 $8,000가 추가로 지급되어야 한다. 한편 정규직 직원이 2명이 된다면 연간 매출액이 $25,000 증가할 것으로 예상하고 있다. 증분접근법을 이용하여 정규직 전환이 바람직한지에 대해 결정하시오. (손익계산서를 작성할 필요는 없음.)
5. 원자료를 참고하여 답하시오. 첫 번째 연도에 이 상점은 3,000켤레의 샌들을 판매했고, 이와 관련한 영업자료는 다음과 같다.

매출액(3,000켤레)	$120,000
변동비	48,000
공헌이익	72,000
고정비	60,000
영업이익	$ 12,000

a. 이 상점의 영업레버리지도를 계산하시오.

b. Angie는 공격적인 매출전략과 혁신적인 광고프로그램을 통해 내년도 매출액을 50% 증가시킬 수 있다고 확신하고 있다. 이 경우 예상되는 영업이익 증가율은 얼마인가? 위에서 계산한 영업레버리지도를 이용하여 답하시오.

문제 5-31 CVP 그래프의 설명형 문제 [학습목표 5-2, 5-5]

아래의 CVP 그래프는 회사의 원가, 조업도 그리고 이익간의 관계를 보여주는 의사결정에 매우 유용한 그래프이다.

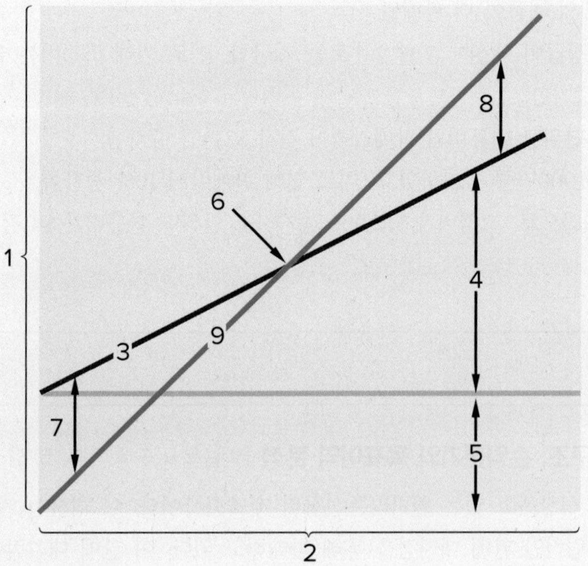

요구사항:

1. CVP 그래프에 제시된 번호별로 의미를 부여하시오.
2. 아래의 상황(a~h)별로 직선 3, 직선 9, 손익분기점에 어떤 영향을 미치는지를 제시하시오. 답을 제시할 때 직선의 움직임에 대해서는 아래의 항목을 이용하여 답하시오.
   - 변화 없음
   - 직선이 위로 평행이동
   - 직선이 아래로 평행이동
   - 기울기의 증가
   - 기울기의 감소
   - 직선이 위로 평행이동하고 기울기의 증가
   - 직선이 위로 평행이동하고 기울기의 감소
   - 직선이 아래로 평행이동하고 기울기의 증가
   - 직선이 아래로 평행이동하고 기울기의 감소

   손익분기점의 움직임에 대해서는 아래의 항목을 이용하여 답하시오.
   - 변화 없음
   - 증가
   - 감소
   - 변화하지만 방향은 확실치 않음

각 상황은 각각 독립적이다.

예시: 고정비가 $5,000 감소함

모범답안 → 직선 3: 직선이 아래로 평행이동
직선 9: 변화 없음
손익분기점: 감소

a. 단위당 판매가격이 $18에서 $20으로 증가함
b. 단위당 변동비가 $12에서 $10으로 감소함
c. 총고정비가 $3,000 증가함
d. 예산보다 2,000개의 제품이 더 판매됨
e. 판매사원에게 고정급여 대신에 판매수수료를 지급함. 이로 인해 고정비는 $8,000 감소하고 단위당 변동비가 $3 증가함
f. 재료비의 증가로 단위당 변동비와 판매가격이 각각 $2만큼 증가함
g. 광고선전비가 $10,000만큼 증가하였고, 이로 인해 판매량이 10% 증가함
h. 자동화 설비의 도입으로, 고정비가 $12,000 증가하고 단위당 변동비가 $4 감소함

사례

connect

사례 5-32 원가구조: 손익분기와 목표이익 분석 [학습목표 5-4, 5-5, 5-6]

Pittman사는 작지만 성장하고 있는 원거리통신장비 제조회사이다. 이 회사는 자체적으로 마케팅인력을 보유하지 않고 독립적인 판매 대리점을 통해 판매하고 있다. 이 판매 대리점은 판매가격의 15%를 수수료로 받는다. Pittman의 회계부장인 Barbara Cheney는 차기년도의 손익계산서 예산안을 작성했으며, 그 내용은 다음과 같다.

Prittman Company
예상손익계산서
1.1 ~ 12.31

매출액		$16,000,000
제조원가		
변동원가	$7,200,000	
고정제조간접원가	2,340,000	9,540,000
매출총이익		6,460,000
판매관리비		
판매수수료	2,400,000	
판매비(고정비)	120,000*	
관리비(고정비)	1,800,000	4,320,000
영업이익		2,140,000
이자비용(고정비)		540,000
세전이익		1,600,000
법인세(30%)		480,000
당기순이익		$ 1,120,000

*저장장치에 대한 감가상각비

Barbara는 Pittman의 사장인 Karl Vecci에게 위의 손익계산서를 건네주었고 그녀는 다음과 같은 의견을 표명했다.

Karl: 지금까지는 15%의 판매수수료율을 적용했는데, 대리점에서 판매수수료율을 20%로 인상하지 않으면 우리 회사의 제품 판매를 거부하겠다고 하는군요.

Barbara: 그들은 광고선전비와 출장비 그리고 기타 판매촉진 원가를 가산해줄 것을 요구하고 있습니다. 그렇게 지급하는 경우 이익이 남지 않게 됩니다.

Karl: 나도 그들에게 이 조건은 도저히 받아들일 수 없다고 했고, 그리고 우리 회사 자체적으로 판매팀을 운영할 거라고 말했어요.

Barbara: 우리는 이미 그럴 준비가 되어있습니다. 이미 우리가 알고 있는 몇몇의 회사는 판매직원에게 소정의 급여와 7.5%의 판매수수료를 지급하고 있습니다. 물론, 판매촉진비가 추가로 지출될 것입니다. 계산 결과 연간 $2,400,000의 고정비가 증가할 것으로 보입니다. 그렇지만, 대리점에 지급하는 판매수수료인 $3,200,000(20% × $16,000,000)가 감소됩니다. $2,400,000의 내역은 다음과 같습니다.

급여	
판매관리자	$ 100,000
판매직원	600,000
출장비	400,000
광고선전비	1,300,000
합계	$2,400,000

Karl: 훌륭하군요. 또한, $2,400,000는 기존에 대리점에 지급하던 15%의 판매수수료와 같군요.

Barbara: 그것뿐만이 아닙니다. 우리는 대리점들의 관리감독을 위해 감독관에게 지불하던 $75,000를 추가로 절약할 수 있습니다. 그러므로 관리비도 감소될 것입니다.

Karl: 관련 자료를 모두 정리하여 내일 열리는 위원회에서 보고해 주세요. 위원회의 허가만 있다면, 우리는 즉시 시행할 수 있어요.

요구사항:

1. 아래의 각 상황에 따른 Pittman Company의 내년도 손익분기 매출액을 계산하시오.
   a. 대리점의 판매수수료율이 15%로 유지되는 경우
   b. 대리점의 판매수수료율이 20%로 인상되는 경우
   c. 회사가 자체적인 판매팀을 운영하는 경우
2. Pittman Company가 대리점에 판매수수료율 20%를 지급하기로 하는 경우, 차기년도의 예상 손익계산서와 동일한 순이익을 얻기 위해서 판매해야할 제품 수량을 계산하시오.
3. Pittman Company가 판매수수료율이 20%인 대리점에게 제품을 공급하거나, 자체적인 판매직원을 고용하여 제품을 판매하는 경우와 상관없이 순이익이 동일해지는 판매수량을 계산하시오.
4. 아래의 각 상황에서 차기년도말인 12월 31일에 예상되는 회사의 영업레버리지도를 계산하시오.
   a. 대리점의 판매수수료율이 15%로 유지되는 경우
   b. 대리점의 판매수수료율이 20%로 인상되는 경우
   c. 회사가 자체적인 판매팀을 운영하는 경우
   세전 이익을 사용하여 영업레버리지도를 계산하시오.
5. 위의 요구사항 1~4까지의 자료를 참고하여 답하시오. 이 회사가 계속해서 대리점을 이용하는 것이 나은지, 자체적인 판매팀을 운영하는 것이 나은지에 대해 조언하시오. 그 이유를 포함하시오.

부록 5A: 혼합원가 분석

제5장의 본문에서 모든 원가는 변동원가와 고정원가로 분류될 수 있다고 가정했다. 그러나 실제로는 많은 원가들이 변동비 요소와 고정비 요소를 **모두** 포함하고 있는데 이를 **혼합원가**라고 한다. 이 부록에서는 CVP 분석을 위해 기업에서 발생하는 혼합원가를 변동요소와 고정요소로 분리하는 다양한 방법을 소개한다.

혼합원가는 주변에서 흔하게 볼 수 있다. 예를 들어, **하버드의과대학병원**에서 환자에게 의료서비스를 제공하기 위해 발생하는 총원가는 혼합원가이다. 장비의 감가상각비, 의사와 간호사의 급여는 고정원가이지만 의료용 장갑, 전력, 그리고 소모품 등은 변동원가이다. **사우드웨스트항공**의 유지보수원가도 혼합원가이다. 유지보수 관련 설비의 임차료, 숙련된 정비사에게 지급되는 임금은 고정원가이지만, 소모성 부품, 윤활유, 타이어 등은 항공기가 얼마나 자주, 얼마나 멀리 비행하는 지에 따라 변동하는 변동원가이다.

혼합원가 중 고정원가 부분은 서비스를 준비하고 사용가능하게 하는 데 발생한 최소한의 원가를 나타낸다. 변동원가 부분은 실제로 서비스를 제공함에 따라 발생한 원가를 나타내며, 실제로 이용된 서비스의 양에 비례하여 변동한다.

경영자는 혼합원가를 구성하는 고정원가 요소와 변동원가 요소를 구분하기 위해 다양한 접근법을 이용한다. 대표적인 접근법으로는 **계정분석법**, **공학적 접근법**, **고저점법**, **최소자승 회귀분석법** 등이 있다. **계정분석법(account analysis)**은 분석하는 사람의 과거 지식에 근거하여, 각 원가가 어떤 행태를 보이는 지에 대하여 계정과목을 변동 혹은 고정으로 분류하는 방법이다. 예를 들어, 직접재료원가는 변동원가로, 건물 임차료는 고정원가로 분류될 것이다. **공학적 접근법(engineering approach)**은 산업공학자가 생산방법에 대한 평가, 재료명세서, 노동 소요량, 장비 사용, 생산 효율, 전력 소비 등에 근거하여 원가가 어떤 행태를 보이는지를 구체적으로 분석하는 방법이다.

고저점법과 최소자승 회귀분석법은 과거의 원가 자료와 활동 자료에 의해 혼합원가의 고정원가 요소와 변동원가 요소를 추정하는 방법이다. 지금부터 브랜트라인병원의 자료를 이용하여 고저점법과 최소자승 회귀분석법을 이용하여 혼합원가를 분석하는 과정을 설명한다. 최소자승 회귀분석법은 직접 계산하는 과정이 복잡하기 때문에 쉽고 빠르게 계산할 수 있는 엑셀을 이용하는 방법을 설명한다.

산포도를 이용한 원가행태의 분석

학습목표 5-10

산포도와 고저점법을 이용하여 혼합원가를 분석할 수 있다.

브랜트라인병원은 예산 설정 과정에서 미래의 월별 유지보수원가가 얼마나 발생할지를 예측하려고 한다. 경영진은 병원의 유지보수원가는 혼합원가 행태이며, 변동원가는 병상일수에 따라 변동할 것으로 믿고 있다. 병상일수는 매일 병원에 방문하는 환자의 수를 의미한다. 병원의 CFO는 최근 7개월에 대한 다음과 같은 자료를 수집하였다.

월	활동수준: 병상일수	유지보수원가 발생액
1월	5,600	$7,900
2월	7,100	$8,500
3월	5,000	$7,400
4월	6,500	$8,200
5월	7,300	$9,100
6월	8,000	$9,800
7월	6,200	$7,800

고저점법 또는 최소자승 회귀분석법을 적용하기 위한 첫번째 단계는 산포도를 이용하여 원가행태를 파악하는 것이다. 브랜트라인병원의 유지보수원가와 병상일수에 대한 산포도가 도표 5A–1에 제시되어 있다. 이 산포도에서는 두 가지 점에 주의해야 한다.

1. 세로축인 *Y*는 총유지보수원가이다. 당기에 발생한 원가는 당기 활동 수준에 의해 결정되므로, 원가는 **종속변수(dependent variable)**이다. (즉, 활동수준이 증가함에 따라 총원가도 증가할 것이다.)
2. 가로축인 *X*는 병상일수이다. 활동은 원가의 변동을 유발하므로, 활동은 **독립변수(independent variable)**이다.

산포도에서, 유지보수원가는 병상일수에 따라 증가한다는 것을 명확히 알 수 있다. 게다가, 산포도는 유지보수원가와 병상일수의 관계가 대체로 우상향하는 선형관계라는 것을 알 수 있다. 원가행태는 직선이 원가와 활동의 관계에 합리적인 근사치가 되는 경우에는 선형(*linear*)으로 간주된다.

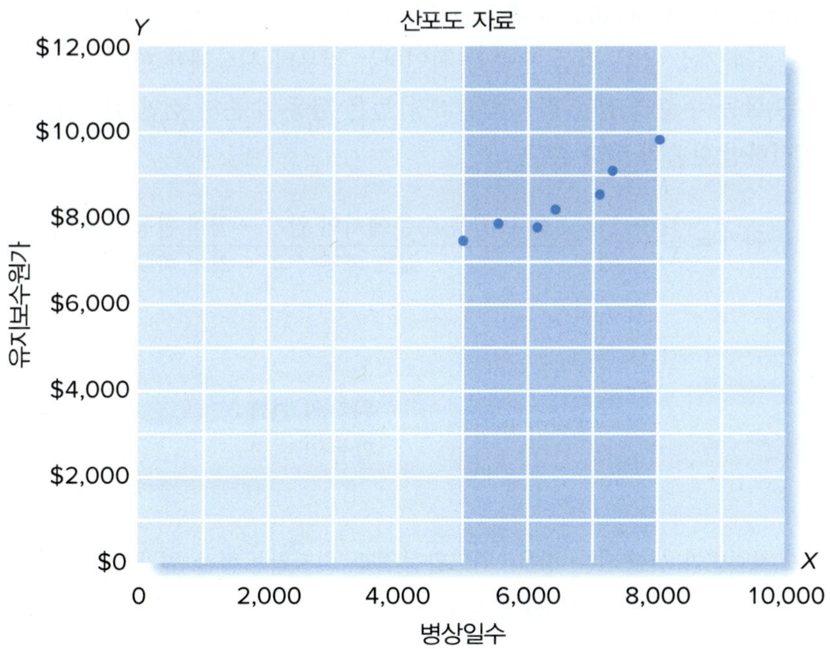

도표 5A-1
산포도를 이용한 원가 분석

산포도상에 자료의 점을 표시하는 과정은 고저점법 또는 최소자승 회귀분석법을 적용하기 전에 필수적으로 거쳐야 하는 과정이다. 산포도를 분석한 결과 원가와 활동 간에 선형관계가 확인된다면, 고저점법과 최소자승 회귀분석법을 이용하여 혼합원가를 고정원가와 변동원가 요소로 구분하는 것이 합리적이라는 의미이다. 만약 산포도를 분석한 결과 선형관계가 확인되지 않는다면 이 자료를 이용하여 다음 단계를 진행해서는 안 된다.

독립변수와 종속변수를 결정하고 둘 간의 선형관계임이 확인된다면, 혼합원가의 고정원가와 변동원가 요소는 고저점법과 최소자승 회귀분석법을 이용하여 제1장에서 살펴본 다음과 같은 직선식으로 표현할 수 있다.

$$Y = a + bX$$

Y = 총혼합원가
a = 고정원가 (y절편)
b = 활동 단위당 변동원가 (직선의 기울기)
X = 활동 수준

고저점법 고저점법은 직선의 기울기를 계산하는 공식에 근거한 방법이다. 원가와 활동 간의 관계를 직선으로 나타낼 수 있다면, 직선의 기울기는 활동 단위당 변동원가를 의미한다. 따라서 다음의 공식이 단위당 변동원가를 추정하는 데 사용된다.

$$\text{단위당 변동원가} = \text{선의 기울기} = \frac{\text{높이}}{\text{거리}} = \frac{Y_2 - Y_1}{X_2 - X_1}$$

고저점법(high-low method)으로 혼합원가를 분석하기 위해서는, 분석 기간 내에서 가장 낮은 활동 수준과 가장 높은 활동 수준을 확인하는 것부터 시작해야 한다. 분석 기간 내에서 가장 낮은 활동 수준의 점인 최저점과 가장 높은 활동 수준의 점인 최고점을 이용하여 기울기를 계산하면 다음의 식과 같다.

$$\text{단위당 변동원가} = \frac{Y_2 - Y_1}{X_2 - X_1} = \frac{\text{최고 활동 수준에서의 원가} - \text{최저 활동 수준에서의 원가}}{\text{최고 활동 수준} - \text{최저 활동 수준}}$$

즉,

$$\text{단위당 변동원가} = \frac{\text{원가의 변화}}{\text{활동의 변화}}$$

따라서 고저점법이 사용되는 경우, 최고활동점과 최저활동점간 원가의 변화를 그 두 점간 활동의 변화로 나눔으로써 단위당 변동원가가 추정된다.

고저점법을 사용하여 브랜트라인병원의 예를 다시 살펴보면, 첫째, 최고점과 최저점을 확인해야 한다. 이 경우 최고점은 6월, 최저점은 3월이다. 그 다음, 단위당 변동원가(기울기)를 추정하기 위해, 이 두 점에 대한 **활동**과 원가 정보를 이용한다.

	병상일수	유지보수원가 발생액
최고 활동 수준 (6월)	8,000	$9,800
최저 활동 수준 (3월)	5,000	7,400
변화	3,000	$2,400

$$\text{변동원가} = \frac{\text{원가의 변화}}{\text{활동의 변화}} = \frac{\$2{,}400}{3{,}000 \text{ 병상일수}} = \text{병상일수당 } \$0.80$$

변동유지보수원가는 병상일수당 $0.8로 결정되었으므로, 이제 고정원가를 결정할 수 있다. 최고점 혹은 최저점 중 하나를 이용하여 총원가를 구하고, 여기에서 변동원가 요소를 차감함으로써 고정원가를 구할 수 있다. 다음은 최고점을 이용하여 고정원가를 계산한 것이다.

$$\begin{aligned}\text{고정원가} &= \text{총원가} - \text{변동원가}\\ &= \$9{,}800 - (\text{병상일수당 } \$0.80 \times 8{,}000 \text{ 병상일수})\\ &= \$3{,}400\end{aligned}$$

이제 변동원가와 고정원가가 분리되었다. 유지보수원가는 월 $3,400의 고정원가에 병상일수당 $0.8의 변동원가가 더해진 것이므로 아래와 같은 식으로 표현할 수 있다.

$$Y = \$3{,}400 + \$0.80X$$

Y ↑ 총유지보수원가　　X ↑ 총병상일수

이 설명에서 사용했던 자료가 도표 5A–2에 그래프 형태로 나타나 있다. 직선은 최저점과 최고점을 지나도록 그려진다는 점에 주의하자. 이처럼 고점과 저점을 이용하여 직선을 추정하는 방법을 고저점법이라고 한다.

때로는, 활동 수준을 기준으로 최고, 최저인 점이 원가를 기준으로 최고, 최저가 아닌 경우도 있다. 예를 들어 분석 기간 동안 활동수준은 가장 큰 수치를 보이지만, 그 점에서 원가가 최고가 아닐 수도 있다. 그러나 고저점법에서는 독립변수인 **활동** 수준이 최고, 최저인 점을 이용한다는 것을 주의하자. 그 이유는 활동의 변동에 따른 원가의 변동에 관심이 있기 때문이다.

고저점법은 적용이 간편하지만, 중요한(때로는 결정적인) 결함이 있다. 그것은 고저점법은 두개의 점만을 이용하여 직선을 추정한다는 것이다. 일반적으로, 두개의 점은 정확한 결과를 도출하기에 충분하지 않다. 게다가, 최고 활동점과 최저 활동점은 정상적인 경영활동이

도표 5A-2
고저점법을 이용한 원가 분석

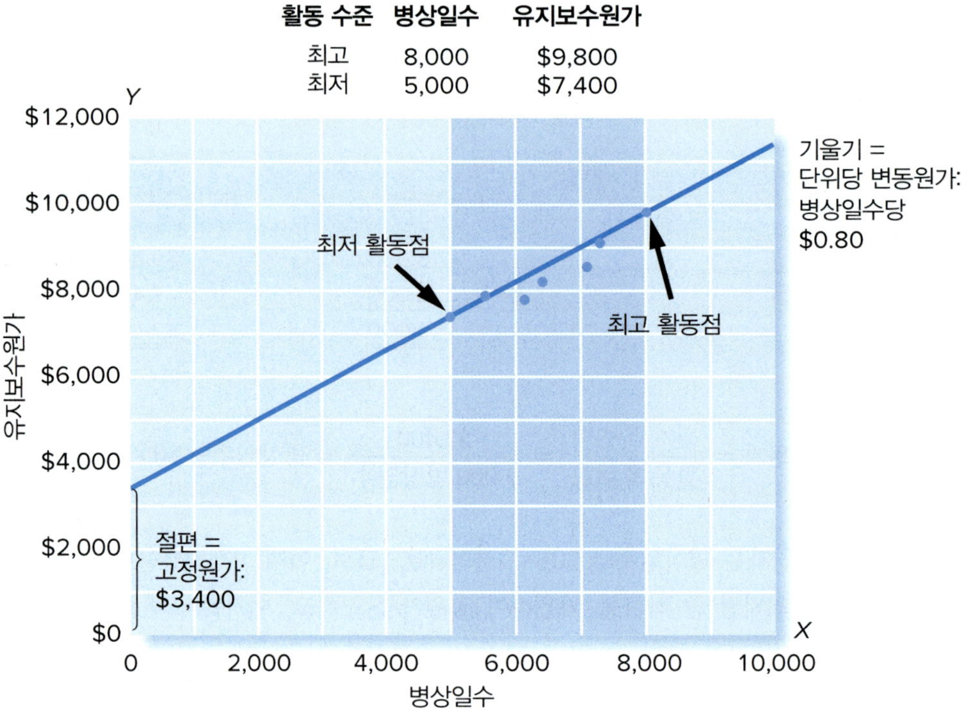

아닌 예외적인 경영활동을 수행한 결과일 수 있다. 이처럼 예외적인 활동으로 인한 최고점, 최저점인 경우 이를 통해 추정한 원가식은 정상적인 경영활동으로 인한 원가행태를 왜곡시킬 수 있다. 이러한 왜곡은 도표 5A–2에 명확하게 나타난다. 직선은 더 많은 점들이 있는 더 아래쪽으로 이동해야 한다. 이러한 이유들 때문에, 일반적으로 모든 자료를 이용하는 최소자승 회귀분석법이 고저점법 보다 더 정확하다.

최소자승 회귀분석법

학습목표 5-11
산포도와 최소자승 회귀분석법을 이용하여 혼합원가를 분석할 수 있다.

고저점법과 달리, **최소자승 회귀분석법(least-square regression method)**은 혼합원가를 고정 및 변동 요소로 분리하기 위해 이용가능한 모든 자료를 이용한다. 자료를 이용하여 도출한 $Y = a + bX$ 형태의 회귀선(*regression line*)에서 a는 총고정원가를 나타내고, b는 단위당 변동원가를 나타낸다. 최소자승 회귀분석법의 근간이 되는 기본적인 논리는 가상의 점들을 이용한 도표 5A–3에 도해되어 있다. 각 점과 회귀선의 차이인 오차가 그래프상에서 수직적으로 측정된다. 이 수직편차를 회귀오차라고 부른다. 최소자승 회귀분석법을 이해하는 것은 전혀 어려운 것이 아니다. 단순히 이 오차제곱의 합계를 최소화하는 회귀선을 계산하는 것이다.

최소자승 회귀분석법에서 Y절편(a)와 기울기(b)를 추정하기 위해 수반되는 공식은 다음과 같이 상당히 복잡하고 많은 계산을 요하지만, 원리는 간단하다.

$$b = \frac{n(\Sigma XY) - (\Sigma X)(\Sigma Y)}{n(\Sigma X^2) - (\Sigma X)^2}$$

$$a = \frac{(\Sigma Y) - b(\Sigma X)}{n}$$

X = 활동수준 (독립변수)
Y = 총혼합원가 (종속변수)
a = 총고정원가 (절편)
b = 단위당 변동원가 (직선의 기울기)
n = 관측치의 수
Σ = 합계

도표 5A-3
최소자승 회귀분석법의 개념

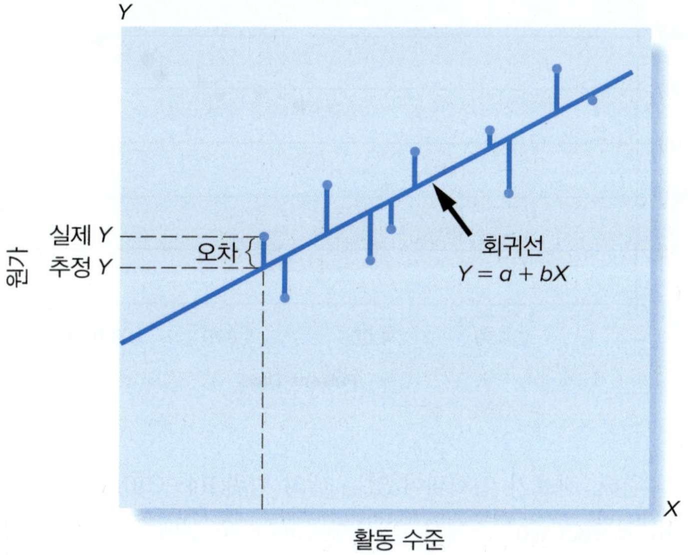

다행히, 마이크로소프트사의 엑셀 프로그램이 제공하는 최소자승 회귀분석 기능을 이용하여 회귀오차의 합을 최소화하는 절편(고정원가), 기울기(단위당 변동원가)를 쉽게 계산할 수 있다. 엑셀은 적합도(goodness of fit)를 나타내주는 결정계수(R^2, R-square)도 계산해 준다. $\boldsymbol{R^2}$는 회귀식을 통해 설명되는 부분을 의미한다. R^2는 0%에서 100%가 될 수 있는데, %가 높을수록 좋은 식이다.

추정을 위해서는 항상 산포도를 통해 선형 관계를 확인할 필요가 있는데, 특히 R^2가 낮게 나타날 경우는 산포도를 통해 시각적으로 확인하는 것이 필수적이다. 만약 산포도를 통해 빠르게 확인해 보았는데, 선형관계가 약하다면 추가적인 분석 방법을 고려해야 한다.

엑셀을 이용하여 회귀식을 완성하기 위해 필요한 절편 a, 기울기 b 및 R^2를 어떻게 계산하는지를 설명하기 위해 앞에서 제시한 유지보수원가에 대한 브렌트라인병원의 병상일수 및 유지보수원가와 관련한 자료를 이용할 것이다. 도표 5A-4는 이 자료를 엑셀에 입력한 것이다.

도표 5A-4
브렌트라인병원의 최소자승 회귀분석법을 위한 워크시트

	A	B	C
1		Patient	Maintenance
2		Days	Cost
3	*Month*	*X*	*Y*
4	January	5,600	$ 7,900
5	February	7,100	$ 8,500
6	March	5,000	$ 7,400
7	April	6,500	$ 8,200
8	May	7,300	$ 9,100
9	June	8,000	$ 9,800
10	July	6,200	$ 7,800
11			

Least-squares regression

도표 5A-5
브렌트라인병원의 원가추정을 위한 산포도

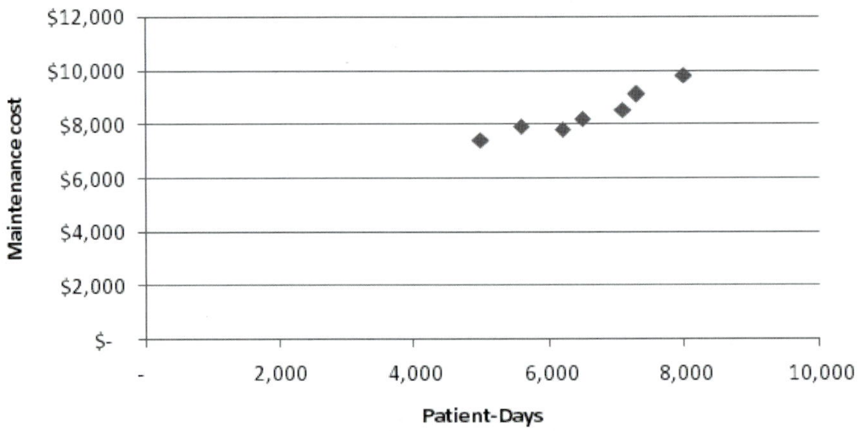

산포도 작성을 위해, 자료가 입력되어 있는 셀의 범위(B4~C10)를 선택한다. 그리고 "삽입(Insert)" 메뉴의 "차트(Chart)" 중에서 "분산형(scatter)"을 선택하고 데이터 점 연결선 없음을 선택하여 클릭한다. 그러면 도표 5A-5와 같은 산포도가 생성된다. 병상일수가 *X*축이고, 유지보수원가가 *Y*축임을 주의하자. 산포도를 통해 활동과 원가 간에는 선형관계가 있음을 확인할 수 있다. 따라서 회귀분석법을 이용하여 오차제곱의 합을 최소화하는 회귀식을 추정하는 것이 합리적이라는 판단을 할 수 있다.

회귀식을 완성하기 위해 필요한 절편 a, 기울기 b 및 R^2를 계산하기 위해서는 마우스를 산포도 상의 점 위에 위치시키고 오른쪽 버튼을 클릭하고 "추세선 추가(Add Trendline)" 메뉴를 선택한다. 그러면 도표 5A-6과 같은 추세선 옵션 메뉴창이 열리는데, 여기에서 추세선과 관련한 옵션을 선택할 수 있다. 먼저 "추세/회귀 유형(Trend/Regression Type)"에서 "선형(Linear)"을 선택하고, "추세선 이름(Trendline Name)"은 "자동(Automatic)"을 선택한다. 다음으로 "뒤로(Backward)"에는 독립변수 중에서 가장 낮은 값인 5,000을 입력한다. 그리고, 옵션 창에서 가장 하단에 있는 2개의 체크 박스인 "수식을 차트에 표시(Display Equation on chart)"와 "R-제곱 값을 차트에 표시(Display R-square value on chart)"를 선택한다.

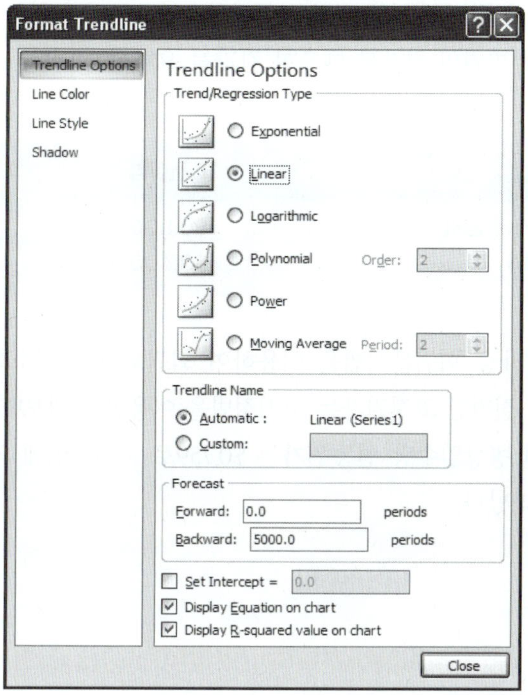

도표 5A-6
엑셀의 추세선 옵션

위와 같은 세팅을 모두 마친 다음 "닫기(Close)" 버튼을 클릭하면 도표 5A–7과 같은 결과가 제시된다. 산포도에 자동으로 오차제곱의 합을 최소화하는 직선이 자동으로 삽입된다. 또한 회귀분석의 결과인 회귀식이 표시되고, 이 회귀식의 설명력을 나타내는 결정계수(R^2)값도 표시된다. 엑셀은 회귀식을 $Y = a + bX$ 형태가 아니라 $Y = bX + a$로 순서를 바꾸어 표시해 준다는 점에 주의하자. 도표 5A–7에 나타난 바와 같이 본 예의 회귀분석 결과는 $y = 0.7589x + 3{,}430.9$로 나타났다. 기울기 b에 해당하는 값은 $0.7589로 나타났는데, 이는 병상일수가 1일 증가함에 따라 유지보수원가는 $0.7589만큼 증가한다는 의미이다. 식에서 절편인 $3,430.90(약 $3,431)는 월별 고정적으로 발생하는 유지보수원가를 의미한다. R^2는 약 0.9로 나타났는데 이는 유지보수원가 변동의 90%가 병상일수의 변동에 따라 설명된다는 의미이다.

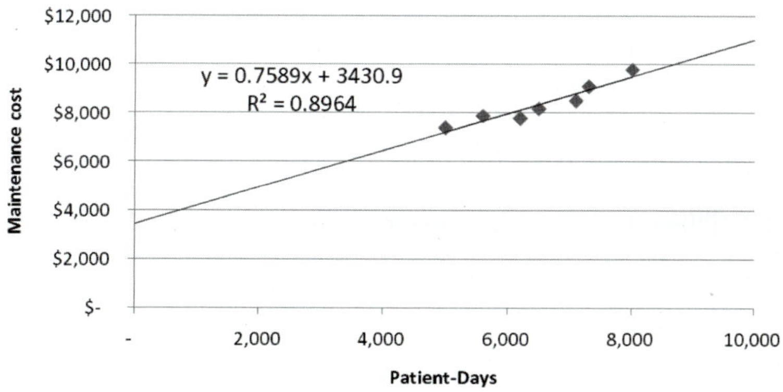

도표 5A-7
브렌트라인병원의 최소자승 회귀분석 결과

고저점법과 최소자승 회귀분석법의 비교 아래의 표는 고저점법과 최소자승 회귀분석법을 이용하여 브렌트라인병원의 원가를 예측한 결과를 요약한 것이다.

	고저점법	최소자승 회귀분석법
병상일수당 변동원가 추정치	$0.800	$0.759
월별 고정원가 추정치	$3,400	$3,431

브렌트라인이 최소자승 회귀분석법을 이용하여 회귀오차를 최소화하는 원가 추정식을 직선으로 추정했을 때 절편인 고정원가는 고저점법을 이용한 결과보다 $31 더 큰 것으로 나타났다. 또한 기울기인 병상일수당 변동원가는 $0.759로 고저점법에 의한 결과인 $0.8에 비해 더 작은 것으로 나타났다.

용어해설 (부록 5A)

결정계수(R^2) 최소자승 회귀분석법에서 적합도의 측정치. 독립변수의 변동에 의해 설명되는 종속변수의 변동 비율이다.

계정분석법(account analysis) 계정별로 원가가 어떤 행태를 보이는 지에 대한 분석가의 선험적 지식에 근거하여, 계정을 변동 혹은 고정으로 분류하는 방법.

고저점법(high-low method) 최고 및 최저 활동 수준 간 원가의 변화를 분석함으로써, 혼합원가를 고정 및 변동 요소로 분리하는 방법.

공학적 접근법(engineering approach) 산업공학자가 특정 활동을 공학적인 방법을 이용하여 원가가 어떤 행태를 보이는 지를 구체적으로 분석하는 방법

독립변수(independent variable) 원인변수의 역할을 하는 변수. $Y=a+bX$의 등식에서 X가 독립변수이다.

선형 원가행태(linear cost behavior) 활동과 원가의 관계가 대략적으로 직선 형태로 나타나는 경우이다.

종속변수(dependent variable) 독립변수의 변화에 따라 결정되는 변수. $Y=a+bX$의 등식에서 Y로 나타나는 총원가는 종속변수이다.

최소자승 회귀분석법(least-square regression method) 오차제곱의 합을 최소화하는 회귀직선을 계산하여, 혼합원가를 고정 및 변동 요소로 분리하는 방법.

연습문제 (부록 5A)

문제 5A-1 고저점법 [학습목표 5-10]

Montana의 Big Sky에 위치한 Cheyenne Hotel은 작년의 월별 전기료와 투숙 객실수에 관한 자료를 가지고 있다. 호텔영업의 성수기는 스키시즌과 여름휴가철이다.

	투숙 객실수	전기요금
1월	1,736	$4,127
2월	1,904	$4,207
3월	2,356	$5,083
4월	960	$2,857
5월	360	$1,871
6월	744	$2,696
7월	2,108	$4,670
8월	2,406	$5,148
9월	840	$2,691
10월	124	$1,588
11월	720	$2,454
12월	1,364	$3,529

요구사항:

1. 고저점법을 이용하여, 투숙 객실수에 따른 변동원가와 고정원가를 계산하시오. (고정원가는 달러 단위로 변동원가는 센트 단위로 표시하시오.)
2. 투숙객실수 이외에 월별 전기요금의 변동에 영향을 미치는 요소는 어떤 것이 있겠는가?

문제 5A-2 최소자승 회귀분석법 [학습목표 5-11]

Bargain Rental Car는 California에 위치한 렌트카 회사이다. 경영자는 회사의 원가행태에 대해 알고 싶다. 그 중에서 특히 세차원가에 대해 관심을 갖고 있다. 이 회사는 자체적으로 세차 설비를 갖추고 있으며 고객이 차를 반납하면 세차한 다음 다른 고객에게 대여하고 있다. 경영자는 세차원가가 차량 반납 회수와 관련이 있다고 믿고 있다. 이와 관련한 자료는 다음과 같다.

월	반납 회수	세차원가
1월	2,380	$10,825
2월	2,421	$11,865
3월	2,586	$11,332
4월	2,725	$12,422
5월	2,968	$13,850
6월	3,281	$14,419
7월	3,353	$14,935
8월	3,489	$15,738
9월	3,057	$13,563
10월	2,876	$11,889
11월	2,735	$12,683
12월	2,983	$13,796

요구사항:

1. 산포도를 제시하시오. (X축은 반납 회수, Y축에는 세차원가를 표시하시오.)
2. 최소자승 회귀분석법을 이용하여 월별 고정원가와 변동원가 요소를 추정하시오. (고정원가는 달러 단위로, 변동원가는 센트 단위로 제시하시오.)

문제 5A-3 원가형태: 고저점법 [학습목표 5-10]

싱가포르의 Hoi Chong Transport사는 트럭을 이용한 운송서비스를 제공하는 회사이다. 이 회사가 연간 105,000km를 주행하는 경우 km당 운행원가는 $0.114/km이고, 연간 70,000km를 주행하는 경우 km당 운행원가는 $0.134/km로 증가한다.

요구사항:

1. 고저점법을 이용하여 연간 운행원가를 변동원가와 고정원가로 분류하시오.
2. 변동원가와 고정원가를 $Y = a + bX$와 같은 형태의 함수로 표현하시오.
3. 트럭이 연간 80,000km를 운행할 때 발생하는 총원가를 추정하시오.

문제 5A-4 고저점법: 산포도의 분석 [학습목표 5-10]

고객 맞춤형 에어컨을 판매하는 Archer사의 운송비와 관련한 자료는 다음과 같다.

월	운송수량	총 운송비
1월	3	$1,800
2월	6	$2,300
3월	4	$1,700
4월	5	$2,000
5월	7	$2,300
6월	8	$2,700
7월	2	$1,200

요구사항:

1. 위의 자료를 이용하여 X축에 활동수준을 Y축에 원가를 표시하는 산포도를 작성하시오. 운송수량과 운송비의 관계는 선형이라고 할 수 있는가?
2. 고저점법을 이용하여, 운송비에 대한 원가함수를 추정하시오. 요구사항 1에서 작성한 산포도에서 고저점법을 이용하여 직선을 도출하시오. Y축의 절편을 제시하시오.
3. 최소자승 회귀분석법을 이용하여 월간 총고정원가는 $910.71이며, 단위당 변동원가는 $217.86이라고 추정했다. 고저점법의 정확도에 대해서 논하시오. 요구사항 2에서 도출한 직선과 최소자승법을 이용한 직선의 차이는 무엇인가?
4. 운송수량 외에 회사의 총 운송비에 영향을 미치는 요인에는 어떤 것들이 있을지에 대해 설명하시오.

문제 5A-5 최소자승 회귀분석법 [학습목표 5-11]

스위스에 위치한 George Caolz & Frères는 고급 시계를 생산한다. 회사의 제품들 중에 하나인 고급 다이빙 시계는 에칭과정을 통해 생산된다. 최근 6주간 발생한 에칭원가는 아래의 표와 같다. 계획수립을 위해 경영자는 한주간의 총 고정원가와 단위당 변동원가를 궁금해하고 있다.

주	수량	총 에칭원가
1	4	$ 18
2	3	17
3	8	25
4	6	20
5	7	24
6	2	16
	30	$120

요구사항:

1. 산포도를 제시하시오. (X축은 수량, Y축에는 총에칭원가를 표시하시오.)
2. 최소자승 회귀분석법을 사용하여 에칭원가의 고정원가와 변동원가 요소를 추정하고, $Y = a + bX$ 형태의 함수를 완성하시오.
3. 이 회사가 한주에 5개의 제품을 생산한다면, 예상되는 총에칭원가는 얼마인가? (센트 단위에서 반올림 하시오.)

문제 5A-6 최소자승 회귀분석법, 산포도, 활동기준의 비교 [학습목표 5-11]

Hard Rock Mining사는 원가함수를 개발하고 있다. 이 회사의 원가분석자는 수도광열비가 혼합원가라고 판단하고, 이 원가와 밀접한 관련을 갖고 있는 변수를 찾고 있다. 경영자는 원가함수의 개발을 위해 채굴량(톤)을 기본변수로 사용할 것을 제안하였다. 그러나 생산감독자는 그 의견에 반대했으며, 직접노무시간이 더 유용하다고 생각했다. 원가분석가는 2개의 변수를 비교해보기로 결정했다. 이와 관련된 정보는 아래와 같다.

분기	채굴량	직접노무시간	수도광열비
제1기			
1분기	15,000	5,000	$50,000
2분기	11,000	3,000	$45,000
3분기	21,000	4,000	$60,000
4분기	12,000	6,000	$75,000
제2기			
1분기	18,000	10,000	$100,000
2분기	25,000	9,000	$105,000
3분기	30,000	8,000	$85,000
4분기	28,000	11,000	$120,000

요구사항:

1. 독립변수를 채굴량으로 가정하고 채굴량을 X축, 수도광열비를 Y축으로 표시한 산포도를 제시하시오. 최소자승 회귀분석법을 이용하여 수도광열비의 원가함수를 결정하고 $Y = a + bX$ 형태의 함수를 완성하시오.
2. 독립변수를 직접노무시간으로 가정하고 직접노무시간을 X축, 수도광열비를 Y축으로 표시한 산포도를 제시하시오. 최소자승 회귀분석법을 이용하여 수도광열비의 원가함수를 결정하고 $Y = a + bX$ 형태의 함수를 완성하시오.
3. 채굴량과 직접노무시간 중 어느 것을 이용하여 수도광열비를 추정하는 것이 더 바람직하다고 추천하겠는가?

문제 5A-7 원가행태, 고저점법, 공헌이익계산서 [학습목표 5-10]

시드니에 위치한 Morrisey & Brown사는 호주 소비자들에게 인기가 있는 하나의 제품을 단독 판매하는 회사이다. 최근 3개월간 이 회사의 손익계산서는 아래와 같다.

Morrisey & Brown
최근 3개월의 각 월별 손익계산서

	7월	8월	9월
판매량	4,000	4,500	5,000
매출액	$400,000	$450,000	$500,000
매출원가	240,000	270,000	300,000
매출총이익	160,000	180,000	200,000
판매비와관리비			
광고비	21,000	21,000	21,000
운송비	34,000	36,000	38,000
급여와 수수료	78,000	84,000	90,000
보험료	6,000	6,000	6,000
감가상각비	15,000	15,000	15,000
판매비와관리비 합계	154,000	162,000	170,000
영업이익	$ 6,000	$ 18,000	$ 30,000

요구사항:

1. 회사의 각 비용(매출원가 포함)을 변동원가, 고정원가, 혼합원가 등으로 분류하시오.
2. 고저점법을 이용하여 혼합원가를 변동원가와 고정원가로 분류하고 원가함수를 $Y = a + bX$ 형태로 도출하시오.
3. 5,000개가 판매되었을 때의 공헌이익계산서를 작성하시오.

문제 5A-8 고저점법: 원가추정 [학습목표 5-10]

Nova사의 활동수준에 따른 총제조간접원가는 다음과 같다.

월	기계시간	총 제조간접원가
4월	70,000	$198,000
5월	60,000	$174,000
6월	80,000	$222,000
7월	90,000	$246,000

총제조간접원가는 수도광열비, 감독자 급여, 수선유지비로 구성된다. 60,000 기계시간 수준에서의 원가 내역은 다음과 같다.

수도광열비(변동원가)	$ 48,000
감독자 급여(고정원가)	21,000
수선유지비(혼합원가)	105,000
총 제조간접원가	$174,000

Nova사의 경영자는 수선유지비를 변동원가와 고정원가로 분류하기를 원하고 있다.

요구사항:

1. 7월에 발생한 제조간접원가 $246,000에 포함된 수선유지비를 구하시오. (힌트: $246,000에 포함된 수도광열비와 관리감독자 급여를 먼저 계산하라. 원가행태를 고려하여 계산해야 한다.)
2. 고저점법을 이용하여, 수선유지비의 원가함수를 $Y = a + bX$ 형태로 구하시오.
3. 회사의 총 제조간접원가를 $Y = a + bX$ 형태의 일차방정식으로 표현하시오.
4. 기계시간이 75,000시간일 때 발생할 것으로 예상되는 총 제조간접원가를 추정하시오.

문제 5A-9 고저점법: 공헌이익 손익계산서 [학습목표 5-10]

Milden사는 제조회사로부터 제품을 구입하여 판매하는 회사이다. 이 회사는 의사결정을 위해 내부적으로 공헌이익 손익계산서를 사용하기로 결정했다. 이를 위해 필요한 자료들은 다음과 같이 수집되었다.

원가	계산식
매출원가	단위당 $35
광고비	분기당 $210,000
판매수수료	매출액의 6%
운송비	?
관리직 급여	분기당 $145,000
보험료	분기당 $9,000
감가상각비	분기당 $76,000

운송비는 혼합원가이므로 다음 자료를 이용하여 판매 단위당 변동운송비와 분기별 고정운송비를 추정할 필요가 있다.

분기자료	판매량	운송비
제1기		
1분기	10,000	$119,000
2분기	16,000	$175,000
3분기	18,000	$190,000
4분기	15,000	$164,000
제2기		
1분기	11,000	$130,000
2분기	17,000	$185,000
3분기	20,000	$210,000
4분기	13,000	$147,000

요구사항:

1. 고저점법을 이용하여 운송비의 원가함수를 $Y = a + bX$ 형태로 구하시오.
2. 제3기, 1분기의 예상판매수량은 12,000개이며, 판매가격은 개당 $100이다. 분기에 해당하는 공헌이익 손익계산서를 작성하시오.

문제 5A-10 최소자승 회귀분석법, 산포도, 원가행태 [학습목표 5-11]

Morton 교수는 Westland University의 재무학과의 학과장으로 임명되었다. Morton 교수는 학과의 원가자료를 검토하였고, Finance 101 과목과 관련한 과거의 몇 개 학기 동안의 개설 분반수와 원가자료를 다음과 같이 파악하였다.

학기	개설 분반	총원가
작년 가을학기	4	$10,000
작년 겨울학기	6	$14,000
작년 여름학기	2	$7,000
올해 가을학기	5	$13,000
올해 겨울학기	3	$9,500

Morton 교수는 각 분반과 관련한 대학원 조교에게 지급되는 급여와 같은 변동원가가 포함되어 있다는 것을 알고 있다. 그는 예산을 수립할 목적으로 총원가를 변동원가와 고정원가로 구분하고 싶다.

요구사항:

1. 산포도를 제시하시오. (총원가를 Y축, 개설 분반을 X축에 표시하시오.)
2. 최소자승 회귀분석법을 이용하여, 분반당 변동원가와 총고정원가를 추정하시오. 그리고 이를 $Y = a + bX$ 형태의 함수로 제시하시오.
3. 올해 겨울학기에 개설된 분반이 적었기 때문에 다음에는 8개의 분반을 개설할 계획이라면 총원가는 얼마가 발생할 것으로 예상되는가? 위의 요구사항 2에서 예측한 원가함수를 이용하는데 어떤 문제점이 존재하는지 설명할 수 있는가?

문제 5A-11 혼합원가 분석과 관련범위 [학습목표 5-10]

Ramon사는 월간 제조간접원가를 고정원가와 변동원가로 분류하여 원가함수를 도출하려고 한다. 이 회사는 기계시간을 조업도로 이용하고 있으며, 아래는 당기와 전기의 자료이다.

	전기		당기	
월	기계시간	제조간접원가	기계시간	제조간접원가
1월	21,000	$84,000	21,000	$86,000
2월	25,000	$99,000	24,000	$93,000
3월	22,000	$89,500	23,000	$93,000
4월	23,000	$90,000	22,000	$87,000
5월	20,500	$81,500	20,000	$80,000
6월	19,000	$75,500	18,000	$76,500
7월	14,000	$70,500	12,000	$67,500
8월	10,000	$64,500	13,000	$71,000
9월	12,000	$69,000	15,000	$73,500
10월	17,000	$75,000	17,000	$72,500
11월	16,000	$71,500	15,000	$71,000
12월	19,000	$78,000	18,000	$75,000

회사는 제조장비를 모두 빌려서 사용하고 있다. 19,500 기계시간까지는 월간 임차료는 일정하다. 기계시간이 19,500시간을 초과하면 임차료는 그 달에 사용하는 총 기계시간에 비례한다. 임차료는 제조간접원가에 영향을 미치는 중요한 요인이다.

요구사항:

1. 고저점법을 이용하여 제조간접원가의 원가함수를 $Y = a + bX$ 형태로 도출하시오.
2. 위에 주어진 자료를 이용하여 2년 동안의 산포도를 그리시오. 산포도를 그린 후 자를 이용하여 직선을 도출하고 원가행태를 설명하시오.
3. 최소자승 회귀분석법을 이용하여 월간 총고정원가는 $40,102이며, 단위당 변동원가는 $2.13이라고 추정했다. 고저점법의 정확성에 대해서 논하시오.
4. 회사가 한달에 22,500 기계시간을 사용한다고 가정하자. 고저점법을 이용하여 이 활동 수준에서 발생한 총 제조간접원가를 구하시오. 19,500시간을 초과한 관련범위의 자료만을 사용하시오.
5. 최소자승 회귀분석법을 이용하여, 관련범위의 자료들만 사용한다고 가정하자. 월간 총고정원가는 $10,090이며, 기계시간당 변동원가는 $3.53이라고 추정했다. 고저점법의 정확도에 대해서 논하시오.

문제 5A-12 가격 결정과 혼합원가 분석 [학습목표 5-11]

Maria Chavez는 출장요리회사의 경영자이다. 이 회사는 여름과 휴일에는 일이 많으나, 그 외에는 일이 적다. 그녀는 출장요리서비스 중 하나인 칵테일 파티를 위해 소요되는 1인당 원가를 다음과 같이 예상하고 있다.

음식과 음료	$15.00
노무원가(0.5시간, @10.00/시간)	5.00
제조간접원가(0.5시간, @13.98/시간)	6.99
1인당 원가	$26.99

기본 칵테일 파티는 3시간 동안 열리며, Chavez는 6명의 고객당 1명의 직원을 고용한다. 따라서 고객당 노무시간은 0.5시간으로 측정된다. 이러한 직원들은 필요한 경우에만 고용되고 실제 일한 시간에 대해서만 지급된다. 그녀는 원가에 15%의 이익을 가산하여 고객당 $31를 청구한다. 그녀는 음식과 음료, 노무원가에 대해서는 확신을 가지고 있으나 간접비에 대해서는 확신을 갖지 못하고 있다. 최근 12개월간 총간접비를 총노무시간으로 나누어 계산한 직접노무시간당 간접비는 $13.98이다. 간접비와 직접노무시간에 대한 월별 자료는 다음과 같다.

월	노무시간	제조간접원가
1월	2,500	$ 55,000
2월	2,800	59,000
3월	3,000	60,000
4월	4,200	64,000
5월	4,500	67,000
6월	5,500	71,000
7월	6,500	74,000
8월	7,500	77,000
9월	7,000	75,000
10월	4,500	68,000
11월	3,100	62,000
12월	6,500	73,000
합계	57,600	$805,000

Chavez는 다음 달에 180명에 대한 칵테일 파티를 요청받았다. 이 파티는 3시간동안 개최될 것으로 예상된다. 그녀는 이 파티에 유명인사들이 많이 오기 때문에 이 파티 계약을 꼭 성사시키려 한다.

요구사항:

1. 노무시간을 X축에 표시하고 간접비를 Y축에 표시한 산포도를 제시하시오. 이 산포도를 통해 무엇을 알 수 있는가?
2. 최소자승 회귀분석법을 이용하여 간접비의 고정요소와 변동요소를 추정하고 이를 $Y = a + bX$ 형태의 함수로 제시하시오.
3. 180명을 위한 칵테일 파티에서 고객당 기본가격인 $31를 청구한다고 할 때, 이 파티를 개최함으로 인한 총공헌이익은 얼마인가?
4. 이번 이벤트로 인해 손익분기점을 달성하려면 고객 1인당 최소한 얼마를 청구해야 하는가?
5. 이 파티의 계약을 위해 다른 경쟁사가 주최측에 고객당 $30 이하의 가격을 제시하였다. 이 상황에서 Chavez는 고객당 정상금액인 $31 이하의 금액으로 이 계약을 위한 입찰에 참가해야 하는가? 그 이유를 설명하시오.

(CMA 수정)

Chapter

6

변동원가계산과 부문별 공시: 경영을 위한 도구

©humphery/Shutterstock

학습목표

6장을 공부한 후에 다음을 할 수 있어야 한다.

학습목표 6-1 변동원가계산이 전부원가계산과 어떤 차이가 있는지 이해하고, 각 방법을 이용한 제품 단위당 원가를 계산할 수 있다.

학습목표 6-2 변동원가계산과 전부원가계산을 이용한 손익계산서를 작성할 수 있다.

학습목표 6-3 변동원가계산과 전부원가계산을 이용한 영업이익의 차이를 조정할 수 있고, 차이의 발생 원인을 설명할 수 있다.

학습목표 6-4 추적가능고정원가와 공통고정원가를 구분하여 부문별 손익계산서를 작성하고 이를 의사결정에 이용할 수 있다.

학습목표 6-5 추적가능고정원가를 이용한 회사의 전사적, 사업부문별 손익분기점을 각각 계산할 수 있다.

학습목표 6-6 (부록 6A) 초변동원가계산 손익계산서를 작성하여 영업이익을 계산하고, 이를 변동원가계산을 이용한 영업이익으로 조정할 수 있다.

클라우드 컴퓨팅으로 관심을 기울이는 Microsoft

BUSINESS FOCUS

수십 년 동안 **Microsoft사**와 그 상징적인 프랜차이즈 Windows는 동의어였다. 오늘날에도 15억 개 이상의 장치들이 여전히 일부 Windows 소프트웨어의 몇몇 버전을 사용하고 있다. 그럼에도 불구하고 이 회사는 "개인용 컴퓨팅에서 모바일 장치 및 웹으로의 돌이킬 수 없는 전환"을 제공하면서 Windows를 넘어서 다각화하였다. 이제 Microsoft는 Azure, 클라우드 컴퓨팅 운영, Office 365 및 Dynamics 비즈니스 소프트웨어 서비스 부문에 더욱 중점을 두고 있다.

Windows를 포함하는 Microsoft의 개인용 컴퓨팅 비즈니스는 여전히 회사 총 매출의 42%를 차지하지만 이 부문의 매출 성장률은 2%에 불과하다. 반대로 Azure의 매출은 98%, Office 365의 매출은 41% 증가하였다. ■

Source: Jay Greene, "Microsoft Looks Beyond Windows," *The Wall Street Journal*, March 30, 2018, pp. B1-B2.

이번 장에서는 이전 장에서 소개한 공헌이익 손익계산서의 두 가지 적용을 설명한다. 첫째, 제조 기업에서 의사결정 목적으로 작성하는 공헌이익 형태 손익계산서를 이용한 변동원가계산 손익계산서 작성에 대해 소개한다. **변동원가계산**은 일반적인 외부 보고 목적의 **전부원가계산**에 의해 작성된 손익계산서와 대비된다. 일반적으로 변동원가계산에 의한 영업이익과 전부원가계산에 의한 영업이익의 계산 결과는 다르며, 그 금액은 차이가 상당히 크다. 이번 장에서는 두 가지 접근 방법의 차이를 설명할 것이며, 내부 의사결정을 위한 변동원가계산 접근법의 장점과 원가계산 방법의 선택에 따라 경영의사결정이 어떻게 영향을 받는지도 보여줄 것이다.

둘째, 이번 장에서는 공헌이익 손익계산서가 부문별 손익계산서를 작성하는 데 어떻게 이용되는지에 대해서 설명할 것이다. 경영자는 전사적인 차원의 손익계산서와 더불어 조직의 개별 부문의 수익성을 측정하여야 한다. 계산한 **부문별** 손익계산서 정보도 필요로 한다. **부문(segment)**이란 경영자들이 원가, 수익 또는 이익 자료에 원하는 조직의 부분이거나 활동이다. 이번 장에서는 부문, 매장, 지역, 고객 및 제품계열과 같은 경영부문에 대한 이익 자료를 보고하는 공헌이익 손익계산서가 어떻게 작성되는지를 설명할 것이다.

전부원가계산과 변동원가계산의 개요

학습목표 6-1

변동원가계산이 전부원가계산과 어떤 차이가 있는지 이해하고, 각 방법을 이용한 제품 단위당 원가를 계산할 수 있다.

후술하는 변동원가계산과 전부원가계산에 의한 손익계산서를 읽으면서 세 가지 핵심 개념에 집중하여야 한다.[1] 첫째, 두 방식에 의한 손익계산서에는 제품원가와 기간원가가 모두 포함되지만, 이러한 원가분류를 다르게 한다는 것이다. 둘째, 변동원가계산에 의한 손익계산서는 공헌이익 형태를 기반으로 한다. 변동원가계산 손익계산서는 원가행태에 따라 원가를 변동비와 고정비로 구분하여 보고한다. 반면, 전부원가계산 손익계산서는 변동비와 고정비를 구분하지 않는다. 셋째, 위 단락에서 언급한 바와 같이 변동원가계산에 의한 영업이익과 전부원가계산에 의한 영업이익은 서로 다르다. 그 이유는 두 계산 방식이 고정제조간접원가를 분류하는 방식에 차이가 있기 때문이다. 두 가지 원가계산 방식 간에 고정제조간접원가에 대한 회계처리 방법이 차이가 있다는 점을 다시 한번 명심해야 한다.

변동원가계산

변동원가계산(variable costing)에서는 생산량에 따라 변동하는 제조원가만을 제품원가로 처리한다. 즉 직접재료원가, 직접노무원가, 제조간접원가 중 생산량에 따라 변동하는 변동제조간접원가만 제품원가에 포함시킨다. 이 방법에서는 고정제조간접원가를 제품원가로 처리하지

1 역자주: 전부원가계산은 영어로 absorbtion costing 또는 full costing이라고 한다. 일부 교재들에서는 이를 흡수원가계산으로 부르기도 한다. 본서에서는 일반적으로 국내에서 더 많이 이용되고 있는 전부원가계산으로 번역하였다.

않는다는 점에 주의해야 한다. 대신에 고정제조간접원가는 판매비와관리비 같이 비용으로 처리한다. 결과적으로 재고자산과 매출원가를 계산하기 위한 단위당 제품원가에는 어떠한 고정제조간접원가도 포함되지 않는다. 변동원가계산은 종종 **직접원가계산**(*direct costing*) 또는 **한계원가계산**(*marginal costing*)으로 불리기도 한다.

전부원가계산

전부원가계산(absorption costing)은 원가가 변동이든 고정이든 관계없이 모든 제조원가를 제품원가에 포함시킨다. 이 방법에서의 단위당 제품원가는 직접재료원가, 직접노무원가, 변동제조간접원가 및 고정제조간접원가로 구성된다. 즉, 전부원가계산은 변동제조원가와 더불어 제품 단위별로 고정제조간접원가를 할당한다. 전부원가계산이라는 용어는 이처럼 모든 제조원가를 전부 제품원가에 포함시키기 때문에 종종 **모든 원가**(*full cost*) 방법이라고 불린다.

판매비와 관리비

판매비와 관리비(selling and administrative expenses)는 어떤 원가계산 방법에서도 제품원가로 처리하지 않는다. 즉 변동원가계산 및 전부원가계산 하에서 변동 및 고정판매비와관리비는 항상 기간의 비용으로 처리되며, 손익계산서의 비용으로 보고된다.

차이 요약 변동원가계산과 전부원가계산이 종종 다른 순영업익이익을 보고하는 이유는 도표 6–1에 나와 있듯이 두 방법이 고정제조간접원가를 다르게 설명하기 때문이고, 모든 다른 원가는 두 방법 하에서 순영업이익에 동일한 영향을 미친다. 전부원가계산에서는 고정제조간접원가를 재공품 원가의 일부로 포함시킨다. 생산이 완성되면, 재공품 원가는 제품원가로 이전되며, 제품원가는 판매되었을 때 손익계산서의 매출원가로 보고된다. 변동원가계산에서는 고정제조간접원가를 판매비와관리비와 같은 기간원가(period costs)로 처리하여 발생한 기간에 손익계산서 비용으로 즉시 보고한다.

변동원가계산과 전부원가계산—사례

다음 예와 전체 장에서 세 가지 간단한 가정을 할 것이다. 먼저, 이 장에서는 일반 원가계산 장에서 사용된 **정상원가계산** 방식보다는 **실제 원가계산**을 사용한다. 즉, 제품에 간접원가를 배부하기 위해 예정 간접원가를 사용하는 대신 이 장에서는 실제 변동 및 고정제조간접원가를 제품에 배부한다. 둘째, 이 장에서는 항상 실제 고정제조간접원가를 제품에 배부하기 위해 배부기준으로 생산된 실제 생산량을 사용한다. 셋째, 이 장에서는 항상 단위당 변동제조원가와 기간당 총 고정제조간접원가가 일정하게 유지된다고 가정한다. 넷째, 이 장의 모든 예제, 연습문제에서 재공품 재고에서 기초와 기말의 재고는 없다고 가정한다. 언급된 이러한 가

도표 6-1 변동원가계산과 전부원가계산

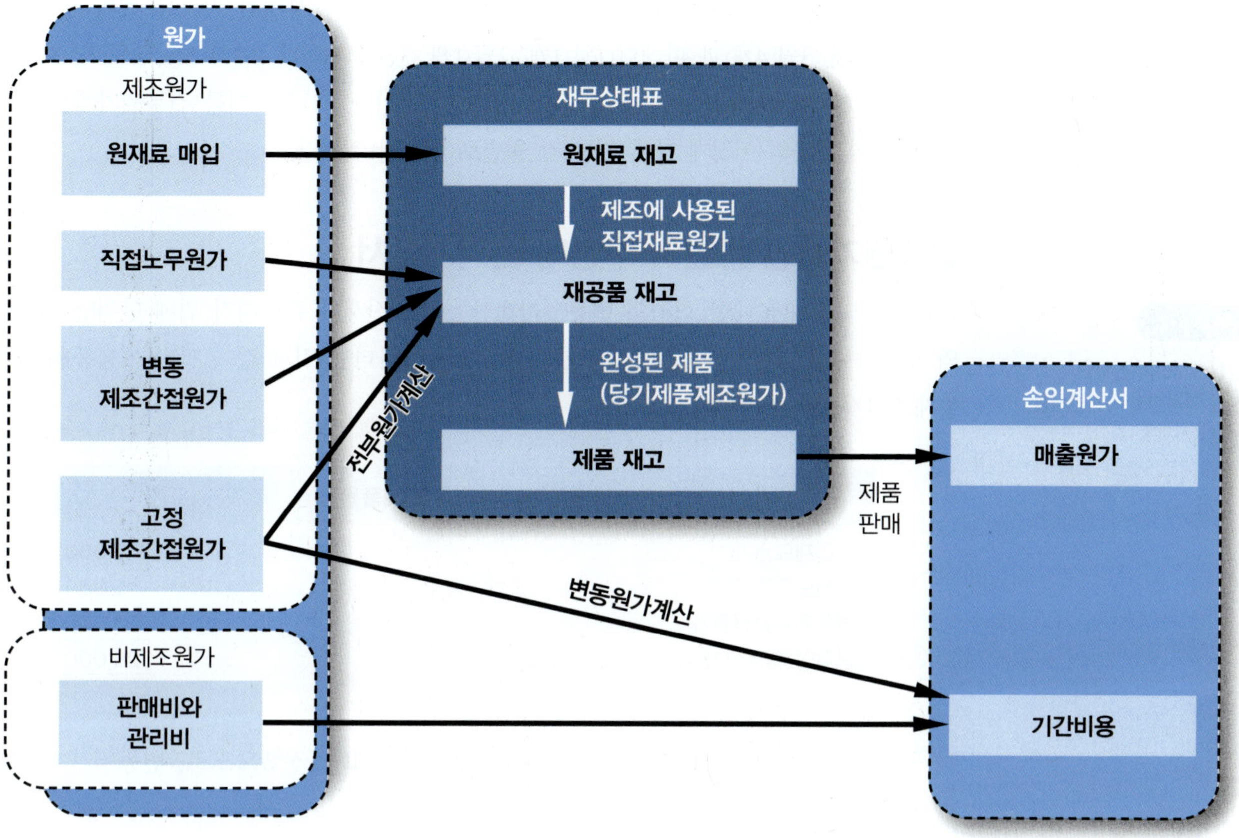

정을 유지하며, 레저용 경비행기를 생산하는 Weber Light Aircraft의 예를 이용하여 변동원가계산과 전부원가계산의 차이를 설명한다. 이 회사의 생산과 관련한 자료는 다음과 같다.

	항공기 당	월 별
판매가격	$100,000	
직접재료원가	$19,000	
직접노무원가	$5,000	
변동제조간접원가	$1,000	
고정제조간접원가		$70,000
변동판매비와관리비	$10,000	
고정판매비와관리비		$20,000

	1월	2월	3월
기초재고	0	0	1
생산수량	1	2	4
판매수량	1	1	5
기말재고수량	0	1	0

앞의 자료에서 1월, 2월 및 3월의 항공기 단위당 판매가격, 단위당 변동원가, 총고정비는 변하지 않는다는 것을 기억해야 한다. 위의 예에서 변경되는 유일한 자료는 월별 생산량(1월 1개, 2월 2개, 3월 4개)과 판매량(1월 1개, 2월 1개, 3월 5개)이다. 먼저 1월, 2월 및 3월에 대한 변동원가계산에 의한 손익계산서를 작성해 볼 것이다. 그리고 이를 전부원가계산에 의한 영업이익의 결과와 어떻게 다른 지를 각 월별로 비교할 것이다.

변동원가계산 공헌이익 형태 손익계산서

학습목표 6-2

변동원가계산과 전부원가계산을 이용한 손익계산서를 작성할 수 있다.

1월, 2월 및 3월에 대한 회사의 변동원가계산 손익계산서를 준비하기 위해 단위당 제품원가의 계산으로 시작한다. 변동원가계산에서는 아래에 나타난 것과 같이 단위당 제품원가는 변동제조원가로만 구성된다.

변동원가계산 단위당 제품원가	
직접재료원가	$19,000
직접노무원가	5,000
변동제조간접원가	1,000
단위당 제품원가	$25,000

각 월별 비행기당 변동제조원가는 $25,000로 일정하다고 가정했으므로, 변동원가계산에 의한 월별 매출원가도 다음과 같이 쉽게 계산할 수 있다.

변동원가계산 매출원가	1월	2월	3월
단위당 변동제조원가 (a)	$25,000	$25,000	$ 25,000
판매수량 (b)	1	1	5
변동매출원가 (a) × (b)	$25,000	$25,000	$125,000

그리고 회사의 총판매비와관리비는 다음과 같이 계산된다.

판매비와관리비	1월	2월	3월
변동판매비와관리비(판매단위당 @$10,000)	$10,000	$10,000	$50,000
고정판매비와관리비	20,000	20,000	20,000
총 판매비와관리비	$30,000	$30,000	$70,000

앞의 내용을 종합하여 변동원가계산 손익계산서를 작성하면 도표 6–2와 같다. 이 손익계산서에는 공헌이익 손익계산서 형식이 이용된다는 점을 주목하자. 또한, 매월 발생한 고정제조간접원가($70,000)는 각 월별 기간원가에 보고된다는 점을 주목하자.

도표 6-2
변동원가계산 손익계산서

변동원가계산 공헌이익 형태 손익계산서	1월	2월	3월
매 출	$100,000	$100,000	$500,000
변동비용 :			
변동매출원가	25,000	25,000	125,000
변동판매비와관리비	10,000	10,000	50,000
총 변동비용	35,000	35,000	175,000
공헌이익	65,000	65,000	325,000
고정비용:			
고정제조간접원가	70,000	70,000	70,000
고정판매비와관리비	20,000	20,000	20,000
총 고정비용	90,000	90,000	90,000
순영업이익(손실)	$ (25,000)	$ (25,000)	$235,000

Weber Light Aircraft의 변동원가계산 하의 영업이익이 어떻게 계산되는지를 이해하기 위해, 이 내용을 항공기당 공헌이익을 중심으로 좀 더 단순화하여 살펴보면 다음과 같다.

항공기 단위당 공헌이익		
항공기 단위당 판매가격		$100,000
항공기 단위당 변동매출원가	$25,000	
항공기 단위당 판매비와관리비	10,000	35,000
항공기 단위당 공헌이익		$ 65,000

변동원가계산에서의 각 기간별 영업이익은 항상 판매된 제품 수량에 단위당 공헌이익을 곱한 금액에서 총고정비를 차감하여 계산될 수 있다. Weber Light Aircraft의 월별 영업이익을 계산하면 다음과 같다.

	1월	2월	3월
판매수량	1	1	5
항공기 단위당 공헌이익	× $ 65,000	× $ 65,000	× $ 65,000
공헌이익	$ 65,000	$ 65,000	$325,000
총 고정비용	90,000	90,000	90,000
순영업이익(손실)	$(25,000)	$(25,000)	$235,000

1월과 2월은 동일한 영업손실이 발생했다는 점에 주의하자. 이는 앞에서 언급한 바와 같이 각 월별로 판매량이 1개로 동일하며, 단위당 판매가격, 단위당 변동비, 월별 총고정비가 일정하기 때문이다.

전부원가계산 손익계산서

전부원가계산에 의해 작성된 손익계산서를 살펴보기 전에 변동원가계산과 전부원가계산의 영업이익의 차이는 오로지 고정제조간접원가에 대한 회계처리의 차이에서 기인한다는 점을 한 번 더 기억하자. 전부원가계산에서는 고정제조간접원가를 제품원가에 포함시킨다. 반면 변동원가계산에서는 고정제조간접원가를 제품원가에 포함시키지 않고 판매비와관리비처럼 기간비용으로 처리한다.

1월, 2월 및 3월에 대한 Weber의 각 월별 전부원가계산 손익계산서를 작성하기 위한 첫 단계는 다음과 같이 매월 회사의 단위당 제품원가를 결정하는 것이다.

전부원가계산 단위당 제품원가	1월	2월	3월
직접재료원가	$19,000	$19,000	$19,000
직접노무원가	5,000	5,000	5,000
변동제조간접원가	1,000	1,000	1,000
고정제조간접원가($70,000 ÷ 1월에 생산된 1단위; $70,000 ÷ 2월에 생산된 2단위; $70,000 ÷ 3월에 생산된 4단위)	70,000	35,000	17,500
단위당 제품원가	$95,000	$60,000	$42,500

Weber의 각 월별 단위당 고정제조간접원가는 각 월별 고정제조간접원가 $70,000를 각 월별 완성된 제품 수량으로 나누어 계산한다는 점을 주의하자.

이와 같이 계산된 제품 단위당 원가에 기초하여 전부원가계산을 이용한 각 월별 영업이익을 계산하면 도표 6–3과 같다.

도표 6–3에서 매출액은 변동원가계산을 이용한 손익계산서상의 금액과 동일하다. 1월의 매출원가는 전부원가계산에 따라 1월에 $95,000의 원가로 생산된 한 단위로 구성된다. 2월의 매출원가 $60,000는 전부원가계산에 따라 2월에 $60,000의 원가로 생산된 제품 1개의 단위로 구성된다. 3월의 매출원가($230,000)는 전부원가계산으로 2월에 생산되어 3월에

도표 6-3
전부원가계산 손익계산서

전부원가계산 손익계산서	1월	2월	3월
매출	$100,000	$100,000	$500,000
매출원가($95,000 × 1단위; $60,000 × 1단위; $42,500 × 4단위)	95,000	60,000	230,000
매출총이익	5,000	40,000	270,000
판매비와관리비	30,000	30,000	70,000
순영업이익(손실)	$ (25,000)	$ 10,000	$200,000

판매된 제품원가 $60,000에 3월에 생산된 4개의 제품원가 $170,000(=생산된 4단위×단위당 제품원가 $42,500)가 가산된 금액이다. 판매비와관리비는 변동원가계산 손익계산서에서 보고된 총액과 동일하나, 변동과 고정의 구성요소로 구분되지 않고 하나의 금액으로 보고된다.

1월과 2월의 판매량이 정확히 같고 원가구조가 변하지 않았지만, 순영업이익은 전부원가계산 하에서 영업이익은 1월보다 $35,000 더 크다. 그 이유는 2월에 완성된 제품 1개가 3월까지 판매되지 않았기 때문에 발생한다. 이 항공기에는 2월에 발생한 고정제조간접원가 $35,000가 포함되어 있지 않지만, 3월까지 매출원가의 일부로 기록되지 않을 것이다. 도표 6-2와 도표 6-3에 제시한 변동원가계산과 전부원가계산의 손익계산서를 비교해 보면, 1월의 변동원가계산과 전부원가계산 하에서 영업이익은 동일하지만, 다른 두 달은 다르다는 것에 주목하라. 이 점에 대해 신중하게 살펴볼 필요가 있다. 또한 변동원가계산의 손익계산서의 양식이 전부원가계산 손익계산서와 다르다는 것에 주의하여야 한다. 전부원가계산을 이용한 손익계산서에서는 원가를 제조활동, 판매관리 활동 등 기능별로 구분한다. 전부원가계산에서 모든 제조원가는 원가의 흐름에 따라 판매된 기간에 매출원가로 비용처리 되며, 판매비와관리비는 발생한 기간에 비용으로 처리된다. 이와 대조적으로 공헌이익 접근법에서는 원가의 발생 행태에 따라 구분(변동비, 고정비)하여 보고한다. 변동비에는 변동제조원가(즉 변동매출원가)와 변동판매비와관리비가 포함된다. 고정비에는 고정제조원가(즉 고정제조간접원가)와 고정판매비와관리비가 포함된다.

IN BUSINESS | 기업현장

슈퍼 접착제: 제품을 하나로 묶는 변동간접원가

접착제는 자동차와 비행기의 용접, 리벳, 나사 및 볼트를 점차적으로 대체하고 있다. **Henkel AG**, **Dow Chemical** 및 **3M**과 같은 구조용 접착제를 제조하는 회사의 경우, $20억 시장에서 연간 4~5%의 연간 성장률은 좋은 소식이다. 자동차 제조업체는 더 엄격한 연료소비기준을 충족시키기 위해 무거운 금속 패스너를 더 가벼운 접착제로 교체하고 있다. 예를 들어, **Ford Motor Company**의 F-150 픽업트럭은 이전 모델보다 3배 많은 접착제를 사용하고 있다. 항공우주산업에서 **Boeing** 787 Dreamliner는 구조용 접착제에 의존하여 기존 비행기보다 200,000~250,000개의 금속 패스너를 더 적게 사용하는데, 결과적으로 이는 비행기를 가볍게 하고 연료비용을 낮춘다.

Source: Hagerty, James R., and Ramsey, Mike, "Super Glues, Not Bolts, Hold Cars Together," *The Wall Street Journal*, September 9, 2014, pp. B1 and B4.

각 원가계산방법의 영업이익 차이조정

학습목표 6-3

변동원가계산과 전부원가계산을 이용한 업이익의 차이를 조정할 수 있고, 차이의 발생 원인을 설명할 수 있다.

앞에서도 언급한 바와 같이, 변동원가계산에 의한 영업이익과 전부원가계산에 의한 영업이익은 일반적으로 같지 않다. Weber Light Aircraft의 경우 1월의 영업이익은 두 방법에 의한 결과가 동일하지만, 다른 두 달은 다르다. 이러한 차이가 발생하는 이유는 전부 원가계산에서는 일부 고정제조간접원가가 발생한 기간에 즉시 비용으로 처리되지 않고 재고자산(예, 제품원가에 포함)에 포함되어 자본화되기 때문이다. 만약 한 기간에 재고자산이 증가하면, 전부원가계산 하에서는 기말 재고자산에 더 많은 고정제조간접원가가 포함되어 다음 기로 이연될 것이다. 예를 들어 2월에 항공기가 2대 생산되었고, 각 제품의 원가에는 각각 $35,000 (= $70,000 ÷ 생산량 2단위)의 고정제조간접원가가 포함되어 있다. 판매된 1개의 제품에 포함된 $35,000의 고정제조간접원가는 매출원가에 포함되어 비용 처리되지만, 미판매된 1개의 기말 제품 재고에 포함된 $35,000의 고정제조간접원가는 기말 재고자산(제품)에 포함되어 재무상태표에 보고된다. 이와는 대조적으로 변동원가계산을 이용한 손익계산서에서는 2월에 발생한 모든 고정제조간접원가 $70,000를 모두 2월의 비용으로 처리한다. 결과적으로, 전부원가계산하의 영업이익이 변동원가계산하의 영업이익에 비해 $35,000만큼 더 크게 계산된다. 이 현상은 3월에 생산량은 4개이지만, 5개가 판매되었을 때 반전된다. 3월의 경우, 전부원가계산 하에서 계산된 매출원가에는 $105,000의 고정제조간접원가가 포함되어 있으나(2월에 생산된 제품에 대한 $35,000과 3월에 생산되어 판매된 것의 각 단위당 $17,500의 것을 더한 것), 변동원가계산에서는 기간비용으로 $70,000을 인식한다. 따라서 순영업이익은 변동원가계산 하에서 보다 전부원가계산에 의한 것이 $35,000 더 작다.

일반적으로 제품 생산량이 제품 판매량을 초과하면(즉 재고가 증가하면), 전부원가계산에 의한 영업이익이 변동원가계산에 의한 영업이익보다 더 크다. 그 이유는 전부원가계산 하에서는 당기에 발생한 고정제조간접원가의 일부가 재고자산에 포함되어 다음 기로 이연됨으로 인해, 그만큼 비용으로 처리되는 금액이 더 작기 때문이다. 반대로, 제품 판매량이 제품 생산량을 초과하면, 전부원가계산에 의한 영업이익이 변동원가계산에 의한 영업이익보다 더 작다. 그 이유는 전부원가계산 하에서는 재고자산에 포함되어 이월된 고정제조간접원가가 당기에 판매되면서 비용으로 처리되기 때문이다. 제품 생산량과 제품 판매량이 같은 경우 전부원가계산에 의한 영업이익과 변동원가계산에 의한 영업이익은 동일하다.[2]

변동원가계산과 전부원가계산에 의한 영업이익의 차이는 해당기간 동안 재고자산에 포함되어 차기로 이연되거나 전기에서 이월된 고정제조간접원가가 얼마인지를 계산함으로써 조정될 수 있다.

2 이는 재고자산의 원가흐름 가정 중에서 LIFO(last in, first out, 후입선출법) 가정을 이용할 때에만 정확하게 맞아 떨어지는 것이지만, 다른 가정들(선입선출법, 가중평균법)을 이용하더라도 이러한 현상은 일반적인 것으로 받아들여지고 있다. 참고로 미국회계기준(U.S. GAAP)에서는 원가흐름의 가정으로 LIFO와 FIFO를 모두 인정하고 있지만, 국제회계기준(IFRS; International Financial Reporting Standards)에서는 LIFO 가정은 인정하지 않는다.

전부원가계산 하에서 재고자산에 포함된 고정제조간접원가 이연 혹은 이월	1월	2월	3월
기말재고자산에 포함된 고정제조간접원가	$0	$35,000	$ 0
기초재고자산에 포함된 고정제조간접원가	0	0	35,000
재고자산에 포함된 고정제조간접원가의 순증감	$0	$35,000	$(35,000)

등식형태로 재고자산에 이연되거나 재고자산으로부터 이월된 고정제조간접원가는 다음과 같이 결정될 수 있다.

재고자산에서 조정되는 고정제조간접원가의 이연 또는 이월액 = 기말재고자산에 포함된 고정제조간접원가 − 기초재고자산에 포함된 고정제조간접원가

도표 6–4에 나타난 것과 같이 조정과정이 보고될 것이다.

도표 6-4
변동원가계산과 전부원가계산의 영업이익 차이조정

변동원가계산과 전부원가계산의 영업이익 조정	1월	2월	3월
변동원가계산 하의 영업손익	$(25,000)	$(25,000)	$235,000
재고자산에 포함된 고정제조간접원가의 순증감	0	35,000	(35,000)
변동원가계산 하의 영업손익	$(25,000)	$10,000	$200,000

전부원가계산과 변동원가계산에서 계산된 영업이익의 차이는 오직 전부원가계산 하에서 재고자산에 포함시켜 차기로 이연되거나, 전기에서 이월된 고정제조간접원가로 인하여 발생한다는 점을 또 한 번 명심하자. 단위당 변동제조원가가 일정한 경우, 재고자산의 변동은 전부원가계산으로 계산한 영업이익에는 영향을 미치지만, 변동원가계산으로 계산한 영업이익에는 영향을 미치지 않는다.

전부원가계산과 변동원가계산을 이용한 영업이익 차이의 원인이 도표 6–5에 요약되어 있다. Weber Light Aircraft의 1월의 예와 같이 생산량과 판매량이 동일할 때에는 전부원가계산 순영업이익은 변동원가계산 순영업이익과 같을 것이다. 그 이유는 생산량이 판매량과 같을 때에는 두 방법 하에서 당해 기간에 발생한 고정제조간접원가 모두가 손익계산서에 계상되기 때문이다.

린(Lean) 생산방식을 이용하는 회사의 경우, 생산량과 판매량이 같은 경향이 있다. 이는 고객주문에 따라 제품이 생산되므로 완성품 재고가 제거되고 재공품 재고가 줄어 거의 없게 된다. 따라서 린 생산방식을 사용하면, 변동원가계산과 전부원가계산의 영업이익의 차이는 거의 사라지게 된다.

도표 6-5

변동원가계산과 전부원가 계산의 영업이익 차이조정

특정 기간의 생산량과 판매량	재고자산에 미치는 영향	영업이익
생산량 = 판매량	재고자산 변동 없음	전부원가계산 영업이익 = 변동원가계산 영업이익
생산량 > 판매량	재고자산 증가	전부원가계산 영업이익 > 변동원가계산 영업이익*
생산량 < 판매량	재고자산 감소	전부원가계산 영업이익 < 변동원가계산 영업이익†

* 재고자산이 증가함에 따라 전부원가계산에서는 고정제조간접원가의 일부가 재고자산으로 이연되기 때문에 전부원가계산에서의 영업이익이 더 크다.

† 재고자산이 감소함에 따라 전부원가계산에서는 재고자산으로 이연되었던 고정제조간접원가가 비용이 되기 때문에 전부원가계산에서의 영업이익이 더 작다.

생산량이 판매량을 초과한 경우, 전부원가계산에 의해 계산된 영업이익이 변동원가계산에 의해 계산된 영업이익보다 일반적으로 클 것이다. 이는 재고자산이 증가하기 때문인데, 전부원가계산에서는 당기에 발생한 고정제조간접원가의 일부가 재무상태표상의 재고자산에 포함되어 이연되지만, 변동원가계산에서는 당기에 발생한 고정제조간접원가 전액을 즉시 비용으로 처리하기 때문이다. 이와 반대로 생산량이 판매량보다 적을 경우 전부원가계산하의 영업이익은 변동원가계산하의 영업이익 보다 일반적으로 작을 것이다. 이는 재고자산이 감소하기 때문인데, 전기로부터 이월된 재고자산에 포함된 고정제조간접원가도 당기에 발생한 고정제조간접원가와 함께 매출원가에 포함되어 비용으로 처리되지만, 변동원가계산에서는 오직 당기에 발생한 고정제조간접원가만을 비용으로 처리하기 때문이다.

기업현장 IN BUSINESS

재고관리는 섬세한 균형 조정법

제조업체는 최적의 재고를 유지하기 위해 지속적으로 노력하고 있다. 과잉 생산하면 운전자본을 빡빡하게 하며, 반면 과소 생산하면 고객 배송시간이 길어지고 판매기회를 상실할 수 있다. 시애틀에 본사를 둔 웹 소매업체인 Zulily와 같은 판매자에게는 동일한 문제가 적용된다. 이 회사는 고객이 주문한 후에만 공급업체에 품목을 주문하였다. 이 방법을 통해 Zulily는 재고를 적재할 필요가 없지만, 주문 배송시간은 2~5일인 Amazon.com, QVC 및 overstock.com과 비교하여 14~18일 범위의 주문 배송시간으로 이어진다. 배달 시간을 단축하기 위하여, Zulily는 최종 소비자에게 판매하기 전에 공급업체에게 물품을 주문하고 재고를 갖기로 결정하였다. 상품은 Zulily의 창고에 보관되지만 상품은 회사의 재무상태표에 기록되지 않는다. 공급업체는 최종 소비자에게 판매될 때까지 Zulily의 창고에 보관된 상품을 계속하여 소유한다.

Source: Ng, Serena, "Zulily Nips Business Model in the Bud," *The Wall Street Journal*, March 24, 2015, p. B4.

변동원가계산과 공헌이익 접근법의 장점

공헌이익 손익계산서와 더불어 변동원가계산은 내부보고 목적으로 장점이 있다. 이는 다음과 같이 세 가지로 요약될 수 있다.

CVP 분석에 이용

CVP(cost-volume-profit) 분석을 수행하기 위해서는 원가를 고정원가 요소와 변동원가 요소로 구분해야 한다. 변동원가계산 손익계산서는 원가를 변동원가와 고정원가로 구분하여 작성하기 때문에, 이 손익계산서를 이용하여 CVP 분석을 수행하면 변동원가와 고정원가가 구별되지 않고 작성된 전부원가계산 손익계산서를 이용하는 것보다 더 편리하다. 또한, 전부원가계산에 의한 영업이익은 CVP 분석에 의한 결과와 일치할 수 있고, 일치하지 않을 가능성도 있다. 예를 들어 Weber Light Aircraft가 $235,000의 목표이익을 달성하기 위한 매출액을 계산하고 싶다고 가정해보자. 도표 6–2에 제시되어 있는 1월의 정보를 이용하여 계산하면 다음과 같다.

매출액 (a)	$100,000
공헌이익 (b)	$65,000
공헌이익률 (b) ÷ (a)	65%
총고정비	$90,000

$$\text{목표이익 달성을 위한 매출액} = \frac{\text{목표이익} + \text{고정비}}{\text{공헌이익률}}$$

$$= \frac{\$235,000 + \$90,000}{0.65} = \$500,000$$

즉, 1월의 변동원가계산 손익계산서 정보를 바탕으로 CVP 분석을 수행한 결과 매출액이 $500,000일 때, 순영업이익은 $235,000이 될 것으로 예측된다. 실제로 3월 매출액이 $500,000일 때, 변동원가계산에 따라 순영업이익이 $235,000임을 확인할 수 있다. 그러나 3월에는 매출액이 $500,000이지만 전부원가계산 하에서는 영업이익은 $235,000가 아니다. 이러한 현상이 나타난 원인은 전부원가계산으로 계산한 영업이익은 재고자산의 변동에 따라 왜곡될 수 있기 때문이다. 3월에는 재고자산이 감소하고, 이로 인해 2월의 기말제품재고에 포함되어 3월로 이월된 고정제조간접원가 $35,000가 3월에 판매되면서 비용으로 처리되었다. 이로 인해 영업이익이 CVP 분석의 결과인 $235,000에 비해 $35,000 작게 나타난 것이다. 만약 3월에 재고자산이 증가한다면 이와 반대 현상이 발생하여 전부원가계산으로 계산한 영업이익이 CVP 분석 결과인 $235,000 보다 더 크게 나타났을 것이다.

영업이익의 변동을 설명함

도표 6-2의 변동원가계산에 의한 손익계산서는 이해하기 쉽고 명확하다. 다른 모든 환경이 일정한 상태에서 매출이 증가하면 영업이익도 증가하고, 매출이 감소하면 영업이익도 감소한다. 또한 매출이 일정하면 영업이익도 일정하다. 생산량이 영업이익에 영향을 미치지 않는다.

전부원가계산에 의한 손익계산서 정보는 혼란스러우며 오해하기 쉽다. 전부원가계산으로 작성된 손익계산서인 도표 6-3을 다시 한 번 살펴보자. 경영자는 1월과 2월의 매출액이 동일함에도 불구하고 영업이익이 증가하는 점이 의아할 것이다. 판매비가 감소해서 나타난 결과인지, 영업의 효율성이 높아져서인지, 또는 다른 요인이 있는 것인지 판단하기 어려울 것이다. 사실 이러한 현상이 나타난 원인은 단지 2월에는 생산량이 판매량을 초과했기 때문에 고정제조간접원가의 일부가 다음 기로 이연된 것이다. 이렇게 이연된 원가는 어디론가 사라진 것이 아니라 미래에 재고자산이 감소할 때 손익계산서에 비용으로 처리될 것이다. 전부원가계산에 의한 손익계산서는 이러한 정보를 주지 않는다.

전부원가계산을 이용하는 과정에서 발생하는 이러한 오해를 피하기 위해, 재무제표 이용자들은 재고자산의 변화에 주목해야 한다. 전부원가계산에서는 재고자산이 증가하면 고정제조간접원가의 일부가 재고자산에 포함되어 차기로 이연됨으로 인해 영업이익이 증가하게 된다. 만약 재고자산이 감소하면 재고자산에 포함되어있던 고정제조간접원가가 비용으로 처리되면서 영업이익이 감소하게 된다. 따라서 전부원가계산을 이용할 때에는 영업이익의 변동이 매출의 변동은 물론이고 재고자산의 변동에 의한 것일 수도 있다.

의사결정 지원

변동원가계산은 제품 한 개를 더 생산하기 위해 발생하는 변동원가를 정확하게 식별한다. 또한 이 방법은 고정원가가 이익에 미치는 영향을 강조한다. 고정제조간접원가가 손익계산서에 명확하게 드러나고, 회사가 이익을 달성하기 위해서는 공헌이익이 고정제조간접원가를 초과해야 한다는 점을 명확하게 보여준다. Weber Light Aircraft의 예에서 변동원가계산 손익계산서는 한 단위를 더 생산하기 위해서 추가로 발생하는 원가는 $25,000이며, $70,000의 고정제조간접원가를 초과해야 이익을 낼 수 있다는 점을 명확하게 보여준다.

전부원가계산에서는 고정제조간접원가가 판매량에 따라 변동하는 성격인 것처럼 보이지만 사실은 그렇지 않다. 1월의 경우, Weber Light Aircraf의 전부원가계산에 의한 제품 단위당 원가는 $95,000이다. 그러나 이 중에서 변동원가는 단지 $25,000이다. 고정제조간접원가 $70,000가 변동원가와 섞여 있음으로 인해 고정제조간접원가가 이익에 미치는 영향을 알기 어렵게 한다. 전부원가계산에 의한 제품 단위당 원가 정보는 경영자로 하여금 한 단위를 추가로 생산할 때 $95,000의 원가가 추가로 발생할 것이라는 오해를 하게 한다. 물론 그렇지 않다. 한 단위를 추가로 생산할 때 추가로 발생하는 원가는 단지 $25,000에 불과하다. 전부원가계산에 의한 제품 단위당 원가가 모두 변동원가인 것처럼 잘못 해석함으로서 부적절한 가격책정과 실제로 수익성 있는 제품을 포기하는 등을 포함하여 많은 문제점을 불러일으킨다.

부문별 손익계산서와 공헌이익 접근법

이 장의 나머지 부분에서는 어떻게 공헌이익 접근법이 사업 부문별 손익계산서 작성에 이용되는지에 대해 살펴볼 것이다. 이러한 부문별 손익계산서는 부문별 수익성 분석, 의사결정, 부문별 책임자의 성과를 평가하는 데 유용하다.

학습목표 6-4

추적가능고정원가와 공통고정원가를 구분하여 부문별 손익계산서를 작성하고 이를 의사결정에 이용할 수 있다.

추적가능고정원가, 공통고정원가 및 부문별 이익

공헌이익 접근법을 이용한 부문별 손익계산서를 작성하기 위해서는 세 가지 개념, **추적가능고정원가, 공통고정원가, 부문별 이익**을 먼저 이해할 필요가 있다.

부문의 **추적가능고정원가(traceable fixed cost)**는 부문이 존재하기 때문에 발생하는 원가이다. 부문이 존재하지 않는다면 이 고정원가는 발생하지 않았을 원가이고, 부문이 제거된다면 사라지는 원가이다. 추적가능고정원가의 예는 다음과 같다.

- PepsiCo의 Fritos 제품 관리자의 급여는 PepsiCo의 Fritos 사업부문의 **추적가능**고정원가이다.
- Boeing747기를 조립하는 건물의 유지원가는 Boeing사의 747기 사업부문의 **추적가능**고정원가이다.
- Disney World의 책임보험료는 Walt Disney사의 Disney World 사업부문의 **추적가능**고정원가이다.

공통고정원가(common fixed cost)는 복수 부문의 영업을 지원하지만 전체 또는 어떤 한 부문에 추적할 수 없는 고정원가이다. 진정한 공통고정원가는 어떤 한 부문이 완전히 제거되더라도 영향을 받지 않는다. 공통고정원가의 예는 다음과 같다.

- General Motors의 CEO의 급여는 General Motors의 각 부문 입장에서는 **공통**고정원가이다.
- Safeway나 Kroger 잡화점의 난방원가는 회사의 여러 부문(잡화, 생산, 빵, 고기 등) 에 있어서는 **공통**고정원가이다.
- 여러 의사가 공유하는 사무실에서 접수원의 급여는 의사들의 **공통**고정원가이다. 이 급여는 사무실로는 추적가능하지만, 개별 의사별로는 추적가능하지 않다.

부문별 손익계산서를 작성하기 위해, 부문별 공헌이익은 매출액에서 변동원가를 차감하여 계산된다. 공헌이익은 부문의 생산능력과 고정비가 일정하다는 가정 하에 판매량이 변동함에 따라 이익이 어떻게 변동하는지를 보여준다. 공헌이익은 특별주문 등의 경우와 같이 생산능력의 일시적 사용을 포함하는 의사결정에 특히 유용하다. 이러한 의사결정들은 보통 공헌이익의 두 요소인 변동원가와 수익만 관련되어 있다.

부문별 이익(segment margin)은 부문별 공헌이익에서 추적가능고정원가를 차감하여 계산된다. 이 금액은 부문에서 발생한 원가를 모두 회수하고 남은 이익을 나타낸다. 부문별 이익은 그 부문에서 발생한 원가만을 포함하기 때문에 한 부문의 장기적 수익성을 가장 잘 측정한다. 만약에 어떤 부문에서 발생하는 수익이 부문의 원가를 상회하지 못한다면 그 부문은 폐쇄되어야 할 것이다(다른 부분에 중대한 부수적인 영향을 갖고 있지 않다면). 공통 고정원가는 부분별로 추적되지 않는다는 점을 주의하자.

의사결정의 관점에서 본다면, 부문별 이익은 부문을 폐쇄하는 등 생산능력에 영향을 미치는 의사결정에 있어서 매우 유용하다. 이에 반해서, 우리가 앞에서 언급했듯이 공헌이익은 현존하는 생산능력을 일시적으로 사용하는 특별 주문의 가격 결정과 같은 단기 변화와 관련된 의사결정에 유용하다.

기업현장 | IN BUSINESS

J. C. Penney가 카탈로그를 다시 도입하고 있다

J. C. Penney는 2010년에 1963년에 처음 출판되고 배포된 카탈로그를 중단했다. 그러나 회사가 많은 온라인 판매가 인쇄된 내용에 응답한 고객으로부터 온다는 사실을 알게 되면서 2015년에 카탈로그를 다시 도입하였다. J. C. Penney는 카탈로그 구매자와 인터넷 구매자가 독립적인 고객층이 아님을 깨달았다. J. C. Penney와 같은 소매업체가 카탈로그 판매 및 인터넷 판매를 별도로 분석하는 경우, 이러한 결정이 인터넷 부문 마진에 미치는 부정적인 영향을 간과하면서 카탈로그 부문을 중단할 수 있다.

Source: Kapner, Suzanne, "Catalog Makes a Comeback at Penney," *The Wall Street Journal*, January 20, 2015, pp. B1 and B7.

추적가능고정원가 식별

추적가능고정원가와 공통고정원가의 구분은 부문별 보고에 있어서 절대적인데, 추적가능고정원가는 부문에 배부되지만 공통고정원가는 배부되지 않기 때문이다. 실제 상황에 있어서 원가가 추적가능고정원가로 구분되어야 하는지 공통고정원가로 구분되어야 하는지를 구별하는 것이 힘든 경우가 있다.

일반적인 지침은 부문 자체가 사라진다면 시간의 경과에 따라 부문과 함께 사라지는 원가들만을 추적가능고정원가로 처리한다. 예를 들어서, 소비자용 제품 부문이 매각되거나 폐쇄된다면, 이 부문의 부서장에게 지급되는 급여는 지급할 필요가 없을 것이다. 따라서 이 부문의 부서장에게 지급되는 급여는 그 부문의 추적가능고정원가로 분류되어야 한다. 하지만, 회사의 사장은 많은 부문 중에 하나가 폐쇄되더라도 급여를 받을 것이다. 게다가 사장은 그 부문의 폐쇄가 옳은 생각이었다면 오히려 더 많은 급여를 받을 것이다. 따라서 회사 사장의 급여는 공통고정원가이며 어느 한 부문에만 부과되어서는 안 된다.

부문에 비용을 할당할 때 핵심 요점은 분명히 공통적이고, 부문의 존재 여부에 관계없이 지속될 비용(예: 기업 설비의 감가상각)을 배부하려는 유혹에 저항하는 것이다. 부문에 공통비용을 배부하면 장기적인 부문 수익성 및 부문의 성과 측정치로서 부문 이익의 가치가 감소한다.

추적가능원가는 공통원가가 될 수도 있음

어떤 한 부문에 추적가능한 고정원가가 다른 부문에 있어서는 공통원가일 수 있다. 예를 들어, **United Airlines**는 시카고에서 파리까지의 특정 비행에 대하여 1등석, 비즈니스석, 일반석으로 세분화된 부문별 손익계산서를 원할 수 있다. 항공사는 파리에 있는 Charles DeGaulle 공항에 실질적인 착륙비용을 내야 한다. 이 착륙비용은 시카고에서 파리까지의 비행 입장에서 판단할 때는 추적가능고정원가이지만 1등석, 비즈니스석, 일반석에 있어서는 공통고정원가일 것이다. 1등석 좌석이 비어 있더라도 착륙비용은 전부 지불되어야 한다. 따라서 착륙비용은 1등석에 있어서 추적가능고정원가가 아니다. 하지만 다른 면에서 본다면 착륙비용이 지불되어야지만 1등석이던 비즈니스석이던 일반석이던 고객을 수용할 수 있다. 따라서 착륙비용은 이러한 세 등급 좌석의 공통고정원가이다.

IN BUSINESS | 기업현장

Vilar 공연예술센터의 부문별 보고

Vilar Performing Arts Center는 콜로라도 주 비버 크릭에 위치한 535석 규모의 극장으로 패밀리 시리즈, 브로드웨이 시리즈, 극장/코미디 시리즈, 댄스 시리즈, 클래식 시리즈, 콘서트 시리즈 등 6개 사업 부문으로 구분되며, 유별나게 다양한 공연을 선보이고 있다. Vilar의 이사인 Kris Sabel은 어떤 쇼를 예약할 것인지, 아티스트들에게 어떤 재정 조건을 제공할 것인지, 기부자로부터 어떤 기여가 있을 것인지, 그리고 티켓 값을 결정해야 한다. 그는 추적가능한 비용(예를 들면, 아티스트의 교통비, 숙박비 및 식사비)을 포함하고 공통비용(예를 들면, 본인 급여, 직원 급여, 극장 감가상각비, 일반 마케팅 비용)은 제외하는 부문별 손익계산서를 이용하여 수익성을 평가한다.

한 시즌의 클래식 시리즈 부문에 관한 자료는 다음과 같다.

쇼 수		4
예산 예매 수		863
판매된 예매 수		655
쇼당 판매된 평균 예매 수		164
티켓 매출	$46,800	
티켓 인수 (기부자)	65,000	
총 수익		$111,800
아티스트 수수료	$78,870	
다른 추적가능 비용	11,231	
총 비용		90,101
클래식 시리즈 부문 이익		$ 21,699

클래식 시리즈는 쇼당 평균 164석을 판매했지만, 전체 부문 이익($21,699)은 기부자의 기부금 수입 $65,000 덕분으로 흑자이다. 공통비용이 클래식 시리즈에 할당되었다면, 시즌 동안 적은 쇼 수와 다양한 프로그램의 부재, 작지만 헌신적인 팬들 사이에서 실망 등으로 인해 부문은 중지되었을 것이고, 클래식 부문의 손실로 인해 Vilar의 전체적인 이익은 낮아졌다.

부문별 손익계산서—사례

ProphetMax사는 최근 급성장하고 있는 컴퓨터 소프트웨어 개발회사이다. 도표 6–6은 가장 최근 한달 동안의 변동원가계산에 의한 손익계산서이다. 회사가 성장함에 따라, 중견관리자들은 의사결정과 경영성과평가를 위해 이용할 부문별 손익계산서가 필요했다. ProphetMax의 회계담당자는 공헌이익 접근법에 의해 회사의 부서별, 생산라인별, 유통 경로별로 계산한 부문별 손익계산서를 작성하는 양식을 개발하다. 그녀는 ProphetMax의 이익 창출 부문을 기업제품 부문과 소비제품 부문의 두 부문으로 나눌 수 있다는 것을 설명하기 위해 도표 6–7을 작성하였다. 소비제품 부문의 이익은 더 세부적으로는 클립아트제품의 이익과 컴퓨터 게임제품의 이익으로 구성되는 것으로 파악하였다. 마지막으로 컴퓨터 게임제품의 이익(소비제품 부문 내에서)은 온라인 판매와 소매점 판매로 구분될 수 있다.

도표 6-6
ProphetMax사 변동원가계산 손익계산서

ProphetMax사 변동원가계산 손익계산서	
매 출	$500,000
변동비용:	
변동매출원가	180,000
기타변동비용	50,000
총 변동비용	230,000
공헌이익	270,000
고정비용	256,500
영업이익	$ 13,500

도표 6-7
ProphetMax사: 사업 부문의 예

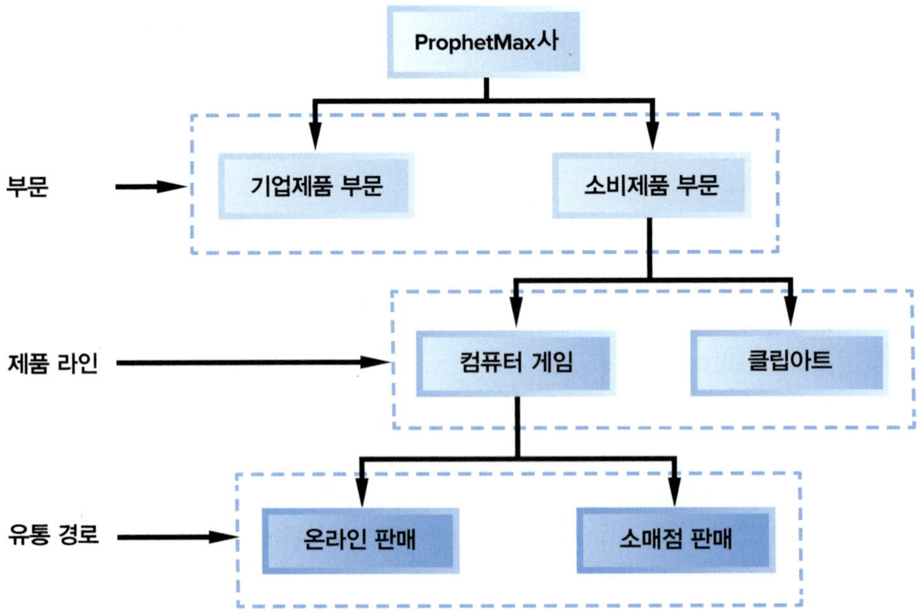

부문 손익계산서의 분류

도표 6–8은 도표 6–7에서 묘사한 사업 부문별로 회계담당자가 작성한 부문별 손익계산서를 포함하고 있다. 회사 전체에 대한 공헌이익 손익계산서는 도표 제일 상단의 회사전체라고 표시된 열 아래에 표시되어 있다.

이 열에 표시된 순영업이익($13,500)은 도표 6–6에 표시된 순영업이익과 동일하다는 점에 유의하라. 회사전체 열의 바로 오른쪽에는 두 개의 열이 있는데, 두 부문 각각에 대해 두 개의 열이 있다. 기업제품 부문의 추적가능한 고정비용은 $90,000, 소비제품 부문은 $81,000임을 알 수 있다. 이러한 추적 가능한 고정비용(회사전체 열에 표시된 바와 같이) $171,000와 개별 부문에서 추적할 수 없는 일반적인 고정비용 중 $85,500는 도표 6–6과 같이 ProphetMax의 총 고정비용($256,500)과 동일하다. 우리는 또한 기업제품 부문의 부문 이익은 $60,000, 소비제품 부문의 부문 이익은 $39,000임을 알 수 있다. 이러한 부문 이익은 각 부문이 회사의 이익에 얼마나 기여하고 있는지를 회사의 부서 관리자들에게 보여준다.

도표 6–8의 중간 부문은 소비제품 부문을 클립아트와 컴퓨터 게임의 두 제품군으로 나누고 있다. 여기에서 일부 고정비는 두 가지 성격을 가질 수 있다는 점을 볼 수 있다. 도표 6–8의 제일 상단에서 부문별로 구분한 경우 소비제품 부문의 추적가능고정비는 $81,000이다. 하지만, 이를 제품라인별(도표 중간 부분)로 세분화하면 소비제품 부문에 추적가능한 $81,000 중에서 제품라인별로 추적 가능한 고정비는 $70,000이다. 나머지 $11,000는 소비제품 부문의 두 종류 제품라인의 공통고정비로 분류된다.

부문이 제품라인으로 나누어질 때 추적 가능한 고정비용의 $11,000가 공통고정비용이 되는 이유는 무엇일까? 이 $11,000는 낱개로 포장되는 소비제품 부문의 제품에 대한 부정조작방지 포장(tamper-proof packaging)을 위한 기계장치의 월별 감가상각비이다. 이 감가상각비는 회사 전체로 본다면 소비제품 부문으로 추적 가능한 고정비라고 할 수 있지만, 해당 부문의 두 제품라인의 공통비용이다. 따라서 하나의 제품라인이 완전하게 제거된다고 하더라도 기계는 다른 제품의 포장을 위해서 사용된다. 따라서 이 기계장치의 감가상각비는 개별 제품으로 추적될 수 없다. 반면 $70,000의 추적가능고정비가 제품라인별 광고비라면 이는 각 제품라인별로 추적할 수 있다. $70,000 중에서 $30,000는 클립아트 제품의 광고에 사용되었고 $40,000는 컴퓨터 게임 제품의 광고에 사용되었다. 도표 6–8의 하단에는 컴퓨터 게임 제품라인을 온라인 판매와 소매점 판매로 구분하고 있다. 부문이 제품라인으로 정의되어 있는 도표 6–8의 중간부분에서 컴퓨터 게임 제품에 추적가능고정비는 $40,000다. 그러나 이를 판매경로별로 세분하면 컴퓨터 게임으로 추적가능한 $40,000 중에서 $25,000만 유통경로로 추적할 수 있다. 다른 $15,000는 컴퓨터 게임 제품군의 두 유통경로에 대한 공통 고정비용이 된다.

도표 6-8
ProphetMax사—부분별 공헌이익 손익계산서

부문별 세분화		부문	
	회사 전체	기업제품 부문	소비제품 부문
매출액	$500,000	$300,000	$200,000
변동비:			
변동매출원가	180,000	120,000	60,000
기타변동비	50,000	30,000	20,000
총변동비	230,000	150,000	80,000
공헌이익	270,000	150,000	120,000
추적가능고정비	171,000	90,000	81,000
부문별 이익	99,000	$ 60,000	$ 39,000
각 부문에 추적 불가능한 공통고정비	85,500		
영업이익	$ 13,500		

소비제품 부문 내의 제품라인별 세분화		제품 라인	
	소비제품 부문	클립아트	컴퓨터 게임
매출액	$200,000	$75,000	$125,000
변동비:			
변동매출원가	60,000	20,000	40,000
기타변동비	20,000	5,000	15,000
총변동비	80,000	25,000	55,000
공헌이익	120,000	50,000	70,000
추적가능고정비	70,000	30,000	40,000
제품 라인별 이익	50,000	$20,000	$ 30,000
각 제품 라인에 추적 불가능한 공통고정비	11,000		
소비제품 부문의 영업이익	$ 39,000		

소비제품 부문 내의 컴퓨터 게임 제품에 대한 유통 경로별 세분화		유통 경로	
	컴퓨터 게임	온라인 판매	소매점 판매
매출액	$125,000	$100,000	$25,000
변동비:			
변동매출원가	40,000	32,000	8,000
기타변동비	15,000	5,000	10,000
총변동비	55,000	37,000	18,000
공헌이익	70,000	63,000	7,000
추적가능고정비	25,000	15,000	10,000
유통 경로별 이익	45,000	$ 48,000	$ (3,000)
각 유통 경로에 추적 불가능한 공통고정비	15,000		
게임라인의 영업이익	$ 30,000		

부문별 손익계산서 활용—의사결정과 손익분기분석

회사는 부문별 공헌이익 손익계산서를 작성하여 이를 의사결정과 손익분기분석에 활용할 수 있다.

의사결정

도표 6–8의 하단에 제시된 정보를 이용하여 부문별 손익계산서가 의사결정에 어떻게 활용되는지를 살펴보자. 도표 6–8에서 온라인 판매 부문에서는 $48,000의 이익이 발생한 것으로 나타났지만 소매점 판매 부문에서는 ($3,000)의 손실이 발생한 것으로 나타났다. ProphetMax는 소매점 판매 유통을 통한 컴퓨터 게임 판매 중단으로 인한 이익의 영향을 알고 싶다고 하자. 이 회사는 소매점 판매 유통을 중단한다면 컴퓨터 게임의 온라인 매출은 10% 증가한다고 믿고 있다. 또한 이는 기업제품 부문과 소비제품 부문 내의 다른 제품인 클립아트 제품에는 영향을 미치지 않는다고 생각하고 있다. 이 의사결정이 이익에 미치는 영향을 어떻게 계산할까? 첫 번째는 소매점 판매 유통의 중단으로 인한 이익에 미치는 영향을 계산하는 것이다. 이 판매 유통이 제거되면, 매출, 변동비 및 추적가능고정비가 발생하지 않게 될 것이다. 이러한 재무적 영향을 요약하는 빠른 방법은 소매점 부문이익을 확인하는 것이다. 즉 소매점 판매 유통을 중단할 경우 소매점 판매 유통에서 $3,000의 영업손실을 회피할 수 있을 것이다. 이를 통해 ProphetMa의 영업이익이 $3,000 증가할 것이다. 두 번째 단계는 컴퓨터 게임의 온라인 판매 증가로 인한 이익 영향 10%를 계산하는 것이다. 이를 계산하기 위해 온라인 판매 부문의 추적가능고정비 $15,000는 일정하며, 공헌이익률도 63%(= $63,000 ÷ $100,000)로 일정하다고 가정하자. 만약 온라인 매출이 $10,000 (= $100,000 × 10%) 증가하면 온라인 부문의 공헌이익은 $6,300(= $10,000 × 63%) 만큼 증가할 것이다. 지금까지 살펴본 소매점 판매 중단이 이익에 미치는 영향을 요약하면 다음과 같다.

소매점 판매 부문의 손실 회피	$3,000
온라인 매출 증가로 인한 공헌이익 증가	6,300
ProphetMax의 영업이익 증가	$9,300

손익분기분석에의 활용

학습목표 6-5

추적가능고정원가를 이용한 회사의 전사적, 사업부문별 손익분기점을 각각 계산할 수 있다.

제5장에서는 복수제품을 생산, 판매하는 회사의 경우라도 추적가능한 고정비가 없다고 가정하고 회사 전체적인 차원에서의 손익분기점을 계산하는 방법을 배웠다. 여기에서는 도표 6–8에 제시된 ProphetMax사의 예를 이용하여 회사 전체 차원은 물론이고 추적가능고정비를 고려한 부문별 손익분기점이 어떻게 계산되는지에 대해 살펴보자. 회사 전체 차원에서 출발하여, 추적가능한 고정비가 있는 복수제품 회사에 대한 손익분기점 계산 공식은 다음과 같다.

$$\text{회사의 손익분기 매출액} = \frac{\text{추적가능고정비} + \text{공통고정비}}{\text{회사 전체 공헌이익률}}$$

ProphetMax의 경우에, 도표 6–8의 가장 상단에는 회사 전체의 열 정보를 검토하는 것으로 시작하여야 한다. 이 자료의 열은 추적가능고정비는 \$171,000이고, 공통고정비는 \$85,500를 나타내고 있다. 또한 회사 전체 공헌이익 \$270,000를 총매출액 \$500,000로 나누면 공헌이익률은 0.54임을 알 수 있다. 이러한 정보를 바탕으로 회사의 손익분기 매출액을 계산하면 다음과 같다.

$$\begin{aligned}\text{회사의 손익분기 매출액} &= \frac{\text{추적가능고정비} + \text{공통고정비}}{\text{회사 전체 공헌이익률}} \\ &= \frac{\$171{,}000 + \$85{,}500}{0.54} \\ &= \frac{\$256{,}500}{0.54} \\ &= \$475{,}000\end{aligned}$$

복수의 제품이 존재하는 경우 매출배합이 일정하다는 가정이 필요하다. 이 회사의 예에서, 매출의 60%(= \$300,000 ÷ \$500,000)는 항상 기업제품 부문에서, 40%(= \$200,000 ÷ \$500,000)는 소비제품 부문에서 달성된다고 가정하자.

기업제품 부문의 손익분기점을 계산하기 위한 공식은 다음과 같다.

$$\text{부문별 손익분기 매출액} = \frac{\text{부문별 추적가능고정비}}{\text{부문별 공헌이익률}}$$

ProphetMax의 기업제품 부문의 경우, 도표 6–8의 가장 상단에는 기업제품 부문의 열 정보를 검토하는 것으로 시작하여야 한다. 이 자료의 열은 기업제품 부문의 추적가능고정비는

$90,000이며, 공헌이익률은 0.50(= $150,000 ÷ $300,000)임을 나타낸다. 이러한 정보를 바탕으로 기업제품 부문의 손익분기 매출액을 계산하면 다음과 같다.

$$\text{부문별 손익분기 매출액} = \frac{\text{부문별 추적가능고정비}}{\text{부문별 공헌이익률}} = \frac{\$90{,}000}{0.50} = \$180{,}000$$

도표 6-8에 제시된 소비제품 부문의 정보를 이용하여 동일한 계산과정을 통해 소비제품 부문의 손익분기 매출액을 계산해보자. 소비제품 부문의 추적가능고정비는 $81,000이며, 공헌이익률은 0.60(= $120,000 ÷ $200,000)인 경우 손익분기점은 다음과 같이 계산된다.

$$\text{부문별 손익분기 매출액} = \frac{\text{부문별 추적가능고정비}}{\text{부문별 공헌이익률}} = \frac{\$81{,}000}{0.60} = \$135{,}000$$

여기에서 주의할 점은 부문별 손익분기 매출액의 합계인 $315,000(= $180,000 + $135,000)는 회사 전체 손익분기 매출액인 $475,000보다 더 작다는 점이다. 이러한 현상이 나타나는 이유는 부문별 손익분기점을 계산할 때는 회사의 공통고정비를 포함하지 않기 때문에 발생한다. 이를 검증하기 위해 **회사의 공통고정비를 제외하고** 앞에서 계산한 부문별 손익분기 매출액을 이용하여 다음과 같이 손익계산서를 작성해보자.

	회사 전체	기업제품 부문	소비제품 부문
매출	$315,000	$180,000	$135,000
변동비	144,000	90,000	54,000
공헌이익	171,000	90,000	81,000
추적가능고정비	171,000	90,000	81,000
부문이익	0	$ 0	$ 0
공통고정비	85,500		
순영업손실	$ (85,500)		

각 부문이 손익분기점 목표를 달성했다면, 회사전체로는 $85,500의 영업손실이 발생하게 되는데 이는 공통고정비 $85,500와 일치한다. 이러한 점은 경영자의 의사결정을 혼란스럽게 한다. 경영자들은 "회사의 공통고정비까지도 회수할 수 있는" 손익분기점을 계산하기 위해 공

통고정비도 각 부문에 배부하려는 경향이 있다. **이는 실수이다.** 공통고정비를 인위적으로 각 부문으로 배부하면 각 부문별 손익분기점은 높아질 것이다. 이로 인해 경영자가 부풀려진 손익분기점을 달성할 수 없는 사업부문을 실수하여 폐지하는 원인이 될 수 있다. 특정 사업 부문의 유지 또는 폐지 여부를 판단할 때는 특정 사업 부문을 폐지했을 때 발생하지 않게 될 매출 및 비용에 근거하여 의사결정을 해야 한다. 공통고정비는 **특정 사업 부문을 폐지하더라도 지속적으로 발생하므로** 사업 부문별 의사결정을 수행할 경우 배부해서는 안 된다.

부문별 손익계산서—흔한 실수들

부문에 귀속되는 모든 원가는 귀속되는 원가들만 각 부문으로 배부되어야 한다. 불행하게도 회사는 원가를 부문에 배분하는 데 있어서 종종 실수를 한다. 예를 들어 몇몇 원가를 누락시키고, 추적가능고정원가를 잘못 배부하고 공통원가를 자의적으로 배부하는 등의 실수를 하는 경우가 있다.

원가 누락

부문에 배부되는 원가는 회사에서 발생한 원가 중에서 회사의 전체 가치사슬 상에서 부문에 귀속되는 모든 원가이어야 한다. 연구개발에서 제품 디자인, 생산, 마케팅, 유통, 그리고 고객서비스까지 모든 기능들은 제품이나 서비스를 고객에게 제공하고 수익을 창출하기 위해서 필요하다. 하지만, 일반적으로 외부보고 목적으로 요구되는 전부원가계산 하에서는 제조원가만을 제품원가에 포함된다. 두 개의 원가 시스템을 유지하지 않고 내부보고와 외부보고의 일관성을 유지하기 위해서 많은 회사들은 부문별 손익계산서와 같은 내부보고서에 전부원가계산을 이용하는 경우가 많다. 결과적으로 그러한 회사들은 가치사슬의 "상류원가"에 속하는 연구, 개발, 제품디자인 원가와 "하류원가"에 속하는 마케팅, 유통, 고객서비스와 같은 원가들의 전부나 일부가 수익성 분석에서 제외된다. 이러한 비제조원가들은 제조원가만큼이나 제품의 수익성을 분석하는 데 중요하다. 일반적으로 손익계산서상 판매비와관리비에 포함되는 이러한 상류원가와 하류원가는 회사의 총원가의 절반 이상을 차지할 수 있다. 만약에 상류원가나 하류원가가 수익성 분석에서 제외된다면, 제품원가가 낮아지고 경영자가 실수로 장기적으로 손실을 초래하는 제품을 개발 및 유지할 수 있다.

부문에 추적가능고정원가의 부적절한 배부

원가 누락이외에도 많은 회사들은 부문별 손익계산서에 추적가능고정원가를 제대로 다루지 못하는 실수를 범하곤 한다. 첫째, 부문에 원가를 추적하는 것이 타당함에도 불구하고 부문에 고정비를 추적하지 않는 실수를 범한다. 둘째, 추적가능고정원가를 부문에 배부하는데 있어서 부적절한 배부기준을 사용할 수 있다.

직접원가 추적 실패 특정 부문에 직접 추적이 가능한 원가는 그 부문에 직접적으로 배부되어야 하고 다른 부문에 배부되어서는 안 된다. 예를 들어, 보험회사 지점의 임차료는 회사 전체로 집계된 후 전체에 배부되는 것이 아니라 해당하는 지점에 직접 배부되어야 한다.

부적절한 배부기준 사용 몇몇 회사들은 부문의 원가를 배부하는 데 자의적인 배부기준을 사용한다. 예를 들어, 몇몇 회사들은 판매비와관리비를 매출액 기준으로 배부한다. 따라서 부문이 전체 매출의 20%를 차지한다면 전체 판매비와관리비의 20%를 "공정한 비율"로 판단하고 배부한다. 매출원가나 다른 측정치를 배부기준으로 사용하더라도 이와 같은 동일한 기본 절차가 수반된다. 원가는 배부기준이 실제로 발생하는 원가를 발생시키는 경우에만 내부의사결정 목적으로 배부되어야 한다(또는 실제 원가동인과 상관관계가 높아야 한다). 예를 들어 매출의 10% 상승이 판매비와관리비의 10% 상승을 불러 오는 경우에는 매출액이 배부기준으로 사용될 수 있다. 판매비와관리비가 판매량의 증감에 따라 변동하지 않음에도 불구하고 매출액에 따라 판매비와관리비를 배부한다면, 판매관리비의 대부분이 부적절하게 배부될 것이다.

공통원가의 자의적인 배분

왜곡된 원가배분을 일으키는 흔한 세 번째 실수는 추적불가능한 원가를 부문에 배부하는 것이다. 예를 들어, 일부 회사들은 회사 본사 건물의 공통원가를 부문 보고서의 제조 부문에 배부한다. 하지만, 복수제품을 생산하는 회사에서는 일반적으로 단일 제품이 이 원가 중 어떠한 금액에 대해서도 책임을 부담시켜서는 안 된다. 어떤 제품의 생산라인이 완전히 폐지되더라도 본사 건물의 공통원가에는 어떠한 영향도 미치지 않는다. 간단히 이야기해서, 본사 건물의 원가와 어떤 하나의 제품 간에는 어떠한 인과관계도 없다. 결과적으로 본사 건물 원가를 제품에 배부하는 것은 자의적인 것이다. 조직을 운영하기 위해서는 본사 건물과 같은 공통원가는 당연히 필요하다. 공통원가를 부문에 자의적으로 배부하는 것은 "누군가"는 "공통원가를 부담해야 한다."라는 근거로 종종 정당화된다. 공통고정원가를 부담해야 하는 것은 분명한 사실이지만 부문에 원가를 잘못 배분하는 것은 이 문제를 해결하지 못한다. 실제로 공통원가를 부문의 실제원가에 더함으로 인해서 수익성이 있는 부문이 수익성이 없는 것처럼 나타날 수도 있다. 경영자가 수익성이 낮은 부문을 제거한다면 그 부문의 원가는 절감되지만, 이와 함께 그 부문에서 발생하던 수익도 함께 사라진다. 그리고 그 부문에 배부된 공통원가는 어떻게 될까? 이 원가들은 사라지지 않는다. 그들은 회사의 다른 부문에 재배부된다. 이로 인해서 남아있는 부문들의 수익성이 낮아 보여 어쩌면 다른 부문을 폐쇄하게 될 수도 있다. 이로 인해 회사 전체 이익은 감소하고 공통고정원가를 만회하는 것이 더욱 어려워질 수 있다. 게다가, 공통고정원가는 임의적으로 배부 받은 관리자에 의해서는 통제되지 못한다. 그 원가는 보다 높은 단계의 경영자에 의해서 통제가능하다. 공통고정원가가 경영자들에게 배부되게 되면, 그들은 통제할 수도 없는 원가에 대해 책임을 져야하는 상황이 되는 것이다.

손익계산서—외부 보고 관점

전사적 손익계산서

사실을 말하면, 미국회계기준(U.S. GAAP)은 외부 보고용 회계정보 작성을 위해 전부원가계산을 요구한다.[3] 더 나아가 국제회계기준(IFRS, International Financial Reporting Standards)도 명시적으로 전부원가계산으로 정보를 작성할 것을 요구한다. 아마도 두 개의 별도 원가계산 시스템(외부 보고용과 내부 보고용)을 유지하는 비용과 혼란 때문에 대부분의 기업은 외부 및 내부 보고용으로 전부원가계산을 사용한다.

공헌이익 접근법에 의한 변동원가계산의 장점이 많은데, 왜 전부원가계산에 의한 정보를 이용하는지 의문이 생길 것이다. 대답은 많은 회계사들과 경영자들에게 전부원가계산 또한 매력적인 부분이 있다는 점이다. 그 이유는 전부원가계산이 수익비용대응의 원칙에 더 부합하기 때문이다. 전부원가계산 옹호론자들은 모든 제조원가는 제품에 할당되어야 제품이 판매되었을 때 발생하는 수익에 대응하여 비용으로 처리될 수 있다고 주장한다. 따라서 감가상각비, 세금, 보험료, 감독자 급여 등의 고정원가들도 변동원가와 마찬가지로 제품 제조와 관련되어 있다면 필수적으로 제조원가에 포함되어야 한다는 것이다.

변동원가계산을 옹호하는 사람들은 고정제조원가가 실제로 특정 제품 단위의 원가가 아니라고 주장한다. 이러한 비용은 특정 기간 동안 제품을 생산할 수 있는 능력을 가짐으로서 발생하며, 아무 것도 생산하지 않아도 발생한다. 또한, 수량의 제조 여부에 관계없이, 고정제조원가는 정확하게 동일하다. 따라서 변동원가계산 옹호자들은 고정제조원가가 특정 제품 단위를 생산하는 원가의 일부가 아니라고 주장함에 따라 수익비용대응의 원칙은 고정제조원가를 당기의 비용으로 인식되어야 한다는 것이다.

부문별 재무정보

U.S. GAAP과 IFRS는 상장회사들은 부문별 재무상태와 다른 정보들을 연간보고서에 포함할 것을 요구하고 있으며, 외부 정보이용자들에게 제공되는 **부문별 보고서에는 회사가 의사결정을 위해 작성하는 내부 부문별 보고서에서 회사가 사용하는 동일한 방법과 용어를 이용하도록 요구하고 있다.** 일반적으로는 내부의사결정 목적으로 보고되는 정보와 동일한 정보를 외부에 공시하도록 요구하지 않기 때문에 이는 매우 예외적인 규정이다. 이러한 요구는 상장

3 FASB(Financial Accounting Standards Board)는 FASB 회계기준체계(FASB Codification)라고 하는 권위있는 비정부 미국의 일반적으로 인정되는 회계원칙(GAAP)의 단일 원천을 만들었다. FASB 체계는 변동원가계산을 명시적으로 허용하지 않지만 회사가 모든 제조간접원가를 제품원가에서 제외하는 것은 명시적으로 금하고 있다. 또한 제품에 고정제조간접원가의 배부에 대한 심도있는 논의를 제공하므로 외부 보고서에 전부원가계산이 필요하다는 것을 의미한다. 일부 회사는 외부 보고서에 고정제조원가의 중요한 요소를 비용처리하지만, 실제로 미국 GAAP는 외부 보고서에 대해 전부원가계산을 요구한다.

회사들이 내부 부문별 보고서를 공헌이익 접근법으로 작성하는 것을 꺼리는 동기가 된다. 공헌이익 접근법에 의해 작성된 부문별 손익계산서는 매우 민감한 정보를 담고 있기 때문에 외부(그리고 경쟁자)에게 노출되는 것을 달가워하지 않는다. 또한 이러한 요구는 내부용 보고서와 외부용 보고서를 일치시키는 과정에서 문제를 야기하기도 한다.

IN BUSINESS | 기업현장

클라우드 컴퓨팅 서비스를 별도의 부문으로 보고하는 Amazon.Com

몇 년 동안 **Amazon.com**은 가장 중요한 사업부인 Amazon Web Services로부터 수익을 재무제표의 "기타" 라는 곳에 별도 표시하였다. 이제 회사는 이 부문의 매출을 외부 재무보고서에서 별도로 보고하기로 결정하였다. 회사가 매년 서버, 소프트웨어 및 IT 서비스에 3천억 달러 이상을 지출하였지만, 이러한 시장의 성장은 둔화되었다. 반대로, **Amazon.com**이 현재 지배하고 있는 인프라 서비스 시장은 1년 내에 90억달러에서 160억달러로 성장할 것으로 예상되고 있다. 이 시장에서 **Amazon.com**의 성장을 지속하기 위해서, 회사는 매일 2004년 전체 용량과 동등한 컴퓨팅 용량을 추가하고 있다고 말했다. **Amazon.com**은 Amazon Web Services의 매출을 공개할 계획이지만 부문별 수익의 보고는 하지 않을 계획이다.

Source: McMillan, Robert, "Amazon's AWS Aims to Be the Dominant Data Center for American Businesses," *The Wall Street Journal*, April 23, 2015, p. B5.

요약

변동원가계산과 전부원가계산은 단위 제품의 원가를 계산하는 다른 방법들이다. 변동원가계산에서는 제품 생산량에 따라 달라지는 변동원가만을 제품원가로 처리한다. 여기에는 직접재료원가, 직접노무원가, 변동제조간접원가만을 제조원가에 포함된다. 고정제조간접원가는 기간비용으로 처리하여 발생한 기간의 손익계산서에 비용으로 인식한다. 이와는 대조적으로 전부원가계산은 고정제조간접원가를 직접재료원가, 직접노무원가, 변동제조간접원가와 더불어 제품의 원가에 포함시킨다. 두 가지 방법 모두 판매비와관리비는 기간비용으로 처리하여 발생한 기간의 손익계산서에 비용으로 인식한다.

전부원가계산이 고정제조간접원가를 제품원가로 처리하기 때문에, 제품이 생산됨에 따라 고정제조간접원가의 일부가 각 제품에 포함되게 된다. 기말까지 제품이 팔리지 않는다면, 해당 제품에 포함되어 있던 고정제조간접원가는 손익계산서에 매출원가 내의 비용으로 인식되기 보다는 재무상태표의 기말 재고자산 계정으로 계상되고 미래 기간으로 이연된다. 향후 이 제품들이 판매될 때, 그것에 포함되어 있던 고정제조간접원가는 재고자산계정으로부터 매출원가로 비용이 된다. 즉, 전부원가계산 하에서는 재고자산 계정을 통해 고정제조간접원가의 일부를 한 기간에서 다른 기간으로 이연하는 것이 가능하다.

불행하게도, 이러한 기간별 고정제조간접원가의 이연은 영업이익의 변덕스러운 변동을 야기 시킬 수 있으며, 혼란과 그릇된 의사결정을 야기 시킬 수 있다. 손익계산서를 해석하는 과정에서 범하게 될 실수를 방지하기 위해, 경영자는 기간 동안의 재고자산의 변동과 제품 단위당 원가에 주의해야 한다.

부문별 손익계산서는 부문, 제품계열, 판매지역, 그리고 회사의 다른 부문의 수익성이나 성과평가에 관한 정보를 제공해 준다. 공헌이익접근법에 의하면 변동원가와 고정원가는 명백하게 분리되고, 부문에 추적가능원가만이 부문에 배부된다. 원가가 특정 부문에서 발생되고 부문을 폐쇄할 경우 원가도 회피가능하다면 이 원가는 특정 부문에 추적가능하다고 본다. 공통고정원가는 부문에 배부되지 않는다. 부문의 이익은 부문의 수익에서 변동원가와 추적가능고정원가를 차감하여 계산한다.

부문의 손익분기 매출액은 부문의 추적가능고정원가를 공헌이익률로 나누어 계산할 수 있다. 회사의 공통고정원가는 부문별 의사결정에 따라 변동할 수 있는 성격이 아니므로 부문별 손익분기분석을 수행하는 과정에 부문에 배분되면 안된다.

종합예제 1: 변동원가계산과 전부원가계산의 비교

Dexte사는 스카프와 같은 작은 품목을 제작하기 위한 목재 핸드 베틀을 생산하고 판매한다. 2년 동안 제품과 관련된 원가와 및 영업자료는 다음과 같다.

단위당 판매가격	$50
제조원가:	
생산단위당 변동제조원가:	
직접재료	$11
직접노무	$6
변동제조간접원가	$3
연간 고정제조간접원가	$120,000
판매비와관리비:	
판매단위당 변동판매비와관리비	$4
연간 고정판매비와관리비	$70,000

	연도 1	연도 2
기초 재고수량	0	2,000
연간 생산수량	10,000	6,000
연간 판매수량	8,000	8,000
기말 재고수량	2,000	0

요구사항:

1. 회사가 전부원가계산을 사용한다고 가정하라.
   a. 각 연도별 단위당 제품원가를 계산하라.
   b. 각 연도별 손익계산서를 작성하라.
2. 회사가 변동원가계산을 사용한다고 가정하라.
   a. 각 연도별 단위당 제품원가를 계산하라.
   b. 각 연도별 손익계산서를 작성하라.
3. 변동원가계산과 전부원가계산의 영업이익을 조정하라.

종합예제 1 해답

1. a. 전부원가계산 하에서 모든 제조원가, 변동 및 고정원가가 단위당 제품원가에 포함된다.

	연도 1	연도 2
직접재료	$11	$11
직접노무	6	6
변동제조간접원가	3	3
고정제조간접원가		
($120,000 ÷ 10,000 units)	12	
($120,000 ÷ 6,000 units)		20
단위당 제품원가	$32	$40

b. 전부원가계산 손익계산서는 다음과 같다.

	연도 1	연도 2
매출(8,000 단위 × $50 단위당)	$400,000	$400,000
매출원가 (8,000 단위 × $32 단위당); (2,000 단위 × $32 단위당) + (6,000 단위 × $40 단위당)	256,000	304,000
매출총이익	144,000	96,000
판매비와관리비 (8,000 단위 × $4 단위당 + $70,000)	102,000	102,000
순영업이익 (손실)	$ 42,000	$ (6,000)

2. a. 변동원가계산 하에서는 변동제조원가만 단위당 제품원가에 포함된다.

	연도 1	연도 2
직접재료	$11	$11
직접노무	6	6
변동제조간접원가	3	3
단위당 제품원가	$20	$20

b. 변동원가계산 손익계산서는 아래와 같다:

	연도 1		연도 2	
매출(8,000 단위 × $50 단위당)		$400,000		$400,000
변동비:				
변동매출원가 (8,000 단위 × $20 단위당)	$160,000		$160,000	
변동판매비와관리비 (8,000 단위 × $4 단위당)	32,000	192,000	32,000	192,000
공헌이익		208,000		208,000
고정비:				
고정제조간접원가	$120,000		$120,000	
고정판매비와관리비	70,000	190,000	70,000	190,000
순영업이익		$ 18,000		$ 18,000

3. 변동과 전부원가가계산 순영업이익 조정은 아래와 같다:

	연도 1	연도 2
기말 재고의 고정제조간접원가 (2,000 단위 × $12 단위당; 0 단위 × $20 단위당)	$24,000	$ 0
차감: 기초 재고의 고정제조간접원가 (0; 2,000 단위 × $12 단위당)	0	24,000
재고로부터 이연된(이월된) 고정제조간접원가	$24,000	$(24,000)

	연도 1	연도 2
변동원가계산 순영업이익	$18,000	$ 18,000
가산: 전부원가계산 하에서 재고로 이연된 고정제조간접원가 (2,000 단위 × $12 단위당)	24,000	
차감: 전부원가계산 하에서 재고부터 이월된 고정제조간접원가 (2,000 단위 × $12 단위당)		(24,000)
전부원가계산 순영업이익 (손실)	$42,000	$ (6,000)

종합예제 2: 부문별 손익계산서

법률회사인 Framption, David & Smythe의 사업부 직원이 지난달 회사의 전체적인 영업의 결과를 가족법과 상법인 2개의 주요사업 부문으로 나눈 다음 보고서를 작성하였다.

	회사 전체	가족법	상 법
고객으로부터 수익	$1,000,000	$400,000	$600,000
변동비	220,000	100,000	120,000
공헌이익	780,000	300,000	480,000
추적 가능한 고정비	670,000	280,000	390,000
부문 이익	110,000	20,000	90,000
공통 고정비	60,000	24,000	36,000
순영업이익 (손실)	$ 50,000	$ (4,000)	$ 54,000

그러나 이 보고서는 상당 부분이 올바르지 않다. 관리자의 급여, 일반 관리비, 일반 기업 광고 등과 같은 공통고정비가 고객으로부터 수익을 기준으로 두 부문에 배부되었다.

요구사항:

1. 공통고정비의 배분을 제거하여 사업부의 보고서를 재작성하라. 만약 가족법 부문을 제거한다면 회사의 재정상태가 좋아지겠는가? (참고: 회사의 많은 상법 관련 고객들도 유언장 작성과 같은 필요에 의해 가족법 부문을 이용한다.)

2. 회사의 광고 대행사는 가족법 부문의 수익을 끌어올리기 위한 캠페인 광고를 제안했다. 캠페인 광고의 비용은 $20,000이며, 광고 대행사는 이로 인한 가족법의 수익이 $100,000가 증가될 것이라고 주장하였다. Frampton의 관리자인 Davis & Smythe는 추가적인 고정비 없이 이러한 이익을 증가시킬 수 있을 것이라 믿고 있다. 캠페인 광고가 회사의 전체적인 영업이익과 가족법 부문의 영업이익에 어떠한 영향을 미치는 지를 추정하라.
3. 회사전체 차원의 손익분기점 달성을 위한 필요한 매출액과 각 부문별 손익분기점 달성을 위한 매출액을 계산하라.

해답

1. 수정된 부문 손익계산서는 다음과 같다.

	회사 전체	가족법	상 법
고객으로부터 수익	$1,000,000	$400,000	$600,000
변동비	220,000	100,000	120,000
공헌이익	780,000	300,000	480,000
추적 가능한 고정비	670,000	280,000	390,000
부문 이익	110,000	$ 20,000	$ 90,000
공통 고정비	60,000		
순영업이익	$ 50,000		

가족법 부문을 제거하는 경우 회사는 재정적으로 나아지지 않는다. 가족법 부문은 자체 비용을 모두 커버할 뿐만 아니라, 회사의 월간 공통고정비 중에서 $20,000를 커버한다. 비록 가족법 부문의 이익이 상법 부문의 이익보다는 적지만 이익이 여전히 존재한다. 더욱이 가족법 부문은 경쟁력을 유지하기 위해 회사가 상법 부문 고객에게 제공해야 하는 서비스일 수 있다.

2. 캠페인 광고는 다음과 같은 식에 의해 가족법 부문의 이익을 $55,000 증가시킬 것이다.

고객으로부터 증가된 수익	$100,000
가족법 공헌이익률 ($300,000 ÷ $400,000)	× 75%
증가된 공헌이익	$75,000
캠페인 광고 원가 차감	20,000
증가된 부문 이익	$55,000

고정비(공통고정비 포함)가 증가하지 않기 때문에 전체 순영업이익 증가는 $55,000이다.

3. 회사전체 차원의 손익분기점은 다음과 같이 계산된다.

$$\text{부문별 손익분기 매출액} = \frac{\text{추적가능고정비} + \text{공통고정비}}{\text{전체 공헌이익률}}$$

$$= \frac{\$670,000 + \$60,000}{0.78}$$

$$= \frac{\$730,000}{0.78}$$

$$= \$935,897 \text{ (반올림)}$$

가족법 부문의 손익분기점은 다음과 같이 계산된다.

$$\text{부문별 손익분기 매출액} = \frac{\text{부문별 추적가능고정비}}{\text{부문별 공헌이익률}}$$

$$= \frac{\$280{,}000}{0.75}$$

$$= \$373{,}333 \text{ (반올림)}$$

상법 부문의 손익분기점은 다음과 같이 계산된다.

$$\text{부문별 손익분기 매출액} = \frac{\text{부문별 추적가능고정비}}{\text{부문별 공헌이익률}}$$

$$= \frac{\$390{,}000}{0.80}$$

$$= \$487{,}500$$

용어해설

공통고정원가(common fixed cost) 하나 이상의 부문의 영업을 지원해 주지만 전체 또는 어떤 한 부문에 추적할 수 없는 고정원가.

변동원가계산(variable costing) 오직 변동제조원가인 직접재료, 직접노무와 변동제조간접원가만을 제품원가에 포함시키는 원가계산 방법.

부문(segment) 경영자가 원가, 수익 혹은 이익 자료에 관심을 갖은 조직의 일부 또는 활동.

부문별 이익(segment margin) 부문별 공헌이익에서 추적가능 고정원가를 차감하여 계산된다. 이 금액은 부문에서 발생한 원가를 모두 회수하고 남은 이익을 나타낸다.

전부원가계산(absorption costing) 모든 제조원가인 직접재료원가, 직접노무원가, 변동제조간접원가와 고정제조간접원가를 제품 원가에 포함시키는 원가계산 방법.

추적가능고정원가(traceable fixed cost) 특정 부문이 존재하기 때문에 발생하는 고정원가로, 특정 부문이 제거된다면 이 원가도 발생하지 않는다.

질문

6–1 전부원가계산과 변동원가계산의 차이점을 설명하라.

6–2 변동원가계산에서는 판매비와관리비를 제품원가와 기간원가 중 무엇으로 처리하는가?

6–3 전부원가계산에서 고정제조간접원가가 한 기간에서 다른 기간으로 어떻게 이전되는지를 설명하라.

6–4 고정제조간접원가를 제품원가로 처리하는 것이 바람직하다는 주장은 무엇인가?

6–5 고정제조간접원가를 기간비용으로 처리하는 것이 바람직하다는 주장은 무엇인가?

6–6 생산량과 판매량이 동일한 경우, 전부원가계산과 변동원가계산 중 어느 방법의 영업이익이 더 큰가? 그 이유도 설명하라.

6–7 생산량이 판매량을 초과한 경우, 전부원가계산과 변동원가계산 중 어느 방법의 영업이익이 더 큰가? 그 이유도 설명하라.

6–8 전부원가계산에서 재고자산에 포함된 고정제조간접원가가 이월된다면, 판매수량과 관련하여 생산 수준이 어떻다고 설명할 수 있는가?

6–9 전부원가계산에서는 매출액이 증가하지 않았는데도 영업이익이 어떻게 증가할 수 있는가?

6–10 린 방식을 통해 제품을 생산하는 경우, 전부원가계산과 변동원가계산의 영업이익 차이가 감소되거나 제거되는 이유는 무엇인가?

6–11 조직의 부문이란 무엇인가? 부문에 해당하는 몇 가지 예를 함께 제시하라.

6–12 공헌이익접근법에 의해 부문에 배부되는 원가는 무엇인가?

6–13 추적가능원가와 공통원가를 구별하라. 각각에 대해 몇 몇의 예를 제시하라.

6–14 공헌이익과 부문별 이익은 어떤 차이가 나는지를 설명하라.

6–15 공헌이익접근법에서 공통원가를 부문별로 배분하지 않는 이유는 무엇인가?

6–16 부문을 더 많이 세분할 경우 부문에 추적가능한 고정원가가 공통고정원가가 되는 것 어떻게 가능한가?

6–17 사업부문의 손익분기점을 계산할 때, 회사의 공통고정비용을 사업부문들에 배분해야하는가? 그 이유를 설명하라.

엑셀 응용 connect

학습목표 6-2

아래에 표시된 Excel 워크시트 양식은 Dexter사와 관련된 종합예제1의 일부를 재검증하는 데 사용된다. Connect에서이 양식이 포함된 통합문서를 다운로드하라. 이 워크시트 양식을 사용하는 방법에 대한 지침도 제공된다.

워크 시트를 작성한 후에만 아래 요구사항을 진행해야 한다. LIFO 재고흐름 가정은 이 문제 전체에서 사용된다.

요구사항:

1. 자료에서 2년도의 판매량이 6,000개로 변경되었을 때의 워크시트를 확인하라. 전부원가계산에 의한 2년도의 매출원가는 $240,000가 될 것이다. 계산한 결과가 다르다면, 셀 C41의 식을 확인하라. 이 셀의 식은 =IF(C26〈C27, C26*C36+(C27−C26)*B36, C27*C36)로 입력되어 있어야 한다. 워크시트가 잘 작성되면, 전부원가계산과 변동원가계산 하에서 2년도의 영업이익은 모두 $(34,000)가 될 것이다. 2년도에는 두 가지 원가계산에서 모두 $34,000 손실이 발생한다. 계산한 것과 다르다면, 워크시트에서 오류를 찾고 수정하라. 2년도의 전부원가계산과 변동원가계산의 영업이익이 동일한 이유를 설명하라.

	A	B	C	D	E	F
1	**6장: 엑셀 응용**					
2						
3	**자료**					
4	단위당 판매가격	$50				
5	제조원가:					
6	단위당 변동제조원가					
7	직접재료원가	$11				
8	직접노무원가	$6				
9	변동제조간접원가	$3				
10	연간 고정제조간접원가	$120,000				
11	판매비와관리비					
12	단위당 변동판매비와관리비	$4				
13	연간 고정판매비와관리비	$70,000				
14						
15		1년도	2년도			
16	기초재고수량	0				
17	당기생산량	10,000	6,000			
18	당기판매량	8,000	8,000			
19						
20	아래에 알맞은 금액을 채우시오.					
21	**종합예제 1: 변동원가계산과 전부원가계산 비교하기**					
22						
23	**기말재고수량을 계산하시오.**					
24		1년도	2년도			
25	기초재고수량	0	?			
26	당기생산량	?	?			
27	당기판매량	?	?			
28	기말재고수량	?	?			
29						
30	**전부원가계산에 의한 단위당 제품원가를 계산하시오.**					
31		1년도	2년도			
32	직접재료원가	0	?			
33	직접노무원가	?	?			
34	변동제조간접원가	?	?			
35	고정제조간접원가	?	?			
36	전부원가계산에 의한 단위당 제품원가	?	?			
37						
38	**전부원가계산에 의한 손익계산서를 작성하시오.**					
39		1년도	2년도			
40	매출액	?	?			
41	매출원가	?	?			
42	매출총이익	?	?			
43	판매비와관리비	?	?			
44	영업이익	?	?			
45						
46	**변동원가계산에 의한 단위당 제품원가를 계산하시오.**					
47		1년도	2년도			
48	직접재료원가	?	?			
49	직접노무원가	?	?			
50	변동제조간접원가	?	?			
51	변동원가계산에 의한 단위당 제품원가	?	?			
52						
53	**변동원가계산에 의한 손익계산서를 작성하시오.**					
54		1년도		2년도		
55	매출액		?		?	
56	변동비:					
57	변동매출원가	?		?		
58	변동판매비와관리비	?	?	?	?	
59	공헌이익		?		?	
60	고정비					
61	고정제조간접원가	?		?		
62	고정판매비와관리비	?	?	?	?	
63	영업이익		?		?	
64						

Chapter 6 Form | Filled in Chapte ...

2. 워크시트에 다른 회사에 대한 아래의 정보를 입력하라.

자료		
단위당 판매가격	$75	
제조원가:		
생산 단위당 변동원가:		
직접재료	$12	
직접노무	$5	
변동제조간접원가	$7	
연간 고정제조간접원가	$150,000	
판매비와관리비:		
판매 단위당 변동원가	$1	
연간 고정원가	$60,000	
	연도 1	**연도 2**
기초 재고수량	0	
연간 생산수량	15,000	10,000
연간 판매수량	12,000	12,000

변동원가계산 하에서 1년도와 2년도의 영업이익은 다른가? 그 이유는 무엇인가? 1년도에 대한 전부원가계산 하의 영업이익과 변동원가계산 하의 영업이익의 관계를 설명하라. 2년도에 대해서도 두 원가계산 방법 하의 영업이익의 관계를 설명하라.

3. 1년도 말에 개최된 이사회에서 전부원가계산 하의 2년도 목표영업이익을 $500,000로 설정했다. 목표영업이익을 달성한다면, 회사의 CEO는 많은 보너스를 받는다. 요구사항 2의 다른 자료는 모두 동일하며 2년도에 생산량을 50,000개로 변경하라. 생산량만 변화시킴으로써 CEO가 보너스를 받게 만들 수 있는가? 이 변화가 회사에게 최선의 이익이라고 생각하는가? 연간 판매량이 12,000개로 일정하다면 전부원가계산 하에서 3년도의 영업이익은 어떻게 되겠는가?

기본문제 connect

학습목표 6-1, 6-2, 6-3, 6-4, 6-5

Diego사는 두 가지 지역(동부 지역, 서부 지역)으로 나눠서 단위당 $80에 판매되는 단일제품을 제조한다. 회사의 최초 영업연도에 관한 자료는 다음과 같고, 회사는 40,000개를 생산하여 35,000개를 판매했다.

단위당 변동원가:	
제 조:	
직접재료	$24
직접노무	$14
변동간접원가	$2
변동판매비와관리비	$4
연도별 고정원가:	
고정제조간접원가	$800,000
고정판매비와관리비	$496,000

회사는 동부지역에서 25,000개, 서부지역에서 10,000개를 판매했다. 서부지역에 추적 가능한 고정판매비와관리비는 $250,000, 동부는 $150,000이고, 나머지 $96,000는 공통고정원가로 확인되었다. 회사의 총고정제조간접원가는 하나의 제품이라도 생산되는 한 계속 발생할 것이다.

요구사항:

각 상황은 독립적이고, 따로 언급하지 않는 한 원본자료를 참고하여 답하라. 13번까지는 부문별 손익계산서를 작성하지 않아도 된다.

1. 변동원가계산 하에서 단위당 제품원가는 얼마인가?
2. 전부원가계산 하에서 단위당 제품원가는 얼마인가?
3. 변동원가계산 하에서 회사의 총공헌이익은 얼마인가?
4. 변동원가계산 하에서 회사의 영업이익은 얼마인가?
5. 전부원가계산 하에서 회사의 매출총이익은 얼마인가?
6. 전부원가계산 하에서 회사의 영업이익은 얼마인가?
7. 변동원가계산과 전부원가계산 하에서 계산된 영업이익은 얼마나 차이가 나는가? 차이가 발생한 이유는 무엇인가?
8. 회사의 손익분기 판매량은 얼마인가? 실제 판매량보다 높은가? 낮은가? 6번에서 계산한 손익분기 수량과 비교하라.
9. 동부지역과 서부지역의 판매량이 서로 반대라면, 회사 전체의 손익분기 판매량은 얼마인가?
10. 35,000개를 생산했다면, 변동원가계산 하의 영업이익에는 어떤 영향을 미치게 되는가? 이 문제에 답하기 위해서 계산을 하지 않아도 된다.
11. 35,000개를 생산했다면, 전부원가계산 하의 영업이익에는 어떤 영향을 미치게 되는가? 이 문제에 답하기 위해서 계산을 하지 않아도 된다.
12. 회사는 2년도에 판매한 것보다 5,000개 적게 생산한다면, 2년도의 전부원가계산 하의 영업이익은 변동원가계산하의 영업이익보다 높은가? 낮은가? 이유를 설명하라. 계산과정은 필요 없다.
13. 전체와 부문별을 모두 포함한 공헌이익 손익계산서를 작성하라.
14. 내부보고서에 따르면 서부 지역은 최초 영업연도의 매출총이익이 추적 가능한 고정판매비와관리비보다 $50,000가 적기 때문에 Diego는 서부지역을 포기하는 것을 고려하고 있다. Diego는 서부지역을 포기하면 동부 지역의 매출이 2년도에 5% 증가할 것이라고 생각한다. 부분별 이익을 분석하기 위해 공헌이익접근법을 이용하고, 서부지역을 포기하면 영업이익에 어떤 영향을 미치는가?
15. 2년도에 서부지역이 매출액을 20% 증가시킬 수 있는 새로운 광고에 $30,000를 투자할 계획이다. 다른 사항은 동일하다고 할 때, 새로운 광고를 한다면 영업이익에 어떤 영향을 미치는가?

연습문제

McGraw Hill connect

문제 6-1 변동원가계산과 전부원가계산에 의한 단위당 제조원가 [학습목표 6-1]

Ida사는 실로폰과 비슷한 가물란이라는 수제 악기를 생산한다. 가물란은 $850에 판매된다. 이 회사의 지난해의 영업 관련 자료는 다음과 같다.

기초재고수량	0
생산수량	250
판매수량	225
기말재고수량	25
단위당 변동원가:	
직접재료	$100
직접노무	$320
변동제조간접원가	$40
변동판매비와관리비	$20
고정원가:	
고정제조간접원가	$60,000
고정판매비와관리비	$20,000

요구사항:

1. 전부원가계산 하에서 가물란 단위당 제품원가를 계산하라.
2. 변동원가계산 하에서 가물란 단위당 제품원가를 계산하라.

문제 6-2 변동원가계산 손익계산서; 영업이익의 차이 [학습목표 6-2]

위의 문제 6-1의 Ida사의 자료를 참고하라. 이 회사의 회계사가 작년에 작성한 전부원가계산에 의한 손익계산서는 아래와 같다.

매출	$191,250
매출원가	157,500
매출총이익	33,750
판매비와관리비	24,500
순영업이익	$ 9,250

요구사항:

1. 기말 재고자산에 포함된 고정제조간접원가는 얼마인가?
2. 변동원가계산 손익계산서를 작성하라. 두 가지 원가계산 간에 영업이익이 차이가 나는 이유를 설명하라.

문제 6-3 전부원가계산과 변동원가계산의 영업이익 조정 [학습목표 6-3]

Jorgansen Lighting사는 지방자치단체를 위한 가로등을 제조한다. 이 회사는 내부 경영의사결정시에는 변동원가계산을 사용하고, 외부 보고수단으로는 전부원가계산을 사용한다. 기본 자료는 다음과 같다.

	연도 1	연도 2	연도 3
재 고:			
기 초 (단위)	200	170	180
기 말 (단위)	170	180	220
변동원가계산 순영업이익	$1,080,400	$1,032,400	$996,400

이 회사의 제품단위 당 고정제조간접원가는 $560으로 3년 동안 동일하다.

요구사항:

1. 전부원가계산에 의한 연도별 영업이익을 계산하라. 조정표 형식으로 답하라.
2. 4년도의 변동원가계산 영업이익은 $984,400이며, 전부원가계산 하의 영업이익은 $1,012,400이라 고 가정한다.
   a. 연도 4의 재고는 증가 혹은 감소하였나?
   b. 연도 4동안 재고자산에 이연 혹은 이월된 고정제조간접원가는 얼마인가?

문제 6-4 기본 부문별 손익계산서 [학습목표 6-4]

Royal Lawncare사는 2개의 패키지 제품인 Weedban과 Greengrow를 제조하여 판매한다. 해당 제품의 수익과 원가정보는 아래와 같다.

	제품	
	Weedban	Greengrow
단위당 판매가격	$6.00	$7.50
변동비 단위당	$2.40	$5.25
연간 추적가능고정비	$45,000	$21,000

회사의 연간 공통고정비는 $33,000이다. 지난해 이 회사는 Weedban 15,000개와 Greengrow 28,000개를 제조하여 판매하였다.

요구사항:

공헌이익접근법에 의한 각 제품별 부문별 손익계산서를 작성하라.

문제 6-5 회사전체와 부문별 손익분기점 분석 [학습목표 6-5]

Piedmont사는 사업을 2개 지역(북부, 남부)으로 분할했다. 회사는 공헌이익접근법에 의한 부문별 손익계산서계산서를 다음과 같이 작성했다.

	회사전체	북부	남부
매출	$600,000	$400,000	$200,000
변동비	360,000	280,000	80,000
공헌이익	240,000	120,000	120,000
추적가능고정비	120,000	60,000	60,000
부문이익	120,000	$ 60,000	$ 60,000
공통고정비	50,000		
순영업이익	$ 70,000		

요구사항:

1. 회사전체의 손익분기 매출액을 계산하라.
2. 북부지역의 손익분기 매출액을 계산하라.
3. 남부지역의 손익분기 매출액을 계산하라.

문제 6-6 변동원가계산과 전부원가계산에 의한 단위당 제조원가와 손익계산서

[학습목표 6-1, 6-2]

Lynch사는 단일 제품을 제조하여 판매한다. 이 회사의 최초 영업연도에 관한 자료는 다음과 같다.

단위당 변동원가:	
제 조:	
직접재료	$6
직접노무	$9
변동간접원가	$3
변동판매비와관리비	$4
연도별 고정원가:	
고정제조간접원가	$300,000
고정판매비와관리비	$190,000

이 기간 동안, 생산량은 25,000개이고 판매량은 20,000개이다. 제품 단위당 판매가격은 $50이다.

요구사항:

1. 이 회사가 전부원가계산을 사용한다고 가정하라.
   a. 단위당 제품원가를 계산하라.
   b. 손익계산서를 작성하라.
2. 이 회사가 변동원가계산을 사용한다고 가정하라.
   a. 단위당 제품원가를 계산하라.
   b. 손익계산서를 작성하라.

문제 6-7 부문별 손익계산서 [학습목표 6-4]

Shannon사는 손익계산서를 북부와 남부로 분할하여 부문별로 작성했다. 회사전체 매출액, 공헌이익률, 영업이익은 각각 $500,000, 46%, $10,000이다. 북부 공헌이익과 공헌이익률은 $150,000, 50%이다. 남부 부문별 이익은 $30,000이다. 회사는 각 부문에 추적불가능한 공통고정비가 $90,000가 있다.

요구사항:

공헌이익접근법을 사용하여 Shannon사의 부문별 손익계산서를 작성하라. 추가로, 부문별 손익계산서에서 매출액을 기준으로 각 항목이 차지하는 비중을 비율로 나타내시오.

문제 6-8 재고자산의 변동 파악하기 [학습목표 6-3]

Parker Products사는 전부원가계산 손익계산서에서 매출액 $123,000,000와 영업손실 $18,000,000를 보고했다. 경영진을 위해 준비된 CVP분석에 따르면, 회사의 손익분기 매출액은 $115,000,000이다.

요구사항:

CVP 분석이 옳다면, 이번 기에 회사의 재고자산이 증가했는가, 감소했는가 혹은 변함이 없는가? 그 이유를 설명하라.

문제 6-9 변동원가계산과 전부원가계산에 의한 단위당 제조원가와 손익계산서 [학습목표 6-1, 6-2, 6-3]

Walsh사는 단일 제품을 제조하여 판매한다. 이 회사의 최초 2년간 영업과 관련한 자료는 다음과 같다.

단위당 변동원가:	
제 조:	
직접재료	$25
직접노무	$15
변동간접원가	$5
변동판매비와관리비	$2
연도별 고정원가:	
고정제조간접원가	$250,000
고정판매비와관리비	$80,000

최초 영업연도에 Walsh는 50,000개를 생산하고 40,000개를 판매했다. 2번째 영업연도에 40,000개를 생산했고 50,000개를 판매했다. 제품 단위당 판매가격은 $60이다.

요구사항:

1. 이 회사가 변동원가계산을 사용한다고 가정하라.
   a. 1년도와 2년도의 단위당 제품원가를 계산하라.
   b. 1년도와 2년도의 손익계산서를 작성하라.
2. 이 회사가 전부원가계산을 사용한다고 가정하라.
   a. 1년도와 2년도의 단위당 제품원가를 계산하라.
   b. 1년도와 2년도의 손익계산서를 작성하라.
3. 1년도에 변동원가계산과 전부원가계산의 영업이익이 차이가 나는 이유를 설명하라. 2년도에도 영업이익이 차이가 나는 이유를 설명하라.

문제 6-10 회사전체와 부문별 손익분기점 분석 [학습목표 6-5]

Crossfire사는 사업을 2개의 지역(동부, 서부)으로 분할했다. 회사는 부문별 공헌이익 손익계산서를 다음과 같이 작성했다.

	회사전체	동부	서부
매출	$900,000	$600,000	$300,000
변동비	675,000	480,000	195,000
공헌이익	225,000	120,000	105,000
추적가능고정비	141,000	50,000	91,000
부문이익	84,000	$ 70,000	$ 14,000
공통고정비	59,000		
순영업이익	$ 25,000		

요구사항:

1. 회사 전체의 손익분기 매출액을 계산하라.
2. 동부 지역의 손익분기 매출액을 계산하라.
3. 서부 지역의 손익분기 매출액을 계산하라.
4. 2번과 3번에서 계산한 손익분기 매출액을 기준으로 공헌이익 접근법에 의한 부문별 손익계산서를 작성하라. 새로운 부문별 손익계산서에서 Crossfire의 영업이익(손실)은 얼마인가?
5. 부문별 손익분기점을 계산할 때 동부와 서부에 공통고정비를 배분해야 한다고 생각하는가? 이유를 설명하라.

문제 6-11 부문별 손익계산서 [학습목표 6-4]

Wingate사는 전자장비를 판매하며, 최근에 아래의 공헌이익접근법에 의한 손익계산서에서 알 수 있듯이 약간의 손실이 발생했다.

매출	$1,000,000
변동비	390,000
공헌이익	610,000
고정비	625,000
순영업이익 (손실)	$ (15,000)

이 문제를 해결하기 위해, 회사는 부문별 손익계산서를 작성하고자 했다. 이에 따라 회계 부문은 아래와 같은 정보를 제공했다.

	부 문		
	동부	중부	서부
매출	$250,000	$400,000	$350,000
매출액 비율 변동비	52%	30%	40%
추적가능고정비	$160,000	$200,000	$175,000

요구사항:

1. 공헌이익 형태의 부문별 손익계산서를 작성하라.
2. 마케팅 부서는 서부 부문의 월 광고선전비를 $15,000 증가시키면, 매출액이 20% 증가할 것이라고 믿고 있다. 이 추정치가 정확하다고 가정하면, 이 제안을 수행할 경우 회사의 순영업이익은 얼마나 증가(감소) 하겠는가?

문제 6-12 변동원가손익계산서로의 조정 [학습목표 6-2, 6-3]

Whitman사는 최초 영업연도를 마감하였다. 회사의 해당 연도의 전부원가계산 손익계산서는 아래와 같다.

Whitman사 손익계산서	
매출(35,000 단위 × $25 단위당)	$875,000
매출원가 (35,000 단위 × $16 단위당)	560,000
매출총이익	315,000
판매비와관리비	280,000
순영업이익	$ 35,000

회사의 판매비와관리비는 연간 고정비 $210,000이고, 판매 단위당 $2의 변동비로 구성된다. 위의 표에 제시된 단위당 제품원가 $16는 아래와 같이 계산된다.

직접재료	$ 5
직접노무	6
변동간접원가	1
고정제조간접원가 ($160,000 ÷ 40,000 단위)	4
전부원가계산 단위당 제품 원가	$16

요구사항:

1. 변동원가계산을 이용하여 회사의 공헌이익 손익계산서를 재작성하라.
2. 위에서 제시한 전부원가계산 하에서의 영업이익과 변동원가계산을 이용한 영업이익의 차이를 조정하라.

문제 6-13 원가계산방법의 추론: 단위당 제품원가 [학습목표 6-1]

Sierra사는 단일제품을 제조하여 판매하는데 다음과 같은 원가가 발생하였다.

단위당 변동원가:	
직접재료	$9
직접노무	$10
변동간접원가	$5
변동판매비와관리비	$3
연도별 고정원가:	
고정제조간접원가	$150,000
고정판매비와관리비	$400,000

당기에 25,000개의 제품을 생산하여 22,000개를 판매하였다. 당기 말의 완성품 기말재고는 재무상태표 상 $72,000이며 수량은 3,000개이다.

요구사항:

1. 완성품 재고의 올해 기말 잔액을 변동원가계산과 전부원가계산을 사용하는 두 가지 방법으로 계산하라. 회사가 완성품 기말재고 3,000단위에 원가를 배부하는데 변동원가계산 또는 전부원가계산을 사용하는 것으로 보이는가?
2. 이 회사는 주주에게 보고하기 위한 재무제표를 작성하고 있다.
   a. 외부보고용 재무상태표에 포함된 완성품재고 $72,000는 정확한 금액인가? 그 이유를 설명하라.
   b. 외부보고용으로 완성품 재고 잔액은 얼마로 보고되어야 하는가?

문제 6-14 변동원가계산을 이용한 제조원가와 손익계산서, 손익분기 [학습목표 6-1, 6-2]

Chunk Wagon Grills사는 단일제품인 수제품 특별 바비큐 그릴을 제조하는데, 개당 $210에 판매된다. 전년도 영업 자료는 다음과 같다.

기초재고수량	0
생산수량	20,000
판매수량	19,000
기말재고수량	1,000
단위당 변동원가:	
직접재료	$ 50
직접노무	80
변동간접원가	20
변동판매비와관리비	10
단위당 총변동원가	$160
고정원가:	
고정제조간접원가	$700,000
고정판매비와관리비	285,000
총 고정원가	$985,000

요구사항:

1. 변동원가계산을 이용한다고 가정한다. 바비큐 그릴의 단위당 제품원가를 계산하라.
2. 변동원가계산을 이용한다고 가정한다. 전년도에 대한 공헌이익 손익계산서를 작성하라.
3. 바비큐 그릴의 판매단위로 회사의 손익분기점은 얼마인가?

문제 6-15 전부원가계산하의 제품제조원가와 손익계산서 [학습목표 6-1, 6-2]

위의 문제 6–14의 Chuck Wagon Grills의 자료를 참고하라. 이 문제에서 회사는 전부원가계산을 사용한다고 가정하라.

요구사항:

1. 바비큐 그릴의 단위당 제품원가를 계산하라.
2. 전년도 손익계산서를 작성하라.

문제 6-16 부문별 손익계산서: 손익분기점 분석 [학습목표 6-4, 6-5]

Raner, Harris & Chan은 내과와 치과 진찰을 위한 특수화된 정보시스템 전문 컨설팅 회사이다. 이 회사는 Chicago와 Minneapolis에 두 개의 사무실이 있다. 이 회사는 컨설팅 작업을 위한 직접원가를 변동원가로 분류한다. 이 회사의 가장 최근 공헌이익 형태의 부문별 손익계산서가 다음과 같다.

	회사전체		사무실			
			Chicago		Minneapolis	
매출	$450,000	100%	$150,000	100%	$300,000	100%
변동비	225,000	50%	45,000	30%	180,000	60%
공헌이익	225,000	50%	105,000	70%	120,000	40%
추적가능고정비	126,000	28%	78,000	52%	48,000	16%
사무실 부문이익	99,000	22%	$ 27,000	18%	$ 72,000	24%
사무실에 추적할 수 없는 공통고정비	63,000	14%				
순영업이익	$ 36,000	8%				

요구사항:

1. 회사 전체의 손익분기 매출액을 계산하라. Chicago 사무실과 Minneapolis 사무실의 손익분기 매출액을 계산하라. 회사 전체의 손익분기 매출액은 Chicago와 Minneapolis의 손익분기 매출액을 합한 금액보다 큰가, 작은가 혹은 같은가? 이유를 설명하라.
2. Minneapolis의 연간 매출액이 $75,000 증가했다면 회사의 영업이익은 얼마나 증가하는가? 원가 행태는 변하지 않는다고 가정하라.
3. 위의 원자료를 참고하여 답하라. 다음 년도에 Chicago의 매출액은 $50,000 증가하지만 Minneapolis의 매출액은 변동하지 않는다고 가정하자. 고정원가도 변동이 없다.
   a. 위와 동일한 방식으로 다음 년도의 부문별 공헌이익접근법의 손익계산서를 작성하라. 금액뿐만 아니라 비율도 포함하여 작성하라.
   b. Chicago의 공헌이익률이 70%(위의 자료와 동일)로 변동하지 않았지만 부문별 이익률은 변동하였음을 작성한 손익계산서에서 확인하라. 부문별 이익률이 변동한 이유를 설명하라.

문제 6-17 부문별 손익계산서 [학습목표 6-4]

문제 6–16의 자료를 참고하라. Minneapolis의 주요 판매시장의 매출액이 다음과 같다고 가정하라.

			마켓			
	Minneapolis		내과		치과	
매출	$300,000	100%	$200,000	100%	$100,000	100%
변동비	180,000	60%	128,000	64%	52,000	52%
공헌이익	120,000	40%	72,000	36%	48,000	48%
추적가능고정비	33,000	11%	12,000	6%	21,000	21%
마켓 부문이익	87,000	29%	$ 60,000	30%	$ 27,000	27%
마켓에 추적할 수 없는 공통고정비	15,000	5%				
사무실 순영업이익	$ 72,000	24%				

이 회사는 다음 달에 두 곳의 마켓 중 하나에 집중적인 광고캠페인을 시작할 계획이다. 이 광고캠페인의 원가는 $5,000이다. 마케팅부서에서는 이러한 광고가 내과 시장의 매출액을 $40,000 증가시키거나 치과 시장의 매출액을 $35,000 증가시킬 것으로 예상하고 있다.

요구사항:

1. 내과 시장에서 광고 캠페인을 실시하면 회사의 이익은 얼마나 증가(감소)하나?
2. 치과 시장에서 광고 캠페인을 실시하면 회사의 이익은 얼마나 증가(감소)하나?
3. 어떤 시장에서 회사가 광고 캠페인에 집중할 것을 권장하겠는가?
4. 문제 6–16에서 Minneapolis는 추적가능 고정비는 $48,000이다. 이 문제에서 $48,000는 무엇이 되는 것인가?

문제 6-18 변동원가계산과 전부원가계산에 의한 단위당 제조원가와 손익계산서 [학습목표 6-1, 6-2]

Haas사는 단일 제품을 제조하여 판매한다. 이 회사의 최초 3년 간의 영업에 관한 자료는 다음과 같다.

단위당 변동원가:	
제 조:	
직접재료	$20
직접노무	$12
변동제조간접원가	$4
변동판매비와관리비	$2
연간 고정원가:	
고정제조간접원가	$960,000
고정판매비와관리비	$240,000

1차연도에 Haas는 60,000개를 생산하여 60,000개를 판매했다. 2차연도에 75,000개를 생산하여 50,000개를 판매했다. 3차연도에는 40,000개를 생산하여 65,000개를 판매했다. 회사의 제품 단위당

판매가격은 $58이다.

요구사항:

1. 회사의 손익분기 판매량을 계산하라.
2. 이 회사가 변동원가계산을 사용한다고 가정하라.
   a. 1차연도, 2차연도, 3차연도의 단위당 제품원가를 계산하라.
   b. 1차연도, 2차연도, 3차연도의 손익계산서를 작성하라.
3. 이 회사가 전부원가계산을 사용한다고 가정하라.
   a. 1차연도, 2차연도, 3차연도의 단위당 제품원가를 계산하라.
   b. 1차연도, 2차연도, 3차연도의 손익계산서를 작성하라.
4. 요구사항 2번과 3번에서 계산한 영업이익을 요구사항 1번에서 계산한 손익분기 판매량과 비교하라. 어떤 영업이익 수치(변동원각계산 혹은 전부원가계산)가 직관적이지 않은 것처럼 보이는가? 그 이유를 설명하라.

문제 6-19 변동원가계산 손익계산서로 조정 [학습목표 6-2, 6-3]

Heaton사의 최초 2년 간의 영업과 관련한 전부원가계산 하의 순영업이익은 다음과 같다.

	연도 1	연도 2
매출(@ $25 단위당)	$1,000,000	$1,250,000
매출원가 (@ $18 단위당)	720,000	900,000
매출총이익	280,000	350,000
판매비와관리비*	210,000	230,000
순영업이익	$ 70,000	$ 120,000

*$2 단위당 변동원가; $130,000 각 연도 고정

단위당 제품원가 $18의 구성내역은 다음과 같다.

직접재료	$ 4
직접노무	7
변동제조간접원가	1
고정제조간접원가 ($270,000 ÷ 45,000 단위)	6
전부원가계산 단위당 제품원가	$18

2년간 생산 및 판매 관련 자료는 다음과 같다.

	연도 1	연도 2
생산량	45,000	45,000
판매량	40,000	50,000

요구사항:

1. 변동원가계산을 이용하면, 각 연도의 단위당 제품원가는 얼마인가?
2. 1년차와 2년차의 변동원가계산 순영업이익은 얼마인가?
3. 각 연도별로 전부원가계산하의 영업이익과 변동원가계산하의 영업이익을 조정하라.

문제 6-20 변동원가계산과 전부원가계산하에서의 제품 단위당 제조원가와 손익계산서: 영업이익의 차이 설명하기 [학습목표 6-1, 6-2, 6-3]

High Country사는 다양한 레크리에이션 관련 제품을 제조하여 판매한다. 이 회사는 미국 전역에서 판매되는 간이침낭을 제조하는 공장을 건설하였다. 이 공장의 최초 영업이 개시된 5월 중의 수익과 원가 자료는 다음과 같다.

기초 재고	0
생산 수량	10,000
판매 수량	8,000
단위당 판매가격	$75
판매비와관리비:	
단위당 변동	$6
고정 (월별)	$200,000
제조원가:	
단위당 직접재료원가	$20
단위당 직접노무원가	$8
단위당 변동제조간접원가	$2
고정제조간접원가 (월별)	$100,000

경영자는 5월 한 달 동안 새로운 침낭의 수익성을 평가하길 원한다.

요구사항:

1. 회사는 전부원가계산 방법을 사용한다고 가정한다.
   a. 단위당 제품원가를 계산하라.
   b. 5월의 손익계산서를 작성하라.
2. 회사는 변동원가계산을 사용한다고 가정한다.
   a. 단위당 제품원가를 계산하라.
   b. 5월의 손익계산서를 작성하라.
3. 2가지 원가계산방법 하에서 계산한 기말제품재고 금액의 차이가 발생하는 이유와 이러한 차이가 영업이익에 미치는 영향을 설명하라.

문제 6-21 부문별 보고와 의사결정 [학습목표 6-4]

Vulcan사의 6월의 공헌이익 손익계산서는 다음과 같다.

Vulcan 사 손익계산서 6월 30일로 종료	
매출	$750,000
변동비	336,000
공헌이익	414,000
고정비	378,000
순영업이익	$ 36,000

경영진은 회사의 성과에 실망하였으며, 이익의 개선을 위해 무엇을 해야 하는 지에 대해 난감해하고 있다. 매출과 원가 기록을 검토함으로써, 다음을 결정해야 한다.

a. 회사는 북부와 남부의 두개 판매지역으로 나누어져 있다. 북부는 6월 동안에 $300,000의 매출과 $156,000의 변동비를 기록했고, 나머지 매출과 변동비는 남부에서 발생한 것이다. 고정비 중에서 $120,000는 북부, $108,000는 남부에 추적이 가능하다. 나머지 고정비는 두 지역의 공통원가이다.

b. 회사는 Paks와 Tibs라는 두 가지 제품의 독점 판매업자이다. 북부지역에서 6월동안 Paks와 Tibs의 총매출액은 각각 $50,000, $250,000이다. 변동비는 Paks의 판매가격의 22%이고, Tibs는 판매가격의 58%이다. 북부의 고정비 중 $30,000는 Paks에 추적이 가능하고 Tibs에는 $40,000가 추적가능하며 나머지는 두 제품의 공통원가이다.

요구사항:

1. 먼저 판매지역별로 세분되고 회사전체도 표시되는 부문별 손익계산서를 작성하고, 북부지역은 제품별로도 세분되도록 부문별 손익계산서를 작성하라. 또한 회사전체 및 각 부문에 대해, 부문손익계산서에 각 항목을 매출의 비율로 표시하라.
2. 판매지역별로 세분된 회사 전체의 손익계산서를 살펴보라. 이 손익계산서를 통해 나타난 어떤 발견점을 경영진에 언급하여야 하는가?
3. 제품계열별로 세분된 북부지역 부문의 손익계산서를 살펴보라. 이 손익계산서를 통해 나타난 어떤 발견점을 경영진에 언급하여야 하는가?

문제 6-22 변동원가계산 손익계산서의 작성과 조정 [학습목표 6-1, 6-2, 6-3]

Denton사는 단일제품을 생산하여 판매한다. 이 회사의 원가자료는 다음과 같다.

단위당 변동원가	
직접재료	$ 7
직접노무	10
변동제조간접원가	5
변동판매비와관리비	3
단위당 총 변동원가	$25
월별 고정원가:	
고정제조간접원가	$315,000
고정판매비와관리비	245,000
월별 총고정원가	$560,000

이 제품은 단위당 $60에 판매된다. 첫 두달인 7월과 8월의 생산 및 판매관련 자료는 다음과 같다.

	생산단위	판매단위
7월	17,500	15,000
8월	17,500	20,000

이 회사의 회계부서가 전부원가계산 하에서 작성한 7월과 8월의 손익계산서는 다음과 같다.

	7월	8월
매출	$900,000	$1,200,000
매출원가	600,000	800,000
매출총이익	300,000	400,000
판매비와관리비	290,000	305,000
순영업이익	$ 10,000	$ 95,000

요구사항:

1. 아래의 원가계산 방법별로 단위당 제품원가를 계산하라.
   a. 전부원가계산
   b. 변동원가계산
2. 7월과 8월에 대한 변동원가계산에 의한 손익계산서를 작성하라.
3. 변동원가계산하의 영업이익을 전부원가계산하의 영업이익으로 조정하라.
4. 이 회사의 회계부서가 계산한 회사의 손익분기점은 월간 16,000개는 아래와 같이 계산되었다.

$$\frac{\text{월별 고정원가}}{\text{단위당 공헌이익}} = \frac{\$560{,}000}{\text{단위당 }\$35} = 16{,}000\text{단위}$$

이 회사의 대표이사는 "조금 혼란스럽군요."라고 말했다. "회계부서에서는 손익분기점이 월간 16,000개라고 했는데, 우리는 7월에 15,000개의 제품만 판매하였으며, 회계부서가 작성한 손익계산서에는 그달에 $10,000의 이익을 보여주고 있어요. 손익계산서 또는 손익분기점 중 뭔가가 잘못된 것 같군요."

7월의 전부원가 손익계산서에 무엇이 발생하였는지를 대표이사를 위한 간단한 메모를 준비하라.

문제 6-23 전부원가계산과 변동원가계산: 생산량 불변, 판매량 변동 [학습목표 6-1, 6-2, 6-3]

Tami Tyler는 올해 초에 Tami's Creations라는 작은 회사를 설립하였다. 이 회사의 첫 분기 영업은 Ms. Tyler의 개인 재정에 상당한 제약을 가져왔다. Tyler의 친구가 주립대학에서 관리회계 수업을 막 이수하고 작성한 첫 분기 손익계산서는 다음과 같다.

Tami's Creations사 손익계산서 3월 31일로 마감된 분기		
매출 (28,000 단위)		$1,120,000
변동비:		
변동매출원가	$462,000	
변동판매비와관리비	168,000	630,000
공헌이익		490,000
고정비:		
고정제조간접원가	300,000	
고정판매비와관리비	200,000	500,000
순영업손실		$ (10,000)

Ms. Tyler는 손익계산서 자료를 통해 은행융자를 받으려는 계획을 세우고 있었으므로, 1분기에 손실이 발생한 것을 보고 낙담했다. 또 다른 공인회계사가 변동원가계산이 아닌 전부원가계산을 사용해야 한다고 주장하였고, 전부원가계산을 사용하는 경우 약간의 이익이 발생할 것이라고 주장하였다.

현재, 이 회사는 수영복 하나의 제품을 생산하며, 1분기의 생산과 원가자료는 다음과 같다.

생산 수량	30,000
판매 수량	28,000
단위당 변동원가:	
직접재료	$3.50
직접노무	$12.00
변동제조간접원가	$1.00
변동판매비와관리비	$6.00

요구사항:

1. 다음을 완성하라.
   a. 전부원가계산 하에서의 단위당 제품원가를 계산하라.
   b. 분기의 전부원가계산 하의 순영업이익(손실)은 얼마인가?
   c. 변동원가와 전부원가계산 하의 순영업이익(손실)을 조정하라.
2. 회사가 실제로 분기동안 "이익"을 얻었다는 공인회계사의 제안은 정확하였는가? 그 이유를 설명하라.
3. 2분기에는 30,000개의 제품을 생산하고 32,000개의 제품을 판매하였다. (총고정원가는 불변이라고 가정한다.)
   a. 2분기 변동원가계산 순영업이익(손실)은 얼마인가?
   b. 2분기 전부원가계산 순영업이익(손실)은 얼마인가?
   c. 2분기에 대한 변동원가계산과 전부원가계산 하의 영업이익을 조정하라.

문제 6-24 회사전체와 부문별 손익분기 분석: 의사결정 [학습목표 6-4, 6-5]

Toxaway사는 사업을 상업 및 주거 부문으로 나누어진 판매업체이다. 회사의 회계사원은 부서의 매니저들이 손익분기점을 계산하여 의사결정 할 수 있도록 부문별 손익계산서의 작성을 요청받았다. 회계사원은 전월의 회사전체 손익계산서를 받았고 전부원가계산 형식의 부문별 손익계산서를 아래와 같이 작성했다.

	회사전체	상업	주거
매출	$750,000	$250,000	$500,000
매출원가	500,000	140,000	360,000
매출총이익	250,000	110,000	140,000
판매비와관리비	240,000	104,000	136,000
순영업이익	$ 10,000	$ 6,000	$ 4,000

손익계산서를 작성하는 동안, 사원은 Toxaway의 판매비와관리비 중에서 유일한 변동판매비와관리비는 모든 매출에 대해 매출액의 10%라는 것으로 판단하였다. 회사의 총고정비는 상업 부문과 주거 부문을 포기하더라도 발생하는 공통고정비 $72,000, 주거 부문을 포기한다면 피할 수 있는 고정비 $38,000, 상업 부문을 포기한다면 피할 수 있는 고정비 $55,000를 포함한다.

요구사항:

1. 부문별 손익계산서를 작성하기 위해 전부원가계산을 이용한 사원의 결정에 동의하는가? 그 이유는 무엇인가?
2. 사원의 손익계산서를 검토한 것에 근거하라.
   a. 상업 부문과 주거 부문에 배부한 회사의 공통고정비는 얼마인가?
   b. 상업 부문과 주거 부문에 공통고정비를 배부하는데 사용하였을 것과 같은 것은 (a) 매출, (b) 매출원가, 혹은 (c) 매출총이익 중 어느 것인가?
3. 공통고정비를 상업과 주거 부문에 배부한 사원의 결정에 동의하는가? 그 이유는 무엇인가?
4. 공헌이익접근법을 이용하여 사원의 부문별 손익계산서를 재작성하라.
5. 회사전체의 손익분기 매출액을 계산하라.
6. 상업 부문과 주거 부문의 손익분기 매출액을 계산하라.
7. 회사는 상업 부문과 주거 부문의 판매 대리인에게 각각 매달 $15,000, $30,000를 지급하기로 했다. 대신에 회사는 판매수수료를 10%에서 5%로 낮췄다. 상업 부문과 주거 부문의 손익분기 매출액을 재계산하라.

문제 6-25 손익계산서 작성과 해석; 판매량과 생산량의 변동; 린생산

[학습목표 6-1, 6-2, 6-3]

Starfax사는 가정용 컴퓨터 같은 가정용 전자제품에 사용되는 다양한 작은 부품을 제조한다. 최초 3개년도의 영업활동 자료는 다음과 같다. (전부원가계산 기준)

	연도 1	연도 2	연도 3
매출	$800,000	$640,000	$800,000
매출원가	580,000	400,000	620,000
매출총이익	220,000	240,000	180,000
판매비와관리비	190,000	180,000	190,000
순영업이익(손실)	$ 30,000	$ 60,000	$ (10,000)

제2기 말에 경쟁자가 도산하면서 많은 수량의 제품이 시장에 저가로 쏟아졌다. 이로 인해, 제2기의 생산량이 증가했음에도 Starfax의 매출은 20% 감소하였다. 경영자는 판매량이 일정하게 50,000개로 유지될 것이라고 기대해왔다. 증가된 생산량은 회사의 예기치 않은 수요에 대처하는 여유를 제공하도록 설계되었다. 제3기 초, 경영자는 과다한 재고가 발생한 것을 알 수 있었고, 초과수요도 기대할 수 없는 상황임을 알았다. 재고를 줄이기 위해, Starfax는 다음과 같이 제3기의 생산량을 감소시켰다.

	연도 1	연도 2	연도 3
생산 수량	50,000	60,000	40,000
판매 수량	50,000	40,000	50,000

이 회사의 추가정보는 다음과 같다.

a. 이 회사의 공장은 고도로 자동화되어 있다. 제품 단위당 변동제조원가(직접재료원가, 직접노무원가, 변동제조간접원가)의 총액은 단지 $2이며, 연간 총고정제조간접원가는 $480,000이다.
b. 고정제조간접원가는 생산수량에 기초하여 제품에 배부되며 매년 고정제조간접원가 배부율을 재계산한다.
c. 변동판매비와관리비는 제품 단위당 $1이며, 고정판매관리비는 연간 $140,000이다.
d. 이 회사는 원가흐름의 가정으로 선입선출법(FIFO)을 이용한다. (FIFO는 first-in-first-out, 즉 가장 오래된 재고가 먼저 판매되는 것으로 가정한다.)

Starfax의 경영자는 매출이 20% 감소하였음에도 제2기의 이익이 2배로 증가한 이유와 매출이 이전 수준으로 회복되었음에도 제3기에 손실이 발생한 이유를 이해하지 못하고 있다.

요구사항:

1. 매년 공헌이익형태 변동원가계산 손익계산서를 작성하라.
2. 위에 제시된 전부원가계산 하의 손익계산서를 참고하여 아래에 답하라.
   a. 전부원가계산 하에서의 단위당 제품원가를 각 연도별로 계산하라. 이 원가의 얼마가 변동원가이고 얼마가 고정원가인지를 제시하라.
   b. 각 연도별로 변동원가계산과 전부원가계산의 영업이익의 숫자를 조정하라.
3. 전부원가계산 하의 손익계산서를 참고하여 답하라. 전부원가계산 하에서 연도2의 영업이익이 연도1보다 증가한 이유를 연도1보다 연도2에 판매량이 더 적었다는 것과 연관지어 설명하라.
4. 전부원가계산 하의 손익계산서를 참고하여 답하라. 연도3의 판매량이 연도1과 동일함에도 불구하고 연도3에 영업손실이 발생한 이유를 설명하라.

5. a. 이 회사가 린 생산(Lean Production)을 적용하여 기말재고가 없다면 연도2와 연도3의 영업의 결과가 어떻게 달라졌을 지를 설명하라.
   b. 연도2와 연도3에 린생산을 사용한 경우 회사의 순영업이익(손실)은 매년 전부원가계산에서 어떻게 되겠는가? 계산을 할 필요는 없다.

문제 6-26 부문별 손익계산서의 재작성 [학습목표 6-4]

Millard사는 사무용품을 도매하는 유통업체이다. 제조업체에서 사무용품을 구매하여 서부, 중부 및 동부 지역에 유통한다. 이러한 각 지역의 크기는 거의 같으며 각각 자체 관리자 및 영업직원이 있다.

이 회사는 몇 달 동안 손실을 겪었다. 성과 향상을 위해 경영진은 영업지역별로 월별 손익계산서가 구분되어지도록 요청하였다. 5월에 대한 부문 손익계산서를 작성하기 위한 회사의 첫 번째 노력은 다음과 같다.

	판매 지역		
	서부	중부	동부
매출	$450,000	$800,000	$ 750,000
지역 비용 (추적가능):			
매출원가	162,900	280,000	376,500
광고비	108,000	200,000	210,000
급여	90,000	88,000	135,000
공공요금	13,500	12,000	15,000
감가상각비	27,000	28,000	30,000
선적비	17,100	32,000	28,500
총지역 비용	418,500	640,000	795,000
회사 비용전 지역 이익(손실)	31,500	160,000	(45,000)
회사 비용:			
광고비 (일반)	18,000	32,000	30,000
일반관리비	50,000	50,000	50,000
총 회사비용	68,000	82,000	80,000
순영업이익 (손실)	$ (36,500)	$ 78,000	$(125,000)

매출원가와 선적비는 변동비이며, 그 외의 비용은 고정비이다.

요구사항:

1. 위에서 제시한 부문별 손익계산서의 단점을 열거하라.
2. 이 회사가 본사비용을 부문으로 배부하는 근거에 대해 설명하라. 이 배부방법에 대해 동의하는가? 그 이유를 설명하라.
3. 5월의 부문별 손익계산서를 새롭게 작성하라. 각 지역의 자료와 함께 총계 열을 표시하라. 또한 각 항목에 대해 매출액 대비 비율을 포함하여 작성하라.
4. 요구사항 3에서 작성한 손익계산서를 분석하라. 이러한 손익계산서는 경영자의 관심을 끌 수 있는 어떤 통찰력을 보여주는가?

문제 6-27 전부원가계산에 의한 성과급; 윤리와 경영자 [학습목표 6-2]

Echo Product의 브라질 부문 관리자인 Carlos Cavalas는 올해 마지막 분기의 생산량을 결정하려 한다. 브라질 부문은 올해에 3,600개의 제품을 판매할 계획을 세웠으며, 9월 30일까지 보고된 자료는 다음과 같다.

	단위
1월 재고	0
생산	2,400
판매	2,000
9월 30일 재고	400

이 부문의 창고는 1,000개의 제품을 보관할 수 있다. 이 부문은 최소 50개의 재고수준을 유지해야 한다. Cavalas씨는 핵심 노동자를 유지하기 위해서는 분기별 최소 200개의 제품을 생산해야 하며, 분기별 최대 생산수량은 1,500개로 파악하고 있다.

수요는 미진하였으며, 마지막 분기의 예상 판매량은 600개였다. 이 부문의 영업 특성으로 고정제조간접원가는 제품원가의 대부분을 차지한다.

요구사항:

1. 이 부문이 변동원가계산을 사용한다고 가정하라. 마지막 분기에 예상 생산량은 몇 개인가? (해당 기간의 생산 요구량 계산하기 위한 기본 식은: 생산요구량 = 예상판매량 + 기말필요재고 − 기초재고) 계산과정을 제시하고 답변에 대한 설명을 하라. 생산 예정 단위 수는 해당 연도에 대한 부문의 순영업이익(손실)에 어떤 영향을 미치는지 설명하라.
2. 이 부문이 전부원가계산을 사용하고 부문 경영자는 부문의 영업이익에 기초하여 연간 보너스를 받는다고 하자. Cavalas씨가 이 부문의 연간 영업이익을 최대로 보고하려 한다면, 마지막 분기에 몇 개를 생산해야 하는가? (위의 요구사항 1의 공식을 이용 하시오). 그 이유도 설명하라.
3. Cavalas씨가 행한 마지막 분기의 생산량 결정은 윤리적으로 적절한 것인가?

문제 6-28 회사전체와 부분 손익분기 분석 [학습목표 6-5]

Piedmont Fasteners 사는 노스캐롤라이나에 있는 제조 시설에서 세 가지 다른 의류 파스너를 만든다. 세 가지 제품 모두 경쟁이 치열한 시장에서 판매되기 때문에 회사는 가격 인상을 하려면 고객 이탈을 감수하여야 하므로 가격을 올릴 수 없다. 이러한 제품에 관한 최근 기간의 자료는 다음과 같다.

	Velcro	Metal	Nylon
연간 판매 수량	100,000	200,000	400,000
단위당 판매가격	$1.65	$1.50	$0.85
단위당 변동비	$1.25	$0.70	$0.25
단위당 공헌이익	$0.40	$0.80	$0.60

총 고정비용은 기간 당 $400,000이다. 총 고정비 중 Velcro제품을 포기하면 $20,000를, Metal 제품을 포기하면 $80,000를, Nylon 제품을 포기하면 $60,000를 회피할 수 있다. 나머지 고정비 $240,000는 관리직 급여와 사업전체를 폐지할 때만 회피 가능한 공장건물 임차료로 구성되어 있다.

회사의 경영자는 회사 전체의 손익분기 매출액과 각 제품의 손익분기점 수량을 계산하고자 한다. 각 제품의 손익분기점 매출액을 계산하는 두 가지 방법을 고려하고 있다.

방법 #1: 각 제품의 추적 가능한 고정비용과 공통 고정비용의 배분 금액을 각 손익분기 계산의 분자에 포함시킨다. 공통의 고정비용은 매출액을 배부기준으로 각 제품에 배부된다.

방법 #2: 각 제품의 추적 가능한 고정비용만을 각 손익분기 계산의 분자에만 포함시킨다.

요구사항:

1. 가장 최근 기간의 자료를 이용하여 공헌이익 손익계산서를 작성하시오. 순영업이익은 얼마인가?
2. 회사전체의 손익분기점에서 매출액은 얼마인가?
3. 방법 1을 사용:
   a. 각 제품의 손익분기점 매출수량을 계산하시오.
   b. 회사가 각 제품의 손익분기수량을 정확히 판매한다면 회사의 전반적인 이익은 얼마인가?
4. 방법 2를 사용:
   a. 각 제품의 손익분기점 매출수량을 계산하시오.
   b. 회사가 각 제품의 손익분기수량을 정확히 판매한다면 회사의 전반적인 이익은 얼마인가?
5. 각 제품의 손익분기점 수량을 계산하기 위해 어떤 방법을 사용해야 하는가? 그 이유는?

사례

connect

사례 6-29 변동원가계산과 전부원가계산에 의한 단위당 제품원가와 손익계산서

[학습목표 6-1, 6-2]

O'Brien사는 하나의 제품을 제조하여 판매한다. 다음은 이 회사의 최초 3년 동안에 각 연도의 정보이다.

단위당 변동원가:	
제 조:	
직접재료	$32
직접노무	$20
변동제조간접원가	$4
변동판매비와관리비	$3
연간 고정원가:	
고정제조간접원가	$660,000
고정판매비와관리비	$120,000

최초 영업연도에 O'Brien는 100,000개를 생산하여 80,000개를 판매했다. 2번째 영업연도에는 75,000개를 생산하여 90,000개를 판매했다. 3번째 영업연도에는 80,000개를 생산하여 75,000개를 판매했다. 제품 단위당 판매가격은 $75이다.

요구사항:

1. 이 회사가 변동원가계산과 선입선출법(FIFO) 재고흐름을 사용한다고 가정한다. (FIFO는 first-in-first-out. 즉 가장 오래된 재고가 먼저 판매되는 것으로 가정한다.)
   a. 1년도, 2년도, 3년도의 단위당 제품원가를 계산하라.
   b. 1년도, 2년도, 3년도의 손익계산서를 작성하라.
2. 이 회사가 변동원가계산과 후입선출법(LIFO) 재고흐름을 사용한다고 가정하라. (LIFO는 last-in-first-out. 즉, 가장 최근의 재고가 먼저 판매되는 것으로 가정한다.):
   a. 1년도, 2년도, 3년도의 단위당 제품원가를 계산하라.
   b. 1년도, 2년도, 3년도의 손익계산서를 작성하라.
3. 이 회사가 전부원가계산과 선입선출법(FIFO) 재고흐름을 사용한다고 가정한다. (FIFO는 first-in-first-out. 즉 가장 오래된 재고가 먼저 판매되는 것으로 가정한다.)
   a. 1년도, 2년도, 3년도의 단위당 제품원가를 계산하라.
   b. 1년도, 2년도, 3년도의 손익계산서를 작성하라.
4. 이 회사가 전부원가계산과 후입선출법(LIFO) 재고흐름을 사용한다고 가정하라. (LIFO는 last-in-first-out. 즉, 가장 최근의 재고가 먼저 판매되는 것으로 가정한다.):
   a. 1년도, 2년도, 3년도의 단위당 제품원가를 계산하라.
   b. 1년도, 2년도, 3년도의 손익계산서를 작성하라.

사례 6-30 Service Organization; Segment Reporting [학습목표 6-4]

Music Teacher는 20,000명의 회원으로 구성된 음악교사를 위한 교육협회이다. 협회는 중앙본부가 운영하지만, 미국 전역에 지역 회원 지부가 있다. 음악교사들에게 관심이 있는 주제와 관련한 최근 상황을 토의하기 위하여 월례 회의가 개최된다. 협회 저널인 교사포럼(Teacher's Forum)은 음악 분야에서 최근 상황에 대한 특집기사를 담아 월별로 발행된다. 협회는 책과 보고서를 발행하고 지속적인 전문지식을 유지하게 하는 전문가 교육과정을 운영한다. 당해 연도의 협회의 수익과 비용은 아래와 같이 요약되어 있다.

Music Teachers사 손익계산서 11월 30일 마감되는 연도	
수 익	$3,275,000
비 용:	
급 여	920,000
직원비용	230,000
임차료	280,000
지역지부 회원비용 상환	600,000
다른 회원 서비스	500,000
인쇄 및 책자	320,000
우편 및 배송	176,000
강사료	80,000
일반 및 관리	38,000
총 비용	3,144,000
비용 초과 수익	$ 131,000

Music Teacher의 이사회는 협회의 각 부문의 협회에 대한 공헌이익을 보여주는 부문별 손익계산서를 준비하라고 지시하였다. 협회는 회원 부문, 잡지구독 부문, 도서 및 보고서 부문 및 평생교육 부문 등의 4개 부문으로 구성된다. Mike Dolye는 부문별 손익계산서를 작성할 책임을 부여 받았고, 다음의 자료를 취합하였다.

a. 협회의 20,000명 회원은 매년 $100의 회비를 납부하여야 하며, 그 중 $20는 교사포럼 저널의 연간 구독료 성격으로 파악된다. 다른 혜택으로는 협회와 지부의 회원자격이 포함된다. 잡지 구독으로 충당되는 부분($20)은 잡지구독 부문에 배부되어야 한다.
b. 교사포럼 연간 구독의 총 2,500개는 비회원과 도서관에 연간 $30에 판매하였다. 잡지는 구독료 수익과 별도로 광고수익으로 $100,000를 창출했다.
c. 잡지의 제작원가는 인쇄와 제본으로 권당 $7가 발생하며, 우편과 배송으로 구독 당 $4가 발생한다.
d. 도서 및 보고서 부문은 총 28,000개의 기술 보고서와 전문 텍스트를 단위당 평균 $25의 판매가격으로 판매하였다. 출판 당 평균비용은 인쇄 및 용지에 $4, 우편 및 배송에 $2이다.
e. 협회는 회원과 비회원에게 다양한 교육과정을 제공한다. 1일 과정의 수업료는 수강생당 $75이며, 2,400명이 참석하였다. 1,760명의 수강생이 한 명당 $125의 수업료를 지불하고 2일 과정에 참가하였다. 외부 강사에게는 강사료가 지급되었다.
f. 부문별로 급여와 공간 점유는 다음과 같다.

	급 여	공간점유 (제곱피트)
회원부문	$210,000	2,000
잡지 구독	150,000	2,000
도서 및 보고서	300,000	3,000
평생교육	180,000	2,000
총괄 스탭	80,000	1,000
총 계	$920,000	10,000

직원비용은 구분된 부문과 총괄 스탭 급여의 25%이다. 임차료 $280,000에는 도서 및 보고서 부문이 보관목적으로 사용하는 창고에 대한 임차료 $50,000가 포함되어 있다.

g. 인쇄와 제본원가는 잡지 구독 부문과 도서 및 보고서 부문보다는 평생교육 부문과 관련된다.
h. 일반관리비는 전체적인 협회의 관리와 관련된다. 회사의 총괄 스탭은 일반적인 홍보 목적으로 우편물을 발송한다.

총괄 스탭에 추적되거나 배부되는 비용뿐만 아니라, 이익중심점에 추적할 수 없는 비용은 공통원가로 처리될 것이다. 변동비와 고정비를 구분할 필요는 없다.

요구사항:

1. Music Teacher 협회에 대한 공헌이익 형태의 부문별 손익계산서를 작성하라. 이 계산서에는 협회 전체에 대한 결과뿐만 아니라 각 부문에 대한 부문별 이익이 나타나야 한다.
2. 4개의 부문에 협회의 모든 원가를 배부해야 하는지, 그렇지 않은 지에 대한 주장을 제시하라.

(CMA, 인용)

부록 6A: 초변동원가계산(Super-Variable Costing)

학습목표 6-6

초변동원가계산 손익계산서를 작성하여 영업이익을 계산하고, 이를 변동원가계산을 이용한 영업이익으로 조정할 수 있다.

이 장의 변동원가계산의 논의에서 직접노무원가와 제조간접원가의 일정 비율을 변동원가를 제품에 포함되어야 하는 변동원가로 가정하였다. 그러나 이러한 원가행태에 대한 가정은 잘못된 가정일 수도 있다. 예를 들어 제조간접원가 중에서 변동원가의 비중이 크지 않거나 추정하기 어렵기 때문에 모든 제조간접원가를 고정원가로 가정하는 것이 더 쉽거나 오히려 더 정확할 수 있다. 더 나아가 많은 회사들은 노무원가(직접노무원가와 간접노무원가)가 노동 규제, 계약 또는 경영 정책에 의해 고정적으로 발생한다. 프랑스, 독일, 스페인, 일본 등에서는, 노동력을 기업 활동의 변화에 맞춰 조정할 수 있는 유연성이 거의 없다. 심지어 미국이나 영국처럼 노동력을 조정할 수 있는 유연성이 큰 국가에서도 많은 경영자들은 노무원가를 고정원가로 취급한다. 그들은 단기적인 경기 침체 동안에 직원을 해고하거나 해고함으로써 발생하는 비용 절감은 직원들의 사기에 대한 부정적인 영향과 나중에 적절한 대체인력을 찾아 교육하는 비용이 더 클 수 있기 때문에 이러한 선택을 한다. 더욱이 종업원을 변동비로 취급하게 되면 필수적이고 대체가 불가능한 자산이라기보다는 종업원들이 소비되며 대체가능한 것이라 태도를 갖게 한다.

초변동원가계산은 변동원가계산을 변형한 방법으로, 변동원가계산에서 변동제조원가로 간주했던 직접노무원가와 변동제조간접원가를 고정원가로 간주하는 방법이다. **초변동원가계산(super-variable costing)**은 모든 직접노무원가와 제조간접원가를 기간원가로 분류하고, 직접재료원가만을 변동제조원가로 취급한다. 단순화하기 위해 이 부록에서는 판매비와관리비도 모두 고정비라고 가정한다.

초변동원가계산과 변동원가계산 — 예

본문에서 이용했던 Weber Light Aircraft의 예를 변형하여 직접노무원가를 고정원가로 취급하는 초변동원가계산과 직접노무원가를 변동원가로 취급하는 변동원가계산의 차이점을 이해해보자. 회사의 영업과 관련한 정보는 다음과 같다.

	항공기당	월별
판매가격	$100,000	
직접재료원가	$19,000	
직접노무원가		$20,000
고정제조간접원가		$74,000
고정판매비와 관리비		$40,000

	1월	2월	3월
기초재고수량	0	0	1
생산수량	2	2	2
판매수량	2	1	3
기말재고수량	0	1	0

여기에서는 직접노무원가를 고정원가로 취급하며 매월 $20,000가 발생한다는 점을 주의하자. 또한 Weber Light Aircraft는 변동제조간접원가와 변동판매비와관리비가 없다고 가정한다. 위의 자료에서 월별로 항공기당 판매가격, 비행기당 변동원가, 매월 생산수량, 월별 총고정비는 일정하다고 가정한다. 위의 예에서는 월별로 판매량(1월 2개, 2월 1개, 3월 3개)만 변동한다.

먼저 각 월별로 초변동원가계산에 의한 손익계산서를 작성해 볼 것이다. 그리고 이를 (직접노무원가를 변동원가로 간주하는) 변동원가계산에 의한 영업이익의 결과와 어떻게 다른지를 비교할 것이다. 두 원가 계산에 의한 손익계산서는 모두 공헌이익 접근법에 의해 작성한다.

초변동원가계산 손익계산서

회사의 월별 초변동원가계산 손익계산서는 다음과 같은 4단계를 통해 작성된다. 첫째, 월별 판매량에 단위당 판매가격 $100,000를 곱하여 매출액을 계산한다. 둘째, 판매량에 단위당 제조원가를 곱하여 변동매출원가를 계산한다. 이 예에서 단위당 직접재료원가는 $19,000이므로 단위당 제조원가는 $19,000이다. 셋째, 매출액에서 변동매출원가를 차감하여 공헌이익을 계산한다. 넷째, 공헌이익에서 고정비를 차감하여 영업손익을 계산하는데, 이 예에서 공헌이익에서 월 단위로 $134,000(=$20,000 + $74,000 + $40,000)을 차감한다.

도표 6A-1는 4단계의 계산과정을 통해 Weber의 초변동원가계산 손익계산서를 작성한 결과이다. 유일한 변동비인 변동매출원가는 단위당 직접재료원가 $19,000가 매출원가로 처리된 금액임을 주의하자. 예를 들어 3월의 변동매출원가 $57,000는 단위당 제조원가 $19,000에 3월의 판매수량인 3개를 곱하여 계산된 금액이다. 월별 총고정비 $94,000는 직접노무원가 $20,000와 고정제조간접원가 $74,000를 합산한 금액이다.

도표 6A-1
초변동원가계산 손익계산서

	1월	2월	3월
매출액 (단위당 @$100,000)	$200,000	$100,000	$300,000
변동매출원가 (단위당 @19,000)	38,000	19,000	57,000
공헌이익	162,000	81,000	243,000
고정비			
고정제조원가	94,000	94,000	94,000
고정판매비와관리비	40,000	40,000	40,000
총고정비	134,000	134,000	134,000
영업손익	$ 28,000	$ (53,000)	$109,000

변동원가계산 손익계산서

이 예에서 변동원가계산 손익계산서는 초변동원가계산 손익계산서와 중요한 한가지 관점의 차이가 있는데, 그것은 직접노무원가를 변동제조원가로 분류하고 이를 제품제조원가에 포함시킨다는 점이다. 매월 직접노무원가는 $20,000이고 매월 생산수량은 2개이므로, 직접노무원가를 제품원가에 포함시킨다면 Weber Light Aircraft는 1개당 $10,000의 직접노무원가를 제품 원가에 할당할 것이다. 따라서 변동원가계산에서 회사의 제품 단위당 제조원가는 다음과 같이 계산될 것이다.

	1월	2월	3월
직접재료원가	$ 19,000	$ 19,000	$ 19,000
직접노무원가	10,000	10,000	10,000
단위당 제조원가	$ 29,000	$ 29,000	$ 29,000

이렇게 계산된 단위당 제조원가를 이용하여 회사의 변동원가계산 손익계산서를 작성하면 다음의 도표 6A-2와 같다. 예를 들어 3월의 변동매출원가 $87,000는 단위당 제조원가 $29,000에 3월의 판매수량인 3개를 곱하여 계산된 금액이다. 월별 총고정제조간접원가 $74,000와 고정판매비와 관리비 $40,000는 모두 당기 비용으로 기록된다.

도표 6A-2
변동원가계산 손익계산서

	1월	2월	3월
매출액 (단위당 @$100,000)	$ 200,000	$ 100,000	$ 300,000
변동매출원가 (단위당 @29,000)	58,000	29,000	87,000
공헌이익	142,000	71,000	213,000
고정비			
고정제조원가	74,000	74,000	74,000
고정판매비와관리비	40,000	40,000	40,000
총고정비	114,000	114,000	114,000
영업손익	$ 28,000	$ (43,000)	$ 99,000

초변동원가계산과 변동원가계산의 영업이익 차이조정

초변동원가계산과 변동원가계산에 의한 1월의 영업이익은 $28,000로 동일하다. 반면, 2월의 경우 초변동원가계산에 의한 영업이익이 변동원가계산에 의한 영업이익보다 $10,000 작으며 이 현상은 3월에 반전된다. 즉, 3월의 경우 초변동원가계산에 의한 영업이익이 변동원가계산에 의한 영업이익보다 $10,000 크다.

두 방법간에 영업이익의 차이가 나타나는 이유는 무엇일까? 그 해답은 직접노무원가에 대한 회계처리에서 찾을 수 있다. 초변동원가계산에서는 직접노무원가를 고정 기간비용으로 처리하는 반면, 변동원가계산은 직접노무원가를 변동제조원가로 처리하기 때문이다. 다시 말해서, 초변동원가계산에서는 직접노무원가 $20,000를 모두 당월의 비용으로 처리한다. 반면에 변동원가계산에서는 각 제품에 $10,000의 직접노무원가를 배부하므로, 이 중에서 판매된 제품에 포함된 $10,000의 직접노무원가는 매출원가에 포함되어 비용으로 처리되지만, 미판매된 제품에 포함된 직접노무원가는 기말 재고자산(제품)에 포함되어 재무상태표에 보고된다. 이러한 점을 참고하여, 월별 초변동원가계산과 변동원가계산간의 영업이익은 다음과 같이 조정될 수 있다.

	1월	2월	3월
기말재고자산에 포함된 직접노무원가 (단위당 @$10,000)	$ 0	$ 10,000	$ 0
— 기초재고자산에 포함된 직접노무원가 (단위당 @$10,000)	0	0	10,000
재고자산에 포함된 직접노무원가 순증감	$ 0	$ 10,000	$ (10,000)

	1월	2월	3월
초변동원가계산하의 영업손익	$28,000	$(53,000)	$109,000
조정: 재고자산에 포함된 직접노무원가 순증감	0	10,000	(10,000)
변동원가계산하의 영업손익	$28,000	$(43,000)	$ 99,000

1월의 경우 두 방법을 이용하여 계산한 영업이익은 ($28,000)로 동일하다. 그 이유는 두 방법 모두 $20,000의 직접노무원가가 당기에 비용으로 처리되었기 때문이다. 2월의 경우, 초변동원가계산에 의한 영업이익은 변동원가계산에 의한 영업이익에 비해 $10,000 작다. 이 차이는 초변동원가계산에서는 $20,000의 직접노무원가를 모두 비용으로 처리하는 반면 변동원가계산에서는 판매된 제품에 포함된 $10,000의 직접노무원가만 변동매출원가에 포함되어 비용으로 처리되고, 미판매된 제품에 포함된 $10,000의 직접노무원가는 재무상태표 상의 재고자산에 포함되기 때문에 발생한 것이다. 3월의 경우, 초변동원가계산에 의한 영업이익이 변동원가계산에 의한 영업이익에 비해 $10,000 크다. 이 차이는 초변동원가계산에서는 $20,000의 직접노무원가를 비용으로 처리하는 반면 변동원가계산에서는 당기에 판매된 3개의 제품에 포함되어 있는 $30,000(= 단위당 직접노무원가 배부액 $10,000 × 판매수량 3개)의 직접노무원가가 3월의 비용으로 처리되기 때문에 발생한 것이다. 3월에 판매된 3개의 제품 중에서 1개는 2월에 제조되었으나 판매되지 않아 3월로 이월된 것임을 주의하자. 변동원가계산에서는 2월에 제품 단위당 $10,000의 직접노무원가를 제품에 배부하였고 이 제품이 차기로 이월되어 3월에 판매되면서 변동매출원가로 비용 처리된다.

부록에서 설명한 내용을 요약하면 직접노무원가를 어떻게 취급할 지에 대한 것이라고 할 수 있다. 만약 직접노무원가를 변동원가로 취급한다면 원가계산시스템은 매출액이 하락하는 경우 비용을 최소화시키기 위해 변동비 성격인 직접노무원가를 줄이도록 유도할 것이다. 그리고 이로 인해 종업원들의 사기가 저하되고 장기적으로 매출이 회복되는 시점에서 더 큰 문제점들을 야기할 것이다. 또한, 실무적으로 노동에 대한 유연성을 발휘할 수 없는 환경이고, 결과적으로 직접노무원가가 사실상 고정되어 있는 경우가 많다. 어떤 상황이라도 직접노무원가를 변동원가로 취급할 경우에는 잘못된 의사결정을 내릴 수 있다는 점을 주의해야 한다. 직접노무원가를 고정원가로 취급하는 초변동원가계산은 이러한 문제를 극복할 수 있게 해준다.

용어해설 (부록 6A)

초변동원가계산(super-variable costing) 오직 직접재료원가만 변동제조원가이며, 나머지 제조원가들(직접노무원가, 변동제조간접원가, 고정제조간접원가)은 모두 고정 기간원가로 분류하는 원가계산 방법.

연습문제 (부록 6A)

문제 6A-1 초변동원가계산에 의한 손익계산서 [학습목표 6-6]

Zola사는 단일제품을 제조하여 판매한다. 회사의 첫번째 영업연도에 대한 자료는 다음과 같다.

단위당 변동원가:	
직접재료원가	$18
연간고정원가:	
직접노무원가	$200,000
고정제조간접원가	$250,000
고정판매비와관리비	$80,000

변동제조간접원가와 변동판매비와관리비는 발생하지 않는다. 첫번째 영업연도에 25,000개를 생산하여 20,000개를 판매했다. 제품 단위당 판매가격은 $50이다.

요구사항:

1. 회사는 초변동원가계산을 사용한다고 가정하시오.
   a. 제품 단위당 제조원가를 계산하시오.
   b. 당기의 손익계산서를 작성하시오.

문제 6A-2 초변동원가계산과 변동원가계산에 의한 단위당 제조원가와 손익계산서

[학습목표 6-2, 6-6]

Lyons사는 단일 제품을 제조하여 판매한다. 이 회사의 최초영업연도에 관한 자료는 다음과 같다.

단위당 변동원가:	
직접재료원가	$13
연간고정원가:	
직접노무원가	$750,000
고정제조간접원가	$420,000
고정판매비와관리비	$110,000

변동제조간접원가와 변동판매비와관리비는 발생하지 않는다. Lyons는 첫번째 영업연도에 60,000개를 생산하여 52,000개를 판매했다. 제품 단위당 판매가격은 $40이다.

요구사항:

1. 회사는 초변동원가계산을 사용한다고 가정하시오.
   a. 당기의 단위당 제조원가를 계산하시오.
   b. 당기의 손익계산서를 작성하시오.
2. 이 회사가 제품 단위당 직접노무원가 $12.50를 배부하는 변동원가계산을 사용한다고 가정하시오.
   a. 제품 단위당 제조원가를 계산하시오.
   b. 손익계산서를 작성하시오.
3. 초변동원가계산을 이용한 영업이익과 변동원가계산을 이용한 영업이익의 차이를 조정하는 보고서를 작성하시오.

문제 6A-3 초변동원가계산과 변동원가계산에 의한 단위당 제조원가와 손익계산서

[학습목표 6-2, 6-6]

Kelly사는 단일 제품을 제조하여 판매한다. 이 회사의 최초 2년 동안에 관한 자료는 다음과 같다.

단위당 변동원가:	
직접재료원가	$12
연간고정원가:	
직접노무원가	$ 500,000
고정제조간접원가	$ 450,000
고정판매비와관리비	$ 180,000

변동제조간접원가와 변동판매비와관리비는 발생하지 않는다. 회사는 최초영업연도에는 50,000개를 생산하여 40,000개를 판매했다. 2번째 연도에 50,000개를 생산하여 60,000개를 판매했다. 제품 단위당 판매가격은 $50이다.

요구사항:

1. 이 회사가 초변동원가계산을 사용한다고 가정하시오.
   a. 1년도와 2년도의 제품 단위당 제조원가를 계산하시오.
   b. 1년도와 2년도의 손익계산서를 작성하시오.
2. 이 회사가 제품 단위당 직접노무원가 $10를 배부하는 변동원가계산을 사용한다고 가정하시오.
   a. 1년도와 2년도의 제품 단위당 제조원가를 계산하시오.
   b. 1년도와 2년도의 손익계산서를 작성하시오.
3. 1년도와 2년도에 초변동원가계산을 이용한 영업이익과 변동원가계산을 이용한 영업이익의 차이를 조정하는 보고서를 작성하시오.

문제 6A-4 초변동원가계산과 변동원가계산에 의한 단위당 제조원가와 손익계산서

[학습목표 6-2, 6-6]

Ogilvy사는 단일 제품을 제조하여 판매한다. 이 회사의 최초 3년 동안에 관한 자료는 다음과 같다.

단위당 변동원가:	
직접재료원가	$16
연간고정원가:	
직접노무원가	$ 540,000
고정제조간접원가	$ 822,000
고정판매비와관리비	$ 370,000

변동제조간접원가와 변동판매비와관리비는 발생하지 않는다. 최초영업연도에는 Ogilvy는 60,000개를 생산하여 60,000개를 판매했다. 2번째 영업연도에는 60,000개를 생산하여 55,000개를 판매했다. 3번째 영업연도에는 60,000개를 생산하여 65,000개를 판매했다. 제품 단위당 판매가격은 $45이다.

요구사항:

1. 이 회사가 초변동원가계산을 사용한다고 가정하시오.
   a. 1년도, 2년도, 3년도의 제품 단위당 제조원가를 계산하시오.
   b. 1년도, 2년도, 3년도의 손익계산서를 작성하시오.
2. 이 회사가 제품 단위당 직접노무원가 $9를 배부하는 변동원가계산을 사용한다고 가정하시오.
   a. 1년도, 2년도, 3년도의 제품 단위당 제조원가를 계산하시오.
   b. 1년도, 2년도, 3년도의 손익계산서를 작성하시오.
3. 1년도, 2년도, 3년도에 초변동원가계산과 변동원가계산의 영업이익이 차이가 나는 이유를 설명하시오. 초변동원가계산을 이용한 영업이익과 변동원가계산을 이용한 영업이익의 차이를 조정하는 보고서를 작성하시오.

문제 6A-5 초변동원가계산, 변동원가계산, 전부원가계산에 의한 손익계산서

[학습목표 6-2, 6-6]

Bracey사는 단일 제품을 제조하여 판매한다. 이 회사의 최초영업연도에 관한 자료는 다음과 같다.

단위당 변동원가:	
직접재료원가	$19
연간고정원가:	
직접노무원가	$ 250,000
고정제조간접원가	$ 300,000
고정판매비와관리비	$90,000

변동제조간접원가와 변동판매비와관리비는 발생하지 않는다. Bracey는 첫번째 영업연도에 20,000개를 생산하여 18,000개를 판매했다. 제품 단위당 판매가격은 $55이다.

요구사항:

1. 회사가 초변동원가계산을 사용한다고 가정하시오.
   a. 제품 단위당 제조원가를 계산하시오.
   b. 손익계산서를 작성하시오.
2. 이 회사가 제품 단위당 직접노무원가 $12.50를 배부하는 변동원가계산을 사용한다고 가정하시오.
   a. 제품 단위당 제조원가를 계산하시오.
   b. 손익계산서를 작성하시오.
3. 이 회사가 제품 단위당 직접노무원가 $12.50를, 단위당 고정제조간접원가 $15.00를 배부하는 전부원가계산을 사용한다고 가정하시오.
   a. 제품 단위당 제조원가를 계산하시오.
   b. 손익계산서를 작성하시오.
4. 초변동원가계산을 이용한 영업이익과 변동원가계산을 이용한 영업이익의 차이를 조정하는 보고서를 작성하시오. 초변동원가계산을 이용한 영업이익과 전부원가계산을 이용한 영업이익의 차이를 조정하는 보고서를 작성하시오.

Chapter 7

활동기준원가계산: 의사결정에 도움이 되는 도구

학습목표

7장을 공부한 후에 다음을 할 수 있어야 한다.

학습목표 7-1 활동기준원가계산과 이것이 전통원가계산과 얼마나 다른지를 이해할 수 있다.

학습목표 7-2 1단계 배부과정을 이용하여 활동원가집합에 원가를 할당할 수 있다.

학습목표 7-3 활동원가집합 별로 활동률을 계산할 수 있다.

학습목표 7-4 2단계 배부과정을 이용하여 원가대상에 활동원가를 할당할 수 있다.

학습목표 7-5 활동기준원가를 제품과 고객기준 이익을 계산하는데 사용할 수 있다.

학습목표 7-6 (부록 7A) 원가대상에 원가를 할당하는데 시간동인 활동기준원가계산을 사용할 수 있다.

학습목표 7-7 (부록 7A) 생산능력을 분석하는데 시간동인 활동기준원가계산을 사용할 수 있다.

©seyephoto/Shutterstock

의류사업에서 배치 크기 줄이기

BUSINESS FOCUS

의류 제조업체가 배치 관련 비용을 더 많은 단위에 분산시키기 위해 매우 큰 배치 크기로 의류를 생산하려고 한다고 결론짓는 것은 타당하게 보일 수 있다. 그러나 의류를 대단위로 생산할 때의 단점은 제조사의 고객 응대시간이 길어지고 맞춤 제작 능력이 제한된다는 것이다.

Spencer Fung은 글로벌 의류 산업에서 활동하는 공급망 관리 회사인 **Li & Fung Ltd.**를 관리한다. 그는 "평균 주문 규모만 봐도 몇 년째 감소하고 있다. 수십만 개에서 수만 개로 되고 있다. 그리고 하나의 단위에 접근할 때까지 계속 내려갈 것이다."이러한 경향은 인터넷이 고객들에게 하루 24시간 쇼핑을 하면서 새로운 스타일의 맞춤형 의류를 계속 접할 수 있도록 하기 때문에 발생한다.

Amazon.com과 같은 많은 회사들는 기술 집약적인 제조 공정을 사용하여 하나의 배치 크기로 의류를 생산할 수 있는 "클릭, 구매 및 제작"주문 배송 플랫폼을 개발하고 있다. ■

Source: Khan, Natasha. "Tech Puts Fast Fashion on Steroids," *The Wall Street Journal*, April 10, 2018, p. B7.

이 장에서는 Charles Schwab, Citigroup, Lowe's, Coca-Cola, J&B Wholesale, Fairchild Semiconductor, Assan Aluminum, Sysco Foods, Fisher Scientific International, 그리고 Peregrine Outfitters 등을 포함한 매우 다양한 조직들이 채택하고 있는 활동기준원가계산(*activity-based costing*)의 개념을 소개한다. **활동기준원가계산(activity-based costing, ABC)**은 경영자들에게 전략과 잠재적으로 기업의 능력에 영향을 미치는 의사결정 및 고정원가뿐만 아니라 변동원가에 대한 원가정보를 제공하도록 고안된 원가계산방법이다. 활동기준원가계산은 일반적으로 기존 원가시스템을 대체하기보다는 기존 원가시스템을 보완하는 방법으로 사용되고 있다. 활동기준원가를 사용하는 대부분의 회사들은 두 가지의 원가계산 방법을 이용한다. 하나는 외부 재무보고 작성을 위한 공식적인 원가계산시스템이고 다른 하나는 기업 내부에서 경영의사결정에 이용하기 위한 활동기준원가계산시스템이다.

이번 장은 앞장에서 다룬 것과 비교할 수 있도록 제조업의 ABC적용을 주로 다룰 것이다. 좀 더 구체적으로 보면, 제3장과 4장은 제조기업이 외부 재무보고를 위해 재고자산 평가와 매출원가를 결정하기 위한 단위당 제품원가를 계산하는 데 사용하는 전통적인 전부원가계산 방식에 초점을 맞췄었다. 이와는 대조적으로 이번 장에서는 제조기업들이 제조간접원가 관리와 의사결정을 위해 단위당 제품원가 계산을 전통적인 방법이 아닌 활동기준원가계산을 어떻게 사용할 수 있는지를 설명한다. 제6장과 유사한 측면이 있다. 제6장에서는 변동원가계산이 고정원가에는 영향을 주지 않는 의사결정에 어떻게 사용되는 지에 초점을 맞춰 왔었다. 이번 장에서는 이를 확장하여 변동원가 뿐만 아니라 고정원가가 의사결정에 미치는 영향을 분석하는데 ABC가 어떻게 이용되는지를 살펴보게 될 것이다.

활동기준원가계산: 개관

학습목표 7-1

활동기준원가계산과 이것이 전통원가계산과 얼마나 다른지를 이해할 수 있다.

언급한 것과 같이, 전통적인 전부원가계산은 외부 재무보고를 위한 정보를 제공할 수 있도록 설계된 것이다. 이와는 대조적으로 활동기준원가계산은 내부 의사결정에 이용하기 위한 목적으로 설계된 것이다. 결과적으로 활동기준원가계산은 전통적 원가계산 방법과 3가지 차이점이 있다. 활동기준원가계산은

1. 제조원가뿐만 아니라 비제조원가도 인관관계를 기준이 있다면 제품에 배부될 수 있다.
2. 몇몇의 제조원가는 제품원가에서 제외되어질 수도 있다.
3. 다양한 간접원가집합이 사용되어지고, 각 원가집합별로 집계된 원가가 각각의 고유한 활동측정치를 기준으로 제품과 다른 원가대상에 배부된다.

전통적인 전부원가계산 방법과의 이러한 차이점들에 대해서 차례로 논의하게 될 것이다.

비제조원가와 활동기준원가계산

전통적 전부원가계산에서는 제조원가는 제품에 배부되고 비제조비원가는 제품에 배부되어지지 않는다. 반대로, 활동기준원가계산에서는 많은 비제조원가가 판매, 유통 그리고 특정제품 제공과 연관이 있다고 인식한다. 따라서 ABC는 단순히 제조원가가 아닌 제품의 총 원가를 계산할 때 제조원가와 비제조원가를 포함시킨다.

ABC 시스템은 제품에 비제조원가를 배부하는 것은 2가지 형태가 있다. 첫 번째는 ABC 시스템이 모든 직접 비제조원가를 제품에 추적하는 것이다. 판매원에게 지급된 수수료, 선적원가, 보증 수리 원가 등은 개별 제품에 추적될 수 있는 비제조원가의 사례이다. 두 번째는 ABC 시스템이 제품이 원가를 발생시키는 원인을 갖고 있다는 가정할 때마다 간접 비제조원가를 제품에 할당한다. 사실 이번 장에서는 제조와 비제조의 모든 간접원가를 포함하는 확장된 '간접'이라는 점을 강조한다.

요약하자면, ABC 제품원가계산방식은 제품에 추적될 수 있는 모든 직접원가와 제품에 의해 발생되는 모든 간접원가를 포함한다. 제조원가와 비제조원가를 구분할 필요가 없어졌는데 이것은 단지 제품의 제조원가 결정에 단지 초점을 두었던 앞 장들과 매우 다른 것이다.

제조원가와 활동기준원가계산

전통적인 원가계산에서는 제품에 의해 심지어 발생되지 않는 제조원가이더라도 제품에 모두 할당되었다. 예를 들어, 제2장과 3장에서 예정 공장전체간접원가 배부율은 모든 예상제조간접원가를 배부기준인 예상 총량으로 나누어 산출한다고 배웠다. 따라서 이 접근방식은 예상 직접노동시간을 배부기준으로 사용하는 회사의 경우에 회사의 모든 제조간접원가를 각 제품의 직접노동시간 사용에 근거하여 제품에 배부한다. 반면에 활동기준원가계산시스템은 **설비유지원가**와 **미사용 설비원가**(또는 유휴설비원가라 불림)와 같은 두 종류의 제조간접원가는 의도적으로 제품에 배부하지는 않는다.

설비유지원가는 공장 경비원의 임금, 공장장의 급여 그리고 공장장의 비서가 사용하는 소모품비 등을 포함한다. 이러한 형태의 제조간접원가는 제품의 생산에 전혀 영향을 미치지 않았음에도 불구하고 전통적인 전부원가계산시스템에서는 제품에 배부되었다. 이와는 달리 활동기준원가시스템에서는 설비유지원가라 불리는 이런 종류의 원가들을 제품에 임의로 배부하기보다는 기간비용으로 처리한다.

또한 전통적인 전부원가시스템에서는 사용되지 않는 설비원가도 제품에 배부된다. 예상 활동수준이 감소하면 생산량 조업도의 축소는 증가하는 유휴설비의 원가를 전부 포함하게 됨으로서 간접원가 배부율과 단위당 제품원가가 증가하게 된다. 하지만 활동기준원가계산하에서 제품에 포함되는 원가는 제품이 사용한 조업도에 대해서만 배부된다. 이를 통해 제품의 좀 더 안정적인 제품 원가정보를 제공하게 되고, 사용한 자원에 대한 원가만 배부하게 된다.[1]

표 7-1은 지금까지 논의해온 전통적 전부원가계산과 다른 2가지를 요약하고 있다. 표의 상단은 전통적 전부원가계산이 모든 제조원가를 제품원가로, 모든 비제조원가를 기간원가로 처리하고 있음을 보여준다. 표의 하단은 활동기준원가계산이 모든 간접원가(제조와 비제조)를 포함하여 간접원가의 정의를 확대하고 있음을 보여준다. 제품으로 인해 발생하는 간접원가는 제품에 배부되는 반면에 제품에 의해 발생하지 않는 간접원가는 기간원가로 처리된다. 또한 ABC는 직접비제조원가를 기간원가라기보다는 제품원가로 취급하고 있음을 보여준다.

이제 전통적 전부원가계산과 활동기준원가계산의 최종적인 차이점과 세 번째 관심으로 넘어가보자.

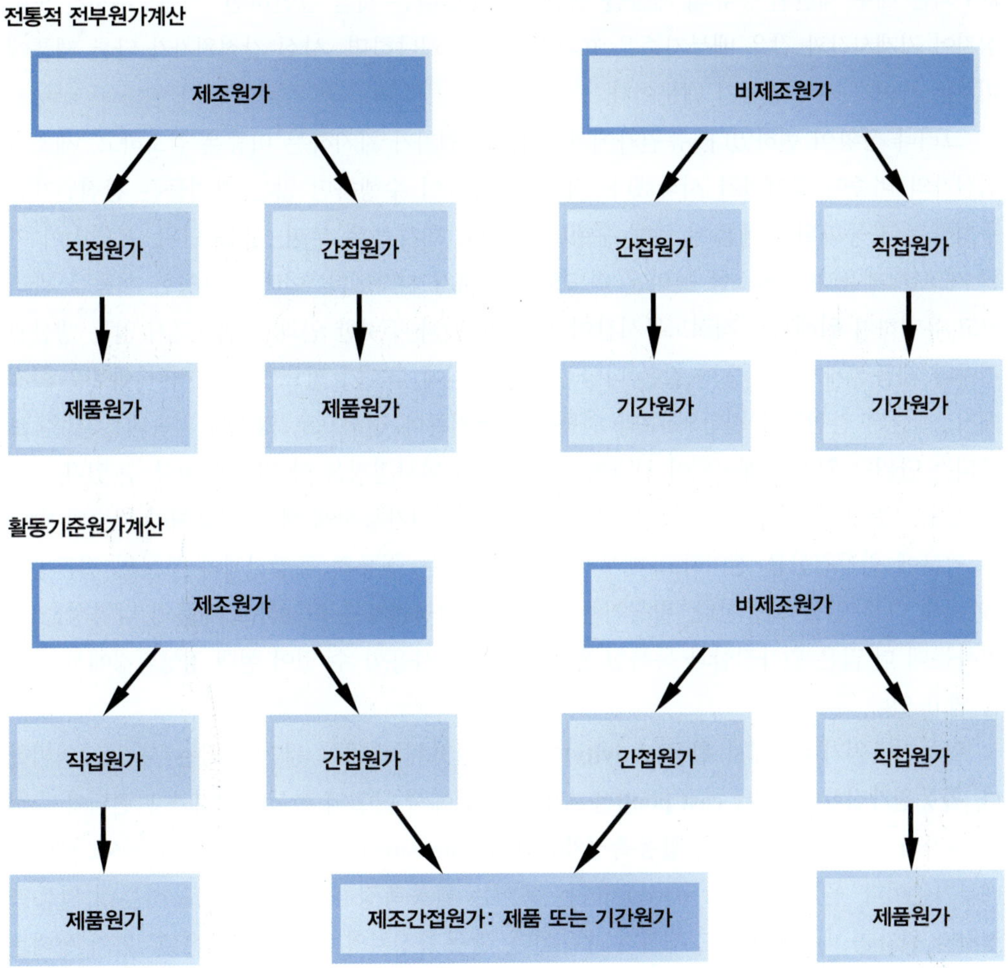

도표 7-1
전통적 전부원가계산과 활동기준원가계산 간의 차이점

---

1 부록 2B에서 손익계산서상 유휴조업원가를 어떻게 기간원가로 배부하는 지를 논의하였다. 이것은 유휴조업원가를 재고원가나 판매원가에 배부하지 않음을 강조한다. 이 장의 활동기준원가계산법 과정도 같은 맥락이다.

원가집합, 배부기준, 활동기준원가계산

19세기와 20세기 전반에 걸쳐, 원가시스템은 단순하고 나름대로 만족할 수 있었다. 전형적으로 하나의 공장전체 간접원가배부율 또는 몇 개의 부문별 간접원가 배부율은 간접원가를 제품에 배부하는 데 사용되어 왔다.

공장전체와 부문별 접근방식은 제품에 간접원가를 배부하기 위해 직접노무시간과 기계시간과 같은 것을 배부기준으로 항상 의존하는 한 가지 공통점을 가지고 있다. 예전의 노동집약적인 생산 구조에서는 직접노무는 제품원가의 큰 부분을 차지하고 있고 직접노무시간은 면밀히 추적되었으며, 많은 관리자들이 직접노무시간, 총생산량, 간접원가는 매우 높은 관련성이 있다고 믿었다. (직접노동시간, 총생산량과 간접원가 세 가지 변수는 같은 방향으로 함께 움직이는 경향이 있을 경우 상관관계가 매우 높다.) 그 당시 대부분의 회사들은 비슷한 자원이 요구되는 매우 제한된 종류의 제품을 생산하고 있었다는 것을 감안하면, 직접노무시간 또는 심지어 기계시간과 같은 배부기준은 효과적이었다. 왜냐하면, 사실 간접원가가 다른 제품에 미치는 차이가 거의 없었기 때문이다.

그러나 상황이 변하였다. 총원가에서 직접노무원가가 차지하는 비중은 감소하고, 제조간접원가의 비중이 증가하기 시작했다. 직접노동자들이 수행하던 많은 작업들은 간접원가를 구성하는 자동화된 기계들에 의해 수행되고 있다. 회사들은 부피, 묶음 단위, 복잡성이 다른 새로운 제품과 서비스를 놀라운 속도로 제공하기 시작했다. 이러한 다양한 제품을 관리하고 유지하기 위해서는 직접노무시간이나 기계시간과 뚜렷한 인과관계를 갖지 않는 생산관리자와 제품설계기술자 등과 같은 다양한 간접자원에 투자가 필요했다. 이러한 새로운 환경에서, 제한된 간접원가 집합의 수와 전통적 배부기준에 전적으로 의존이 지속되는 것은 보고되는 단위당 원가가 왜곡되어 결과적으로 잘못된 의사결정을 할 위험에 처할 수 있다.

활동기준원가계산은 보다 복잡한 원가 체계를 실현가능하게 하는 정보처리 기술의 발달한 덕분에 원가집합을 정의하고 배부기준을 선택하는 전통적 공장전체와 부문별 접근방식에 대해 다른 안을 제공한다. 활동기준 접근법은 경영원가를 이해하고 제품의 다양성을 유지하는데 더 많은 원가집합과 독특한 활동측정치를 사용할 수 있어 현대 경영환경에서 각광을 받고 있다.

활동기준원가계산에서 **활동(activity)**이란 간접자원 소비의 원인이 되는 사건을 의미한다. **활동원가집합(activity cost pool)**은 ABC시스템에서 단일의 활동측정치와 관련되어 축적된 원가의 '한통(bucket)'이다. **활동측정치(activity measure)**는 활동기준원가계산 시스템에서 배부기준이다. 원가동인(*cost driver*)이라는 용어는 활동측정치를 가리키기도 하는데 활동측정치가 원가를 배부되도록 강제하기 때문이다. 활동측정치의 가장 일반적은 두 가지 형태는 건수동인(*transaction drivers*)과 시간동인(*duration drivers*)이다. **건수동인(transaction drivers)**은 고객에게 발송하는 청구서의 수와 같이 발생하는 활동의 횟수로 간단히 측정된다. **시간동인(duration drivers)**은 고객을 위한 개별적인 청구서를 준비하는데 소비되는 시간과 같이 활동을 수행하기 위해 요구되는 시간의 총량으로 측정된다. 일반적으로 시간동인은 거래동인보다 자원의 소비를 더 정확하게 측정하지만, 기록하는데 더 많은 노력이 필요하다. 이런 이유에서, 실무에서는 일반적으로 건수동인을 더 많이 이용한다.

전통적인 원가시스템은 생산 조업도에 의해 유발되는 배부기준에 전적으로 의존한다. 반면에 활동기준원가계산에서는 활동을 생산 단위의 수량과는 크게 관련이 없는 단위수준(unit-level), 묶음수준(batch-level), 제품수준(product-level), 고객수준(customer-level), 설비유지(organization-sustaining)의 5가지 수준으로 정의한다. 원가와 단위 수준 활동에 상응하는 활동량은 생산된 단위 수량과 관련이 있지만, 나머지 범주는 그렇지 않다. 이러한 수준들은 다음과 같이 정의된다.[2]

1. **단위수준활동(unit-level activities)**은 제품 한 단위가 생산될 때마다 수행되는 활동이다. 이러한 단위수준활동원가는 생산 단위에 비례하여야 한다. 예를 들어, 동력은 생산 단위 수량에 비례하여 소비되어지기 때문에 장비를 가동하는데 제공되는 동력은 단위수준 활동이다.
2. **묶음수준활동(batch-level activities)**은 묶음 당 몇 개의 단위가 포함되던지 상관없이 묶음 단위로 처리 또는 가공될 때 수행된다. 예를 들어 원재료의 주문, 설비의 셋팅, 고객에게 발송준비 등은 묶음수준의 활동들이다. 묶음수준활동은 각각의 묶음(또는 고객의 주문)마다 발생한다. 묶음수준에서 원가들은 생산량, 판매량 또는 양을 측정하는 다른 기준보다는 수행된 묶음 수에 좌우된다. 예를 들어 묶음 작업을 위해 기계장치를 셋팅하는 원가는 묶음에 제품이 한 개가 포함되건 수천 개가 포함되건 관계없이 동일하게 발생할 것이다.
3. **제품수준활동(product-level activities)**은 특정 제품과 관련된 활동으로 얼마나 많은 묶음이 있던지 또는 얼마나 많은 제품이 생산되고 팔렸는지에 관계없이 수행되어야 한다. 예를 들어 제품 디자인, 제품광고, 제품관리자 및 직원유지 등의 활동들은 제품수준활동이다.
4. **고객수준활동(customer-level activities)**은 특정 고객과 관련된 것으로 특정 제품과 연관되지 않은 판매전화, 카탈로그 발송, 특정제품과 관련되지 않은 일반적인 기술지원 등과 같은 활동을 포함한다.
5. **설비유지활동(organization-sustaining activities)**은 어떤 고객이 서비스 받는지, 어떤 제품이 만들어지는지, 얼마나 많은 묶음이 가동되는지, 몇 개의 제품이 만들어지는지 상관없이 수행된다. 여기에는 공장난방, 임원사무실의 청소, 컴퓨터 네트워크 제공, 대출, 외부보고용 보고서 준비 등의 활동들이 포함된다.

2 Robin Cooper, "Cost Classification in Unit-Based and Activity-Based Manufacturing Cost Systems," *Journal of Cost Management*, Fall 1990, pp. 4–14.

전 세계적으로 많은 회사들은 직접노무시간이나 기계시간을 간접원가 배부기준으로 계속 사용하고 있다. 간접원가와 직접노무시간 간의 상관관계가 매우 높은 회사의 경우라면, 또는 간접원가 배부과정의 목적이 외부재무 보고를 작성하는 것이라면 이 관행은 타당하다. 그러나 제조간접원가가 공장의 직접노무시간 또는 기계시간과 함께 움직이지 않는 회사에서 이러한 방법을 이용한다면, 제품의 원가는 왜곡될 것이고 이는 회사 내에서 이루어진 의사결정을 왜곡시킬 수 있다.

기업현장 | IN BUSINESS

협곡에서의 만찬

Western River Expeditions (www.westernriver.com)는 콜로라도, Green과 Salmon강에서 래프팅 여행을 운영한다. 가장 인기 코스 중 하나는 그랜드 캐년 아래에서만 볼 수 있는 멋진 풍경과 Crystal, Lava 폭포와 같은 급류가 있는 그랜드 캐년을 6일 동안 내려가는 여행이다. 회사는 한 두개의 보트를 운영하며, 각 보트에는 두 명의 가이드와 최대 18명의 손님을 태울 수 있다. 모든 식사는 가이드가 준비해서 제공해준다.

활동계층 관점에서 손님은 단위수준 또는 보트 당 묶음단위수준으로 고려될 수 있다. 가이드에게 지급되는 임금은 보트에 탄 손님 수와 관계없이 보트 한 대당 두 명의 가이드가 동승하게 되므로 묶음수준원가이다. 각 손님에게는 여행기간 동안 사용하고 기념품으로 집에 가져갈 수 있는 머그잔이 제공된다. 머그잔은 고객 수에 비례하여 제공되기 때문에 단위수준 원가이다.

손님과 가이드에게 제공되는 음식의 원가는 단위수준, 묶음수준, 제품수준, 고객수준, 설비유지수준 중 어디에 속하는 원가인가? 외관상으로 판단하자면 음식의 원가는 고객 수에 따라 증가할 것이므로 단위수준 원가로 분류될 것 같다. 그러나 그것은 정확한 판단이라고 할 수 없다. 예를 들어 첫날 저녁메뉴가 새우, 스테이크, 옥수수빵, 샐러드, 치즈케이크로 구성되어 있다고 가정해보자. 여행이 시작되기 전에 여행에 필요한 모든 음식은 중앙창고에서 가져와야 하고, 박스에 포장해야 한다. 고객 수에 맞춰 음식의 양을 정확히 조절하는 것은 쉽지 않으므로 대부분의 음식은 큰 통에 포장된다. 예를 들어, 각 보트당 냉동새우를 두 박스씩 할당받을 것이다. 결과적으로 음식원가는 실제 고객 수와 관련된 단위수준원가가 아니라 묶음수준원가로 간주되어야 한다.

Source: Sandee Noreen

활동기준원가계산(ABC) 시스템의 설계

활동기준원가계산시스템의 성공적 도입을 위한 세 가지 필수 요인이 있다. 첫째, 최고경영자는 전 직원이 변화의 필요성을 받아들이도록 동기부여 하는데, 그들의 리더십이 중요한 역할을 하기 때문에 ABC 실행을 강하게 지지하여야 한다. 둘째, 최고경영자들은 ABC데이터가 어떻게 사람들을 평가와 보상을 받는지와 관련되어 있다는 것을 확실히 해두어야 한다. 만일 직원들이 계속해서 전통원가 데이터(ABC가 아닌)에 의해 평가되고 보상받고 있다면 곧바로 그들은 ABC가 중요하지 않다고 생각하고 포기할 것이다. 셋째, ABC시스템을 고안하고 실행하기 위한 다기능전략팀을 만들어야 한다. 그 팀은 반드시 마케팅, 생산, 엔지니어링 그리고 회계부서와 같이 ABC데이터를 사용할 각 분야의 대표자가 포함되어야 한다. 이 다기능전략팀 직원들은 효과적인 ABC 시스템을 만들기 위해 필요한 조직 운영의 많은 부분에 상세한 지식을 갖고 있어야 한다. 더욱이 다기능전략팀 경영자들의 지식을 모으는 것은 그들이 실행과정에 직접 참여하고 있다고 느끼게 해주므로 ABC에 대한 반감을 줄여준다. 매번 회계사들이 최고경영자의 지지와 다기능전략팀의 참여 없이 스스로 ABC 시스템을 실행하려고 시도했을 때 그 결과는 무시되어 왔다.

MANAGERIAL ACCOUNTING IN ACTION
THE ISSUE

Classic Brass사는 고급요트에 대한 두 주요 제품계열로 표준형과 고객 맞춤형을 생산한다. 이 회사의 사장인 John Towers는 최근 활동기준원가계산이 토의된 경영세미나에 참석했다. 세미나 이후에 그가 배운 것을 토론하기 위하여 회사 최고경영진 회의를 소집하였다. 이 회의의 참석자는 생산책임자인 Susan Richter, 마케팅책임자인 Tom Olafson, 회계책임자인 Mary Goodman이다. 그는 회계책임자인 Mary Goodman이 몇시간 전에 준비한 손익계산서(도표 7-2)를 나눠주고 회의를 시작했다.

John: 공식적으로 우리 회사는 역사상 처음으로 $1,250의 손실로 적자를 보게 되었습니다.

Tom: 우리가 할 수 있는 것이 무엇인지 모르겠네요! 고객 맞춤형 제품의 판매량이 많이 증가하도록 노력하였기에 손실이 아닌 이득이 많이 날거라 기대했었어요. 물론 표준형의 경우는 가격이 오르는 바람에 판매량이 조금 줄긴 했지만…

John: 표준형 제품의 가격이 너무 높다고 생각하나요?

Tom: 아닙니다. 우리 회사의 가격이 높다고 생각하지 않아요. 경쟁사들이 가격을 너무 낮게 책정한 것 같습니다. 아마도 그들은 원가보다도 가격을 낮게 책정한 것 같습니다.

Susan: 왜 경쟁사들이 원가보다 가격을 낮게 책정했을까요?

도표 7-2
Classic Brass의 손익계산서

Classic Brass 손익계산서 2021년 12월 31일로 종료된 회계연도		
매출		$ 3,200,000
매출원가		
직접재료원가	$ 975,000	
직접노무원가	351,250	
제조간접원가*	1,000,000	2,326,250
매출총이익		873,750
판매비와관리비		
선적비용	65,000	
일반관리비	510,000	
마케팅비용	300,000	875,000
영업손실		$ (1,250)

* 회사의 전통적인 원가시스템은 제조간접원가의 배부기준으로 기계시간을 이용한 공장전체 단일배부율을 이용한다. 재고수량에는 변화가 없다.

Tom: 시장점유율을 높이기 위해서 그랬겠지요.

Susan: 판매단위마다 손해를 보고 있다면 높은 시장점유율은 어떤 장점이 있나요?

John: Susan이 일리가 있다고 생각해요. Mary는 어떻게 생각하나요?

Mary: 경쟁사들이 표준형 제품을 원가보다도 낮게 판매하고 있다면 우리보다 더 큰 손실이 발생했을 것입니다. 경쟁사가 멍청하다고 가정하는 반면에, 우리 회사가 정확한 정보에 근거하여 의사결정을 하는 것이라면 왜 우리는 이익산출에 실패한 것이죠? 아마 경쟁사가 아니라 우리가 왜곡된 원가정보에 의존하고 있다고 봅니다.

John: 제가 참가한 세미나에서 활동기준원가계산에 대한 발표가 있었는데, 이제 이해가 되는 것 같네요. 세미나의 한 발표장에서 활동기준원가를 다루었습니다. 발표자가 활동기준원가계산에 의한 일반적 통찰력을 설명하기 시작했을 때는 청중석에서 반감이 들었습니다.

Mary: John, 저는 그동안 외부보고 목적으로는 우리의 원가시스템이 문제가 없지만 내부의사결정에는 좋지 않은 방법이라고 주장해왔습니다. 사장님께서 지금 하신 말씀은 이제는 내부의사결정을 위한 원가시스템을 새롭게 시작해도 된다는 말씀이신가요?

John: 네, 그렇습니다.

Mary: 알겠습니다. 그런데, 제가 현재 직면한 문제를 해결해 줄 확실한 활동기준원가시스템을 만들 수 있도록 여기 계신 여러분 모두가 적극적으로 도와주셔야 합니다.

John: 그럽시다. 여러분들 각 부서에서 최고로 믿을만한 사람을 한명씩 선발하여 원가를 연구하도록 ABC팀에 보내세요.

대부분 다른 ABC 도입과 같이, ABC팀은 새로운 ABC시스템이 외부보고용 재무제표를 작성하는데 계속 사용되어질 기존의 원가회계시스템을 대체하는 것보다는 이를 보완하는 것으로 결정하였다. 새로운 ABC시스템은 새로운 사업에 대한 입찰과 같은 경영의사결정을 위한 특별 보고서를 준비하는데 사용될 것이다.

도표 7-3
활동기준원가계산 모델

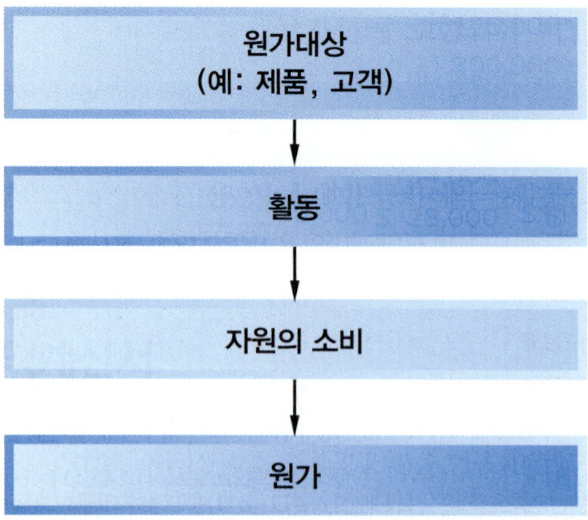

회계책임자는 그녀의 팀원들에게 ABC모델의 일반적인 구조를 설명하기 위해 도표 7–3에 나타나 있는 챠트를 그렸다. 제품과 같은 원가대상이 활동들을 발생시킨다. 예를 들어 고객 맞춤형 제품의 고객 주문은 제조주문을 준비하는 활동이 요구된다. 이러한 활동들은 자원을 소비하게 된다. 제조주문은 종이를 이용하여 작성하는데 시간이 소요된다. 제조주문을 작성하는데 사용되는 주문서가 많을수록, 그러한 주문서를 작성하는데 소요되는 시간도 더 많이 필요하고, 원가도 더 커진다. 활동기준원가계산은 제품과 고객이 원가에 어떻게 영향을 미치는지를 확인하기 위해 이러한 관계를 추적하려고 시도한다.

다른 많은 회사와 같이, Classic Brass의 ABC팀은 전통적인 원가계산시스템이 제품의 직접재료원가와 직접노무원가를 제품에 직접 추적할 수 있기 때문에 적절하게 측정했다고 생각했다. 따라서 ABC 연구는 회사의 제조간접원가와 판매와 관리원가와 같은 회사의 다른 원가에만 관심을 갖게 될 것이다.

이 팀은 Classic Brass에 ABC시스템 도입을 어떻게 진행할 것인지에 대해 계획을 신중히 세우는 것이 중요하다고 생각하였다. 그에 따라 도입절차를 5단계로 나누었다.

활동기준원가의 도입절차

1. 활동, 활동원가집합, 활동측정치를 정의
2. 활동원가집합에 간접원가를 배부
3. 활동률 계산
4. 원가대상에 간접원가를 배부
5. 경영보고서를 작성

1단계: 활동, 활동원가집합, 활동측정치를 정의

ABC시스템을 도입하기 위한 첫 단계는 시스템의 기초를 형성하는 활동을 확인하는 것이다. 이것은 어렵고 시간이 걸릴 수 있으며 많은 판단을 필요로 한다. 활동을 파악하기 위한 일반적인 절차는 ABC 도입팀에 있는 개인들이 제조간접 부문에서 일하는 근로자들을 면담하면서 그들의 주요 활동을 기술하도록 하는 것이다. 이것은 대개 매우 긴 활동목록을 생성한다.

그러한 활동목록의 길이는 문제를 발생시킨다. 한편으로는 ABC시스템에 추적되는 활동 수가 많아질수록 원가는 더 정확해질 가능성이 있다. 반면에, 많은 활동을 포함하는 복잡한 시스템은 설계, 도입, 유지 그리고 사용하는데 원가가 많이 든다. 결과적으로 처음의 긴 활동 목록은 유사한 활동을 결합하여 소수의 활동으로 줄여간다. 예를 들어, 원재료를 하역장에서 수령하는 것부터 창고의 적절한 상자에 원재료를 분류하는 것까지의 몇가지 활동은 원재료처리와 이동에 포함되어 질 수 있다. 이러한 모든 활동은 원재료처리라는 하나의 활동으로 묶을 수도 있을 것이다.

ABC시스템에서 유사한 활동들을 하나의 활동으로 결합할 때 주의할 점은 서로 같은 수준의 활동으로 묶어야 한다. 묶음수준활동을 단위수준활동과 제품수준활동을 묶음수준 활동 등으로 결합하여서는 안 된다. 일반적으로 한 수준 안에서 서로 매우 연관이 높은 것들끼리만 결합하는 것이 최상이다. 예를 들어, 고객주문 접수 건수는 배송이 완료된 주문수와 매우 연관이 있으므로, 이 두 개의 묶음수준활동(수령 및 배송)은 정확성의 손실없이 결합된다.

Classic Brass의 ABC팀은 최고경영자들과 논의한 결과 **활동원가집합**과 **활동측정치**를 다음과 같이 선택했다.

Classic Brass의 활동원가집합

활동원가집합	활동측정치
고객주문	고객주문횟수
제품설계	제품설계수
주문크기	기계시간
고객관계	고객 수
기타	적용하지 않음

고객주문 원가집합에는 특정주문에 대한 서류 처리작업 원가와 기계장치 셋업에 관련된 원가를 포함해서 고객 주문을 받고 처리하는 과정에서 소비되는 모든 자원의 원가가 배분될 것이다. 이러한 원가집합을 위한 활동측정치는 수령된 고객주문횟수이다. 이것은 고객이 한 단위를 주문하던지 1,000 단위를 주문하던지 관계없이 고객주문 횟수 당으로 발생하기 때문에 묶음수준의 활동이다.

제품설계 원가집합에는 제품을 설계함에 따라 소비되는 자원의 모든 원가가 집계된다. 이 원가집합에 대한 활동측정치는 제품설계 수이다. 새로운 제품에 대한 설계는 최종적으로 주문된 단위 수나 묶음단위로 운영되는 것과 관련이 없으므로 제품수준의 활동이다.

주문크기 원가집합에는 여러 가지 공장소모품, 기계 가동 전력, 기계장치의 감가상각비 등의 원가를 포함하여 생산된 단위 수에 따라 소비되는 자원의 모든 원가가 배부될 것이다. 각 단위는 이러한 자원을 필요로 하므로 단위수준의 원가이다. 이 원가집합의 활동측정치는 기계시간이다.

고객관계 원가집합에는 판매전화 원가와 고객접대 원가를 포함하여, 고객 관계를 유지하는 것과 관련된 모든 원가가 배부될 것이다. 이 원가집합의 활동측정치는 회사가 보유하고 있는 고객목록의 고객수가 될 것이다. 고객관계 원가집합은 고객수준의 활동을 나타낸다.

기타 원가집합에는 이러한 고객주문, 제품설계, 주문크기 또는 고객관계에 포함되지 않은 모든 간접원가가 배부될 것이다. 이 원가들에는 주로 설비유지원가와 사용되지 않는 유휴 설비의 원가가 포함된다. 이런 원가들은 제품에 의해 소비되지 않은 자원들이기 때문에 제품에 배부되지 않을 것이다.

Classic Brass가 선택한 활동원가집합과 활동원가동인을 똑같이 사용하는 회사는 없다. 개입된 판단력의 양, 활동원가집합의 정의와 수 그리고 사용된 활동원가동인은 각 회사마다 다양하기 때문이다.

활동기준원가계산 구조

2단계: 활동원가집합에 간접원가를 배부

학습목표 7-2

1단계 배부과정을 이용하여 활동원가집합에 원가를 할당할 수 있다.

도표 7-4는 Classic Brass가 활동원가집합에 배부할 연간 간접원가(제조 및 비제조 모두 포함)를 보여준다. 이 표의 자료들은 각 부서(예를 들면 생산, 일반관리, 마케팅부문)에 의해 만들어지는 자료라는 것에 주목하자. 이것은 자료들이 회사의 총계정원장에서 추출되었기 때문이다. 총계정원장은 원가가 발생한 부서 내에서 원가를 분류한다. 예를 들어, 마케팅부문에서 발생하는 급여, 소모품, 임차료 등은 마케팅부문에 할당한다. 원장의 기능적 지향점은 도표 7-2의 전부원가 손익계산서에서 비용의 표시를 보여주는 것이다. 실제로 도표 7-4에서 제조부문의 총 원가 $1,000,000는 도표 7-2의 손익계산서 상의 제조간접원가 총계와 동일하다. 이와 유사하게, 도표 7-4의 일반관리부문의 총 간접원가 $510,000와 마케팅부문의 총 간접원가 $300,000는 도표 7-2의 일반관리비 및 마케팅비용과 동일하다.

도표 7-2의 손익계산서에 포함된 직접재료원가와 직접노무원가, 그리고 선적비용은 도표 7-4에서는 나타나지 않는다. ABC팀은 현재 원가시스템이 직접재료원가, 직접노무원가와 선적비용은 정확히 추적할 수 있기 때문에 이러한 원가를 의도적으로 도표 7-4에서 제외시킨 것이다. 간접원가의 활동기준 배부에서는 이러한 직접원가를 통합할 필요가 없는 것이다.

Classic Brass의 활동기준원가시스템은 1단계 배부라고 불리는 배분 절차를 통해 앞서 언급한 5개의 활동원가집합들을 9가지 형태로 도표 7-4에서 나눌 것이다. ABC시스템의 **1단계 배부(first-stage allocation)**는 회사의 원장으로부터 추출하고 기능적으로 구성된 간접

도표 7-4

Classic brass의 연간 간접원가 (제조 및 비제조 모두)

제조부문		
간접노무비	$ 500,000	
공장 장치 감가상각비	300,000	
공장 설비 감가상각비	120,000	
공장건물 임차료	80,000	$ 1,000,000
일반관리부문		
관리직 임금과 급여	400,000	
사무실 비품 감가상각비	50,000	
사무실 임차료	60,000	510,000
마케팅부문		
영업직원 임금과 급여	250,000	
판매비	50,000	300,000
총간접원가		$ 1,810,000

원가를 활동원가집합에 배부하는 과정이다.

1단계 배부는 활동을 직접 수행하는 근로자들과의 인터뷰 결과를 기초로 하여 수행된다. 예를 들어 Classic Brass는 $500,000의 간접노무비를 5가지의 활동원가집합에 배부할 필요가 있다. 이러한 배부는 관리자, 기술자, 품질검사자와 같이 공장 간접노무자로 분류된 근로자들에게 고객주문, 제품디자인, 제품처리 단위(예, 주문크기), 그리고 고객관계와 같은 일을 처리 하는데 소비한 시간의 비율을 추정하는 것을 질문하면, 좀 더 정확히 산출할 수 있다. 이러한 인터뷰는 상당히 주의를 요한다. 인터뷰를 받는 이들은 어떤 활동들이 포함되고 인터뷰를 통해 그들에게 기대하는 것이 무엇인지를 철저히 이해하여야 한다. 게다가 부문별 관리자들은 대개 비인적원가를 활동원가집합에 어떻게 배분할 것인지에 대해 인터뷰에 응하게 된다. 예를 들어 Classic Brass의 생산관리자는 도표 7–4에 제시된 공장장치 감가상각비 $300,000를 어떻게 활동원가집합에 배부할 것인지에 대한 인터뷰에 응하게 될 것이다. 생산관리자가 답해야할 핵심질문은 "고객주문횟수, 제조건수(예, 주문 크기)가 사용가능한 기계장치 활동의 몇 %를 사용하였느냐?"이다.

Classic Brass의 이러한 인터뷰 결과는 도표 7–5에 표현되어 있다. 예를 들어, 공장장치 감가상각비는 고객주문활동에 20%, 주문크기에 60%, 기타활동에 20%를 배부한다. 이 사례에서 자원은 기계시간이다. 생산관리자에 따르면 이용 가능한 기계시간의 60%는 실제로 각 제품을 제조하는 활동에 사용된다. 이 비율은 주문크기 열에 입력된다. 고객주문 별로 셋팅이 필요하고, 이것 역시 기계시간이 필요하다. 이 활동은 이용가능한 기계시간의 20%를 소비하므로 고객주문활동 열에 입력된다. 이용 가능한 기계시간 중 20%는 유휴시간이므로 이를 기타활동 열에 기입된다.

도표 7–5와 이 장의 다른 많은 도표들은 Excel의 스프레드시트 형태로 표시되었다. 활동기준원가에서 요구되는 모든 계산은 수작업으로도 할 수 있다. 그럼에도 불구하고 스프레드시트이나 특별한 ABC 소프트웨어를 사용하여 활동기준원가계산을 설정하는 것은 특히 많은 활동원가집합이 포함된 상황이거나 주기적으로 ABC시스템을 업데이트해야하는 조직에서는 많은 작업시간을 줄여준다.

도표 7–5의 모든 비율이 어떻게 결정되었는가에 관한 세부사항은 다루지 않을 것이다. 하지만 공장건물에 대한 임차료는 기타 원가에 100% 배부되는 점을 주의하자. Classic Brass는 단일 생산설비를 유지하고 있다. 이를 더 확장하거나 여유 공간을 전대할 계획이 없다. 이 생산설비의 원가는 특정 제품이나 고객의 수가 감소한다고 하여도 회피할 방법이 없기 때문에 설비유지원가로 다루어진다. (설비유지원가는 기타 원가집합에 배부되고 제품에 배부되지는 않는다는 점을 꼭 기억해라.) 이와는 대조적으로 어떤 회사들은 특정 제품 제조를 위하여 설비를 분리시키기도 한다. 이런 경우 각 설비별로 발생한 원가는 특정 제품에 직접 추적될 수 있을 것이다.

도표 7–5처럼 배부 비율이 확정되면, 원가를 활동원가집합에 배부하는 것은 어렵지 않다. 이러한 1단계 배부 결과는 도표 7–6에 제시되어 있다. 각각의 원가는 도표 7–5의 비율

을 곱하여 각 활동원가집합으로 배부된다. 예를 들어, $500,000의 간접노무비는 25%를 곱하여 도표 7–6의 고객주문활동에 $125,000가 기입된다. 이와 유사하게, $500,000의 간접노무비에 도표 7–5의 제품디자인에 있는 40%를 곱한 $200,000는 도표 7–6의 제품설계 활동에 기입된다. 도표 7–6의 모든 기입은 이런 식으로 계산된다.

이제 활동원가집합의 1단계 배부가 끝났고, 다음은 활동원가배부율을 산출하는 것이다.

도표 7-5 인터뷰 결과: 활동원가집합별 자원소비 비율

	A	B	C	D	E	F	G
1				활동원가집합			
2		고객주문	제품설계	주문크기	고객관계	기타	합계
3							
4	제조부문						
5	간접노무비	25%	40%	20%	10%	5%	100%
6	공장 장치 감가상각비	20%	0%	60%	0%	20%	100%
7	공장 설비 감가상각비	0%	10%	50%	0%	40%	100%
8	공장건물 임차료	0%	0%	0%	0%	100%	100%
9							
10	일반관리부문						
11	관리직 임금과 급여	15%	5%	10%	30%	40%	100%
12	사무실 비품 감가상각비	30%	0%	0%	25%	45%	100%
13	사무실 임차료	0%	0%	0%	0%	100%	100%
14							
15	마케팅부문						
16	영업직원 임금과 급여	22%	8%	0%	60%	10%	100%
17	판매비	10%	0%	0%	70%	20%	100%
18							

Exhibit 7-5 / Exhibit 7-6 / Exhibit 7-7 / Exhibit 7-9 / Exhibit 7-10 / Exhibit 7-11 / Exhibit 7-11 (2)

도표 7-6 활동원가집합에 1단계 배부

	A	B	C	D	E	F	G
1				활동원가집합			
2		고객주문	제품설계	주문크기	고객관계	기타	합계
3							
4	제조부문						
5	간접노무비	$ 125,000	$ 200,000	$ 100,000	$ 50,000	$ 25,000	$ 500,000
6	공장 장치 감가상각비	60,000	0	180,000	0	60,000	300,000
7	공장 설비 감가상각비	0	12,000	60,000	0	48,000	120,000
8	공장건물 임차료	0	0	0	0	80,000	80,000
9							
10	일반관리부문						
11	관리직 임금과 급여	60,000	20,000	40,000	120,000	160,000	400,000
12	사무실 비품 감가상각비	15,000	0	0	12,500	22,500	50,000
13	사무실 임차료	0	0	0	0	60,000	60,000
14							
15	마케팅부문						
16	영업직원 임금과 급여	55,000	20,000	0	150,000	25,000	250,000
17	판매비	5,000	0	0	35,000	10,000	50,000
18							
19	합계	$ 320,000	$ 252,000	$ 380,000	$ 367,500	$ 490,500	$ 1,810,000
20							

Exhibit 7-5 / Exhibit 7-6 / Exhibit 7-7 / Exhibit 7-9 / Exhibit 7-10 / Exhibit 7-11 / Exhibit 7-11 (2)

도표 7–5는 고객주문활동이 간접노무원가 $500,000의 25%를 소비하는 것을 보여준다.

25% × $500,000 = $125,000

다른 원가들도 유사한 방법으로 산출된다.

기업현장 IN BUSINESS

배송원가를 낮추기 위한 이케아 제품 재설계

이케아(IKEA)의 제품디자인은 회사의 배송원가에 영향을 주는 원가동인이다. 예를 들어, 이케아는 Ektorp 소파를 하나의 단단한 조각에서 여러 개의 분리 가능한 부품으로 재설계했을 때, 제품의 패키지 크기를 50%까지 줄였다. 이 같은 포장크기 감소로 연간 7,477대의 배달 트럭을 감축할 수 있었고 소파가격을 14% 인하하여 관련 원가 절감분을 고객과 공유할 수 있게 되었다.

또 Textur 램프의 부품 수도 33개에서 9개로 줄였다. 더 단순한 디자인으로 제품의 포장 무게를 28% 줄였고 팔레트로 운반할 수 있는 단위의 수를 80개에서 128개로 늘렸다. IKEA는 이 램프 가격을 34% 낮추어 이러한 절감효과를 고개들과 공유했다.

Source: Saabira Chaudhuri, "Ikea's Favorite Design Idea: Shrink the Box," *The Wall Street Journal*, June 18, 2015, p. B10.

3단계: 활동률 계산

학습목표 7-3

활동원가집합 별로 활동률을 계산할 수 있다.

원가대상(제품, 고객 등)에 간접원가를 배부하기 위해 사용될 활동률은 도표 7-7과 같이 계산된다. ABC 팀은 회사의 현재 제조하기 위한 제품 믹스와 그것을 현 고객에게 제공하기 위하여 요구되는 각 원가활동집합에 대한 총 활동을 결정하였다. 이러한 숫자들은 도표 7-7의 C열에 제시되어 있다. 예를 들어, ABC팀은 회사의 현재 고객을 만족시키기 위해 매년 400개의 새로운 제품에 대한 설계가 필요하다고 파악했다. 활동률은 각 활동에 대한 총원가를 각 활동의 총 활동으로 계산한다. 예를 들어 도표 7-6에서 계산된 고객주문 활동원가 $320,000를 연간 고객주문 횟수인 총 1,000회로 나누어 고객주문 당 $320의 활동률이 계산된다. 동일한 방법으로 제품설계 당 $630의 활동률을 계산하기 위해서 제품설계 활동원가 $252,000를 연간 총 제품설계 횟수인 400개로 나눈다. 주의할 것은 기타 활동원가는 배부율을 계산하지 않는다. 왜냐하면 설비유지원가나 유휴조업원가 같은 기타활동원가는 제품 또는 고객에게 배부하지 않기 때문이다.

도표 7-7의 활동률은 **평균적으로** 고객주문 당 $320, 제품설계 당 $630, 주문크기는 기계시간 당 $19, 고객관계 당 $1,470의 자원을 소비한다는 것을 의미한다. 이러한 것은 **평균적인** 숫자라는 것에 주의하자. Classic Brass ABC 설계팀의 일부 구성원들은 실제 설계시간이

도표 7-7 활동률의 계산

	A	B	C	D	E	F	G
1	활동원가집합	(a) 총원가*	(b) 총활동		(a) ÷ (b) 활동률		
2	고객주문	$320,000	1,000	주문수	$320	주문당	
3	제품설계	$252,000	400	설계수	$630	설계당	
4	주문크기	$380,000	20,000	기계시간	$19	기계시간당	
5	고객관계	$367,500	250	고객수	$1,470	고객당	
6	기타	$490,500	적용하지 않음		적용하지 않음		
7							
8	*도표 7-6으로 부터						
9							

Exhibit 7-5 / Exhibit 7-6 / **Exhibit 7-7** / Exhibit 7-9 / Exhibit 7-10 / Exhibit 7-11 / Exhibit

도표 7-8 Classic Brass의 활동기준원가계산 모델

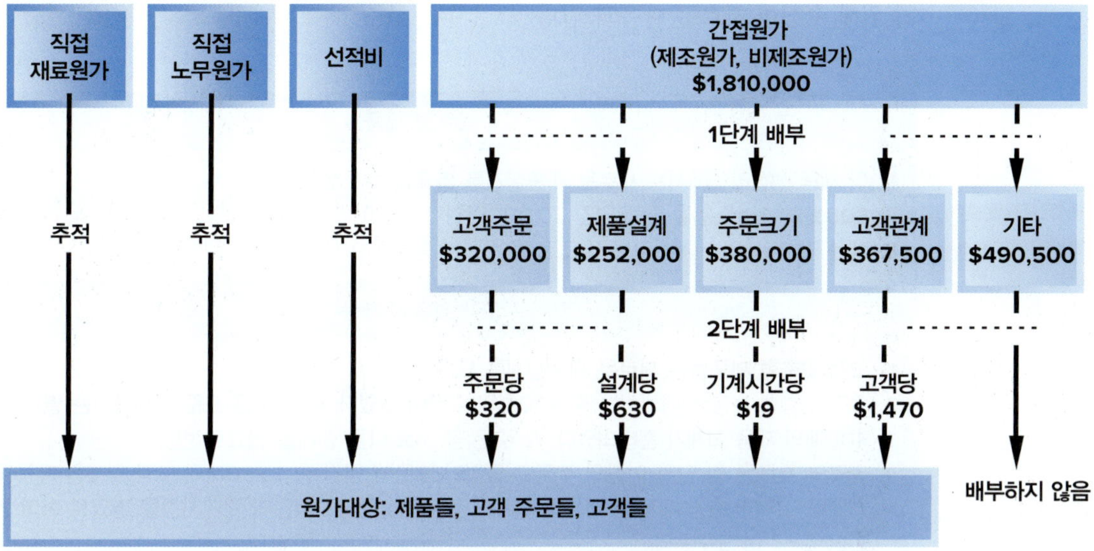

실제로 얼마나 요구되는지에 상관없이 모든 신제품설계에 동일한 $630로 배부하는 것은 공정하지 않다고 주장했다. 찬반양론의 논의 끝에 현 시점에서 새로운 제품마다 소비한 실제 설계시간을 추적하는 노력은 무의미하다고 결론 내렸다. 그들은 정확성을 증가시키는 효익이 더 자세한 원가계산 시스템을 실행하고 유지하는 높은 원가를 정당화시킬 정도로 충분히 크지 않을 것이라 생각하였다. 유사하게, 팀의 일부 구성원들도 고객에게 동일한 $1,470의 원가를 배부하는 것을 불편해 했다. 어떤 고객들은 까다롭지 않았고 필요한 즉시 표준제품을 주문했다. 어떤 고객들은 매우 까다로워서 마케팅과 행정에 많은 시간을 소비했다. 이들은 대개 맞춤형 제품주문을 하고 마지막에 주문을 하는 경향이 있으며 변심하기도 하는 고객들이었다. 모두 이 현상에 동의했지만, 자원에 대한 개별적인 고객의 요구를 측정할 수 있는 자료는 현실적으로 이용할 수 없었다. ABC시스템의 도입을 늦추기보다는, 연구팀은 그러한 개선은 나중으로 미루기로 하였다.

더 살펴보기 전에 ABC시스템에서 제품과 다른 원가 대상에 원가를 배부하는 전반적인 과정을 살펴보는 것이 도움이 될 듯하다. 도표 7-8은 Classic Brass의 ABC시스템을 시각적으로 보여주는 그림이다. 이 도표를 자세히 살펴보기 바란다. 특히 설비유지원가와 유휴조업원가를 포함하는 기타원가는 제품이나 고객에게 배부되지 않는다는 점에 주의하자.

4단계: 원가대상에 간접원가를 배부

활동기준원가계산을 위한 4번째 단계는 2단계 배부라고 할 수 있다. **2단계 배부(second-stage allocation)**에서는 제품과 고객에게 간접원가를 배부하기 위해 활동률이 사용된다. 먼저, 고객에게 원가를 어떻게 배부하는 지를 예시하고 이어 제품에 원가를 어떻게 배부하는 지를 살펴볼 것이다.

학습목표 7-4

2단계 배부과정을 이용하여 원가대상에 활동원가를 할당할 수 있다.

ABC팀이 Classic Brass사의 두 종류의 제품(표준형과 고객 맞춤형)에 간접원가를 배부하기 위해 수집한 자료는 다음과 같다.

표준형 제품

1. 이 제품 생산라인에서는 새로운 제품설계를 필요로 하지 않는다.
2. 600회의 개별주문을 통해 연간 30,000단위의 제품이 주문된다.
3. 제품 당 35분의 기계시간을 필요로 하며 연간 총 17,500시간이 요구된다.

고객 맞춤형 제품

1. 고객 맞춤형 제품들은 새로운 제품설계를 요구한다.
2. 고객 맞춤형 제품에 대해서는 총 400회의 주문이 있었다. 이 주문은 표준형 제품과는 별개이다.
3. 400개의 제품 설계가 준비되었다. 각 주문 당 서로 다른 설계를 필요로 한다.
4. 몇몇의 주문은 한 단위 이상의 주문도 있었기 때문에 연간 총 1,250개의 고객 맞춤형 제품을 생산하였다. 고객 맞춤형 제품을 생산하기 위해서는 개당 평균 2시간의 기계시간을 필요로 하며 연간 총 2,500시간이 요구된다.

표준형 제품에 대한 600회의 주문과 고객 맞춤형 제품에 대한 400회의 주문을 합하면 총 주문횟수는 1,000회이다. 400의 제품설계는 고객 맞춤형과 연관되어 있으며 표준형과는 관련이 없다. 30,000개의 표준형 제품을 생산하기 위해 17,500 기계시간이 요구되었으며 1,250개의 고객 맞춤형 제품을 생산하기 위해 2,500 기계시간을 필요하여 총 20,000기계시간이다.

도표 7–9는 표준형 제품과 고객 맞춤형 제품에 간접원가가 어떻게 배부되는 지를 보여주고 있다. 예를 들어, 간접원가 $192,000이 고객주문 활동으로부터 표준형에 배부되었다(주

도표 7-9 활동원가의 배부

	A	B	C	D	E	F
1	**표준형 제품에 배부될 간접원가**					
2	**활동원가**	**(a) 활동률***		**(b) 활동수**		**(a) × (b) ABC원가**
3	고객주문	$320	주문당	600	주문수	$ 192,000
4	제품설계	$630	설계당	0	설계수	0
5	주문크기	$19	기계시간당	17,500	기계시간	332,500
6	총 계					$ 524,500
7						
8	**고객 맞춤형 제품에 배부될 간접원가**					
9	**활동원가**	**(a) 활동률***		**(b) 활동수**		**(a) × (b) ABC원가**
10	고객주문	$320	주문당	400	주문수	$ 128,000
11	제품설계	$630	설계당	400	설계수	252,000
12	주문크기	$19	기계시간당	2,500	기계시간	47,500
13	총 계					$ 427,500
14						
15	*도표 7-6으로 부터					
16						

Exhibit 7-5 / Exhibit 7-6 / Exhibit 7-7 / Exhibit 7-9 / Exhibit 7-10 / Exhibit

문 당 $320 × 600회 주문). 이와 유사하게 간접원가 $128,000이 고객주문 활동으로부터 고객 맞춤형에 배부되었다(주문 당 $320 × 400회 주문). 고객주문 활동원가집합은 총 $320,000(도표 7–6 또는 7–7참조)를 포함하고, 이 총액은 두 제품($192,000 + $128,000 = $320,000)에 배부되었다.

도표 7–9는 Classic Brass의 총 $952,000의 간접원가가 두 종류의 제품계열 — 표준형 제품에 $524,500, 고객 맞춤형 제품에 $427,500 — 에 배부되는 것을 보여주고 있다. 이 총합은 ABC시스템에 포함된 간접원가인 $1,810,000보다 적다. 그 이유는 ABC팀이 고객관계 활동으로 집계한 $367,500와 기타활동으로 분류한 $490,500를 배부하지 않았기 때문에 제품에 배부한 간접원가 총액은 ABC시스템의 간접원가 총계과 일치하지 않는다. 고객관련 활동은 고객수준 활동에 속하고 기타활동은 설비유지 활동에 속한다. 즉 제품으로 인해 야기된 활동이 아니다. 아래 표에서 보여주듯, 고객관련 활동원가와 기타 활동원가를 제품에 배부된 간접원가 $952,000에 더하면, 총합은 $1,810,000이다.

	표준형	고객 맞춤형	합계
제품에 배부된 간접원가			
고객주문	$ 192,000	$ 128,000	$ 320,000
제품설계	0	252,000	252,000
주문크기	332,500	47,500	380,000
소계(a)	$ 524,500	$ 427,500	952,000
제품에 배부되지 않은 간접원가			
고객관계			367,500
기타			490,500
소계(b)			858,000
총 간접원가 (a) + (b)			$ 1,810,000

고객에게 활동원가를 배부하는 2단계 배부의 다른 예를 살펴보자. Classic Brass사 고객 중 하나인 Windward Yachts에 간접원가를 배부하기 위해 필요한 자료는 다음과 같다.

Windward Yachts

1. 그 회사는 총 3회의 주문을 했다.
   a. 2회의 주문은 주문 당 150개의 표준형 제품에 대한 것이었다.
   b. 1회의 주문은 1개의 고객 맞춤형 제품을 위한 것이었다.
2. 이 3건 고객 주문과 관련하여 총 177시간의 기계시간이 이용되었다.
   a. 300개의 표준형 제품은 175시간의 기계시간을 필요로 한다.
   b. 고객 맞춤형 제품은 2시간의 기계시간을 필요로 한다.
3. Windward Yacht는 Classic Brass의 총 250명의 고객 중 하나이다.

도표 7–10은 ABC시스템이 간접원가를 고객에게 어떻게 배부하는 지를 보여주고 있다. 도표 7–10에 나타난 것과 같이 ABC팀은 고객인 Windward Yachts사에 $6,423의 간접원가를 배부해야 한다고 계산하였다. 이 도표는 Windward Yachts가 고객주문활동집합에서 $960의 간접원가(주문당 $320 × 3회)를, 제품설계원가에서 $630(설계당 $630 × 1회)를, 주문크기활동집합에서 $3,363(기계시간당 $19 × 177기계시간)를, 고객관계활동집합에서 $1,470(고객당 $1,470 × 1명)를 배부 받았다는 것을 보여준다.

도표 7-10
고객별 간접원가 배부

	A	B	C	D	E	F
1	Windward Yachts의 간접원가					
2						
3	활동원가	(a) 활동률*		(b) 활동수		(a) × (b) ABC원가
4	고객주문	$320	주문당	3	주문수	$ 960
5	제품설계	$630	설계당	1	설계수	630
6	주문크기	$19	기계시간당	177	기계시간	3,363
7	고객관계	$1,470	고객당	1	고객수	1,470
8	고객에게 배부된 총 간접원가					$ 6,423
9						
10	*도표 7-6으로 부터					
11						

Exhibit 7-5 / Exhibit 7-6 / Exhibit 7-7 / Exhibit 7-9 / Exhibit 7-10 / Exhibit 7-11 / Exhibit 7-

2단계 배부가 끝나면 ABC팀은 회사 영업순손실의 원인을 설명할 수 있는 보고서작성을 준비해야 한다.

5단계: 경영보고서를 작성

학습목표 7-5

활동기준원가를 제품과 고객기준 이익을 계산하는데 사용할 수 있다.

ABC자료로 가장 흔하게 작성되는 경영보고서는 제품별 혹은 고객별 수익보고서이다. 이러한 보고서는 수익을 창출하는 제품이나 고객을 밝히는 동시에 회사가 가장 이익이 되는 성장기회에 자원을 투입하도록 도움을 준다. 제품 수익성 보고서에 이어서 고객 수익성 보고서의 사례를 시작한다.

Classic Brass의 ABC팀은 **제품마진**이라고 불리는 제품의 이익은 제품의 판매량과 제품이 야기하는 직접원가, 간접원가의 함수라는 것을 알았다. 도표 7–9의 ABC원가배부는 오직 각 제품의 간접원가만을 요약한 것이다. 따라서 제품별 이익(예, 제품마진)을 계산하기 위해서 설계팀은 제품별 매출과 직접원가에 추가하여 이전에 계산된 간접원가를 집계할 필요하다. 이와 관련된 제품별 매출과 직접원가는 아래와 같다. 합계 열에서 수는 도표 7–2의 손익계산서와 일치한다는 것에 주의하라.

	표준형	고객 맞춤형	합계
매출액	$2,660,000	$540,000	$3,200,000
직접원가			
직접재료원가	$905,500	$69,500	$975,000
직접노무원가	$263,750	$87,500	$351,250
선적비	$60,000	$5,000	$65,000

위의 자료를 이용하여 ABC팀은 도표 7-11과 같은 제품별 수익성 보고서를 작성하였다. 이 보고서에서 표준형 제품은 이익이 $906,250으로 수익성이 있는 반면에, 고객 맞춤형 제품은 $49,500의 손실을 내어 수익성이 없다. 단, 여기에는 고객관계활동원가와 기타활동원가가 포함되지 않았다는 것을 주의해야 한다. 총 $858,000의 원가는 제품에 의해 야기되는 원가가 아니기 때문에 보고서에서 제외된다. 고객관계활동원가는 제품에 의해서가 아니라 고객에 의해서 발생된다. 기타원가는 특정제품에 의해 야기되지 않는 설비유지원가와 유휴설비원가이다.

도표 7-11 제품별 이익—활동기준원가

	A	B	C	D	E	F
1	제품별 이익—활동기준원가계산					
2		표준형			고객 맞춤형	
3	매출액		$ 2,660,000			$ 540,000
4	원가:					
5	직접재료원가	$ 905,500			$ 69,500	
6	직접노무원가	263,750			87,500	
7	선적비	60,000			5,000	
8	고객주문활동(도표 7-9)	192,000			128,000	
9	제품설계활동(도표 7-9)	-			252,000	
10	주문크기활동(도표 7-9)	332,500			47,500	
11	총원가		1,753,750			589,500
12	제품별이익		$ 906,250			$ (49,500)
13						

Exhibit 7-5 / Exhibit 7-6 / Exhibit 7-7 / Exhibit 7-9 / Exhibit 7-10 / Exhibit 7-11 / Exhib

제품이익은 다음과 같이 회사 영업순손실로 조정될 수 있다.

	표준형	고객 맞춤형	합계
매출(도표 7-11)	$ 2,660,000	$ 540,000	$ 3,200,000
총원가(도표 7-11)	1,753,750	589,500	2,343,250
제품이익(도표 7-11)	$ 906,250	$ (49,500)	856,750
제품에 배부되지 않은 간접원가			
고객관계 활동			367,500
기타			490,500
합계			858,000
순영업이익			$ (1,250)

다음으로 Windward Yachts의 고객수익보고서를 작성하였다. 제품별수익보고서와 유사하게 설계팀은 Windward Yachts와 관련한 매출과 직접재료원가, 직접노무원가, 선적원가 자료를 수집했다. 이와 관련한 자료는 다음과 같다.

	Windward Yachts
매출액	$11,350
직접원가	
직접재료원가	$2,123
직접노무원가	$1,900
선적비	$205

이 자료와 도표 7-10을 이용하여 설계팀은 도표 7-12와 같은 고객수익보고서를 작성하였다. 이 보고서는 Windward Yachts로 인한 이익이 $699라는 것을 보여준다. 이와 유사한 보고서가 Classic Brass의 250명의 고객별로 작성될 수 있으며, 이를 통해 가장 수익성이 높은 고객과는 계속 관계를 이어가고, 수익성이 없는 고객은 정리하는 것이 가능하도록 한다.

도표 7-12
고객 이익—활동기준원가계산

	A	B	C
1	제품별 이익—활동기준원가계산		
2		Windward Yachts	
3	매출		$11,350
4	원가:		
5	직접재료원가	$ 2,123	
6	직접노무원가	1,900	
7	선적비	205	
8	고객주문활동(도표 7-10)	960	
9	제품설계활동(도표 7-10)	630	
10	주문크기활동(도표 7-10)	3,363	
11	고객관련비용(도표 7-10)	1,470	10,651
12	고객이익		$ 699
13			

Exhibit 7-12 / Exhibit 7-13 / Exhibit 7-14 / Exhibit 7A-1

기업현장 | IN BUSINESS

정부기관에서 활동기준원가계산

활동기준원가계산은 종종 영리 기업의 관점에서 연구되지만, 정부기관에서도 적용할 수 있다. 예를 들어, **MA 서머 빌시**는 교통 단위 부서를 관리하는 데 도움이 되는 활동기준원가계산을 사용하였다. 교통부 부서 운영원가를 6가지 활동으로 할당하였는데, (1) 사고 조사, (2) 견인 회사 관리, (3) 교통 단속, (4) 건널목 경비 초소 직원 및 감독자 (5) 자료처리, (6) 특별 행사 조직이다. 시는 또한 공공사업부 내의 전기, 수도 및 건축 및 부지 프로그램에 활동기준원가계산 관점을 적용하였다. 예를 들어, 수자원 프로그램 내 5가지 활동에는 (1) 수질 및 압력 유지, (2) 관문 밸브 유지, (3) 계량기 유지와 판독, (4) 수질 허가증의 발행과 추적, (5) 소화전 유지가 포함된다.

Source: Linda J, Bilmes., "City of Somerville: Using Activity-Based Budgeting to Improve Performance in the Somerville Traffic Units," *Harvard Business School Publishing*, August 2013, pp. 1–29.

전통적인 원가계산방법과 ABC의 비교

ABC팀은 전통적인 원가계산 방법에 의한 원가계산과 ABC를 이용한 원가계산 결과를 비교하기 위해 2단계의 절차를 수행했다. 첫째, 전통적인 원가계산 방법에 의해 계산된 보고서상의 이익을 검토했다. 그리고 이 보고서상의 제조원가와 ABC를 이용한 제조원가의 차이점을 비교했다.

전통적인 원가계산 시스템을 이용한 제품이익의 계산

Classic Brass의 전통적인 원가계산시스템은 직접재료원가, 직접노무원가, 제조간접원가인 제조원가만을 제품에 배부한다. 판매관리비는 제품에 배부하지 않는다. 도표 7-13은 전통적인 원가계산 방법을 이용하여 Classic Brass의 제품별 이익을 계산한 결과이다. 이러한 이익이 어떻게 계산되는 지를 3단계로 설명할 것이다. 첫째, 매출액과 직접재료원가, 직접노무원가 자료는 ABC팀이 파악한 도표 7-11과 동일하다. 즉, 전통원가계산방식과 ABC 계산방식 모두 이 3가지에 대한 수익과 원가 정보는 동일하게 취급한다.

둘째, 전통적인 원가계산 시스템은 공장전체 제조간접원가 배부율을 이용하여 제조간접원가를 제품에 배부한다. 이 배부율에서 분자는 도표 7-2의 손익계산서에 제시된 총제조간접원가 $1,000,000이다. 도표 7-2의 각주에서 전통원가계산방식은 제조간접원가 배부기준으로 기계시간을 이용하는 것을 보여주었다. 도표 7-7에서 제조활동과 관련하여 기계시간을 활동수준으로 총 20,000시간이 파악되었다. 이렇게 같은 20,000 총기계시간이 공장전체 제조간접원가배부율 계산식의 분모가 된다.

$$\text{공장전체 제조간접원가 배부율} = \frac{\text{총예상 제조간접원가}}{\text{총예상 기계시간}}$$

$$= \frac{\$1{,}000{,}000}{20{,}000\text{기계시간}}$$

$$= \text{기계시간당 } \$50$$

표준형 제품에는 17,500 기계시간이 사용되었으므로, 제조간접원가는 $875,000(17,500 기계시간 × 기계시간당 $50)가 배부된다. 고객 맞춤형 제품에는 2,500기계시간이 사용되었으므로, 이 제품계열에는 $125,000(2,500기계시간 × 기계시간당 $50)의 제조간접원가가 배부된다. 각 제품별 매출액에서 제품별 매출원가를 차감하면 표준형의 매출총이익은 $615,750, 고객 맞춤형의 매출총이익은 $258,000으로 계산된다.

도표 7-13에 계산된 영업손실 $1,250는 도표 7-2의 손익계산서에 보고된 손실금액과 일치하고 도표 7-11의 하단에 나타난 손실과도 일치하는 것에 주목하라. 회사의 총매출액, 총원가 그에 따른 영업순손실은 도표 7-2의 전부원가 손익계산서를 보든지, 앞에서 설명된

도표 7-13 이익 — 전통적인 원가계산 방법

	A	B	C	D	E	F	G	H	I
1	이익 — 전통적인 원가계산 방법								
2		표준형			고객 맞춤형			합계	
3	매출액		$2,660,000			$ 540,000			$3,200,000
4	매출원가:								
5	직접재료원가	$ 905,500			$ 69,500			$ 975,000	
6	직접노무원가	263,750			87,500			351,250	
7	제조간접원가	875,000	2,044,250		125,000	282,000		1,000,000	2,326,250
8	제품 이익		$ 615,750			$ 258,000			873,750
9	판매관리비								875,000
10	영업이익								$ (1,250)
11									

Exhibit 7-12 | Exhibit 7-13 | Exhibit 7-14 | Exhibit 7A-1 | Exhibit 7A-2 | Exhibit 7A-3A | Exhibit 7A-3B

ABC제품 수익성 분석표를 보거나 도표 7–3의 전통적인 제품수익성 분석을 보든지 간에 같다. 비록 전통방식이던 ABC방식이던 "전체 파이"는 같을지 모르지만 다른 점은 파이를 두 가지 생산라인에 어떻게 분배시킬 것인가이다. 전통적인 제품이익 계산은 표준형 제품이 $615,750의 이익을 발생시켰고, 고객 맞춤형 제품은 $258,000의 이익을 발생시켰다는 것을 의미한다. 그러나 도표 7–11에서 보고된 ABC제품 이익과는 다르다. 실제로 전통원가계산방식은 Class Brass 관리자들에게 제품별 수익성에 관한 잘못된 정보를 보내고 있는 것이다. 이유를 살펴보자.

ABC와 전통적인 원가계산의 차이점

제품별로 전통적인 원가계산 방법에서 활동기준원계산 시스템으로 전환에 의한 제품이익에서 변화는 아래와 같다.

	표준형	고객 맞춤형
제품이익 — 전통적인 원가계산	$ 615,750	$ 258,000
제품이익 — ABC	906,250	(49,500)
제품별 이익의 변화	$ 290,500	$ (307,500)

전통적인 원가계산 방법에서는 표준형 제품에 원가가 과다하게 배부되었고 이로 인해 제품의 이익이 낮게 계산되었다. 표준형 제품에 대한 이익을 ABC를 이용해 계산하면 전통적인 원가계산 결과보다 이익이 $290,500 증가하게 된다. 고객 맞춤형 제품은 전통적인 원가계산 하에서 원가가 과소 배부되어 이익이 과대 계상되었다. ABC로 재계산할 경우 고객 맞춤형 제품의 이익은 전통적인 원가계산 하의 이익보다 $307,500 감소한다.

두 원가계산 방법에 따른 이익 변화의 원인은 도표 7–14에 나타나 있다. 이 도표 상단은 도표 7–13의 전통원가계산방법을 통해 보고된 각 제품별 직접원가와 간접원가를 의미한다.

도표 7-14 전통적 원가계산과 활동기준 원가할당의 비교

	A	B	C	D	E	F	G	H	I
1			표준형			고객 맞춤형			
2	**전통적 원가계산**		(c) 금액	(a)÷(c) %		(c) 금액	(b)÷(c) %		(c) 합계
3	직접재료원가		$ 905,500	92.9%		$ 69,500	7.1%		$ 975,000
4	직접노무원가		263,750	75.1%		87,500	24.9%		351,250
5	제조간접원가		875,000	87.5%		125,000	12.5%		1,000,000
6	제품에 할당된 총원가		$ 2,044,250			$ 282,000			2,326,250
7	판매비와 관리비								875,000
8	총원가								$ 3,201,250
9									
10	**활동기준원가계산**								
11	직접원가:								
12	직접재료원가		$ 905,500	92.9%		$ 69,500	7.1%		$ 975,000
13	직접노무원가		263,750	75.1%		87,500	24.9%		351,250
14	선적비		60,000	92.3%		5,000	7.7%		65,000
15	간접원가:								
16	고객주문활동		192,000	60.0%		128,000	40.0%		320,000
17	제품설계활동		-	0.0%		252,000	100.0%		252,000
18	주문크기활동		332,500	87.5%		47,500	12.5%		380,000
19	제품에 할당된 총원가		$ 1,753,750			$ 589,500			2,343,250
20	제품에 할당되지 않은 원가								
21	고객관계활동								367,500
22	기타								490,500
23	총원가								$ 3,201,250
24									

Exhibit 7-12 / Exhibit 7-13 / **Exhibit 7-14** / Exhibit 7A-1 / Exhibit 7A-2

예를 들어, 도표 7-14는 표준형 제품의 원가로 직접재료원가 $905,500, 직접노무원가 $263,750, 제조간접원가 $875,000가 포함된다. 이 원가들은 도표 7-13에서 보고된 것과 같다. 판매관리비 $875,000는 전통 원가계산에서는 기간비용으로 취급되기 때문에 제품에 배부되지 않는다는 것을 주의하라. 유사하게 도표 7-14의 하단은 도표 7-11에서 활동기준원가계산 시스템을 통해 보고된 직접원가와 간접원가를 요약한 것이다. 도표 7-14에서 유일하게 새로 제시된 정보는 두 가지 항목의 비율이다. 첫 번째 항목은 표준형 제품에 할당된 각 원가의 비율을 의미한다. 예를 들어, 표준형 제품에 추적된 $905,500의 직접재료원가는 회사의 총 직접재료원가 $975,000의 92.9%이다. 두 번째 항목은 고객 맞춤형 제품에 할당된 원가의 비율을 의미한다.

전통적인 원가계산과 활동기준원가계산의 이익에 차이가 발생하는 원인은 3가지로 요약할 수 있다. 첫째로, Classic Brass의 전통적인 원가계산 시스템에서는 모든 제조간접원가를 제품에 배부한다. 이것은 배부된 원가는 실제로 원가를 소비했는 지와 관계없이 모든 제조간접원가를 두 제품이 배부받게 한다. 반면 ABC에서는 특정 제품이 아닌 고객에 의해 발생되었기 때문에 고객에 의해 소비된 제조간접원가를 제품에 배부하지 않는다. 왜냐하면 이 비용은 특정제품이 아니라 고객에 의해 야기되기 때문이다. 또한 ABC에서는 기타활동과 관련된 제조간접원가는 설비유지활동, 기업의 유휴조업도와 관련된 것으로 특정 제품과 관련하여 발생하지 않기 때문에 제품에 배부하지 않는다. ABC관점에서는 이러한 원가를 제품에 배부하는 것이 너무도 인위적이며 제품의 원가를 왜곡시킬 수 있다고 본다.

둘째로, Classic Brass의 전통적인 원가계산 시스템은 기계시간과 같은 조업도와 관련된 배부기준에 근거하여 제조간접원가를 배부한다. 그러나 실제원가는 이러한 조업도와 인과관계가 불명확할 수도 있다. 다르게 설명하면, 전통적인 원가계산시스템에서 제조간접원가의 87.5%를 표준형 제품에 배부하고, 고객 맞춤형 제품에 12.5%를 배부했다. 예를 들어 전통적인 원가시스템은 고객주문활동(묶음 수준 활동)과 관련한 원가의 87.5%를 표준형 제품에 배부하나, 심지어 ABC시스템은 표준형 제품이 이러한 원가의 60%만 야기한다고 밝히고 있다. 대조적으로 전통원가계산방법에서는 고객 맞춤형 제품이 40%의 제조간접원가를 발생시켰을지라도 12.5%의 원가만 고객 맞춤형 제품에 배부한다. 이와 비슷하게 전통원가계산방식은 제품설계 활동(제품 수준 활동)과 관련한 원가의 87.5%를 표준형 제품에 배부했다. 그러나 표준형 제품은 이러한 원가를 전혀(0%) 발생시키지 않았다. 단지 12.5%가 아니라 제품설계활동과 관련된 모든 원가(100%)는 고객 맞춤형 제품에 배부되어졌다. 이처럼 전통적인 원가계산 시스템은 조업도와 관련된 배부기준을 사용하여 묶음수준원가와 제품수준원가를 배부하기 때문에 높은 조업도 제품(표준형 제품)에 원가를 과대배부하고, 낮은 조업도 제품(고객 맞춤형 제품)에는 원가를 과소배부하게 된다.

셋째로, 두 가지 원가계산 방법에서 제품의 이익이 차이가 나는 이유는 ABC에서는 제품과의 인과관계가 명확한 원가들은 비제조간접원가로 집계하였다. 전통적인 원가계산 시스템에서는 이들을 모두 기간비용으로 분류하였기 때문에 고려하지 않았다. ABC에서는 제품별 선적비를 직접 추적하여 그것이 제품으로 인해 발생했기 때문에, 활동원가집합으로서 제품에 배부되어야 할 비제조간접원가로 취급한다.

MANAGERIAL ACCOUNTING IN ACTION
THE WRAP-UP

Classic Brass Inc

ABC 설계팀은 사장 John Towers, 제조관리자 Susan Richter, 마케팅관리자 Tom Olafson, 회계관리자 Mary Goodman을 포함해서 모든 최고경영자들이 모인 회의에서 업무결과를 보고하였다. ABC팀은 ABC설계를 보여주는 차트(도표 7-8)와 전통적인 원가계산방식과 ABC 원가 배부를 비교한 표(도표 7-14)를 복사해왔다. ABC팀의 발표가 끝난 후 다음과 같은 대화가 이어졌다.

John: ABC팀의 그간 업적과 이 인상 깊은 발표에 진심으로 감사를 표합니다. 과거 우리가 과거 원가계산방식을 사용해서 내렸던 많은 의사결정들에 의구심이 드는군요. ABC 분석에 따르면 우리는 모두 뒷걸음질을 한 것이군요. 표준형 제품에는 다소 이득이 있지만 고객 맞춤형 제품으로 손실을 입고 있군요.

Mary: 고객 맞춤형 제품의 제품설계비가 너무 비싸서 어찌해야 할지 몰랐다는 것을 인정해야겠네요. 이런 비용을 공장제조간접원가로 돌리는 것이 표준형 제품에 타격을 줄 것이라는 것을 알고 있었지만 문제가 이렇게 커질 줄은 몰랐습니다.

Susan: 저는 단 한번도 고객 맞춤형 제품으로 이득을 낼 수 있을 거라 생각지 않았습니다. 여러분 모두 제조과정에서 발생하는 문제들을 모조리 살펴보아야 합니다.

Tom: 인정하기 싫지만 고객 맞춤형 제품은 마케팅에서도 매번 골칫거리입니다.

John: 고객 맞춤형 제품으로 손실이 발생하고 있다면 고객들에게 다른 회사를 이용하라고 권고해보는 것은 어떻습니까?

Tom: 잠시만요. 많은 매출이 줄어들지도 모릅니다.

Susan: 그게 어때서요? 원가를 절감할 수 있을 것입니다.

Mary: 그럴 수도 있고 그렇지 않을 수도 있습니다. 고객 맞춤형 사업을 중단해도 몇몇 원가는 변치 않습니다.

Tom: 어째서요?

Mary: 글쎄요, Tom 당신이 10% 시간을 신제품처리에 쓴다고 했던 것으로 기억하는데 그렇게 되면 당신 월급의 10%는 제품설계 원가집합으로 배부되겠죠. 만일 제품설계와 관련된 모든 작업을 중단하게 되면 10% 임금 삭감을 받아드릴 의향이 있나요?

Tom: 농담이신 거 압니다.

Mary: 이제 이해되시겠어요? 단순히 당신 시간의 10%를 고객 맞춤형 제품에 소비하고 있다는 것이 고객 맞춤형 제품을 중단함으로써 회사가 10%의 임금원가를 절약할 수 있다는 것을 의미하지 않아요. 제품 중단과 같은 극단의 조치를 취하기 전에 어떤 원가가 진짜로 관련되는지를 알아내야 합니다.

John: 무슨 말인지 알 것 같네요. 원가의 변화도 거의 없는데 단순히 제품만 많이 중단해서는 안되겠네요. Tom의 시간과 같은 자원소비를 줄여주는 것은 사실이지만 조치를 취하기 전에 그러한 자원을 어떻게 잘 활용할 수 있을지 확인하는 것이 더 좋을 것 같습니다.

Classic Brass 관리자들 사이의 이 토론이 보여주듯, 도표 7-11과 도표 7-12에서 보여준 ABC 분석을 바탕으로 조치를 취하기 이전에 신중을 기해야 한다. 이 두 개의 도표에서 계산된 제품별 수익과 고객별 수익은 더 깊은 분석을 하도록 유용한 시발점이 되지만, 관리자들은 제품이나 고객관계 중단, 제품이나 서비스 가격변화와 같은 정책을 실행하기 전에 원가가 실제로 무엇 때문에 발생한 것인지를 알아야 한다. 예를 들어, ABC 시스템이 회피불가능한 고정원가를 제품이나 고객에게 배부하는 경우에는 이러한 원가들은 이러한 원가대상과 관련한 의사결정을 할 때에는 무시되어야 한다.

기업현장 IN BUSINESS

MONKEY 47: 기업가의 꿈이 실현되다

Alexander Stein은 **Nokia**에서 10년 동안 일을 해왔는데, 35세에 자신의 진 증류소를 시작하기 위해 회사를 떠나기로 결정하였다. 18개월 이상 120회 검증 과정을 거친 후에 Stein은 마침내 **Monkey 47**이라 불리는 드라이 진의 레시피를 완성하였다. 그는 대부분의 진이 단지 12개의 식물만을 사용하는 반면에 그의 레시피는 향신료와 고수와 같은 47가지의 식물을 포함하고 있다는 것을 강조하기 위해 숫자 47에 중점을 두기로 하였다.

배치당 1,000리터를 처리하는 표준 스틸을 사용하는 대신에 Stein이 그의 진을 만들기 위해 배치당 단지 100리터의 용량의 스틸을 사용하는 것은 1,000사람을 위해 요리하는 것은 네 사람을 위해 요리하는 것보다 좋지 않을 것이라는 그의 믿음과 일치한다. 수제 생산에 대한 이러한 관점은 Monkey47의 직원이 과일 껍질 벗기기 및 라벤더 준비와 같은 모든 재료를 현장에서 처리하는 이유를 설명할 수도 있다.

Source: John Kell, "Next Gin," *Fortune*, February 1, 2017, p. 28.

공정 개선 목표

활동기준원가계산은 공정개선을 통해 효익을 증대시킬 수 있는 활동들을 식별해내는 데도 유용하게 이용된다. 이러한 방법을 사용될 때, 활동기준원가계산을 **활동기준경영(ABM: Activity Based Management)**이라고 한다. 기본적으로 활동기준경영은 낭비되는 활동들을 제거하며 공정시간을 단축시키고, 결함을 줄이는 활동과 관련된 것에 초점을 맞춘다. 활동기준경영은 제조회사, 병원, 해군에 이르기까지 다양한 조직에서 사용되고 있다.

어떤 개선 프로그램의 첫 단계는 무엇을 개선할 지를 결정하는 것이다. 활동기준원가계산 시스템에 의해 계산된 활동원가배부율은 낭비되는 요소가 어디에서 발생하고 있으며 성과를 향상시키기 위한 기회가 어디에 있는지를 파악하는데 중요한 단서를 제공해준다. 예를 들어, 도표 7–7의 활동원가배부율을 보면, Classic Brass의 관리자들은 고객주문활동과 관련한 배부율인 주문당 $320는 제품의 가치를 증대시키지 않는 활동이면서 너무 많은 원가가 발생하고 있다고 결론지었다. 이러한 분석 결과에 따라, 그들은 고객주문활동[3]과 관련해서 공정개선 노력을 기울일 것이다.

벤치마킹은 활동원가배부율의 정보를 활용할 수 있는 또 다른 방법이다. **벤치마킹(benchmarking)**은 개선의 여지가 가장 큰 활동을 식별할 수 있게 해주는 체계적인 접근법이다. 이것은 한 조직 내에서 한 성과를 다른 성과와 비교하거나, 뛰어난 성과를 보이는 유사 조직과 자신을 비교하는 것을 기준으로 한다. 만일 조직의 특정부문이 세계 수준 기준 이하의 성과를 보인다면, 관리자들은 그 부문을 개선의 대상으로 선택할 것이다.

3 제13장에서 효과적으로 조직의 제약을 관리하는 데 초점을 둔 공정개선과 매출증대를 위한 다른 접근법이 논의 된다.

활동기준원가계산과 외부보고

활동기준원가계산은 일반적으로 전통적인 원가계산보다 더 정확한 제품원가 정보를 제공한다. 그런데 왜 외부보고용 재무제표에는 사용하지 않는 것일까? 그 이유는 몇 가지가 있다. 첫째로, 외부에 공표되는 보고서는 의사결정을 위해 이용되는 내부보고용 보고서보다 간략하다. 외부보고용에서는 각 제품단위별 원가 정보가 제공되지 않는다. 매출원가와 재고자산이 공시되지만 각 제품별로 공시되지는 않는다. 설령 어떤 제품에는 원가가 과대 배부되고 어떤 제품에는 과소 배부되더라도 제품원가가 모두 합해지면 제품별로 과대 혹은 과소 배부된 차이가 상쇄되는 경향이 있다.

둘째로, 회사의 회계시스템을 변화시키는 것은 쉬운 일이 아니다. 대부분의 대기업들의 공식적인 원가계산시스템은 복잡한 컴퓨터 프로그램으로 짜여져 있으며 오랜 기간에 걸쳐 수정을 거듭해 온 것이다. 수많은 버그를 야기하지 않고는 이러한 컴퓨터 프로그램으로 전환하는 것은 매우 어렵다.

셋째로, 이번 장에서 확인한 것처럼 ABC에 의한 원가계산은 일반적으로 인정된 회계원칙과 일치하지 않는다. 앞에서 살펴본 것처럼 외부공표용 재무제표에 포함되는 제품원가에는 제조와 관련한 원가가 누락되어서도 안되지만 제조와 관련없는 원가가 포함되어서도 안된다. 그러나 ABC시스템에서는 제조원가 중 일부는 제품에 배부하지 않으며 비제조원가라 포함시키기도 한다. 따라서 GAAP를 따르기 위해서 기간 말에 ABC자료를 조정하는 것은 가능하나 많은 노력이 요구된다.

넷째로, 외부감사인은 회사의 직원들과의 인터뷰를 기초로 한 배부과정에 대해 의문을 가질 수도 있다. 그러한 주관적 자료는 이익을 조정하고 주요한 사항을 더 좋게 보이기 위하여 쉽게 조작할 수 있다.

이러한 이유들로 인해 대부분의 기업들은 ABC의 노력을 경영을 위한 특별한 연구에 국한시키고 있으며, 활동기준원가계산시스템을 공식적인 원가회계시스템에 통합하려고 시도하지 않는다.

활동기준원가계산의 한계점

활동기준원가계산 시스템 도입은 기업으로 하여금 상당한 자원의 투입을 요구하는 중요한 프로젝트이다. 또한 ABC를 도입하면 정기적으로 많은 활동 자료를 수집, 확인하고 시스템에 입력해야 하므로 전통적인 원가계산 시스템보다 훨씬 많은 비용이 발생한다. 따라서 ABC 도입으로 인해 계산의 정확성이 높아짐으로 인한 효익보다 비용이 더 클 수도 있다.

활동기준원가계산 시스템은 제품별 수익과 같은 숫자 정보들을 만들어내지만 이 숫자는 전통원가계산 시스템에서 산출한 숫자와 상충된다. 그러나 경영자들은 기존 시스템에 익숙해져 있고 성과평가를 하는데 전통원가계산방식을 사용하기도 한다. 무엇보다 활동기준원가계산은 조직 전체적인 변화를 필요로 한다. 새로운 룰을 적용시켜야 하는 조직의 변화는 불가피하게 저항에 직면하게 된다. 여기서 이 새로운 체제의 도입을 위해서 회계부서직원 뿐만 아니라 전 부서관리자들의 적극적인 참여와 최고경영자의 강한 지지가 중요함을 다시 한 번 강조하고자 한다. 최고경영자의 완벽한 지지가 없는 한 활동기준원가계산 시스템의 도입은 실패할 운명과 다름없다.

실제로 대부분의 관리자들은 활동기준원가계산 시스템에서 유휴조업원가와 설비유지원가를 포함하여 모든 원가를 제품, 고객 그리고 다른 원가대상에 배부해야한다고 주장한다. 이것은 과대원가와 과소이익을 야기하고 가격결정과 다른 중대한 의사결정에 과오를 범하게 한다.

활동기준원가계산에서 산출된 정보는 쉽게 잘못 해석되기 때문에 의사결정시 사용될 때는 매우 신중을 기해야 한다. 제품, 고객, 다른 원가대상에 부과된 원가는 단지 잠재적으로 관련이 있다. 활동기준원가계산의 자료를 이용하여 의사결정을 내리기 전에 관리자는 그 의사결정을 위해서 어떤 원가가 진짜로 연관이 있는지 반드시 식별해야한다.

이미 말했듯 최상의 활동기준원가계산에 의해 산출된 보고서는 외부보고용 요구를 충족시키지 못한다. 활동기준원가계산을 도입한 조직은 2개의 체제—내부용도와 외부보고준비용—를 갖는다. 한 체제만 갖는 것보다 비용이 더 들고 어떤 시스템을 믿어야 하고 따라야 하는 지에 대한 혼란을 초래할 수도 있다.

요약

전통적인 원가계산 방법은 몇 가지 치명적인 결함이 있어서 내부의 의사결정 목적을 위한 원가계산목적으로는 적합하지 않다. 이 방법에서는 특정한 제품과 인과관계를 발견하기 힘든 원가라 하더라도 모든 제조원가를 제품에 배부한다. 그리고 각 제품이 발생시킨 원가라 하더라도 비제조원가는 제품에 배부하지 않는다. 또한 전통적인 원가계산에서는 유휴조업도로 인한 원가도 제품에 배부한다. 결국 전통적인 원가계산 방법은 직접노무시간, 기계시간 등의 단위수준으로 발생하는 배부기준에만 의존한다. 이것은 생산량이 많은 제품의 원가는 과대평가되고 생산량이 적은 제품의 원가는 과소평가되게 하여 잘못된 의사결정을 야기시킨다.

활동기준원가계산은 제품이나 고객과 같은 원가대상에 의해 소비된 자원의 원가를 측정한다. 활동기준원가계산은 원가대상들이 활동을 야기시키고, 이 활동을 수행하는 과정에서 자원이 소비된다고 가정한다. 활동들은 원가와 원가대상을 연결시키는 역할을 하는 것이다. 활동기준원가계산은 간접원가(제조간접원가와 판매관리비)와 관련되어 있으며 직접노무원가와 직접재료원가는 전통적인 원가계산 방법과 차이가 없다.

ABC시스템을 구축하기 위해서는 회사에서 수행되는 많은 활동들 중에서 유사한 활동들을 묶어서 몇 개의 활동원가집합으로 분류해야 한다. 그리고 제조간접원가를 각각의 활동원가집합에 직접 배부한다. 남아있는 간접원가는 1단계 배부를 걸치면서 활동원가집합에 배부한다. 보통 관리자들과 인터뷰한 것이 이 배부의 기준이 된다.

활동률을 이용하여 활동원가집합별 활동원가를 각 원가대상에 배부한다. 활동률은 관리자가 간접활동원가를 처리하는데 유익한 정보를 준다. 어떤 활동의 원가가 특히 높으면 조직 내에서 그 활동의 개선을 도모하도록 자극하기도 한다.

2단계 배부에서 활동률은 제품이나 고객과 같은 원가대상에 원가를 적용하는데 사용된다. 활동중심원가계산체제에서 계산된 원가는 한 회사의 전통원가계산방식에 의해 계산된 원가와 종종 다르다. ABC시스템이 거의 확실하게 더 정확한 반면에, 그럼에도 불구하고 관리자들이 ABC자료에 근거하여 의사결정을 하기 전에 주의를 기울여야 한다. 몇 몇 원가들은 회피할 수 없고 그러므로 관련되지 않을 것이다.

종합예제: 활동기준원가계산

Ferris는 방화 상업용 파일 캐비넷의 단일제품을 생산하여 사무가구 대리점에 판매하는 회사이다. 이 회사는 내부의사결정을 위해 간단한 활동기준원가계산 시스템을 도입하여 사용하고 있다. 이 회사에는 2개의 간접부문이 있으며 각 부문의 원가는 다음과 같다.

제조간접원가	$ 500,000
판매관리비	300,000
총간접원가	$ 800,000

이 회사의 ABC시스템은 아래와 같이 활동원가집합과 활동원가동인을 파악하고 있다.

활동원가집합	활동원가동인
조립	제품수
주문	주문횟수
고객지원	고객수
기타	배부하지 않음

"기타" 활동에 배부된 원가는 활동원가동인이 존재하지 않으며, 유휴설비와 설비유지원가로 구성되며 주문, 고객 또는 제품에도 배부되지 않는다. Ferris는 직원들에 대한 인터뷰에 근거하여 제조간접원가와 판매관리비를 활동원가집합에 배부하였는데, 그 결과는 아래와 같다.

	조립단위	주문처리	고객지원	기타	합계
제조간접원가	50%	35%	5%	10%	100%
판매관리비	10%	45%	25%	20%	100%
총활동	1,000개	250회 주문	100명		

요구사항:

1. 도표 7–6에서 처럼 활동원가집합에 간접원가의 1단계배부를 수행하시오.
2. 도표 7–7과 같이 활동원가집합별로 활동원가배부율을 계산하시오.
3. OfficeMart는 Ferris의 고객 중 하나이다. 작년에 OfficeMart는 4번의 주문을 통해 연간 총 80개의 제품을 주문하였다. 도표 7–10과 같이 OfficeMart에 배부되는 간접원가를 나타내는 표를 작성하시오.
4. 제품 단위당 판매가격은 $595이다. 직접재료원가는 단위당 $180이며 직접노무원가는 $50이다. OfficeMart와 관련한 이익은 얼마인가? 도표 7–12를 참조하여 답하시오.

해답

1. 원가를 활동원가집합에 배부하는 1단계 배부

	활동원가집합				
	조립단위	주문처리	고객지원	기타	합계
제조간접원가	$250,000	$175,000	$ 25,000	$ 50,000	$ 500,000
판매관리비	30,000	135,000	75,000	60,000	300,000
총원가	$280,000	$310,000	$100,000	$110,000	$ 800,000

2. 활동원가배부율

활동원가집합	(a) 총원가	(b) 총활동수	(a) ÷ (b) 활동원가배부율
조립	$280,000	1,000개	$280/개
주문	$310,000	250주문횟수	$1,240/주문횟수
고객지원	$100,000	100명	$1,000/명

3. OfficeMart에 배부되는 간접원가

활동원가집합	(a) 활동원가배부율	(b) 활동수	(a) × (b) 활동원가
조립	$280/개	80개	$22,400
주문	$1,240/주문횟수	4회	$4,960
고객지원	$1,000/명	1명	$1,000

4. OfficeMart로 인한 이익

매출액($595/개 × 80개)		$ 47,600
원가		
직접재료원가($180/개 × 80개)	$ 14,400	
직접노무원가($50/개 × 80개)	4,000	
조립단위원가	22,400	
주문처리원가	4,960	
고객지원원가	1,000	46,760
이익		$ 840

용어해설

건수동인(transaction drivers) 각 활동의 발생 건수로 계산되는 측정치.

고객단위활동(customer-level activities) 개별 제품이 아니라 고객을 지원하기 위해 수행되는 활동들.

단위수준활동(unit-level activities) 생산되는 단위 수로 측정되는 활동.

묶음수준활동(batch-level activities) 몇 개의 단위가 포함되는 지와는 상관없이 묶음 단위로 수행되는 활동들. 사용된 자원의 양은 배치에서 단위수보다는 배치의 수에 의해 의존함.

벤치마킹(benchmarking) 개선의 가능성이 아주 높은 활동을 확인하는 체계적인 접근방법.

설비유지활동(organization-sustaining activities) 어떤 고객에서 서비스가 제공되는지, 어떤 제품이 생산되는지, 그리고 얼마나 많은 묶음단위가 수행되는지 또는 얼마나 많은 단위가 생산되는지에 관계없이 수행되는 활동.

시간동인(duration drivers) 어떤 활동을 수행하는 시간으로 계산되는 측정치.

1단계 배부(first-stage allocation) 활동기준원가계산에서 간접원가들을 활동원가집합에 배부하는 과정.

2단계 배부(second-stage allocation) 활동기준원가계산에서 활동원가배부율을 이용하여 제품이나 고객에 활동원가를 배부하는 과정.

제품수준활동(product-level activities) 제품 단위나 묶음별이 아닌 제품별로 발생하는 활동.

활동(activity) 조직 내에서 자원을 소비하는 구체적인 사건.

활동기준경영(activity based management: ABM) 불필요한 활동을 제거하고 지연과 결함을 방지하는 등 활동을 관리하는 것에 초점을 맞추어 접근하는 경영접근방법.

활동기준원가계산(activity based costing: ABC) 경영자들에게 잠재적으로 기업의 능력에 영향을 미치는 고정원가뿐만 아니라 변동원가에 대한 원가정보를 전략적 의사결정과 다른 의사결정에 제공하기 위해 설계된 활동에 근거한 원가계산방법.

활동원가집합(activity cost pool) 단일의 활동원가동인과 관련한 유사한 활동원가들을 집계하기 위한 원가집합.

활동측정치(activity measure) 활동원가시스템에서 원가배부 기준이 되는 원가동인. 이상적으로는 활동원가집합에서 원가를 유발하는 활동의 양으로 측정함.

질문

7–1 활동기준원가계산은 2장과 3장의 개별원가계산과 같은 전통적인 원가계산 접근방식과는 어떤 근본적인 차이가 있는가?

7–2 많은 회사에서 간접원가 배부기준으로 사용하는 직접노무비가 바람직하지 않은 이유는 무엇인가?

7–3 활동기준원가계산시스템을 도입하는데 있어서 최고경영자의 지원과 조직간 지원이 중요한 이유는 무엇인가?

7–4 단위수준, 묶음수준, 제품수준, 고객수준, 설비유지활동이란 무엇인가?

7–5 어떤 원가들이 활동기준원가계산 시스템에서 제품에 배부되지 말아야 하는가?

7–6 활동기준원가계산에서는 왜 2단계의 배부를 하게 되는가?

7–7 활동기준원가계산의 1단계 배부시에 종업원들을 면담하는 이유는 무엇인가?

7–8 활동기준원가계산을 적용할 때, 제조간접비가 대량생산제품에서 소량생산제품으로 이전되는 상황이 종종 발생하는 이유는 무엇인가?

7–9 다양한 활동들에 대한 배부율(활동단위당 원가)이 어떻게 공정을 개선하게 되는가?

7–10 활동기준원가계산이 외부재무보고용으로는 받아들여지지 않는 이유는 무엇인가?

엑셀 응용 connect

학습목표 7-1, 7-2, 7-3, 7-4, 7-5

다음에 제시된 Excel 워크시트 양식은 Ferris Corporation과 관련된 종합문제를 재현하는 데 사용된다. 워크북 및 파일 작성 방법에 대한 지침은 Connect에서 찾을 수 있다.

워크시트를 완성한 후에만 아래 요구사항을 진행하여야 한다.

요구사항:

1. 셀 B16에서 주문 단위를 160으로 두 배로 늘려 워크시트를 확인하라. 활동기준원가에서 고객 이익은 이제 $7,640가 되어야 하며, 전통적인 원가계산 제품이익은 $(21,600)가 되어야 한다. 이러한 결과가 나오지 않으면 워크시트에서 오류를 찾아 수정하라.

a. 주문 단위가 두 배인데 활동기준원가에서 고객 이익이 두 배 이상 증가한 이유는 무엇인가?

b. 전통적인 원가계산 제품 이익은 $10,800의 손실에서 $21,600의 손실로 정확히 두 배가 된 이유는 무엇인가?

c. 활동기준원가계산 또는 전통적인 원가계산 중 어떤 원가계산 시스템이 주문 단위가 증가함에 따라 이익에 어떤 일이 일어나는지 더 정확하게 알 수 있는가? 설명하라.

	A	B	C	D	E	F	G
1	**7장 : 엑셀응용**						
2							
3	**자료**						
4	제조간접원가	$500,000					
5	판매와관리 간접비	$300,000					
6							
7		*조립단위*	*주문처리*	*고객지원*	*기타*		
8	제조간접원가	50%	35%	5%	10%		
9	판매와관리 간접비	10%	45%	25%	20%		
10	총 활동	1,000	250	100			
11		단위수	주문수	고객수			
12							
13	OfficeMart 주문:						
14	고객수	1	고객수				
15	주문수	4	주문수				
16	파일캐비넷 총주문수	80	단위수				
17	판대단가	$595					
18	직접재료	$180					
19	직접노무	$50					
20							
21	*아래 ? 로 표시된 셀마다 공식을 입력하라*						
22	**종합예제 : 활동기준원가계산**						
23							
24	***1 단계 배부를 수행하라.***						
25		*조립단위*	*주문처리*	*고객지원*	*기타*	*총계*	
26	제조간접원가	?	?	?	?	?	
27	판매와관리 간접비	?	?	?	?	?	
28	총원가	?	?	?	?	?	
29							
30	***활동배부율을 계산하라***						
31	*활동원가집합*	*총원가*	*총활동*		*활동배부율*		
32	조립단위	?	?	단위수	?	단위 당	
33	주문처리	?	?	주문수	?	주문 당	
34	고객지원	?	?	고객수	?	고객 당	
35							
36	***OfficeMart 주문에 포함되어야 간접원가를 계산하라.***						
37	*활동원가집합*	*활동배부율*		*활동*		*ABC 원가*	
38	조립단위	?	단위 당	?	단위수	?	
39	주문처리	?	주문 당	?	주문수	?	
40	고객지원	?	고객 당	?	고객수	?	
41							
42	***활동기준원가계산 하에서 OfficeMart 주문에 대한 고객이익을 결정하라.***						
43	Sales		?				
44	Costs:						
45	직접재료	?					
46	직접노무	?					
47	조립관련 간접원가	?					
48	주문관련 간접원가	?					
49	고객관련 간접원가	?	?				
50	고객 이익		?				
51							
52	***전통원가계산 시스템하에서 OfficeMart 주문에 대한 제품이익을 결정하라.***						
53	제조간접원가	?					
54	총활동	?	단위수				
55	제조간접원가 단위 당	?	단위 당				
56							
57	매출		?				
58	원가:						
59	직접재료	?					
60	직접노무	?					
61	제조간접원가	?	?				
62	전통원가계산 고객이익		?				
63							

Chapter 7 Form (2) | Chapter 7 Form

2. OfficeMart가 내년에는 고급 파일 캐비닛을 더 자주 구입하지만 주문 당 더 적은 양으로 주문한다고 가정하자. 다음 데이터를 워크시트에 입력하라.

자료				
제조간접원가	$500,000			
판매와관리 간접비	$300,000			
	조립단위	주문처리	고객지원	기타
제조간접원가	50%	35%	5%	10%
판매와관리 간접비	10%	45%	25%	20%
총 활동	1,000 단위수	250 주문수	100 고객수	
OfficeMart 주문:				
고객수	1	고객수		
주문수	20	주문수		
파일캐비넷 총주문수	80	단위수		
판매단가	$795			
직접재료	$185			
직접노무	$90			

a. 활동기준원가계산 하에서 고객 이익은 얼마인가?

b. 전통적인 원가계산 시스템에서 제품 이익은 얼마인가?

c. OfficeMart가 덜 비싼 서류 캐비닛을 덜 자주 주문하였으나 주문당 더 많은 양으로 주문했을 때와는 수익성 형태가 왜 많이 달라지는 지를 설명하라.

3. (2)에 입력한 데이터를 사용하여 주문 처리로 인한 판매와 관리 간접비 비율을 45%에서 30%로, 고객 지원으로 인한 비율을 25%에서 40%로 변경하라. 워크시트의 해당 부분은 다음과 같아야 한다.

	조립단위	주문처리	고객지원	기타
제조간접원가	50%	35%	5%	10%
판매와관리 간접비	10%	30%	40%	20%
총 활동	1,000 단위수	250 주문수	100 고객수	

a. 파트 (2)의 결과와 비교하여, 활동기준원가계산에서 고객 이익에 어떤 일이 일어났는가? 그 이유를 설명하라.

b. 파트 (2)의 결과와 비교하여, 전통적인 원가계산 시스템에서 제품 이익에 어떤 일이 일어났는가? 그 이유를 설명하라.

기본문제

Mc Graw Hill connect

학습목표 7-1, 7-3, 7-4

Hickory사는 두 가지 제품인 제품 Y 14,000대와 제품 Z 6,000대를 생산한다. 이 회사는 직접노무시간을 기준으로 한 공장전체 간접원가 배부율을 사용한다. 4개 원가집합에 모든 $684,000의 간접원가를 할당하는 활동기준원가계산(ABC) 시스템 구축을 검토 중이다. 다음은 회사 전체와 제품 Y 및 Z에 대해 이용 가능한 추가적인 정보이다.

활동원가집합	활동측정치	예상 간접원가	예상 활동
기계작업	기계시간	$200,000	10,000 기계시간
기계셋업	셋업 수	$100,000	200 셋업 수
제품설계	제품 수	$84,000	2 제품 수
공장관리	직접노무시간	$300,000	12,000 직접노무시간

활동측정치	제품 Y	제품 Z
기계작업	7,000	3,000
셋업 수	50	150
제품 수	1	1
직접노무시간	8,000	4,000

요구사항:

1. 회사의 공장전체 간접원가 배부율은 얼마인가?
2. 공장전체 간접원가 배부율을 사용하면, 제품 Y에 얼마나 많은 제조간접원가를 배부되는가? 제품 Z에 얼마나 많이 배부되는가?
3. 기계작업 활동원가집합의 활동률은 얼마인가?
4. 기계셋업 활동원가집합의 활동률은 얼마인가?
5. 제품설계 활동원가집합의 활동률은 얼마인가?
6. 공장관리 활동원가집합의 활동률은 얼마인가?
7. 4가지 활동 중 묶음수준의 활동은 무엇인가? 이유는?
8. 4가지 활동 중 제품수준의 활동은? 이유는?
9. ABC시스템을 이용하면, 제품 Y에 배부되는 총제조간접원가는 얼마인가?
10. ABC 시스템을 이용하면, 제품 Z에 배부되는 총제조간접원가는 얼마인가?
11. 공장전체 간접원가 배부율을 이용하면, 제품 Y에 배부되는 총 간접원가의 비율은 얼마인가? 제품 Z에 배부되는 비율은 얼마인가?
12. ABC 시스템을 이용하면, 제품 Y에 배부되는 기계작업 원가의 비율은 얼마인가? 제품 Z에 배부되는 비율은 얼마인가? 이 비율은 질문 11에서 얻은 것과 비슷한가? 왜 그런가?
13. ABC 시스템을 이용하면, 제품 Y에 배부되는 기계셋업 원가의 비율은 얼마인가? 제품 Z에 배부되는 비율은 얼마인가? 이 비율은 질문 11에서 얻은 것과 비슷한가? 왜 그런가?
14. ABC 시스템을 이용하면, 제품 Y에 배부되는 제품설계 원가의 비율은 얼마인가? 제품 Z에 배부되는 비율은 얼마인가? 이 비율은 질문 11에서 얻은 것과 비슷한가? 왜 그런가?
15. ABC 시스템을 이용하면, 제품Y에 배부되는 공장관리 원가의 비율은 얼마인가? 제품 Z에 배부되는 비율은 얼마인가? 이 비율은 질문 11에서 얻은 것과 비슷한가? 왜 그런가?

연습문제

connect

문제 7-1 ABC 원가계층 [학습목표 7-1]

다양한 제품을 제조하는 Greenwich사의 활동들은 다음과 같다.

a. 공급자로부터 원재료 수령
b. 부품 재고관리
c. 제조에서 초벌 밀링 작업
d. 인사부서의 면접 및 신규직원 채용과정
e. 신제품 설계
f. 범용설비의 정기적인 수선 유지작업
g. 공장건물의 사용
h. 작업별 구매주문서의 발행

요구사항:

위에 제시한 각 활동을 단위수준활동, 묶음수준활동, 제품수준활동, 설비유지활동으로 분류하시오.

문제 7-2 1단계 배분 [학습목표 7-2]

SecuriCorp는 LA지역에 위치한 운송회사이다. 이 회사는 관광, 픽업과 배달, 고객서비스, 기타 등 수행하는 4개의 활동원가집합으로 ABC시스템을 적용하고 있다. 각 활동원가집합별 원가동인은 운송거리, 픽업 및 배송 횟수, 고객서비스 활동이다. 기타활동은 설비유지활동이므로 원가동인이 정해지지 않았다. 아래는 활동기준원가계산시스템에 이용할 자료들이다.

운전수와 경호직원 급여	$ 720,000
차량 운영비용	280,000
차량 감가상각비	120,000
외판원 급여와 비용	160,000
사무실 비용	30,000
관리비	320,000
총원가	$1,630,000

각 활동원가중심점 별 자원의 사용비율은 다음과 같다.

	운송	픽업과 배송	고객서비스	기타	합계
운전수와 경호직원 급여	50%	35%	10%	5%	100%
차량 운영비용	70%	5%	0%	25%	100%
차량 감가상각비	60%	15%	0%	25%	100%
외판원 급여와 비용	0%	0%	90%	10%	100%
사무실 비용	0%	20%	30%	50%	100%
관리비	0%	5%	60%	35%	100%

요구사항:

도표 7-6를 참고하여 활동원가집합에 1단계 원가배분을 수행하시오.

문제 7-3 활동원가배부율의 계산 [학습목표 7-3]

Green Thumb Gardening은 소규모 정원관리회사로 가격결정과 기타목적을 위해 활동기준원가계산 시스템을 사용한다. 이 회사의 경영자는 원가가 고객의 잔디밭 크기, 고객의 화단 크기, 고객까지 출장거리, 고객의 수에 따라 결정된다고 믿고 있다. 또한 화단의 원가는 화단이 쉬운 관리의 면적(나무와 관목으로 구성)인지 어려운 관리의 면적(꽃과 외래묘목으로 구성)인지에 따라 다르게 발생한다. 따라서 이 회사는 아래와 같은 5개의 활동원가집합을 사용한다.

활동원가집합	활동원가동인
잔디밭 관리	잔디밭 면적
화단 관리 – 쉬운 관리	쉬운 관리의 면적
화단 관리 – 어려운 관리	어려운 관리의 면적
출장비	거리
고객 서비스	고객의 수

이 회사는 이미 1단계 원가배분을 완료하였고 연간 원가와 활동은 다음과 같다.

활동원가집합	예상 제조간접원가	예상 활동수
잔디밭 관리	$72,000	잔디밭 150,000제곱피트
화단 관리 – 쉬운 관리	$26,400	쉬운 화단 20,000제곱피트
화단 관리 – 어려운 관리	$41,400	어려운 화단 15,000제곱피트
출장비	$3,250	12,500마일
고객 서비스	$8,750	25명

요구사항:

각 활동원가집합별로 활동원가배부율을 구하시오.

문제 7-4 2단계배부 [학습목표 7-3]

Klumper사는 다양한 산업재를 제조하는 회사이다. 이 회사는 활동기준원가계산시스템을 사용하며, 활동원가집합과 활동원가배부율은 다음과 같다.

활동원가집합	활동원가배부율
직접노무 지원	직접노무시간당 $6
기계작동	기계시간당 $4
기계준비	준비횟수당 $50
제품주문	주문횟수당 $90
배송	배송횟수당 $14
제품유지	제품당 $840

두 개 제품에 대한 활동 자료는 다음과 같다.

	총 예상 활동	
	K425	M67
연간 생산량	200	2,000
직접노무시간	80	500
기계시간	100	1,500
기계준비	1	4
제품주문	1	4
배송	1	10
제품유지	1	1

요구사항:

활동기준원가계산을 이용하여 K425와 M67에 배부되어야 할 총제조간접원가는 얼마인가?

문제 7-5 제품과 고객의 수익성 분석 [학습목표 7-4, 7-5]

Thermal Rising사는 패러글라이드를 제조하여 전문점에 판매하는 회사이다. 이 회사는 표준형 패러글라이드와 고객 맞춤형 패러글라이드를 생산한다. 이 회사는 활동기준원가계산시스템을 사용한다. 활동원가집합과 활동원가배부율은 다음과 같다.

활동원가집합	활동원가배부율
직접노무 지원	직접노무시간당 $26
주문처리	주문당 $284
고객디자인 처리	고객 디자인 당 $186
고객서비스	고객당 $379

경영자는 특정 고객의 수익성을 분석하려고 한다. Big Sky Outfitters가 지난 12개월간 주문한 제품에 대한 정보는 다음과 같다.

	표준형	고객 맞춤형
패러글라이더 수	20	3
주문횟수	1	3
고객디자인 처리	0	3
패러글라이더당 직접노무시간	26.35	28.00
패러글라이더당 판매가격	$1,850	$2,400
패러글라이더당 직접재료원가	$564	$634

이 회사의 직접노무원가는 시간당 $19.50이다.

요구사항:

활동기준원가시스템을 사용하여, Big Sky Outfitters의 고객 수익성을 분석하시오.

문제 7-6 원가계층 [학습목표 7-1]

Flash Express는 공급 업체로부터 USB 플래시 드라이브를 구입한 다음 고객을 위해 해당 플래시 드라이브의 외부에 회사 로고를 부착한다. 이 회사는 "top hat" 플래시 드라이브, 신용 카드 플래시 드라이브, 스윙 플래시 드라이브 및 손목 밴드 플래시 드라이브와 같이 처리되는 제품의 각 유형에 대한 전용 장비를 보유하고 있다. 회사는 고객 주문을 기초로 하여 배치를 정의한다. 예를 들어 한 고객이 1,000개의 신용 카드 플래시 드라이브를 주문하면 해당 주문은 하나의 배치로 처리되고 하나의 배치로 배송된다. 다른 고객이 100개의 "top hat" 플래시 드라이브, 100개의 스윙 플래시 드라이브 및 100개의 손목 밴드 플래시 드라이브를 주문하는 경우 해당 주문은 3개의 배치로 처리되고 하나의 배치로 배송된다.

Flash Express에서 수행된 여러 활동은 다음과 같다.

a. 영업 담당자가 정기적으로 고객을 방문하여 회사의 기존 제품과 신제품 소개에 대한 정보를 제공한다.
b. 회사의 신용 카드 플래시 드라이브 공급 업체와 가격 협상에 참여한다.
c. 특정 고객의 생산 작업에 적합한 로고를 적용 할 수 있도록 "top hat" 로고 부착 기계를 프로그래밍하고 보정한다.
d. 생산 된 각 플래시 드라이브를 육안으로 검사하여 로고가 결함 없이 부착되었는지 확인한다.
e. 고객 주문을 위한 배송 문서 및 포장 준비
f. 손목 밴드 플래시 드라이브를 처리하는 데 사용되는 장비의 주기적 유지 관리
g. 회사의 생산 시설 조명 및 난방
h. 회사의 분기 별 재무 보고서 준비

요구사항:

위의 각 활동을 단위수준, 배치수준, 제품수준, 고객수준 또는 조직유지 활동으로 분류하라.

문제 7-7 1단계 배분 [학습목표 7-2]

Security Home Bank의 운영담당 부사장은 은행의 운영 효율성을 증대 연구에 관심이 있었다. 그녀는 은행의 일상적인 업무를 처리하는데 발생하는 원가에 관심이 많으며, 각 지점별 원가를 비교하려고 한다. 만약 가장 효율적으로 운영되는 지점이 있다면, 그들의 방법을 연구하여 다른 지점에도 적용하려고 한다. 은행은 임금과 기타 비용의 꼼꼼한 기록을 유지하고 있지만, 그 비용이 은행에서 제공하는 다양한 서비스에 어떻게 관련되는지를 밝히려는 시도가 지금까지 없었다. 그녀는 활동기준원가시스템을 도입하기 위해 당신에게 도움을 요청하였다. 특히 그녀는 계좌개설원가, 입출금거래원가, 기타고객업무 처리원가에 대해 알고 싶다.

Security Home Bank의 Westfield 지점의 지난 해에 발생한 원가자료는 다음과 같다.

출납원 급여	$ 160,000
지점 보조책임자 급여	75,000
지점 책임자 급여	80,000
합계	$ 315,000

임대료, 감가상각비, 시설원가 등 지점의 모든 다른 원가는 수표를 입금하는 것과 같이 개인별 고객 거래에 배부하는 것이 의미가 없을 수 있는 설비유지원가들이다.

위의 원가들을 활동원가집합에 배부하기 위해 Westfield 지점의 직원들을 인터뷰하여 각 활동별 비율을 파악하였다. 그 결과는 다음과 같다. 인터뷰 결과는 다음과 같다.

	활동별 자원소비 배분				
	계좌개설	입출금거래	기타고객업무 처리	기타업무	합계
출납원 급여	5%	65%	20%	10%	100%
지점 보조책임자 급여	15%	5%	30%	50%	100%
지점 책임자 급여	5%	0%	10%	85%	100%

요구사항:

도표 7–6을 참조하여 활동기준원가계산 분석을 위한 1단계 배분을 수행하시오.

문제 7-8 활동원가배부율의 계산과 적용 [학습목표 7-3]

(이 문제는 7–7번의 계속이며, 7–7과 연결되어 있음) Security Home Bank의 Westfield 지점의 매니저가 제공한 전년도 지점의 거래와 관련된 자료는 아래와 같다.

활동	Westifield 지점의 총활동수준
계좌개설	500개의 신규계좌개설
입출금 거래	100,000건의 입출금거래
기타고객업무처리	5,000건의 기타업무처리

위의 활동들과 관련하여 다른 지점들에서 보고된 원가 중에서 최소금액은 다음과 같다.

활동	지점에서 보고된 원가 중 최소금액	
계좌개설	신규계좌개설당	$26.75
입출금 거래	입출금거래당	$1.24
기타고객업무처리	기타고객업무처리당	$11.86

요구사항

1. 위의 7–7의 1단계 배부 결과를 참고하여, 활동기준원가계산시스템(도표 7–7 참조)의 활동원가배부율을 계산하시오. 모든 계산은 1센트까지 반올림하라.
2. Westfield지점 영업과 관련하여 이 결과를 통해 무엇을 알 수 있는가?

문제 7-9 주문에 두 번째 단계의 배분 [학습목표 7-4]

South Africa의 Durban Metal Products사는 불도저 날 끝의 절사부터 랜드로바(4륜구동 지프)의 대체 부품에 사용되는 특별한 금속부품을 제조한다. 이 회사는 내부의사결정을 위해 활동기준원가계산을 사용한다. 이 회사의 4개의 활동중심점과 관련한 자료는 다음과 같다.

활동원가집합	활동원가동인	활동원가배부율	
주문 크기	직접노무시간	직접노무 시간당	$16.85
고객주문	고객주문 횟수	고객주문 횟수당	$320.00
제품검사	검사시간	검사 시간당	$89.00
판매	판매전화 횟수	전화 횟수당	$1,090.00

이 회사의 경영자는 최근에 제조한 트레일러 차축의 원가와 관련된 정보를 얻기를 원하고 있다. 이 주문과 관련하여 200시간의 직접노무시간, 4시간의 제품검사, 2번의 판매전화를 필요로 한다.

요구사항:

트레일러 차축 주문에 대해 배부되는 총제조간접비는 얼마인가?

문제 7-10 고객 수익성 분석 [학습목표 7-3, 7-4, 7-5]

Worley사는 다양한 제조업체로부터 수술용품을 구입하여 수많은 병원에 이러한 용품을 공급 업체에 재판매한다. Worley사는 모든 병원에 매출원가에 5%의 마진을 붙인 것을 가격으로 설정한다. 예를 들어, 병원은 Worley사가 제조업체로부터 $100에 사왔다면, Worley사는 병원에 이 용품을 $105에 판매한다.

여러 해 동안, Worley사는 5%의 마진이 판매비와 일반관리비를 충당하고 합리적인 이윤을 제공한다고 믿어왔다. 그렇지만, 이익 감소에 직면한 Worley사는 고객의 수익성을 이해하고 개선하기 위하여 활동기준원가계산을 적용하기로 결정하였다. 회사는 판매비와 일반관리비를 다음과 같이 5가지 활동으로 세분하였다.

활동원가집합(활동원가동인)	총원가	총활동
고객 배달(배달 횟수)	$ 500,000	5,000 배달
수작업 주문처리(매뉴얼 주문 횟수)	248,000	4,000 주문
전산 주문처리(전산주문 횟수)	200,000	12,500 주문
개별품목 선택(개별품목 선택횟수)	450,000	450,000 개별품목
기타 설비유지원가(해당 없음)	602,000	
총 판매비와 일반관리비	$2,000,000	

Worley는 많은 병원 중에 거래하는 두 개의 병원—University와 Memorial—에 대한 자료를 다음과 같이 수집하였다. (두 병원은 Worley사가 제조업체로부터 구입하는데 $30,000가 든 의료용품을 구입하였다.)

활동원가동인	활동 University	활동 Memorial
배달 횟수	10	25
수작업 주문수	0	30
전산 주문수	15	0
개별품목 선택수	120	250

요구사항

1. Worley사가 University와 Memorial로부터 획득한 총수익을 계산하시오.
2. 활동원가집합마다 활동원가배부율을 계산하시오.
3. University와 Memorial에 부과되어야 할 총활동원가를 계산하시오.
4. University와 Memorial에 대한 Worley사의 고객별 이익을 계산하시오. (힌트, 각 병원에 Worley사가 공급함으로써 발생한 매출원가 $30,000을 간과하지 마시오.)
5. Worley에게 최소 수익을 창출하는 고객이라고 특정되어지는 구매행동에 대해 기술하시오.

문제 7-11 2단계 배분과 이익 계산 [학습목표 7-4, 7-5]

Foam Products사는 자동차와 항공우주산업에 사용하는 의자 쿠션을 제조하는 회사이다. 이 회사는 활동기준원가계산시스템은 4개의 활동원가집합을 설정하고 있는데, 활동원가동인과 활동원가배부율은 아래와 같다.

활동원가집합	활동원가동인	활동원가배부율	
직접노무 지원	직접노무시간	직접노무시간당	$5.55
묶음 공정	묶음수	묶음당	$107.00
주문 활동	주문횟수	주문횟수당	$275.00
고객서비스	고객수	고객당	$2,463.00

이 회사는 Interstate Trucking으로부터의 고객 의자 쿠션 1,000개의 단일 주문을 막 완료하였다. 이 주문은 2개의 묶음 작업으로 제조되며, 개별 쿠션에 대한 직접노무시간은 0.25시간이 요구된다. 제품 단위당 판매가격은 $20이며, 단위당 직접재료원가는 $8.50이며, 단위당 직접노무원가는 $6.00이다. 지난 해에는 Interstate Trucking의 주문만 있었다.

요구사항:

도표 7–12를 참고하여, 지난해 Interstate Trucking의 판매에 관한 고객별 이익을 작성하시오.

문제 7-12 활동원가동인 [학습목표 7-1]

제조회사인 Ming Corporation의 다양한 활동과 관련한 자료는 아래와 같다. 각각의 활동은 단위수준, 묶음수준, 제품수준, 고객수준활동으로 분류된다.

활동	활동 수준	활동측정치의 예
a. 직접노동자에 의한 제품 조립	단위수준	
b. 엔지니어에 의한 제품 설계	제품수준	
c. 기계장치 준비	묶음수준	
d. 기계에 의한 원재료 절삭가공	단위수준	
e. 고객들에 대한 청구서 발송	고객수준	
f. 제품 생산라인으로 원재료 이송	묶음수준	
g. 불량 발견을 위한 전수검사	단위수준	

요구사항:

위의 표에서 각 활동에 대한 활동원가측정치의 예를 제시하시오.

문제 7-13 활동기준원가계산의 제품원가 계산 [학습목표 7-3, 7-4]

Fogerty사는 티타늄재질의 허브와 톱니바퀴 제품을 생산한다. 2종류의 제품과 관련된 자료는 다음과 같다.

	제품 단위당 직접노무시간	연간 생산량
허브	0.80	10,000개
톱니바퀴	0.40	40,000개

추가 자료는 다음과 같다.

a. 허브의 직접재료원가는 제품 단위당 $32이며, 톱니바퀴는 $18이다.
b. 직접노무원가 임률은 시간당 $15이다.
c. 허브는 톱니바퀴에 비해 더 복잡하며 특수한 설비를 필요로 한다.
d. ABC 시스템과 관련한 활동관련 정보는 다음과 같다.

		활동		
활동원가집합(활동원가동인)	예상제조간접비	허브	톱니바퀴	합계
기계준비(준비횟수)	$72,000	100	300	400
특수공정(기계시간)	$200,000	5,000	0	5,000
공장일반관리(설비유지)	$816,000	NA	NA	NA

요구사항:

1. 각 활동원가집합별로 활동원가배부율을 계산하시오. 활동원가집합 모두에 대해 하나의 활동원가배부율을 계산하였는가? 왜 그런가?
2. ABC시스템을 사용하여 제품 단위당 제조원가를 계산하시오.

문제 7-14 활동기준원가계산 자료의 계산과 해석 [학습목표 7-3, 7-4]

Hiram's Lakeside는 시애틀의 Lake Washington에 위치한 인기 있는 레스토랑이다. 레스토랑의 사장은 레스토랑의 원가를 더 잘 이해할 수 있도록 활동기준원가계산을 도입하기 위해 인턴사원을 고용하였다. 인턴사원은 3개의 활동중심점을 설정하고 1단계 원가배분을 완료하였다. 그 결과는 다음과 같다.

활동원가집합	활동원가동인	총원가	총활동
식사파티	파티횟수	$33,000	6,000회의 파티
식사서빙	식사제공수량	$138,000	15,000그릇의 식사
음료서빙	음료제공수량	$24,000	10,000잔의 음료

위에 제시한 원가는 임차료, 재산세, 최고경영자 급여와 같은 설비유지원가를 제외한 레스토랑의 모든 원가가 포함되어 있다. 레스토랑 테이블을 덮는 테이블 보 교체 원가와 같은 일부 원가는 제공되는 파티 수에 따라 다르다. 접시 및 유리 잔 세척과 같은 기타 원가는 제공되는 식사 수 또는 제공되는 음료 수에 따라 다르다.

레스토랑의 사장은 활동기준원가계산을 적용하기 이전에는 레스토랑의 원가에 대하여 거의 알지 못했다. 단지 월간 총원가는 $240,000(설비유지원가를 포함)이며 15,000명의 고객에게 식사를 제공했으므로 평균원가는 $16라는 정도만 알고 있었다.

요구사항:

1. 활동기준원가계산시스템에 따라, 다음의 파티 혹은 식사별로 서빙 총원가는 얼마인가?
   a. 3잔의 음료수를 주문한 4명의 식사 파티.
   b. 음료는 주문하지 않고 2명의 식사 파티.
   c. 2잔의 음료를 주문한 1명의 식사.
2. 위 (1)에서 계산한 총원가를 단위당 원가로 전환하시오. 즉, 아래의 각 상황별로 고객당 평균원가를 계산하시오.
   a. 3잔의 음료수를 주문한 4명의 식사 파티.
   b. 음료는 주문하지 않고 2명의 식사 파티.
   c. 2잔의 음료를 주문한 1명의 식사.
3. 전체적으로 고객당 평균원가가 $16로 계산되었는데 위의 3개의 상황별로 고객당 평균원가가 차이가 나는 이유는 무엇인가?

문제 7-15 활동기준원가계산시스템 종합문제 [학습목표 7-2, 7-3, 7-4, 7-5]

Advanced Products사가 활동기준원가계산시스템과 관련하여 제공한 자료는 다음과 같다.

제조간접원가	
임금과 급료	$ 300,000
기타 제조간접원가	100,000
총제조간접원가	$ 400,000

활동원가집합	활동원가동인	연간 총 활동수준
직접노무 지원	직접노무시간	20,000 직접노무시간
주문 관련 활동	주문횟수	400회의 주문
고객지원 활동	고객수	200명의 고객
기타	설비유지원가에 해당	–

	활동별 자원 소비 배부				
	직접노무	주문 관련	고객유지	기타	합계
임금과 급료	40%	30%	20%	10%	100%
기타제조간접원가	30%	10%	20%	40%	100%

당기에 Advanced Products사는 신규 고객인 Shenzhen Enterprises로부터 한 건의 주문을 완료했다. 이 고객은 당기에 다른 주문은 하지 않았으며, 이 주문과 관련한 자료는 다음과 같다.

Shenzhen Enterprises의 주문과 관련한 자료	
주문량	10개
직접노무	단위당 2시간의 직접노무시간
판매가격	단위당 $300
직접재료원가	단위당 $180
직접노무원가	단위당 $50

요구사항:

1. 도표 7–6을 참고하여, 활동원가집합에 제조간접원가의 1단계 배부 결과를 나타내는 보고서를 작성하시오.
2. 도표 7–7을 참고하여, 활동원가집합 별로 활동원가배부율을 계산하시오.
3. Shenzhen Enterprises의 주문과 관련하여 고객지원 원가가 포함된 제조간접원가에 대한 보고서를 작성하시오.
4. 도표 7–12를 참고하여, Shenzhen Enterprises에 대한 고객 이익을 계산하시오.

문제 7-16 전통원가와 활동기준원가의 제품이익 비교 [학습목표 7-1, 7-3, 7-4, 7-5]

Hi-Tek Manufacturing사는 B300과 T500이라는 두 가지 형태의 산업용 부품을 제조한다. 가장 최근 기간의 전부원가계산에 의한 손익계산서는 아래와 같다.

Hi-Tek Manufacturing사 손익계산서	
매출	$2,100,000
매출원가	1,600,000
매출총이익	500,000
판매비와 일반관리비	550,000
순영업손실	$ (50,000)

Hi-Tek은 단위당 $20의 가격으로 70,000단위의 B300과 단위당 $40의 가격으로 17,500단위의 T500을 생산하여 판매하였다. 회사의 전통원가계산은 제조간접원가를 공장전체배부율을 사용하고 직접노무금액을 배부기준으로 제품에 배부한다. 추가적으로 이 회사의 2종류의 제품라인과 관련한 자료는 아래와 같다.

	B300	T500	합 계
직접재료원가	$436,300	$251,700	$ 688,000
직접노무원가	$200,000	$104,000	304,000
제조간접원가			608,000
매출원가			$1,600,000

회사는 제품의 수익성을 평가하기 위하여 활동기준원가계산제도를 도입하였다. Hi-Tek의 ABC 추진팀은 회사의 광고비 중 $50,000와 $100,000은 각각 B300과 T500에 직접 추적이 가능하다고 결론을 내렸다. 나머지 판매비와 관리비는 성격상 설비유지원가이다. ABC팀은 아래와 같이 네 가지 활동에 회사의 제조간접원가를 배부하였다.

		활동		
활동원가집합(활동원가동인)	제조간접원가	B300	T500	합 계
기계작업(기계시간)	$213,500	90,000	62,500	152,500
준비(준비시간)	157,500	75	300	375
제품 유지(제품 수)	120,000	1	1	2
기 타(설비유지원가)	117,000	NA	NA	NA
총 제조간접원가	$608,000			

요구사항:

1. 도표 7–13을 참고하여, 전통원가계산 하에서 B300과 T500에 대한 제품 이익을 계산하시오.
2. 도표 7–11을 참고하여, 활동기준원가계산 하에서 B300과 T500에 대한 제품 이익을 계산하시오.
3. 도표 7–14를 참고하여, 전통원가와 활동기준원가계산의 정량적인 비교를 하시오. 전통원가와 활동기준원가 차이가 나는 지를 설명하시오.

문제 7-17 전통원가와 활동기준원가의 제품이익 비교 [학습목표 7-1, 7-3, 7-4, 7-5]

Smoky Mountain사는 Xtreme과 Pathfinder라는 두 가지 형태의 하이킹 부스를 생산한다. 이 두 제품에 대한 자료는 아래와 같다.

	Xtreme	Pathfinder
단위당 판매가격	$140.00	$99.00
단위당 직접재료원가	$72.00	$53.00
단위당 직접노무원가	$24.00	$12.00
단위당 직접노무시간	2.0 노무시간당	1.0 노무시간당
추정 생산과 판매	20,000 단위	80,000 단위

회사는 직접노무시간을 기준으로 제조간접원가를 단위에 배부하는 전통원가계산 제도를 사용한다. 다음 해의 제조간접원가와 직접노무시간에 관련한 자료는 다음과 같다.

예상 총제조간접비	$1,980,000
예상 총직접노무시간	120,000 노무시간

요구사항:

1. 도표 7–13을 참고하여, 전통원가계산 하에서 Xtreme과 Pathfinder에 대한 제품 이익을 계산하시오.
2. 회사는 전통원가계산을 다음의 네 가지 활동원가집합 (기타 원가는 설비유지원가와 유휴설비원가를 포함한다)에 제조간접원가를 배부하는 활동기준원가계산제도로 전환하는 것을 고려하고 있다.

		예상 활동		
활동과 활동원가동인	예상 제조간접원가	Xtreme	Pathfinder	합계
직접노무활동(직접노무시간)	$ 783,600	40,000	80,000	120,000
묶음작업준비(작업준비횟수)	495,000	200	100	300
제품유지(제품 수)	602,400	1	1	2
기 타	99,000	NA	NA	NA
총제조간접비	$ 1,980,000			

도표 7–11을 참고하여, 활동기준원가계산 하에서 Xtreme와 Pathfinder에 대한 제품 이익을 계산하시오.

3. 도표 7–14를 참고하여, 전통원가와 활동기준원가계산의 정량적인 비교를 하시오. 전통원가와 활동기준원가 차이가 왜 나는 지를 설명하시오.

문제 7-18 활동기준원가계산과 입찰 [학습목표 7-2, 7-3, 7-4]

Mercer Asbestos Removal 사는 건물의 단열재 등에 포함된 독성이 함유되어 있는 석면을 전문적으로 제거하는 회사이다. 회사의 원가분석가와 현장책임자 간에는 오랫동안 해결되지 않은 논쟁이 있다. 회사의 현장책임자는 원가분석가가 오랜 된 집의 난방 파이프에 붙어 있는 석면제거와 같은 일상적인 작업과 산업용 건물의 천장에 포함된 석면제거와 같은 전문적인 작업을 적절하게 구별하지 않고 있다는 불만을 갖고 있다. 현장책임자는 전문적인 작업이 일상적인 작업에 비해 고비용이므로 요금을 더 높게 책정해야 한다고 생각하고 있다. 원가분석가는 "내 직무는 석면이 제거된 면적을 측정하는 것이다. 최고 경영진에 의해 지시받은 대로, 입찰가격을 결정하기 위해서 단순히 제곱피트당 $2.50를 곱한다. 평균원가는 단지 제곱피트당 $2.175이므로 전문적인 일로 나타나는 추가적인 원가를 감당하다로 충분한 여유가 있다. 게다가 또한 작업이 실제로 시작되기 전까지는 전문성이 필요한 업무인지 여부를 구분하기 어렵다고 판단하고 있다."

이러한 논쟁을 해소하기 위해 회사는 활동기준원가계산 시스템을 도입하기로 했다. 활동기준원가계산 시스템을 도입하기 위한 기초 자료는 다음과 같다.

활동중심점	활동원가동인	총활동
석면제거	천제곱피트	800천 제곱피트
작업준비	작업수량	500개 작업
전문업무	전문업무 횟수	100개의 전문업무
기타(유휴설비원가와 설비유지원가)	없음	

*100개의 전문업무는 500개 작업에 포함되어 있다. 전문업무와 일상업무 모두 작업준비시간이 필요하다.

당해연도 원가	
임금과 급료	$ 300,000
처분비용	700,000
기계설비 감가상각비	90,000
현장 용품	50,000
사무실 비용	200,000
라이센스와 보험료	400,000
총원가	$1,740,000

활동별 자원 소비 배부	석면제거	작업준비	전문업무	기타	합계
인건비	50%	10%	30%	10%	100%
처분비용	60%	0%	40%	0%	100%
기계설비 감가상각비	40%	5%	20%	35%	100%
현장 소모품비	60%	30%	10%	0%	100%
사무실 비용	10%	35%	25%	30%	100%
라이센스와 보험료	30%	0%	50%	20%	100%

요구사항:

1. 도표 7-6을 참고하여, 활동원가집합에 원가를 배부하는 1단계를 수행하시오.
2. 도표 7-7을 참고하여, 활동원가집합별로 활동원가배부율을 구하시오.
3. 위에서 구한 활동원가배부율을 이용하여 활동기준원가계산시스템에 따른 아래의 상황에 따른 각 작업의 천제곱피트당 평균원가와 총원가를 구하시오.
   a. 1,000제곱피트의 석면을 제거하는 일상업무
   b. 2,000제곱피트의 석면을 제거하는 일상업무
   c. 2,000제곱피트의 석면을 제거하는 전문업무
4. 위의 요구사항 3의 결과를 참고하여 회사의 입찰 정책을 대변하는 원가분석가가 옳은 지에 대한 의견을 제시하시오.

문제 7-19 2단계 배부와 제품 이익 [학습목표 7-4, 7-5]

Pixel Studio사는 영화와 TV의 애니메이션을 컴퓨터로 제작하는 회사이다. 작업의 대부분은 TV에서 방영되는 상업용 광고 제작이며, 그 외에 영화의 특수효과용으로 실감 있는 컴퓨터 애니메이션을 제작한다.

최근에 유사한 업체들이 많이 생겨남으로 인해 경쟁이 치열해졌으며 이로 인해 이 회사의 사장은 이 사업의 경제성에 대해 관심을 갖고 있다. 그리고 회사의 원가구조를 더 잘 이해하기 위해 활동기준원가계산 시스템을 도입하였다. 이 회사의 세 가지 주요활동은 애니메이션 착상, 애니메이션 제작과 계약관리로 분류된다. 애니메이션 착상 활동은 회사가 특정 프로젝트에 입찰하기 위한 애니메이션을 제안하는 단계에서 발생하는 활동이다. 이 활동은 예상고객에게 보여주기 위한 프로토타입과 새로운 스토리를 구성하기 위해 회사의 모든 부문의 인력이 참여하는 집중적인 활동이다. 고객에 의해 프로젝트가 채택이 되면, 애니메이션 제작에 들어가 작품을 제작하고 계약관리가 시작된다. 애니메이션 제작 활동의 대부분은 기술직원에 의해 수행되며, 관리부서의 대부분은 계약관리와 관련이 있다. 이 회사의 활동중심점과 활동원가동인을 요약하면 다음과 같다.

활동원가집합	활동측정치	활동원가배부율
애니메이션 착상	제안 건수	$6,040제안건당
애니메이션 제작	완성된 애니메이션 시간(분)	$7,725분당
계약관리	계약 건수	$6,800계약건당

활동원가배부율에는 회사의 유휴조업도로 인한 원가와 설비유지원가를 제외한 모든 원가가 포함되어 있으며, 직접노무원가와 직접재료원가는 존재하지 않는다.

잠정적인 분석 결과에 의하면 지역광고 분야는 수익성이 없는 것으로 나타났다. 이 분야는 경쟁이 매우 치열하다. 지역광고 발주자는 Pixel Studio와 같은 3~4개 정도의 회사에 입찰을 요청하므로 각 회사는 계약을 성사시키기 위해 비정상적으로 낮은 배부율을 사용한다. 더욱이, 다른 작업에 비교하여 지역광고 애니메이션은 점점 짧아지는 추세이다. 애니메이션 작품은 방영 시간에 따라 표준배부율에 비례하여 요금을 청구하고 있으며, 이로 인해 이러한 짧은 작품의 수익이 전체 평균에 미치지 못하고 있다. 지역광고 활동과 관련한 원가자료는 다음과 같다.

활동원가동인	지역광고
제안건수	25
완성된 애니메이션 시간(분)	5
계약건수	10

지역광고와 관련된 10건의 계약에 대한 총매출액은 $180,000이다.

요구사항:

1. 지역광고 시장에 제공되는 원가를 구하시오.
2. 지역광고 시장에 제공으로 획득한 이익을 나타내는 보고서를 작성하시오(이 회사에 직접재료원가와 직접노무원가가 없음에 주의하시오).
3. 지역광고 시장에 관심이 있는 경영진에게 무엇을 조언하겠는가?

문제 7-20 서비스의 수익성 분석 [학습목표 7-2, 7-3, 7-4, 7-5]

Montana 주 Bozeman에 위치한 Gallatin Carpet Cleaning은 소규모의 가족 기업이다. 이 회사는 카페트 청소에 대한 요금으로 단위 면적당 단일 요금을 부과한다. 현재 이 회사는 100제곱피트당 $28의 요금을 부과하고 있다. 그러나 이 회사는 실제로 상당한 출장비가 소요되는 먼 거리의 출장서비스도 제공하고 있는데 여기에서는 수익을 올리지 못하고 있다. 이 회사의 사장 딸은 대학생인데 여름방학을 맞아 잠시 집에 돌아와서 이러한 상황을 보고 활동기준원가계산의 도입을 제안했다. 수차례의 토론을 통해, 4개의 활동원가중심점을 설정하였다. 활동원가집합과 활동원가동인관련 자료는 다음과 같다.

활동원가집합	활동원가측정치	연간활동수준
카페트 청소	제곱피트(단위 100)	20,000제곱피트
업무출장	거리	60,000마일
작업지원	작업횟수	2,000개의 작업
기타(설비유지원가)	없음	배부하지 않음

이 회사의 영업과 관련한 연간 총원가는 $430,000이며 여기에는 다음과 같은 원가가 포함된다.

인건비	$ 150,000
청소용품	40,000
청소 설비 감가상각비	20,000
차량 유지 비용	80,000
사무실비용	60,000
대표자 급여	80,000
총원가	$ 430,000

이 활동을 배부하기 위한 자원소비량은 다음과 같다.

	카페트 청소	출장	작업지원	기타	합계
인건비	70%	20%	0%	10%	100%
청소 용품	100%	0%	0%	0%	100%
청소 설비 감가상각비	80%	0%	0%	20%	100%
차량 유지 비용	0%	60%	0%	40%	100%
사무실비용	0%	0%	45%	55%	100%
대표자 급여	0%	0%	40%	60%	100%

작업지원활동에는 여러 잠재적인 고객으로부터의 전화주문과 작업계획, 요금청구 등의 서비스들이 모두 포함되어 있다.

요구사항:

1. 도표 7–6을 참고하여 활동원가를 각 활동원가집합에 1단계 배분을 수행하시오.
2. 도표 7–7을 참고하여 활동원가집합에 대한 활동원가배부율을 계산하시오.
3. 이 회사는 Flying N Ranch의 500 제곱피트의 카페트 청소를 완료하였다. 이 회사는 사무실로부터 75마일 떨어져 있다. 활동기준원가계산시스템을 이용하여 이 작업에 대한 원가를 계산하시오.
4. Flying N Ranch로부터의 수익은 $140($28/100제곱피트 × 500제곱피트)이다. 도표 7–12를 참고하여 Flying N Ranch 작업으로 인한 이익을 계산하는 보고서를 작성하시오.
5. Flying N Ranch사의 서비스 제공으로 인한 수익성과 관련하여 어떤 결론을 내릴 수 있는가? 그 이유도 설명하시오.
6. 향후 이 회사가 제공하는 작업에 대한 판매가격에 대해 어떤 조언을 할 수 있겠는가?

부록 7A: 시간동인 활동기준원가계산: 마이크로 엑셀 기반 접근방법

이 부록의 목적은 시간동인 활동기준원가계산(TDABC)을 소개하는 것이다. 이 부록에서 설명하는 접근방식은 이 장의 본문에 기술된 활동기준원가계산(ABC) 모델에 수반되는 두 가지 중요한 한계점을 극복한다.

첫째, TDABC는 1단계 배부를 수행하기 위해 직원과의 광범위한 인터뷰(도표 7–5 참조)를 하지 않아도 된다. 수천 명의 직원을 고용하는 회사의 경우, 이러한 인터뷰는 매우 많은 시간이 소요될 수 있으며, 이로 인해 회사의 원가 모델을 자주 업데이트할 수 있는 능력이 제한된다. 둘째, 도표 7–5와 7–6에 표시된 ABC 모델은 직원들이 "기타" 원가집합 내에서 자신의 유휴 시간을 스스로 보고할 것으로 가정한다. 실제로 대부분의 직원들은 자신의 유휴 시간을 보고하는 것을 매우 싫어한다. 왜냐하면 그것은 경영진에게 노동력의 규모를 줄일 수 있다는 신호를 줄 수 있기 때문이다.

이 부록은 제품 및 고객과 같은 원가대상에 간접원가를 배부하는 데 TDABC를 어떻게 사용할 수 있는지를 보여 준다. 생산능력 분석 목적으로 TDABC를 사용하는 방법도 설명한다. 단순성을 위해 본 부록의 범위를 노무원가만 초점을 두기로 한다. TDABC 시스템은 장비원가 및 설비원가와 같은 다른 유형의 간접원가를 포함할 수 있지만, 생산능력 분석 논의를 단순화하기 위한 목적으로 이러한 종류의 원가는 제외한다.

Ridley사: 사례

Ridley사는 고객 수익성과 생산능력 활용률에 대한 이해도를 개선하고자 한다. 초기 시범사업으로 TDABC를 활용하여 고객서비스 부서의 노무원가를 분석하기로 하였다. 이 프로젝트의 목표는 개별 고객이 고객 서비스 노무원가를 어떻게 사용하는지를 더 잘 이해하고 부서 내 직원 배치 결정을 내리는데 더 많은 기초 정보를 확보하는 것이다.

과거에 이 회사는 "교육되었을 것이라는 추측"에 의존하여 인사 결정을 해왔으나, 이는 종종 급여지급 대장의 종업원 수와 고객 서비스를 위해 필요한 직원 수 간에 불균형을 초래했다. Ridley는 TDABC를 통해 노동력을 고객 수요에 더 잘 맞추는데 따른 재무적 영향을 추정하길 원하고 있다.

데이터 입력

도표 7A–1은 Ridley의 TDABC 모델에 대한 세 가지 유형의 데이터 입력, 즉 자원 데이터, 활동 데이터 및 원가대상 데이터를 요약하고 있다. 자원 데이터는 고객 서비스 부서의 직원 수(30명), 직원당 평균 급여($29,952), 연간 주수(52주), 주당 사용 가능한 분(2,400분), 실제 생산능력 비율(80%)이 포함된다. 실제 생산능력 백분율로 볼 때 직원들은 사용 가능한 시간의 100%를 고객에게 제공하지 않는다. 그들은 휴가, 휴식, 훈련, 개인적인 필요에 참석하는

도표 7A-1

Ridley사: 데이터 입력

	A	B	C	D	E
1		**Ridley사**			
2		**고객서비스 부서**			
3		**데이터 입력**			
4					
5	*자원 데이터:*				
6	직원 수	30			
7	직원 당 평균 임금	$29,952			
8					
9	일년 주수	52			
10	주당 가용 분 (40시간 × 60분)	2,400			
11	실제 생산능력 비율	80%			
12					
13	*활동 데이터:*	**주문처리**	**질의해결**	**신용검토**	
14	활동 단위당 분	10	30	40	
15					
16	*원가대상 데이터:*	**고객 A**	**고객 B**	**고객 C**	**모든 고객**
17	주문처리 수	30	18	7	200,000
18	고객 질의 수	17	10	8	4,500
19	신용검토 수	1	1	1	8,900
20					

도표 7A-1 | 도표 7A-2 | 도표 7A-3 ...

등 가능한 시간의 일부를 보낸다. 따라서 Ridley는 직원이 사용할 수 있는 시간 중 80%가 실제로 고객을 응대하는 데 사용된다고 추정한다.

도표 7A-1의 활동 데이터는 고객 서비스 부서 내의 세 가지 활동, 즉, 주문처리(셀 B13), 질의해결(셀 C13), 신용검토(셀 D13) 등을 포함하고 있다. 각 활동을 한 번 수행하는 데 필요한 평균 시간(분)도 나타나 있다. 예를 들어, 평균 주문 한 건을 처리하는 데 10분, 고객으로부터 질의 한 건을 해결하는 데 30분, 고객의 신용도를 검토하는 데 40분이 걸린다.[4]

도표 7A-1에 표시된 원가대상 데이터는 고객 A, B, C뿐만 아니라 고객 서비스 부서에서 연중 서비스하는 모든 고객을 위한 활동 데이터를 제공한다. 예를 들어, 고객 A, B, C는 30, 18, 7개의 주문을 각각 하였다. 올해 Ridley의 모든 고객이 총 200,000건의 주문을 하였다.

고객 원가 분석

학습목표 7-6

원가대상에 원가를 할당하는데 시간동인 활동기준 원가계산을 사용할 수 있다.

도표 7A-2는 Ridley사가 고객 A, B 및 C에게 고객 서비스 부서의 노무원가를 할당하는 데 사용하는 3단계 TDABC 절차를 요약한다. 첫 번째 단계는 셀 B10에 제공된 자원의 총 원가($898,560)를 셀 B14에 제공된 자원의 실제 생산능력(2,995,200분)으로 나누어 셀 B16에서 제공되는 자원의 분당 원가($0.30)를 계산하는 것이다. 셀 B12에는 직원당 99,840분의 실제 생산능력이 표시된다. 이 숫자는 도표 7A-1에 표시된 데이터 입력 탭에서 세 개의 셀[셀 B9(52주), 셀 B10(주당 2,400분) 및 셀 B11(80%)]을 곱하여 구한다.

4 단순화하여, 모든 주문, 질의 및 신용검토가 활동 단위당 동일한 시간(분)을 소비한다고 가정한다.

도표 7A–2

Ridley사: 고객원가 분석

	A	B	C	D
1	**Ridley사**			
2	**고객서비스 부서**			
3	**고객원가 분석**			
4				
5	**단계 1: 제공된 자원의 분당 원가 계산**			
6				
7	고객서비스 부서:			
8	직원 수 (a)	30		
9	직원 당 평균 임금 (b)	$ 29,952		
10	제공된 자원의 총 원가 (a) × (b)	$ 898,560		
11				
12	직원당 실제 생산능력 (분 단위)(a)	99,840		
13	직원 수 (b)	30		
14	직원당 실제 생산능력 (분 단위)(a) × (b)	2,995,200		
15				
16	제공된 자원의 분당 원가	$ 0.30		
17				
18	**단계 2: 시간동인 활동율 계산**	**주문처리**	**질의해결**	**신용검토**
19	활동단위 당 시간(분)(a)	10	30	40
20	제공된 자원의 분당 원가 (b)	$ 0.30	$ 0.30	$ 0.30
21	시간동인 활동율 (a) × (b)	$ 3.00	$ 9.00	$ 12.00
22				
23	**단계 3: 원가대상에 원가 할당**	**고객 A**	**고객 B**	**고객 C**
24	주문처리 수 (a)	30	18	7
25	시간동인 활동율 (b)	$ 3.00	$ 3.00	$ 3.00
26	할당된 주문처리 원가 (a) × (b)	$ 90.00	$ 54.00	$ 21.00
27				
28	고객 질의 분 (a)	17	10	8
29	시간동인 활동율 (b)	$ 9.00	$ 9.00	$ 9.00
30	할당된 질의해결 원가 (a) × (b)	$ 153.00	$ 90.00	$ 72.00
31				
32	신용검토 수(a)	1	1	1
33	시간동인 활동율 (b)	$ 12.00	$ 12.00	$ 12.00
34	할당된 신용검토 원가 (a) × (b)	$ 12.00	$ 12.00	$ 12.00
35				
36	고객에게 할당된 총원가	$ 255.00	$ 156.00	$ 105.00
37				

도표 7A-1 | 도표 7A-2 | 도표 7A-3 | ...

도표 7A–2의 두 번째 단계는 세 가지 활동 각각에 대한 시간동인 활동율을 계산하는 것이다. 예를 들어, 주문당 $3.00의 주문처리 활동에 대한 시간동인 활동율(셀 B21)은 활동 단위당 10분(셀 B19)에 $0.30(셀 B20)의 제공된 자원의 분당 원가를 곱하여 도출한다. 마찬가지로, 질의 당 $9.00(셀 C21)의 질의해결 시간동인 활동률은 활동 단위(셀 C19)당 30분에 공급된 자원의 분당 원가 $0.30(셀 C20)을 곱하여 도출한다.

도표 7A–2의 세 번째 단계는 고객 A, B, C에게 고객 서비스 노무원가를 할당하는 것입니다. 예를 들어, 고객 A에게 할당된 총 고객 서비스 원가는 $255(셀 B36)는 주문처리 원가 $90(셀 B26), 질의해결 원가 $153(셀 B30) 및 신용검토 원가 $12(셀 B34)의 합계이다. 셀 B24(30), 셀 B28(17), 셀 B32(1)의 고객 질의 수 및 셀 B32(1)의 신용검토 수는 도표 7A–1

에 표시된 데이터 입력 탭의 셀 B17~B19와 연결된다.

도표 7A-2에 요약된 원가 할당 형태는 Ridley사가 고객 수익성 측정 및 이러한 통찰력을 바탕으로 고객 믹스 관리와 같은 더 큰 계획에서 유용할 수 있다. 또한 도표 7A-2에 표시된 원가 할당은 고객 서비스 부서 내 30명의 직원을 인터뷰하지 않고도 수행되었다. 대신에 Ridley사는 실제 생산능력 백분율(80%)에 대해 합리적인 추정만하고 시간동인 활동율을 계산하기 위해 각 활동을 한 번 수행하는 데 요구되는 시간을 추정하면 된다.

그러나 도표 7A-2의 데이터는 Ridley가 사용 및 미사용 생산능력 원가를 수량화하고 관리하는 데 도움이 되지 않으며, 회사가 미래의 고객을 만족시키는 데 필요한 고객 서비스 부서 직원 수를 추정하는 데도 도움이 되지 않는다.

Ridley의 TDABC 시스템에서 이러한 유형의 통찰력을 얻기 위해, 생산능력 분석의 주제로 관심을 전환한다.

생산능력 분석

도표 7A-3은 Ridley사가 생산능력을 관리하는 목적으로 사용하는 4단계 절차를 보여준다. 고객 A, B, C가 아닌 Ridley의 모든 고객에 초점을 맞춥니다. 첫 번째 단계는 총 사용 생산능력 2,491,000분(=2,000,000 + 135,000 + 356,000)을 계산하는 것이다. 두 번째 단계는 셀 B11에서 사용 가능한 총 2,995,200분(이전 도표 7A-2의 셀 B14에서 계산됨)에서 2,491,000분(셀 B12에서)을 차감하여 504,200분(셀 B13)의 미사용 용량을 도출하는 것이다. 세 번째 단계에서는 분단위 미사용 생산능력을 직원 단위 미사용 생산능력으로 전환한다. 고객 서비스 직원은 변동원가라기 보다는 단계별 고정원가이기 때문에 이 계산을 수행한다.

다시 말해 Ridley는 분당 고객 서비스 생산능력을 구매하지 않는다. 대신 매년 99,840분의 실제 생산능력을 제공하는 직원을 고용한다. 분 단위로 사용되지 않는 생산능력은 504,200분이고 직원 1명의 실제 생산능력은 99,840분이기 때문에 미사용 총 생산능력은 5.05명의 직원(= 504,200분 ÷ 99,840분)과 같다.

네 번째 단계는 생산능력을 수요와 대응시킬 때의 재정적 영향을 계산한다. 이 단계의 핵심은 도표 7A-3의 셀 B21에 있는 공식으로, 셀 B18에 보고된 값을 정수로 반올림한다. Ridley가 직원의 일부가 아닌 전체 직원 관점에서 단계적으로 고정된 직원 수를 변경하기 때문에 이 반올림 기능을 수행한다. 예를 들어, 셀 B18은 5.05 직원의 미사용 생산능력을 보여주지만, Ridley는 0.05명의 직원을 해고할 수 없다. 다섯 명 혹은 여섯 명의 직원을 해고할 수 있지만, 그 사이는 해고할 수 없다. 6명의 직원을 해고하면 고객 서비스 부서의 일손이 모자라게 되므로 5명의 직원으로 절사한다. 직원 1인당 평균 급여가 $29,952인 점을 감안하면 노무 생산능력과 수요를 대응시키는 비용의 영향은 $149,760(= 5.00 × $29,952)의 절감이다.

도표 7A-3 Ridley사: 생산능력 분석

	A	B	C	D	E
1	Ridley사				
2	고객서비스 부서				
3	생산능력 분석				
4					
5	**단계 1: 분단위로 사용 생산능력 계산**	**주문처리**	**질의해결**	**신용검토**	**계**
6	각 활동에 대한 고객수요 (a)	200,000	4,500	8,900	
7	각 활동 단위당 요구되는 고객서비스 시간(분) (b)	10	30	40	
8	수요를 충족하기 위해 사용한 고객서비스 시간(분) (a) × (b)	2,000,000	135,000	356,000	2,491,000
9					
10	**단계 2: 분단위 미사용 생산능력 계산**				
11	수요를 충족하기 위해 이용가능한 고객서비스 총시간(분) (a)	2,995,200			
12	수요를 충족시키기 위해 사용한 고객서비스 총시간(분) (b)	2,491,000			
13	분단위 미사용 생산능력 (a) − (b)	504,200			
14					
15	**단계 3: 직원 수 미사용 생산능력 계산**				
16	분단위 미사용 생산능력 (a)	504,200			
17	직원당 실제 생산능력 (분 단위) (b)	99,840			
18	직원 수 미사용 생산능력 (a) ÷ (b)	5			
19					
20	**단계 4: 생산능력과 수요 대응의 재무적 영향 계산**				
21	직원 수 조정 가능성(반올림) (a)	(5.00)			
22	직원 당 평균 임금 (b)	$ 29,952			
23	생산능력과 수요 대응의 비용 영향 (a) × (b)	$ (149,760)			
24					
25	참고: 셀 B21은 이 수식을 사용한다. =If(B18)0,rounddown(−B18,0),roundup(−B18,0))				
26					

도표 7A-1 | 도표 7A-2 | 도표 7A-3 | 도표 7A-4 | 도표 7/...

"What-If" 분석

또한 도표 7A-1의 데이터 입력은 Ridley가 몇 가지 흥미로운 "만약"이라는 질문에 대답할 수 있도록 한다. 예를 들어, 회사가 신용검토 시간을 40분에서 30분으로 줄일 수 있다면 어떨까? 이것이 고객 A, B, C에게 할당된 원가에 미치는 영향은 어떤가? 이 질문에 답하기 위해, 도표 7A-1의 셀 D14를 40분에서 30분으로 변경할 것이다. 변경된 고객원가 분석은 즉시 도표 7A-4에 나올 것이다.

셀 D19에는 40분 대신에 신용검토 당 30분을 나타나고 도표 7A-2의 동일한 셀에 표시된다. 이는 다시 신용검토 당 원가를 도표 7A-2의 동일한 셀에 표시된 $12.00가 아닌 $9.00(셀 D21 참조)로 낮춘다. $9.00로 더 낮은 시간동인 활동율은 셀 B33에서 D33까지 이어지며, 결과적으로 각 고객의 총 고객 서비스 원가를 $3까지 낮춘다. 예를 들어 고객 A의 총 고객 서비스 원가는 도표 7A-4의 셀 B36에서 $252인 반면, 도표 7A-2의 셀 B36의 총 원가는 $255이다.

Ridley사가 다음과 같은 질문에 답하기를 원한다고 가정해 보자. 또한 주문처리 횟수를 200,000건(도표 7A-1의 셀 E17 참조)에서 265,000건으로 늘리면 어떻게 되나? 처리되는 주

도표 7A-4

Ridley사의 고객원가 분석: "What If" 분석

	A	B	C	D
1		Ridley사		
2		고객서비스 부서		
3		고객원가 분석		
4				
5	**단계 1: 제공된 자원 분당 원가 계산**			
6				
7	고객서비스 부서:			
8	직원 수 (a)	30		
9	직원 당 평균 임금 (b)	$ 29,952		
10	제공된 자원의 총 원가 (a) × (b)	$ 898,560		
11				
12	직원당 실제 생산능력 (분 단위) (a)	99,840		
13	직원 수 (b)	30		
14	제공된 자원의 실제 생산능력 (분단위) (a) × (b)	2,995,200		
15				
16	제공된 자원의 분당 원가	$ 0.30		
17				
18	**단계 2: 시간동인 활동율 계산**	**주문처리**	**질의해결**	**신용검토**
19	활동 단위당 분 (a)	10	30	30
20	제공된 자원의 분당 원가 (b)	$ 0.30	$ 0.30	$ 0.30
21	시간동인 활동율 (a) × (b)	$ 3.00	$ 9.00	$ 9.00
22				
23	**단계 3: 원가대상에 원가 할당**	**고객 A**	**고객 B**	**고객 C**
24	주문처리 수 (a)	30	18	7
25	시간동인 활동율 (b)	$ 3.00	$ 3.00	$ 3.00
26	할당된 주문처리 원가 (a) × (b)	$ 90.00	$ 54.00	$ 21.00
27				
28	고객 질의 수 (a)	17	10	8
29	시간동인 활동율 (b)	$ 9.00	$ 9.00	$ 9.00
30	할당된 질의해결 원가 (a) × (b)	$ 153.00	$ 90.00	$ 72.00
31				
32	신용검토 수(a)	1	1	1
33	시간동인 활동율 (b)	$ 9.00	$ 9.00	$ 9.00
34	할당된 신용검토 원가 (a) × (b)	$ 9.00	$ 9.00	$ 9.00
35				
36	고객에게 할당된 총원가	$ 252.00	$ 153.00	$ 102.00
37				

도표 7A-1 | 도표 7A-2 | 도표 7A-3 | 도 ...

문 수의 증가가 고객 서비스 부서의 인력 수요에 어떤 영향을 미치나? 도표 7A-1의 셀 E17을 적절하게 변경한 후, 도표 7A-5는 이 질문에 대한 답을 제공하는데, Ridley사는 $29,952의 예상 원가로 직원을 한 명 더 고용할 필요가 있다.

이 답변이 어떻게 도출되었는지 이해하기 도표 7A-5의 1단계를 시작하면, 셀 B6에서 265,000 주문처리가 나타난다. 이와 같이 주문 처리 횟수가 증가하면 고객 수요를 충족하는 데 필요한 고객 서비스 시간이 3,052,000분(셀 E8)으로 늘어난다.

2단계에서는 2,995,200(셀 B11)의 총 고객 서비스 가용시간(분)이 3,052,000(셀 B12)의 수요를 충족시키는 데 사용된 시간(분)보다 작으므로 셀 B13에 표시된 것처럼 사용되지 않는 생산능력(56,800분)이 된다. 사용되지 않는 생산능력은 음수이므로 Ridley가 예상 고객 수요

도표 7A-5 Ridley사의 생산능력 분석: "What If" 분석

	A	B	C	D	E
1	Ridley사				
2	고객서비스 부서				
3	생산능력 분석				
4					
5	**단계 1: 분단위 사용 생산능력 계산**	**주문처리**	**질의해결**	**신용검토**	**계**
6	각 활동에 대한 고객수요 (a)	265,000	4,500	8,900	
7	각 활동 단위당 요구되는 고객서비스 시간(분)(b)	10	30	30	
8	수요를 충족하기 위해 사용한 고객서비스 시간(분) (a) × (b)	2,650,000	135,000	267,000	3,052,000
9					
10	**단계 2: 분단위 미사용 생산능력 계산**				
11	수요를 충족하기 위해 이용가능한 고객서비스 총시간(분)(a)	2,995,200			
12	수요를 충족시키기 위해 사용한 고객서비스 총시간(분) (b)	3,052,000			
13	분단위 미사용 생산능력 (a) − (b)	(56,800)			
14					
15	**단계 3: 직원 수 미사용 생산능력 계산**				
16	분단위 미사용 생산능력 (a)	(56,800)			
17	직원당 실제 생산능력 (분 단위)(b)	99,840			
18	직원 수 미사용 생산능력 (a) ÷ (b)	(0.57)			
19					
20	**단계 4: 생산능력과 수요 대응의 재무적 영향 계산**				
21	직원 수 조정 가능성(반올림) (a)	1.00			
22	직원 당 평균 임금 (b)	$ 29,952			
23	생산능력과 수요 대응의 비용 영향 (a) × (b)	$ 29,952			
24					
25	참고: 셀 B21은 이 수식을 사용한다. =If(B18>0,rounddown(-B18,0),roundup(-B18,0))				
26					

도표 7A-2 | 도표 7A-3 | 도표 7A-4 | 도표 7A-5

를 충족하기에 충분한 생산능력을 가지고 있지 않음을 의미한다.

도표 7A-5의 3단계는 셀 B18에 표시된 바와 같이 분단위 부족분을 셀 B18에 나타난 것과 같이 (0.57)의 직원 수의 형태인 직원의 수로 전환한 것이다. Ridley가 직원의 절반보다 약간은 더 낮게 고용할 수 없다는 점을 감안할 때, 셀 B21은 이 숫자를 1.00으로 반올림하고, 셀 B23은 한 명의 추가 직원을 고용하는 데 드는 예상 원가를 $29,952로 전환한다.

이것으로 TDABC 소개를 마친다. 이 방법론의 강점은 (1) 직원 인터뷰가 필요하지 않기 때문에 업데이트하기 쉬우며, (2) 직원이 자신의 유휴시간을 직접 보고할 필요가 없는 객관적인 방식으로 미사용 생산능력 원가를 정량화하고, (3) 특히 Ridley사 예제의 고객 서비스 직원과 같이 단계적 고정 자원과 관련하여 수요에 따른 생산능력 조정의 재정적 영향을 추정하는 데 도움이 된다.

연습문제 (부록 7A)

connect

문제 7A-1 시간동인 활동기준원가계산 [학습목표 7-6]

Saratoga회사는 고객사양에 따라 주문 생산한다. 이 회사는 구매부서의 노무원가가 개별 주문에 의해 어떻게 소비되는지를 더 잘 이해하기 위해 시간동인 활동기준원가계산 연구를 수행하고 있다. 연구를 돕기 위하여, 회사는 구매부서와 많은 개별 작업 중 세 개에 대한 다음 데이터를 제공하였다.

직원 수	12		
직원 당 평균 임금	$28,000		
연단위 고용 주수	52		
주당 근로시간	40		
실제 생산능력 비율	85%		
	요청처리	**입찰 평가**	**검사**
활동단위당 시간(분)	15	45	30
	작업 X	**작업 Y**	**작업 Z**
처리된 요청 수	8	5	4
입찰 평가 수	3	2	4
검사 수	6	2	6

요구사항:

1. 구매부서에 제공된 자원의 분당 원가를 계산하라.
2. Saratoga의 세 가지 활동 각각에 대한 시간동인 활동율을 계산하라.
3. 작업 X, 작업 Y, 작업 Z에 할당된 총 구매 노무원가를 계산하라.

문제 7A-2 시간동인 활동기준원가계산 [학습목표 7-7]

문제 7A-1의 데이터를 참조하라. 추가로 Saratoga사가 해당 연도 동안 수행한 모든 작업에 대해 아래의 활동 데이터를 제공하였다고 가정한다.

	요청처리	입찰평가	검사
모든 작업에 대한 활동 수요	7,000	9,400	10,000

요구사항:

1. Saratoga의 분단위 사용 생산능력을 계산하라.
2. Saratoga의 분단위 미사용 생산능력을 계산하라.
3. Saratoga의 미사용 생산능력을 직원수로 계산하라. (정수로 반올림하지 마시오.)
4. 생산능력을 수요와 대응시키는 비용의 영향을 계산하라. (조정 가능한 직원 수를 정수로 조정하시오.)

문제 7A–3 시간동인 활동기준원가계산 [학습목표 7-6, 7-7]

문제 7A-1 및 7A-2의 데이터를 참조하라. Saratoga사 시간동인 활동기준원가계산 시스템을 이용하여 다음과 같은 "만약(what if)" 질문에 답하고자 한다고 하자. 다음 기간의 모든 작업에 대한 예상 활동 수요가 아래와 같다고 가정할 때, 이것이 작업원가와 구매부서 내의 인력 수준에 어떤 영향을 미칠 것인가?

	요청처리	입찰평가	검사
모든 작업에 대한 활동 수요	7,600	9,900	11,000

요구사항:

1. 수정된 활동수요 사항이 작업 X, 작업 Y, 작업 Z에 할당된 구매부서의 총 노무원가에 어떤 영향을 미치는가? 계산할 필요는 없다.
2. 수정된 활동수요 사항을 이용하여 Saratoga의 사용된 생산능력을 분단위로 계산하라.
3. 수정된 활동수요 사항을 이용하여 Saratoga의 미사용 생산능력을 분단위로 계산하라.
4. 수정된 활동수요 사항을 이용하여 Saratoga의 미사용 생산능력을 직원 수로 계산하라. (정수로 반올림하지 마시오.)
5. 수정된 활동수요에 따라 생산능력을 수요와 대응시키는 비용의 영향을 계산하라. (조정 가능한 직원 수를 정수로 조정하시오.)

문제 7A–4 시간동인 활동기준원가계산 [학습목표 7-6, 7-7]

Stahl사는 배송부서에서 시간동인 활동기준원가계산 연구를 수행하고 있다. 연구를 돕기 위해, 회사는 배송부서 및 해당 부서에 의해 서비스를 제공받는 고객과 관련한 다음의 데이터를 제공하였다.

직원 수	34			
직원 당 평균 임금	$34,000			
연단위 고용 주수	52			
주당 근로시간	40			
실제 생산능력 비율	80%			
	품목선택	**포 장**	**배송선적**	
활동 단위당 분	5	15	30	
	고객 L	**고객 M**	**고객 N**	**고객 계**
품목선택 수	280	160	90	335,000
포장 상자 수	50	20	15	46,800
배송선적 수	6	2	10	12,100

요구사항:

1. 도표 7A–2에 나와 있는 고객원가 분석을 지침으로 삼아 다음을 계산하라.
   a. 배송부서에서 제공하는 자원의 분당 원가
   b. Stahl의 세 가지 활동 각각에 대한 시간동인 활동율
   c. 고객 L, 고객 M 및 고객 N이 소비한 총 노무원가

2. 도표 7A–3에 나와 있는 생산능력 분석을 지침으로 삼아 다음을 계산하라.
   a. 분단위 사용 생산능력
   b. 분단위 미사용 생산능력
   c. 직원단위 생산능력 (정수로 반올림하지 마시오.)
   d. 생산능력을 수요와 대응시키는 비용의 영향 (조정 가능한 직원 수를 정수로 조정하시오.)

문제 7A–5 시간동인 활동기준원가계산 [학습목표 7-6, 7-7]

Athens사는 엔지니어링 부서에서 시간동인 활동기준원가계산 연구를 수행하고 있다. 연구를 돕기 위해, 회사는 엔지니어링 부서 및 해당 부서에 의해 서비스를 제공받는 고객과 관련한 다음의 데이터를 제공하였다.

직원 수	10
직원 당 평균 임금	$90,000
연단위 고용 주수	52
주당 근로시간	40
실제 생산능력 비율	85%

	신제품설계	엔지니어링 변경 주문	제품 검사	
활동단위 당 시간	40	20	8	
	고객 A	**고객 B**	**고객 C**	**고객 계**
신제품 설계수	3	2	4	180
엔지니어링 변경 주문수	5	2	2	250
제품 검사수	8	4	6	160

요구사항:

1. 도표 7A–2에 나와 있는 고객원가 분석을 지침으로 삼아 다음을 계산하라.
   a. 엔지니어링 부서에서 제공하는 자원의 시간당 원가
   b. Athens의 세 가지 활동 각각에 대한 시간동인 활동율
   c. 고객 A, 고객 B 및 고객 C가 소비하는 총 엔지니어링 원가
2. 도표 7A–3에 나와 있는 생산능력 분석을 지침으로 삼아 다음을 계산하라.
   a. 시간단위 사용 생산능력
   b. 시간단위 미사용 생산능력
   c. 직원단위 생산능력 (정수로 반올림하지 마시오.)
   d. 생산능력을 수요와 대응시키는 비용의 영향 (조정 가능한 직원 수를 정수로 조정하시오.)
3. Athens가 설계한 신제품의 예상 수가 250개로 늘어나고, 엔지니어링 변경 주문이 320개로 증가하고, 검사된 제품의 수가 240개로 증가하는 등 사업 확장을 고려하고 있다고 가정하자. 이러한 수정된 수치를 사용하여 다음을 계산하라.
   a. 시간단위 사용 생산능력
   b. 시간단위 미사용 생산능력
   c. 직원단위 생산능력 (정수로 반올림하지 마시오.)
   d. 생산능력을 수요와 대응시키는 비용의 영향 (조정 가능한 직원 수를 정수로 조정하시오.)

Chapter 8

종합예산

©Sandeee Noreen

학습목표

8장을 공부한 후에 다음을 할 수 있어야 한다.

학습목표 8-1 조직의 예산편성 이유와 예산편성에 사용되는 절차를 이해할 수 있다.

학습목표 8-2 예상되는 현금회수 일정표를 포함한 판매예산을 수립할 수 있다.

학습목표 8-3 제조예산을 세울 수 있다.

학습목표 8-4 재료구입으로 예상되는 현금지출 일정표를 포함한 직접재료원가예산을 세울 수 있다.

학습목표 8-5 직접노무원가예산을 세울 수 있다.

학습목표 8-6 제조간접원가예산을 세울 수 있다.

학습목표 8-7 판매관리비예산을 세울 수 있다.

학습목표 8-8 현금예산을 세울 수 있다.

학습목표 8-9 예산 손익계산서를 작성할 수 있다.

학습목표 8-10 예산 재무상태표를 작성할 수 있다.

위기에 대한 계획 — Civil War Trust

BUSINESS FOCUS

Civil War Trust (CWT)는 국가가 유지하고 있는 남북전쟁 격전지가 쇼핑몰, 주택, 산업단지 및 카지노와 같은 상업개발의 위협으로부터 보존을 위해 노력하는 회원 70,000명의 민간 비영리단체이다. CWT는 개발방지를 위해 보통 토지나 그 토지에 대한 개발권을 구입한다. 예를 들어, CWT는 Gettysburg 격전지의 698에이커를 포함하여 25,000에이커 이상을 개발로부터 보호해왔다.

CWT는 전적으로 회원들의 기부금으로 운영됩니다. 경제가 침체되면 CWT의 미래 기부금은 예측이 어려워진다. CWT는 이러한 불확실성에 대응하여 점진적인 비관적 경제가정을 바탕으로 세 가지 변동을 포함하는 연간 예산을 편성한다. 여기서 더 비관적인 예산을 임시예산이라고 불렀다. 경제난으로 회원 기부금이 다소 줄면, CWT는 첫 임시예산으로 전환할 수 있다. 과거에 임시예산 편성은 채용 동결, 임금 동결 등 원가를 절감하는 동시에 토지와 개발권 구입을 통해 격전지를 보호하는 프로그램을 적극적으로 유지하였다. 더 심각한 상황에서 CWT는 가장 비관적인 예산으로 전환할 수 있으며, 여기에는 해고 및 기타 특별한 원가 절감 조치가 포함된다.

CWT는 불리한 상황에 대해 패닉모드로 대응하는 대신 예산편성 프로세스를 사용하여 가능한 많은 비상사태에 대해 사전에 신중하게 계획한다. ■

Sources: Communications with James Lighthizer, president, and David Duncan, director of membership and development, Civil War Trust; and the CWT website, www.civilwar.org.

이 장에서는 조직이 예산을 준비하여 재무적 목표를 달성하기 위해 어떻게 노력하고 있는지 설명한다. **예산(budget)**은 일반적으로 공식적인 숫자 형태로 표현되는 미래에 대한 세부 계획이다. 개인은 때때로 저축을 하면서 음식, 의복, 주택 등에 대한 수입과 지출의 균형을 맞추는 가계예산을 만든다. 예산이 설정되면 실제 소비를 예산과 비교하여 계획이 준수되는 지를 확인한다. 회사도 비슷한 방법으로 예산을 이용하지만 작업량과 기본 세부 정보는 가계예산을 훨씬 능가한다.

조직은 왜 그리고 어떻게 예산을 수립하나?

학습목표 8-1

조직의 예산편성 이유와 예산편성에 사용되는 절차를 이해할 수 있다.

예산은 계획과 통제라는 두 개의 분명한 목적을 위해 사용된다. **계획(planning)**은 목표를 설정하고 이러한 목적을 달성하기 위한 다양한 예산을 수립하는 것을 포함한다. **통제(controlling)**는 계획이 적절하게 수행되었고 환경의 변화에 따라 수정되었는지를 확인하기 위하여 피드백 정보를 수집하는 것을 포함한다. 효과적이기 위해서, 훌륭한 예산 시스템은 계획과 통제를 모두 제공하여야 한다. 효과적인 통제가 없이 계획만 훌륭한 것은 시간과 노력의 낭비이다.

조직은 왜 예산을 수립하나?

계획측면에서 조직은 다음을 위해 예산을 사용한다:

1. 관리자들이 미래에 대해 생각하고 계획하도록 격려한다.
2. 조직 전체에 재무목표를 전달한다.
3. 조직 내에서 자원을 가장 효과적으로 사용할 수 있는 곳에 할당한다.
4. 부서관리자의 계획과 활동을 조정한다.
5. 잠재적인 병목현상이 발생하기 전에 미리 파악한다.

통제측면에서 조직은 예산을 실제결과와 비교하여 다음을 수행한다.

1. 운영의 효율성과 효과성을 개선한다.
2. 직원들을 평가하고 보상한다.

기업현장 | IN BUSINESS

기업이 예산을 사용하는 방식에 대한 비판적 전망

전부는 아니더라도 대부분의 회사는 변화가 항상 존재하는 역동적인 환경에서 운영된다. 이들 회사의 대다수는 또한 자체 예산을 관리하기 위해 연간 예산에 의존한다. 문제는 비즈니스 환경의 변화가 연간 예산을 어느 정도 쓸모없게 만드는가? 152명의 비즈니스 전문가에게 질문을 했을 때 13%는 새 예산 연도가 시작되기 전에 회사의 연간 예산이 더 이상 사용되지 않는다고 응답하였다. 또 다른 46%의 응답자들은 예산 연도의 2분기가 끝나기 전에 예산이 더 이상 사용되지 않는다고 응답했으며, 설문에 응한 사람들 중 25%가 예산이 더 이상 진부화되지 않는다고 응답하였다.

응답자의 약 60%가 진부화에 대한 우려를 표명한 결과, 152명의 응답자에게 관련 질문을 던졌다. 변화하는 시장 상황에 대응하여 회사가 얼마나 "만약" 예측을 준비하나? 응답자의 약 20%는 자사의 "가정" 시나리오를 평가하지 않았다고 응답하였다. 응답자의 또 다른 60%는 그들의 고용주가 6가지 "가정" 시나리오를 더 이상 평가하지 않았다고 말했다.

Source: Kenneth A. Merchant, "Companies Get Budgets All Wrong," *The Wall Street Journal*, July 22, 2013, p. R5.

조직은 어떻게 예산을 수립하나?

기업들은 일반적으로 하향식 예산편성과 참여예산을 어느 정도 조합하여 예산을 수립한다. **자율예산(self-imposed budget)** 또는 **참여예산(participative budget)**은 모든 계층의 관리자가 완전히 협력하고 참여하여 준비된 예산이다.

최고경영자들은 하향식 접근방식을 통해 이익 목표를 발표함으로써 예산편성 프로세스를 시작한다. 하위관리자들은 이러한 목표에 부합하는 예산을 준비하도록 지시받는다. 이러한 접근방식은 하위관리자들의 지식과 의견을 무시하기 때문에 이들의 사기를 떨어뜨리는 경우가 많다. 더욱이, 전략적 비전은 있지만 운영지식은 부족한 최고경영자가 부과하는 목표는 비현실적으로 높거나 너무 낮을 수 있다. 목표가 너무 높고 최고경영자들이 하위관리자들에게 목표 미달 책임을 지우면 협력과 헌신보다는 분노를 낳게 될 것이다.

이러한 문제들로 인해 많은 기업들이 예산편성 프로세스에 하위관리자들을 참여시키는 이유는 다음과 같다:

1. 참여는 그들의 의견에 대한 존경심을 보여준다.
2. 참여는 일상 업무에 대한 지식이 부족한 최고경영자가 부과한 것보다 더 정확한 추정치를 제공하기 위해 자신들의 지식을 활용한다.
3. 참여는 스스로 부과한 목표를 달성하려는 동기를 증가시킨다.
4. 참여는 예산에 대한 소유권을 갖고 예산이탈에 대한 책임을 지도록 권한을 부여한다.

기업이 참여(자율)예산에 전적으로 의존해야 한다는 결론을 내리고 싶은 생각이 들 수도 있지만, 이 접근방식에는 두 가지 중요한 한계가 있다. 첫째, 하위관리자들은 최고경영자들이 가지고 있는 광범위한 전략적 관점이 부족할 경우 예산을 차선으로 수립할 수 있다. 둘째, 직원보상에 예산을 사용할 경우 하위관리자들은 실제성과가 계획을 초과하도록 하기 위해 예산을 너무 느슨하게 수립할 수 있다. 이러한 이유로 대부분의 기업들은 예산을 수립할 때 최고경영자와 하위관리자의 의견을 조합하여 사용한다. 하위관리자들이 작성한 예산 추정치는 보통 상위관리 수준별로 면밀히 검토된다. 이러한 검토가 없을 경우, 참여(자율)예산이 조직의 전략을 지원하지 못하거나 너무 느슨해져서 최적의 성과를 얻지 못할 수 있다.

조직 전체의 관리자가 예산을 준비하기 위해 협력할 때 종종 도전적이지만 "매우 달성 가능한" 목표를 설정하기 위해 노력한다. 달성 가능한 목표는 하위관리자들이 예산에 대한 확신과 헌신을 구축하는 동시에 원하는 보상을 확보하기 위해 바람직하지 않은 행동을 할 가능성을 줄인다. 마지막으로 최고경영자들은 하위관리자들에게 "예산 충족"을 위해 극단적인 조치를 취하도록 압력을 가해서는 안 된다. 이러한 유형의 예산 환경을 조성하면 지속적인 프로세스 개선을 위한 협력 추구보다는 적대감, 긴장감 및 불신을 키울 수 있다.

종합예산: 개관

이 장의 나머지 부분에서는 종합예산으로 알려진 통합된 경영계획의 형태를 예로 들 것이다. **종합예산**은 공식적으로 회사의 판매, 생산, 재무적 목표를 구성하는 개별적이지만 상호 의존하는 많은 예산들로 구성된다. **종합예산(master budget)**은 현금예산, 예산 손익계산서, 예산 재무상태표로 구성된다. 도표 8-1은 종합예산의 다양한 분야의 개관과 어떻게 상호 관련되어 있는지 보여주고 있다.

예산편성 과정의 첫 번째 단계는 **판매예산(sales budget)**의 준비인데, 예산기간 동안 예상 판매를 보여주는 상세한 계획이다. 정확한 판매예산은 전체 예산편성 절차의 핵심이다. 도표 8-1에 나타난 것과 같이 종합예산의 모든 부분이 판매예산에 의존하고 있다. 만약 판매예산이 정확하지 않다면, 나머지 예산도 부정확할 것이다. 판매예산은 본 서의 범위를 넘는 정교한 수학적 모델과 통계적 도구의 사용이 요구될 수 있는 회사의 판매예측에 근간을 두고 있다.

판매예산은 판매관리비예산의 변동비율에 영향을 주고 제조예산에 개입되는 데, 예산기간 동안 얼마나 많은 단위를 생산할지를 결정한다. 제조예산은 결국 직접재료원가예산, 직접노무원가예산 그리고 제조간접원가예산을 결정하는 데 사용된다. 일단 회사가 이러한 세 가지 제조원가예산을 수립하면, 기말 완성품 재고예산을 수립할 수 있다.

종합예산은 현금예산, 손익계산서, 재무상태표의 준비로 결론지어진다. 판매예산, 판매관리비예산, 제조원가예산의 정보는 **현금예산**을 준비하는 데 영향을 끼친다. **현금예산(cash**

도표 8-1
종합예산 상호 관련성

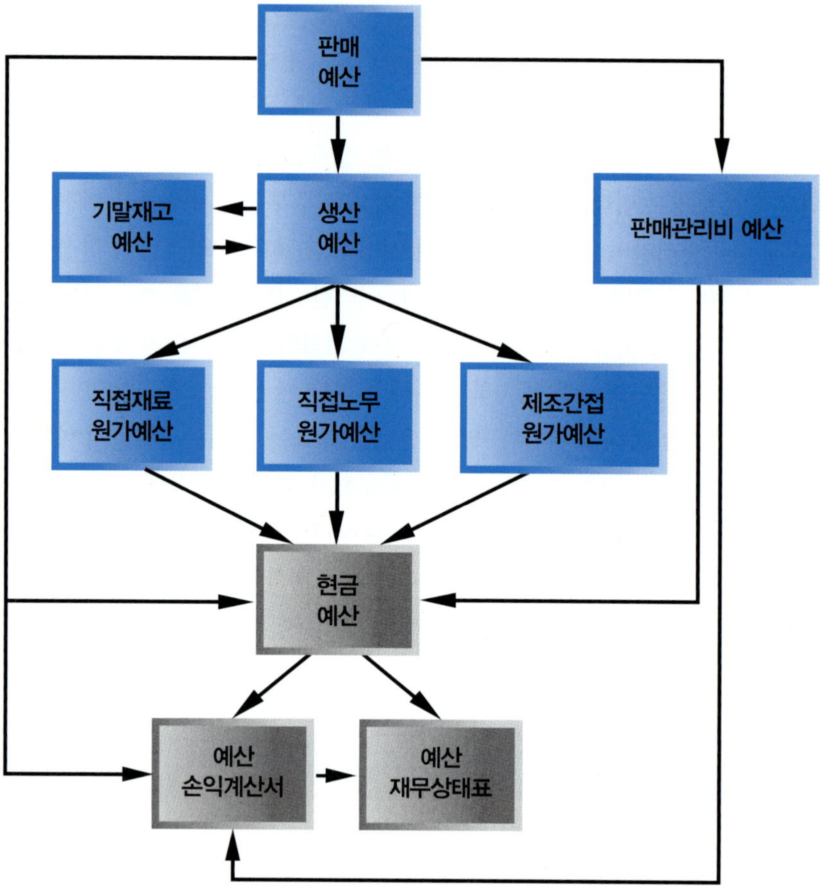

budget)은 어떻게 현금을 조달하고 사용할 것인지 보여주는 세부계획이다. 예산 손익계산서는 예산기간 동안의 순이익 추정치를 제공해주고 판매예산, 기말 완성품 재고예산, 판매관리비예산과 현금예산으로부터의 정보에 의존한다. 종합예산의 최종 일정은 재무상태표인데, 이것은 예산기간 말의 회사의 자산, 부채, 자본을 추정한다.

거시적으로 보기

종합예산에 포함된 10가지 일정은 압도적일 수 있다. 그러므로 두 가지 면에서 큰 그림을 보는 것이 중요하다. 첫째, 제조회사의 종합예산은 다음과 같은 10가지 질문에 답하기 위해 고안되었다.

1. 얼마나 많은 매출을 올릴 수 있는가?
2. 고객으로부터 얼마나 많은 현금이 회수될 것인가?
3. 얼마나 많은 원재료 구입이 필요한가?
4. 얼마나 많은 제조원가(직접재료원가, 직접노무원가, 제조간접원가를 포함)가 발생할 것인가?

5. 공급업체와 근로자에게 얼마의 현금을 지급해야 하며, 제조간접자원에 얼마를 지불하여야 하나?
6. 완성품 재고를 매출원가로 대체한다면 총원가는 얼마인가?
7. 판매관리비는 얼마나 발생하며 그 비용과 관련하여 현금을 얼마나 지불해야 하는가?
8. 얼마를 차입할 것이고 이자를 포함해서 대출기관에 상환할 금액은 얼마인가?
9. 순영업이익은 얼마가 될 것인가?
10. 예산기간 종료시점에서 재무상태표는 어떨 것인가?

둘째, 종합예산에서 대부분 일정은 이러한 일정을 준비할 때 경영자가 설정한 다양한 추정과 가정에 따라 결정된다는 것을 이해하는 것이 중요하다. 도표 8–2는 종합예산에 포함된 7가지 일정에 대한 이러한 추정과 가정의 기초가 되는 질문들이 요약되어 있다. 앞으로의 예산 일정을 공부하면서 두 가지 "큰 그림" 통찰력은 예산이 10개의 핵심 질문에 답하기 위해 고안된 것이고 많은 추정치와 가정에 기반하고 있다는 것을 반드시 명심해라. 이러한 것들은 종합예산이 왜 그리고 어떻게 만들어지는 것인지를 이해하는 데 도움을 줄 것이다.

도표 8-2
종합예산의 추정과 가정

판매예산	1. 예산상 단위당 판매수량은 몇 개인가? 2. 단위당 예산 판매가격은 얼마인가? 3. 당기와 차기에 매출채권의 몇 퍼센트가 회수될 것인가?
생산예산	1. 다음 기간 판매단위의 몇 퍼센트가 기말 완성품 재고를 유지하는 데 필요한가?
직접재료원가 예산	1. 한 개의 완성품을 만들기 위해 몇 개의 원재료가 필요한가? 2. 원재료 1개의 예산원가는 얼마인가? 3. 다음 기간 제조에 소요되는 것의 몇 퍼센트가 기말 원재료 재고로 유지되어야 하는가? 4. 원재료 구매의 몇 퍼센트가 당기와 차기에 지불되어야 하는가?
직접노무원가 예산	1. 완성품 단위당 요구되는 직접노무시간은 얼마인가? 2. 시간당 예산 직접노무임금은 얼마인가?
제조간접원가 예산	3. 배부기준 단위당 예산 변동제조간접원가는 얼마인가? 4. 기간당 예산 총고정제조간접원가는 얼마인가? 5. 기간당 공장자산의 예산 감가상각비는 얼마인가?
판매관리비예산	1. 판매 단위당 예산 변동판매관리비는 얼마인가? 2. 기간당 예산 총고정판매관리비는 얼마인가? 3. 기간당 비공장자산의 예산 감가상각비는 얼마인가?
현금예산	1. 예산 최소 현금잔고는 얼마인가? 2. 비유동자산 구매와 배당금에 대한 추정 지출액은 얼마인가? 3. 차입금에 대한 추정 이자율은 얼마인가?

종합예산 수립하기

MANAGERIAL ACCOUNTING IN ACTION
THE ISSUE

Tom Wills는 2019년에 시작한 Hampton Freeze사의 최대주주이자 최고경영자이다. 그 회사는 오직 천연성분을 사용해서 톡 쏘는 오렌지맛과 박하맛 망고 같은 이국적인 맛을 특징으로 고급 아이스캔디를 만든다. 회사는 매출이 주로 봄과 가을에 발생하여 계절의 영향을 크게 받는다.

운영 2년째인 2020년에 1분기와 2분기에 중요한 현금 압박으로 회사는 거의 파산 직전이었다. 이런 현금 압박에도 불구하고 2020년은 현금흐름과 순이익 모두 성공적인 해로 나타났다. 쓰라린 경험의 결과로써, Tom은 2020년이 끝나갈 무렵 전문적인 재무관리자를 고용하기로 결심했다. Tom은 그 일을 위한 몇몇의 유능한 지원자들을 면접했고 포장식품 산업에서 상당한 경험이 있는 Larry Giano로 결정을 했다. 면접에서 Tom은 Larry에게 2020년의 현금 압박의 재발을 방지하기 위한 방법을 물었다.

Tom: 먼저 언급한 것과 같이 우리는 매우 좋은 이익으로 2020년을 마무리할 것입니다. 당신이 알지 못하는 것은 이번 해에 우리는 가장 큰 재정적인 문제가 있었다는 사실입니다.

Larry: 추측컨대 1 또는 2분기에 현금 압박이 있었죠?

Tom: 어떻게 알아요?

Larry: 당신들의 매출은 주로 2분기와 3분기에 있었죠. 그렇죠?

Tom: 맞아요, 모든 사람들은 봄과 여름에 아이스캔디를 구매하고 날씨가 추워진 후에는 어느 누구도 원치 않아요.

Larry: 그러면 1분기에는 판매가 많지 않았지요?

Tom: 그렇죠.

Larry: 그러면 봄인 2분기의 주문을 채우기 위해 마구 생산했겠네요?

Tom: 그렇죠.

Larry: 당신의 고객인 식품점은 당신들이 배달하는 날에 지불하나요?

Tom: 무슨 말씀을요? 당연히 그렇지 않죠.

Larry: 1분기에는 매출이 많지 않아요. 2분기에 당신은 마구 생산을 하고 따라서 현금이 막대히 소요되는데, 종업원과 공급처에게 지불을 하고 난 한참 후에야 고객으로부터 현금을 회수되죠. 현금문제가 발생하는 것은 당연한 일입니다. 제가 보기에 계절의 영향을 받는 사업의 특성상 식품생산의 이런 추이는 계속 반복될 듯합니다.

Tom: 그러면 우리는 어떻게 해야 하죠?

Larry: 첫 번째는 문제가 발생하기 전에 그것의 크기를 예측해야 해요. 만약 우리가 현금부족이 일어나고 있다는 것을 빨리 예측할 수 있다면, 정말 현금이 필요해지기 전에 은행에 가서 차입을 협의할 수 있죠. 은행들은 긴급하게 대출을 구걸하는 것처럼 보이는 사람을 의심하는 경향이 있어요. 만약 당신이 상황을 통제하는 것으로 보이면 대출을 받을 가능성이 훨씬 높습니다.

Tom: 현금부족을 어떻게 예측할 수 있을까요?

Larry: 현금예산에 작성해두어야 합니다. 사실 현금예산을 수립하는 동안 종합예산도 수립해야 해요. 이것을 해볼 만한 충분한 가치가 있는 이유는 "만일~이라면"이라는 종류의 많은 질문을 바탕으로 재무제표를 추정하는 종합예산을 사용할 수 있기 때문입니다. 예를 들어 다음과 같은 질문에 마우스 클릭만 하면 쉽게 답할 수 있습니다. 만일 원래 예상보다 판매량이 10% 저조하다면 어떻게 될까? 수익에 어떤 영향을 끼칠까? 또는 만일 판매가는 15% 상승하고 판매량이 5% 하락한다면 수익에 어떤 영향을 끼칠까?

Tom: 그거 좋은 생각이군요! 현금예산도 필요하지만 당신이 설명한대로 "만일~이라면"이라는 질문에 신속히 답할 수 있는 종합예산은 정말 마음에 드는군요. 저로서는 당신이 서둘러 시작할수록 더 좋아질 거 같네요.

Tom Wills의 전폭적인 지지와 함께 Larry Giano는 2021년도 종합예산 수립을 착수하였다. 예산 편성과정에 대한 계획에서, Larry는 종합예산의 일부분이 될 다음의 문서목록을 작성했다.

1. 예상 현금회수를 포함하는 판매예산
2. 제조예산(상품 매입예산은 상기업에서 사용된다)
3. 재료매입에 대해 예상되는 현금지출 계획을 포함한 직접재료예산
4. 직접노무원가예산
5. 제조간접원가예산
6. 기말 완성품 재고예산
7. 판매관리비예산
8. 현금예산
9. 예산 손익계산서
10. 예산 재무상태표

Larry는 예산편성 과정에서 모든 구성원의 협력이 중요하다고 느껴서, Tom에게 예산편성 과정을 설명하기 위한 전체회의를 요청했다. 회의에서 약간의 불평불만이 있었지만, Tom은 계획과 지출의 통제 필요성에 대해 거의 모든 사람들을 납득시켰다. 그것은 모든 이들에게 그해 초에 있었던 현금 위기를 상기하는데 도움이 되었다. 몇몇 사람들은 예산의 아이디어를 싫어한 만큼 자신의 과업을 더 좋아했다.

그 후 수개월 동안, Larry는 종합예산과 관련된 모든 관리자들과 긴밀히 협력하여 그들로부터 자료를 수집하고 그들에게 영향을 미칠 종합예산 부분을 그들이 이해하고 완전히 지지하도록 확실히 하였다.

Hampton Freeze를 위해 Larry Giano가 준비한 상호 관련성이 문서는 회사의 종합예산 일정 1부터 10까지이다. 이 절에서는 이러한 일정과 기초 재무상태표 및 Larry가 Tom Wills와 논의했던 "만일~이라면" 질문의 유형에 대한 답할 수 있게 도움을 주는 것을 포함한 예산가정을 학습할 것이다.

기초 재무상태표

도표 8-3은 Larrry의 종합예산 엑셀파일에 있는 첫 번째 표이다. 여기에는 Hampton Freeze의 2020년 12월 31일의 기초 재무상태표를 포함하고 있다. Larry는 그의 종합예산 파일에 이 재무상태표를 포함시켜 차후의 일정들과 이 정보를 연결시킬 수 있도록 했다. 예를 들면, 보다시피 그는 엑셀의 셀 참조를 사용하여 기초 매출채권 $90,000를 예상 현금회수 계획과 연결시켰다. 그는 또한 셀 참조를 사용하여 기초 현금잔고 $42,500를 현금예산과 연결시켰다.

예산편성 가정

도표 8-4는 Larry의 종합예산 파일의 두 번째 표이다. 이것은 예산가정이라고 표시되고, 도표 8-2의 요약질문에 대한 Hampton Freeze의 모든 답변을 포함하고 있다. 도표 8-4에 포함된 자료는 Hampton Freeze의 전체 종합예산의 토대가 되는 추정치와 가정을 요약한 것이므로, 이제 이 정보에 익숙해지는 것이 중요하다. 판매예산의 기초가 되는 추정치로 시작되는데, 도표 8-4는 Hampton Freeze의 분기별 각 판매량인 10,000, 30,000, 40,000, 20,000 상자를 나타내고 있다. 예산상 판매가는 상자당 $20이다. 회사는 분기매출에서 외상매출의 70%는 판매가 되는 분기에 회수되고, 나머지 30%의 외상매출은 판매 후 다음 분기에 회수될 것으로 기대하고 있다. 회사의 대손은 무시된다.

도표 8-4는 또한 Hampton Freeze가 다음 분기 판매량의 20%를 기말 완성품 재고로 유지할 것이라고 가정한 제조예산을 보여준다. 회사의 유일한 직접재료는 고과당 설탕인데, 파운드당 $0.20의 원가로 아이스캔디 상자당 15파운드가 예상된다.[1] 다음 분기 제조에 필요한 원재료의 10%를 기말 원재료 재고로 유지한다고 추정하였다. 게다가 회사는 재료를 매입하는 달에 매입액의 50%를, 나머지 50%는 그다음 달에 지불할 계획이다.

도표 8-4의 요약으로 계속하면, 직접노무원가예산의 기본이 되는 두 가지 핵심가정은 아이스캔디 상자당 0.40의 직접노무시간이 필요하며, 시간당 직접노무원가는 $15이라는 것이다. 제조간접원가예산은 세 가지 기본가정을 토대로 하고 있는데, 직접노무시간당 변동제조간접원가는 $4이고, 분기당 총고정제조간접원가는 $60,600, 공장 자산의 분기별 감가상각비는 $15,000이라는 것이다. 또한 도표 8-4는 아이스캔디 상자당 예산 변동판매관리비는

1 아이스캔디 제조업은 아이스캔디 막대와 포장재료와 같은 다른 원재료를 포함될 수 있으나, 간편하게 고과당 설탕에 국한한다.

도표 8-3

Hampton Freeze: 기초 재무상태표

	A	B	C
1	**Hampton Freeze사 재무상태표**		
2	**2020년 12월 31일**		
3			
4			
5	**자산**		
6	유동자산;		
7	현금	$ 42,500	
8	매출채권	90,000	
9	원재료 재고 (21,000파운드)	4,200	
10	완성품 재고 (2,000상자)	26,000	
11	총유동자산		$ 162,700
12	유형자산:		
13	토지	80,000	
14	건물과 설비	700,000	
15	감가상각누계액	(292,000)	
16	순유형자산		488,000
17	총자산		$ 650,700
18			
19	**부채와 자본**		
20	유동부채:		
21	매입채무		$ 25,800
22	자본:		
23	자본금	$ 175,000	
24	이익잉여금	449,900	
25	총자본		624,900
26	총부채와 자본		$ 650,700
27			

Beginning Balance Sheet / Budgeting Assump

$1.80이고, 분기별 고정판매관리비에는 광고비($20,000), 사무직 급여($55,000), 보험료($10,000), 재산세($4,000), 감가상각비($10,000)를 포함하는 것을 보여준다. 도표 8-4의 나머지 예산가정은 현금예산에 속한다. 회사는 분기별로 $30,000의 최소 현금을 보유하길 원하고 있으며, 분기별 설비구입은 $50,000, $40,000, $20,000 및 $20,000[2]으로 계획하고 배당금은 분기별로 $8,000씩 지급하고, 차입금에 대해서는 분기당 3%의 단리금리로 지급할 계획이다.

추가 정보를 읽기 전에, Larry가 도표 8-4의 예산가정표를 만든 이유를 이해하는 것이 중요하다. 이것은 "만일~이라면"이라는 질문에 답하는 종합예산을 사용하면 절차가 단순해지기 때문이다. 예를 들어 Larry가 '만일 우리가 개당 판매가는 2%를 늘리고 분기당 1,000개의 판매를 줄이면 수익은 어떻게 되는가?'와 같은 질문에 답하고 싶었다고 가정해보자. 적절하게 수립된 예산가정표를 통해, Larry는 표 안의 자료 몇 가지만 조정하면 되고 각각의 예산가정표에 내장된 공식은 자동적으로 예상 재무결과를 업데이트할 것이다. 각각의 종합예산 계획안에서 자료를 입력하여 조정하려고 하는 것보다 훨씬 단순하게 된다.

2 단순하게 새로 획득한 자산의 감가상각비는 예산가정표에 포함된 분기별 감가상각 추정치에 포함되어 있다고 가정한다.

도표 8-4 Hampton Freeze: 예산가정

	A	B	C	D	E	F
1	**Hampton Freeze사**					
2	**예산가정**					
3	**2021년 12월 31일로 종료되는 연도**					
4						
5		**모든 4분기**	**분기별**			
6	판매예산		**1**	**2**	**3**	**4**
7	예산상 매출상자 단위		10,000	30,000	40,000	20,000
8	상자당 판매가격	$ 20.00				
9	매출한 분기에 회수되는 외상매출 비율	70%				
10	매출 다음 분기에 회수되는 외상매출 비율	30%				
11						
12	제조예산					
13	기말 완성품 재고의 다음 분기 판매 비율	20%				
14						
15	직접재료원가예산					
16	상자당 설탕 파운드	15				
17	설탕 1파운드당 원가	$ 0.20				
18	다음 분기 제조에 필요한 기말재고 비율	10%				
19	매입한 분기에 지급하는 매입 비율	50%				
20	매입한 분기 다음에 지급하는 매입 비율	50%				
21						
22	직접노무원가예산					
23	상자당 요구되는 직접노무시간	0.40				
24	시간당 직접노무원가	$ 15.00				
25						
26	제조간접원가예산					
27	직접노무시간당 변동제조간접원가	$ 4.00				
28	분기별 고정제조간접원가	$60,600				
29	분기별 감가상각비	$ 15,000				
30						
31						
32	판매관리비예산					
33	상자당 변동판매관리비	$ 1.80				
34	분기별 고정판매관리비					
35	광고	$ 20,000				
36	사무직 급여	$ 55,000				
37	보험	$ 10,000				
38	재산세	$ 4,000				
39	감가상각	$ 10,000				
40						
41	현금예산					
42	최소현금보유액	$30,000				
43	설비구매		$ 50,000	$ 40,000	$ 20,000	$ 20,000
44	배당금	$ 8,000				
45	분기별 단리이자	3%				
46						

Beginning Balance Sheet / **Budgeting Assumptions** / Schedule 1 / Schedule 2 / Sche

* 단순화하기 위해, 분기별 판매량과 설비구입을 제외하고 모든 분기별 추정치는 4분기 동안 모두 같을 것이라고 가정한다.

판매예산

> **학습목표 8-2**
> 예상되는 현금회수 일정표를 포함한 판매예산을 수립할 수 있다.

별표 1은 Hampton Freeze의 2021년 판매예산이 포함하고 있다. 이 일정을 학습할 때 모든 숫자는 예산가정표와 공식에 대한 셀 참조에서 추출한다는 것을 기억하자. 일정의 그 어떤 숫자도 그들의 상대적인 셀에 실제로 입력하는 것은 아니다. 더욱이 종합예산의 나머지 일정들도 같은 방식이라는 것을 강조하는 바이다. 그들은 거의 셀 참조와 공식에만 근거한다.

한 해 동안, Hampton Freeze는 상자당 $20의 아이스캔디 100,000상자를 팔아서 $2,000,000의 예산상 총매출을 기대한다. 각 분기별 예산 판매량(10,000, 30,000, 40,000 및 20,000)은 예산가정을 나타내는 도표 8–4의 셀 C7에서 F7까지의 셀에서 나오고, 상자당 판매가($20.00)는 예산가정표의 셀 B8로부터 나온다. 또한 일정 1은 2021년 회사의 예상 현금회수는 $1,970,000 임을 보여준다. 1분기에 회수된 매출채권 $90,000은 도표 8–3에 나타난 기초 재무상태표의 셀 B8에 비롯된다. 모든 다른 현금회수는 예산가정표의 셀 B9와 B10의 예상 현금회수 비율에 근거한다. 예를 들어, 별표 1은 1분기 예산판매는 $200,000이라는 것을 보여준다. 1분기에 Hampton Freeze는 이 판매금액의 70%, $140,000를 회수하기 기대한다. 2분기에는 나머지 30%인 $60,000를 회수하기 기대한다.

별표 1

	A	B	C	D	E	F
1		Hampton Freeze사				
2		판매예산				
3		2021년 12월 31일로 종료				
4						
5		분기				
6	예상 판매량(상자 단위)	1	2	3	4	Year
7	단위당 판매가	10,000	30,000	40,000	20,000	100,000
8	총매출	$ 20.00	$ 20.00	$ 20.00	$ 20.00	$ 20.00
9		$200,000	$600,000	$800,000	$400,000	$ 2,000,000
10						
11		70%	30%			
12		예상 현금회수 계획				
13	매출채권 기초잔액[1]	$ 90,000				$ 90,000
14	1분기 매출[2]	140,000	$ 60,000			200,000
15	2분기 매출[3]		420,000	$180,000		600,000
16	3분기 매출[4]			560,000	$240,000	800,000
17	4분기 매출[5]	-	-	-	280,000	280,000
18	총현금회수[6]	$230,000	$480,000	$740,000	$520,000	$ 1,970,000

Budgeting Assumptions | Schedule 1 | Schedule 2 | Schedule 3 | Sc

[1] 지난 해의 4분기의 매출의 현금회수. 도표 8–3의 기초 재무상태표를 참조.

[2] $200,000×70%; $200,000×30%

[3] $600,000×70%; $600,000×30%

[4] $800,000×70%; $800,000×30%

[5] $400,000×70%

[6] 회수되지 않은 4분기의 매출($120,000)은 회사의 기말 재무상태표의 매출채권으로 나타난다(일정 10을 참조).

기업현장 IN BUSINESS

매출환입에 대한 예산수립

판매예산을 준비하는 것 외에도 회사는 매출환입을 관리하는 비용에 대한 예산을 책정해야 한다. 물류 제공업체인 **Optoro**는 휴가 시즌 동안 회사가 600억 달러의 고객 반품을 처리할 것으로 추정한다. **미국 우편서비스**와 **United Parcel Service**는 크리스마스 이후 2주 동안 각각 320만 개와 4백만 개의 반품을 운송한다. **Best Buy**의 추정에 따르면 반품, 파손, 상품의 교체 비용은 연간 4억 달러, 즉 수익의 10%이다. 인터넷 상거래와 관련하여 82%의 쇼핑객은 회사가 선불 배송 표지 또는 매장 내 무료 반품을 통해 무료 반품을 제공하면 온라인 구매를 완료할 가능성이 더 높다고 한다. 일부 고급의류 소매업체의 경우 온라인 구매에 대한 반품 비율은 처리된 거래의 50%에 이를 수 있다.

Source: Stevens, Laura, "For Retailers, It's Many Unhappy Returns," *The Wall Street Journal,* December 27–28, 2014, p. B3.

제조예산

학습목표 8-3

제조예산을 세울 수 있다.

제조예산은 판매예산 후에 만들어진다. **제조예산(production budget)**은 적정 기말 완성품 재고를 확보하고 판매 수요량을 충족시키기 위해 생산되어야 하는 단위 수량을 제시한다. 제조 요구량은 아래와 같이 결정될 수 있다.

예산 매출수량	XXXX
+적정 기말 완성품 재고수량	XXXX
총필요량	XXXX
−기초 완성품 재고수량	XXXX
제조 요구수량	XXXX

제조 요구수량은 적정 기말 완성품 재고수준의 영향을 받는다는 것을 주목하라. 재고들은 신중하게 계획되어야 한다. 과잉 재고는 자금을 묶이게 하며 보관 문제를 발생시킨다. 재고가 충분하지 않으면 판매기회의 상실과 막판 높은 원가로 제조하는 노력으로 이어질 수 있다.

별표 2는 Hampton Freeze의 제조예산을 포함하고 있다. 예산 매출자료는 판매예산의 셀 B7에서 E7까지이다. 1분기 적정 기말 완성품 재고 6,000상자는 예산가정표의 셀 B13에 있는 2분기(3,000상자)의 예산 판매에 적정 기말 완성품 재고 비율(20%)을 곱해서 계산된다. 1분기 총제조 요구수량(16,000상자)은 그 분기 예산판매 10,000상자에 적정 기말재고수량 6,000상자를 더해서 결정된다. 위에서 논의한 바와 같이, 기말재고는 제조에서 발생하는 문제나 매출이 예상외로 증가할 때 완충 역할을 한다. 그러나 회사는 이미 2,000상자의 기초 완성품 재고(도표 8–3의 기초 재무상태표)를 가지고 있으므로 1분기에 14,000상자만 생산하면 된다.

별표 2의 제조예산 오른쪽의 연도 열을 특히 주목하도록 하라. 어떤 경우에는(예, 예산 단위 매출과 필요한 제조 단위), 연도에 표시된 총합은 해당 항목에 대한 분기별 합의 총계이다.

별표 2

A	B	C	D	E	F
Hampton Freeze사 제조예산 2021년 12월 31일로 종료(상자)					
	분기				
	1	2	3	4	
예산 단위매출(별표1)	10,000	30,000	40,000	20,000	100,000
+적정 기말 완성품 재고량*	6,000	8,000	4,000	3,000	3,000
총수요	16,000	38,000	44,000	23,000	103,000
−기초 완성품 재고량†	2,000	6,000	8,000	4,000	2,000
제조 요구수량	14,000	32,000	36,000	19,000	101,000

* 다음 분기 매출의 20%. 예를 들어 2분기의 매출은 30,000상자. 그러므로 1분기의 적정 기말완성품 재고는 20% × 30,000상자 = 6,000상자.
† 분기별 기초재고는 이전 분기의 기말재고와 같다.

또 다른 경우(예, 완성품의 적정 기말재고와 완성품의 기초재고)에서 연도에 표시된 금액은 단순히 분기별 금액의 합계가 아니다. 전체 연도의 관점에서 Larry Giano가 3,000개로 추정했던 기말 완성품 재고는 4분기의 기말 완성품 재고와 같다. 이것은 모든 4분기의 기말 완성품 재고의 합이 아니다. 마찬가지로 전체 연도의 관점에서 완성품 재고(2,000단위)는 1분기 완성품 재고와 동일하다. 이는 4분기의 완성품 재고의 합계가 아니다. 이후의 모든 일정에서 이러한 차이점에 주의를 기울이는 것이 중요하다.

재고구매—상기업

Hampton Freeze는 제조회사이기 때문에 제조예산을 준비한다. 만약 상기업이라면, 제조예산 대신 해당 기간에 공급처로부터 매입하여야 할 상품의 양을 나타내는 **상품구매예산(merchandise purchases budget)**을 수립하여야 한다.

상품구매예산의 구성은 아래와 같다.

예산 매출원가	XXXX
+적정 기말상품 재고	XXXX
총필요금액	XXXX
−기초상품 재고	XXXX
필요한 구매금액	XXXX

상기업은 재고가 있는 각 품목에 대해 위와 같은 상품구매예산을 준비한다. 그 상품구매예산은 금액(위에 표시된 제목을 사용) 또는 단위로 표시될 수 있다. 단위를 기준으로 한 상품구매예산은 상단의 예산 매출원가 대신 예산 매출수량으로 해야 한다.

상품구매예산은 보통 상품구매로 지출된 예상 현금지출 계획표와 같이 작성된다. 이런 형태의 계획표는 별표 3의 하단에 있는 구매재료 예상 현금지출 계획표에 사용되는 접근법과 유사하다.

직접재료원가예산

학습목표 8-4

재료구입으로 예상되는 현금지출 일정표를 포함한 직접재료원가예산을 세울 수 있다.

직접재료원가예산은 제조 요구수량이 계산된 후에 작성된다. **직접재료원가예산(direct materials cost budget)**은 제조예산을 충족시키고 적정 재고를 유지하기 위해 구입해야 하는 원재료를 상세히 보여준다. 원재료의 필요한 구매수량은 다음과 같이 계산된다.

제조해야 할 완성품 수량	XXXX
완성품 단위당 필요한 원재료 수량	XXXX
제조를 위해 필요한 원재료 수량	XXXX
+적정 기말 원재료 수량	XXXX
필요한 원재료 총수량	XXXX
−기초 원재료 재고수량	XXXX
구매 원재료 수량	XXXX
단위당 원재료원가	XXXX
구매해야 할 원재료원가	XXXX

별표 3은 Hampton Freeze의 직접재료원가예산을 담고 있다. 이 예산의 첫 번째 줄은 제조예산(별표 2) 셀 B14부터 E14에서 추출한 분기별 필요한 제조수량을 포함하고 있다. 직접재료원가예산의 두 번째 줄에서 아이스캔디 1상자를 만드는데 15파운드의 설탕(예산가정표 셀 B16 참조)이 필요하다는 것을 알 수 있다. 예산의 세 번째 줄은 제조를 충족하기 위해 필요한 원재료를 나타낸다. 예를 들어 1분기에 필요 제조수량 14,000상자에 15파운드를 곱하여 제조를 하기 위한 필요한 설탕의 양은 210,000파운드가 된다. 네 번째 줄은 기말 원재료 재고의 적정수량을 보여준다. 1분기의 이 양은 2분기의 제조를 충족하기 위해 필요한 원재료 480,000파운드와 예산가정표 셀 B18의 적정 기말재고 비율 10%를 곱해서 계산된다. 적정 기말원재료 재고 48,000파운드와 210,000파운드를 더해서 총원재료 258,000파운드가 계산된다. 그러나 회사는 이미 기초재고(도표 8–3의 기초 재무상태표 셀 A9에 나타나 있음)로 설탕 21,000파운드를 가지고 있기 때문에 1분기에 구입해야 할 설탕은 단지 237,000파운드이다. 파운드당 원재료 예산원가는 $0.20(예산가정표 셀 B17 참조)이므로 1분기에 구매할 원재료원가는 $47,400이다. 한 해 동안 회사는 원재료 구매는 $303,300으로 계획하고 있다.

별표 3은 또한 2021년 구매재료에 대한 예상 현금지출이 $301,200인 것을 보여준다. 1분기에 지급되는 매출채권 $25,800은 도표 8–3의 기초 재무상태표 셀 C21에 있다. 모든 다른 현금지출 계산은 예산가정표 셀 B19부터 B20의 추정 현금지출 비율(둘 다 50%)에 근거한다. 예를 들어 별표 3은 1분기의 예산 원재료 구매가 $47,400라는 것을 보여준다. 1분기에 Hampton Freeze는 이것의 50%인 $23,700을 지출하기로 한다. 2분기에는 남은 50%, $23,700을 지불할 것이다.

별표 3

	Hampton Freeze사				
	직접재료원가예산				
	2021년 12월 31일 종료				
					가정
	분기				
	1	2	3	4	
제조해야 할 완성품 수량(별표 2)	14,000	32,000	36,000	19,000	101,000
단위당 필요한 원재료 수량	15	15	15	15	15
제조를 위해 필요한 원재료 수량	210,000	480,000	540,000	285,000	1,515,000
+적정 기말 원재료 수량[1]	48,000	10% 54,000	10% 28,500	10% 22,500	22,500
필요한 원재료 총수량	258,000	534,000	568,500	307,500	1,537,500
−기초 원재료 재고수량	21,000	48,000	54,000	28,500	21,000
구매 원재료 수량	237,000	486,000	514,500	279,000	1,516,500
단위당 원재료원가	$ 0.20	$ 0.20	$ 0.20	$ 0.20	$ 0.20
구매해야 할 원재료원가	$47,400	$97,200	$102,900	$55,800	$ 303,300
	50%	50%			
	재료매입에 대한 예상 현금지급 계획				
기초 매입채무[2]	$25,800				$ 25,800
1분기 구입[3]	23,700	$23,700			47,400
2분기 구입[4]		48,600	$ 48,600		97,200
3분기 구입[5]			51,450	$ 51,450	102,900
4분기 구입[6]	–	–	–	27,900	27,900
재료에 대한 총현금지불	$49,500	$72,300	$100,050	$79,350	$ 301,200

Schedule 3 / Schedule 4 / Schedule 5 / Schedule 6 / Schedule 7

[1] 다음 분기생산량의 10%. 예를 들어 2분기 필요한 제조수량은 480,000파운드이다. 따라서 1분기의 적정 기말재고는 480,000파운드×10%인 48,000파운드이다. 4분기의 적정 기말재고(22,500파운드)는 2022년 1분기 제조 필요량은 225,000파운드인 것으로 가정한다(= 225,000파운드×10% = 22,500파운드).

[2] 지난해 4분기 구입액에 대한 현금지급액. 도표 8–3의 기초 재무상태표 참조.

[3] $47,400×50%; $47,400×50%

[4] $97,200×50%; $97,200×50%

[5] $102,900×50%; $102,900×50%

[6] $55,800×50%. 4분기에 지급되지 않은 구입대금($27,900)은 회사의 기말 재무상태표 매입채무로 나타난다(일정 10을 참조).

직접노무원가예산

학습목표 8-5

직접노무원가예산을 세울 수 있다.

직접노무원가예산(direct labor cost budget)은 제조예산을 충족시키기 위해 요구되는 직접노무시간을 나타낸다. 예산 연도에 걸쳐 필요한 노동시간이 얼마인지를 사전에 파악함으로써, 회사는 필요한 상황에 맞게 노동력을 조정할 수 있는 계획을 세울 수 있다. 예산수립 절차를 무시하는 회사들은 노동력 부족에 직면하거나 좋지 않은 상황에서 노동자를 채용하거나 해고하는 위험을 겪는다. 일관성이 없는 노동정책은 불안감, 의욕저하, 비효율성을 가져온다.

Hampton Freeze의 직접노무원가예산은 별표 4에 나타나 있다. 직접노무원가예산의 첫 번째 줄은 매 분기마다 필요한 제조수량으로 구성되어 있는데, 제조예산(별표 2) 셀 B14부터 E14에서 가져온 것이다. 각 분기마다 필요한 직접노무시간은 제조해야 하는 단위 수량에 단위당 0.40 직접노무시간(예산가정표 셀 B23 참조)을 곱하여 계산된다. 예를 들어 1분기에 생산되는 14,000상자는 각 상자마다 0.40 직접노무시간을 필요하므로, 총 5,600시간(14,000상

별표 4

Hampton Freeze사
직접노무원가예산
2021년 12월 31일 종료

	분기				
	1	*2*	*3*	*4*	
필요한 제조수량(별표 2)	14,000	32,000	36,000	19,000	101,000
상자당 직접노무시간	0.40	0.40	0.40	0.40	0.40
필요한 총직접노무시간	5,600	12,800	14,400	7,600	40,400
시간당 직접노무원가	$ 15.00	$ 15.00	$ 15.00	$ 15.00	$ 15.00
총직접노무원가*	$ 84,000	$192,000	$216,000	$114,000	$606,000

Schedule 1 / Schedule 2 / Schedule 3 / **Schedule 4** / Schedule 5 / Schedule

* 이 계획표는 매분기마다 필요한 총직접노무시간에 완전히 대응되는 직접노동력을 가정한 것이다.

자×상자당 0.4 직접노무시간)의 직접노무시간이 1분기에 필요하다. 직접노동 필요량은 예산 직접노무원가로 해석될 수 있는데, 발생한 분기에 지급된다고 가정한다. 이것이 어떻게 완료되는가는 회사의 노동정책에 따라 다를 것이다. 별표 4에서 Hampton Freeze는 분기마다 노동 필요량이 바뀜에 따라 직접노동력이 조정되는 것으로 가정했다. 이 경우에는, 직접노무원가는 필요한 직접노무시간에 시간당 직접노무 임률 $15(예산가정표의 셀 B24 참조)를 단순히 곱하여 계산된다. 예를 들어 1분기 직접노무원가는 $84,000이다(5,600직접노무시간×직접노무시간당 $15).[3]

3 상당수 기업은 초과근무 수당을 지급해야 하고, 필요에 따라 정리해고 및 재취업하지 못하도록 하는 고용정책이나 계약을 맺고 있다. 이러한 정책으로 인해 발생할 수 있는 유휴시간 및 초과근무와 관련된 비용은 대개 제조간접원가의 일부로 처리된다. 이 장에서는 단순성을 위해 예산에 따라 필요한 생산에 필요한 직접노동력을 조정한다고 가정함으로써 이러한 고려사항을 우회한다.

기업현장 IN BUSINESS

체크아웃 카운터가 더 이상 사용되지 않게 될까?

대부분의 소매업체는 고객의 미결제 금액을 계산하고 해당 지불을 처리하기 위해 계산원에 크게 의존하고 있다. 그러나 Wshington주 Seattle에 있는 **Amazon.com**의 새로운 Amazon Go 매장은 계산원을 교체하고 모든 종류의 바코드스캔 체크아웃 프로세스를 필요 없게 하기 위해 컴퓨터 기술을 사용한다. 이 회사의 혁신적인 새 매장은 컴퓨터 비전 및 머신 러닝 알고리즘을 기반으로 쇼핑객을 추적하고 선택한 품목에 대해 요금을 부과함으로써 체크아웃 카운터를 없앴다. 매장에 입장하는 고객은 자신의 휴대전화를 스캔하게 되면 시스템에 3D 개체로 표시된다. Amazon Go 모델이 미래의 개발에 많은 가능성을 가지고 있지만, 회사는 현재 **Whole Foods Market** 식료품점에 이 기술을 사용할 계획은 없다.

Source: Stevens, Laura. "Amazon's Cashierless 'Go' Convenience Store Set to Open," *The Wall Street Journal*, January 20, 2018.

제조간접원가예산

학습목표 8-6

제조간접원가예산을 세울 수 있다.

제조간접원가예산(manufacturing overhead budget)은 직접재료원가와 직접노무원가를 제외한 모든 제조원가 항목이다. 별표 5는 Hampton Freeze의 제조간접원가예산을 보여준다. Hampton Freeze에서 제조간접원가는 변동요소와 고정요소로 분리된다. 예산가정표(도표 8-4)에서 보듯이, 변동요소는 직접노무시간당 $4이고, 고정요소는 분기별로 $60,600이다. 제조간접원가의 변동요소는 직접노무시간에 의존하기 때문에, 제조간접원가예산의 첫 번째 줄은 직접노무원가예산(별표 4)의 셀 B9부터 E9까지 도출된 예산 직접노무시간으로 구성되어 있다. 제조간접원가의 변동요소를 계산하기 위하여 각 분기별 예산 직접노무시간에 변동제조간접원가의 배부율을 곱한다. 예를 들어, 1분기의 변동제조간접원가는 $22,400 (5,600 직접노무시간 × 직접노무시간당 $4.00)이다. 여기에 분기의 고정제조간접원가를 더하여 분기의 총제조간접원가는 $83,000($22,400 + $60,600)이 된다.

Hampton Freeze의 별표 5의 마지막 줄은 제조간접원가의 예산 현금지출액을 보여준다. 몇몇의 제조간접원가가 현금지출이 없으므로, 제조간접원가의 현금지출액을 산출하려면 총예산 제조간접원가는 조정되어야만 한다. Hampton Freeze에서 오직 중요한 비현금 제조간접원가는 분기당(예산가정표 셀 B29참조) $15,000인 감가상각비이다. 이런 비현금 감가상각비는 예상 현금지출액을 결정하기 위해 총예산 제조간접원가로부터 차감되어야 한다. Hampton Freeze은 그 분기에 발생한 현금지출액을 포함한 모든 제조간접원가를 지불한다. 해당연도에 대한 예정 간접원가배부율은 직접노무시간당 $10인데, 이것은 해당 연도의 총예산 제조간접원가($404,000)를 해당 연도의 총예산 직접노무시간(40,400)으로 나누어 결정된 것이다.

별표 5

	A	B	C	D	E	F
1		Hampton Freeze사				
2		제조간접비원가예산				
3		2021년 12월 31일 종료				
4						
5		분기				
6		1	2	3	4	연도
7	예산 직접노무시간(별표 4)	5,600	12,800	14,400	7,600	40,400
8	변동제조간접배부율	$ 4.00	$ 4.00	$ 4.00	$ 4.00	$ 4.00
9	변동제조간접원가	$ 22,400	$ 51,200	$ 57,600	$ 30,400	$161,600
10	고정제조간접원가	60,600	60,600	60,600	60,600	242,400
11	총제조간접원가	83,000	111,800	118,200	91,000	404,000
12	−감가상각비	15,000	15,000	15,000	15,000	60,000
13	제조간접원가의 현금지출액	$ 68,000	$ 96,800	$103,200	$ 76,000	$ 344,000
14						
15	총제조간접원가 (a)					$ 404,000
16	예산 직접노무시간 (b)					40,400
17	사전에 결정된 그 해의 제조간접원가배부율 (a) ÷ (b)					$10.00
18						

Schedule 3 / Schedule 4 / Schedule 5 / Schedule 6 / Schedule 7 / Schedule 8

기말 완성품 재고예산

별표 1–5까지 완성한 후에, Larry Giano는 해당 예산연도 동안 전부원가로 단위당 제품원가를 계산하기 위한 필요한 모든 자료를 수집했다. 이런 계산은 두 가지 이유로 필요한데, 첫째, 예산 손익계산서의 매출원가를 결정하기 위해서이고, 둘째로 예산 재무상태표에 기말재고를 평가하기 위해서이다. 판매되지 않은 단위 원가는 **기말 완성품 재고예산(ending finished goods inventory budget)**으로 계산된다.[4]

별표 6은 Hampton Freeze의 전부원가 단위당 제품원가가 아이스캔디 1상자당 직접재료원가 $3, 직접노무원가 $6, 제조간접원가 $4로 구성되어 $13이다. 제조간접원가는 제조간접원가예산의 F17셀의 직접노동시간당 $10의 배부율을 이용하여 제품 단위에 배부된다. 기말재고의 예산 유지원가는 $39,000이다.

별표 6

	A	B	C	D	E	F	G	H
1	Hampton Freeze사							
2	기말 완성품 재고예산							
3	(전부원가기초)							
4	2021년 12월 31일 종료							
5								
6	항목	수량			원가			총계
7	상자당 생산원가:							
8	직접재료원가	15.00	파운드		$ 0.20	파운드 당		$ 3.00
9	직접노무원가	0.40	시간		$15.00	시간 당		6.00
10	제조간접원가	0.40	시간		$10.00	시간 당		4.00
11	단위제품원가							$ 13.00
12								
13	예산 완성품 재고:							
14	기말 완성품 상자량(일정 2)							3,000
15	제품단위 원가(위를 참조)							$ 13.00
16	기말 완성품재고 금액							$ 39,000
17								

Schedule 3 | Schedule 4 | Schedule 5 | Schedule 6 | Sch

4 간략하게, 기초 재무상태표와 기말 완성품 재고예산은 단위 제품원가인 $13으로 보고한다. "만일~이라면"이라는 질문에 답하기 위해, 이 일정은 FIFO 재고흐름을 가정한다. 즉, 기말재고는 오로지 그 예산 해에 생산된 단위들로 구성된다.

판매관리비예산

학습목표 8-7

판매관리비예산을 세울 수 있다.

판매관리비예산(selling and administrative expense budget)은 제조를 제외한 다른 부문의 예산비용을 작성한 것이다. 큰 조직에서 이 예산은 부서장과 판매관리비에 대해 책임을 지고 있는 여러 사람들에 의해 제출된 작고 개별적인 것들을 취합하는 것이다. 예를 들어, 마케팅 관리자는 각 예산기간 동안 광고비에 대한 세부적인 예산을 제출할 것이다.

별표 7은 Hampton Freeze의 판매관리비를 포함하고 있다. 제조간접원가예산과 같이, 판매관리비예산은 변동요소와 고정요소로 나눈다. 결과적으로 매 분기별 예산 판매단위 수량은 일정표의 맨 위에 기입된다. 이런 자료는 판매예산(일정 1)의 셀 B7부터 E7에서 가져온다. 예산 변동판매관리비는 판매된 예산 상자수량과 상자당 변동판매관리비 $1.80(예산가정표 셀 B33 참조)을 곱하여 결정된다. 예를 들어, 1분기의 예산 변동판매관리비는 $18,000 (10,000상자 × 상자당 $1.80)이다. 분기당 고정판매관리비 $99,000(예산가정표 셀 B35부터 B39까지 참조)를 변동판매관리비에 더해 총예산 판매관리비를 산출한다. 마지막으로 판매관리 항목의 현금지출액을 결정하기 위해 총예산 판매관리비는 비현금 판매관리비를 차감하여 조정된다(이 경우 감가상각비만 해당).[5]

별표 7

	A	B	C	D	E	F
1	Hampton Freeze사					
2	판매관리비예산					
3	2021년 12월 31일 종료					
4						
5		분기				
6		1	2	3	4	연간
7	예산 판매단위(별표 1)	10,000	30,000	40,000	20,000	100,000
8	상자당 변동판매관리비	$ 1.80	$ 1.80	$ 1.80	$ 1.80	$ 1.80
9	변동판매관리비	$ 18,000	$ 54,000	$ 72,000	$ 36,000	$ 180,000
10	고정판매관리비:					
11	광고비	20,000	20,000	20,000	20,000	80,000
12	임원임금	55,000	55,000	55,000	55,000	220,000
13	보험료	10,000	10,000	10,000	10,000	40,000
14	재산세	4,000	4,000	4,000	4,000	16,000
15	감가상각비	10,000	10,000	10,000	10,000	40,000
16	총고정판매관리비	99,000	99,000	99,000	99,000	396,000
17	총판매관리비	117,000	153,000	171,000	135,000	576,000
18	−감가상각비	10,000	10,000	10,000	10,000	40,000
19	판매관리비의 현금지출액	$ 107,000	$ 143,000	$ 161,000	$ 125,000	$ 536,000
20						

Schedule 5 / Schedule 6 / Schedule 7 / Schedule 8 / Schedule 9 / Schedule 10

5 현금흐름과 수익 및 비용 사이의 차이에 대한 다른 조정이 필요하다. 예를 들어, 재산세가 $8,000씩 1년에 두 번 분납된다면, 재산세 비용은 총예산 판매관리비에서 "차감"되어야 하고 현금 분납지급은 현금지출을 결정하도록 적절한 분기에 더해져야 한다. 제조간접원가예산에도 유사한 조정이 이루어져야 한다. 이 장에서 이러한 복잡한 것은 대개 생략한다.

기업현장 IN BUSINESS

P&G는 TIDE PODS와 관련된 위험을 관리하다

Proctor&Gamble(P&G)은 자사 제품을 남용하지 않도록 하기 위해 대변인에게 보상하는 것보다 고객이 제품을 사용하도록 동기를 부여하는 광고 캠페인에 마케팅 예산을 사용하는 것을 선호한다. 그러나 십대들이 세탁 세제를 먹고 베이핑하여 "Tide Pods 챌린지"를 시작한 다음 자신의 경험을 온라인에 게시하기 시작했을 때 피해 통제모드로 전환해야 했다. P&G는 은퇴한 프로축구 선수 Rob Gronkowski를 고용해 "아니야. 아니야. 아니야. 대체 무슨 일이야, 여러분. 먹지 말고 씻을 때 Tide Pods를 사용하세요."라는 동영상을 촬영했다. 그 후 회사는 트위터, 페이스북 및 유튜브에 이 동영상을 올렸다. 2년 동안 130명 이상의 십대들이 의도적으로 세탁 세제 Pods를 섭취하여 중독되었다.

Source: Imani Moise and Sharon Terlep, "P&G Wrestles With Tide Pods Challenge," *The Wall Street Journal*, January 22, 2018, pp. B1-B2.

현금예산

학습목표 8-8

현금예산을 세울 수 있다.

현금예산은 4개의 주요 부분으로 구성되어 있다.

1. 수취 부분
2. 지출 부분
3. 현금의 과잉 또는 부족 부분
4. 자금조달 부분

수취 부분은 기대된 예산기간 동안 자금조달을 제외한 모든 현금유입을 나열한 것이다. 일반적으로 수취의 주요 원천은 매출이다. 지출 부분은 예산기간에 계획된 모든 현금지출을 요약한다. 이런 지출은 개별적인 예산에서 포함된 것처럼 원재료 구입비, 직접노무원가지출, 제조간접원가 등을 포함한다. 게다가 설비구입이나 배당과 같은 다른 현금지출액도 작성된다.

현금 초과나 부족 부분은 아래와 같이 계산 된다.

기초 현금잔액	XXXX
+수취액	XXXX
가용 총현금액	XXXX
−현금지출액	XXXX
지불가능한 초과(부족)현금	XXXX

만약 예산기간 동안 현금이 부족하거나 필요한 현금잔액이 최소 이하여서 여유자금이 없다면 회사는 자금을 차입할 필요가 있다. 반대로 예산기간 동안 필요한 현금잔액이 최소 이상이어서 여유자금이 있다면 원리금을 상환하거나 여유자금은 어딘가에 투자할 수 있다.

IN BUSINESS 기업현장

현금흐름의 부조화—언덕과 협곡 오르기

The Washington Trails Association(WTA)는 워싱턴 주 하이킹코스를 보호 유지하는데 주안을 둔 비영리 개인단체이다. 2,000명의 WTA 자원봉사자들은 연방, 주, 사유지의 바위투성이 풍경의 하이킹코스를 유지하기 위해 연간 80,000이상의 시간을 기부한다. 그 단체는 회원비, 기부, 보조금, 약간의 정부 하청 공사에 의해 유지된다.

조직의 수익과 비용은 어느 정도 예상 가능하지만 아래 차트에서 볼 수 있듯이 한 해 동안 일정치 않다. 대부분의 비용은 하이킹코스 유지보수작업을 하는 봄과 여름에 가장 높아지는 경향이 있다. 그러나 비용이 발생한 후 12월에 수익은 치솟는다. 한 해 동안 현금유출이 현금유입을 능가하는 때가 꽤 있으므로, WTA는 현금예산을 신중히 계획하고 청구서에 대한 지불이 가능하도록 적절한 현금을 유지하는 것은 매우 중요하다.

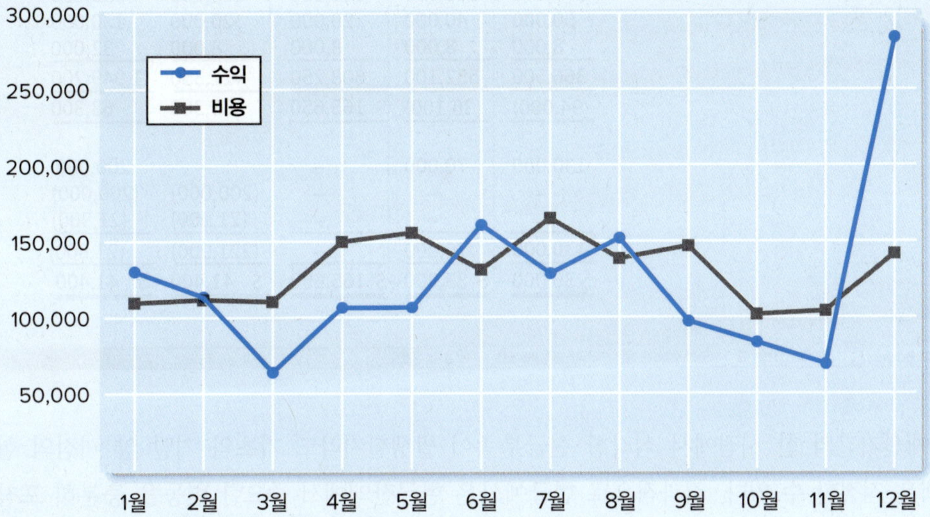

주의: 총수익과 총비용은 한 해에 걸쳐 대략적으로 같다.

Sources: Conversation with Elizabeth Lunney, President of the Washington Trails Association; WTA documents; and the WTA website www.wta.org.

현금예산의 자금조달 부분은 예산기간 동안 발생할 수 있는 차입이나 예정된 원리금 상환을 상세히 한다. 이 장에서 달리 명시되지 않는 한, 모든 차입은 항상 차입기간 첫날에 발생하고 모든 상환은 현금예산에 포함된 최종기간의 마지막 날에 발생한다고 가정한다. 차입과 원리금 상환을 계산하기 위해 회사의 적정 최소 현금잔고와 은행차입계약서에 주의를 기울일 필요가 있다. 예를 들어 Hampton Freeze의 적정 최소 현금잔고는 $30,000(예산가정표 셀 B42 참조)이다. 게다가 Hampton Freeze의 차입계약서에는 반드시 $10,000단위로 차입하며 분기당 3%의 단리(도표 8–4의 셀 B45 참조)를 지급하는 것이 명시되어 있다고 가정할 것이다.[6]

6 간편하도록 이 장에 복리보다 단리를 사용한다.

별표 8

Hampton Freeze사
현금예산
2021년 12월 31일 종료

	일정	분기 1	분기 2	분기 3	분기 4	연간
기초 현금잔액		$ 42,500	$ 36,000	$ 33,900	$ 165,650	$ 42,500
+ 현금수취:						
고객으로부터 회수	1	230,000	480,000	740,000	520,000	1,970,000
총가용현금		272,500	516,000	773,900	685,650	2,012,500
− 현금지출:						
직접재료원가	3	49,500	72,300	100,050	79,350	301,200
직접노무원가	4	84,000	192,000	216,000	114,000	606,000
제조간접원가	5	68,000	96,800	103,200	76,000	344,000
판매관리비	7	107,000	143,000	161,000	125,000	536,000
설비구입		50,000	40,000	20,000	20,000	130,000
배당액		8,000	8,000	8,000	8,000	32,000
총현금지출		366,500	552,100	608,250	422,350	1,949,200
지불가능 과잉(부족)현금		(94,000)	(36,100)	165,650	263,300	63,300
자금조달:						
차입(분 기초)		130,000	70,000	–	–	200,000
상환(연도 말)		–	–	–	(200,000)	(200,000)
이자		–	–	–	(21,900)	(21,900)
총조달		130,000	70,000	–	(221,900)	(21,900)
기말 현금잔액		$ 36,000	$ 33,900	$ 165,650	$ 41,400	$ 41,400

Schedule 5 | Schedule 6 | Schedule 7 | **Schedule 8** | Schedule 9 | Schedule 10

예산기간의 한 시점에서 심각한 현금부족이 발생할지라도 기초와 기말 양 시점의 현금잔액은 적절할 수 있다. 결과적으로 현금예산은 현금잔액에서 중요한 변동을 충분히 포착할 정도의 짧은 시간으로 세분되어야 한다. 월별 현금예산이 흔하지만, 몇몇 조직은 주별 또는 심지어 일별 기준의 현금예산을 수립한다. Hampton Freeze의 Larry Giano는 필요시 더 잘 조정될 수 있도록 분기별 현금예산을 준비했다. 이 예산은 별표 8에 나와 있다.[7]

1분기 기초 현금잔액은 $42,500이고 도표 8–3의 기초 재무상태표 셀 B7과 같다. 각 분기 마다 고객들로부터 회수된 현금은 일정 1의 예상 현금회수계획표 B18부터 E18에서 추출된 다. 각 분기의 기초 현금잔액에 고객들로부터 현금회수한 금액을 더하면 총가용현금과 같다. 예를 들어 1분기에 기초 현금잔액 $42,500을 고객들로부터 회수한 현금 $230,000을 더하면 총가용현금은 $272,500과 같다.

현금예산의 지출 부분은 여섯 종류의 현금지출을 포함한다. 각 분기별 직접재료의 현금지출은 재료에 대한 예상 현금지출계획표(별표 3참조)의 셀 B27부터 E27에서 추출된다. 직접노무에 대한 분기별 현금지출은 직접노무원가예산(별표 4 참조)의 셀 B11부터 E11으로 계산되지만, 제조간접원가와 관련된 분기별 현금지출은 제조간접원가예산(별표 5 참조)의 셀 B13부터 E13으로 계산된다. 판매관리비에 관한 분기별 현금지출은 판매관리비예산(별표 7 참조)

7 현금흐름작성표의 형식은 뒷 장에서 다룬다. 이것은 현금예산에도 사용될 수 있다.

의 셀 B19부터 E19에서 추출된다. 그래서 이를 모두 합하면 1분기의 현금지출은 직접재료원가($49,500), 직접노무원가($84,000), 제조간접원가($68,000), 판매관리비($107,000), 설비구입($50,000)과 배당금($8,000)(도표 8-4의 셀 C43과 B44 참조)이 합산되어 총현금지출은 $366,500이다.

각 분기의 총가용현금에서 총지출을 빼면 지출을 초과한 가용현금의 과잉(부족)과 같다. 예를 들어 1분기에 총가용현금 $272,500에서 총지출 $366,500을 빼면 현금부족 $94,000이 된다. 현금의 과잉 또는 부족은 Hampton Freeze가 현금예산의 자금조달 부분에서 나타난 것과 같이 자금을 차입할 필요가 있는지 여부에 직접적인 영향을 준다.

현금예산의 자금조달 부분에서 첫 번째 줄은 계획된 차입과 연관된다. 회사의 지출가능 현금액이 적정 최소 현금잔액보다 큰 기간 동안은 차입을 할 필요가 없다. Hampton Freeze의 경우 최소 현금잔액 $30,000을 유지하고 싶었다. 그러므로 지출가능 현금액이 $30,000보다 클 때에는 차입을 할 필요가 없다. 그러나 2021년 1분기에 Hampton Freeze는 $94,000 현금부족이 예상되었으므로 1분기가 시작하는 시점에서 최소 적정차입금은 다음과 같이 계산될 것이다.

1분기 초기에 필요한 차입액	
적정 기말 현금잔액	$ 30,000
+지출에 대한 가용현금의 부족	94,000
최소 필요한 차입금액	$124,000

은행이 $10,000 단위로 대출하겠다는 것을 기억하자. Hampton Freeze는 최소한 $124,000을 차입해야 하기 때문에 $130,000을 빌려야 할 것이다.

2021년 2분기에 Hampton Freeze는 또 다른 지출가능 현금부족 $36,100이 발생할 것이라고 예측된다. 따라서 2분기가 시작하는 시점에서 최소 필요한 차입금은 다음과 같이 계산될 것이다.

2분기 초기에서 필요한 차입액	
적정 기말 현금잔액	$30,000
+지출에 대한 가용현금의 부족	36,100
최소 필요한 차입금액	$66,100

다시, 은행은 $10,000단위로 대출하겠다는 것을 기억하자. Hampton Freeze는 최소한 2분기 기초 시점에서 $66,100을 차입해야 하므로 은행으로부터 $70,000를 빌려야 한다.

3분기와 4분기는 Hampton Freeze는 지출가능 현금이 $30,000보다 크므로, 이 두 분기 동안은 차입이 필요 없다. 3분기에 Hampton Freeze의 초과현금이 $165,650이지만 이 분기 동안 현금예산에 그 어떤 상환금도 포함시키지 않음을 주목하라. 이런 이유는 다른 언급 이 없으면, 이 장에서 회사는 현금예산에 포함된 최종기간의 마지막 날에 그 동안 누적된 이자와 대출을 상환할 것이라고 가정하였기 때문이다. Hampton Freeze는 4분기에 초과 현금 $263,300을 갖고 있으므로, 4분기 마지막 날에 다음과 같이 계산된 차입금 $200,000과 $21,900의 이자를 갚을 수 있을 것이다.

1분기 초에 빌린 $130,000에 대한 이자	
$130,000 × 분기당 0.03 × 4분기*	$15,600
2분기 초에 빌린 $70,000에 대한 이자	
$70,000 × 분기당 0.03 × 3분기*	6,300
4분기 말의 총이자	$21,900

*간편하게 복리보다는 단리로 가정한다.

각 분기별 기말 현금잔고는 지출을 통해 사용가능한 현금의 초과(부족)와 총자금조달을 합해서 계산된다. 예를 들어, 1분기에 Hampton Freeze의 부족현금($94,000)과 자금조달 총액 $130,000을 더하면 기말 현금잔고 $36,000과 같다. 각 분기별 기말 현금잔고는 그 다음 분기의 기초 현금잔고가 된다. 현금예산의 연도 줄 아래에 있는 금액이 항상 4분기의 총합은 아니라는 것에 주목하라. 특히 그 해의 기초 현금잔액은 1분기 기초 현금잔액과 같고 기말 현금잔액은 4분기 기말 현금잔액과 같다.

예산 손익계산서

학습목표 8-9

예산 손익계산서를 작성할 수 있다.

별표 9는 Hampton Freeze의 예산 손익계산서를 담고 있다. 예산 손익계산서의 모든 수익과 비용은 별표 1–8의 자료와 기초 재무상태표의 자료에서 추출한다. 매출 $2,000,000은 판매예산(별표 1)의 셀 F9에서 추출된다. 매출원가 $1,300,000은 두 단계로 계산된다. 기초 재고와 기중 제조한 단위당 제품원가가 모두 단위당 $13인 경우, $1,300,000의 매출원가는 판매된 100,000개(별표 1의 셀 F7 참조)에 단위당 제품원가 $13(별표 6의 셀 H11 참조)를 곱하여 계산할 수 있다.[8] 판매관리비 $576,000은 판매관리비예산(별표 7)의 셀 F17에서 추출된다. 마지막으로 이자비용 $21,900은 현금예산(별표 8)의 셀 G23에서 추출된다.

예산 손익계산서는 예산편성 절차의 핵심계획들 중 하나이다. 그것은 회사의 계획된 수익을 보여주고 차후 회사성과를 측정할 수 있는 벤치마크의 역할을 한다. Larry Giano는 자신의 엑셀파일에 예산가정표(도표 8–4 참조)를 만들고 적절히 구성된 엑셀공식을 사용하여 모든 예산계획들을 연결시켰기 때문에 기본적으로 예산가정을 변화시킬 수 있고 그 변화가 모든 계획과 순이익에 미치는 영향을 즉시 볼 수도 있다. 예를 들면 Larry가 만일 4분기의 매출이 20,000상자 대신 18,000상자일 때 수익영향을 예측하고 싶었다면 간단하게 예산가정 엑셀시트의 셀 C7 숫자를 20,000에서 18,000으로 바꾸면 된다. 수정된 순이익 $87,045는 즉시 예산 손익계산서의 셀 C12에 보이게 된다.

8 매출원가는 앞선 장에서 소개한 등식을 이용하여 계산할 수 있다. 제조기업은 다음 등식을 이용할 수 있다. 매출원가 = 기초 완성품재고 + 당기제품제조원가 – 기말 완성품재고. 상기업은 다음 등식을 이용할 수 있다. 매출원가 = 기초 상품재고 + 매입 – 기말 상품재고.

별표 9

	A	B	C
1	Hampton Freeze사		
2	예산 손익계산서		
3	2021년 12월 31일 종료		
4			
5		계획	
6	매출	1	$ 2,000,000
7	매출원가	1, 6	1,300,000
8	매출총이익		700,000
9	판매관리비	7	576,000
10	순영업이익		124,000
11	이자비용	8	21,900
12	순이익		$ 102,100
13			

Schedule 8 / Schedule 9 / Schedule 10

예산 재무상태표

학습목표 8-10

예산 재무상태표를 작성할 수 있다.

예산 재무상태표는 예산기간(도표 8–3 참조)의 기초 재무상태표에 있는 자료와 여러 계획들에 포함되어 있는 자료를 이용하여 만들어진다. 어떻게 숫자가 추출된 것인지의 설명과 함께 Hampton Freeze의 예산 재무상태표는 별표 10에 나타난다.

종합예산을 완성한 후에 Larry Giano는 최고경영자인 Tom Wills에게 검토를 위해 문서를 보여줬다.

MANAGERIAL ACCOUNTING IN ACTION
THE WRAP-UP

Larry: 여기 예산입니다. 전체적으로 이익이 양호하고, 전 연도에 걸쳐 순현금흐름도 좋습니다.

Tom: 그래요, 근데 우리가 작년에 겪었던 1, 2분기의 음(–)의 현금흐름 문제가 여기 현금예산에도 보이네요.

Larry: 그렇습니다. 그 문제는 저도 정말 난감합니다. 그러나 만약 우리가 이 예산을 오늘 은행에 가져간다면 1·2분기에 아무 문제없이 충분한 대출을 해줄 거라 확신합니다.

Tom: 확실합니까? 내가 급히 대출을 받으러 작년에 갔을 때 그들은 내 모습에 별로 유쾌해 하지 않았는데요.

Larry: 제때에 상환하셨나요?

Tom: 물론이죠.

Larry: 아무 문제가 없습니다. 이번엔 긴급대출을 요청하지는 않을 겁니다. 은행에는 충분한 경고가 있을 것입니다. 그리고 이 예산으로 대출을 언제 어떻게 갚을 것인지에 대해 확고한 계획을 보여주시면 됩니다. 절 믿으세요. 그들은 그렇게 할 거예요. 그리고 종합예산에는 우리가 예전에 논의했던 "만일~라면" 종류의 질문들에 답할 때 필요한 모든 공식들이 포함되어 있다는 것을 기억하세요. 가정이나 추정에 근거해서 종합예산을 바꿀 때 생기는 재무적 영향을 계산하고 싶다면 마우스클릭을 하시면 됩니다.

Tom: 정말 멋지군요 Larry, 이 계획을 위한 당신의 그간 노고에 깊이 감사드려요.

별표 10

	A	B	C	D	E
1	**Hampton Freeze사**				
2	**예산 재무상태표**				
3	**2021년 12월 31일 종료**				
4					
5	자산				
6	유동자산				
7	현금	$ 41,400	(a)		
8	매출채권	120,000	(b)		
9	원재료 재고	4,500	(c)		
10	완성품 재고	39,000	(d)		
11	총유동자산			$ 204,900	
12	유형자산				
13	토지	80,000	(e)		
14	건물과 설비	830,000	(f)		
15	감가상각누계액	(392,000)	(g)		
16	순유형자산			518,000	
17	총자산			$ 722,900	
18					
19	부채와 자본				
20	유동부채				
21	매입채무(원재료)			$ 27,900	(h)
22	자본				
23	자본금	$ 175,000	(i)		
24	이익잉여금	520,000	(j)		
25	총자본			695,000	
26	총부채와 자본			$ 722,900	
27					

Schedule 8 / Schedule 9 / Schedule 10

2021년 12월 31일 재무상태표 설명:

(a) 현금예산 셀 G25에서 추출(별표 8)

(b) 별표 1의 4분기 매출의 30%($400,000 × 30% = $120,000).

(c) 직접재료원가(별표 3)에서 추출. 셀 E12에 셀 E16을 곱하기. 즉, 22,500파운드 × 파운드당 $0.20 = $4,500

(d) 기말 완성품 재고예산 셀 H16에서 추출(별표 6)

(e) 기초 재무상태표 셀 B13에서 추출(도표 8-3)

(f) 기초 재무상태표(도표 8-3)의 셀 B14에 셀 G16(별표 8)을 더하기. 즉, $700,000 + $130,000 = $830,000

(g) 기초 잔액 $292,000(도표 8-3의 기초 재무상태표의 셀 B15로 부터)에 더하기 제조간접원가예산(별표 5) 셀 F12에 포함된 감가상각비 $60,000 더하기 판매관리비예산(별표 7) 셀 F18에 포함된 감가상각비 $40,000. 즉, $292,000 + $60,000 + $40,000 = $392,000

(h) 4분기 원재료 구입량의 절반. 별표 3에서 추출($55,800 × 50% = $27,900).

(i) 기초 재무상태표 셀 B23에서 추출(도표 8-3).

도표 8-3의 셀 B24로 부터 2020년 12월 31일 잔액	$449,900
별표 9의 셀 C12로 부터 순이익 더하기	102,100
	552,000
별표 8의 셀 G17로 부터 배당금 지급 차감	32,000
2021년 12월 31일 잔액	$520,000

요약

이 장은 예산편성 과정을 설명하고, 운영예산이 서로 어떻게 관련되어 있는지 보여준다. 판매예산은 종합예산을 위한 기초이다. 판매예산이 결정되면, 제조예산과 판매관리비예산을 준비할 수 있다. 그들은 몇 개가 팔릴 것인가에 달려있기 때문이다. 제조예산은 몇 개를 생산할지 결정하고, 그것이 준비된 후에는 다양한 제조원가예산이 준비될 수 있다. 이런 모든 예산은 현금예산, 예산 손익계산서와 예산 재무상태표에 반영된다. 종합예산의 부분들은 많은 면에서 연결되어 있다. 예를 들어 예상 현금회수 계획은 판매예산과 연관되어 완성되고 현금예산과 예산 재무상태표를 위한 자료를 제공한다.

이 장의 자료는 단지 종합예산 편성의 도입이다. 다음 장에서는 예산은 어떻게 매일 운영을 통제하기 위해 사용되는지 또 그들은 업적 평가에 어떻게 활용되는지를 알아볼 것이다.

종합예제: 예산 계획안

Mynor사는 3분기에 판매량이 절정인 계절상품을 제조하여 판매한다. 연도 2와 다음 연도인 연도 3의 1, 2분기의 영업과 관련된 정보는 다음과 같다.

a. 이 회사는 단일 제품을 제품단위당 $8에 판매한다. 차기 6분기 동안의 판매예산은 다음과 같다(모든 판매는 신용판매).

	연도 2 분기별				연도 3 분기별	
	1분기	2분기	3분기	4분기	1분기	2분기
예산 제품판매수량	40,000	60,000	100,000	50,000	70,000	80,000

b. 매출액은 다음과 같은 형태로 회수된다. 매출이 발생한 분기에 75%, 나머지 25%는 다음 분기에 회수된다. 연도 2의 1월 1일의 재무상태표 매출채권 기초잔액은 $65,000이며, 이 금액은 연도 2의 첫 번째 분기에 모두 회수된다. 대손채권은 크기가 매우 작아 무시할 수 있는 수준이다.

c. 이 회사는 다음 분기의 예상판매수량의 30%의 제품을 기말 재고자산으로 보유하려고 한다. 연도 1의 12월 31일 보유수량은 12,000개이다.

d. 제품 1개를 생산하기 위해서는 5파운드의 원재료를 필요로 한다. 이 회사는 다음 분기의 제조에 필요한 원재료의 10%를 기말 재고자산으로 보유하려고 한다. 연도 1의 12월 31일 보유 중인 기말 원재료 수량은 23,000파운드이다.

e. 원재료 원가는 파운드 당 $0.80이다. 원재료는 다음과 같은 형태로 매입대금이 지급된다. 당기 구입한 분기에 60%, 나머지 40%는 다음 분기에 지급된다. 연도 2의 1월 1일 원재료 매입채무의 기초금액은 $81,500이며, 이 금액은 당해 1분기에 모두 지급될 예정이다.

요구사항:

다음 문항에 따른 분기별 금액과 연말의 합계를 모두 표시하는 각 연도의 예산과 계획서를 작성하시오.

1. 판매예산과 예상 현금회수 일정표
2. 제조예산
3. 직접재료예산과 원재료 매입에 대한 예상 현금지출 일정표

종합예제 해답

1. 판매예산은 다음과 같이 수립된다.

	연도 2 분기별				
	1	2	3	4	연도 2
예산 판매수량	40,000	60,000	100,000	50,000	250,000
제품단위당 판매가격	× $8	× $8	× $8	× $8	× $8
총매출액	$320,000	$480,000	$800,000	$400,000	$2,000,000

앞의 판매예산에 기초한 기대 현금회수 예산안은 다음과 같다.

	연도 2 분기별				
	1	2	3	4	연도 2
기초 매출채권	$ 65,000				$ 65,000
1분기 매출액($320,000×75%, 25%)	240,000	$ 80,000			320,000
2분기 매출액($480,000×75%, 25%)		360,000	$120,000		480,000
3분기 매출액($800,000×75%, 25%)			600,000	$200,000	800,000
4분기 매출액($400,000×75%)				300,000	300,000
총현금회수액	$305,000	$440,000	$720,000	$500,000	$1,965,000

2. 단위당 판매예산을 기초로 한 제조예산은 다음과 같다.

	연도 2 분기별					연도 3 분기	
	1	2	3	4	연도 2	1	2
예산 판매수량	40,000	60,000	100,000	50,000	250,000	70,000	80,000
+적정 기말 완성품 재고*	18,000	30,000	15,000	21,000†	21,000	24,000	
총필요량	58,000	90,000	115,000	71,000	271,000	94,000	
-기초 완성품 재고	12,000	18,000	30,000	15,000	12,000	21,000	
제조 필요량	46,000	72,000	85,000	56,000	259,000	73,000	

* 다음 분기별 예상 매출수량의 30%.

† 연도 3의 최초 분기의 예상 매출수량의 30%.

3. 제조예산에 기초로 한, 연간 원재료 예상 매입수량은 다음과 같다.

	연도 2 분기별					연도 3
	1	2	3	4	연도 2	1
필요한 완성품 생산수량	46,000	72,000	85,000	56,000	259,000	73,000
단위당 원재료 필요수량	× 5	× 5	× 5	× 5	× 5	× 5
제조에 필요한 원재료 단위	230,000	360,000	425,000	280,000	1,295,000	365,000
+ 적정 기말 원재료*	36,000	42,500	28,000	36,500†	36,500	
필요한 원재료 총수량	266,000	402,500	453,000	316,500	1,331,500	
– 기초 원재료 차감	23,000	36,000	42,500	28,000	23,000	
매입할 원재료 단위수량	243,000	366,500	410,500	288,500	1,308,500	
원재료 단위당 원가	× $0.80	× $0.80	× $0.80	× $0.80	× $0.80	
매입하여야 할 원재료 원가	$194,400	$293,200	$328,400	$230,800	$1,046,800	

* 다음 분기에 제조 필요량(파운드)의 10%.
† 연도 3의 1분기 제조 필요량(파운드)의 10%.

위의 원재료 예상 매입수량을 기초로 한, 기대 현금지급액은 다음과 같다.

	연도 2 분기별				
	1	2	3	4	연도 2
기초 매입채무	$ 81,500				$ 81,500
1분기 매입액($194,400×60%,40%)	116,640	$ 77,760			194,400
2분기 매입액($293,200×60%,40%)		175,920	$117,280		293,200
3분기 매입액($328,400×60%,40%)			197,040	$131,360	328,400
4분기 매입액($230,800×60%)				138,480	138,480
총현금지급액	$198,140	$253,680	$314,320	$269,840	$1,035,980

용어해설

계획(planning) 목표를 달성하기 위하여 목표를 개발하고 예산을 수립하는 것.

기말 완성품 재고예산(ending finished goods inventory budget) 기말 재무상태표에 표시될 미판매 완성품을 화폐금액으로 보여주는 예산.

상품구매예산(merchandise purchase budget) 해당기간 동안 공급자로부터 구매하여야 할 상품의 양을 보여주는 것으로 상품매매회사가 사용하는 세부 계획.

예산(budget) 일반적으로 공식적인 숫자 용어로 표현되는 미래에 대한 세부 계획.

자율예산(self-imposed budget) 경영자 자신의 예산을 수립하는 방법. 이러한 예산은 상위 경영자에 의해 검토되고, 모든 문제는 상호 협의에 의해 해결된다.

제조간접원가예산(manufacturing overhead budget) 특정한 기간 동안 발생할 수 있는 직접재료원가와 직접노무원가 이외의 제조원가를 나타내는 세부 계획.

제조예산(production budget) 판매와 재고의 요구를 모두 충족시키기 위하여 한 기간 동안 제조하여야 하는 단위의 수를 보여주는 세부 계획.

종합예산(master budget) 회사의 판매, 제조 및 재무활동에 대한 특정 목표를 설정하고, 현금예산, 예산 손익계산서 및 예산 재무상태표로 이르게 하는 개별적인 숫자이나 상호 의존적인 예산.

직접노무원가예산(direct labor cost budget) 제조예산을 수행하기 위해 필요한 직접노무시간을 보여주는 세부 계획.

직접재료원가예산(direct material cost budget) 제조예산을 수행하기 위해 구입되어야 하는 원재료의 양과 적정한 재고를 유지하기 위하여 구입되어야 하는 원재료의 양을 나타내는 세부 계획.

참여예산(participative budget) 자율예산을 참조.

통제(control) 환경이 변화에 따라 계획이 올바르게 실행 또는 수정되도록 피드백을 수집하는 절차.

판매관리비예산(selling and administrative expense budget) 예산기간 동안에 제조에서 가 아닌 다른 영역에서 발생하는 계획된 비용의 세부적인 계획.

판매예산(sales budget) 화폐금액과 수량으로 표시되는 예상 판매를 보여주는 세부 계획.

현금예산(cash budget) 특정한 기간에 대해 현금자원이 어떻게 취득되고 사용되는 지를 나타내는 세부적인 계획.

질문

8–1 예산은 무엇인가? 예산통제(Budgetary Control)란 무엇인가?

8–2 예산편성으로 얻을 수 있는 주요 효익에 대해 토의하시오.

8–3 '책임회계'란 용어의 의미는 무엇인가?

8–4 종합예산이란 무엇인가? 해당 내용을 간략하게 작성하시오.

8–5 예산편성에서 판매예측이 출발점이 되는 이유는 무엇인가?

8–6 실무적인 문제로서, 계획과 통제는 같은 의미로 사용된다는 말에 동의하는가? 설명하시오.

8–7 마이크로소프트 엑셀에서 종합예산을 편성할 때 '예산편성 가정'을 설정하는 것은 왜 좋은 아이디어인가?

8–8 자율예산이란 무엇인가? 자율예산의 주요한 이점은 무엇인가? 자율예산을 사용할 때 주의해야 할 점은 무엇인가?

8–9 예산편성이 노동력의 고용수준을 계획하는 데 있어 회사에 어떻게 도움을 주는가?

8–10 "현금예산의 주요목적이 회사가 연말에 얼마나 많은 현금보유액을 갖고 있는지를 보기 위한 것이다."라는 주장에 동의하는가? 이유를 설명하시오.

엑셀 응용

connect

학습목표 8-2, 8-3, 8-4

다음에 표시된 Excel 워크시트 양식은 Mynor사와 관련된 복습문제를 재현하는 데 사용된다. Connect에서 이 양식이 포함된 통합 문서를 다운로드하라. 이 워크시트 양식을 사용하는 방법에 대한 지침도 제공된다. 워크시트를 작성한 후에 다음 요구사항을 진행해야 한다.

	A	B	C	D	E	F	G	H
1	**8장 : 엑셀 응용**							
2								
3	자료		연도 2			연도 3		
4		1	2	3	4	1	2	
5	예산 매출수량	40,000	60,000	100,000	50,000	70,000	80,000	
6								
7	• 단위당 판매가격	$8						
8	• 매출채권 기초잔액	$65,000						
9	• 판매된 분기에 매출액 현금회수 비율	75%						
10	• 판매된 다음 분기의 매출액 현금회수 비율	25%						
11	• 적정 기말 완성품 재고	30%	다음 분기 예산 매출단위의					
12	• 기초 완성품 재고	12,000	단위					
13	• 단위당 원재료 필요수량	5	파운드					
14	• 적정 기말 원재료	10%	다음 분기 제조 필요량의					
15	• 기초 원재료 재고	23,000	파운드					
16	• 원재료원가	$0.80	파운드당					
17	• 원재료 매입 현금지급	60%	매입한 분기에					
18	그리고	40%	매입 다음 분기에					
19	• 원재 매입 매입채무 기초 잔액	$81,500						
20								
21	?로 표시된 셀에 등식을 입력하라.							
22	**복습 문제 : 예산 일정**							
23								
24	**판매예산 수립**		연도 2			연도 3		
25		1	2	3	4	1	2	
26	예산 매출수량	?	?	?	?	?	?	
27	단위당 판매가격	?	?	?	?	?	?	
28	매출총액	?	?	?	?	?	?	
29								
30	**예상 현금회수 일정 수립**		연도 2					
31		1	2	3	4	연간		
32	기초 매출채권 잔액	?				?		
33	1분기 매출	?	?			?		
34	2분기 매출		?	?		?		
35	3분기 매출			?	?	?		
36	4분기 매출				?	?		
37	총현금회수액	?	?	?	?	?		
38								
39	**제조예산 수립**		연도 2				연도 3	
40		1	2	3	4	연간	1	2
41	예산 판매수량	?	?	?	?	?	?	?
42	가산 적정 기말 완성품 재고	?	?	?	?	?	?	
43	총필요량	?	?	?	?	?	?	
44	차감 기초 완성품 재고	?	?	?	?	?	?	
45	제조 요구수량	?	?	?	?	?	?	
46								
47	**원재료 구입예산 수립**		연도 2				연도 3	
48		1	2	3	4	연간	1	
49	필요한 생산수량	?	?	?	?	?	?	
50	한 단위 제조에 필요한 원재료(파운드)	?	?	?	?	?	?	
51	제조 필요량(파운드)	?	?	?	?	?	?	
52	가산 적정 원재료 기말재고(파운드)	?	?	?	?	?		
53	총필요량(파운드)	?	?	?	?	?		
54	차감 기초 원재료 재고(파운드)	?	?	?	?	?		
55	구입해야 할 원재료(파운드)	?	?	?	?	?		
56	파운드당 원재료원가	?	?	?	?	?		
57	매입해야 하는 원재료원가	?	?	?	?	?		
58								
59	**예상 현금지출 예산 수립**		연도 2					
60		1	2	3	4	연간		
61	기초 매입채무 잔액	?				?		
62	1분기 매입	?	?			?		
63	2분기 매입		?	?		?		
64	3분기 매입			?	?	?		
65	4분기 매입				?	?		
66	총현금지출	?	?	?	?	?		
67								

Chapter 8 Form / Filled in Chapter 8 Form / Chapter 8 Formulas / Chapter 8 Requiremen

요구사항:

1. C5 셀의 연도2의 2분기에 예산 판매단위를 75,000단위로 변경하여 워크시트를 확인하라. 올해의 예상 총현금회수액은 이제 $2,085,000가 되어야 한다. 이 답변과 다르면 워크시트에서 오류를 찾아 수정하라. 해당 연도의 총현금지급액이 변경 되었는가? 그런가 또는 왜 그렇지 않은가?
2. 이 회사는 방금 판매단가를 $8에서 $7로 인하하여 단위 판매량을 크게 늘릴 수 있다고 주장하는 새로운 마케팅 관리자를 고용했다. 마케팅 관리자는 예산에서 다음과 같은 예측을 사용하려 고 한다.

	연도 2 분기별				연도 3 분기별	
	1	2	3	4	1	2
예산 판매단위	50,000	70,000	120,000	80,000	90,000	100,000
단위당 판매가격	$7					

a. 이 수정된 예산에 따라 해당연도의 예상 총현금회수는 얼마인가?
b. 이 수정된 예산에 따라 해당연도에 필요한 총생산량은 얼마인가?
c. 이 수정된 예산에 따라 1년 동안 구매할 원재료의 총원가는 얼마인가?
d. 이 수정된 예산에 따라 해당 연도의 원재료에 대한 예상 총현금지출액은 얼마인가?
e. 이 수정된 예산을 확인한 후 생산관리자는 복잡한 밀링 머신의 가용성이 제한되어 있기 때문에 공장은 분기마다 90,000개를 초과할 수 없다고 경고했다. 이것이 잠재적인 문제인가? 그렇다면 이것에 대해 무엇을 수행하여야 하는가?

기본문제

connect

학습목표 8-2, 8-3, 8-4, 8-5, 8-7, 8-9, 8-10

Morganton사는 단일 제품을 제조하고 종합예산을 준비하는 데 도움이 되는 다음 정보를 제공했다.

f. 단위당 예산 판매가격은 $70이다. 6월, 7월, 8월 및 9월의 예산 판매수량은 각각 8,400, 10,000, 12,000 및 13,000단위이다. 모든 판매는 신용으로 이루어진다.
g. 신용판매의 40%는 판매 월에 회수되고 다음 달에는 60%가 회수된다.
h. 기말 완성품 재고는 다음 달 판매수량의 20%이다.
i. 최종 원재료 재고는 다음 달 원재료 제조 요구량의 10%와 같다. 완성품의 각 단위에는 5파운드의 원재료가 필요하다. 원재료 원가는 파운드당 $2.00이다.
j. 원재료 구매의 30%가 구매 월에 지불되고 다음 달에 70%가 지불된다.
k. 직접노무임률은 시간당 $15이다. 완성품의 각 단위에는 2시간의 직접노무시간이 필요하다.
l. 판매 단위당 변동판매관리비는 $1.80이다. 매월 고정판매관리비는 $60,000이다.

요구사항:

1. 7월 판매예산은 얼마인가?
2. 7월에 예상되는 현금회수는 얼마인가?

3. 7월 말에 매출채권 잔액은 얼마인가?
4. 제조예산에 따르면 7월에 몇 단위의 제품을 생산해야 하나?
5. 8월에 생산을 충족시키기 위해 61,000파운드의 원재료가 필요한 경우 7월에 몇 파운드의 원재료를 구매해야 하나?
6. 7월에 구매하는 원재료의 추정원가는 얼마인가?
7. 7월에 원재료 구매에 대한 총현금지출액은 얼마인가? 6월의 원재료 구매원가는 $88,880라고 가정한다.
8. 7월 말의 추정 매입채무 잔액은 얼마인가?
9. 7월 말 예상 원재료 재고 잔액은 얼마인가?
10. 직접노동력이 예상 생산량을 생산하는 데 필요한 시간과 일치하도록 조정되었다고 가정할 때 7월의 총직접노무원가는 얼마인가?
11. 고정제조간접원가가 없고 직접노무시간당 변동제조간접원가가 $10이라고 가정하면, 추정되는 단위당 제품원가는 얼마인가?
12. 7월 말 예상 완성품 재고 잔액은 얼마인가?
13. 7월 매출원가와 매출총이익은 얼마인가?
14. 7월 예상 총판매관리비는 얼마인가?
15. 7월의 예상 순영업이익은 얼마인가?

연습문제

connect

문제 8-1 기대 현금회수 계획 [학습목표 8-2]

Silver사는 어버이날 선물로 매우 인기 있는 제품을 생산한다. 그러므로 판매의 절정은 매년 5월인데, 2분기의 판매예산은 다음과 같다.

	4월	5월	6월	합계
예상 매출액(모두 외상거래)	$300,000	$500,000	$200,000	$1,000,000

과거의 경험에 의하면, 월 판매액의 20%는 판매 당월에 회수되고, 70%는 다음 달에 회수되며, 나머지 10%는 다음 다음 달에 회수된다. 대손채권은 크기가 매우 작아 무시할 수 있는 수준이다. 2월의 판매액은 $230,000이며 3월의 판매액은 $260,000이다.

요구사항:

1. 별표 1을 지침으로 사용하여, 2분기의 매출로부터 기대되는 현금회수 예산을 2분기의 월별 금액과 합계를 표시하라.
2. 6월 30일의 매출채권 잔액을 계산하라.

문제 8-2 제조예산 [학습목표 8-3]

Australia의 Down Under Products사는 아래와 같이 차기 4개월에 대한 인기 있는 부메랑의 판매를 예상했다.

	판매수량
4월	50,000
5월	75,000
6월	90,000
7월	80,000

이 회사는 현재 2분기의 제조예산을 준비하는 과정에 있다. 과거의 경험에 비추어 볼 때, 기말 재고수량은 다음 달 예상판매량의 10%를 유지해왔다. 3월의 기말 재고수량은 5,000단위이다.

요구사항:

별표 2를 지침으로 사용하여, 2분기의 제조예산을 월별과 분기 합계로 표시하라.

문제 8-3 직접재료원가예산 [학습목표 8-4]

Siberia의 서부에 위치한 작은 회사에서 만드는 가장 인기 있는 향수제품인 Mink Caress를 제조하기 위해서는 한 병당 3그램의 사향 오일을 필요로 한다. 사향 오일의 원가는 그램당 $1.5이다. 연도 2의 분기별과 연도 3의 첫 분기에 대한 Mink Caress의 예상 생산수량이 다음과 같다.

	연도 2				연도 3
	1분기	2분기	3분기	4분기	1분기
예상 생산수량(병)	60,000	90,000	150,000	100,000	70,000

사향 오일은 꽤 인기 있는 향수원료로 원재료의 품절을 예방하기 위해 상당량의 재고를 유지할 필요가 있다. 이러한 이유로 인해, 다음 분기 제조에 필요한 양의 20%를 기말 원재료로 보유하려 한다. 연도 2의 첫 분기에 보유한 기초 원재료인 사향 오일의 양은 36,000그램이었다.

요구사항:

별표 3을 지침으로 사용하여, 사향 오일에 대한 연도 2의 원재료 예산을 분기와 분기 합으로 작성하라.

문제 8-4 직접노무원가예산 [학습목표 8-5]

Rordan사의 생산부서는 다가오는 회계연도의 분기별 제조수량의 예측자료를 제출하였다.

	1분기	2분기	3분기	4분기
예상 생산수량	8,000	6,500	7,000	7,500

제품 단위당 0.35시간의 직접노무시간이 필요하며 직접노동자들에게는 시간당 $15.00가 지급된다.

요구사항:

별표 4를 지침으로 사용하여, 다음 연도의 이 회사의 직접노무예산안을 작성하라.

문제 8-5 제조간접원가예산 [학습목표 8-6]

다음 회계연도에 대한 Yuvwell사의 직접노무원가예산은 다음과 같은 세부적인 예산 직접노무시간을 포함하고 있다.

	1분기	2분기	3분기	4분기
예산 직접노무시간	8,000	8,200	8,500	7,800

이 회사의 변동제조간접원가 배부율은 직접노무시간당 $3.25이며, 고정제조간접원가는 분기별 $48,000이다. 고정제조간접원가 중에서 비현금항목은 감가상각비뿐이며, 이 금액은 분기별 $16,000이다.

요구사항:

1. 별표 5를 지침으로 사용하여, 다음 회계연도의 제조간접원가예산을 작성하라.
2. 다음 회계연도의 변동원가와 고정원가를 모두 포함하는 제조간접원가 예정배부율을 구하라. 센트 단위에서 반올림하시오.

문제 8-6 판매관리비예산 [학습목표 8-7]

Weller사의 다음 회계연도의 예산 판매수량은 다음과 같다.

	1분기	2분기	3분기	4분기
예산 판매수량	15,000	16,000	14,000	13,000

이 회사의 변동판매관리비는 제품 단위당 $2.50이다. 고정판매관리비에는 분기별 광고비 $8,000, 분기별 일반급여 $35,000, 분기별 감가상각비 $20,000이 포함되어 있다. 또한 이 회사는 1분기에 $5,000, 3분기 $5,000의 보험료를 지급할 것이다. 마지막으로 재산세 $8,000이 2분기에 납부된다.

요구사항:

별표 7을 지침으로 사용하여, 이 회사의 다음 회계연도의 판매관리비예산을 작성하라.

문제 8-7 현금예산 [학습목표 8-8]

Garden Depot은 내년 회계연도에 대한 예산을 준비 중인 소매업자이다. 경영진은 예산 현금흐름의 요약을 다음과 같이 준비하였다.

	1분기	2분기	3분기	4분기
총현금수취액	$180,000	$330,000	$210,000	$230,000
총현금지출액	$260,000	$230,000	$220,000	$240,000

회사의 다음 연도 기초 현금잔고는 $20,000이 될 것이다. 회사는 최소 $10,000의 현금잔고가 요구되며, 분기 3%의 이자율로 현지 은행으로부터 필요한 금액은 빌릴 수 있다. 회사는 분기 초에 금액을 차입하고 분기 말에 차입금 전체 혹은 일부를 상환할 수 있다. 지급이자는 상환시점의 원금으로 인한 것이다. 단순하게 이자는 복리가 아니라고 가정한다.

요구사항:

별표 8을 지침으로 사용하여, 이 회사의 다음 회계연도의 현금예산을 작성하라.

문제 8-8 예산 손익계산서 [학습목표 8-9]

Gig Harbor Boating은 소형 레크레이션용 뗏목 보트의 도매업자이다. 경영진은 연간 예산편성에 사용하기 위하여 다음의 요약자료를 준비하였다.

예산 판매수량	460
단위당 판매단가	$1,950
단위당 원가	$1,575
변동판매관리비(단위당)	$75
고정판매관리비(연간당)	$105,000
해당 연도의 이자비용	$14,000

요구사항:

별표 9를 지침으로 사용하여, 이 회사의 예산 손익계산서를 작성하라.

문제 8-9 예산 재무상태표 [학습목표 8-10]

University Avenue에 있는 사진인화 센터인 Mecca Copy의 경영진은 다음 연도의 재무상태표를 준비하는 데 사용하기 위한 다음의 자료를 준비하였다.

	기말 잔고
현금	?
매출채권	$8,100
소모품 재고	$3,200
설비	$34,000
감가상각누계액	$16,000
매입채무	$1,800
보통주 자본금	$5,000
이익잉여금	?

기초 이익잉여금은 $28,000이었고, 당기순이익은 $11,500이 될 것으로 예산을 책정하고 있으며, 배당은 $4,800이 될 것으로 예산을 책정한다.

요구사항:

이 회사의 예산 재무상태표를 작성하라.

문제 8-10 제조와 직접재료원가예산 [학습목표 8-3, 8-4]

중국 Shenzhen의 Pearl Products사는 장난감을 제조하여 동남아시아 전역에 배송한다. 회사의 제품 중 하나인 Supermix를 한 개를 제조하기 위해서는 $3cm^3$(cc)의 H300 용매가 필요하다. 이 회사는 Supermix의 판매가 절정을 이루는 3분기의 원재료 필요량에 대하여 현재 계획 중이다. 순조로운 생산과 판매를 유지하기 위하여 이 회사는 다음과 같은 재고 관련 요건이 만족되어야 한다.

a. 매월 보유해야 하는 Supermix 완성품 기말재고는 3,000개에 다음 달에 판매될 수량의 20%를 합한 것과 같아야 한다. 6월 30일의 완성품 재고는 10,000개로 예상된다.
b. 매월의 기말 원재료 보유수량은 다음 달에 제조에 필요한 수량의 50%를 보유하여야 한다. 6월 30일의 원재료 재고는 H300 용매 54,000cc로 예상된다.
c. 이 회사는 재공품 재고는 보유하지 않는다.

Supermix의 마지막 6개월 간의 예산 판매수량은 다음과 같다.

	예산 판매수량
7월	35,000
8월	40,000
9월	50,000
10월	30,000
11월	20,000
12월	10,000

요구사항:

1. 7, 8, 9, 10월의 Sumpermix의 제조예산을 수립하라.
2. 위의 (1)에 작성한 제조예산을 검토하라. 7월과 8월에는 판매한 수량보다 더 많은 제품을 생산하고, 9월과 10월에는 판매한 수량보다 더 적은 제품을 생산한 이유는 무엇인가?
3. 7, 8, 9월에 구입하여야 할 H300 용매의 수량과 분기 합계를 나타내는 직접재료원가예산을 작성하라.

문제 8-11 현금예산 [학습목표 8-8]

한 소매점의 분기별 현금예산안은 다음과 같다(000 생략). 이 회사는 매분기 초에 최소 $5,000의 현금 잔고가 요구된다.

	분기 1	분기 2	분기 3	분기 4	연도
기초 현금잔액	$ 6	$?	$?	$?	$?
고객으로부터 현금회수 가산	?	?	96	?	323
가용 현금총액	71	?	?	?	?
현금지출 차감					
재고자산 매입	35	45	?	35	?
판매관리비	?	30	30	?	113
설비구입	8	8	10	?	36
배당	2	2	2	2	?
총지출	?	85	?	?	?
현금 초과(부족)	(2)	?	11	?	?
재무활동					
차입	?	15	—	—	?
상환(이자포함)*	—	—	(?)	(17)	(?)
총조달액	?	?	?	?	?
기말 현금잔액	$?	$?	$?	$?	$?

*연이자는 총 $1,000임.

요구사항:

위의 표의 빈칸을 채워라.

문제 8-12 예상 현금회수와 지출 계획; 손익계산서; 재무상태표 [학습목표 8-2, 8-4, 8-9, 8-10]

Beech사는 상품매매기업인데 연도의 3분기 종합예산을 준비하고 있다. 회사는 6월 30일자의 재무상태표는 아래와 같다.

Beech사 재무상태표 6월 30일	
자산	
현금	$ 90,000
매출채권	136,000
재고자산	62,000
감가상각비 차감 후 건물과 설비	210,000
총자산	$498,000
부채와 자본	
매입채무	$ 71,100
보통주 자본금	327,000
이익잉여금	99,900
총부채와 자본	$498,000

Beech의 경영진은 다음의 추가적인 가정과 추정을 하였다.

1. 7월, 8월, 9월 및 10월의 추정 매출액은 각각 $210,000, $230,000, $220,000 그리고 $240,000이 될 것이다.
2. 모든 판매는 외상으로 이루어지고 외상매출액은 전부 회수된다. 외상매출액의 35%는 판매 월에 회수되며, 나머지 65%는 다음 달에 회수된다. 6월 30일 매출채권 잔액은 모두 7월 중에 회수될 것이다.
3. 각 월의 기말재고는 다음 달 매출원가의 30%이어야 한다. 매출원가는 매출액의 60%이다. 회사는 상품매입액의 40%는 매입한 달에 지급하며, 나머지 60%는 매입한 다음 달에 지급한다. 6월 30일의 매입채무 잔액은 모두 7월에 지급될 것이다.
4. 월간 판매관리비는 항상 $60,000이다. 이 총액 중 감가상각비는 $5,000이며 나머지 $55,000는 발생한 달에 지급되는 비용과 관련된다.
5. 회사는 9월 30일로 끝나는 분기까지 자금을 차입하거나 배당을 선언할 계획을 갖고 있지 않다. 회사는 9월 30일로 끝나는 분기까지 보통주를 발행하거나 자기주식을 매입할 계획이 없다.

요구사항:

1. 7, 8, 9월에 대한 예상 현금회수 계획표를 작성하라. 또한 9월 30일로 끝나는 분기에 대한 총현금회수액을 계산하라.
2. a. 7, 8, 9월에 대한 상품매입예산을 작성하라. 또한 9월 30일로 끝나는 분기에 대한 총상품매입액을 계산하라.
   b. 7, 8, 9월에 대한 상품매입에 대한 예상 현금지출 계획표를 작성하라. 또한 9월 30일로 끝나는 분기에 대한 상품매입의 총현금지출액을 계산하라.
3. 별표 9를 지침으로 사용하여, 9월 30일로 종료되는 분기에 대한 손익계산서를 작성하라.
4. 9월 30일의 재무상태표를 작성하라.

문제 8-13 예상 현금회수와 지출 계획; 손익계산서; 재무상태표 [학습목표 8-2, 8-4, 8-9, 8-10]

문제 8–12의 Beech사 자료를 참고하시오. 회사는 종합예산의 기초가 되는 가정을 다음과 같이 변경할 것을 고려하고 있다.

1. 외상매출액의 45%는 판매 월에 회수되며, 나머지 55%는 다음 달에 회수된다. 6월 30일 매출채권 잔액은 모두 7월 중에 회수될 것이다.
2. 각 월의 기말재고는 다음 달 매출원가의 20%이어야 한다.
3. 회사는 상품 매입액의 30%는 매입한 달에 지급하며, 나머지 70%는 매입한 다음 달에 지급한다. 위에서 언급되지 않은 문제 8–12의 다른 정보는 동일하다.

요구사항:

위의 새로운 가정을 이용하여, 다음의 요구사항을 완성하라.

1. 7, 8, 9월에 대한 예상 현금회수 계획표를 작성하라. 또한 9월 30일로 끝나는 분기에 대한 총현금회수액을 계산하라.
2. a. 7, 8, 9월에 대한 상품매입예산을 작성하라. 또한 9월 30일로 끝나는 분기에 대한 총상품매입액을 계산하라.

b. 7, 8, 9월에 대한 상품매입에 대한 예상 현금지출 계획표를 작성하라. 또한 9월 30일로 끝나는 분기에 대한 상품매입의 총현금지출액을 계산하라.
3. 일정 9를 지침으로 사용하여, 9월 30일로 종료되는 분기에 대한 손익계산서를 작성하라.
4. 9월 30일의 재무상태표를 작성하라.

문제 8-14 판매와 제조예산 [학습목표 8-2, 8-3]

Jessi사의 판매부문은 아래와 같이 다음 회계연도의 분기별 예측 판매수량 자료를 제출하였다(모든 판매는 외상거래이다.)

	1분기	2분기	3분기	4분기
예상 판매수량	11,000	12,000	14,000	13,000

회사 제품당 판매단가는 단위당 $18.00이다. 경영자는 판매가 이루어진 달이 속하는 분기에 매출의 65%가 회수되며, 다음 분기에 30% 그리고 5%는 회수불능으로 예상하고 있다. 1분기에 회수될 것으로 예상되는 기초 매출채권은 $70,200이다.

회사는 1분기가 완성품 재고 1,650단위로 시작될 것으로 기대하고 있다. 경영자는 다음 분기 예상 매출의 15%를 각 분기의 기말 완성품 재고로 생각하고 있다. 예상하는 4분기 말 완성품 재고는 1,850단위이다.

요구사항:

1. 회계연도의 각 분기와 전체연도의 예상 판매량을 계산하라(힌트: 지침은 별표 1 참조).
2. 회계연도의 각 분기 및 전체연도에 대해 예상되는 현금회수를 계산하라(힌트: 지침은 별표 1을 참조).
3. 회계연도의 각 분기 및 전체연도에 대해 완성품 단위로 필요한 제조량을 계산하라(힌트: 지침은 별표 2를 참조).

문제 8-15 직접노무원가와 제조간접원가예산 [학습목표 8-5, 8-6]

Hruska사의 제조부문은 아래와 같이 다음 회계연도의 분기별 예상 생산수량 자료를 제출하였다.

	1분기	2분기	3분기	4분기
예상 생산수량	12,000	10,000	13,000	14,000

각 단위당 0.2시간의 직접노동시간이 필요하고 직접노동자들에게 시간당 $12.00가 지급된다.

추가적으로, 변동제조간접원가는 직접노무시간당 $1.75가 배부된다. 고정제조간접원가는 분기별 $86,000이다. 고정제조간접원가 중 유일한 비현금요소는 감가상각비이며, 분기당 $23,000이다.

요구사항:

1. 다가오는 회계연도의 각 분기 및 전체연도에 대한 회사의 예상 총직접노무원가를 계산하라. 직접노동력은 매 분기마다 생산되는 예상 단위를 생산하는 데 필요한 시간과 일치하도록 조정 되었다고 가정한다(힌트: 지침은 별표 4 참조).
2. 다가오는 회계연도의 각 분기 및 전체연도에 대한 회사의 예상 총제조간접원가를 계산하라(힌트: 지침은 별표 5 참조).
3. 다가오는 회계연도의 각 분기 및 전체연도의 제조간접원가에 대한 회사의 현금지출액을 계산하라(힌트: 지침은 별표 5 참조).

문제 8-16 직접재료원가와 직접노무원가 예산 [학습목표 8-4, 8-5]

Zan사의 생산부서는 아래와 같이 다음 회계연도의 분기별 생산수량 예측자료를 제출하였다.

	1분기	2분기	3분기	4분기
예상 생산수량	5,000	8,000	7,000	6,000

추가적으로, 1분기의 기초 원재료 수량은 6,000그램이고, 1분기의 기초 매입채무는 $2,880이다.

제품 단위당 그램당 $1.20인 원재료 8그램이 필요하다. 경영자는 분기 말 원재료 재고수량을 다음 분기의 생산에 필요한 원재료 수량의 25%를 보유하길 원하고 있다. 4분기의 기말 원재료 보유수 량은 8,000그램이다. 또한, 경영자는 분기별 구입한 원재료의 60%는 구입한 분기에 지급하고 나머지 40%를 다음 분기에 지급할 계획이다. 각 제품 단위당 0.20시간의 직접노무시간이 필요하고, 직접노동자에게 시간당 $11.50을 지급한다.

요구사항:

1. 매 분기 및 1년 전체 구매해야 할 예상 원재료 수량(그램)을 계산하라(힌트: 지침은 별표 3을 참조).
2. 각 분기 및 전체 연도의 원재료 구매원가를 계산하라(힌트: 별표 3을 참조).
3. 각 분기 및 전체 연도의 원재료 구매에 대한 예상 현금지출액을 계산하라(힌트: 지침은 별표 3을 참조).
4. 각 분기 및 연도의 예상 직접노무원가를 계산하라. 직접노동력은 매 분기마다 생산되는 예상 생산 단위에 필요한 노무시간과 일치하도록 조정된다고 가정한다(힌트: 지침은 별표 4를 참조).

문제 8-17 현금흐름; 예산 손익계산서와 재무상태표 [학습목표 8-2, 8-3, 8-4, 8-9, 8-10]

Wheeling사는 상품매매기업인데 다음과 같이 9월30일 현재 재무상태표를 제공하였다.

Wheeling사 재무상태표 9월30일	
자산	
현금	$ 59,000
매출채권	90,000
재고자산	32,400
건물과 기계(순액)	214,000
총자산	$395,400
부채와 자본	
매입채무	$ 73,000
보통주 자본금	216,000
이익잉여금	106,400
총부채와 자본	$395,400

이 회사는 10월 예산을 준비하는 중이며 다음 자료를 수집하였다.

1. 판매예산은 10월 $240,000, 11월 $250,000이다. 이 매출 중 35%는 현금판매가 될 것이다. 나머지는 신용판매이다. 그 달 신용판매 중 40%는 판매가 이루어진 달에 회수되고, 나머지 60%는 다음 달에 회수된다. 9월 30일의 매출채권 잔액은 10월에 모두 회수된다.
2. 예산 매출원가는 항상 매출의 45%이며 기말 상품재고는 항상 다음 달의 매출원가의 30%이다.
3. 모든 상품은 외상으로 매입한다. 외상매입 총액 30%가 구매 월에 지불되고 70%가 다음 달에 지불된다. 공급업체에게 지불할 9월 30일의 매입채무는 10월 중에 지출된다.
4. 10월의 판매관리비는 감가상각비를 제외하고 $78,000로 책정되었다. 이 비용은 현금으로 지불된다. 감가상각비는 한 달에 $2,000로 책정되었다.

요구사항:

1. 제공된 정보를 사용하여 다음을 계산하거나 작성하라.
   a. 10월 예산 현금회수액
   b. 10월 예산 상품매입
   c. 10월 상품매입에 대한 예산 현금지출
   d. 10월 예산 순영업이익
   e. 10월 31일의 예산 재무상태표
2. 기본 예산가정에 다음과 같은 변경사항이 있다고 가정한다. (1) 한 달 신용판매의 50%는 판매가 이루어진 달에 회수되고 나머지 50%는 다음 달에 수집된다. (2) 기말 상품재고는 다음 달 매출원가의 10%이며, (3) 상품매입 총액의 20%는 구매 월에 지불되고 80%는 다음 달에 지불된다.
   이 새로운 가정을 사용하여 다음을 계산하거나 작성하라.
   a. 10월 예산 현금회수액
   b. 10월 예산 상품매입
   c. 10월 상품매입에 대한 예산 현금지출

d. 10월 예산 순영업이익
e. 10월 31일의 예산 재무상태표

3. 요구사항 1의 답변을 요구사항 2에서 얻은 답변과 비교하라. Wheeling사가 요구사항 2에서 설명한 예산 계획을 달성할 수 있다면, 요구사항 1에서 도출한 예측과 비교하여 회사의 재무성과를 개선할 수 있는가?

문제 8-18 현금흐름; 예산 손익계산서와 재무상태표 [학습목표 8-2, 8-3, 8-9, 8-10]

Wolfpack사는 7월 한 달 동안 예산을 준비하는 판매회사이다. 다음의 정보를 제공했다.

Wolfpack사 재무상태표 6월 30일	
자산	
현금	$ 75,000
매출채권	50,000
재고자산	30,000
건물과 기계(순액)	150,000
총자산	$305,000
부채와 자본	
매입채무	$ 35,300
보통주 자본금	100,000
이익잉여금	169,700
총부채와 자본	$305,000

예산 가정:

1. 모든 판매는 외상으로 이루어진다. 신용판매의 30%는 판매 월에 회수되고, 나머지 70%는 판매 다음 달에 회수된다. 6월 30일의 매출채권은 7월에 회수된다.
2. 모든 상품매입은 외상으로 이루어진다. 상품 재고매입의 20%는 구매 월에 지불되고 나머지 80%는 구매 다음 달에 지불된다.
3. 7월 31일에 예산 기말재고 잔액은 $22,000이다.
4. 감가상각비는 한 달에 $3,000이다. 기타 모든 판매관리비는 비용이 발생한 달에 전액 지불된다.
5. 회사의 7월 현금예산은 $77,000의 현금회수와 $44,500의 상품매입에 대한 예상 현금지출 및 $15,000의 판매관리비로 지출을 나타낸다.

요구사항:

1. 7월 한 달 동안 다음을 계산하라.
   a. 예산 매출
   b. 예산 상품매입
   c. 예산 매출원가
   d. 예산 순영업이익
2. 7월 31일 현재 예산 재무상태표를 작성하라.

문제 8-19 현금예산; 손익계산서; 재무상태표 [학습목표 8-2, 8-4, 8-8, 8-9, 8-10]

Minden사는 고급 유럽제 초코렛을 판매하는 총도매상이다. 이 회사의 4월 30일 재무상태표는 아래와 같다.

Minden사 재무상태표 4월 30일	
자산	
현금	$ 9,000
매출채권	54,000
재고자산	30,000
건물과 기계(순액)	207,000
총자산	$300,000
부채와 자본	
매입채무	$ 63,000
지급어음	14,500
보통주 자본금	180,000
이익잉여금	42,500
총부채와 자본	$300,000

이 회사는 5월의 예산 작성 중에 있으며 다음의 자료를 취합하였다.

a. 5월의 예상 매출액은 $200,000이다. 이 매출액의 $60,000는 현금매출이며 나머지는 외상으로 이루어진다. 외상매출액의 50%는 판매 월에 회수되며, 나머지 50%는 다음 달에 회수된다. 4월 30일 매출채권 잔액은 모두 5월 중에 회수될 예정이다.

b. 5월 중 재고 매입액은 총 $120,000로 예상된다. 모두 외상으로 구입하며, 매입액의 40%는 매입 월에 지급하며, 나머지는 다음 달에 지급한다. 4월 30일의 매입채무 잔액은 모두 5월에 지급될 예정이다.

c. 5월 31일의 기말재고 잔액은 $40,000로 예상된다.

d. 5월 중 감가상각비를 제외한 판매관리비는 $72,000로 예상된다. 이 비용은 모두 현금으로 지급될 예정이다. 감가상각비는 매월 $2,000로 예상된다.

e. 재무상태표상의 4월 30일 지급어음은 이자비용 $100을 포함하여 5월 중에 모두 지급될 예정이다(이자비용은 모두 5월에 발생한 금액임).

f. 5월 중에 신규 냉장설비의 구입으로 현금 $6,500가 지급될 예정이다.

g. 5월 중에 회사는 은행에서 $20,000를 차입하였고, 차입금액에 상당하는 어음을 은행에 발행하였다. 이 어음은 1년 후에 만기가 도래한다.

요구사항:

1. 5월의 예상 현금회수를 계산하라.
2. 5월 상품 구매에 대한 예상 현금지급액을 계산하라.
3. 5월 현금예산을 작성하라.
4. 별표 9를 지침으로 사용하여, 5월 예산 손익계산서를 작성하라.
5. 5월 31일 현재 예산 재무상태표를 작성하라.

문제 8-20 현금예산; 손익계산서; 재무상태표; 예산가정 변경

[학습목표 8-2, 8-4, 8-8, 8-9, 8-10]

문제 8–19의 Minden사 자료를 참고하시오. 회사는 종합예산의 기초가 되는 가정을 다음과 같이 변경할 것을 고려하고 있다.

1. 5월의 매출은 $220,000로 예상된다.
2. 매월 외상매출액의 60%는 판매 월에 회수되며, 나머지 40%는 다음 달에 회수된다.
3. 회사는 상품매입액의 50%를 매입한 달에 지급하며, 나머지 50%를 매입한 다음 달에 지급한다.

위에서 언급되지 않은 문제 8–19의 다른 정보는 동일하다.

요구사항:

위에서 설명한 새로운 가정을 사용하여 다음 요구사항을 완성하라.

1. 5월의 예상 현금회수를 계산하라.
2. 5월 상품구매에 대한 예상 현금지급액을 계산하라.
3. 5월 현금예산을 작성하라.
4. 별표 9를 지침으로 사용하여, 5월 예산 손익계산서를 작성하라.
5. 5월 31일 현재 예산 재무상태표를 작성하라.

문제 8-21 예상현금회수와 지출 계획 [학습목표 8-2, 8-4, 8-8]

운동기구 유통업체인 Ashton사가 당신에게 1월의 현금예산을 요청하였다. 이 회사의 영업과 관련하여 다음의 자료가 이용가능하다.

a. 12월 1일 기초 현금잔액은 $40,000이다.
b. 10월과 11월의 실제 매출액과 12월의 예상 매출액은 다음과 같다.

	10월	11월	12월
현금매출	$65,000	$70,000	$83,000
외상매출	$400,000	$525,000	$600,000

신용매출은 3개월에 걸쳐서 다음과 같이 회수된다. 매출액의 20%는 판매한 당월에 회수되며, 60%는 다음 달에 회수되며, 18%는 다음 다음 달에 회수된다. 나머지 2%는 회수불능으로 예상된다.

c. 12월 중 원재료 매입액은 $280,000일 것이다. 매입액 중 30%가 매입한 당월에 지급되며, 11월의 재고매입에 대한 매입채무 잔액은 $161,000인데, 모두 12월에 지급될 것이다.
d. 12월의 판매관리비예산은 $430,000이며, 이 중 $50,000은 감가상각비이다.
e. 마케팅 부문의 신규 웹서버의 구입으로 $76,000의 현금이 12월에 지급되며, 동월에 $9,000의 배당금이 지급될 예정이다.
f. 회사는 $20,000의 최소 현금잔고를 유지한다. 회사의 신용은 충분하여 회사의 필요에 따라 언제든지 차입이 가능하다.

요구사항:

1. 12월의 예상 현금회수 계획을 작성하라.
2. 12월의 제품의 매입과 관련한 예상 현금지출 계획을 작성하라.
3. 12월의 현금예산을 작성하라. 재무부문에서 당월에 필요한 차입금을 표시하시오. 이자는 다음 달까지 지급되지 않는다고 가정하라.

문제 8-22 회사의 예산 절차 평가 [학습목표 8-1]

Springfield사는 1월 1일부터 12월 31일까지를 1회계연도로 운영한다. 연간 예산편성 절차는 8월 말에 시작되는 데, 이 때에 대표이사는 다음 연도의 총매출금액과 세전 순영업이익의 목표를 수립한다. 이 매출목표는 판매부문으로 배정되고, 판매관리자는 판매단위와 금액을 제품라인별로 설정한다. 이 예산으로부터 제품라인별 단위와 금액은 회사의 각 판매지역별로 설정된다. 또한, 판매관리자는 목표 매출수량을 달성하기 위해 요구되는 판매활동 원가를 추정하고, 잠정적으로 판매관리비예산을 수립한다. 총괄 부사장은 제조와 총괄적인 본사비용에 소요되는 금액을 결정하기 위하여 매출과 이익목표, 제품라인별 판매예산, 잠정적인 마케팅비용을 판매관리비예산을 이용한다. 총괄 부사장은 총괄적인 비용에 대한 예산을 수립하고, 제조부문에게 제조와 관련된 수량과 총금액으로 제품라인별 판매예산을 전달한다.

생산관리자는 총괄 부사장에 의해 결정된 원가범위 내에서 필요할 때에 필요한 물량을 생산하기 위한 제조계획을 수립하고자 공장관리자를 만난다. 제조부문은 할당된 재무자원이 적절하다고 생각하지 않다고 하기 때문에 이 시점에서 예산편성 절차가 중지되기도 한다. 이 난관이 발생하면 재무 부사장, 총괄 부사장, 판매관리자와 생산관리자가 분야별로 재무예산을 결정하기 위하여 회합을 갖는다. 일반적으로 제조원가에 이용 가능한 총금액은 미세하게 증가하는 반면에, 판매비와 본사 비용은 삭감된다. 경영자가 제시한 총매출액과 순영업이익의 숫자는 거의 바뀌지 않는다. 비록 참가자들은 이러한 타협안을 좋아하지는 않지만, 이러한 예산안은 완성된다. 그 후, 각각의 책임자는 자신의 부서에 세부예산을 수립한다.

최근에 예산을 달성한 부서는 없었다. 매출은 종종 목표에 미달한다. 예상매출을 달성하지 못할 때, 각 부서는 사장의 이익목표를 달성하기 위해 비용을 삭감한다. 그러나 삭감할 비용이 충분하지 않기 때문에 이익목표는 종종 달성되지 못한다. 실제적으로, 원가는 모든 부서에서 최초의 예산을 종종 초과하여 운영한다. 사장은 Springfield가 매출과 목표이익을 달성할 수 없다는 것에 화가 나있다. 그는 관련사업 경험이 상당히 있는 컨설턴트를 고용하였다. 이 컨설턴트는 과거 4개년 간의 예산을 검토하였다. 그는 제품라인 매출예산은 합리적이었으며 예상매출 생산수준에 대한 원가와 비용예산은 적절하였다고 결론지었다.

요구사항:

1. Springfield사에서 채택하고 있는 예산편성 절차가 사장의 판매와 이익목표의 실패에 어떻게 작용하였는지를 논하라.
2. 이러한 문제를 바로 잡기 위해서 Springfield사의 예산편성 절차가 어떻게 수정되어야 하는지를 제안하라.
3. 판매수량이 예산안에 미치지 못하는 경우, 각 부서는 원가를 줄이도록 해야 하는가? 그 이유를 설명하라.

문제 8-23 예상 현금회수 계획; 현금예산 [학습목표 8-2, 8-8]

소매업체인 Prime Products 사장은 90일 만기 대출 $30,000을 요청하려고 회사의 거래은행을 막 방문하였다. 이 대출의 목적은 회사가 재고자산을 취득하는 데 있다. 과거에 회사는 대출을 상환하는 데 어려움을 겪은 적이 있었기 때문에, 대출담당자는 대출이 가능한지를 판단하는 데 도움이 되는 현금예산을 요청하였다. 다음은 대출이 사용될 4월부터 6월까지 이용 가능한 자료이다.

a. 대출이 시작되는 4월 1일, 현금잔고는 $24,000가 될 것이다. 4월 1일의 매출채권은 총 $140,000인데, 이 중 $120,000는 4월 중에 회수될 것이고 $16,000는 5월에 회수될 것이다. 나머지는 회수불능 될 것이다.

b. 과거 경험은 당월 매출액의 30%는 판매한 당월에 회수되며, 60%는 다음 달에 회수되며, 8%는 다음 다음 달에 회수된다. 나머지 2%는 불량채권으로 회수되지 않는다. 3개월 동안 예상매출과 비용은 다음과 같다.

	4월	5월	6월
매출 (모두 외상)	$300,000	$400,000	$250,000
상품매입	$210,000	$160,000	$130,000
급여	$20,000	$20,000	$18,000
리스료지급	$22,000	$22,000	$22,000
광고비	$60,000	$60,000	$50,000
설비구입	—	—	$65,000
감가상각비	$15,000	$15,000	$15,000

c. 상품 매입액은 매입 후 다음 달에 전부 지급된다. 3월 상품매입에 대한 매입채무는 총 $140,000인데 4월 중에 지급될 것이다.

d. 현금예산을 준비하는데 있어, 4월에 이루어진 대출 $30,000는 6월에 상환된다고 가정하라. 대출에 대한 이자는 총 $1,200가 된다.

요구사항:

1. 4, 5, 6월의 3개월과 총액으로 예상 현금회수를 계산하라.
2. 3개월 기간에 대한 월별 합계로 현금예산을 작성하라.
3. 회사가 매월을 시작하기 위해서는 $20,000의 최소 현금잔고가 있어야 한다면, 대출은 계획대로 상환될 수 있는가? 설명하라.

문제 8-24 계획을 지원하는 현금예산 [학습목표 8-2, 8-4, 8-8]

Garden Sales사는 정원용품을 판매한다. 경영자는 2분기에 필요한 현금예산을 계획하고 있다. 이 회사는 대개 5월에 발생하는 잔디 관리장비의 최고 판매를 지원하기 위하여 이번 분기에 자금을 차입하여야 한다. 정보는 분기의 현금예산을 작성하기 위해 수집된 것이다.

a. 4월~7월의 전부원가계산에 의한 예상 월별 손익계산서는 다음과 같다.

	4월	5월	6월	7월
매출	$600,000	$900,000	$500,000	$400,000
매출원가	420,000	630,000	350,000	280,000
매출총이익	180,000	270,000	150,000	120,000
판매관리비:				
판매비	79,000	120,000	62,000	51,000
관리비*	45,000	52,000	41,000	38,000
총판매관리비	124,000	172,000	103,000	89,000
순영업이익	$ 56,000	$ 98,000	$ 47,000	$ 31,000

*매월 감가상각비 $20,000 포함

b. 매출의 20%는 현금거래이고 80%는 외상매출이다.

c. 외상매출액은 3개월에 걸쳐서 10%는 판매한 월에 회수되며, 70%는 다음 달에 회수되고, 나머지 20%는 다음 다음 달에 회수된다. 2월의 매출액은 총 $200,000이며, 3월의 매출액은 총 $300,000이다.

d. 재고매입은 15일 이내에 지급된다. 따라서 구입한 재고의 50%는 구입한 달에 지급되나, 나머지 50%는 그 다음 달에 지급된다. 3월 중의 재고의 구입으로 인한 3월 31일의 매입채무의 잔액은 $126,000이다.

e. 기말상품의 재고는 다음 달에 판매될 상품의 20%를 유지한다. 3월 31일의 상품 재고액은 $84,000이다.

f. 4월 중에 $49,000의 배당금이 선언되고 지급될 것이다.

g. 5월 중에 $16,000의 토지를 현금으로 구입할 예정이다.

h. 3월 31일의 현금 잔액은 $52,000이다. 이 회사는 매월 말에 최소한 $40,000의 현금잔고를 유지할 계획이다.

i. 회사는 대출잔고가 $200,000에 달할 때까지 매월 초에 $1,000단위로 차입할 수 있는 계약이 은행과 체결되어 있다. 대출에 대한 이자율은 월 1%이며, 이자는 복리가 아니라고 가정한다. 회사는 가능한 분기 말에 원금과 누적이자를 상환하려고 한다.

요구사항:

1. 4월, 5월, 6월과 분기합계가 포함된 예상 현금회수를 작성하라.
2. 상품재고에 대해 다음을 작성하라.
   a. 4월, 5월, 6월의 상품구입예산
   b. 4월, 5월, 6월과 분기합계가 포함된 예상 현금상환 계획
3. 4월, 5월, 6월과 분기합계가 포함된 현금예산을 작성하라.

문제 8-25 계획을 지원하는 현금예산; 가정의 변경 [학습목표 8-2, 8-4, 8-8]

문제 8–24의 Garden Sales사의 자료를 참고하라. 회사 사장은 재고수준의 감소와 매출채권의 조기 회수가 현금예산 어떻게 영향을 미치는지를 알고 싶어 한다. 그는 다음과 같이 현금회수와 기말재고에 대한 가정을 수정하였다.

1. 매출액의 20%는 현금거래이고 80%는 외상매출인 것은 지속된다. 그러나 4, 5월과 6월의 외상판매는 3개월에 걸쳐서 25%는 판매한 월에 회수되며, 65%는 다음 달에 회수되고, 나머지 10%는 다음 다음 달에 회수된다. 2월과 3월의 외상매출은 문제 8–24에서 확정된 회수비율을 사용하여 2분기 동안에 회수된다.
2. 회사의 4월, 5월 및 6월의 기말 재고수준은 달에 판매될 상품의 15%를 유지한다. 3월 31일의 상품 재고액은 $84,000가 남아 있고, 재고매입에 대한 매입채무는 $126,000이다.

위에서 언급되지 않은 문제 8–24의 다른 정보는 동일하다.

요구사항:

1. 위 (1)의 사장의 새로운 가정을 사용하여, 4월, 5월, 6월과 분기합계가 포함된 예상 현금회수를 작성하라.
2. 위 (2)의 사장의 새로운 가정을 사용하여, 상품재고에 대해 다음을 작성하라.
   a. 4월, 5월, 6월의 상품구입예산
   b. 4월, 5월, 6월과 분기합계가 포함된 예상 현금상환 계획
3. 사장의 새로운 가정을 사용하여, 4월, 5월, 6월과 분기합계가 포함된 현금예산을 작성하라.
4. 사장의 새로운 가정이 현금예산에 얼마나 영향을 미쳤는지를 설명하는 요약보고서를 작성하라.

문제 8-26 예산편성의 행위적 측면; 윤리와 경영자 [학습목표 8-1]

유아용 가구와 유모차를 만드는 제조업자인 Norton사는 다음 연도에 대한 연간 예산을 준비하는 초기단계에 있다. 최근에 Norton의 회계부서 직원으로 채용된 Scott Ford는 회사의 예산편성 절차와 관련하여 가능하면 많은 것을 배우고 싶어 한다. 회사의 판매관리자인 Marge Atkins, 생산관리자인 Pete Granger와 점심식사 중에 Ford가 다음과 같은 대화를 시작하였다.

Ford: 여기에 입사한지 얼마 되지 않았지만. 연간 예산편성에 참여할 예정입니다. 나는 판매와 제조 수량을 어떻게 추정하는지를 알고 싶습니다.

Atkins: 최근의 상황을 세밀히 검토하고, 유동계정, 잠재고객 및 소비자 지출의 일반적 상황 등에 대해 알고 있는 것을 토론하는 것에 의해 매우 체계적으로 시작합니다. 그리고 우리가 예측할 수 있는 최선의 것과 부합되는 직관력을 동원합니다.

Granger: 저는 보통 제 자신의 예측을 기초로 판매계획을 세웁니다. 물론, 저희들도 연말의 재고자산이 얼마가 될 것인지를 추정해야 합니다만, 이것이 때때로 매우 힘듭니다.

Ford: 문제가 왜 생기죠? 당년도의 예산에는 기말 재고금액의 추정치가 반드시 있어야만 합니다.

Granger: 판매 숫자가 저에게 오기 전에 Marge가 판매수량에 대해 약간 조정하므로 그러한 숫자들이 항상 신뢰할 만한 것은 아닙니다.

Ford: 어떤 조정이 있나요?

Atkins: 글쎄요, 우리는 판매예측에 미달되는 것을 원치 않아요, 그래서 최초 매출추정치보다 5%에서 10%를 낮춤으로써 우리 스스로 약간의 여유를 부여합니다.

Granger: 그래서 올해 예산안의 출발점이 매우 신뢰할 수 없다고 말하는군요. 물론, 연도가 지나감에 따라 예측한 생산율을 항상 조정해왔고, 이것이 기말재고의 추정값도 바뀌게 합니다. 어찌 되었든, 비용에서도 비슷한 조정을 하는데 추정치에 최소 10%정도를 가산합니다. 우리 주변에서도 우리들처럼 한다고 생각합니다.

요구사항:

1. Marge Atkins와 Pete Granger는 예산여유(budgetary slack)라고 불리는 것의 이용에 대해서 설명하고 있다.
   a. Atkins와 Granger가 위와 같은 방법으로 행동하는 이유를 설명하고, 예산여유를 사용함으로써 얻고자 하는 효익에 대해 기술하시오.
   b. 예산여유의 사용이 Atkins와 Granger에게 어떻게 부정적으로 효과를 미치는 지를 설명하라.
2. 관리회계사인 Scott Ford는 Marge Atkins와 Pete Granger에 의해 설명된 행위가 비윤리적일 것이라고 믿고 있다. 프롤로그에서 제시한 IMA's Statement의 윤리전문 강령을 참고하여 예산여유가 왜 비윤리적인 행동인지를 설명하라.

(CMA 수정)

문제 8-27 현금회수; 현금상환; 예산 재무상태표 [학습목표 8-2, 8-3, 8-4, 8-10]

Deacon사는 6월 30일로 종료되는 3개월 동안 예산을 준비하는 상품매매기업이다. 다음의 정보를 사용할 수 있습니다.

Deacon Company 재무상태표 3월 31일	
자산	
현금	$ 55,000
매출채권	36,000
재고자산	40,000
건물과 기계(순액)	100,000
총자산	$231,000
부채와 자본	
매입채무	$ 51,300
보통주 자본금	70,000
이익잉여금	109,700
총부채와 자본	$231,000

예산 손익계산서

	4월	5월	6월
매출	$100,000	$110,000	$130,000
매출원가	60,000	66,000	78,000
매출총이익	40,000	44,000	52,000
판매관리비	15,000	16,500	19,500
순영업이익	$ 25,000	$ 27,500	$ 32,500

예산 가정:

1. 매출의 60%는 현금판매이고 매출의 40%는 신용판매이다. 모든 신용판매의 20%는 판매 월에 회수되고 나머지 80%는 판매한 다음 달에 회수된다.
2. 7월 예산 매출액은 $140,000이다.
3. 상품재고 구매의 10%가 매입 시점에서 현금으로 지불된다. 구매의 나머지 90%는 외상매입이다. 그 달에 외상으로 매입 총액은 구매 후 다음 달에 지불된다.
4. 매월 기말 상품재고는 $10,000에 다음 달 매출원가의 50%를 합산한다.
5. 감가상각비는 한 달에 $1,000이다. 기타 모든 판매관리비는 비용이 발생한 달에 전액 지불된다.

요구사항:

1. 4월, 5월 및 6월의 예상 현금회수를 계산하라.
2. 4월, 5월 및 6월에 대한 예산 상품매입을 계산하라.
3. 4월, 5월 및 6월의 상품매입에 대한 예상 현금지급액을 계산하라.
4. 6월 30일에 예산 재무상태표를 준비하라(힌트: 6월 30일 재무상태표의 현금잔액을 결정하려면 4월, 5월 및 6월 중 판매관리비로 지불된 현금을 계산해야 한다).

문제 8-28 계획을 지원하는 현금예산 [학습목표 8-2, 8-4, 8-7, 8-8]

Westex Products는 산업용 청소도구의 도매업체이다. Westex Products의 자금담당자는 당기 말에 단기 자금조달을 모색하기 위해 은행에 방문하였을 때, 그는 자금이 매우 빠듯하며 어떤 차입금이든 세부적인 현금회수와 상환의 지출계산서에 의해 근거가 제시되어야 한다고 들었다. 또한 자금담당자는 자금차입자가 자금조달이 필요한 분기와 자금규모, 그리고 상환할 분기를 지정하는 것은 은행에게도 매우 유용하다는 말을 들었다. 자금담당자는 특정분기에 필요한 차입자금에 대해서 확신을 하지 못하고 있기 때문에, 세부적인 현금예산안을 작성하기 위해 다음과 같은 추가적인 정보를 입수하였다.

a. 당기 4분기의 실제 매출액과 상품 매입액과 다음 연도의 예상 매출액과 상품 매입액

	매출	상품매입
당년도:		
4분기 실적	$200,000	$126,000
차년도:		
1분기 추정	$300,000	$186,000
2분기 추정	$400,000	$246,000
3분기 추정	$500,000	$305,000
4분기 추정	$200,000	$126,000

b. 모든 매출은 외상거래이다. 해당 분기의 매출액의 65%는 판매한 분기가 끝나기 전에, 33%는 다음 분기에 회수된다. 나머지는 회수불능이다. 이러한 회수 형태는 당기 4분기 실제 자료에도 동일하게 적용된다.

c. 상품 매입액의 80%를 매입한 분기에 지급하며, 나머지는 다음 분기에 지급된다.

d. 차기 연도 판매관리비는 분기별 $50,000에 매출액의 15%를 더한 것으로 예상된다. 매 분기 고정비 중 $20,000는 감가상각비이다.
e. 회사는 배당금으로 분기별 $10,000를 지급한다.
f. 2분기에 $75,000, 3분기에 $48,000에 해당하는 토지를 현금으로 구입할 예정이다.
g. 당기 말의 현금잔액은 $10,000이다. 자금담당자는 이 금액이 유지되어야 할 최소금액이라고 생각하고 있다.
h. 회사는 대출잔고가 $100,000에 달할 때까지 매분기 초에 $1,000단위로 차입할 수 있는 계약이 은행과 체결되어 있다. 대출에 대한 이자율은 분기당 2.5%이며, 이자는 복리가 아니라고 가정한다. 회사는 가능한 연도 말에 원금과 누적이자를 상환하려고 한다.
i. 현재 이 회사의 차입금은 없다.

요구사항:

1. 예상 현금회수를 다음 연도 분기별, 그리고 총액으로 계산하라.
2. 상품매입에 대한 예상 현금지급액을 다음 연도 분기별로, 그리고 총액으로 계산하라.
3. 판매관리비에 대한 예상 현금지급액을 다음 연도 분기별로, 그리고 총액으로 계산하라.
4. 다음 연도 분기별로, 그리고 총액으로 현금예산을 준비하라.

문제 8-29 종합예산 완성 [학습목표 8-2, 8-4, 8-7, 8-8, 8-9, 8-10]

소비재의 총도매업자인 Shilow사의 운영에 관련한 자료는 다음과 같다.

3월 31일 유동자산	
현금	$8,000
매출채권	$20,000
재고자산	$36,000
건물과 기계(순액)	$120,000
매입채무	$21,750
보통주 자본금	$150,000
이익잉여금	$12,250

a. 매출총이익율은 25%이다.
b. 실제 매출액과 예상 매출액은 다음과 같다.

3월(실제치)	$50,000
4월	$60,000
5월	$72,000
6월	$90,000
7월	$48,000

c. 매출액의 60%는 현금매출이며 40%는 신용매출이다. 신용매출은 모두 매출이 발생한 다음 달에 회수된다. 3월 31일의 매출채권 잔액은 3월에 발생한 신용매출로 인한 결과이다.
d. 매월 기말재고는 다음 달 예상 매출원가의 80% 수준을 보유하려 한다.

e. 원재료 매입액의 절반은 매입한 달에 지급되며, 나머지 절반은 다음 달에 지급된다. 3월 31일의 매입채무 잔액은 3월에 발생한 원재료 매입으로 인한 결과이다.

f. 월간 비용은 다음과 같다. 수수료: 매출액의 12%, 임차료: 월 $2,500, 감가상각비를 제외한 기타 비용: 매출액의 6%. 이 비용들은 모두 월 단위로 지급된다고 가정하고, 감가상각비는 신규자산의 감가상각비를 포함하여 월 $900이다.

g. 4월 중에 기계설비를 현금 $1,500로 구입할 예정이다.

h. 이 회사는 매월 말 최소 $4,000의 현금을 보유하고자 한다. 회사는 차입잔고가 $20,000에 달할 때까지 매월 초에 $1,000단위로 차입할 수 있는 계약이 은행과 체결되어 있다. 차입에 대한 이자율은 월 1%이며, 이자는 복리가 아니라고 가정한다. 회사는 가능한 한 분기말에 원금과 누적이자를 상환하려고 한다.

요구사항:

위의 자료를 사용하여 답하라.

1. 아래의 표를 완성하라.

예상 현금회수 계획	4월	5월	6월	분기
현금 매출액	$36,000			
신용매출 회수액	20,000			
총회수액	$56,000			

2. 아래의 표를 완성하라.

상품매입 예산안	4월	5월	6월	2분기
예상 매출원가	$45,000*	$54,000		
+예상 기말재고	43,200†			
총필요금액	88,200			
−기초재고	36,000			
상품매입 요구액	$52,200			

* 4월 매출: $60,000 × 75% 원가율 = $45,000
† $54,000 × 80% = $43,200

예상 현금지출액—상품매입	4월	5월	6월	2분기
3월 매입	$21,750			$21,750
4월 매입	26,100	$26,100		52,200
5월 매입				
6월 매입				
총지출액	$47,850			

3. 현금예산안을 완성하라.

현금예산안	4월	5월	6월	2분기
기초현금	$ 8,000			
가산 현금회수	56,000			
총가용현금	64,000			
현금지출 차감				
재고	47,850			
비용	13,300			
설비	1,500			
총현금지출	62,650			
현금과부족	1,350			
자금조달				
기타				

4. 이 장의 별표 9를 지침으로 이용하여, 6월 30일로 종료되는 2분기의 전부원가계산 하의 손익계산서를 작성하라.
5. 6월 30일의 재무상태표를 작성하라.

문제 8-30 판매, 제조, 직접재료원가예산의 통합 [학습목표 8-2, 8-3, 8-4]

Milo사는 비치 파라솔을 제조한다. 이 회사는 3분기의 세부 예산을 작성하려고 준비하고 있으며, 예산작성을 위한 관련 자료는 다음과 같다.

a. 마케팅 부문에서 이번 연도의 잔여 개월에 대해 매출수량을 다음과 같이 추정하였다.

7월	30,000	10월	20,000
8월	70,000	11월	10,000
9월	50,000	12월	10,000

비치 파라솔의 판매가격은 단위당 $12이다.

b. 매출은 모두 신용매출로 이루어진다. 과거의 경험에 따르면, 매출액은 아래와 같은 형태로 이루어진다.

30% 판매 월에 회수
65% 판매한 다음 달에 회수
5% 회수불능

6월의 매출총액은 $300,000이다.

c. 이 회사는 다음 달의 판매 예상수량의 15%를 기말 완성품 재고로 보유한다. 이 요구량은 6월 말에도 충족될 것이다.

d. 비치 파라솔은 단위당 4피트의 Gilden이 필요하며, 이 원재료는 가끔씩 조달하기 어렵다. 그런 까닭에, 이 회사는 다음 달의 예상 제조수량의 50%에 해당하는 원재료를 기말 원재료로 보유하려 한다. Gilden의 분기별 기초와 기말의 재고수량은 다음과 같다.

6월 30일	72,000 피트
9월 30일	? 피트

e. Gilden은 피트당 $0.80이다. Gilden 원재료 구입량의 50%를 매입한 달에 지급하며 나머지는 다음 달에 지급한다. 6월의 원재료 구입과 관련한 7월 1일의 기초 매입채무는 $76,000이다.

요구사항:

1. 3분기의 월별 및 예상 총판매액을 계산하라(힌트: 별표 1을 참조).
2. 3분기에 대한 월별 및 예상 총현금회수액을 계산하라(힌트: 별표 1을 참조).
3. 7월, 8월, 9월 및 10월에 생산해야 하는 비치 파라솔의 예상 수량을 계산하라(힌트: 별표 2를 참조).
4. 3분기 동안 매월 구매해야 하는 Gilden 수량(피트 단위)을 계산하라(힌트: 별표 3을 참조).
5. 3분기 전체 및 월별 원재료(Gilden) 매입원가를 계산하라(힌트: 별표 3을 참조).
6. 3분기 동안 월별 및 원재료(Gilden) 구매에 대한 예상 현금지급액을 계산하라(힌트: 별표 3을 참조).

문제 8-31 종합예산안의 완성 [학습목표 8-2, 8-4, 8-7, 8-8, 8-9, 8-10]

Hillyard사는 사무용품 공급에 특화된 회사로서, 분기별로 종합예산을 작성하려 하고 있다. 첫 번째 분기의 종합예산을 작성하기 위한 관련 자료는 다음과 같다.

a. 12월 31일(직전 분기 말)의 총계정원장은 다음과 같은 계정잔액을 나타내고 있다.

	차변	대변
현금	$ 48,000	
매출채권	224,000	
재고자산	60,000	
건물과 기계(순액)	370,000	
매입채무		$ 93,000
보통주 자본금		500,000
이익잉여금		109,000
	$702,000	$702,000

b. 12월의 실제 매출액과 다음 4개월 간의 예상 매출액은 다음과 같다.

12월(실제)	$280,000
1월	$400,000
2월	$600,000
3월	$300,000
4월	$200,000

c. 매출액의 20%는 현금매출이며 나머지 80%는 신용매출이다. 신용매출은 모두 다음 달에 회수된다. 12월 31일의 매출채권 잔액은 12월의 신용매출로 인한 금액이다.
d. 회사의 매출총이익률은 40%이다(즉, 매출원가율은 60%이다).
e. 월 지출액은 구성내역은 다음과 같다: 인건비는 월 $27,000, 광고선전비 월 $70,000, 선적비용은 매출액의 5%, 기타비용은 매출액의 3%, 이번 분기에 취득한 신규자산의 감가상각비를 포함한 감가상각비는 분기 $42,000이다.
f. 매월의 기말재고는 다음 달 매출원가의 25%의 수량을 보유한다.
g. 원재료 매입액의 50%는 매입 월에 지급하며, 나머지 50%는 다음 달에 지급된다.
h. 2월 중에 이 회사는 새로운 복사기계를 현금 $1,700을 지급하여 구입할 예정이다. 3월에는 추가 설비를 현금 $84,500을 지급하여 구입할 예정이다.
i. 1월 중에 이 회사는 $45,000의 현금배당을 선언하고 지급할 것이다.
j. 이 회사는 최소 $30,000의 현금잔액을 유지해야 한다. 회사는 매월 초에 $1,000단위로 차입할 수 있는 계약이 은행과 체결되어 있다. 차입에 대한 이자율은 월 1%이며, 이자는 복리가 아니라고 가정한다. 회사는 가능한 한 분기 말에 원금과 누적이자를 상환하려고 한다.

요구사항:

위의 자료를 이용하여 첫 번째 분기에 대한 다음의 표와 계획을 완성하라.

1. 예상 현금회수 계획

	1월	2월	3월	분기
현금매출	$ 80,000			
외상매출	224,000			
총회수액	$304,000			

2. a. 원재료구입 예산안

	1월	2월	3월	분기
예상 매출원가	$240,000*	$360,000		
예상 기말재고가산	90,000†			
합계	330,000			
기초재고 차감	60,000			
원재료매입 요구액	$270,000			

* 매출액 $400,000 × 60% 원가율 = $240,000.
† $360,000 × 25% = $90,000.

b. 상품구입에 대한 예상 현금지출 계획

	1월	2월	3월	분기
12월 매입	$ 93,000			$ 93,000
1월 매입	135,000	135,000		270,000
2월 매입	—			
3월 매입	—			
총상품매입 지출액	$228,000			

3. 현금 예산안

	1월	2월	3월	분기
기초현금	$ 48,000			
현금회수액	304,000			
사용가능 총현금	352,000			
현금지출				
재고매입	228,000			
판매관리비	129,000			
기계설비매입	—			
현금배당	45,000			
총현금지출액	402,000			
현금과부족	(50,000)			
재무활동				
기타				

4. 별표 9를 지침으로 이용하여, 1분기 말인 3월 31일의 전부원가계산 하의 손익계산서를 작성하라.
5. 3월 31일의 재무상태표를 작성하라.

사례

사례 8-32 회사의 예산안 절차의 평가 [학습목표 8-1]

Tom Emory와 Jim Morris는 Ferguson & Son Manufacturing사의 관리사무소에서 공장까지 거닐었다. Tom은 회사 공장의 기계작업실의 관리자이며, Jim은 설비유지부서의 관리자이다.

두 사람은 설비부문장에 대한 월별 성과평가 회의에 막 참석했었다. 이 회의는 사장의 아들인 Robert Ferguson, Jr.가 올 초에 설비관리자로 취임한 이래 매월 3번째 화요일에 열렸다.

그들은 걷고 있을 때, Tom Emory가 말했다. "이봐, 난 이런 회의가 정말 싫어! 난 우리 부서의 회계보고서가 좋은 성과를 나타내는지 나쁜 성과를 나타내는지 알 수 없단 말이야. 나에게 최악의 상황이 시작되고 있어. 만약에 내가 회사에 $1라도 절약해주었다면 존경을 받겠지만, 조금이라도 많은 지출을 하였다면 난 곤란을 겪을 걸세. 난 내가 퇴직하기 전까지 버틸 수 있을지 모르겠어."

Tom은 Ferguson & Son의 오랜 경력 동안 받았던 평가 중에서 가장 나쁜 평가를 받았다. 그는 이 회사의 경험 많은 기술공으로 가장 존경받고 있다. 그는 Ferguson & Son에서 오랫동안 근무했고 회사가 확장되어 현재의 위치로 이전했을 때, 기계작업실의 총관리자로 승진했다. 이 회사의 대표자(Robert Feguson, Sr.)는 회사의 성공은 Tom과 같은 높은 수준의 기계공으로 인한 것이라고 자주 언급했었다. 총관리자로써의 Tom은 장인정신의 중요성을 강조했고, 그의 부서에서 엉성한 일이 나오는 것을 원하지 않는다고 직원들에게 말했다.

Robert Ferguson. Jr.이 공장관리자가 되었을 때, 그는 각 부서별 실제원가와 예산원가의 매월 성과비교를 지시하였다. 부문예산은 감독자들이 비효율을 제거하고 원가절감 기회를 찾도록 격려하기 위하여 시도되었다. 이 회사의 경리부장은 각 부서가 정해진 달의 예산안을 만들 때, 그의 직원에게 예산을 다소 엄격하게 하라고 지시했다. 이것은 공장관리자의 비용절감 의도를 강화시키는 데 작용되었다. 젊은 공장관리자는 이러한 예산안을 작성하기 위한 지속적인 과정의 중요성을 강조했다. 그는 또한 미래에 자신이 아버지의 뒤를 이을 때, 참고로 사용하기 위해서 이러한 성과를 파일로 만들었다. Tom Emory와 Jim Morris의 계속되는 대화의 내용은 다음과 같다.

Emory: 나는 정말로 이해를 못하겠어. 우리는 예산을 달성시킬 정도로 열심히 일해 왔고, 그렇게 하는 순간 그들은 계속 우리를 조여 왔지. 우리는 더 이상 속도를 빠르게 할 수 없지만 품질을 계속해서 유지하고 있어. 나는 우리 부서의 직원들이 그만둘 준비를 하고 있다고 생각해. 게다가, 그러한 보고서는 전체를 이야기해주지 못해. 작은 주문 쇄도로 큰 작업이 방해받고 있는 것 같아. 모든 셋업과 기계 조정시간의 증가로 우리를 힘들게 해. 그리고 솔직히, Jim 너도 도움이 되지 않았어. 지난달에 수압의 증가로 고장이 발생했을 때, 너의 부하 어디에서도 보이지 않았어. 우리는 서로 뿔뿔이 흩어져 스스로 처리해야 했고, 모든 유휴시간을 이것으로 충당했어.

Morris: Tom, 그것에 대해서는 정말 유감이야. 그렇지만 너도 알다시피 우리 부서 역시 예산을 준수하는데 어려움을 겪고 있어. 우리는 문제가 발생한 이후에 바빠져. 만약에 우리가 오래된 기계로 하루를 보낸다면, 우리는 예산을 달성할 수가 없어. 대신에 예산시간보다 더 적은 시간으로 할 수 있는 사전에 정해졌던 지게차 검사를 하였네.

Emory: 글쎄, Jim 최소한 너는 어떤 선택권을 갖고 있잖아. 부문이 나에게 할당한 것으로 인해 꼼짝할 수가 없고, 너도 알다시피 특별주문으로 인한 매출이 나를 괴롭히고 있네. 말한 김에, 지난달에 Bill의 부문에서 너의 부하들이 낭비한 소모품에 대해서는 왜 보고하지 않았어?

Morris: 처리해야 할 것으로부터 압박을 벗어나지 못했네. 우리는 다른 작업에서 할 수 있었던 최대량을 부과받았고, 그것들 중에서는 아직까지 보고하지 못한 것도 있어.

Emory: 글쎄, 나는 네가 이러한 압박에서 벗어나 있다는 게 부러워. 회계담당자는 우리 부문에서 발생하는 모든 것들을, 심지어 내가 하기 전의 것을 알고 싶어 해. 모든 예산과 회계자료에서 우리가 도움을 받는 것 같지만, 나를 점점 힘들게 하네. 참으로 고통이네. 우리는 높은 품질의 노동력을 제공하고 싶은데, 그들은 단순히 돈을 줄이기만을 시도하고 있어.

요구사항:

1. Ferguson & Son Manufacturing사의 예산통제 시스템에 존재하는 문제점을 확인하고 문제점이 시스템의 효과성을 감소시킬 가능성에 대해 설명하라.
2. Ferguson & Son Manufacturing사의 예산통제 시스템의 효과성을 개선시킬 수 있는 방법에 대해서 설명하라.

(CMA 수정)

사례 8-33 계획을 지원하는 종합예산 [학습목표 8-2, 8-4, 8-8, 8-9, 8-10]

당신은 전국에 산재한 쇼핑몰의 소매점에 귀걸이를 판매하는 Earrings사 관리 수습생으로 방금 고용되었다. 과거에 이 회사는 예산편성 절차를 거의 하지 않았으며, 몇 차례에 걸쳐 현금 부족현상을 경험하였다.

당신은 예산편성 교육을 잘 받았기 때문에, 경영자에게 종합적인 예산 프로그램으로부터 얻을 수 있는 효익을 보여주기 위해 다가오는 2분기의 종합예산을 작성하기로 결정하였다. 이것을 마무리하기 위해, 아래 정보를 획득하기 위해 회계 및 다른 부서와 작업하였다.

이 회사는 매우 다양한 스타일의 귀걸이를 판매하지만, 판매가격은 귀걸이 한 쌍에 $10로 모두 동일하다. 지난 3개월 간의 실제 매출액과 차기 6개월 간의 예상 매출액은 다음과 같다(귀걸이 단위는 한 쌍임).

1월(실제치)	20,000	6월(예상치)	50,000
2월(실제치)	26,000	7월(예상치)	30,000
3월(실제치)	40,000	8월(예상치)	28,000
4월(예상치)	65,000	9월(예상치)	25,000
5월(예상치)	100,000		

5월과 그 전월은 어버이날로 인해 매출이 집중되어 있다. 충분한 재고를 보유하기 위해 다음 달 귀걸이 판매수량의 40%를 매월 기말재고로 보유한다.

공급업자는 한 쌍의 귀걸이를 $4에 판매한다. 상품 구입액의 절반은 구입한 달에 지급하며, 나머지 절반은 다음 달에 지급한다. 모든 매출은 외상판매이다. 매출액의 20%만이 판매한 달에 회수되며, 나머지 70%는 다음 달에 회수된다. 그리고 나머지 10%는 다음 다음 달인 2개월 후에 회수된다. 대손채권은 무시되어 왔다.

이 회사의 월간 운영비용은 다음과 같다.

변동비	
판매수수료	매출액의 4%
고정비	
광고선전비	$200,000
임차료	$18,000
급여	$106,000
소모품비	$7,000
보험료	$3,000
감가상각비	$14,000

보험료는 일년 단위로 매년 11월에 지급한다.

이 회사는 5월과 6월에 각각 $16,000와 $40,000의 새로운 기계를 구입할 예정이며, 모두 현금으로 구입할 계획이다. 이 회사는 매분기마다 $15,000의 배당금을 선언하였고, 다음 분기의 첫 번째 달에 지급할 계획이다.

이 회사의 3월 31일의 재무상태표는 아래와 같다.

자산	
현금	$ 74,000
매출채권 (2월분: $26,000 3월분: $320,000)	346,000
재고자산	104,000
선급보험료	21,000
기계설비(순액)	950,000
자산총계	$1,495,000
부채와 자본	
매입채무	$ 100,000
미지급배당금	15,000
보통주 자본금	800,000
이익잉여금	580,000
부채와 자본총계	$1,495,000

이 회사는 $50,000의 최소 현금잔액을 유지한다. 차입은 매월 초에 이루어지면 상환은 매월 말에 이루어진다.

회사는 매월 초에 $1,000단위로 차입할 수 있는 약정이 은행과 체결되어 있다. 차입에 대한 이자율은 월 1%이며, 이자는 복리가 아니라고 가정한다. 분기 말에 회사는 차입에 대한 누적 이자와 대출금을 가능한 한 상환하려고 하며($1,000단위로), 최소한 현금으로 $50,000를 보유하여야 한다.

요구사항:

6월 30일로 종료되는 3개월 간의 종합예산을 작성하라. 아래의 세부사항을 포함하여 작성하라.

1. a. 월별과 분기합계가 포함된 매출예산
   b. 월별과 분기합계가 포함된 매출로 인한 예상 현금회수
   c. 상품 수량과 금액이 포함된 상품매입예산. 월별과 분기합계를 모두 표시하라.
   d. 월별과 분기합계가 포함된 상품매입으로 인한 예상 현금지출 계획
2. 월별과 분기합계가 포함된 현금예산안. 최소 현금잔액인 $50,000를 유지하기 위해 필요한 차입금을 결정하라.
3. 6월 30일로 종료되는 3개월 간의 예산 손익계산서를 작성하라. 공헌이익 접근방식으로 작성하라.
4. 6월 30일의 예산 재무상태표를 작성하라.

Chapter

9

변동예산과 성과분석

©nucor.com

학습목표

9장을 공부한 후에 다음을 할 수 있어야 한다.

학습목표 9-1 하나의 원가동인이 있는 계획예산과 변동예산을 작성한다.

학습목표 9-2 활동차이를 나타내는 보고서를 작성한다.

학습목표 9-3 수익과 소비차이를 나타내는 보고서를 작성한다.

학습목표 9-4 활동차이와 수익과 소비차이를 결합한 성과보고서를 작성한다.

학습목표 9-5 하나 이상의 원가동인이 있는 변동예산를 작성한다.

학습목표 9-6 활동차이와 수익 및 소비차이가 결합된 하나 이상의 원가동인이 포함된 성과보고서를 작성한다.

왜 기업들은 변동예산이 필요할까?

BUSINESS FOCUS

미래의 재무성과를 정확하게 예측하는 것이 어려운 이유는 상장기업의 연간보고서를 읽어보면 쉽게 이해가 된다. 예를 들어 North Carolina의 Charlotte에 본사를 둔 강철 제조기업인 **Nucor사**는 다음과 같은 여러 가지 이유로 실제결과가 예상과 다를 수 있는 이유를 제시한다. (1) 원재료의 공급과 원가의 변화, (2) 전기와 천연가스의 사용가능성과 원가의 변화, (3) 강철 제품에 대한 시장수요의 변화, (4) 환율의 변동, (5) 법과 정부규제의 중요한 변화, (6) 강철 산업의 순환적 특성. ■

Source: Nucor Corporation 2017 Annual Report.

지난 장에서 우리는 한 기간이 시작되기 전에 어떻게 예산이 수립되는지 알아보았다. 이번 장에서 실제 영업을 지도하고 성과평가 과정에 영향을 미치는 데 도움이 되도록 예산이 어떻게 조정될 수 있는지를 설명한다. 예를 들어 한 조직의 실제비용은 기간 시점에서 초기에 추정한 예산비용과 거의 일치하지 않을 것이다. 그 이유는 실제 활동수준(단위 매출 같은)이 예산 설정한 활동과 거의 같지 않을 것이기 때문이다. 그러므로 많은 실제비용과 수익은 당연히 예산수립한 것과 다를 것이다. 만일 단위 매출이 설정된 예산보다 10% 많아서 직접재료와 같은 변동비에 대한 예산설정보다 10% 더 소비했다고 징계를 받아야 할 것인가? 물론 그렇지 않다. 이 장을 학습한 뒤, 실제결과에 대해 의미 있는 비교를 가능하게 하는 예산조정을 어떻게 하는지를 알게 될 것이다.

차이분석 주기

회사들은 성과를 평가하고 개선하기 위해 도표 9-1에 보이는 것처럼 **차이분석 주기**를 사용한다. 주기는 회계부서의 성과보고서를 준비하는 것으로 시작한다. 이러한 보고서들은 실제결과와 예산에 따라 발생했어야만 하는 것들 간의 차이를 명확히 한다. 차이는 의문을 제기한다. 왜 이런 차이가 발생했는가? 왜 이런 차이는 지난 기간보다 더 큰가? 중요한 차이는 그 근본 원인이 되풀이되거나 제거되도록 조사되어야 한다. 그리고 나면, 다음 기간의 영업은 수행되어지고 최근 기간에 대한 새로운 성과보고서 준비와 함께 다시 시작된다. 우수하고 만족스럽지 못한 결과는 명백히 강조되어야 하며, 이러한 결과의 근본적 원인을 파악하고 탁월한 성과의 원천은 반복하며 만족스럽지 못한 성과는 제거하는 것이다. 차이분석 주기는 좋지 못한 성과를 비난하기 위해 사용되어서는 안 된다.

관리자들은 예외에 의한 관리 개념을 차이분석 주기와 함께 흔히 사용한다. **예외에 의한 관리(management by exception)**는 중요한 차이가 예외로 표시되고 더 조사될 수 있도록 예

차이분석 주기

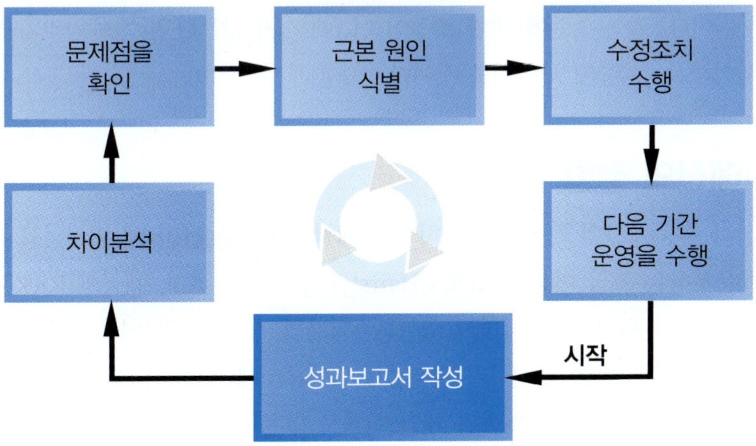

도표 9-1
차이분석 주기

산에 실제결과를 비교하는 경영시스템이다. 이 접근법은 경영자들이 예산과 실제결과 간에 사소한 차이는 간과하면서 가장 중요한 차이에 초점을 둘 수 있게 한다. 예를 들어 $5의 차이는 정당한 주의를 기울일 정도로 크지 않지만, $5,000의 차이는 원인을 밝혀낼 만큼 가치가 있다. 또 다른 단서는 소비되는 양에 대하여 상대적인 차이의 크기이다. 한 항목에 대한 사용량의 0.1%인 차이는 아마 무작위 한 요인에 원인이 있을 것이다.

반면에 소비의 10%를 차지하는 차이는 무언가 잘못되어가고 있다는 신호가 될 가능성이 매우 높다. 특이하게 큰 차이를 지켜볼 뿐만 아니라 차이의 형태는 감시되어야 한다. 예를 들어 꾸준히 급격히 증가하는 차이는 그 자체가 조사를 해야 할 정도로 충분히 크지 않더라도 조사를 촉발한다.

다음으로, 조직들이 예산에 따라 발생했어야 하는 것과 실제결과를 비교하기 위하여 어떻게 변동예산을 사용하는지를 설명한다.

하나의 원가동인이 있는 계획예산과 변동예산 작성

학습목표 9-1

하나의 원가동인이 있는 계획예산과 변동예산을 작성한다.

변동예산의 특징

지난 장에서 살펴본 예산은 계획예산이었다. **계획예산(planning budget)**은 기간이 시작되기 전에 준비되고 계획된 활동수준에 대해서만 유효하다. 고정계획예산은 계획에는 적절하지만 원가가 얼마나 잘 통제되었는지를 평가하는 데는 부적절하다. 가령 실제 활동수준이 계획한 것과 다르면, 변하지 않는 계획예산인 고정예산에 실제원가를 비교하는 것은 왜곡된 결과를 초래할 것이다. 만일 활동수준이 기대 이상이라면 변동원가는 예상보다 더 발생할 것이고, 활동수준이 기대 이하라면 변동원가가 예상보다 적게 발생할 것이다.

변동예산을 이해하려면 활동의 변화가 원가에 어떻게 영향을 주는지를 고려해야 한다. **변동예산(flexible budget)**은 그 기간의 실제 활동수준을 고려해서 수익과 원가가 얼마이어야 하는지 예상하는 것이다. 변동예산이 성과평가에 사용될 때, 실제원가는 고정계획예산보다는 그 기간 동안 실제 활동수준에 대해 원가가 얼마이었어야 하는 것과 비교한다. 이것은 매우 중요한 차이이다. 활동수준에 대한 조정이 이루어지지 않는다면 예산원가와 실제원가 간의 차이를 해석하는 것은 매우 어려울 것이다.

고정계획예산의 결함

고정계획예산과 변동예산의 차이를 설명하기 위해서, Beverly Hills에 위치하고 Rick Manzi가 소유하고 운영하는 고급 미용실 Rick's Hairstyling을 살펴보자. 최근에 Rick은 수익과 원가를 더 잘 통제하기 위한 시도를 하고 있는데, 회계와 경영의 고문역을 하는 Victoria Kho의 주장에 따라 월간 예산을 준비하기 시작했다. Victoria Kho는 Rick's Hairstyling과 같이 규모가 작은 서비스 제공업체에 특화된 개인 회계사이다.

IN BUSINESS 기업현장

MACY사의 매출이 예상보다 더 많이 감소

Macy사의 4분기 매출이 당초 예상했던 2~3% 감소와 달리 4.7% 감소하자, 회사는 코트, 스웨터, 모자, 장갑, 부츠, 스카프 등 방한 의류의 판매가 "북동부지역 곳곳에서 이상 온난화 날씨로 인해 줄었다"고 실망스러운 실적을 설명했다. 또한 회사는 "미국 달러 강세로 인해 해외 관광객들의 매장 지출이 줄었다"라고 말했다.

Macy사가 점점 커지는 온라인 시장과 비슷한 상품을 더 낮은 가격에 판매하는 할인 체인점들에 맞서 계속 고군분투하고 있는 가운데, 일부 활동적인 투자자들은 $210억에 상당하는 보유 부동산을 분리하도록 권장했는데, 이는 이 금액이 회사 주식의 시장가치를 훨씬 초과하기 때문이다.

Source: Kapner, Suzanne. "Macy's to Cut Costs, Thousands of Jobs," *The Wall Street Journal*, January 26, 2016.

2월 말에 Rick은 도표 9–2에서 나타난 바와 같이 3월의 예산을 수립했다. Rick은 해당 월에 서비스를 제공받은 고객의 수(고객 방문수라고도 알려진)가 매장의 총활동수준을 측정하는 최선의 방법이라고 생각하고 있다. 미용실에 방문해서 머리를 하는 고객을 하나의 방문 고객으로 계산한다.

계획예산에서는 매출보다는 수익이라는 용어를 사용한다는 것에 주목해라. 수익이라는 용어를 이 장의 전반에 걸쳐 사용하는 데 어떤 조직들은 매출이외에 다른 수익의 원천을 가지고 있기 때문이다. 예를 들어 매출뿐만 아니라 기부금은 비영리조직에서 수익으로 계산된다.

Rick은 8개의 주요 원가항목—임금, 헤어스타일용품, 고객선물, 전기료, 임차료, 책임보험, 종업원 건강보험 그리고 기타—을 구분하였다. Rick은 그의 고객에게 미용실에서 제공하는 고객선물로 꽃, 사탕, 샴페인 잔으로 구성하였다.

도표 9-2
계획예산

3월 31일로 종료되는 월의 Rick's Hairstyling 계획예산	
예상 방문고객수 (명)	1,000
수익 ($180.00 × 명)	$180,000
비용:	
임금과 급료 ($65,000 + $37.00 × 명)	102,000
헤어스타일링 용품 ($1.50 × 명)	1,500
고객선물 ($4.10 × 명)	4,100
전기료 ($1,500 + $0.10 × 명)	1,600
임차료 ($28,500)	28,500
책임보험료 ($2,800)	2,800
종업원 건강보험료($21,300)	21,300
기 타 ($1,200 + $0.20 × 명)	1,400
총비용	163,200
순영업이익	$ 16,800

Victoria와 일하면서 Rick은 각각의 원가에 대한 원가공식을 예측하였다. 예를 들어 전기료에 대한 원가공식은 $1,500 + $0.10 × 명인데 명은 방문고객수와 같다. 즉 전기료는 $1,500의 고정요소와 방문고객당 $0.10의 변동요소로 구성된 혼합원가이다. 활동수준의 원가가 1,000의 방문고객수가 설정되면, Rick은 그 예산의 각 항목에 예산금액을 계산한다. 예를 들어 원가공식을 사용해서 전기료에 대한 예산원가를 $1,600(= $1,500 + $0.10 × 1,000명)로 책정한다. 예산을 마무리 짓기 위해서, Rick은 3월 예산 순영업이익을 $16,800로 계산했다.

3월 말 Rick은 도표 9–3의 손익계산서를 준비했는데, 이것은 3월에 1,100명의 고객들이 실제로 미용실을 방문했다는 것과 그 달의 실제 순영업이익은 $21,230라는 것을 보여준다. 실제결과는 실제 방문고객수를 수익과 원가공식에 대입하여 결정하는 아니라는 것을 인식하는 것이 중요하다. 공식들은 주어진 활동수준에 대해 수익과 원가가 얼마이어야 하는지를 단순히 추정하는 것이다. 실제로 발생하는 것은 보통 발생하기로 한 것과 다르다.

도표 9–2와 도표 9–3을 비교하면서 Rick이 처음 주목한 것은 실제이익 $21,230(도표 9–3)은 예산이익 $16,800(도표 9–2)보다 상당히 높았다는 것이다. 이것은 물론 좋은 소식이었으나 Rick은 더 알고 싶었다. 영업은 1,000명의 예산 방문고객 대신에 1,100명의 방문고객으로 10%가량 상승하였다. 이것 하나로 더 높은 순영업이익을 설명할 수 있는가? 아니다. 10%의 순영업이익 증가는 그 달에 실제 번 $21,230가 아니라, 단지 $18,480(= 1.1 × $16,800)의 순영업이익이 되었어야 한다. 이 향상된 실적은 무엇으로 설명할 수 있나? 더 높은 가격인가? 더 낮은 원가인가? 다른 무엇인가? 발생 원인이 무엇이든지 간에, Rick은 해답을 알고 다음 달에도 같은 성과가 되풀이되기를 원했을 것이다.

도표 9-3
실제결과—손익계산서

3월 31일로 종료되는 월의
Rick's Hairstyling 손익계산서

실제 방문고객수	1,100
수익	$194,200
비용:	
임금과 급료	106,900
헤어스타일링 용품	1,620
고객선물	6,870
전기료	1,550
임차료	28,500
책임보험료	2,800
종업원 건강보험료	22,600
기 타	2,130
총비용	172,970
순영업이익	$ 21,230

3월에 발생한 일을 분석하려는 노력으로, Rick은 도표 9-4에 보이는 것과 같이 실제원가와 예산원가를 비교하는 보고서를 준비했다. 이 보고서의 대부분 차이는 순영업이익이 예상보다 실제로 더 높았음에도 유리한(F) 것보다는 불리한(U) 것으로 표시되었다는 점에 주목하라. 예를 들어 임금과 급여는 실제임금과 급여가 $106,900인 반면 예산이 요구한 임금과 급여는 $102,000이었기 때문에 불리한 차이 $4,900를 보여준다. Rick이 즉시 알아차린 것처럼, 보고서의 문제는 한 활동수준(1,000 방문고객수)의 수익과 원가를 다른 활동수준(1,100 방문고객수)의 수익과 원가와 비교한 것이다. 이것은 오렌지에 사과를 비교하는 것과 같다. 예상한 것 보다 방문고객이 100명 더 많기 때문에, 원가 일부는 예산보다 더 높아야 한다. Rick의 관점에서 활동의 증가는 좋았으나, 이것은 보고서의 대부분 원가에 부정적인 영향을 미치는 것으로 보인다. Rick은 보고서가 좀 더 의미있게 되기 위해서는 무엇인가가 수행되어야 한다는 것을 알았지만, 무엇을 해야 하는지 확실치 않았다. 그래서 다음 단계를 논의하기 위해서 Victoria Kho를 만나기로 약속했다.

MANAGERIAL ACCOUNTING IN ACTION
THE ISSUE

Victoria: 예산안이 어떻게 되어가고 있습니까?

Rick: 매우 좋습니다. 3월 달 예산을 함께 편성하는 데 어려움은 없었습니다. 또한 3월의 실제결과와 예산을 비교하는 보고서를 준비했는데 그 보고서로 제가 진짜로 알고 싶은 정보는 얻기가 힘들군요.

Victoria: 실제 활동수준이 예산 활동수준과 맞지 않기 때문인가요?

도표 9-4
실제결과와 고정계획예산의 비교

3월 31일로 종료되는 월의
Rick's Hairstyling의 실제결과와 계획예산의 비교

	실제결과	계획예산	차 이*	
방문고객수	1,100	1,000		
수익	$194,200	$180,000	$14,200	유리
비용:				
임금과 급료	106,900	102,000	4,900	불리
헤어스타일링 용품	1,620	1,500	120	불리
고객선물	6,870	4,100	2,770	불리
전기료	1,550	1,600	50	유리
임차료	28,500	28,500	0	
책임보험료	2,800	2,800	0	
종업원 건강보험료	22,600	21,300	1,300	불리
기 타	2,130	1,400	730	불리
총비용	172,970	163,200	9,770	불리
순영업이익	$ 21,230	$ 16,800	$ 4,430	유리

*수익차이는 계획예산 것보다 수익이 더 크면(더 작으면) 유리(불리)라 한다.
소비차이는 계획예산 것보다 실제비용이 작으면(더 크면) 유리(불리)라 한다.

Rick: 그래요. 활동수준이 고정원가에 영향을 주지 않아야 한다는 것을 알고 있지만 기대했던 것보다 더 많은 고객의 방문이 있었고 그것은 다른 원가에 영향을 주었어야 했어요.

Victoria: 그래서 실제 더 높은 원가가 더 높은 활동수준에 의해 입증되는지 그 여부를 알고 싶다는 말씀이십니까?

Rick: 그래요.

Victoria: 보고서와 자료를 제게 주시면, 오늘 중에 검토해서 내일까지 그 결과를 말씀드리겠습니다.

변동예산 작성방법

변동예산 접근법은 실제 활동수준에 대해 원가가 얼마가 되어야 하는지를 보여주기 위하여 예산이 조정될 수 있음을 인식하는 것이다. 변동예산을 어떻게 작성하는지를 설명하기 위하여, Victoria는 도표 9–5와 같이 수익과 원가들이 3월 실제 활동수준에 얼마가 되어야 하는지를 보여주는 보고서를 작성했다. 보고서를 준비하는 것은 간단명료하다. 각각의 원가에 대한 원가공식이 3월 실제 활동수준인 1,100의 방문고객에 원가가 얼마가 되어야 하는지를 추정하는 데 사용된다. 예를 들어 원가공식 $1,500+$0.10×명을 사용하면, 3월 전기료는 $1,610(=$1,500+$0.10×1,100명)이 되었어야 했다. 또한 변동예산에 있는 임차료($28,500), 책임보험료($2,800), 종업원 건강보험료($21,300)는 계획예산(도표 9–2 참조)의 총금액과 일치하여 같다는 것을 주목하라. 이는 고정원가가 활동수준에 영향을 받지 않기 때문에 발생한다.

3월 순영업이익은 $30,510이었어야 한다는 것을 변동에서 볼 수 있지만, 도표 9–3에서 순영업이익은 실제로 단 $21,230이었다는 것을 알 수 있다. 결과는 생각한 것만큼 좋지 않다.

도표 9-5
실제활동에 근거한 변동예산

3월 31일로 종료되는 월의 Rick's Hairstyling 변동예산	
실제 방문고객수 (명)	1,100
수익 ($180.00명)	$198,000
비용:	
임금과 급료 ($65,000 + $37.00명)	105,700
헤어스타일링 용품 ($1.50명)	1,650
고객선물 ($4.10명)	4,510
전기료 ($1,500 + $0.10명)	1,610
임차료 ($28,500)	28,500
책임보험료 ($2,800)	2,800
종업원 건강보험료 ($21,300)	21,300
기타 ($1,200 + $0.20명)	1,420
총비용	167,490
순영업이익	$ 30,510

그럴까? 그 질문에 곧 대답을 할 것이다.

여기까지 요약하자면 Rick은 $16,800의 이익을 위한 예산을 수립했었다. 실제이익은 꽤 높은 $21,230이었다. 그러나 Victoria의 분석은 주어진 3월 실제 방문고객수에서 이익은 훨씬 더 높은 $30,510가 되어야 한다는 것을 보여준다. 이러한 차이의 원인은 무엇인가? Rick은 부정적인 요인을 줄이면서 확실히 긍정적인 요인은 강화하고 싶다. 그러나 무엇이 그런 것들인가?

변동예산차이

예산과 실제원가 간의 차이에 관한 Rick의 질문에 답하기 위해, Victoria는 도표 9-4에서 보여주는 차이를 활동차이와 수익과 소비차이라는 두 종류 차이로 세분하였다. 다음 2개의 절에서 어떻게 구했는지를 설명한다.

학습목표 9-2

활동차이를 나타내는 보고서를 작성한다.

활동차이

예산이익과 실제이익 간 차이의 일부는 3월의 실제 활동수준이 예상보다 높았다는 사실 때문이다. 이 하나의 요인으로 인한 차이는 얼마나 될까? Victoria는 이 질문에 답하기 위해 도표 9-6의 보고서를 준비했다. 그 보고서에서 그 기간의 실제 활동수준을 근거로 한 변동예산이 그 기간 초의 계획예산과 비교된다. 변동예산이 실제 활동수준에서 무엇이 발생했어야 하는지를 보여주는 데 반해, 계획예산은 예산 활동수준에서 무엇이 발생했어야 하는지를 보여준다. 그러므로 변동예산과 계획예산 간의 차이는 실제 활동수준이 기대했던 것과 다르기 때문에 무엇이 발생했어야 하는지 만을 보여준다.

예를 들어 1,100의 방문고객을 기준으로 한 변동원가는 $198,000(=방문고객당 $180×1,100 방문고객)의 수익을 보여준다. 1,000의 방문고객을 기준으로 한 계획예산은 $180,000(=방문고객당 $180×1,000 방문고객)의 수익을 보여준다. 미용실은 예산에서 예상했던 것보다 100명 더 많은 방문고객이 있었기 때문에 실제수익은 예산수익보다 $18,000(=$198,000−$180,000)만큼 더 많았어야 한다. 이 활동차이는 보고서에 $18,000 F(유리)로 나타나 있다. 유사하게 1,100의 방문고객을 기준으로 한 변동예산은 $1,610의 전기료(=$1,500+방문고객당 $0.10×1,100 방문고객)를 보여준다. 1,000의 방문고객을 기준으로 한 계획예산은 $1,600의 전기료(=$1,500+방문고객당 $0.10×1,000 방문고객)를 보여준다. 미용실은 예산에서 예상했던 것보다 방문고객 100명이 더 많았기 때문에, 실제 전기료는 예산원가보다 $10(=$1,610−$1,600)만큼 더 많았어야 했다. 전기료의 활동차이는 보고서에 $10U(불리)로 나타나 있다. 이 경우에 "불리"라는 표시는 다소 오해의 소지가 있음에 주목해라. 원가는 영업에 100명 방문고객이 증가하였기 때문에 $10 더 높아야 하고, 이 차이는 더 많은 고객에게 서비스를 제공하는데 필요한 원가이었다면 정말 불리한 것인가? 이와 같은 이유들로, 항상 불

도표 9-6
실제활동에 기준한 변동예산과 기획예산을 비교하는 활동차이

Rick's Hairstyling 활동차이 3월 31일	변동예산	계획예산	활동차이	
방문고객수	1,100	1,000		
수익 ($180.00 × 명)	$198,000	$180,000	$18,000	유리
비용:				
임금과 급료 ($65,000 + $37.00 × 명)	105,700	102,000	3,700	불리
헤어스타일링 용품 ($1.50 × 명)	1,650	1,500	150	불리
고객선물 ($4.10 × 명)	4,510	4,100	410	불리
전기료 ($1,500 + $0.10 × 명)	1,610	1,600	10	불리
임차료 ($28,500)	28,500	28,500	0	
책임보험료 ($2,800)	2,800	2,800	0	
종업원 건강보험료 ($21,300)	21,300	21,300	0	
기타 ($1,200 + $0.20 × 명)	1,420	1,400	20	불리
총비용	167,490	163,200	4,290	불리
순영업이익	$ 30,510	$ 16,800	$ 13,710	유리

* 수익차이는 변동예산에서 수익이 계획예산 것보다 더 크면(더 작으면) 유리(불리)라 한다.
비용차이는 변동예산에서 비용이 계획예산 보다 작으면(더 크면) 유리(불리)라 한다.

리한 차이가 나쁜 성과를 암시하고 유리한 차이는 좋은 성과를 암시한다고 가정하는 것에 주의를 해야 한다.

이 보고서의 모든 차이는 단지 실제 활동수준과 그 기간 초의 계획예산의 활동수준 간 차이이기 때문에 이를 **활동차이(activity variances)**라고 부른다. 예를 들어 수익의 활동차이는 $18,000F(유리), 전기료의 활동차이는 $10U(불리) 등이다. 가장 중요한 활동차이는 보고서의 가장 아래에 나타나 있다. 즉 순영업이익의 차이 $13,710F(유리)이다. 이 차이는 계획예산에서 예상된 것보다 활동이 더 컸기 때문에, 순영업이익은 $13,710 더 컸어야 한다는 것을 말해준다. 이 보고서의 어떤 하나의 차이를 너무 많이 강조하는 것에 주의해야 한다. 위에서 말한 것처럼 어떤 원가들은 영업이 더 잘 되어 증가할 수도 있다. 이 불리한 차이를 나쁜 성과의 암시로 생각하는 것은 오해를 불러일으킨다.

반면에, 순영업이익의 유리한 활동차이는 중요하다. 이 차이를 좀 더 자세히 살펴보자. 먼저, 이미 살펴본 것처럼 활동은 10% 증가했지만 변동예산은 순영업이익이 10%이상 증가했어야 하는 것을 가리키고 있다. 계획예산의 $16,800에서 순영업이익의 10% 증가는 순영업이익 $18,480(=1.1×$16,800)이 되었을 것이나, 변동예산은 훨씬 더 높은 $30,510의 순영업이익을 보여준다. 왜 그럴까? 답은 간단하다. 고정원가가 있기 때문이다. 더 높은 활동수준에서 이익을 예측하기 위해 예상한 순영업이익을 10% 증가시키는 것을 적용할 때, 수익과 **모든** 원가도 10% 증가한다고 암묵적으로 가정한다. 하지만 그렇지 않다. 활동수준이 10% 증가할 때 세 가지 원가인 임차료, 책임보험료, 종업원 건강보험료는 전혀 증가하지 않는다는 것에 주목해라. 이들은 모두 순수 고정원가이다. 따라서 매출이 10% 증가하더라도 이 원가들은 증가하지 않는다. 이것은 순영업이익이 10%보다 더 증가하게 한다. 유사한 효과는 임금과 급여, 전기료, 기타의 고정원가 요소를 포함하고 있는 혼합원가에서도 발생한다. 매출은 10% 증가하는 반면 이러한 혼합원가는 10%보다 적게 증가하여, 전체적으로 순영업이익이 10%보다 더 많이 증가하는 결과를 가져온다. 고정원가의 존재 때문에 순영업이익은 활동수준변화에 비례해서 변하지 않는다. 레버리지 효과가 존재한다. 순영업이익의 변화율은 대개 활동의 증가율보다 더 크다.

수익과 소비차이

앞의 절에서 "활동의 변화는 수익, 원가, 이익에 어떤 영향을 미쳤는가?"라는 질문에 대답했다. 이번 절에서는 "수익, 원가, 이익을 얼마만큼 잘 통제했는가"라는 질문에 대답할 것이다.

학습목표 9-3

수익과 소비차이를 나타내는 보고서를 작성한다.

도표 9–5의 실제 활동수준을 근거로 한 변동예산은 **주어진 실제 활동수준에서 무엇이 발생했어야 하는지를 보여준다는 것**을 상기해보라. 그러므로 Victoria의 다음 단계는 실제결과와 변동예산을 비교하는 것이었다. 핵심은 실제로 일어난 것과 일어났어야만 했던 것을 비교하는 것이다. 작업결과는 도표 9–7에 나와 있다.

먼저 수익에 초점을 두면, 실제수익은 총 $194,200이다. 하지만 변동예산은 주어진 활동수준에서 수익이 $198,000이었어야 함을 가리킨다. 결과적으로, 수익은 그 달의 실제 방문고객수에서 있어야 할 것보다 $3,800 적었다. 이 차이는 $3,800U(불리) 차이로 표시되고 수익차이

도표 9-7

실제결과를 변동예산과 비교하여 얻은 수익과 소비차이

3월 31일로 종료되는 월의
Rick's Hairstyling의 수익과 소비차이

	실제결과	변동예산	수익과 소비차이*	
방문고객수	1,100	1,100		
수익 ($180.00명)	$194,200	$198,000	$3,800	불리
비용:				
임금과 급료 ($65,000 + $37.00명)	106,900	105,700	1,200	불리
헤어스타일링 용품 ($1.50명)	1,620	1,650	30	유리
고객선물 ($4.10명)	6,870	4,510	2,360	불리
전기료 ($1,500 + $0.10명)	1,550	1,610	60	유리
임차료 ($28,500)	28,500	28,500	0	
책임보험료 ($2,800)	2,800	2,800	0	
종업원 건강보험료 ($21,300)	22,600	21,300	1,300	불리
기타 ($1,200 + $0.20명)	2,130	1,420	710	불리
총비용	172,970	167,490	5,480	불리
순영업이익	$ 21,230	$ 30,510	$9,280	불리

*수익차이는 변동예산 것보다 수익이 더 크면(더 작으면) 유리(불리)라 한다. 소비차이는 변동예산 것보다 실제비용이 작으면(더 크면) 유리(불리)라 한다.

기업현장 IN BUSINESS

TESLA사의 예측이 빗나가다

2분기가 시작되기 2개월 전, **Tesla사**는 향후 3개월 동안 1,500대의 모델 3 세단을 생산할 것이라고 전망했다. 그러나 생산 병목현상으로 인해 회사는 260대만 생산하였다. 일부 투자자들은 연간 70만대 이상의 전기차를 만들겠다는 장기적인 목표를 달성하기 위해 애쓸 것이라고 우려했다. Tesla사의 상황을 더욱 복잡하게 만드는 일부 경쟁업체들은 "자체 전기자동차 개발에 새로운 관심을 보이고 있다"라고 말했다.

Source: Charley Grant, "Tesla Has a Forecasting Problem," *The Wall Street Journal*, October 4, 2017, p. B16.

라고 한다. **수익차이(revenue variance)**는 실제 총수익과 그 기간의 주어진 실제 활동수준에서 발생했어야 하는 총수익 간의 차이이다. 실제수익이 발생했어야 할 수익을 초과하면 차이는 유리로 표시된다. 실제수익이 발생했어야 할 수익보다 작으며, 그 차이는 불리라고 한다. 실제수익은 주어진 실제 활동수준에서 발생했어야 하는 수익보다 왜 적거나 많거나 하는 것일까? 기본적으로 평균 판매가격이 예상보다 높으면 수익차이는 유리이고 평균 판매가격이 예상보다 낮으면 수익차이는 불리이다. 이것은 판매가격의 변화, 제품믹스의 차이, 할인금액의 변동, 부실한 회계통제 등을 포함해서 다양한 이유로 인해 발생할 수 있다.

다음으로 원가에 초점을 두면, 실제 전기료는 $1,550이었으나, 변동예산은 3월의 1,100 방문고객에 대한 전기료는 $1,610이었어야 함을 가리킨다. 해당 원가는 그 기간 동안 실제 활동수준에 대해 예상했던 것보다 $60가 적었기 때문에 유리한 차이 $60F로 표시된다. 이것은 소비차이의 한 예이다. 정의를 하자면 **소비차이(spending variance)**는 실제원가 금액과 주어진 실제 활동수준에서 원가가 얼마나 발생했어야 하는지 간의 차이이다. 실제원가가 발생했어야 하는 원가보다 많다면 그 차이는 불리라고 표시된다. 실제원가가 발생했어야 하는 원가보다 적다면 그 차이는 유리라고 표시된다. 왜 원가는 유리하거나 불리한 차이를 갖는 걸까? 지불했어야 하는 것보다 투입에 더 높은 가격의 지불, 실제 활동수준에 너무 투입을 사용, 기술의 변화 등을 포함해서 가능한 설명이 많이 있다. 다음 장에서 좀 더 자세히 이런 종류의 설명들을 살펴볼 것이다.

도표 9-7에서 전체 순영업이익 차이는 $9,280U(불리)이라는 것에 주목하라. 이것은 그 기간의 주어진 실제 활동수준에서 발생하였을 것보다 $9,280가 낮다는 것을 의미한다. 이것에 대한 이유는 많이 있다. 가장 현저한 것은 불리한 수익차이 $3,800이다. 그 다음 줄에 있는 것은 고객선물의 불리한 차이 $2,360이다. 이것을 다른 방식으로 보면, 고객선물은 변동예산에 따라 발생하였을 것보다 50% 이상 더 크다. 이 차이는 Rick이 좀 더 깊이 조사해보고 싶었던 것이다. 그는 이 불리한 차이가 반드시 나쁜 것만은 아니라는 것을 알았을지 모른다. 예를 들어 고객선물을 더 많이 아낌없이 사용한 것이 방문 고객의 10% 증가를 야기했을지도 모른다.

도표 9–7은 $1,300의 불리한 차이가 종업원 건강보험과 관련되어 있다는 것을 내포하고 있는데, 이에 어떻게 고정원가가 소비차이를 가질 수 있는지를 밝히고 있다. 고정원가는 활동수준에 좌우되지 않는 반면, 실제 고정원가 금액은 변동예산에 포함된 추정금액과는 다를 수 있다. 예를 들어 Rick의 직원 건강보험 할증료는 아마도 예상치 못하게 3월 동안 $1,300만큼 증가했다.

결론적으로 도표 9–7의 수익과 소비차이는 실제 순영업이익과 주어진 실제 활동수준에서 발생했어야 하는 이익이 왜 다른지를 Rick이 더 잘 이해하도록 도와줄 것이다.

활동차이와 수익과 소비차이를 결합한 성과보고서

학습목표 9-4

활동차이와 수익과 소비차이를 결합한 성과보고서를 작성한다.

도표 9–8은 활동차이(도표 9–6)와 수익과 소비차이(도표 9–7)를 합한 Victoria의 성과보고서를 보여준다. 보고서는 그 기간 동안 발생한 것을 더 쉽게 해석하는 방식으로 앞의 두 가지 도표들의 정보를 함께 가져온 것이다. 이 보고서의 형식은 차이가 비교하여야 하는 것의 뒤에 나타나기보다는 사이에 나타난다는 점에서 앞의 보고서 형식과는 조금 다르다. 예를 들어 활동차이는 변동예산 금액과 계획예산 금액 간의 차이를 보여준다. 도표 9–6에서 활동차이는 변동예산과 계획예산 뒤에 나타났다.

성과보고서의 두 개 숫자에 특히 주목하라. 순영업이익 $13,710F(유리)에 대한 활동차이와 순영업이익 $9,280U(불리)에 대한 전체 수익과 소비차이이다. 이 두 개 숫자가 무엇을 의미하는지는 거듭해서 설명할 가치가 있다. 유리한 활동차이 $13,710는 실제활동(1,100 방문고객)이 예산 활동수준(1,000 방문고객)보다 크기 때문에 발생했다. 불리한 전체 수익과 소비차이인 $9,280는 이익이 그 기간 실제 활동수준에 대해 발생했어야 할 만큼 크지 않았기 때문에 발생했다. 이러한 두 가지 차이는 매우 다른 것을 의미하고 다른 종류의 정책을 요구한다. 순영업이익에 대한 유리한 활동차이를 야기하고 싶다면, 관리자들은 방문고객수를 증가시킬 수 있는 방법을 강구해야 한다. 유리한 전체 수익과 소비차이를 야기하고 싶다면 관리자들은 판매가격을 유지하고, 영업효율성을 증대시키고 투입가격을 하락시킬 수 있는 방법을 강구해야 한다.

도표 9–8의 성과보고서는 도표 9–4의 실제결과와 예산을 단순히 비교하는 것 이상으로 관리자에게 훨씬 더 유용한 정보를 제공한다. 도표 9–4에는 활동변화의 효과가 가격이 얼마나 잘 통제되었는가와 영업이 얼마나 잘 관리되었는가에 대한 영향들과 함께 섞여있다. 도표 9–8의 성과보고서는 관리자들이 영업을 평가하는 데 있어 좀 더 집약적으로 접근할 수 있도록 이러한 영향을 명확히 구분한다.

성과보고서가 이 일을 어떻게 수행하는지를 더 잘 이해하기 위해서, 성과보고서의 헤어스타일링 용품을 살펴보자. 그 기간의 실제 헤어스타일링 용품은 $1,620이었던 반면, 계획예산에서 이 원가는 $1,500이었다. 도표 9–4의 계획예산과 실제결과를 비교해보면 이 차이는 불리한 차이 $120로 나와 있다. 도표 9–4는 한 활동수준에서 실제원가를 다른 활동수준의 예산원가와 비교하는 고정계획예산 접근방식을 사용한다. 앞에 언급한 것과 같이, 이는 사

도표 9-8 활동차이, 수익 및 소비차이가 결합된 성과보고서

Rick's Hairstyling
변동예산 성과보고서 3월 31일

	(1) 실제결과	수익차이와 소비차이 (1) − (2)	(2) 변동예산	활동차이 (2) − (3)	(3) 계획예산
방문고객수	1,100		1,100		1,000
수익 ($180.00 × 명)	$194,200	$3,800 불리	$198,000	$18,000 유리	$180,000
비용:					
임금과 급료 ($65,000 + $37.00 × 명)	106,900	1,200 불리	105,700	3,700 불리	102,000
헤어스타일링 용품 ($1.50 × 명)	1,620	30 유리	1,650	150 불리	1,500
고객선물 ($4.10 × 명)	6,870	2,360 불리	4,510	410 불리	4,100
전기료 ($1,500 + $0.10 × 명)	1,550	60 유리	1,610	10 불리	1,600
임차료 ($28,500)	28,500	0	28,500	0	28,500
책임보험료 ($2,800)	2,800	0	2,800	0	2,800
종업원 건강보험료 ($21,300)	22,600	1,300 불리	21,300	0	21,300
기타 ($1,200 + $0.20 × 명)	2,130	710 불리	1,420	20 불리	1,400
총비용	172,970	5,480 불리	167,490	4,290 불리	163,200
순영업이익	$ 21,230	$9,280 불리	$ 30,510	$13,710 유리	$ 16,800

과를 오렌지에 비교하는 것과 같다. 이 차이는 실제 두 가지 다른 영향의 혼합이다. 이는 도표 9-8의 성과보고서에 명확히 나와 있다. 실제결과와 예산금액 간의 차이 $120은 유리한 소비차이 $30과 불리한 활동차이 $150로 구성되어 있다. 유리한 소비차이는 그 달의 주어진 실제 활동수준에서 예상했었던 것보다 헤어스타일링 용품에 지출이 적었기 때문에 발생한다. 활동차이는 계획예산에서 예상한 것보다 활동이 더 커서 발생하며, 변동원가에 대한 총원가는 높아지는 결과를 당연히 초래한다.

도표 9-8의 변동예산 성과보고서는 단순히 실제원가와 고정계획예산 원가를 비교하기보다는 실제원가와 실제 활동수준에서의 원가가 얼마 있어야 했는지를 비교해주기 때문에 더 타당한 성과평가를 제공한다. 다시 말하면, 사과를 사과에 비교하는 것이다. 이것이 완성되면 헤어스타일링 용품의 소비차이는 원래의 고정계획예산 성과보고서(도표 9-4 참조)에서 있던 것과 같이 $120U(불리)라기보다 $30F(유리)라는 것을 알 수 있다. Rick 보고서의 헤어스타일링 용품처럼, 어떤 경우에 있어서 불리한 고정계획예산 차이는 활동의 증가를 함께 고려하면 유리한 수익 또는 소비차이로 전환될 수 있다. 아래의 논의가 다음날 Rick의 미용실에서 있었다.

RICK'S Hairstyling Salon

Victoria: 검토한 보고서가 여기 있습니다(Victoria는 도표 9-8의 변동예산 성과보고서를 Rick에게 보여준다). 3월에 방문고객 증가를 반영할 수 있도록 예산을 업데이트하기 위하여 원가공식을 간단히 사용했습니다. 원가가 얼마이어야 했는지에 대한 더 나은 벤치마크를 도출할 수 있었습니다.

Rick: 그것이 당신이 "1,100명의 방문고객을 근거로 한 변동예산"으로 부르는 것이군요?

Victoria: 맞습니다. 처음 예산은 1,000명의 방문고객을 기준으로 했기 때문에 1,100명의 고객에게 실제 제공하였을 때 발생하였어야 하는 원가가 과소배부된 것입니다.

Rick: 충분히 이해가 되는군요. 이러한 소비차이는 최초 보고서의 차이만큼 아주 충격적이지 않네요.

Victoria: 네, 하지만 여전히 고객선물에서 불리한 차이 $2,360가 존재합니다.

Rick: 왜 그런지 알겠네요. 3월에 정치자금 마련 만찬이 있었는데 3월 예산을 작성할 때 간과했었습니다. 우리의 평범한 모든 고객들에게 서비스를 맞추기 위해서는 매우 빨리 할 수밖에 없었어요. 모든 사람이 높은 수준의 서비스를 받고 있지만, 개별 고객과 더 많은 시간을 보낼 수 없다는 점이 마음에 걸렸습니다. 개개인에 대한 서비스 부족에 대한 보상으로 약간의 선물을 주고 싶었고, 그래서 많은 꽃을 주문해서 다발로 주었습니다.

Victoria: 가격과 관련 없이 고맙게 생각할 거라 믿습니다.

Rick: 보고서와 관련해서 한 가지가 마음에 걸리는군요. 지난번 원가에 관해 논의했을 때 당신이 임차, 책임보험, 종업원 건강보험은 고정원가라고 그랬잖소? 어떻게 고정원가에 대한 차이가 있는 거죠? 고정되었다는 말은 변하지 않는다는 의미가 아닙니까?

Victoria: 원가가 **활동수준의 변화**에 영향을 받지 않기 때문에 이러한 원가를 **고정**이라고 부릅니다. 하지만 다른 원인으로도 변할 수 없다는 의미는 아닙니다. 또한 **고정**되었다는 말은 사람들에게 원가가 통제되지는 못한다는 말이 사실이 아님을 시사해 줍니다. 변동원가보다 고정원가를 통제하는 것이 더 쉽습니다. 예를 들어 보험료 같은 경우 사장님께서 감당할 보험료 금액을 조정함으로써 쉽게 바꿀 수 있습니다. 하지만 고객을 응대하는데 필요한 용품인 헤어스타일링 용품의 소비를 현저히 줄이는 것은 상당히 어려울 것입니다.

Rick: 그렇겠네요. 하지만 헷갈리네요.

Victoria: 어떤 활동에 따라 발생하는 것이 변동원가로 불리는 반면 활동수준에 관계없이 발생하는 것이 고정원가입니다. 하지만 고정원가는 활동수준 이외의 원인으로는 변할 수 있습니다. 통제가능성은 원가가 변동원가인지 고정원가인지의 문제와는 거의 관계가 없습니다. 고정원가가 종종 변동원가보다 더 통제 가능한 경우가 있습니다.

기업현장 | IN BUSINESS

URBAN OUTFITTERS사의 매출증가율 하락

Urban Outfitters사는 레코드 플레이어, 음반 앨범 및 빈티지 필름카메라를 1980년대와 1990년대의 문화와 연결되기를 갈망하는 "힙스터 밀레니얼과 십대들"에게 판매한다. 연휴기간 동안 회사의 매출증가율이 3.6%에서 1%로 떨어졌을 때 회사의 CFO인 Frank Conforti는 하락이 "우리가 예상했던 것보다 더 심했다"라고 인정했다.

2015년에는 음반 레코드 판매가 38% 성장했지만, 최근에는 2%로 둔화되어 변덕스럽고 패션에 민감한 10대 시장에서 매출예측의 어려움을 강조했다. 회사는 "Kendrick Lamar의 최신 앨범에 이르기까지 Beatles 앨범과 같은 방대한 클래식 앨범을 제공하는 음반 레코드의 세계 최고 판매업체"라고 주장한다.

Source: Dulaney, Chelsey. "Record Players and Polaroids Are So Over," *The Wall Street Journal*, January 10, 2018.

비영리조직의 성과보고서

비영리조직의 성과보고서는 한 가지 현저한 차이를 빼고 기본적으로 지금까지 이야기한 성과보고서와 같다. 비영리조직은 대개 매출보다는 외부로부터 상당한 자금을 받는다. 예를 들어 대학교들은 매출(학생들에게 부과되는 등록금), 성금 수익과 기부금—공립대학교의 경우 국고보조금—에서 자금이 마련된다. 이것은 원가처럼 정부와 비영리조직의 수익도 고정요인과 변동요인으로 구성되어 있다는 것을 말해준다. 예를 들어 **Seattle Opera**사의 최근 수익은 \$12,719,000의 성금 및 기부금과 \$8,125,000의 티켓 매출(또는 티켓 한 장당 약 \$75.35)로 구성되었다. 결과적으로 오페라의 수익공식은 이와 같다:

$$\text{수익} = \$12{,}719{,}000 + \$75.35q$$

여기에서 q는 팔린 티켓수이다. 다른 관점에서 Seattle Opera와 다른 비영리조직의 성과보고서는 도표 9–8의 성과보고서와 비슷하다.

원가중심점의 성과보고서

성과보고서는 자주 외부 수익의 원천이 없는 조직을 위해 준비된다. 특히, 큰 조직의 경우 성과보고서는 외부에 아무것도 판매하지 않는 부서를 포함해서 각 부서별로 준비될 수 있다. 예를 들어 제조회사에서 성과보고서는 아주 흔히 생산부서를 위해 준비된다. 그러한 보고서는 우리가 논의한 것과 같은 원리를 사용해서 마련되어야 하고, 수익과 결과적으로 순영업이익은 보이지 않는다는 점을 제외하고 도표 9–8의 성과보고서와 매우 흡사해야 한다. 이러한 부서의 관리자들은 수익이 아닌 원가에 대한 책임이 있기 때문에 **원가중심점**이라고 불린다.

다양한 원가동인이 있는 계획예산과 변동예산 작성

학습목표 9-5

하나 이상의 원가동인이 있는 변동예산을 작성한다.

지금까지 Rick의 미용실은 방문고객수, 이 하나의 원가동인만 있다고 가정했다. 그러나 활동기준원가계산을 다룬 장에서 조직의 모든 원가를 적절히 설명하기 위해서는 하나 이상의 원가동인이 필요하다는 것을 알았다. 예를 들어 Rick의 미용실에 있는 어떤 원가는 방문고객수보다 미용실 영업시간에 의존할 것이다. 구체적으로 말하면 Rick의 대다수 종업원은 월급을 받지만, 몇몇은 시간당으로 계산해서 급여를 받는다. 실제로 응대한 고객의 수에 근거해서 월급을 받는 사람은 아무도 없다. 결과적으로 급여의 원가공식은 방문고객수보다 영업시간을 고려해서 서술되면 더 정확해질 수 있다. 전기료는 훨씬 더 복잡하다. 원가의 일부는 고정이다. 난방은 심지어 미용실이 문을 닫은 밤에도 최소 수준으로 유지되어야 한다. 어떤 원가는 방문고객수에 의존한다. 헤어드라이기가 소비하는 전력은 서비스 받은 고객수에 좌우된다. 어떤 원가는 미용실 영업시간에 의존한다. 안락한 온도를 위한 미용실의 전기와 난방이 그러하다. 따라서 전기의 원가공식은 단지 방문고객수보다는 고객방문수와 영업시간 둘 다 고려해서 정의되면 더 정확해질 수 있다.

도표 9-9는 이러한 변경사항이 적용된 계획예산을 보여준다. 여기에는 두 가지 원가동인이 포함된다. 그것은 방문고객과 영업시간이며 q_1은 방문고객을 가리키고 q_2는 영업시간을 가리킨다. 예정 방문고객수는 1,000명이고, 예정 영업시간은 190시간이다.

예상대로 두 가지 원가동인에 기초한 계획예산은 도표 9-2에서 보여준 하나의 원가동인에 기초한 계획예산과 다르다. 예를 들어, 수정된 임금 및 급료의 원가공식($65,000 + 220q_2$)

도표 9-9
하나 이상의 원가동인에 기초한 계획예산

Rick's Hairstyling 3월 분 계획예산	
예정 방문고객수 (q_1)	1,000
예정 영업시간 (q_2)	190
수익 ($180.00 × q_1)	$180,000
비용:	
임금과 급료 ($65,000 + 220q_2$)	106,800
헤어스타일링 용품 (1.50q_1$)	1,500
고객선물 (4.10q_1$)	4,100
전기료 ($390 + 0.10q_1$+$6.00q_2)	1,630
임차료 ($28,500)	28,500
책임보험료 ($2,800)	2,800
종업원 건강보험료 ($21,300)	21,300
기타 ($1,200 + 0.20q_1$)	1,400
총비용	168,030
순영업이익	$ 11,970

은 이제 방문고객수가 아닌 영업시간에 따라 달라진다. 미용실은 190시간 동안 운영될 것으로 예상되기 때문에 계획예산에는 $106,800(= $65,000 + $220 × 190)의 임금과 급료가 포함된다. 전기료는 방문고객과 영업시간 둘 다에 의존하고 그 원가공식은 $\$390 + \$0.10q_1 + \$6.00q_2$이다. 예정된 방문고객수가 1,000명이고 미용실은 190시간 동안 운영될 것으로 예상되었기 때문에 계획예산에는 $1,630(= $390 + $0.10 × 1,000 + $6.00 × 190)의 전기료가 포함된다. 두 가지 원가동인을 근거로 한 계획예산의 순영업이익은 $11,970인 반면 한 가지 원가동인(도표 9–2 참조)을 근거로 한 계획예산의 순영업이익은 $16,800라는 점에 주목하라. 이 두 개의 값이 다른 이유는 하나의 원가동인을 근거로 한 계획예산보다 두 가지 원가동인을 근거로 한 계획예산이 더 정확하기 때문이다.

만약 Rick의 미용실에 실제로 한 달 동안 1,100명의 고객이 방문했고, 예정된 190시간으로 운영되었다고 가정한다면, 도표 9–9에 표시된 원가공식을 사용하여 도표 9–10에 나와 있는 변동예산을 작성할 수 있다. 두 가지 원가동인에 기초한 변동예산은 도표 9–5에 나와 있는 하나의 원가동인에 기초한 변동예산과 다르다. 예를 들어, 도표 9–10에 표시된 임금과 급료는 $106,800인 반면, 도표 9–5에 표시된 임금과 급료는 $105,700이다. 그 차이는 원가의 변동요소는 도표 9–10의 영업시간에 따라 달라지기 때문이다. 그러나 도표 9–5에서는 임금과 급료가 방문고객수의 함수로 가정한다. 또한 이 두 도표의 변동예산은 서로 다른 순영업이익을 보고한다. 하나의 원가동인에 기초한 도표 9–5의 변동예산은 $30,510의 순영업이익을 보여주고, 두 가지 원가동인에 기초한 도표 9–10의 변동예산은 $29,380의 순영업이익을 보여준다.

학습목표 9-6

활동차이와 수익 및 소비차이가 결합된 하나 이상의 원가동인이 있는 성과보고서를 작성한다.

방문고객과 영업시간을 기초로 수정된 변동예산을 사용하여 도표 9–11에 표시된 성과보고서를 작성할 수 있다. 이 성과보고서와 도표 9–8의 성과보고서의 차이점은 하나의 원

도표 9-10
하나 이상의 원가동인에 기초한 변동예산

Rick's Hairstyling 3월 분 계획예산	
방문고객수 (q_1)	1,100
영업시간 (q_2)	190
수익 ($\$180.00 \times q_1$)	$198,000
비용:	
임금과 급료 ($\$65,000 + \$220q_2$)	106,800
헤어스타일링 용품 ($\$1.50q_1$)	1,650
고객선물 ($\$4.10q_1$)	4,510
전기료 ($\$390 + \$0.10q_1 + \$6.00q_2$)	1,640
임차료 ($28,500)	28,500
책임보험료 ($2,800)	2,800
종업원 건강보험료 ($21,300)	21,300
기타 ($\$1,200 + \$0.20q_1$)	1,420
총비용	168,620
순영업이익	$ 29,380

가동인을 근거로 한 원가공식보다 하나 이상의 원가동인을 근거로 한 원가공식이 더 정확하다는 것이다. 따라서 차이도 또한 더 정확해질 것이다. 예를 들어, 변동예산이 하나의 원가동인에 기초할 경우 전기료 소비차이는 $60 유리이지만(도표 9-8 참조), 두 개의 원가동인을 이용하여 계산할 경우에는 $90 유리이다(도표 9-11 참조).

도표 9-11 활동차이, 수익 및 소비차이가 결합된 하나 이상의 원가동인이 있는 성과보고서

Rick's Hairstyling
변동예산 성과보고서 3월 31일

	실제결과	수익차이와 소비차이	변동예산	활동차이	계획예산
방문고객수 (q_1)	1,100		1,100		1,000
영업시간 (q_2)	190		190		190
수익 ($180.00 × q_1)	$194,200	$3,800 불리	$198,000	$18,000 유리	$180,000
비용:					
임금과 급료 ($65,000 + $220.00 × q_2)	106,900	100 불리	106,800	0	106,800
헤어스타일링 용품 ($1.50 × q_1)	1,620	30 유리	1,650	150 불리	1,500
고객선물 ($4.10 × q_1)	6,870	2,360 불리	4,510	410 불리	4,100
전기료 ($390 + $0.10 × q_1 + $6.00 × q_2)	1,550	90 유리	1,640	10 불리	1,630
임차료 ($28,500)	28,500	0	28,500	0	28,500
책임보험료 ($2,800)	2,800	0	2,800	0	2,800
종업원 건강보험료 ($21,300)	22,600	1,300 불리	21,300	0	21,300
기타 ($1,200 + $0.20 × q_1)	2,130	710 불리	1,420	20 불리	1,400
총비용	172,970	4,350 불리	168,620	590 불리	168,030
순영업이익	$ 21,230	$ 8,150 불리	$ 29,380	$ 17,410 유리	$ 11,970

IN BUSINESS | 기업현장

ON-CALL 일정으로 NEW YORK 검찰총장의 관심을 끌다

Nex York 검찰총장은 **Target, Gap** 및 기타 11개 회사들에 on-call 근무 일정 관행이 법을 위반할 수 있다고 경고했다. 이러한 회사들은 소프트웨어 프로그램을 사용하여 실시간 판매 및 고객 트래픽 정보를 기반으로 즉각적인 인력요구를 예측하고 있다. 상점이 바쁠 때는 직원들이 출근하도록 하고, 바쁘지 않을 경우에는 직원들이 출근하지 않고 임금도 받지 않는다. 즉, 직원이 일을 하면 임금을 받고 일을 하지 않으면 임금을 받지 않을 수도 있지만, 직원들은 기본적으로 고용될 수 있도록 계획을 세워야 한다.

변동예산의 관점에서 회사들은 판매 및 고객 트래픽과 관련하여 인건비를 가변적으로 만들려고 노력하고 있다. 법률적인 관점에서 검찰총장은 이 보상제도는 "직원들이 손실된 급여를 보상할 대체 소득원을 찾기는커녕 가족의 필요사항을 충족시킬 시간이 너무 적다"라고 지적했다.

Source: Weber, Lauren. "Retailers Are Under Fire for Work Schedules," *The Wall Street Journal*, April 12, 2015.

요약

실제수익과 원가를 고정계획예산 수익과 원가에 직접적으로 비교하는 것은 쉽게 잘못된 결과를 야기한다. 실제수익과 원가는 여러 가지 이유로 예산수익과 원가와 다르지만, 가장 큰 이유 중의 하나는 활동수준의 변화이다. 활동수준이 증가하거나 감소함에 따라 실제수익과 원가는 증가하거나 감소한다고 예상할 것이다. 변동예산은 관리자들이 예산원가와 실제원가 간 차이가 발생하는 여러 가지 원인을 구분할 수 있도록 해준다.

변동예산은 실제 활동수준에 맞춰 조정될 수 있는 예산이다. 변동예산은 그 기간 동안 주어진 실제 활동수준에 수익과 원가가 얼마이어야 하는지를 최선으로 추정한다. 변동예산은 기간의 시작시점의 예산 또는 실제결과와 비교될 수 있다.

변동예산이 계획예산과 비교할 때, 활동차이가 발생한다. 활동차이는 실적과 예산상 활동 간의 차이에 따라 수익과 또는 원가가 어떻게 변동해야 하는지를 보여준다.

실제결과와 변동예산을 비교할 때 수익과 소비차이가 발생한다. 유리한 수익차이는 주어진 실제 활동수준에서 발생했어야 할 것으로 기대되는 것보다 수익이 더 크다는 것을 말한다. 불리한 수익차이는 주어진 실제 활동수준에서 발생했어야 할 것으로 기대되는 것보다 수익이 더 작다는 것을 말한다. 유리한 소비차이는 주어진 실제 활동수준에서 발생했어야 할 것으로 기대되는 것보다 원가가 더 작다는 것을 말한다. 불리한 소비차이는 주어진 실제 활동수준에서 발생했어야 할 것으로 기대되는 것보다 원가가 더 크다는 것을 말한다. 변동예산 성과보고서는 활동차이와 수익과 소비차이를 하나의 보고서에 결합한 것이다.

하나 이상의 원가동인을 사용하여 계획예산, 변동예산 및 변동예산 성과보고서를 준비할 수 있다. 회사가 다양한 원가동인을 사용하여 실제결과와 예산을 비교하면 하나의 원가동인만을 사용하여 계산된 것보다 더 정확하고 통찰력 있는 차이를 계산할 수 있다.

종합예제: 변동예산을 이용한 차이분석

Harrald's Fish House는 스칸디나비아식 해산물로 특화되어 있는 가족기업 형태의 레스토랑이다. 레스토랑의 월간 수익과 비용과 관련된 자료는 아래와 같다. (q는 식사제공 단위)

	원가공식
수익	16.50q$
재료원가	6.25q$
임금과 급료	$10,400
설비원가	$800 + 0.20q$
임차료	$2,200
기타 등등	$600 + 0.80q$

요구사항:

1. 1,800개 식사가 제공된다고 가정하고 레스토랑의 4월 계획예산을 작성하라.
2. 실제로 1,700개 식사가 제공되었다고 가정하시오. 이 활동수준에 대한 변동예산을 작성하라.
3. 4월에 대한 실제 결과가 다음과 같다. 레스토랑의 4월 변동예산 성과보고서를 작성하라.

수익	$27,920
재료원가	$11,110
임금과 급료	$10,130
설비원가	$1,080
임차료	$2,200
기타 등등	$2,240

복습문제 해답

1. 4월 계획예산은 다음과 같다.

4월 30일로 종료되는 Harrald's Fish House 계획예산	
예상 식사제공수 (q)	1,800
수익 (16.50q$)	$29,700
비용:	
재료원가 (6.25q$)	11,250
임금과 급료 ($10,400)	10,400
설비원가 ($800 + 0.20q$)	1,160
임차료 ($2,200)	2,200
기타 등등 ($600 + 0.80q$)	2,040
총비용	27,050
순영업이익	$ 2,650

2. 4월 변동예산은 다음과 같다.

4월 30일로 종료되는 Harrald's Fish House 변동예산	
예상 식사제공수 (q)	1,700
수익 (16.50q$)	$28,050
비용:	
재료원가 (6.25q$)	10,625
임금과 급료 ($10,400)	10,400
설비원가 ($800 + 0.20q$)	1,140
임차료 ($2,200)	2,200
기타 등등 ($600 + 0.80q$)	1,960
총비용	26,325
순영업이익	$ 1,725

3. 4월 변동예산의 성과보고서는 다음과 같다.

Harrald's Fish House 4월 변동예산 성과보고서							
	(1) 실제결과	수익차이와 소비차이 (1) – (2)		(2) 변동예산	활동차이 (2) – (3)		(3) 계획예산
식사제공수 (q)	1,700			1,700			1,800
수익 (16.50q$)	$ 27,920	$ 130	불리	$28,050	$1,650	불리	$ 29,700
비용:							
재료원가 (6.25q$)	11,110	485	불리	10,625	625	유리	11,250
임금과 급료 ($10,400)	10,130	270	유리	10,400	0		10,400
설비원가 ($800 + 0.20q$)	1,080	60	유리	1,140	20	유리	1,160
임차료 ($2,200)	2,200	0		2,200	0		2,200
기타 등등 ($600 + 0.80q$)	2,240	280	불리	1,960	80	유리	2,040
총비용	26,760	435	불리	26,325	725	유리	27,050
순영업이익	$ 1,160	$ 565	불리	$ 1,725	$ 925	불리	$ 2,650

용어해설

계획예산(planning budget) 예정된 활동수준에 대해서만 유효한 예산기간 시작점에서 만들어진 예산.

변동예산(flexible budget) 특정기간에 대해 주어진 활동수준에 대하여 수익과 원가가 얼마이어야 하는가의 추정치를 보여주는 보고서.

소비차이(spending variance) 주어진 활동의 실제수준에서 기간에 대한 실제원가와 원가가 얼마이었어야 했는지와 차이. 유리(불리)한 소비차이는 기간에 대한 실제 활동수준에 대해 기대했던 것보다 원가가 더 낮기(높기) 때문에 발생한다.

수익차이(revenue variance) 주어진 활동의 실제수준에서 기간에 대한 실제수익과 수익이 얼마이었어야 했는지와 차이. 유리(불리)한 수익차이는 기간에 대한 실제 활동수준에 대해 기대했던 것보다 수익이 더 높기(낮기) 때문에 발생한다.

예외에 의한 관리(management by exception) 중요한 차이가 예외로 표시되고 더 조사될 수 있도록 예산에 실제결과를 비교하는 경영시스템.

활동차이(activity variance) 변동예산의 수익과 비용항목과 고정계획예산의 수익과 비용항목 간의 차이. 활동차이는 변동예산에서의 활동의 실제수준과 계획에서 가정하였던 활동수준 간의 차이에 기인한다.

질문

9–1 고정계획예산이란 무엇인가?

9–2 변동예산은 무엇이고, 고정계획예산과는 어떤 차이가 있는가?

9-3 실제성과가 어느 한 기간의 시작점에서 계획되었던 것과 차이가 나는 이유는 무엇인가?

9-4 얼마의 비용이 계획되었다는 것과 실제로 얼마나 소비하였는가와 차이를 해석하는 것은 왜 어려운가?

9-5 활동차이는 무엇이고, 무엇을 의미하는가?

9-6 실제 활동수준이 계획 활동수준보다 클 경우 변동비에 대한 활동 차이가 유리(불리)할 것으로 예상하는가? 아니면 둘의 조합이 될 것으로 예상하는가?

9-7 수익차이는 무엇이고, 무엇을 의미하는가?

9-8 소비차이는 무엇이고, 무엇을 의미하는가?

9-9 무엇이 변동예산 성과보고서를 실제성과와 사전에 계획된 것을 단순 비교하지 않게 하는가?

9-10 두 원가동인에 기초한 변동예산과 하나의 원가동인에 기초한 변동계산과는 얼마나 다른가?

엑셀 응용

학습목표 9-1, 9-2, 9-3, 9-4

다음 페이지에 제시된 Excel 워크시트 양식은 Harrald의 Fish House와 관련된 복습문제를 재현하는 데 사용된다. Connect에서 이 양식이 포함된 통합 문서를 다운로드하라. 이 워크시트 양식을 사용하는 방법에 대한 지침도 제공된다. 워크시트를 완성한 후에 아래 요구사항을 진행해야 한다.

	A	B	C	D	E	F	G	H
1	**9장: 엑셀 응용**							
2								
3	**자료**							
4	수익			$16.50	×식사량(그릇)			
5	재료원가			$ 6.25	×식사량(그릇)			
6	임금과 급료	$ 10,400						
7	설비원가	$ 800	+	$ 0.20	×식사량(그릇)			
8	임차료	$ 2,200						
9	기타 등등	$ 600	+	$ 0.80	×식사량(그릇)			
10								
11	실제결과	$ 27,920						
12	수익	$ 11,110						
13	재료원가	$ 10,130						
14	임금과 급료	$ 1,080						
15	설비원가	$ 2,200						
16	임차료	$ 2,240						
17	기타 등등							
18								
19	계획예산 활동량	1,800	식사량(그릇)					
20	실제 활동량	1,700	식사량(그릇)					
21								
22	아래 ?로 표시된 각 셀에 공식을 입력한다.							
23	**변동예산을 이용한 차이분석**							
24								
25	**변동예산 성과보고서 작성**							
26								
27								
28			수익과					
29		실제결과	소비차이		변동예산	활동차이		계획예산
30	제공된 식사량(그릇)	?			?			?
31	수익	?	?		?	?		?
32	비용							

요구사항:

1. D4 셀의 수익을 $16.00로, D5 셀의 재료비를 $6.50로, B5 셀의 임금과 급료를 $10,000로 변경하여 워크시트를 확인한다. 순영업이익에 대한 활동차이는 $850 불리, 총비용에 대한 소비차이는 $410 불리가 되어야 한다. 만약 이러한 결과를 얻지 못한다면, 워크시트에서 오류를 찾아 수정하라.
   a. 수익에 대한 활동차이는 얼마인가? 이 차이를 설명하라.
   b. 재료비의 소비차이는 얼마인가? 이 차이를 설명하라.
2. 다음 연도의 결과를 반영하기 위해 워크시트의 데이터를 수정하라.

자료			
수익			$16.50×식사량(그릇)
재료원가			$6.25 × 식사량(그릇)
임금과 급료	$10,400		
설비원가	$800	+	$0.20 × 식사량(그릇)
임차료	$2,200		
기타 등등	$600	+	$0.80 × 식사량(그릇)
실제결과:			
수익	$28,900		
재료원가	$11,300		
임금과 급료	$10,300		
설비원가	$1,120		
임차료	$2,300		
기타 등등	$2,020		
계획예산 활동량	1,700	식사량(그릇)	
실제 활동량	1,800	식사량(그릇)	

변동예산 성과보고서를 이용하여 회사의 올해 실적을 간략하게 평가하고, 어디에 주의를 기울여야 하는지 지시하라.

기본문제 connect

학습목표 9-1, 9-2, 9-3

Adger사는 서비스 제공 고객수를 기준으로 생산량을 측정하는 서비스 회사다. 회사는 다음과 같이 예산 목적으로 사용하는 고정 및 변동원가 추정치와 5월의 실제원가를 제공하고 있다.

	월 단위당 고정요소	서비스 고객수당 변동요소	5월 실제 합계
수익		$5,000	$160,000
임금과 급료	$50,000	$1,100	$88,000
여행경비		$600	$19,000
기타비용	$36,000		$34,500

회사는 계획예산을 준비하면서 월 30명의 고객에게 서비스를 제공할 것으로 예상했지만, 5월 동안 회사는 실제로 35명의 고객에게 서비스를 제공하였다.

요구사항:

1. 5월 Adger사의 변동예산에 수익은 얼마나 포함되는가?
2. 5월 Adger사의 변동예산에 임금과 급료는 얼마나 포함되는가?
3. 5월 Adger사의 변동예산에 포함된 여행경비는 얼마인가?
4. 5월 Adger사의 변동예산에 포함된 기타비용은 얼마인가?
5. 5월 Adger사의 변동예산에서 순영업이익은 얼마인가?
6. 5월 Adger사의 수익차이는?
7. 5월 Adger사의 임금과 급료 소비차이는 얼마인가?
8. 5월 Adger사의 여행경비 소비차이는 얼마인가?
9. 5월 Adger사의 기타비용 소비차이는 얼마인가?
10. 5월 Adger사의 계획예산에 수익은 얼마나 포함되는가?
11. 5월 Adger사의 계획예산에 임금과 급료는 얼마나 포함되는가?
12. 5월 Adger사의 계획예산에 포함된 여행경비는 얼마인가?
13. 5월 Adger사의 계획예산에 포함된 기타비용은 얼마인가?
14. 5월 Adger사의 수익과 관련된 활동차이는 얼마인가?
15. 5월 Adger사의 각 비용과 관련된 활동차이는 얼마인가?

연습문제

문제 9-1 변동예산 작성 [학습목표 9-1]

Puget Sound Divers는 Puget Sound 지역의 고객에게 수중 배수리와 같은 다이빙 서비스를 제공하는 회사이다. 회사의 5월 계획예산은 다음과 같다.

Puget Sound Divers 5월 계획예산	
예상 다이빙 시간 (q)	100
수익 (365.00q$)	$36,500
비용:	
임금과 급료 ($8,000 + 125.00q$)	20,500
소모품 (3.00q$)	300
장비 임차료 ($1,800 + 32.00q$)	5,000
보험료 ($3,400)	3,400
기타 등등 ($630 + 1.80q$)	810
총비용	30,010
순영업이익	$ 6,490

5월 동안 회사의 활동은 실제적으로 105 다이빙 시간이었다.

요구사항:

본문의 도표 9–5를 참고하여 위 활동수준에 대한 변동예산을 작성하라.

문제 9-2 활동차이 [학습목표 9-2]

Flight Cafe는 인근 지방공항의 항공기에 기내식을 직접 조리하여 제공하는 회사이다. 회사의 7월 계획예산은 아래와 같다.

Flight Café 7월 계획예산	
예상 식사제공수 (*q*)	18,000
수익 ($4.50*q*)	$81,000
비용:	
재료원가 ($2.40*q*)	43,200
임금과 급료 ($5,200 + $0.30*q*)	10,600
설비원가 ($2,400 + $0.05*q*)	3,300
시설 임차료 ($4,300)	4,300
보험료 ($2,300)	2,300
기타 등등 ($680 + $0.10*q*)	2,480
총비용	66,180
순영업이익	$14,820

7월에 17,800식사가 실제로 제공되었다. 이 활동수준에 대한 회사의 변동예산은 다음과 같다.

Flight Café 7월 변동예산	
예상 식사제공 수 (*q*)	17,800
수익 ($4.50*q*)	$80,100
비용:	
재료 원가 ($2.40*q*)	42,720
임금과 급료 ($5,200 + $0.30*q*)	10,540
설비원가 ($2,400 + $0.05*q*)	3,290
시설 임차료 ($4,300)	4,300
보험료 ($2,300)	2,300
기타 등등 ($680 + $0.10*q*)	2,460
총비용	65,610
순영업이익	$14,490

요구사항:

1. 7월 회사의 활동차이를 계산하라.
2. 경영자는 어떤 활동차이에 관심을 가져야 하는가? 그 이유를 설명하라.

문제 9-3 수익과 소비차이 [학습목표 9-3]

Quilcene Oysteria는 Pacific Northwest에서 굴을 양식하여 판매한다. 회사는 8월에 굴 8,000파운드를 수확하여 판매하였다. 회사의 8월 변동예산의 아래와 같다.

Quilcene Oysteria 8월 변동예산	
실제 파운드 (q)	8,000
수익 (4.00q$)	$32,000
비용:	
포장용품 (0.50q$)	4,000
굴대 수선비 ($3,200)	3,200
임금과 급료 ($2,900+$0.30q)	5,300
선적비용 ($0.80)	6,400
설비원가 ($830)	830
기타 ($450+$0.05q)	850
총비용	20,580
순영업이익	$ 11,420

8월의 실제결과는 다음과 같다.

Quilcene Oysteria 8월 손익계산서	
실제 파운드	8,000
수익	$35,200
비용:	
포장용품	4,200
굴대 수선비	3,100
임금과 급료	5,640
선적비용	6,950
설비원가	810
기타	980
총비용	21,680
순영업이익	$ 13,520

요구사항:

8월 회사의 수익과 활동차이를 나타내는 보고서를 작성하라.

문제 9-4 변동예산 성과보고서 작성 [학습목표 9-4]

Vulcan Flyovers는 Washington State에 위치한 1982년에 폭발적으로 분출한 화산이 있는 Mount St. Helens의 경관비행을 제공한다. 7월 회사의 영업과 관련된 자료는 다음과 같다.

Vulcan Flyovers 7월 영업자료	(1) 실제결과	(2) 변동예산	(3) 계획예산
비행 횟수 (q)	48	48	50
수익 (320.00q$)	$13,650	$15,360	$16,000
비용:			
임금과 급료 ($4,000 + 82.00q$)	8,430	7,936	8,100
연료 (23.00q$)	1,260	1,104	1,150
공항이용료 ($6500 + 38.00q$)	2,350	2,474	2,550
항공기 감가상각 (7.00q$)	336	336	350
사무실 운용비 ($190 + 2.00q$)	460	286	290
총비용	12,836	12,136	12,440
순영업이익	$ 814	$ 3,224	$ 3,560

회사는 활동을 비행 횟수로 측정한다. 고객은 경관비행을 위해 개별티켓을 구입하거나 할인하여 비행기 전체를 빌릴 수 있다.

요구사항:

1. 본문의 도표 9-8을 참고하여 회사의 7월 변동예산 성과보고서를 작성하라.
2. 경영자는 어떤 차이에 관심을 가져야 하는가? 그 이유를 설명하라.

문제 9-5 원가동인이 하나 이상인 변동예산 작성 [학습목표 9-5]

Alyeski Tours는 관광선 Blue Glacier로 Alaska 해안 빙하의 일일 관광을 운영한다. 경영자는 크루즈 수와 승객수라는 두 개의 원가동인을 확인하였고 예산과 성과보고서에 사용한다. 회사는 수요가 충분하다면 특별 항해가 제공되는 일일 크루즈 계획을 발표하였다. 이 관광선에는 최대 80명을 수용할 수 있다. 회사의 원가형태와 관련된 자료는 다음과 같다.

	월 단위당 고정원가	크루즈당 원가	승객당 원가
선박 운영비	$5,200	$480.00	$2.00
광고비	$1,700		
관리비	$4,300	$24.00	$1.00
보험료	$2,900		

예를 들어 선박 운영비는 월 $5,200에 크루즈당 $480와 승객당 $2를 더해야 한다. 회사의 매출은 승객당 평균 $25이다. 회사의 7월 계획예산은 24크루즈와 1,400명 승객에 기초하고 있다.

요구사항:

본문의 도표 9-10을 참고하여 회사의 7월 변동예산을 작성하라.

문제 9-6 원가동인이 하나 이상인 경우 [학습목표 9-2, 9-3, 9-5, 9-6]

Gourmand Cooking 학교는 작은 캠퍼스에서 단기 요리강좌를 운영한다. 경영진은 예산과 성과보고에 사용하는 두 개의 원가동인을 강좌수와 학생수로 정하였다. 예를 들면 학교는 한 달에 두 강좌를 운영하고 이 두 강좌에 참여한 학생은 50명이다. 회사의 원가공식과 관련된 자료는 다음과 같다.

	월 단위당 고정원가	강좌당 원가	학생당 원가
강사료		$3,080	
교실용품			$260
설비	$870	$130	
캠퍼스 임차료	$4,200		
보험료	$1,890		
일반관리비	$3,270	$15	$4

예를 들면, 일반관리비는 월 단위 $3,270에 강좌당 $15과 학생당 $4를 더해야 한다. 회사의 매출은 학생당 평균 $800이다. 이 학교는 총 45명의 학생들로 3개의 과정을 운영할 계획이었지만, 실제로는 총 42명의 학생들로 3개의 과정을 운영했다. 9월의 실제 운영결과는 다음과 같다.

	실제결과
수익	$32,400
강사료	$9,080
교실용품	$8,540
설비	$1,530
캠퍼스 임차료	$4,200
보험료	$1,890
일반관리비	$3,790

요구사항:

본문의 도표 9-11을 참고하여 9월의 수익 및 소비차이와 활동차이를 모두 보여주는 변동예산 성과보고서를 작성하라.

문제 9-7 변동예산과 활동차이 [학습목표 9-1, 9-2]

Jake's Roof Repair는 회사의 원가와 관련된 다음의 자료를 제공하고 있다.

	월 단위당 고정원가	수리시간당 원가
임금과 급료	$23,200	$16.30
부품과 소모품		$8.60
장비 감가상각	$1,600	$0.40
트럭 운영비용	$6,400	$1.70
임차료	$3,480	
관리비	$4,500	$0.80

예를 들어 임금과 급료는 월 $23,200에 수리시간당 $16.30를 더해야 한다. 회사는 5월에 2,800수리시간을 기대하였으나, 실제로는 2,900수리시간을 작업하였다. 회사는 매출을 수리시간당 $44.50로 기대하고 있다.

요구사항:

회사의 5월 활동차이를 계산하라.

문제 9-8 계획예산 [학습목표 9-1]

Wyckam Manufacturing사는 회사의 제조원가와 관련된 다음의 자료를 제공하고 있다.

	월 단위당 고정원가	기계시간당 원가
직접재료원가		$4.25
직접노무원가	$36,800	
소모품비		$0.30
설비원가	$1,400	$0.05
감가상각	$16,700	
보험료	$12,700	

예를 들어 설비는 월 $1,400에 기계시간당 $0.05를 더해야 한다. 회사는 6월에 5,000기계시간을 작업할 것으로 기대하고 있다. 직접노무원가가 고정원가인 것에 주의하시오.

요구사항:

본문의 도표 9-2를 참고하여 회사의 6월 계획예산을 수립하라.

문제 9-9 계획예산 [학습목표 9-1]

대형 자동화 세차시설을 소유하여 영업을 하는 Lavage Rapide사는 캐나다 회사이다. 다음 표는 회사의 원가와 관련된 자료가 나타나 있다.

	월 단위당 고정원가	세차당 원가
세차 용품		$0.80
전기료	$1,200	$0.15
수선비		$0.20
임금과 급료	$5,000	$0.30
감가상각	$6,000	
임차료	$8,000	
일반관리비	$4,000	$0.10

예를 들어 전기료는 월 $1,200에 세차당 $0.15를 더해야 한다. 회사는 8월에 9,000대를 세차할 것으로 기대하고 있고 세차당 평균 $4.90라고 자료를 수집하였다.

요구사항:

본문의 도표 9–2를 참고하여 회사의 8월 계획예산을 수립하라.

문제 9-10 변동예산 [학습목표 9-1]

문제 9–9의 Lavage Rapide사의 자료를 참고하시오. 회사는 8월에 실제로 8,800대를 세차하였다.

요구사항:

본문의 도표 9–5를 참고하여 회사의 8월 변동예산을 수립하라.

문제 9-11 변동예산 [학습목표 9-2]

문제 9–9의 Lavage Rapide사의 자료를 참고하시오. 회사는 8월에 실제로 8,800대를 세차하였다.

요구사항:

회사의 8월 활동차이를 계산하라.

문제 9-12 수익과 소비차이 [학습목표 9-3]

문제 9–9의 Lavage Rapide사의 자료를 참고하시오. 또한 8월 회사의 실제 운영결과는 다음과 같다.

Lavage Rapide사 8월 손익계산서	
실제 세차대수	8,800
수익	$43,080
비용:	
세차 용품	7,560
전기료	2,670
수선비	2,260
임금과 급료	8,500
감가상각	6,000
임차료	8,000
일반관리비	4,950
총비용	39,940
순영업이익	$ 3,140

요구사항:

회사의 8월 수익과 소비차이를 계산하라.

문제 9-13 변동예산 성과보고서 [학습목표 9-4]

문제 9–9과 문제 9–12의 Lavage Rapide사의 자료를 참고하시오.

요구사항:

본문의 도표 9–8을 참고하여 8월의 수익 및 소비차이와 활동차이를 모두 보여주는 변동예산 성과보고서를 작성하라.

문제 9-14 원가중심점의 변동예산 성과보고서 [학습목표 9-1, 9-2, 9-3, 9-4]

Packaging Solutions사는 다양한 포장 제품을 제조·판매한다. 성과보고서는 각 부문별로 월별로 준비된다. 제조부문에 대한 계획예산과 변동예산은 다음의 원가공식에 기초하고 있으며, q는 월 중에 직접노동시간이다.

	원가공식
직접노무원가	15.80q$
간접노무원가	$8,200 + 1.60q$
시설원가	$6,400 + 0.80q$
소모품비	$1,100 + 0.40q$
장비 감가상각	$23,000 + 3.70q$
공장 임차료	$8,400
재산세	$2,100
공장관리	$11,700 + 1.90q$

제조 부문은 5월에 8,000시간 작업할 계획이었지만, 실제로는 그 달 동안 8,400시간을 작업했다. 제조 부문의 5월 실제 발생원가는 다음과 같다.

	3월 실제 발생원가
직접노무원가	$134,730
간접노무원가	$19,860
시설원가	$14,570
소모품비	$4,980
장비 감가상각	$54,080
공장 임차료	$8,700
재산세	$2,100
공장관리	$26,470

요구사항:

1. 본문의 도표 9–2를 참고하여 제조 부문의 5월 계획예산을 작성하라.
2. 본문의 도표 9–5를 참고하여 제조 부문의 5월 변동예산을 작성하라.
3. 본문의 도표 9–8을 참고하여 소비와 활동차이를 포함한 제조 부문의 5월 변동예산 성과보고서를 작성하라.
4. 경영자는 변동예산 성과보고서의 어떤 측면에 주의를 기울이어야 하는가? 설명하라.

문제 9-15 변동예산 및 수익과 소비차이 [학습목표 9-1, 9-3]

Via Gelato는 인기가 있는 젤라또 판매점이다. 회사는 운영과 관련된 자료를 다음과 같이 제공하였다.

	월 단위당 고정요소	리터당 변동 요소	6월 실제 합계
수익		$12.00	$71,540
원재료		$4.65	$29,230
임금	$5,600	$1.40	$13,860
시설원가	$1,630	$0.20	$3,270
임차료	$2,600		$2,600
보험료	$1,350		$1,350
기타	$650	$0.35	$2,590

젤라또는 콘이나 컵 단위로 판매되는 반면에, 판매점은 판매된 젤라또의 총리터 단위로 활동을 측정한다. 예를 들어 임금은 $5,600에 팔린 젤라또 리터당 $1.40를 더해야 하는데, 6월 실제 발생한 임금은 $13,860이었다. Via Gelato는 6월에 6,000리터를 판매할 것으로 기대하였으나, 실제로는 6,200리터를 판매하였다.

요구사항:

Via Gelato 6월의 수익과 소비차이를 계산하라.

문제 9-16 변동예산 및 수익과 소비차이 [학습목표 9-1, 9-2, 9-3, 9-4]

AirQual Test사는 거주지 공기정화 점검 서비스를 제공한다. 회사는 운영과 관련된 자료를 다음과 같이 제공하였다.

	월 단위당 고정요소	작업당 변동요소	2월 실제 합계
수익		$360	$18,950
기술자 급여	$6,400		$6,450
모바일랩 운영비용	$2,900	$35	$4,530
사무비용	$2,600	$2	$3,050
광고비	$970		$995
보험료	$1,680		$1,680
기타	$500	$3	$465

회사는 활동의 측정치로 작업의 수를 사용한다. 예를 들면 모바일랩 운영비용은 $2,900에 작업당 $35를 더해야 하는데, 2월 실제 발생한 모바일랩 운영비용은 $4,530이었다. 회사는 2월에 50 작업을 수행할 것으로 기대하였으나, 실제로는 52 작업을 수행하였다.

요구사항:

본문의 도표 9-8을 참고하여 AirQual Test의 2월 수익과 소비차이 및 활동차이를 나타내는 변동예산 성과보고서를 작성하라.

문제 9-17 변동예산 성과보고서 [학습목표 9-1, 9-2, 9-3, 9-4]

Ray Company사는 제조부문의 변동예산 성과보고서에서 발췌한 다음의 자료를 제공하였다.

Ray Company 제조부문
8월 변동예산 성과보고서

	실제결과	소비차이	변동예산	활동차이	계획예산
노동시간 (q)	9,480		?		9,000
직접노무원가 ($?$q$)	$134,730	$?	$132,720	$?	$?
간접노무원가 ($? + 1.5q$)	?	1,780 유리	21,640	?	?
설비원가 ($6,500 + $?$q$)	?	1,450 불리	?	336 불리	12,800
소모품비 ($? + $?$q$)	4,940	?	4,444	?	4,300
장비 감가상각 ($78,400)	?	0	?	?	?
공장관리비 ($18,700 + 1.90q$)	?	?	?	?	?
총비용	$288,088	$?	$?	$?	$?

요구사항:

모든 물음표를 채워서 제조부문의 변동예산 성과보고서를 완성하라.

문제 9-18 활동과 소비차이 [학습목표 9-1, 9-2, 9-3]

당신은 최신식 차고 문 개폐장치를 제조하는 FAB사에 고용되었다. 이 회사의 사장은 원가시스템의 검토와 "회사의 간접원가를 보다 잘 통제할 수 있도록 할 수 있는 것을 하라."라고 부탁하였다. 당신은 이 회사가 변동예산을 사용한 적이 없는 것을 발견하고 제조간접비의 계획과 통제의 첫 번째 단계로 변동예산의 작성을 제안하였다. 많은 노력과 분석 끝에, 다음의 원가공식을 결정하였고 3월에 대한 다음의 실제원가 자료를 수집하였다.

	원가공식	3월 실제원가
소모품비	$ 0.10/기계시간 + $20,600/월	$24,200
수선유지비	$ 1.60/기계시간 + $40,000/월	$78,100
소모품비	$ 0.30/기계시간	$8,400
간접노무비	$ 0.70/기계시간 + $130,000/월	$149,600
감가상각비	$ 70,000/월	$71,500

3월 중에 회사는 26,000기계시간을 작업하였고, 15,000단위를 생산하였다. 회사는 당초에 3월 중 30,000기계시간 작업을 계획했었다.

요구사항:

1. 3월 활동차이를 계산하라. 이러한 차이가 의미하는 것을 설명하라.
2. 3월 소비차이를 계산하라. 이러한 차이가 의미하는 것을 설명하라.

문제 9-19 원가동인이 하나 이상인 경우 [학습목표 9-2, 9-3, 9-5, 9-6]

Milano Pizza는 가게 내에서 식사뿐만 아니라 테이크 아웃이 가능하고 가정배달도 하는 작은 동네 피자가게이다. 피자가게 주인은 판매된 피자의 수와 배달 횟수가 주요한 두 개의 원가동인이라고 결정하였다. 피자가게 원가와 관련된 자료는 다음과 같다.

	월 단위당 고정원가	피자당 원가	배달당 원가
피자재료		$3.80	
주방 보조	$5,220		
설비원가	$630	$0.05	
배달원			$3.50
배달차량	$540		$1.50
장비 감가상각	$275		
임차료	$1,830		
기타	$820	$0.15	

11월에 피자가게는 피자당 평균 $13.50의 판매가격과 180회 배달을 기준으로 예산을 수립하였다. 11월 피자가게의 운영과 관련된 자료는 다음과 같다.

	실제결과
피자 수량	1,240
배달 횟수	174
수익	$17,420
피자재료	$4,985
주방 보조	$5,281
설비원가	$984
배달원	$609
배달차량	$655
장비 감가상각	$275
임차료	$1,830
기타	$954

요구사항:

1. 본문의 도표 9–11을 참고하여 수익과 소비차이 및 활동차이를 포함한 피자가게의 11월 변동예산 성과보고서를 작성하라.
2. 활동차이를 설명하라.

문제 9-20 보고서 비평; 성과보고서 작성 [학습목표 9-1, 9-2, 9-3, 9-4]

TipTop Flight 학교는 작은 지방공항에서 비행강습을 한다. 학교의 소유자와 경영자는 실제성과에 대한 계획예산을 비교하는 차이분석 보고서를 사용하여 성과를 평가하고 원가를 통제하려고 노력해왔다. 최근 차이분석 보고서는 다음과 같다.

TipTop Flight 학교
7월 차이분석 보고서

	실제결과	계획예산	차이
강습 횟수	155	150	
수익	$33,900	$33,000	$900 유리
비용:			
강사료	9,870	9,750	120 불리
항공기 감가상각	5,890	5,700	190 불리
연료	2,750	2,250	500 불리
수선비	2,450	2,330	120 불리
지상 시설운영비	1,540	1,550	10 유리
관리비	3,320	3,390	70 유리
총비용	25,820	24,970	850 불리
순영업이익	$ 8,080	$ 8,030	$ 50 유리

이러한 차이분석 보고서를 수개월 사용하고 나서, 소유주는 화가 나게 되었다. 예를 들면 그녀는 강사료를 7월에 매우 타이트하게 관리하였다고 자신하였는데, 보고서는 불리한 차이를 보이고 있다. 다음 원가공식을 사용하는 계획예산이 개발되었으며, 여기서 q는 수행된 강습 횟수를 나타낸다.

	원가공식
수익	$220*q*
강사료	$65*q*
항공기 감가상각	$38*q*
연료	$15*q*
수선비	$530 + $12*q*
지상 시설운영비	$1,250 + $2*q*
관리비	$3,240 + $1*q*

요구사항:

1. 소유주가 차이보고서로 인해 화를 냈어야 했는가? 설명하라.
2. 본문의 도표 9–8을 참고하여 학교의 7월 변동예산 성과보고서를 작성하라.
3. 7월 학교의 성과를 평가하라.

문제 9-21 비영리조직의 성과보고서 [학습목표 9-1, 9-2, 9-3, 9-4]

St. Lucia의 Caribbean island에 위치한 St. Lucia Blood Bank는 정부보조금을 받아 사설 자선사업을 하고 있다. Blood Bank는 9월의 운영을 막 마쳤는데, 인근 섬들을 강타해 많은 인명 피해를 초래한 강력한 허리케인으로 인해 특별히 바쁜 달이었다. 이 허리케인은 St. Lucia를 크게 우회하였으나, St. Lucia의 주민들은 다른 섬들의 주민을 돕기 위해 자진해서 헌혈하였다. 결과적으로 Blood Bank는 그 달에 계획했던 것보다 20%나 더 많은 피를 수혈받을 수 있었다.

정부 관료에 의해 작성된 Blood Bank의 예상원가와 실제원가를 비교한 자료는 다음과 같다. 계속해서 정부보조를 받기 위해서는 Blood Banks의 원가통제 능력을 증명하여야 한다.

St. Lucia Blood Bank
9월 원가통제 보고서
9월 1일~9월 30일

	실제결과	계획예산	차이	
혈액 회수량	620	500		
의료 자재비	$ 9,250	$ 7,500	$1,750	불리
연구실 검사비	6,180	6,000	180	불리
장비 감가상각	2,800	2,500	300	불리
임차료	1,000	1,000	0	
설비	570	500	70	불리
관리비	11,740	11,250	490	불리
총원가	$31,540	$28,750	$2,790	불리

Blood Bank의 관리이사는 이웃 섬들의 위급상황으로 인해 기대했던 것보다 원가가 더 높았다고 주장하면서 이 보고서에 대해서 매우 불만족하였다. 그는 또한 추가적인 원가는 다른 섬들의 수혈받은 사람들이 감사 표시로 지불한 것에 의해 충분히 충당할 수 있다고 지적했다. 보고서를 작성한 정부 관료는 Blood Bank가 제출한 모든 자료를 반박하며 단지 실제원가가 예산상의 약속한 원가보다 훨씬 높다는 사실만 지적하고 있다.

다음은 계획예산을 수립하는 데 사용한 원가공식이다.

	원가공식
의료 자재비	$15.00*q*
연구실 검사비	$12.00*q*
장비 감가상각	$2,500
임차료	$1,000
설비	$500
관리비	$10,000 + $2.50*q*

요구사항:

1. 본문의 도표 9–8을 참고하여 9월 변동예산 성과보고서를 작성하라.
2. 위에서 작성한 보고서상 차이들을 조사하여야 한다고 생각하는가? 그 이유를 설명하라.

문제 9-22 차이보고서 비평; 성과보고서 작성 [학습목표 9-1, 9-2, 9-3, 9-4]

몇 년 전, Westmont사는 이익과 통제목적을 위해 총괄적인 예산시스템을 개발하였다. 부문 상위경영자는 이 시스템에 매우 만족하고 있으나, 공장관리자는 이 시스템으로 생성된 정보에 상당히 불만족을 표시하였다.

회사의 3월 조립 부문 원가보고서는 다음과 같다.

조립 부문 3월 원가보고서	실제결과	계획예산	차이
기계시간	35,000	40,000	
변동원가			
소모품	$ 29,700	$ 32,000	$ 2,300 유리
작업폐물	19,500	20,000	500 유리
간접재료	51,800	56,000	4,200 유리
고정원가			
임금과 급료	79,200	80,000	800 유리
장비 감가상각	60,000	60,000	—
총원가	$ 240,200	$ 248,000	$ 7,800 유리

이 간접비 성과보고서를 받은 후에 조립 부문의 책임자는 말했다. "이 보고서는 너무 훌륭합니다. 이 보고서는 저희 부문이 매우 잘 운영되고 있는지 볼 수 있어 좋습니다. 상부 사람들이 이 보고서에 그렇게 불평을 하는지 이해할 수가 없군요."

지난 몇 년 동안, 회사의 마케팅 부문은 회사의 월간 예산에 나타난 판매목표를 충족하는 것을 지속적으로 실패하고 있다.

요구사항:

1. 이 회사 사장은 원가보고서를 쉽게 납득하지 못하고 있어, 당신이 회사에 보고서가 유용한 지를 평가해 줄 수 있는가?
2. 부문관리자가 원가를 얼마나 잘 통제하고 있는지에 대한 보다 나은 통찰력을 보고서의 어떤 점이 수정되어야 하는가?
3. 본문의 도표 9–8을 참고하여 위 2번에서 제시한 변화를 포함하여 분기별 성과보고서를 재작성하라.
4. 3월에 조립 부문은 원가를 얼마나 잘 통제되었는가?

문제 9-23 원가보고서 비평; 성과보고서 작성 [학습목표 9-1, 9-2, 9-3, 9-4]

Freemont사 기계 부문의 책임자인 Frank Western은 지난달 그의 부서의 나쁜 성과로 인한 질책을 받아 매우 화가 나있다. 부문 원가통제 보고서는 다음과 같다.

Freemont사-기계 부문
6월 원가통제 보고서

	실제결과	계획예산	차이	
기계시간	38,000	35,000		
직접노무원가	$ 86,100	$ 80,500	$ 5,600	불리
소모품	23,100	21,000	2,100	불리
수선비	137,300	134,000	3,300	불리
설비원가	15,700	15,200	500	불리
감독자 급여	38,000	38,000	0	
감가상각비	80,000	80,000	0	
총제조간접비	$380,200	$368,700	$ 11,500	불리

"나는 이 모든 불리한 차이를 이해할 수가 없어요."라고 Western은 다른 부서의 책임자에게 말했다. "지난번에 보스가 절 불렀을 때, 지난달 우리 부서가 예전에 비해 매우 효율적으로 열심히 일했기에 격려를 해줄 거라고 생각했어요. 그렇지만 전 꾸짖음만을 들었어요. 저는 잠깐 동안 지난달 재고가 도난당해서 그렇게 된 거라고 생각했으나, 그 금액은 겨우 몇 천 달러에 지나지 않았어요. 이 보고서를 보세요. 모두가 불리한 차이들뿐이에요!"

직접노무원가, 소모품은 변동원가이고, 감독자 급여와 감가상각비는 고정원가이며 수선비와 설비원가는 혼합원가이다. 예산 수선원가의 고정요소는 $92,000이고, 예산 설비원가의 고정요소는 $11,700이다.

요구사항:

1. 회사의 원가통제 보고서를 평가하고 모두 불리한 차이가 나타나는 이유를 설명하라.
2. 본문의 도표 9–8을 참고하여 Mr. Western의 상관이 기계 부문에서 비용을 얼마나 잘 관리했는지 평가하는데 도움이 되는 성과보고서를 작성하라.

사례 connect

사례 9-24 윤리와 경영자 [학습목표 9-3]

Tom Kemper는 Prudhom Enterprises사의 Wichita 공장관리자이다. 회사의 본부에 보고해야 할 많은 보고서 중에 하나는 연간 원가통제 보고서인 데, 다음 회계연도 시작 후에 바로 보고해야 한다. Kemper는 시간에 임박해서 보고서를 작성하는 것을 좋아하지 않아서, 크리스마스 바로 전에 원가통제 보고서 초안을 작성하였다. 크리스마스와 신년 사이에 발생하는 몇 거래에 대해서는 후에 수정이 필요하다. Kemper가 12월 21일에 완성한 기본적인 보고서 초안은 다음과 같다.

Wichita Manufacturing Facility
원가통제 보고서
12월 21일 초안

	실제결과	변동예산	소비차이	
노무시간	18,000	18,000		
직접노무원가	$ 326,000	$ 324,000	$ 2,000	불리
동력비	19,750	18,000	1,750	불리
소모품비	105,000	99,000	6,000	불리
장비감가상각	343,000	332,000	11,000	불리
감독자 급여	273,000	275,000	2,000	유리
보험료	37,000	37,000	0	
엔지니어링 용역비	189,000	210,000	21,000	유리
공장건물임차료	60,000	60,000	0	
총비용	$1,352,750	$1,355,000	$ 2,250	유리

Wichita 공장의 관리경영자인 Melissa Ilianovitch가 예비보고서 초안 사본을 보자고 요청하였다. Kemper는 보고서의 사본을 가지고 그녀의 사무실에서 다음과 같은 토론을 했다.

Ilianovitch: 이런, 성과보고서의 대부분의 차이가 불리한 차이네요. 유리한 차이를 보이는 것은 엔지니어링 용역비랑 감독자 급여뿐이네요. 감가상각비가 어떻게 불리한 차이를 나타낼 수가 있죠?

Kemper: 기계 운전자가 잘못된 윤활유를 사용해서 밀링기계가 고장났던 거 기억나요?

Ilianovitch: 예.

Kemper: 우리는 그 기계를 고칠 수 없다고 판명했어요. 그래서 기존 기계를 폐기하고 새 기계를 구입했어야 했어요.

Ilianovitch: 이 보고서는 좋아 보이지 않아요. 나는 약간의 불리한 차이를 보고한 작년에 심하게 질책 받았어요.

Kemper: 전 최종보고서가 더 나쁜 성과를 보고할 것 같아서 걱정됩니다.

Ilianovitch: 이런!

Kemper: 이 성과보고서의 엔지니어링 용역비 항목은 우리가 계약한 Ferguson Engineering이 작업한 것에 대한 것입니다. 기본계약은 $210,000이었는데, 계약에 없는 추가적인 작업을 요구했어요.

Ferguson Engineering에게 추가적인 작업에 대한 비용을 지불해야 해요. 예비보고서에 나타난 실제 $189,000는 12월 21일까지의 청구서만이 반영된 것입니다. 우리에게 보낸 마지막 청구서는 11월 28일 기준이었고 지난주에 프로젝트를 막 완성했습니다. 어제 Ferguson사의 Laura Sunder는 연말 전에 프로젝트에 대한 마지막 청구서를 보낼 것이라고 했습니다. 추가 작업이 포함된 최종 청구서는 아마 …

Ilianovitch: 듣기 원하는 것이 정말 아니군요.

Kemper: $225,000

Ilianovitch: 이런!!!!

Kemper: 프로젝트 원가에 추가적인 작업 $15,000가 더해집니다.

Ilianovitch: 온통 불리한 차이밖에 없는 이 성과보고서를 제가 어떻게 제출합니까? 회사 본부에서는 저를 가만 안둘 거예요. Ferguson의 Laura에게 전화해서 청구서를 다음 연도 초까지 보내지 말아 달라고 요청하세요. 성과보고서에 엔지니어링 용역비에 대해서는 $21,000의 유리한 차이를 보고해야만 합니다.

요구사항:

Tom Kemper가 무엇을 해야 하는가? 설명하시오.

사례 9-25 보고서 비평; 소비차이 계산 [학습목표 9-3, 9-5]

Boyne University는 주 전역의 많은 도시에서 확장된 지속적인 교육프로그램을 제공한다. 교수진과 관리직원의 편의성과 비용절감 목적으로 대학은 모터풀을 운영한다. 이 모터풀의 월간 계획예산은 20대 차량의 운영에 기초하고 있는데, 3월에 대학은 추가적인 차량을 구입하였다. 모터풀은 차량에 휘발유, 오일과 기타 부품을 제공한다. 수리공은 일상적인 수리와 간단한 수리를 담당한다. 중대한 수리는 근처의 자동차수리 센터에서 이루어진다.

아래의 원가통제 보고서는 3월의 계획예산과 비교하여 올해 3월의 실제 운영원가를 나타낸다.

Boyne University Motor Pool
3월 원가통제 보고서

	3월 실제결과	계획예산	과소(과대) 배부액
운행거리(마일)	63,000	50,000	
차량	21	20	
휘발유	$ 9,350	$ 7,500	$ (1,850)
오일, 간단한 수선, 부품	2,360	2,000	(360)
외주수리	1,420	1,500	80
보험료	2,120	2,000	(120)
급여와 복리후생	7,540	7,540	0
차량 감가상각	5,250	5,000	(250)
총원가	$ 28,040	$ 25,540	$ (2,500)

계획예산은 다음의 가정에 기초한다.

a. 휘발유는 마일당 $0.15
b. 오일, 간단한 수선과 부품은 마일당 $0.04
c. 외주수리는 월 단위로 차량당 $75
d. 보험료는 월 단위로 차량당 $100
e. 급여와 복리후생은 월 단위로 $7,540
f. 감가상각비는 월 단위로 차량당 $250

모터풀의 관리자는 모터풀 성과가 공정하지 못하다고 주장하면서 보고서로 인해 불쾌해 하고 있다.

요구사항:

1. 3월의 소비차이를 계산하라.
2. 앞에서 제시한 원가통제 보고서의 결점은 무엇인가? 위의 (1)에서 계산은 이러한 결함을 어떻게 극복하는가?

사례 9-26 원가동인이 하나 이상인 경우 성과보고서 [학습목표 9-2, 9-3, 9-5, 9-6]

Little Theatre는 어린이를 위한 연극을 하는 비영리기업이다. 이 극장은 소수의 전문 관리직원을 가지고 있다. 배우조합과의 협정에 따라, 리허설에는 배우와 감독은 임금 없이 시연하고 실제 연극에 대해서만 지불한다.

Little Theatre는 총 108회 공연으로 6개의 다른 작품을 상영할 예정이었다. 예를 들어 작품 중의 하나가 *Peter Rabbit*인데, 이것은 매 주말마다 3회 공연을 6주 동안 진행하였다. 당해 연도 계획예산의 원가는 다음과 같다.

Little Theatre 연간 계획예산상 원가	
예정된 작품의 수	6
예정된 공연 횟수	108
배우와 감독자 급여	$216,000
무대담당자 급여	32,400
매표직원 급여	16,200
무대장치, 의상, 소품 등	108,000
극장 임차료	54,000
프로그램 인쇄비	27,000
광고선전비	12,000
관리비	43,200
총원가	$508,800

어떤 원가는 작품수에 따라 변동하고, 어떤 원가는 공연 횟수에 따라 변동하며 또 어떤 원가는 상대적으로 고정되어 있어 작품수나 공연 횟수에 따라 변동하지 않는다. 무대장치, 의상, 소품 등과 홍보비는 작품수에 따라 변동한다. 즉 무대장치비용 등은 *Peter the Rabbit*의 공연 횟수에 상관없이 동일하다. 마찬가지로 포스터와 라디오 광고 등을 통한 연극의 홍보비도 연극이 10회, 20회 또는 30회가 공연되는지에 상관없이 동일하다. 반면에, 배우, 감독자, 무대담당자와 매표직원, 안내인의 급여는 공연 횟수에 따라 변동된다. 공연 횟수가 증가할수록, 급여도 높아질 것이다. 이와 유사하게 극장 임차료와 프로그램 인쇄비도 공연 횟수에 따라 변동하게 된다. 관리비는 구별하기가 더 어려우나 대략 75%는 고정비로 구성되어 있으며, 15%는 작품수에 따라 결정되며 나머지 10%는 공연 횟수에 따라 결정된다.

연초 후에 극단의 이사회는 극장 프로그램을 7개의 작품과 총 168회 공연으로 확장하는 것을 승인하였다. 당연히, 실제원가는 계획예산의 원가보다 상당히 증가하였다.(기부자의 기부와 티켓 판매는 이에 따라 더 높아졌으나, 여기에 나타나 있지 않다.) 실제원가와 관련된 자료는 다음과 같다.

Little Theatre 연간 실제원가	
실제 작품의 수	7
실제 공연 횟수	168
배우와 감독자 급여	$341,800
무대담당자 급여	49,700
매표직원 급여	25,900
무대장치, 의상, 소품 등	130,600
극장 임차료	78,000
프로그램 인쇄비	38,300
광고선전비	15,100
관리비	47,500
총원가	$726,900

요구사항:

1. 본문의 도표 9-11을 참고하여 소비차이와 활동차이를 나타내는 당해 연도의 변동예산 성과보고서를 작성하라.
2. 당신이 이 극단의 이사회에 있다면, 연간 원가가 얼마나 잘 통제되고 있는지에 대해 만족하겠는가? 왜 그런가 또는 왜 그렇지 않은가?
3. 원가공식은 작품당 평균원가와 공연 횟수당 평균원가를 제공한다. 이 숫자가 새로운 작품원가 또는 특정 작품의 추가적인 공연원가를 얼마나 정확히 예측할 수 있다고 생각하는가?

Chapter 10

표준원가와 차이

학습목표

10장을 공부한 후에 다음을 할 수 있어야 한다.

학습목표 10-1 직접재료의 가격과 수량차이를 계산하고 그것들의 의미를 설명한다.

학습목표 10-2 직접노무 임률과 능률차이를 계산하고 그것들의 의미를 설명한다.

학습목표 10-3 변동제조간접원가의 배부율차이와 능률차이를 계산하고 그것들의 의미를 설명한다.

학습목표 10-4 (부록 10A) 고정제조간접원가의 예산과 조업도차이를 계산하고 해석한다.

학습목표 10-5 (부록 10B) 표준원가계산 시스템을 이용하여 손익계산서를 작성한다.

재료와 노동력 관리하기

BUSINESS FOCUS

Schneider Electric의 Ohio주 Oxford 공장은 건물입구 지점으로부터 떨어져 있는 건물 곳곳으로 전기를 송전하는 버스웨이(busways)를 생산한다. 공장의 경영자는 직접재료원가가 공장의 총제조원가의 절반 이상을 차지하기 때문에 직접재료원가에 세심한 주의를 기울인다. 구리, 철, 알루미늄과 같은 직접재료의 폐기율을 제어하기 위해 회계부서는 직접재료의 수량차이를 작성한다. 이러한 차이는 실제 사용된 직접재료의 양과 제품을 만드는데 사용되어야 하는 직접재료의 표준수량을 비교한다. 이러한 차이를 면밀히 주시하면 부적절하게 훈련된 기계 작업자, 품질이 낮은 원자재와 기계 오작동과 같은 과도한 스크랩의 원인을 식별하고 처리하는 데 도움이 된다.

직접노무 또한 공장의 총제조원가의 중요한 요소이기 때문에 관리팀은 매일 직접노무의 능률차이를 주시한다. 이 차이는 실제 사용된 노동시간과 제품을 만드는데 허용된 표준노동시간을 비교한다. 유휴 작업자로 불리한 노무 능률차이가 발생할 경우, 경영자는 일시적으로 작업자를 유휴 부문으로부터 작업이 이루어져 할 주문품이 있는 부문으로 이동시킨다. ■

Source: Author's conversation with Doug Taylor, plant controller, Schneider Electric's Oxford, Ohio, plant.

저번 장에서 변동예산 차이를 살펴보았다. 이 차이는 조직이 얼마나 그의 예산과 관련하여 조직이 얼마나 잘 운영했는지에 관한 피드백을 제공한다. 활동수준 변동이 이익에 미치는 영향은 전체 순영업이익 활동차이로 포착된다. 수익과 소비차이는 주어진 실제 활동수준에서 수익과 원가가 얼마나 잘 통제되었는지를 알려준다. 많은 소비차이의 경우에, 얼마나 원가가 잘 통제되었는가에 관해 더 자세히 알 수 있다. 예를 들어 Rick의 미용실은 헤어스타일링 용품에 대한 불리한 소비차이가 있었는데, 이것은 용품에 돈을 너무 많이 지출했거나, 너무 용품을 많이 사용했거나, 또는 이 두 가지 요인이 결합되어 발생했을 것이다. 특히 용품 구매와 사용에 대한 책임을 각기 다른 사람들이 지고 있다면, 이 두 가지 차이 효과를 분리하는 것이 유용할 것이다. 이 장에서는 소비차이를 자원 취득가격이 어떻게 잘 통제되었는지를 측정하는 부분과 그 자원들이 얼마나 효과적으로 사용되었는지를 측정하는 부분인 두 개 부분으로 나누어 표준원가를 어떻게 잘 사용할지에 대해 학습한다.

표준원가－설정하기

표준은 성과를 측정하는 기준점이다. 표준은 어디에나 있다. 예를 들어 **Firestone**과 **Sears** 같은 자동차 서비스센터는 카뷰레터 설치나 밸브작업 같은 특정한 작업을 완수하는 데 필요한 구체적인 노무시간 표준을 설정해두고, 이 기준에 맞춰 실제성과를 측정한다. **McDonald's**와 **Subway** 같은 대형 패스트푸드점은 샌드위치에 들어가는 고기 양에 대한 정확한 표준뿐만 아니라 고기원가에 대한 표준을 갖고 있다. 의사는 개인의 나이, 키, 성별에 대한 표준치를 이용하여 몸무게를 평가한다. 우리가 편하게 살고 있는 건물은 건물 규모에 맞게 설정된 표준을 따른다.

표준은 또한 관리회계에도 널리 이용되는 데 상품을 제조하거나 서비스를 제공하는 데 사용되는 투입의 **수량**과 자원 **취득가격**이 관련되는 관리회계에서도 널리 사용된다. **수량표준**은 상품 하나를 제조하거나 서비스 하나를 제공하는 데 하나의 투입을 얼마나 많이 해야 하는지를 특정한다. **가격표준**은 투입의 각 한 단위마다 얼마나 많이 지출해야 하는지를 특정한다. 만일 자원의 수량이나 취득가격이 표준에서 현저히 벗어나면, 경영자는 그 차이를 조사해서 문제의 원인을 제거해야 한다.

다음으로 한 회사가 직접재료, 직접노무, 변동제조간접비를 위한 수량표준과 가격표준을 어떻게 설정하는지 살펴볼 것이고, 그런 표준들이 차이계산과 영업관리에 어떻게 쓰일 수 있는지 논의할 것이다.

MANAGERIAL ACCOUNTING IN ACTION
THE ISSUE

Colonial Pewter Company

The Colonial Pewter사는 정교한 18세기 백랍 조각상의 복제품만을 생산한다. 복제품은 대부분 전통적인 금속공예 도구를 사용하여 수작업으로 만들어진다. 결과적으로, 제조공정은 노동집약적이며 고도의 기술을 요구한다.

최근 Colonial Pewter는 선물로서 조각상에 대한 기대하지 않은 수요에 대응하고자 인력을 확충하였다. 회사는 작은 규모로 경험 많은 백랍 작업자 선임들과 함께 시작했었으나, 확충의 결과로 경험이 부족한 작업자들을 고용해야 했다. 회사의 사장인 J. D. Wriston은 생산 관련 문제를 논의하기 위해 회의를 소집했다. 회의에 참석한 사람은 생산담당자인 Tom Kuchel과 구매담당자인 Janet Warner, 그리고 회사관리자인 Terry Sherman이다.

J.D.: 신참 작업자로 인해 우리가 달성해야 하는 생산수준에 부합하지 못하는 것 같군요.

Tom: 기회를 주십시오. 새로운 작업자들 중 일부는 우리와 함께한지 1달도 안되었습니다.

Janet: 한 가지 더 말씀드리자면 생산과정에 있어서 많은 양의 재료, 특히 백랍이 낭비되고 있는 것 같습니다. 그것은 매우 값비싼 원재료입니다.

Tom: 당신이 구매한 철 불순물이 있는 불량 백랍의 반송은 어떻게 됐습니까? 그것이 큰 문제를 야기했습니다.

Janet: 그게 불량품일 거라고 제가 어떻게 알겠습니까? 게다가, 그런 일은 비일비재합니다.

J.D.: 모두 진정들 하세요. 서로를 비난하기 전에 진실을 알아봅시다.

Tom: 맞습니다. 진실이 많을수록 더 좋죠.

J.D.: 좋습니다. Terry, 당신 차례입니다. 진실은 관리 부서에 있습니다.

Terry: 지금 당장은 답을 드릴 수 없어 송구스럽게 생각합니다만, 일주일만 주신다면 작업자 생산성, 재료낭비 그리고 투입물 가격과 관련된 질문에 대해 근본적으로 답할 수 있는 시스템을 구축하겠습니다

J.D.: 모두 달력에 표시해 둡시다.

직접재료표준 설정하기

Terry Sherman의 첫 번째 임무는 회사의 유일하고 중요한 원재료인 백랍에 대한 수량과 가격표준을 설정하는 것이다. **단위당 표준수량(standard quantity per unit)**은 폐물과 공손[1] 같이 정상 비효율에 대한 허용을 포함하여 완성품 한 개를 만드는데 사용될 직접재료 수량으로 정의된다. 생산담당자인 Tom Kuchel과 상의 후 Terry는 백랍의 수량표준을 조각상당 3.0 파운드로 설정했다.

단위당 표준가격(standard price per unit)은 직접재료 단위당 지불해야 할 가격으로 정의되며, 해당 재료의 최종적이고 운송된 원가를 반영해야만 한다. 구매담당자인 Janet Warner와 상의 후 Terry는 백랍의 표준가격을 1파운드당 $4로 설정했다.

Terry는 수량과 가격표준을 설정해놓고 다음과 같이 조각상당 표준 직접재료원가를 다음과 같이 계산했다:

조각상 1개당 3.0 파운드 × 1파운드당 $4.00 = 조각상 1개당 $12.00

1 비록 회사들은 대부분 폐물, 공손과 불합격품과 같은 일반적 비효율성 허용을 포함해서 "이상적"보다는 실용적"인 재료 수량표준을 설정하지만 이 설정은 자주 비난받는다. 왜냐하면 많은 공정개선 프로그램이 강조하는 무결점 목표에 반하기 때문이다. 이런 허용들을 재료 수량표준에 반영한다면, 이 허용들은 주기적으로 검토되어 개선된 공정, 더 나은 훈련, 더 나은 장비에 반영하여 시간이 지나면서 점차 절감되어야 한다.

IN BUSINESS | 기업현장

안목 있는 고객은 자신이 먹는 음식에 대해 더 알고 싶어 한다

제조업체들이 단위당 표준 재료원가를 낮추기 위해 끊임없이 노력하고 있다는 결론을 내리는 것은 유혹적일 수 있다. 그러나 많은 고객이 식품의 내용, 생산 방법 및 출처에 대해 더 많은 것을 요구하는 식품산업에서는 그렇지 않다. 사실, 고객들은 종종 유기농 식품과 지속가능한 재배식품에 대한 가격 프리미엄을 기꺼이 지불하는데, 이것은 실제로 제조사들이 생산하는 데 더 많은 비용이 들 수도 있다.

Hershey Company는 건강을 의식하고 환경 친화적인 고객들에게 더 나은 정보를 제공하기 위해 자사제품에 대해 제공되는 영양정보의 양을 늘리는 새로운 "스마트 라벨"을 채택했다. **Kellogg사**와 **General Mills사**는 그들의 웹사이트에 시리얼을 위해 밀과 귀리를 재배하는 농부의 이름과 프로필을 소개한다.

Source: Brat, Ilan and Annie Gasparro. "Companies Step Up Efforts to Reveal More Details on Food You Eat," *The Wall Street Journal*, March 13, 2016.

직접노무표준 설정하기

직접노무수량과 가격표준은 보통 노무시간 또는 임률로 표현된다. **단위당 표준시간(standard hours per unit)**은 한 개의 완성품을 만드는 데 사용될 직접 노무시간으로 정의 된다. 이 표준을 설정하는 데 사용되는 하나의 접근방식은 산업기술자가 각 업무에 필요한 시간을 실제로 시간을 측정하는 시간과 동작연구이다. 이 장의 전반에 걸쳐서 가장 능력있고 능률적인 직원이 시간의 100% 최고 노력으로 작업해서 획득할 수 있는 "이상적"인 표준이라기보다는 "까다롭긴 하지만 달성가능한" 노무표준이 사용된다고 가정할 것이다. 따라서 생산관리자와 상의하고 휴식, 직원들의 개인적인 욕구사항, 청소, 기계 유휴시간에 대한 합리적인 허용정도를 고려한 후 Terry는 조각상 1개당 0.50 직접노무시간으로 단위당 표준시간을 설정했다.

시간당 표준임률(standard rate per hour)은 시간당 예상 직접노무임률로 정의되는데, 여기에는 고용세와 복리후생비가 포함된다. 급여기록과 생산담당자와의 상의한 후, Terry Sherman은 시간당 표준임률을 $22.00로 설정하였다. 이 표준임률은 실제 시간당 임률이 차이나는 숙련도와 연차로 인하여 개인 간에 어느 정도 다양할 수 있으나, 근로자의 예상된 "혼합"을 반영한다.

Terry는 시간과 임률표준을 설정해 놓고, 조각상 1개당 표준 직접노무원가를 다음과 같이 계산했다:

조각상 1개당 0.50 직접노무시간 × 직접노무시간당 $22.00 = 조각상 1개당 $11.00

표준 변동제조간접원가 설정하기

직접노무원가와 같이, 변동제조간접원가의 수량과 가격표준은 시간과 배부율의 형태로 대개 표현된다. 변동제조간접원가를 위한 단위당 표준시간은 완성품 한 단위를 만드는 데 필요한 회사의 예정 간접비배부율로부터 배부기준 총계를 측정한다. Colonial Pewter의 경우, 회사는 예정 간접원가배부율의 배부기준으로 직접노무시간을 사용한다고 가정할 것이다. 따라서 변동제조간접원가에 대한 단위당 표준시간은 직접노무(조각상 1개당 0.50의 직접노무시간)에 대한 단위당 표준시간과 똑같다.

회사가 변동제조간접원가에 대해 지불하려고 기대하는 **단위당 표준비율**은 **예정 간접원가배부율의 변동부분**과 같다. Colonial Pewter에서 예정 간접원가배부율의 변동부분은 직접노동시간당 $6이다. 따라서 Terry는 조각상 1개당 표준 변동제조간접원가를 다음과 같이 계산했다:

조각상 1개당 0.50의 직접노무시간 × 직접노무시간당 $6.00 = 조각상 1개당 $3.00

변동간접제조원가에 대한 단위당 원가 $3.00은 도표 10-1의 **표준원가카드**(*standard cost card*)에서 직접재료원가(단위당 $12)와 직접노무원가(단위당 $11)와 함께 나타나 있다. **표준원가카드**는 특정 제품 한 단위를 만드는 데 필요한 투입량의 표준수량(또는 시간당)과 표준가격(또는 비율)을 보여준다. 세 가지 변동제조원가에 대한 단위당 표준원가는 같은 방식으로 계산된다. **단위당 표준원가(standard cost per unit)**를 구하기 위해, 단위당 표준수량(또는 시간)에 단위당 표준가격(또는 비율)을 곱한다.

도표 10-1
표준원가카드 — 변동제조원가

투입물	(1) 표준수량 또는 시간	(2) 표준가격 또는 비율	표준원가 (1)×(2)
직접재료원가	3.0파운드	$4.00/파운드	$12.00
직접노무원가	0.50시간	$22.00/시간	11.00
변동제조간접원가	0.50시간	$6.00/시간	3.00
단위당 총표준원가			$26.00

변동예산에 표준 설정하기

Terry Sherma은 도표 10-1과 같이 표준원가카드를 만들면 이 정보를 이용해서 직접재료원가, 직접노무원가, 변동제조간접원가차이를 계산할 준비가 된 것이다. 따라서 그는 6월 달을 위해서 다음의 자료들을 수집했다:

6월의 계획 산출량	2,100 조각상
6월의 실제 산출량	2,000 조각상
6월의 실제 직접재료원가*	$24,700
6월의 실제 직접노무원가	$22,680
6월의 실제 변동제조간접원가	$7,140

*6월 기초 또는 기말 원재료 재고는 없다. 구매된 모든 원재료는 사용되었다.

위의 자료와 도표 10-1의 표준원가 자료를 사용해서, Terry는 도표 10-2의 소비와 활동 차이를 계산했다. 실제결과와 변동예산 열은 각각 실제 2,000개 조각상 산출량을 근거로 하였다는 점에 주목하라. 계획예산 열은 2,100개의 계획 산출량을 근거로 한다. 재료에 대한 단위당 표준원가 $12, 직접노무에 대한 단위당 표준원가 $11, 변동제조간접원가에 대한 단위당 표준원가 $3에 각각 실제 2000개의 조각상 산출량을 곱하여 변동예산 열의 값을 계산한다. 예를 들어 단위당 표준 직접노무원가 $11.00에 2,000개 조각상을 곱하면 직접노무 변동예산은 $22,000가 된다. 유사하게 3개의 표준 변동원가 수치는 2,100개를 곱해서 계획예산 열의 값을 계산한다. 예를 들어 계획예산의 직접노무원가는 $23,100이다(=단위당 $11.00 × 2,100개).

도표 10-2의 소비차이(spending variances)는 실제결과 열의 값에서 변동예산 열의 값을 빼서 계산된다. 모든 3개의 변동제조원가에 대해서, 2,000개 조각상을 생산하기 위해 발생한 원가의 실제 총액이 2,000개 조각상에 대한 허용된 표준원가를 초과하기 때문에 계산 결과는 양의 값이 된다. 왜냐하면, 이 모든 3개의 경우 실제 발생한 비용은 실제 산출수준에 허용된 표준원가를 초과하고 차이는 불리한(U)으로 표시되기 때문이다. 만일 실제원가 중 그 어떤 값이라도 실제 산출수준에 허용된 표준원가보다 이하였다면 그에 상응하는 차이는 유리한(F)으로 표시되었을 것이다.

도표의 활동차이(activity variances)는 변동예산 열의 값에서 계획예산 열의 값을 빼서 계산된다. 3개의 모든 변동제조원가에 대해서 이 계산법은 음수 값이 되고 유리한 차이(F)로 표시된다. 유리하다는 표시는 이런 경우에 사용된다. 왜냐하면 실제 산출량에 허용된 표준원가가 계획 산출량에 허용된 표준원가보다 낮기 때문이다. 실제 활동수준이 계획 활동수준보다 컸다면 모든 계산은 양의 값이 되었고 불리한(U) 활동차이로 표시되었을 것이다.

도표 10-2의 성과보고서는 유용하지만 소비차이가 가격과 관련된 요소와 수량과 관련된 요소로 나뉜다면 훨씬 더 유용할 것이다. 예를 들어 보고서의 직접재료 소비차이는 불리한 $700이다. 이것은 그 기간의 실제 생산수준을 고려해서 직접재료원가가 표준원가에 따르면 적어도 $700으로 너무 높다는 것을 의미한다. 이것은 재료가 예상보다 비쌌기 때문이었을까? 아니면 너무 많은 재료를 사용해서였을까? 이 장의 나머지는 표준원가차이와 관련해서 이 질문에 답하도록 할 것이다.

도표 10-2 변동제조원가에 대한 변동예산 성과보고서

Colonial Pewter
6월 변동예산 성과보고서 — 변동제조원가만

	실제결과	소비차이	변동예산	활동차이	계획예산
제작된 조각상 (*q*)	2,000		2,000		2,100
직접재료원가 ($12.00*q*)	$24,700	$700 불리	$24,000	$1,200 유리	$25,200
직접노무원가 ($11.00*q*)	$22,680	$680 불리	$22,000	$1,100 유리	$23,100
변동제조간접원가 ($3.00*q*)	$7,140	$1,140 불리	$6,000	$300 유리	$6,300

표준원가 차이분석의 일반적 모형

표준원가 차이분석은 변동예산에서 소비차이를 분리하여 두 개의 요소로 나눈다. 하나는 투입을 위해 지출된 가격이고 다른 하나는 투입을 위해 사용된 수량이다. **가격차이(price variance)**는 하나의 투입을 위해 실제 지불된 값과 지불됐어야만 하는 표준값 간의 차이에 구입한 투입물의 실제수량을 곱한 것이다. **수량차이(quantity variance)**는 하나의 투입이 실제로 얼마나 사용되었는지와 얼마나 사용되었어야만 하는 것과의 차이이며 투입의 표준가격을 이용하여 금액으로 환산된다.

왜 표준을 가격과 수량이라는 두 개 항목으로 분류하는가? 가격차이와 수량차이는 대개 원인이 다르다. 게다가, 투입물의 구매와 사용에 대해 다른 관리자들이 책임을 지고 있다. 예를 들어 원재료의 경우를 보면 구매관리자는 원재료의 가격에 대한 책임이 있으며, 생산관리자는 제품을 제조하기 위해 실제로 사용되는 원재료의 수량에 대한 책임이 있다. 그러므로 실제가격이 가격표준에서 벗어나는 것(구매관리자 책임)과 실제수량이 수량표준에서 벗어나는 것(생산관리자의 책임)을 각각 구별하는 것은 매우 중요하다.

도표 10–3은 변동원가에 대한 소비차이를 가격차이와 수량차이[2]로 분해하는 데 사용될 수 있는 일반적 모형을 보여준다. 이 도표의 열 (1)은 도표 10–2의 실제결과 열에 해당한다. 열 (3)은 도표 10–2의 변동예산 열에 해당한다. 열 (2)는 도표 10–3에 삽입되어 소비차이를 가격차이와 수량차이로 구분하도록 해준다.

도표 10–3에서 세 가지를 주목해야 한다. 첫째, 심지어 차이의 명칭이 다를지라도 직접재료원가, 직접노무원가, 변동제조간접원가의 세 가지 변동원가요소마다 가격차이와 수량차이를 계산하는 데 사용될 수 있다. 가격차이는 직접재료원가에 있어서는 직접재료 가격차이라 부르고, 직접노무원가에 있어서는 직접노무 임률차이라 부르며, 변동제조간접원가에 있어서는 변동제조간접원가 배부율차이[3]라고 부른다. 수량차이는 직접재료원가에 있어서는 직접재료 수량차이라 부르고, 직접노무원가에 있어서는 직접노무 능률차이라 부르며, 변동제조간접원가에 있어서는 변동제조간접원가 능률차이라고 부른다.

두 번째, 도표의 세 개의 모든 열은 해당 기간 동안 생산된 실제 산출량을 근거로 한다. 심지어 변동예산 열은 해당 기간 동안 생산된 실제 산출량에 허용된 표준원가를 보여준다. 도표 10–3의 변동예산 열을 이해하는 핵심은 허용된 표준수량(*standard quantity allowed;*

2 이 일반모형은 직접노무원가와 변동제조간접원가 차이를 계산하기 위해 언제나 사용될 수 있다. 그러나 구매된 재료수량과 생산에 사용된 재료수량이 같을 때만 직접재료원가차이를 계산하기 위해 사용될 수 있다. 이 장의 뒤에서 이 두 수량이 다를 때 직접재료원가차이를 계산하는 법을 다룰 것이다.

3 역자주: 본 서의 배부율차이는 국내 서적의 소비차이에 해당한다. 국내 서적에서는 실제가격에 실제수량을 곱한 것과 표준가격에 실제 산출물에 허용된 표준수량을 곱한 것의 차이를 총차이라고 하는데, 본 서에서는 이를 소비차이라고 하고 있다. 따라서 본 서의 소비차이는 국내 서적의 총차이에 해당한다.

SQ)이라는 말을 이해하는 것이다. 허용된 **표준수량(standard quantity allowed**, 직접재료차이 계산시) 또는 **허용된 표준시간(standard hours allowed**, 직접노무원가와 변동제조간접원가 차이 계산시)은 해당 기간 동안 생산된 실제 산출량을 제조하는 데 사용됐어야 하는 투입수량을 지칭한다. 이는 실제 산출량에 단위당 표준수량(또는 시간)을 곱함으로써 계산한다. 허용된 표준수량(또는 시간)에 변동예산과 일치하는 총원가를 구하기 위하여 투입물의 단위당 표준가격(또는 율)을 곱하게 된다. 예를 들어 한 회사가 해당 기간 동안 실제로 완성품 100개를 생산하였고 직접재료원가의 완성품 단위당 표준수량이 3파운드라면, 허용된 표준수량(*SQ*)은 300(= 100파운드 × 단위당 3파운드)파운드가 된다. 만일 그 회사의 직접재료원가의 파운드당 표준원가가 $2이라면, 변동예산의 총직접재료원가는 $600(= 300파운드 × 파운드당 $2)가 될 것이다.

세 번째, 명칭이 무엇이든지 간에 소비, 가격, 수량차이는 직접재료원가, 직접노무원가, 변동제조간접원가를 취급하는 것에 무관하게 똑같은 방법으로 계산된다. 소비차이(총차이)는 열 (1)의 총원가에서 열 (3)의 총원가를 빼서 계산된다. 가격차이는 열 (1)의 총원가에서 열 (2)의 총원가를 차감하여 계산된다. 수량차이는 열 (2)의 총원가에서 열 (3)의 총원가를 차감해서 계산된다. 모든 차이 계산에서 양의 값은 불리한(U) 차이로 음의 값은 유리한(F) 차이로 표시되어야 한다. 불리한 가격차이는 투입 단위당 실제가격(AP)이 단위당 표준가격(SP)보다 컸다는 것을 의미한다. 유리한 가격차이는 투입 단위당 실제가격(AP)이 단위당 표준가격(SP)보다 작았다는 것을 의미한다. 불리한 수량차이는 사용된 실제 투입수량(AQ)이 허용된 표준수량(SQ)보다 컸다는 것을 의미한다. 반면에, 유리한 수량차이는 사용된 실제 투입수량(AQ)이 허용된 표준수량(SQ)보다 작았다는 것을 의미한다.

이 일반모형을 토대로 이제 Colonial Pewter의 가격과 수량차이를 계산할 것이다.

도표 10-3 표준원가 차이분석의 일반적인 모형—변동제조원가

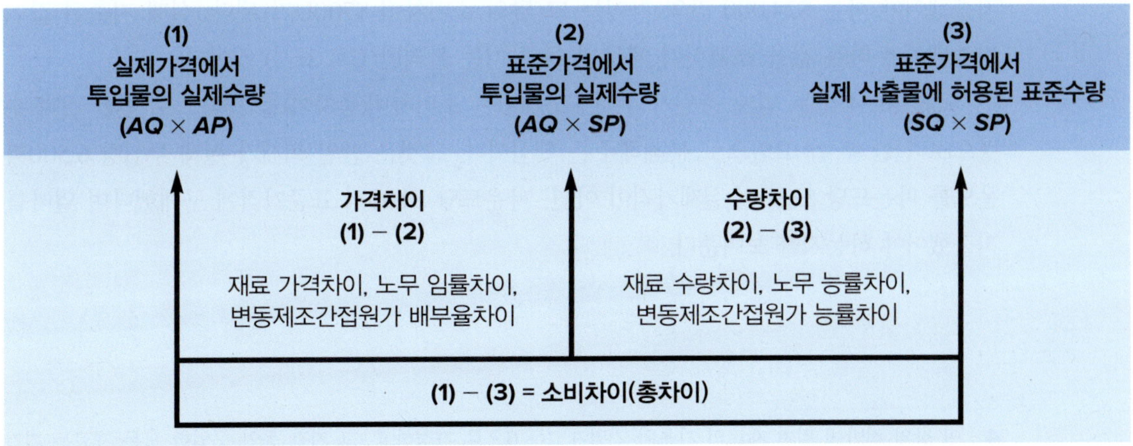

표준원가 사용하기–직접재료원가차이

학습목표 10-1

직접재료의 가격과 수량 차이를 계산할 수 있어야 하며 그것들의 의미를 설명할 수 있어야 한다.

Colonial Pewter의 직접재료원가와 직접노무원가, 변동제조간접원가의 표준원가를 결정한 후, Terry의 다음 단계는 가장 최근인 6월의 회사의 차이를 계산하는 것이었다. 이전 절에서 논의하였듯이 차이는 표준원가에 실제원가를 비교해서 계산된다. Terry는 조각상당 표준 직접재료원가를 다음과 같이 계산하도록 보여주는 도표 10–1의 표준원가카드를 참조했다.

$$\text{단위당 3.0파운드} \times \text{파운드당 \$4.00} = \text{조각상당 \$12}$$

6월 달 Colonial Pewter의 기록은 총원가 $24,700에 대해 파운드당 $3.80의 실제가격(AP)에 구매한 실제수량(AQ)은 6,500파운드 이었다는 것을 보여준다. 구입된 재료들은 모두 6월에 2,000개의 조각상[4]을 생산하는 데 사용되었다. 이 자료들과 도표 10–1의 표준원가를 사용해서 Terry는 도표 10–4에 나타난 가격과 수량차이를 계산하였다.

이 도표의 차이는 3개의 다른 총원가 $24,700, $26,000, $24,000에 근거로 했다는 점에 주목해라. 첫째, $24,700는 구입된 실제 백랍수량에 지출한 실제 총액이다. 세 번째 총원가 수치인 $24,000는 2,000개 조각상의 실제 생산을 위해 백랍이 얼마나 소비되었어야 하는지를 나타낸다. 표준은 조각상 1개당 백랍 3파운드를 필요로 한다. 2,000개 조각상이 생산되었기 때문에, 6,000 파운드의 백랍이 사용되었어야 했다. 이것은 실제 생산에 허용된 **표준수량**으로 지칭되며, 이것의 계산은 다음과 같은 공식 형태로 표시된다.

$$\text{실제 산출량에 허용된 표준수량} = \text{실제 산출량} \times \text{표준수량}$$

만일 6,000파운드의 백랍을 파운드당 $4.00의 표준가격으로 구매했다면, 회사는 $24,000를 소비했을 것이다. 이것은 회사의 그 달 변동예산에서 보이는 값이다. 실제 지출한 $24,700와 지출됐어야 하는 $24,000 간의 차이는 그 달의 소비차이 $700U가 된다. 실제 지출된 값이 지출됐어야 하는 값을 초과하기 때문에 이 차이는 불리한(U로 표시) 것이다.

도표 10–4의 두 번째 총원가 수치 $26,000는 소비차이(총차이)를 가격으로 인한 것과 수량으로 인한 두 개 요인으로 분해해주는 핵심이다. 그것은 만일 회사가 실제 투입량 6,500파운드를 파운드당 $3.80의 실제가격이 아닌, 파운드당 $4.00의 표준가격에 구매했다며 얼마를 지출했어야 하는지를 보여준다.

4 이 장의 전반에 걸쳐 재료의 기초와 기말재고는 0으로 가정하고, 그 기간 동안 구입한 모든 재료는 기간에 모두 사용된다고 가정한다. 기초와 기말재료 재고가 있고 그 기간에 구입된 재료들이 반드시 그 기간에다 사용되어야 하는 것은 아닌 게 더 일반적이다. 이것에 관해서는 나중에 뒤에서 다뤄진다.

재료 가격차이

도표 10–4 열 (2)의 총원가 수치 $26,000을 사용해서 열 (1)의 총원가 $24,700와 열 (3)의 총원가 $24,000의 두 개를 비교할 수 있다. 하나는 열 (1)의 $24,700와 열 (2)의 $26,000 간의 차이는 재료 가격차이 $1,300이고 유리한(F로 표시)으로 표시된다. **재료 가격차이(materials price variance)**는 한 개 투입물의 실제가격과 표준가격 간의 차이에 실제 구매한 수량을 곱하여 측정된다.

가격차이를 이해하기 위해, 백랍 파운드당 실제가격 $3.80는 파운드당 표준가격 $4.00보다 $0.20 적다는 것에 주목해라. 6,500파운드가 구매되었기 때문에 차이 총액은 $1,300(= 파운드당 $0.20 × 6,500파운드)이다. 이 차이는 파운드당 실제 구매가격이 파운드당 표준 구매가격보다 적기 때문에 유리한(F)으로 표시된다. 가격차이는 실제 구매가격이 표준 구매가격을 초과하면 불리한(U)으로 표시된다.

일반적으로, 구매담당자는 제품에 지불되는 가격을 통제하므로 재료 가격차이에 책임을 진다. 몇 개가 주문되는지, 주문은 어떻게 배달되는지, 주문이 급한 건인지, 구매된 재료의 품질은 어떤지를 포함해서 많은 요인이 제품에 지불되는 가격에 영향을 미친다. 이 요인들 중 어떤 것이라도 표준을 설정할 때와 차이가 난다면, 가격차이가 발생할 수 있다. 예를 들어 최상급 재료 대신에 2등급 재료를 구매하는 것은 더 낮은 등급의 재료가 덜 비싸기 때문에 유리한 가격차이를 발생시킨다. 그러나 더 낮은 등급의 재료는 생산 문제를 야기할 수도 있다. 또한 구매담당자 외의 누군가가 재료 구매차이의 책임을 질 수도 있다는 점을 강조하는 것이 가능하다. 예를 들어 구매담당자의 통제를 벗어난 생산문제 때문에, 구매담당자는 긴급 배달을 이용해야 할지도 모른다. 이 경우, 생산담당자는 가격차이를 발생시키는 것에 대한 책임을 져야 한다.

도표 10-4 차이분석의 일반적 모형—직접재료원가 (주의: 구매한 직접재료 수량과 생산에 사용한 수량이 같다.)

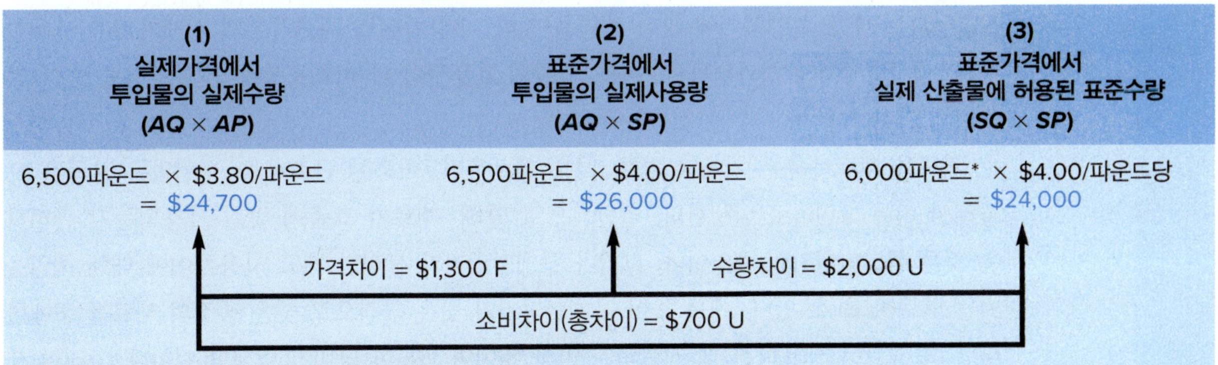

*2,000단위 × 3.0/파운드 = 6,000파운드. F = 유리한 차이; U = 불리한 차이.

기업현장 IN BUSINESS

서비스 기업에도 표준원가 적용

많은 제조업체들이 표준원가 시스템을 사용하고 있지만, 서비스 기업도 관리 목적으로 가격 및 수량표준을 사용할 수 있다. 예를 들어, 미국 식당에서 판매되는 버거의 평균원가는 $1.86인데, 평균원가는 소고기 패티가 $1.05, 빵은 $0.52, 상추는 $0.12, 토마토는 $0.07, 양파, 마요네즈, 케첩, 머스타드는 각각 $0.10 가격으로 구성된다.

McDonald's, **Burger King**, **Five Guys** 및 **Steak'n Shake**와 같은 레스토랑에서 관리자들은 가격 및 수량표준을 사용하여 재료원가를 관리할 수 있다. 버거당 평균 소고기 사용량이 수량표준을 초과하여 판매되는 버거당 이윤이 줄어들면 관리자는 패티의 소고기 양을 줄여 문제를 해결할 수 있다. 반대로 버거 한 개에 들어가는 소고기의 평균 양이 표준수량보다 적어 고객 불만과 매출손실로 이어진다면, 관리자들은 버거 크기를 "강화"하여 문제를 해결할 수 있다.

Source: Julie Jargon, "Diners Lose Taste for Pricey Burgers," *The Wall Street Journal,* June 1, 2017, pp. B1-B2.

재료 수량차이

도표 10-4를 보면 열 (2)의 $26,000와 열 (3)의 $24,000 간의 차이는 $2,000의 **재료 수량차이**고, 불리(U로 표시)로 표시된다. **재료 수량차이(materials quantity variance)**는 생산에 사용된 재료의 실제수량과 실제 산출량에 허용된 재료의 표준수량 간의 차이에 재료의 단위당 표준가격을 곱해서 측정한다. 생산에 사용된 실제 재료수량이 표준에 따라서 사용됐어야 하는 재료수량보다 더 크면(더 적으면) 불리(유리)로 표시된다.

재료 수량차이를 이해하는 데 있어서 생산에 사용된 실제 백랍의 양은 6,500파운드였다는 것에 주목해라. 하지만 실제 생산량에 허용된 백랍 표준수량은 6,000파운드이다. 따라서 실제 산출물을 생산하는 데 총 500파운드의 백랍이 더 많이 사용되었다. 이를 금액으로 표현하면, 수량차이 $2,000U(불리)를 산출하기 위해서 500파운드에 파운드당 표준가격 $4.00가 곱해진다. 이 계산에서 백랍의 실제가격이 아닌 표준가격을 사용한 이유는 무엇일까? **생산담당자**는 대개 수량차이에 관한 책임을 진다. 수량차이를 계산하는데 실제가격을 사용한다면, 생산담당자의 성과평가는 구매담당자의 효율성이 나 비효율성에 의해 영향을 받아 불공평해질 것이다.

과도한 재료사용은 기계의 결함, 낮은 재료품질, 미숙한 근로자들, 형편없는 감독을 포함해서 많은 요인들로 발생한다. 일반적으로 말해, 재료가 표준에 맞춰 사용되는지 관리하는 것은 생산담당자의 책임이다. 그러나 구매담당자가 불리한 재료 사용차이에 대해 책임을 지는 때도 있을 수 있다. 예를 들어 구매담당자가 낮은 가격으로 낮은 품질의 재료를 구매한다면 그 재료는 사용하는 데 적합하지 않을 것이며 과도한 낭비가 발생할 것이다. 그러면 생산담당자보다는 구매담당자가 수량차이에 대한 책임을 질 것이다.

지금까지 도표 10-4에 묘사된 일반모형을 이용해서 직접재료차이를 계산하는 법을 살펴보았다. 그러나 이 차이는 기본적 수학 등식을 이용해서 계산될 수도 있다. 도표 10-5는 Colonial Pewter가 등식기준 접근방식을 사용해서 직접재료차이를 계산하는 방법을 보여준다.

도표 10-5
직접재료원가차이: 등식기준 접근법

재료 가격차이

재료 가격차이 = ($AQ \times AP$) − ($AQ \times SP$)
재료 가격차이 = AQ ($AP - SP$)
재료 가격차이 = 6,500파운드 × ($3.80/파운드 − $4.00/파운드)
재료 가격차이 = $1,300 유리

재료 수량차이

재료 수량차이 = ($AQ \times SP$) − ($SQ \times SP$)
재료 수량차이 = SP ($AQ - SQ$)
재료 수량차이 = 파운드당 $4.00 × (6,500파운드 − 6,000파운드)
재료 수량차이 = $2,000 불리

여기에서
AQ = 구매되어 생산에 사용된 실제수량
SQ = 실제 산출량에 대해 허용된 파운드 표준수량
AP = 투입의 단위당 실제가격
SP = 투입의 단위당 표준가격

표준원가 사용하기–직접노무원가차이

학습목표 10-2
직접노무의 임률과 능률 차이를 계산하고 그것들의 의미를 설명한다.

Colonial Pewter의 6월 차이를 결정하기 위한 Terry Sherman의 다음 단계는 그 달의 직접노무원가차이를 계산하는 것이었다. 도표 10-1을 상기시켜보면 조각상 1개당 표준 직접노무원가는 $11이고 다음과 같이 계산된다:

조각상 1개당 0.5시간 × 시간당 $22.00 = 조각상 1개당 $11.00

게다가 6월의 Colonial Pewter의 기록은 실제로 1,050직접노무시간이 발생했음을 보여준다. 회사가 직접노무 근로자들에게 총 $22,680(근로소득세와 복리후생을 포함)을 지급했다는 것을 고려하면, 평균 실제임률은 시간당 $21.60(= $22,680 ÷ 1,050시간)이다. 이러한 자료와 도표 10-1의 표준원가를 이용해서, Terry는 도표 10-6의 직접노무 임률과 능률차이를 계산했다. 도표 10-6의 열의 제목은 도표 10-6에서 가격과 수량을 대체하여 임률과 시간이라는 용어를 사용했다는 것을 제외하고 도표 10-3과 도표 10-4에서 사용된 것과 같다는 것에 주의해라.

노무 임률차이

도표 10–6 열 (2)의 총원가 수치 $23,100을 이용하여, 열 (1)의 총원가 $22,680와 열 (3)의 총원가 $22,000의 두 개 비교가 가능하다. 열 (1)의 $22,680과 열 (2)의 $23,100 간의 차이는 $420F의 노무 임률차이이다. **노무 임률차이(labor rate variance)**는 실제 시간당 임률과 표준 시간당 임률 간의 차이에 해당 기간 동안 실제로 일한 노무시간을 곱하여 측정한다.

노무 임률차이를 이해하는 데 있어서, 시간당 실제임률 $21.60는 시간당 표준임률 $22.00보다 $0.40가 더 적다는 것에 주목해라. 실제로 1,050시간의 작업을 했기 때문에, 차이 총액은 $420(=시간당 $0.40×1,050시간)이다. 차이는 시간당 실제임률은 시간당 표준임률보다 적기 때문에 유리(F)로 표시된다. 만일 시간당 실제임률이 시간당 표준임률보다 컸더라면, 차이는 불리(U)로 표시될 것이다.

대부분 기업에서, 근로자들에게 지급된 임률은 매우 예측 가능하다. 그럼에도 불구하고, 임률차이는 생산담당자의 직접노무 근로자를 어떻게 사용하는지에 따라 발생한다. 시간당 높은 임률을 받는 숙련된 노동자에게 낮은 수준의 기술과 낮은 임률이 요구되는 작업을 배정할 수 있다. 시간당 실제임률은 특정 업무에 대해 정하여진 표준임률을 초과할 것이기 때문에, 이것은 불리한 임률차이를 발생시킨다. 이와는 대조적으로, 유리한 차이는 근로자가 특정 업무에 대해 표준으로 정해진 임률보다 낮은 임률을 받을 때 발생한다. 그러나 낮은 임률의 근로자는 효율적이지 않을 수도 있다. 결과적으로는 초과시간 할증이 직접노무 계정에 부과된다면, 초과작업에 대한 할증임률은 불리한 임률차이를 가져온다.

도표 10-6 **표준원가 차이분석—직접노무원가**

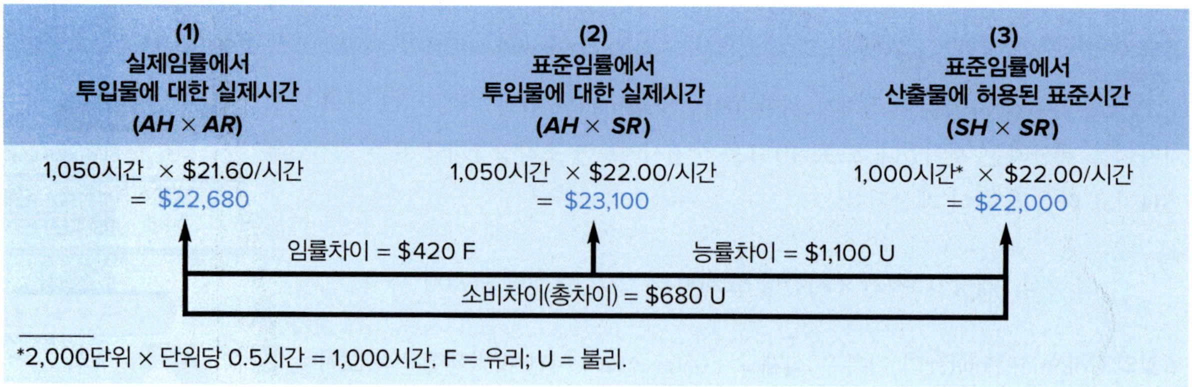

노무 능률차이

도표 10-6을 다시 보면 열 (2)의 $23,100와 열 (3)의 $22,000 간의 차이는 불리한 $1,100(U)의 노무 능률차이이다. **노무 능률차이(labor efficiency variance)**는 실제 사용된 시간과 실제 산출량에 허용된 표준시간과의 차이에 시간당 표준임률을 곱해서 측정한다.

Colonial Pewter의 노무 능률차이를 이해하려면, 생산에 사용된 실제시간은 1,050시간이라는 것에 주목해라. 그러나 실제 산출량에 허용된 표준시간은 1,000시간이다. 따라서 표준이 허용하는 것보다 실제 산출량에 50시간을 더 사용한 것이다. 이것을 금액으로 환산하면, $1,100U의 능률차이를 산출하기 위하여 50시간에 시간당 $22.00의 표준임률을 곱하게 된다.

불리한 노무 능률차이의 원인은 미숙하거나 의욕이 없는 근로자들, 불량 품질의 재료, 더 많은 근로시간의 요구, 고장이나 작업 중단을 일으키는 장비, 근로자들에 대한 허술한 감독이나 부정확한 표준들로 인해 발생할 수 있다. 생산담당자는 대개 노무 능률차이에 대한 책임을 진다. 그러나 낮은 품질의 재료를 구매한 탓에 과도한 노무 처리시간이 발생했다면 구매담당자도 책임을 질 수 있다.

불리한 노무 능률차이의 또 다른 중요한 원인은 그 회사 제품에 대한 불충분한 수요이다. 어떤 회사의 관리자들은 완수되어야 작업량의 변화에 따라 지속적으로 인력을 조정하는 것은 어렵고 별로 합리적이지 않다고 주장한다. 그런 회사에서, 직접노무인력은 단기적으로 반필수적으로 고정된다. 근로자들이 바삐 작업할 만큼의 충분한 수요가 되지 않는다면, 근로자들은 해고되지 않고 불리한 노무 능률차이가 자주 기록될 것이다.

만일 근로자들이 바삐 작업할 만큼 고객 주문이 충분하지 않다면, 작업 중심점 담당자는 불리한 노무 능률차이를 수용하거나 재고를 쌓아두는 두 가지 선택이 있다. 린생산의 중요한 교훈은 곧 판매될 전망이 없는 재고를 쌓아두는 것은 좋은 생각이 아니라는 것이다. 과잉 재고, 특히 재공품 재고는 높은 불량률, 진부화 상품, 비능률적 운영을 발생시킨다. 따라서 인력이 단기적으로 기본적으로 고정될 때는 관리자는 노무 능률차이가 어떻게 사용되는지에 대해 주의해야 한다. 어떤 전문가들은 최소한 작업현장에서 근로자들을 동기부여하

중국의 인건비 우위 축소

IN BUSINESS 기업현장

수년 동안 **TAL Group**, **Coach Inc.** 및 **Samsung Electronics**와 같은 제조업체들은 단위당 인건비를 낮추기 위해 중국으로 그들의 사업장을 이전했다. 하지만, 중국의 평균 인건비가 시간당 $3.27로 계속 상승함에 따라 이들 제조업체들 중 다수는 베트남과 말레이시아와 같은 저렴한 노동력 국가로 이전하고 있다. 한때 번창하는 제조업 중심지로 알려졌던 중국의 진주강 삼가주 지역에는 이제 산업단지 내 폐공장과 근로자 기숙사에 임대차 계약 표지판이 부착되어 있다.

Source: Kathy Chu, "China Loses Edge on Labor Costs," *The Wall Street Journal*, December 3, 2015, pp. B1 and B4.

고 통제하는 목적의 상황에서 노무 능률차이를 제거하는 것에 지지한다.

직접노무원가차이는 도표 10-6의 일반모형 대신 등식을 사용해서 계산할 수도 있다. 도표 10-7은 Colonial Pewter가 어떻게 등식기준 접근방식을 이용해서 직접노무원가차이를 계산하는지 보여준다.

도표 10-7
직접노무원가차이: 등식기준 접근법

노무 임률차이

노무 임률차이 = (*AH* × AR) − (*AH* × SR)
노무 임률차이 = *AH* (*AR* − *SR*)
노무 임률차이 = 1,050시간 × (시간당 $21.60 − 시간당 $22.00)
노무 임률차이 = $420 유리

노무 능률차이

노무 능률차이 = (*AH* × *SR*) − (*SH* × *SR*)
노무 능률차이 = *SR* (*AH* − *SH*)
노무 능률차이 = 시간당 $22.00 × (1,050시간 − 1,000시간)
노무 능률차이 = $1,100 불리
여기에서
AH = 생산에 사용된 실제시간
SH = 실제 산출량에 허용된 표준시간
AR = 직접노무시간당 실제임률
SR = 직접노무시간당 표준임률

표준원가 사용하기−변동제조간접원가차이

학습목표 10-3
변동제조간접원가의 배부율 차이와 능률차이를 계산하고 그것들의 의미를 설명한다.

Terry Sherman의 6월 Colonial Pewter의 차이 분석 마지막 단계는 변동제조간접원가차이를 계산하는 것이었다. 제조간접원가의 변동부분은 직접재료원가와 직접노무원가를 분석하기 위해 사용했던 것과 같은 기본공식을 사용해서 분석할 수 있다. 표준 변동제조간접원가는 조각상 1개당 $3.00라는 것을 도표 10-1로부터 상기하면, 다음과 같이 계산된다.

조각상 1개당 0.5시간 × 시간당 $6.00 = 조각상 1개당 $3.00

또한 6월의 총실제 변동제조간접원가가 $7,140이고 2,000개의 조각상을 만들기 위해 6월에 1,050의 직접노무시간이 작업되었다는 것을 나타내는 Colonial Pewter의 원가기록을 상기해 보자. Terry의 변동제조간접원가 자료의 분석은 도표 10-8에 있다.

도표 10-6과 도표 10-8 간의 유사점에 주목하라. 이런 유사점들은 제품 단위에 제조간접원가를 배부하는 기준으로 직접노무시간이 사용되었다는 것에서 발생한다. 즉 직접노무원가에 대한 도표 10-6과 같이 변동제조간접원가에 대한 도표 10-7에도 같은 시간의 수치가 나타난다. 이 두 도표 사이의 주된 차이점은 표준시간 배부율에 있는데, 이 회사의 표준시간 배부율은 직접노무원가에 대한 것보다 변동제조간접원가에 대한 것이 훨씬 낮다.

도표 10-8 표준원가 차이분석—변동제조간접원가

(1) 실제배부율에서 투입물에 대한 실제시간 (*AH* × *AR*)	(2) 표준배부율에서 투입물에 대한 실제시간 (*AH* × *SR*)	(3) 표준배부율에서 산출물에 허용된 표준시간 (*SH* × *SR*)
1,050시간 × $6.80/시간† = $7,140	1,050시간 × $6.00/시간 = $6,300	1,000시간* × $6.00/시간 = $6,000

변동제조간접원가 배부율차이(소비차이) = $840 U

변동제조간접원가 능률차이 = $300 U

소비차이(총차이) = $1,140 U

*2,000단위 × 단위당 0.5시간 = 1,000시간.

†$7,140 ÷ 1,050시간 = 단위당 $6.80시간.

F = 유리; U = 불리.

변동제조간접원가 배부율차이와 능률차이

도표 10-8의 열 (2) 총원가 수치 $6,300를 사용해서 둘을 비교할 수 있는데, 하나는 열 (1)의 총원가 $7,140이고 다른 하나는 열 (3)의 총원가 $6,000이다. 열 (1)의 $7,140과 열 (2)의 $6,300 간 차이는 $840U의 변동제조간접원가 배부율차이(소비차이)이다. **변동제조간접원가 배부율차이(variable overhead rate variance)**는 그 기간 동안 발생한 실제 변동제조간접원가와 그 기간의 실제 활동을 근거하여 발생했어야 하는 표준원가 간의 차이로 측정한다. 열 (2)의 $6,300과 열 (3)의 $6,000 간의 차이는 $300U의 **변동제조간접원가 능률차이(variable overhead efficiency variance)**이다. 변동제조간접원가 능률차이는 실제 활동수준과 실제 산출물에 대해 허용된 표준 활동수준 간의 차이에 예정 간접원가배부율의 변동부분을 곱하여 측정한다.

Colonial Pewter의 변동제조간접원가 능률차이를 이해하기 위해 생산에 사용된 실제시간은 1,050시간이라는 점에 주목해라. 그러나 실제 산출량에 허용된 표준시간은 1,000시간이다. 따라서 실제 산출량에 허용된 표준보다 50시간을 더 소비했다. 금액으로 환산하면, $300U의 변동제조간접원가 능률차이를 산출하기 위해 50시간에 시간당 $6.00의 예정 간접원가배부율의 변동부분을 곱하게 된다.

도표 10-9
변동제조간접원가차이: 등식기준 접근법

변동제조간접원가 배부율차이(소비차이)

변동제조간접원가 배부율차이 = (AH × AR) − (AH × SR)
변동제조간접원가 배부율차이 = AH (AR − SR)
변동제조간접원가 배부율차이 = 1,050시간 × (시간당 \$6.80 − 시간당 \$6.00)
변동제조간접원가 배부율차이 = \$840 불리

변동제조간접원가 능률차이

변동제조간접원가 능률차이 = (AH × SR) − (SH × SR)
변동제조간접원가 능률차이 = SR (AH − SH)
변동제조간접원가 능률차이 = 시간당 \$6.00 × (1,050시간 − 1,000시간)
변동제조간접원가 능률차이 = \$300 불리
여기에서;
AH = 생산에 사용된 실제시간
SH = 실제 산출량에 허용된 표준시간
AR = 직접노무시간당 실제배부율
SR = 직접노무시간당 표준배부율

변동제조간접원가차이를 해석하는 것은 직접재료원가차이와 직접노무원가차이를 해석하는 것만큼 명확하지 않다. 특히 변동제조간접원가 능률차이는 차이를 금액으로 환산할 때 쓰는 비율이 다른 것을 제외하고, 직접노무원가 능률차이일 때와 똑같다. 두 경우, 차이는 모두 실제 작업한 노무시간과 실제 산출량에 허용된 표준시간 간의 차이이다. 직접노무원가 능률차이의 경우에는, 이 차이는 표준 직접노무임률이 곱해진다. 변동제조간접원가 능률차이의 경우에는, 이 차이는 예정 간접원가배부율의 변동부분이 곱해진다. 따라서 직접노무원가가 간접원가 배부기준으로 사용될 경우에는, 직접노무원가 능률차이가 유리로 될 때마다 변동제조간접원가 능률차이도 유리로 될 것이다. 또한 직접노무원가 능률차이가 불리로 될 때마다 변동제조간접원가 능률차이도 불리로 될 것이다. 사실 변동제조간접원가 능률차이는 얼마나 능률적으로 간접자원이 사용되었는가에 대해서 아무것도 말해주지 못한다. 그것은 오직 얼마나 효율적으로 직접노무원가가 사용되었는가에 의존한다.

변동제조간접원가 차이는 도표 10-8의 일반모형 대신 등식을 사용해서 계산될 수도 있다. 도표 10-9는 Colonial Pewter가 등식기준 접근방식을 사용해서 어떻게 변동제조간접원가차이를 계산하는지 보여준다.

Colonary Pewter의 표준원가와 차이에 대한 분석을 논의하기 위한 회의를 준비하기 위해 Terry는 다음과 같이 제조원가차이를 요약했다.

재료 가격차이	$1,300	유리
재료 수량차이	2,000	불리
노무 임률차이	420	유리
노무 능률차이	1,100	불리
변동제조간접원가 배부율차이	840	불리
변동제조간접원가 능률차이	300	불리
차이 총계	$2,520	불리

MANAGERIAL ACCOUNTING IN ACTION
THE WRAP-UP

Colonial Pewter Company

Colonial Pewter의 표준원가와 차이분석을 논의하기로 한 회의에 들어가기에 앞서 Terry는 Colonial Pewter의 경영진에게 그가 계산한 것을 나눠주었다. 여기에는 사장 J.D. Wriston, 생산담당자 Tom Kuchel, 구매담당자 Janet Warner가 있다. J.D. Writston이 다음과 같은 질문으로 회의를 시작했다:

J.D.: Terry, 당신이 무엇을 한 건지는 알겠소만, 괜찮다면 발견된 점을 요약해 줄 수 있겠소?

Terry: 보시다시피 가장 큰 문제는 불리한 재료 수량차이 $2,000와 불리한 노무 능률차이 $1,100입니다.

J.D.: Tom, 당신이 생산책임자죠? 불리한 노무 능률차이의 원인이 무엇인 거 같소?

Tom: 새로운 생산근로자들 때문임에 틀림없습니다. 저희 숙련된 근로자들은 단위당 표준시간인 30분을 충족하는 데 문제가 없습니다. 저희 모두 작업장에 새로운 근로자들을 영입하게 될 경우 당분간 비효율성의 문제가 생기리라는 건 알고 있었습니다. 이 문제를 해결하려면 제 생각엔 당분간 새로운 근로자 1명과 기존의 근로자 1명씩 짝을 지어서 작업을 해야 될 것 같습니다. 우리의 기존 근로자가 다소 느려지긴 하겠지만 불리한 차이는 없어지고 새로운 근로자들도 많이 배울 수 있을 거라고 확신합니다.

J.D.: 좋은 생각이군요. 그럼, 불리한 재료 수량차이 $2,000는 어떤가요?

Terry: Tom, 새로운 근로자들이 폐물을 많이 발생시키나요?

Tom: 그런 것 같습니다.

J.D.: 그게 문제인 것 같네요. 해결책 없습니까?

Tom: 어디서 폐물이 발생하는지 알아내기 위해 며칠간 그 폐물을 면밀히 살펴보면 됩니다. 만일 새로운 근로자들이 원인이라면 기존의 근로자들과 짝을 지을 때 그 문제를 함께 처리하도록 하면 됩니다.

J.D.: Janet, 유리한 재료 가격차이 $1,300가 불리한 재료 수량과 노무 능률차이를 발생시키는 데 기여한다면 별 도움은 안 될 것 같군요. 반드시 원재료 구매를 품질표준에 맞추도록 하세요.

Janet: 알겠습니다.

J.D.: 좋습니다. 여러분, 몇 주 뒤에 다시 모여 진행된 내용을 살펴봅시다. 부디 이 불리한 차이를 통제할 수 있기 바랍니다.

재료차이의 중요한 세부사항

대부분의 회사들은 재료 가격차이를 계산하기 위해 **구매된 재료수량**을 이용하고 재료수량차이를 계산하기 위해서 제조에서 **사용된 재료수량**을 이용한다. 여기에는 두 가지 이유가 있다. 첫째, 재료가 사용될 때까지 가격차이 계산을 지연시키는 것은 덜 적시적인 차이보고서를 가져온다. 둘째, 재료가 구매될 때 가격차이를 계산하는 것은 재료가 재고계정에 표준원가로 기록되게 해준다. 이것은 기장을 상당히 간단하게 해 준다.

도표 10-4 Colonial Pewter의 재료 가격과 수량차이를 계산할 때, 재료 6,500파운드를 구매하고 제조에 사용했다고 가정했다. 그러나 회사의 **구매된 재료수량**과 생산에 사용된 재료수량은 다른 것이 일반적이다. 이런 일이 발생할 때, 재료 가격차이는 구매된 재료수량을 이용해서 계산되는 반면, 재료 수량차이는 생산에 **사용된 재료수량**을 이용해서 계산된다.

예를 들어, 6월에 Colonial Pewter는 이 장의 앞에서 가정한 6,500파운드 대신 파운드당 $3.80으로 7,000파운드를 구매했다고 가정하자. 또한 계속해서 생산에 6,500파운드의 재료를 사용하고 표준가격은 파운드당 $4.00라고 가정하자.

이 가정들을 고려해서, 도표 10-10은 재료 가격차이 $1,400F(유리)와 재료 수량차이 $2,000U(불리)가 어떻게 계산되었는가를 보여준다. 가격차이는 구매된 투입수량을 근거로 하는 반면 수량차이는 생산에 사용된 투입수량을 근거로 했음에 주목하라. 도표 10-10 열 (2)는 이런 이유로 두 가지 다른 총원가를 포함한다. 가격차이를 계산할 때, 열 (2)의 사용된 총원가는 $28,000이고, 이것은 **구매된** 투입의 원가이고 표준가격으로 평가된다. 수량차이를 계산할 때, 열 (2)의 사용된 총원가는 $26,000이고 이것은 **사용된** 실제 투입원가이며 표준가격으로 평가된다.

도표 10-10은 가격차이는 구매한 재료의 전체수량(7,000파운드)에 대해 계산되는 반면, 수량차이는 오직 그 달의 제조에 사용된 재료수량(6,500파운드)에 대해 계산된다는 것을 보여준다. 그 기간에 구매되었지만 아직 사용되지 않은 나머지 재료 500파운드는 어떻게 되는가? 그 재료가 미래 기간에 사용될 때 수량차이에 계산될 것이다. 그러나 가격차이는 재료가 최종적으로 사용되어도 계산되지 않을 것이다. 가격차이는 재료가 구매되었을 때 계산되었기 때문이다.

가격차이는 구매된 수량에 근거하고 수량차이는 사용된 수량에 근거하기 때문에, 두 차이는 전적으로 사용한 수량에 근거를 두는 변동예산의 소비차이(총차이)는 일반적으로 계산되지 않는다. 도표 10-10의 차이도 도표 10-11의 등식을 사용해서 계산될 수 있음을 강조하고자 한다. **도표 10-10과 도표 10-11의 접근방식은 직접재료차이를 계산하기 위해서 언제나 사용될 수 있다. 그러나 도표 10-4와 도표 10-5는 구매된 재료수량과 사용된 재료수량이 같을 때에만 사용될 수 있다.**

도표 10-10 표준원가 차이분석—직접재료원가 (주의: 구입된 수량이 제조에 사용된 수량과 일치하지 않는다.)

(1) 실제가격에서 투입물의 실제수량 (*AQ* × *AP*)	(2) 표준가격에서 투입물의 실제사용량 (*AQ* × *SP*)	(3) 표준가격에서 실제 산출물에 허용된 표준수량 (*SQ* × *SP*)
7,000파운드 × \$3.80/파운드 = \$26,600	7,000파운드 × \$4.00/파운드 = \$28,000	6,000파운드* × \$4.00/파운드 = \$24,000
	6,500파운드 × \$4.00/파운드 = \$26,000	

가격차이 = \$1,400 F

수량차이 = \$2,000 U

이 경우는 가격차이가 구입한 수량에 근거를 두고 있고 수량차이는 제조에 사용한 수량에 근거를 두고 있기 때문에 가격차이와 수량차이는 소비차이(총차이)에 합해지지 않는다.

*2,000단위 × 3.0/파운드 = 6,000파운드. F = 유리한 차이; U = 불리한 차이.

도표 10-11
직접재료원가차이: 등식기준 접근법 (구매한 재료수량과 생산에 사용된 재료수량이 같지 않을 때)

재료 가격차이

재료 가격차이 = (*AQ* × *AP*) − (*AQ* × *SP*)
재료 가격차이 = *AQ* (*AP* − *SP*)
재료 가격차이 = 7,000파운드 × (\$3.80/파운드 − \$4.00/파운드)
재료 가격차이 = \$1,400 유리

여기에서:
AQ = 구입한 파운드 실제수량
AP = 투입물의 단위당 실제가격
SP = 투입물의 단위당 표준가격

재료 수량차이

재료 수량차이 = (*AQ* × *SP*) − (*SQ* × *SP*)
재료 수량차이 = *SP* (*AQ* − *SQ*)
재료 수량차이 = 파운드당 \$4.00 × (6,500파운드 − 6,000파운드)
재료 수량차이 = \$2,000 불리

여기에서:
AQ = 생산에 사용된 파운드 실제수량
SQ = 실제 산출량에 대해 허용된 파운드 표준수량
SP = 투입물 단위당 표준가격

표준원가 – 경영상 시사점

표준원가의 장점

표준원가 시스템은 많은 장점이 있다.

1. 표준원가는 앞선 장에서 정의됐던 예외에 의한 관리에 있어서 경영의 핵심요인이다. 만약에 원가가 표준에 부합하면 경영자는 다른 문제들에 대해 주의를 기울일 수 있다. 원가가 뚜렷하게 표준에서 벗어난다면, 경영자는 주의가 요망되는 문제점이 존재할 수도 있다는 경보를 받는다. 이 접근방법은 경영자가 중요한 문제들에 대해 전념할 수 있도록 도와준다.
2. 종업원들에 의해 적절하다고 받아들여지는 표준은 경제성과 효율성을 촉진시킬 수 있다. 그것은 개인이 자신의 성과를 평가하는 데 사용할 수 있는 기준을 제공해 준다.
3. 표준원가는 기장을 매우 간단히 할 수 있다. 각 작업에 대해 실제원가로 기록하는 대신에, 직접재료원가, 직접노무원가 및 제조간접원가에 대한 표준원가가 작업에 대해 부과될 수 있다.
4. 표준원가는 책임회계라는 통합된 시스템에 자연스럽게 적용될 수 있다. 표준은 무슨 원가가 발생되어야 하는지, 누가 그 원가에 책임이 있는지, 그리고 실제원가가 통제하에 있는지 여부를 정한다.

표준원가의 사용의 잠재적인 문제점

부적절한 표준원가의 사용은 많은 잠재적인 문제점을 발생시킬 수 있다.

1. 표준원가 차이보고서는 보통 매달 작성되고 월 말 이후 며칠 또는 몇 주 후에 배포된다. 그 결과로 보고서의 정보는 적시성이 떨어져서 무용지물이 될 수도 있다. 대략적으로 정확하지만 자주 발행되는 보고서는 매우 정확하지만 정보가 배포되는 때에 시기가 지난 비정기 보고서보다 훨씬 낫다. 몇몇 기업들은 차이를 보고하고 있으며, 다른 중요한 운영자료는 매일 또는 그 보다 훨씬 더 자주 보고하고 있다.
2. 경영자가 차이보고서를 하급자를 징계하거나 처벌용으로만 사용한다면 사기가 꺾일 것이다. 더욱이 하급자는 불리한 차이를 은폐하려는 유혹을 받거나 차이가 유리하다는 것을 확신시키기 위해 회사에게 이익이 되지 못하는 조치를 취할 수도 있다.
3. 노무시간 표준과 능률차이는 두 가지 중요한 가정을 한다. 첫째, 생산공정은 노무속도에 따른다는 것이다. 만약 노무작업이 빨라지면 산출량은 증가할 것이다. 그러나 실제로 많은 기업에서 산출량은 노무작업이 얼마나 빠른가에 의해 결정되지 않는다. 오히려 그것은 기계의 처리속도에 따라 결정된다. 둘째, 노무는 변동원가라고 가정한다. 그러나 직접노무는 본질적으로 고정되어 있을 수 있다. 만일 노무가 고정되어 있다면, 노무 능률차이에 대한 과도한 강조로 과다한 재고가 축적되기도 한다.

4. 몇몇의 사례에서, "유리한" 차이는 "불리한" 차이보다 더 안 좋을 수 있다. 예를 들면, **맥도널드**는 빅맥에 들어갈 햄버거 고기의 양에 대한 표준이 있다. "유리한" 변동량은 표준이 정한 것보다 더 적은 양의 고기가 사용되었다는 것을 의미한다. 그 결과로 표준이하의 빅맥이 되고 많은 고객이 불만을 느낄 수도 있다.
5. 표준을 충족하도록 과도한 강조를 하는 것은 품질유지와 개선, 적시배송, 그리고 고객만족과 같은 다른 중요한 목표를 가릴 수 있다. 이러한 경향은 이와 같은 다른 목표에 초점을 맞춘 보조적인 성과측정치를 사용함으로써 줄일 수 있다.
6. 단지 표준에만 맞추는 것으로는 충분하지 못할 수 있다. 계속적인 증진이 경쟁적인 환경에서 생존하기 위해 필요할 수 있다. 이러한 이유로, 일부 기업들은 표준원가 차이의 추세에 주의한다(단지 표준에 맞추기보다는 계속적인 증진에 초점을 맞추면서). 다른 기업에서는 설계된 표준이, 감소가 기대되는 실제원가의 계속적인 평균 또는 매우 도전적인 목표원가에 의해 대체된다.

결론적으로, 경영자는 표준원가 시스템을 사용할 때 상당한 주의를 기울여야 한다. 그것은 경영자가 부정적인 면이 아닌 긍정적인 면에 집중하고, 발생 가능한 비의도적인 결과를 인식하려는 것이 특히 중요하다.

터키 자동차 산업의 표준원가 시스템 사용

IN BUSINESS | 기업현장

터키 자동차 업계의 조사결과에 따르면 조사대상 기업 중 74%가 표준원가를 사용하고 있다. 표준원가를 사용하는 기업의 약 55%는 과거 평균성과를 기준으로, 24%는 최대 효율성을 기준으로, 21%는 달성 가능하지만 달성하기 어려운 표준을 설정했다. 모든 차이를 조사하는 대신 기업의 70%는 달러 또는 백분율 임계값을 초과하는 차이만 조사하고 27%는 통계적 관리차트를 사용하여 추가적인 주의가 필요한 차이를 결정한다.

Source: A. Cemkut Badem, Emre Ergin, and Colin Drury, "Is Standard Costing Still Used? Evidence from Turkish Automotive Industry," *International Business Research,* Vol. 6, No. 7, 2013, pp. 79–90

요약

표준은 성과를 측정하는 기준이다. 표준은 제품을 생산하거나 서비스를 제공하는 데 필요한 투입물의 수량과 원가 둘 다에 관해서 설정된다. 수량표준은 노무시간, 원재료와 같은 투입물이 제품을 제조하거나 서비스를 제공하기 위해서 얼마나 많이 사용되어야 하는가를 나타낸다. 원가표준은 투입물의 원가가 얼마가 되어야 하는가를 나타낸다.

표준을 실제성과와 비교할 때, 그 상이점을 차이라고 한다. 차이는 직접재료원가, 직접노무원가, 변동간접원가의 가격과 수량요소에 대하여 주기적으로 계산되고 경영자에게 보고된다. 가격차이는 실제가격과 표준가격의 차이를 파악하고, 그것에다가 구입한 투입물의 수량을 곱하여 계산된다. 수량차이는 사용된 실제 투입량과 실제 산출물에 허용된 투입량 간 차이를 파악하고, 그것에다가 투입물의 표준원가를 곱하여 계산된다.

표준원가 시스템은 회사에게 예외에 의한 관리를 지원, 기장의 단순화, 직원 스스로 자신의 성과를 판단할 수 있게 해주는 기준제공과 같은 많은 장점을 제공한다. 그러나 표준원가 시스템을 비난하는 사람들은 이것이 구식정보를 제공하고 직원들이 유리한 차이를 발생시키기 위해서 그릇된 판단을 하도록 부추기거나 지속적인 공정개선을 위한 사고방식을 갖추게 하는 것에 빗나간다고 주장한다.

전통 표준원가 차이보고서는 종종 다른 성과측정치로 보완된다. 이는 표준원가 차이에 대한 지나친 강조가 제품의 품질, 재고수준, 적시배송과 같은 다른 중요한 영역에서 문제점을 발생시키지 않도록 확실히 해주기 위함이다.

종합예제: 표준원가

Xavier사는 단일 제품을 제조한다. 변동제조간접원가는 직접노동시간을 기초로 배부한다. 제품 한 단위당 표준원가는 다음과 같다.

직접재료원가: 6온스, @$0.50/온스	$ 3.00
직접노무원가: 0.6시간, @$30/시간	18.00
변동제조간접원가: 0.6시간 @$10.00/시간	6.00
단위당 총표준변동원가	$27.00

6월 중에는 2,000개의 제품을 생산했다. 6월의 영업으로 발생된 원가는 다음과 같다.

원재료매입:18,000온스 @$0.60/온스	$10,800
제품제조에 사용된 원재료: 14,000온스	—
직접 노무원가: 1,100시간, @30.50/시간	$33,550
변동제조간접원가	$12,980

요구사항:

직접재료원가, 직접노무원가, 변동제조간접원가의 차이를 계산하시오.

복습문제 해답

직접재료원가차이

실제가격에서 투입물에 대한 실제수량 (*AQ* × *AP*)	표준가격에서 투입물에 대한 실제수량 (*AQ* × *SP*)	표준가격에서 투입물에 대한 표준수량 (*SQ* × *SP*)
18,000온스 × $0.600/온스 = $10,800	18,000온스 × $0.50/온스 = $9,000	12,000온스* × $0.50/온스 = $6,000

가격차이 = $1,800 U

14,000온스 × $0.50/온스 = $7,000

수량차이 = $1,000 U

*2,000단위 × 단위당 6온스 = 12,000온스

이번 장에서 사용한 공식을 이용하여 계산되는 차이는 다음과 같다.

재료 가격차이 = $(AQ \times AP) - (AQ \times SP)$
= AQ(AP − SP)
= 18,000온스 × ($0.60/온스 − $0.50/온스) = $1,800 U

재료 수량차이 = $(AQ \times SP) - (SQ \times SP)$
= SP(AQ − SQ)
= $0.50/온스 × (14,000온스 − 12,000온스) = $1,000 U

직접노무원가차이

실제임률에서 투입물에 대한 실제시간 (*AH* × *AR*)	표준임률에서 투입물에 대한 실제시간 (*AH* × *SR*)	표준임률에서 산출물에 허용된 표준시간 (*SH* × *SR*)
1,100시간 × $30.50/시간 = $33,550	1,100시간 × $30.00/시간 = $33,000	1,200시간* × $30.00/시간 = $36,000

임률차이 = $550 U　　능률차이 = $3,000 F

총차이(소비차이) = $2,450 F

*2,000단위 × 단위당 0.6시간 = 1,200시간. F = 유리; U = 불리

이번 장에서 사용한 공식을 이용하여 계산되는 차이는 다음과 같다.

노무 임율차이 = $(AH \times AR) - (AH \times SR)$
= AH (AR − SR)
= 1,100시간 × ($30.50/시간 − $30.00/시간) = $550 U

노무 능률차이 = $(AH \times SR) - (SH \times SR)$
= SR(AH − SH)
= $30.00/시간 × (1,100시간 − 1,200시간) = $3,000 F

변동제조간접원가차이

실제배부율에서 투입물에 대한 실제시간 (*AH* × *AR*)	표준배부율에서 투입물에 대한 실제시간 (*AH* × *SR*)	표준배부율에서 산출물에 허용된 표준시간 (*SH* × *SR*)
1,100시간 × 시간당[†] $11.80[†] = $12,980	1,100시간 × 시간당 $10.00 = $11,000	1,200시간* × 시간당 $10.00 = $12,000

소비차이(배부율차이) = $1,980 U

능률차이 = $1,000 F

총차이(소비차이) = $980 U

*2,000단위 × 단위당 0.6시간 = 1,200시간. †$12,980 ÷ 1,100시간 = $11.80/시간. F = 유리; U = 불리.

이번 장에서 사용한 공식을 이용하여 계산되는 변동제조간접원가차이는 다음과 같다.

$$\text{변동제조간접원가 소비차이} = (AH \times AR) - (AH \times SR)$$
$$= \text{AH (AR} - \text{SR)}$$
$$= 1{,}100\text{시간}(\$11.80/\text{시간} - \$10.00/\text{시간}) = \$1{,}980\ \text{U}$$

$$\text{변동제조간접원가 능률차이} = (AH \times SR) - (SH \times SR)$$
$$= \text{SR (AH} - \text{SH)}$$
$$= \$10.00/\text{시간} \times (1{,}100\text{시간} - 1{,}200\text{시간}) = \$1{,}000\ \text{F}$$

용어해설

가격차이(price variance) 실제가격과 표준가격의 차이에 투입물에 대한 실제수량을 곱하여 계산된 차이.

노무 능률차이(labor efficiency variance) 완료된 과업의 실제시간과 실제 산출물에 허용된 시간에 시간당 표준임률을 곱하여 계산된 차이.

노무 임률차이(labor rate variance) 시간당 실제임률과 표준임률에 특정기간 동안에 일한 노무시간을 곱한 것의 차이.

단위당 표준가격(standard price per unit) 특정 생산물 한 단위를 생산하기 위해 소요되는 투입물의 표준수량과 표준가격을 곱한 값.

단위당 표준수량(standard quantity per unit) 정상적인 낭비, 폐물, 반품과 다른 비효율적인 것이 허용된 것으로 제품의 한 단위를 완성하기 위해서 필요한 투입물의 양.

단위당 표준시간(standard hours per unit) 휴식, 기계고장, 청소, 반품과 다른 정상적인 비효율적인 것을 포함하는 것으로 제품 한 단위를 완성하는 데 요구되는 직접노무시간의 양.

단위당 표준원가(standard cost per unit) 투입물 한 단위에 지불되어야 하는 가격.

단위시간당 표준임률(standard rate per hour) 소득세와 복리후생비를 포함하는 것으로 노무시간 한 시간에 발생되어야 하는 임률.

변동제조간접원가 능률차이(variable overhead efficiency variance) 활동의 실제수준(직접노무시간, 기계시간, 또는 다른 기준)과 허용된 표준활동에 예정 제조간접원가배부율의 변동요소를 곱해서 계산된 차이.

변동제조간접원가 소비차이(variable overhead spending variance) 한 기간 동안 발생한 실제 제조간접원가와 그 기간의 실제 활동에 근거해서 발생했어야 하는 표준원가와의 차이.

수량차이(quantity variance) 투입물에 사용된 실제수량과 산출물 허용된 수량과의 차이에 투입물의 표준가격을 곱하여 계산된 차이.

재료 가격차이(material price variance) 한 물품에 대해 지불된 단위당 실제가격과 표준가격에 실제 매입수량을 곱한 것의 차이.

재료 수량차이(material quantity variance) 제조에 사용된 재료의 실제수량과 실제 산출물에 대해 허용된 표준수량에 재료 단위당 표준가격을 곱한 것의 차이.

표준원가카드(standard cost card) 특정 생산물 한 단위를 생산하기 위해 소요되는 투입물의 표준수량과 가격을 자세히 명시한 것.

허용된 표준수량(standard quantity allowed) 기간의 실제 산출물을 완성하기 위해 사용되어야 하는 투입물의 양, 산출된 실제 단위 수에 단위당 표준수량을 곱해서 계산된다.

허용된 표준시간(standard hours allowed) 기간의 산출물을 완성하는 데 소요되어야 하는 시간, 생산된 단위의 실제수량에 단위당 표준시간을 곱해서 계산된다.

질문

10–1 표준수량이란 무엇인가? 표준가격이란 무엇인가?

10–2 왜 가격차이와 수량차이를 분리해서 계산하는가?

10–3 누가 일반적으로 재료 가격차이에 대해 책임을 지는가? 재료 수량차이는? 노무 효율차이는?

10–4 재료 가격차이는 시간적으로 두 가지 다른 시점에서 계산될 수 있는가? 어느 시점이 좋은가? 이유는?

10–5 직접재료 가격차이는 유리하지만 직접재료 수량차이가 불리하게 나왔다면, 무엇을 의미하고 있는 것인가?

10–6 표준은 문제점에 대해 비난받을 사람을 확인하는 데 사용되어야 하는가?

10–7 "우리 회사의 노동자들은 모두 근로계약서에 의해 근무하므로 직접노무 임률차이는 0이 될 것이다."라는 주장에 대해서 논의하시오.

10–8 나쁜 품질의 직접재료가 직접노무원가차이에 미치는 영향이 있다면 무엇인가?

10–9 변동제조간접원가가 직접노무시간을 기초로 제품원가에 배부되고, 직접노무 능률차이가 불리하다면 변동제조간접원가차이는 유리한가? 불리한가? 아니면 둘 다 발생 가능한가? 그 이유를 설명하시오.

10–10 재공품 재고의 과잉을 가져오는 노무 능률차이를 지나치게 강조하는 이유는 무엇인가?

엑셀 응용 connect

학습목표 10-1, 10-2, 10-3

Excel을 사용하여 Colonial Pewter사와 관련된 복습문제를 다시 해보기 위한 양식은 다음과 같다. 이 양식이 들어 있는 연습문제는 Connect Library에서 다운로드하라. 웹사이트에서 이 워크시트 양식을 어떻게 사용하는 지에 대한 지침을 받을 수 있을 것이다.

워크시트를 완성한 후에 아래의 요구사항을 진행하여야 한다.

	A	B	C	D	E	F	G
3	자 료						
4	*도표 10-1: 표준원가표*						
5	투입물	*표준 수량*		*표준 가격*			
6	직접재료원가	3.0	파운드	$4.00	파운드당		
7	직접노무원가	0.50	시간	$22.00	시간당		
8	변동제조간접원가	0.50	시간	$6.00	시간당		
9							
10	실제결과:						
11	실제 생산량	2,000	단위				
12	실제 변동제조간접원가	$7,140					
13		*실제 수량*		*실제 가격*			
14	실제 직접재료원가	6,500	파운드	$3.80	파운드당		
15	실제 직접노무원가	1,050	시간	$21.60	시간당		
16							
17	*아래 ?으로 표시된 셀마다 공식을 입력하시오.*						
18	핵심 예제: *10장*						
19							
20	*도표 10-4: 표준원가 차이분석 — 직접재료원가*						
21	실제가격에서 투입물의 실제수량	?	파운드 ×	?	파운드당 =	?	
22	표준가격에서 투입물의 실제수량	?	파운드 ×	?	파운드당 =	?	
23	표준가격에서 실제 산출물에 허용된 표준수량	?	파운드 ×	?	파운드당 =	?	
24	직접재료원가차이:						
25	재료 가격차이	?					
26	재료 수량차이	?					
27	재료 소비차이	?					
28							
29	*도표 10-6: 표준원가 차이분석 — 직접노무원가*						
30	실제임률에서 투입물의 실제시간	?	시간×	?	시간당 =	?	
31	표준임률에서 투입물의 실제시간	?	시간×	?	시간당 =	?	
32	표준임률에서 실제 산출물에 허용된 표준시간	?	시간×	?	시간당 =	?	
33	직접노무원가차이:						
34	노무 임률차이	?					
35	노무 능률차이	?					
36	노무 소비차이	?					
37							
38	*도표 10-8: 표준원가 차이분석 —변동제조간접원가*						
39	실제배부율에서 투입물의 실제시간	?	시간×	?	시간당 =	?	
40	표준배부율에서 투입물의 실제시간	?	시간×	?	시간당 =	?	
41	표준배부율에서 실제 산출물에 허용된 표준시간	?	시간×	?	시간당 =	?	
42	변동간접원가차이:						
43	변동제조간접원가	?					
44	변동제조간접원가	?					
45	변동제조간접원가	?					
46							

Chapter 10 Form | Filled in Chapter 10 Form | C ...

요구사항:

1. 셀 B6의 직접재료 표준수량을 2.9파운드, 셀 B7의 직접노무 표준수량을 0.6시간, 셀 B8의 변동제조간접원가를 0.6시간으로 변경하여 워크시트를 확인하라. 재료 소비차이는 이제 $1,500 불리가 되어야 하고, 노무 소비차이는 3,720 유리, 그리고 변동제조간접원가 소비차이는 이제 $60 유리이어야 한다. 이러한 답을 얻지 못하면 워크시트에서 오류를 찾아 수정하라.
   a. 재료 수량차이는 얼마입니까? 이 차이를 설명하라.
   b. 노무 임률차이는 얼마입니까? 이 차이를 설명하라.
2. 후속 기간의 결과를 반영하도록 워크시트의 자료를 수정하라.

자료
도표 10-1: 표준원가표

투입물	표준수량	표준가격
직접재료원가	3.0파운드	$4.00/파운드
직접노무원가	0.50시간	$22.00/시간
변동제조간접원가	0.50시간	$6.00/시간
실적:		
실제 생산량	2,100단위	
실제 변동제조간접원가	$5,100	
	실제수량	**실제가격**
실제 직접재료원가	6,350파운드	$4.10/파운드
실제 직접노무원가	1,020시간	$22.10/시간

a. 재료 수량차이는 얼마입니까? 재료 가격차이는 얼마입니까?
b. 노무 능률차이는 얼마입니까? 노무 임률차이는 얼마입니까?
c. 변동제조간접원가 능률차이는 얼마입니까? 변동제조간접원가 배부율차이는 얼마입니까?

기본문제

connect

학습목표 10-1, 10-2, 10-3

Preble사는 단일 제품을 생산한다. 변동제조간접원가는 직접노무시간을 기준으로 제품에 배부하며 제품 단위당 표준원가표는 아래와 같다.

직접재료원가: 5파운드, $8.00/파운드	$40.00
직접노무원가: 2시간, $14/시간	28.00
변동제조간접원가: 2시간, $5/시간	10.00
단위당 총표준변동제조원가	$78.00

회사는 판매비에 대해 다음과 같은 원가공식을 설정하였다. 3월 계획예산은 25,000대를 생산하고 판매하는 것에 근거한 것이다. 그러나 3월에 회사는 실제로 30,000대를 생산 및 판매했으며 다음과 같은 원가가 발생하였다.

a. 파운드당 $7.50의 원가로 160,000파운드의 원재료를 구매하였다. 이 재료는 모두 제조에 사용되었다.
b. 직접노무자는 시간당 $15.00의 임률로 55,000시간을 일하였다.
c. 이 달의 총변동제조간접원가는 $280,500이었다.

요구사항:

1. 3월 회사의 변동예산에 어떤 재료원가가 포함되는가?
2. 3월의 재료 수량차이는 얼마인가?
3. 3월의 재료 가격차이는 얼마인가?
4. Preble이 파운드당 $7.50에 170,000파운드의 재료를 구매하고 제조에 160,000파운드를 사용한 경우, 3월의 재료 수량차이는 얼마인가?
5. Preble이 파운드당 $7.50에 170,000파운드의 재료를 구매하고 제조에 160,000파운드를 사용한 경우, 3월의 재료 가격차이는 얼마인가?
6. 회사의 변동예산에 3월의 직접노무원가는 얼마나 포함되는가?
7. 3월의 직접노무원가 능률차이는 얼마인가?
8. 3월의 직접노무원가 임률차이는 얼아인가?
9. 회사의 변동예산에 3월의 변동제조간접원가는 얼마나 포함되는가?
10. 3월의 변동제조간접원가 능률차이는 얼마인가?
11. 3월의 변동제조간접원가 배부율차이는 얼마인가?
12. 회사의 3월 변동예산에 얼마의 광고비, 판매급여 및 판매수수료, 선적비용이 포함되는가?
13. 광고와 관련된 소비차이는 얼마인가?
14. 판매원 급여 및 판매수수료와 관련된 소비차이는 얼마인가?
15. 선적비용과 관련된 소비차이는 얼마인가?

연습문제 connect

문제 10-1 직접재료원가차이 [학습목표 10-1]

Bandar Industries는 스포츠 기구를 제조한다. 제품 중 하나인 풋볼 헬멧은 North American를 겨냥한 것인데 특수 플라스틱을 사용한다. 6월 30일로 종료되는 분기 동안 이 회사는 22,500kg의 플라스틱을 사용하여 35,000개의 헬멧을 만들었다. 이 회사의 플라스틱의 원가는 $171,000이다.

표준원가표에 따르면, 헬멧을 한 개 제조하기 위해서는 0.6kg의 플라스틱이 필요하고 1kg당 원가는 $8이다.

요구사항:

1. 35,000개의 헬멧을 만드는데 허용되는 플라스틱의 표준 킬로그램의 수량(SQ)은 얼마인가?
2. 35,000개의 헬멧을 만드는데 허용되는 표준재료원가(SQ × SP)는 얼마인가?
3. 직접재료원가 소비차이(총차이)는 얼마인가?
4. 직접재료원가 가격차이와 수량차이는 얼마인가?

문제 10-2 직접노무원가차이 [학습목표 10-2]

SkyChefs사는 여러 주요 항공사의 기내식을 준비한다. 이 회사의 제품 중 하나는 새로운 작은 감자와 봄 야채에 딜 소스를 곁들인 연어구이이다. 최근 주 동안에 회사는 960시간의 직접노무시간을 사용하여 4,000회의 식사를 준비하였다. 이 회사는 이 노동에 대해 직접노무자에게 총 $19,200 또는 시간당 $20.00를 지급하였다.

이 식사의 표준원가표에 따르면 시간당 $19.75의 원가로 0.25시간의 직접노무시간이 필요하다.

요구사항:

1. 4,000회 식사를 준비하는데 허용된 표준노무시간(SH)은 얼마인가?
2. 4,000회 식사를 준비하는데 허용된 표준노무원가(SH × SR)는 얼마인가?
3. 직접노무원가 소비차이(총차이)는 얼마인가?
4. 직접노무원가 임률차이와 능률차이는 얼마인가?

문제 10-3 변동제조간접원가차이 [학습목표 10-3]

Logistics Solution은 인터넷 회사에 대해 주문이행 서비스를 제공한다. 이 회사는 인터넷 회사가 가져다 놓은 저장품을 보관하는 창고를 가지고 있다. 인터넷 회사가 고객으로부터 주문을 받으면 이 주문은 Logistics Solutions에 전달되고, 창고로부터 품목을 반출하여 포장한 후 고객에게 배송한다. 이 회사는 직접노무시간을 기준으로 한 변동제조간접원가 예정배부율을 사용한다.

가장 최근 월에 2,300시간의 직접노무시간을 사용하여 120,000개의 품목을 배송하였다. 이 회사는 총 $7,360의 변동제조간접원가가 발생하였다.

회사의 표준에 따르면 1개의 품목의 주문을 이행하기 위해서는 0.02직접노무시간이 필요하며 변동제조간접원가 배부율은 직접노무시간당 $3.25이다.

요구사항:

1. 고객에게 120,000개의 품목을 배송하는 데 허용되는 표준노무시간(SH)은 얼마인가?
2. 고객에게 120,000개의 품목을 배송하는 데 허용되는 표준변동제조간접원가(SH × SR)는 얼마인가?
3. 변동제조간접원가 소비차이(총차이)는 얼마인가?
4. 변동제조간접원가 배부율차이와 변동제조간접원가 능률차이는 얼마인가?

문제 10-4 직접노무원가와 변동제조간접원가차이 [학습목표 10-2, 10-3]

Erie사는 Jogging Mate라고 불리는 모바일 피트니스 장치를 제조한다. 이 회사는 원가를 통제하기 위해 표준원가를 사용한다. 하나의 Jogging Mate에 대해 설정된 표준직접노무원가는 다음과 같다.

표준시간	시간당 표준임률	표준원가
18분	$17.00	$5.10

8월 중 20,000개의 Jogging Mate를 제조하는데 5,750시간의 직접노무시간이 소요되었다. 해당 월의 직접노무원가는 총 $102,350이었다.

요구사항:

1. 20,000개의 Jogging Mate를 만들기 위해 허용되는 표준노무시간(SH)은 얼마인가?
2. 20,000개의 Jogging Mate를 만드는 데 허용되는 표준노무원가(SH × SR)는 얼마인가?
3. 직접노무원가 소비차이(총차이)는 얼마인가?
4. 직접노무원가 임률차이와 능률차이는 얼마인가?
5. 예산에 책정된 변동제조간접원가는 직접노무시간당 $4이다. 8월에 이 회사는 변동간접원가로 $21,850가 발생하였다. 해당 월의 변동제조간접원가 배부율차이와 능률차이를 계산하라.

문제 10-5 노무차이로부터 역산 [학습목표 10-2]

Quality Motor사의 오디오 수리점은 노무시간과 노무원가를 통제하기 위해 표준원가를 사용한다. 엔진조정을 위한 표준노무원가는 아래와 같다.

작업	표준시간	표준임률	표준원가
엔진조정	2.5	$25.00	$62.50

지난주에 이 수리점에서 엔진조정을 위해 사용한 시간에 대한 기록이 잘못되었다. 이 수리점의 책임자는 지난주에 50회의 엔진조정이 완료하였음을 기억하고 있으며, 재무담당자는 엔진조정에 다음과 같은 차이가 있음을 기억해냈다.

노무 임률차이	$150 F
총노무차이(소비차이)	$200 U

요구사항:

1. 지난주에 엔진조정에 사용된 실제 직접노무시간을 구하라.
2. 지난주에 엔진조정 1회당 지급한 시간당 실제 임률을 구하라.(센트 단위로 반올림)
   (힌트: 문제를 푸는 유용한 방법은 도표 10–7의 차이공식 또는 도표 10–6의 표현 형태를 이용하여 알려진 자료로부터 미지의 자료로 찾아가는 것일 것이다.)

문제 10-6 직접재료원가와 직접노무원가차이 [학습목표 10-1, 10-2]

Huron사는 Zoom이라고 알려진 상업용 합성세제를 제조한다. 한 단위 Zoom에 대한 직접재료원가와 직접노무원가의 표준은 다음과 같다.

	표준수량	표준가격 또는 임률	표준원가
직접재료원가	4.6파운드	$2.50/파운드	$11.50
직접노무원가	0.2시간	$18.00/시간	$3.60

지난 최근 달 동안에 다음의 활동들이 있었다.

a. 파운드당 $2.35에 20,000파운드의 원재료를 구입하였음.

b. 모든 원재료가 4,000개의 Zoom을 생산하는 데 사용됨.

c. 직접노무시간이 750시간 사용되었고 총직접노무원가는 $14,925임.

요구사항:

1. 직접재료원가 가격차이와 수량차이를 계산하라.
2. 직접노무원가 임률차이와 능률차이를 계산하라.

문제 10-7 직접재료원가와 직접노무원가차이 [학습목표 10-1]

문제 10-6의 자료를 참고하시오. 지난달에 4,000개의 제품을 생산하였다는 것 대신에, 회사는 원재료 14,750파운드를 사용하여 단지 3,000개의 제품을 생산하였다고 가정하자.(남은 원재료는 기말원재료 재고로 남아 있다.)

요구사항:

직접재료원가 가격차이와 수량차이를 계산하라.

문제 10-8 직접재료원가와 직접노무원가차이 [학습목표 10-1, 10-2]

Dawson Toys사는 Maze라고 불리는 장난감을 생산한다. 최근에 이 회사는 원가통제를 돕기 위해 표준원가계산 시스템을 사용하기로 결정하였고, Maze 장난감에 대한 표준을 다음과 같이 설정하였다.

직접재료원가: 6마이크론/개 @1.50/마이크론
직접노무원가: 1.3시간/개 @$21/시간

7월 중에, 이 회사는 3,000개의 Maze 장난감을 생산하였다. 이 장난감의 월 생산 자료는 다음과 같다.

직접재료원가: 25,000마이크론을 단위당 $1.48에 구매하였다. 이 중 5,000마이크론은 이번 달 말 재고로 남아있다.

직접노무원가: $88,000의 원가에 4,000직접노무시간이 수행되었다.

요구사항:

1. 7월 중의 아래의 항목별 차이를 계산하라.
   a. 직접재료원가 가격차이와 수량차이
   b. 직접노무원가 임률차이와 능률차이
2. 각 차이마다 가능한 원인을 간략히 설명하라.

문제 10-9 포괄적인 차이분석 [학습목표 10-1, 10-2, 10-3]

Marvel Parts사는 자동차 부속품을 제조한다. 이 회사의 제품 중 하나는 거의 모든 소형 승용차에 사용이 가능한 자동차 시트커버 세트이다. 이 회사는 모든 제품에 대해서 표준원가계산 시스템을 사용한다. 시트커버의 표준원가에 따르면 1,900개의 커버세트를 제조하기 위해서는 월간 2,850시간의 작업이 필요하다. 이 제조수준과 관련된 표준원가는 다음과 같다.

	총계	커버 세트당
직접재료원가	$42,560	$22.40
직접노무원가	$51,300	27.00
변동제조간접원가(직접노무시간 기준 배부)	$6,840	3.60
		$53.00

8월 동안 2,800시간의 직접노무시간을 사용되었고, 2,000개의 커버 세트를 제조하였다. 8월의 실제원가 자료는 다음과 같다.

	총계	커버 세트당
직접재료원가(12,000야드)	$45,600	$22.80
직접노무원가	$49,000	24.50
변동제조간접원가	$7,000	3.50
		$50.80

표준원가에 의하면, 커버 세트당 5.6야드의 원재료가 필요하며, 구입한 원재료는 모두 구입한 달의 제조를 위해서 사용되었다.

요구사항:

8월 중 다음의 차이를 계산하라.

1. 직접재료원가 가격차이와 수량차이를 구하라.
2. 직접노무원가 임률차이와 능률차이를 구하라.
3. 제조간접원가 소비차이와 능률차이를 구하라.

문제 10-10 복수제품, 직접재료와 공정들 [학습목표 10-1, 10-2]

Mickley사는 Alpha6와 Zeta7라는 두 가지 제품을 생산하는 데, 이것들은 침전과 마무리라는 두 공정을 거친다. 각 제품들은 X442와 Y661라는 두 개의 원재료를 사용한다. 회사는 각 제품에 대한 다음과 같은 표준원가 시스템을 사용한다. (단위당 기준)

	직접재료		표준노무시간	
제 품	X442	Y661	침 전	마무리
Alpha6	1.8킬로	2.0리터	0.20시간	0.80시간
Zeta7	3.0킬로	4.5리터	0.35시간	0.90시간

5월 동안 재료의 구입과 제조에 사용된 재료와 관련된 정보는 다음과 같다.

재 료	구입량	구입원가	표준단가	제조에 사용량
X442	14,500킬로	$52,200	$3.50/킬로	8,500킬로
Y661	15,500킬로	$20,925	$1.40/리터	13,000리터

이용가능한 추가적인 정보는 다음과 같다.

a. 회사는 직접재료원가 가격차이를 구매시점에서 인식한다.
b. 침전공정에서 표준노무임률은 시간당 $19.80이며, 마무리공정에서는 시간당 $19.20이다.
c. 5월 동안, 침전공정에서 1,200직접노무시간이 수행되었는데 총노무원가는 $27,000이며, 마무리공정에서는 2,850직접노무시간이 수행되었는 데 총노무원가가 $59,850이다.
d. 5월 동안 생산량은 Alpha6이 1,500개, Zeta7이 2,000개이다.

요구사항:

1. 제품별로 직접재료원가와 직접노무원가의 표준원가를 나타내는 표준원가카드를 작성하라.
2. 각 재료별로 직접재료원가 가격차이와 수량차이를 계산하라.
3. 각 공정별로 직접노무원가 임률차이와 능률차이를 계산하라.

문제 10-11 직접재료원가와 직접노무원가차이; 불완전한 자료를 이용한 계산

[학습목표 10-1, 10-2]

Sharp사는 아래의 표준원가를 사용하여 단일 제품을 제조한다.

	표준수량 또는 시간	표준가격 또는 임률	표준원가
직접재료	3피트	$11/피트	$33
직접노무	?시간	?/시간	?

3월 중에 이 회사는 $111,300의 직접재료를 구입했으며, 3,200개의 제품을 생산하는데 전부 사용했다. 추가적으로 해당 월에 제품제조를 위해 4,900시간의 직접노무시간을 소요되었다. 노무시간의 원가는 $95,550이다. 해당 월에 발생한 차이 내역은 다음과 같이 계산되었다.

직접재료원가 수량차이	$4,400 U
직접노무원가 소비차이	$450 F
직접노무원가 능률차이	$2,000 U

요구사항:

1. 직접재료원가 관련
   a. 3월의 원재료에 대한 피트당 실제원가를 구하라.
   b. 원재료에 대한 가격차이와 총차이(소비차이)를 구하라.
2. 직접노무원가 관련
   a. 시간당 표준직접임률을 구하라.
   b. 월간 생산된 제품에 허용된 표준노무시간을 구하라.
   c. 제품 단위당에 허용된 표준노무시간을 구하라.

(힌트: 이 문제를 해결하기 위해서, 도표 10−4와 10−6에서 보여준 계산식을 사용하거나 도표 10−5와 10−7의 차이공식을 이용하여 알려진 자료에서 알려지지 않은 자료로 이동하는 것이 도움이 될 것이다.)

문제 10-12 병원에서 차이분석 [학습목표 10-1, 10-2, 10-3]

Valley View병원의 총관리자인 John Fleming은 병원 실험실의 검사원가에 대해 관심을 갖고 있다. Valley View의 실험실에 부과되는 것은 다른 병원에 비해 확실히 높으며, 많은 불만을 야기하고 있다. 또한 실험실 검사에 대한 지출이 엄격히 제한되기 때문에, 보험회사와 정부 조직으로부터 받은 금액은 실험실 원가를 충당하기에 매우 충분하지 않다.

Mr. Fleming은 지난달 병원 실험실의 원가를 평가하도록 당신에게 요청했다. 다음과 같은 정보가 이용가능하다.

a. 실험실에서는 혈액검사와 분비물 검사 두 가지 형태의 검사를 수행한다. 지난달에는 1,800회의 혈액검사와 2,400회의 분비물 검사가 실험실에서 수행되었다.
b. 두 가지 종류의 실험을 위해서는 작은 유리 플레이트가 필요하다. 지난달에는 12,000개의 플레이트를 $56,400에 구입하였다. 1,500개의 플레이트가 월 말까지 사용되지 않고 있으며, 기초재고는 존재하지 않았다.
c. 지난달에 $21,850의 원가로 1,150시간의 직접노무시간을 실험실에서 사용되었다.
d. 지난달 실험실의 변동제조간접원가는 $7,820이다.

Valley View병원은 표준원가를 사용한 적이 없다. 그러나 산업조사를 통해 아래와 같은 병원 실험실의 전국평균치를 결정하였다.

플레이트: 검사 한 번에 2개의 플레이트가 필요하며, 이 플레이트의 단위당 원가는 $2.50이며, 검사가 완료된 후에는 폐기되어야 한다.

노 무: 한 번의 혈액검사는 0.3시간이 소요되며, 분비물 검사는 0.15시간이 요구된다. 실험실의 평균원가는 시간당 $14이다.

제조간접원가: 제조간접원가는 직접노무시간을 기초로 계산된다. 변동간접원가의 평균배부율은 시간당 $6이다.

요구사항:

1. 플레이트를 구입하는 시점에서의 플레이트의 가격차이와 플레이트를 사용하는 시점에서의 수량차이를 구하라.

2. 실험실의 직접노무원가 관련
   a. 직접노무원가 임률차이와 효율차이를 구하라.
   b. 대부분의 병원에서 1/2의 연구원은 선임기술자이며, 1/2는 보조자이다. 원가감소의 노력으로, Valley View 병원은 1/4의 연구원을 전문기술자로 고용하고 3/4를 보조자로 고용하였다. Valley View 병원의 이러한 정책이 유지되어야 하는가? 그 이유를 설명하라.
3. 변동제조간접원가 소비차이와 능률차이를 구하시오. 변동제조간접원가 능률차이와 직접노무원가 능률차이 간에는 어떤 관계가 존재하는가? 설명하라.

문제 10-13 기본 차이분석; 단위당 원가에 미치는 차이 영향 [학습목표 10-1, 10-2, 10-3]

Koontz사는 몇 가지 제품을 생산한다. 이러한 제품 중 5월의 실제원가 자료와 제품과 관련된 표준은 다음과 같다.

	단위당 표준원가		단위당 실제원가
직접재료원가			
표준: 1.80피트, @$3.00/피트	$5.40		
실제: 1.80피트, @$3.30/피트			$5.94
직접노무원가			
표준: 0.90시간, @$18.00/시간	16.20		
실제: 0.92시간, @$17.50/시간			16.10
변동간접원가			
표준: 0.90시간, @$5.00/시간	4.50		
실제: 0.92시간, @$4.50/시간			4.14
단위당 총원가	$26.10		$26.18
단위당 표준원가 대비 실제원가 초과		$0.08	

제조감독자는 이 보고서를 보고는 기뻐했으며, "$0.08 원가초과는 수용가능한 차이로 설정된 2% 관리 범위 내에 있으므로 문제가 없다. 이 제조와 관련하여 크게 걱정할 것이 없다는 것이 명백하다." 라고 말하였다.

해당 월에 실제 제조수량은 12,000개이었다. 변동제조간접원가는 직접노무시간을 기초로 제품에 배부된다. 기초와 기말재고는 없다.

요구사항:

1. 5월의 다음 차이를 구하라.
   a. 직접재료원가 가격차이와 수량차이
   b. 직접노무원가 임률차이와 능률차이
   c. 변동제조간접원가 소비차이(배부율차이)와 능률차이
2. 단위원가를 초과한 $0.08의 얼마가 위 1.에서 구한 각 차이에 추적이 가능한가?
3. 단위원가를 초과한 $0.08의 얼마가 노무시간의 명백한 비효율적 사용에 추적이 가능한가?
4. 단위원가 초과는 신경 쓸 것이 없다는 것에 동의하는가?

문제 10-14 기본 차이분석 [학습목표 10-1, 10-2, 10-3]

Becton Labs사는 산업용 다양한 화학 합성물을 제조한다. Fludex라는 한 합성물은 정교한 증류 공정을 통해 만들어진다. 이 회사의 Fludex의 한 단위에 설정된 표준원가는 다음과 같다.

	표준수량	표준가격	표준원가
직접재료원가	2.5온스	$20.00/온스	$50.00
직접노무원가	1.4시간	$22.50/시간	31.50
변동제조간접원가	1.4시간	$3.50/시간	4.90
			$86.40

11월 중에 이 회사의 Fludex의 제조와 관련한 활동으로 인한 자료는 다음과 같다.

a. $225,000에 12,000온스의 원재료를 구입하였다.
b. 기초원재료 재고는 없었으나, 월말에 재료 2,500온스가 남아 있다.
c. 이 회사는 Fludex 제조를 위해 35명의 연구기술자를 고용하였다. 11월에 시간당 평균 $22 임률로 1인당 평균 160시간을 근무하였다.
d. Fludex의 변동제조간접원가는 직접노무시간을 기초로 배부된다. 11월의 변동제조간접원가는 총 $18,200이다.
e. 11월에 3,750개의 Fludex가 생산되었다.

요구사항:

1. 직접재료원가 관련
   a. 직접재료원가 가격차이와 수량차이를 구하라.
   b. 장기간의 원재료 구매계약을 갈망하고 있는 새로운 공급업자로부터 원재료를 구매하였다. 회사가 계약 체결하는 것을 당신은 추천하겠는가? 설명하라.
2. 직접노무원가 관련
   a. 직접노무원가를 임률차이와 능률차이를 구하라.
   b. 과거에는, Fludex의 제품을 위하여 고용한 35명의 기술자 중 20명은 선임기술자이고 15명은 보조자였다. 11월에는, 이 회사는 원가를 절약하기 위해서 전문기술자를 감소하고 보조자의 증가를 시도했다. 유지되어야 하는 노무 배합조정을 추천하겠는가? 설명하라.
3. 변동제조간접원가 소비차이(배부율차이)와 능률차이를 구하시오. 변동제조간접원가 능률차이와 직접노무원가 능률차이 간에는 어떤 관계가 존재하는가?

문제 10-15 포괄적인 차이분석 [학습목표 10-1, 10-2, 10-3]

Miller Toy사는 자사의 Westwood Plant에서 플라스틱 수영 풀을 제조한다. 이 공장은 아래의 6월의 공헌이익 손익계산서에서 보여주는 것과 같은 문제를 겪고 있다.

	변동예산	실제
매출액(15,000개)	$675,000	$675,000
변동비		
변동매출원가*	435,000	461,890
변동판매비	20,000	20,000
총변동비	455,000	481,890
공헌이익	220,000	193,110
고정비		
제조간접원가	130,000	130,000
판매관리비	84,000	84,000
총고정비	214,000	214,000
영업순이익	$ 6,000	$ (20,890)

* 직접재료원가, 직접노무원가, 변동제조간접원가 포함

Westwood Plant의 총무관리자로 임명된 Jane Dunn은 "통제하에 일을 진행"라는 지시를 받았다. 손익계산서를 검토한 이후에 Ms. Dunn은 주요한 문제는 변동매출원가라고 결론을 내렸다. 다음과 같은 수영장 풀의 표준원가를 제공받았다.

	표준수량 또는 시간	표준가격 또는 임률	표준원가
직접재료원가	3.0파운드	$5.00/파운드	$15.00
직접노무원가	0.8시간	$16.00/시간	12.80
변동제조간접원가	0.4시간*	$3.00/시간	1.20
총표준변동제조원가			$29.00

* 기계시간을 기초로 계산됨

6월 중에 15,000개의 수영장 풀이 제조되었고 다음의 원가가 발생하였다.

a. 재료 60,000파운드를 파운드당 $4.95에 구입하였다.
b. 제품제조에 원재료 49,200파운드를 사용하였다. (완성품과 재공품 재고는 중요하지 않아 무시될 수 있다.)
c. 시간당 $17.00에 11,800직접노무시간을 작업하였다.
d. 이번 달에 발생한 변동제조간접원가는 총 $18,290이다. 총기계시간은 5,900시간으로 기록되었다.

모든 차이를 월간 단위로 매출원가에서 처리하여 마감하는 것이 회사의 방침이다.

요구사항:

1. 6월 중의 아래와 같은 차이를 구하라.
   a. 직접재료원가 가격차이와 수량차이
   b. 직접노무원가 임률차이와 능률차이
   c. 변동제조간접원가 소비차이(배부율차이)와 능률차이
2. 위 (1)에서 계산한 차이를 월간 총 유리한 차이인지 불리한 차이인지로 요약하라. 이 값이 회사의 손익계산서에 어떤 영향을 미치는가? 계산과정을 보이라.
3. 위 (1)에서 계산한 차이 중에서 가장 중요한 2개의 차이를 선택하여, Ms. Dunn에게 이러한 차이의 원인에 대해서 설명하라.

문제 10-16 포괄적인 차이분석 [학습목표 10-1, 10-2, 10-3]

Highland사는 대학생들에게 인기가 있는 초경량 백팩을 제조한다. 하나의 백팩과 관련된 표준변동제조원가는 다음과 같다.

	표준수량 또는 시간	표준가격 또는 임률	표준원가
직접재료원가	?	$6/야드	$?
직접노무원가	?	?	?
변동제조간접원가	?	$3/직접 노무시간	?
총표준변동제조원가			$?

제조간접원가는 직접노무시간을 기초로 제품에 배부된다. 3월 중에 1,000개의 백팩을 제조하여 판매하였다. 해당 월 제조와 관련하여 수집한 정보는 다음과 같다.

	직접재료 사용	직접노무	변동제조 간접원가
허용된 총표준원가*	$16,800	$21,000	$4,200
실제 발생원가	$15,000	?	$3,600
직접재료원가 가격차이	?		
직접재료원가 수량차이	$1,200 U		
직접노무원가 임률차이		?	
직접노무원가 능률차이		?	
변동제조간접원가 배부율차이			?
변동제조간접원가 능률차이			?

* 월간 생산수량

3월 제조와 관련하여 이용 가능한 추가정보는 다음과 같다.

실제 직접노무시간	1,500
3월 중 백팩당 표준원가와 실제원가의 차이	$0.15 F

요구사항:

1. 백팩 한 개의 표준원가는 얼마인가?
2. 3월 중에 생산한 백팩의 단위당 실제원가를 구하라.
3. 백팩당 표준 직접재료수량은 얼마인가?
4. 재료의 기초와 기말재료가 없다고 가정하고 3월의 직접재료원가 가격차이는 얼마인가?
5. 시간당 표준 직접노무임률을 구하라.
6. 3월의 직접노무원가 임률차이와 능률차이를 구하라.
7. 3월의 변동제조간접원가 소비차이(배부율차이)와 능률차이를 구하라.
8. 백팩 한 개의 표준원가표를 작성하라.

사례

connect

사례 10-17 차이 자료로부터 역산 [학습목표 10-1, 10-2, 10-3]

Vitex사는 인기 있는 소비재 제품을 제조하고 있으며 표준원가 시스템으로부터 다음과 같은 자료를 입수하였다.

표준원가카드	
직접재료원가, 파운드당 $3에 6파운드	$ 18.00
직접노무원가, 직접노무시간당 $15에 0.8노무시간	12.00
변동제조간접원가, 직접노무시간당 $3에 0.8노무시간	2.40

		차이 보고	
	총표준원가*	가격 또는 임률	수량 또는 능률
직접재료원가	$405,000	$6,900 유리	$9,000 불리
직접노무원가	$270,000	$14,550 불리	$21,000 불리
변동제조간접원가	$54,000	$1,300 유리	$? 불리

* 해당기간 재공품에 배부된 것

제조간접원가는 직접노무시간을 기초로 제품에 배부되고 해당 기간에 구입한 원재료는 모두 제조에 사용되었다. 재공품 재고는 중요하지 않아 무시할 수 있다.

요구사항:

1. 지난 기에 얼마나 많은 단위가 생산되었는가?
2. 얼마나 많은 원재료가 구입되어 제조에 사용되었는가?
3. 직접재료 한 파운드당 실제원가는 얼마인가?
4. 해당 기간 동안에 작업된 실제 직접노무시간은 얼마인가?
5. 직접노무시간당 실제임률은 얼마인가?
6. 해당 기간 동안 발생한 실제변동제조간접원가는 얼마인가?

부록 10A: 표준원가계산 시스템에서 예정 제조간접원가배부율과 제조간접원가분석

학습목표 10-4

고정제조간접원가의 예산과 조업도차이를 계산하고 해석한다.

이 부록에서는 이 책의 앞선 개별원가계산 장에서 논의하였던 예정 제조간접원가배부율이 표준원가계산 시스템에서 어떻게 사용될 수 있는 지를 살펴볼 것이다. 이 부록 전반에 걸쳐 고정원가와 변동원가가 제품원가에 포함되는 전부원가계산방식이 모든 제조원가계산에 사용된다고 가정한다.

MicroDrive사: 사례

도표 10A–1에는 소형 전기모터를 생산하는 MicroDrive사의 자료가 있다. 이 도표의 자료는 3개의 섹션으로 나누어져 있다. 첫 번째 섹션에는 회사의 계획예산에 포함된 예산 제조간접원가와 기계시간이 요약되어 있다. 회사는 25,000개의 모터 생산을 기준으로 50,000기계시간을 예상하였다는 것을 주목하라. 이 활동수준에서 예산 변동제조간접원가는 $75,000이었으며 예산 고정제조간접원가는 $300,000이었다.

두 번째 섹션에는 MicroDrive가 제품에 제조간접원가를 배부하는 데 사용할 정보가 포함되어 있다. 이 회사는 실제로 계획예산에 포함된 25,000개의 모터 대신 20,000개의 모터를 생산하였다. 모터당 2기계시간이 허용되는 경우 실제 생산에 허용되는 표준기계시간은 40,000기계시간이다. 회사가 변동과 고정제조간접원가를 제품에 배부하는 데 사용되는 것은 기계시간이다.

세 번째 섹션에는 해당 기간 동안 회사의 실제 변동 및 고정제조간접원가와 해당 기간 동안 사용된 실제 기계시간이 요약되어 있다. 곧 자세히 설명 하겠지만, **표준원가 시스템에서는 실제시간(42,000기계시간)이 제조간접원가를 제품에 배부하는 데 사용되지 않는다는 것을 이해하는 것이 매우 중요하다. 변동 및 고정제조간접원가는 실제 생산에 허용된 표준시간(40,000기계시간)을 사용하여 제품에 배부된다.**

예정 제조간접원가배부율

기간의 시점에서 예정 제조간접원가배부율로 다음의 공식을 사용한 개별원가계산 장을 기억해보자.

$$\text{예정 제조간접원가배부율} = \frac{\text{추정 총제조간접원가}}{\text{추정 배부기준 총액}}$$

예정 제조간접원가배부율에 대한 공식에서 추정 배부기준 총액은 **분모 활동수준(denominator activity)**이라고 불리운다.

도표 10A-1
MicroDrive사 자료

예산 (계획) 제조간접원가:		
예산 변동제조간접원가	$ 75,000	
예산 고정제조간접원가	300,000	
총예산 제조간접원가	$375,000	
예산 생산량 (a)	25,000	모터
모터당 표준기계시간 (b)	2	모터당 기계시간
예산 기계시간 (a) × (b)	50,000	기계시간
제조간접원가 배부:		
실제 생산량 (a)	20,000	모터
모터당 표준기계시간 (b)	2	모터당 기계시간
실제 생산량에 허용된 표준기계시간 (a) × (b)	40,000	기계시간
실제 제조간접원가와 기계시간:		
실제 변동제조간접원가	$ 71,400	
실제 고정제조간접원가	308,000	
실제 총제조간접원가	$379,400	
실제 기계시간	42,000	기계시간

개별원가계산의 장에서 논의한 것과 같이, 한번 예정 제조간접원가배부율이 결정되어지면 실제 활동수준이 추정하였던 것과 차이가 나더라도 실제 그 기간 동안은 변동되지 않는다. 결과적으로 제품의 각 단위에 적용된 제조간접원가 총액은 해당 기간동안 제품이 언제 생산되어졌는지에 관계없이 동일하다.

MicroDrive사는 예정 제조간접원가배부율에서 분모 활동수준으로 예산 기계시간을 사용한다. 이렇게 MicroDrive사에 대한 예정 제조간접원가배부율은 아래와 같이 계산되어진다.

$$\text{예정 제조간접원가배부율} = \frac{\$375,000}{50,000\text{기계시간}} = \text{기계시간당 } \$7.50$$

이 예정 제조간접원가배부율을 변동요소와 고정요소로 다음과 같이 세분되어 진다.

$$\text{예정 제조간접원가배부율의 변동요소} = \frac{\$75,000}{50,000\text{기계시간}} = \text{기계시간당 } \$1.50$$

$$\text{예정 제조간접원가배부율의 고정요소} = \frac{\$300,000}{50,000\text{기계시간}} = \text{기계시간당 } \$6.00$$

기록된 모든 표준기계시간에 대하여, 재공품에는 제조간접원가인 $7.50가 배부되어지고, 그 중 $1.50는 변동제조간접원가배부율이고 $6.00은 고정제조간접원가배부율이다. 총액으로 MicroDrive사는 아래에 표시된 것처럼 재공품에 간접원가 $300,000이 배부될 것이다.

$$\begin{aligned}\text{제조간접원가 배부액} &= \text{예정 제조간접원가배부율} \times \text{실제 산출물에 허용된 표준시간} \\ &= \text{기계시간당 } \$7.50 \times 40,000 \text{ 기계시간} \\ &= \$300,000\end{aligned}$$

표준원가계산 시스템 하에서 제조간접원가 적용

고정제조간접원가차이를 이해하기 위해서, 표준원가계산 시스템 하에서 간접원가가 재공품에 어떻게 적용되는지를 이해해야 한다. 개별원가계산 장에서 실제 활동수준에 근거하여 재공품에 간접원가를 배부하였다는 것을 돌이켜보자. 이 과정은 정상원가계산 하에서는 타당한 방법이다.[1] 하지만 지금 표준원가계산을 살펴보고 있다. 표준원가계산 하에서는 간접원가를 실제 작업시간에 근거해서 계산하는 것이 아니라 **해당 기간의 실제 산출물에 허용된 표준 시간**에 근거해서 재공품에 배부한다. 도표 10A–2에서 이 점을 보여주고 있다. 표준원가계산 시스템 하에서는 공정에 대하여 단위당 실제로 얼마의 시간이 소요되었는가와 무관하게 특정 제품의 한 단위마다 동일한 간접원가가 배부된다.

도표 10A-2

제조간접원가 적용: 정상원가 시스템 대 표준원가 시스템

정상원가계산		표준원가계산	
제조간접원가		제조간접원가	
실제 발생한 간접원가	간접원가 배부액: 실제시간 ×예정배부율	실제 발생한 간접원가	간접원가 배부액: 실제 산출물에 허용된 표준원가 ×예정배부율
과소배부 또는 과대배부된 제조간접원가		과소배부 또는 과대배부된 제조간접원가	

예산차이

표준원가계산 시스템 하에서 고정제조간접원가차이는 **예산차이**와 **조업도차이**로 계산된다. 이러한 차이는 도표 10A–3에서 계산되어 있다. **예산차이(budget variance)**는 실제 고정제조간접원가와 해당 기간의 예산 고정제조간접원가 간의 단순한 차이이다. 공식은 아래와 같다.

예산차이 = 실제 고정제조간접원가 − 예산 고정제조간접원가

만약 실제 고정간제조접원가가 예산 고정제조간접원가를 초과한다면, 예산차이는 불리한 차이라고 한다. 만일 실제 고정제조간접원가가 예산 고정제조간접원가를 하회한다면, 예산차이는 유리한 차이라고 한다. 공식을 MicroDrive사에 적용하면 예산차이는 다음과 같다.

예산차이 = $308,000 − $300,000 = $8,000 불리

1 정상원가계산은 제3장 개별원가계산의 110쪽에서 논의되었다.

도표 10A-3 고정제조간접원가차이의 계산

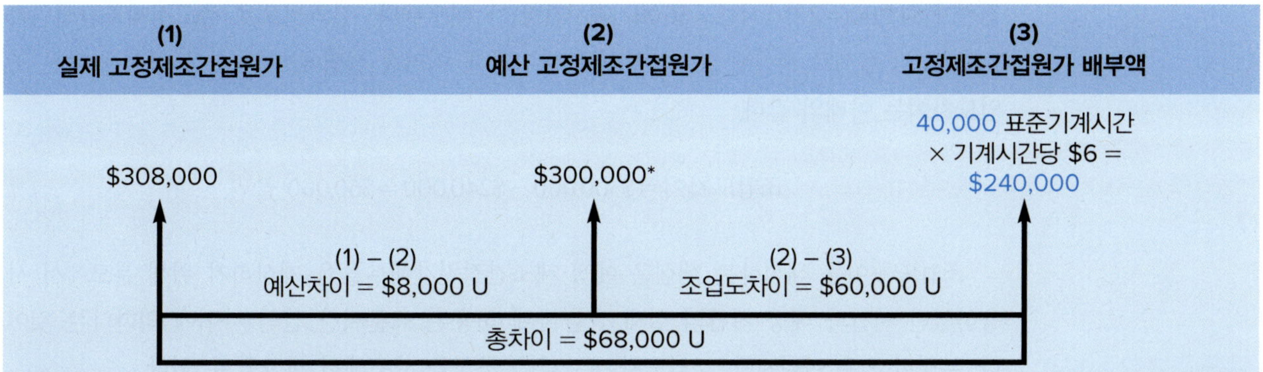

* 최초 예산(도표 10A–1)에서처럼, 이 숫자는 50,000 분모 기계시간 × 기계시간당 $6 = $300,000으로 표현될 수도 있다.
F = 유리; U = 불리.

예산에 따르면, 고정제조간접원가는 $300,000이 되었어야 했으나, 실제로는 $308,000이었다. 실제원가가 예산을 $8,000만큼 초과하였으므로 차이는 불리한 것이다. 그렇지만 이것은 비효율적인 경영성과를 자동적으로 알려주는 것은 아니다. 예를 들어 이 차이는 낭비와 비효율의 결과일 수도 있지만, 제품품질이나 제조공정 효율성을 개선하는 고정제조간접자원에 미처 예측하지 못한 소극적 투자로 인한 것일 수 있다.

조업도차이

조업도차이(volume variance)는 다음 공식으로 정의된다.

조업도차이 = 예산 고정제조간접원가 − 재공품에 배부된 고정제조간접원가

예산고정제조간접원가가 재공품에 배부된 고정제조간접원가를 초과할 때, 조업도차이는 불리한 차이라고 한다. 예산고정제조간접원가가 재공품에 배부된 고정제조간접원가를 하회할 때, 조업도차이는 유리한 차이라고 한다. 앞으로 보겠지만, 이 차이를 해석할 때 주의를 해야 한다.

조업도차이를 이해하기 위해서, 표준원가계산 시스템에서 재공품에 고정제조간접원가가 어떻게 배부되는지를 이해할 필요가 있다. 앞서 논의한 바와 같이, 고정제조간접원가는 해당 기간에 실제 산출물에 허용된 표준시간을 기초로 재공품에 배부된다. MicroDrive사의 경우와 같이, 회사는 20,000개의 모터를 생산하였는데 각 모터당 표준은 2기계시간이다. 그러므로 실제 산출물에 허용된 표준시간은 40,000기계시간(= 20,000개 × 2기계시간)이다. 도표 10A–3에 나타난 것처럼, 기계시간당 $6.00의 예정 고정제조간접원가배부율에 실제 산출물에 허용된 40,000표준기계시간을 곱하면 재공품에 배부되는 고정제조간접원가 $240,000이

나온다. 이것을 달리 생각할 수 있는 방법은 각 모터당 표준은 2기계시간이므로 고정제조간접원가 $12.00(=2기계시간×$6.00기계시간당)가 배부된다. 결과적으로 총고정제조간접원가 240,000이 실제로 생산된 20,000모터에 배부된다. 이러한 설명에 따라 다음 공식에 따른 조업도차이는 아래와 같다.

$$\text{조업도차이} = \$300{,}000 - \$240{,}000 = \$60{,}000 \text{ 불리}$$

조업도차이를 해석하는 핵심은 예정 제조간접원가배부율을 계산하기 위해 분모에서 사용하였던 시간과 해당 기간의 실제 산출물에 허용된 표준시간 간의 차이에 의한다는 것이다. 분명한 것은 아니지만, 조업도차이는 다음 공식을 사용해서 계산될 수 있다.

$$\text{조업도차이} = \frac{\text{고정제조간접원가}}{\text{예정배부율}} \times (\text{예정조업도} - \text{산출물에 허용된 표준시간})$$

MicroDrive사의 경우에 조업도차이는 다음과 같이 이 공식을 사용하여 계산될 수 있다.

$$\begin{aligned}\text{조업도차이} &= \text{기계시간당 } \$6 \times (50{,}000\text{기계시간} - 40{,}000\text{기계시간}) = \$60{,}000\text{불리} \\ &= \text{기계시간당 } \$6 \times 10{,}000\text{기계시간} = \$60{,}000 \text{ 불리}\end{aligned}$$

앞의 공식을 사용하여 계산한 조업도차이와 일치하는 것을 확인하라.

이 새로운 공식에 초점을 맞추면, 분모 시간이 실제 산출물에 허용된 표준시간을 초과하면 조업도차이는 불리한 것이다. 만약 분모 시간이 실제 산출물에 허용된 표준시간을 하회하면 조업도차이는 유리한 것이다. 달리 말하며, 조업도차이는 실제 활동수준이 기대했던 것보다 낮으면 불리한 것이다. 조업도차이는 실제 활동수준이 기대했던 것보다 크면 유리한 것이다. 조업도차이는 과대소비 혹은 과소소비를 의미하는 것이 아니라는 것을 주목하는 것이 중요하다. 회사는 해당 기간의 활동이 계획된(분모) 수준보다 이상이던지 이하이던지 간에 고정제조간접원가의 같은 금액을 발생시킬 것이다.

조업도차이는 종종 설비의 이용 측정치로 간주된다. 실제 산출물에 허용된 표준시간이 분모 시간보다 크다면(작다면), 이것은 설비 사용의 효율적(비효율적)이라는 것이다. 그렇지만, 시설 사용비율과 같은 다른 사용 측정치가 계산하고 이해하는 데 더 용이하다. 조업도차이의 보다 정확한 이해는 활동수준이 부정확하게 측정하고 원가계산 시스템이 고정원가를 마치 변동원가인 것처럼 가정하였을 때 발생하는 오차라는 것이다. 이 해석은 고정제조간접원가차이를 도표로 분석한 아래 부분에서 좀 더 명확해질 수 있다.

고정제조간접원가차이의 도표분석

도표 10A-4는 고정제조간접원가 예산과 조업도차이에 대한 이해를 제공하는 도표분석이다. 그래프에 나타난 것처럼, 고정제조간접원가는 활동의 각 표준시간에 대하여 $6의 예정배부율로 재공품에 배부된다. (배부원가선은 그래프에서 상향 기울기 선이다). 예정조업도인 50,000기계시간이 예정배부율 $6을 계산하는 데 사용되었고, 배부원가선은 정확히 50,000기계시간에서 정확히 예산원가선과 만난다. 예정조업도 시간과 실제 산출량에 허용된 표준시간이 같다면 조업도차이는 없다. 조업도차이는 표준시간이 예정조업도와 다를 때만 발생한다.

MicroDrive의 경우 실제 산출물에 허용된 표준시간(40,000시간)이 예정조업도 시간(50,000시간)보다 작다. 원래 예산보다 적은 원가가 제품에 배부되었기 때문에 불리한 조업도차이가 발생한다. 상황이 바뀌어서 실제 산출물에 허용된 표준시간이 예정시간을 초과할 경우 도표상 조업도차이는 유리하게 된다.

고정제조간접원가 분석의 주의점

고정제조간접원가에 대한 조업도차이는 고정원가가 마치 변동원가인 것처럼 취급하여 재공품에 원가가 배부되었기 때문에 발생한다. 도표 10A-4에서 그래프는 이 점을 보여준다. 그래프에서 고정제조간접원가가 변동원가처럼 시간당 $6씩 재공품에 배부된다. 이러한 고정원가를 변동원가처럼 취급하는 것은 제품원가 목적에서 필요하지만 실제 위험은 여기에 숨어있다. 경영자들은 고정원가가 실제 변동원가라고 생각하도록 쉽게 오도될 수 있다.

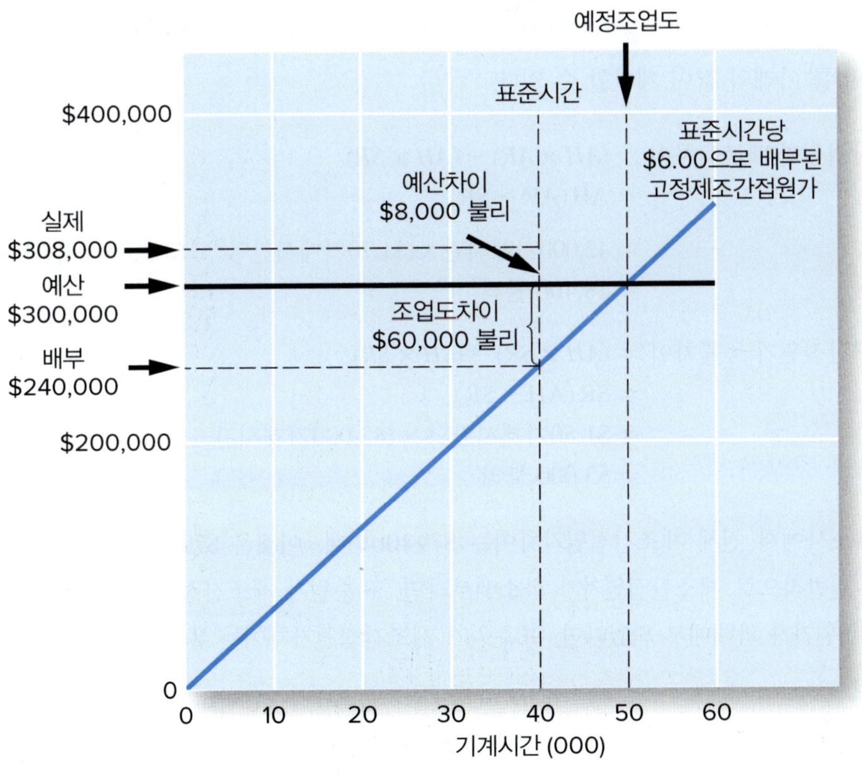

도표 10A-4
고정제조간접원가차이의 도표분석

고정제조간접원가는 상당한 액수라는 것을 명확히 기억해하라. 고정원가를 단위별 또는 시간당 표현하는 것은 외부보고상 제품원가에 필요하지만 인위적이다. 활동의 증가 또는 감소가 사실상 관련 활동범위 내에서 전체 고정원가에 영향을 미치지 않는다. 고정원가가 단위당 또는 시간당 표현될지라도 활동에 비례적이지는 않다. 어떤 점에서 조업도차이는 원가시스템에서 고정원가를 변동원가로 취급하는 데 발생하는 오류이다.

제조간접원가 차이조정과 과소 또는 과대 배부된 제조간접원가

표준원가계산 시스템에서는 한 기간에 과소 또는 과대 배부된 제조간접원가는 제조간접원가의 차이 합과 같다. 이를 살펴보기 위해, MicroDrive사의 예로 돌아갈 것이다.

앞서 논의된 것처럼, 표준원가계산 시스템에서 제조간접원가는 재공품에 해당 기간에 허용된 표준시간을 기준으로 재공품에 배부되었다. 다음 표는 MicroDrive에 대한 과소 또는 과대 배부된 제조간접원가가 계산되어 있다.

예정 제조간접원가배부율 (a)	$7.50/기계시간
실제 산출물에 허용된 표준기계시간 [도표 10A–1] (b)	40,000 기계시간
배부된 제조간접원가 (a) × (b)	$300,000
실제 총제조간접원가 [도표 10A–1]	$379,400
과소 혹은 과대 배부된 제조간접원가	$79,400 과소배부

이 회사에 대한 예산차이와 조업도차이는 이미 계산되어 있다. 또한 변동제조간접원가 차이를 계산할 필요가 있을 것이다. 이를 계산하기 위한 자료는 도표 10A–1에 있다. 도표 10–9로부터 변동제조간접원가 차이를 계산하기 위한 공식을 상기하면, 소비차이(배부율차이)와 능률차이를 아래와 같이 계산할 수 있다.

$$\begin{aligned}\text{변동제조간접원가 배부율차이} &= (AH \times AR) - (AH \times SR)\\ &= \mathrm{AH(AR - SR)}\\ &= 42{,}000\text{기계시간} \times (\$1.70\text{기계시간당}^{2} - \$1.50\text{기계시간당})\\ &= \$8{,}400 \text{ 불리}\end{aligned}$$

$$\begin{aligned}\text{변동제조간접원가 능률차이} &= (AH \times SR) - (SH \times SR)\\ &= \mathrm{SR(AH - SR)}\\ &= \$1.50\text{기계시간당} \times (42{,}000\text{기계시간} - 40{,}000\text{기계시간})\\ &= \$3{,}000 \text{ 불리}\end{aligned}$$

MicroDrive사에서 전체 제조간접원가차이는 $79,400인데, 이것은 $79,400의 과소배부와 일치한다. 일반적으로 제조간접원가가 과소배부라면, 표준원가 제조간접원가차이는 불리하다. 제조간접원가가 과대배부 되었다면, 표준원가 제조간접원가차이는 유리하다.

---

2 실제배부율(AR) = $71,400 ÷ 42,000기계시간 = $1.70/기계시간

용어해설

분모 활동수준(denominator activity)[예정조업도] 예정 제조간접원가배부율을 계산하기 위해 사용하는 활동수준.

예산차이(budget variance) 해당 기간의 예산 고정제조간접원가와 발생한 실제 고정제조간접원가 간의 차이.

조업도차이(volume variance) 예정 제조간접원가배부율을 계산하기 위하여 사용한 예정 활동수준과 실제 산출물에 허용된 표준이 다를 때 발생하는 차이. 이것은 예정시간과 산출물에 허용된 표준시간의 차이에 예정 제조간접원가배부율을 곱하여 계산된다.

연습문제 (부록 10A)

connect

문제 10A-1 고정제조간접원가차이 [학습목표 10-4]

Primara사는 실제 산출물에 허용된 표준직접노무시간을 기초로 제조간접원가를 제품에 배부하는 표준원가계산 시스템을 사용한다. 가장 최근 연도의 관련 자료는 다음과 같다.

연간 예상 총고정제조간접원가	$250,000
연간 실제 총고정제조간접원가	$254,000
예산 표준직접노무시간(기준조업도)	25,000
실제 직접노무시간	27,000
실제 산출량의 허용된 표준직접노무시간	26,000

요구사항:

1. 연간 제조간접원가 예정배부율에서 고정제조간접원가 해당분을 계산하시오.
2. 고정제조간접원가의 예산차이와 조업도차이를 구하시오.

문제 10A-2 제조간접원가 예정배부율; 제조간접원가차이 [학습목표 10-3, 10-4]

Norwall시의 변동제조간접원가는 표준 기계시간당 $3.00이어야 하고 고정제조간접원가는 월간 $300,000가 되어야 한다.

최근의 이용 가능한 정보는 다음과 같다.

a. 제조간접원가 예정배부율을 계산하기 위한 예정조업도는 60,000기계시간이다.
b. 60,000기계시간의 활동 수준에서 회사는 40,000개의 제품을 생산해야 한다.
c. 이 회사의 실제 운영결과는 다음과 같았다.

제품 생산수량	42,000
실제 기계시간	64,000
실제 변동제조간접원가	$185,600
실제 고정제조간접원가	$302,400

요구사항:

1. 제조간접원가 예정배부율을 변동과 고정요소로 분해하시오.
2. 실제 생산량에 허용된 표준노무시간을 구하시오.
3. 변동제조간접원가의 소비차이[배부율차이]와 능률차이와 고정제조간접원가의 예산차이와 조업도 차이를 구하시오.

문제 10A-3 표준원가계산 시스템의 제조간접원가의 배부 [학습목표 10-4]

Privack사는 해당기간의 실제 산출물에 허용된 표준직접노무시간을 기초로 제조간접원가를 제품에 배부하는 표준원가계산 시스템을 사용한다. 가장 최근 회계연도의 관련 자료는 다음과 같다.

직접노무시간당 예산 변동제조간접원가	$2
연간 예산 총고정제조간접원가	$250,000
예산 표준직접노무시간(예정조업도)	40,000
실제 직접노무시간	39,000
실제 산출량의 허용된 표준직접노무시간	38,000

요구사항:

1. 연간 제조간접원가 예정배부율을 구하시오.
2. 해당 기간의 산출물에 적용되어야 하는 제조간접원가 총액을 산출하시오.

문제 10A-4 고정제조간접원가차이 [학습목표 10-4]

최근 3개 다른 회사에서 수집한 운영정보는 다음과 같다.

	회사		
	A	B	C
기계시간 최대사용량	10,000	18,000	20,000
예산 기계시간*	9,000	17,000	20,000
실제 기계시간	9,000	17,800	19,000
실제 생산량에 허용된 표준기계시간	9,500	16,000	20,000

* 제조간접원가 예정배부율을 계산하기 위한 기준조업도

요구사항:

각 회사마다 조업도차이의 유, 불리를 언급하고 이유를 설명하시오.

문제 10A-5 고정제조간접원가차이 이용 [학습목표 10-4]

Cutter사에 의해 생산되는 단일 제품에 대한 표준원가카드가 다음과 같다.

투입물	(1) 표준수량 또는 시간	(2) 표준가격 또는 비율	표준원가 (1) × (2)
직접재료원가	30야드	$6.00/야드	$ 18
직접노무원가	4시간	$15.50/시간	62
변동제조간접원가	4시간	$1.50/시간	6
고정제조간접원가	4시간	$5.00/시간	20
단위당 총표준원가			$106

제조간접원가는 표준직접노무시간을 기초로 제품에 배부되어진다. 연간 회사는 37,000시간 작업을 하였고 9,500개 제품을 생산하였다. 해당 연도의 회사의 고정제조간접원가와 관련된 일부 자료가 다음과 같다.

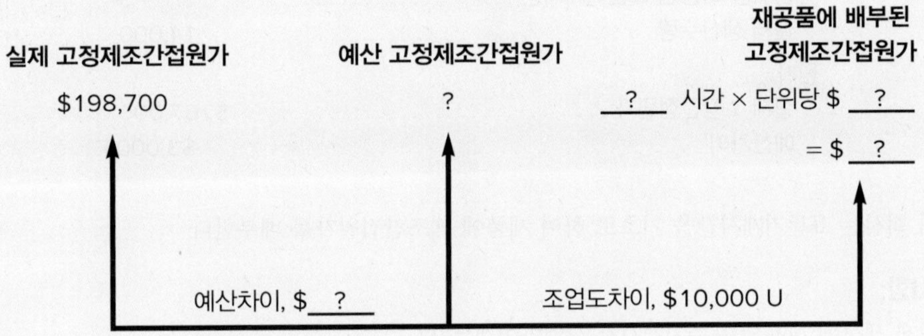

요구사항:

1. 당해 연도의 생산에 허용된 표준시간을 얼마이었는가?
2. 당해 연도의 예산 고정제조간접원가 총액은 얼마이었는가?
3. 당해 연도의 고정제조간접원가 예산차이는 얼마이었는가?
4. 당해 연도의 예정 제조간접원가배부율을 설정하는 데 회사가 사용한 예정조업도는 얼마이었는가?

문제 10A-6 제조간접원가 예정배부율 [학습목표 10-4]

Lasser사는 매년 30,000 직접노무시간의 정상조업도에서 10,000개의 제품을 생산한다. 직접노무원가는 시간당 $12이다. 제품당 2.5야드의 직접재료가 소요되며, 직접재료원가는 야드당 $8.60이다. 변동제조간접원가는 표준 직접노무시간당 $1.90이다. 고정제조간접원가는 기간별 $168,000이다.

요구사항:

1. 기준조업도로 30,000직접노무시간을 이용하여 제조간접원가 예정배부율을 구하고 이것을 변동과 고정요소로 분해하시오.
2. 아래의 단위당 원가에 대한 표준원가카드를 완성하시오.

투입물	(1) 표준수량 또는 시간	(2) 표준가격 또는 비율	표준원가 (1) × (2)
직접재료원가	2.5야드	$8.60/야드	$21.50
직접노무원가	?	?	?
변동제조간접원가	?	?	?
고정제조간접원가	?	?	?
단위당 총표준원가			$?

문제 10A-7 고정제조간접원가차이 간의 관련성 [학습목표 10-4]

Yost사의 가장 최근 연도의 운영과 관련된 일부 자료가 다음과 같다.

활동:	
기준조업도(기계시간)	45,000
단위당 허용된 표준기계시간	3
실제 생산수량	14,000
원가:	
실제 고정간접원가	$267,000
예산차이	$3,000 F

이 회사는 표준기계시간을 기초로 하여 제품에 제조간접원가를 배부한다.

요구사항:

1. 실제 생산에 허용된 표준기계시간은 얼마이겠는가?
2. 제조간접원가 예정배부율의 고정원가 분은 얼마이겠는가?
3. 조업도차이는 얼마이겠는가?

문제 10A-8 제조간접원가의 배부; 제조간접원가차이 [학습목표 10-3, 10-4]

Lane사는 많은 수작업이 요구되는 단일 제품을 제조한다. 제조간접원가는 표준직접노무시간을 기초로 배부된다. 변동제조간접원가는 표준직접노무시간당 $2이고 고정제조간접원가는 연간 $480,000이다.

회사의 제품은 3파운드의 원재료가 필요하며 표준원가는 파운드당 $7이다. 직접노무시간은 단위당 1.5시간이 요구되며, 시간당 $12가 소요된다.

이 회사는 가장 최근 연중에 60,000직접노무시간의 기준조업도에서 40,000개의 제품의 제조를 계획했다. 당기에 실제활동과 원가는 다음과 같다.

실제 생산수량	42,000
실제 직접노무시간	65,000
실제 변동제조간접원가	$123,500
실제 고정제조간접원가	$483,000

요구사항:

1. 당기의 제조간접원가 예정배부율을 구하시오. 예정배부율을 변동과 고정요소로 분해하시오.
2. 이 회사 제품의 표준원가카드를 작성하시오. 표준원가카드에 모든 제조원가의 세부내역을 포함하시오.
3. 다음을 수행하시오.
   a. 당기의 생산에 허용된 표준직접노무시간을 구하시오.
   b. 당기의 다음 제조간접원가 T계정을 완성하시오.

제조간접원가

?	?
?	?

4. 변동제조간접원가의 소비차이[배부율차이]와 능률차이, 예산차이와 조업도차이를 계산함으로써 당기의 과소 또는 과대배부에 대한 이유를 설명하시오.
5. 이 회사가 기준조업도로 60,000직접노무시간이 아닌 65,000직접노무시간을 선택했다고 가정하자. 앞 4번에서 계산한 차이에 변화가 있다면, 그 차이가 발생한 이유를 설명하시오. 계산과정을 포함할 필요는 없다.

문제 10A-9 제조간접원가의 배부; 제조간접원가차이 [학습목표 10-3, 10-4]

Poland Gdansk의 Chilczuk, S.A.,는 전통 폴란드 소세지 제조회사이다. 이 회사는 원가를 통제하기 위해서 표준원가계산 시스템을 사용한다. 제조간접원가는 표준직접노무시간을 기초로 제품에 배부된다. 회사의 변동예산에 따르면, 35,000직접노무시간(기준조업도)에서 발생해야 하는 제조간접원가는 다음과 같다.

변동제조간접원가	$ 87,500
고정제조간접원가	210,000
총제조간접원가	$297,500

최근에 실제 발생한 운영결과는 다음과 같다.

활동:	
실제 직접노무시간	30,000
생산량에 허용된 표준노무시간	32,000
원가:	
실제 변동제조간접원가	$78,000
실제 고정제조간접원가	$209,400

회사의 연말 제조간접원가 계정내역은 다음과 같다.

제조간접원가	
실제원가 287,400	배부원가 272,000
15,400	

경영자는 과소배부된 $15,400의 원인을 찾으려고 하고 있다.

요구사항:

1. 연간 제조간접원가 예정배부율을 구하시오. 이것을 변동과 고정요소로 분해하시오.
2. 제조간접원가계정의 배부원가인 $272,000의 계산내역을 보여주시오.
3. 과소배부된 $15,400를 변동제조간접원가 소비차이[배부율차이]와 능률차이 고정제조간접원가 예산차이와 조업도차이로 분리하시오.
4. 위 (3)에서 계산한 각 차이의 의미를 설명하시오.

문제 10A-10 포괄적인 표준원가차이 [학습목표 10-1, 10-2, 10-3, 10-4]

Martell사의 대표자인 Kim Clark이 말했다. "훌륭해요! 판매직원이 예산 매출액을 달성했을 뿐만 아니라, 생산직원도 원가통제를 매우 훌륭하게 해냈군요!", "전체 제조간접원가차이 $18,300는 올해 생산한 제품의 표준원가 $1,536,000의 1.2%에 불과합니다. 경영진에서 수용가능한 차이로 설정한 3% 이내이므로 잘한 것입니다. 올해에 모든 사람이 상여를 받을 것처럼 보입니다."

이 회사는 단일 제품을 제조하여 판매한다. 이 제품의 표준원가카드는 다음과 같다.

투입물	(1) 표준수량 또는 시간	(2) 표준가격 또는 비율	표준원가 (1) × (2)
직접재료원가	2 피트	$8.45/피트	$16.90
직접노무원가	1.4 시간	$16/시간	22.40
변동제조간접원가	1.4 시간	$2.50/시간	3.50
고정제조간접원가	1.4 시간	$6/시간	8.40
단위당 총표준원가			$51.20

당기에 이용 가능한 추가정보는 다음과 같다.

a. 이 회사는 당기에 30,000개의 제품을 생산하였다.
b. 전체 64,000피트의 재료가 피트당 $8.55에 구매되었다. 이 재료는 30,000개의 제품을 제조하는 데 전부 사용하였다. 당기의 기초, 기말재고는 없었다.
c. 이 회사는 연간 43,500직접노무시간을 시간당 $15.80에 사용하였다.
d. 제조간접원가는 표준직접노무시간을 기초로 제품에 배부한다. 제조간접원가와 관련된 자료는 다음과 같다.

기준조업도(직접노무시간)	35,000
예산 고정제조간접원가	$210,000
실제 변동제조간접원가	$108,000
실제 고정제조간접원가	$211,800

요구사항:

1. 당기의 직접재료원가 가격차이와 수량차이를 구하시오.
2. 당기의 직접노무원가 임률차이와 능률차이를 구하시오.
3. 제조간접원가와 관련된 다음의 차이를 구하시오.
   a. 당기의 변동제조간접원가의 소비차이(배부율차이)와 능률차이
   b. 당기의 고정제조간접원가의 예산차이와 조업도차이
4. 당신이 계산한 차이 총액과 대표자가 언급한 $18,300을 순액으로 비교하시오. 당기에 훌륭한 원가통제에 대해 모든 사람에게 상여가 있어야 한다는 것에 동의하는가? 그 이유를 설명하시오.

문제 10A-11 포괄적인 표준원가차이 [학습목표 10-1, 10-2, 10-3, 10-4]

Flandro사는 직접노무시간을 기초로 한 제조간접원가 예정배부율을 사용하는 표준원가계산 시스템을 사용한다. 당기의 회사 예산자료는 다음과 같다.

기준조업도(직접노무시간)	5,000
변동제조간접원가	$25,000
고정제조간접원가	$59,000

단일 제품제조를 위한 표준원가카드는 다음과 같다.

투입물	(1) 표준수량 또는 시간	(2) 표준가격 또는 비율	표준원가 (1) × (2)
직접재료원가	3야드	$4.40/야드	$13.20
직접노무원가	1시간	$12/시간	12.00
제조간접원가	1시간	$16.80/시간	16.80
단위당 총표준원가			$42.00

당기에 회사는 6,000개의 제품을 제조하였고, 발생한 원가는 다음과 같다.

재료매입, 24,000야드 @$4.80/야드	$115,200
생산에 사용한 직접재료(야드)	18,500
실제 직접노무원가, 5,800 직접노무시간 @$13/시간	$75,400
실제 변동제조간접원가	$29,580
실제 고정제조간접원가	$60,400

요구사항:

1. 변동과 고정제조간접원가 요소를 세분하여 보다 명쾌하고 유용한 형식으로 표준원가카드를 재작성하시오.
2. 당기의 직접재료와 직접노무에 대한 차이분석을 준비하시오.
3. 당기의 변동과 고정제조간접원가에 대한 차이분석을 준비하시오.
4. 기준조업도의 선택이 단위당 표준원가에 어떤 영향을 미치는가? 소비관점에서 조업도차이는 통제가능한 차이인가? 그 이유를 설명하시오

문제 10A-12 기준조업도의 선택; 제조간접원가의 분석; 표준원가카드 [학습목표 10-3, 10-4]

Morton사의 변동제조간접원가는 표준직접노무시간당 $4.50이고 고정제조간접원가는 연간 $270,000이다.

이 회사는 2시간의 직접노무시간이 소요되는 단일 제품을 제조한다. 직접노무원가는 시간당 $15이다. 제품 각 단위에는 4피트의 원재료가 요구되는 데, 원재료의 표준원가는 피트당 $8.75이다. 정상조업도가 30,000직접노무시간이지만, 이 회사는 당기에 40,000시간의 활동수준을 예상하고 있다.

요구사항:

1. 이 회사의 기준조업도가 30,000직접노무시간이라고 가정하자. 제조간접원가 예정배부율을 구하고 이것을 변동과 고정원가 요소로 분해하시오.
2. 회사의 기준조업도가 40,000직접노무시간이라고 가정하고 위 1번을 재계산하시오.
3. 다음의 두 가지 표준원가카드를 완성하시오.

투입물	(1) 표준수량 또는 시간	(2) 표준가격 또는 비율	표준원가 (1) × (2)
기준조업도: 30,000 직접노동시간			
직접재료원가	4피트	$8.75/피트	$35.00
직접노무원가	?	?	?
변동제조간접원가	?	?	?
고정제조간접원가	?	?	?
단위당 총표준원가			$?
기준조업도: 40,000 직접노동시간			
직접재료원가	$4피트	$8.75/피트	$35.00
직접노무원가	?	?	?
변동제조간접원가	?	?	?
고정제조간접원가	?	?	?
단위당 총표준원가			$?

4. 이 회사가 당기에 18,000개의 제품을 제조했고 38,000직접노무시간을 작업하였다고 가정하자. 당기의 실제 제조간접원가는 다음과 같다.

변동제조간접원가	$174,800
고정제조간접원가	271,600
총제조간접원가	$446,400

다음을 수행하시오.

a. 당기의 생산품에 허용된 표준직접노무시간을 구하시오.

b. 아래의 제조간접원가계정을 완성하시오. 위 (1)에서 한 것처럼, 회사는 예정 제조간접원가배부율에 계산에 예정조업도로 30,000직접노무시간(정상조업도)이라고 가정하시오.

제조간접원가

실제원가	446,400	배부원가	?
?		?	

c. 변동제조간접원가 소비차이(배부율차이)와 능률차이, 고정제조간접원가 예산차이와 조업도차이를 계산하여 당기의 과소 또는 과대배부의 원인을 설명하시오.

5. 위에서 계산한 차이를 참고하여, 제조간접원가 예정배부율을 구하기 위해 사용되는 기준조업도가 예상 실제활동수준이 아닌 정상조업도를 사용함으로써 발생하는 문제점을 설명하시오. 이러한 문제점을 상쇄시키는 이점이 있다면 무엇인가?

부록 10B: 표준원가 시스템: 엑셀을 이용한 재무보고

학습목표 10-5

표준원가계산 시스템을 이용하여 손익계산서를 작성한다.

10장과 부록 10A의 본문은 경영통제 목적을 위한 표준원가차이 계산에 중점을 두었다. 이 부록에서는 표준원가계산 시스템을 사용하여 재무보고 목적으로 재무상태표와 손익계산서를 작성하는 방법에 대해 설명한다. Microsoft Excel을 사용하여 이러한 두 개의 재무제표를 작성하는 것은 거래가 재무상태표에 미치는 영향을 어떻게 평가하는 가의 가치있는 경영기법을 가르쳐 줄 수 있기 때문이다. 향후 사례의 단계를 정하기 위하여, 두 가지 기본 회계등식을 검토하고 네 가지 중요한 가정을 특정할 필요가 있다.

기본 회계등식

회사의 재무상태표는 복식부기의 기반이 되는 다음 회계등식을 기반으로 한다.

자산 = 부채 + 자본

이 부록에서 사용할 Excel 스프레드시트에서 한 열은 항상 "=" 기호로 채워진다. "=" 표시 왼쪽에 있는 계정은 자산계정이 되고 오른쪽에 있는 계정은 부채와 자본계정이 된다. 모든 거래를 기록한 후 "=" 부호의 왼쪽에 있는 금액은 오른쪽에 있는 금액과 같아야 한다.

두 번째 기본등식은 회사 재무상태표의 이익잉여금계정과 관련이 있다. 이익잉여금의 기말 잔액은 다음 등식을 사용하여 계산된다.

이익잉여금 기말잔액 = 이익잉여금 기초잔액 + 순영업이익 − 배당

이 등식은 재무상태표와 손익계산서 사이의 연결을 분명히 한다. 손익계산서의 순영업이익이 재무상태표에서 이익잉여금에 연결되어 있다는 사실을 분명히 인식하라. 이 부록에서 배당을 포함하지 않는다. 따라서 이익잉여금계정에 기록될 유일한 거래는 순영업이익에 영향을 미치는 거래이다. 매출기록 또는 비용인식과 관련된 모든 거래는 재무상태표의 이익잉여금 항목에 기록된다. 이 접근 방식은 회사의 손익계산서가 재무상태표에 있는 이익잉여금계정에 포함되어 있다는 매우 중요한 개념을 강조한다.

네 가지 주요 가정

이 부록에서 사용하는 첫 번째 가정은 원재료, 재공품 및 완성품이 항상 표준원가로 수행된다는 것이다. 다시 말해, 투입물에 대해 지불된 **표준가격**과 실제 생산수준에 허용되는 투입물의 표준수량은 **재고계정을 통해 원가로 기록되는** 데 사용된다. 생산에 사용된 실제 투입가

격 및 실제 투입량은 재고계정에 기록된 원가에 영향을 미치지 않는다.

표준원가계산에 대한 이 접근방식은 가장 절차를 크게 단순화한다. 이러한 단순화를 위해 모든 표준원가차이를 다양한 재고계정 및 매출원가에 마감하지 않고 매출원가로 마감한다. 마감분개가 매출원가를 증가시키면 이익잉여금이 감소한다. 매출원가가 증가하면 순영업이익이 낮아지고, 그 결과 이익잉여금이 낮아지기 때문이다. 반대로 마감분개가 매출원가를 낮추면 이익잉여금이 증가한다. 매출원가를 줄이면 순영업이익이 증가하고 결과적으로 이익잉여금이 증가하기 때문이다.

두 번째 가정은 표준원가차이를 기록하는 데 사용하는 결산계정과 관련이 있다. 임시계정은 항상 각 회계기간마다 0 잔액으로 시작하고 종료한다. Excel 스프레드시트에서 각 차이는 항상 "=" 기호의 오른쪽에 나타나는 자체 결산계정을 가지고 있을 것이다. 이러한 결산계정을 "=" 기호 (왼쪽이 아닌)의 오른쪽에 두면 각각의 유리한 차이는 상대적으로 결산계정이 증가하는 것으로 모든 불리한 차이는 결산계정을 감소하는 것으로 기록할 수 있다. 모든 차이가 기록되면, 해당 기간의 최종 거래는 매출원가에 각 결산계정을 마감하고 그 결과 발생하는 이익잉여금계정 내에서 순영업이익의 변동을 기록한다.

세 번째 가정은 이 부록에 사용된 총계정원장 계정의 수를 제한하는 것과 관련이 있다. 자산계정의 경우 항상 현금, 원재료, 재공품, 완성품 및 유형자산, 감가상각누계액 순액(약칭하여 PP&E 순액)을 포함하는 계정의 범위를 제한한다. 부채 및 자본계정과 관련하여 우리는 항상 하나의 계정인 이익잉여금만 사용한다.[1]

네 번째 가정은 계정을 증가시키는 것은 양수를 사용하고 계정을 감소시키는 음수(괄호 안에 표시)를 사용하여 Microsoft Excel내에서 거래를 기록할 것이다. 이것은 차변과 대변의 원리에 의존하는 것보다 약간은 다른 접근법이다. 차변과 대변에 기록하는 대신에, 각 거래에 의해 영향을 받는 계정을 확인하고 그러한 계정들의 증가와 감소를 기록할 것이다.

표준원가계산 시스템: 예제

Dylan사는 하나의 제품만 제조하며 내부관리 및 재무보고 목적으로 표준원가계산 시스템을 사용한다. 회사는 배부기준으로 직접노무시간에 근거한 공장전체 예정배부율을 사용한다. 회사의 모든 제조간접원가는 고정되어 있으며, 어떤 변동제조간접원가도 발생하지 않는다. 예정 제조간접원가배부율은 추정 배부기준인 75,000노동시간에 대하여 고정제조간접원가를 $1,875,000로 추정하는 원가공식에 근거하고 있다.

회사는 당해 연도의 결산 재무상태표와 손익계산서를 작성하려고 한다. 기초 재무상태표는 도표 10B-1(모든 숫자는 천 단위)에 나와 있다. Dylan사은 기초 또는 기말 재공품 재

1 일반적으로 재무상태표의 주주의 지분 부에 보통주식 계정을 포함한다. 그러나 스프레드시트의 열 수를 최소화하기 위해 이 부록에서는 일반주식 계정을 생략하고 부채 및 자본보다는 부채 및 주식이라는 용어를 사용한다.

고를 갖고 있지 않기 때문에 기초 재무상태표에는 재공품이 나타나지 않는다. 회사의 단일 제품에 대한 표준원가표는 도표 10B-2에 나와 있다.

거래 요약

한 해 동안 Dylan은 다음 거래를 완료하였다.

a. 파운드당 $4.75의 현금 가격으로 380,000파운드의 원재료를 구매하였다.

b. 88,000단위를 제조하기 위하여 재공품에 365,000파운드의 원재료가 투입되었다.

c. 재공품에 직접노무원가를 할당하였다. 직접노동자(현금을 지급 받음)는 시간당 평균 $14.50의 원가로 72,000시간을 일하였다.

도표 10B-1
Dylan사: 기초 재무상태표

	A	B
1	Dylan사	
2	재무상태표	
3	1/1/XX	
4	(단위: 천달러)	
5		
6	자산	
7	현금	$ 1,100
8	원재료 재고*	400
9	완성품 재고**	714
10	유형자산 순액	5,200
11	자산 총계	$ 7,414
12		
13	부채와 자본	
14	이익잉여금	7,414
15	부채와 자본 총계	$ 7,414
16		
17	*80,000 파운드 × $5.00파운드당 = $400,000	
18	**14,000 단위 × $51.00단위당 = $714,000	
19		

Exhibit 9B-1 / Exhibit 9B-2 / Exhibit

Source: Microsoft

도표 10B-2
Dylan사: 표준원가표

	A	B	C	D	E	F
1	Dylan사					
2	표준원가표					
3	투입물	(1) 표준수량 또는 시간		(2) 표준가격 또는 비율		표준원가 (1)×(2)
4	직접재료원가	4.2	파운드	$ 5.00	/ 파운드	$ 21.00
5	직접노무원가	0.75	시간	$ 15.00	/ 시간	11.25
6	제조간접원가	0.75	시간	$ 25.00	/ 시간	18.75
7	단위당 총표준원가					$ 51.00
8						

Exhibit 9B-1 / Exhibit 9B-2 / Exhibit 9B-3 / Exhibit 9B-4 / Exhibit 9B-5

Source: Microsoft

d. 예정 제조간접원가배부율에 88,000단위 제조에 허용된 노무시간을 곱하여 재공품에 고정제조간접원가를 배부한다. 당해연도 실제 고정제조간접원가는 $1,750,000이었다. 총액 중, 현금으로 지급된 보험료, 소모품, 간접노동자 임금 등과 관련된 것은 $900,000이고, 제조설비의 감가상각과 관련된 것은 $850,000이다.
e. 재공품에서 완성품으로 88,000단위가 대체되었다.
f. 단위당 $62.00의 가격으로 고객에게 85,000단위가 현금판매되었다.
g. 완성품에서 매출원가로 이전된 85,000단위와 관련하여 표준원가로 대체하였다.
h. 판매비와 관리비로 $450,000를 지불하였다.
i. 모든 표준원가 차이를 매출원가에 마감하였다.

도표 10B–3은 Dylan사의 거래를 기록하는 데 사용할 스프레드시트를 보여준다. 셀 A7은 해당기간 (1/1)의 기초잔액을 나타내고 셀 A17은 기말잔액 (12/31)을 나타낸다. 기초잔액과 기말잔액 사이에서 8행에서 16행은 *a*부터 *i*의 거래를 기록하는 데 사용된다. 또한 스프레드시트의 7행에 표시된 기초잔액(천 단위)은 도표 10B–1의 재무상태표에 표시된 금액과 일치한다. 마지막으로, 열 H에서 M까지는 곧 계산할 6가지 차이에 해당하는 결산계정을 나타낸다. 이 6개의 열에 있는 각 차이 계정은 기초잔액이 0으로 시작하고 0의 기말잔액으로 마감한다. 각 기간에 대한 차이를 기록한 다음, 해당기간이 끝날 때 매출원가에 차이를 마감하여 0의 기말잔액이 되도록 한다. Dylan사의 손익계산서를 준비하기 위한 3단계 과정을 보여줄 준비가 되었다. 먼저 회사의 6가지 제조원가차이를 모두 계산한다. 둘째, *a*부터 *i*의 거래를 기록한다. 마지막으로, Dylan사의 해당 연도 손익계산서를 작성한다.

도표 10B–3 Dylan사: 거래 템플릿

	A	B	C	D	E	F	G	H	I	J	K	L	M	N
1	Dylan사													
2	거래분석													
3	××/12/31일 종료 연도													
4	(단위 천달러)													
5														
6		현금	원재료	재공품	완성품	순유형자산	=	재료 가격차이	재료 수량차이	노무 임률차이	노무 능률차이	고정제조 간접원가 예산차이	고정제조 간접원가 조업도차이	이익잉여금
7	1-1	$ 1,100	$ 400	$ —	$ 714	$ 5,200	=	$ —	$ —	$ —	$ —	$ —	$ —	$ 7,414
8	a.													
9	b.													
10	c.													
11	d.													
12	e.													
13	f.													
14	g.													
15	h.													
16	i.													
17	12-31													
18														

Exhibit 9B-1 | Exhibit 9B-2 | Exhibit 9B-3 | Exhibit 9B-4 | Exhibit 9B-5

Source: Microsoft

차이 계산

Dylan사의 경우 구매한 재료의 수량(380,000파운드)이 생산에 사용된 수량(365,000파운드)과 같지 않는다. 따라서 재료 가격차이는 **구매한 재료수량**을 기준으로 하고, 재료 수량차이는 **생산에 사용된 재료수량**을 기준으로 한다. 두 가지 차이의 계산은 다음과 같다.

재료 가격차이:
재료 가격차이 = ($AQ \times AP$) − ($AQ \times SP$)
재료 가격차이 = $AQ(AP - SP)$
재료 가격차이 = 380,000파운드 × ($4.75/파운드 − $5.00/파운드)
재료 가격차이 = $95,000 F

재료 수량차이:
재료 수량차이 = ($AQ \times SP$) − ($SQ \times SP$)
재료 수량차이 = $SP(AQ - SQ)$
재료 수량차이 = $5.00/파운드 × (365,000파운드 − 369,600파운드*)
재료 수량차이 = $23,000 F

*SQ = 88,000단위 × 4.2 단위당 파운드 = 369,600파운드

파운드당 실제가격($4.75)이 파운드당 표준가격($5.00)보다 낮기 때문에 재료 가격차이는 유리하다. 생산에 사용된 365,000파운드가 실제 생산량 수준에 허용되는 표준수량 369,600파운드(= 88,000단위 × 4.2/파운드)보다 작기 때문에 재료 수량차이는 유리하다.

노무 임률과 능률차이는 다음과 같이 계산된다.

노무 임률차이:
노무 임률차이 = ($AH \times AR$) − ($AH \times SR$)
노무 임률차이 = $AH(AR - SR)$
노무 임률차이 = 72,000시간 × ($14.50/시간 − $15.00/시간)
노무 임률차이 = $36,000 F

노무 능률차이:
노무 능률차이 = ($AH \times SR$) − ($SH \times SR$)
노무 능률차이 = $SR(AH - SH)$
노무 능률차이 = $15.00/시간 × (72,000시간 − 66,000시간*)
노무 능률차이 = $90,000 U

*SQ = 88,000단위 × 0.75 단위당 시간 = 66,000시간

실제 노무임률($14.50)이 표준 노무임률 ($15.00)보다 작기 때문에 노무 임률차이는 유리하다. 실제로 작업한 72,000시간이 실제 산출물 수준을 허용되는 표준 66,000시간 (= 88,000단위 × 0.75 단위당 시간)보다 크기 때문에 노무 능률차이는 불리하다.

고정제조간접원가 예산 및 조업도차이는 다음과 같이 계산된다.

예산차이:
예산차이 = 실제 고정제조간접원가 – 예산 고정제조간접원가
예산차이 = $1,750,000 – $1,875,000
예산차이 = $125,000 F

조업도차이:
조업도차이 = 예산 고정제출간접원가 – 재공품에 배부된 고정제조간접원가
조업도차이 = $1,875,000 – $1,650,000*
조업도차이 = $225,000 U

*재공품에 배부된 고정제조간접원가
= 실제 산출물에 허용된 66,000시간 × $25/시간 = $1,650,000

$125,000의 고정제조간접원가 예산차이는 고정제조간접원가의 실제금액($1,750,000)이 예산 고정제조간접원가 예산금액($1,875,000)보다 작아 유리하고(F), 이에 반하여 예산 고정제조간접원가($1,875,000)가 재공품에 배부되는 고정제조간접원가($1,650,000)보다 크기 때문에 $225,000의 조업도차이는 불리하다(U). 재공품에 배부되는 고정제조간접원가는 예정제조간접원가배부율($25.00)에 **실제 생산수준에 허용되는 직접노무시간**(66,000시간)를 곱하여 계산된다. 실제 직접노무시간을 사용하여 고정제조간접원가를 제조에 배부하지 않는다!

거래의 기록

도표 10B–4는 Dylan사의 모든 거래를 어떻게 올바르게 기록하는 지를 보여준다(모든 금액은 천 단위임). 모든 유리한 차이(H–M열)는 괄호 없이 기록되고 모든 불리한 차이(H–M열)는 괄호로 기록된다. 유리한 차이는 매출원가를 마감할 때 순영업이익(및 이익잉여금)을 증가시키고 불리한 차이는 매출원가를 마감할 때 순영업이익(및 이익잉여금)을 감소시키기 때문에 발생한다. 예를 들어, 재료 가격차이 $95,000 F는 셀 H8에 괄호 없이 표시된다. 이 차이를 마감하기 위해 셀 H16에 $(95,000)를 기록하여 재료 가격차이 결산계정의 잔액을 0으로 만든다. 셀 H16의 $(95,000)는 잉여금에 $95,000를 더하여 상쇄된다. 6가지 차이가 모두 매출원가에 마감되면, 그 효과는 셀 N16에 표시된 순영업이익과 이익잉여금을 $(36,000)만큼 줄이는 것이다.

모든 거래가 기록되면 Microsoft Excel은 도표 10B–4의 17행에 표시된 대로 모든 재무상태표계정의 기말 잔액을 신속하게 계산할 수 있다. 모든 차이계정(H부터 M열까지)은 모두 결산계정으로 사용되므로 기말잔액은 0이다. 또한 재무상태표의 재고계정은 **표준원가**를 사용하여 평가된다. 예를 들어, 원재료의 기말잔액($475,000)은 95,000파운드의 원재료로 구성되며, 각 파운드당 $5.00의 표준원가로 재고로 남게 된다. 완성품의 기말잔액($867,000)은 17,000개 단위로 구성되며 각 단위의 표준원가는 $51.00이다.

도표 10B-4 Dylan사: 거래분석

Dylan사
거래분석
××/12/31일 종료 연도
(단위 천달러)

	현금	원재료	재공품	완성품	순유형자산	=	재료 가격차이	재료 수량차이	노무 임률차이	노무 능률차이	고정제조 간접원가 예산차이	고정제조 간접원가 조업도차이	이익잉여금
1-1	$ 1,100	$ 400	$ –	$ 714	$ 5,200	=	$ –	$ –	$ –	$ –	$ –	$ –	$ 7,414
a.	(1,805)	1,900				=	95						
b.		(1,825)	1,848			=		23					
c.	(1,044)		990			=			36	(90)			
d.	(900)		1,650		(850)	=					125	(225)	
e.			(4,488)	4,488		=							
f.	5,270					=							5,270
g.				(4,335)		=							(4,335)
h.	(450)					=							(450)
i.						=	(95)	(23)	(36)	90	(125)	225	(36)
12-31	2,171	$ 475	$ –	$ 867	$ 4,350	=	$ –	$ –	$ –	$ –	$ –	$ –	$ 7,863

Exhibit 9B-1 Exhibit 9B-2 Exhibit 9B-3 **Exhibit 9B-4** Exhibit 9B-5

a에서 i까지의 거래에 대한 설명(위에 기록됨)은 다음과 같다.

a. 구매한 원재료의 실제 원가만큼 현금이 감소하는데, 이는 AQ × AP(380,000 × $4.75= $1,805,000)이다. 구입한 원재료의 표준원가만큼 원재료가 증가하는데, 이는 AQ × SP(380,000 × 5 = $1,900,000)이다. 재료 가격차이는 $95,000 F이다.

b. 제조에 사용된 원재료의 표준원가만큼 원재료가 감소하는데, 이는 AQ × SP(365,000 × $5.00 = $1,825,000)이다. 실제 생산에 허용된 원재료의 표준수량의 표준원가만큼 재공품이 증가하는데, 이는 SQ × SP(369,600 × $5.00=$1,848,000)이다. 재료 수량차이는 $23,000 F이다.

c. 직접노무자에게 지급한 실제 금액만큼 현금이 감소하는데, 이는 AH × AR(72,000 × $14.50 = $1,044,000)이다. 실제 생산에 허용된 표준시간의 표준원가만큼 재공품이 증가하는데, 이는 SH × SR(66,000 × $15.00 = $990,000)이다. 노무 임률차이는 $36,000 F이고, 노무 능률차이는 $90,000 U이다.

d. 다양한 고정간접원가에 대해 지불한 실제 금액만큼 현금이 감소하는데, 이는 $900,000이다. 실제 생산에 허용된 표준시간에 예정 제조간접원가배부율을 곱한 것만큼 재공품이 증가하는데, 이는 66,000시간 × 시간당 $25.00 = $1,650,000이다. 순유형자산은 해당 기간 감가상각 금액만큼 감소하였다. 고정제조간접원가 예산차이는 $125,000 F이고 고정제조간접원가 조업도차이는 $225,000 U이다.

e. 완성품으로 대체된 단위에 단위당 표준원가를 곱한 것만큼 재공품이 감소하는데, 이는 88,000단위 × 단위당 $51.00 = $4,488,000이다. 완성품은 같은 금액만큼 증가한다.

f. 판매된 단위에 단위당 판매가격을 곱한 것만큼 현금이 증가한다. 이는 85,000 단위 × 단위당 $62.00 = $5,270,000이다. 이익잉여금은 같은 금액만큼 증가한다.

g. 판매된 단위에 단위당 표준원가를 곱한 것만큼 완성품이 감소하는데, 이는 85,000 단위 × 단위당 $51.00 + $4,335,000이다. 이익잉여금은 같은 금액만큼 감소한다.

h. 현금 및 이익잉여금은 판매관리비로 기록된 $450,000만큼 감소한다.

i. 모든 차이계정은 매출원가로 마감되면 잔액이 0이 된다. 이러한 차이의 순마감 효과로 매출원가가 $36,000만큼 증가한다. 이 논리의 근거가 되는 등식은 다음과 같다. $(95,000) + $(23,000) + $(36,000) + $90,000 + $(125,000) + $225,000 = $36,000. 매출원가가 $36,000만큼 증가하였기 때문에, 순영업이익과 이익잉여금이 같은 금액만큼 감소한다.

Source: Microsoft

도표 10B-5
Dylan사: 손익계산서

	A	B	C	D
1	Dylan사			
2	거래분석			
3	××/12/31일 종료 연도			
4	(단위 천 달러)			
5				
6	매출		$ 5,270	
7	표준매출원가	$ 4,335		
8	총차이조정	36		
9	매출원가		4,371	
10	매출총이익		899	
11	판매관리비		450	
12	순영업이익		449	
13				

Exhibit 9B-3 / Exhibit 9B-4 / Exhibit 9B-5

손익계산서 작성하기

도표 10B-5는 도표 10B-4의 이익잉여금 항목으로부터 도출한 Dylan사의 손익계산서를 나타낸다. 손익계산서 $5,270,000의 매출은 도표 10B-4의 셀 N13에서 나온다. 표준으로 판매된 매출원가($4,335,000)는 도표 10B-4의 셀 N14로부터 나온다. 마지막으로 차이조정($36,000)과 판매비와 관리비($450,000)의 합계는 각각 셀 N16 및 N15에서 나온다. 도표 10B-5의 모든 숫자가 양수로 표시되지만, 표준으로 판매된 매출원가($4,335,000), 판매관리비($450,000) 및 차이조정($36,000)은 이익잉여금을 감소시킨다는 것을 인식한 도표 10B-4의 N열에 음수로 표시된다.

연습문제 (부록 10B) connect

문제 10B-1 표준원가 흐름; 손익계산서 작성 [학습목표 10-5]

Forsyth사는 하나의 제품을 제조하며, 기초와 기말재고는 없고 표준원가계산 시스템은 사용한다. 한 해 동안이 회사는 10,000단위를 생산하여 1 단위당 $135의 가격으로 판매하였다. 생산된 단위당 표준원가는 $105이며 판매관리비는 총 $235,000이다. Forsyth는 변동제조간접원가가 없으며, 해당기간 동안 다음과 같은 차이를 기록하였다.

재료 가격차이	$6,500 F
재료 수량차이	$10,200 U
노무 임률차이	$3,500 U
노무 능률차이	$4,400 F
고정제조간접원가 예산차이	$2,500 F
고정제조간접원가 조업도차이	$12,000 F

요구사항:

1. Forsyth가 표준원가 차이를 마감하면, 매출원가는 얼마나 증가(감소) 하나?
2. 도표 10B-5를 지침으로 사용하여 해당 연도의 손익계산서를 작성하라.

문제 10B-2 표준원가 흐름; 손익계산서 작성 [학습목표 10-5]

Swain사는 하나의 제품을 제조하며, 기초 또는 기말재고는 없고 표준원가 시스템을 사용한다. 회사의 이익잉여금 기초잔액은 $70,000이다. 한 개의 제품을 단위당 $165에 판매되며 해당 기간 동안 총 $577,500의 매출이 발생하였으며, 판매관리비가 $54,000 발생하였다. Swain사는 변동제조간접원가가 없으며, 단일 제품의 표준원가표는 다음과 같다.

	(1) 표준수량 또는 시간	(2) 표준가격 또는 임률	표준원가 (1) × (2)
직접재료원가	7.0파운드	$9/파운드	$ 63
직접노무원가	2.5시간	$12/시간	30
고정제조간접원가	2.5시간	$20/시간	50
단위당 총표준원가			$143

해당 기간 동안, Swain은 다음과 같은 차이를 기록하였다.

재료 가격차이	$3,400 U
재료 수량차이	$9,000 F
노무 임률차이	$3,900 U
노무 능률차이	$6,600 U
고정제조간접원가 예산차이	$1,300 U
고정제조간접원가 조업도차이	$5,500 F

요구사항:

1. Swain이 표준원가 차이를 마감하면 매출원가는 얼마나 증가(감소) 하나?
2. 도표 10B-5를 지침으로 사용하여 해당 연도의 손익계산서를 작성하라.
3. Swain의 이익잉여금 기말잔액은 얼마인가?

문제 10B-3 표준원가 흐름 [학습목표 10-5]

Bowen사는 하나의 제품을 제조하며, 기초 또는 기말재고는 없고 표준원가 시스템을 사용한다. 예정 제조간접원가배부율에는 분자에 $1,000,000의 고정간접원가가 있고 분모에 50,000 직접노무시간이 있다. 이 회사는 원재료를 구매하였고(현금으로), 원재료 30,000야드를 야드당 $9.80의 원가로 사용하였다. 직접노동자들은 20,000시간을 일했으며 총 $290,000을 받았다. 회사는 이 해당 기간 동안 8,100개의 완성품을 착수하여 완성하였다. 단일 제품에 대한 Bowen의 표준원가표는 다음과 같다.

투입물	(1) 표준수량 또는 시간	(2) 표준가격 또는 임률	표준원가 (1) × (2)
직접재료원가	3.0야드	$10.00/야드	$ 30.00
직접노무원가	2.4시간	$14.00/시간	33.60
고정제조간접원가	2.4시간	$20.00/시간	48.00
단위당 총표준원가			$111.60

요구사항:

1. 원재료 구매를 기록할 때:
   a. 원재료 재고는 얼마나 증가(감소) 하나?
   b. 현금은 얼마만큼 증가(감소) 하나?
2. 생산에 사용된 원재료를 기록할 때:
   a. 원재료 재고는 얼마나 증가(감소) 하나?
   b. 재공품 재고가 얼마나 증가(감소) 하나?
3. 생산에 투입된 직접노무원가를 기록할 때:
   a. 재공품 재고가 얼마나 증가(감소) 하나?
   b. 현금은 얼마만큼 증가(감소) 하나?
4. 제조에 고정제조간접원가를 배부할 때 재공품 재고가 얼마나 증가(감소) 하나?
5. 재공품에서 완성품으로 제조원가를 대체할 때 완성품 재고가 얼마나 증가(감소) 하나?

문제 10B-4 표준원가 흐름 [학습목표 10-5]

Hartwell사는 하나의 제품을 제조하며, 기초 또는 기말재고는 없고 표준원가 시스템을 사용한다. 예정 제조간접원가배부율에는 분자에 $1,760,000의 고정제조간접원가와 분모에 44,000직접노무시간이 포함된다. 이 기간 동안 실제 고정제조간접원가는 $1,780,000이었다.

이 회사는 원재료를 구매(현금으로)하였으며, 야드당 $11.00의 원가로 60,000야드의 원재료를 사용하였다. 직접노동자들은 40,000시간을 일했으며 총 $600,000를 받았다. 회사는 이 해당 기간 동안 28,000개의 완성품을 착수하여 완성하였다. 단일 제품에 대한 Bowen의 표준원가표는 다음과 같다.

	(1) 표준수량 또는 시간	(2) 표준가격 또는 임률	표준원가 (1) × (2)
직접재료원가	2야드	$12.00/야드	$ 24.00
직접노무원가	1.5시간	$15.00/시간	22.50
고정제조간접원가	1.5시간	$40.00/시간	60.00
단위당 총표준원가			$106.50

요구사항:

1. 원재료 구매를 기록할 때:
   a. 원재료 재고는 얼마나 증가(감소) 하나?
   b. 현금은 얼마만큼 증가(감소) 하나?
   c. 재료 가격차이는 얼마나 유리 또는 불리한가?
2. 생산에 사용된 원재료를 기록할 때:
   a. 원재료 재고는 얼마나 증가(감소) 하나?
   b. 재공품 재고가 얼마나 증가(감소) 하나?
   c. 재료 수량차이는 얼마나 유리 또는 불리한가?
3. 제조에 추가된 직접노무원가를 기록할 때:
   a. 재공품 재고가 얼마나 증가(감소) 하나?
   b. 현금은 얼마만큼 증가(감소) 하나?
   c. 노무 임률차이와 능률차이는 얼마나 유리 또는 불리한가?
4. 4. 제조에 고정제조간접원가를 배부할 때:
   a. 재공품 재고가 얼마나 증가(감소) 하나?
   b. 고정제조간접원가의 예산과 조업도차이는 얼마나 유리 또는 불리한가?
5. 재공품에서 완성품으로 원가를 대체할 때 완성품 재고가 얼마나 증가(감소) 하나?

문제 10B-5 거래분석; 손익계산서 작성 [학습목표 10-1, 10-2, 10-4, 10-5]

Wallis사는 하나의 제품만 제조하며 표준원가 시스템을 사용한다. 회사는 배부기준으로 직접노무시간을 사용하는 공장전체 예정 제조간접원가배부율을 사용한다. 회사의 모든 제조간접원가는 고정원가이며, 변동제조간접원가는 발생하지 않는다. 예정 제조간접원가배부율은 288,000직접노무시간의 추정 배부기준에 대해 $2,880,000의 고정제조간접원가를 추정한 원가공식에 근거한다. Wallis는 재공품의 기초 및 기말재고는 없다. 회사의 기초 재무상태표는 다음과 같다.

Wallis사 재무상태표 1/1/XX (단위 천 달러)	
자산	
현금	$ 700
원재료 재고	150
완성품 재고	270
순유형자산	8,500
총자산	$9,620
부채와 자본	
이익잉여금	$9,620
부채와 자본 총계	$9,620

단일 제품에 대한 회사의 표준원가표는 아래와 같다.

투입물	(1) 표준수량 또는 시간	(2) 표준가격 또는 임률	표준원가 (1) × (2)
직접재료원가	2파운드	$30.00/파운드	$ 60.00
직접노무원가	3.00시간	$15.00/시간	45.00
고정제조간접원가	3.00시간	$10.00/시간	30.00
단위당 총표준원가			$135.00

Wallis는 다음과 같은 거래를 완료하였다.

a. 파운드당 $29.50의 가격으로 230,000파운드의 원재료를 현금으로 구매하였다.

b. 95,000단위를 생산하기 위해 215,000파운드의 원재료가 재공품에 투입되었다.

c. 재공품에 직접노무원가가 배부되었다. 직접노동자들은(현금으로 수령) 95,000단위를 제조하기 위해 시간당 평균 $16.00의 원가로 245,000시간을 일하였다.

d. 95,000단위를 제조하는데 허용된 직접노무시간에 예정 제조간접원가배부율은 곱하여 재공품 재고에 고정제조간접원가를 배부하였다. 올해의 실제 고정제조간접원가는 $2,740,000이었다. 이 중 총 $1,340,000는 보험료, 소모품, 간접근로자 임금 등과 관련되어 현금으로 지불되었고, $1,400,000는 설비 감가상각과 관련 있다.

e. 재공품에서 완성품으로 95,000단위가 대체하였다.
f. 고객에게 단위당 $170의 가격으로 92,000단위를 현금 판매하였다.
g. 완성품에서 매출원가로 92,000 단위가 표준원가로 대체되었다.
h. 판매관리비 $2,120,000를 지불하였다.
i. 매출원가에 모든 표준원가 차이를 마감하였다.

요구사항:

1. 해당 연도의 모든 직접재료, 직접노무 및 고정제조간접원가 차이를 계산하라.
2. 도표 10B-3을 지침으로 사용하여 Wallis사의 *a*부터 *i*의 거래를 기록하라.
3. Wallis사 재무상태표의 기말잔액을 계산하라.
4. 도표 10B-5를 지침으로 사용하여 해당 연도의 손익계산서를 작성하라.

문제 10B-6 거래분석; 손익계산서 작성 [학습목표 10-1, 10-2, 10-3, 10-4, 10-5]

Phoenix사는 하나의 제품만 제조하며 표준원가 시스템을 사용한다. 회사는 배부기준으로 직접노무시간을 배부기준으로 사용하는 공장전체 예정 제조간접원가배부율을 사용한다. 예정 제조간접원가배부율은 240,000 직접노무시간의 추정 배부기준에 대해 $2,880,000의 고정 및 변동제조간접원가를 추정한 원가공식에 근거한다. Phoenix는 재공품의 기초 및 기말재고는 없다. 회사의 기초 재무상태표는 다음과 같다.

Phoenix사 재무상태표 1/1/XX (단위 천 달러)	
자산	
현금	$ 1,200
원재료 재고	300
완성품 재고	540
다른 자산 총계	12,000
총자산	$14,040
부채와 자본	
이익잉여금	$14,040
부채와 자본 총계	$14,040

단일 제품에 대한 회사의 표준원가표는 다음과 같다.

투입물	(1) 표준수량 또는 시간	(2) 표준가격 또는 임률	표준원가 (1) × (2)
직접재료원가	3파운드	$25.00/파운드	$ 75.00
직접노무원가	2.00시간	$16.00/시간	32.00
변동제조간접원가	2.00시간	$2.00/시간	4.00
고정제조간접원가	2.00시간	$10.00/시간	20.00
단위당 총표준원가			$131.00

한 해 동안 Phoenix는 다음 거래를 완료하였다.

a. 파운드당 $26.50의 가격으로 460,000파운드의 원재료를 현금으로 구매하였다.

b. 125,000단위를 생산하기 위해 430,000파운드의 원재료가 재공품에 투입되었다.

c. 재공품에 직접노무원가가 할당되었다. 현금으로 지급받은 직접노동자들은(현금으로 지급받은) 125,000단위를 제조하기 위해 시간당 평균 $15.00의 원가로 265,000시간을 일하였다.

d. 125,000단위를 제조하는데 허용된 직접노무시간에 예정 제조간접원가배부율의 변동부분을 곱하여 재공품 재고에 변동제조간접원가를 배부하였다. 올해의 실제 변동제조간접원가는 현금으로 지급 하였고 $480,000이었다.

e. 125,000단위를 제조하는데 허용된 직접노무시간에 예정 제조간접원가배부율의 고정부분을 곱하여 재공품 재고에 고정제조간접원가를 배부하였다. 올해의 실제 고정제조간접원가는 $2,450,000이었다. 이 중 총 $1,300,000는 보험료, 소모품, 간접근로자 임금 등과 관련되어 현금으로 지불되었고, $1,150,000는 설비 감가상각과 관련 있다.

f. 재공품에서 완성품으로 125,000단위를 대체하였다.

g. 고객에게 단가 $175의 가격으로 123,000단위를 현금 판매하였다.

h. 완성품에서 매출원가로 123,000단위가 표준원가로 대체되었다.

i. 판매비와관리비로 $3,300,000을 지불하였다.

j. 매출원가에 모든 표준원가 차이를 마감하였다.

요구사항:

1. 해당 연도의 모든 직접재료, 직접노무, 변동제조간접원가 및 고정제조간접원가 차이를 계산하라.
2. 도표 10B-3을 지침으로 사용하여 Phoenix사의 거래 *a*부터 *j*까지를 기록하라.
3. Phoenix사 재무상태표의 기말잔액을 계산하라.
4. 도표 10B-5를 지침으로 사용하여 해당 연도의 Phoenix사의 손익계산서를 준비하라.

Chapter

11 책임회계시스템

©Jonathan Weiss/Shutterstock

학습목표

11장을 공부한 후에 다음을 할 수 있어야 한다.

학습목표 11-1 투자수익률(ROI)을 계산하고 매출, 비용, 그리고 자산의 변동이 투자수익률에 미치는 영향을 설명할 수 있다.

학습목표 11-2 잔여이익을 계산하고 이 방법의 장점과 단점을 이해할 수 있다.

학습목표 11-3 협상 대체가격의 구간을 파악할 수 있다.

학습목표 11-4 보조 부문의 원가를 제조 부문에 배부할 수 있다.

더 높은 투자수익률(ROI)을 제공하는 Ford의 트럭과 SUV

BUSINESS FOCUS

Ford Motor Company는 트럭과 스포츠 유틸리티 차량(SUV)을 개발하기 위해 70억 달러를 지출할 계획이다. 회사의 CEO인 Jim Hackett은 소비자의 취향이 세단에서 더 넓은 공간과 유틸리티를 갖춘 차량으로 빠르게 이동함에 따라 상당한 규모의 투자를 하고 있다. 트럭과 SUV가 세단보다 이익이 더 크기 때문에 현금 지출을 승인했다.

투자수익률(ROI)은 이익률에 회전율을 곱한 함수이다. Ford의 경우 트럭과 SUV는 매력적인 이익률과 회전율을 제공한다. 이익률은 영업이익을 매출액으로 나눈 값이고, 회전율은 매출액을 평균영업자산으로 나눈 함수다. Hackett은 회사의 차량 라인업 전반에 걸쳐 5년 동안 140억 달러의 재료 및 엔지니어링 원가를 절감할 계획이다. ■

Source: *Mike* Colias, "Ford Shifts $7 Billion to Trucks and SUVs," *The Wall Street Journal*, October 4, 2017, p.B1.

매우 작은 회사가 아니라면 회사의 소유주와 최고 경영자들은 다른 사람들에게 의사결정 권한을 위임해야 한다. 회사의 소유주(예: 주주)가 최고 경영자에게 의사결정 권한을 위임할 때, 그들은 경영자들의 행동을 지시하고 통제하기 위해 **기업 지배구조 시스템**을 이용한다. 기업지배구조 시스템은 회사의 이사회와 최고 경영자들이 소유주의 이익에 부합하는 목표를 추구할 수 있도록 하는 인센티브와 피드백 메커니즘을 제공한다.[1] 마찬가지로 기업의 최고경영자가 의사결정권한을 위임할 때에는 **경영 통제 시스템**(*management control systems*)을 이용하여 위임받은 사람의 행동을 지시하고 통제한다. 경영통제시스템은 회사의 모든 구성원들이 회사의 이익과 일치하는 목표를 추구하도록 인센티브와 피드백 메커니즘을 제공한다.

이 장에서는 기업이 직원들의 인센티브와 행동을 효율적으로 관리하기 위해 사용할 수 있는 다양한 성과측정 방법을 설명한다. 첫째, 분권화의 장단점을 논의한다. 다음으로, 책임회계 시스템에 대한 간략한 개요를 제공하고, 그 시스템 내에서 일반적으로 사용되는 두 가지 성과지표(투자 수익률(ROI)과 잔여이익)에 대해 논의한다. 그리고 사내대체가격과 보조부문대가에 대한 개요를 설명하며 마무리한다.

조직의 분권화

분권화된 조직(decentralized organization)에서 의사결정권한은 소수 최고경영자에 국한되기 보다는 조직 전반에 걸쳐 퍼져 있다. 위에서 기술한 것과 같이, 규모가 큰 조직은 어느 정도 필요에 의해 분권화가 잘 이루어 진다. 분권화된 조직에서는 최하위층의 관리자들에게도 가능한 많은 의사결정을 하도록 권한이 부여되어 있다. 하지만 중앙집권화된 조직에서 의사결정권한은 하위층 관리자에게 위임되지 않는다. 대부분의 조직은 이 양극단 사이에 존재한다.

분권화의 장점과 단점

분권화의 주요 장점들은 다음과 같다.

1. 일상적으로 발생하는 문제 해결을 하위층의 관리자에게 위임함으로써, 최고경영진은 총괄적인 전략 등 더 큰 이슈에 전념할 수 있다.
2. 하위층의 관리자에게 의사결정권한을 부여하는 것은 영업에 대한 가장 세부적이고 최신의 정보를 알고 있는 사람에게 의사결정권한을 갖게 하는 것이다.

1 이러한 기업지배구조에 대한 언급은 경제협력개발기구(OECD)가 발표한 2004년 기업지배구조 원칙 보고서에서 채택됐다.

3. 의사결정과 승인의 단계를 축소함으로써, 조직은 경영환경 변화에 보다 빠르게 대처할 수 있다.
4. 의사결정 권한을 위임함으로써 하위 관리자들을 승진에 대비해 훈련시킬 수 있다.
5. 하위 관리자들에게 의사결정을 위임함으로써 동기부여와 직무만족을 증가시킬 수 있다.

분권화의 주요 단점들은 다음과 같다.

1. 하위 관리자들이 회사의 전반적인 전략을 완전히 이해하지 못한 상태에서 의사결정을 내릴 수 있다.
2. 하위 관리자들이 서로 독립적으로 의사결정을 한다면 부문간 협력이 결여될 수 있다.
3. 하위 관리자들은 조직전체의 목표와 상충되는 목표를 가질 수 있다.[2] 예를 들어 하위 관리자는 조직 전체의 효율성을 증대시키는 대안보다 자기 부서의 규모 증대에 더 큰 관심이 있을 수 있다.
4. 분권화된 조직 하에서는 혁신적인 아이디어를 전파하는 것이 어려울 수 있다. 조직내 한 부서의 구성원이 다른 부서에게 효익이 되는 혁신적인 아이디어를 갖고 있더라도 강력하게 한 방향으로 집중시키지 않는다면 조직의 다른 부문과 공유되지 않고 수용되지도 않는다.

책임회계

분권화된 조직은 하위층의 의사결정 권한과 그 의사결정의 성과에 대한 책임을 연결해 주는 책임회계제도가 필요하다. **책임중심점(responsibility center)**은 조직의 관리자가 원가, 이익, 투자를 통제가능하고 책임질 수 있는 경우에 적용된다. 세 가지 책임 중심점의 형태는 **원가중심점**, **이익중심점** 그리고 **투자중심점**이다.

원가, 이익, 투자중심점

원가중심점 **원가중심점(cost center)**의 관리자는 원가에 대하여 통제가 가능하지만, 수익

2 비슷한 문제가 최고경영진에게도 존재한다. 회사의 주주들은 그들의 의사결정 권한을 최고경영자들에게 위임한다. 불행하게도 최고경영자들은 그들 자신과 동료들에게 너무 관대하게 보상하거나 호화로운 사무실 치장에 회사의 돈을 낭비할 수 있다. 큰 범주에서 보자면 주주들은 이 장의 후반에서 설명되는 투자수익률과 잔여이익 측정치 그리고 보너스와 스톡옵션에 의해 성과평가를 한다. 주식시장도 중요한 규제 메카니즘이다. 최고경영진이 회사자원을 낭비한다면 주가는 거의 확실하게 떨어지고 경영자는 명성과 보너스를 잃고 직업까지 잃을 수도 있다. 그리고 특히 심각한 사적남용 행위는 CEO들을 법정에 세울 수도 있다.

에 대하여 통제하지 않고 투자자금 사용도 통제하지 않는다. 회계, 재무, 총무, 법무, 인사 부서와 같은 서비스 부서는 통상적으로 원가중심점으로 분류된다. 또한, 제조설비도 원가중심점으로 분류된다. 원가중심점의 관리자들은 조직 내 다른 부문에서 요구하는 수준의 제품과 서비스를 제공하면서 원가를 최소화할 것으로 기대된다. 예를 들어 제조설비의 관리자는 실제원가와 실제 산출물 수준에 대해 예상되는 원가를 비교하여 평가받는다. 앞의 장에서 논의된 표준원가차이와 변동예산차이가 원가중심점의 성과를 평가하는데 사용된다.

이익중심점 **이익중심점(profit center)**의 경영자는 원가와 수익 모두에 대하여 통제가 가능하지만 투자자금에 대해서는 통제하지 않는다. 예를 들어 **Six Flag** 놀이공원의 경영자는 수익과 원가 모두에 대하여 책임을 부담하므로 놀이공원의 이익에 대한 책임지지만, 놀이 공원의 주요 투자에 대한 통제는 하지 않는다. 이익중심점의 경영자들은 주로 실제 이익을 목표이익이나 예산이익과 비교함으로써 평가받는다.

투자중심점 **투자중심점(investment center)**의 경영자는 원가, 수익 그리고 영업자산에 대한 투자를 통제할 수 있다. 예를 들어 North America에 소재한 **General Motors**의 제조부문 부사장은 효율적인 연료엔진을 생산을 위한 설비투자 등 생산 부문의 투자에 대한 상당한 재량권을 갖고 있다. 일단 General Motors의 최고경영진과 이사회가 부사장의 투자안건을 승인하면 해당 투자가 성과를 올리도록 부사장이 책임을 진다. 투자중심점의 경영자들은 보통 이 장의 후반에서 논의되는 투자수익률(ROI) 또는 잔여이익 측정치를 사용하여 평가받는다.

IN BUSINESS | 기업현장

Apple의 성장하는 서비스 사업

많은 사람들이 **Apple**의 iPhone에 세심한 관심을 꾸준하게 기울이고 있는 동안, 회사에는 꾸준히 성장하고 있는 또 다른 책임중심점이 있다. App Store, Apple Music, iTunes 및 Apple Pay를 포함하는 Apple의 서비스사업부는 Mac을 넘어 Apple의 두 번째로 큰 사업단위가 되었다. Apple 서비스의 연간 매출 240억 달러는 회사 전체 매출의 11%에 불과하지만 이 금액은 **Starbucks**, **Mastercard** 및 **Visa** 등의 회사의 전체 매출을 초과한다.

Macquerie Research의 애널리스트인 Ben Schachter는 Apple의 서비스사업부가 78%의 매출총이익률을 얻는 것으로 추정하였으며, 이는 회사의 전체 매출총이익률 38%보다 높은 수준이다. 또한 Schachter는 서비스사업부의 매출이 몇 년 안에 Apple 전체 매출의 19%수준까지 증가할 것으로 예상하였다.

Source: Steven Russolillo, "Apple's Secret Profit Center," *The Wall Street Journal*, January 31, 2017, p. B11.

투자중심점 성과평가—투자수익률(ROI)

학습목표 11-1

투자수익률(ROI)을 계산하고 매출, 비용, 그리고 자산의 변동이 투자수익률에 미치는 영향을 설명할 수 있다.

투자수익률은 투자중심점 평가 시 사용되는 재무적 성과지표이다. **투자수익률(return on investment; ROI)**은 영업이익을 평균영업자산으로 나눈 것으로 정의된다.

$$\text{ROI} = \frac{\text{영업이익}}{\text{평균영업자산}}$$

목표는 투자수익률의 극대화이다. 왜냐하면 투자수익률이 클수록 영업자산에 투자된 금액 당 벌어들인 이익이 더 커짐을 의미하기 때문이다.

영업이익과 영업자산의 정의

당기순이익 대신 영업이익이 ROI 공식에 사용된다는 것에 주의하자. **영업이익(net operating income)**은 이자비용과 세금을 차감하기전 이익으로 종종 EBIT(이자비용과 세금을 차감하기 전 이익)라고 한다. 기준(분모)으로 **영업자산**이 구성되기 때문에 일관성을 위해서 분자에는 영업이익을 사용한다.

영업자산(operating assets)은 현금, 매출채권, 재고자산, 유형자산 그리고 영업 목적으로 사용되는 자산들을 포함한다. 영업자산에 포함되지 않는 자산(비영업자산)의 예로는 장래 사용목적으로 보유하는 토지, 다른 회사에 투자한 금액, 또는 대여 중인 건물 등이 있다. 이러한 자산들은 영업목적으로 보유하지 않으므로 영업자산에서 제외된다. 공식에서 사용된 영업자산은 기초와 기말 영업자산의 평균으로 계산된다.

대부분의 회사들은 평균영업자산을 계산하기 위해 상각가능자산의 장부가치(취득원가에서 감가상각누계액을 차감)를 이용한다. 이러한 접근방법은 단점이 있다. 자산의 장부가치는 시간이 지남에 따라 감가상각누계액이 증가하면서 감소하게 된다. 즉, 분모가 감소하므로 ROI는 시간이 지남에 따라 자동으로 증가하게 된다. 게다가 상각된 장비를 새로운 장비로 교체하게 되면 상각가능자산의 장부가치가 증가하게 되고 ROI는 감소한다. 따라서 평균영업자산을 계산하는 데 있어서 장부가치를 사용하는 것은 감가상각누계액이 증가함에 따라 장기적으로 ROI 증가가 예측되는 결과를 초래하고, 낡은 장비를 최신의 장비로 교체하는 것을 주저하게 한다. 장부가치를 사용하는 것에 대한 대안은 자산의 취득원가를 사용하는 것이다. 취득원가는 감가상각을 무시하기 때문에 시간이 지남에도 일정하게 유지된다. 따라서 투자수익률은 시간이 지남에 따라서 자동으로 증가하지 않고, 완전히 감가상각된 자산을 적절한 가격의 새로운 자산으로 교체하는 것도 투자수익률에 불리한 영향을 주지 않는다.

그러나 재무상태표에 자산의 장부가치를 기록하는 것과 손익계산서에 감가상각비를 영업비용으로 포함시키는 것이 재무보고 실무와 일관성이 있기 때문에 대부분의 회사들은 평균영업자산을 계산하는 데 있어서 순장부가치 접근법을 사용한다. 이 장에서는 본문이나 문제에 특별한 언급이 없는 한 장부가치를 사용할 것이다.

투자수익률의 이해

투자수익률은 **매출액영업이익률**(margin)과 **영업자산회전율**(turnover)이라는 용어로도 표현될 수 있다.

$$투자수익률 = 매출액영업이익률 \times 영업자산회전율$$

여기에서

$$매출액영업이익률 = \frac{영업이익}{매출}$$

그리고

$$영업자산회전율 = \frac{매출}{평균영업자산}$$

매출액영업이익률과 영업자산회전율을 곱하게 되면 매출액영업이익률과 영업자산회전율에 있던 매출이 상쇄되어 영업이익과 평균영업자산을 고려하여 기술되었던 투자수익률의 원래 공식이 산출된다. 하지만, 매출액영업이익률과 영업자산회전율 공식은 추가적인 의미를 부여한다.

매출액영업이익률과 영업자산회전율은 경영자가 투자수익률에 어떤 영향을 미칠 수 있는지 이해하는 데 매우 중요한 개념이다. 매출액영업이익률은 판매가격을 증가시키고 영업비용을 감소시키거나 판매량을 증가시킴으로써 증가한다.

판매가격을 증가시키고 영업비용을 감소시키는 것은 둘 다 영업이익을 증가시키므로 매출액영업이익률이 증가한다. 판매량을 증가시키는 것도 영업레버리지 때문에 일반적으로 매출액영업이익률을 증가시킨다. 앞의 장에서 논의된 것처럼, 영업레버리지 때문에 매출 증가율은 일반적으로 훨씬 더 큰 영업이익 증가율을 야기한다. 따라서 판매량 증가는 일반적으로 매출액영업이익률 증가에 영향을 미친다. 몇몇 경영자들은 매출액영업이익률에 과도하게 집중하고 영업자산회전율에 무관심하다. 하지만 영업자산회전율은 경영자 책임에 해당하는 영업자산 투자의 중요한 부분을 나타낸다. 과도하게 영업자산(현금, 매출채권, 재고, 유형자산 그리고 기타 자산)에 묶인 자금은 영업자산회전율을 낮추고 투자수익률을 낮춘다. 즉매출액 영업이익률을 낮춘다.

다양한 의사결정으로 인해 매출, 영업비용, 영업자산에 변화가 생긴다. 예를 들어 경영자는 영업자산에 투자함으로서 영업비용을 감소시키거나 매출을 증가시킬 것이다. 순효과가 유리한지 아닌지는 투자수익률에 미치는 종합적인 영향을 고려해서 판단된다.

예를 들어 Montvale Burger Grill이 다음 달 영업성과를 다음과 같이 기대한다고 가정해 보자.

매출	$100,000
영업비용	$90,000
영업이익	$10,000
평균영업자산	$50,000

해당 월의 기대투자수익률(ROI)은 다음과 같이 계산된다.

$$\text{투자수익률(ROI)} = \text{매출액영업이익률} \times \text{영업자산회전율}$$

$$\text{투자수익률(ROI)} = \frac{\text{영업이익}}{\text{매출}} \times \frac{\text{매출}}{\text{평균영업자산}}$$

$$= \frac{\$10,000}{\$100,000} \times \frac{\$100,000}{\$50,000}$$

$$= 10\% \times 2 = 20\%$$

Montvale Burger Grill의 경영자가 다양한 맛을 낼 수 있는 최신 소프트 아이스크림 기계에 $2,000 투자를 고려 중이라고 가정해보자. 새 기계는 $4,000의 매출을 증대시킬 수 있지만 추가영업비용 $1,000가 필요하다. 따라서 영업이익은 $10,000에서 $13,000로 증대된다. 새로운 투자수익률은

$$\text{투자수익률(ROI)} = \text{매출액영업이익률} \times \text{영업자산회전율}$$

$$\text{투자수익률(ROI)} = \frac{\text{영업이익}}{\text{매출}} \times \frac{\text{매출}}{\text{평균영업자산}}$$

$$= \frac{\$13,000}{\$104,000} \times \frac{\$104,000}{\$52,000}$$

$$= 12.5\% \times 2 = 25\% \text{ (원래는 20\%)가 된다.}$$

위 예에서 투자는 투자수익률을 증대시키지만 항상 그런 것은 아니다.

E.i. du Pont de Nemours and Company(DuPont이라고 더 잘 알려진)는 투자수익률 사용을 선도했고 경영자의 성과를 평가하는 데 있어서 매출액영업이익률과 영업자산회전율 둘 다 살펴야 하는 중요성을 깨달았다. 투자수익률은 현재 투자중심점 성과의 핵심 측정치로 널리 사용된다. 투자수익률은 경영자책임의 다양한 측면들을 하나의 수치로 반영해준다. 그것은 조직 내 다른 투자중심점의 수익률, 산업 내 다른 회사의 수익률 그리고 투자중심점의 과거 수익률과 비교될 수 있다. DuPont은 도표 11-1의 표를 만들었다. 이 도표는 경영자들이 투자수익률을 어떻게 발전시킬 수 있는지 이해하는 데 도움이 된다.

도표 11-1 투자수익률(ROI)의 구성요소

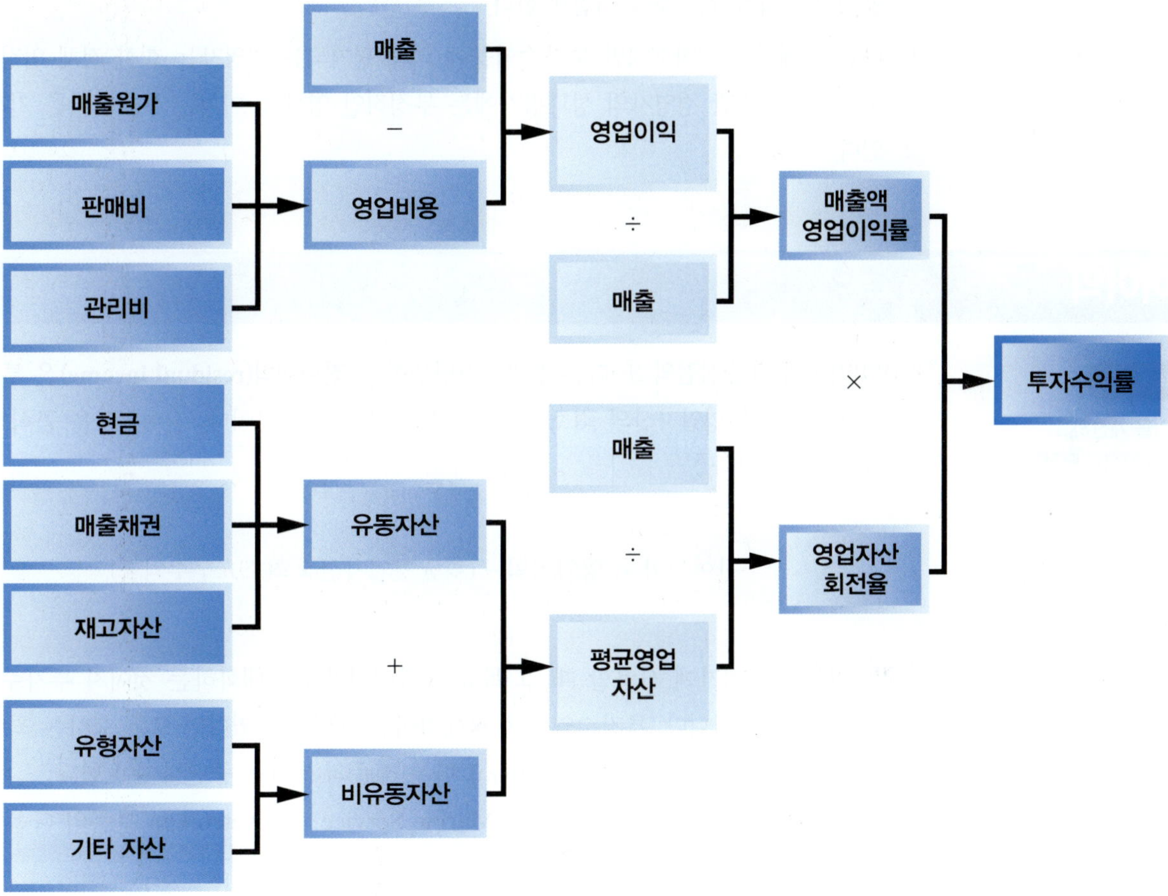

투자수익률에 대한 비판

투자수익률이 성과평가에 널리 사용되고 있지만 다음과 같은 비판이 있다.

1. 경영자들에게 ROI를 증가시키라고만 하는 것은 충분하지 않을 수 있다. 경영자들은 ROI를 어떻게 증가시켜야 할 지 모를 수 있다. 다시 말하면 그들은 회사의 전략과 일치하지 않는 방법으로 ROI를 증가시킬 수 있다. 또는 단기적으로는 투자수익률을 증가시키지만 장기적으로는 회사를 해치는 방법을 택할 수 있다(예를 들어 연구개발비를 감소시킴). 이 장의 뒤에서 논의되겠지만 이것이 ROI가 균형성과표의 일부로 사용하는 것이 가장 좋은 이유이다.
2. 사업 부문의 책임을 맡는 경영자는 일반적으로 통제할 수 없는 많은 기정원가에 마주치게 된다. 이러한 기정원가는 투자중심점의 ROI 산정시 관련이 있지만 경영자의 성과를 공정하게 평가하는 것을 어렵게 한다.
3. 다음 절에서 논의하겠지만 투자수익률에 의해 평가되는 경영자는 회사 전체 입장에서는 수익성이 있지만 경영자의 성과평가에는 부정적인 영향을 미치는 투자기회를 기각할 수 있다.

잔여이익

학습목표 11-2

잔여이익을 계산하고 이 방법의 장점과 단점을 이해할 수 있다.

잔여이익은 투자중심점의 또 다른 성과평가방법이다. **잔여이익(residual income)**은 투자중심점의 영업이익 중 영업자산의 최소요구수익을 초과하는 부분이다. 잔여이익을 공식으로 나타내면 다음과 같다.[3]

$$\text{잔여이익} = \text{영업이익} - (\text{평균영업자산} \times \text{최소요구수익률})$$

잔여이익을 성과평가에 사용할 때 그 목표는 잔여이익을 극대화하는 것이지 투자수익률을 극대화하는 것이 아니다. 투자수익률을 극대화하는 것이 목표였다면 모든 회사는 최대 투자수익률을 가져다 주는 한 제품을 제외하고 다른 제품의 생산을 중단하여야 한다.

설명을 위해 투자중심점인 Alaskan Marine Service사의 Ketchikan 부문의 다음 자료를 보자.

3 경제적 부가가치(EVA™)는 Stern Stewart & Company가 잔여이익을 개선하여 등록한 상표이다. EVA에서 기업은 다양한 방식으로 회계정책을 수정한다. 예를 들어, 연구 개발에 사용되는 자금을 비용이 아닌 투자로 취급하는 것 등이다. 여기에서는 잔여이익과 경제적 부가가치의 차이를 다루지는 않을 것이다.

Alaskan Marine Service사의 Ketchikan 부문 성과평가를 위한 기본자료	
평균영업자산	$100,000
영업이익	$20,000
최소요구수익률	15%

Alaskan Marine Service사는 오랜 기간 투자수익률을 사용해서 투자중심점 경영자들을 평가해 왔으나 잔여이익으로 전환하는 것을 고려하고 있다. 잔여이익으로 바꾸는 것에 찬성하는 컨트롤러는 두 방법 하에서 부문의 성과가 어떻게 평가되는지 보여주는 다음의 표를 제시하였다.

Alaskan Marine Service사의 Ketchikan 부문	성과측정치	
	ROI	잔여이익
평균영업자산 (a)	$100,000	$100,000
영업이익 (b)	$ 20,000	$ 20,000
ROI, (b) ÷ (a)	20%	
최소요구수익률 (15%×$100,000)		15,000
잔여이익		$ 5,000

잔여이익 계산을 강조하는 이유는 명확하다. 회사는 각종 투자안에 대해 최소한 15%의 수익률을 벌 수 있다. 회사가 Ketchikan 부문에 영업자산의 형태로 $100,000를 투자하였으므로 회사는 이 투자에 대해 최소한 $15,000(15%×$100,000)를 벌 수 있어야 한다. Ketchikan 부문의 순영업이익이 $20,000이므로 최소요구수익을 초과하는 잔여이익은 $5,000이다. 투자수익률을 대신해서 잔여이익이 성과평가지표로 채택된다면 Ketchikan 부문의 경영자는 매년 잔여이익의 상승을 기반으로 평가될 것이다.

동기부여와 잔여이익

Alaskan Marine Service사의 컨트롤러가 투자수익률에서 잔여이익으로 전환하고자 하는 주된 이유 중 하나는 두 성과측정 방법하에서 경영자들이 새로운 투자를 어떻게 보느냐와 관련되어 있다. 잔여이익 접근은 경영자들이 회사전체에 이익이 되는 투자를 하도록 독려하지만, 그 투자안은 ROI로 평가받는 경영자에 의해서 거절될 수도 있다.

이러한 투자수익률의 문제점을 설명하기 위해서 Ketchikan 부문의 경영자가 해양용 디젤 엔진의 공급에 도움되는 컴퓨터 진단기계를 구입하려고 한다고 가정해보자. 기계의 원가는 $25,000이고 매년 추가적인 영업이익 $4,500를 창출할 것으로 기대된다. 회사의 관점에서 보면 수익률 18%($4,500 ÷ $25,000)를 창출하여 회사의 최소요구수익률인 15%를 초과할 것이므로 좋은 투자가 될 것이다.

Ketchikan 부문의 경영자가 잔여이익에 의해 평가된다면, 다음과 같이 진단기계 투자를 찬성하게 될 것이다.

잔여이익을 이용한 성과평가
Alaskan Marine Service사의 Ketchikan 부문

	현재	새로운 프로젝트	전체
평균영업자산	$100,000	$25,000	$125,000
영업이익	$20,000	$4,500	$24,500
최소요구수익률	15,000	3,750*	18,750
잔여이익	$ 5,000	$ 750	$ 5,750

* $25,000 × 15% = $3,750.

이 새로운 프로젝트가 Ketchikan 부문의 잔여이익을 $750만큼 증가시키므로 경영자는 새로운 진단기계에 투자할 것이다.

이제 Ketchikan 부문의 경영자가 ROI에 따라서 평가된다고 가정해 보자. 진단기계의 구입이 부문의 ROI에 미치는 효과는 아래와 같이 계산된다.

ROI를 이용한 성과평가
Alaskan Marine Service사의 Ketchikan 부문

	현재	새로운 프로젝트	전체
평균영업자산 (a)	$100,000	$25,000	$125,000
영업이익 (b)	$20,000	$4,500	$24,500
투자수익률 (b ÷ a)	20%	18%	19.6%

새로운 프로젝트는 부문의 ROI를 20%에서 19.6%로 감소시킨다. 새 진단 기계의 수익률인 18%가 회사의 최소요구수익률인 15%보다는 높지만, 부문의 현재 ROI인 20%보다 낮기 때문이다. 따라서 새로운 진단기계는 회사전체 관점에서 본다면 좋은 투자이지만, 부문의 ROI를 감소시킬 수 있다. 부문의 경영자들이 ROI에 의해 평가된다면 이와 같은 투자를 제안하는 것조차 꺼릴 것이다.

일반적으로 ROI에 의해 평가되는 경영자는 ROI가 회사의 최소요구수익률보다 높더라도 부문의 현재 투자수익률보다 낮은 모든 프로젝트를 기각할 것이다. 이에 반해서 잔여이익에 의해 평가되는 경영자들은 투자수익률이 최소요구수익률을 초과하는 프로젝트는 잔여이익을 증가시키므로 모두 채택할 것이다. 회사전체 입장에서 보면 최소요구수익률 이상인 모든 프로젝트를 채택하는 것이 최선이므로 잔여이익에 의해서 평가받는 경영자들은 ROI에 의해서 평가받는 경영자들보다 투자 프로젝트에 있어서 더 나은 의사결정을 할 것이다.[4]

IN BUSINESS | 기업현장

TAKATA는 엄청난 벌금을 지불한다

기업이 투자수익률(ROI) 및 잔여이익과 같은 이익평가지표를 높이기 위해 기업윤리를 저버리면 나쁜 일이 발생한다. **Takata**는 자동차 제조업체에 에어백의 안전성에 대한 허위의 테스트 보고서를 제공했음을 인정했다. 에어백은 화학 추진제가 높은 열과 습도에 노출되면 시간이 지남에 따라 불안정해질 수 있기 때문에 충돌 중에 폭발할 위험이 있다. 에어백 폭발로 인해 전 세계적으로 22명의 사망자와 180명 이상의 부상자가 발생했다. 이 회사는 미국과 일본에 파산보호를 신청했으며 자동차 제조업체에 8억 5천만 달러의 배상금, 민사 과태료로 6억 5천만 달러, 결함 제품으로 피해를 입은 소비자에게 1억 2500만 달러를 지불하기로 합의했다.

Source: Mike Spector, "Takata Settles With States Over Air Bags," *The Wall Street Journal*, February 22, 2018, p. B2.

대체가격

회사의 이익중심점과 투자중심점은 같은 회사 내에서 다른 부문에 제품이나 서비스를 제공하기도 한다. 예를 들어 **Toyota**의 트럭 부문은 Toyota의 타 부문에서 사용할 트럭을 공급한다. 책임중심점이 이익, 투자수익률(ROI) 또는 잔여이익 등에 의해 평가되는 경우에는 이러한 내부거래(대체)에 대해 가격이 설정되어야 한다. 그렇지 않으면 트럭 부문은 내부거래와 관련된 재무적 혜택을 받지 못할 것이다. 이러한 내부거래의 가격을 대체가격이라고 한다. **대체가격(transfer price)**은 한 부문이 동일회사의 다른 부문에 제품이나 서비스를 제공할 때 부과되는 가격이다.

예를 들어 **Shell**과 같은 정유업계의 대부분 회사는 투자수익률이나 잔여이익에 의해서 평가받는 석유정제 부문과 소매 부문이 있다. 석유정제 부문은 원유로 휘발유, 등유, 윤활유 그리고 다른 제품을 생산한다. 소매 부문은 휘발유 등의 제품들을 정제 부문으로부터 받아 회사의 주유소 체인에서 판매한다.

각 제품은 회사 내부의 대체가격이 있다. 휘발유의 대체가격이 1갤론당 $0.80라고 가정해보자. 그러면 정제 부문은 부문별 보고서에 갤론당 $0.80만큼의 수익을 얻게 되고 소매 부문은 부문별 보고서에 갤론당 $0.80만큼 비용으로 기록해야 한다. 당연히 정제 부문은 가능한 대체가격이 높아지길 바랄 것이고, 소매 부문은 가능한 대체가격이 낮아지길 바랄 것이다.

---

4 잔여이익 접근법은 한 가지 큰 단점이 있다. 큰 부서가 더 잘 관리되기 때문이 아니라 단순히 큰 부서이기 때문에 작은 부서보다 더 많은 잔여이익을 갖는다. 따라서 잔여이익은 크기가 다른 부서의 성과를 비교하는 데 사용할 수 없다.

하지만, 대체가격은 회사 전체의 이익에는 영향이 없다. 주머니 한쪽에서 돈을 빼내어서 다른 주머니에 넣는 것과 똑같다.

이익중심점과 투자중심점의 경영자는 재무적 보상이 그들의 책임중심점의 이익에 의해 직접 영향을 받기 때문에 대체가격의 설정방법에 매우 관심이 있다. 마찬가지로 최고 경영자(CEO) 및 최고 재무책임자(CFO)와 같은 회사의 고위 경영진도 전사적 이익을 극대화하려는 강한 열망을 갖고 있기 때문에 대체가격이 어떻게 설정되는지에 대해 관심이 많다. 하지만 불행하게도 회사의 고위 경영자와 책임중심점의 경영자의 목표가 항상 일치하지는 않는다. 실제로 책임중심점 경영자의 대체가격 결정이 실제로 회사 전체의 이익을 감소시키는 상황이 발생할 수 있다. 이런 비생산적인 시나리오를 준최적화(*suboptimization*)라고 한다. **준최적화**는 책임중심점의 경영자가 회사의 이익에 최선이 아니거나 심지어 자신의 책임중심점의 이익에 최선이 아닌 결정을 내림으로써 회사 전체의 추가 이익을 포기할 때 발생한다.

대체가격 설정의 기본 목표는 경영자가 전체 회사의 최선의 이익을 위해 행동하도록 동기부여하여 준최적화를 회피하도록 하는 것이다.[5] 대체가격을 설정방법으로는 일반적으로 세 가지 접근법이 사용된다.

1. 대체에 관련된 경영자들이 스스로 협상에 의해서 결정하도록 한다.
2. 대체가격을 변동원가나 전부원가에 의해서 결정한다.
3. 대체가격을 시장가격으로 설정한다.

이러한 각 접근 방식에는 장단점이 있고 준최적화의 위험을 완전히 제거할 수는 없다.

학습목표 11-3

협상 대체가격의 구간을 파악할 수 있다.

협상 대체가격

협상 대체가격(*negotiated transfer price*)은 두 책임중심점 간의 협상 즉, 판매와 구매 부문의 협상에 의해서 결정된다. 만약 협상이 성공적이라면 **협상 대체가격**이 도출될 것이다.

회사가 대체가격을 협상하게 할 경우에는 두가지 중요한 장점이 있다. 첫째, 이 접근법은 부문의 자율을 보호하고 분권화의 정신과 일치한다. 둘째, 부문의 관리자는 회사의 다른 부문들보다 대체의 잠재적인 비용과 효익에 대해서 보다 많은 정보를 가지고 있을 수 있다.

하지만 협상 대체가격은 두 가지 중요한 단점도 있다. 모든 관리자가 자신의 사업을 이해하는 것은 아니며 모든 관리자가 협력적인 협상가가 아니라는 것이다. 결과적으로 협상은 관리자 자신에게 최선의 이익(및 회사에게 최선의 이익)이 될 때에도 중단될 수 있다. 때로는 관리자를 평가하고 보상하는 방식으로 인해 협상실패가 발생한다. 관리자들이 자신들의 과거 성과나 합리적인 벤치마크 수준을 놓고 서로 대립한다면 비협조적인 협상 분위기가 만들어지기도 한다.

5 대체가격의 결정은 다국적 기업의 경우 더 복잡해진다. 이러한 맥락에서 국제 이전 가격의 목표는 세금, 관세 및 외환 위험을 최소화하고 기업의 경쟁력을 강화하고 외국 정부와의 관계를 개선하는 것으로 확장된다.

일반적으로 두 책임중심점의 관리자들은 판매부문이나 구매부문 모두의 이익이 포함되어 **허용가능한 범위에 대체가격**이 존재할 경우 동의할 것이다. 이 허용가능한 대체가격 범위의 하한은 판매자의 상황에 따라 결정되는 반면, 이 범위의 상한은 구매자의 상황에 따라 결정된다.

협상 대체가격: 예제

Harris & Louder사는 영국에서 패스트푸드점과 스낵 식품과 음료 생산공장을 소유하고 있다. 패스트푸드점 중 하나인 Pizza Maven이라는 레스토랑은 Ginger와 맥주를 포함한 다양한 종류의 음료수를 피자와 같이 제공한다. 음료수 중 하나는 통에서 따라 마시는 Ginger 맥주이다. Harris&Louder는 Ginger 맥주를 생산하는 Imperial Beverages라는 새로운 회사를 매입하였다. Imperial Beverages의 관리이사는 Pizza Maven 레스토랑이 Imperial Beverages의 맥주를 팔도록 Pizza Maven의 관리이사에게 제안하였다. Pizza Maven의 경영자들은 Imperial Beverages사의 Ginger 맥주 품질이 기존 맥주에 비견될 만하다는 것에 동의하였다. 따라서 Imperial Beverages에 지불해야 하는 대체가격만이 문제이다.

위에서 언급했듯이 두 책임중심점(이후 부서라고 함)의 관리자는 두 부서의 이익이 모두 증가하는 경우에만 대체가격에 동의할 가능성이 높다. 양 당사자의 이익을 증가시킬 허용 가능한 대체가격 범위를 계산하는 공식은 다음 정보를 사용하여 도출된다.

Imperial Beverages:	
Ginger 맥주 생산가능량	10,000 배럴
Ginger 맥주 1 배럴당 변동원가	$8 배럴당
월간 고정원가	$70,000
Ginger 맥주의 외부시장가격	$20 배럴당
Pizza Maven:	
일반적인 Ginger 맥주의 구매가격	$18 배럴당
Ginger 맥주의 월간 소비량	2,000 배럴

판매 부문이 수용가능한 최소 대체가격 판매 부문인 Imperial Beverages는 부문별 이익이 증가하는 경우에만 대체가격에 합의한다. 따라서 대체가격은 Imperial Beverages의 배럴당 변동원가인 $8에 Pizza Maven에게 제공함에 따라 상실되는 일반 고객 제공시의 공헌이익을 합한 금액을 초과해야 한다. 요약하면, 대체가 고정원가에 영향을 미치지 않는 경우 판매 부문 관점에서 대체가격은 단위당 변동원가에 일반 고객 대상 판매기회 상실로 인한 기회비용을 포함한 금액보다 크거나 같아야 한다. 이것은 다음과 같은 방정식으로 표현할 수 있다.

판매자의 관점:

$$\text{대체가격} \geq \text{단위당 변동원가} + \frac{\text{판매기회 상실로 인한 총공헌이익}}{\text{대체된 판매수량}}$$

구매 부문이 수용가능한 최대 대체가격 구매 부문인 Pizza Maven은 이익이 증가하는 경우에만 제안된 대체가격에 관심이 있을 것이다. 구매부문이 외부공급자를 갖고 있는 경우, 구매 부문의 의사결정은 간단하다. 외부공급자의 가격보다 내부공급자의 가격이 낮다면 구매하는 것이다.

구매자의 관점:

$$\text{대체가격} \leq \text{외부공급자로부터 구매하는 가격}$$

만약에 외부공급자가 존재하지 않는다면:

$$\text{대체가격} \leq \text{판매되는 제품당 얻을 이익(대체가격을 차감한)}$$

이 공식을 사용하여 세 가지 시나리오 (1) 판매 부문에 유휴 용량이 있을 경우, (2) 판매 부문에 유휴 용량이 없을 경우, (3) 판매 부문에 일부 유휴 용량이 있는 경우의 허용 가능한 대체가격 범위를 계산해보자.

유휴 용량이 있는 판매 부문 Imperial Beverages가 기존 고객의 Ginger 맥주 판매를 감소시키지 않고 Pizza Maven의 Ginger 맥주 수요를 충족할 만한 생산능력이 있다고 가정해 보자. Imperial Beverages가 매달 외부에 7,000배럴만 판매한다면 남는 생산능력 월 3,000배럴은 Pizza Maven의 요구사항인 월 2,000배럴을 충족시키고도 남는다. 만약 대체가 가능하다면, 매달 2,000배럴의 대체로 두 부문 모두를 만족시키는 대체가격 범위는 얼마일까?

1. 판매 부문인 Imperial Beverages는 대체가격이 다음과 같은 경우에만 흥미가 있을 것이다.

$$\text{대체가격} \geq \text{단위당 변동원가} + \frac{\text{판매기회상실로 인한 총공헌이익}}{\text{대체된 제품의 수}}$$

   Imperial Beverages가 충분한 생산능력이 있으므로 외부매출의 감소는 없다. 그리고 단위당 변동원가가 \$8이므로 최소대체가격은 \$8이다.

$$\text{대체가격} \geq \$8 + \frac{\$0}{2{,}000} = \$8$$

2. 구매 부문인 Pizza Maven은 외부의 공급자로부터 비슷한 품질의 Ginger 맥주를 $18에 살 수 있다. 따라서 Pizza Maven은 Imperial Beverages의 맥주에 배럴당 $18 이상을 지불하려고 하지 않을 것이다.

$$\text{대체가격} \leq \text{외부공급자로부터의 구매가격} = \$18$$

3. 판매 부문과 구매 부문의 요구를 결합하면 수용가능한 대체가격의 범위는 다음과 같다.

$$\$8 \leq \text{대체가격} \leq \$18$$

경영자들이 그들 사업에 대하여 잘 이해하고 있고 협조적이라면 대체가격은 이 범위 내에서 결정될 것이다.

유휴생산능력이 없는 판매 부문 Imperial Beverages가 유휴생산능력이 없다고 가정해 보자. 매달 외부시장에 10,000배럴의 Ginger 맥주를 배럴당 $20에 판매하고 있다. Pizza Maven의 요구를 충족하기 위해서는 Imperial Beverages는 외부고객으로부터 2,000배럴을 감소시켜야 한다. 만약 대체가 가능하다면, 어떤 범위의 대체가격이 두 부문 모두를 만족시킬 것인가?

1. 판매 부문인 Imperial Beverages는 대체가격이 다음과 같은 경우에만 흥미가 있을 것이다.

$$\text{대체가격} \geq \text{단위당 변동원가} + \frac{\text{판매기회 상실로 인한 총공헌이익}}{\text{대체된 제품의 수}}$$

Imperial Beverages가 유휴생산능력이 없으므로 외부판매 손실이 발생한다. 외부 매출의 배럴당 공헌이익은 $12($20 − $8)이다.

$$\text{대체가격} \geq \$8 + \frac{(\$20 - \$8) \times 2{,}000}{2{,}000} = \$8 + (\$20 - \$8) = \$20$$

따라서 판매 부문만 고려한다면 대체가격은 최소한 외부 매출의 감소를 감당할 수 있는 배럴당 $20 이상이어야 한다. 2,000배럴을 생산하는 원가는 외부에 판매하거나 내부에 판매하나 동일하기 때문이다. 유일한 차이는 Pizza Maven으로 대체된다면 판매 부문은 배럴당 $20의 수익을 잃는다는 것이다.

2. 구매 부문인 Pizza Maven은 유사한 품질의 외부공급자로부터 구매하는 가격인 배럴당 $18이상 지불할 용의가 없다.

$$\text{대체가격} \leq \text{외부공급자로부터의 구매가격} = \$18$$

3. 따라서 판매 부문은 최소한 $20 이상의 대체가격을 요구할 것이다. 하지만 구매 부문은 $18 이상의 가격은 전부 거절할 것이다. 두 부문의 경영자를 모두 만족시키는 것은 불가능하다. 대체가격에 관한 협의가 있을 수 없고 대체가 일어나지 않을 것이다. 회사 전체의 관점에서 대체는 올바르지 않다. 왜 $18의 원가를 절약하기 위하여 $20의 매출을 포기하여야 하는가?

기본적으로 대체가격은 대체의 결과로 회사 전체가 벌어들인 이익을 두 부문이 분배하는 구조이다. 회사 전체적으로 대체로 인해서 손실이 발생한다면 분배할 이익이 없을 것이고, 두 부문이 합의에 도달하는 것은 불가능할 것이다. 대체로 인해서 전체적으로 수익이 발생한다면 배분할 이익이 있을 것이고, 두 부문이 이익을 증가시키는 대체가격을 합의하는 것이 가능할 것이다. 파이가 더 커질수록 모두가 더 큰 파이를 갖는 방법으로 배분하는 것이 가능할 것이다.

유휴생산능력이 일부 있는 판매 부문 Imperial Beverage가 외부시장에 월 9,000배럴의 Ginger 맥주를 판매하고 있다고 가정해 보자. Pizza Maven은 Ginger 맥주만 판매할 수 있고 모든 Ginger 맥주를 한 공급자로부터 사야 한다. Pizza Maven의 전체 2,000배럴의 월간 주문을 충족시키기 위해서 Imperial Beverages는 배럴당 $20로 구입하는 일반 고객들로부터 1,000배럴을 감소시켜야 한다. 다른 1,000배럴은 유휴생산능력으로 생산할 수 있다. 만약 대체가 가능하다면, 어떤 범위의 대체가격이 두 부문 모두를 만족시킬 것인가?

1. 기존에 언급했듯이 판매 부문인 Imperial Beverages는 최소한 변동원가와 기회비용을 포함하는 대체가격을 요구할 것이다.

$$\text{대체가격} \geq \text{단위당 변동원가} + \frac{\text{판매기회 상실로 인한 총공헌이익}}{\text{대체된 제품의 수}}$$

Imperial Beverages가 2,000배럴 전체를 감당할 만한 유휴생산능력이 없으므로 외부판매의 손실이 있다. 1,000배럴의 배럴당 공헌이익 손실은 $12($20−$8)이다.

$$\text{대체가격} \geq \$8 + \frac{(\$20 - \$8) \times 1{,}000}{2{,}000} = \$8 + \$6 = \$14$$

따라서 구매 부문만을 고려할 때 대체가격은 변동원가 $8에 매출 감소에 따른 평균 기회비용 $6를 더한 금액 이상이어야 한다.

2. 구매 부문인 Pizza Maven은 외부구입자로부터 구매하는 가격인 배럴당 $18 이상 지불할 용의가 없다.

$$\text{대체가격} \leq \text{외부공급자로부터의 구매가격} = \$18$$

3. 판매 부문과 구매 부문의 요구를 결합하면 수용가능한 대체가격의 범위는 다음과 같다.

$$\$14 \leq \text{대체가격} \leq \$18$$

앞과 동일하게 경영자들이 그들 사업에 대하여 잘 이해하고 있고 협조적이라면 대체가격은 이 범위 내에서 결정될 것이다.

외부공급자가 없는 경우 Ginger 맥주의 외부공급자가 없다면 구매자가 지급하려는 최대 대체가격은 대체된 제품으로 인해서 얼마만큼의 이익을 얻을 것으로 예상되는지(대체가격 제외)에 의해서 결정된다. 예를 들어 Pizza Maven이 비용을 차감한 후에 배럴당 $30의 이익을 얻을 것으로 예상되는 경우에는 Imperial Beverages에게 최대한 배럴당 $30를 지불할 용의가 있다. 하지만, 이것은 Pizza Maven가 외부로부터 구입할 수 없다는 가정임을 명심하라.

협상 대체가격의 평가 앞서 논의한 바와 같이 내부 대체로 인해 회사 전체의 이익이 높아지면 판매 및 구매 부서가 각각 더 큰 이익을 올릴 수 있는 대체가격 범위가 항상 존재한다. 따라서 관리자가 자신의 사업을 이해하고 협조적이라면 회사에 최선의 이익이 되는 경우 항상 대체가격에 동의할 수 있어야 한다. 그러나 협상 과정에서 종종 수반되는 분쟁을 고려하여 많은 기업들은 원가기반 또는 시장기반 대체가격과 같은 다른 수단에 의존한다.

판매 부문에 원가로 대체하기

많은 회사들은 대체가격을 판매 부문에서 발생한 변동원가나 전부원가에 의해서 결정한다. 이러한 원가접근방법은 상대적으로 적용하기 간단하지만 몇몇 큰 문제점이 있다.

첫째, 원가(특히 전부원가)를 대체가격으로 사용하는 것은 옳지 못한 의사결정을 유도하여 준최적화가 발생할 수 있다. Ginger 맥주와 관련된 예로 돌아가자. Ginger 맥주의 전부원가는 절대로 배럴당 $15(변동원가 배럴당 $8 최대생산량하의 고정원가 $7) 이하가 될 수 없다. 외부에서 Ginger 맥주를 구입하는 가격이 배럴당 $15 이하이면 (예를 들어 배럴당 $14) 어떻게 하나? 대체가격이 전부원가로 계산된다면 Pizza Maven은 외부에서 Ginger 맥주를 더 저렴한 가격에 살 수 있으므로 절대로 Imperial Beverages로부터 시고 싶어 하지 않을 것이다. 하지만 회사 전체 입장에서 본다면 Ginger 맥주는 Imperial Beverages에 유휴생산능력이 있는 한 Pizza Maven으로 대체되어야 한다. 왜냐하면 Imperial Beverages가 유휴생산능력이 있다면 회사는 Ginger 맥주 한 배럴 생산하는 데 변동원가는 $8 들지만 외부로부터 구입하는 데는 $14가 들기 때문이다.

둘째, 원가가 대체가격으로 사용된다면 판매 부문은 어떠한 내부대체에도 어떤 이득도 얻지 못할 것이다. 이익을 얻는 부문은 오직 외부시장에 최종판매를 하는 부문이다.

셋째, 원가기반 가격설정은 원가절감의 동기를 부여하지 못한다. 한 부문의 원가가 다음 부문으로 이전되기만 한다면 누구도 원가를 절감하기 위해서 노력할 유인이 거의 없다. 이 문제는 대체가격으로 실제원가 대신 표준원가를 사용함으로써 극복이 가능하다.

이러한 단점에도 불구하고 원가기반 대체가격은 현실에서 널리 사용된다. 원가기반 대체가 이해하기 쉽고 편리하기 때문이다.

시장가격으로 대체

제품이나 서비스의 **시장가격(market price)**(예, 공개시장에서 부과되는 가격)을 대체가격으로 이용하는 것은 특히 외부시장이 존재하는 경우 대체가격 협상이 지연된다면 최선의 접근방법으로 여겨진다.

유휴생산능력이 없다면 시장가격은 판매부문의 대체가격으로서 완벽한 선택이다. 왜냐하면 회사의 관점에서 보면 대체의 실질 비용은 대체함으로서 소멸되는 외부 매출의 기회비용이기 때문이다. 제품이 내부에 사내대체되든지 외부에 판매되든지 제조원가는 완전히 동일하다. 시장가격이 대체가격으로 사용된다면 판매 부문의 경영자는 사내대체로 인한 손실이 발생하지 않을 것이고, 구매 부문의 경영자는 사내대체를 위한 원가가 얼마인지 정확하게 알 수 있다.

유휴생산능력이 없는 경우 판매부문에 시장가격이 잘 적용되는 반면에 유휴생산능력이 있는 경우에는 어려움이 있다. Ginger 맥주의 사례를 다시 상기해 보면, Imperial Beverages가 생산한 Ginger 맥주의 외부 시장가격은 배럴당 $20이다. 하지만 Pizza Maven은 외부의 공급자로부터 필요한 모든 맥주를 배럴당 $18에 구입할 수 있다. 따라서 Pizza Maven은 자체 공급 업체로부터 배럴당 $18의 가격으로 Ginger 맥주를 구입할 수있다면 Imperial Beverages로부터 $20의 대체가격을 받아들이지 않을 것이다. 따라서 배럴당 $20의 시장 기반 대체가격은 준최적화로 이어질 것이다. 이것은 Pizza Maven이 Imperial Beverages에서 배럴당 $8의 변동제조원가로 추가적인 Ginger 맥주를 확보(Imperial Beverages가 유휴 용량이 있다고 가정)하기로 하는 최적의 대안 대신 배럴당 $18를 외부 공급 업체에 지불하도록 할 것이다.

일부 시장 기반 대체가격 체계에서는 대체가격이 외부 공급 업체의 시장가격인 $18로 낮아진다. Pizza Maven은 Imperial Beverages가 판매할 의사가 있는 한 Imperial Beverages에 배럴당 $18의 대체가격을 지불하게 될 것이다. 이러한 체계는 합리적으로 잘 작동될 수 있다. 하지만 Pizza Maven의 관리자는 판매 부서에 유휴 용량이 있을 때 회사의 실제 비용에 해당하는 $8가 아닌 $18로 Ginger 맥주 원가를 인식할 것이다. 결과적으로 Pizza Maven의 관리자는 정확하지 않은 원가에 기반하여 가격설정 및 기타 의사결정을 내릴 것이다.

안타깝게도 대체가격 문제에 대한 가능한 해결책은 시장 기반 대체가격조차도 완벽하지 않다.

보조부문의 배부

학습목표 11-4

보조 부문의 원가를 제조 부문에 배부할 수 있다.

규모가 큰 조직들은 일반적으로 **제조 부문**과 **보조 부문**이 있다. 조직의 핵심적인 목표는 **제조 부문(operating departments)**에서 수행된다. 이에 반해서 **보조 부문(service department)**은 직접적으로 제조 활동에 관여하지 않는다. 그 대신에 제조 부문에 서비스를 제공하고 보조한다. 보조 부문의 예로는 구내식당, 내부감사부서, 인사부서, 원가회계부서 그리고 구매부서 등이 있다.

보조 부문의 원가는 다음과 같은 다양한 이유로 인해 제조 부문에 배부한다.

- 제조 부문들이 보조 부문의 자원을 현명하게 사용하도록 동기부여하기 위해서이다. 보조 부문이 무상으로 제공된다면 제조 부문의 경영자는 자원을 낭비할 가능성이 있다.
- 의사결정을 위한 보다 완벽한 원가자료를 제조 부문에 제공하기 위해서이다. 제조 부문의 의사결정은 보조 부문의 원가에 영향을 미친다. 예를 들어 새로운 종업원을 고용하는 것은 인사부서의 원가를 증가시킨다. 이러한 보조 부문의 원가는 제조 부문에 배부되어야 하며, 그렇지 않으면 제조 부문은 의사결정시 이러한 원가를 고려하지 않게 될 것이다.
- 제조 부문의 수익성 측정을 지원한다. 제조 부문에 보조 부문의 원가를 부과하면 제조 부문의 활동 결과로 발생하는 원가를 보다 완벽하게 설명할 수 있다.
- 보조 부문이 효율적으로 운영될 수 있도록 유인을 제공한다. 제조 부문에 보조 부문의 원가를 부과하면 원가에 민감한 제조 부문이 보조 부문의 원가를 낮게 유지하는 데 적극적인 관심을 가질 것이라는 점에서 견제와 균형 시스템을 제공한다.

보조부문 원가 배부: 핵심 개념

보조부문의 원가 배부에는 두 가지 핵심 개념이 있다. 첫째, 계획 및 통제 목적에 더 유용한 정보를 제공하므로 변동원가와 고정원가는 구분해서 제조 부문에 배부해야 한다. 둘째, 보조 부문의 실제 원가가 아닌 **예산 원가**를 제조 부문에 배부해야 한다. 이것은 보조 부문의 과도한 원가가 제조 부문으로 전달되는 것을 방지한다.

변동원가

보조 부문의 변동원가는 원가를 유발시키는 활동 수준에 비례하여 제조 부문에 배부되어야 한다. 예를 들어, 기계 시간에 비례하여 발생하는 유지 관리 부서의 변동원가는 제조 부문에 배부되어야 한다. 보조 부문의 변동원가를 제조 부문에 배부하는 공식은 다음과 같다.

제조 부문에 배부되는 변동원가 = 예산 변동비율 × 실제 활동수준

방정식에서는 보조 부문의 단위당 실제 변동비율이 아닌 단위당 예산 변동비율이 사용된다. 만약 보조 부문이 실제 변동비율을 기준으로 가격을 부과한다면 제조 부문은 보조 부문의 비효율적인 비용에 대해 부당하게 책임을 지게 된다.

또한 제조 부문의 예산 활동수준이 아닌 실제 활동수준이 위의 방정식에 사용된다. 이 결과 제조 부문에 청구되는 총 금액은 보조 부문의 실제 자원 사용량에 비례하여 변동된다. 반대로 제조 부문의 예산 활동수준이 위의 방정식에 사용될 경우에는 제조 부문이 보조 부문의 예산 활동수준을 초과하여 대가를 지불하지 않고 부당하게 사용하는 것을 허용하게 된다.

고정원가

보조 부문의 고정원가는 3단계 프로세스를 통해 제조 부문에 배부된다. 첫 번째 단계에서는 제조 부문이 추정한 미래 추정사용량에 제조 부문 및 보조 부문의 관리자가 동의한다. 이 장에서는 미래 추정사용량을 제조 부문의 성수기 수요량 또는 장기 평균 수요량을 기준으로 산출할 것이다. 두 번째 단계에서는 제조 부문에 의해 특정된 성수기 또는 장기 평균 수요량 제공에 필요한 고정원가를 보조 부문의 관리자가 설정한다. 마지막 단계에서 보조 부문은 다음의 식을 이용하여 **사전에 미리 결정된 고정원가**를 제조 부문에 배부한다.

제조 부문에 배부되는 고정원가 = 예산 총 고정원가 × 부문별 성수기 수요량 비율

이 방정식에서 고정원가는 실제 총 고정원가가 아닌 보조 부문의 예산 총 고정원가가 사용된다. 또한 보조 부문의 예산 고정원가는 변동 할당 기준이 아닌 성수기 수요량을 기준으로 제조 부문에 배부된다. 이를 통해 각 제조 부문에 필요한 용량에 비례하여 제조 부문에서 보조 부문의 고정원가를 부담한다. 제조 부문이 매 기간 성수기 수준의 서비스를 필요로 하지 않는다는 사실은 중요하지 않다. 다만 성수기 수준의 서비스를 제공할 수 있는 용량이 존재해야 하며 해당 용량의 제공을 위한 예산 원가가 제조 부문에 배부되어야 한다.

보조부문의 배부: 예제

Seaboard 항공사는 두 개의 제조 부문인 화물 부문과 승객 부문이 있다. 회사 내에는 이 두 부문 모두에 서비스를 제공하기 위한 수선 부문이 있다. 수선 부문의 예산 변동원가는 비행시간당 $10이고 예산 총고정원가는 연간 $750,000이다. 수선 부문의 고정원가 예산은 피크기간 수요에 근거하여 수립된다. 수선 부문의 피크기간 수요의 약 40%는 화물 부문에서 수행되며 60%는 승객 부문에서 수행된다.

연말의 기록에 따르면 화물 부문과 승객 부문은 실제비행시간은 각각 8,000시간과 17,000시간이었다. 또한 항공기 수선 부문의 실제 변동원가와 고정원가는 각각 $260,000와 $780,000이었다. 각 부문에 부과되는 수선 부문의 원가는 다음과 같다.

		부문: 화물	부문: 고객
	변동원가 부과:		
예산 변동비율 →	$10 비행시간당 × 8,000 비행시간 (실제활동)	$ 80,000	
	$10 비행시간당 × 17,000 비행시간 (실제활동)		$170,000
	고정원가:		
피크기간 수요량 비율 →	40% × $750,000 (예산 고정원가)	300,000	
	60% × $750,000 (예산 고정원가)		450,000
	총원가	$380,000	$620,000

변동 서비스 원가가 연간 예산비율(시간당 $10)과 **실제활동**에 따라서 제조 부문에 배부된다는 것에 주의하자. 이에 반해서 고정원가의 배부는 순전히 예산에 따라서 배부된다. 또한 두 제조 부문은 보조 부문의 실제원가에 따라서 배부되지 않는다는 것에 유의하여야 하는데, 이는 보조 부문이 얼마나 잘 경영하였는지에 영향을 받는다. 대신에 보조 부문은 아래에서 볼 수 있듯이 다른 부문에 배부되지 않는 실제원가에 의한 책임(소비차이)을 부담한다.

	변동원가	고정원가
총 실제원가	$ 260,000	$ 780,000
제조부문에 배부되는 금액	250,000*	750,000**
소비차이-수선 부문의 책임	$ 10,000	$ 30,000

* $80,000 + $170,000 = $250,000

** $300,000 + $450,000 = $750,000

보조부문의 원가배부시 주의사항

고정원가 배부의 함정

몇몇 회사들은 고정원가를 사전에 결정된 총액기준으로 배부하기보다는 매 기마다 변하는 변동배부 기준으로 배부한다. 이러한 방법은 잘못된 의사결정을 내리게 하고 부문 간에 심각한 불공평을 야기할 수 있다. 불공평은 한 부문에 배부되는 고정원가가 다른 부문에 의해서 발생한 것에 의해 심하게 영향을 받는다는 사실 때문에 발생한다.

매출액은 보조 부문에서 제조 부문으로 고정원가를 배부하는 데 흔히 사용하는 변동 배부기준의 한 예이다. 배부기준으로 매출액을 사용하는 것은 단순하고 직접적이고 적용하기 쉽기 때문이다. 또한 일반적으로 매출을 지불능력의 측정치, 즉 조직의 다른 부문으로부터 원가를 부담할 수 있는 측정치로 간주하는 경향이 있다.

불행하게도 매출은 매기마다 달라지고 대부분의 원가들은 **고정**되기 때문에 원가를 배부하는 데 있어서 매우 좋지 않은 방법이다. 한 부문의 매출감소는 그 부문에 배부되는 원가를 매출이 증가했거나 동일하게 유지된 다른 부문으로 이전할 것이다. 따라서 매출증가를 위해서 최선을 다하는 부서가 더 많은 원가를 배부받는 불이익을 받는다.

예를 들어 빅사이즈 남성용 옷가게는 하나의 서비스 부문과 슈트, 신발, 그리고 액세서리의 세 개의 판매 부문이 있다. 서비스 부문의 원가는 한 기간당 $60,000이고 세 판매 부문에 매출에 따라서 배부된다. 최근 기에는 다음과 같이 배부되었다.

	부문			
	슈트	신발	액세서리	합계
부문의 매출	$260,000	$40,000	$100,000	$400,000
매출의 비율	65%	10%	25%	100%
총매출비율에 따른 서비스 부문의 원가배분	$39,000	$6,000	$15,000	$60,000

다음 기에 슈트 부문의 경영자가 매출을 $100,000만큼 증가시키는 매우 성공적인 프로그램을 도입하였다고 가정하자. 다른 두 부문의 매출은 변화가 없고, 서비스 부문의 총원가도 동일하게 유지되었으며, 판매 부문의 서비스 부문 자원의 예상 소비도 변화하지 않았다. 이러한 가정하에서, 판매 부문에 배부되는 서비스 부문의 원가는 다음과 같이 변동할 것이다.

	부문			
	슈트	신발	액세서리	합계
부문의 매출	$360,000	$40,000	$100,000	$500,000
매출의 비율	72%	8%	20%	100%
총매출비율에 따른 서비스 부문의 원가배분	$43,200	$4,800	$12,000	$60,000
지난 기에 비한 증가	$4,200	$(1,200)	$(3,000)	$0

슈트 부문의 경영자는 그의 부문에서 매출이 증가한 것 때문에 서비스 부문 원가의 대부분을 떠맡는 불이익을 받은 것이다. 이와는 반대로 매출성장을 보이지 않은 부문은 부담해야 할 원가의 비율이 감소되었다. 두 기간에 걸쳐 부문들에 제공되는 서비스의 양은 변함이 없었음에도 말이다.

이 사례는 왜 매출액과 같은 변동 배부기준이 선택된 배부기준에 따라 보조 부문 원가가 실제로 변동되는 경우에만 원가배부기준으로 사용되어야 하는지를 보여준다. 보조 부문 원가가 고정원가인 경우는 앞서 언급한 지침에 따라 제조 부문에 배부되어야 한다.

요약

많은 회사에서 사업 단위를 원가중심점, 수익중심점 및 투자중심점으로 분류하는 책임회계시스템을 사용한다. 책임회계시스템은 이러한 책임중심점의 관리자에게 수익과 비용에 대한 책임을 부여한다.

투자수익률(ROI) 및 잔여이익은 투자중심점의 성과를 평가하는데 널리 사용된다. 이익과 매출의 함수로 표현될 수 있는 ROI는 과소투자 문제로 인해 어려움을 겪는다. 관리자는 회사의 요구 수익률은 초과하지만 투자중심점의 ROI를 감소시키는 프로젝트에 투자하기를 꺼린다. 잔여이익 접근법은 프로젝트가 회사의 필수 수익률을 초과하여 얻은 수익에 대해 관리자에게 전적인 믿음을 제공하여 이 문제를 해결한다.

대체가격은 회사 내의 한 책임중심점이 같은 회사의 다른 책임중심점에 제품 또는 서비스를 제공할 때 부과되는 가격이다. 대체가격을 사용하면 제품 및 서비스 제공자가 거래와 관련된 재무적 이익을 인식할 수 있으며 구매부서는 제공받은 제품 및 서비스에 대한 비용을 지불해야 한다.

보조 부문 요금은 보조 부문에서 제공하는 서비스에 대해 제조 부문으로 배부되는 대체가격으로 볼 수 있다. 보조 부문의 변동원가 및 고정원가는 제조 부문에 배부시 개별적으로 배부되어야 한다. 실제 비용이 아닌 보조 부문의 예산 원가를 제조 부문에 부과해야 하고, 제조 부문은 예산 사용량이 아닌 실제 활동 수준에 따라 변동원가를 부담해야 한다. 또한 피크 기간 수요량에 따라 고정원가를 부담해야 한다.

종합예제 1: 투자수익률(ROI)과 잔여이익

Medical Diagnostics사의 Magnetic Imaging 부문은 다음과 같은 지난해 영업결과를 보고했다.

매출액	$25,000,000
영업이익	$3,000,000
평균영업자산	$10,000,000

요구사항:

1. Magnetic Imaging 부문의 매출이익율, 자산회전율, ROI를 구하시오.
2. Medical Diagnositcs, Inc.의 최고경영자는 평균영업자산의 25%의 최소요구수익율을 요구하고 있다. Magnetic Imaging 부문의 당기의 잔여이익은 얼마인가?

종합예제 해답

1.

$$\text{매출이익율} = \frac{\text{영업이익}}{\text{매출액}} = \frac{\$3,000,000}{\$25,000,000} = 12\%$$

$$\text{자산회전율} = \frac{\text{매출액}}{\text{평균영업자산}} = \frac{\$25,000,000}{\$10,000,000} = 2.5$$

$$\text{ROI} = \text{매출이익율} \times \text{자산회전율} = 12\% \times 2.5 = 30\%$$

2. Magnetic Imaging 부문의 잔여이익은 다음과 같이 계산된다.

평균영업자산	$10,000,000
영업이익	$3,000,000
최소요구이익 (25% × $10,000,000)	2,500,000
잔여이익	$ 500,000

종합예제 2: 대체가격

상황 A

Collyer Products사의 Valve 부문은 표준밸브를 제조하고 판매한다.

최대 생산능력	100,000
단위당 외부판매가격	$30
단위당 변동원가	$16
단위당 고정비(최대생산수량기준)	$9

이 회사의 Pump 부문은 이 밸브를 이용하여 자사의 펌프를 생산한다. Pump 부문은 현재 10,000개의 밸브를 해외 공급업자로부터 밸브당 $29에 구입하고자 한다.

요구사항:

1. Valve 부문은 Pump 부문의 요구량을 처리할 여유생산능력이 있다고 가정하자. 두 부문 간 대체가격이 있다면 수용가능한 대체가격의 범위는 얼마인가?
2. Value 부문이 자사의 밸브를 외부의 소비자에게 전부 판매한다고 가정하자. 두 부문 간 대체가격이 있다면 수용가능한 대체가격의 범위는 얼마인가?
3. Valve 부문이 자사의 밸브를 외부의 소비자에게 판매한다고 가정하자. 또한, 회사의 내부대체 시에는 판매비용이 감소되어 단위당 변동비 $3가 감소된다고 가정하자. 두 부문 간 대체가격이 있다면 수용가능한 대체가격의 범위는 얼마인가?

상황 A의 해답

1. Valve 부문이 충분한 생산능력이 있으므로, 외부의 매출을 감소할 필요 없이 Pump 부문에 공급할 수 있다. 판매 부문 관점에서의 최소 수용가능한 대체가격에 대한 공식을 적용하면 다음과 같다.

$$\text{대체가격} \geq \text{단위당 변동원가} + \frac{\text{판매기회 상실로 인한 총공헌이익}}{\text{대체된 제품의 수}}$$

$$\text{대체가격} \geq \$16 + \frac{\$0}{10{,}000} = \$16$$

Pump 부문은 \$29 이상 지불할 의사가 없으므로, 대체가격은 외부공급자에게 현재 지불하는 것이 된다. 따라서 대체가격은 다음의 범위에 존재한다.

$$\$16 \le 대체가격 \le \$29$$

2. Valve 부문은 생산한 밸브를 외부 시장에 판매한다. 따라서 Pump 부문의 사업부에 자사의 밸브를 공급하기 위해서는 외부 시장에 판매하는 제품의 일부를 포기해야 한다. 그러므로 Valve 부문은 매출 감소로 인한 공헌이익에 해당하는 기회비용이 존재하게 된다.

$$대체가격 \ge 단위당\ 변동원가 + \frac{판매기회\ 상실로\ 인한\ 총공헌이익}{대체된\ 제품의\ 수}$$

$$대체가격\ \ge \$16 + \frac{(\$30 - \$16) \times 10{,}000}{10{,}000} = \$16 + \$14 = \$30$$

Pump 부문의 외부 구매가격은 단위당 \$29이므로, 두 부문 간의 대체가격은 존재하지 않는다.

3. 공급부서에서의 입장에서 최소 수용가능한 대체가격에 대한 공식을 적용하면, 다음과 같다.

$$대체가격 \ge 단위당\ 변동원가 + \frac{판매기회\ 상실로\ 인한\ 총공헌이익}{대체된\ 제품의\ 수}$$

$$대체가격 \ge (\$16 - \$3) + \frac{(\$30 - \$16) \times 10{,}000}{10{,}000} = \$13 + \$14 = \$27$$

이 경우에, 대체가격은 범위 내에 존재한다.

$$\$27 \le 대체가격 \le \$29$$

상황 B

위의 A 상황의 기본자료를 참조한다. Pump 부문은 연간 20,000개의 특수 고압밸브가 필요하다고 가정하자. Valve 부문이 특수한 밸브를 제조하고 배송하는 데 필요한 변동원가는 단위당 \$20이다. 이러한 특수밸브를 제조하기 위해서 Valve 부문의 기본밸브의 생산수량이 연간 100,000개에서 70,000개로 감소하게 된다.

요구사항:

Valve 부문의 입장에서 최저 수용가능한 대체가격을 구하시오.

상황 B의 해답

20,000개의 특수밸브를 제조하기 위해서 Valve 부문은 외부에 판매하는 30,000개의 기본밸브를 포기하여야 한다. 공급부서의 관점에서의 수용가능한 최저 대체가격은 다음과 같은 방식으로 계산된다.

$$대체가격 \ge 단위당\ 변동원가 + \frac{판매기회\ 상실로\ 인한\ 총공헌이익}{대체된\ 제품의\ 수}$$

$$대체가격 \ge \$20 + \frac{(\$30 - \$16) \times 30{,}000}{20{,}000} = \$20 + \$21 = \$41$$

용어해설

대체가격(transfer price) 회사 내의 한 책임중심점이 같은 회사의 다른 책임중심점에 제품 또는 서비스를 제공할 때 부과되는 가격.

매출영업이익률(margin) 영업이익을 매출로 나눈 것.

보조 부문(service department) 제조 활동에 직접적으로 관여하지 않고 제조 부문에 서비스나 지원을 제공하는 부문.

분권화된 조직(decentralized organization) 의사결정 권한이 몇몇 최고경영층에게 한정되지 않고 조직 전체에 걸쳐 분산되어 있는 조직.

수용가능한 대체가격의 범위(range of acceptable transfer prices) 대체의 결과로 판매부서와 구매부서 모두가 이익의 증가를 가져오는 대체가격의 범위.

시장가격(market price) 공개시장에서 한 품목에 대해 부과되는 가격.

영업이익(net operating income) 이자와 법인세를 차감하기 전의 이익.

영업자산(operating assets) 현금, 매출채권, 재고자산, 유형자산, 기타 영업목적을 위해 보유하는 모든 자산.

영업자산회전율(turnover) 매출을 평균영업자산으로 나눈 것.

원가중심점(cost center) 경영자가 영업자산의 원가는 통제할 수 있지만 수익이나 투자에 대해서는 통제할 수 없는 사업단위.

이익중심점(profit center) 경영자가 영업자산의 원가나 수익은 통제할 수 있지만 투자는 통제할 수 없는 사업단위.

잔여이익(residual income) 투자중심점이 영업자산에 대한 최소요구수익보다 더 많이 벌어들인 영업이익.

준최적화(suboptimization) 부문이나 회사 전체에서 발생가능한 이익보다 낮은 수준의 이익이 발생가능한 상황

제조 부문(operating department) 조직의 핵심적인 목표를 수행해 내는 부문.

책임중심점(responsibility center) 경영자가 영업자산의 원가, 수익 또는 투자를 통제할 수 있는 사업 부문.

투자수익률(return on investment: ROI) 영업이익을 평균영업자산으로 나눈 것. 이것은 매출영업이익률에 회전율을 곱한 것과 같다.

투자중심점(investment center) 경영자가 영업자산의 원가, 수익 및 투자를 통제할 수 있는 사업단위.

협상 대체가격(negotiated transfer price) 판매부서와 구매부서 간에 합의된 대체가격.

질문

11–1 분권화라는 용어는 무엇을 의미하는가?

11–2 분권화로 얻는 이익은 무엇인가?

11–3 원가중심점, 이익중심점 및 투자중심점 간의 차이점을 구분하라

11–4 ROI 계산에서 이익률과 회전율이라는 용어는 무엇을 의미하는가?

11–5 잔여이익이란?

11–6 투자중심점에 대한 성과 측정으로 ROI를 사용하는 것이 어떤 면에서 나쁜 결과를 초래할 수 있는가? 잔여이익 접근법이 이 문제를 어떻게 극복하는가?

11–7 대체가격이란?

11–8 준최적화란?

11–9 실제원가가 아닌 제조부문의 예산원가를 보조부문에 배부해야 하는 이유는 무엇인가?

11–10 제조부문으로 고정원가를 배부할 때 매출액이 배부기준으로 적합하지 않은 이유는 무엇인가?

엑셀 응용

connect

학습목표 11-1, 11-2

아래에 나타나는 Excel 워크시트 양식은 Medical Diagnostics, Inc.의 Magnetic Imaging 부문과 관련된 검토 문제를 재현하는 데 사용된다.

	A	B	C	D	E	F
1	**11장: 엑셀응용**					
2						
3	**자료**					
4	매출	$25,000,000				
5	순영업이익	$3,000,000				
6	평균 운영자산	$10,000,000				
7	최소요구수익률	25%				
8						
9	아래 ? 로 표시된 각 셀에 수식을 입력합니다.					
10	**복습문제: 투자수익률과 잔여이익**					
11						
12	**ROI의 계산**					
13	매출이익률	?				
14	영업자산회전율	?				
15	ROI	?				
16						
17	**잔여이익의 계산**					
18	평균 영업자산	?				
19	순영업이익	?				
20	최소요구수익률	?				
21	잔여이익	?				
22						

Chapter 11 Form | Filled in ...

워크시트를 완료한 후 아래의 요구사항을 진행하시오.

요구사항:

1. B6 셀의 평균운영자산을 $8,000,000로 변경하여 워크시트를 확인하라. 그러면 그 ROI는 38%가 되고 잔여이익은 $1,000,000이다. 만약 이러한 답을 얻지 못하면 워크시트에서 오류를 찾아 수정하라. 평균영업자산이 감소할 때 투자수익률과 잔여이익이 모두 증가하는 이유를 설명하라.
2. 워크시트의 자료를 다음과 같이 변경하라.

자료	
매출액	$1,200
영업이익	$72
평균영업자산	$500
최소요구수익률	15%

a. 투자수익률은 얼마인가?
b. 잔여이익은 얼마인가?
c. 투자수익률과 잔여이익의 관계에 대해 설명하라.

기본문제

connect

Westerville사는 작년의 영업으로 다음과 같은 결과를 보고하였다.

학습목표 11-1, 11-2

매출액	$1,000,000
변동비	300,000
공헌이익	700,000
고정비	500,000
영업이익	$ 200,000
평균영업자산	$ 625,000

올해 초 회사는 다음과 같은 원가와 수익 특성을 가진 $120,000의 투자기회를 검토하고 있다.

매출액	$200,000
공헌이익률	매출액의 60%
고정비	$90,000

회사의 최소요구수익률은 15%이다.

요구사항:

1. 작년 매출이익률은 얼마인가?
2. 작년 영업자산회전율은 얼마인가?
3. 작년의 투자수익률은 얼마인가?
4. 올해의 투자기회와 관련된 매출이익률은 얼마인가?
5. 올해의 투자기회와 관련된 영업자산회전율은 얼마인가?
6. 올해의 투자기회와 관련된 투자수익률은 얼마인가?
7. 회사가 올해의 투자기회를 채택하고 다른 것들은 작년과 같다면, 올해 전체 매출이익률은 얼마인가?
8. 회사가 올해의 투자기회를 채택하고 다른 것들은 작년과 같다면, 올해 전체 영업자산회전율은 얼마인가?
9. 회사가 올해의 투자기회를 채택하고 다른 것들은 작년과 같다면, 올해 전체 투자수익률은 얼마인가?
10. Westerville의 최고경영자가 회사의 올해 ROI가 작년 ROI를 초과할 때만 보너스를 받는다면, 최고경영자는 투자기회를 채택할 것인가? 회사의 소유자들은 최고경영자가 투자기회를 채택하기를 원할까?
11. 작년의 잔여이익은 얼마인가?
12. 올해 투자기회의 잔여이익은 얼마인가?
13. 회사가 올해의 투자기회를 채택하고 다른 것들은 작년과 같다면, 올해 전체 잔여이익은 얼마인가?
14. Westerville의 최고경영자가 만약 회사의 올해 잔여이익이 작년 잔여이익을 초과할 때만 보너스를 받는다면, 최고경영자는 투자기회를 채택할 것인가?
15. 이 투자기회의 공헌이익률이 60%가 아닌 50%라고 가정하자. Westerville의 최고경영자가 회사의 올해 잔여이익이 작년 잔여이익을 초과할 때만 보너스를 받는다면, 최고경영자는 투자기회를 채택할 것인가? 회사의 소유자들은 최고경영자가 투자기회를 채택하기를 원할까?

연습문제

connect

문제 11-1 투자수익률(ROI) 계산 [학습목표 11-1]

메이저 오일회사의 한 부문인 Alyeska Services사는 Alaska의 North Slope 현장 작업자들에게 다양한 서비스를 제공한다. 최근 연도의 자료는 다음과 같다.

매출액	$7,500,000
영업이익	$600,000
평균영업자산	$5,000,000

요구사항:

1. Alyeska Services사의 매출액영업이익율을 구하시오.
2. Alyeska Services사의 영업자산회전율을 구하시오.
3. Alyeska Services사의 투자수익율(ROI)을 구하시오.

문제 11-2 잔여이익 [학습목표 11-2]

England의 Manchester에 위치한 Juniper Design사는 주택개발업자들에게 디자인서비스를 제공하는 회사이다. 지난해 이 회사는 $3,000,000의 매출액에 $600,000의 영업이익을 보고했다. 이 회사의 평균영업자산은 $2,800,000이며 최소요구수익율은 18%이다.

요구사항:

지난 해의 잔여이익을 구하시오.

문제 11-3 대체가격결정 기본 [학습목표 11-3]

Sako사의 Audio 부서는 다양한 오디오제품에 사용되는 스피커를 제조한다. 이 스피커제품의 매출액과 원가자료는 다음과 같다.

중간재 시장에서 판매되는 가격	$60
단위당 변동원가	$42
단위당 고정원가(최대생산수량기준)	$8
최대생산량	25,000

Sako사의 Hi-Fi 부서는 제품의 한 종류로 스피커를 취급한다. Hi-Fi 부서는 연간 5,000개의 스피커를 필요로 하며, 다른 제조업자로부터 개당 $57로 구매가능하다. Sako사는 부서별 이익을 기초로 각 부서를 평가한다.

요구사항:

1. Audio 부서는 현재 20,000개의 스피커를 외부에 판매한다고 가정하시오.
   a. Audio 부서의 관점에서 Hi-Fi 부서에 판매하는 스피커의 최소 수용가능한 대체가격은 얼마인가?
   b. Hi-Fi 부서의 관점에서 Audio 부서부터 구매하는 스피커의 최대 수용가능한 대체가격은 얼마인가?
   c. 두 부서의 협상 시에 다른 방해요소가 없다면, 부서 경영자들이 Audio 부서에서 Hi-Fi 부서로 5,000개의 스피커를 대체하는데 자발적으로 동의하겠는가? 동의하는지 하지 않는지를 설명하시오.
   d. 회사 전체 관점에서 대체는 이루어지는가? 대체 이유 또는 그렇지 않은 이유를 설명하시오.

2. Audio 부서는 현재 22,500개의 스피커를 외부에 판매한다고 가정하시오.
   a. Audio 부서의 관점에서 Hi-Fi 부서에 판매하는 스피커의 최소 수용가능한 대체가격은 얼마인가?
   b. Hi-Fi 부서의 관점에서 Audio 부서부터 구매하는 스피커의 최대 수용가능한 대체가격은 얼마인가?
   c. 두 부서의 협상 시에 다른 방해요소가 없다면, 부서 경영자들이 Audio 부서에서 Hi-Fi 부서로 5,000개의 스피커를 대체하는데 자발적으로 동의하겠는가? 동의하는지 하지 않는지를 설명하시오.
   d. 회사 전체 관점에서 대체는 이루어지는가? 대체 이유 또는 그렇지 않은 이유를 설명하시오.
3. Audio 부서는 현재 25,000개의 스피커를 외부에 판매한다고 가정하시오.
   a. Audio 부서의 관점에서 Hi-Fi 부서에 판매하는 스피커의 최소 수용가능한 대체가격은 얼마인가?
   b. Hi-Fi 부서의 관점에서 Audio 부서부터 구매하는 스피커의 최대 수용가능한 대체가격은 얼마인가?
   c. 두 부서의 협상 시에 다른 방해요소가 없다면, 부서 경영자들이 Audio 부서에서 Hi-Fi 부서로 5,000개의 스피커를 대체하는데 자발적으로 동의하겠는가? 동의하는지 하지 않는지를 설명하시오.
   d. 회사 전체 관점에서 대체는 이루어지는가? 대체 이유 또는 그렇지 않은 이유를 설명하시오.

문제 11-4 보조 부문 배부 [학습목표 11-4]

Hannibal Steel사의 운송서비스 부문인 Transport Services는 광석을 광산에서 제철소인 Northern Plant와 Southern Plant로 운송하기 위한 트럭을 제공한다. Transport Services 부문의 연간 예산원가 총 $350,000는 단위당 변동원가 $0.25와 총고정원가 $300,000로 구성된다. 회사의 고정원가 수준은 피크기간의 수요량에 의해 결정된다. 피크기간 동안 Northern Plant는 Transport Services 부문 가용용량의 70%를 사용하고 Southern Plant가 30%를 사용한다.

당해 연도에 Transport Services 부서는 Northern Plant와 Southern Plant에 실제로 130,000톤과 50,000톤의 광석을 운반했다. Transport Services 부서에서는 $364,000의 실제원가가 발생하였으며, $54,000는 변동원가이었으며 $310,000는 고정원가이었다.

요구사항:

1. 각 공장에 변동원가 $54,000가 어떻게 배부되어야 하는지를 결정하시오.
2. 각 공장에 고정원가 $310,000가 어떻게 배부되어야 하는지를 결정하시오.
3. Tranport Service 부서의 원가 $364,000 중 각 공장으로 배부되지 않는 금액이 존재하는가? 그 이유를 설명하시오

문제 11-5 투자수익률(ROI) [학습목표 11-1]

군용미술품의 유통업자에 대한 다음 표를 완성하시오.

	부서		
	Alpha	Bravo	Charlie
매출액	$?	$11,500,000	$?
영업이익	$?	$ 920,000	$210,000
평균영업자산	$800,000	$?	$?
매출액영업이익률	4%	?	7%
영업자산회전율	5	?	?
ROI	?	20%	14%

문제 11-6 투자수익률(ROI)과 잔여이익의 비교 [학습목표 11-1, 11-2]

일본의 Tan사는 Osaka와 Yokohama에 2개의 지역 부문을 가지고 있다. 두 지역 부문의 자료는 다음과 같다.

	부서	
	Osaka	Yokohama
매출액	$3,000,000	$9,000,000
영업이익	$210,000	$720,000
평균영업자산	$1,000,000	$4,000,000

요구사항:

1. 각 부문의 매출액영업이익률과 영업자산회전율, 투자수익률(ROI)을 계산하시오. 필요하다면 소수 둘째자리까지 계산하시오.
2. 각 부문의 최소요구수익율이 15%인 경우, 각 부문의 잔여이익을 계산하시오.

문제 11-7 회사 전체관점에서의 대체가격결정 [학습목표 11-3]

Division A는 전자회로판을 제조한다. 이 전자회로판은 외부의 고객에게 판매되거나 회사내부의 Division B에 공급된다. 지난해 Division A에서 다음의 활동이 발생하였다.

단위당 판매가격	$125
단위당 변동원가	$90
회로판의 수량	
연간생산수량	20,000
연간판매수량	16,000
내부대체수량(B부서)	4,000

Division B에 공급하는 가격은 외부고객에게 판매하는 가격과 동일하다. Division B에 공급하는 전자 회로판은 전자악기를 만드는 데 사용된다(악기 하나에 전자 회로판 1개가 사용됨). Division B는 악기당 $100의 추가 변동원가를 투입하고 외부에 단위당 $300에 판매한다.

요구사항:

1. Division A, Division B, 회사 전체의 손익계산서를 작성하시오.
2. Division A의 전자회로판 연간 생산가능수량이 20,000개라고 가정하시오. 차년도에 Division B는 지난해의 4,000개보다 많은 5,000개의 회로판이 필요할 것으로 예상된다(Division B로 공급되는 회로판은 외부로부터는 구매할 수 없다). 회사 전체의 관점에서 Divison B에 1,000개의 추가공급을 하여야 하는지 또는 외부의 고객에게 판매해야 하는지를 설명하시오.

문제 11-8 투자수익률의 계산과 해석 [학습목표 11-1]

Outback Brewing사의 두 부문에 대한 영업 자료는 다음과 같다.

	부문	
	Queensland	New South Wales
매출액	$4,000,000	$7,000,000
평균영업자산	$2,000,000	$2,000,000
영업이익	$360,000	$420,000
유형자산	$950,000	$800,000

요구사항:

1. 매출액영업이익율과 영업자산회전율이 표시된 ROI 식을 이용하여 각 부문의 수익률을 계산하시오.
2. 어떤 부서의 관리자가 더 나은 성과를 보고한 것 같은가? 그 이유는 무엇인가?

문제 11-9 투자수익률(ROI)과 잔여이익의 관계 [학습목표 11-1, 11-2]

친한 친구가 동일산업에 속해 있는 3개 회사의 영업분석을 당신에게 부탁하였다. 아래의 빈칸을 완성하시오.

	회사		
	A	B	C
매출액	$ 9,000,000	$ 7,000,000	$ 4,500,000
영업이익	$?	$ 280,000	$?
평균영업자산	$ 3,000,000	$?	$ 1,800,000
ROI	18%	14%	?
최소요구수익률			
비율	16%	?	15%
금액	$?	$ 320,000	$?
잔여이익	$?	$?	$ 90,000

문제 11-10 고정원가 배부기준으로서의 매출액 [학습목표 11-4]

Konig Enterprises사는 Vancouver, B.C에서 3개의 레스토랑을 운영한다. 이 회사는 회사의 고정관리비용을 각 레스토랑의 매출액을 기초로 3개의 레스토랑에 배부한다. 지난해의 총고정관리비는 $2,000,000이다. 이러한 비용은 다음과 같이 배부되었다.

	레스토랑			
	Rick's Harborside	Imperial Garden	Ginger Wok	합계
총매출액(작년)	$16,000,000	$15,000,000	$9,000,000	$40,000,000
매출비율	40%	37.5%	22.5%	100%
배부(위 매출비율기준)	$800,000	$750,000	$450,000	$2,000,000

올해에는 Imperical Garden의 매출액이 $10,000,000만큼 증가되었다. 다른 두 곳의 매출액 수준은 변동되지 않았다. 이 회사의 올해의 매출액 자료는 다음과 같다.

	레스토랑			
	Rick's Harborside	Imperial Garden	Ginger Wok	합계
총매출액(올해)	$16,000,000	$25,000,000	$9,000,000	$50,000,000
매출비율	32%	50%	18%	100%

올해의 고정관리비용은 변함없이 $2,000,000이다.

요구사항:

1. 배부기준으로 매출액을 사용하여 3개의 레스토랑에 올해의 고정관리비용을 배부하시오.
2. 작년과 올해의 각 레스토랑 배부금액의 변화를 계산하시오. Imperical Garden의 관리자라면 올해 배부되는 금액에 대해 느끼는 바는 무엇일까?
3. 배부기준으로서의 매출액의 유용성에 대해 논하시오.

문제 11-11 CVP(원가-조업도-이익)분석과 ROI [학습목표 11-1]

Poster.com은 고품질 포스터 인터넷 소매업자이다. 이 회사의 영업자산은 $1,000,000이며, 연간 고정비는 $150,000이다. 이 영업자산과 고정비 수준에서 연간 $3,000,000의 매출액을 기록할 수 있다. 이 회사의 공헌이익율은 25%이며, 이것은 매출액 $1가 증가하면 공헌이익 및 영업이익이 25센트 증가한다는 것을 의미한다.

요구사항:

1. 매출액과 ROI와 관련된 아래의 표를 완성하시오.

매출액	영업이익	평균영업자산	ROI
$2,500,000	$475,000	$1,000,000	?
$2,600,000	$?	$1,000,000	?
$2,700,000	$?	$1,000,000	?
$2,800,000	$?	$1,000,000	?
$2,900,000	$?	$1,000,000	?
$3,000,000	$?	$1,000,000	?

2. 이 회사의 매출액 증가에 따른 ROI의 변화에 대해서 설명하시오.

문제 11-12 매출과 영업자산의 변동이 ROI에 미치는 영향 [학습목표 11-1]

Fitness Fanatics는 헬스클럽의 전국 체인이다. 투자를 할 권한을 가지고 있는 이 헬스클럽의 경영자는 주로 ROI에 근거하여 평가를 받는다. Springfield Club이 지난해에 보고한 자료는 다음과 같다.

매출액	$1,400,000
영업이익	$70,000
평균영업자산	$350,000

요구사항:

각 질문은 각각 독립적이다. 모든 계산은 소수점 둘째자리까지 계산하시오.

1. Springfield Club의 ROI를 구하시오.
2. 이 클럽의 경영자는 매출액을 $70,000만큼 증가시킬 수 있고, 결과적으로 영업이익은 $18,200만큼 증가한다. 이 계획은 영업자산의 증가 없이 가능하다고 가정하자. 이 상황에서 클럽의 ROI는 어떻게 될까?
3. 이 클럽의 경영자가 매출액과 영업자산의 변동 없이 비용을 $14,000 감소할 수 있다고 가정하자. 이 상황에서 클럽의 ROI는 어떻게 될까?
4. 이 클럽의 경영자가 매출액과 순영업이익의 변동 없이 영업자산 $70,000를 감소할 수 있다고 가정하자. 이 상황에서 클럽의 ROI는 어떻게 될까?

문제 11-13 대체가격결정 상황 [학습목표 11-3]

아래의 각각의 상황에서 Division X의 제품은 외부의 고객에게 판매하거나, 동일 회사의 Division Y의 제조공정에 사용된다. 각 부서의 관리자는 각 부서별 이익에 근거하여 평가를 받는다.

	Case	
	A	B
X부서:		
최대 생산가능수량	200,000	200,000
외부고객에게 판매된 수량	200,000	160,000
단위당 외부 판매가격	$90	$75
단위당 변동원가	$70	$60
단위당 고정원가(최대생산가능수량을 기초로 계산)	$13	$8
Y부서:		
생산필요수량	40,000	40,000
외부공급자에게 현재 지불된 단위당 구입가격	$86	$74

요구사항:

1. 위의 Case A의 자료를 참고하시오. 이 Case에서는 회사의 내부거래시 단위당 변동원가 $3를 회피할 수 있다고 가정하시오.
   a. 판매부문의 관점에서 수용가능한 최저 대체가격은 얼마인가?
   b. 구매부문의 관점에서 수용가능한 최대 대체가격은 얼마인가?
   c. 두 부문이 수용가능한 대체가격의 범위는 무엇인가? 만약에 각 부서의 관리자들이 자유로운 협상이 가능하다면, 대체거래가 발생하겠는가? 설명하시오.
2. 위의 Case B의 자료를 참고하시오. 이 Case에서는 회사의 내부거래시 회피가능한 단위당 변동원가는 없다.
   a. 판매부문의 관점에서 수용가능한 최저 대체가격은 얼마인가?
   b. 구매부문의 관점에서 수용가능한 최대 대체가격은 얼마인가?
   c. 두 부문이 수용가능한 대체가격의 범위는 무엇인가? 만약에 각 부서의 관리자들이 자유로운 협상이 가능하다면, 대체거래가 발생하겠는가? 설명하시오.

문제 11-14 투자수익율과 잔여이익을 사용한 신규투자의 평가 [학습목표 11-1, 11-2]

구조적으로 차이가 있는 엔지니어링 회사의 세개 부문에 대한 판매와 영업자료를 발췌한 것이 아래와 같다.

	부문A	부문B	부문C
매출액	$12,000,000	$14,000,000	$25,000,000
평균영업자산	$3,000,000	$7,000,000	$5,000,000
영업이익	$600,000	$560,000	$800,000
최소요구수익률	14%	10%	16%

요구사항:

1. 매출영업이익율과 영업자산회전율이 표시된 ROI식을 이용하여 각 부문의 ROI를 계산하시오.
2. 각 부문의 잔여이익을 계산하시오.
3. 각 부문은 수익률이 15%인 투자기회를 가지고 있다고 가정하자.

a. 각 부문의 성과를 ROI로 측정한다면, 어느 부문이 이러한 투자기회를 수용할 것 같은가? 기각할 것 같은가? 그 이유는?

b. 각 부문의 성과를 잔여이익으로 측정한다면, 각 부문별 투자기회의 선택여부를 결정하고 그 이유를 설명하시오.

문제 11-15 보조 부문 배부 [학습목표 11-4]

Korvanis사는 자사의 종업원들을 위해 의료서비스 부문을 운영한다. 의료서비스 부문의 변동원가는 각 부문의 실제 노동자수를 기초로 하여 회사의 영업 부문에 부과한다. 의료서비스 부문의 고정원가는 각 영업 부문의 장기간 평균 노동자수를 기초로 회사의 영업 부문에 부과한다.

의료서비스 부문의 변동원가 예산은 종업원당 $80이다. 의료서비스 부문의 고정원가 예산은 연간 $400,000이다. 최근의 실제 의료서비스 부문의 원가는 변동원가 $41,000과 고정원가 $408,000이다. 3개의 영업 부문의 종업원과 관련된 자료는 다음과 같다.

	절삭	연마	조립
예상 종업원 수	170	100	280
최근 실제 종업원 수	150	80	270
장기 평균 종업원 수	180	120	300

요구사항:

1. 각 영업 부문인 절삭, 연마, 조립에 부과되는 의료서비스 부문 원가를 결정하시오.
2. 의료서비스 부문의 실제 원가 중 영업 부문으로 할당되지 않는 원가가 있다면 얼마인가?

문제 11-16 매출액, 비용, 자산의 변화가 ROI에 미치는 영향 [학습목표 11-1]

CommercialServices.com사는 인터넷 B2B서비스를 제공한다. 최근 연도의 관련 자료는 다음과 같다.

매출액	$3,000,000
영업이익	$150,000
평균영업자산	$750,000

요구사항:

아래의 문제들은 각각 독립적이다. 모든 계산은 소수점 둘째자리까지 계산하시오.

1. 이 회사의 ROI를 계산하시오.
2. 이 회사의 사장은 차기년도에 평균영업자산의 증가 없이 매출은 50% 증가할 것이고 영업이익은 200% 증가할 것으로 확신하고 있다. 회사의 ROI는 어떻게 되겠는가?
3. 이 회사의 최고 재무관리자는 평균영업자산 $250,000 증가로 매출액 $1,000,000 증가시키고 영업이익을 $200,000을 증가시키는 현실적인 대안을 제시했다. 이 대안과 관련한 회사의 ROI를 구하시오.

문제 11-17 투자수익률(ROI)과 잔여이익(RI) [학습목표 11-1, 11-2]

지난 해 Joel de Paris사의 재무자료는 다음과 같다.

Joel de Paris사 재무상태표	기초잔액	기말잔액
자산		
현금	$ 140,000	$ 120,000
매출채권	450,000	530,000
재고	320,000	380,000
유형자산	680,000	620,000
투자자산 Buisson, S.A	250,000	280,000
유휴 토지	180,000	170,000
총자산	$2,020,000	$2,100,000
부채와 자본		
매입채무	$ 360,000	$ 310,000
장기부채	1,500,000	1,500,000
자본	160,000	290,000
총부채와 자본	$2,020,000	$2,100,000

Joel de Paris사 손익계산서		
매출액		$4,050,000
판매관리비		3,645,000
영업이익		405,000
이자비용과 세금		
이자비용	$150,000	
세금	110,000	260,000
당기순이익		$ 145,000

회사는 지난 해에 $150,000의 배당을 지급하였다. 재무상태표의 '투자자산 Buisson, S.A'는 다른 회사 주식에 투자한 것을 나타낸다. 회사의 최소요구수익률은 15%이다.

요구사항:

1. 지난 해 회사의 영업자산회전율을 계산하라.
2. 지난 해 회사의 매출액영업이익률, 영업자산회전율과 투자수익률(ROI)을 계산하라.
3. 지난 해 회사의 잔여이익은 얼마인가?

문제 11-18 보조 부문 배부 [학습목표 11-4]

오스트레일리아의 Tasman Product는 회사의 형성 부문과 조립 부문의 장비를 제공하는 Maintenance 부문을 갖고 있다. 이 서비스의 원가는 기계시간을 기준으로 두 운영부문에 배부된다. 가장 최근의 Maintenance 부문과 운영부문의 원가와 다른 자료는 다음에 나타나 있다.

Maintenance 부문에 대한 자료는 다음과 같다.

	예산	실제
윤활제 변동비	$96,000*	$110,000
고정비	$150,000	$153,000

* @$0.40/기계시간

형성 부문과 조립 부문에 대한 자료는 다음과 같다.

	최대생산능력 비율	기계시간	
		예산	실제
형성 부문	70%	160,000	190,000
조립 부문	30%	80,000	70,000
합계	100%	240,000	260,000

Maintenance 부문의 고정원가 수준은 피크기간의 요구량에 의해 결정된다.

요구사항:

경영진은 Maintenance 부문과 운영부문의 실제성과와 예산성과를 비교하도록 자료화하고자 한다.

1. Maintenance 부문의 원가는 형성 부문과 조립 부문에 얼마만큼 배부되어야 하는가? 계산근거를 보여라.
2. Maintenance 부문의 실제원가 어느 부분은 운영부문에 배부되지 않아야 하는가? 만일 모든 원가가 배부되어진다면 이유를 설명하라. 만일 일부분이 배부되지 않는다면, 그 금액을 계산하고 왜 배부되지 않는지를 설명하라.

문제 11-19 ROI를 이용하는 성과의 비교 [학습목표 11-1]

동일한 서비스산업에 속해 있는 3개 회사의 비교자료는 다음과 같다.

	회사		
	A	B	C
매출액	$600,000	$500,000	$?
영업이익	$ 84,000	$ 70,000	$?
평균영업자산	$300,000	$?	$1,000,000
매출액영업이익률	?	?	3.5%
영업자산회전율	?	?	2
ROI	?	7%	?

요구사항:

1. ROI를 두개의 분리된 요소인 매출이익율과 영업자산회전율로 나누어 계산하는 데 어떤 장점이 있는가?
2. 위 자료의 빈칸을 완성하시고, 위 자료가 허용하는 한 최대한 자세하게 3개의 회사의 상대적인 성과를 설명하시오. ROI를 향상시킬 수 있는 방법에 대해서도 설명하시오.

(Adapted from National Association of Accountants, *Research Report* No. 35, P. 34)

문제 11-20 외부시장이 존재할 경우 대체가격 [학습목표 11-3]

Hrubec Products사는 여러 가지 종이제품에 사용되는 펄프를 제조하는 Pulp 부문을 운영하고 있다. 펄프 톤당 수익과 원가는 다음과 같다.

판매가격		$ 70
비용:		
변동비	$ 42	
고정비(연간 50,000톤의 생산수량 기준)	18	60
영업이익		$ 10

Hrubec Products사는 종이상자를 만드는 소규모 회사를 최근 인수하였다. 이 회사는 완전한 이익을 책임지는 이익중심점으로서 Hrubec의 한 부문(Carton 부문)으로 취급될 것이다. Carton 부문의 관리자는 매년 5,000톤의 펄프를 톤당 $63에 구입하고 있다. Hrubec의 사장은 만일 수용가능한 대체가격이 성립된다면, Carton 부문이 Pulp 부문으로부터 펄프 구입을 시작할지에 대해 고민하고 있다.

요구사항:

아래의 1, 2번에 대해서, Pulp 부문은 펄프를 외부 고객에게 톤당 $70에 모두 판매할 수 있다고 가정하라.

1. Pulp 부문의 수용가능한 최저대체가격은 얼마인가? Carton 부문의 최대 수용가능 대체가격은 얼마인가? 두 부문의 수용가능한 대체가격의 범위는 얼마인가? Carton 부문과 Pulp 부문의 경영자들은 내년에 5,000톤의 펄프를 대체하는 데 자발적으로 동의하겠는가? 동의하는지 그렇지 않은지 이유를 설명하시오.
2. 만일 Carton이 현재 외부공급자에게 지급하는 가격으로 Pulp 부문이 Carton 부문에게 매년 5,000톤을 제공한다면, Pulp 부문, Carton 부문 그리고 회사 전체의 이익에 어떤 영향을 미치겠는가?

아래의 3, 4번에 대해서는 Pulp 부문이 $70에 30,000톤의 펄프만을 외부 고객에게 판매한다고 가정하라.

3. Pulp 부문의 수용가능한 최저대체가격은 얼마인가? Carton 부문의 최대 수용가능 대체가격은 얼마인가? 두 부문의 수용가능한 대체가격의 범위는 얼마인가? Carton 부문과 Pulp 부문의 경영자들은 내년에 5,000톤의 펄프를 대체하는 데 자발적으로 동의하겠는가? 동의하는지 그렇지 않은지 이유를 설명하시오.
4. Carton 부문의 외부 공급업자가 톤당 $59로 가격을 인하하였다고 가정하라. Pulp 부문이 이 가격을 충족시켜야 하는지를 설명하라. 만일 Pulp 부문이 $59을 충족시키지 못한다면 회사전체의 이익에 미치는 영향은 얼마인가?

5. 위의 4번을 참고하라. 만일 Pulp 부문이 $59의 충족을 거절하였다면, Carton 부문이 회사 전체적인 관점에서 Pulp 부문으로부터 더 높은 가격으로 구매하도록 하여야 하는가?
6. 위의 4번을 참고하라. 경직된 경영정책으로 인하여 Carton 부문은 톤당 $70에 Pulp 부문으로부터 매년 5,000톤을 구입하도록 요구되었다. 회사 전체적인 관점에서 회사의 이익에 미치는 영향은 얼마인가?

문제 11-21 ROI와 잔여이익 [학습목표 11-1, 11-2]

Billings사의 Office Products 부서의 관리자인 Dell Havasi는 "본사에서 새로운 제품계열을 추가하라는 것을 알고 있다"라고 말하였다. "그러나 사전에 실적들을 검토하고자 한다. 우리 부서의 ROI가 지난 3년간 이 회사에서 선두였기 때문에 하향되는 것을 원하지 않는다."

Billings사는 자율권이 있는 5개 부서로 구성된 분권화된 도매사업체이다. ROI를 기초로 이 부서들을 평가하여 가장 높은 ROI를 기록한 부서의 경영자에게 연말 보너스를 지급한다. 이 회사의 Office Products 부서의 올해의 영업결과는 다음과 같다.

매출액	$10,000,000
변동비	6,000,000
공헌이익	4,000,000
고정비	3,200,000
영업이익	$ 800,000
부서별 영업자산	$ 4,000,000

이 회사의 지난해 전체 ROI는 15%이다. Office Products 부서의 신규 제품계열의 추가를 위해 추가적인 영업자산이 $1,000,000 필요하다. 연간 신규 제품계열의 수익과 비용은 다음과 같을 것이다.

매출액	$2,000,000
변동비	매출의 60%
고정비	$640,000

요구사항:

1. Office Products 부서의 올해의 매출액영업이익률과 영업자산회전율, 투자수익률을 계산하시오.
2. 신규 제품계열 추가시 Office Products 부서의 매출액영업이익률과 영업자산회전율, 투자수익률을 계산하시오.
3. 신규 제품계열 추가시 내년의 Office Products 부서의 매출액영업이익률과 영업자산회전율, 투자수익률을 계산하시오.
4. Dell Havasi의 입장에서 새로운 제품라인 추가 수용여부를 결정하고, 그 이유를 설명하시오.
5. 본사가 Office Products 부서의 신규 제품계열의 추가에 대해서 왜 걱정하고 있다고 생각하는가?
6. 이 회사의 최소요구수익률이 영업자산의 12%이며, 잔여이익으로 각 부서의 성과를 평가한다고 가정하자.

a. Office Products 부서의 올해의 잔여이익을 계산하시오.
b. 새로운 제품이 추가될 경우 Office Products 부서의 잔여이익을 계산하시오.
c. 새로운 제품이 추가될 경우 Office Products 부서의 내년도 잔여이익을 계산하시오.
d. Dell Havasi의 입장에서 새로운 제품라인 추가의 수용여부를 결정하고, 그 이유를 설명하시오.

문제 11-22 보조 부문 배부 [학습목표 11-4]

Sharp Motor사는 Auto 부문과 Truck 부문이 있다. 회사 내에는 두 부문의 종업원에게 식사를 제공하는 식당이 있다. 식당의 운영원가는 월 $40,000와 제공되는 끼니당 $3로 예산이 책정되어 있다. 회사는 식사와 관련한 원가를 전부 지급한다.

식당의 고정원가는 식사량이 최대인 기간을 기준으로 결정되었다. Auto 부문은 식사량이 최대인 기간의 65%를 차지하며, Truck 부문은 35%를 차지한다.

6월동안 Auto 부문은 35,000끼의 식사가 필요할 것으로 예측하였고, Truck 부문은 20,000끼의 식사가 필요할 것으로 추정하였다. 그렇지만 6월에 예측하지 못했던 종업원 퇴직으로 인하여, Auto 부문에 20,000끼의 식사만 제공되었다. Truck 부문에는 계획대로 20,000끼의 식사가 제공되었다.

6월의 실제 고정원가는 $42,000이고 실제 식사원가는 $128,000이었다.

요구사항:

1. 6월에 각 부문에 원가는 얼마만큼 배부되어야 하는가?
2. 회사는 식당의 모든 원가를 6월 동안 각 부문에 제공된 실제 식사끼니 수에 비례하여 배부한다고 가정하라. 이러한 기준으로 6월에 각 부문에 배부되는 원가는 얼마이겠는가?
3. 앞의 2번에서 사용한 배부방법에 어떤 비평을 할 수 있겠는가?
4. 만일 영업 부문의 경영자가 고정원가는 피크기간 수요량에 근거하여 배부될 것이라는 것을 안다면, 피크기간 수요량의 추정에 대해 회사의 예산위원회에 보고가능한 전략은 무엇이겠는가? 당신이 최고경영진의 구성원이라면 그러한 전략을 무력화시키기 위해 무엇을 하겠는가?

문제 11-23 시장기반 대체가격 [학습목표 11-3]

Stavos사의 Screen 부문은 초고화질 텔레비전(HDTVs)의 표준 스크린을 생산한다. 단위당 원가는 아래와 같다.

단위당 변동원가	$ 70
단위당 고정원가	30*
단위당 총원가	$ 100

* 연간 10,000개의 생산수량을 기초로 계산

Screen 부문 생산량의 일부는 HDTVs의 외부 제작업자에게 판매되고 일부는 Stavos사의 Quark 부문에 판매되는데, 이 부문은 자기 상표로 HDTV를 생산한다. Screen 부문은 모든 판매에 대해 판매가격으로 단위당 $140를 부과한다.

Quark 부문의 HDTV와 관련 있는 원가, 수익과 영업이익은 다음과 같다.

단위당 판매가격		$ 480
단위당 변동원가		
Screen 원가	$140	
전기 부품 변동원가	210	
총변동원가		350
공헌이익		130
단위당 고정원가		80*
단위당 영업이익		$ 50

* 연간 3,000개의 생산수량을 기초로 계산

Quark 부문은 해외로부터 1,000개의 HDTV를 주문 받았다. 해외 주문 구매가격은 단위당 $340 이다.

요구사항:

1. Quark 부문은 1,000개의 주문을 수행할 충분한 여유 생산능력을 보유하고 있다고 하자. 이 부문은 $340 가격을 수용할 것인가 거절할 것인가? 이유를 설명하라.
2. Cabinet 부문과 Quark 부문이 여유 생산능력을 보유하고 있다고 가정하라. 이러한 조건하에서 만일 Quark 부문이 $340의 가격을 거절한다면, 회사 전체적으로 유리할 것인가? 당신의 주장을 뒷받침할 계산근거를 보이시오.
3. Quark 부문은 여유생산능력이 있으나 Screen 부문은 최대생산능력으로 생산하고 있으며 모든 스크린을 외부 제조업자에게 판매할 수 있다. Quark 부문이 $340에 1,000개 주문을 수용할 경우, 이익에 미치는 영향을 계산하시오.
4. 사내 거래에서 대체가격으로 시장가격의 사용과 관련해서 도출할 수 있는 결론은 무엇인가?

문제 11-24 투자수익률(ROI)의 분석 [학습목표 11-1]

Huerra사의 지난해 공헌이익 손익계산서는 다음과 같다.

	총액	단위당
매출액	$ 4,000,000	$80.00
변동비	2,800,000	56.00
공헌이익	1,200,000	24.00
고정비	840,000	16.80
영업이익	360,000	7.20
법인세 30%	108,000	2.16
당기순이익	$ 252,000	$ 5.04

지난해 회사는 $2,000,000의 평균영업자산을 보유하고 있다.

요구사항:

1. 매출액영업이익률과 영업자산회전률이 표시된 투자수익률(ROI) 공식을 사용해서 회사의 투자수익률을 계산하시오.

   다음의 각 질문에 대해서 설명된 사건의 결과로 매출액영업이익률과 영업자산회전률이 증가하는지 감소하는지 아니면 변화가 없는지를 표시하고, 새로운 투자수익률(ROI)을 계산하시오. 각 질문은 독립적이며 앞의 (1)에서 최초의 ROI를 계산하기 위해 사용한 자료로부터 각 경우를 시작하시오.

2. 린 생산방식을 사용해서 회사는 $400,000만큼 평균재고수준을 감소시킬 수 있다.
3. 덜 비싼 재료를 사용해서 회사는 연간 $32,000의 원가 절감을 달성한다.
4. 회사는 연초에 사채를 발행하여 기계설비 $500,000를 구매하는 데 사용한다. 사채의 이자는 연간 $60,000이다. 판매량은 변화하지 않는다. 새로운 더 효율적인 기계는 연 $20,000의 제조원가를 절감한다.
5. 판매원들의 집중적인 노력의 결과로 매출이 20% 증가한다. 영업자산은 변화가 없다.
6. 장부에 $40,000의 원가로 기록된 진부화된 재고는 제거되고 손실로 처리하였다.
7. 회사는 현금 $200,000(매출채권의 회수분)를 보통주식의 매입과 소각에 사용한다.

문제 11-25 대체가격결정 [학습목표 11-3]

Alpha와 Beta는 한 회사에 속해 있는 부서이다. 각 부서들은 ROI를 기초로 성과를 평가 받는다. 다음의 정보가 두 부서와 관련되어 있다고 가정하시오.

	Case			
	1	2	3	4
Alpha 부서				
최대생산가능수량	80,000	400,000	150,000	300,000
외부판매수량	80,000	400,000	100,000	300,000
단위당 외부판매가격	$30	$90	$75	$50
단위당 변동원가	$18	$65	$40	$26
단위당 고정원가(최대생산수량기준)	$6	$15	$20	$9
Beta 부서				
연간 요구수량	5,000	30,000	20,000	120,000
외부공급자 단위당 구매가격	$27	$89	$75*	—

* 매입할인 이전

요구사항:

1. 앞의 Case 1을 참고하시오. Alpha 부서의 제품을 Beta 부서에 공급하는 경우 제품단위당 수수료를 $2 감소시킬 수 있다.
   a. Alpha 부서의 최저수용대체가격은 얼마인가?
   b. Beta 부서의 최대수용대체가격은 얼마인가?
   c. 두 부서가 동의할 수 있는 대체가격이 존재한다면 그 범위를 구하고 그 이유를 설명하시오.

2. 앞의 Case 2를 참고하시오. Alpha 부서의 제품을 Beta 부서에 공급하는 경우 제품단위당 선적비용을 $5 감소시킬 수 있다.
   a. Alpha 부서의 최저수용대체가격은 얼마인가?
   b. Beta 부서의 최대수용대체가격은 얼마인가?
   c. 두 부서가 동의할 수 있는 대체가격이 존재한다면 그 범위를 구하고 그 이유를 설명하시오.
   d. Alpah 부서가 30,000개의 제품을 Beta 부서에 제품 단위당 $88에 공급하는 것을 거부했다. 이 회사 전체적인 관점에서 예상되는 손실은 얼마인가?
3. 앞의 Case 3을 참고하시오. Beta 부서는 현재 외부 공급업자로부터 8%의 매입할인을 받는다고 가정하자.
   a. Alpha 부서의 최저수용대체가격은 얼마인가?
   b. Beta 부서의 최대수용대체가격은 얼마인가?
   c. 두 부서가 동의할 수 있는 대체가격이 존재한다면 그 범위를 구하고 그 이유를 설명하시오.
   d. Beta 부서가 Alpha 부서로부터 20,000개의 제품을 단위당 $60에 구매요청한다고 가정하자. Alpha 부서가 이 가격을 수용한다면, Alpha 부서의 ROI는 증가하겠는가? 감소하겠는가? 불변하겠는가? 그 이유를 설명하시오.
4. 앞의 Case 4를 참고하시오. Beta 부서는 Alpha 부서가 현재 제조하고 있는 제품이 아닌 다른 제품 120,000개를 공급받기를 원하고 있다. 신규제품의 단위당 변동원가는 $21이며, 현재 생산하고 있는 제품은 연간 45,000개의 감소가 필요하다. Alpha 부서의 입장에서 최소 수용가능한 대체가격을 구하시오.

사례

connect

사례 11-26 대체가격: 부문 성과 [학습목표 11-3]

Weller Industries는 6개의 부문을 가진 분권화된 조직이다. 회사의 Electrical 부문은 X52 전기 피팅을 포함해서 다양한 전기 부품을 생산한다. Electrical 부문(최대생산능력에서 운영하고 있다)은 이 피팅을 정규고객에게는 개당 $7.50에 판매하는데 피팅의 변동제조원가는 $4.25이다.

회사의 Brake 부문은 Electrical 부문에게 $5에 많은 양의 X52를 공급해 달라고 요청하였다. Brake 부문은 최대가동수준의 50%에서 운영하고 있는데, 피팅은 브레이크를 만드는데 사용되고, 이 브레이크는 거대한 상업용 항공기 제조업자에게 판매된다. Brake 부문이 만든 브레이크의 단위당 원가는 다음과 같다.

구매부품	$ 22.50
전기 피팅 X52	5.00
기타 변동비	14.00
고정 간접비와 관리비	8.00
브레이크 단위당 총 원가	$ 49.50

X52에 대한 $5가격은 정상판매가인 $7.50에서 할인받은 것인데, Brake부문 경영자는 항공기 브레이크에 대해 많은 계약을 얻고자 한다면 가격할인은 불가피하다고 생각한다. 그는 브레이크 단가가 단위당 $50보다 더 크다면, 항공기 제조업자는 판매제의를 거절할 것이라는 소문을 들었다. 그러므로 Brake 부문이 X52피팅에 대해 정상가격인 $7.50을 지불하는 것을 강요한다면, 계약을 체결하지 못하거나 이미 가동능력의 50%에서 운영되고 있는 현실에서 실질적인 손실을 겪을 것이다. Brake 부문 경영자는 그의 부문과 회사전체를 위해서도 가격인하는 절대적이라고 주장한다.

Weller Industries는 부문 성과를 측정하기 위하여 투자수익률(ROI)을 사용한다.

요구사항:

1. 당신이 Electrical 부문 경영자라고 가정하라. 당신은 당신의 부문이 Brake 부문이 요구하는 대로 X52피팅을 $5에 공급하라고 권유하겠는가? 권유하는 이유와 권유하지 않는 이유를 설명하라. 모든 계산근거를 보이시오.
2. 만일 항공기 브레이크가 $50에 팔린다면 Electrical 부문이 피팅을 Brake 부문에 공급하는 것이 회사 전체적으로 이익이 되겠는가? 계산근거를 보이고, 당신의 주장을 설명하시오.
3. 원칙적으로 두 경영자가 이 특별한 상황에서 대체가격을 동의하는 것이 가능하겠는가? 만일 그렇다면 대체가격은 범위 안에 존재하는가?
4. 이 상황에서 각 부문별 의사결정시 문제가 있다면 설명하시오. 당신은 경영자에게 이러한 상황에서 무엇을 조언하겠는가?

(CMA 수정)

Chapter 12

전략적 성과지표

학습목표

12장을 공부한 후에 다음을 할 수 있어야 한다.

학습목표 12-1 균형성과표의 네 가지 관점에 적합한 성과지표를 식별할 수 있다.

학습목표 12-2 품질원가의 네 가지 유형을 식별하고 품질원가보고서를 작성할 수 있다.

학습목표 12-3 스루풋(제조주기) 시간, 납품주기시간, 제조주기효율성(MCE) 및 설비종합효율(OEE)을 계산하는 방법을 이해할 수 있다.

학습목표 12-4 균형성과표를 구성하고 사용하는 방법을 이해할 수 있다.

음식물 쓰레기 줄이기

BUSINESS FOCUS

음식물 쓰레기를 줄이기 위해 활동하는 비영리 단체인 **ReFed**는 미국의 농장, 슈퍼마켓, 식당에서 매년 2,500만 톤의 음식물 쓰레기가 발생하는 것으로 추산한다. 수많은 스타트업 기업이 고객의 이익과 자선 기부를 늘리는 방식으로 음식물 쓰레기 문제를 해결하기 위해 노력하고 있다. 예를 들어, 미국, 영국, 스페인, 호주에 지사를 두고 있는 회사인 **LeanPath**는 2014년부터 2,500만 파운드의 음식물 쓰레기를 절감했다. 이 회사는 **Sodexo SA, IKEA** 및 **Aramark**와 같은 고객에게 "데이터 수집 도구, 클라우드 기반 분석 및 전문가 코칭을 포함하는 완전한 음식물 쓰레기 절감 플랫폼"을 제공한다.

이 장에서는 음식물 쓰레기의 양과 같은 비재무적 평가지표를 추적하기 위해 기업이 균형성과표와 같은 성과평가시스템을 어떻게 사용할 수 있는지를 살펴보고, 이러한 평가지표의 개선을 더 많은 이익과 기부의 증가 등 이해관계자에 의해 평가되는 결과들과 연계시키는 방법을 설명한다. ■

Source: Heather Haddon, "Startups Serve Leftover Food to Market," *The Wall Street Journal*, November 10, 2017, p.B4, and www.leanpath.com/about/

회사는 직원이 전략을 실행할 수 있도록 정보를 제공하고 그에 대한 보상에 영향을 주는 등 다양한 이유로 성과지표를 사용한다. 이 장의 핵심은 **균형성과표**라고 하는 특정 유형의 성과측정시스템이다. **균형성과표(balanced scorecard)**는 회사의 전략에서 파생되고 회사의 전략을 보완하는 통합 성과지표 집합으로 구성된다.

균형성과표: 개요

도표 12-1은 균형성과표(balanced scorecard)와 관련된 네 가지 핵심 개념을 강조한다. 첫째, 도표 왼쪽에서 볼 수 있듯이 기업의 균형성과표는 시장에서 성공하기 위한 비전과 **전략**에서 비롯되어야 한다. **전략**은 기업이 경쟁사와 차별화하여 고객을 유치할 수 있는 "게임 계획"이다. 이러한 구별되는 특성 또는 보다 공식적으로는 **고객 가치 제안**이라고 불리는 것이 전략의 핵심입니다.

고객 가치 제안은 **고객 친밀성**, **운영 우수성** 및 **제품 리더십**의 세 가지 범주로 분류되는 경향이 있다. **고객 친밀성** 전략을 채택하는 기업은 본질적으로 고객에게 "우리 제품과 서비

도표 12-1 균형성과표 개요

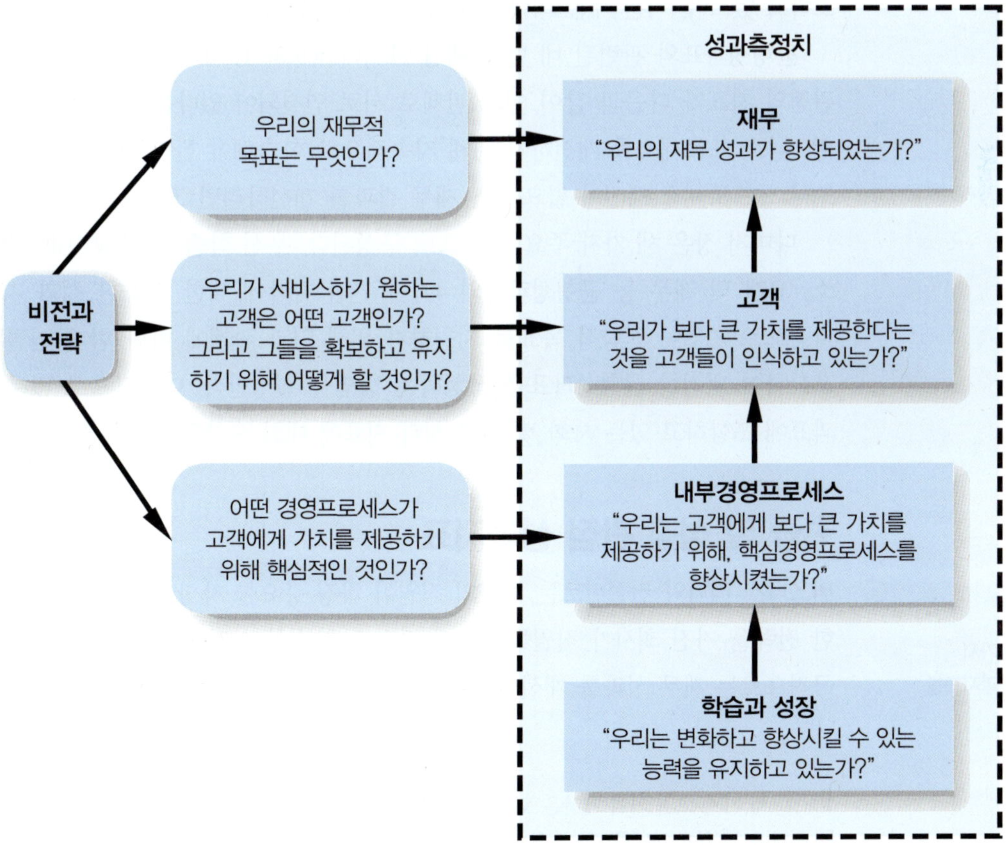

스를 경쟁 업체보다 더 잘 충족할 수 있도록 맞춤화할 수 있기 때문에 우리를 선택해야 합니다."라고 말한다. **운영 우수성**이라는 두 번째 고객 가치 제안을 추구하는 기업은 대상 고객에게 "우리는 경쟁사보다 더 빠르고 편리하며 저렴한 가격으로 제품과 서비스를 제공하기 때문에 우리를 선택해야 합니다"라고 말한다. **제품 리더십**이라는 세 번째 고객 가치 제안을 추구하는 기업은 대상 고객에게 "우리가 경쟁사보다 더 혁신적이고 고품질의 제품을 제공하기 때문에 우리를 선택해야 합니다."라고 말한다.[1]

도표 12-1의 두 번째 요점은 균형성과표에 포함된 성과지표는 일반적으로 학습 및 성장, 내부 비즈니스 프로세스, 고객 및 재무의 네 가지 관점으로 분류된다는 것이다. 내부 비즈니스 프로세스는 회사가 고객을 만족시키기 위해 수행하는 작업이다. 예를 들어 제조 회사에서 제품을 조립하는 것이 내부 비즈니스 프로세스이다. 또한 항공사에서 수하물을 처리하는 것이 내부 비즈니스 프로세스이다. 이러한 범주에 포함된 일부 조치는 재무적일 수 있는 반면 다른 일부는 비재무적일 수 있다.

도표 12-1의 세 번째 통찰은 회사의 전략이 균형성과표의 네 가지 관점에 포함할 성과지표에 중요한 영향을 미친다는 것이다. 예를 들어 제품 리더십에 중점을 둔 회사는 엔지니어링 교육 프로그램과 관련된 학습 및 성장 관점, 연구 개발 프로세스와 관련된 내부 비즈니스 프로세스 관점, 제품 혁신에 대한 인식과 관련된 고객관점, 신제품의 매출 성장과 관련된 재무관점의 성과지표를 만들 수 있다. 이러한 모든 지표들은 신제품 개발을 공통적으로 강조하고 있으며, 이는 제품 리더십 고객 가치 제안을 추구하는 회사에 매우 중요하다.

균형성과표와 관련된 네 번째 핵심 아이디어(도표 12-1의 세로 화살표로 표시)는 네 가지 관점의 지표가 다음과 같이 인과 관계로 서로 연결되어 있다는 것이다. 회사의 직원은 내부 비즈니스 프로세스를 개선하기 위해 지속적으로 학습해야 한다. 고객 만족도를 높이려면 비즈니스 프로세스 개선이 필요하다. 재무 결과를 개선하려면 고객 만족도를 개선해야 한다.

나머지 장은 세 가지 주요 부분으로 구성된다. 우선 학습 및 성장, 내부 비즈니스 프로세스, 고객 및 재무 등 균형성과표의 4가지 관점 각각에 대한 다양한 성과 지표를 설명한다. 다음으로 기업이 전략적 목표를 지원하기 위해 인과 관계에 따라 함께 연결된 성과 측정을 포함하여 완전한 균형성과표를 작성하는 방법을 설명한다. 마지막으로 많은 회사가 균형성과표에 포함하고 있는 사회 및 환경 성과 지표에 대한 요약으로 마무리한다.

학습 및 성장 관점 성과지표

학습목표 12-1

균형성과표의 네 가지 관점에 적합한 성과지표를 식별할 수 있다.

비즈니스 리더와 컨설턴트는 회사의 직원이 가장 중요한 자산이라고 말한다. 이는 실행 가능한 전략을 가진 회사가 직원들이 지속적으로 학습하고 역량을 강화할 수 있도록 한다면 궁극적으로는 재무 성과를 개선하게 된다는 신념에 기반을 두고 있다.

1 이 세 가지 고객 가치 제안은 Michael Treacy와 Fred Wiersema가 "Customer Intimacy and Other Value Disciplines," *Harvard Business Review*, Volume 71 Issue 1, pp. 84–93에서 정의

도표 12-2에는 조직이 균형성과표에 포함할 수 있는 학습 및 성장 관점 지표의 15가지 예가 포함되어 있다. 이 지표는 직원의 학습 및 성장에 영향을 미치는 6개의 주제(채용, 기술 개발, 보상 및 승진, 건강/안전, 직무 만족도 및 유지)로 구성된다. 각 지표는 측정값을 증가시키는 것이 목표인지 감소시키는 것이 목표인지를 나타내는 괄호(+ 또는 −)가 있다. 예를 들어 **채용 제안을 수락한 "우수" 면접 후보자** 비율은 시간이 지남에 따라 증가할 것으로 예상되기 때문에 괄호에 + 기호가 있다.

균형성과표의 학습 및 성장 관점 지표에 포함된 각 척도는 성과표 내의 다른 척도에 영향을 미친다. 예를 들어, 회사가 **직원 1인당 평균 교육 시간을 늘리면** 오류감소와 같은 프로세스 개선으로 이어진다고 가정할 수 있다. 또는 직원 이직률을 낮추면 "친숙한 얼굴"과 함께 일하는 것을 높이 평가하는 고객의 충성도가 높아진다고 가정할 수 있다.

도표 12-2 학습과 성장 관점의 성과지표 예

리크루팅:
- 채용 제안을 수락한 "우수"인터뷰 후보자의 비율 (+)
- 고용된 직원 1인당 리크루팅 비용 (−)

기술 개발:
- "업무수행에 필요한 자원을 지속적으로 제공받고 있습니다." 라는 문구에 강력하게 동의하는 직원의 비율. (+)
- 직원당 평균 멘토링 시간 (+)
- 직원당 평균 교육 시간 (+)

보상 및 발전:
- 내부 지원자로 채워진 리더십 직책 비율 (+)
- 지난 3년 동안 승진한 인력 비율 (+)
- 직원당 평균 급여 인상률 (+)

복지/안전:
- 결근률 (−)
- 직원 1인당 평균 작업장 사고 건수 (−)

직업 만족도:
- "이곳은 일하기 좋은 곳입니다."라는 문구에 강력하게 동의하는 직원의 비율 (+)
- "회사에 대한 나의 기여는 동료들이 인정하고 존중합니다" 라는 문구에 강력하게 동의하는 직원의 비율 (+)
- 직원당 프로세스 개선 제안 건수 (+)

고용유지:
- 직원 이직률 (−)
- 직원 1인당 평균 재직 기간 (+)

직원 복지 향상으로 직원 생산성 향상

IN BUSINESS | 기업현장

회사의 직원들이 아프거나 정서적 스트레스를 받으면 결근율과 생산성에 영향을 미칠 수 있다. **Financial Fitness Group**의 조사 결과에 따르면 미국과 푸에르토리코 근로자의 80%가 재정적인 스트레스를 중간 수준 이상으로 받고 있다. 이러한 스트레스 수준을 줄이기 위해, 일부 회사들은 재무관리 수업, 카운셀링, 심지어 직원들이 빚을 갚고 예산을 준수하며 은퇴를 위해 투자하는 것을 돕기 위해 고안된 비디오 게임까지 포함하는 재정 건전성 프로그램을 시행하고 있다.

Meredith Corporation은 직원들에게 재정 건전성 설문지를 작성하거나 낮은 의료보험료를 받을 수 있도록 해주는 포인트를 제공하는 대가로 장기주택대출의 재융자를 위한 강좌를 수강할 것을 권장한다. 이 회사는 금전적인 스트레스를 덜 받았다고 보고한 근로자의 88%가 전년도에는 병가를 사용하지 않은 반면, 스트레스 수준이 높다고 보고한 직원은 78%만이 병가를 사용하지 않았다고 추산하고 있다.

Source: Feintzeig, Rachel, "Can Companies Solve Workers' Money Woes," *The Wall Street Journal*, April 8, 2015, B1 and B6.

내부 비즈니스 프로세스 관점 성과지표

효과적인 관리자는 기능적인 부서가 아닌 비즈니스 프로세스가 회사의 가장 중요한 이해 관계자인 고객의 요구를 충족한다는 것을 알고있다. **비즈니스 프로세스**는 비즈니스에서 일부 작업을 수행하기 위해 따르는 일련의 단계를 말한다. 이러한 단계는 부서 경계에 걸쳐 있으므로 관리자가 내부 비즈니스 프로세스 성과지표를 개선하기 위해 협력해야 한다.

도표 12-3에는 조직이 균형성과표에 포함할 수 있는 내부 비즈니스 프로세스 관점 성과지표의 18가지 예가 포함되어 있다. 성과지표는 혁신, 제품 및 서비스 품질, 민첩성(신속한 적응 또는 변경이 가능한 회사의 능력을 나타냄), 원가, 시간 및 린(Lean) 자원 관리 등 6가지 차원의 비즈니스 프로세스 성과로 구성된다. 각 성과지표는 측정값을 증가시키는 것이 목표인지 감소시키는 것이 목표인지를 나타내는 괄호(+ 또는 −)가 있다.

앞서 언급했듯이 각 회사의 내부 비즈니스 프로세스 성과지표는 전략에 따라 다르다. 제품 리더십에 중점을 둔 회사는 혁신 및 제품 품질과 관련된 비즈니스 프로세스 성과지표를 선택할 수 있다. 운영 우수성에 따라 경쟁사와 차별화되는 회사는 원가 시간과 관련된 프로세스 성과지표를 선택할 수 있다. 마지막으로 고객 친밀성 전략을 가진 회사는 서비스 품질 및 민첩성 측정에 초점을 맞출 수 있다.

도표 12-3
내부 비즈니스 프로세스 관점의 성과지표 예

혁신:
- 디자인된 신제품 수 (+)
- 승인된 특허건수 (+)
- 신제품에 사용된 이미 디자인된 부품의 비율 (+)

제품 및 서비스 품질:
- 보증 클레임 수 (−)
- 완성품 중 무결함 비율 (+)
- 첫 번째 응대에서 해결된 고객 불만 비율 (+)

민첩성:
- 모듈식 제품 설계 수 (+)
- 장기 계약을 맺은 공급업체 비율 (+)
- 평균 배치 크기 (−)

원가:
- 품질원가 (−)
- 비 부가가치 활동 원가 (−)
- 재고부족으로 인한 판매 손실 (−)

시간:
- 납품주기시간 (−)
- 스루풋(제조주기) 시간 (−)
- 제조주기효율성(MCE) (+)

린(Lean) 자원 관리:
- 전체 장비 효율성(OEE) (+)
- 매출액 대비 재공품 재고 비율 (+)
- 작업장 청결도 점수 (+)

고객 관점 성과지표

도표 12-4에는 조직이 균형성과표에 포함할 수 있는 18개의 고객 관점 성과지표 예가 제시되어 있다. 성과지표는 고객 만족도, 고객 확보/유지, 고객 평생 가치, 고객 충성도, 고객 서비스 및 고객 가치 제안의 6개 주제로 구성된다.

기업이 학습 및 성장과 내부 비즈니스 프로세스 성과지표를 개선한다면 이러한 개선은 궁극적으로 고객 관점의 성과지표에 긍정적인 영향을 미쳐야 한다. 이 인과관계가 구체화되지 않으면 회사가 성과의 속성을 완전히 이해하지 못하고 있음을 나타낸다.

IN BUSINESS | 기업현장

TOYOTA는 부품공유를 통해 제조 프로세스를 간소화한다

Toyota Motor Corporation은 모든 유형과 모든 크기의 차량에서 더 많은 부품을 공유할 수 있도록 제조 프로세스를 재설계하고 있다. 공통부품의 대량구매로 인한 원가 절감을 실현하는 것 외에도 Toyota는 재설계된 모듈식 조립 라인이 훨씬 작아져 초기 플랜트 투자비용을 이전에 비해 40% 줄일 수 있을 것으로 기대하고 있다.

회사는 모듈식 제조 프로세스를 구현하는 데 있어 **Volkswagen**에 뒤처진다는 점을 인정했다. Toyota는 최종적으로 모듈식 조립 라인을 사용하여 차량의 절반을 생산하기를 희망한다. Toyota가 목표를 달성하는데 도움이 될 내부 비즈니스 프로세스 평가지료는 무엇일까?

Source: Yoko Kubota, "Toyota Adopts More Modular Design," *The Wall Street Journal*, March 27, 2015, p. B3.

도표 12-4 고객 관점의 성과지표 예

고객 만족:
- "당신의 회사를 다른 사람에게 기꺼이 추천하겠습니다"라는 문구에 강력하게 동의하는 고객 비율 (+)
- 고객 추천 수 (+)

고객 확보 / 유지:
- 시장 점유율 (+)
- 고객 이탈률 (–)
- 평균 고객 확보 비용 (–)
- 매출을 발생시킨 가망고객 (+)

고객 평생 가치:
- 주문 당 평균 수익 (+)
- 주문 당 평균 매출총이익 (+)
- 구매와 구매 사이의 평균 시간 (–)

고객 충성도:
- 고객이 회사에 투입한 전체 지출 비율 ("지갑 지분"이라고도 함) (+)
- 고객 중심의 협업 제품 혁신 수 (+)

고객 서비스:
- "내 주문이 제시간에 배송되었습니다"라는 문구에 강력하게 동의하는 고객 비율 (+)
- "문제가 빨리 해결되었습니다"라는 문구에 강력하게 동의하는 고객 비율 (+)
- "회사의 웹 사이트는 사용하기 쉬웠습니다."라는 문구에 강력하게 동의하는 고객 비율 (+)
- "직원들이 나를 정중하게 대했다"라는 문구에 강력하게 동의하는 고객 비율 (+)

고객 가치 제안:
- 제품 리더십에 대한 고객 인식 (+)
- 운영 우수성에 대한 고객 인식 (+)
- 고객 친밀감에 대한 고객 인식 (+)

재무적 관점 성과지표

도표 12–5에는 매출액, 이익, 수익성 비율, 추세 성과, 현금 흐름 및 시장 성과의 6개 주제로 구성된 20개의 재무적 관점 성과지표 예시들이 제시되어 있다. 이 장에서 이러한 측정값을 계산하는 방법을 설명하지는 않겠지만 제16장에서는 수익성 비율, 추세 성과 및 시장 성과, 제15장에서는 현금흐름, 이전 장에서는 전통적인 방법 및 공헌이익 방법을 사용하여 수익을 계산하는 방법을 설명한 바 있다.

균형성과표의 틀은 프로세스 성과지표를 개선하면 자동으로 재무적 성공으로 이어진다는 개념을 거부한다. 반대로 균형성과표에는 비재무 성과의 개선을 순이익으로 변환하는 설명책임을 조직에 부여하려는 목적의 재무적 관점을 포함한다. 회사의 학습 및 성장, 내부 비즈니스 프로세스 및 고객 관점 성과지표의 유리한 추세가 재무적 결과로 이어지지 않는다면 균형성과표는 조직이 경쟁 업체와 차별화하기 위한 전략을 재검토하도록 설계되어야 한다.

도표 12-5 재무적 관점의 성과지표 예

매출액:
- 신규 고객 판매액 (+)
- 출시 3년 미만 제품 판매액 (+)
- 특허보장 판매액 (+)

수익성 비율:
- 매출총이익률 (+)
- 순이익률 (+)
- 자산수익률(ROA) (+)
- 자기자본수익률(ROE) (+)

현금 흐름:
- 영업 활동으로 인한 순현금흐름 (+)
- 영업 활동으로 인한 순현금흐름 ÷ 평균영업자산 (+)
- 영업 활동으로 인한 순현금흐름 ÷ 매출액 (+)

이익:
- 공헌이익 (+)
- 영업이익 (+)
- 잔여이익 (+)

트렌드 성과:
- 매출액성장률 (+)
- 공헌이익증가율 (+)
- 영업이익증가율 (+)
- 영업 활동으로 인한 순현금흐름 증가율 (+)

시장 성과:
- 주가 (+)
- 주당순이익(EPS) (+)
- 주가이익비율(PER) (+)

품질원가

이 절에서는 도표 12-3에 제시된 내부 비즈니스 프로세스 성과지표 중 하나인 품질원가에 대해 자세히 살펴본다. 4가지 유형의 품질원가를 정의하고 품질원가를 계산하는 방법을 설명한다.

품질원가

학습목표 12-2

품질원가의 네 가지 유형을 식별하고 품질원가보고서를 작성할 수 있다.

설계명세서의 조건을 충족하거나 초과하고 외관을 훼손시키거나 성능을 저하시키는 결함이 없는 제품은 높은 **적합품질(quality of conformance)**을 가지고 있다고 말한다. 적합품질을 저하시키는 결함을 예방, 감지 및 처리하려면 예방원가, 평가원가, 내부실패원가 및 외부실패원가라는 네 가지 유형의 품질원가가 발생한다. **예방원가**는 결함 발생을 방지하기 위한 활동을 지원한다. 검사원가라고도 하는 **평가원가**는 고객에게 배송되기 전에 결함이 있는 제품을 식별하기 위해 발생한다. **내부실패원가**는 고객에게 배송되기 전에 결함을 식별했을 때 발생한다. 결함이 있는 제품이 고객에게 배송되면 **외부실패원가**가 발생한다. 도표 12-6에는 네 가지 품질원가의 예가 제시되어 있다.

도표 12-6
품질원가의 예

예방원가(Prevention Costs)	내부실패원가(Internal Failure Costs)
시스템 개발	작업폐물 원가
품질 엔지니어링	공손 원가
품질 훈련교육	재작업 노무원가 및 제조간접원가
품질 분임조	재작업품 재검사
통계적 공정관리 활동	재작업품 재테스트
예방 활동의 감독	품질 문제로 인한 중단시간
품질 데이터 수집, 분석 및 보고	결함 있는 제품의 처분
품질 개선 프로젝트	제품 결함의 원인 분석
공급자에 대한 기술 지원	입력 오류로 인한 데이터 재입력
품질 시스템의 유효성 감사	소프트웨어 오류 디버깅
평가원가(Appraisal Costs)	**외부실패원가(External Failure Costs)**
원재료의 테스트 및 검사	현장 서비스와 불만 처리 원가
재공품의 테스트 및 검사	보증 수리와 교체
최종 제품 테스트 및 검사	보증 기간이 지난 수리와 교환
테스트 및 검사에 사용된 소모품	제품 리콜
테스트 및 검사 활동 감독	결함 있는 제품에 대한 책임
테스트 장비의 감가상각	품질 문제로 인한 환입 및 에누리
테스트 장비의 유지보수	나쁜 품질 평판으로 인한 매출 감소
검사 구역의 공장설비	
고객에 대한 현장 테스트 및 평가	

이 네 가지 유형의 원가를 합해서 **품질원가**라고 한다. 회사의 목표는 품질원가를 감소시키는 것이다. 결함이 있는 제품이 고객의 손에 들어가지 않도록 하기 위해 예방원가와 평가원가가 발생하지만, 예방 노력에도 불구하고 결함이 발생하기 때문에 내부실패원가와 외부실패원가가 발생한다. 따라서 효과적인 품질 관리 프로그램의 목적은 내부 및 외부실패원가의 감소보다 우선적으로 예방 및 평가에 적극 투자를 하는 것이다. 당연히 결함이 발생한 후 감지하는 것보다 결함 발생을 방지하는 것이 좋다.

회사는 전체 품질원가 절감 측면에서 진행 상황을 모니터링하는 데 도움이 되는 **품질원가보고서**를 준비할 수 있다. **품질원가보고서**는 회사의 품질관리 노력으로 인해 발생하는 예방원가, 평가원가, 내부실패원가 및 외부실패원가를 상세하게 보여준다. 도표 12-7에는 Ventura Company에 대한 품질원가보고서의 예가 제시되어 있다.

도표에 제시된 금액 중에서 주목해야 할 사항들이 몇 가지 있다. 첫째, Ventura Company의 품질원가는 양 연도에 제대로 배부되지 못하고 있는데, 이들 원가의 대부분은 내부실패 혹은 외부실패에서 기인한다. 1차 연도의 외부실패원가가 다른 원가들에 비해 크다.

둘째, 2차 연도에 기업은 예방과 평가활동에 대한 지출을 증가시켰다. 결과적으로, 내부실패원가는 상승하였지만(1차 연도 $2,000,000에서 2차 연도 $3,000,000로), 외부실패원가는 급격하게 감소하였다(1차 연도 $5,150,000에서 2차 연도 $2,000,000로). 2차 연도의 평가활동

증가로 인하여 고객에게 인도되기 전에 더 많은 결함을 발견하였다. 이것은 작업폐물, 재작업 원가를 증가시키는 결과를 초래하였지만 보증 수리, 보증 교체 및 기타 외부실패원가를 절약하게 하였다.

셋째, 예방 및 평가활동을 더욱 강조함으로써 2차 연도의 **총품질원가**가 감소했다는 점에 주목하자. 향후에도 예방과 평가활동을 계속 강조한다면 총품질원가는 지속적으로 감소할 것이다. 즉 향후 예방 및 평가원가의 증가는 실패원가의 감소로 상쇄될 것이다. 더불어, 예방활동에 더욱 노력을 기울임으로써 평가원가도 감소될 것이다.

도표 12-7 품질원가보고서

Ventura Company
품질원가보고서
1차 연도 및 2차 연도

	1차 연도		2차 연도	
	금액	비율*	금액	비율*
예방원가:				
시스템 개발	$ 270,000	0.54%	$ 400,000	0.80%
품질 교육훈련	130,000	0.26%	210,000	0.42%
예방 활동 감독	40,000	0.08%	70,000	0.14%
품질 개선 프로젝트	210,000	0.42%	320,000	0.64%
총예방원가	650,000	1.30%	1,000,000	2.00%
평가원가:				
검사	560,000	1.12%	600,000	1.20%
신뢰도 테스트	420,000	0.84%	580,000	1.16%
테스트 및 검사 감독	80,000	0.16%	120,000	0.24%
테스트 장비 감가상각	140,000	0.28%	200,000	0.40%
총평가원가	1,200,000	2.40%	1,500,000	3.00%
내부실패원가:				
작업폐물 원가	750,000	1.50%	900,000	1.80%
재작업 노무 및 제조간접원가	810,000	1.62%	1,430,000	2.86%
품질 결함으로 인한 작업중단시간	100,000	0.20%	170,000	0.34%
결함있는 제품의 처분	340,000	0.68%	500,000	1.00%
총내부실패원가	2,000,000	4.00%	3,000,000	6.00%
외부실패원가:				
보증 수리	900,000	1.80%	400,000	0.80%
보증 교체	2,300,000	4.60%	870,000	1.74%
에누리	630,000	1.26%	130,000	0.26%
현장 서비스 원가	1,320,000	2.64%	600,000	1.20%
총외부실패원가	5,150,000	10.30%	2,000,000	4.00%
총품질원가	$ 9,000,000	18.00%	$ 7,500,000	15.00%

* 총매출액에 대한 비율이며, 각 연도별 총매출액은 $50,000,000임.

품질원가보고서: 장점과 단점

품질원가보고서는 몇 가지 장점이 있다. 첫째, 품질원가 정보는 경영자들에게 결함 금액의 중요성을 깨닫게 해준다. 경영자들은 보통 품질원가의 크기에 대해 알지 못하는데, 그 이유는 이러한 원가들은 전 부서에 걸쳐 영향을 미치고, 원가 시스템에 의해 정상적으로 추적, 집계되지 않기 때문이다. 이로 인해 품질원가보고서를 처음 받아보는 경영자들은 나쁜 품질로 인해 발생되는 원가의 크기에 놀라게 된다.

둘째, 품질원가 정보는 경영자들로 하여금 기업이 직면하고 있는 품질 문제의 상대적인 중요도를 식별할 수 있게 해준다. 예를 들어 품질원가보고서는 작업폐물이 품질과 관련된 주된 문제라거나 혹은 기업이 거대한 보증 비용을 부담하고 있음을 보여줄 수 있다. 이러한 정보를 가지고, 경영자들은 그들의 노력을 어디에 집중시켜야 할 것인지에 대해 더 신중하게 판단할 수 있게 된다.

셋째, 품질원가 정보는 품질원가가 적정하게 배분되었는지 아닌지를 경영자가 알게 해 준다. 일반적으로 품질원가는 예방과 평가활동에 더 많이 배분되어야 하며 실패원가에는 덜 배분되어야 한다.

한편 품질원가 정보에는 세 가지 한계점이 있다. 첫째, 품질원가를 단순히 측정하여 보고하는 것만으로는 품질 문제를 해결하지 못한다. 야기된 품질 문제점은 어떤 조치를 취함으로써만 해결될 수 있다. 둘째, 결과는 품질개선 프로그램보다 후행한다. 품질원가 시스템이 설계되고 설치될 때 총품질원가는 오히려 증가할 수도 있다. 품질프로그램의 효과가 나타나기 전까지는 품질원가가 감소하지 않을 것이다. 셋째, 가장 중요한 품질원가인 고객들의 반감으로 인한 매출 감소는 추정이 어렵기 때문에 품질원가보고서에 나타나지 않는다.

영업성과측정

이 절에서는 도표 12-3에 포함된 네 가지 내부 비즈니스 프로세스 성과지표인 스루풋(제조주기)시간, 납품주기시간, 제조주기효율성(MCE) 및 설비종합효율(OEE)에 대해 자세히 살펴본다.

학습목표 12-3

스루풋(제조주기)시간, 납품주기시간, 제조주기효율성(MCE) 및 설비종합효율(OEE)을 계산하는 방법을 이해할 수 있다.

스루풋(제조주기)시간

생산 개시 시점부터 완제품이 고객에게 배송될 때까지의 시간을 **스루풋시간(throughput time)** 또는 **제조주기시간**(*manufacturing cycle time*)이라고 한다. 이 성과지표를 지속적으로 감소시키는 것을 목표로 하고 있으며 이를 계산하는 공식은 다음과 같다.

스루풋(제조주기)시간 = 공정시간 + 검사시간 + 이동시간 + 대기시간

공정시간(처리시간)은 제품에서 실제로 작업이 수행되는 시간이다. **검사시간**은 제품에 결함이 없음을 확인하는 데 소요되는 시간이다. **이동시간**은 재료나 부분적으로 완성된 제품을 작업대에서 작업대로 옮기는 데 필요한 시간이다. **대기시간**은 제품이 작업, 이동, 검사 또는 배송되기 위해 대기하는 시간을 말한다. 이 네 가지 중 오직 공정시간 하나만 제품에 가치를 더하는 활동이다. 나머지 세 가지 활동(검사, 이동 및 대기)은 제품에 가치를 더하지 않으므로 가능한 한 제거되어야 한다.

납품주기시간

고객의 주문이 접수된 시점부터 완성된 제품이 발송되는 시점까지의 시간을 **납품주기시간(delivery cycle time)**이라고 한다. 이 성과지표를 지속적으로 감소시키는 것을 목표로 하고 있으며 이를 계산하는 공식은 다음과 같다.

납품주기시간 = 준비시간 + 스루풋시간

준비시간은 고객 주문이 접수된 시점부터 주문 생산이 시작될 때까지의 시간이다. 이는 비부가가치 활동으로 감소 또는 제거되어야 한다. 회사들이 준비시간과 스루풋시간의 비부가가치 시간을 급격하게 줄이는데 성공하면 고객 만족도와 이익을 증대시킬 수 있다. 스루풋(제조 주기)시간과 납품주기시간 사이의 관계는 도표 12-8에 제시되어 있다.

도표 12-8 스루풋(제조 주기)시간과 납품주기시간

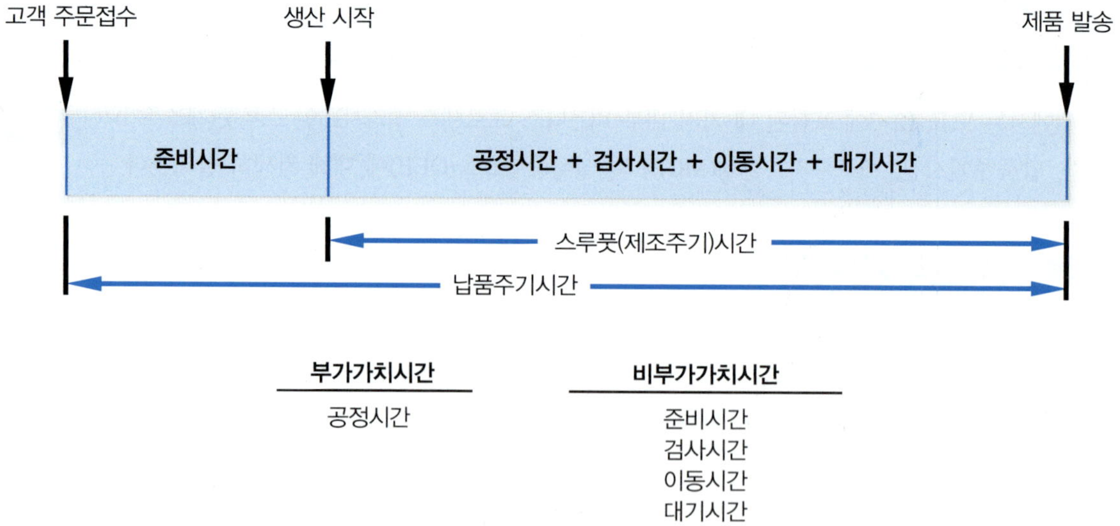

IN BUSINESS | 기업현장

PANERA의 고객 대기시간 축소

Panera의 고객들은 음식을 주문하기 위해 '모쉬 핏(mosh pit)'이라고 불리는 대기장소에서 8분여를 기다려야만 했다. 6년 동안 이 회사는 자동 주문 키오스크, 고객 테이블로 음식서빙, 디지털 주문 및 음식 배달 등을 구현하여 대기시간을 1분으로 줄였고 "모쉬 핏"을 없앴다. 디지털 주문은 이제 Panera의 900개 회사 소유 매장에서 총 매출의 26%를 차지한다. 또한 회사는 현재 고용하고 있는 4,000명의 배달 기사에 10,000명의 배달 기사를 추가할 계획이다.

Source: Julie Jargon, "Panera Slices Lines With Mobile," *The Wall Street Journal,* June 3-4, 2017, pp. B1-B2.

제조주기효율성(MCE)

몇몇 기업들은 검사, 이동, 대기 등의 비부가가치 활동을 제거하기 위한 노력끝에 기존 스루풋시간의 일부분을 감소시켰다. 결과적으로 납품주기시간을 몇 달에서 몇 주 혹은 몇 시간으로 단축시키는 데 도움이 되었다. 납품성과의 핵심성과지표인 스루풋시간은 **제조주기효율성[manufacturing cycle efficiency(MCE)]**을 계산함으로써 보다 잘 이해할 수 있다. MCE는 부가가치시간을 스루풋시간으로 나눔으로써 계산된다. 이 성과지표를 증가시키는 것을 목표로 하고 있으며 이를 계산하는 공식은 다음과 같다.

$$\text{제조주기효율성(MCE)} = \frac{\text{부가가치시간(공정시간)}}{\text{스루풋(제조주기)시간}}$$

비부가가치시간은 1보다 작은 제조주기효율성을 초래한다. 예를 들면 0.5의 MCE는 총제조시간의 절반은 검사, 이동, 그리고 비부가가치활동과 같은 것들로 구성되었음을 의미한다. 많은 제조기업에서 MCE는 0.1(10%)보다 작은데, 이것은 제품이 공정에 있는 시간의 90%가 가치를 부가하지 않는 활동에 소비된다는 것을 의미한다. MCE를 모니터하는 것은 기업이 비부가가치를 감소시키는 데 도움이 된다. 그리고 제품을 고객에게 보다 빨리 저렴한 비용으로 전달하는 데 도움이 된다.

예제 이러한 측정치들의 예를 보여주기 위해 다음의 Novex사의 자료를 고려해보자. Novex사는 고객의 주문을 완성하는 데 걸리는 시간을 주의 깊게 추적하고 있다. 최근의 분기 동안 각 주문에 대하여 다음의 평균시간이 기록되었다.

	일
준비시간	17.0
검사시간	0.4
공정시간	2.0
이동시간	0.6
대기시간	5.0

제품은 완성되자마자 배송된다.

요구사항:

1. 스루풋시간을 계산하여라.
2. MCE를 계산하여라.
3. 제조시간의 몇 퍼센트가 비부가가치 활동에 사용되는가?
4. 납품주기시간을 계산하여라.

해답

1. 스루풋시간 = 공정시간 + 검사시간 + 이동시간 + 대기시간
   = 2.0일 + 0.4일 + 0.6일 + 5.0일
   = 8.0일

2. 공정시간만이 부가가치시간을 나타낸다; 그러므로, MCE의 계산은 다음과 같다.

$$\text{MCE} = \frac{\text{부가가치시간}}{\text{스루풋시간}} = \frac{2.0\text{일}}{8.0\text{일}} = 0.25$$

   즉 일단 생산에 투입되면, 전형적인 주문은 실제적으로 스루풋 시간의 25%만으로 작업되어진다.

3. MCE가 25%이기 때문에, 총생산시간의 75%(100% − 25%)는 비부가가치 활동에 사용된다.

4. 납품주기시간 = 준비시간 + 스루풋시간
   = 17.0일 + 8.0일
   = 25.0일

IN BUSINESS | 기업현장

UPS는 배달 시간을 줄이고 돈을 절약하려고 한다

The United Parcel Service (UPS)는 자사의 운전자들을 위한 최적의 배달 경로를 설정하기 위해 고안된 오리온이라는 컴퓨터 플랫폼을 개발하기 위해 10년 이상, 수억 달러를 투자했다. 인간의 사고로는 운전자가 하루에 120개의 패키지를 가장 효율적으로 배달할 수 있는 방법을 평가할 수 없기 때문에 UPS는 50명의 엔지니어에게 의지하여 오리온 플랫폼에 내장된 컴퓨터 알고리즘과 휴리스틱스를 개발했다.

미국에서 UPS 운전자가 하루 5만 5,000개 노선을 주행한다는 점을 감안하면 오리온이 하루 1마일씩 줄여줄 경우 연간 5,000만 달러를 절약할 수 있다. 이미 오리온을 이용하고 있는 운전자들은 실제로 하루에 7~8마일을 절약하고 있기 때문에, 오리온은 연간 3억 달러에서 4억 달러를 절약할 것으로 UPS는 추산하고 있다.

Source: Rosenbush, Steven, and Stevens, Laura, "At UPS, the Algorithm is the Driver," *The Wall Street Journal*, February 17, 2015, B1 and B4.

설비종합효율(OEE)

설비종합효율(*Overall Equipment Effectiveness, OEE*)은 많은 린 제조업체에서 사용하는 성과지표이다. **설비종합효율(OEE)**은 활용도, 효율성 및 품질이라는 3가지 측면에서 설비의 생산성을 측정한다. OEE를 계산하는 방정식은 다음과 같다.

$$\text{OEE} = \text{유용성 비율} \times \text{효율성 비율} \times \text{양품률}$$

여기서:

$$\text{유용성 비율} = \text{실제 가동시간} \div \text{활용가능한 기계 시간}$$
$$\text{효율성 비율} = \text{실제 가동률} \div \text{이상적인 가동률}$$
$$\text{양품률} = \text{무결점 생산량} \div \text{총 생산량}$$

유용성 비율을 높이기 위한 핵심에는 기계 고장 방지 및 평균 설정 시간 최소화가 포함된다. 사소한 작업 중단을 방지하고 작업자를 유지하고 적절하게 교육하여 설비를 정기적으로 운영하고 유지함으로써 효율성을 극대화한다. 양품률은 총 생산량 대비 불량품 수를 줄임으로써 향상된다.

예제 Jayson Company는 생산 용량을 초과하는 시장 수요에 직면해 있다. 회사는 다음 정보를 제공했다.

이번 주 실제 가동시간	4,550 분
주당 가동가능 기계시간	6,500 분
이번 주 실제 가동률	분당 3.8 단위
이상적인 가동률	분당 4.0 단위
이번 주 무결점 생산량	16,000 단위
이번 주 총 생산량 (불량품 포함)	17,290 단위

OEE 산정:

유용성 비율 = 실제 가동시간 ÷ 활용가능한 기계 시간
= 4,550분 ÷ 6,500분
= 0.70

효율성 비율 = 실제 가동률 ÷ 이상적인 가동률
= 3.8 ÷ 4.0
= 0.95

양품률 = 무결점 생산량 ÷ 총 생산량
= 16,000 단위 ÷ 17,290 단위
= 0.925

OEE = 유용성 비율 × 효율성 비율 × 양품률
= 0.70 × 0.95 × 0.925
= 0.615

설비종합효율은 다음과 같이 생산량으로도 분석이 가능하다.

최대 가능 생산량 (6,500 × 4.0) (a)		26,000
유용성 손실 [(6,500 − 4,550) × 4.0]	7,800	
효율성 손실 [(4.0 − 3.8) × 4,550]	910	
품질 손실 (17,290 − 16,000)	1,290	10,000
무결점 생산량 (b)		16,000
OEE (b) ÷ (a)		0.615

이 분석에 따르면 Jayson Company는 고객에게 판매가능한 10,000개를 (활용도, 효율성 및 품질 손실로 인해) 희생한 것으로 나타났다.

균형성과표 구성

학습목표 12-4
균형성과표를 구성하고 사용하는 방법을 이해할 수 있다.

이 장의 앞부분에서는 기업이 균형성과표에 포함가능한 70개 이상의 성과지표 예를 소개했다. 이제 균형성과표 구성을 위해 다양한 성과지표를 조합하는 방법에 초점을 두고자 한다. 토론은 두 가지로 진행된다. 먼저, 기업이 전략에 기반한 성과지표를 어떻게 선택하고 이를 테스트 가능한 가설에 어떻게 적용시키는지 제시한다. 그리고 직원을 평가하고 보상하기 위해 균형성과표를 사용하는 것과 관련된 몇 가지 중요한 문제에 대해 논의한다.

균형성과표 성과지표의 선택

이 장의 시작 부분에서 균형성과표의 네 가지 관점이 서로 연계되어 있다고 언급했다. 이러한 상호 관계는 도표 12-1에서 수직 화살표로 표시되었다. 회사의 직원은 내부 비즈니스 프로세스를 개선하기 위해 지속적으로 학습해야 하고, 고객 만족도를 높이려면 비즈니스 프로세스 개선이 필요하고, 재무적 성과를 개선하려면 고객 만족도 향상이 필요하다.

이러한 상호 관계를 설명하기 위해 **Jaguar**의 전략이 수작업으로 만들어진 개별화된 제품에 긍지를 갖는 부유층 고객에게 고급 럭셔리 승용차를 제공하는 것이라고 가정하자. 이 부유층 고객에게 고객 친밀감 가치 제안을 하기 위해 Jaguar는 가죽 시트, 내부 및 외부 색상 조합, 목재 대시 보드와 같은 세부 사항에 대한 수많은 옵션을 만들어 각각의 승용차가 사실상 차별화된 한 종류의 승용차가 되도록 할 수 있다. 표준적인 가죽 시트를 제공하는 대신 회사는 고객에게 다양한 색상의 다양한 종류 중에서 가죽을 선택하게 할 수 있다. 이러한 시스템이 효과적으로 작동하려면 Jaguar는 고객이 지불하고자 하는 금액보다 더 많은 원가를 들이지 않고서도 합리적인 시간 내에 완전히 맞춤화된 승용차를 제공할 수 있어야 한다.

도표 12-9는 Jaguar가 균형성과표에 이 전략을 어떻게 반영할 수 있는지를 보여준다. 각 성과지표에는 성과지표의 감소 또는 증가가 목표인지 나타내는 괄호 + 또는 −가 포함되어 있다. 이 도표에는 인과 관계에 따라 성과지표를 연결하는 화살표도 포함되어 있다. 각 연결은 "이 성과지표를 개선하면 다른 성과지표도 개선되어야 한다"는 것으로 이해할 수 있다. 도표 12-9의 하단부터 다음과 같은 성과지표간의 연결을 해석할 수 있다.

직원 유지율과 직원 1인당 교육시간을 늘리면 차량당 오류건수와 옵션 설치에 걸리는 평균 시간을 줄이면서 사용가능한 옵션 수가 늘어난다. 사용가능한 옵션 수를 늘리고 차량 당 평균 오류건수를 줄이고 옵션 설치에 걸리는 시간을 줄이면 가능한 옵션에 대한 고객 만족도를 높이고 고급승용차 시장점유율을 높일 수 있다.

도표 12-9

Jaguar에게 가능한 균형성과표

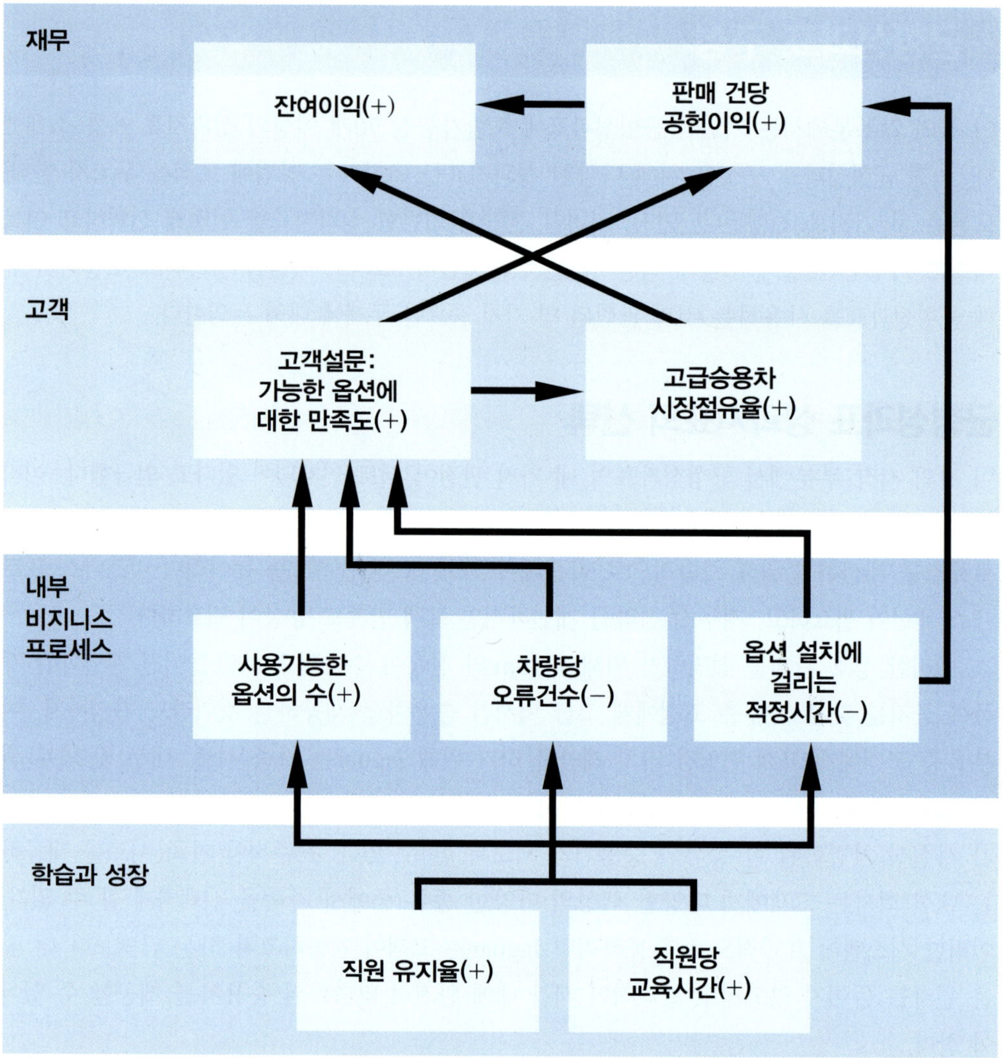

사용 가능한 옵션 수에 대한 고객 만족도를 높이고 옵션 설치에 걸리는 평균 시간을 줄이면 판매된 승용차 당 공헌이익이 증가할 것이다. 마지막으로, 고급차 시장에서 점유율을 높이고 판매된 차량당 공헌이익을 높이면 잔여이익이 증가할 것이다.

본질적으로 균형성과표는 회사가 원하는 결과(이 경우 재무적)를 달성하기 위해 구체적인 조치를 취할 수 있는 방법에 대한 이론을 제시한다. 도표 12-9에 제시된 전략은 그럴듯해 보이지만 단지 이론으로만 간주되어야 한다. 예를 들어, 회사가 사용 가능한 옵션 수를 늘리고 차량 당 평균 오류건수와 옵션을 설치하는 데 걸리는 평균 시간을 줄이는 데 성공했지만 고객 만족도, 시장 점유율, 차량당 공헌이익 또는 잔여이익이 증가하지 않는 경우 그 전략은 재고되어야 한다. 균형성과표의 장점 중 하나는 경영진의 전략에 기초한 이론을 지속적으로 테스트한다는 것이다. 전략이 효과가 없다면 예상했던 효과(예를 들어 더 많은 잔여이익)가 발생하지 않는다는 것이 명확해진다. 이러한 피드백이 없다면 조직은 잘못된 가정에 기반한 비효율적인 전략과 함께 무한히 표류할 것이다.

균형성과표에 보상 연계하기

상여금과 같은 직원에 대한 인센티브 보상은 균형성과표의 성과지표에 연계되어야 한다. 그러나 이것은 조직이 1년이나 그 이상의 기간동안 성과표로 성공적으로 경영한 후에 수행해야 한다. 경영자들은 성과지표가 신뢰할 수 있고 합리적이며 평가대상이 이해하고 쉽게 조작할 수 없다는 것을 확신해야 한다.

균형성과표에 대한 성과지표를 선택하고 이 성과지표를 사용하여 직원에게 보상하는 것은 매우 간단해 보일 수 있다. 하지만 조직은 성과지표를 사용하여 준최적의 결과를 초래하는 방식으로 보상하기도 한다. 이 점을 설명하기 위해 서핑장비 생산업체인 Pipeline Unlimited가 생산 능력의 75%로 운영되고 있다고 가정해 보자. 이 회사는 균형성과표의 재무적 관점의 성과지표로 매출액성장률을 포함하기로 결정했다. 또한 회사는 영업사원에게 매출액을 기준 10%의 수수료 지급을 보상으로 결정했다. 이 시점에서 Pipeline Unlimited는 영업사원의 인센티브를 균형성과표에 포함된 매출액성장률과 일치시키는 측면에서 매우 합리적인 선택을 한 것으로 보인다.

그러나 문제를 더 자세히 살펴보기 위해 회사의 두 가지 서핑보드인 XR7 및 Turbo 모델에 대한 데이터가 아래와 같다고 가정하자.

	모델	
	XR7	Turbo
판매가격	$ 695	$ 749
변동원가	344	410
공헌이익	$ 351	$ 339

영업사원이 판매수익의 10%에 해당하는 수수료를 받으면 어떤 모델을 열심히 판매할까? 정답은 Turbo모델이다. 왜냐하면 판매 가격이 높고 판매수수료가 더 크기 때문이다. 반면 회사입장에서는 영업사원이 공헌이익이 더 높은 XR7 모델로 고객을 유도하면 이익이 더 커질 것이다. 따라서 직원의 보상을 매출액 성장과 연계시키는 것이 차선의 결과를 초래할 가능성이 높다.

직원 인센티브를 회사의 목표에 더 잘 맞추기 위해 판매수수료는 판매가격이 아닌 공헌이익을 기반으로 할 수 있다. 이 작업이 완료되면 영업사원은 공헌이익을 극대화하는 제품조합을 판매하길 원할 것이다. 고정원가가 매출배합의 영향을 받지 않는다면 공헌이익의 극대화는 회사 이익의 극대화가 될 것이다. 실제로 영업사원은 자신의 보상을 극대화함으로써 회사의 이익도 극대화할 수 있다. 잘 구성된 균형성과표는 관점을 일치시켜야 한다. 직원들이 회사의 전반적인 전략적 목표와 일치하는 행동을 선택하도록 동기를 부여해야 하며 그렇게 함으로써 적절한 보상을 받아야 한다.

기업의 사회적책임(CSR) 성과지표

기업은 주주를 만족시키는 재무적 결과를 생성하는 전략을 수립할 책임이 있다. 그러나 그들은 또한 고객, 직원, 공급업체, 지역사회, 환경 및 인권운동가 등 다른 이해 관계자들에게도 제공해야 할 기업의 사회적 책임이 있다. **기업의 사회적 책임(Corporate Social Responsibility, CSR)**은 의사결정을 할 때 모든 이해 관계자의 요구를 고려하는 개념이다. CSR은 법규 준수를 넘어서 이해 관계자의 기대를 충족하는 자발적 조치를 포함한다.

세계적인 대규모 기업들의 대다수는 외부 이해 관계자와 공유할 기업의 사회적 책임 성과 보고서(지속가능 보고서라고도 함)를 준비한다. 또한, 이러한 기업의 증가는 보고서에 포함된 공시내용에 추가적인 신뢰성을 제공하는 인증 서비스를 제공하기 위해 회계법인을 고용하고 있다. 이들 기업 중 다수는 다양한 이해 관계자에게 서비스를 제공해야 하는 도덕적 의무를 느끼고 있지만, 사회 및 환경 문제가 막대한 기회와 위험을 제공한다는 사실도 이해한다.

기회 관리 관점에서 일부 기업은 제품, 서비스 및 프로세스 혁신에 대한 전략적 투자를 통해 이해 관계자의 만족도와 수익을 높이는 방식으로 사회 및 환경 문제에 대응해 왔다. 예를 들어, **Toyota**는 자동차 배기가스에 대한 사회적 우려에 대응하고 주주 부를 늘리기 위해 하이브리드 엔진 Prius를 개발했다. **Timberland**는 Earthkeepers® 신발 제품 라인을 제조할 때 수백만 개의 물병에서 나온 재활용 플라스틱을 사용한다. 결과적으로 Earthkeepers® 컬렉션은 Timberland에서 가장 빠르게 성장하고 가장 수익성이 높은 제품 라인 중 하나가 되었다. **Procter & Gamble**은 유통 센터를 통합하여 운송 비용을 낮추는 동시에 연료 소비와 관련 배출량을 줄이기로 결정했다.

위험 관리 관점에서 많은 기업들은 사회적 책임 및 환경적 책임을 간과하면 기업의 평판이 손상된다는 것을 이해한다. 예를 들어, 기업이 치명적인 오염 물질을 환경에 배출하거나, 아동에게 노동을 시키는 해외 공급 업체로부터 제품을 구매하거나, 직원 그룹을 체계적으로 차별하는 경우 이러한 행동으로 인한 부정적인 결과는 부정적인 홍보를 유발한다. 이는 고객 불매 운동이나 수준이 매우 높은 지원자의 입사 지원 감소, 직원 이직률 증가, 투자자 관심저하, 소송 및 정부의 벌금부과 등 바람직하지 않은 결과를 가져올 것이다.

CSR에 대한 기업의 관심이 도덕성, 기회주의, 위험 관리 또는 이 세 가지의 조합에 기반하든 기반하지 않든, 경영자에 의해 추적되고 외부이해관계자와 공유할 수 있는 성과지표 및 보고서와 함께 CSR에 대한 관심이 동반될 필요가 있다.

Global Reporting Initiative

Global Reporting Initiative(GRI)는 사회적, 환경적 성과 측정 분야에서 선도적인 조직이다.[2] GRI는 3개의 보편적 표준과 경제, 환경 및 사회적 성과와 관련된 3가지 주제별 표준을 포함하는 널리 채택된 지속가능성보고 프레임워크를 만들었다.

보편적 표준은 기업이 전략 및 분석, 이해 관계자 참여, 기업지배구조와 같은 주제와 관련된 정보를 제공하도록 요구한다. 더 구체적으로 말하면, 보편적 표준은 회사의 사회적 성과와 관련하여 회사의 전략적 우선 순위, 계획 및 성과를 설명할 회사의 최고의사결정자(예: CEO)를 필요로 한다. 또한 보편적 표준은 회사가 이해 관계자를 식별하고 그들과의 의사 소통 수단 및 빈도를 요약하도록 요구한다. 마지막으로, 보편적 표준은 회사가 위험 관리, 사회적 성과평가, 환경적 성과평가 및 경제적 성과평가, 외부이해관계자를 대상으로 한 결과 보고 등에서 최고 관리기구(예: 이사회)의 역할을 설명하도록 요구한다.

세 가지 주제별 표준은 확장된 기업의 사회적책임을 요약하는데 일반적으로 사용되는 “triple bottom-line” 또는 “사람, 지구 및 이익”이라는 문구와 유사하다. 경제적 표준은 직원 퇴직 수당 자금 조달, 지역 사회로부터 물품 조달 및 고위 관리자 채용, 성별에 따른 초임임금수준 분석, 기후 변화의 재정적 영향 평가 등의 주제를 다룬다. 환경적 표준은 물 사용, 폐기물 관리, 에너지 소비, 생물 다양성 보전 및 배출가스 제어와 같은 문제를 다룬다. 마지막으로 사회적 표준은 산업 보건 및 안전, 인권, 훈련 및 교육, 다양성 및 기회의 평등, 고객 보건 및 안전, 마케팅 및 라벨링을 포함한 다양한 주제에 중점을 둔다.

기업의 사회적 책임과 균형성과표

균형성과표는 기업이 지속가능성보고서에 자주 포함하는 사회적 및 환경적 성과지표 유형을 구성하고 관리하는데 유용한 프레임워크를 제공한다. 도표 12-10은 균형성과표의 4가지 관점 각각에 대한 사회적 및 환경적 성과지표의 예를 제공한다.

일부 회사는 사회적 및 환경적 성과지표를 기존 균형성과표에 통합하는 반면 다른 회사는 다양한 조정을 구현한다. 예를 들어, 어떤 회사는 확장된 이해 관계자들에게 의도적으로 초점을 맞춘 다섯 번째 관점을 균형성과표에 추가한다. 또 다른 회사는 자체 및/또는 공급업체의 사회적 및 환경적 성과치에 대한 별도의 균형성과표를 설정한다. 이러한 다양한 선택의 형식과는 관계없이 회사는 항상 가정을 사용하여 균형성과표의 성과지표를 연계해야 한다. 궁극적으로 더 큰 전략적 목표 달성을 유도하지 않는다면 개별적인 지표는 한정된 가치가 된다. 또한 회사의 균형성과표 지표는 고위 임원 및 경영자가 평가되고 보상되는 방식과 연결되어야 한다. 그렇지 않으면 사회적 및 환경적 책임을 다하겠다는 회사의 약속이 해당 조치 및 결과로 이어지지 않을 수 있다.

---

2 GRI(Global Reporting Initiative)에 대한 더 많은 정보는 www.globalreporting.org 참고

도표 12-10 균형성과표를 위한 기업의 사회적책임 지표 예

학습 및 성장:
- 산업 재해 / 사고 건수 (–)
- 여직원 평균 보상 ÷ 남직원 평균 보상 (+)
- 소외 계층의 구직자 수 (+)
- 직원당 평균 지역사회 봉사시간 (+)

내부 비즈니스 프로세스:
- 생산 단위당 평균 물 소비량 (–)
- 재활용된 원재료 투입 비율 (+)
- 생산 단위당 평균 탄소 배출량 (–)
- 생성된 폐기물 무게 (–)

고객:
- "회사는 지역 사회를 중요하게 생각합니다"라는 문구에 강력하게 동의하는 고객 비율 (+)
- "회사는 제품 안전에 대한 탁월한 약속을 가지고 있습니다"라는 문구에 강력하게 동의하는 고객 비율 (+)
- "회사는 환경 보호를 위해 최선을 다하고 있습니다"라는 문구에 강력하게 동의하는 고객 비율 (+)
- "회사는 사회 및 환경 성과를 평가하는 데 필요한 정보를 제공합니다"라는 문구에 강력하게 동의하는 고객 비율 (+)

재무:
- 친환경 제품 매출 비율 (+)
- 매출액대비 평균 연료비 (–)
- 근로자 총급여 (+)
- "친환경"제품 및 프로세스에 대한 자본적 지출 (+)

기업현장 | IN BUSINESS

GOLDMAN SACHS는 성별 임금격차를 줄이기 위해 노력한다

영국의 **Goldman Sachs** 여직원은 남직원보다 36% 적은 급여를 받는다. 이러한 사실은 Goldman의 전세계 직원의 13%, 약 5,000명의 데이터를 기반으로 한다. Goldman의 파트너 중 15%만이 여성인 반면, 인사부, 준법감시부 및 법무실과 같은 지원부문에서는 여성이 훨씬 더 높은 비율을 차지한다. "골드만 경영위원회 위원인 네 명의 여성 중 단 한 명만이 이익이 발생하는 사업을 하고 있다. 위원회에는 27명의 남성이 있다." 회사의 고소득자 중 83%가 남성이다.

Goldman은 이러한 성별에 따른 격차를 인지하고 있으며 이를 개선하기 위한 조치를 취하고 있다. 회사는 가까운 장래에 신입 애널리스트의 50%를 여성이 차지하기를 희망한다. 또한 회사는 탈락할 수도 있는 지원자를 유지하기 위해 신입 애널리스트의 약 75%를 차지하는 여름 인턴에 대한 추적을 시작했다.

Source: Liz Hoffman and Margot Patrick, "Goldman's Gender Pay Gap Reflects Wider Issue," *The Wall Street Journal*, March 17–18, 2018, p. B10.

요약

이 장의 핵심은 회사의 전략에서 파생되고 지원되는 통합된 성과지표의 집합인 균형성과표이다. 균형성과표에 사용되는 성과지표는 학습 및 성장, 내부 비즈니스 프로세스, 고객 및 재무의 네 가지 관점으로 분류되는 경향이 있다.

회사의 내부 비즈니스 프로세스 지표에는 예방원가, 평가원가, 내부실패원가 및 외부실패원가의 합계를 정량화하는 품질원가가 포함될 수 있다. 일반적으로 경영진은 예방에 투자를 하면 평가원가와 내부실패원가 및 외부실패원가를 크게 줄일 수 있으므로 불량 예방에 주의를 집중해야 한다. 품질원가는 경영자가 품질원가의 중요성을 이해하고 문제 영역을 파악하며 품질원가가 배부되는 방식을 평가하는 데 도움이 되는 품질원가보고서에 요약된다.

내부 비즈니스 프로세스 지표에는 스루풋 시간, 납품주기 시간 및 제조주기효율성과 같은 시간 기반 성과지표뿐 아니라 기계 활용도, 효율성 및 품질을 고려하는 설비종합효율도 포함될 수 있다. 목표는 제조주기효율성(MCE)과 설비종합효율(OEE)을 높이면서 스루풋 시간과 납품주기시간을 줄이는 것이다.

균형성과표를 구성하는 프로세스는 조직이 전략을 정의하는 것으로 시작된다. 그런 다음 조직은 이 전략을 전략 실행의 진행 상황을 추적하는 성과지표로 변환한다. 이러한 성과지표는 인과관계 방식으로 함께 연계되어야 한다. 균형성과표의 장점 중 하나는 경영진의 전략에 기초한 이론을 지속적으로 테스트한다는 것이다. 전략이 작동하지 않는 경우 예측된 가정과 결과 관계 중 일부가 발생하지 않을 때 분명해져야 한다. 균형성과표에 포함된 측정값은 직원 평가 및 보상 방법과도 연계되어야 한다. 그렇지 않으면 성과지표들이 무시될 수 있다.

많은 조직이 외부이해관계자와 공유하는 기업의 사회적 책임 성과 보고서를 준비한다. GRI (Global Reporting Initiative)는 경제적, 환경적 및 사회적 성과와 관련된 표준뿐만 아니라 세 가지 보편적 표준을 포함하는 널리 채택된 지속가능성보고 프레임워크를 만들었다. 균형성과표는 기업이 지속가능성보고서에 포함하는 사회적 및 환경적 성과지표의 유형을 구성하고 관리하는데 유용한 프레임워크를 제공한다.

종합예제: 영업성과측정

Codington Corporation은 고객 주문을 처리하는 데 필요한 시간을 기록한다. 특별주문에 대해 다음과 같은 정보가 기록되었다.

	시간
준비시간	20.8
처리시간	2.2
검사시간	0.2
이동시간	4.8
대기시간	18.6

요구사항:

1. 스루풋(제조주기)시간을 산정하시오.
2. 제조주기효율성(MCE)을 산정하시오.
3. 납품주기시간을 산정하시오.

해답

1. 스루풋시간은 다음과 같이 계산한다.
   스루풋 시간 = 처리 시간 + 검사 시간 + 이동 시간 + 대기 시간
   스루풋 시간 = 2.2 시간 + 0.2 시간 + 4.8 시간 + 18.6 시간
   스루풋 시간 = 25.8 시간

2. 제조주기효율(MCE)은 다음과 같이 계산한다.
   MCE = 부가가치시간 (처리 시간) / 스루풋 시간
   MCE = 2.2 시간 / 25.8 시간
   MCE = 0.09 (반올림)

3. 납품주기시간은 다음과 같이 계산한다.
   납품주기시간 = 대기 시간 + 스루풋 시간
   납품주기시간 = 20.8 시간 + 25.8 시간
   납품주기시간 = 46.6 시간

용어해설

균형성과표(balanced scorecard) 조직의 전략에서 파생되고 지원되는 통합된 성과지표의 집합.

기업의 사회적책임(corporate social responsibility) 조직이 의사결정을 내릴 때 모든 이해 관계자의 요구를 고려하는 개념.

납품주기시간(delivery cycle time) 고객 주문 접수 후 완제품이 배송될 때까지의 경과 시간.

내부실패원가(internal failure costs) 고객에게 배송되기 전에 결함이 있는 제품을 식별하여 발생하는 비용.

비즈니스 프로세스(business process) 비즈니스에서 일부 작업을 수행하기 위해 따라야 하는 일련의 단계.

스루풋시간(throughput time) 생산이 시작된 후 완제품이 배송될 때까지 경과된 시간.

예방원가(prevention costs) 결함 발생을 방지하기 위해 발생하는 비용.

외부실패원가(external failure costs) 결함이 있는 제품 또는 서비스가 고객에게 배송된 후 발생하는 원가.

적합품질(quality of conformance) 제품 또는 서비스가 디자인 사양을 충족하거나 초과하고 외관을 손상시키거나 성능을 저하시키는 결함이나 기타 문제가 없는 정도.

전략(strategy) 경쟁사와 차별화하여 고객을 유치하기 위한 기업의 "게임 계획".

설비종합효율(overall equipment effectiveness) 설비의 생산성을 측정하는 비율.

제조주기효율성(manufacturing cycle efficiency, MCE) 스루풋시간 대비 처리(부가가치)시간 비율.

평가원가(appraisal costs) 제품이 고객에게 배송되기 전에 불량품을 식별하기 위해 발생하는 비용.

품질원가(cost of quality) 예방원가, 평가원가, 내부실패원가 및 외부실패원가의 합.

품질원가보고서(quality cost report) 예방원가, 평가원가, 내부실패원가 및 외부실패원가를 자세히 설명하는 보고서.

질문

12–1 균형성과표(Balanced Scorecard)의 네 가지 관점은 무엇인가?

12–2 품질원가보고서에 요약된 네 가지 원가 유형은 무엇인가? 기업은 일반적으로 품질 원가를 낮추기 위해 어떻게 노력하는가?

12–3 납품주기시간과 스루풋시간의 차이는 무엇인가? 스루풋시간을 구성하는 4가지 요소는 무엇인가? 스루풋시간의 어떤 요소가 부가가치이며 어떤 요소가 비부가가치인가?

12–4 1 미만의 제조주기효율성(MCE)은 무엇을 의미합니까? 0.40의 MCE를 어떻게 해석하겠는가?

12–5 균형성과표에 사용된 성과지표가 회사마다 다른 이유는 무엇인가?

12–6 균형성과표에 포함된 성과지표가 가설 진술의 형태로 함께 연계되어야 하는 이유는 무엇인가?

12–7 균형성과표에 재무성과 성과지표와 내부 비즈니스 프로세스의 진행정도에 대한 성과지표가 포함되는 이유는 무엇인가?

12–8 기업이 균형성과표 성과지표를 직원 보상시스템에 연계해야 하는 이유는 무엇인가?

12–9 기업이 기업의 사회적 책임 성과를 측정하는 이유는 무엇인가?

12–10 GRI(Global Reporting Initiative)란 무엇인가?

엑셀 응용 connect

학습목표 12-3

다음 Excel 워크시트 양식은 Codington Corporation과 관련된 복습문제를 재현한다. 통합 문서 및 파일 완성 방법에 대한 지침은 Connect에서 찾을 수 있다.

	A	B	C
1	**제12장: 엑셀응용문제**		
2			
3	**데이터**		
4	준비시간	20.8	시간
5	처리시간	2.2	시간
6	검사시간	0.2	시간
7	이동시간	4.8	시간
8	대기시간	18.6	시간
9			
10	아래에서 물음표(?)로 표시된 셀에 양식을 입력하시오.		
11	**복습문제: 영업성과측정치**		
12			
13	**영업성과측정치 계산**		
14	스루풋시간	?	시간
15	제조주기효율성(MCE)	?	
16	납품주기시간	?	시간
17			
18			

제12장

워크시트 작성 후 아래의 요구사항에 답하시오.

요구사항:

1. B4셀의 준비시간을 5.8시간으로 변경하고 B8셀의 대기시간을 8.6시간으로 변경하고 엑셀 워크시트를 확인한다. 스루풋시간은 15.8시간이어야 한다. MCE(제조주기효율성)는 0.14이고, 납품주기시간은 21.6시간이어야 한다. 이러한 답을 얻지 못한 경우 워크 시트에서 오류를 찾아 수정하시오. 스루풋시간과 납품주기시간이 모두 감소한 이유를 설명하시오. MCE(제조주기효율성)가 증가한 이유는 무엇인가?
2. 다음과 같이 워크시트의 데이터를 수정하시오.

데이터	시간
준비시간	1.0
처리시간	2.2
검사시간	0.2
이동시간	0.8
대기시간	0.6

a. 스루풋(제조주기)시간을 산정하시오.
b. 제조주기효율성(MCE)을 산정하시오.
c. 납품주기시간을 산정하시오.

연습문제

문제 12-1 균형성과표 성과지표 예 [학습목표 12-1]

Reid Company사는 균형성과표 성과측정시스템을 구현하고자 한다. 고위 경영진은 균형성과표에 포함될 수 있도록 아래와 같은 성과지표를 제시하였다.

요구사항:

회사의 균형성과표의 학습과 성장, 내부 비즈니스 프로세스, 고객 또는 재무적 관점 중 각 성과지표가 분류될 가능성이 가장 높은 컬럼에 X를 표시하시오.

	학습과 성장	내부 비즈니스 프로세스	고객	재무
예. 직원 결근률	X			
1. 신규 고객 매출액				
2. 고객 이탈률				
3. 매출액당 평균 연료비				
4. 직원 1인당 평균 직장 재해건수				
5. 납품주기시간				
6. 직원 1인당 평균 교육시간				
7. 소외계층 구직자 수				
8. "직원들이 나를 정중하게 대했다"는 말에 강하게 동의하는 고객의 비율				
9. 자산수익률				
10. "귀하의 회사는 제품안전에 대해 특별한 노력을 기울인다"라는 문구에 강하게 동의하는 고객 비율				
11. 모듈형 제품 설계 수				
12. 품절로 인한 매출 손실				
13. 생산된 폐기물 무게				
14. 고객 추천 수				
15. 잔여이익				
16. 직원 1인당 평균 멘토링 시간				

문제 12-2 품질원가의 분류 [학습목표 12-2]

아래에 나열한 여러 가지 원가들은 기업의 품질 관리 시스템과 관련된 것들이다. 아래의 요구사항에 답하시오.

a. 제품의 검사
b. 제품의 리콜
c. 재작업으로 인한 노무원가와 제조 간접원가
d. 품질 분임조
e. 결함으로 인한 작업 중단 시간
f. 현장 서비스 원가
g. 품질 검사 원가
h. 품질 경영
i. 보증 수리
j. 통계적 공정관리
k. 작업폐물원가
l. 검사설비의 감가상각비
m. 낮은 수준의 품질로 발생하는 회수비용
n. 공손품 처분비용
o. 공급자에 대한 기술 원조
p. 시스템 개발
q. 보증수리비용
r. 소비자 방문 제품 현장 검사
s. 제품 디자인

요구사항:

1. 각 원가를 네 가지 품질원가 항목(예방원가, 평가원가, 내부실패원가, 외부실패원가)으로 각각 분류하시오.
2. 앞의 네 가지 분류 중에서 품질 문제를 개선하기 위해 노력을 기울여야 하는 항목은 어떤 것이며, 나쁜 품질의 제품으로 인해 발생하는 항목은 어떤 것인가?

문제 12-3 내부비즈니스프로세스 성과지표 [학습목표 12-3]

독일의 Köln에 위치한 Mittel Rhein AG 경영진은 고객이 주문을 요청하고 주문이 선적될때까지 소요되는 시간을 줄이려고 한다. 당기의 첫 번째 분기에 영업과 관련된 자료는 다음과 같다.

검사시간	0.3 일
준비시간(주문에서 생산시작까지)	14.0 일
공정시간	2.7 일
이동시간	1.0 일
대기시간	5.0 일

요구사항:

1. 스루풋시간(throughput time)을 구하시오.
2. 1분기의 제조주기효율성(MCE)를 구하시오.
3. 스루풋시간이 비부가가치 활동에 사용된 비율은 어떻게 되는가?
4. 납품주기시간을 구하시오.
5. 린생산방식을 사용하는 경우 대기시간이 모두 제거되어진다면 새로운 제조주기효율성(MCE)은 어떻게 되겠는가?

문제 12-4 내부비즈니스프로세스 성과지표 [학습목표 12-4]

Lost Peak 스키리조트는 오랫동안 인근의 스키어들에게 숙박을 제공하는 소규모 가족회사이다. Lost Peak는 최근에 스키리조트 전문회사인 Western Resorts에 의해 인수되었다. 새로운 소유자는 이 리조트를 휴가자를 위한 숙박 장소로 업그레이드 할 계획이다. 이 계획의 한 부분으로 경영자는 이 리조트의 언덕 위에 있는 카페테리아인 Powder 8 Lodge를 대대적으로 개선하고자 한다. 이 Lodge의 메뉴는 햄버거, 핫도그, 칠리, 참치샌드위치, 피자, 후렌치 후라이와 포장스낵으로 매우 한정적이었다. 경쟁회사가 거의 없어서 이전의 리조트 경영자는 Lodge의 푸드 서비스를 업그레이드 할 필요성을 거의 느끼지 못했다. 만약에 스키어들이 산에서의 점심을 원한다면, 유일한 대안은 Poweder 8 Lodge를 이용하거나 집에서 도시락을 싸오는 것뿐이었다.

Lost Peak를 인수하는 조건의 일부로 Western Resorts는 기존의 리조트 노동자의 고용을 유지하는 것에 동의하였다. Lodge의 관리자는 매우 열심히 일하고 열정적이지만 레스토랑의 운영에는 경험이 거의 없었다. 이 관리자는 메뉴의 선택, 종업원의 선발과 교육 및 영업 감독 책임이 있다. 주방 직원은 음식을 준비하고 설거지를 한다. 홀 직원은 주문을 접수하고 계산을 도와주며 식당 청소를 한다.

Lost Peak를 인수한지 얼마 되지 않아 Western Resorts의 경영자는 Powder 8 Lodge의 종업원과 하루 종일 스키리조트의 장래와 lodge에 대한 새로운 관리방식을 논의하기 위한 회의를 하였다. 이 회의 종료 무렵에 경영자와 Lodge의 종업원들은 다가오는 스키시즌 영업 지침에 도움이 되는 균형성과표를 작성하였다. 회의에 참가한 대부분은 Lodge의 균형성과표와 경영자의 계획에 대해 열정적인 것처럼 보였다. Powder 8 Lodge의 균형성과표에 다음과 같은 성과지표가 포함되어 있었다.

a. Powder 8 Lodge의 주간 매출액
b. Powder 8 Lodge의 주간 매출총이익
c. 메뉴항목의 숫자
d. Western Resorts 관리의 특징으로 평가되는 식당의 청결도
e. 고객설문으로 측정되는 고객의 메뉴선택 만족도
f. 고객설문으로 측정되는 고객의 서비스 만족도
g. 주문접수 평균시간
h. 주문처리 평균시간
i. 주방직원이 인근 개방대학에서 기초요리 과정을 수료한 비율
j. 홀 직원이 인근 개방대학에서 기초응대 과정을 수료한 비율

요구사항:

1. 위의 성과지표를 활용하여 Powder 8 Lodge의 균형성과표를 작성하시오. 도표 12-9를 참고하시오. 성과지표의 인과관계를 화살표를 통해 나타내고 성과지표가 증가하는지 또는 감소하는 지에 따라 +와 −로 표시하시오.
2. Powder 8 Lodge의 균형성과표를 작성하기 위해 사용한 가정은 무엇인가? 이러한 가정 중 가장 의문시되는 것은 무엇이며, 그 이유는 무엇인가?
3. 균형성과표의 근간이 되는 가정 중의 하나가 잘못되었다는 것을 경영자는 어떻게 알 수 있는가?

문제 12–5 설비종합효율 [학습목표 12-3]

Jefferson Company의 제품에 대한 수요는 제조 능력을 초과하고 있다. 회사는 제한된 용량으로 인해 추가적인 생산 및 판매를 할 수 없는 기계에 대해 다음과 같은 정보를 제공했다.

이번 주 실제 가동시간	4,900 분
주당 가능한 기계시간	7,000 분
이번 주 실제 가동률	분당 3.8 단위
이상적인 가동률	분당 4.0 단위
이번 주 무결점 산출량	15,827 단위
이번 주 총 생산량(불량 포함)	18,620 단위

요구사항:

1. 유용성 비율을 산정하시오.
2. 효율성 비율을 산정하시오.
3. 양품률을 산정하시오.
4. 설비종합효율(OEE)을 산정하시오.

문제 12–6 균형성과표 성과지표 정의 [학습목표 12-1, 12-4]

Askew Company는 균형성과표를 도입하려고 한다. 첫 번째 단계로 회사는 학습 및 성장, 내부 비즈니스 프로세스, 고객 및 재무 관점과 관련하여 개선해야 할 영역을 정의하기 위해 브레인스토밍을 완료했다. 브레인스토밍의 결과는 다음과 같다.

학습 및 성장	내부 비즈니스 프로세스
"너무 많은 고객 서비스 직원이 회사를 떠난다." "직원들에게 충분한 교육을 제공하지 않고 있다." "우리 직원들은 업무를 개선할 수 있는 충분한 아이디어를 생성하지 못한다."	"고객이 너무 많은 불량품을 반품하고 있다." "제품을 만들어 고객에게 배송하는데 너무 오래 걸린다." "고객은 문제를 해결하기 위해 반복해서 전화해야 한다."
고객	**재무**
"서비스를 이용하는 고객수가 감소하고 있는 것 같다." "고객들은 주문한 상품배송의 과도한 지연에 대해 불평하고 있다." "현재 고객의 입소문을 통해 신규 고객을 확보하고 있다."	"Wall Street는 우리의 미래에 대해 매우 우려하고 있다." "판매가 증가하는 대신 감소하고 있다." "고객 주문을 현금으로 전환하는 시간이 너무 오래 걸린다."

회사는 당신에게 균형성과표 구현 프로세스를 안내해달라고 요청했다.

요구사항:

1. 첫 번째 단계로 당신은 회사의 브레인스토밍에서 얻은 통찰력을 추적하고 관리할 수 있는 성과지표로 변환해야한다고 설명하기로 결정한다. 회사의 브레인스토밍에서 제기된 각 의견에 대한 성과지표를 한 가지씩 제시하시오.

2. 두 번째 단계로 당신은 전략 정의의 중요성을 강조한 다음 선택한 전략을 반영하는 방식으로 가정문을 사용하여 성과지표를 연계하기로 결정한다. 이 점을 설명하기 위해 브레인스토밍 목표(제품 리더십, 운영 우수성 또는 고객 친밀성)를 기반으로 회사의 전략을 선택하시오. 그리고 요구사항 1의 측정지표를 사용하여 세 가지 가능한 가설문을 정의하시오. 각 성과지표가 증가해야하는지 또는 감소해야하는지 여부를 나타내기 위해 (+) 또는 (−)를 이용하시오.

문제 12-7 가설문 [학습목표 12-4]

아래 표에는 If 열 머리글 아래에 5개의 성과지표가 있고 Then 열 머리글 아래에 5개의 성과지표가 있다.

If		Then
직원 이직률	→	보증 클레임 수
고객 이탈률	→	매출액성장률
디자인된 신제품 수	→	고객총지출에서 회사에 투입된 비율
비부가가치 활동 원가	→	영업이익
직원당 프로세스개선 제안 건수	→	비부가가치 활동 원가

요구사항:

1. 위 표의 각 행에 대해 두 성과지표를 연결하는 if−then 가설문을 작성하시오. 각 성과지표가 증가할지 감소할지 여부를 표시해야 한다.
2. 위 표의 각 행에 대해 5개의 "if" 성과지표의 개선이 가능한 회사가 연관된 "then" 성과지표에서는 예상되는 개선을 하지 못할 수도 있는 이유를 제시하시오.

문제 12-8 품질원가 [학습목표 12-2]

Walton Company는 지난 2년 동안 품질원가를 측정했다. 회사는 품질원가 정보를 수집한 후 아래에 표시된 네 가지 범주를 사용하여 해당 원가를 요약하였다.

	작년	올해
예방원가	$357,000	$650,000
평가원가	$445,000	$545,000
내부실패원가	$790,000	$500,000
외부실패원가	$1,100,000	$680,000

요구사항:

1. 작년과 올해의 총 품질원가를 계산하시오.
2. 작년의 총 품질원가 대비 네 가지 범주 각각의 원가 비율을 계산하시오.
3. 올해의 총 품질원가 대비 네 가지 범주 각각의 원가 비율을 계산하시오.
4. 2년 동안 품질원가를 관리하기 위한 회사의 노력에 대해 논의하시오.
   실적에 관해서 유리하거나 불리한 방향성이 있습니까? 있다면 왜일까요?

문제 12-9 균형성과표 성과지표 [학습목표 12-1, 12-4]

아래 표에는 각 회사에 대해 네개의 성과지표세트가 제시되어 있다. 각 성과지표세트에는 균형성과표의 네 가지 관점에 대해 각각 하나씩의 성과지표가 포함되어 있다.

회사 A:

- 직원 1 인당 평균 재직기간
- 출시 3년 미만의 제품 매출액
- 시장 점유율
- 디자인된 신제품 수

회사 B:

- 제품 리더십에 대한 고객 인식
- 채용제안을 수락한 "뛰어난" 후보자 비율
- 승인된 특허 수
- 특허 보호 매출액

회사 C:

- 생성된 폐기물 무게
- 친환경 제품 수익 비율
- 직원당 프로세스 개선 제안건수
- "회사는 환경관리에 전념하고 있습니다."라는 문구에 강력하게 동의하는 고객 비율

회사 D:

- 영업이익 증가율
- 제조주기효율성
- "주문이 정시에 배송되었습니다."라는 문구에 강력하게 동의하는 고객의 비율
- 직원 1 인당 평균 교육시간

요구사항:

1. 회사 A, B, C 및 D 각각에 대해:
   a. 각 성과지표에 학습 및 성장, 내부 비즈니스 프로세스, 고객 또는 재무 관점을 지정하시오. 각 성과지표가 증가할지 감소할지 여부도 포함하시오.
   b. (1) 학습 및 성장 성과지표를 내부 비즈니스 프로세스 성과지표와 연계하고, (2) 내부 비즈니스 프로세스 성과지표를 고객 성과지표에 연계하고, (3) 고객 성과지표에 재무 성과지표를 연계하는 세 개의 if−then 가설문을 만드시오.
2. 회사 A, B, C 및 D에 대해 네 가지 성과지표가 운영 우수성, 고객 친밀성 또는 제품 리더십 고객 가치제안을 반영하는지 설명하시오. 그 이유도 설명하시오.

문제 12-10 내부 비즈니스 프로세스 성과지표 및 고객 가치 제안 [학습목표 12-1]

아래 표에는 기업이 균형성과표에서 내부 비즈니스 프로세스 성과지표로 사용할 수 있는 다양한 성과지표가 제시되어 있다. 각 성과지표에는 시간이 지남에 따라 증가 또는 감소해야 하는지를 나타내는 + 또는 −가 수반된다.

요구사항:

각 성과지표는 운영 우수성, 제품 리더십, 고객 친밀도 중에서 어떤 항목을 중점전략으로 추진하는 회사에서 채택될 것으로 생각하는지 세 가지 항목 중 하나에 X표를 하시오. 그리고 그 답에 대한 설명을 제시하시오.

성과지표	운영 우수성	제품 리더쉽	고객 친밀도	설명
예. 특허취득건수		X		특허는 고객에게 새롭고 혁신적인 제품을 제공하기 위한 기반을 제공
1. 배송주기 (–)				
2. 디자인된 신제품 수 (+)				
3. 고객당 평균응대시간 (+)				
4. 비부가가치 활동원가 (–)				
5. 장기계약 공급업체 비율 (+)				
6. 모듈형 제품 디자인의 수 (+)				
7. 고객과 함께 디자인한 맞춤형 제품의 수 (+)				
8. 완제품 대비 무결점 제품 비율 (+)				
9. 고객이 선택가능한 옵션의 수 (+)				

문제 12–11 균형성과표의 성과지표 연계를 위한 If–Then 가정문 [학습목표 12-4]

아래 표에는 균형성과표의 네 가지 관점 각각에 대한 세 가지 성과지표가 제시되어 있다.

학습 및 성장:

- "업무수행에 필요한 자원을 지속적으로 제공받고 있다."라는 문구에 강력하게 동의하는 직원 비율
- 결석률
- "이곳이 일하기 좋은 곳이라고 말하고 싶다."라는 문구에 강력하게 동의하는 직원 비율

내부 비즈니스 프로세스:

- 스루풋시간
- 최초 연락시 해결된 고객 불만 비율
- 품질원가

고객:

- 주문 당 평균 매출총이익
- 운영 우수성에 대한 고객 인식
- "문제가 빨리 해결되었다."라는 문구에 강력하게 동의하는 고객 비율

재무:

- 영업 활동으로 인한 순현금흐름
- 매출총이익률
- 순이익률

요구사항:

1. 세 가지 학습 및 성장 성과지표 중 하나를 선택하고 세 가지 내부 비즈니스 프로세스 평가지표 중 하나를 선택하여 연결하는 if–then 가설을 작성하시오. 그런 다음 선택한 내부 비즈니스 프로세스 성과지표를 세 가지 고객 성과지표 중 하나에 연결하는 if–then 가설문을 작성하시오. 마지막으로 선택한 고객 성과지표를 세 가지 재무 성과지표 중 하나에 연결하는 if–then 가설문을 작성하시오. 각 성과지표가 증가할 것으로 기대하는지 감소할 것으로 기대하는지 표시하시오.

2. 나머지 두 가지 학습 및 성장 성과지표 중 하나를 선택하고 나머지 두 가지 내부 비즈니스 프로세스 성과지표 중 하나에 연결하는 if–then 가설문을 작성하시오. 그런 다음 선택한 내부 비즈니스 프로세스 성과지표를 나머지 두 고객 성과지표 중 하나에 연결하는 if–then 가설문을 작성하시오. 마지막으로 선택한 고객 성과지표를 나머지 두 재무 성과지표 중 하나에 연결하는 if–then 가설문을 작성하시오. 각 성과지표가 증가할 것으로 기대하는지 감소할 것으로 기대하는지 표시하시오.
3. 남은 학습 및 성장 성과지표를 나머지 내부 비즈니스 프로세스 성과지표와 연결하는 if–then 가설문을 작성하시오. 그런 다음 남은 내부 비즈니스 프로세스 성과지표를 나머지 고객 성과지표에 연결하는 if–then 가설문을 작성하시오. 마지막으로 남은 고객 성과지표를 남은 재무 성과지표와 연결하는 if–then 가설문을 작성하시오. 각 성과지표가 증가할 것으로 기대하는지 감소할 것으로 기대하는지 표시하시오.

문제 12–12 설비종합효율 [학습목표 12-3]

Kilmer Company의 제품에 대한 수요는 제조 능력을 초과하고 있다. 회사는 제한된 용량으로 인해 추가적인 생산 및 판매를 할 수 없는 기계에 대해 다음과 같은 정보를 제공했다.

이번 주 실제 가동시간	6,600분
주당 가능한 기계시간	11,000분
이번 주 실제 가동률	분당 5.1 단위
이상적인 가동률	분당 6.0 단위
이번 주 무결점 산출량	23,562 단위
이번 주 총 생산량(불량 포함)	33,660 단위

요구사항:

1. 회사의 설비종합효율과 관련하여 다음을 계산하시오.
   a. 유용성 비율
   b. 효율성 비율
   c. 양품률
   d. 설비종합효율(OEE)
2. 회사의 설비종합효율과 관련하여 다음을 계산하시오.
   a. 이번 주 유용성 손실
   b. 이번 주 효율성 손실
   c. 이번 주 품질 손실

문제 12-13 차별적인 전략을 지지하는 균형성과표의 작성 [학습목표 12-3]

Midwest Consulting Group(MCG)는 회사가 균형성과표를 설계하는 것을 도와주고 있다. 마케팅부서 노력의 일환으로, MCG는 예상고객을 위한 연례 균형성과표 워크샵을 진행한다. 당신은 MCG에 최근에 입사한 직원으로, 상사는 당신에게 올해 워크샵에 참석하여 회사의 전략이 균형성과표에 적절한 측정치를 어떻게 결정하는지 참석자에게 설명할 것을 요구했다. 상사는 현재 MCG 두 고객의 연간 보고서로부터 아래와 같이 발췌한 것을 제공하였다. 상사는 워크샵의 역할수행에 발췌부분을 사용하라고 하였다.

Applied Pharmaceuticals의 연간보고서 발췌부분:

> 우리 사업의 핵심은 일치성과 신제품의 적시 도입 및 제조공정 무결점이다. 신제품 도입 측면의 등식은 연구개발부서(R&D) 산출물의 함수이다(예를 들어, 판매가능한 약품의 구성성분은 연구된 잠재적인 구성성분의 총수와 관련하여 결정된다). 우리는 최신의 기술에 투자하며, 최고의 기술자를 고용하고 그들에게 세계 수준의 훈련을 시킴으로써 기술개발의 산출물과 시장선도 능력을 최적화하려고 한다. 제조공정의 무결점은 세계 수준의 품질 검사를 수립함으로써 불량률을 최소화하는 예방과 평가활동에 몰입하게 한다. 우리 고객들은 시장선도와 품질제일이라는 우리의 브랜드 이미지를 인식하고 존중할 것이다. 만일 우리가 고객에 대한 이 서약을 이행한다면, 우리 주식수익률 상승이라는 재무적 목표는 저절로 이루어질 것이다.

Destination Resorts의 연간보고서 발췌부분:

> 우리의 사업은 영업최전선에서 고객을 대면하는 종업원이 고객에게 제공하는 서비스의 품질에 성패가 달려있다. 그러므로 종업원의 사기를 높게 유지하고 노동자의 이직을 최소화하는 것이 절대적이다. 또한 우리의 단골 고객에게 완벽한 전세계적인 경험을 하도록 하는 기술을 사용할 수 있도록 우리의 종업원을 훈련시키는 것이 필수적이다. 한 종업원이 고객의 선호를 데이터 베이스에 입력하면(추가베개를 제공하거나 오전 8시에 신선한 커피를 제공하는 것 등), 전세계 어떤 리조트를 방문하더라도 고객의 추가적인 요청이 없이 해당 서비스를 다시 받도록 노력한다. 만약에 우리가 종업원들에게 충분한 동기를 부여하고 적절한 훈련을 한다면, 우리는 재방문 고객 비율과 고객의 불만 처리에 소요되는 시간과 자체적으로 평가된 객실 청결도가 지속적으로 개선됨을 볼 수 있을 것이다. 이것은 고객의 유지를 개선할 것이고 이것이 우리의 수익 성장목표를 달성하는 데 핵심인 것이다.

요구사항:

1. 위의 발췌에 기초하여, Applied Pharmaceuticals와 Destination Resorts International의 전략을 비교하고 차별화하시오.
2. 각각 회사의 균형성과표 측정치를 선별하고, 도표 12-5에서 사용한 기본구조를 사용하여 성과측정치와 연결하시오. 성과지표 간의 인과관계를 화살표를 통해서 나타내고, 성과지표가 시간이 지남에 따라 증가하는지 또는 감소하는지를 보이시오. 이 장에서 특별하게 언급하지 않은 측정치를 자유롭게 표현해도 되지만, 각 회사의 주어진 전략목표는 나타내도록 하시오.
3. 개별 균형성과표에는 어떠한 가정이 있는가? 2개의 회사 간에 이러한 가정이 차이가 나는 이유는 무엇인가?

문제 12–14 성과측정치의 광범위한 효과 [학습목표 12-1]

성과측정치를 개선하는 방법은 다양하다. 경영자가 그들의 성과를 더 좋게 만들기 위해 취한 어떤 행위는 실제적으로 조직에 해가 될 수도 있다. 예를 들어 마케팅 부문이 총 수익 성과측정치를 증가시키는 데에만 책임이 있다고 해보자. 총 수익 증가는 더 열심히 더 현명하게 일함으로써 달성되어질 수 있지만, 단순히 가격을 인하하여 달성할 수도 있다. 가격 인하로 인한 판매량 증가는 거의 항상 더 큰 수익을 가져오지만, 더 큰 총이익을 가져오지 않는다. 성과측정 시스템을 설계하는 사람들은 성과를 내야하는 압박 속에 있는 경영자들이 다른 곳에서는 부정적인 결과를 초래하는 성과측정치를 개선하려는 행위를 할 수 있다는 것을 명심하여야 한다.

요구사항:

다음의 각 상황에 대하여, 경영자가 성과측정치를 개선하려고 하지만 이것이 실제적으로 조직 전체의 성과를 개선하지 못하는 행동을 기술하시오.

1. 시장에 신제품이 지연 출시되는 것과 관련하여, 가전회사 최고경영자는 시장에 출시하는 속도를 새로운 성과측정치로 도입한다. 연구개발 부문은 이 성과측정치에 책임이 주어져 있는데, 이것은 시장에 제품이 출시되기 전에 개발 중에 있는 상품의 평균 총시간으로 측정한다.
2. 항공사의 CEO는 항공기로부터 지상조가 짐을 내리는 데 걸리는 총시간에 대해 만족하지 못하고 있다. 이 문제를 해결하기 위하여 비행기가 게이트에 도착하였을때부터 비행기로부터 모든 짐을 내렸을 때까지 경과되는 시간을 측정하기로 결정하였다. 공항 지상조가 지난 달에 비하여 평균 경과시간을 단축시키면 CEO는 지상조의 구성원에게 동일하게 배분되는 총액형태 보너스를 지급한다.
3. 한 제조회사는 고객에게 제시간 내에 배송하는 것을 늘 실패하여 매우 고민하고 있다. 이 문제를 해결하기 위하여 생산관리자는 제시간에 주문이 배송되는 비율을 증가시키는 책임을 부여 받았다. 고객이 주문을 하였을 때 생산관리자와 고객은 배달 날짜를 합의본다. 만약 주문이 그 날까지 완수되지 못하면 지연 배송으로 계산된다.
4. 종업원의 생산성과 관련하여, 대규모 다국적 회사의 이사회는 각 계열사의 경영자에게 계열사의 종업원당 수익을 증가시킬 것을 지시하였다.

문제 12–15 내부비즈니스프로세스 성과지표 [학습목표 12-3]

Tombro Industire는 하나의 설비를 자동화 하는 중에 있고 유연화 생산시스템을 개발하고 있다. 회사는 운영절차에 많은 변화가 필요함을 알게 되었다. 진척도는 느리지만 공장에 대해 새로운 성과지표를 개발하려고 노력 중이다.

성과를 평가하고 개선이 이루어질 수 있는 곳을 결정하려는 노력의 일환으로 경영자는 지난 4개월에 대한 활동과 관련하여 다음의 자료를 수집하였다.

	월			
	1	2	3	4
품질 통제 측정치				
결점수량	185	163	124	91
보증수리요청수량	46	39	30	27
고객불만수량	102	96	79	58
재료 통제 측정치				
주문시간	8 일	7 일	5 일	4 일
총원가중 폐물비율	1%	1%	2%	3%
기계 성과 측정치				
기계 비가동시간비율	3%	4%	4%	6%
가동비율	95%	92%	89%	85%
셋업시간	8	10	11	12
배송 성과 측정치				
스루풋시간	?	?	?	?
제조주기효율성	?	?	?	?
납품주기시간	?	?	?	?
정시배송비율	96%	95%	92%	89%

대표이사는 스루풋시간, MCE와 납품주기시간이 성과의 중요한 측정치라는 것을 산업잡지에서 읽었으나, 어느 누구도 그것을 계산하는 방법에 대해서 알지 못한다. 당신은 이 회사로부터 도움을 요청받았고, 이러한 측정치들과 관련한 다음의 자료를 모았다.

	월간 평균일수			
	1	2	3	4
단위당 준비시간	9.0	11.5	12.0	14.0
단위당 검사시간	0.8	0.7	0.7	0.7
단위당 공정시간	2.1	2.0	1.9	1.8
단위당 대기시간	2.8	4.4	6.0	7.0
단위당 이동시간	0.3	0.4	0.4	0.5

요구사항:

1. 매월 아래의 성과지표를 구하시오.
   a. 스루풋시간(throughput time).
   b. 제조주기효율성(MCE).
   c. 납품주기시간.
2. 위 (1)에서 계산한 성과지표와 이 문제에서 주어진 성과지표를 사용하여 다음을 구하시오.
   a. 개선될 것 같은 분야를 설명하시오.
   b. 악화될 것 같은 분야를 설명하시오.

3. 위에서 주어진 4월의 검사시간, 공정시간 등을 참고하시오.
   a. 이 회사가 린 생산방식을 사용해서 준비시간을 완전히 제거할 수 있다는 점을 제외하고, 5월의 검사기간, 공정시간 등은 4월과 같다고 가정하자. 스루풋시간(throughput time)과 제조주기효율성을 구하시오.
   b. 이 회사가 린 생산방식을 사용해서 대기시간과 검사시간을 완전히 제거할 수 있다는 점을 제외하고, 6월의 검사시간, 공정시간 등은 4월과 같다고 가정하자. 스루풋시간(throughput time)과 제조주기효율성을 구하시오.

문제 12–16 균형성과표 작성 [학습목표 12-4]

Mason Paper Company(MPC)는 컴퓨터 프린터와 사진인화기에서 사용하는 인쇄용지를 제조한다. MPC는 최근 2년 동안 대형 경쟁자들의 가격압박으로 인해 영업순손실을 기록하였다. Kristen Townsend(CEO), Mike Martinez(생산부사장), Tom Andrews(마케팅부사장)와 Wendy Chen(CFO)로 구성된 MPC 경영진은 파산에 임박한 회사를 구하기 위한 전략의 변화를 고민하고 있다. 최근에 이루어진 경영진회의에서 발췌한 대화내용은 다음과 같다.

Townsend: 우리가 알고 있는 것처럼, 인쇄용지 제조사업은 모두 규모의 경제라는 것이 있습니다. 단위당 최저가격으로 대형 경쟁자들은 우위를 점하고 있습니다. 우리는 낙후된 기계의 생산한계로 대량생산 인쇄용지에서 경쟁이 되지 않고 있습니다. 게다가, 새 기계를 취득하여 생산능력을 확장시키려는 계획은 상당히 비싼 가격 때문에 보류 중입니다. 나는 전략목표로서 원가의 절감을 포기하고 미래에 성공의 핵심으로 제조유연성을 추구할 것을 제안합니다.

Chen: 제조유연성이요? 그게 무슨 의미지요?

Martinez: 이것은 "가능한 대량생산하자"는 모토를 없애자는 것입니다. 대신 우리는 규격화되어 있지 않은 특성화된 인쇄용지를 제작하는 소량의 사업기회를 추구할 필요가 있습니다. 이러한 시도가 성공하기 위해서 우리는 세 가지 방법으로 유연성을 향상해야 합니다. 첫 번째, 우리는 용지의 등급 간 전환 능력을 개선하여야 합니다. 지금 당장 우리는 다른 용지등급으로 전환하는데 평균 4시간이 소요됩니다. 적시 고객배송은 혁신성과의 함수입니다. 두 번째, 우리는 제조할 수 있는 용지등급의 범위를 확장시킬 필요가 있습니다. 우리는 겨우 세 가지 등급의 용지만을 제조합니다. 우리는 고객들이 원하는 모든 용지의 등급을 원스톱서비스로 충족시키고 있다는 것을 알도록 해야 합니다. 세 번째, 우리는 표준화되지 않은 용지등급의 산출률(예를 들면 총투입량에서 만들어지는 생산수량의 비율)을 개선시킬 필요가 있습니다. 우리가 공정의 개선을 위해 무언가를 하지 않으면 이러한 등급에서의 낭비 비율은 수용할 수 없을 정도로 높을 것이라고 확신합니다. 우리가 이러한 수율 증가를 할 수 없다면 변동원가는 곧 최고조에 달하게 될 것입니다.

Chen: 잠깐만요! 이러한 변화는 우리의 장비들의 활용 횟수를 감소시킬 것입니다.

Andrews: Wendy 당신이 옳습니다. 그러나 유연성을 통한 경쟁을 할 때에는 장비의 활용 횟수는 중요하지 않습니다. 우리의 고객들은 장비의 활용에는 관심을 갖지 않습니다. 대신에 이전에 Mike가 언급한 것처럼 고객들은 용지등급의 광범위한 범위에서 소량이라도 적시에 배달되기를 원하고 있습니다. 우리가 제품의 주문에서부터 고객에게 배송되기까지 경과시간을 줄일 수 있고 제품의 주문을 확대할 수 있다면, 우리는 현재의 고객으로부터의 매출을 증가시키고 새로운 고객도 유치할 수 있습니다. 또한, 우리는 일반적으로 원가에 초점이 맞추어져 있는 대형 경쟁시장에 비해 이

틈새시장에서는 경쟁이 제한되어 있기 때문에 프리미엄 가격을 부과할 수 있습니다. 우리의 톤당 공헌이익은 극적으로 향상될 것입니다.

Martinez: 물론 이러한 정책의 실행은 쉽지는 않습니다. 궁극적으로 유연생산능력을 창출하는 사람은 우리 종업원이기 때문에 교육훈련에 상당한 투자가 필요할 것입니다.

Chen: 우리가 이러한 새로운 정책을 채택한다면, 어떻게 성과를 측정할 것인가에 틀림없이 영향을 미치게 됩니다. 우리의 유연생산 목표를 뒷받침하는 의사결정에 종업원들을 동기부여하도록 성과측정치를 만들 필요가 있습니다.

Townsend: Wendy, 그게 정확한 핵심이에요. 다음 회의를 위해 우리의 새로운 전략을 지지하는 몇가지 잠재적인 성과측정치를 도출할 수 있나요?

요구사항:

1. MPC의 과거의 제조전략과 새로운 제조전략을 비교하시오.
2. 회사가 전략목표를 수정하는 경우 성과지표도 바뀌는 이유는 무엇인가? 이전에 MPC의 전략의 성과에 대한 적절한 성과지표의 예는 무엇인가? 그러한 지표가 새로운 MPC 전략을 지지하는데 왜 실패하는가? 이를 측정하기 위해 사용되는 예는 무엇이 있는가? 이를 이용하여 새로운 MPC의 전략 성과를 측정하지 못하는 이유는 무엇인가?
3. MPC의 새로운 제조전략을 지지하는 균형성과표를 작성하시오. 성과지표 사이의 인과관계를 나타내기 위해 화살표를 사용하고, 시간이 지남에 따라 성과지표가 증가해야 하는지 감소해야 하는지도 보여주시오. 이 장에서 특별히 언급하지 않은 측정치를 자유롭게 만들도록 하시오. 그럼에도 불구하고 회사의 주어진 전략목표를 알 수 있도록 하시오.
4. MPC의 균형성과표를 작성하기 위해서 필요한 가정은 무엇인가? 이러한 가정들 중에서 가장 문제가 되는 것은 무엇이며 그 이유는 무엇인가?

문제 12-17 품질원가보고서 분석 [학습목표 12-2]

Texas에 위치한 Mercury Inc.는 이동통신기기를 생산하는 회사이다. 최근 해외의 경쟁사들로 인해 시장점유율이 위협을 받고 있다. 특히 시장에서는 가격과 품질을 중심으로 경쟁이 치열하다.

수년전 소비자 조사에서 Mercury Inc.사의 이동통신기기에 대한 품질평가는 매우 낮게 나타났다. 이러한 결과에 충격을 받은 Mercury의 경영자 Jorge Gomez는 제품의 품질 향상을 위해 많은 노력을 기울였다. 제품 품질 향상을 위한 팀을 만들었는 데 이 팀은 엔지니어링, 마케팅, 고객 서비스, 생산, 회계 부서의 대표자들로 구성되었다.

이 팀의 첫 번째 회의가 끝난 후 마케팅 부서의 매니저인 Holly Elsoe는 생산 부서 매니저 John Tran에게 이 팀에 대한 의견을 물었다. Tran은 품질의 개념이 너무 추상적이므로 좀 더 명확한 목표 수치가 필요하다고 답했다. 또한 변수가 너무 많아서 통제할 수 없는데 이러한 품질원가에 근거하여 내 연말 보너스를 결정하는 것을 납득할 수 없다고 말했다.

Mercury의 품질향상 프로그램은 1년간 시행되었으며, 가장 최근의 품질원가 보고서는 다음과 같다.

Mercury, Inc. 품질원가보고서 (단위: $1,000)	전기	당기
예방원가:		
기계 유지비	$ 70	$ 120
공급자 교육	0	10
품질분임조	0	20
총 예방원가	70	150
평가원가:		
원재료 검사비	20	40
제품 품질검사	80	90
총 평가원가	100	130
내부실패원가:		
재작업	50	130
작업폐물원가	40	70
총 내부실패원가	90	200
외부실패원가:		
보증수리비	90	30
제품회수비	320	80
총 외부실패원가	410	110
총 품질원가	$ 670	$ 590
총 제품원가	$4,200	$4,800

Elsoe는 현재 기록된 보고서에 의한 품질향상 프로그램에 대한 의사를 Tran에게 물었다. Tran은 새로운 품질향상 프로그램이 우리의 보너스에 큰 영향을 주지는 않아서 다행이지만 생산부서의 업무량이 많이 증가했다고 답했다. 또한 제품회수와 재작업도 줄어들고 있다고 답했다.

요구사항:

1. 양년도의 총제품원가와 총품질원가의 비율이 포함된 품질원가보고서로 확장하여 작성하시오. 소수점 한자리까지 계산하시오. 보고서에 따르면 Mercury Inc.의 품질향상 프로그램은 성공적이었는가? 그 이유를 포함하여 답하시오.
2. 품질향상 프로그램으로 인해 생산부서의 작업량이 지속적으로 증가할 것이라고 기대하는가?
3. Jorge Gomez는 품질향상 프로그램은 필수적이므로 제품 품질 향상을 위한 노력을 무시하지 않을 것이라고 믿고 있다. 품질향상 프로그램을 이행하지 않음으로 인해 발생하는 원가를 측정할 수 있는 방법이 있을지에 대해 논하시오.

문제 12–18 균형성과표 작성 [학습목표 12-4]

Ariel Tax Services는 개인과 기업고객에 대한 세무신고를 대행한다. 회사가 점점 확대되어 10개의 사무소가 되자 설립자인 Max Jacobs는 영업의 통제력을 상실하고 있음을 느끼게 되었다. 이러한 걱정을 해결하기 위해 그는 현재 영업을 통제하는 데 도움이 되고, 20개의 사무소까지 확장하려는 그의 계획을 촉진하기 위해서 성과측정시스템을 실행하기로 결정하였다. Jocobs는 사업의 성공열쇠를 다음과 같이 진술하였다.

"우리의 진정한 자산은 우리 직원입니다. 우리는 반드시 직원들의 동기부여가 높게 유지되도록 해야 하며, 우리는 계속해서 최고의 직원만을 고용해야 합니다. 흥미롭게도 직원의 사기와 채용의 성공은 모두 보상과 경력향상이라는 두 가지의 공통된 요소에 의해 추진됩니다. 즉 빠른 승진을 통한 경력향상의 기회를 제공함과 동시에 업계의 평균보다 높은 수준의 보상을 제공함으로써, 높은 사기를 유지하고 매력적인 일터로 만드는 것입니다. 이것은 일자리를 제공하는 것보다 일자리를 찾아오게 하는 비율을 더 높게 합니다."

"최고 자격이 있는 사람을 고용하고 그들에게 활력을 불어 넣는 것은 영업의 성공을 가능케 하는 것인데, 우리 사업에서 그것은 생산성, 효율성, 효과성의 역할을 합니다. 생산성은 노동자들을 게으름보다는 보상을 받을 수 있도록 촉진합니다. 효율성은 세무 신고하는 데 필요한 시간을 줄임으로써 이루어집니다. 마지막으로 효과성은 실수를 해서는 안 된다는 측면에서 우리 사업의 가장 핵심적인 것입니다. 세무신고가 빠르게 이루어졌다고 하더라도 실수가 존재한다면 아무런 의미가 없습니다."

"회사의 성장은 기존 고객의 만족으로부터 구전되어 새로운 고객을 창출하는 것에 좌우됩니다. 고객들은 무실수, 적시성 그리고 친절한 세무신고 준비에 가치를 두기 때문에 해가 지날수록 고객들이 늘어날 것이라고 믿습니다. 친절함은 우리 사업의 중요한 측면입니다. 이것을 서비스 품질이라 부르며 행복한 종업원은 고객을 배려와 관심으로 대한다는 측면에서 종업원의 사기와 밀접하게 관련됩니다."

"매출액의 증가는 우리 미래 계획에 분명하게 중요한 요소이지만, 수익성의 증가가 수반되지 않는다면 의미가 없습니다. 그런 까닭에 우리는 매출액 증가뿐만 아니라 원가 – 효율성을 통해 이익마진이 증가된다는 것을 알고 있습니다. 인건비가 가장 큰 비용으로 주어진 상황에서, 우리는 반드시 직원수준과 수익창출 간의 최상의 균형을 유지하여야 합니다. 이미 제가 언급한 것처럼 이러한 균형을 유지하는 열쇠는 직원의 생산성입니다. 만약에 우리가 원가 – 효율을 통한 매출 성장을 이룬다면, 결국 우리는 20개의 수익성 있는 사무소를 가지게 될 것입니다!"

요구사항:

1. Ariel Tax Services의 균형성과표를 만드시오. 도표 12–5의 구조를 이용하여 성과표의 측정치를 연결하시오. 각 측정치가 증가 혹은 감소될 것으로 기대되는지를 나타내시오. 이 장에서 특별히 언급되지 않은 측정치들을 설정하는 데 자유롭다고 생각하되, 회사의 전략적 목표는 보이도록 하시오.
2. Ariel Tax Services의 균형성과표를 만들 때 필요한 가정은 무엇인가? 이러한 가정 중에서 가장 의문이 되는 것은 무엇이며 그 이유는 무엇인가?
3. 총세금환급액(Total Dollar Amount of Tax Refunds Generated)이라는 내부비지니스프로세스 평가지표를 실행하는 것의 잠재적인 이점과 단점에 대해서 논하시오. Ariel의 균형성과표에 이러한 측정치의 사용을 추천하겠는가?
4. 당신이 작성한 균형성과표와 관련하여 그것이 사무소의 개별성과를 측정하려는 시도에 유용하겠는가? 그런 이유와 그렇지 않은 이유는?

문제 12-19 품질원가보고서 [학습목표 12-2]

강력한 해외 경쟁회사에 대응하기 위해, Florex Company의 경영자는 지난 몇 년간 자사 제품의 품질을 향상시키기 위해 노력해왔다. 통계적 공정관리시스템이 설치된 이후 과거에 증가 추세를 보이던 보증수리비와 현장서비스 비용이 감소하였다. 최근 2년간 발생한 품질원가들은 다음의 표와 같다.

	원가(단위: $1,000)	
	전기	당기
감독	$750	$900
품질경영	$420	$570
검사설비 감가상각비	$210	$240
재작업 노무원가	$1,050	$1,500
통계적 품질관리	$0	$180
현장서비스 원가	$1,200	$900
시험을 위한 소모품	$30	$60
시스템 개발	$480	$750
보증수리	$3,600	$1,050
작업폐물원가	$630	$1,125
제품 검사	$810	$1,200
제품 리콜	$2,100	$750
공손품 처분	$720	$975

매출액은 평균적으로 매년 $75,000,000이다. 경영자는 최근 몇 년간 품질을 향상시키기 위해 많은 금액을 투자했으나, 이러한 투자가 효과를 내고 있는지에 대해 걱정하고 있다.

요구사항:

1. 당기와 전기가 포함된 품질원가보고서를 작성하시오(매출액 대비 비율은 소수점 이하 2자리까지 표시하시오).
2. 품질원가의 종류별 분포를 나타내는 막대그래프를 작성하시오.
3. 위의 요구사항 1과 2에서 작성한 내용을 참고하여 평가서를 문장으로 작성하시오. 평가서에는 회사의 품질원가의 분포에 대해서 설명하고, 각 원가의 변동 이유와 기타 경영에 참고할 정보들에 대한 설명을 추가하시오.

문제 12-20 내부비즈니스프로세스 성과지표 [학습목표 12-3]

DataSpan사는 올 초에 회사의 공장을 자동화하고 유연화 제조시스템을 설치했다. 이 회사는 또한 공급업자를 평가하며 린 생산방식으로 변경하고 있다. 이로 인해 성과측정 관련 문제를 포함한 많은 문제에 부딪히게 되었다. 수많은 연구를 통해 이 회사는 아래의 성과측정치를 사용하기로 결정하였고, 최초 4개월에 대한 측정치와 관련된 자료를 모았다.

	월			
	1	2	3	4
스루풋시간(일)	?	?	?	?
납품주기시간(일)	?	?	?	?
제조주기효율성	?	?	?	?
적시배송비율	91%	86%	83%	79%
총판매수량(개)	3,210	3,072	2,915	2,806

경영자는 스루풋시간, 납품주기시간, 제조주기효율성(MCE)을 구하기 위해 당신에게 도움을 요청했다. 지난 4개월 간 기록된 평균시간은 다음과 같다.

	월간 평균일수			
	1	2	3	4
단위당 이동시간	0.4	0.3	0.4	0.4
단위당 공정시간	2.1	2.0	1.9	1.8
생산 시작 전의 준비시간	16.0	17.5	19.0	20.5
단위당 대기시간	4.3	5.0	5.8	6.7
단위당 검사시간	0.6	0.7	0.7	0.6

요구사항:

1. 매월, 다음을 계산하시오.
   a. 스루풋시간
   b. 제조주기효율성(MCE)
   c. 납품주기시간
2. 최근 4개월에 대한 회사의 성과를 평가하시오.
3. 위 4개월간 이동시간, 공정시간 등을 참고하여 답하시오.
   a. 린 생산방식을 적용하는 경우 대기시간을 완전히 제거할 수 있다는 것을 제외하고, 5월의 이동시간과 공정시간 등이 4월과 동일했다고 가정하자. 새로운 스루풋시간과 제조주기효율성을 구하시오.
   b. 린 생산방식을 적용하는 경우 생산 중의 준비시간과 검사시간을 완전히 제거할 수 있다는 것을 제외하고, 6월의 이동시간과 공정시간 등이 4월과 동일했다고 가정하자. 새로운 스루풋시간과 제조주기효율성을 구하시오.

사례

사례 12–21 균형성과표 [학습목표 12-4]

Haglund 백화점은 소규모 도시 중심가에 위치하고 있다. 이 백화점은 몇 년 동안 수익성이 있었으나, 도시외곽에 매장을 개설한 전국적으로 큰 체인망으로 인해 치열한 경쟁이 증가하는 상황에 처해 있다. 최근에 중심가는 재개발이 진행되고 있어 Hagland 백화점의 소유자는 수익성의 회복에 대하여 낙관적이다.

수익성회복을 촉진하기 위하여 Haglund 백화점 경영진은 이 회사의 균형성과표 구상계획을 가지고 있다. 경영진은 이 회사가 2개의 주요 문제에 대해 집중해야 한다고 믿고 있다. 첫 번째는, 고객은 백화점 신용카드 사용으로 인한 대금을 최대한 지연하여 지불하려고 하고 있으며, 회사는 산업의 평균보다 많은 악성 부채를 갖고 있다. 만약에 이 문제가 해결된다면 이 회사는 혁신에 필요한 현금을 더 많이 갖게 된다. 연구조사를 통해 지연지불과 미지불대금으로 인한 많은 문제들은 잘못 부과된 대금에 대한 고객들의 분쟁에서 나오는 것으로 밝혀졌다. 이러한 잘못된 대금 부과는 보통 점원이 요금청구서에 요금자료를 잘못 입력함으로써 발생되었다. 두 번째로, 이 회사는 미판매된 계절상품으로 인해 거대한 손실이 발생하였다. 이러한 제품들은 할인 매장에 손해를 감수하면서 재판매된다.

균형성과표 접근방법을 토의하는 회의는 부사장 중 어느 누구도 균형성과표의 작성과 관련한 지식을 갖고 있기 않았기 때문에 매우 혼란스러웠고 쓸모없었다. 그럼에도 불구하고 여러 관리자에 의해 다양한 성과지표가 제시되었다. 잠재적인 성과지표는 다음과 같다.

a. 대금부과서의 오류율
b. 판매직원이 정확한 대금부과서를 회계 명세서에 정확하게 입력하도록 교육 받은 비율
c. 매입채무의 평균회수기간
d. 종업원 1인당 이익
e. 월간 고객조사를 통한 요금청구서의 정확도에 대한 만족도
f. 총매출이익
g. 종업원 1인당 매출액
h. 패션쇼 관람을 위한 구매자의 교통비
i. 미판매된 기말 계절상품의 매출원가 비율
j. 고참사원의 설문에 기초하여 신참사원이 고참사원에게 보여준 예의
k. 적시배송 공급자 비율
l. 매장면적 대비 매출액
m. 매출액 대비 제각된 매입채무 비율(악성채무)
n. 직원 조사에 의한 식당의 음식 품질 조사
o. 회사의 문화 다양성 워크샵에 참석하는 노동자의 비율
p. 총이익

요구사항:

1. 이 회사의 어느 누구도 균형성과표에 대한 더 많은 지식이 없어 회사는 당신에게 균형성과표를 통합해주기를 요청했다. 당신의 성과표는 앞에서 언급한 성과지표만을 사용할 수 있다. 당신은 앞에서 제시한 성과지표를 모두 사용할 필요는 없으나, 이 회사가 갖고 있는 매입채무와 미판매상품과 관련한 문제를 다루고 있음을 나타내는 균형성과표를 나타내야한다. 도표 12-5의 형식에 따라 균형성과표를 작성하시오. 정형화된 성과지표인 재무적 관점, 고객 관점, 내부프로세스 관점, 학습과 성장 관점을 이용할 필요는 없으나, 화살표를 이용하여 균형성과표의 성과지표 간 인과관계를 연결하고 성과지표가 증가해야 하는지 감소해야하는지를 설명하시오.
2. 이 회사가 균형성과표를 채택했다고 가정하자. 일년 간 운영한 후에 몇몇의 성과지표가 향상을 가져왔으나, 그 외는 그렇지 않았다면, 경영자가 취해야 하는 행동은 무엇인가?
3. a. 고객들은 요금청구서의 정확도에 대해서는 더 큰 만족을 표현했으나, 매입채무의 평균회수기간의 성과지표는 전혀 향상되지 않았다고 가정하자. 이러한 상황이 발생한 이유를 설명하시오.
   b. 매출채권 평균회수기간, 악성부채와 미판매재고 관련 성과지표가 향상되었으나, 총이익은 변화가 없었다고 가정하자. 이런 상황이 왜 발생하는지를 설명하시오. 회사 내에 설명이 있다고 가정하시오.

Chapter

13

차액분석: 의사결정의 핵심

https://www.greatplacetowork.com/worlds-best-profile/sas

학습목표

13장을 공부한 후에 다음을 할 수 있어야 한다.

학습목표 13-1 의사결정에서 관련 또는 비관련원가와 효익을 식별한다.

학습목표 13-2 생산부서 또는 다른 사업부문의 추가 또는 폐지 의사결정을 분석한다.

학습목표 13-3 제조 또는 구매 의사결정을 분석한다.

학습목표 13-4 특별주문의 수락여부에 대한 의사결정을 분석한다.

학습목표 13-5 가장 수익성 높은 제약자원의 활용법을 결정한다.

학습목표 13-6 제약자원의 추가로 인한 가치를 계산한다.

학습목표 13-7 결합제품을 분리점에서 판매할지 추가로 가공할지 분석한다.

학습목표 13-8 (부록 13A) 원가가산 가격결정에 대한 전부원가계산 접근법을 이용하여 제품의 판매가격을 계산한다.

학습목표 13-9 (부록 13A) 고객의 가격 민감도가 가격결정에 어떻게 영향을 미치는지 이해한다.

학습목표 13-10 (부록 13A) 가치기반 가격결정을 이용하여 가격 의사결정을 분석한다.

학습목표 13-11 (부록 13A) 새로운 제품과 서비스의 목표원가를 계산한다.

의사결정의 질적 측면의 이해

BUSINESS FOCUS

SAS는 노스캐롤라이나 주의 Cary에 위치한 200 에이커의 캠퍼스에 위치한 32억 달러 규모의 비상장회사이다. 이 회사는 전 직원이 무료로 이용할 수 있는 워크라이프 센터(Work/Life center)를 회사 안에 운영하고 있다. 이 센터는 석사 수준의 전문가들을 직원으로 고용하여 직원들의 육아, 스트레스 관리, 인간관계 관리, 자녀입시준비 그리고 노후관리 등을 돕고 있다. 또한 워크라이프 밸런스와 관련된 2,500권 이상의 책을 보유하고 있는 도서관과 직원들에게 휠체어, 보행기, 샤워용 의자 등의 의료기구를 단기간 무료로 빌려주는 돌봄센터도 운영한다.

비록 이러한 투자의 효용을 측정하기는 어렵지만, SAS는 행복하고 건강한 종업원이 회사의 성공에 있어 가장 중요하다고 굳게 믿고 있다. 이러한 목표를 위해서 회사는 의사, 전문 간호사, 간호사, 물리치료사, 등록 영양사 그리고 임상병리사가 상주하고 있는 사내 헬스케어센터와 사내 약국을 운영하고 있다. ■

Source: SAS 2016 Full-Time Employee Benefits Summary. *To learn more about the benefits that SAS offers its employees,* visit https://www.sas.com/en_us/company-information/employee-retiree-services.html#for-employees-their-families.

이 **장에서는 경영자의 가장 중요한 책임, 즉 의사결정에 대해 논의한다.** 의사결정의 예로는 어떤 제품을 팔 것인지, 부품을 만들 것인지 또는 살 것인지, 가격을 얼마로 매길 것인지, 어떤 유통 채널을 사용할 것인지, 특별 가격으로 특별 주문을 받아들일 것인지를 결정하는 것이 있다. 이런 결정을 내리는 것은 흔히 여러 대안들과 방대한 데이터로 인해 복잡하고 어려운 작업이지만, 이 장에서는 중요한 정보에만 초점을 맞추는 방법을 배우게 될 것이다.

의사결정: 여섯 가지 핵심 개념

현명한 의사결정을 내리기 위해 이해해야 할 여섯 가지 핵심 개념이 있다. 이 절에서는 각 개념에 대해 논의한 다음, 이번 장의 연습문제를 해결하는 데 도움이 되는 몇 가지 추가 용어를 소개하고 마무리한다.

> **학습목표 13-1**
> 의사결정에서 관련 또는 비관련원가와 효익을 식별한다.

핵심 개념 #1

모든 의사결정은 적어도 두 가지 대안 중 하나를 선택하는 것을 포함한다. 따라서 의사결정의 첫 번째 단계는 고려중인 대안을 정의하는 것이다. 예를 들어, 기업이 부품을 만들 것인지 아니면 외부 공급자에게서 구매할 것인지를 결정하는 경우, 대안은 부품 부품을 만들거나 사는 것이다. 마찬가지로, 기업이 특정 제품을 중단하는 것을 고려하고 있다면, 대안은 그 제품을 유지하거나 중단하는 것이다.

핵심 개념 #2

대안을 정의한 후에는 그 중에서 선택하기 위한 기준을 확인할 필요가 있다. 대안들 사이에서 선택하기 위한 핵심은 관련되거나 관련되지 않은 원가와 효익을 구별하는 것이다. 의사결정을 할 때 **관련 원가(relevant costs)**와 **관련 효익(relevant benefits)**이 고려되어야 한다. 의사결정을 할 때 비관련 원가와 비관련 효익은 무시되어야 한다. 이것은 두 가지 이유로 중요한 개념이다. 첫째, 비관련 데이터를 무시할 수 있기 때문에 의사결정자들은 상당한 시간과 노력을 절약할 수 있다. 둘째로, 잘못된 결정들은 대안을 분석하면서 부적절한 원가와 효익을 포함시킬 때 쉽게 발생할 수 있다.

핵심 개념 #3

효과적인 의사결정의 핵심은 **차액분석**(*differential analysis*)에 있다. 즉, 대안 간에 서로 다른 미래 원가와 효익에 초점을 맞춘다. 다른 모든 것은 비관련으로 무시되어야 한다. 두 가지 대안 사이에 차이가 있는 미래원가는 차액원가(differential cost)라고 알려져 있다. 차액원가는 항상 관련원가이다. 두 가지 대안 간에 다른 미래 수익을 **차액수익(differential revenue)**이라고 한다. 차액수익은 관련된 효익의 한 예다.

증분원가(*incremental cost*) 또는 회피가능원가(*avoidable cost*)라는 용어는 흔히 차액원가를 설명하는 데 사용된다. **증분원가**는 두 대안 사이의 비용 증가를 말한다. 예를 들어, 당신이 좋아하는 자동차의 표준 모델과 디럭스 모델 중 하나를 선택하는 경우, 디럭스 모델에 포함된 업그레이드 비용은 증분원가이다. **회피가능원가**는 다른 대안 대신 하나의 대안을 선택하여 회피할 수 있는 비용이다. 예를 들어, 오늘 밤에 영화를 보기로 결정했지만, 여러분은 영화관에 가거나 영화를 대여하는 두 가지 대안 중 하나를 선택해야 한다. 영화관 입장권 비용은 피할 수 있는 비용이다. 영화를 빌리면 이 비용을 피할 수 있을 것이다. 마찬가지로 영화관에 간다면 영화 대여료는 피할 수 있는 비용이다. 회피가능원가(및 증분원가)는 항상 관련원가이다.

차액원가와 효익은 본질적으로 질적 또는 양적일 수 있다. 대안 간의 질적 차이가 의사결정에 중요한 영향을 미칠 수 있으므로 무시해서는 안 된다. 이 장의 목표는 여러분의 양적 분석 기술을 연마하는 것이다. 따라서 우리의 주된 초점은 양적 차액원가 및 차액효익 분석에 맞춰질 것이며, 이를 통해 미래현금흐름에 미치는 영향을 쉽게 측정할 수 있다.

핵심 개념 #4

매몰원가는 대안을 선택할 때 항상 관련이 없다. **매몰원가**는 이미 발생한 비용이며, 경영자의 결정에 관계없이 변경할 수 없다. 매몰원가는 미래현금흐름에 영향을 미치지 않으며 어떠한 대안을 고려하더라도 동일하게 유지되므로, 이러한 원가는 관련성이 없으며 의사결정을 할 때 무시되어야 한다.

예를 들어, 한 회사가 5년 된 트럭을 12,000달러에 샀다고 가정해보자. 트럭에 지불한 금액은 이미 발생했고 거래를 취소할 수 없기 때문에 매몰원가이다. 트럭에 지불된 12,000달러는 트럭을 유지할지, 판매할지, 교체할지를 결정하는 것과 무관하다. 더욱이 트럭과 관련된 회계상 감가상각비는 의사결정과 무관하다. 회계상 감가상각비는 미래현금흐름에 영향을 미치지 않는 비현금비용이기 때문이다. 그것은 단지 트럭의 내용연수에 걸쳐 매몰원가를 분산시킬 뿐이다.[1]

핵심 개념 #5

대안 간에 차이가 없는 미래원가와 효익은 의사결정 과정과 무관하다. 앞의 영화 예제(핵심 개념 #3)에서 당신이 영화를 본 후에 **Domino's** 피자를 살 계획이라고 가정해보라. 영화관람 장소와 상관없이 똑같은 피자를 사려고 한다면 극장이나 대여소를 선택할 때 피자의 가격은 무관하다. 피자 값은 아직 발생하지 않았기 때문에 매몰원가는 아니다. 그럼에도 피자 값은 대안 간에 차이가 없는 미래 비용이기 때문에 장소 선택과 무관하다.

1 세금효과를 고려할 때 감가상각비가 의사결정에 미치는 영향에 대해서는 부록 14C를 참고하라.

핵심 개념 #6

의사결정을 할 때는 기회비용도 고려할 필요가 있다. **기회비용**은 하나의 대안을 선택할 때 포기되는 다른 대안의 잠재적 효익이다. 예를 들어, 해외여행을 위해 높은 급여의 여름방학 아르바이트를 포기하는 것을 고려하고 있다면, 포기한 급여는 해외여행의 기회비용이 될 것이다. 기회비용은 일반적으로 회계기록에서 발견되는 것은 아니지만, 경영자가 내리는 모든 결정에서 명시적으로 고려해야 하는 차액원가의 일종이다.

이장에서는 사업부의 추가나 폐지, 제조 또는 구매, 특별주문 그리고 추가가공여부와 같은 다양한 의사결정을 다룬다. 이처럼 다양한 주제를 다루는 것이 다소 버겁게 느껴질 수 있지만, 이 모든 주제들은 차액원가와 차액효익을 기준으로 대안을 선택한다는 하나의 주제를 공유한다는 점을 명심하라. 이러한 주제를 강조하기 위해서 다양한 학습목표를 다루는 연습문제에서 대안을 고르라고 물어볼 때 동일한 용어(재무적 유리 또는 불리)를 자주 사용할 것이다. 예를 들어 다양한 연습문제에서 다음과 같이 질문할 것이다.

1. 점포를 폐쇄하는 것은 재무적으로 유리(불리)한가?
2. 부품을 제조하는 것보다 외부로부터 구매하는 것이 재무적으로 유리(불리)한가?
3. 특별주문을 수락하는 것이 재무적으로 유리(불리)한가?
4. 중간재를 추가 가공하는 것이 재무적으로 유리(불리)한가?

만약 점포의 폐쇄, 특별주문의 수락과 같은 의사결정에서 비용/효익 테스트를 통과하는 대안을 찾는다면 모든 다양한 맥락에서 재무적으로 유리한 대안이 존재한다. 즉, 대안의 차액효익(미래의 현금유입)이 차액원가(미래의 현금유출)를 초과하는 경우를 말한다. 반대로 대안의 차액효익이 차액원가보다 적어서 비용/효익 테스트를 통과하지 못할 때는 재무적으로 불리한 대안이다.[2]

관련 원가와 효익 식별하기: 예제

현재 보스톤의 MBA 과정에 재학 중인 Cynthia는 주말 동안 뉴욕에 있는 친구를 방문하려 한다. 그녀는 자동차로 운전해서 갈지 아니면 기차를 타고 갈지를 결정하려 한다. 그녀는 빠듯한 예산 때문에 두 가지 대안을 신중하게 고려하려고 한다. 만약 하나의 대안이 다른 대안보다 훨씬 저렴하다면, 그녀의 선택에 있어 그것이 결정적일 것이다. 보스톤에서 뉴욕에 있는

2 기업의 수명기간 동안 누적 현금흐름과 누적 당기순이익은 같다. 그러므로 만약 미래 현금흐름을 극대화하는 의사결정이라면 미래 누적 당기순이익을 극대화한다. 그러나 발생액(accruals) 때문에 어떤 특정한 시점의 당기순이익은 현금흐름과 다르게 된다. 미래 현금흐름 극대화를 기준으로 한 의사결정은 단기적으로 당기순이익을 줄이지만, 장기적인 누적 당기순이익은 다른 기준에 의한 의사결정보다 크게 된다.

그녀 친구의 아파트까지는 자동차로 230마일이다. Cynthia는 고려해야 할 사항에 대해 다음과 같이 목록을 작성하였다.

자동차 원가			
	항목	고정항목의 연간원가	마일당 원가 (연간 1만 마일 기준)
(a)	자동차의 연간 정액법 감가상각비 [($24,000 취득원가 − $10,000 5년후 중고가격)/5년]	$2,800	$0.280
(b)	가솔린원가($3.30/갤론 ÷ 33마일/갤론)		0.100
(c)	자동차보험과 면허에 대한 연간원가	$1,380	0.138
(d)	유지 및 보수		0.065
(e)	교내 주차비($45/월 × 8개월)	$360	0.036
(f)	마일당 총평균원가		$0.619

추가자료		
	항목	
(g)	마모에 따른 중고차가격의 감소분	마일당 $0.080
(h)	보스톤에서 뉴욕까지의 왕복승차권	$114
(i)	운전대신 기차를 이용함으로써 휴식과 공부할 수 있는 효익 ..	?
(j)	여행기간 중 애완견을 보관하는 원가	$80
(k)	뉴욕에서 자동차를 이용하는 효익	?
(l)	뉴욕에서 자동차를 주차하는 데 드는 노력	?
(m)	뉴욕에서의 주차비	하루당 $25

어떤 원가와 효익이 이 의사결정과 관련되어 있는가? 오직 차액원가와 효익이 관련되어 있음을 기억하자. 그 밖의 모든 것들은 관련이 없고, 고려하지 않아도 된다.

가장 위에 있는 항목 (a)부터 살펴보자. 자동차의 취득원가는 매몰원가이다. 이미 발생하였으며 대안별로 차이가 없다. 결과적으로 이것은 의사결정과 관련이 없고, 고려하지 않아도 된다. 매년 발생하는 회계상 감가상각비 $2,800는 단지 5년에 걸쳐 배분되는 매몰 원가이다.

항목 (b)는 뉴욕까지 주행할 때 소요되는 휘발유 원가이므로 관련원가이다. 만약 Cynthia가 기차를 이용한다면, 이 원가는 회피가능하다. 그러므로 이 원가는 대안별로 차이가 나기 때문에 관련원가이다.

항목 (c)는 자동차보험과 면허에 대한 연간 비용으로 비관련 원가이다. Cynthia가 이번 여행을 위해 기차를 타든지 자동차를 운전하든지 그녀의 연간 보험료와 면허비용은 동일하기 때문이다.[3]

3 만일 Cynthia가 뉴욕에 운전해서 가거나 돌아오는 길에 사고가 났다면, 보험계약이 갱신될 때 그녀의 보험료가 할증 될 것이다. 이 경우 보험료의 증가는 이번 여행의 관련원가가 될 것이지만, 일반적인 경우에서의 정상적인 보험료는 비관련 원가이다.

항목 (d)는 유지 및 수리원가로 관련원가이다. 유지 및 수리원가에는 많은 무작위적인 요소가 포함되어 있으나, 이것들은 장기적으로 자동차 주행거리에 비례할 것이다. 따라서 마일당 평균원가 $0.065는 합리적인 추정치이다.

항목 (e)는 학기 중 교내 주차비로서 비관련 원가이다. 차를 운전하든지 기차를 타고 가든지 상관없이 어떠한 대안을 선택하든 주차비는 학교에 지불해야 할 것이다.

항목 (f)는 마일당 총평균원가 $0.619이다. 위에서 논의한대로, 이 총원가 중 일부는 관련원가이고, 나머지는 관련원가가 아니다. 비관련 원가를 포함하고 있기 때문에, 뉴욕까지 차로 왕복한 원가를 $.0.619에 460마일(편도 230마일×2)을 단순히 곱하여 추정하는 것은 부정확하다. 이렇게 잘못된 접근법은 $284.74의 주행원가를 산출할 것이다. 불행히도, 이러한 실수는 일상생활에서나 업무 중에서나 종종 발생한다. 총원가가 마일당 기준으로 표시되기 때문에, 사람들은 쉽게 현혹된다. 사람들은 종종 원가가 마일당 $0.619라고 하면 100마일의 주행원가는 $61.90이라고 생각한다. 하지만 그렇지 않다. 마일당 $0.619에 포함된 많은 원가는 매몰 그리고/또는 고정되었으므로 100마일을 더 주행한다고 해도 증가하지 않는다. $0.619는 평균원가이지 차액원가가 아니다. 이렇게 단위로 표시된 원가(예를 들어 단위당, 마일당, 직접노무시간당, 기계시간당 등 화폐금액으로 표시된 원가)에 주의하자. 그것들은 종종 오해의 소지가 있다.

항목 (g)는 더 많은 거리를 주행함으로써 발생하는 자동차 중고가격의 하락 분으로서 의사결정과 관련 있다. 만약 그녀가 차량을 사용한다면 차량의 중고가격은 하락 할 것이고, 이것은 자동차를 사용하는 데 따른 실질원가로써 고려되어야 한다. Cynthia는 이 원가를 *Kelley Blue Book* 웹사이트(www.kbb.com)를 통해 산출하였다. 자산을 사용하거나 시간이 지남에 따른 중고가격의 하락은 종종 실질 또는 **경제적 감가상각**이라고 부른다. 이것은 자산의 매몰원가를 효익이 발생하는 기간에 대응시키는 회계상 감가상각과는 다르다.

항목 (h)는 기차의 왕복승차권 가격인 $104로서 의사결정과 관련이 있다. 만약 그녀가 운전 한다면 승차권의 구입을 회피할 수 있었다.

항목 (i)는 기차에서 휴식이나 공부하는 것으로 비록 화폐가치로 나타내기 어렵다 할지라도 의사결정과 관련이 있다. 하나의 대안에서는 누릴 수 있는 혜택이나 다른 대안에서는 불가능하기 때문에 관련이 있다.

항목 (j)는 그녀가 여행하는 중 애완견을 보관하는 원가로 의사결정과 관련이 없다. 그녀가 뉴욕까지 기차를 타든 운전해서 가든 그녀는 여전히 애완견을 보관할 필요가 있을 것이다.

항목 (i), 항목 (k)와 (l)은 비록 화폐적 영향을 측정하기 어렵다 할지라도 의사결정과 관련이 있다.

항목 (m)은 뉴욕에서의 주차비로 의사결정과 관련이 있다.

관련 자료를 취합한 결과, Cynthia는 주행하거나 기차를 타는데 따른 관련원가를 다음과 같이 산출할 수 있을 것이다.

뉴욕까지 운전할 경우 관련된 재무적 원가	
휘발유(460마일 × $0.100/마일)	$ 46.00
유지 및 수선(460마일 × $0.065/마일)	29.90
주행에 따른 중고차 가치 감소분 (460마일 × $0.080/마일)	36.80
뉴욕에서의 주차비(2일 × $25/일)	50.00
합계	$ 162.70
뉴욕까지 기차를 이용할 경우 관련된 재무적 원가	
보스톤에서 뉴욕까지 기차왕복승차권	$ 114.00

Cynthia는 어떻게 해야 할까? 순수한 재무적 관점에서는 기차를 이용하는 것이 자가용을 이용하는 것보다 $48.70($162.70 − $114.00) 저렴하다. Cynthia는 뉴욕에서 자가용을 이용하는 편리함이 추가적인 비용 그리고 기차에서 쉬거나 공부하지 못하는 불이익과 도시에서 주차공간을 찾는데 들어가는 수고를 능가하는지 결정해야 한다.

기업현장 | IN BUSINESS

사이버보안의 비용 및 효익과 씨름하는 회사들

여러 사이버보안 투자전략들의 비용과 효익을 정량화하는 작업은 기업이 하기 어렵다. 한편 사이버보안에 대한 충분치 못한 지출로 인한 피해는 어마어마하다. **Heartland Payment Systems**는 사이버 범죄자들이 1억 달러 이상의 신용카드와 직불카드 번호를 훔쳤을 때 벌금과 1억 5천만 달러의 법적 비용을 지불해야 했다. 반면에 사이버 보안에 대한 무한한 지출이 보안 침해 위험을 완전히 제거하지는 못한다. 이런 골치 아픈 현실은 **FireEye**의 최고 보안 전략가인 Richard Bejtlich에 의해 강조되고 있는데, 그는 단 1백만 달러의 자금 지원만으로 거의 모든 목표물을 해킹할 수 있는 팀을 구성할 수 있을 것이라고 주장한다.

그렇다면 기업들은 사이버 공격의 위험을 관리하기 위해 무엇을 해야 할까? **Gartner**의 Avivah Litan은 “기업이 문제발생 후 지출한 5.62달러는 침입을 방지하고 피해를 최소화하기 위한 암호화 및 네트워크 보호에 미리 지출한 1달러와 같다”고 추정하는데 우리는 이 말에서 매우 유용한 충고를 찾을지도 모른다.

Source: Yadron, Danny, “Companies Wrestle with the Cost of Security,” *The Wall Street Journal*, February 26, 2014, B3.

의사결정분석: 총원가와 차액원가 접근법

우리가 방금 살펴본 예는 기차를 타는 것과 운전하는 것의 관련 원가와 효익을 확인하는 데 초점을 맞췄다. 다른 모든 것은 무시되었다. 이 의사결정 분석 방법을 **차액 접근법**이라고 하는데, 이는 오로지 관련 원가와 효익에만 초점을 맞추고 있기 때문이다. **총원가 접근법**이라고 불리는 또 다른 의사결정 분석 방법은 관련성이 있든 없든 모든 비용과 편익을 포함한다. 올바르게 수행되면, 두 가지 방법은 항상 동일한 정답을 제공한다.

이 두 가지 방법을 비교하고 대조하기 위해서, 연간 3,000달러에 새로운 노동력 절감 기계를 대여하는 것을 고려하고 있는 회사, Oak Harbor Woodworks를 생각해 보자.

그 기계는 그 회사의 조리대 상판 라인에 사용될 것이다. 아래의 자료는 새로운 기계가 있을 때와 없을 때의 조리대 상판 부문의 연간 매출액이나 원가를 보여준다.

	현재 상황	새로운 기계 도입시 상황
생산 및 판매 수량	5,000	5,000
단위당 가격	$40	$40
단위당 직접재료원가	$14	$14
단위당 직접노무원가	$8	$5
단위당 변동간접원가	$2	$2
고정비용, 기타	$62,000	$62,000
고정비용, 새로운 기계 임대료	—	$3,000

위의 데이터를 고려할 때, 두 가지 대안에 따른 제품의 영업이익은 도표 13-1의 처음 두 열에 나타난 바와 같이 총원가 접근법을 사용하여 계산할 수 있다. 현재의 영업이익은 $18,000이고, 새로운 기계를 도입할 경우의 영업이익은 $30,000이다. 이 두 열의 영업이익의 차이는 $12,000(= $30,000 − $18,000)으로 새로운 기계를 도입할 때의 재무적 이익을 보여준다. 비관련 항목들(매출액, 직접비, 변동간접비, 그리고 고정비 등)은 양쪽 열에서 모두 나타나기 때문에, 기계를 대여할 경우의 $12,000의 유리한 차이를 제외하면 모두 취소된다.

도표 13-1
총원가와 차액원가

	현재 상황	새로운 기계 도입시 상황	차액원가와 효익
매출액(5,000개 × 개당 $40)	$ 200,000	$ 200,000	$ 0
변동비			
직접재료원가(5,000개 × 개당 $14)	70,000	70,000	0
직접노무원가(5,000개 × 개당 $8; 5,000개 × 개당 $5)	40,000	25,000	15,000
변동간접원가(5,000개 × 개당 $2)	10,000	10,000	0
총변동비	120,000	105,000	
공헌이익	80,000	95,000	
고정비			
기타	62,000	62,000	0
새로운 기계 대여료	0	3,000	(3,000)
총고정비	62,000	65,000	
영업이익	$ 18,000	$ 30,000	$ 12,000

도표 13-1의 세 번째 열은 새로운 기계를 대여하는 것과 관련된 동일한 $12,000(= $15,000 + $(3,000))의 재무적 이점을 얻기 위해 **차액원가 접근법**을 사용한다. 차액원가 및 효익 열의 양의 값은 대안 간의 차이가 새로운 기계의 도입을 선호한다는 것을 나타내며, 음의

값은 차이가 현재 상황을 선호한다는 것을 나타낸다. 이 열의 0은 두 항목에 대한 총합이 두 대안에 대해 완전히 같다는 것을 단순히 의미한다. 따라서 영업이익 간의 차이는 각 항목의 차이의 합과 같고 두 대안 간에 차이가 없는 원가와 효익은 어떠한 대안이 선호되는가에 대해서 아무런 영향을 미치지 않을 것이다. 이것이 두 대안 간에 차이가 없는 원가와 효익은 관련이 없고 무시되는 이유이다.

비관련 원가와 효익을 완전히 제외함으로써 같은 결과에 보다 빠르게 도달할 수 있었을 것이다.

- 개당 판매가격과 판매된 수량은 두 대안 간에 차이가 없다. 그러므로 총판매수익은 도표 13-1에서 보는 바와 같이 두 대안이 같다. 판매수익이 완전히 같으므로 두 대안 간의 영업이익 차이에 아무런 영향을 미치지 못한다. 도표 13-1의 마지막 열 에서 보는 바와 같이 차액효익은 $0로 표시된다.
- 개당 직접재료원가, 개당 변동간접원가, 그리고 생산수량과 판매수량은 두 대안 간에 차이가 없다. 결론적으로 총 직접재료원가와 총 변동간접원가는 두 대안에서 같으므로 무시될 수 있다.
- "기타" 고정비는 두 대안 간에 차이가 없으므로 마찬가지로 무시될 수 있다.

실질적으로 대안 간에 차이가 나는 비용은 직접노무원가와 신기계의 고정대여료이다. 그러므로 오직 이러한 관련원가에만 기초하여 두 대안을 비교할 수 있다.

새로운 기계를 대여할 때의 재무적 이익	
직접노무원가의 감소(5,000개에 개당 $3 절약)	$15,000
고정비의 증가	(3,000)
새로운 기계를 대여할 때의 재무적 이익	$12,000

만약 우리가 단지 관련원가와 효익에 초점을 둔다면, 두 대안 간에 차이가 없는 원가와 효익인 비관련 원가를 포함한 모든 원가와 효익을 고려할 때와 정확하게 같은 답(새로운 기계를 대여하는 것이 $12,000 유리)을 구하였다. 영업이익의 최종비교에서 문제가 되는 원가와 효익만이 두 대안 간에 차이가 있는 것이고, 도표 13-1의 마지막 열에서 0이 아니었기 때문에 동일한 답을 얻는다.

왜 관련원가를 구분하는가?

우리는 앞의 예제에서 대안을 분석할 때 총원가 접근법과 차액원가 접근법을 사용하여 정확하게 같은 답을 도출하였다. 그러므로 자연스럽게 "총원가에서도 마찬가지로 답을 구할 수 있는데 굳이 왜 관련원가를 분리해야 하나?"라는 질문을 할 수 있을 것이다. 관련원가를 분리하는 것은 적어도 두 가지 이유에서 타당하다.

첫째로, 두 대안에 대한 상세한 손익계산서를 작성할 때 충분한 정보를 이용하기는 쉽지 않다. 예를 들어 부문이 다양하고, 다양한 제조회사에서 한 사업 공정의 일부분과 관련된 의사결정을 부탁받았다고 가정해보자. 이러한 상황에서, 특정 형태의 손익계산서를 작성한다는 것은 실질적으로 불가능할 것이다. 따라서 의사결정을 위해 필요한 자료를 수집하는데 어떠한 원가가 관련 있고, 관련 있지 않은가를 구분할 수 있는 능력에 의존해야할 것이다.

둘째로, 비관련 원가와 관련원가를 섞어 놓는 것은 혼동을 일으킬 수 있고, 중요한 정보에 대한 집중력을 흐트러뜨릴 수 있다. 더구나 비관련 자료의 일부가 부적절하게 사용되어 잘못된 의사결정을 초래할 수도 있다. 따라서 가장 좋은 접근방법은 비관련 자료를 무시하고 전적으로 관련 자료에 근거하는 것이다.

제품라인과 다른 부문의 추가와 폐지

학습목표 13-2
생산부서 또는 다른 사업부문의 추가 또는 폐지 의사결정을 분석한다.

회사의 제품라인이나 다른 부문을 폐지하거나 새롭게 추가하는 것과 관련된 의사결정은 경영자들이 해야 할 가장 어려운 결정 중에 하나이다. 그러한 의사결정에서 많은 질적, 양적 요소들이 고려되어야 한다. 하지만 궁극적으로 사업부를 폐지하거나 새롭게 추가하는 것의 최종 결정은 전적으로 의사결정이 영업이익에 미치는 영향에 따라 달라진다. 이러한 영향을 평가하기 위해서 원가를 신중히 분석해야 한다.

원가분석의 예시

도표 13-2는 Discount Drug사에 대한 세 개의 주요 제품라인인 의약품, 화장품, 가정용품의 지난달 매출과 원가정보를 나타낸다. 언뜻 보기에는 가정용품 사업부를 포기한다면 회사의 전체적으로 영업이익을 $8,000 증가시킬 것처럼 보인다. 하지만 도표 13-2의 자료는 특정 제품라인을 폐지할 때 회피할 수 있는 고정원가와 어떤 특정 제품라인을 폐지할 때 회피할 수 없는 공통 고정원가가 구분되어 있지 않기 때문에 잘못된 결론에 도달할 것이다.

이 계획에서 가정용품 제품라인을 **유지**하거나 **폐지**하는 두 가지 대안이 고려되고 있다. 만약 가정용품 라인을 폐지하면, 이 부문의 모든 매출 및 변동비가 제거되어 회사는 매월 $20,000의 공헌이익을 잃게 된다. 그러나 가정용품 제품라인을 폐지하면 급여나 광고비 같은 일부 고정비를 회피할 수도 있다. 만약 가정용품 제품라인을 폐지할 때 회사가 잃게 되는 공헌이익보다 회피 가능한 고정비 금액이 더 크다면 이 제품라인을 폐지하는 것이 재무적으로 유리할 것이다. 이와 반대로 회사가 공헌이익이 감소한 만큼 고정비용을 회피할 수 없다면 가정용품 라인을 유지해야 한다. 따라서 회사의 경영자들은 두 대안간 차이가 있는 원가(즉, 가정용품 생산라인을 폐지하여 피할 수 있는 비용)를 식별하는 데 주의를 집중할 필요가 있다. 그들은 대안들간에 차이가 없는 원가들은 의도적으로 무시하면서 "이 제품라인을 포기함으로써 무슨 원가를 회피할 수 있는가?"라는 질문을 해야 한다.

도표 13-2
Discount Drug사 제품라인

		제품라인		
	합계	의약품	화장품	가정용품
매출	$ 250,000	$ 125,000	$ 75,000	$ 50,000
변동비	105,000	50,000	25,000	30,000
공헌이익	145,000	75,000	50,000	20,000
고정비				
급여	50,000	29,500	12,500	8,000
광고	15,000	1,000	7,500	6,500
공과금	2,000	500	500	1,000
감가상각비—고정품	5,000	1,000	2,000	2,000
임차료	20,000	10,000	6,000	4,000
보험	3,000	2,000	500	500
일반관리비	30,000	15,000	9,000	6,000
총 고정비	125,000	59,000	38,000	28,000
영업이익	$ 20,000	$ 16,000	$ 12,000	$ (8,000)

앞의 논의에서도 살펴보았듯이, 모든 원가가 회피 가능한 것은 아니다. 예를 들어 한 생산라인과 관련된 어떤 원가가 매몰원가일 수 있다. 또 다른 원가들은 그 제품라인을 폐지 또는 유지하는 것과 관계없이 전체 비용에서는 차이가 없는 배부된 고정비일 수 있다.

제품라인 분석을 어떻게 진행하는지 보여주기 위해, Discount Drug사가 세 가지 제품라인에 배부된 고정원가를 분석하고 다음을 결정했다고 가정해보자.

1. 급여는 제품라인에서 직접적으로 근무하는 근로자에게 지불되는 급여를 나타낸다. 만약 그 제품라인이 폐지되면 가정용품에서 근무하는 모든 직원의 급여는 지불되지 않는다.
2. 광고비는 각 제품라인에 대한 구체적인 광고이고 만약 해당 제품라인이 폐지되면 회피 가능하다.
3. 설비 감가상각비는 회사전체에 대한 설비원가를 나타낸다. 각 제품라인에 귀속되는 금액은 사용공간에 근거하여 배부되었으며 제품라인을 폐지해도 회피 불가능하다.
4. 비품 감가상각비는 각 제품라인을 전시하기 위해 사용된 설치물에 대한 감가상각에 해당한다. 비록 새로 설치된 것이지만 주문제작품이고 가정용품 라인을 폐지해도 재판매가치가 없을 것이다.
5. 임차료는 회사 전체가 입주해 있는 건물에 대한 임차료에 해당한다. 이는 각 제품라인의 매출액에 따라 배분된다. 월 임대료 $20,000는 장기임대차계약에 따라 고정되어 있다.
6. 보험료는 세 가지 제품라인 각각의 재고자산에 대한 보험료를 나타낸다. 만약 가정용품 라인이 폐지되면 관련 재고자산은 현금화될 것이고 보험료는 비례적으로 감소 할 것이다.
7. 일반관리비는 회계, 구매, 일반관리부서에 대한 원가에 해당하고, 매출액을 기준으로 각 제품라인에 배부된다. 가정용품 라인을 폐지해도 이 원가들은 변하지 않을 것이다.

이러한 정보로 경영자들은 가정용품 제품라인과 관련해서 $15,000의 고정비용은 회피 가능하고, $13,000는 회피 불능으로 결정하였다.

고정비	가정용품에 배부된 총원가	회피불능*	회피가능
급여	$ 8,000		$ 8,000
광고	6,500		6,500
공과금	1,000	$ 1,000	
감가상각비	2,000	2,000	
임차료	4,000	4,000	
보험	500		500
일반관리비	6,000	6,000	
합계	$ 28,000	$ 13,000	$ 15,000

*이러한 고정비용은 매몰원가이거나 가정용품 사업부가 유지되거나 중단됨에 관계없이 포기되지 않는 미래원가에 해당한다.

앞서 언급하였듯이 가정용품 제품라인을 철수하면 회사는 공헌이익 $20,000를 잃게되나, 관련된 회피가능 고정비용은 절감하게 된다. 이러한 회피가능 고정비용은 총 $15,000이다. 그러므로 다음에서 보는 바와 같이, 가정용품 생산라인을 포기하는 것은 영업이익 $5,000의 감소를 가져올 것이다.

가정용품 라인 폐지시 공헌이익의 감소분(도표 13–2 참조)	$ (20,000)
가정용품 라인 폐지시 회피 가능한 고정비용 감소분(위를 참조)	15,000
회사 전체의 영업이익 감소분	$ (5,000)

이 사례에서 가정용품 제품라인을 철수함에 따라 회피가능한 고정원가 $15,000는 상실되는 공헌이익($20,000)보다 적다. 따라서 주어진 자료에 기초한다면, 가정용품 라인은 현재 점유하고 있는 공간의 더 수익성 있는 용도가 발견될 때까지 중단하면 안된다.

비교분석표

이러한 의사결정은 생산라인의 유지 또는 폐지에 따른 영향을 나타내는 비교 손익계산서를 통해 접근할 수 있다. 도표 13–3은 Discount Drug사의 이러한 분석을 포함하고 있다. 표의 마지막 열에서 보는 바와 같이, 가정용품 라인을 철수한다면 회사 전체 영업이익은 매 기간마다 $5,000씩 감소할 것이다. 이것은 물론 상실된 공헌이익과 회피가능한 고정원가에 초점을 두고 얻은 것과 같은 결론이다.

도표 13-3

제품라인 비교분석표

	가정용품 라인 유지	가정용품 라인 폐지	영업이익 증감
매출	$ 50,000	$ 0	$ (50,000)
변동비	30,000	0	30,000
공헌이익	20,000	0	(20,000)
고정비			
급여	8,000	0	8,000
광고	6,500	0	6,500
공과금	1,000	1,000	0
감가상각비—고정품	2,000	2,000	0
임차료	4,000	4,000	0
보험	500	0	500
일반관리비	6,000	6,000	0
총 고정비	28,000	13,000	15,000
영업손실	$ (8,000)	$ (13,000)	$ (5,000)

배분된 고정원가에 주의하라

도표 13–2로 돌아가 보자. 이 도표는 우리가 내린 결론처럼 가정용품 제품라인이 유지되어야 한다고 제안하는가? 그렇지 않다. 도표 13–2는 가정용품 제품라인의 적자를 나타낸다. 왜 제품라인을 유지하는 것이 손해일까? 이 분명한 불일치에 대한 설명은 제품라인에 배분되는 공통고정원가에 어느 정도 내재해 있다. 공통고정원가 배부의 가장 큰 위험 중의 하나는 이러한 배부가 한 제품라인(또는 다른 사업 부문)을 실제보다 수익성이 적은 것처럼 보이게 할 수 있다는 점이다. 이점에서 모든 제품라인의 공통 고정원가를 배부하는 것은 가정용품 제품라인이 수익성이 없는 것처럼 보이게 한다. 그러나 우리가 위에서 살펴본 바와 같이, 제품라인을 폐지하는 것은 회사 전체의 영업이익을 감소시킬 것이다. 이점은 도표 13–2에서 공통고정원가를 제거하여 다시 작성해 본다면 명확하게 나타날 것이다. 도표 13–4는 제품라인의 수익성을 측정하기 위해 6장의 부문별 접근방법을 사용하였다

도표 13–4는 가정용품 라인에 대해 도표 13–2와 매우 다른 관점을 제시한다. 도표 13–4에서 보는 바와 같이 가정용품 라인은 해당 추적 가능한 고정원가를 보전하고도 회사의 공통고정원가를 보전할 수 있는 $3,000의 사업 부문 이익을 내고 있다. $3,000의 부문이익보다 많은 이익을 창출하는 또 다른 제품라인이 발견되지 않는 한 회사는 가정용품 라인을 유지하는 편이 나을 것이다. 총순영업이익은 제품라인을 유지함으로써 제품라인을 폐지하는 것보다 더 높을 것이다.

또한 경영자는 다른 제품의 판매에 도움을 주거나 고객을 유인할만한 "자석"과 같은 역할을 한다면 수익성 없는 제품라인이라도 유지하는 선택을 할 수 있다. 예를 들어 어떤 식료품 가게에서 빵이 특별히 수익성이 없는 제품일 수 있으나, 고객들은 빵을 계속 살 수 있기를 바라고 만일 한 특정 가게가 공급을 중단한다면 많은 고객들은 여지없이 다른 구매처로 이동할 것이다.

도표 13-4
Discount Drug사 제품라인—공헌이익형태로 재구성(도표 13-2)

	합계	제품라인 의약품	화장품	가정용품
매출	$ 250,000	$ 125,000	$ 75,000	$ 50,000
변동비	105,000	50,000	25,000	30,000
공헌이익	145,000	75,000	50,000	20,000
고정비				
급여	50,000	29,500	12,500	8,000
광고	15,000	1,000	7,500	6,500
감가상각비—고정품	5,000	1,000	2,000	2,000
보험	3,000	2,000	500	500
총 추적가능 고정비	73,000	33,500	22,500	17,000
제품라인 부문이익	72,000	$ 41,500	$ 27,500	$ 3,000*
공통고정비				
공과금	2,000			
임차료	20,000			
일반관리비	30,000			
총 공통고정비	52,000			
영업이익	$ 20,000			

*가정용품 라인을 폐지하면, 회사는 이 제품라인에 의해 창출되던 $3,000의 부문이익을 잃게 된다. 추가로 감가상각비 $2,000는 매몰원가로서 회피 불가능하다. 가정용품 라인이 폐지된다면 이 둘의 합계($3,000 + $2,000 = $5,000) 만큼 재정적 불이익이 발생한다. 물론 고정품을 대체하는 보류 의사결정과 같은 상황변화가 있다면 제품라인의 포기를 추후로 미룰 수도 있다.

IN BUSINESS | 기업현장

Wall Street Journal 인쇄본 감축

Wall Street Journal은 고객들이 디지털로 이동하고 광고수익이 감소함에 따라 유럽과 아시아의 인쇄본 발행을 중단하기로 했다. 유럽에서는 9,000명의 인쇄본 구독자들이 있으며, 하루에 49,000부 정도가 판매된다. 아시아에서는 8,000명의 인쇄본 구독자들이 있고, 하루에 45,000부 정도가 판매된다. 그에 비해 디지털 구독자들의 수는 각각 유럽 83,000명, 아시아 122,000명이다. "종이 인쇄본의 감소는 128년 전통의 낡은 신문에서 모바일 매체를 우선하는 편집 방향의 재구성과 함께 이루어졌다."

Source: Alpert, Lukas I. "The Wall Street Journal to Stop Publishing Europe, Asia Print Editions," *The Wall Street Journal*, September 28, 2017.

제조 또는 구매 의사결정

학습목표 13-3

제조 또는 구매의사결정을 분석한다.

고객에게 제품 또는 서비스를 제공하기 위해서는 많은 단계를 거친다. 예를 들어 Fitbit 피트니스 시계와 같은 제품을 개발하고 판매하는 데 필요한 모든 단계를 생각해보자. 첫째, 엔지니어들은 고객에게 실시간 GPS 추적, 심박수 모니터링, 활동 감시기능을 제공하는 전자 장치를 개발할 필요가 있다. 또 전자회로는 물론 미학, 내구성, 기능 면에서 고객의 니즈를 충족시키는 손목시계를 디자인할 필요가 있다. 둘째, 시계를 조립하고, 시험하고, 개별적으로 포장한 다음, 운송할 수 있도록 더 많은 양을 박스에 넣어야 한다. 셋째, 완제품을 소매판매 장소로 운송하여 최종적으로 고객에게 판매할 필요가 있다. 마지막으로, 회사는 인터넷과 전화를 통한 고객불편접수, 제품품질보장 및 제품환불 등의 A/S를 제공할 필요가 있다. 개발부터 제조, A/S까지 이러한 모든 활동을 일컬어 **가치 사슬**(*value chain*)이라고 한다.

각각의 회사가 가치 사슬에서 각각의 활동을 수행하거나 한 회사가 여러 활동을 하기 도 한다. 한 회사가 전체 가치 사슬에서 하나 이상의 활동과 연관되어 있다면, 이것은 **수직적으로 통합(vertically integrated)**된 것이다. 어떤 회사는 원재료 가공부터 완성품의 유통과 A/S 제공에 이르기까지 가치 사슬에서의 모든 활동을 통제한다. 어떤 회사들은 더 작은 규모로 완성품에 투입되는 많은 부품과 재료의 구매를 통제한다. 가치 사슬에서의 한 활동에 대해 외부 공급자로부터 구매하기보다 자체적으로 제조할지 결정하는 것을 **제조 또는 구매 의사결정(make or buy decision)**이라고 한다. 이러한 의사결정은 특정한 부품을 구입 할지 또는 자체적으로 제조할지에 상당히 관련된다. 제조 또는 구매 의사결정은 A/S, IT지원, 급여, 회계, 인사관리, 홍보, 마케팅 등을 외주를 줄 것인지와 관련된 의사결정과도 관련된다.

제조 또는 구매 의사결정의 전략적 측면

수직적 통합은 분명한 이점을 제공한다. 통합된 회사는 통합되지 않은 회사에 비해 공급자에게 덜 의존하게 되고 제조를 위한 부품이나 재료의 더 유연한 유입을 보장할 수 있을 것이다. 예를 들어 주요 부품 공급처에 대한 파업은 통합을 이루지 않은 회사의 가동중단을 수개월 동안 야기하지만, 부품을 자체 생산하는 통합회사는 가동을 지속할 수 있다. 또한 어떤 회사는 자체적인 부품과 재료를 생산함으로써 외부공급자의 품질관리기준에 의존하는 것보다 더 나은 품질관리를 할 수 있을 것이다. 더구나 통합된 회사는 일반적인 운영의 수익뿐만 아니라 부품이나 재료의 이익도 "구매"보다 "제조"함에 따라 실현할 수 있다.

수직적 통합의 이점은 외부공급자를 이용하는 이점과 상쇄되기도 한다. 공급자는 수많은 회사들로부터의 수요를 끌어내어 규모의 경제를 이룰 수 있다. 이러한 규모의 경제는 회사가 자체적으로 부품을 생산하거나 서비스를 공급한다면 더 높은 품질과 더 낮은 원가가 가능하도록 할 수 있다. 하지만 경쟁적인 위치를 확보하기 위한 필수적인 활동에 대한 통제를 유지하기 위해서는 주의를 요해야 한다. 예를 들어 Hewlett-packard는 일본의 Canon사와 협력하여 레이저 프린터의 소프트웨어를 통제하고 있다. 현재의 추세는 Oracle과

Hewlett-Packard 같이 하드웨어나 소프트웨어 디자인에 집중하고 가치 사슬에서 나머지 모든 활동은 외부공급자에게 의존하는 수직적 통합이 약화되는 것 같다.

제조 또는 구매의 사례

제조 또는 구매 의사결정에 대한 예시로서 Mountain Goat Cycles을 생각해보자. 회사는 현재 산악자전거의 가장 인기 있는 라인에 사용되는 내구성 강한 기어 변속기를 생산하고 있다. 회사의 회계부서는 매년 8,000개의 변속기 생산원가를 다음과 같이 보고한다.

	단위당	8,000단위
직접재료원가	$ 6	$ 48,000
직접노무원가	4	32,000
변동간접원가	1	8,000
감독자급여	3	24,000
특별장비의 감가상각비	2	16,000
일반간접비의 배부액	5	40,000
총원가	$21	$ 168,000

외부공급자는 Mountain Goat Cycles에 1년에 8,000단위의 변속기를 개당 $19로 해서 총 $152,000(= 8,000변속기×개당 $19)에 팔겠다고 제안했다. 이 회사는 변속기의 자체제작을 중단하고 외부공급자로부터 구매해야 하는가? 여느 때처럼 대안에 따라 차이가 나는 관련원가에 중점을 두어야 한다. 대안 간에 차이가 나는 원가는 외부공급자로부터 변속기를 구매함에 따라 회피할 수 있는 원가들로 구성되어 있다. 만약 외부 공급자로부터 변속기를 구매함에 따라 회피할 수 있는 원가가 $152,000보다 작다면 변속기의 자체생산을 유지하고 외부공급자의 제안을 거절해야 한다. 반대로 외부공급자로부터 변속기를 구매함에 따라 회피할 수 있는 원가가 $152,000 이상이라면 외부공급자의 제안을 수용해야 한다.

IN BUSINESS | 기업현장

Ashley 가구는 배달 트럭을 자체 관리한다

많은 제조업체들이 원가절감이라는 명목으로 트럭 운송을 아웃소싱하는 방식을 택하고 있다. 그러나 Wisconsin주 Arcadia의 **Ashley Furniture Industries**는 다른 접근법을 택한다. 자신의 제품을 판매하는 소매점에 가구를 직접 납품하는 것이 고객 관계와 서비스를 개선한다는 믿음으로 800대의 택배트럭을 소유하고 있으며 창고관리와 운송목적으로 3,000명을 고용하고 있다. Ashley는 운전자들에게 1년 평균 7만 달러를 지불하고 더 자주 집에 올 수 있도록 예측 가능한 배달 일정을 제공하기 위해 노력한다. Ashley의 교통 담당 부사장인 Larry Corey는 좋은 트럭 운전사를 찾기 위해 100개의 입사지원서를 검토해야 한다고 말한다. Florida에 가구점을 소유하고 있는 Keith Koenig은 Ashley의 배달 시간과 신뢰성은 타의 추종을 불허한다고 말한다.

Source: Hagerty, James R., "A Radical Idea: Own Your Supply Chain," *The Wall Street Journal*, April 30, 2015, B1–B2.

도표 13–5에는 기어 변속기와 관련된 제조 또는 구매 결정의 관련 비용 분석이 제시되어 있다. 직접재료원가(4만8,000달러), 직접노무원가(3만2,000달러), 변동간접원가(8,000달러)는 모두 관련 비용이다. 왜냐하면 각 비용은 외부 공급자로부터 변속기를 구입함으로써 피할 수 있기 때문이다. 즉, Mountain Goat Cycles이 변속기 생산을 중단한다면 더 이상 이러한 변동제조원가를 부담하지 않을 것이다. 또한, 만약 회사가 변속기 생산을 중단한다면, 기어 변속기 제조 공정의 감독자가 필요 없을 것이라고 가정할 것이다. 따라서, 회사가 외부 공급업체로부터 기어 변속기를 구입하기로 결정한다면 24,000달러의 감독자 급여는 회피 가능하다.[4]

도표 13-5
Mountain Goat Cycles 제조 또는 구매 분석

	총 관련 원가 (8,000개) 제조	총 관련 원가 (8,000개) 구매
외부 구매 가격		$ 152,000
직접재료원가(8,000개 × 개당 $6)	$ 48,000	
직접노무원가(8,000개 × 개당 $4)	32,000	
변동간접원가(8,000개 × 개당 $1)	8,000	
감독자급여	24,000	
특별장비의 감가상각비		
일반간접비의 배부액		
총원가	$ 112,000	$ 152,000
기어 변속기 제조에 따른 재정적 이익	$40,000	

특별장비에 대한 감가상각비 $16,000(원래 자료 참고)에서 장비는 이미 취득한 것이기 때문에 이러한 구매 비용은 매몰원가이고 비관련원가이다. $16,000의 감가상각비는 단순히 장비의 내용년수 동안 배분되는 매몰원가이다. 만약 장비가 팔린다면, 그 잔존 가치는 관련원가일 것이다. 아니면 장비가 다른 물건의 제조에 사용되는 경우, 해당 원가는 관련원가이다. 하지만 우리는 장비가 더 이상 잔존가치가 없으며, 내구성이 강한 기어 변속기를 생산하는 것 이외에 다른 용도가 없다고 가정할 것이다.

배부된 일반간접원가 $40,000(원래 자료 참고)도 이러한 의사결정에는 비관련원가이다. 우리가 내린 이러한 결론은 기어변속기에 배부된 일반간접원가는 실제로 공장에서 생산되는

4 많은 기업들이 직원의 사기, 조직 학습, 고객 만족도, 재무성과 등을 향상시킨다고 믿기 때문에 "해고 금지" 정책을 고수하고 있다. 더욱이 프랑스, 독일, 그리고 일본 등 일부 국가에서는 노동규정과 문화규범이 노동력의 규모를 줄이는 경영진의 능력을 제한할 수도 있다. 이러한 맥락에서, 직접 노동과 감독이 의사 결정이나 구매에서 자동적으로 피할 수 있는 비용이라고 가정하는 것은 부정확할 것이다. 그럼에도 불구하고 일관성을 위해 이 장에서는 달리 명시적으로 지시되지 않는 한 의사결정을 분석하거나 구매할 때 직접 노동 및 감독관 급여를 회피할 수 있는 비용이라고 가정해야 한다.

모든 제품에 공통되는 것이고, 변속기가 외부로부터 구입된다고 하여도 변하지 않기 때문이다. 당신은 이번 장에서 이렇게 배부된 공통원가가 명백히 관련원가라는 말을 듣지 않은 이상 의사결정에 관련이 없는 원가라고 가정해야 한다. 만약 일부 배부된 공통원가가 다른 대안을 선택할 때 회피가능한 원가인 것이 분명한 경우에는 명백하게 파악된 회피가능원가를 관련원가로 다루어야 한다. 그렇지 않으면 대안 중 하나를 선택할 때 배부된 공통원가를 무시하는 경향이 있다.

변속기 제작과 관련된 회피가능원가는 외부공급자로부터 구매했을 때 지불되어야 하는 총합계보다 $40,000만큼 저렴하기 때문에 Mountain Goat Cycles은 외부공급자의 제안을 거절해야 한다. 하지만 최종결정 전에 현재 변속기 제조에 사용 중인 공간의 기회비용 한 가지를 추가로 고려해보길 바란다.

기회비용

만약 변속기를 생산하기 위해 사용되고 있는 공간이 유휴상태가 될 것이라면, 상기 설명한 바와 같이 Mountain Goat Cycles는 자체적인 변속기 생산을 계속하여야 하고 공급자의 제안을 거절해야 한다. 대체적인 용도가 없는 유휴공간은 0의 기회원가를 가지게 된다. 하지만 변속기를 생산하기 위해 사용되는 공간이 다른 목적으로 이용될 수 있다면 어떠할까? 이럴 경우 그 공간은 최선의 대체적인 사용에 의해 창출되는 부분이익과 동등한 기회원가를 가지게 될 것이다.

예를 들어, 현재 기어를 만드는 데 사용되고 있는 공간이 연간 $60,000의 부문이익을 발생시키는 새로운 크로스컨트리 자전거를 생산하는 데 사용될 수 있다고 가정하자. 이러한 조건 하에서 Mountain Goat Cycles는 외부 공급자로부터 기어를 구입하고 대신 새로 사용할 수 있는 공간을 사용하여 크로스컨트리 자전거를 제작하는 것이 기어를 직접 생산하는 것보다 2만 달러 더 저렴할 것이다.

	제조	구매
총 연간 원가(도표 13–5 참고)	$112,000	$152,000
기회비용 — 잠재적인 신제품라인의 부문이익 손실	60,000	
총 원가	$172,000	$152,000
외부 공급자로부터 구매시 재정적 이익	$20,000	

기회비용은 실제금액으로 환산되지 않기 때문에 조직의 일반적인 회계기록에 기록 되지 않는다. 그보다는 기회비용은 어떠한 방침들을 실행함으로써 포기되는 경제적 효용을 나타낸다. Mountain Goat Cycles의 기회비용은 본 사례에서 의사결정을 변경시킬 수 있을 정도로 충분히 큰 금액이다.

특별주문의 수락

학습목표 13-4

특별주문의 수락여부에 대한 의사결정을 분석한다.

경영자들은 종종 **특별주문**을 수락해야 하는지 평가하고, 주문을 수락할 때 부과할 가격을 평가해야 한다. **특별주문(special order)**은 회사의 통상적인 업무와는 다른 일회성 주문이다. 예를 들면 Mountain Goat Cycles사는 시애틀 경찰서로부터 100개의 특별 개조된 산악자전거를 개당 $558에 공급해달라는 주문을 받았다고 하자. 자전거는 도시의 인구가 더 집중된 주거지역에서 순찰을 위해 사용될 것이다. Mountain Goat Cycles사는 자체의 City Cruiser 모델을 시애틀 경찰의 특별주문에 맞게 쉽게 개조할 수 있다. City Cruiser 자전거의 판매가격은 $698이고, 단위당 생산원가는 아래에서 보는 바와 같이 $564이다.

직접재료원가	$372
직접노무원가	90
제조간접원가	102
단위당 생산원가	$564

상기 제조간접원가에서 변동비 비중은 단위당 $12이다. 주문은 회사 전체의 고정 제조간접원가에 영향을 미치지 않을 것이다. 시애틀 경찰서가 요청된 개조사항은 라디오와 야경봉, 다른 기어를 지탱하기 위해 용접 받침대로 구성되어 있다. 이러한 개조에는 $34의 증분 변동원가가 요구된다. 또한 자전거에 시애틀 경찰서의 로고와 다른 식별마크를 새기는 데 사용되는 형판을 절단하고 디자인을 하도록 그래픽 디자인 스튜디오에 $2,400를 지불해야 할 것이다. 회사의 경영진은 이 주문이 회사의 다른 매출에 영향을 주지 않을 것이며, 특별주문 제품은 회사의 다른 일상적인 제품 생산을 방해하지 않고 생산될 것으로 믿고 있다.

Mountain Goat Cycles사는 시애틀 경찰청의 주문을 수락하는 데 따른 재정적 이익(손실)을 정량화하기 위해 주문과 관련된 증분 비용 및 효익에 주의를 집중해야 한다. 기존의 고정 제조간접원가는 주문의 영향을 받지 않기 때문에 비관련 원가이다. 특별 주문의 재정적 이익(손실)은 다음과 같이 계산될 것이다.

	단위당	총 100개의 자전거
증분수익 (a)	$558	$55,800
증분원가 차감:		
변동원가:		
직접재료원가	372	37,200
직접노무원가	90	9,000
변동제조간접원가	12	1,200
특별 개조비용	34	3,400
총 변동원가	$508	50,800
고정원가:		
형판구입		2,400
총증분원가 (b)		53,200
특별주문 수락으로 인한 재정적 이익 (a) − (b)		$ 2,600

그러므로 특별주문에서 $558의 가격이 통상적인 단위당 원가 $564보다 낮고, 추가적인 원가를 요구한다 할지라도, 회사는 특별주문을 수락하는 것이 낫다. 일반적으로 특별주문에 따른 증분수익이 증분원가를 초과한다면, 그 특별주문은 수락되어야 한다. 그러나 실제로 유휴생산능력이 존재하고 특별주문이 기존의 매출단위를 잠식하지 않는지, 기존의 판매가격을 하락시키지 않는지에 대해 확인하는 것이 중요하다. 예를 들어 회사가 생산능력만큼 가동되고 있다면 상기 설명된 증분원가뿐만 아니라 기회비용 또한 고려되어야 할 것이다.

생산판매량의 대체의사결정

기업은 고객이 요구하는 제품 및 판매량을 전부 생산할 수 있는 생산능력이 충분하지 않을 경우 **생산판매량 대체의사결정**을 내릴 수밖에 없다. 이런 상황에서 기업은 이익을 극대화하기 위해 다른 제품보다 유리한 일부 제품의 생산을 희생하거나 대체해야 한다. 핵심 질문은 기업들이 이러한 절충안을 어떻게 관리해야 하는가? 어떤 제품을 생산하고 판매해야 하며 어떤 판매 기회를 의도적으로 우회해야 하는가?

이러한 질문에 답하기 위해, 생산판매량 대체의사결정에 대한 우리의 논의는 세 단계로 진행될 것이다. 첫째, 제약의 의미를 정의한다. 둘째, 제한된 자원의 가장 수익성이 높은 사용방안을 결정하는 방법을 설명할 것이다. 셋째, 제한된 자원을 더 많이 획득가능 할 때의 지불가능가치를 결정하는 방법과 이윤을 늘리기 위해 제약조건을 관리하는 방법에 대해 논의한다.

제약이란 무엇인가?

제약(constraint)이란 원하는 것을 더 획득하는 것을 방해하는 그 어떤 것이다. 모든 사람들과 모든 조직들은 적어도 하나의 제약에 직면하는 데, 제약의 사례를 발견하는 것은 어렵지 않다.[5] 전 과목을 완벽하게 공부하고 주말에 친구랑 시간을 보내기에는 시간이 충분하지 않을 수 있으므로, 시간이 제약이다. **United Airlines**는 붐비는 Chicago O'Hare 공항에서 이용가능한 탑승구를 제한된 수만큼 갖고 있기 때문에, 항공사의 제약은 탑승구이다. **Vail Resorts**는 스키장 구역에서 주택용지와 상업지구로서 발전시킬 토지가 매우 한정적이므로, 제약은 토지이다.

한 사례로서 수술의 긴 대기시간은 영국의 정부자금으로 운영되는 병원인 **National Health Service(NHS)**의 고질적인 문제이다. 도표 13-6의 다이어그램은 수술환자가 따라

5 이 장에서 우리는 회사가 오직 하나의 제약조건을 가지고 있다고 가정한다. 하나 이상의 제약조건을 가지고 있을 때는 보다 심화된 코스에서 배우는 리니어 프로그래밍이라는 양적 방법을 통해 최적 생산 조합을 찾을 수 있다.

도표 13-6 NHS에서 수술환자 처리절차(단순화)

*이 다이어그램은 원래 영국 잡지 Health Management 1999년 2월호에 실렸다.

야 하는 절차의 간단한 형태를 보여준다. 매일 각각의 단계를 거쳐서 처리되는 환자의 수가 도표에 나와 있다. 예를 들어 일반병원으로부터 의뢰받은 외래환자 예약은 하루에 100건까지만 받을 수 있다.

시스템에서 제약 또는 **병목(bottleneck)**은 가장 작은 수용량 때문에 총산출물이 제한되는 단계에 의해 결정되는 데, 이 경우는 수술이다. 전체 시스템을 통해서 처리되는 총 환자수는 하루에 수술이 가능한 최대 환자수인 15명을 초과하지 못한다. 이 시스템에서 다른 곳의 처리 비율을 개설하려고 경영자, 의사, 간호사들이 아무리 애를 써도, 수술의 수용력이 증가될 때까지 대기자 명단을 낮추는 것을 결코 성공하지 못할 것이다. 사실상 시스템에서 특히 제약 이전의 다른 곳을 개선하는 것은 대기시간을 심지어 더 길게 하고 환자와 의료진을 더 좌절시키는 결과를 초래하기 쉽다. 따라서 효율적이려면 개선의 노력은 제약에 초점을 두어야 한다.

환자에게 외과서비스를 제공하는 단계와 같은 업무 처리는 사슬과 같다. 사슬의 강도를 증가하고자 한다면 무엇이 가장 효과적인 방법일까? 가장 강한 고리, 모든 고리 아니면 가장 약한 고리를 강화하는 데 총력을 기울여야 할까? 확실한 것은 가장 약한 고리에 노력을 기울이는 것이 가장 큰 효익을 가져다 줄 것이라는 것이다.

사슬을 강화하기 위해 따라야 하는 절차는 명확하다. 첫째, 가장 약한 고리를 식별하라, 이것이 제약이다. NHS의 경우 제약은 수술이다. 둘째, 할 수 있다면 가장 약한 고리가 처리할 수 있는 것보다 시스템에 더 큰 부담을 두지 마라, 사슬이 끊어질 것이다. NHS의 경우 수술의 수용력보다 더 많은 예약을 받는 것은 수용 불가능한 긴 대기자명단을 발생시킨다. 세번째, 가장 약한 연결고리를 강화하는 데 개선 노력을 집중해라. NHS의 경우 하루에 집도할 수 있는 수술의 수를 증가시키는 방법을 찾는 것이다. 네번째, 개선노력이 성공적이면 결국 가장 약한 고리는 더 이상 가장 약한 고리가 아닌 지점까지 개선될 것이다. 그 시점에서 새로운 가장 약한 고리(새로운 제약)가 식별되어야 하고, 개선노력은 그 고리로 이동되어야 한다. 이 간단한 순차적 절차는 사업절차를 최적화하는 데 강력한 전략을 제공한다.

이익극대화를 위한 제약자원의 활용

학습목표 13-5

가장 수익성 높은 제약 자원의 활용법을 결정한다.

경영자들은 정기적으로 제한된 자원을 이윤을 극대화하는 방식으로 관리해야 하는 어려움에 직면한다. 예를 들어, 백화점은 공간이 한정되어 있기 때문에 모든 제품을 보관할 수 없다. 제조업자들은 제한된 기계 시간 및 제한된 직접 노동 시간을 가지고 있다. 기업들이 이러한 유형의 제약에 직면했을 때, 관리자들은 어떤 제품이나 서비스가 제한된 자원을 가장 수익성 있게 사용하는지 결정해야 한다. 고정 비용은 제한된 자원의 사용 방법과 관계없이 동일하게 유지되기 때문에 경영자들은 생산량의 대체의사결정을 내릴 때 이를 무시하고 대신 총 공헌이익을 최대화하는 제품의 조합을 찾는 데 주의를 기울여야 한다.

제약조건이 존재할 때는 일부 제품을 반드시 줄여야 한다는 점을 감안하면, 총 공헌이익을 극대화하는 방법이 좋아 보일 수 있다(즉, 단위당 공헌이익이 가장 높은 제품의 선택). 불행하게도, 그것은 아주 정확한 방법은 아니다. 오히려, 올바른 해결책은 **제한된 자원의 단위당 가장 높은 공헌이익**을 제공하는 제품을 선택하는 것이다. 예를 들어, Mountain Goat Cycles은 다른 제품 외에도 짐바구니라고 불리는 자전거를 위한 안장 가방을 만든다. 이러한 짐바구니는 여행용과 산악용 두 가지 모델로 나뉜다. 짐바구니 두 가지 모델에 대한 원가와 수익 자료는 아래와 같다.

	산악용 짐바구니	여행용 짐바구니
단위당 판매가격	$25	$30
단위당 변동원가	10	18
단위당 공헌이익	$15	$12
공헌이익률	60%	40%

산악용 짐바구니가 여행용 짐바구니보다 훨씬 수익성이 있는 것처럼 보인다. 산악용 짐바구니는 여행용 모델의 단위당 공헌이익이 단지 $12인 것과 비교하면 단위당 공헌이익이 $15이고, 공헌이익률 또한 여행용 모델이 단지 40%인 것과 비교했을 때 60%가 된다.

하지만 우리는 여기에 공장이 전면 가동하고 짐바구니를 만들고 있다는 한 가지 정보를 더 추가해야 한다. 이것은 공장에서 모든 기계와 인력이 최대 가동률에서 가동되고 있음을 의미하지는 않는다. 기계마다 다른 생산능력을 보유하고 있기 때문에 어떤 기계는 100%의 생산능력보다 낮게 가동된다. 하지만 전체로서 공장이 더 이상의 단위를 생산할 수 없다면 어떠한 기계나 공정은 전면 가동되고 있는 것이다. 이처럼 전체 산출물에 제한을 가하는 기계나 공정을 병목이라고 부르는 데 이것이 제약요인이 된다.

Mountain Goat Cycles에서 병목(제약)은 바느질 기계이다. 산악용 짐바구니는 단위당 2분의 바느질 시간이 필요하고, 여행용의 경우 단위당 1분의 바느질 시간이 필요하다. 바느질 기계는 한 달에 12,000분이 가능하고, 회사는 한 달에 4,000개의 산악용 짐바구니와 7,000개의 여행용 짐바구니를 판매할 수 있다. 두 제품에 대한 수요까지 생산하려면 다음과 같이 15,000분이 필요할 것이다.

	산악용 집바구니	여행용 집바구니	총계
월간 수요 (a)	4,000단위	7,000단위	
한 단위를 생산하는 데 필요한 바느질 기계시간 (b)	2분	1분	
필요한 총바느질 시간 (a) × (b)	8,000분	7,000분	15,000분

수요까지 생산하는 데는 15,000분이 필요하지만 12,000분만 이용 가능하다. 이것은 간단하게 바느질 기계가 병목이라는 것을 확인시켜준다. 정의에 의해서 바느질 기계가 병목이기 때문에 산악용과 여행용 짐바구니의 모든 수요를 충족시킬 수 있는 충분한 생산능력을 보유하고 있지는 않다. 그러므로 어느 정도의 주문은 포기해야 한다. 경영자들은 당연히 어떠한 제품이 보다 덜 수익성이 있는지 알고 싶을 것이다. 질문에 대한 답을 구하기 위해서 제약자원 단위당 공헌이익에 초점을 두어야 한다. 이 수치는 단위당 제품의 공헌이익을 그 제품의 한 단위를 만드는 데 필요한 제약자원의 양으로 나누어서 계산한다. 산악용과 여행용 짐바구니에 대한 이 계산은 아래와 같다.

	산악용 집바구니	여행용 집바구니
단위당 공헌이익 (a)	$15.00	$12.00
한 단위를 만드는 데 필요한 바느질 기계시간 (b)	2분	1분
제약자원 단위당 공헌이익 (a) ÷ (b)	$7.50/분	$12.00/분

이제 어떠한 제품이 수익성이 적으며 덜 중요한지 쉽게 결정할 수 있다. 여행용 짐바구니에 사용되는 바느질 기계시간 1분마다 공헌이익과 수익을 $12.00만큼 증가시킨다. 이에 상응하는 산악용 짐바구니의 경우 1분당 오직 $7.50만큼 증가시킨다. 그러므로 여행용 모델이 보다 우선되어야 한다. 산악용 모델이 단위당 공헌이익과 공헌이익률이 더 크더라도 여행용 모델이 제약자원과 관련하여 더 큰 공헌이익을 제공한다. 여행용 모델이 실제로 보다 수익성이 있는 제품임을 증명하기 위해 추가적으로 한 시간의 바느질 시간이 이용 가능하고, 두 제품에 대한 이행되지 않은 주문이 존재한다고 가정해 보자. 바느질 기계의 추가 1시간은 30개의 산악용 짐바구니(60분 ÷ 산악용 짐바구니 당 2분)를 생산하는 데 이용되거나, 60개의 여행용 짐바구니(60분 ÷ 여행용 짐바구니 당 1분)를 생산하는 데 이용될 수 있고, 아래와 같은 이익이 발생하게 된다.

	산악용 집바구니	여행용 집바구니
단위당 공헌이익 (a)	$ 15	$ 12
1시간에 가공될 수 있는 추가단위 (b)	× 30	× 60
추가 공헌이익 (a) × (b)	$450	$720

여행용 짐바구니의 추가공헌이익이 $720인데 반해 산악용 짐바구니의 추가공헌이익은 고작 $450이므로, 여행용 짐바구니를 생산하는 것이 회사의 제약자원인 바느질기계를 가장 수익성 있게 사용하는 것이다. 바느질 기계는 한 달에 12,000분이 이용가능하고, 여행용 짐바구니를 생산하는 것이 바느질 기계를 가장 수익성 있게 사용하는 것이다. 그러므로 이익을 극대화하기 위해서는 시장이 수요(7,000단위)로 할 여행용 짐바구니를 모두 생산하고, 나머지 생산능력은 산악용 짐바구니를 만드는 데 이용해야 한다. 몇 개의 산악용 짐바구니를 생산할지 결정하는 계산은 다음과 같다.

여행용 짐바구니의 월간수요 (a)	7,000개
여행용 짐바구니 하나를 만드는 데 필요한 바느질 기계시간 (b)	1분
여행용 짐바구니를 만드는 데 필요한 총바느질 시간 (a) × (b)	7,000분
잔존 이용가능한 바느질 시간 (12,000분 − 7,000분) (c)	5,000분
산악용 짐바구니 하나를 만드는 데 필요한 바느질 기계시간 (d)	2분
산악용 짐바구니 생산 (c) ÷ (d)	2,500단위

따라서 7,000개의 여행용 짐바구니를 만들고 2,500개의 산악용 짐바구니를 만드는데 잔존 생산능력을 이용함으로써 이익을 극대화 할 수 있을 것이다. 이 조합으로 생산할 때 회사는 총 공헌이익 $121,500을 다음과 같이 얻을 수 있다.

	산악용 짐바구니	여행용 짐바구니	합계
개당 공헌이익 (a)	$15	$12	
생산된 제품의 수 (b)	2,500	7,000	
공헌이익 (a) × (b)	$37,500	$84,000	$121,500

이 예제는 각 제품의 단위당 공헌이익만으로 판단하는 것이 충분하지 않고, 각 제품에 소요되는 제약자원과 관련하여 공헌이익을 살펴보아야 한다는 것을 명확히 보여 준다.

IN BUSINESS 기업현장

계산대의 줄이 길어지면 고객들은 온라인 쇼핑을 더 많이 한다

당신은 커다란 상점에 들어가서 12개 정도의 계산대 중에 오직 3-4개 정도의 계산대만 열려있는 것을 본 적이 있는가? 설상가상으로 계산대마다 계산을 위해 기다리는 손님이 많다면 어떨까? 이러한 계산대는 **Amazon.com** 같은 온라인 상점에서는 존재하지 않는 제약 중의 하나라는 점이 핵심이다.

Ayden이 수행한 조사에 의하면 쇼핑 손님 중 86%는 최근 1년 중에 계산대의 긴 줄 때문에 상점에서 쇼핑을 포기하고 나온 적이 있으며, 전통적인 소매상들은 이로 인해 약 377억 달러의 매출 손실이 발생했다고 한다. **Macy's**, **J.C. Penny**, **Kohl's**, **Target**, 그리고 **Nordstrom**과 같은 소매상들이 인원감소를 통한 비용절감을 추구할 때, 고객들은 오히려 집에 머물면서, 시간과 번잡함을 피하고 온라인 쇼핑을 이용하게 된다. 이 과정에서 소매상들의 매출은 더욱 감소하고 있다.

Source: Suzanne Kapner, "Stores Slash Staffs And Watch Lines Grow," *The Wall Street Journal*, May 1, 2018, pp. B1 and B2.

제약의 관리

학습목표 13-6

제약자원 추가획득으로 인한 가치증가를 계산한다.

효과적으로 조직의 제약요소를 관리하는 것은 이익증대를 위한 핵심이다. 앞에서 논의한대로 생산 공정에서 제약이 존재하면, 경영자들은 제약자원 단위당 공헌이익이 가장 큰 제품을 생산함으로써 이익을 증대시킬 수 있다. 또한 병목공정의 생산능력을 향상시킴으로써 이익을 증대시킬 수도 있다.

경영자가 병목공정의 생산능력을 증대시킬 때, 그것을 **제약의 완화(또는 개선)**라고 한다. Mountain Goat Cycles의 경우 8시간 교대 근무제를 시행하고 있다. 제약을 완화하기 위해서 바느질 기계 담당자는 초과근무가 요구되었을 것이다. 다른 사람은 초과근무를 할 필요가 없다. 짐바구니의 생산과 관련하여 바느질 기계를 제외한 다른 모든 공정들은 여유 생산능력을 갖고 있기 때문에, 바느질 기계의 초과근무로 생산된 짐바구니를 다른 공정에서는 정상 작업시간 내에 처리할 수 있을 것이다.

제약을 완화하는 것의 이익은 때로는 매우 크고 쉽게 계량화할 수 있는데, 핵심은 우리가 이미 계산했던 제약자원 단위당 공헌이익이다. Mountain Goat Cycles의 사례에서 사용되었던 지표들이 아래에는 더 쉽게 이해가 되도록 시간으로 재작성 되어 있다.

	산악용 짐바구니	여행용 짐바구니
제약자원 1분당 공헌이익 (a)	$7.5/분	$12/분
1시간 (b)	60분	60분
제약자원 1시간당 공헌이익 (a) × (b)	$450/시간	$720/시간

그러면 제약인 바느질 기계시간을 완화하는 것의 가치는 얼마인가? 경영자는 먼저 "만약 가능하다면 병목공정의 추가생산능력으로 무엇을 생산해야 할까?"라는 질문을 해야 한다. 추가로 산악용 짐바구니를 만드는 데 시간을 소모한다면 시간당 $450의 가치가 있을 것이다. 추가로 여행용 짐바구니를 만드는 데 시간을 소모한다면 시간당 $720의 가치가 있을 것이다. 여기서 후자의 경우 바느질 기계 담당자에게 초과근무 할증료를 시간당 $720까지 기꺼이 지불할 수 있을 것이다. 예를 들어 바느질 기계 담당자가 정상 근무시간에는 시간당 $20을 받고 초과근무 시간에는 시간당 $30 또는 1.5배를 받는다고 가정해보자. 이 경우 초과근무의 할증료는 시간당 단지 $10인 반면, 이론상으로 회사는 시간당 $720까지 할증료를 기꺼이 지불할 수 있다. 회사가 시간당 $720를 할증료로 기꺼이 지불할 수 있는 것과 실제로 지불해야 하는 시간당 $10 간의 차액은 시간당 $710의 순이익이다.

이러한 개념을 보충하기 위해, 산악용 짐바구니에 대한 주문만 남아있다고 가정해 보자. 이 상황에서 바느질 기계를 연장가동 하는 것이 회사에 얼마나 많은 가치를 제공할 수 있을까? 추가생산능력은 산악용 짐바구니의 생산을 위해 사용되기 때문에 추가생산능력의 가치는 분당 $7.50 또는 시간당 $450까지 하락할 것이다. 그럼에도 불구하고 제약을 완화함에 따른 가치는 여전히 매우 크고 회사는 초과근무 할증료를 시간당 $450까지 기꺼이 지불할 수 있을 것이다.

이러한 계산은 경영자가 병목작업에 대해 상당한 주의를 기울여야 하는 것을 시사한다. 만약 병목에서 기계가 작동을 멈추거나 비효율적으로 사용된다면 회사의 손해는 막대할 것이다. 이 사례에서 고장이나 준비를 위해 바느질 기계가 작동을 멈춘다면 회사의 손실은 분당 $7.5에서 $12.00가 될 것이다.[6] 시간당으로 따지면 $450에서 $720에 이른다. 반대로 병목이 아닌 기계, 즉 추가적인 생산여력이 있는 기계에서 작동을 멈춘다면 공헌이익에 대한 손실은 발생하지 않을 것이다.

의미하는 바는 분명하다. 경영자들은 병목관리에 중점을 두어야 한다. 앞서 논의한대로 경영자들은 제약자원을 가장 수익성 있게 사용할 수 있는 제품에 중점을 두어야 한다. 경영자들은 또한 병목공정에서 중단이나 준비에 따른 시간손실을 최소화하여 공정이 원활하게 진행될 수 있도록 하여야 한다. 그리고 경영자들은 병목에서 생산능력을 증가시키기 위한 방안을 찾기 위해 노력해야 할 것이다. 병목공정은 효과적으로 다음과 같이 많은 방식으로 개선될 수 있을 것이다.

- 병목에서 가동 연장
- 병목에서 행해지는 일부 공정의 하청
- 병목에서 기계에 대한 추가투자
- 병목이 아닌 다른 공정의 근로자를 병목공정에 투입
- 병목에 사업공정개선 노력을 초점
- 불량 단위 감소. 병목을 통해 처리되었고 그 결과로 폐기되는 불량 단위는 판매될 수 있는 정상품을 대체한다.

병목에서의 생산능력을 향상시키기 위한 마지막 세 가지 방법은 기본적으로 비용이 들지 않고 심지어 추가적인 원가절감을 창출하기 때문에 특히 매력적이다.

결합제품원가와 추가가공 의사결정

학습목표 13-7

결합제품을 분리점에서 판매할지 추가로 가공할지 분석한다.

일부 산업에서는 단일 원재료 투입으로 2개 이상의 **결합제품(joint products)**이 생산된다. 예를 들어, 석유 정제 산업에서는 가솔린, 제트 연료, 가정용 난방유, 윤활유, 아스팔트, 그리고 다양한 유기 화학물질을 포함한 많은 수의 공동 제품들이 원유에서 추출된다. 결합제품(휘발유, 제트연료 등)을 별도 제품으로 인식할 수 있는 제조 공정의 포인트를 **분리점(split-off point)**이라고 한다.

6 하나의 제품에서 다른 제품으로 생산을 변경하게 되면 준비작업이 필요하다. 예를 들어 자동차의 사이드 패널을 제조하는 회사를 생각해보자. 자동차의 최종 조립회사로 선적되기 전에 패널에 색이 칠해 진다. 고객들은 100개의 파란 패널과 50개의 검은 패널, 20개의 노란 패널을 요구할 수도 있다. 매번 색이 변하기 때문에 염색장치에서 기존의 페인트 색은 세척되어야 하고, 용매로 씻어내어야 하고, 새로운 색을 채워 넣어야 한다. 이러한 작업은 시간이 소요된다. 사실 어떤 장비는 실제 생산에 이용 불가능할 만큼 길고 빈번한 준비 작업을 자주 필요로 할 수 있다.

흔히 결합제품은 분리점에서 판매하거나 추가가공 후에 더 높은 가격에 판매할 수 있다. 결합제품을 분리점에 판매해야 하는지 아니면 추가로 가공해야 하는지에 대한 결정은 **매각 또는 추가가공 의사결정**으로 알려져 있다. 이러한 결정을 내리려면 경영자들은 3단계 과정을 따라야 한다. 첫째, 그들은 분리점까지 발생한 모든 비용을 포함하는 **결합비용**을 항상 무시해야 한다. 이러한 원가는 관리자가 분리점에서 결합제품을 판매하기로 선택하든 아니면 추가로 처리하든 두 가지 대안 모두에서 동일하게 유지되기 때문에 무시해야 한다.

두 번째 단계는 결합제품을 추가로 처리함으로써 얻는 증분 수익을 계산하는 것이다. 이 연산은 결합제품을 추가로 처리한 후 얻은 수익을 취하여 분리점에서 결합제품을 판매하여 얻을 수 있는 수익을 차감하여 수행한다. 세 번째 단계는 2단계에서 증분 수익에서 분리점을 넘어 결합제품 가공에 소요된 증분 비용을 빼는 것이다. 만약 그 결과가 양이면, 공동제품은 더 많이 가공되어 더 높은 가격에 판매되어야 한다. 만약 대답이 음이라면, 공동 제품은 더 이상의 가공 없이 분리점에서 판매되어야 한다.

Santa Maria wool 협동조합: 예제

Santa Maria wool 협동조합은 지역 목동들에게서 원모를 구입하여, 이를 세 등급으로 나눈 다음, 지역 원재료의 색소를 이용하여 전통적인 방법으로 양털을 염색한다. 도표 13–7에는 회사의 생산 공정에 대한 도표가 수록되어 있다.

이 회사의 결합원가는 원모 $200,000와 원모를 3개의 중간 제품으로 분리하는 데 드는 $400,000 등이다. 염색되지 않은 양 모는 이 지점에서 완성되지 않았기 때문에 중간제품이라고 불린다. 그럼에도 불구하고 완성품이나 염색된 모에 비해 가격이 상당히 싸므로 염색되지 않은 모(毛)의 시장은 존재한다. 그림 13–7에서 볼 수 있듯이, 염색 안된 거친 양모, 염색 안된 좋은 양모, 염색 안된 아주 좋은 양모는 각각 $120,000, $150,000, $60,000에 판매될 수 있다.

만약 Santa Maria wool 협동조합이 중간제품을 모두 추가 가공할 것을 선택할 경우, 회사는 아래와 같이 $130,000을 벌게 될 것이다.

전체공정의 수익성분석		
최종 판매가치의 결합치		
($160,000 + $240,000 + $90,000)		$490,000
완성품 생산원가		
원모원가	$200,000	
원모분리원가	40,000	
염료의 결합원가		
($50,000 + $60,000 + $10,000)	120,000	360,000
이익		$130,000

도표 13-7
Santa Maria Wool 협동조합

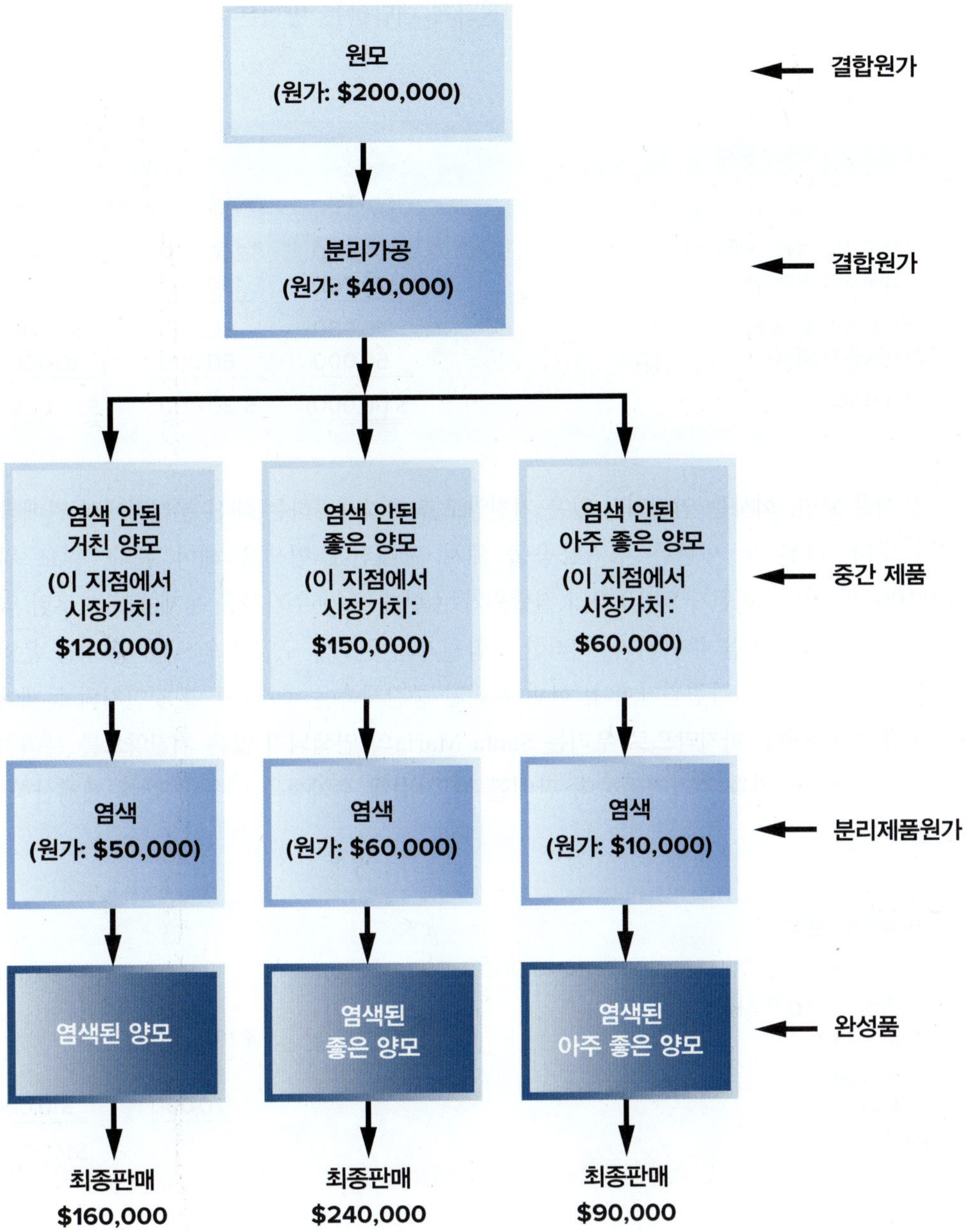

원모를 구입하는 원가 $200,000와 원모분리원가 $40,000의 결합원가는 회사전체의 수익성을 분석하는 데 관련원가가 된다는 점을 주목하라. 이러한 결합원가는 회사전체의 운영을 중지한다면 회피할 수 있기 때문이다. 회사가 모든 상품을 추가 가공한다면 $130,000의 이익을 얻을 수 있는 반면 우리가 더 고민해야할 질문이 있다. "세 가지 제품을 모두 추가 가공해야 할까? 하나 또는 그 이상의 제품을 분리점에서 판매하는 것이 재정적으로 유리하지는 않을까?"

이러한 판매 또는 추가가공 문제에 적절하게 대답하는 방법은 결합제품의 증분수익과 증분이익을 다음과 같이 비교하는 것이다.

판매 또는 추가가공 분석	거친 양모	좋은 양모	아주 좋은 양모
추가가공 후의 최종판매가치	$160,000	$240,000	$90,000
분리점에서의 판매가치	120,000	150,000	60,000
추가가공에 따른 증분수익	40,000	90,000	30,000
추가가공원가(염색)	50,000	60,000	10,000
추가가공이익	$ (10,000)	$ 30,000	$20,000

분석을 보면, 회사는 염색되지 않은 거친양모를 추가가공하는 대신 분리점에서 판매하는 것이 낫다. 다른 두 제품은 추가가공을 해서 판매전에 염색을 해야 한다. 원모 원가 $200,000와 원모분리원가 $40,000의 결합원가는 판매 또는 추가가공 문제에서 아무런 역할을 하지 않는다는 점을 주목하라. 이러한 결합원가는 원모를 구입과 원모분리공정을 운영할 것인지의 문제에서는 관련원가이나, 한번 분리된 중간제품을 추가가공할 것인지의 문제에서는 비관련원가이다. 마지막으로 우리는 Santa Maria의 염색되지 않은 거친양모를 분리점에서 판매하고 나머지를 추가가공하여 판매할 때의 전체 수익성을 다음과 같이 재계산할 수 있다.

전체 수익성 분석		
최종 판매가치의 결합치($120,000 + $240,000 + $90,000)		$450,000
최종 제품 생산원가 차감		
원모 원가	$200,000	
원모 분리 원가	40,000	
염색원가	70,000	310,000
이익		$140,000

$140,000의 수정된 이익은 회사가 세 가지 제품을 모두 추가로 가공할 때 앞에서 계산한 $130,000의 이익보다 $10,000만큼 더 높다는 점에 주목하라. $10,000의 이익 증가는 앞에서 계산한 거친 양모를 더 가공하는 데 따른 $10,000의 경제적 손실과 같다.

모든 것이 틀렸다

IN BUSINESS | 기업현장

Mexico Gulf 만에 위치한 이 회사는 비누 제품을 생산한다. 여섯 종류의 비누 제품은 공통재료를 이용해서 생산된다. 결합원가는 분리시점까지의 여섯 종류의 생산을 위한 공통원가로 구성된다. 이런 결합원가는 분리시점의 상대적인 판매가치에 따라 여섯 종류의 제품들로 배분된다.

여섯 종류의 제품을 생산하고 나면 폐기제품 역시 생산된다. 회사는 상업적인 가치가 없어서 폐기제품을 바지선에 선적하여 Mexico Gulf 만에 버린다. 그러나 회사의 연구부서가 추가가공을 통해 폐기제품이 비료의 원재료로 사용 가능하다는 것을 발견하고 나서 폐기를 멈추었다. 추가가공은 매년 17.5만 달러가 소요된다. 폐기제품은 이후 비료 제조업자에게 30만 달러에 판매된다.

회계팀은 분리점에서의 폐기제품의 판매가격을 포함한 결합제조원가를 여섯 종류의 제품에 판매가격 기준으로 배부한다. 배부결과 15만 달러의 결합제조원가가 폐기제품에 배부되었다. 이 15만 달러는 17.5만 달러의 추가가공원가를 고려하면 아래의 표에서 볼 수 있듯이 수익성이 없는 것으로 보이게 만든다. 이러한 분석을 근거로 회사의 경영진은 폐기제품의 추가가공은 중단되어야 한다고 결정했다. 회사는 Gulf에 폐기제품을 다시 버리기로 하였다.

추가가공 이후의 폐기제품 판매가격	$ 300,000
폐기제품에 배부된 원가의 차감	325,000
순손실	$ (25,000)

활동기준원가계산 관련원가

이전 장에서 논의한대로 활동기준원가계산은 의사결정 목적으로 잠재적인 관련원가를 파악하는 데 이용될 수 있다. 활동기준원가계산은 제품 또는 다른 부문에 의해 발생되는 활동에 초점을 맞춤으로써 추적가능성을 향상시킬 수 있다. 하지만 경영자들은 이 "추적가능성"이 실제로 존재하는 것보다 더 많다고 해석하는 데 주의해야 한다. 사람들은 만약 어떤 원가가 어떤 부문에서 추적가능하다면 자동적으로 회피가능원가라고 가정하는 경향이 있다. 이것은 잘 설계된 활동기준원가계산시스템에 의해 제공되는 원가는 단지 잠재적 관련원가일 뿐이므로 사실이 아니다. 경영자들은 의사결정 전에 어떠한 잠재적인 관련원가가 실제로 회피가능한지를 결정해야 한다. 회피가능한 원가가 관련원가이며 그 밖의 것들은 무시해야 한다.

설명을 위해 도표 13-4의 가정용품 라인에 대한 자료를 다시 살펴 보자. $2,000의 감가상각비는 직접적으로 가정용품과 관련된 부서의 활동과 관련이 있기 때문에 추적 가능한 원가이다. 하지만 $2,000는 가정용품 라인을 포기한다고 해서 회피할 수 있는 것이 아니다. 여기서 중요한 교훈은 한 제품이나 다른 부문에 원가를 배분하는 방법은 원가의 기본적인 속성을 변화시키지 못한다는 것이다. 오래된 장비의 감가상각과 같은 매몰원가는 활동기준에 의해 특정한 부문에 직접적으로 대응할 수 있는지, 직접노동시간에 기초하여 모든 부문에 배부할 수 있는지 또는 다른 원가계산 방법에 따라 처리될 수 있는지에 관계없이 매몰원가이다. 제품이나 부문에 원가를 배부하는 방법에 상관없이 이 장에서 논의된 원칙은 각각의 상황에서 회피가능한 원가를 결정하는 데 적용되어야 할 것이다.

요약

이 장의 모든 내용은 단순하지만 강력한 하나의 아이디어의 적용으로 구성된다. 그것은 대안마다 다른 비용과 이익만이 의사결정에 관련된다는 것이다. 다른 모든 비용과 이익은 무관하며 무시되어야 한다. 특히 매몰비용은 대안 간에 차이가 없는 미래원가처럼 관련성이 없다.

이 간단한 아이디어는 제품 라인 추가 또는 폐지, 부품 제작 또는 구매, 특별 주문 수락 또는 거절, 제한된 자원 사용, 결합제품의 추가가공 등 다양한 상황에서 적용되었다. 이 목록은 차액원가개념의 적용이 가능한 것들 중에 작은 표본만을 포함한다. 실제로 원가와 관련된 모든 결정은 차액원가의 적절한 식별과 분석에 달려 있다. 장기투자 결정이 고려되는 다음 장에서 차액원가의 개념에 계속 초점을 맞출 것이다.

종합예제: 차액원가

Charter Sports Equipment는 원형, 직사각형, 팔각형의 트램펄린을 생산한다. 지난달의 매출과 원가 자료는 다음과 같다.

		트램펄린		
	합계	원형	직사각형	팔각형
매출	$1,000,000	$140,000	$500,000	$360,000
변동비	410,000	60,000	200,000	150,000
공헌이익	590,000	80,000	300,000	210,000
고정비				
광고비 — 추적가능	216,000	41,000	110,000	65,000
특별기계감가상각비	95,000	20,000	40,000	35,000
감독자급여	19,000	6,000	7,000	6,000
일반공장간접원가*	200,000	28,000	100,000	72,000
총고정비	530,000	95,000	257,000	178,000
영업이익(손실)	$ 60,000	$ (15,000)	$ 43,000	$ 32,000

*판매가치에 따라 배부된 공통고정비

경영진은 원형 트램펄린에서 발생하는 계속적인 손실에 대해 걱정하고 있으며 이 라인을 계속해야 할지에 대한 의견을 원한다. 트램펄린을 생산하는 특수장비는 재판매 가치가 없다. 원형트램펄린 모델이 포기된다면, 이 모델에 할당된 두명의 라인 감독자들은 필요 없을 것이다.

요구사항:

1. 원형 트램펄린의 생산과 판매를 포기해야하는가? 회사는 원형트램펄린에 사용되었던 설비에 대한 다른 활용방안을 갖고 있지 않다. 당신의 답을 지지하는 계산근거를 밝혀라.
2. 다양한 제품라인의 생산성을 평가하는 데 더 유용한 관리방법이 되는 형태로 위의 자료를 다시 계산하라.

종합예제에 대한 해답

1. 아니다. 원형 트램펄린의 생산과 판매는 중단되어서는 안된다. 이 답을 설명해주는 계산은 다음과 같다.

원형트램펄린 중단시 공헌이익 감소분		$(80,000)
회피가능 고정원가:		
광고비—추적가능	$41,000	
라인 감독자급여	6,000	47,000
회사전체의 순영업이익 감소분		$(33,000)

특수장비의 감가상각비는 매몰원가이다. 따라서 의사결정과 관련이 없다. 공장의 일반 간접원가는 원형 트램펄린 라인의 폐지 여부와 관계없이 배부되고 계속 발생될 것이므로 관련이 없다.

2. 경영자가 특정 부문의 사업성을 명백하게 파악하기 위해서는 일반 제조간접원가가 배부되어서는 안된다. 그것은 공통원가이며 따라서 전체 제품라인의 이익에서 제거되어야 한다. 보다 유용한 손익계산서 형식은 다음과 같다.

		트램펄린		
	합계	원형	직사각형	팔각형
매출	$1,000,000	$140,000	$500,000	$360,000
변동비	410,000	60,000	200,000	150,000
공헌이익	590,000	80,000	300,000	210,000
추적가능 고정비				
광고비—추적가능	216,000	41,000	110,000	65,000
특별기계감가상각비	95,000	20,000	40,000	35,000
감독자급여	19,000	6,000	7,000	6,000
추적가능 고정비 합계	330,000	67,000	157,000	106,000
제품라인 부문이익	260,000	$ 13,000	$143,000	$104,000
공통고정비	200,000			
영업이익(손실)	$ 60,000			

용어해설

결합원가(joint costs) 결합제품을 생산하는 공정에서 분리점까지 발생한 원가.

결합제품(joint product) 공통의 투입에서 생산된 둘 또는 그 이상의 제품들.

관련원가(relevant cost) 의사결정에 있어 대안 간에 차이가 나는 원가. 이 용어는 회피가능원가, 차별원가와 동의어이다.

관련효익(relevant benefit) 의사결정에서 대안들 간에 차이를 가져오는 효익. 관련수익은 관련효익의 하나.

기회비용(opportunity cost) 한 대안이 다른 대안에 우선하여 선택되는 경우 포기되는 잠재적 효익.

매몰원가(sunk cost) 현재 또는 미래의 의사결정에 의해 변하지 않는 이미 발생한 원가.

병목(bottleneck) 전체시스템에서 총산출을 제한하는 기계나 공정의 부분.

분리점(split-off point) 결합제품의 일부 또는 전부가 개개의 제품으로 인식되는 제조 공정상 의 위치.

수직적 통합(vertical integration) 전체 가치 사슬에서 한 회사가 한개 이상의 활동, 즉 생산, 유통, 판매, AS에 연관되어 있는 경우.

제약요소(constraint) 수요를 충족시키기 위한 회사의 능력을 제한하는 한정된 기계시간, 원재료 등과 같이 회사가 조업해야 하는 상황에서의 한계.

제약의 완화(강화)[relaxing(or elevating) the constraint] 제약자원의 양을 증가시키는 조치. 같은 뜻으로 병목의 능력을 증가시키는 조치.

제조 또는 구매 결정(make or buy decision) 어떤 부품이 자체적으로 생산되어야 하는지 또는 외부 공급자로부터 구매되어야 하는지에 대한 의사결정.

증분원가(incremental cost) 두 대안 사이의 원가 증가.

차액수익(differential revenue) 두 대안 간에 발생하는 수익의 차이.

차액원가(differential cost) 의사결정 상황에서 대안 간에 차이를 발생시키는 원가. 이 용어는 회피가능원가, 관련원가와 동의어이다.

특별주문(special order) 회사의 정상적인 사업상에서 고려되는 주문이 아니라 1회성 주문.

판매 또는 추가가공 결정(sell or process further decision) 결합제품이 분리점에서 판매되어야 하는지 또는 추가가공 후에 판매되어야 하는지에 대한 결정.

회피가능원가(avoidable cost) 의사결정에 있어서 다른 대안 대신 특정 대안을 선택함에 따라 제거할 수 있는 원가.

질문

13–1 관련원가란 무엇인가?

13–2 다음의 용어를 정의하시오. 증분원가, 기회원가, 매몰원가

13–3 변동원가는 항상 관련원가인가? 설명하시오.

13–4 "매몰원가는 구별하기 쉽다. 그것은 단순히 하나의 의사결정과 관련된 고정원가이다." 당신은 이 주장에 동의하는가? 설명하시오.

13–5 "변동원가와 차액원가는 같은 의미이다." 당신은 이 주장에 동의하는가? 설명하시오.

13–6 "모든 미래원가는 의사결정에 있어서 관련원가이다." 당신은 이 주장에 동의하는가? 왜 그런가?

13–7 Prentice사는 제품라인 중 하나를 폐쇄하는 것을 고심하고 있다. 이 제품라인의 어떤 원가들이 이러한 의사결정과 관련이 있겠는가? 또는 관련이 없는가?

13–8 "하나의 제품라인이 손실을 보고 있다면 그것의 생산은 중단되어야 한다." 당신은 이 주장에 동의하는가? 설명하시오.

13–9 일반적인 고정원가를 제품라인이나 조직의 다른 부문에 배부하는 데 있어서 주의해야할 점은 무엇인가?

13–10 제조 또는 구매의사결정에 있어서 기회원가는 어떻게 처리하는가?

13–11 제약과 관련하여 가능한 예를 4개 이상 제시하시오.

13–12 관련 제품에 사용되는 제약자원의 양에 대한 관련 제품 공헌이익이 회사의 이익극대화에 어떻게 기여하는가?

13–13 다음의 용어를 정의하시오. 결합제품, 결합원가, 분리점

13–14 의사결정 관점에서 결합원가는 결합제품에 배부되어야 하는가?

13–15 결합제품을 분리점에서 판매하여야 하는지, 추가가공하여야 하는지 결정하기 위해 어떤 원칙이 적용되는가?

13–16 항공사는 때때로, 주중 특정시간 동안에 회원 동반할 경우 회원과 그 가족에게 할인요금을 제공한다. 이러한 형태의 할인된 요금을 제공하는 항공사의 경우 의사결정 과정에서 관련원가의 개념이 어떻게 적용되겠는가?

엑셀 응용

Mc Graw Hill connect

학습목표 13-7

다음에 나타나는 Excel 워크시트 양식은 Santa Maria Wool 협동조합과 관련된 문제의 예를 재현하기 위해 사용된다. Connect에서 이 양식이 포함된 워크북을 다운로드하고, 이 워크시트 양식을 사용하는 방법에 대한 지침도 받아라.

워크시트를 완료한 후에만 요구 사항으로 진행한다.

	A	B	C	D	E
1	**제13장 엑셀응용문제**				
2					
3	**자료**				
4	**도표 13-7 Santa Maria Wool 협동조합**				
5	원모원가	$200,000			
6	원모분리원가	$40,000			
7	분리점에서 중간제품의 판매가치:				
8	염색안된 거친양모	$120,000			
9	염색안된 좋은양모	$150,000			
10	염색안된 아주좋은양모	$60,000			
11	중간제품의 추가가공원가:				
12	염색안된 거친양모	$50,000			
13	염색안된 좋은양모	$60,000			
14	염색안된 아주좋은양모	$10,000			
15	최종제품의 판매가격:				
16	염색된 거친양모	$160,000			
17	염색된 좋은양모	$240,000			
18	염색된 아주좋은양모	$90,000			
19					
20	*아래 물음표(?)로 표시된 곳에 알맞은 금액을 채우시오.*				
21	**예제: 결합제품비용 및 공헌접근방식**				
22					
23	**전체운영의 수익성분석:**				
24	최종판매가치의 합산		?		
25	최종제품의 생산원가차감:				
26	원모원가	?			
27	원모분리원가	?			
28	염색의 결합원가	?	?		
29	이익		?		
30					
31	**전체운영의 수익성분석:**				
32		거친양모	좋은양모	아주좋은양모	
33	추가가공후 최종판매가치	?	?	?	
34	분리점에서의 판매가치 차감	?	?	?	
35	추가가공으로 인한 증분수익	?	?	?	
36	추가가공(염색)의 원가 차감	?	?	?	
37	추가가공의 재정적 이익(손실):	?	?	?	
38					
39					

제13장 | 제12장 | 제11장 | 제4장

요구사항:

1. B12 셀의 염색되지 않은 거친 양모를 추가가공하는 데 드는 비용을 $30,000로 변경하고 워크시트를 확인하라. 모든 중간 제품을 최종 제품으로 가공함으로써 얻는 전체적인 이익은 이제 $150,000가 되어야 하고 거친 양모를 추가로 가공하는 것의 재정적 이점은 이제 $10,000가 되어야 한다. 이러한 답을 얻지 못하면 워크시트에서 오류를 찾아 수정하라. 이러한 비용 변화에 대응하여 운영은 어떻게 변화해야 하는가?
2. 결합제품을 처리하는 산업에서는 원재료 투입 비용과 중간제품과 최종제품의 판매가치가 변동하는 경우가 많다. 워크시트의 자료 영역을 다음 항목과 일치하도록 변경하라.

자료
도표 13-7 Santa Maria Wool 협동조합

양모원가	$290,000
분리공정의 원가	$40,000
분리점에서 중간 제품의 판매 가치:	
염색안된 거친 양모	$100,000
염색안된 좋은 양모	$110,000
염색안된 아주 좋은 양모	$90,000
중간 제품의 추가가공(염색) 원가:	
염색안된 거친 양모	$50,000
염색안된 좋은 양모	$60,000
염색안된 아주 좋은 양모	$10,000
최종 제품의 판매가치:	
염색안된 거친 양모	$180,000
염색안된 좋은 양모	$210,000
염색안된 아주 좋은 양모	$90,000

a. 모든 중간 제품이 최종 제품으로 가공된다면 전체 이익은 얼마인가?

b. 중간 제품 각각을 추가 가공함으로써 얻을 수 있는 재정적 이익(손실)은 얼마인가?

c. 이러한 새로운 원가와 판매 가격에서 당신은 회사의 운영과 관련하여 어떤 권고를 할 것인가? 만약 당신의 추천을 따른다면, 회사의 전반적인 이익은 얼마가 되어야 하는가?

기본문제

connect

학습목표 13-2, 13-3, 13-4, 13-5, 13-6

Cane사는 알파와 베타라는 두 제품을 각각 $120와 $80에 판다. 각 제품은 파운드당 $6인 원자재를 한 종류만 사용한다. 그 회사는 각 제품의 연간 10만 대를 생산할 수 있는 능력을 가지고 있다. 이 정도 수준의 활동에서 각 제품의 단위당 평균 비용은 다음과 같다.

	알파	베타
직접 재료원가	$ 30	$12
직접 노무원가	20	15
변동 제조간접비	7	5
추적가능한 고정 제조간접비	16	18
변동 판매 비용	12	8
공통 고정 비용	15	10
단위당 총원가	$100	$68

회사는 추적 가능한 고정 제조 간접비를 피할 수 있다고 생각하지만, 일반적인 고정비용은 피할 수 없고 판매금액 기준으로 제품에 배부되었다.

요구사항:

(다른 지시가 없는 한 각각의 질문에 대해 독립적으로 답변하라.)

1. 두 제품 각각에 대한 추적 가능한 고정 제조 간접비의 총량은 얼마인가?
2. 회사의 공통 고정비용 총액은 얼마인가?
3. Cane사가 올해 중에 알파를 8만 개 생산하여 판매할 것으로 예상한다고 가정한다. Cane의 판매 담당자 중 한 명이 개당 80달러의 가격에 1만 개의 알파를 추가로 구매할 용의가 있는 새로운 고객을 발견했다. 신규 고객의 주문을 받아들일 때 재정적 이익(손해)은 얼마인가?
4. Cane이 올해 중에 베타를 9만 개 생산하여 판매할 것으로 예상한다고 가정한다. Cane의 판매 담당자 중 한 명이 개당 39달러의 가격으로 5,000개의 베타를 추가로 구매할 의향이 있는 새로운 고객을 발견했다. 신규 고객의 주문을 받아들일 때 재정적 이익(손해)은 얼마인가?
5. Cane이 9만 5천 개의 알파를 생산하고 판매할 것으로 예상한다고 가정한다. Cane의 판매 담당자 중 한 명은 대당 80달러의 가격으로 알파 1만대를 추가로 구매할 의향이 있는 새로운 고객을 찾았지만, 이 기회를 추구하면 일반 고객에 대한 알파 판매량이 5,000대 감소할 것이다. 신규 고객의 주문을 받아들일 때 재정적 이익(손해)은 얼마인가?
6. Cane이 보통 연간 9만 베타를 생산해 판매한다고 가정하자. 베타 제품군을 중단할 때의 재정적 이익(손해)은 얼마인가?
7. Cane이 보통 1년에 4만 개의 베타를 생산하여 판매한다고 가정하자. 베타 제품군을 중단할 때의 재정적 이익(손해)은 얼마인가?
8. Cane이 보통 1년에 6만 베타와 8만 알파를 생산해 판매한다고 가정하자. Cane이 베타 제품군을 중단할 경우, 그것의 판매 담당자는 알파 판매를 15,000대 늘릴 수 있다. 베타 제품군을 중단할 때의 재정적 이익(손해)은 얼마인가?
9. Cane이 올해 중에 알파 8만 개를 생산하여 판매할 것으로 예상한다고 가정한다. 한 공급업체가 한 대당 80달러의 가격으로 알파 8만 개를 제작해 Cane에 납품하겠다고 나섰다. 이러한 단위를 만드는 대신에 공급자로부터 8만 대를 구입하는 것의 재정적 이익(손해)은 얼마인가?
10. Cane이 현년 중에 5만 알파를 생산하여 판매할 것으로 예상한다고 가정한다. 한 공급업체가 한 대당 80달러의 가격으로 알파 5만 개를 제작해 Cane에 납품하겠다고 나섰다. 직접 제조하는 대신 납품업체로부터 5만 대를 구입하는 것이 경제적 이점(실패)은 무엇인가?
11. 두 제품을 한 단위씩 만들려면 몇 파운드의 원료가 필요한가?
12. 두 제품 각각에 대해 원재료 파운드 당 공헌이익은 얼마인가?
13. Cane의 고객이 최대 8만 개의 알파, 최대 6만 개의 베타 제품을 구입한다고 가정한다. 또한 생산 가능한 원료가 16만 파운드로 제한된다고 가정하자. Cane은 이윤을 극대화하기 위해 얼마나 많은 제품을 생산해야 하는가?
14. 만약 Cane이 당신의 요구 조건 13의 권고를 따른다면, 총 공헌이익은 얼마가 될 것인가?
15. 만약 당신이 요구 조건 13에서 권고한 대로 16만 파운드의 원료를 사용한다면, 추가 원재료에 대해 파운드당 얼마까지 기꺼이 지불하겠는가?

연습문제

connect

문제 13-1 관련원가 구별하기 [학습목표 13-1]

Svahn, AB는 스웨덴의 요트 제조업체다. 회사는 A상황과 B상황이라는 두 개의 독립적인 의사결정 상황에 관련된 아래 표시된 정보를 수집했다.

A 상황:

회사는 만성적으로 유휴시설이 없고 구형 B100 기계는 회사의 제약자원이다. 경영진은 회사의 현재 모델 B100 기계 외에 사용할 모델 B300 기계를 구입하는 것을 고려하고 있다. 구 모델 B100 기계는 이전과 같이 생산에 계속 사용될 것이며, 새로운 모델 B300 머신은 생산량 증가에 사용될 것이다. 이것은 회사의 생산과 판매를 증가시킬 것이다. 물량 증가는 고정 판매비용과 일반 관리비용의 증가를 요구할 정도로 크지만 고정 제조간접비는 증가되지 않을 것이다.

B 상황:

구형 B100기계는 회사의 제약조건은 아니지만, 경영진은 새 기계로 직접 재료를 절약할 수 있기 때문에 새로운 모델 B300기로 교체하는 것을 고려하고 있다. 모델 B100 머신은 처분될 것이다. 이러한 변화는 낭비 감소로 인한 직접 재료원가의 일부 절감 외에는 생산이나 판매에 영향을 미치지 않을 것이다.

요구사항:

아래의 정보를 답안지에 옮겨 적고 적절한 곳에 X를 기입하여 각 항목이 사례 A 및 사례 B에 설명된 의사결정 내용과 관련 원가 또는 비관련 원가인지 여부를 표시하라.

	A상황		B상황	
	관련	비관련	관련	비관련
a. 매출액 수익				
b. 직접재료원가				
c. 직접노무원가				
d. 변동 제조간접비				
e. 감가상각비—B100 기계				
f. 장부가액—B100 기계				
g. 잔존가액—B100 기계				
h. 시장가격—B300 기계(원가)				
i. 고정 제조간접비(일반)				
j. 변동판매비				
k. 고정판매비				
l. 일반관리비				

문제 13-2 부문의 유지 및 폐쇄 의사결정 [학습목표 13-2]

Regal Cycle사는 세 가지 종류의 자전거를 생산한다.—험로용 자전거, 산악용 자전거, 경주용 자전거. 지난 분기의 매출과 비용에 대한 자료는 다음과 같다.

	합계	험로용	산악용	경주용
매출	$300,000	$90,000	$150,000	$60,000
변동제조원가 및 판매관리비	120,000	27,000	60,000	33,000
공헌이익	180,000	63,000	90,000	27,000
고정비용				
추적가능 광고비	30,000	10,000	14,000	6,000
특수장비 감가상각비	23,000	6,000	9,000	8,000
생산라인 관리자 급여	35,000	12,000	13,000	10,000
일반관리비 배부액*	60,000	18,000	30,000	12,000
총 고정비	148,000	46,000	66,000	36,000
순 영업이익(손실)	$ 32,000	$17,000	$ 24,000	$(9,000)

*매출액 기준으로 배부되었음

경영진은 경주용 자전거 부문의 계속되는 손실에 우려하고 있으며, 그 부문이 중단되어야 하는지 계속 유지되어야 하는지에 대한 의견을 원한다. 경주용 자전거의 생산에 사용되는 특수장비는 재판매가치가 없으며 마모되지 않는다.

요구사항:

1. 경주용 자전거 사업부를 폐쇄할 경우 재정적 이익(손실)은 얼마인가?
2. 경주용 자전거 사업부는 폐쇄되어야 하는가?
3. 경영진이 다양한 제품군의 장기 수익성을 평가할 때 더 유용한 적절한 형식의 부문별 손익계산서를 작성하라.

문제 13-3 부품의 제조 또는 구매 의사결정 [학습목표 13-3]

Troy Engines사는 중장비에 쓰이는 다양한 엔진들을 생산한다. 회사는 모든 카뷰레터를 포함한 엔진에 필요한 모든 필요부품을 항상 자체 제조해 왔다. 그런데 한 외부의 공급업체가 카뷰레터 중 하나를 단위당 $35에 공급하겠다는 제안을 하였다. Troy Engines사는 이 제안을 평가하기 위해 카뷰레터를 자체 생산하였을 때 드는 비용과 관련된 다음의 자료를 확보하였다.

	단위당	연간 15,000단위
직접재료원가	$14	$210,000
직접노무원가	10	150,000
변동제조간접원가	3	45,000
추적가능 고정제조간접원가	6*	90,000
배부된 고정제조간접원가	9	135,000
총원가	$42	$630,000

*1/3은 감독관 급여; 2/3은 특수장비의 감가상각비(재판매 가치 없음)

요구사항:

1. 현재 카뷰레터 생산에 사용되고 있는 설비에 대한 대체 용도가 없다고 가정할 때, 외부 공급자로부터 1만 5천 개의 카뷰레터를 구입하는 재정적 이익(손실)은 얼마인가?
2. 외부 공급자의 제안을 받아들여야 하는가?
3. 카뷰레터를 외부 구입할 경우 Troy Engines사는 새로운 제품을 출시하기 위해 유휴생산능력을 갖게 된다고 가정한다. 신제품 부문의 이익은 연간 $150,000가 될 것이다. 이러한 새로운 가정을 고려할 때, 외부 공급자로부터 1만 5천 개의 카뷰레터를 구입하는 것의 재정적 이익(손실)은 얼마인가?
4. 요구사항 3의 새로운 가정을 고려할 때 외부 공급자의 제안을 수용해야 하는가?

문제 13-4 특별주문 의사결정 [학습목표 13-4]

Imperial Jewelers는 금팔찌를 $189.95에 제조하고 판매한다. 회사의 회계시스템에 의하면 이 팔찌의 단위당 생산원가는 아래에서 보는 것과 같이 $149.00이다.

직접재료원가	$ 84.00
직접노무원가	45.00
제조간접원가	20.00
단위당 생산원가	$149.00

결혼식 파티를 위해 이 금팔찌 20개를 각각 $169.95의 할인된 가격에 사고 싶다고 Imperial Jewelers에 제안했다. 이 팔찌에는 특수세공이 필요한데 이를 위해 Imperial Jewelers는 $250에 특수장비를 구입해야 하고 단위당 직접 재료비가 $2 인상된다. 이 특수장비는 이 주문 이외에는 다른 용도가 없을 것이다.

이 특별주문의 기회를 분석하기 위해, Imperial Jewelers은 대부분의 제조간접비가 고정비이고 주어진 기간 동안 얼마나 많은 보석들이 생산되는지에 따라 영향을 받지 않는다고 결정했다. 그러나, 제조간접비 중 $4는 생산되는 팔찌의 수와 관련하여 변동된다. 회사는 또한 이 주문을 받아들인다고 해서 다른 고객들에게 보석을 생산하고 판매하는 능력에 아무런 영향을 미치지 않을 것이라고 믿고 있다. 더구나, 회사는 현재 제조설비의 생산능력으로 특별주문을 수락 할 수 있을 것이다.

요구사항:

1. 결혼식 파티 특별주문의 수락으로 인한 재정적 이익(손실)은 얼마인가?
2. 회사는 이 특별주문을 수락해야 하는가?

문제 13-5 생산량 대체 의사결정 [학습목표 13-5]

Outdoor Luggage사는 운동장비용 최고급 하드케이스 가방을 제조한다. 회사의 가장 인기 있는 세 가지 모델과 관련된 자료는 다음과 같다.

	스키가드	골프가드	낚시가드
단위당 판매가격	$200	$300	$255
단위당 변동원가	$60	$140	$55
한 단위를 생산하는 데 필요한 플라스틱 사출 성형기 시간	2분	5분	4분
단위당 플라스틱 펠릿 소요량	7 파운드	4 파운드	8 파운드

요구사항:

1. 플라스틱 사출 성형기에서 사용할 수 있는 총 시간이 생산 공정의 제약이라고 가정할 경우, 각 제품에서 제약자원의 분당 공헌이익은 얼마인가?
2. 플라스틱 사출 성형기의 가장 수익성이 좋은 제품은?
3. 만약 플라스틱 펠릿의 심각한 부족으로 생산량을 줄여야 하고, 회사의 새로운 제약조건이 플라스틱 펠릿의 수량이라고 가정한다면, 각각의 제품은 제약자원의 파운드 당 얼마나 많은 기여 마진을 얻는가?
4. 플라스틱 펠릿을 가장 수익성 있게 사용할 수 있는 제품은?
5. 단위당 공헌이익이 가장 큰 제품은? 왜 이 제품이 제약된 자원을 가장 수익성 있게 사용하는 것이 아닐까?

문제 13-6 제약자원 관리 [학습목표 13-6]

Portsmouth사는 품질이 우수한 식민지 시대의 복제가구를 만든다. 복원된 가구는 주요 제품계열 중의 하나이고 이 제품라인의 병목은 복원 작업장의 시간이다. 복원작업은 숙련하는데 상당한 경험이 필요한 기술이고 복원가구의 수요는 복원 작업장의 생산능력을 훨씬 초과한다. 회사의 복원의자 세 개와 관련된 정보는 아래와 같다.

	리클라이너	소파	2인용 소파
단위당 판매가격	$1,400	$1,800	$1,500
단위당 변동원가	$800	$1,200	$1,000
한 단위를 생산하는 데 필요한 복원 작업장 사용 시간	8시간	10시간	5시간

요구사항:

1. 이 작업장에서 일하는 직원들에게 초과 근무를 시키면 더 많은 시간을 작업장에서 활용할 수 있을 것이다. 이 여분의 시간이 소파 생산에 사용된다고 가정했을 때, 정상 근무 시간 후에도 업소문을 열 수 있도록 시간당 초과 근무 수당으로 얼마나 많은 프리미엄을 지불해야 하는가?
2. 근처의 한 작은 복원작업회사가 시간당 45달러의 고정 요금으로 Portsmouth용 가구를 들여놓겠다고 제안했다. Portsmouth의 경영진은 이 복원작업회사의 품질은 우수하며 그들의 장인들은 2인용 소파와 같은 단순한 복원 작업에 Portsmouth사의 장인들만큼 빠르게 일할 수 있다고 확신하고 있다. Portsmouth가 근처의 회사에 원료를 제공한 후 그것을 2인용 소파 복원작업을 위해 고용한다면 시간당 얼마나 더 많은 공헌이익을 얻을 수 있는가?
3. Portsmouth는 근처의 복원작업회사를 고용해야 하는가? 설명하라.

문제 13-7 판매 또는 추가가공 의사결정 [학습목표 13-7]

Dorsey사 결합공정에서 하나의 공통원재료로 3개의 제품을 제조한다. 분리점까지의 결합원가는 분기당 총 $350,000이다. 재무보고를 위하여, 기업은 이러한 원가를 분리점의 상대적 판매가치에 기초하여 결합제품에 배분한다. 분리점의 단위당 판매 가격과 총 생산량은 다음과 같다.

제품	판매가격	분기당 생산량
A	파운드당 $16	15,000 파운드
B	파운드당 $8	20,000 파운드
C	갤런당 $25	4,000 갤런

각 제품은 분리점 이후 추가가공 할 수 있다. 추가 가공은 특별한 시설을 필요로 하지 않는다. 추가가공 후 추가가공 비용(분기당)과 단위 판매 가격은 다음과 같다.

제품	추가가공 원가	판매가격
A	$63,000	파운드당 $20
B	$80,000	파운드당 $13
C	$36,000	갤런당 $32

요구사항:

1. 3개 제품 각각을 분리점을 넘어 추가 가공할 경우 재정적 이익(손해)은 얼마인가?
2. 문제 1의 분석에 근거하여 분리점에서 판매해야 하는 제품이나 제품은 무엇이며, 어떤 제품을 추가가공해야 하는가?

문제 13-8 생산량 대체 의사결정 [학습목표 13-5, 6]

Barlow사는 A, B, C 세 개의 제품을 생산한다. 각 제품의 단위당 판매가격, 변동원가, 그리고 공헌이익은 다음과 같다.

	제품		
	A	B	C
판매가격	$180	$270	$240
변동비용			
직접재료원가	24	80	32
기타 변동비용	102	90	148
총변동비용	126	170	180
공헌이익	$ 54	$100	$ 60
공헌이익률	30%	37%	25%

세 가지 제품 모두에서 동일한 원료가 사용된다. Barlow Company는 현재 6,000파운드의 원료를 보유하고 있으며 공급업체 공장의 파업으로 인해 몇 주 동안 더 이상의 원료를 얻을 수 없을 것이다. 회사는 주문을 맞추기 위해 다음 주에 어느 제품의 생산에 집중하여야 하는지 결정하려 하고 있다. 직접재료원가는 파운드당 $8이다.

요구사항:

1. 각 제품에 대한 제약 자원의 파운드당 공헌이익을 계산하라.
2. Barlow가 세 가지 제품 각각에 대해 무제한의 수요를 가지고 있다고 가정할 때, 회사가 보유하고 있는 6,000파운드의 원료를 사용할 때 얻을 수 있는 최대 공헌이익은 얼마인가?
3. Barlow의 예상 고객 수요가 제품 라인당 500대라고 가정할 때, 회사가 보유하고 있는 6,000파운드의 원료를 사용할 때 얻을 수 있는 최대 공헌이익은 얼마인가?
4. 외국의 한 공급자는 Barlow에게 추가적인 원재료를 통상적인 가격에 프리미엄을 붙여서 제공할 수 있다. Barlow의 예상 고객 수요가 제품 라인당 500대라고 가정하고, 회사가 6,000파운드의 원료를 최적의 방식으로 사용했다고 가정한다면, Barlow Company가 추가적인 1파운드의 원료를 위해 지불할 용의가 있는 최고 가격은 얼마인가? 설명하라.

문제 13-9 특별주문 의사결정 [학습목표 13-4]

Delta사는 단일의 제품을 생산한다. 회사의 연 60,000단위 정상 활동수준에서 제품 한 단위의 생산과 판매원가는 다음과 같다.

직접재료원가	$5.10
직접노무원가	$3.80
변동제조간접원가	$1.00
고정제조간접원가	$4.20
변동판매관리비	$1.50
고정판매관리비	$2.40

정상적인 판매가격은 단위당 $21이다. 회사의 생산능력은 연 75,000단위이다. 회사는 15,000단위를 단위당 $14의 특별가격에 구입하겠다는 통신판매주문을 받았다. 이 주문은 정규 매출에는 영향을 미치지 아니한다.

문제 13-10 제조 또는 구매 의사결정 [학습목표 13-3]

Futura사는 농장 트랙터 표준 라인에 사용되는 40,000개의 시동기를 외부에서 $8.40에 구매한다. 그런데 생산량 감소로 인해 회사는 시동기를 생산할 수 있는 유휴생산설비를 가지게 되었다. 그러나 회사의 수석 엔지니어는 제품의 생산원가가 아래와 같이 $9.20라는 이유로 반대하고 있다.

	단위당	총계
직접재료원가	$3.10	
직접노무원가	2.70	
감독비용	1.50	$60,000
감가상각비	1.00	$40,000
변동제조간접원가	0.60	
임차료	0.30	$12,000
총 제조원가	$9.20	

Futura사가 시동기를 제조하기로 결정하면 감독관을 $60,000에 고용해 생산을 감독해야 할 것이다. 그러나 이 회사는 새로운 장비를 구입하지 않아도 될 정도로 충분한 유휴 공구와 기계를 가지고 있다. 위의 임차료는 발전소에서 이용되는 공간을 기준으로 한다. 그 공장의 총 임차료는 한 기간에 $80,000다. 감가상각은 마모보다는 진부화 때문이다.

요구사항:

40,000대의 시동기를 외부 공급자로부터 구입하는 대신 직접 제조할 경우의 재정적 이익(손실)은 얼마인가?

문제 13-11 제조 또는 구매 의사결정 [학습목표 13-3]

Han Products는 제품 생산에 필요한 부품인 S-6를 매년 30,000단위 생산한다. 이러한 조업도 수준 하에서 S-6의 단위당 원가는 다음과 같다.

직접재료원가	$ 3.60
직접노무원가	10.00
변동제조간접원가	2.40
고정제조간접원가	9.00
단위당 원가	$25.00

외부공급업자가 30,000단위의 부품 S-6을 단위당 $21에 공급하겠다고 제안하였다. Han Products가 이 제안을 수락한다면 S-6의 생산을 위해 사용 중인 설비는 연 $80,000의 임대료에 다른 회사에 임대할 수 있다. Han Products는 S-6에 배분된 고정제조간접원가 중 2/3는 S-6를 외부에서 구입하더라도 계속해서 발생할 것으로 보고 있다.

요구사항:

외부 공급자의 제안을 수락할 경우의 재정적 이익(손실)은 얼마인가?

문제 13-12 생산량 대체 의사결정 [학습목표 13-5]

Benoit 회사는 A, B, C의 세 제품을 생산한다. 세 개의 제품과 관련된 정보는 다음과 같다(단위당).

	제품		
	A	B	C
판매가격	$80	$56	$70
변동비용			
직접재료원가	24	15	9
기타 변동비용	24	27	40
총변동비용	48	42	49
공헌이익	$32	$14	$21
공헌이익률	40%	25%	30%

한 달에 800대씩 판매할 수 있는 것으로 회사 측은 추산하고 있다. 각 제품에는 동일한 원료가 사용된다. 그 재료는 파운드당 3달러이고, 매달 최대 5천 파운드까지 구할 수 있다.

요구사항:

1. 각 제품에 대한 제약 자원의 파운드당 공헌이익을 계산하라.
2. A, B, C 중 어떤 주문을 먼저 받아들이라고 회사에 조언하겠는가? 두 번째와 세번째 주문은?
3. 만약 재료 5000파운드를 최적으로 사용한다면 회사는 한달에 얼마의 공헌이익을 최대로 벌 수 있을까요?

문제 13-13 판매 또는 추가가공 의사결정 [학습목표 13-7]

Wexpro사는 희귀한 광물인 크립톤 1톤을 가공하여 몇가지 제품을 생산한다. 재료 및 공정원가는 1톤당 총 $60,000이며, 이 중 1/4이 제품 X15에 배분되었다. 1톤의 크립톤으로부터 7,000단위의 제품 X15가 생산된다. 제품은 분리점에서 단위당 $9에 판매되거나 총 $9,500의 원가를 투입하여 추가가공 후 단위당 $12에 판매될 수 있다.

요구사항:

1. X15의 추가가공으로 인한 재정적 이익(손실)은 얼마인가?
2. X15는 추가가공되어야 하는가 아니면 분리점에서 판매되어야 하는가?

문제 13-14 관련원가의 식별 [학습목표 13-1]

Kristen Lu는 지난해 초에 중고 자동차를 $8,000에 구입하였고 다음과 같은 운영원가가 발생하였다.

감가상각($8,000÷5)	$1,600
보험료	$1,200
차고 임차료	$360
자동차세 및 면허세	$40
변동운영원가	마일당 $0.14

변동운영원가는 휘발유, 오일, 타이어, 유지비 및 수선비로 이루어진다. Kristen은 현재 사용하는 추세라면 5년 후에는 잔존가치가 0이 될 것이므로 연간 정액법 감가상각비는 1,600이다. 자동차는 월간 사용료로 차고에 보관한다.

요구사항:

1. Kristen은 작년에 1만 마일을 운전했다. 자동차를 소유하고 운영하는 데 드는 마일당 평균 비용을 계산한다.
2. Kristen은 봄방학 2주 동안 장거리 횡단 여행을 가기 위해 자신의 차를 사용해야 할지, 아니면 차를 빌려야 할지 확신이 서지 않는다. 위의 어떤 비용이 이 결정과 관련이 있는가? 설명하라.
3. Kristen은 작년에 산 차를 대신할 비싼 스포츠카를 살까 생각 중이다. 그녀는 자신이 소유하고 있는 차와 상관없이 같은 수의 마일을 운전하고 같은 주차 공간을 임대할 것이다. 스포츠카의 변동운영원가는 그녀의 예전 자동차의 비용과 거의 같을 것이다. 하지만, 그녀의 보험과 자동차세와 면허세는 오를 것이다. 어떤 원가들이 보다 비싼 자동차를 구매할 때의 증분원가를 추정하는 것과 관련되는가? 설명하라.

문제 13-15 부문의 폐지 또는 유지 의사결정 [학습목표 13-2]

Greece의 Thalassines Kataskeves사는 해양장비를 제조한다. 회사는 몇 년간 배 밑에 고인 물을 퍼올리는 펌프(bilge pump) 제품 부문에서 손실을 경험하였다. 해당 제품 부문의 가장 최근 분기의 공헌이익 손익계산서는 다음과 같다.

Thalassines Kataskeves사
손익계산서
3월 31일로 종료되는 분기의 bilge pump 부문

매출액		$850,000
변동원가 차감:		
변동제조원가	$330,000	
판매비	42,000	
선적비	18,000	
총 변동원가		390,000
공헌이익		460,000
고정원가 차감:		
광고비	270,000	
감가상각비(재판매가치 없음)	80,000	
일반 공장관리비	105,000*	
제품라인 관리자 급여	32,000	
재고에 대한 보험료	8,000	
구매부문 비용	45,000†	
총 고정원가		540,000
영업손실		$ (80,000)

* 기계시간에 기초하여 배분된 일반원가.
† 매출액에 기초하여 배분된 일반원가.

bilge pump 제품 부문의 폐지는 다른 제품 부문의 매출에 영향을 미치지 아니하며 회사의 일반 공장 관리비 및 구매 부문 비용에 영향을 미치지 아니한다.

요구사항:

Bilge pump 제품 부문의 폐지로 인한 재정적 이익(손실)은 얼마인가?

문제 13-16 관련원가의 식별 [학습목표 13-1]

Bill은 이제 막 오리사냥 여행으로부터 돌아왔다. 그는 집으로 여덟 마리의 오리를 가져왔다. Bill의 친구 John은 오리사냥을 반대하였고, Bill이 더 이상 오리사냥을 하지 않도록 하기 위해 다음과 같이 오리당 다음과 같은 원가추정을 Bill에게 보여주었다.

캠퍼와 장비	
원가, $12,000; 8시즌 동안 사용가능함; 시즌 당 10회의 사냥 여행	$150
여행비용(픽업용 트럭)	
마일당 $0.31에 100마일	
(가스, 기름, 타이어—마일당 $0.21; 감가상각비와 보험료—마일당 $0.10)	31
탄환(2박스)	20
보트	
원가, $2,320; 8시즌 동안 사용가능함; 시즌 당 10회의 사냥 여행	29
사냥면허증	
원가, 시즌당 $30; 시즌당 10회의 사냥여행	3
포커를 하면서 잃은 현금	
손실, $24 (Bill은 매 주말에 포커를 즐긴다)	24
위스키	
원가, $15 (추위를 견디기 위해 사용됨)	15
총원가	$272
오리당 원가($272 ÷ 8마리)	$ 34

요구사항:

1. Bill이 이제 막 끝낸 오리사냥 여행이 일상적인 것이라면, Bill이 이번 시즌에 다시 한번 오리사냥 여행을 가야할지 말아야 할지의 의사결정에 있어서 관련원가는 무엇인가?
2. Bill이 다음 사냥 여행에서는 운이 좋아 8마리를 잡을 때 소요된 시간으로 10마리의 오리를 잡았다고 가정하자. 마지막 두 마리의 오리를 잡기 위해 드는 비용은 얼마인가?
3. Bill이 사냥을 포기해야 할지 결정하는 의사결정에 있어서 관련원가는 무엇인가? 설명하라.

문제 13-17 부문의 폐지 또는 유지 의사결정 [학습목표 13-2]

소매회사인 Bed & Bath는 두 개의 사업 부문이 있다. Hardware와 Linens가 그것이다. 최근의 월 단위 공헌이익 손익계산서는 다음과 같다.

		부문	
	합계	Hardware	Linens
매출액	$4,000,000	$3,000,000	$1,000,000
변동원가	1,300,000	900,000	400,000
공헌이익	2,700,000	2,100,000	600,000
고정원가	2,200,000	1,400,000	800,000
영업이익(손실)	$ 500,000	$ 700,000	$ (200,000)

조사결과 Linens에 부과된 $340,000의 고정원가는 Linens 사업부를 폐지한다 하더라도 발생하는 매몰원가 또는 배부된 원가이다. 또한 Linens 사업부의 폐지는 Hardware 사업부 매출의 10%가 감소되는 결과를 낳을 것이다.

요구사항:

Linens사업부의 폐지로 인한 재정적 이익(손실)은 얼마인가?

문제 13-18 다양한 상황의 관련원가 분석 [학습목표 13-2, 3, 4]

Andretti사는 Dak라고 불리는 단일의 제품을 생산한다. 회사는 보통 연 60,000단위의 Dak를 생산하며 단위당 $32에 판매한다. 이러한 생산수준에서 제품의 단위당 원가는 다음과 같다.

직접재료원가	$10.00	
직접노무원가	4.50	
변동제조간접원가	2.30	
고정제조간접원가	5.00	(총 $300,000)
변동판매비	1.20	
고정판매비	3.50	(총 $210,000)
단위당 원가	$26.50	

Dak의 생산 및 판매와 관련하여 다음과 같은 질문들이 있다. 각 물음은 독립적이다.

요구사항:

1. Andretti사는 추가적인 고정제조간접원가의 증가없이 연 90,000단위의 Dak를 생산할 수 있는 능력이 있다고 가정하자. 회사는 고정판매비를 $80,000 증가시킬 경우 매년 60,000단위의 제품보다 25%까지 매출을 증가시킬 수 있다. 고정판매비 $80,000의 추가투자로 인한 재정적 이익(손해)는 얼마인가? 고정판매비를 증가시키는 것이 합당한가?

2. 연 90,000단위의 Dak를 생산할 수 있는 능력이 있다고 다시 가정하자. 해외 고객이 20,000단위의 Dak를 구입할 의사가 있다. 수입관세는 단위당 $1.70가 될 것이며, 허가와 면허에 대한 원가로 $9,000가 들 것이다. 이 주문과 관련된 유일한 판매비는 배송비용으로 단위당 $3.20가 될 것이다. 이 주문에 대한 단위당 손익분기점 가격은 얼마인가?
3. 회사는 일부 결점이 존재하여 등외품으로 여겨지는 1,000개의 Dak를 보유하고 있다. 결점 때문에 판매 채널을 통해서 정상적인 가격으로 판매하는 것은 불가능하다. 최소 판매가격을 결정하는 데 있어서 관련되는 원가 항목은 무엇인가? 설명하라.
4. 원재료 공급업자의 공장 파업으로 Dak의 생산을 위한 원재료를 구입하는 것이 불가능하다. 이 파업은 2개월 간 지속될 것으로 기대된다. Andretti사는 2개월 생산수준의 30%를 감당할 수 있는 정도의 원재료를 보유하고 있다. 대안으로서 회사는 2개월간 공장을 닫을 수 있다. 공장을 닫으면 2개월 간의 정상적인 고정제조간접원가의 60%만이 발생하며, 고정판매비는 20%가 감소될 것이다.
   a. 2개월 동안 공장의 문을 닫으면, 회사의 공헌이익의 손실이 발생하는가?
   b. 회사가 두 달 동안 공장을 폐쇄할 경우 총 고정 비용은 얼마나 회피가능한가?
   c. 2개월 동안 공장을 폐쇄하는 것의 재정적 이익(손실)은 얼마인가?
   d. Andretti사는 2개월 동안 공장을 폐쇄해야 하는가?
5. 한 외부 제조사가 60,000개의 Dak을 생산해 Andretti의 고객에게 직접 배송해 주겠다고 했다. 만약 Andretti사가 이 제안을 받아들인다면, Dak를 생산하기 위해 사용하던 시설들은 유휴설비가 되지만 고정제조간접원가는 75%까지만 절감될 것이다. 왜냐하면 외부 제조자들이 모든 운송비를 지불할 것이기 때문에 변동 판매비용은 현재의 3분의 2가 될 것이다. 그들의 현재 금액의 가격 대비 Andretti의 피할 수 있는 단위당 비용은? 외부 제조업체가 제안한 가격과 비교할 때 Andretti사가 회피가능한 단위당 원가는 얼마인가?

문제 13-19 부문의 폐지 또는 유지 [학습목표 13-2]

Jackson County Senior Services는 Jackson County지역 내에 거주하는 노인들에게 필수 서비스를 제공하는 비영리조직이다. 노인들에게 제공하는 세 가지 서비스는 가정간호, 식사배달과 가사이다. 지난해의 수익과 비용은 아래와 같다.

	합계	가정간호	식사배달	가사
수익	$900,000	$260,000	$400,000	$240,000
변동비	490,000	120,000	210,000	160,000
공헌이익	410,000	140,000	190,000	80,000
고정비용				
감가상각	68,000	8,000	40,000	20,000
책임보험료	42,000	20,000	7,000	15,000
프로그램 관리자 급여	115,000	40,000	38,000	37,000
일반관리 간접원가*	180,000	52,000	80,000	48,000
총 고정비용	405,000	120,000	165,000	120,000
영업이익(손실)	$ 5,000	$ 20,000	$ 25,000	$ (40,000)

*프로그램 수익을 기초로 배부되었음

Jackson County Senior Services 대표인 Judith Miyama 씨는 지난해 $5,000의 영업이익을 만족스럽지 못하다고 보고 있어 가사 프로그램을 중단할 가능성을 염두에 두고 있다.

가사 프로그램의 감가상각은 가정부와 그들의 장비를 직장으로 운반하는 데 사용되는 소형 밴에 대한 것이다. 이 프로그램이 중단되면 밴은 자선단체에 기부될 것이다. 가사 프로그램을 폐지하면 일반관리 간접원가를 피할 수 없지만, 책임보험료와 프로그램 관리자의 급여는 피할 수 있을 것이다.

요구사항:

1. 가사 프로그램의 폐지로 인한 재정적 이익(손실)은 얼마인가? 가사 프로그램은 폐지되어야 하는가? 설명하라.
2. 다양한 서비스의 장기적인 재무 건전성 평가에 유용한 적적한 양식의 부문별 손익계산서를 작성하라.

문제 13-20 판매 또는 추가가공 의사결정 [학습목표 13-7]

(John W. Hardy 교수가 제안한 상황으로부터 준비된 것이다.) Lone Star Meat Packers는 소고기 및 다른 육류의 주요 가공업체다. 회사는 많은 양의 T-bone 스테이크를 보유하고 있는데, 그것을 최초 절단 후 T-bone 스테이크로 판매할 것인지, 추가 가공하여 필레미뇽이나 뉴욕식 스테이크로 가공하여 판매할 것인지 결정하려하고 있다.

만약 T-bone 스테이크가 최초 절단 후 판매될 경우, 1파운드의 T-bone 스테이크는 다음과 같은 이익을 창출한다.

판매가격(파운드당 $2.25)	$7.95
분리점(T-bone 스테이크가 분리된 제품으로 인식될 수 있는) 까지 발생한 결합원가의 차감	3.80
파운드당 이익	$4.15

만약 회사가 T-bone 스테이크를 더 가공한다면, T-bone 스테이크의 한쪽을 잘라 필레미뇽을 만들고 다른 한쪽을 잘라서 뉴욕스테이크를 만든다. 이런 식으로 16온스 T-bone 스테이크 한 개씩 잘라내면 6온스짜리 포켓 미뇽 한 개와 8온스짜리 뉴욕스테이크가 나온다. 남은 온스는 폐기된다. T-bone 스테이크 한 개를 더 가공하여 필레미뇽과 뉴욕스테이크로 만들어 팔려면 $0.55가 든다. 필레미뇽은 파운드당 12달러에 팔 수 있고, 뉴욕스테이크는 파운드당 $8.80에 팔 수 있다.

요구사항:

1. T-bone 스테이크를 추가가공하는 것의 재정적 이익(손실)은 얼마인가?
2. 당신은 T-bone 스테이크를 바로 판매하는 것과 추가가공하는 것 중 어느 것을 추천하는가? 왜 그런가?

문제 13-21 판매 또는 추가가공 의사결정 [학습목표 13-7]

Pegasus항공은 몇 년간 이익이 감소해왔다. 회사의 성과를 개선시키기 위해 회사는 수익성이 없는 몇몇 노선을 폐지하려고 한다.

482편의 왕복 운항에 대한 일반적인 손익계산서는 아래와 같다.

항공권 수입(175석 × 40% 탑승률 × 티켓당 $200)	$14,000	100.0%
변동원가(1인당 $15)	1,050	7.5
공헌이익	12,950	92.5%
비행 비용		
조종사의 급여	1,800	
비행 판촉비	750	
항공기의 감가상각비	1,550	
연료비	5,800	
책임보험료	4,200	
승무원의 급여	1,500	
수하물 적재 및 항공기 준비비용	1,700	
조종사와 승무원의 도착지에서의 초과근무원가	300	
총비행원가	17,600	
영업손실	$ (4,650)	

482편에 대한 추가적인 정보는 다음과 같다.

a. 승무원들은 고정된 연봉을 받는 반면, 승무원들은 그들이 완료한 왕복 여행 횟수에 따라 급여를 받는다.

b. 보험료의 1/3는 해당 비행 목적지가 '고위험'지역에 있다는 보험회사의 주장에 따라 특별하게 부과되는 것이다. 나머지 2/3은 482편의 운항을 중단하더라도 발생한다.

c. 수하물 적재 및 항공기 준비비용은 지상 근무자의 급여와 지상 장비의 감가상각비가 배분된 것이다. 482편의 운항을 중단하더라도 해당 비용은 계속 발생할 것이다.

d. 482편 운항을 중단하더라도 회사는 다른 운항으로 이를 대체할 수 있는 권한이 없다.

e. 항공기의 감가상각비는 전적으로 진부화에 따른 것이며 마모의 영향은 무시할 만큼 적다.

f. 482편의 운항을 중단하는 것은 Pegasus Airlines사의 전체 항공기 대수와 조종사를 감소시키지는 않는다.

요구사항:

1. 482편을 중단하는데 따른 재정적 이익(손실)은 얼마인가?
2. 회사의 스케줄 담당자는 항공산업의 비행 평균 탑승률이 60%인 반면에 Pegasus의 항공기는 약 50% 밖에 되지 않는다는 사실로 인해 비난을 받고 있다. 이에 대해 스케줄 담당자는 운항의 10%를 감소시킴으로써 항공기 탑승률을 상당히 증가시킬 수 있다고 설명하였다. 그러나 그렇게 할 경우 이익이 감소될 수 있다고 하였다. 이것이 어떻게 일어날 수 있는지 설명하여라.

문제 13-22 특별주문의 수락 또는 거절 의사결정 [학습목표 13-7]

Polaski사는 Ret라 불리는 단일의 제품을 생산한다. 생산능력 범위 내에서 회사는 연 30,000단위의 Ret를 생산 및 판매할 수 있다. 이러한 생산 및 판매수준에서의 원가는 다음과 같다.

	단위당	총계
직접재료원가	$15	$ 450,000
직접노무원가	8	240,000
변동제조간접원가	3	90,000
고정제조간접원가	9	270,000
변동판매비	4	120,000
고정판매비	6	180,000
총원가	$45	$1,350,000

Ret는 보통 단위당 $50에 판매된다. 고정제조간접원가는 연 25,000~30,000단위의 Ret생산 범위 내에서 $270,000로 연간 동안 일정하다.

요구사항:

1. 경기침체로 인해 다음해에는 정상적인 판매 채널을 통해서는 25,000단위의 Ret만이 판매될 것으로 기대하고 있다. 그런데 한 소매상이 정상가보다 16% 할인된 가격으로 판매할 경우 5,000단위의 Ret를 구입할 것을 제안했다. 이 주문에는 판매수수료도 없어서, 즉 변동판매비는 75%가 감소될 것이다. 그러나 Polaski사는 5,000단위에 소매상 이름을 새기기 위해서는 특별한 기계의 구입이 필요하다. 이 기계의 원가는 $10,000이다. Polaski사는 해당 소매상의 향후 이러한 추가적인 구입은 없을 것이라고 확신한다. 특별주문을 수락한다면 재정적 이익(손실)은 얼마인가?
2. 위의 원자료를 참고하여라. 다음해에 정상적인 판매 채널을 통해서는 25,000단위의 Ret만이 판매될 것이라는 사실을 다시 가정하자. 한편, 미 육군은 5,000단위의 Ret를 구입할 것이라는 일회성 주문을 제시했다. 미 육군은 단위당 $1.80의 고정 수수료를 회사에 지불할 것이다. 그리고 그것은 제품과 관련된 모든 원가(변동, 고정)의 일부를 보상되기 위해 사용될 것이다. 미 육군은 Ret를 자신의 트럭으로 직접 운송할 것이기 때문에 이 주문과 관련된 변동판매비가 없을 것이다. 만약에 미 육군의 특별주문을 수락할 경우 재정적 이익(손실)은 얼마인가?
3. 다음해에 정상경로를 통해 30,000단위의 Ret가 판매될 것으로 기대되는 것을 제외하고, 위의 요구사항 2에서 제시된 상황을 다시 가정하자. 즉 미 육군의 주문을 수락하면 정상적인 판매의 5,000단위를 포기해야 한다. 새로운 정보에서, 육군의 특별주문을 수락할 경우 재정적 이익(손실)은 얼마인가?

문제 13-23 제조 또는 구매 의사결정 [학습목표 13-3]

여름용 로션과 방충 제품을 매우 성공적으로 제조 및 판매하는 회사인 Silven Industries는 연간 매출의 안정화를 위해 다각화할 것을 결정하였다. 회사가 고려하는 분야는 건조하고 갈라지는 피부를 방지하는 겨울용 로션과 크림의 생산이다. 신중한 연구 끝에 겨울용 제품라인이 개발되었다. 그러나 회사의 회장은 올 겨울에 오직 하나의 제품만을 출시할 것을 결정하였다. 그 제품이 성공하면, 향후 다른 제품으로 확장할 것이다.

선택된 Chap-Off라 불리는 제품은 립밤(lip balm)의 하나로 립스틱 튜브 형태로 판매될 것이다. 제품은 24튜브짜리 1박스당 $8에 도매상에게 판매될 것이다. 여유생산능력 때문에 제품생산에 발생하는 추가적인 고정제조간접원가는 없을 것이다. 그러나 고정제조간접원가 중 $90,000는 전부원가계산에 따라 제품에 배부될 것이다. Chap-Off 100,000박스의 판매 및 제조를 추정하여, 회계부서는 다음과 같은 박스당 제조원가를 계산하였다.

직접재료원가	$3.60
직접노무원가	2.00
제조간접원가	1.40
총원가	$7.00

위의 원가는 립밤과 그것을 담는 튜브 모두를 제조하기 위해 발생하는 원가를 포함한다. 회사는 튜브를 제조하는 것의 대안으로 Chap-Off 튜브의 구매를 논의하기 위해 외부의 공급업자에게 접근하였다. 공급업자의 빈 튜브 가격은 24튜브짜리 1박스에 $1.35가 될 것이다. 회사가 제작을 하지 않고 구매한다면 직접노무원가와 Chap-Off의 박스당 변동제조 간접원가는 10%, 그리고 직접재료원가는 25%가 감소할 것이다.

요구사항:

1. Silven이 외부로부터 튜브를 구매하면 한 박스의 Chap-Off 생산가격은 얼마나 회피가능한가? (힌트: 위에 표시된 $1.4의 제조간접비를 변동비와 고정비로 구분하여 정답을 도출해야 한다.)
2. Silven이 외부로부터 튜브를 구매할 때 Chap-Off 한 박스당 재정적 이익(손실)은 얼마인가?
3. Silven이 외부로부터 100,000박스의 튜브를 구매한다면 한 박스당이 아닌 총 재정적 이익(손실)은 얼마인가?
4. Silven Industries는 튜브를 제조해야 하는가 아니면 구매해야 하는가?
5. Silven이 24개 튜브짜리 한 박스에 대해 외부 공급자에게 기꺼이 지불해야 할 최대 가격은 얼마인가? 설명하라.
6. 10만 박스의 판매량 대신, 수정된 추정치는 12만 박스의 판매량을 보여준다. 이렇게 높은 판매량 때문에, Silven은 연간 $40,000의 비용으로 여분의 장비를 빌려서 추가로 2만 박스의 튜브를 만들 것이다. 외부 공급자가 12만 박스 이하의 주문은 받지 않을 것이라고 가정했을 때 Silven이 외부 공급자로부터 12만 박스 이상의 튜브를 구매할 경우, 한 박스당이 아닌 총 재정적 이익(손실)은 얼마인가? 이 새로운 정보를 고려할 때, Silven Industries는 튜브를 제조해야 하는가 아니면 구매해야 하는가?
7. 상기 (6)의 자료를 참조하라. 외부 공급자가 상자당 $1.35의 가격으로 튜브에 대해 어떤 크기의 주문도 수락한다고 가정한다. Silven은 몇 박스의 튜브를 만들어야 하는가? 그것은 외부 공급자로부터 얼마나 많은 튜브 박스를 구입해야 하는가?
8. Silven Industries는 튜브를 제조할지 구매할지를 결정할 때 어떤 질적 요소를 고려해야 하는가?

문제 13-24 공장의 폐쇄 또는 유지 [학습목표 13-3]

Birch사는 매달 30,000단위의 RG-6을 생산 및 판매한다. RG-6은 자동차 산업에서 부품으로 사용되는 작은 계전기이다. 단위당 판매가격은 $22이며 단위당 변동원가는 $14이고, 고정제조간접원가는 월 총 $150,000이며 고정 판매비는 월 총 $30,000이다.

RG-6을 구입하는 회사들에서 발생한 고용계약 파업으로 인해 회사의 매출은 일시적으로 월 8,000단위로 하락하였다. 회사는 이러한 파동이 2개월간 지속되고 그 후에는 다시 정상으로 회복할 것이라고 판단하였다. 최근의 이러한 낮은 수준의 매출로 인하여, 파업이 지속되는 기간 동안 공장 문을 닫을 것을 고려하고 있다. 문을 닫을 경우 고정제조간접원가가 월 $45,000 감소될 것이며, 고정판매비는 10% 감소될 것이다. 문을 닫고 있는 기간의 종료시점에 발생하는 착수 비용은 총 $8,000가 될 것이다. Birch사는 린생산 기법을 적용하기 때문에 재고는 보유하지 않는다.

요구사항:

1. Birch가 두 달 동안 자체 공장을 폐쇄할 경우 재정적 이익(손실)은 얼마인가?
2. Birch는 두 달 동안 공장을 폐쇄해야 하는가? 설명하라.
3. 2개월간의 어떤 판매 수준(단위)에서 Birch Company는 공장을 폐쇄하는 것과 유지하는 것 사이에 무차별할까?(힌트: 손익분기점 계산에 사용되는 고정원가 부분에 오직 2개월에 걸쳐서 관련된 (회피 가능한) 부분만이 포함되어야 한다는 사실을 제외하고는 이러한 문제는 일반적인 손익분기점 분석과 같다.)

문제 13-25 생산량 대체 의사결정 [학습목표 13-5]

Walton Toy사는 인형 및 인형 옷 바느질 세트를 생산한다. 인형에 대한 수요는 증가하고 있고, 회사는 다음 연도의 경제적인 매출(economical sales)과 제품배합을 결정하기 위해 당신으로부터 도움을 구하고 있다. 회사는 아래의 정보를 제공하였다.

제품	내년 수요량 (단위)	단위당 판매가격	직접 재료원가	직접 노무원가
Debbie	50,000	$16.70	$4.30	$6.40
Trish	42,000	$7.50	$1.10	$4.00
Sarah	35,000	$26.60	$6.44	$11.20
Mike	40,000	$14.00	$2.00	$8.00
바느질 킷	325,000	$9.60	$3.20	$3.20

다음의 추가적인 정보가 이용가능하다.

a. 회사의 공장은 단일 교대 기준으로 연 130,000 직접노무시간의 생산능력이 있다. 회사의 현재 종업원과 장비는 다섯 가지 제품 모두를 생산할 수 있다.
b. 내년에도 시간당 직접노무원가는 $16.00로 변화가 없을 것이다.
c. 고정원가는 연 총 $520,000이다. 변동제조간접원가는 직접노무시간당 $2이다
d. 회사의 모든 비제조원가는 고정원가이다.
e. 회사의 완성품 재고는 무시해도 좋을 정도로 작다.

요구사항:

1. 회사의 다섯 제품을 하나씩 제조하는데 얼마나 많은 직접노무시간이 사용되는가?
2. 회사의 다섯 제품을 하나씩 제조하는데 얼마나 많은 변동간접비가 발생하는가?
3. 회사의 다섯 제품 각각의 직접노무시간당 공헌이익은 얼마인가?
4. 직접노무시간이 제약자원이라고 가정하면, 제약자원의 효율적인 이용으로 달성가능한 최대 공헌이익은 얼마인가?
5. 회사가 직접노무 130,000시간을 최적으로 사용해왔다고 가정하면, Walton Toy가 추가적인 생산능력(예, 직접노무시간 추가)에 대해 시간당 임률 형태로 지불할 수 있는 최대 단가는 얼마인가?
6. 회사가 모든 제품에 대한 고객의 요구를 충족시키기 위해 할 수 있는 변화는 무엇인가?

문제 13-26 상점의 폐쇄 또는 유지 [학습목표 13-2]

Superior Market사는 큰 지역에서 세 개의 매장을 운영하고 있다. 최근 분기의 회사의 부문별 전부원가계산 손익계산서는 다음과 같다.

Superior Markets, Inc.
9월 30일로 종료되는
분기 손익계산서

	합계	북쪽상점	남쪽상점	동쪽상점
매출액	$3,000,000	$720,000	$1,200,000	$1,080,000
매출원가	1,657,200	403,200	660,000	594,000
매출총이익	1,342,800	316,800	540,000	486,000
판매 및 관리비				
판매비	817,000	231,400	315,000	270,600
관리비	383,000	106,000	150,900	126,100
총비용	1,200,000	337,400	465,900	396,700
영업이익(손실)	$ 142,800	$ (20,600)	$ 74,100	$ 89,300

북쪽상점은 지난 2년 동안 손실을 기록하였다. 이러한 이유로 회사는 해당 상점을 폐지할 것을 고심하고 있다. 회사는 해당 상점을 닫아야 하는지 계속 유지하여야 하는지 당신에게 의견을 구하였다. 다음의 추가적인 정보를 이용할 수 있다.

a. 판매 및 관리비의 세부내역은 다음과 같다.

	합계	북쪽상점	남쪽상점	동쪽상점
판매비				
판매사원 급여	$239,000	$ 70,000	$ 89,000	$ 80,000
직접광고비	187,000	51,000	72,000	64,000
일반광고비*	45,000	10,800	18,000	16,200
영업점 임차료	300,000	85,000	120,000	95,000
영업점 고정품 감가상각비	16,000	4,600	6,000	5,400
배송직원 급여	21,000	7,000	7,000	7,000
배송장비의 감가상각비	9,000	3,000	3,000	3,000
총판매비	$817,000	$231,400	$315,000	$270,600

*매출액에 기초하여 배부

	합계	북쪽상점	남쪽상점	동쪽상점
관리비				
상점관리자 급여	$ 70,000	$ 21,000	$ 30,000	$ 19,000
일반사무직 급여	50,000	12,000	20,000	18,000
고정품과 재고에 대한 보험료	25,000	7,500	9,000	8,500
시설유지비	106,000	31,000	40,000	35,000
고용보험료	57,000	16,500	21,900	18,600
일반사무기타비용*	75,000	18,000	30,000	27,000
총판매비	$383,000	$106,000	$150,900	$126,100

*매출액에 기초하여 배부

b. 북쪽상점에 대한 건물 임차계약은 위약금 없이 파기할 수 있다.

c. 북쪽상점이 폐지되면, 해당 영업점의 비품은 다른 두 개의 영업점에 보내져 사용될 수 있다.

d. 북쪽상점의 관리자는 영업점이 폐쇄된다면 회사의 다른 부서로 이동할 것이다. 그 관리자가 이동하지 않으면 분기당 $11,000의 급여로 새로운 종업원을 채용해야 하는 직위를 수행할 것이다. 북쪽상점의 관리자는 분기당 $12,000의 정상 급여를 유지할 것이다. 그 외 다른 관리자와 종업원들은 모두 해고될 것이다.

e. 회사는 세 영업점에서 제공하는 배송 운반조가 있다. 북쪽상점이 폐쇄된다면 한 명의 배송 직원이 해고될 것이다. 이 직원 급여는 분기당 $4,000이다. 배송장비는 다른 영업점에서 사용될 것이다. 장비는 사용함에 따라 마모되지는 않지만 궁극적으로 노후화된다.

f. 회사의 고용보험료는 급여의 15%이다.

g. 북쪽상점의 보험료의 1/3은 영업점의 비품에 대한 것이다.

h. 일반사무직원급여와 일반사무기타비용은 회사의 전체적인 영업과 관련되어 있다. 만약에 북쪽상점이 폐쇄된다면, 전체적인 작업량의 감소로 인해 일반사무실의 직원 한명이 해고될 수 있을 것이다. 이 직원의 급여는 분기당 $6,000이다.

요구사항:

1. 북쪽상점이 폐쇄된다면 회사는 얼마나 많은 직원 급여를 회피할 수 있는가?
2. 북쪽상점이 폐쇄된다면 회사는 얼마나 많은 고용보험료를 회피할 수 있는가?
3. 북쪽상점 폐쇄의 재정적 이익(손실)은 얼마인가?
4. 북쪽상점의 바닥공간이 훼손될 수 없다고 가정한다면, 북쪽상점을 폐쇄하는 것을 추천하시겠습니까?
5. 북쪽상점의 플로어 공간을 구비할 수 없다고 가정하자. 하지만, 세 가지 가정을 더 소개하자. 첫째, 북쪽상점이 문을 닫을 경우 슈퍼마켓에 대한 고객 충성도가 높기 때문에 매출의 4분의 1이 동쪽상점으로 이전된다고 가정하자. 둘째로, 동쪽상점이 북쪽상점을 폐쇄함으로써 발생하는 매출 증가를 처리할 수 있는 충분한 용량을 가지고 있다고 가정하자. 셋째, 동쪽상점의 매출 증가는 동쪽상점의 현재 매출과 동일한 매출총이익률을 산출한다고 가정하자. 이러한 새로운 가정을 고려할 때, 북쪽상점을 폐쇄하는 것의 재정적 이익(손실)은 얼마인가?

문제 13-27 판매 또는 추가가공 의사결정 [학습목표 13-7]

Come-Clean사는 산업용과 가정용 모두에 쓰이는 청소용 화합물과 용제를 생산한다. 대부분의 회사 제품은 독립적으로 가공되지만, Grit 337과 Sparkle 광택제는 일부 서로 연관되어 있다.

Grit 337은 많은 산업 용도로 쓰이는 알갱이가 굵은 세척 가루이다. 그것의 제조를 위해서는 파운드당 $1.60의 원가가 투입되며, 그것의 판매가격은 파운드당 $2.00이다. Grit 337의 연 생산량의 일부는 추가가공을 위해 공장에 남겨둔다. 그것은 다양한 다른 재료들과 혼합되어 반죽 형태인 Sparkle 광택제가 된다. 그것은 1병당 $4.00에 판매된다.

이 추가가공을 위해서는 1병의 광택제당 1/4 파운드의 Grit 337이 필요하다. 1병의 광택제 추가가공과 관련된 직접원가는 다음과 같다.

다른 재료들	$0.65
직접노무원가	1.48
총직접원가	$2.13

광택제 추가가공과 관련된 간접원가는 다음과 같다.

변동제조간접원가	직접노무원가의 25%
고정제조간접원가(월)	
생산감독자	$3,000
혼합장비에 대한 감가상각비	$1,400

생산감독자는 광택제의 생산을 감독하는 것 이외에는 어떠한 임무도 없다. 혼합장비는 광택제를 생산하기 위해 특별히 취득한 특수목적 장비다. 이 장비는 매달 15,000개의 광택제를 생산할 수 있다. 그것의 재판매가치는 무시할 만하며 그것은 사용에 따른 마모는 없다.

광택제에 대한 월 광고비는 $4,000이다. 광택제와 관련된 변동 판매비는 매출의 7.5%이다.

최근 광택제에 대한 수요의 감소로 인해, 회사는 계속적인 생산이 타당한지 궁금해 하고 있다. 판매담당자는 모두 가루 형태인 Grit 337로 판매하는 것이 보다 수익성이 좋을 것이라고 보고 있다.

요구사항:

1. 세척가루로 판매하지 않고, Grit 337을 추가가공하여 판매하는 경우 광택제 병당 증분수익은 얼마인가?
2. 세척가루로 판매하지 않고, Grit 337을 추가가공하여 판매하는 경우 광택제 병당 증분 공헌이익은 얼마인가?
3. 광택제를 생산하고 판매하는데 발생하는 회피가능 고정비를 상쇄하기 위해서는 얼마나 많은 광택제가 판매되어야 하는가?
4. 만약 회사가 광택제 9,000병을 판매한다면, 판매보다 Grit 337을 추가가공하기로 선택한 재정적 이익(손실)은 얼마인가?
5. 광택제 11,500병을 판매한다면, 판매보다 Grit 337을 추가가공하기로 선택한 재정적 이익(손실)은 얼마인가?

문제 13-28 제조 또는 구매 의사결정 [학습목표 13-3]

"제 생각에는 드럼의 자체생산을 중단하고, 외부공급업자의 공급 제안을 수락하여야 한다고 봅니다." Aruba의 Antilles Refining사의 관리 이사인 Wim Niewindt가 말했다. "구입가격인 드럼당 $18의 가격은 우리가 자체생산 하였을 경우 보다 $5를 덜 부담하는 것입니다. 우리가 일년에 60,000드럼을 필요로 하기 때문에 매년 $300,000를 절감하는 셈입니다." 최근 회사의 1드럼 제조원가는 아래와 같이 주어져 있다(매년 60,000드럼 생산 가정).

직접재료원가	$10.35
직접노무원가	6.00
변동간접원가	1.50
고정간접원가($2.80의 일반간접원가, $1.60의 감가상각비, $0.75의 감독자급여)	5.15
드럼당 원가	$23.00

드럼을 만들기 위해 사용되는 장비가 완전히 마모되어 교체되어야 하기 때문에 현재 드럼을 자체생산할 것인지 구입할 것인지 결정하는 문제는 매우 중요하다.

대안 1: 새로운 장비를 임차하여 드럼을 계속 자체생산한다. 장비의 임차료는 연 $135,000이 될 것이다.
대안 2: 드럼당 $18에 외부 공급업자로부터 구입한다.

제조담당자에 따르면 새로운 장비는 회사가 이전에 사용하던 것 보다 더 효율적이기 때문에 직접노무원가 및 변동간접원가 30%가 절감될 것이다. 기존의 장비는 재판매가치가 없다. 감독자 급여(연간 $45,000)와 드럼당 직접재료원가는 새로운 장비에 영향을 받지 않는다. 새로운 장비의 생산능력은 연 90,000드럼이다.

회사의 총 일반간접원가는 이 의사결정에 의해 영향을 받지 않는다.

요구사항:

1. 매년 6만 개의 드럼통이 필요하다고 가정할 때, 외부 공급자로부터 드럼통을 구입하는 것의 재정적 이익(손실)은 얼마인가?
2. 매년 7만 5천 개의 드럼통이 필요하다고 가정했을 때, 외부 공급자로부터 드럼통을 구입하는 것의 재정적 이익(손실)은 얼마인가?
3. 매년 9만 개의 드럼통이 필요하다고 가정할 때, 외부 공급자로부터 드럼통을 구입하는 것의 재정적 이익(손실)은 얼마인가?
4. 회사가 결정을 내리기 전에 고려해야 할 다른 요인은 무엇인가?

사례 connect

사례 13-29 판매 또는 추가가공 의사결정 [학습목표 13-7]

Scottie Sweater사는 "Scottie"의 상표로 스웨터를 생산한다. 회사는 원모를 구입하여 스웨터를 짜는 울털실로 가공한다. 하나의 스웨터에는 하나의 울털실이 필요하다. 스웨터와 관련된 원가와 수익의 정보는 아래에 주어져 있다.

		스웨터 단위당
판매가격		$30.00
제조원가:		
직접재료원가:		
단추, 실, 안감	$ 2.00	
울털실	16.00	
총 직접재료원가	18.00	
직접노무원가	5.80	
제조간접원가	8.70	32.50
제조이익(손실)		$(2.50)

원래 모든 울털실은 스웨터를 만들기 위해 사용되었으나, 최근에는 울털실만을 위한 시장이 형성되었다. 울털실은 울 담요나 기타 울 제품 생산을 위해 여러 회사들에 의해 구입된다. 울털실에 대한 시장의 형성으로 회사는 그것을 울털실의 형태로 판매할 것인지, 스웨터로 추가가공할 것인지 끊임없이 논쟁해 왔다. 울털실에 대한 원가와 수익자료는 아래와 같이 주어져 있다.

		울털실 단위당
판매가격		$20.00
제조원가:		
직접재료원가	$7.00	
직접노무원가	3.60	
제조간접원가	5.40	16.00
제조이익(손실)		$ 4.00

스웨터가 판매되는 서부 지역의 비정상적인 따뜻한 날씨로 인해, 스웨터 시장은 일시적으로 침체기에 있다. 이로 인해 회사는 스웨터의 판매가격을 $40에서 $30로 할인할 필요가 있다. 울털실에 대한 시장은 여전히 호황이기 때문에, 울털실을 그대로 판매해야 하는가, 아니면 스웨터로 가공해야 하는가에 대한 논쟁이 다시 부상하였다. 영업담당자는 스웨터의 생산이 중단되어야 한다고 생각하고 있다; 그녀는 울털실이 $4.00의 이익을 내며 판매되고 있을 때, 스웨터가 $2.50의 손실을 보며 판매된다는 것에 대해 못마땅해 하고 있다. 그러나 생산담당자는 공장의 많은 부분을 차지하고 있는 스웨터 공정을 중단하기를 원치 않는다. 그는 회사가 울털실 산업이 아닌 스웨터 산업에 속해 있으며, 그에 따라 회사의 핵심 역량에 집중하여야 한다고 주장한다.

모든 제조간접원가는 고정원가이다. 그리고 스웨터의 생산이 중단되더라도 영향을 받지 않을 것이다. 제조간접원가는 제품에 대하여 직접노무원가의 150%가 배부된다. 직접재료원가와 직접노무원가는 변동원가이다.

요구사항:

1. 울털실을 스웨터로 추가 가공하는 것의 재정적 이익(손실)은 얼마인가?
2. 울털실을 바로 파는 것과 스웨터로 가공할 것 중 어느 것을 추천하는가? 설명하라.
3. 스웨터 한 벌에 회사가 받아들여야 할 최저가격은? 적절한 계산으로 답을 제시하고 당신의 추론을 설명하라.

사례 13-30 판매 또는 추가가공 [학습목표 13-2]

Haley Romeros는 이제 막 로키산맥지역 BSC(은행 서비스 회사)의 부사장으로 임명되었다. 이 회사는 소규모의 은행에게 수표처리 서비스를 제공한다. 은행들은 예금이나 지급을 위해 제시된 수표를 BSC에게 보낸다. 그리고 각 수표에 대한 정보를 컴퓨터화된 데이터베이스에 기록한다. 그리고 난 후 BSC는 이에 대한 사항을 은행 간에 자금 이체가 되는 가장 가까운 FRB(연방준비은행)의 수표처리센터에 보낸다. 로키산맥지역은 Montana의 Billings, Montana의 Great Falls 그리고 Idaho의 Clayton에 위치한 세 개의 수표처리센터를 가지고 있다. 그녀가 부사장으로 승진하기 전에 그녀는 New Jersey에 위치한 수표처리센터의 관리자였다.

그녀가 그 직책을 맡자마자 그녀는 지역 회계담당자인 John Littlebear에게 막 종료된 회계연도에 대한 재무보고서를 제출하도록 하였다. 또한 재무보고서는 본부에 의해 모든 지역성과 보고를 위한 표준화된 형태를 따라야 한다고 요구하였다. 그 보고서는 다음과 같다.

BSC 로키산맥지역 재무성과보고서				
		수표처리센터		
	합계	Billings	Great Falls	Clayton
매출액	$50,000,000	$20,000,000	$18,000,000	$12,000,000
운영비				
직접노무원가	32,000,000	12,500,000	11,000,000	8,500,000
변동간접원가	850,000	350,000	310,000	190,000
장비 감가상각비	3,900,000	1,300,000	1,400,000	1,200,000
시설비용*	2,800,000	900,000	800,000	1,100,000
지점 관리비†	450,000	140,000	160,000	150,000
지역 관리비‡	1,500,000	600,000	540,000	360,000
회사 관리비§	4,750,000	1,900,000	1,710,000	1,140,000
총운영비	46,250,000	17,690,000	15,920,000	12,640,000
영업이익	$ 3,750,000	$ 2,310,000	$ 2,080,000	$ (640,000)

*Includes building rental expense for the Billings and Great Falls locations and building depreciation for the Clayton location

†지점관리비는 수표처리센터에서 발생하는 관리비다.

‡지역관리비는 매출액을 기준으로 수표처리센터에 배부된다.

§회사관리비는 로키산맥지역 또는 수표처리센터와 같은 회사의 부문에 매출액의 9.5%로 부과된다.

이 보고서를 보고, Romeros 부사장은 설명을 듣기 위해 John을 호출했다.

Romeros: Clayton 센터에는 무슨 일이 발생한 거죠? 지난 해에는 손실이 없었는데요?

Littlebear: 네, Clayton 센터는 6년 전에 문을 연 후로 매년 많은 이익을 창출하였습니다. 그러나 올해 Clayton은 큰 계약을 놓쳤습니다.

Romeros: 왜죠?

Littlebear: 우리의 경쟁자 중 하나가 지역 시장에 진입하였고, 매우 공격적으로 계약을 체결하였습니다. 우리는 그 계약을 체결할 수 없었습니다. Clayton의 원가, 특히 시설비용은 너무 높습니다. Clayton이 그 계약을 놓치고 많은 종업원을 해고해야 했습니다만, Clayton 설비의 고정원가는 줄일 수 없었습니다.

Romeros: 왜 Clayton의 시설비용이 그렇게 높죠? Billings나 Great Falls보다 더 작은 규모의 시설인데 비용은 더 높네요.

Littlebear: 문제는 Billings와 Great Falls에서는 상당히 낮은 임차료로 설비를 임차할 수 있다는데 있습니다. 그러한 설비들은 Clayton에서는 사용할 수 없습니다. 그래서 우리는 그것을 Calyton이 사용할 수 있게 건설하였습니다. 그런데 불행하게도 그 과정에 많은 원가가 발생하였습니다. 우리가 고용한 도급업자는 이러한 작업에 경험이 전무한 상황이었고, 결국 그 공사가 완성되기 이전에 부도가 났습니다. 그리고 그 작업을 마무리 하기 위해 새로운 도급업자를 고용한 후에는 우리는 이미 예산을 초과한 상태였습니다. 해당 시설에서 발생하는 큰 금액의 감가상각비는 처음에는 경쟁 회사가 많지 않았고 프리미엄을 가산한 가격을 책정하였기 때문에 문제가 되지 않았습니다.

Romeros: 글쎄요, 더 이상 그 센터를 운영할 수 없네요. Clayton의 시설은 명백히 문을 닫아야 합니다. 그 사업은 지역 내의 다른 두 개의 수표처리센터에 이전시킬 수 있습니다.

Littlebear: 저는 그것에 반대합니다. $1,200,000의 Clayton 설비의 감가상각비는 우리의 판단을 혼란시키고 있습니다. 그 시설은 적절한 수선을 통해 지속시켜야 합니다. 그리고 재판매가치는 없습니다. Clayton 근처에 다른 상업활동이 없습니다.

Romeros: Clayton의 그 외 다른 원가는 어떻습니까?

Littlebear: 우리가 만약 Clayton의 사업을 다른 두 개의 처리센터에 이전시킨다면, 직접노무원가나 변동간접원가에서의 어떠한 것도 원가 절감이 이루어지지 않을 것입니다. 우리는 아마도 $90,000 정도의 지점 관리비를 절감하나, 지역 관리비는 절감되지 않을 것이며 본사는 회사관리비 명목으로 매출액의 9.5%를 우리에게 그대로 부과할 것입니다. 게다가 Clayton으로부터의 이전된 업무를 위해서 Billings와 Great Falls에서는 추가적인 공간의 임차가 필요합니다. 그에 대한 비용은 적어도 연간 $600,000이 될 것입니다. 그리고 Clayton에서 Billings과 Great Falls로 장비들을 이전하는 데 비용이 발생할 것이라는 사실을 잊지 마십시오. 그리고 이전으로 고객에 대한 서비스가 중단될 것입니다.

Romeros: 모든 것을 이해합니다만, 나의 성과 보고서에 손실이 나는 처리센터가 나타나는 것은 절대로 용납할 수 없습니다.

Littlebear: 그리고 Clayton을 닫는다면, 몇몇 충성스러운 종업원을 잃을 것입니다.

Romeros: 그건 안됐군요. 하지만 우리는 어려운 경영현실을 직시해야 합니다.

Littlebear: 그리고 당신은 Clayton 설비투자금액을 즉시 손실 처리해야 할 것입니다.

Romeros: 본사에 손실처리에 대해 설명할 수 있습니다. Clayton의 시설을 건설하기 위해 경험이 없는 도급업자를 고용한 것은 전임 부사장의 실수였다고 설명하면 됩니다. 그러나 제가 관리하고 있는 처리센터에 매년 영업손실이 발생하는 곳이 있다는 사실이 본사에 보고된다면, 본부에서 나를 가만두지 않을 겁니다. Clayton은 중단되어야 합니다. 다음 이사회에서 저는 Clayton시설의 문을 닫을 것을 주장할 것입니다.

요구사항:

1. 회사 전체의 입장에서 Clayton 센터를 폐쇄하고 업무를 다른 센터에 나눠줄 경우 재정적 이익(손실)은 얼마인가?
2. 왜 Clayton 센터를 폐쇄하는 것은 Romeros 본인의 이익과 연관되어 있나? 당신은 Romeros가 윤리적으로 행동하고 있다고 생각하는가?
3. Clayton이 서비스에 부과하는 가격에 Clayton 시설감가상각비가 미치는 영향은 무엇인가?

사례 13-31 종합사례: 관련원가; 가격결정 [학습목표 13-1, 4]

Wesco사의 유일한 제품은 GrowNWeed라는 복합비료/제초제이다. GrowNWeed는 전국적으로 소매 묘목점과 정원 용품점에 판매된다.

Zwinger 묘목점은 지역 묘목점 체인을 통해 유사한 비료/제초제 화합물을 자체 브랜드로 판매할 계획이다. Zwinger는 자체 제조 설비가 없기 때문에 Wesco(및 몇몇 다른 회사들)에 2만 파운드의 개인 브랜드 화합물을 제조하고 Zwinger에 납품하기 위한 입찰서를 제출할 것을 요청했다. Zwinger 화합물의 화학적 구성은 GrowNWeed와 다르지만 제조 공정은 매우 유사하다.

Zwinger 화합물은 1,000 파운드 로트 단위로 생산될 것이다. 각 로트에는 25개의 직접 노동시간과 다음과 같은 화학물질이 필요하다.

화학물질	파운드
AG–5	300
KL–2	200
CW–7	150
DF–6	175

첫 번째 세 가지 화학 물질(AG-5, KL-2, CW-7)은 GrowNWeed의 생산에 모두 사용된다. DF-6는 Wesco가 몇 달 전에 중단한 또 다른 화합물에서 사용되었다. 다른 화합물이 단종됐을 때 Wesco가 갖고 있던 DF-6 공급은 폐기되지 않았다. Wesco는 DF-6의 공급을 파운드당 0.10달러 이하의 판매 및 취급 비용에서 일반적인 시장 가격에 판매할 수 있다.

Wesco는 또한 BH-3라는 화학물질을 가지고 있는데, 이 화학물질은 더 이상 생산되지 않는 다른 제품에 사용하기 위해 제조되었다. GrowNWeed에서는 사용할 수 없는 BH-3는 Zwinger 화합물의 품질에 영향을 주지 않고 AG-5를 1대1로 대체할 수 있다. 재고에 있는 BH-3의 인양 가치는 600달러다.

Zwinger 화합물을 생산하는 데 사용할 수 있는 화학물질에 대한 재고 및 비용 데이터는 다음과 같다.

원재료	재고 (파운드)	실제구매시 파운드당 가격	현재 파운드당 시장가
AG–5	18,000	$1.15	$1.20
KL–2	6,000	$1.10	$1.05
CW–7	7,000	$1.35	$1.35
DF–6	3,000	$0.80	$0.70
BH–3	3,500	$0.90	가치없음

현재의 직접노동임금률은 시간당 14달러다. 제조간접비 예정배부율은 직접 노동 시간(DLH)을 기준으로 한다. 초과 근무가 없는 2교대 생산을 기준으로 한 당해 연도의 제조간접비 예정배부율은 다음과 같다.

변동제조간접비	$ 3.00	직접노동시간당
고정제조간접비	10.50	직접노동시간당
제조간접비 예정배부율	$ 13.50	직접노동시간당

Wesco의 생산 매니저는 현재의 장비와 설비가 Zwinger 화합물을 제조하기에 충분하다고 보고한다. 따라서, 이 주문은 총 고정제조간접비에는 영향을 미치지 않을 것이다. 하지만, Wesco의 이번 달 생산능력은 2교대 근무로 400시간이 가능하다. 400시간 이상의 추가 시간은 초과 근무로 해야 한다. 필요하다면 GrowNWeed 생산의 일부를 초과 근무로 전환하여 Zwinger 화합물을 정규 근무시간에 생산할 수 있다. Wesco의 야근 직접임금률은 시간당 21달러다. 예정제조간접비 배부율에는 초과 근무 수당이 포함되어 있지 않다.

요구사항:

1. Wesco는 Zwinger의 새로운 화합물 20,000 파운드 주문에 대한 입찰서를 제출하기로 결정했다. 주문은 반드시 당월 말일까지 인도해야 한다. Zwinger는 이것이 반복되지 않을 일회성 주문이라고 하였다. Wesco가 입찰할 수 있는 증분제조원가와 정확하게 일치하는 최저 가격을 계산하라.
2. 주어진 원래 자료를 참조하라. Zwinger 묘목점은 새로운 화합물 20,000파운드에 대해 정기적으로 주문을 할 계획이라고 가정해보자. Wesco는 GrowNWeeed에 대한 수요가 여전히 강할 것으로 예상한다. 따라서 Zwinger의 반복적인 주문으로 Wesco가 2교대 근무로 처리할 수 있는 물량을 초과하게 된다. 단, 각 Zwinger 주문의 90%를 정규 시간대에 완료할 수 있도록 할 수 있었다. 또 다른 옵션으로 일부 GrowNWeeed 생산은 임시로 시간외 초과근무로 전환해 Zwinger 주문이 정기적으로 생산될 수 있도록 했다. 현재 시장 가격은 미래 시장 가격에 대한 최선의 추정치다.
   Wesco의 신제품 표준 원가가산 가격정책은 고정 제조 간접비를 포함한 전체 제조원가의 40%를 가산하는 것이다. Wesco가 이 가격정책을 준수하면서 Zwinger 묘목의 주문을 신제품으로 취급한다고 가정하여, 새로운 화합물 20,000 파운드의 견적가격을 계산하라.

사례 13-32 제조구매 의사결정, 생산량 대체의사결정 [학습목표13-1, 13-3, 13-5]

TufStuff사는 화학 산업에 쓰이는 광범위한 드럼, 용기, 박스 그리고 기타 컨테이너를 판매한다. 회사 제품 중 하나는 WVD드럼이라 불리는 내구성이 강한 부식방지 금속드럼으로 독성이 있는 폐기물을 보관하는 데 쓰인다. 생산은 정확한 용접을 위해 사용되는 자동화된 용접 기계의 작업능력에 제약을 받는다. 용접기계는 매년 총 2,000시간 이용가능하다. 각 드럼 하나당 0.4 기계시간이 요구되기 때문에 매년 생산량은 5,000드럼으로 제한되어 있다. 현재는 용접기계가 WVD드럼의 제조를 위해 전적으로 사용되고 있다. 회계부서는 WVD드럼과 관련하여 다음과 같은 재무정보를 제공하였다.

WVD 드럼		
드럼당 판매가격		$149.00
드럼당 원가		
직접재료원가	$52.10	
직접노무원가(시간당 $18)	3.60	
제조간접원가	4.50	
판매관리비	29.80	90.00
드럼당 이익		$ 59.00

회사가 충분한 생산능력을 보유하고 있다면, 회사는 6,000단위의 WVD드럼이 판매될 수 있다고 보고 있다. 추가적인 용접기계를 확보하는 대안으로 회사는 추가적인 드럼을 외부의 공급업자로부터 구입하는 것을 고려하고 있다. Harcor Industries사는 양질의 제품을 공급하는 공급업자로서 드럼당 $138의 가격으로 매년 4,000단위의 WVD 타입의 드럼을 공급할 수 있을 것이다. 그리고 TufStuff는 적절하게 회사의 label을 붙인 후 정상가격으로 고객에게 재판매할 것이다.

TufStuff의 생산 관리자인 Megan Flores는 자전거 프레임을 제조하는 것을 통해 용접기계의 보다 나은 사용이 가능하다는 것을 제안하는데, 자전거 프레임을 생산하기 위해서는 프레임당 0.5시간의 기계시간이 필요하며 드럼보다 더 많은 수량을 판매할 수 있다. Megan은 TufStuff사가 단위당 $239에 연 1,600개의 자전거 프레임을 자전거 제조업자에 판매할 수 있을 것으로 보고 있다. 회계부서는 자전거 프레임과 관련하여 다음의 자료를 제공한다.

자전거 프레임		
프레임당 판매가격		$239.00
프레임당 원가		
직접재료원가	$99.40	
직접노무원가(시간당 $18)	28.80	
제조간접원가	36.00	
판매관리비	47.80	212.00
프레임당 이익		$ 27.00

자전거 프레임은 기존의 장비와 인력으로 생산될 수 있다. 제조간접원가는 직접노무시간을 기준으로 제품에 배부된다. 대부분의 제조간접원가는 공장임차료와 같은 고정원가로 구성되어 있으나 일부는 변동원가이다. 변동제조간접원가는 WVD 드럼당 $1.35이며 자전거 프레임당 $1.90이다. 변동제조간접원가는 외부 공급업자로부터 구입한 드럼에서는 발생하지 않을 것이다.

판매관리비는 매출액을 기준으로 제품에 배부된다. 대부분의 판매관리비는 고정공통원가이나, 변동판매관리비는 드럼이 자체생산하던지 외부에서 구입하던지 간에 WVD 드럼당 $0.75이며 자전거 프레임당 $1.30가 될 것이다.

회사의 모든 종업원(직접, 간접)은 근무주간 40시간에 대해 급여를 지급받으며, 회사는 현저한 경기 침체시에만 작업자들을 해고한다는 내규를 정하고 있다.

요구사항:

1. WVD 드럼과 자전거 프레임과 관련한 의사결정을 위해 회계팀이 제공한 재무정보를 이용하는 것에 만족하는가? 왜 그런가?
2. 직접노무원가가 고정비라고 가정할 경우, 다음 제품들의 단위당 공헌이익을 계산하라.
   a. 구매한 WVD 드럼
   b. 제조한 WVD 드럼
   c. 제조한 자전거 프레임

3. 직접노무원가가 고정비라고 가정할 경우, 다음 제품들의 용접기계 시간당 공헌이익을 계산하라.
   a. 구매한 WVD 드럼
   b. 제조한 WVD 드럼
   c. 제조한 자전거 프레임
4. 직접노무원가가 고정비라고 가정할 경우, 구매해야 하는 WVD 드럼의 수와 제조해야 하는 WVD 드럼의 수와 자전거 프레임의 수를 계산하라. 다음 제품들의 용접기계 시간당 공헌이익을 계산하라. 이러한 계산 결과에 따르면 영업이익은 얼마나 증가 또는 감소하는가?

당신의 분석보고서가 TufStuff의 고위 경영진에 보고되자마자, 이러한 의사결정에 있어서 직접노무원가를 어떻게 처리해야 하는지 여러 경영자들 간에 논쟁이 있었다. 한 경영자는 직접노무원가의 경우 이론에서나 실무에서나 항상 변동원가로 처리되어야 한다고 주장하였다. 따라서 TufStuff에서 직접노무원가는 항상 변동원가로 간주되어야 한다고 주장했다. 결국 "직접"이란 용어는 제품에 원가가 추적가능하다는 것을 의미한다. "직접노무원가가 변동원가가 아니라면 무엇인가?" 또 다른 경영자는 TufStuff에서는 직접노무원가가 고정원가로 처리되어야 한다고 맹렬히 주장한다. 10년 동안 해고된 자는 아무도 없었다. 그리고 실무적인 목적을 위해서, 공장의 모든 이는 월급을 받는다. 직접노동자로 분류된 모든 이는 정규적으로 일주일에 40시간을 근무한다. 그리고 회사가 린 생산기술을 적용하고 있기 때문에 초과 근무는 존재하지 않는다. 용접기계가 드럼을 제조하는 데 사용되거나 프레임을 제조하는 데 사용되거나, 총급여는 정확하게 같다. 자전거 프레임의 생산에 요구되는 총 직접노무시간의 증가를 감당 할 수 있을 정도로 회사에는 유휴 시간 형태로 여유(slack)가 존재한다.

5. 직접노무원가가 변동비라고 가정할 경우, 다음 제품들의 단위당 공헌이익을 계산하라.
   a. 구매한 WVD 드럼
   b. 제조한 WVD 드럼
   c. 제조한 자전거 프레임
6. 직접노무원가가 변동비라고 가정할 경우, 다음 제품들의 용접기계 시간당 공헌이익을 계산하라.
   a. 제조한 WVD 드럼
   b. 제조한 자전거 프레임
7. 직접노무원가가 변동비라고 가정할 경우, 구매해야 하는 WVD 드럼의 수와 제조해야 하는 WVD 드럼의 수와 자전거 프레임의 수를 계산하라. 다음 제품들의 용접기계 시간당 공헌이익을 계산하라. 이러한 계산 결과에 따르면 영업이익은 얼마나 증가 또는 감소하는가?
8. 이 상황에서 직접노무원가를 변동비와 고정비 중 무엇으로 가정하는 것이 정확하다고 생각하는가? 설명하라.

사례 13-33 공장폐지 의사결정 [학습목표 13-1, 13-2]

QualSupport사는 자동차, 밴, 트럭, 휴가용 차량의 시트를 생산한다. 회사는 시트의 커버를 생산하는 Denver Cover 공장을 포함하여, 세계 각지에 공장을 보유하고 있다.

Ted Vosilo는 Denver Cover 공장의 관리자이면서, 해당 지역의 생산관리자이기도 하다. 지역관리자로서의 그의 예산이 Denver Cover 공장에 책정된다.

Vosilo는 최근 회사가 Denver Cover 공장의 전체 연간 생산량과 동일한 양을 외부의 공급업자가 3,500만 달러에 제공하겠다는 제안서를 받았다는 사실을 들었다. Denver Cover 공장의 다음해의 생산원가 예산이 5,200만 달러에 책정되었기 때문에 Vosilo는 제안서의 낮은 가격에 놀라지 않을 수 없었다. 만약에 그 제안이 수락된다면 Denver Cover 공장은 문을 닫게 될 것이다. Denver Cover 공장의 다음해의 생산원가 예산은 다음에 나타나 있다.

Denver Cover 공장의 운영원가에 대한 연차 예산		
재료원가		$ 14,000,000
노무원가		
직접노무원가	$ 13,100,000	
감독비	900,000	
간접노무원가(indirect plant)	4,000,000	18,000,000
제조간접원가		
장비감가상각비	3,200,000	
건물감가상각비	7,000,000	
연금관련비용	5,000,000	
공장 관리자 및 스탭 급여	800,000	
본사 배부액*	4,000,000	20,000,000
총예산원가		$ 52,000,000

* 고정본사비용은 총예산상 임금과 급여원가에 근거하여 공장과 다른 영업단위에 배부되었음.

그리고 공장의 운영과 관련된 추가적인 사실은 다음과 같다.

a. 모든 제품에 대해 양질의 직물을 사용하겠다는 Denver Cover의 서약으로 인해, 구매부서는 내년에 충분한 원재료를 받을 목적으로 주요 공급업체에 blanket(덮개) 구입 주문을 넣도록 지시 받았다. 만약 Denver Cover 공장의 폐지로 인해 이 주문이 취소된다면, 직접재료원가의 20% 가량이 위약금으로 부과될 것이다.

b. 공장이 폐지된다면 대략 400명의 공장근로자들이 직장을 잃을 것이다. 여기에는 간접공장근로자로 분류되는 배관공, 전기공 및 그 밖의 기술자들과 더불어, 직접적인 근로자와 감독자가 포함된다. 대부분의 근로자가 새로운 직장을 찾는 것이 어렵지만, 일부는 새로운 직장을 찾을 수 있을 것이다. 모든 근로자는 Denver Cover의 기본급인 시간당 $18.80를 맞추기는 어려울 것인데, 급여는 이 지역에서 가장 높은 것이다. Denver Cover의 근로계약서의 한 조항은 일부 근로자에게 도움이 될 것이다. 회사는 공식적인 근로자들에게 공장을 폐지한 후 12개월 동안 고용 지원책을 제공해야 한다. 이러한 지원책은 1년에 150만 달러의 원가를 발생시킨다.

c. QualSupport는 매우 좋은 조건의 연금제도가 마련되어 있기 때문에, 일부 근로자들은 조기 퇴직을 선택할 수도 있다. 실제로 매년 $300만의 연금지급관련 비용이 Denver Cover 공장의 폐지 여부와 관계없이 계속 발생할 것이다.

d. Vosilo와 그의 부하직원들은 Denver Cover가 폐지되는 것에 영향을 받지 않는다. 그들은 여전히 세 개의 다른 공장을 관리할 책임이 있을 것이다.

e. Denver Cover 공장이 폐지된다면, 회사는 설비 및 건물에 대하여 320만 달러의 잔존가치를 실현시킬 것이다. 공장이 계속 유지된다면, 새로운 설비나 건물에 대한 어떠한 투자도 없을 것이다. 기존의 장비들은 충분하며 영구적으로 사용될 것이다.

요구사항:

1. 원가와 관계없이 시트 커버를 계속적으로 Denver Cover 공장이 생산하는 것에 대한 장점을 설명하시오.
2. 회사는 Denver Cover 공장을 폐지할 것인지 여부에 대한 의사결정을 위해 사용될 재무분석서(financial analysis)를 작성하려 한다. 회사는 당신에게 다음의 사항을 설명해 줄 것을 요청했다.
   a. 공장의 폐지 여부에 대한 의사결정과 관련 있는 연 단위 예산원가(달러 금액으로 나타내시오).
   b. 공장의 폐지 여부에 대한 의사결정과 관련이 없는 연 단위 예산 원가와 왜 관련이 없는지에 대한 이유(달러 금액으로 나타내시오).
   c. 공장의 폐지로 인해 발생하는 1회성 원가와 그것들이 의사결정에 어떻게 영향을 미치는지(달러 금액으로 나타내시오).
3. 요구사항 2에서 구한 자료를 살펴보아라. 공장은 폐지되어야 하는가? 계산내역을 나타내고 당신의 답을 설명하시오
4. 회사가 의사결정전에 고려해야 하는 문제 중 특별하게 언급되지 않은 수익이나 원가에 대해 설명하시오.

(CMA 수정)

부록 13A: 가격결정 의사결정

어떤 제품들은 확정된 시장가격을 가지고 있다. 소비자는 이 가격 이상으로 지불하지 않을 것이다. 그리고 공급자들이 이 보다 낮은 가격을 매기지도 않는다. 공급자는 이 가격으로 생산을 하는 모든 제품을 판매할 수 있다. 이러한 조건 하에서 공급자는 제품에 단순히 보편적인 시장가격을 책정할 것이다. 농작물이나 광물과 같은 기본 원재료에 대한 시장은 이러한 패턴을 따른다.

본 부록에서는 기업들이 생산하는 제품에 대해 얼마의 가격을 책정해야 하는지에 대한 문제와 같은 보다 일반적인 상황을 살펴볼 것이다. 예를 들어, **Delta 항공**은 모든 항공편의 항공권 가격을 정해야 한다. **Accenture**는 예비 컨설팅 고객들의 문의에 응할 때 입찰 가격을 책정할 필요가 있다. **Procter & Gamble**은 Bounty, Tide, Pampers, Crest 및 기타 여러 제품군의 가격을 책정해야 한다. 만약 가격이 지나치게 높게 책정될 경우 소비자들은 해당 제품을 구매하지 않을 것이다. 만약 가격이 지나치게 낮을 경우 회사는 원가를 회수하지 못할 것이다.

가격의사결정에 영향을 미치는 요인들

많은 요소들이 회사의 판매가격 결정과정에 영향을 미친다. 이번 섹션에서는 이러한 세가지 요인들인 고객, 경쟁자 그리고 원가에 대해서 논의한다.

고객 고객들은 보통 두 가지, 즉 자유와 개인적 정보를 가지고 있는데, 이는 가격 책정 과정을 복잡하게 만든다. 자유 측면에서 고객은 당신의 제품이나 경쟁사의 제품, 혹은 아무것도 사지 않을 것을 선택할 수 있다. 고객들은 또한 당신의 제품이나 서비스에 대한 그들의 관심 수준과 그들이 기꺼이 얼마를 지불할 것인지에 대한 개인적 정보를 가지고 있다.

예를 들어, 잠재 고객이 계약을 따내기를 희망하는 수많은 공급업체를 초청하여 경쟁 입찰하는 시나리오를 생각해 보라. 고객은 각 공급업체가 제출한 입찰 중에서 비교하고 선택할 수 있기 때문에 개인적 정보에 접근할 수 있게 된다. 특정 공급업체가 입찰 가격을 너무 높게 책정할 경우 고객은 경쟁업체와 계약을 체결할 것이다. 반대로, 동일한 공급자가 경쟁사보다 훨씬 낮은 입찰가격을 제시하여 계약을 체결할 경우에는 고객이 지불할 의향이 있던 수익을 포기하는 셈이다.

많은 회사들이 개별계약에 대한 입찰 가격을 지속적으로 정하지 않고 있다. 대신, 그들은 상품과 서비스를 다양한 고객들에게 대량으로 판매하는데, 이런 고객들은 특정 상품에 대해 동일한 가격을 지불할 의사가 없다는 특성이 있다. 이런 상황에서 기업들은 **수요에 대한 고객의 가격탄력성**을 계량화하는 데 깊은 관심을 보이고 있다. **수요의 가격 탄력성**은 가격 변동이 단위 판매에 영향을 미치는 정도를 측정한다. 가격 변동이 판매 대수에 거의 영향을 미치지 않는다면 제품이나 서비스에 대한 수요의 탄력성이 떨어진다고 말한다. 반면 가격 변동이 판매대 수량에 상당한 영향을 미친다면 제품이나 서비스에 대한 수요는 탄력적이다. 일반적으로 경영자들은 수요가 비탄력적일 때는 더 높은 가격을 설정하고, 수요가 탄력적일 때는 더 낮은 가격을 책정해야 한다.

경쟁자 경쟁자들은 수요의 가격 탄력성에 영향을 미치는 **참고 가격**(*reference price*)을 제공하기 때문에 회사의 가격 결정에 중요한 영향을 미친다. 예를 들어, 휘발유 구매자는 보통 연료를 구입할 때 쉽게 구할 수 있는 참고 가격을 가지고 있다. 만약 어느 주유소가 길 건너 경쟁자의 참고 가격보다 더 높게 가격을 올린다면, 수요가 현저히 감소할 것이다. 이 경우, 휘발유는 상품이기 때문에 수요는 탄력적이다. 따라서 고객들은 경쟁자의 참고 가격보다 더 많은 돈을 지불하지 않으려 할 것이다. 만약 같은 주유소가 시장점유율 상승을 기대하면서 가격을 낮춘다면, 길 건너의 경쟁자들도 아마 가격 인하로 맞서게 되면서 각 주유소의 시장점유율은 일정하게 유지되고 두 주유소의 이익은 낮아질 것이다.

만약 회사가 경쟁자들보다 더 높은 가격을 부과하기를 원한다면, 회사는 고객이 더 높은 가격을 받아들이도록 제품이나 서비스를 차별화하여 동기 부여하는 방식으로 경쟁적인 선택을 피해야 한다. 예를 들어 **프라다**, **롤렉스**, **롤스로이스**와 같은 브랜드들은 그들의 제품을 경쟁자들과 차별화하여 매우 높은 가격을 기꺼이 지불할 부유한 고객들 사이에서 비탄력적인 수요를 갖는 최고의 사회적 지위를 창출했다.

원가 고객과 경쟁자는 회사의 제품 및 서비스의 **가격 천장**(*price ceiling*)을 결정하는 데 중요한 역할을 한다. 가격 천장은 고객이 기꺼이 지불할 수 있는 가장 높은 가격을 나타낸다. 회사의 **가격 바닥**(*price floor*)은 증분 원가에 의해 결정된다. 가격 바닥은 여전히 판매 거래를 통해 증분 이익을 내면서 기업이 청구할 수 있는 최저 가격을 나타낸다.

기업이 모든 제품의 가격을 가격 바닥 이상으로 정한다고 해서 회사가 이익을 내지는 않는다는 사실을 인식하는 것이 중요하다. 총 매출에서 증분 원가를 뺀 것이 회사의 고정 비용을 감당하지 못할 수 있기 때문이다. 회사는 고객 피드백 없이 임의로 계산한 가격을 선택하기보다 고객 수요 데이터에 기초하여 최적의 가격을 선택할 때 모든 원가를 커버하고 이익을 극대화할 가능성이 높아진다.

원가가산 가격결정

가격을 결정하는 일반적인 접근법은 **원가가산법**(*mark up cost*)이다.[7] 한 제품의 **마크업(markup)**은 그것의 판매가격과 원가의 차이다. 그리고 일반적으로 원가에 대한 퍼센트로 나타난다.

---

7 가격과 관련하여 법적인 제재가 존재한다. 독점금지법은 약탈적(predatory)가격을 금지하고 있다. 약탈적(predatory) 가격은 법적으로 평균변동원가를 밑도는 가격을 의미한다. "가격차별"—같은 시장의 소비자에게 같은 제품이나 서비스에 대하여 다른 가격을 책정하는 것—또한 법으로 금지되어 있다.

$$판매가격 = (1 + 이익가산율) \times 원가$$

예를 들어 50%의 마크업을 사용하는 기업의 경우 제품원가에 50%를 가산하여 판매가격을 결정한다. 만약 제품의 원가가 $10이라면 판매가격은 $15가 될 것이다. 이러한 접근법은 판매가격을 결정하는 데 있어서 사전에 결정된 마크업 비율이 원가를 기준으로 적용되기 때문에 **원가가산 가격결정(cost-plus pricing)**이라 불린다.

기업은 원가가산 가격에 사용하는 원가 기준을 다양한 방식으로 정의할 수 있다. 예를 들어, 일부 기업은 직접재료비, 직접노무비, 변동제조간접비 및 고정제조간접비를 포함하는 전부원가를 원가 기준으로 정의하고 사용하는 반면, 다른 기업은 제품의 변동원가를 원가 기준으로 사용할 수 있다. 또한 기업은 원가 기반을 계산할 때 정상원가 또는 표준원가 등 다양한 유형의 원가 시스템을 사용할 수 있다. 기업이 전부원가접근법과 정상원가를 사용하는 경우, 실제 직접재료비와 직접노무비에 배부된 제조간접비를 바탕으로 단위 제품 비용을 계산할 수 있다. 표준원가를 전부원가에 사용하는 기업은 표준직접재료비와 단위당 직접노무비에 단위당 허용되는 간접원가의 배부 양에 기초하여 단위제품원가를 도출할 것이다.

다음 섹션에서 우리는 원가가산 가격결정에 대한 전부원가계산 접근법을 다룬다. 이름에서 알수 있듯이 전부원가계산 접근법을 이용하여 전부원가로 계산한 단위당 제품원가를 마크업을 계산할 때 원가 기준으로 이용한다.

원가가산 가격결정에 대한 전부원가계산 접근법

학습목표 13-8

원가가산 가격결정에 대한 전부원가계산 접근법을 이용하여 제품의 판매가격을 계산한다.

조사에 따르면 많은 경영자들은 원가가산 가격결정에 대해서 전부원가계산을 이용하고 있다. 이러한 방법은 3단계로 설명이 가능하다.

첫째, 회사는 **제품 단위당 원가**(직접재료비, 직접노무비, 변동제조간접비 그리고 고정제조간접비를 포함)를 계산한다. 둘째, 전부원가로 계산한 마크업 퍼센티지를 결정한다. 셋째, 제품을 단위당 원가에 1 더하기 마크업 비율을 더한 값을 곱해서 제품의 판매가격을 결정한다.

예제: Ritter 회사

Ritter사의 경영자가 디자인 수정을 한 제품에 대해 판매가격을 설정하기를 원한다고 가정하자. 회사는 10만 불을 영업자산에 투자하고 약 만 개의 제품에 해당하는 매출을 올리고 있다. 회사의 영업자산에 대한 요구수익률은 20%이다. 회계부서는 재디자인된 제품에 대한 원가 분석을 다음과 같이 하였다.

	단위당	총
직접재료원가	$6	
직접노무원가	$4	
변동제조간접원가	$3	
고정제조간접원가		$70,000
변동 판매 및 관리비	$2	
고정 판매 및 관리비		$60,000

원가가산 가격결정에 대한 전부원가계산 접근법의 첫 번째 단계는 재디자인된 제품의 단위당 원가를 다음과 같이 계산하는 것이다. (전부원가 기준)

직접재료원가	$ 6
직접노무원가	4
변동제조간접원가	3
고정제조간접원가 ($70,000 ÷ 10,000 단위)	7
제품단위당 원가	$ 20

Ritter의 두 번째 단계는 판매 가격을 도출하기 위해 제품 원가(20달러)에 곱한 마크업 비율을 결정하는 것이다. 마크업 비율을 결정하는 데 사용되는 공식은 다음과 같다.

$$\text{전부원가에 대한 마크업율} = \frac{[(\text{요구투자수익률} \times \text{투자금액}) + \text{판매관리비}]}{(\text{제품단위당 원가} \times \text{단위 판매량})}$$

Ritter의 배경 정보를 참고하면, 전부원가에 의한 마크업 비율은 다음과 같이 계산된다.

$$\begin{aligned}\text{전부원가에 대한 마크업율} &= \frac{(20\% \times \$100{,}000) + (\text{단위당 } \$2 \times 10{,}000 \text{ 단위} + \$60{,}000)}{\text{단위당 } \$20 \times 10{,}000 \text{ 단위}} \\ &= \frac{(\$20{,}000) + (\$80{,}000)}{\$200{,}000} \\ &= 50\%\end{aligned}$$

전부원가에 의한 50% 마크업 비율은 회사의 요구투자수익률(20% × $100,000 = $20,0000)과 제품의 판매관리비(단위당 $2 × 10,000개 + $60,000 = $80,000)을 달성하기 위해 설계되었다.

세 번째 단계는 전에 소개된 가격가산가격결정식을 이용하여 판매가격을 정하는 것이다.

$$\begin{aligned}\text{판매가격} &= (1 + \text{마크업 비율}) \times \text{원가} \\ &= (1 + 50\%) \times \$20 \\ &= \$30\end{aligned}$$

판매가격 $30는 제품의 원가 $20과 판매관리비를 커버하고 요구 ROI를 달성하기 위한 $10로 구성되어 있다.

도표 13A-1에서 살펴본 바와 같이 만약 *Ritter*가 예상 판매수량인 10,000개의 매출을 달성하면, 동 제품은 $20,000의 영업이익과 20%의 ROI를 달성하게 된다. 그러나 만약 10,000개 이상의 제품이 판매되면 ROI는 20%보다 더 커질 것이다. 만약 10,000 단위보다 적게 판매할 경우 투자수익률은 20%보다 낮아질 것이다. 요구 투자수익률은 오직 예상된 매출 수량이 판매되는 경우에만 달성될 수 있는 것이다.

전부원가계산 접근법의 문제점

전부원가계산은 가격결정을 믿을 수 없을정도로 단순하게 보이도록 한다. 모든 회사가 해야 할 일은 단위당 원가를 계산하고, 얼마의 이익을 원하는지 결정한 뒤에 가격을 결정한다. 이는 기업이 고객들의 수요를 무시하고 가격을 정하면 어떤 이익도 확실하게 산출되는 것처럼 보인다. 전부원가 접근법은 판매가격을 정하기 전에 판매수량을 예측한다는 점을 고려하면, 고객은 판매자가 적당하다고 정한 가격으로 물건을 구매해야 한다는 점에서 고객의 선택권이 없다는 잘못된 가정에서 작동하는 것처럼 보인다. 이는 사실이 아니다! 고객은 선택권이 있다. 만약 가격이 너무 높다면 경쟁자들의 물건을 구매하거나 구매하지 않을 것을 선택할 수 있다.

도표 13A-1

손익계산서와 투자수익률(ROI) 분석—Ritter Company 실제 단위판매량 10,000 단위, 판매가격 $30

직접재료원가	$ 6
직접노무원가	4
변동제조간접원가	3
고정제조간접원가 ($70,000 ÷ 10,000 단위)	7
단위당 제조원가	$ 20

Ritter Company
전부원가계산 손익계산서

매출액(단위당 $30 × 10,000 단위)	$ 300,000
매출원가(단위당 $20 × 10,000 단위)	200,000
매출총이익	100,000
판매관리비(단위당 $2 × 10,000 단위 + $60,000)	80,000
영업이익	$ 20,000

ROI

$$\text{ROI} = \frac{\text{영업이익}}{\text{평균운영 자산}} = \frac{\$20{,}000}{\$100{,}000} = 20\%$$

예를 들어 Ritter사가 제품에 대해 $30의 가격을 책정할 경우 예측된 10,000 단위가 아닌 단지 7,000 단위의 제품을 판매한다고 가정하자. 도표 13A-2에서 볼 수 있는 것처럼 낮아진 매출수량에서 단위당 원가는 $20에서 $23로 증가한다. 게다가 회사는 제품에 대하여 $20,000의 이익 대신에 $25,000의 손실을 입을 것이다.

만약 Ritter가 판매수량이 7,000 단위인 상황에서 이익을 회복하려고 가격을 올린다고 가정하면, 전부원가에서 마크업 비율은 아래와 같이 계산된다.

$$\text{전부원가 마크업 비율} = \frac{(20\% \times \$100{,}000) + (\text{단위당 } \$2 \times 7{,}000 \text{ 단위} + \$60{,}000)}{\text{단위당 } \$23 \times 7{,}000 \text{ 단위}}$$

$$= \frac{(\$20{,}000) + (\$74{,}000)}{\$161{,}000}$$

$$= 58.4\%$$

이 정도의 높은 마크업 비율을 이용할 경우 재디자인된 제품의 가격은 $30에서 $36.43로 증가한다. 이에 대한 계산은 다음과 같다.

$$\text{판매가격} = (1 + \text{마크업 비율}) \times \text{원가}$$

$$= (1 + 58.4\%) \times \$23$$

$$= \$36.43$$

도표 13A-2

손익계산서와 투자수익률(ROI) 분석—Ritter Company 실제 판매량 7,000 단위, 판매가격 $30

직접재료원가	$ 6
직접노무원가	4
변동제조간접원가	3
고정제조간접원가 ($70,000 ÷ 7,000 단위)	10
단위당 제조원가	$ 23

Ritter Company
전부원가계산 손익계산서

매출액(단위당 $30 × 7,000 단위)	$ 210,000
매출원가(단위당 $23 × 7,000 단위)	161,000
매출총이익	49,000
판매관리비(단위당 $2 × 7,000 단위 + $60,000)	74,000
순운영이익	$ (25,000)

ROI

$$\text{ROI} = \frac{\text{영업이익}}{\text{평균운영자산}}$$

$$= \frac{-\$25{,}000}{\$100{,}000}$$

$$= -25\%$$

Ritter는 가격인상분 $6.43(= $36.43 − $30.00)을 통해 수익성을 회복하길 희망할 것이지만, 이런 급격한 가격인상은 추가적인 고객이탈과 낮은 수익성을 일으킬 가능성이 크다. 이것은 Ritter의 고객이 Ritter의 재무적 목표를 위한 어떤 가격이든지 받아들여야 하는 것은 아니기 때문이다. 고객들은 Ritter의 가격을 거절하고 다른 곳에 소비할 선택권을 가지고 있다.

가격결정과 고객 선택권

학습목표 13-9

고객의 가격 민감도가 가격결정에 어떻게 영향을 미치는지 이해한다.

앞에서 살펴본 바와 같이, 고객은 구매결정에 있어서 선택권이 있다. 그들은 경쟁사의 제품을 구매하거나 소비예산을 다른 제품에 사용할 수 있다. 이러한 선택권은 가격을 결정할 때 고려해야 한다. 예를 들어 Nature's Garden 회사는 사과-아몬드 샴푸를 포함한 많은 제품을 판매한다고 하자. 회사는 이 제품을 포함한 다음의 자료를 제공하였다.

	사과-아몬드 샴푸
판매수량 (a)	200,000
단위당 판매가격	$ 5.00
단위당 변동비	2.00
단위당 공헌이익 (b)	$ 3.00
총 공헌이익 (a) × (b)	$ 600,000
추적가능한 고정비	570,000
영업이익	$ 30,000

경영진은 사과-아몬드 샴푸의 가격을 $5.00에서 $5.50으로 올리려고 한다. 그러나 10%의 가격 인상[= ($5.50 − $5.00) ÷ $5.00]에 대해 고객은 구매의사결정에서의 선택권이 있으므로 결국 판매수량은 감소하게 된다는 것을 경영진은 잘 알고 있다. 만약 판매수량이 너무 많이 감소하면, 이익(즉, 영업이익)이 판매가격의 인상에도 불구하고 감소할 것이다. 회사의 마케팅 책임자는 이러한 가격인상이 판매수량을 20만 단위에서 17만 단위로 15%만큼 감소시킬 것으로 예측하고 있다.

회사가 대답해야할 질문은 어느 가격($5.00 또는 $5.50)이 보다 높은 이익을 창출하느냐이다. 이 질문에 답하기 위해 회사는 사과-아몬드 샴푸의 이익을 계산하기 위한 다음의 식을 사용한다.

$$\text{이익} = (P - V) \times Q - \text{고정비용}$$

여기서 P는 단위당 판매가격, V는 단위당 변동비, 그리고 Q는 판매수량이다.

$5.00의 가격에서 판매수량은 200,000이다. 사과-아몬드 샴푸는 다음과 같이 $30,000의 이익을 얻게된다.

$$\begin{aligned} \text{이익} &= (P - V) \times Q - \text{고정비용} \\ &= (\$5.00 - \$2.00) \times 200{,}000 - \$570{,}000 \\ &= \$3.00 \times 200{,}000 - \$570{,}000 \\ &= \$600{,}000 - \$570{,}000 \\ &= \$30{,}000 \end{aligned}$$

$5.50의 가격에서 판매수량은 170,000이다. 고정비용이 판매수량의 감소에 영향을 받지 않는다면 사과-아몬드 샴푸는 다음과 같이 $25,000의 이익을 얻게된다.

$$\begin{aligned} \text{이익} &= (P - V) \times Q - \text{고정비용} \\ &= (\$5.50 - \$2.00) \times 170{,}000 - \$570{,}000 \\ &= \$3.50 \times 170{,}000 - \$570{,}000 \\ &= \$595{,}000 - \$570{,}000 \\ &= \$25{,}000 \end{aligned}$$

이러한 결과를 고려하면, Nature's Garden은 이 제품의 가격을 $5.50으로 올리지 않아야 한다. 왜냐하면 $5.00의 가격에서 이익이 $5,000(= $30,000 − $25,000)만큼 더 크기 때문이다.

고객의 선택권: 상세 분석

지금까지 우리의 예는 경영진이 사과-아몬드 샴푸의 가격을 $5.00로 유지하거나 $5.50으로 인상하여 매출수량이 15% 감소하는 두 가지 옵션만을 가지고 있다고 가정했다. 그러나 15% 수치는 확실치 않은 추정치임을 명심해야 한다. 이전 계산에 따르면, $5에서 $5.50으로 가격을 인상하면 판매수량이 15% 감소하면서 수익이 감소한다는 것을 알고 있다. 매출수량이 15% 이상 감소한다면 이익은 더욱 줄어들 것이다. 하지만 매출수량이 실제로 15% 미만으로 감소한다면 재정적으로 어떤 의미를 갖게 되는가?

경영진은 더 낮은 가격($5.00)에서 벌어들인 동일한 이익($30,000)을 달성하기 위해 더 높은 가격($5.50)에서 필요한 판매수량(Q)을 계산함으로써 이러한 가능성을 탐색할 수 있다. 고정비가 변하지 않는다고 가정할 때 판매수량(Q)의 임계치는 다음과 같이 계산된다.

$$\begin{aligned} \text{이익} &= (P - V) \times Q - \text{고정비용} \\ \$30{,}000 &= (\$5.50 - \$2.00) \times Q - \$570{,}000 \\ \$600{,}000 &= \$3.50Q \\ Q &= 171{,}429 \text{ units (반올림)} \end{aligned}$$

이 계산은 만약 그 회사가 $5.50에 171,429대를 판매한다면, 그 회사는 $5.00으로 벌었던 것과 같은 이익을 얻게 될 것이라는 것을 말해준다. 그러나 171,429대 이상 팔수 있다면 판매가를 10% 올릴 때 이익이 늘어난다. 하지만 171,429대 이하를 판매한다면 10%의 가격인상으로 이익이 줄어든다. 171,429대의 임계치는 이러한 상황에서 손익분기점이다.

171,429대의 판매량은 −14.3%의 판매량 변화를 반영하고 있다. [= (171,429 − 200,000) ÷ 200,000] 따라서 경영진이 매출수량이 14.3% 이하로 감소할 것으로 믿는다면 $5.50의 가격을 선택해야 한다. 경영진이 매출수량이 14.3% 이상 감소할 것으로 믿는다면 $5의 가격을 선택해야 한다. 경영진이 판매수량이 14.3% 미만으로 감소하여 판매가격을 $5.50로 인상할 것으로 믿는다고 가정해 보자. 또한 경영진의 판단이 올바르고 가격을 인상한 후 단위 판매가 200,000대에서 174,000대로 13%만 감소한다고 가정하자. 그러면 사과–아몬드 샴푸는 아래와 같이 $39,000의 수익을 얻게 된다.

$$\begin{aligned} \text{이익} &= (P - V) \times Q - \text{고정비용} \\ &= (\$5.50 - \$2.00) \times 174,000 - \$570{,}000 \\ &= \$3.50 \times 174{,}000 - \$570{,}000 \\ &= \$39{,}000 \end{aligned}$$

이 사례에서 판매수량이 단지 13%정도만 감소했기 때문에 $5.50의 높은 가격으로 $9,000의 이익이 증가하였다. (=$39,000 − $30,000)

최적 가격의 선택: 고객 선택권의 영향

만약 우리가 사과-아몬드 샴푸의 가격을 10% 인상하면 판매 수량이 13% 하락할 것이라고 가정한다면, $5.50의 가격은 $5.00의 가격에 비해 $9,000(=$39,000 − $30,000)의 추가 이익을 창출한다. 그러나 사과-아몬드 샴푸에 5.50달러가 **최적의 가격**, 다시 말해서, 이익을 극대화할 수 있는 가격이라고 결론짓는 것은 옳지 않다.

Nature's Garden 회사는 $5나 $5.50의 가격만 선택해야되는 것은 아니기 때문에 $5.50의 가격이 반드시 최적 가격은 아니다. 아마도 회사는 단지 10%의 가격 인상보다는 8%나 12%의 가격 인상을 고려하는 것이 더 나을 수도 있다. 그 문제를 위해서, 회사는 사과-아몬드 샴푸에 원하는 어떤 가격도 정할 수 있다. 그것은 개당 $2와 같은 매우 낮은 가격이나 개당 $50와 같은 매우 높은 가격 또는 그 사이의 어떤 것으로 정할 수 있다. $2의 저렴한 가격은 제품의 단위당 변동비와 같으며 $570,000의 손실을 초래하기 때문에 좋지 않은 생각이지만, 반면, 개당 $50의 높은 가격은 아주 적은 고객들만이 샴푸 한 병에 $50를 지불하기 때문에 좋지 않은 생각일 수 있다. 따라서 경영상의 문제는 고객이 가격 변화에 어떻게 대응하는지에 대한 지식을 활용하여 이익극대화 가격을 결정하는 것이며, 이는 최적 가격이 현재 가격인 $5.00보다 높거나 낮을 수 있음을 염두에 둔 것이다.

도표 13A-3

Nature's Garden 사과-아몬드 샴푸: 최적 가격결정 모형

	A	B	C	D	E	F
1		최적 가격결정				
2	사과-아몬드 샴푸:					
3	현재 판매수량	200,000				
4	현재 단위당 판매가격	$ 5.00				
5	단위당 변동비	$ 2.00				
6	추적가능한 고정비	$ 570,000				
7						
8	판매가격의 변동비율	10%				
9	판매수량의 변동비율	-13%				
10						
11		단위당		판매수량		총
12	매출	$ 6.34	×	141,467	=	$ 896,481
13	변동비	$ 2.00	×	141,467	=	$ 282,934
14	공헌이익	$ 4.34	×	141,467	=	$ 613,547
15	추적가능한 고정비					$ 570,000
16	영업이익					$ 43,547
17						

도표 13A-3

참고: B12셀에 보이는 가격은 페니에서 반올림되었으나, Excel은 반올림되지 않은 가격(약 $6.337)을 사용하여 F12셀에 있는 총 매출액이 계산되었다.

도표 13A-3은 Microsoft Excel을 사용하여 가격 변동 및 매출 수량의 변경이 지정된 후 모든 제품 또는 서비스에 대해 최적의 가격을 계산하는 가격 모델을 보여준다.[8] 그림 13A-3에 나타난 구체적인 계산은 10%의 가격 인상이 13%의 매출 수량 감소를 초래한다고 가정한 Nature's Garden의 사과-아몬드 샴푸와 관련이 있다.

도표 13A-3에 표시된 최적의 가격 계산 결과에서 가장 먼저 주목해야 할 점은 최적의 가격이 $5.00 또는 $5.50이 아니라는 것이다. B12셀에 표시된 대로 $6.34이다. 이 가격에서 이 회사는 $43,547(셀 F16)의 이익을 얻고 있으며, 이는 $5.50로 이전에 계산한 이익보다 4,547달러(=$43,547 − $39,000) 높은 금액이다. 이 가격 모델의 기초가 되는 수학은 이 과정의 범위를 벗어나지만, 모델을 다운로드하여 익숙해져서 모델에 자료를 입력하는 방법과 결과를 해석하는 방법을 이해할 수 있기를 바란다.[9]

모형에 데이터를 입력하려면 4단계 프로세스를 따라야 한다. 먼저, 제품의 현재 매출수량(셀 B3)과 현재 판매 가격(셀 B4), 단위당 변동비(셀 B5), 추적가능한 고정비(셀 B6)를 입력한다. 둘째, 판매 가격의 비율 변경(셀 B8)과 판매수량의 비율 변경(셀 B9)을 입력한다. 셋째, 셀 B12에 현재 판매 가격을 입력한다. 넷째, Microsoft Excel의 Data 탭을 클릭하고 화면 오

8 이 가격 모델은 단위 판매의 변화에 영향을 받지 않는 비탄력 수요 곡선과 고정 비용을 가정한다. 선형 수요 곡선과 같은 다른 수요 곡선을 가정할 수도 있다. 비탄력 수요 곡선을 사용하기 위한 일부 경험적 근거는 있지만, "최적" 판매 가격은 가정되는 수요 곡선에 따라 달라진다는 점을 인정해야 한다. 이러한 점뿐만 아니라 일반적으로 가격 변화에 대한 고객 반응 추정치를 둘러싸고 있는 불확실성 때문에, 이 모델에 의해 생산된 "최적" 가격은 추정치로 보아야 하며 문자 그대로 받아들여서는 안 된다.

9 이 Excel 기반 가격 모델의 파일을 얻으려면 www.mhhe.com/garrison_opm을 방문하라.

른쪽 상단에서 Solver를 선택한다.[10]

Solver 창이 열리면 "Solve"를 클릭하면 최적 가격이 계산되어 셀 B12에 자동으로 삽입된다. 또한, 최적의 이익은 자동으로 F16 셀에서 계산된다.

최적 가격 모델의 시각적 관점

도표 13A-4는 10%의 가격 인상으로 판매수량이 13% 감소한다고 가정할 때, 판매가격의 함수로서 사과-아몬드 샴푸의 영업이익을 나타낸 것이다.[11]

이 그림은 최적의 가격 모델이 무엇을 하고 있는지 이해하는 데 시각적인 도움을 제공한다. 기본적으로 Excel Solver는 이 그래프를 통해 이익을 극대화하는 가격을 효율적으로 검색하며, 이 경우 $6.34의 판매 가격으로 총 $43,547의 이익을 얻는다.

여러가지 이유로, 이 최적의 판매 가격은 문자 그대로 받아들여져서는 안된다. 신중한 경영자는 최적 가격 방향으로 가격을 약간 변경한 다음 판매수량과 영업이익에 어떤 일이 일어나는지 관찰한다. 그럼에도 불구하고 Excel 워크북은 가격에 대한 중요한 통찰력을 제공한다. 만약 우리가 판매수량의 비율 변화나 판매 가격의 비율 변화를 조정하면, 우리는 수정된 최적의 판매 가격을 자동으로 계산하는 Solver 기능을 다시 실행할 수 있다.[12] 예를 들어, 아래 표에는 사과-아몬드 샴푸의 가격 상승에 따른 고객 민감도를 나타내는 세 가지 시나리오에 대한 결과가 요약되어 있다.

판매가격의 비율 변화	+10%	+10%	+10%
판매수량의 비율 변화	−12%	−13%	−15%
최적 판매가격	$7.86	$6.34	$4.84
판매수량	109,009	141,467	211,685
영업이익	$68,908	$43,547	$30,390

일반적으로 고객이 가격에 민감할수록 최적의 판매가격은 낮아지고 고객의 가격 민감도가 떨어질수록 최적의 판매가격은 높아진다. 예를 들어, 고객이 판매수량 12% 감소로 10%의 가격 인상에 응답할 경우, 최적의 가격은 $7.86로 현재 가격인 $5.00보다 $2.86 높다. 반대

10 Solver는 Microsoft Excel에서 제공하는 추가 기능이다. 데이터 탭에 해결 프로그램이 표시되지 않는 경우 Solver를 활성화하려면 파일 탭을 클릭하고 옵션을 선택한다. 화면에 나타나는 Excel 옵션 메뉴에서 추가 기능을 클릭한 다음 Solver 추가를 선택하고 확인을 클릭한다.

11 최적의 가격 문제에 대한 Solver 솔루션과 마찬가지로, 이 그래프는 탄력성 수요 곡선을 일정하게 유지하고 고정비는 다양한 가격에서 발생하는 전체 단위 판매 범위에 걸쳐 일정하게 유지된다고 가정한다.

12 Solver가 솔루션을 찾을 수 없는 경우, 가장 가능성이 높은 원인은 가격 변화율과 입력한 단위 판매량 변화율의 조합으로 인해 최적 가격이 무한대인 경우이다. 예를 들어, 가격이 10% 오르면 항상 판매 단위가 5%만 감소하고 고정비용이 일정하다면, 가격이 상승할 때 이익은 항상 증가한다. 이것은 실제로는 절대 일어날 수 없다. 어떤 시점에서 고객들은 그 제품 구매를 완전히 중단할 것이다.

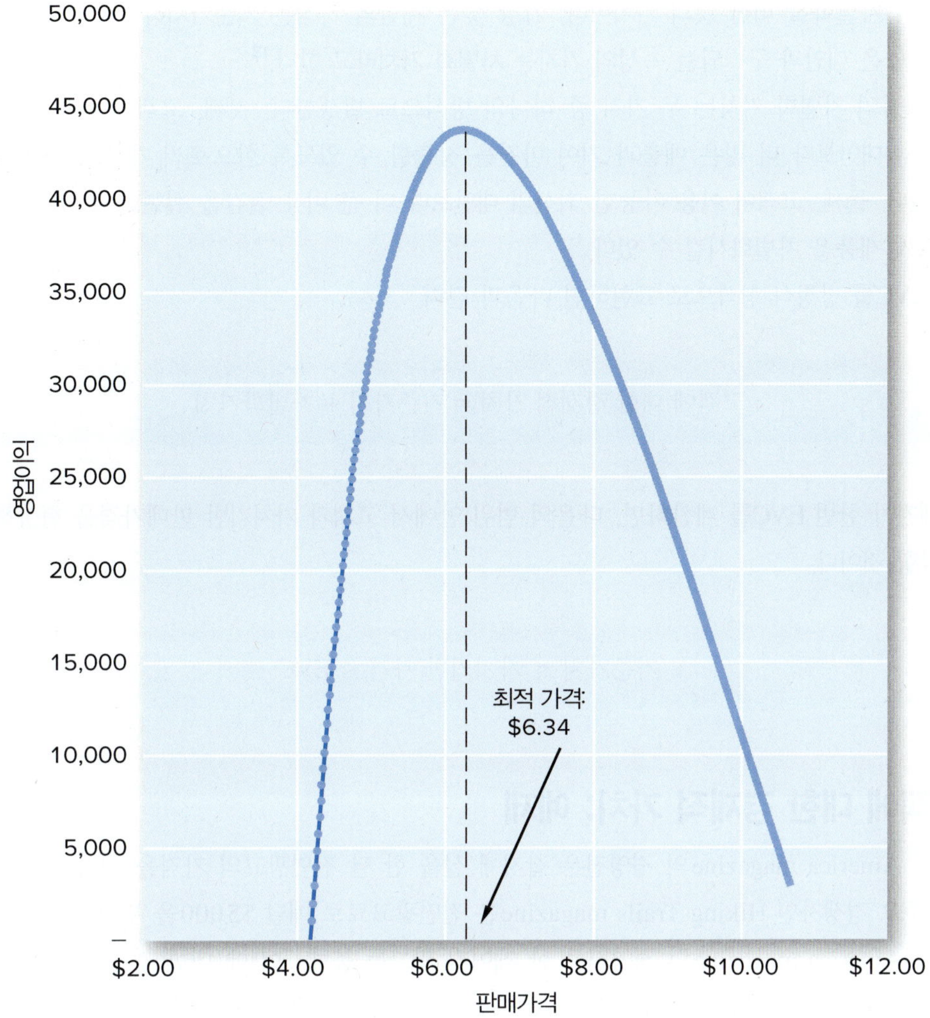

도표 13A-4
Nature's Garden 사과-아몬드 샴푸: 판매가격의 함수인 영업이익

로, 고객이 10%의 가격 인상에 응답하여 판매수량이 15% 감소하면 최적 가격은 $4.84로 현재 가격인 $5.00보다 $0.16 낮다. 이러한 큰 가격 변동은 고객의 가격에 대한 민감도의 작은 변화가 어떻게 최적의 판매 가격에 큰 영향을 미칠 수 있는지를 보여준다.

가치기반 가격결정

학습목표 13-10
가치기반 가격결정을 이용한 의사결정을 분석한다.

원가가산 가격결정에 대한 대안으로 가치기반 가격결정이 있다. **가치기반 가격결정**을 사용하는 기업은 제품과 서비스가 고객에게 제공하는 효익의 경제적 가치에 따라 판매 가격을 설정한다.

가치기반 가격결정은 고객에 대한 경제적 가치(*economic value to the customer*, 이하 *EVC*)로 알려진 개념을 이용한다. **고객에게 제품의 경제적 가치**는 고객의 가장 좋은 대안의 가격에 제품의 차별화를 더한 것의 가치이다. 가장 좋은 대안의 가격은 **기준가치**라고 하며, 제품의 가장 좋은 대안과 구별되는 속성의 가치는 **차별화 가치**라고 한다.[13]

제품의 차별화 가치는 두 가지 중 하나의 방식으로 발생한다. 첫째, 고객이 이용 가능한 최선의 대안보다 더 많은 매출과 기여 마진을 창출할 수 있도록 함으로써 제품이 차별화될 수 있다. 둘째, 고객이 이용 가능한 최선의 대안보다 더 큰 비용 절감을 실현할 수 있도록 함으로써 제품을 차별화시킬 수 있다.

EVC를 방정식 형식으로 표현하면 다음과 같다.

$$\text{고객에 대한 경제적 가치} = \text{기준가치} + \text{차별화가치}$$

판매자가 한번 EVC를 계산하면, 다음의 범위 안에서 고객과 가치기반 판매가격을 협상하기 시작할 것이다.

$$\text{기준가치} \leq \text{가치기반 가격} \leq \text{EVC}$$

고객에 대한 경제적 가치: 예제

Hike America magazine의 경영진은 잡지에 실을 한 달 전면광고의 가격을 결정하고자 한다. 주요 경쟁자인 Hiking Trails magazine은 전면광고료로 매달 $5,000을 부과하고 있으나 Hike America magazine의 경영진은 한 페이지 광고를 통해 고객에 대한 경제적 가치를 계산하여 보다 높은 가격을 책정할 수 있을 것으로 믿고 있다. 분석을 위해 경영진들은 두 잡지사에 대한 다음의 정보를 수집하였다.

	Hike America	Hiking Trails
구독자 수	200,000	300,000
매월 광고 제품을 구매하는 구독자 비율	0.2%	0.1%
광고 제품 구매 독자의 매월 소비액	$100	$80
광고주 공헌이익률	25%	25%

13 기준가치와 차별화 가치와 앞으로 살펴볼 잡지출판산업 사례는 다음의 저서를 기반으로 하고 있다. *The Strategy and Tactics of Pricing: A Guide to Profitable Decision Making* by Thomas T. Nagle and Reed K. Holden, 2002, Pearson Education, Upper Saddle River, New Jersey.

Hike America는 Hiking Trails보다 적은 구독자(200,000 대 300,000)를 보유하고 있지만, 높은 비율의 열혈구독자들(0.2% 대 0.1%)이 매월 광고 제품을 구매하고 있으며 인당 광고제품에 지출하는 금액이 더 크다($100 대 $80). 양쪽 잡지사의 광고주들은 모든 상품의 매출에 대해 25%의 공헌이익률을 가지고 있다는 가정하에 Hike America의 경영자들은 그들 잡지의 광고의 차별화 가치를 다음과 같이 계산하였다.

	Hike America	Hiking Trails
구독자 수 (a)	200,000	300,000
매월 광고 제품을 구매하는 구독자 비율 (b)	0.2%	0.1%
광고 제품을 매월 구매하는 구독자 수 (a) × (b)	400	300
광고 제품 구매 독자의 매월 소비액 (a)	$100	$80
광고주 공헌이익률 (b)	25%	25%
광고 제품 구매 독자의 매월 공헌이익 (a) × (b)	$25	$20
광고 제품을 구매하는 월별 독자 수 (a)	400	300
광고 제품 구매 독자의 매월 공헌이익 (b)	$25	$20
전면 광고가 제공하는 공헌이익 (a) × (b)	$10,000	$6,000
차별화 가치	$4,000	

Hike America의 기준가치가 $5,000이라고 가정하면(Hiking Trails가 전면광고에 부과하는 가격), EVC는 다음과 같이 계산된다.

$$\begin{aligned}\text{고객에 대한 경제적 가치(EVC)} &= \text{기준가치} + \text{차별화가치}\\ &= \$5{,}000 + \$4{,}000\\ &= \$9{,}000\end{aligned}$$

Hike America는 다음의 범위 안에서 고객과 가치기반 판매가격을 협상하기 시작할 것이다.

$$\text{기준가치} \le \text{가치기반 가격} \le \text{EVC}$$
$$\$5{,}000 \le \text{가치기반 가격} \le \$9{,}000$$

$9,000의 EVC는 Hike America가 반드시 고객에게 광고료로 청구해야 하는 가격을 나타내는 것은 아니라는 점을 강조한다. 대신, 경영자들은 그들의 잡지의 전면 광고가 잠재 고객들에게 제공할 수 있는 경제적 이익(추가적인 공헌이익 측면에서)을 이해할 수 있는 출발점을 제공한다. 사실, 아래에 표시된 자료는 Hike America가 아마도 $9,000 이하의 가격을 책정할 필요가 있다는 것을 시사한다.

	Hike America		
	$9,000의 가격	$8,000의 가격	Hiking Trails
광고가 제공하는 공헌이익	$ 10,000	$ 10,000	$ 6,000
광고 투자금액 (a)	9,000	8,000	5,000
광고의 추가적인 이익 (b)	$ 1,000	$ 2,000	$ 1,000
투자수익률(ROI) (b)/(a)	11%	25%	20%

오른쪽 칼럼의 숫자들은 Hiking trails의 전면광고가 20%의 투자수익률을 제공하고 있음에 주목하라. 반대로 왼쪽 칼럼의 숫자들은 Hike America의 고객들은 전면광고로 $9,000을 투자할 때 오직 11%의 ROI를 얻고 있음을 보여준다. 따라서 만약 Hike America가 $9,000의 가격을 책정한다면, 광고주들은 Hiking trails에 전면광고를 게재하여 얻는 것보다 낮은 ROI를 얻게 될 것이다. 그러나 Hike America는 잠재고객들에게 아마 $8,000 정도의 가격을 제시하는 것을 고려할 것이다. 자료의 중간 칼럼에서 볼 수 있듯이, 이 가격에서는 잠재고객들에게 Hiking trails의 20% ROI보다 높은 25%의 ROI를 제공할 수 있을 것이다.

목표원가계산

학습목표 13-11

새로운 제품과 서비스의 목표원가를 계산할 수 있어야 한다.

이전까지의 논의는 제품이 이미 개발되고 원가가 투입되었으며, 가격이 결정되자마자 시장에 판매될 준비가 되었음을 가정하였다. 대부분의 상황에서는 이러한 것들의 순서가 반대이다. 회사는 이미 얼마의 가격이 부과되어야 하는지 알고 있고 문제는 목표로 하는 가격에서 수익성 있게 판매될 수 있는 제품을 개발하는 일이다. 이와 같이 정상적인 순서가 반대로 된 상황에서는 원가가 여전히 핵심요인이 된다. 기업은 목표원가계산이라고 부르는 접근법을 사용할 수 있다. **목표원가계산**은 신제품에 대해 최대 허용할 수 있는 원가를 결정하고 해당 원가를 수익성 있게 달성하는 시제품을 개발하는 과정이다. **Compaq**, **Culp**, **Cummins Engine**, **Daihatsu Motors**, **Chrysler**, **Ford**, **Isuzu Motors**, **ITT Automotive**, **Komatsu**, **Matsushita Electric**, **Mitsubishi Kasei**, **NEC**, **Nippodenso**, **Nissan**, **Olympus**, **Sharp**, **Texas Instruments** 그리고 **Toyota**를 포함하여 많은 기업들이 목표원가 계산을 사용한다.

제품에 대한 목표원가는 아래와 같이 제품의 예상된 판매가격에서 목표이익을 차감함으로써 계산된다.

목표원가 = 예상된 판매가격 − 목표이익

제품개발팀은 목표원가 이내의 원가에서 생산될 수 있는 제품을 개발할 책임이 있다.

목표원가계산을 사용하는 이유

목표원가계산 접근법은 시장과 원가에 대한 두 가지 중요한 특징의 인식을 통해 대두되었다. 첫 번째, 많은 기업들은 그들이 생각하는 것보다 가격에 대해 통제할 수 있는 정도가 매우 적다. 시장이 (즉 수요와 공급) 실제로 가격을 결정하고 이것을 무시하려는 기업은 위험을 무릅써야 한다. 그러므로 예측된 시장가격은 목표원가계산에서 주어진 것으로 여겨진다.

두 번째, 제품원가의 대부분이 제품 설계단계에서 결정된다는 것이다. 일단 제품이 설계되고 생산이 개시되면 원가를 대폭적으로 절감시키는 것은 힘들다. 생산이 단순하고, 저렴한 부품을 사용하며 견고하고 신뢰성 있는 제품을 생산하는 등 대부분의 원가절감 기회는 제품 설계단계에 존재한다. 일단 생산이 이루어진 제품에 대해서 회사가 시장가격과 원가에 대해 통제할 수 있는 정도가 작아진다면, 수익이 영향을 미치는 주된 기회는 제품의 설계단계에 존재한다. 제품의 설계단계에서는 고객이 기꺼이 지불할 수 있도록 가치 있는 특징이 제품에 추가될 수 있고 실제로 대부분의 원가는 설계단 계에서 결정된다. 그래서 제품의 설계 및 개발 단계에 집중적으로 노력을 기울여야 한다.

제품의 개발에 대한 목표원가계산과 다른 접근법의 차이는 매우 의미 있다. 제품을 설계하고 난 후 얼마의 원가가 투입될 것인가 밝혀내는 것이 아니라 먼저 목표원가를 설정하고 해당 목표원가를 달성하도록 제품을 설계 하는 것이다.

목표원가계산의 예

목표원가계산의 단순한 사례를 보기 위해, 다음의 상황을 가정하자. Handy사는 $2,000,000를 새로운 핸드믹서를 설계하고 개발하며 생산하는 데 투자하기를 원한다. 회사의 마케팅 부서는 경쟁제품의 가격과 특징들을 조사했다. 그리고 $30의 가격이면 연 40,000 단위의 제품을 판매할 수 있을 것으로 판단했다. 회사는 15%의 ROI를 원하고 있으므로 한 제품의 제조, 판매, 유통, 서비스에 대한 목표원가는 다음과 같이 $22.50가 된다.

예상 매출액 (40,000 단위 × 단위당 $30)	$ 1,200,000
차감 목표이익 (15% × $2,000,000)	300,000
40,000 단위의 제품에 대한 목표원가	$ 900,000
단위당 제품에 대한 목표원가 ($900,000 ÷ 40,000 단위)	$22.50

이 $22.50의 목표원가는 제조, 마케팅, 유통, A/S 등의 다양한 기능에 대한 목표원가 로 분리할 수 있다. 각각의 기능은 해당 영역이내에서 실제 원가를 목표원가 범위 안에서 유지해야 할 책임이 있다.

요약 (부록 13A)

가격을 결정하는 것은 미세하게 균형을 유지하는 행위이다. 높은 가격은 제품단위당 더 많은 수익을 가져다주지만 제품의 판매량은 감소한다. 이익을 극대화하기 위해서 가격을 정확히 얼마로 책정해야 하는가를 결정하는 것은 어려운 문제이다.

경영자는 종종 목표가격을 설정하기 위해 원가가산 방법에 의존한다. 경제학자들의 관점에서는 마크업에 대한 원가 기준은 변동원가가 되어야 한다. 이와는 반대로, 전부원가계산 접근법에서는 원가 기준이 전부원가로 계산된 단위당 제품원가가 되고, 마크업은 제조원가를 보상하고 충분한 투자수익률을 얻기 위해 산정된다. 전부원가계산법에 의하면 원가가산 식에 사용된 제품의 예상판매량이 정확하지 않을 경우 제조원가는 보상되지 않을 것이며 투자수익률 또한 충분하지 않을 것이다. 원가가산 식에 따라 높은 가격이 결정될 경우 예상 제품 판매량은 달성되지 못할 것이다.

고객들은 그들의 구매의사결정에 선택권을 가지고 있다. 그들은 당신의 제품 또는 경쟁자의 제품을 선택하거나 아무것도 구매하지 않을 수 있다. 이러한 선택권은 가격을 결정할 때 고려되어야 한다. 일반적으로 가격의 변동이 매출 수량에 큰 영향을 주지 못할 때 소비자의 가격에 대한 민감도가 비탄력적이라고 부른다. 반대로 가격의 변동이 매출 수량에 큰 영향을 미칠 때 소비자의 가격에 대한 민감도는 탄력적이라고 부른다. 일반적으로 고객이 가격에 민감할수록 최적 판매가격은 낮아지고, 고객이 가격에 덜 민감할수록 최적 판매가격은 높아진다.

가치기반 가격결정은 원가가산 가격결정에 대한 대안적인 방법이다. 가치기반 가격결정을 사용하는 회사들은 그들의 제품이나 서비스가 고객들에게 제공하는 효익의 경제적인 가치를 고려하여 가격을 설정한다. 가치기반의 가격결정의 한 방법은 **고객에 대한 경제적 가치**(*EVC; economic value to the customer*)를 계산하는 것이다. 제품의 EVC는 고객이 최선의 대안 가격(기준가치)에 판매자의 제품의 가장 좋은 대안과 구별되는 속성(차별화 가치)을 더한 것이다. 판매자가 일단 EVC를 계산하면 기준가치와 EVC의 사이에서 가치기반 판매가치를 설정하게 된다.

목표원가계산을 사용하는 회사는 신제품에 대해 얼마의 시장 가격이 제품의 기대 특징을 반영할지 그리고 이미 시장에 나온 동 종류의 제품이 얼마의 가격을 가지고 있는지 평가한다. 그들은 예상 판매가격에서 목표 이익을 차감하여 제품의 목표원가를 계산한다. 제품의 설계 및 개발팀은 신제품이 목표원가를 초과하지 않도록 보장할 책임이 있다.

용어해설 (부록 13A)

가치기반 가격결정(value-based pricing) 그들의 제품이나 서비스가 고객들에게 제공하는 효익의 경제적인 가치를 고려하여 가격을 설정하는 방법

고객에 대한 경제적 가치(EVC) 고객이 최선의 대안 가격(기준가치)에 판매자의 제품의 가장 좋은 대안과 구별되는 속성(차별화 가치)을 더한 것

마크업(markup) 제품이나 서비스의 판매가격과 원가의 차이. 마크업은 보통 원가에 대한 퍼센트 비율로 나타낸다.

목표원가계산(target costing) 신제품에 대해 최대 허용할 수 있는 원가를 결정하고 최대 목표원가로 수익성이 날 수 있게 시제품을 개발하는 과정.

수요의 가격탄력성(price elasticity of demand) 가격 변화가 단위 판매량에 미치는 영향의 정도를 나타내는 측정치.

원가가산 가격결정(cost-plus pricing) 목표 판매가격을 결정하기 위해 제품의 원가에 사전에결정된 마크업을 가산하여 제품의 판매가격을 결정하는 방법.

연습문제 (부록 13A)

문제 13A-1 전부원가계산 접근법에 의한 판매가격설정 [학습목표 13-8]

Martin사는 신제품의 출시를 고려하고 있다. 판매가격을 결정하기 위해 회사는 다음의 정보를 입수하였다.

매년 생산 및 판매될 제품의 수	14,000
제품 단위당 원가	$25
판매관리비 예상액	$50,000
회사가 요구하는 예상 투자금액	$750,000
목표 ROI	12%

요구사항:

회사는 원가가산 가격결정 방법에 대한 전부원가계산 접근법을 사용한다.

1. 목표 ROI를 달성하기 위해 요구되는 마크업을 계산하여라.
2. 단위당 판매가격을 계산하여라.

문제 13A-2 고객의 선택권과 가격결정 [학습목표 13-9]

Maria Lorenzi는 Montana주의 West Yellowstone에서 여름동안 아이스크림 판매대를 운영한다. 그녀는 아이스크림 콘의 가격을 어떻게 매길지 확신하지 못하며 바쁜 8월 시즌 동안 몇 주 연속으로 두 가격을 실험해 왔다. 그 가게에 들어온 사람들의 수는 매주 비슷했다. 첫 주에 그녀는 콘의 가격을 $3.50로 책정했고 1,800개가 팔렸다. 둘째 주에 그녀는 콘의 가격을 $4.00로 책정했고 1,400개의 콘이 팔렸다. 아이스크림 콘의 변동비는 $0.80이며 아이스크림과 콘 자체의 비용만으로 구성된다. 아이스크림 판매대의 고정 비용은 일주일에 $2,675이다.

요구사항:

1. Maria는 콘의 가격을 $3.5로 적정한 첫 주 동안 얼마의 이익을 얻었는가?
2. 둘째 주에 Maria는 판매가격을 몇 퍼센트 인상했는가? 판매수량은 몇 퍼센트 감소하였는가? (소숫점 둘째자리에서 반올림 할 것)
3. Maria는 콘의 가격을 $3.5로 적정한 둘째 주 동안 얼마의 이익을 얻었는가?
4. Maria의 이익은 첫째 주에 비해 둘째 주에 얼마나 증가(감소)하였는가?

문제 13A-3 가치기반 가격결정 [학습목표 13-10]

McDermott사는 IC-75라는 새로운 공업부품을 개발하였다. 주요 경쟁사가 판매하는 동급 부품에 비해 우수한 성능을 제공하기 때문에 회사는 IC-75에 대해 흥분하고 있다. 경쟁 부품은 $1,200에 판매되며 2,000시간 사용 후 교체해야 한다. 또한 내용연수 동안 $200의 예방적 유지보수가 필요하다.

IC-75의 성능은 경쟁 제품과 유사하며, 4,000시간 사용 후 교체해야 하며, 사용 기간 동안 300달러의 예방 유지보수가 필요하다.

요구사항:

가치기반 가격결정의 관점에서

1. McDermott사가 IC-75를 판매할 때 고려해야 하는 기준가치은 얼마인가?
2. 4,000시간의 사용에 대해서 경쟁사의 제품과 비교할 때 IC-75의 차별화 가치는 얼마인가?
3. 4,000시간의 사용에 대해서 IC-75의 고객에 대한 경제적 가치는 얼마인가?
4. McDermott사가 IC-75를 판매할 때 고려할 수 있는 가격의 범위는 어떻게 되는가?

문제 13A-4 목표원가계산 [학습목표 13-11]

일본의 Shimada Products사는 전자계산기 시장에 진입하는 것에 대해 우려하고 있다. 경영자는 세계 시장에서 경쟁력을 갖추기 위해서는 회사가 개발 중인 전자계산기의 가격이 $15를 넘어서는 안 된다고 믿고 있다. 회사가 모든 투자안에 대해 요구하는 수익률은 12%이다. 경영자는 단위당 $15의 가격으로 매년 300,000개의 전자계산기가 판매될 것으로 판단하고 있으며, 이를 생산하기 위한 기계장치 등을 구입하기 위해 $5,000,000의 투자금액이 필요하다.

요구사항:

단위당 목표원가를 산출하여라.

문제 13A-5 고객의 선택권과 최적가격결정 [학습목표 13-9]

Northport 회사는 다양한 제품을 만드는데, 그 중 하나가 Sea Breeze 스킨 클렌저이다. 회사는 이 제품에 대해 다음의 자료를 제공하였다.

판매 수량 (a)	120,000
개당 판매가격	$20.00
개당 변동비	13.00
개당 공헌이익 (b)	$ 7.00
총 공헌이익 (a) × (b)	$840,000
추적가능한 고정비	800,000
영업이익	$ 40,000

경영진은 Sea Breeze의 가격을 $20.00에서 $24.00로 약 20%를 인상하려고 한다. 회사의 마케팅 매니저들은 이번 가격인상을 통해 매출 수량이 120,000개에서 84,000개로 약 30%가 감소할 것으로 예측하고 있다.

요구사항:

아래의 모든 요구사항에서 추적가능한 고정비는 가격의사결정에 영향을 받지 않는다고 가정한다.

1. 마케팅 매니저의 예측이 정확하다면, $24.00의 가격에서 Sea Breeze 스킨 클렌저를 통한 이익이 얼마인가?
2. Northport가 $24.00의 가격으로 몇 개의 제품을 판매할 때 $20.00의 가격으로 판매할 때의 이익과 동일한가?
3. Northport가 $24.00로 가격을 인상할 때, $20.00의 가격에서 벌어들이는 이익과 동일하려면 판매량이 몇 퍼센트 감소해야 하는가?
4. www.mhhe.com/garrison_opm에서 최적 가격결정 모델(the optimal pricing model)을 다운로드하라. Sea Breeze 스킨 클렌저와 관련된 모든 자료를 모델에 입력하라(판매가가 20% 오르면 판매 수량이 30% 감소한다는 가정 포함). B12 셀에 현재 가격을 입력하라. Microsoft Excel의 Data 탭을 클릭하고 화면 오른쪽 상단에서 Solver를 선택한다. Solver 창이 열리면 "Solve"를 클릭한다.
   a. 최적의 판매 가격은 얼마인가?
   b. 최적의 판매 가격으로 얼마의 이익을 얻는가?
   c. $24.00의 가격과 비교하면 최적 가격에서 얼마의 추가이익을 얻는가?
5. 판매 가격이 20% 오르면 실제로 판매 수량이 30% 감소가 아니라 35% 감소한다고 가정하자. 최적 가격결정 모델을 사용하여 다음 질문에 대한 답변하라.
   a. 판매 수량이 30%가 아닌 35% 감소할 경우 최적의 판매 가격과 최적의 이익은 얼마인가?
   b. 요구 조건 5a의 최적 가격이 요구 조건 4a의 답변보다 높은가 낮은가? 그 이유는?
   c. 가격이 20% 상승하면 30%가 아닌 35%까지 판매 수량이 감소하게 된다면, 당신은 $20의 가격을 유지하겠는가 아니면 요구사항 5a에 따른 최적 가격을 선택하겠는가? 그 이유는 무엇인가?

문제 13A-6 가치기반의 가격결정; 전부원가계산을 이용한 원가가산 가격결정 [학습목표 13-10]

Valmont 회사는 새로운 공업부품 XP-200을 개발하였다. 회사는 XP-200의 판매가격을 결정하기 위해서 원가가산 가격결정에 대한 전부원가계산 방법과 가치기반 가격결정 방법을 고려하고 있다.

Valmont의 회계시스템에 의하면 XP-200은 전부원가 기준으로 $8,400달러이다. 마크업 퍼센트는 원가의 85%이다. 회사의 마케팅 매니저는 전부원가계산을 이용한 원가가산 가격결정 방법에 의문을 제기하였는데 XP-200의 경우 경쟁사의 제품보다 월등한 성능을 자랑하기 때문이다. 구체적으로 XP-200의 경우 교체까지 약 20,000시간을 사용할 수 있다. 내용연수 기간에 단지 $1,000의 유지비가 필요하며, 1,000시간 사용에 전기를 $120 정도 소비한다.

이러한 성능은 $15,000에 팔리는 경쟁사의 제품이 10,000시간 사용 후 교체가 필요하며, 내용연수 기간에 $2,000의 유지비가 들고, 1,000시간 사용에 $140의 전기를 소비하는 것에 비해 우수하다.

요구사항:

1. Valmont 회사가 전부원가 원가가산 가격결정을 사용한다면, XP-200의 가격으로 얼마를 책정해야 하는가?
2. XP-200을 20,000시간 동안 사용할 때 고객에 대한 경제적 가치는 얼마인가?
3. Valmont 회사는 가치기반 가격결정을 사용한다면, XP-200의 가격을 정할 때 고려할 가격의 범위는 어떻게 되는가?
4. Valmont 회사가 전부원가계산을 이용한 원가가산 가격결정 방법과 가치기반 가격결정 방법 중에서 선택을 해야한다면, 당신은 Valmont의 매니저에게 어떤 조언을 하겠는가?

문제 13A-7 고객의 선택권과 가격결정 [학습목표 13-9]

서인도제도의 섬인 St.Vincent의 우체국은 특별한 기념우표를 우표 수집가들에게 판매해서 전체 매출의 상당한 부분을 벌어들인다. 우체국은 공급자로터 특별 기념우표를 장당 $0.80에 구입한다. St.Vincent는 이 기념우표를 개당 $8에 판매해 왔으며 보통 약 80,000개를 판매한다. 시장을 테스트하기 위해 우체국은 최근 새로운 기념우표의 가격을 $7로 책정했고 판매량은 93,600대로 늘어났다.

요구사항:

1. 우체국이 $8의 가격에 기념우표 80,000장을 판매했을 때, 총 공헌이익은 얼마인가?
2. St.Vincent의 우체국은 가격을 몇 퍼센트 인하하였는가? 판매수량은 몇 퍼센트 증가하였는가?(소숫점 둘째 자리에서 반올림하라)
3. 우체국이 $7의 가격에 기념우표 93,600장을 판매했을 때, 총 공헌이익은 얼마인가?
4. 우체국이 가격을 $8에서 $7로 낮췄을 때 총 공헌이익은 얼마나 증가(감소)하는가?
5. 얼마나 많은 기념우표를 $7에 팔아야 $8에 팔때의 공헌이익과 같아지는가?(소숫점 첫째 자리에서 반올림하라)
6. 기념우표를 $7에 팔 때 몇 퍼센트의 매출 수량이 증가해야 $8에 팔때의 공헌이익과 같아지는가?(소숫점 둘째 자리에서 반올림하라)
7. 우체국의 재무 관리자는 두 가지 가격($8.00 vs. $7.00)의 보다 정확한 비교를 위해 우편 서비스의 공통 고정비를 배부해야 한다고 제안했다. 공통 고정비의 일부는 총 판매 금액을 기준으로 사용하여 각각 배부된다. 그는 이 접근법이 우체국의 공통 고정비가 고객에게 부과되는 것을 보장되도록 하는데 도움이 될 것이라고 주장한다. 동의하는가?

문제 13A-8 표준원가: 전부원가계산 접근법에 의한 판매가격설정 [학습목표 13-8]

Wilderness Products사는 배낭여행객 및 캠핑을 즐기는 소비자들을 위한 스스로 부풀어 오르는 베개를 디자인하였다. 다음의 정보는 해당 제품에 대한 것이다.

a. 재고자산과 매출채권을 가지고 제조공정에 사용될 새 장비의 구입을 위해 $1,350,000의 투자 금액이 필요하다. 회사의 모든 투자안에 대한 요구수익률은 24%이다.

b. 베개에 대한 표준원가표는 다음과 같다.

	표준수량 또는 표준시간	표준가격 또는 표준임률	표준원가
직접재료원가	4.0 야드	$2.70 야드당	$ 10.80
직접노무원가	2.4 시간	$8.00 시간당	19.20
제조간접원가 (20% variable)	2.4 시간	$12.50 시간당	30.00
단위당 총표준원가			$ 60.00

c. 유일한 변동판매관리비는 단위당 $9의 판매수수료일 것이다. 고정판매관리비는 매년 다음과 같을 것이다.

d. 회사가 많은 제품을 생산하기 때문에 신제품을 위해 연 38,400노무시간 이상 사용될 수 없다.

e. 제조간접원가는 직접노무시간을 기준으로 제품에 배부된다.

요구사항:

1. 회사가 가격결정에 있어서 전부원가계산 접근법을 사용한다고 가정하자.
   a. 만약 생산된 수량 모두가 판매될 수 있을 경우, 회사의 요구 ROI인 24%를 달성하기 위해 회사가 설정해야하는 마크업을 계산하라.
   b. 앞서 계산한 마크업을 사용하여 베개 한 단위에 대한 가격 할당표를 작성하여라.
   c. 회사가 생산된 베개를 모두 판매할 수 있다고 가정하자. 생산 첫해에 해당하는 손익 계산서를 작성하고 베개에 대한 회사의 해당 년도 ROI를 11장의 ROI공식을 이용하여 계산하여라.
2. 수년간에 걸친 베개의 마케팅 이후, 회사는 경기침체로 인해 수요의 감소를 경험하고 있다. 만약 수용 가능한 가격을 제시할 경우 대규모 도매업자가 대량 구매를 할 것이다. 이 특별주문에 대한 최소 판매가격은 얼마인가?

문제 13A-9 원가가산 가격결정방법에 대한 전부원가계산접근법 [학습목표 13-8]

Aldean 회사는 전부원가기준의 원가가산 가격결정법을 새로운 제품의 판매가격에 사용한다. 회사는 20만 달러를 운영자산에 투자하여 16,000개의 제품을 생산 및 판매하려고 한다. 요구되는 투자수익률(ROI)은 운영자산의 18%이다. 회계부서는 새로운 제품에 대한 원가 추정을 다음과 같이 제시하였다.

	단위당	총 금액
직접 재료비	$7	
직접 노무비	$5	
변동 제조간접비	$2	
고정 제조간접비		$116,000
변동 판매관리비	$1	
고정 판매관리비		$50,000

요구사항:

1. 새로운 제품의 단위당 원가는 얼마인가?
2. 새로운 제품의 전부원가에 대한 마크업 비율은 얼마인가?
3. 전부원가기준의 원가가산 가격결정법을 새로운 제품에 적용한다면 판매가격은 얼마인가? (소숫점 셋째자리에서 반올림 할 것)

문제 13A-10 원가가산 가격결정방법에 대한 전부원가계산접근법 [학습목표 13-8]

Currington 회사는 전부원가계산을 이용한 원가가산 가격결정 방법을 이용하여 새롭게 리모델링한 제품의 가격을 정하고자 한다. 회사는 $150,000을 영업자산에 투자하여 12,000개의 제품을 생산 및 판매하려 한다. 영업자산에 요구되는 투자수익률(ROI)은 16%이다. 회계부서는 새로운 제품에 대해서 다음과 같은 원가추정치를 제공하였다.

	단위당	총 금액
직접 재료비	$4	
직접 노무비	$3	
변동 제조간접비	$1	
고정 제조간접비		$66,000
변동 판매관리비	$1	
고정 판매관리비		$45,000

요구사항:

1. 리모델링한 제품의 단위당 원가는 얼마인가?
2. 리모델링한 제품에 대한 마크업 비율은 얼마인가?
3. 전부원가계산을 이용한 원가에 마크업 비율을 적용한다면 회사는 리모델링한 제품의 가격을 얼마에 책정해야 하는가?
4. 회사는 요구사항 3에서 계산된 가격으로 계획된 12,000단위 대신에 실제로는 단지 10,000단위의 제품을 판매했다고 하자. 이렇게 낮은 판매량에서 회사는 실제로 얼마의 투자수익률(ROI)를 얻게 되는가?
5. 회사는 10,000개의 낮은 판매량에서 제품의 요구 투자수익률(ROI)를 달성하려는 의도로 새롭게 리모델링한 제품의 가격을 높이고 싶다고 가정하자. 회사는 전부원가계산을 이용한 원가가산 가격결정 방법을 이용하여 새로 가격을 정한다면 얼마로 해야 하는가? 고객들은 새로운 가격에 어떻게 반응하는가?

문제 13A-11 목표원가계산 [학습목표 13-11]

National Restaurant Supply사는 전 미국에 걸쳐서 음식점에서 사용되는 장비와 용품들을 판매한다. 경영자는 아이스크림 제조기에 추가하여 소다를 만드는 기계의 판매를 고려하고 있다. 회사는 스웨덴의 한 제조업자와 소다기계의 가격에 대해 협상을 할 것이다.

경영자는 소다기계가 미국의 고객들에게 $4,950에 판매될 것이라고 믿고 있다. 그 가격에서 연 판매량은 100단위가 될 것이다. 소다기계의 생산을 위해서는 재고품과 특별 창고에서 $600,000의 투자금액이 요구된다. 변동판매비는 단위당 $650가 될 것이다.

요구사항:

1. 만약 National Restaurant Supply가 15%의 투자수익률(ROI)를 요구할 경우, 회사가 소다기계에 대해 스웨덴 제조업자에게 지불할 수 있는 최대가격은 얼마인가?
2. 소다기계의 구입가격을 협상하기 위해 스웨덴으로 떠나고 있는 경영자가 구매가격이 회사의 ROI에 어떻게 영향을 미치는지 알고 싶어 한다. 소다기계의 구매가격과 ROI 간의 함수를 나타내는 차트를 만들어라. 구입가격을 *X*축에 놓고, ROI를 *Y*축에 놓아라. $3,000와 $4,000의 구입가격 사이에 대한 회사의 ROI를 산점도에 나타내라.
3. 장시간의 협상 끝에 경영자는 스웨덴의 제조업자가 National Restaurant Supply사가 요구 ROI인 15%를 달성할 수 있도록 충분히 낮은 가격으로 소다기계를 판매하지 않을 것으로 판단하였다. 단순히 소다기계의 판매를 포기하는 것을 제외하고 경영자가 할 수 있는 대안은 무엇이 있는가?

문제 13A-12 원가가산 가격결정방법에 대한 전부원가계산접근법; 고객의 선택권과 가격결정 [학습목표 13-8, 9]

Messina 회사는 전부원가계산을 이용한 원가가산 가격결정 방법을 이용하여 신제품의 판매가격을 결정하려고 한다. 회사는 $650,000을 영업자산에 투자하여 30,000개를 생산하려 한다. 영업자산에 요구되는 투자수익률(ROI)은 20%이다. Messina의 회계부서는 새로운 제품을 첫 해에 20,000개 생산하여 판매하는 목표를 수립하였다. 그리고 신제품에 대해 다음과 같은 원가추정치를 제공하였다.

	단위당	총 금액
직접 재료비	$12	
직접 노무비	$8	
변동 제조간접비	$3	
고정 제조간접비		$100,000
변동 판매관리비	$1	
고정 판매관리비		$60,000

요구사항:

1. 회사는 20,000단위를 만들어 팔려고 한다면, 전부원가계산에 따른 제품의 단위당 원가는 얼마인가?
2. 계획대로 20,000 단위의 매출을 달성했다면, 신제품에 대해서 전부원가계산에 따른 마크업 비율은 얼마인가?

3. 전부원가계산을 이용한 원가가산 가격결정을 이용하고 판매량이 계획대로 20,000 단위라면, 회사는 신제품의 가격을 얼마에 책정해야 하는가?
4. 회사는 요구사항 3에서 계산된 가격으로 계획된 20,000단위 대신에 실제로는 단지 19,000단위의 제품을 판매했다고 가정하면, Messina의 전부원가계산 영업이익은 얼마인가? 이렇게 예상보다 낮은 판매량에서 회사는 실제로 얼마의 투자수익률(ROI)를 얻게되는가?
5. Messina의 재무담당자는 19,000 단위의 판매량 수준에서 요구 ROI를 달성하기 위해 신제품의 판매가격을 높여야 한다고 주장한다고 가정하자.
   a. 새로운 마크업 비율은 얼마인가?
   b. 새로운 판매가격은 얼마인가?
6. www.mhhe.com/garrison_opm에서 최적 가격결정 모델(the optimal pricing model)을 다운로드하라. Messina의 마케팅 부서는 고객들을 조사하고 약 8%의 신제품 판매가격 인상은 판매량을 약 22% 감소시킬 것으로 추정하였다. 회사의 마케팅 매니저는 또한 Messina의 총 고정비는 가격결정에 의해 영향을 받지 않는 것으로 믿고 있다. 신제품의 실제 판매 수량이 19,000 단위이고, 마케팅 매니저의 추정이 옳다고 가정하고 모든 관련 자료를 엑셀의 가격결정모델에 입력하라. B12 셀에 현재 가격(요구사항 3에서 계산된 가격)을 입력하라. Microsoft Excel의 Data 탭을 클릭하고 화면 오른쪽 상단에서 Solver를 선택한다. Solver 창이 열리면 "Solve"를 클릭한다.
   a. 최적의 판매 가격은 얼마인가?
   b. 최적의 판매 가격으로 얼마의 이익을 얻는가?
   c. 신제품의 판매가격을 올리라는 재무담당자의 주장에 대해 평가하라.

문제 13A-13 가치기반 가격결정 [학습목표 13-10]

Midwest Whitetails 잡지(사슴 사냥꾼들 전용잡지) 경영진은 한달 동안 잡지에 전면 광고를 게재하하려는 고객을 위해 가격을 정하려고 한다. 가격 책정 결정을 돕기 위해, 경영자들은 잡지에 실린 전면 광고의 고객에 대한 경제적 가치(EVC)를 계산하려고 한다. Seagate는 주요 경쟁사인 *Trophy Whitetails* 잡지 뿐만 아니라 *Midwest Whitetails* 잡지와 관련된 다음과 같은 데이터를 수집하였다.

	Midwest Whitetails	*Trophy Whitetails*
구독자의 수	130,000	200,000
매달 광고 제품을 구매한 구독자의 비율	0.7%	0.5%
광고 제품을 구매한 구독자가 매월 소비한 금액	$120	$100
광고주 공헌이익률	40%	40%

Trophy Whitetails 잡지는 전면 광고에 대해서 $4,000를 부과한다. *Midwest Whitetails*의 매니저는 그들의 잡지에 광고를 게재하는 고객들에 대한 경제적 가치를 계산하면 $4,000 이상의 가격을 받을 수 있다고 믿는다.

*Midwest Whitetails*는 비록 *Trophy Whitetails* 보다 구독자 수는 적지만(130,000 vs. 200,000), *Midwest Whitetails*은 특정한 부류의 사냥꾼들에게 인기가 있어서 *Trophy Whitetails*의 평범한 구독자들보다 더 많은 광고 제품을 구매하도록 한다. 그러므로 *Midwest Whitetails*의 구독자들은 더 높은 비율로 광고 제품을 구매하고(0.7% vs. 0.5%) 그들은 일인당 광고 제품에 소비하는 금액이 더 크다($120 vs. $100). *Midwest Whitetails*의 매니저는 양쪽 잡지의 광고주들의 공헌이익률이 상품 매출액의 40%라고 가정하고 있다.

요구사항:

가치기반 가격결정의 관점에서

1. *Midwest Whitetails* 잡지가 전면 광고를 판매할 때 고려해야 하는 기준가치은 얼마인가?
2. 경쟁사의 제품과 비교할 때 *Midwest Whitetails*의 전면 광고의 차별화 가치는 얼마인가?
3. *Midwest Whitetails* 잡지 전면 광고의 고객에 대한 경제적 가치는 얼마인가?
4. *Midwest Whitetails* 잡지가 전면 광고를 판매할 때 고려할 수 있는 가격의 범위는 어떻게 되는가?

Chapter

14

자본예산 의사결정

학습목표

14장을 공부한 후에 다음을 할 수 있어야 한다.

학습목표 14-1 투자에 대한 회수기간을 결정할 수 있다.

학습목표 14-2 순현재가치법을 이용하여 투자안의 수용 가능성을 평가할 수 있다.

학습목표 14-3 내부수익률법을 이용하여 투자안의 수용가능성을 평가할 수 있다.

학습목표 14-4 불확실한 현금흐름을 가진 투자안을 평가할 수 있다.

학습목표 14-5 투자안의 선호 순위를 매길 수 있다.

학습목표 14-6 투자에 대한 단순수익률을 계산할 수 있다.

학습목표 14-7 (부록 14A) 현재가치 개념을 이해하고 현가표를 이용할 수 있다.

학습목표 14-8 (부록 14C) 순현재가치 분석 시에 법인세를 포함할 수 있다.

©Quality HD/Shutterstock

Walmart는 인터넷세대에 적응하고 있다

BUSINESS FOCUS

Walmart의 가장 중요한 자본예산 의사결정은 매년 얼마나 많은 점포를 새로 열지 결정하는 것이다. 회사는 11,700개 이상의 점포를 전세계에 가지고 있으며, 과거에는 매년 300개의 새로운 점포가 추가되었다. 그러나 앞으로 Walmart는 매년 25개 이하의 점포만 새로 열지도 모른다. 새로운 점포를 개설하는 대신 회사는 온라인 비즈니스를 성장시키고, 기존 점포를 업그레이드할 계획이다. 예를 들어 Walmart는 33억 달러로 인터넷 쇼핑몰 Jet.com을 인수하여 온라인 판매량을 증대하려 노력했다. ■

Source: Sarah Nassauer, "A Storied Retail Name Bows to Internet Age," *The Wall Street Journal*, December 7, 2017, pp. B1–B2.

관리자(Managers)는 종종 미래의 수익 실현을 목표로 현재 투자의사결정을 하는 일에 직면한다. 예를 들어 **Yum! Brands, Inc.**는 새 Pizza Hut을 개장할 때마다 투자를 한다. **L. L. Bean**도 고객 청구서 처리를 목적으로 새 컴퓨터를 설치할 때마다 투자를 한다. **Ford**도 소형트럭 F-150과 같은 자동차를 새로 디자인할 때 투자를 한다. **Merck & Co.**는 의료연구에 투자를 한다. **Amazon.com**도 웹사이트를 재구축할 때 투자를 한다. 이러한 모든 투자는 미래에 추가적인 순현금유입을 기대하며 현재 자금 투자를 요구한다.

자본예산(capital budgeting)은 관리자가 새로운 설비를 구입하고 신제품을 도입하는 것과 같은 장기적인 영향을 미치는 중요한 투자에 대해 어떤 계획을 세울 것인가에 대하여 설명하는 데 이용되는 용어이다. 대부분의 기업들은 실제로 자금이 조달될 수 있는 양 보다 더 많은 잠재적인 프로젝트에 노출된다. 따라서 관리자들은 조심스럽게 최고의 수익률을 보장하는 프로젝트를 선택해야 한다. 관리자들이 이러한 자본예산 의사결정을 어떻게 수행하는가 하는 것은 기업의 장기 재무 건강상태에 있어 중요한 요소라고 할 수 있다. 이번 장은 회수기간법, 순현재가치법, 내부수익률법, 단순수익률법의 네 가지 자본예산 의사결정법을 다룬다.

자본예산 — 개요

전형적인 자본예산 의사결정

미래수익을 얻기 위한 현재의 현금지출을 포함하는 모든 의사결정은 자본예산 의사결정이라고 할 수 있다. 전형적인 자본예산 의사결정은 다음을 포함한다.

1. 비용절감 의사결정. 비용을 절감하기 위해서 새로운 설비를 구입해야 하는가?
2. 확장 의사결정. 조업도와 판매량 증대를 위해서 새로운 공장, 창고 등 기타 시설물이 필요한가?
3. 설비선택 의사결정. 몇몇 필요한 기계설비 중 어느 것을 구입해야 하는가?
4. 임대 또는 매수 의사결정. 새로운 설비를 임대할 것인가? 구입할 것인가?
5. 설비대체 의사결정. 구설비를 지금 대체할 것인가 나중에 대체할 것인가?

자본예산 의사결정은 크게 투자안승인 의사결정 그리고 투자안선별 의사결정의 두 가지 범주로 나눌 수 있다. **투자안승인 의사결정(screening decisions)**은 투자안을 채택할 것인지(사전에 설정된 최저 목표수익률을 넘는지) 여부와 관련 있다. 예를 들어 어떤 기업은 적어도 20%의 수익률을 얻어야만 투자안을 승인하는 정책을 가지고 있을 수 있다. 요구수익률은 투자안을 채택하기 위해 산출되어야 하는 최소수익률이어야 한다. 반대로 **투자안선별 의사결정(preference decisions)**은 몇 개의 채택 가능한 대안 중에 선택 하는 것과 관계가 있다. 예를 들면 기업이 조립라인에서 현재 사용하는 기계를 몇 개의 다른 기계로 대체할 것을 고려할 수 있다. 어느 기계를 구입하는가의 선택이 투자안선별 의사결정이다.

현금흐름 대 영업이익

이 장에서 다룰 첫 번째 세 개의 자본예산 기법은 회수기간법, 순현재가치법과 내부수익률법이다. 세 개 모두 자본 투자안과 관련된 **현금흐름** 분석에 초점을 맞추는 반면 단순수익률법은 **증분 영업이익**에 초점을 맞춘다. 회수기간법, 순현재가치법과 내부수익률법을 배우기 위해 자본 투자안이 수반하는 일반적인 현금유출과 현금유입의 형태를 정의하려고 한다.

전형적인 현금유출 대부분의 투자안은 적어도 세 가지 유형의 현금유출을 가진다. 첫째, 투자안은 설비나 다른 자산에의 초기 투자비용과 설치비용과 같은 형태의 즉각적인 현금유출을 필요로 한다. 구설비 매각으로부터 발생하는 잔존가치는 초기 투자금액을 줄여주거나 현금유입이 된다. 둘째, 몇몇의 투자안은 회사의 운전자본을 늘리는 것을 요구한다. **운전자본**은 현금, 외상매출금과 재고자산과 같은 현재의 자산에서 현재의 부채를 차감한 것이다. 회사가 새로운 투자를 할 때 현재 자산 계정의 잔고는 종종 증가한다. 예를 들어 Nordstrom의 백화점은 금전 등록기나 더 많은 재고품에 추가 현금을 필요로 한다. 이러한 필요한 추가 운전자본은 투자의 초기 투자금액의 한 부분으로 간주된다. 셋째, 많은 투자안들은 수리 유지비를 위한 주기적인 지출과 추가 운영비용을 필요로 한다.

전형적인 현금유입 대부분의 투자안은 또한 적어도 세 가지 형태의 현금유입을 가진다. 첫째, 투자안은 보통 수익을 증가시키거나 비용을 감소시킨다. 무엇이 됐든 관련 현금은 자본예산 목적을 위한 현금유입으로 간주된다. 현금흐름 관점에서 비용 감소는 수익증가와 동일하다는 것을 주목하라. 둘째, 회사가 가치가 낮거나 결함이 있는 설비를 처분하기 위해 돈을 실제로 지불해야하지만 현금유입은 투자가 끝나는 시점에 설비를 해당 잔존가치에 매각함으로써 자주 발생한다. 셋째, 투자안에서의 어떤 운전자본은 투자가 끝나는 시점에 다른 데에서의 사용을 목적으로 회수될 수 있으며 이때 이는 현금유입으로 간주되어야 한다. 예를 들면 회사가 재고품을 팔거나 외상매출금을 받을때 운전자본은 회수된다.

화폐의 시간가치

자본 투자안의 현금유출과 유입을 정의하는 것 다음으로 현금흐름이 발생하는 시점을 고려하는 것 또한 중요하다. 예를 들어 누군가가 당신에게 당신의 최종적 은퇴를 위하여 저축할 수 있는 $1,000를 오늘 주겠다고 제안을 하거나 당신의 미래의 은퇴를 위하여 저축할 수 있는 $1,000를 지금으로부터 1년 후에 주겠다는 제안을 한다면, 당신은 어떤 제안을 선택하겠는가? 아마 당신은 오늘 $1,000를 받아서 투자한 후, 1년 후에 $1,000 이상의 수익을 얻을 수 있기 때문에 첫 번째 제안을 선택할 것이다. 이런 단순한 예는 중요한 자본예산 의사결정 개념인 **화폐의 시간가치(time value of money)**를 설명하고 있다. 당신이 오늘 은행에 $1를 입금하고 1년후 $1 이상의 이득을 얻을 수 있는 경우가 없다면 오늘의 $1가 1년 후 보다 더 가치가 있다. 화폐의 시간가치 때문에 빠른 현금흐름을 보장하는 자본투자가 현금흐름이 느린 자본투자보다 더 선호된다.

회수기간법은 현금흐름에 집중하지만 화폐의 시간가치는 고려하지 않는다. 다시 말해 오늘의 $1의 가치와 미래의 어느 시점의 $1의 가치를 동일하게 취급한다. 반대로 순현재가치법과 내부수익률법은 현금흐름에 집중하지 않지만 현금흐름의 시간가치를 고려한다. 이 두 가지 방법은 미래현금흐름의 가치를 현재가치로 할인하는 방법인 **현재가치화된(할인된) 현금흐름 기법**을 사용한다. 만일 할인 현금흐름 개념과 현가표의 이용에 익숙하지 않다면 순현재가치법과 내부수익률법을 더 공부하기 전에 이 장 마지막 부분의 현재가치개념에 대해 다루고 있는 부록 14A를 읽어보아야 한다.

IN BUSINESS | 기업현장

새로운 어트랙션에 5억 달러를 투자한 Disney

Walt Disney는 5억 달러를 투자하여 Pandora-World of Avatar라는 새로운 어트랙션을 Floria주의 Orlando에 위치한 Walt Diseny World에 만들었다. 이것은 12에이커 넓이에 달하는 어트랙션으로 2009년의 블록버스터 영화인 Avatar를 기반으로 비행 시뮬레이터, 강물 여행, 하늘에 떠 있는 것처럼 보이는 거대한 산으로 구성되었다. 5억 달러의 투자는 관점에 따라 도박으로 보이기도 하는데, 이 영화는 몇 년간 대중의 관심에서 벗어나 있었기 때문이다. 그러나 Disney의 경영진은 이 어트랙션의 품질이 손님을 Pandora (이 영화에 대한 관심여부와 관계없이)로 끌어모을 것으로 믿고 있다.

Source: Ben Fritz, "Disney Adds 'Avatar' Attraction," *The Wall Street Journal*, May 23, 2017, pp. B1 and B4.

회수기간법

학습목표 14-1
투자에 대한 회수기간을 결정할 수 있다.

자본예산 의사결정 프로젝트를 평가하는 회수기간법은 회수기간에 초점을 맞춘다. **회수기간(payback period)**은 투자안이 창출하는 현금으로 최초 투자액을 회수하는 데 걸리는 시간을 말하는 것이다. 때때로 이 기간은 투자안이 투자안 자체에 보상하는 시간으로 일컬어진다. 회수기간법의 기본적인 전제는 투자비용을 더 빨리 회수할수록 더 바람직한 투자안이라는 것이다.

회수기간은 연수로 표현된다. 연간 순현금유입이 매년 동일할 때 다음의 공식으로 회수기간을 계산할 수 있다:

$$\text{회수기간} = \frac{\text{투자금액}}{\text{연간 순현금유입}} \qquad (1)$$

회수기간법을 설명하기 위해서 다음의 자료를 고려해보자.

사례 A: York사는 새 도정기계가 필요하다. 회사는 기계 A와 기계 B의 두대의 기계를 고려하고 있다. 기계 A는 구입비용이 $15,000이고 내용연수는 10년이며 매년 $5,000만큼 운영비용이 감소하게 된다. 기계 B는 구입비용이 $12,000이고 매년 운영비용이 $5,000만큼 감소하지만 내용연수는 5년이다.

요구사항:

회수기간법에 따르면 어느 기계를 구입하여야 하는가?

$$\text{기계 A의 회수시간} = \frac{\$15,000}{\$5,000} = 3.0\text{년}$$

$$\text{기계 B의 회수시간} = \frac{\$12,000}{\$5,000} = 2.4\text{년}$$

회수기간 계산에 따르면 York사는 기계 A보다 회수기간이 짧은 기계 B를 구입해야 한다.

회수기간법의 평가

회수기간법은 투자안의 수익성을 측정하는 데 적절한 방법이 아니다. 오히려 최초투자금액을 회수하는 데 얼마나 많은 시간이 걸리는지를 간단하게 알려주는 방법이다. 그러나 회수기간이 짧을수록 항상 더 타당한 투자안이라고 할 수는 없다.

설명을 위해 사례 A로 돌아가자. 기계 B가 기계 A보다 회수기간이 더 짧지만 기계 A의 내용연수는 10년인데 반해 기계 B의 경우 5년에 불과하다. 기계 A와 동일한 서비스를 제공하기 위해서 기계 B를 두 번(즉시 구입, 5년 후 재구입) 구입해야 한다. 이런 상황에서 비록 B의 회수기간이 A보다 짧더라도 기계 B보다는 기계 A에 투자하는 것이 더 나을 수도 있다. 안타깝게도 회수기간법은 투자수명 이후에 발생하는 모든 현금흐름을 무시한다.

회수기간법의 더 큰 단점은 현금흐름의 시간가치를 고려하지 않는다는 것이다. 미래에 몇 년에 걸쳐 받을 현금유입과 현재의 현금유입을 동일한 가치로 여긴다. 예를 들어 $8,000의 투자금액에 대한 현금유입의 양상이 아래의 두 경우라고 가정하자.

연도	0	1	2	3	4	5	6	7	8
유형 1					$8,000	$2,000	$2,000	$2,000	$2,000
유형 2		$2,000	$2,000	$2,000	$2,000	$8,000			

$8,000의 투자금액을 회수하기 위해 당신은 어떤 유형의 현금유입을 선택할 것인가? 각 유형의 회수기간은 4년이다. 그러므로 회수기간만을 의사결정 기준으로 사용한다면 두 유형은 동일한 투자안으로 평가될 것이다. 하지만 현금의 시간가치를 고려하면 유형 2가 유형 1보다 더 타당하다.

한편 어떤 상황에서는 회수기간법이 매우 유용할 수 있다. 고려대상에 있는 투자안들을 확인하는 데 도움을 줄 수 있다. 즉 "이 투자안을 더 고려해야 하는가?"에 대한 물음에 답하는 데 도움이 되는 탐색도구로서 이용할 수 있다. 투자안이 어떤 특정 기간 내에 투자금액을 회수할 수 없다면 더 이상 그것을 고려할 필요가 없을 것이다. 게다가 회수기간법은 '현금부족' 현상을 겪는 신생기업에게 종종 중요한 방법이다. 기업이 현금이 부족하다면 수익률은 낮지만 짧은 회수기간을 가지는 투자안이 수익률은 높으나 회수기간이 긴 투자안 보다 더 선호된다. 그 이유는 단순히 기업이 현금투자액에 대해 더 빠른 회수를 필요로 하기 때문이다. 마지막으로 회수기간법은 제품이 급격히 진부화되는 가전산업과 같은 경우에도 사용된다. 이 경우 제품수명이 1년 또는 2년일 수도 있으므로 투자안의 회수기간은 매우 짧아야 한다.

회수기간법의 응용사례

앞의 공식 (1)에서 보았듯이 회수기간은 투자안이 창출하는 연간 순현금유입으로 투자금액을 나눔으로써 계산한다. 만일 오래된 설비를 대체한다면 오래된 설비 처분시에 받는 잔존가액을 신설비 투자금액에서 차감해야하며 회수기간 계산 시에 오직 증분투자금액을 사용해야 한다. 그리고 투자안의 영업이익 계산시 차감된 감가상각비는 투자안의 기대 연간 순현금유입을 얻기 위해서 다시 가산해야 한다. 이에 대한 설명을 위해 다음의 자료를 고려해보자.

사례 B: Goodtime Fun Centers사는 놀이공원을 운영하고 있다. 일부 자판기는 수익을 거의 창출하지 못하고 있어서 이 회사는 자판기를 제거하고 아이스크림 판매설비를 설치하는 것을 고려하고 있다. 설비는 $80,000의 비용이 들고 8년의 내용연수를 가지고 있으며 잔존가치는 없다. 매년 아이스크림 판매와 관련된 증분수익과 증분비용은 아래와 같다.

매출	$150,000
변동비용	90,000
공헌이익	60,000
고정비용:	
급여	27,000
유지비	3,000
감가상각비	10,000
총고정비용	40,000
영업이익	$ 20,000

자판기는 잔존가치 $5,000에 판매할 수 있다. 이 회사는 회수기간이 3년 이하인 신설비를 구입할 것이다. 아이스크림 판매설비는 이 요건을 충족시키는가?

도표 14-1은 아이스크림 판매설비에 대한 회수기간을 계산한 것이다. 다음 몇 가지에 주의하여야 한다. 첫째, 감가상각비는 신설비에서 발생하는 연간 순현금유입을 얻기 위해 영업이익에 다시 가산해야 한다. 감가상각비는 현금유출이 아니므로 영업이익을 현금기준으로

도표 14-1
회수기간의 계산

단계 1: 연간 순현금유입을 계산하라. 연간 순현금유입이 주어지지 않았으므로 회수기간을 계산 원가의 분류 요약하기 전에 이를 계산해야 한다.

영업이익	$20,000
가산: 감가상각에 대한 현금차감액	10,000
연간 순현금유입	$30,000

단계 2: 회수기간을 계산하라. 위에서 계산한 연간 순현금유입을 이용하여 아래와 같이 회수기간을 계산할 수 있다.

신설비투자금액	$80,000
구설비의 잔존가치 감산	5,000
투자금액	$75,000

$$\text{회수기간} = \frac{\text{투자금액}}{\text{연간현금유입}} = \frac{\$75,000}{\$30,000} = 2.5\text{년}$$

조정하기 위해서 반드시 다시 가산해야 한다. 둘째, 회수기간을 계산할 때 신설비 투자액에서 구설비의 잔존가치를 차감하여 증분투자금액만 회수기간 계산시에 사용해야 한다.

제시된 신설비의 회수기간이 3년 미만이므로 이 회사의 투자 요건은 요구조건을 충족한다.

회수기간과 불규칙한 현금흐름

투자안과 관련된 현금흐름이 매년 변동할 때는 이전에 살펴본 간단한 회수기간 공식을 이용해서는 안된다. 대신 현금유입이 매년 규칙적으로 발생한다는 전제 하에 회수기간은 다음과 같이 계산된다. 회수기간 = 투자금액의 총회수기간 + (회수기간의 첫 해의 비회수 투자액 회수기간의 현금유입). 이 공식을 적용해보기 위해 다음의 자료를 보자.

연도	투자금액	현금유입
1	$4,000	$1,000
2		$0
3		$2,000
4	$2,000	$1,000
5		$500
6		$3,000
7		$2,000

이 투자안의 회수기간은 얼마인가? 답은 5 + ($1,500 ÷ $3,000) = 5.5년이다. 실질적으로 우리는 도표 14-2에서 투자금액을 회수하지 못한 연도를 추적해야 한다. 6년째에는 충분한 현금유입이 실현되어서 총 $6,000($4,000 + $2,000)의 투자금액을 회수할 것이다.

도표 14-2
회수기간의 계산

연도	투자금액	현금유입	비회수 투자금액*
1	$4,000	$1,000	$3,000
2		$0	$3,000
3		$2,000	$1,000
4	$2,000	$1,000	$2,000
5		$500	$1,500
6		$3,000	$0
7		$2,000	$0

* X년도 비회수 투자금액 = X년도 − 1 비회수 투자금액 + X년도 투자금액 − X년도 현금유입

순현재가치법

앞서 언급했듯이 **순현재가치법**과 **내부수익률법**은 자본예산 의사결정 분석 시 할인된 현금흐름을 사용한다. 순현재가치법은 이 절에서 다루고 내부수익률법은 다음 절에서 다룰 것이다.

학습목표 14-2
순현재가치법을 이용하여 투자안의 수용 가능성을 평가할 수 있다.

순현재가치법

순현재가치법은 프로젝트의 현금유입의 현재가치와 현금유출의 현재가치를 비교하는 방법이다. 두 현금흐름의 현재가치의 차액을 **순현재가치(Net Present Value, NPV)**라고 하는데 이것으로 투자안을 채택할지의 여부를 결정한다.

순현재가치를 분석할 때 관리자들은 보통 두 개의 중요한 가정을 한다. 첫째, 그들은 초기 투자액 외의 모든 현금흐름은 각 기간 말에 발생한다고 가정한다. 이 가정은 현금흐름이 일반적으로 기간 말에 발생하기 보다는 기간 중에 발생하기 때문에 다소 비현실적이다. 하지만 이는 계산을 단순화한다. 둘째, 관리자들은 투자 프로젝트에서 발생하는 모든 현금 흐름이 할인율인 미래 현금을 할인하는 비율과 동일한 수익률로 즉시 재투자 된다고 가정한다. 만일 이 조건이 충족되지 않는다면 순현재가치 계산은 정확하지 않을 것이다.

순현재가치 분석을 위해 다음 데이터를 보자.

사례 C: Harper사는 구입비용 $50,000이고 내용연수 5년의 새로운 기계의 구입을 고려하고 있다. 이 기계의 사용으로 매년 $18,000의 노동비가 절감될 것이다. 5년째 말, 이 기계는 잔존가치 $5,000에 팔릴 것이다. Harper사는 모든 투자안에 대해 세전기준으로 최소 18%의 수익을 요구하고 있다.[1]

이 기계를 구입해야 하는가? Harper사는 향후 5년간 매년 $18,000의 비용이 절감된다면 지금의 $50,000의 투자가 타당한지 여부를 결정해야 한다. 총비용절감액이 $90,000 ($18,000/년×5년)이므로 문제에 대한 대답이 명백하게 드러나 보일지도 모른다. 그러나 이 회사는 돈을 다른 곳에 투자하여 18%의 수익을 얻을 수 있다. 비용절감이 기계에 대한 초기투자 금액을 충분히 보상할 수 있다고 볼 수는 없다. 회사는 적어도 18%의 수익을 창출해야 한다. 그렇지 않다면 다른 곳에 투자하는 것이 더 나을 것이다.

투자를 하는 것이 바람직한지를 결정하기 위해서는 매년 $18,000의 비용절감액과 $5,000의 기계의 잔존가치를 현재가치로 할인한 후 신기계의 비용과 비교해야 한다. 도표 14–3, 14–4 및 14–5는 이를 계산하기 위해 각자 다른 형태이지만 같은 결과를 보여준다. 도표 14–3과 14–4의 방법은 부록 14B의 소수점 세 자리수 형태로 반올림 한 할인계수들을 사용한다. 도표 14–5에 표시된 방법은 반올림되지 않은 할인 계수를 사용하여 답을 도출한다.

도표 14–3의 셀 B8은 Harper사의 최초투자액에 대한 현재가치는 투자액 $50,000에 현금흐름이 즉시 발생하기 때문에 해당 현가계수인 1.000을 곱하여 계산된다. 셀 C8은 $56,286은 매년 비용 절감되는 금액의 현재가치로 이 금액이 산출되기 위해서는 매년 $18,000의 비용 절감액에 18%의 할인율에 해당하는 5년 간의 연금 현가계수인 3.127을 곱하여 계산된다(도표 14B–2참조). 셀 D8은 기계의 잔존가치 $5,000에 18%의 할인율에 해당하는 5년 후 받을 단일 합계금의 현가계수인 0.473을 곱하여 계산된 금액으로 현재가치는 $2,185이다(도표 14B–1참조). 마지막으로 셀 B8에서 셀 D8까지의 값을 모두 더하면 순현재가치인 B9의 $8,471을 구할 수 있다.

도표 14-3
부록 14B의 도표 14B-1과 도표 14B-2에서의 할인계수를 이용한 순현재가치분석

	A	B	C	D
1			연도	
2		현재	1–5	5
3	최초투자액	$ (50,000)		
4	매년 비용절감액		$ 18,000	
5	신기계의 잔존가치			$ 5,000
6	현금흐름 총액 (a)	$ (50,000)	$ 18,000	$ 5,000
7	할인계수 (18%) (b)	1.000	3.127	0.437
8	현금흐름의 현재가치 (a)×(b)	$ (50,000)	$ 56,286	$ 2,185
9	순현재가치 (SUM B8:D8)	$ 8,471		
10				
11	비고: 할인계수들은 부록 14B의 도표 14B–1과 도표 14B–2에 있다.			

도표 14–3 / 도표 14–4 / 도표 14–5 / 도표 14–6 / 도표

Source: Microsoft

1 단순히 하기 위해 세금과 물가상승률은 무시하자. 자본예산 의사결정에 있어서 세금이 미치는 영향에 대해서는 부록 14C에 논의되어 있다.

도표 14-4 부록 14B의 도표 14B-1에서의 할인계수를 이용한 순현재가치분석

	A	B	C	D	E	F	G
1					연도		
2		현재	1	2	3	4	5
3	최초투자액	$ (50,000)					
4	매년 비용절감액		$ 18,000	$ 18,000	$ 18,000	$ 18,000	$ 18,000
5	신기계의 잔존가치						5,000
6	현금흐름 총액 (a)	$ (50,000)	$ 18,000	$ 18,000	$ 18,000	$ 18,000	$ 23,000
7	할인계수 (18%) (b)	1.000	0.847	0.718	0.609	0.516	0.437
8	현금흐름의 현재가치 (a)×(b)	$ (50,000)	$ 15,246	$ 12,924	$ 10,962	$ 9,288	$ 10,051
9	순현재가치 (SUM B8:G8)	$ 8,471					
10							
11	비고: 할인계수들은 부록 14B의 도표 14B-1에 있다.						
12							

도표 14-3 | 도표 14-4 | 도표 14-5 | 도표 14-6 | 도표 14-7 | 도

Source: Microsoft

도표 14-4는 다른 접근법으로 $8,4471의 NPV를 계산한다. 이 접근법은 투자액 $50,000에 도표 14-3의 현가계수 1.000을 곱하여 최초투자액의 현재가치를 구함으로 셀 B8을 계산한다. 그러나 도표 14B-2의 현가계수 3.127을 이용하여 매년 비용 절감액의 현재가치를 구하는 대신 도표 14B-1의 할인계수를 이용하여 1차년도부터 5차년도까지의 연간 비용 절감액과 5년 후 기계의 잔존가치를 할인하여 현재가치를 계산한다. 예를 들면 미래 현금흐름의 현가인 $10,962(셀 E8)를 구하기 위해서 3년째의 비용절감액 $18,000(셀 E6)에 할인계수 0.609(셀 E7)를 곱하면 된다. 또 다른 예로 5년째의 $23,000(셀 G6)의 현금흐름 총액과 할인계수 0.437(셀 G7)을 곱하여 미래현금흐름의 현재가치인 $10,051(셀 G8)를 구할 수 있다. 다음으로 셀 B8에서 G8까지의 현재가치를 모두 더하면 이 투자안의 현재가치인 $8,471(셀 B9)를 계산할 수 있다.

도표 14-3과 14-4에서 설명한 두 방법 모두 순현재가치인 $8,471를 산출하여 수리적으로 같은 방법이다. 두 도표의 차이는 매년 노동비 절감액의 할인과 관련이 있다. 도표 14-3에서는 노동비 절감액이 연금현가계수 3.127을 이용하여 현재가치로 할인된 반면 도표 14-4에서는 노동비 절감액이 각각 해당하는 5개의 현가계수를 이용하여 할인된 후 이들을 합하여 3.127을 계산하였다(0.847 + 0.718 + 0.609 + 0.516 + 0.437 = 3.127).

도표 14-3과 14-4의 순현재가치는 부록 14B의 **반올림된** 할인율을 사용하여 계산되었음을 강조한다. 그러나 순현재가치 계산은 **반올림되지 않은** 할인율을 사용하여 계산할 수도 있다. 반올림되지 않은 할인율을 사용하는 한 가지 방법은 도표 14-3 및 14-4의 7열에 표시된 반올림된 할인율을 반올림되지 않은 할인율을 계산하는 공식으로 대체하는 것이다. 도표 14-5에 나타난 또 다른 접근법은 계산을 수행하기 위해 Microsoft Excel의 NPV 기능을 이용한다. NPV 기능은 할인율(0.18), 연간 현금흐름(C6:G6) 및 최초 현금지출(+B6)의 세 가지 변수를 지정한 후 순현재가치를 자동으로 계산한다. 도표 14-5의 8,475달러의 순현재가치가 도표 14-3 및 14-4에 표시된 순현재가치보다 4달러 높다는 점에 주목하라. Microsoft Excel의 NPV 기능은 반올림되지 않은 할인율을 사용하기 때문에 4달러 차이가 발생한다.

도표 14-5 Microsoft Excel의 NPV기능을 이용한 NPV 분석

	A	B	C	D	E	F	G
1					연도		
2		현재	1	2	3	4	5
3	최초투자액	$ (50,000)					
4	매년 비용절감액		$ 18,000	$ 18,000	$ 18,000	$ 18,000	$ 18,000
5	신기계의 잔존가치						$ 5,000
6	현금흐름 총액 (a)	$ (50,000)	$ 18,000	$ 18,000	$ 18,000	$ 18,000	$ 23,000
7	순현재가치 (SUM B8:G8)	$ 8,475					
8							
9	비고: NPV는 다음의 공식으로 계산되었다: =NPV(0.18,C6:G6)+B6						

Source: Microsoft

학습을 하는 동안 지금까지 논의된 방법 중 어떤 것으로도 자유롭게 순현재가치 계산을 수행할 수 있어야 한다. 그러나, 우리는 이번 14장의 뒷부분 연습문제와 문제 전반에 걸쳐, 부록 14B의 반올림된 할인율로 도표 14-3과 14-4에 제시된 접근방식을 사용할 것이다.

만일 당신이 순현재가치를 계산해보았다면 당신은 그 결과물에 대한 해석을 할 필요가 있다. 예를 들어 Harper사의 투자안은 순현재가치가 $8,471로 양의 값을 가지고 있는데, 이는 이 회사가 신기계를 구입하여야 한다는 것을 의미한다. 양의 순현재가치는 투자안의 수익이 할인율을 초과함을 나타낸다. 음의 순현재가치는 투자안의 수익이 할인율보다 작음을 나타낸다. 따라서 만일 이 회사의 최소요구수익률이 할인율로 사용된다면 양의 순현재가치 값을 가지는 투자안은 최소요구수익률보다 높은 수익을 가지며 이 투자안은 채택할 만하다. 역으로 음의 순현재가치 값을 가지는 투자안은 최소요구수익률보다 낮은 수익을 가지며 이는 채택할 수 없다. 요약하면

순현재가치가 아래와 같다면	투자안은 아래와 같다
양(+)	요구수익률보다 더 높은 수익을 얻을 수 있기 때문에 채택한다.
0	요구수익률과 동일한 수익을 얻을 수 있기 때문에 채택한다.
음(−)	요구수익률보다 더 낮은 수익을 얻기 때문에 기각한다.

회사의 자본비용은 보통 최소요구수익률로 간주된다. **자본비용(cost of capital)**은 회사가 장기 채권자들과 주주들에게 그들의 자금활용에 대하여 반드시 지불해야하는 평균수익률이다. 만일 투자안의 수익률이 자본비용 보다 작다면 회사는 채권자들과 주주들에게 보상해 줄 수 있을 만큼 충분한 수익을 창출할 수 없다. 따라서 자본비용보다 낮은 수익률을 가지는 모든 투자안은 기각되어야 한다.

자본비용은 **투자안 승인도구**의 역할을 한다. 자본비용이 순현재가치 분석에서 할인율로 사용될 때 음의 순현재가치 값을 가지는 모든 투자안은 회사의 자본비용을 보장하지 않으며 기각되어야 한다.

초기투자액의 회수

순현재가치법은 자동적으로 초기투자액의 회수여부에 대한 정보를 제공해준다. 투자안의 순현재가치가 양(+)이면 언제나 이 투자안의 초기투자금액은 회수될 수 있고, 게다가 투자안에 잠겨있는 자금을 회수하고 그 이상의 현금유입을 회수할 수 있다. 이와 같은 내용을 설명하기 위해서 다음의 상황을 고려해보자.

사례 D: Carver Hospital은 $3,170의 비용이 소요되는 X-ray기계에 부착되는 설비의 구입을 고려하고 있다. 이 부착물의 경제적 내용연수는 4년이며 그 후의 잔존가치는 없다. 이 투자를 통해 X-ray부서에서 매년 $1,000의 순현금유입이 증가할 것이다. 병원의 이사회는 이 설비투자에 대해 적어도 10%의 수익률을 요구하고 있다.

X-ray에 부착되는 설비(도표 14B-2의 할인계수 3.170을 사용)를 구입하는 것이 바람직한지 여부에 대한 순현재가치 분석은 도표 14-6에 나타나 있다. 순현재가치가 10%할인율에서 0이므로 이 투자안은 초기 투자액에 대하여 정확히 10%를 보장하고 있다는 것을 주목하라.

도표 14-6
Carver Hospital—X-ray 설비에 대한 순현재가치 분석

	A	B	C
1			연도
2		현재	1-4
3	최초투자액	$ (3,170)	
4	매년 순현금유입		$ 1,000
5	현금흐름 총액 (a)	$ (3,170)	$ 1,000
6	할인계수 (10%) (b)	1.000	3,170
7	현금흐름의 현재가치 (a)×(b)	$ (3,170)	$ 3,170
8	순현재가치 (SUM B7:F7)	$ 0	
9			
10	비고: 할인계수들은 부록 14B의 도표 14B-1에 있다.		
11			

도표 14-6 도표 14-7

Source: Microsoft

이 설비의 사용으로 매년 유입되는 $1,000의 현금유입은 두 부분으로 구성되어 있다. 하나는 이 설비에 최초투자액인 $3,170의 회수액을 나타내고, 다른 하나는 투자에 대한 수익을 나타낸다. 도표 14-7을 보면, 매년 유입되는 현금흐름인 $1,000가 최초투자액 회수와 투자에 대한 수익으로 구분되는 것을 알 수 있다.

도표 14-7 **Carver Hospital—매년 현금유입의 세분**

	A	B	C	D	E	F
1		(1)	(2)	(3)	(4)	(5)
2	연수	매년 투자미회수액	현금유입	투자수입 (1) × 10%	매년 투자회수액 (2) − (3)	매년 말 투자미회수액 (1) − (4)
3	1	$3,170	$1,000	$317	$683	$2,487
4	2	$2,487	$1,000	$249	$751	$1,736
5	3	$1,736	$1,000	$173	$827	$909
6	4	$909	$1,000	$91	$909	$0
7	총투자회수액				$3,170	

도표 14-6 | 도표 14-7 | 도표 14-8 | 도표 14-9

Source: Microsoft

첫해에 현금유입 $1,000는 투자금액 중 $317(최초투자액 $3,170에 대한 10%의 수익)의 투자수익과 투자에 대한 회수액 $683로 구성되어 있다. 매년 미회수된 투자금액이 감소하기 때문에 투자에 대한 수익금액 또한 매년 감소한다. 4년 말에는 최초투자액 $3,170 모두를 회수할 수 있다.

순현재가치법의 응용사례

사례 E는 순현재가치법이 제안된 투자안을 분석하는 데 어떻게 이용되는지를 보여주고 있다. 이 사례는 다양한 생각들을 하나로 결집시키고 더 깊이 있는 사고를 요구한다.

사례 E: 특정 제도 하에서 Swinyard사는 5년간 신제품을 판매할 기회를 잡았다. 제조업체로부터 제품을 구입하고 판촉비와 유통비는 Swinyard Company가 부담하기로 했다. 특허권의 내용연수는 5년이다. Swinyard Company는 신제품의 수익과 비용을 다음과 같이 추정해보았다.

필요설비 비용	$60,000
필요운전자본	$100,000
4년 후 설비수리비	$5,000
5년 후 설비 잔존가치	$10,000
매년 수익과 비용	
매출	$200,000
판매비	$125,000
현금지출 운영비용 (급여, 광고비, 기타 직접비용)	$35,000

5년 말에 Swinyard사가 특허권을 갱신하지 않기로 한다면 운전자본은 회수된다. Swinyard사는 14%의 할인율을 사용한다. 당신은 신제품의 생산을 추천하겠는가?

도표 14-8 순현재가치법—응용사례

	A	B	C	D	E	F	G
2		현재	1	2	3	4	5
3	설비구입비용	$ (60,000)					
4	운전자본	$ (100,000)					
5	매출		$ 200,000	$ 200,000	$ 200,000	$ 200,000	$ 200,000
6	판매비		$ (125,000)	$ (125,000)	$ (125,000)	$ (125,000)	$ (125,000)
7	현금지출비용 (급여, 광고비 등)		$ (35,000)	$ (35,000)	$ (35,000)	$ (35,000)	$ (35,000)
8	4년 후 설비수리비					$ (5,000)	
9	설비 잔존가치						$ 10,000
10	운전자본						$ 100,000
11	현금흐름총액 (a)	$ (160,000)	$ 40,000	$ 40,000	$ 40,000	$ 35,000	$ 150,000
12	할인계수 (14%) (b)	1.000	0.877	0.769	0.675	0.592	0.519
13	현금흐름의 현재가치 (a) × (b)	$ (160,000)	$ 35,080	$ 30,760	$ 27,000	$ 20,720	$ 77,850
14	순현재가치 (SUM B13:G13)	$ 31,410					
15							
16	비고: 할인계수들은 부록 14B의 도표 14B-1에 있다.						
17							

도표 14-3 / 도표 14-4 / 도표 14-5 / 도표 14-6 / 도표 14-7 / 도표 14-8 / 도표 14

Source: Microsoft

이 사례는 다양한 현금 유출입을 포함하고 있다. 도표 14-8을 보면 해답을 알 수 있다(도표 14B-1의 현재가치 할인계수를 사용).

이 도표에서 운전자본이 어떻게 다루어지는지 주목하라. 운전자본은 투자개시 시점에 현금유출로 계산되며(셀 B4), 투자기간 종료시점에 그것이 회수되면 현금유입으로 계산된다(셀 G10). 또한 매출, 판매비, 현금지출비용이 어떻게 다루어지는지 주목하라. **현금지출원가(out-of-pocket cost)**는 급여, 광고비, 기타 운영지출에 대한 실제의 현금 지출액을 의미한다.

투자안의 순현재가치가 양(+)이므로, 신제품을 생산해야 한다.

양계 농부는 닭장 없는 시설과 더 큰 닭장 중에 어디에 투자해야 하는가?

IN BUSINESS | 기업현장

달걀을 생산하는 농부들은 흥미로운 자본예산문제에 직면해 있다. 그들은 암탉을 위한 우리 없는 시설을 짓는 데 투자해야 하는가, 아니면 더 큰 우리를 사야 하는가? 더 큰 우리에 투자하는 비용은 우리 없는 시설보다 비용은 적게 들고 새로운 동물법을 준수한다. 그러나 많은 고객의 수요와 동물애호가들을 만족시키지 못한다. 예를 들면, **Nestlé**, **Starbucks**, **Burger King**, 그리고 **Aramark**는 우리에 갇힌 암탉의 달걀 사용을 하지 않도록 약속했다.

Rose Acre Farms은 우리 없는 시설에서 모든 암탉을 키우도록 했다. 농부들은 10만 마리의 우리 없는 농장을 만드는 것이 커다란 우리를 만드는 것보다 100만 달러가 더 든다고 추정한다. 현재 미국의 6%의 암탉만이 우리에 갇혀 있지 않기 때문에, 달걀을 생산하는 농부들은 우리 없는 농장에서 생산되는 계란에 대해 프리미엄 가격을 부과할 수 있다.

Source: David Kesmodel, "Flap Over Eggs: Whether to Go Cage-Free," *The Wall Street Journal*, March 16, 2015, pp. B1-B2.

내부수익률법

학습목표 14-3

내부수익률법을 이용하여 투자안의 수용가능성을 평가할 수 있다.

내부수익률(internal rate of return, IRR)이란 투자안의 유효기간 동안 투자안의 수익률을 말한다. 내부수익률은 투자안의 현금유출의 현재가치와 현금유입의 현재가치를 일치시키는 할인율을 찾는 과정을 통해 계산된다. 즉 내부수익률은 순현재가치가 0이 되도록 하는 할인율을 말한다.

내부수익률법에 대한 설명

내부수익률법을 설명하기 위해서 아래의 자료를 살펴보자.

사례 F: Glendale School District는 잔디 깎는 기계 대형트랙터를 구입하려 한다. 회사는 현재 소형 수동 잔디 깎는 기계를 보유하고 있다. 대형트랙터 구입비용은 $16,950이고 내용연수는 10년이다. 잔존가치는 거의 없어 무시할만하다. 트랙터는 현재 보유하고 있는 소형기계보다 빠른 작업을 가능하게 하므로 연간 $3,000의 노동비 절감을 기대할 수 있다.

신형 트랙터에 대한 내부수익률을 계산하기 위해서 투자안의 순현재가치가 0이 되게 하는 할인율을 찾아야 한다. 어떻게 할 것인가? **순현금유입액이 매년 동일할 때**, 가장 간단하고 직접적인 방법은 연간 기대 순현금유입액으로 투자금액을 나누는 것이다. 이 계산은 내부수익률이 결정될 수 있게 하는 계수를 도출할 것이다. 공식은 다음과 같다.

$$\text{내부수익률 계수} = \frac{\text{요구되는 투자금액}}{\text{매년 순현금유입액}} \qquad (2)$$

공식 (2)에서 얻은 계수는 부록 14B의 도표 14B–2에 기록되어 있는데 수익률을 나타낸다. 공식 (2)와 Glendale School District의 투자안에 대한 자료를 이용하여 다음을 계산할 수 있다.

$$\frac{\text{요구되는 투자금액}}{\text{매년 순현금유입액}} = \frac{\$16,950}{\$3,000} = 5.650$$

이렇게 현재 투자금액 $16,950을 매년 $3,000의 현금유입과 동일하게 하는 할인계수는 5.650이다. 지금 해당 할인계수가 어떤 수익률을 나타내는지 보기 위해, 부록 14B의 도표 14B–2에서 이 계수를 찾아보아야 한다. 투자안의 현금흐름이 10년간 지속되기 때문에, 도표 14B–2에서 10년에 해당하는 줄을 보아야 한다. 10년에 해당하는 줄을 훑어보면 5.650이라는 계수가 12%의 수익률을 나타내고 있음을 알 수 있다. 그러므로 새로운 잔디 깎는 기계의 내부수익률은 12%가 되는 것이다. 12%할인율을 이용하여 투자안의 순현재가치를 계산함으로써 이를 확인해볼 수 있다. 도표 14–9는 이에 관한 계산을 보여주고 있다.

도표 14-9
12%의 할인율을 이용한 잔디깎이 기계의 평가

	A	B	C
1			연도
2		현재	1-10
3	최초비용	$ (16,950)	
4	매년 노동비 절감액		$ 3,000
5	현금흐름총액 (a)	$ (16,950)	$ 3,000
6	할인계수 (12%) (b)	1.000	5.650
7	현금흐름의 현재가치 (a) × (b)	$ (16,950)	$ 16,950
8	순현재가치 (SUM B7:G7)	$ 0	
9			
10	비고: 할인계수들은 부록 12B의 도표 12B-2에 있다.		
11			

도표 14-8 / 도표 14-9 / 도표

Source: Microsoft

도표 14-9에서 12% 할인율을 이용하여 연간 비용 절감액의 현재가치와 프로젝트에서 요구하는 초기 투자의 현재가치가 같아지게 하여 순현재가치를 0으로 만들게 하는 것을 주목하라. 그래서 투자안의 내부수익률이 12%임을 보여준다.[2]

Glendale School District가 투자안의 내부수익률 12%를 계산한다면 최소요구수익률과 비교함으로써 투자안의 채택 여부를 결정할 것이다. 만일 내부수익률이 요구수익률과 같거나 크다면 투자안은 채택된다. 만일 Glendale School District의 요구수익률이 15%라고 가정한다면 12%의 내부수익률이 **목표수익률**(*hurdle rate*) 15%를 넘지 않으므로 투자안을 채택하지 않을 것이다.

순현재가치법과 내부수익률법의 비교

이번에는 순현재가치법과 내부수익률법을 세 가지 방식으로 비교해보자. 첫째, 두 방법 모두 바람직하지 않은 투자안을 가려내기 위하여 자본비용을 사용한다. 내부수익률법에서는 자본비용이 투자안이 승인되기 위해 반드시 넘어야 하는 목표수익률로써 사용된다. 만일 투자안의 내부수익률이 자본비용의 목표수익률을 넘지 못한다면 투자안은 통상적으로 기각된다. 순현재가치법에서는 자본비용이 투자안의 순현재가치 계산을 위해 사용하는 할인계수가 된다. 투자안을 충분히 승인할 수 있는 다른 유효 요소들이 있는 경우가 아니라면 순현재가치의 값이 음(–)인 모든 투자안은 기각된다.

2 Microsoft Excel의 IRR 기능을 이용하면 12%의 내부수익률을 검증할 수 있다. 이를 수행해보려면, 10년 연금계수를 이용해서 계산하는 것보다 보다 10년 동안 원가절감액을 매년 각각 계산하는 것이 좋다. 다른 말로, 자료를 11개의 셀에 각각 입력하는 것이다. 1개의 셀에는 초기 투자액은 $(16,500)을 입력하고, 나머지 10개의 셀에는 매년 $3,000달러씩 원가절감액을 입력한다. 그리고 커서를 IRR을 나타나길 원하는 12번째 셀에 둔다. Excel의 "Financial"탭을 누르고 그 다음 "Formulas" 탭을 선택한다. "Values" 필드에 11개 셀의 현금흐름이 담기도록 범위를 설정하고 "OK"를 클릭한다. Microsoft Excel이 자동으로 IRR을 계산하고 선택된 셀에 값을 표시할 것이다.

둘째, 순현재가치법은 내부수익률법보다 종종 사용이 간편한 데 특히 투자안이 매년 동일한 현금흐름을 가지지 않을 때 그렇다. 예를 들어 만일 어떤 투자안이 매년 현금유입에 더해 투자안의 유효기간 말에 잔존가치를 가진다면 내부수익률법은 순현재가치를 0으로 만드는 수익률을 찾기 위한 시행착오를 거쳐야 한다. 비록 이러한 시행착오 과정을 위해 컴퓨터 소프트웨어를 이용할 수 있지만 이는 순현재가치 분석을 위해 스프레드시트 소프트웨어를 사용하는 것보다 조금 더 복잡하다.

셋째, 내부수익률법은 비현실적인 가정을 한다. 두 방법 모두 투자기간 동안 투자안의 현금흐름이 어디서든 즉시 재투자된다고 가정한다. 하지만 두 방법은 현금흐름으로부터 얻는 수익률에 대하여 다른 가정을 한다. 순현재가치법은 수익률을 할인계수로 가정하지만 내부수익률법은 현금흐름으로부터 얻는 수익률을 투자안의 내부수익률로 가정한다. 엄밀히 말해 투자안의 내부수익률이 높을 경우 이러한 가정은 비현실적일 수 있다. 현금유입이 할인율과 동일하게 내부수익률로 재투자된다고 가정하는 것이 더 일반적이다. 특히 할인율이 기업의 자본비용이라면 이 수익률은 투자안의 현금흐름을 가지고 기업의 채권자들에게 상환을 하고 주식을 재매입 함으로써 실질적으로 실현될 수 있다. 요약하면 투자안을 채택함에 있어 순현재가치법을 이용하는 것이 최선의 방법이 될 것이다. 두 방법 중 순현재가치법이 투자안의 현금흐름으로부터 얻는 수익률에 관하여 더 현실적인 가정을 한다.

순현재가치법의 응용

지금까지의 사례들은 단일 투자안을 평가하는 데 국한되었다. 이번 절에서는 두 대안의 투자안을 평가하는 순현재가치법을 설명하기 위해 **총원가접근법**을 사용한다.

총원가접근법은 상호독립적인 투자안을 비교하는 데 가장 유연한 방법이다. 이 접근법의 체계에 대해 설명하기 위해 아래의 자료를 보자.

사례 G: Harper Ferry사는 미시시피강을 건너는 고속 페리 서비스(high-speed passenger ferry service)를 운영하고 있다. 여객선 중 한 척은 매우 낡았다. $200,000의 비용으로 여객선을 새로 개조할 수 있다. 지금부터 3년 후 추가 수리와 모터 수리에는 $80,000의 비용이 소요될 것이다. 이 작업을 마친 후에 이 여객선은 5년간 이용할 수 있을 것이다. 5년 말에는 잔존가치인 $60,000에 폐기될 것이다. 여객선을 지금 처분한다면 $70,000이다. 이 여객선의 운영비용은 연 $300,000이고 수익은 연 $400,000가 될 것이다.

다른 대안으로 Harper Ferry사는 $360,000로 새 여객선을 구입할 수 있다. 새 여객선도 5년의 경제적 내용연수를 가질 것이고 3년 말에는 $30,000의 수리비용이 필요할 것이다. 5년 말에 이 여객선은 잔존가치인 $60,000로 폐기될 것이다. 이 여객선의 운영비용은 연 $210,000이고 수익은 연 $400,000가 될 것이다.

Harper Ferry사는 모든 투자안에 대해서 적어도 14%의 수익률을 요구하고 있다.

이 회사는 여객선을 구입해야 할까 아니면 구형 여객선을 수리해야 할까? 도표 14-10에서 총원가접근법을 이용한 해답을 제시하고 있으며, 도표 14B-1에서 할인율을 이용할 수 있다.

도표 14-10 투자안 선택시 총비용접근법

	A	B	C	D	E	F	G
1	구여객선 유지:				연도		
2		현재	1	2	3	4	5
3	개조	$ (200,000)					
4	연간 수익		$ 400,000	$ 400,000	$ 400,000	$ 400,000	$ 400,000
5	연간 현금 운영비용		$ (300,000)	$ (300,000)	$ (300,000)	$ (300,000)	$ (300,000)
6	3년 후 수리비용				$ (80,000)		
7	구여객선의 잔존가치						$ 60,000
8	총현금흐름 (a)	$ (200,000)	$ 100,000	$ 100,000	$ 20,000	$ 100,000	$ 160,000
9	할인계수 (14%) (b)	1.000	0.877	0.769	0.675	0.592	0.519
10	현금흐름의 현재가치 (a) × (b)	$ (200,000)	$ 87,700	$ 76,900	$ 13,500	$ 59,200	$ 83,040
11	순현재가치 (SUM B10:G10)	$ 120,340					
12							
13	새여객선 구입:				연도		
14		현재	1	2	3	4	5
15	초기 투자금액	$ (360,000)					
16	구여객선의 잔존가치	$ 70,000					
17	연간 수익		$ 400,000	$ 400,000	$ 400,000	$ 400,000	$ 400,000
18	연간 현금 운영비용		$ (210,000)	$ (210,000)	$ (210,000)	$ (210,000)	$ (210,000)
19	3년 후 수리비용				$ (30,000)		
20	신여객선의 잔존가치						$ 60,000
21	총현금흐름 (a)	$ (290,000)	$ 190,000	$ 190,000	$ 160,000	$ 190,000	$ 250,000
22	할인계수 (14%) (b)	1.000	0.877	0.769	0.675	0.592	0.519
23	현금흐름의 현재가치 (a) × (b)	$ (290,000)	$ 166,630	$ 146,110	$ 108,000	$ 112,480	$ 129,750
24	순현재가치 (SUM B23:G23)	$ 372,970					
25							
26	신여객선 구입을 선호하는 순현재가치 (B24–B11)	$ 252,630					
27							
28	비고: 할인계수들은 부록 12B의 도표 12B-1에 있다.						

도표 14-5 도표 14-6 도표 14-7 도표 14-8 도표 14-9

Source: Microsoft

두 가지의 요점을 이 도표를 통해 알 수 있다. 첫째, 각 대안에 대한 모든 현금유입과 현금유출이 해답에 포함되어 있다. 의사결정과 관련이 있는 현금흐름과 의사결정과 관련이 없는 현금흐름을 분리하는 노력이 필요 없다. 각 대안에 대한 모든 현금흐름을 포함하는 접근법이 **총원가접근법**이다.

둘째, 순현재가치가 각 대안에 대해 각각 계산되는 것을 주목하라. 아무리 많은 대안이라도 최선의 선택을 하기 위해 나란히 비교가 가능하기 때문에 이것은 총원가접근법의 장점이다. 예를 들어 Harper Ferry사의 또 다른 대안으로 여객영업 전체에서 철수하는 것이 있을 수 있다. 경영진이 원한다면 이 대안의 순현재가치를 도표 14-10의 대안의 그것과 비교할 수 있다는 것이다. 다른 대안 또한 여전히 이런 식으로 선택할 수 있다. 지금의 경우 위와 같은 두 대안 중에서 새 여객선을 구입하는 것이 더 나음을 보여주는 데이터는 순현재가치 $252,630이다.[3]

3 비록 이 경우는 아니지만, 가장 높은 NPV를 갖는 대안이 항상 최선인 것은 아니다. 추가적인 토론을 위해서는 투자안 선택과정—투자안의 순위결정 부분을 참고하라.

최저원가결정(Least-Cost Decisions)

몇몇 의사결정에서는 수익을 포함하지 않는다. 예를 들어 기업이 경영자용 자가용비행기(executive jet)를 구입할지 임대할지에 대한 의사결정에 대한 결정을 하려고 한다. 구입할지 임대할지 선택하는 것은 어떤 대안이 비용이 가장 적게 드는가에 기초한다. 수익이 고려되지 않는 이와 같은 상황에서 가장 바람직한 대안은 현재가치 관점에서 **가장 적은 비용을 가지는** 대안이 될 것이다. 이를 최저원가의사결정이라 한다. 최저원가의사결정을 설명하기 위해서 다음의 자료를 살펴보자.

사례 H: Val-Tek사는 매년 운영비용을 방대하게 줄이기 위해 구형 재봉기계(threading machine)를 신형 재봉기계로 대체할 것을 고려하고 있다. 구형기계와 신형기계에 관한 데이터가 다음과 같다.

	구형기계	신형기계
신형기계구입비용	$200,000	$250,000
현재잔존가치	$30,000	—
매년운영현금비용	$150,000	$90,000
현재 필요한 수리비용	$40,000	—
6년 후 잔존가치	$0	$50,000
내용연수	6년	6년

Val-Tek사는 10%의 할인율을 사용한다.

도표 14-11에서는 총원가접근법으로 대안을 분석하고 있으며 할인율은 도표 14B-1과 14B-2에 제시되어 있다. 이것이 최소원가의사결정이기 때문에 두 대안 모두의 현재가치가 음의 금액으로 나온다. 그렇지만 다른 대안에 비해서 신기계를 구입하는 대안의 현재가치가 $109,500만큼 크다. 따라서 신기계를 구입하는 것이 비용이 적게 드는 대안인 것이다.

기업현장 IN BUSINESS

United Parcel Service는 12월 22일에 주의를 기울이고 있다.

United Parcel Service (UPS)가 크리스마스까지 수백만 개의 소포를 배달하지 못하자 내년에도 같은 문제가 되풀이 되지 않도록 해결책을 강구할 필요가 있었다. 회사는 "Next Generation Sort Aisle."이라고 불리는 자동화 시스템에 5억 달러 자본 투자를 했다. 새로운 시스템은 우편번호를 빠르게 식별하여, 직원들이 하루에 15% 더 많은 소포를 처리할 수 있게 한다. 이 시스템은 악천후 시 소포의 운송로를 빠르게 재편성할 수 있다. UPS는 새로운 자동화 시스템으로 매년 5억 달러의 직원 훈련 비용을 절약할 수 있을 것으로 기대한다. 그러나 아마도 더 중요한 것은, 회사는 이 새로운 시스템이 크리스마스날까지 불안해하는 수령인들에게 12월 22일에 3,400만개의 소포가 전달될 수 있기를 바라고 있다.

Source: Laura Stevens, "One Day, 34 Million Packages at UPS," *The Wall Street Journal*, December 22, 2014, pp. B1-B2.

도표 14-11

최저원가결정: 순현재가치 분석

	A	B	C	D
1	구기계 유지:		연도	
2		현재	1-6	6
3	현재 필요한 수리비	$ (40,000)		
4	연간 현금 운영비용		$ (150,000)	
5	총현금흐름 (a)	$ (40,000)	$ (150,000)	
6	할인계수 (10%) (b)	1.000	4.355	
7	현금흐름의 현재가치 (a) × (b)	$ (40,000)	$ (653,250)	
8	순현재가치 (SUM B7:H7)	$ (693,000)		
9				
10	새기계 구입:		연도	
11		현재	1-6	6
12	초기 투자금액	$ (250,000)		
13	구기계의 잔존가치	$ 30,000		
14	연간 현금 운영비용		$ (90,000)	
15	신기계의 잔존가치			$ 50,000
16	총현금흐름 (a)	$ (220,000)	$ (90,000)	$ 50,000
17	할인계수 (10%) (b)	1.000	4.355	$ 0.564
18	현금흐름의 현재가치 (a) × (b)	$ (220,000)	$ (391,950)	$ 28,200
19	순현재가치 (SUM B18:H18)	$ (583,750)		
20				
21	신기계 구입을 선호하는 순현재가치	$ 109,500		
22				

도표 14-8 | 도표 14-9 | 도표 14-10 | 도표 14-11

불확실한 현금흐름

학습목표 14-4

불확실한 현금흐름을 가진 투자안을 평가할 수 있다.

지금까지 우리는 확실한 미래현금흐름을 가정해왔다. 하지만 일반적으로 미래현금흐름은 추정하기 어렵고 불확실하다. 이런 복잡함을 다루는 여러 방법들이 있다. 몇몇 방법은 매우 기술적(컴퓨터 시뮬레이션 또는 고도의 수학적 기술)이어서 본 교재의 범위를 벗어난다. 그렇지만 우리는 경영진이 불확실한 현금흐름을 다루는 것을 돕는 너무 기술적이지는 않지만 매우 유용한 정보를 제공할 수 있다.

사례

미래현금흐름을 추정하기 어려운 사례로써 자동화설비에 투자하는 경우를 고려해보자. 운영비용과 폐기비용을 절감하는 것처럼 자동화설비의 눈에 띄는 비용과 유형의 이득은 상대적으로 평가하기 쉽다. 그러나 신뢰성, 속도, 품질을 높이는 것과 같은 무형의 이득은 미래현금흐름으로 계량화하기가 더 어렵다. 이들 무형의 이득도 확실히 미래현금흐름에 영향을 미치지만 (특히 판매량의 증가와 판매가격의 인상과 같은 면에서) 현금흐름의 영향을 측정하기가 어렵다. 어떻게 해야 할까?

무형의 이득이 중요하다면 매우 간단한 과정을 거칠 수 있다. 예를 들어 12% 할인율을 이용하는 기업이 10년의 내용연수를 가지는 자동화설비의 구입을 고려한다고 가정해보자. 또한 눈에 보이는 비용과 이득에 대하여 할인한 현금흐름 분석결과 $226,000의 음의 순현재가치를 도출했다고 가정하자. 무형의 이득이 충분하다면 이 음의 순현재가치를 양의 순현재가치로 바꿀 수 있다. 이 경우 매력적인 투자안이 되기 위해서 필요한 무형의 이득에 관한 매년 추가 현금흐름의 양이 다음과 같이 계산된다.

무형의 이득을 제외한 순현재가치(음의금액)	$(226,000)
10년 12%할인율에 대한 연금현가계수 (부록 14B의 도표 14B-2로부터)	5.650

$$\frac{\text{상쇄되어야 할 음의 순현재가치, \$226,000}}{\text{연금현가계수, 5.650}} = \$40,000$$

따라서 자동화설비에 대한 무형의 이득이 적어도 매년 $40,000만큼 기업에 유입된다면 자동화설비를 구입해야 한다. 만일 경영진의 판단으로 무형의 이득이 매년 $40,000의 가치에 미치지 않는다면 자동화설비를 구입해서는 안 된다.

이 기법은 미래현금흐름을 추정하기 어려운 다른 상황에서도 이용될 수 있다. 예를 들어 잔존가치를 추정하기 어려운 경우에 이 방법을 이용할 수 있다. 설명하면 20년 후의 잔존가치를 제외한 초대형 유조선의 투자안의 모든 현금흐름이 계산되었다고 가정하자. 12%의 할인율을 이용해서 경영진은 이 투자안의 모든 현금흐름의 순현재가치가 $1,040,000라고 판단했다. 이 음의 순현재가치는 초대형 유조선의 잔존가치에서 차감될 것이다. 잔존가치가 어느 정도 되어야 이 투자안에 투자하게 될 것인가?

잔존가치를 제외한 순현재가치(음의 금액)	$(1,040,000)
20년 12% 할인율에 대한 현가계수 (부록 14B의 도표 14B-1로부터)	0.104

$$\frac{\text{차감되어야 할 음의 순현재가치, \$1,040,000}}{\text{연금현가계수, 0.104}} = \$10,000,000$$

따라서 20년 후 유조선의 잔존가치가 적어도 $10,000,000라면 순현재가치는 양의 금액이 되고 투자안을 채택하게 된다. 그렇지만 경영진이 잔존가치가 $10,000,000에 미치지 못한다고 생각한다면 투자안은 기각되어야 한다.

투자안 선택과정—투자안의 순위결정

학습목표 14-5

투자안의 선호 순위를 매길 수 있다.

투자기회를 고려할 때 마다 경영자는 투자안 심사과정(screening decision)과 투자안 선택과정(preference decision)의 두 가지 형태의 의사결정을 해야 한다. 우선적으로 적용되는 투자안승인 의사결정은 제안된 투자안을 채택하느냐 마느냐에 관련된 문제이다. 투자안선별 의사결정은 투자안승인 의사결정 **이후**에 나오는 것으로 다음과 같은 질문에 답할 수 있다: "투자안이 승인되고 허용 수익률을 제공하는 나머지 투자안들은 선호도에서 어떻게 평가되는가? 즉 그 투자안 중 회사의 입장에서 **최선의** 선택안은 무엇인가?"

때때로 투자안 선택과정(preference decision)은 의사결정할당 또는 의사결정순위 매기기라고도 한다. 한정된 투자자금은 많은 상호독립적인 대안들 사이에서 할당되어야 한다. 따라서 대안의 순서를 정해야 한다. 내부수익률법 또는 순현재가치법 둘 중 하나가 투자안선별 의사결정시 사용된다. 그렇지만 이미 살펴보았듯이 두 방법이 상호 모순되는 경우에는 더욱 신뢰성 있는 순현재가치법을 사용하는 것이 낫다.

내부수익률법

상호독립적인 투자안에 대한 순서를 정하기 위해 내부수익률법을 사용할 때 선별 규정은 다음과 같다. **내부수익률이 높을수록 더 바람직한 투자안이다.** 일반적으로 18%의 내부수익률을 가진 투자안은 15%의 수익률을 가진 투자안보다 더 선호된다. 내부수익률은 투자안의 순서를 정할 때 많이 사용되고 있다.

순현재가치법

최초 투자금액이 동일하지 않다면 어떤 투자안의 순현재가치와 또 다른 투자안의 순현재가치를 직접적으로 비교할 수 없다. 예를 들어 다음과 같은 두 개의 상호독립적인 투자안을 고려하고 있다고 가정하자.

	투자안	
	A	B
투자금액	$(10,000)	$(5,000)
현금유입의 현재가치	11,000	6,000
순현재가치	$ 1,000	$ 1,000

각 투자안의 순현재가치가 $1,000이더라도 투자안에 사용할 수 있는 자금이 한정되어 있다면 동일하게 받아들이면 안된다. $10,000의 투자금액이 필요한 투자안보다 $5,000만 필요한 투자안이 더 바람직하다. 투자금액으로 순현재가치를 나누어 보면 이 사실을 더 잘 알 수

있다. 아래 등식의 결과를 **수익성지수(project profitability index)**라고 부른다.

$$\text{수익성지수} = \frac{\text{투자안의 순현재가치}}{\text{투자금액}} \tag{3}$$

두 개의 투자안에 대한 수익성지수는 아래처럼 계산할 수 있다.

	투자안	
	A	B
순현재가치 (a)	$1,000	$1,000
투자금액 (b)	$10,000	$5,000
수익성지수, (a) ÷ (b)	0.10	0.20

상호독립적인 투자안의 순위를 정하기 위해서 수익성지수를 사용할 때 선별 규정은 다음과 같다. **수익성지수가 높을수록 더 바람직한 투자안이다.**[4] 위의 두 투자안에 이 규정을 적용하면 투자안 B를 채택하게 된다.

수익성지수법은 이전장에서 살펴본 제약자원 사용에 대해 적용하는 기법이다. 이 경우에 제약자원은 투자안에 사용할 수 있는 한정된 자금이고 수익성지수는 제약자원의 단위당 공헌이익과 같은 것이다.

수익성지수의 계산에 있어서 명확히 해야 할 것이 몇 가지 사항이 있다. "투자금액"은 투자 시작 시에 발생하는 현금 유출을 말하며 이는 구설비의 매각으로 유입되는 잔존가치에 의해 감소된다. 또한 투자금액은 투자에 필요한 운전자본도 포함한다.

4 투자안의 "규모" 때문에 투자안 수익성지수 순위는 완전하지 않다. 그럼에도 불구하고 이것은 투자안 분석의 좋은 출발점이다.

기업현장 | IN BUSINESS

스캔들에 따른 Volkswagen의 투자감소

Volkswagen이 미국 당국에 스모그를 일으키는 디젤 자동차에 대해 거짓말을 한 뒤, 그 후폭풍이 재무적으로도 매우 컸다. 회사는 250억 달러를 연관된 단체들에게 배상으로 지불하는데 합의하였으며 50만대의 이슈가 있는 자동차를 재구매하였다. 이에 더해 회사의 주가는 40% 정도 떨어졌다.

이 스캔들과 관련하여 Volkswagen은 이미 승인이 완료되었던 5년 투자계획을 취소하였다. "원래의 계획은 수백억 달러를 투자하여 새로운 공장을 짓고, 수십 종의 새로운 자동차 모델을 개발하고, 전기차, 자율주행차 그리고 인터넷이 가능한 자동차 등의 신기술 개발을 하는 것이었다." 필수적이지 않은 투자계획은 모두 연기되거나 폐기되었다.

Sources: William Boston and Sarah Sloat, "Volkswagen CEO: Big Cuts Ahead," *The Wall Street Journal*; October 7, 2015, p. B4, and http://fortune.com/2017/07/21/volkswagen-pay-legal-fees-emissions/.

단순수익률법

> **학습목표 14-6**
> 투자에 대한 단순수익률을 계산할 수 있다.

단순수익률법(simple rate of return)은 이 장의 마지막 자본예산 의사결정의 기법이다. 이 기법은 또한 종종 회계적 수익률 또는 조정되지 않은 수익률이라고도 한다. 우리는 먼저 단순수익률을 어떻게 계산하는지 설명한 후 이 방법의 한계점과 경영진의 행동에 미치는 영향에 대해 알아볼 것이다.

단순수익률을 계산하려면 투자안으로부터 얻은 매년의 증분 영업이익을 다음과 같이 초기투자금액으로 나누어야 한다.

$$\text{단순수익률} = \frac{\text{연간 증분 영업이익}}{\text{초기투자금액}} \qquad (4)$$

분자의 연간 증분 영업이익은 투자로 인해 발생하는 감가상각비에 의해 차감되어야 한다. 게다가 분모의 초기투자금액은 구설비 매각으로 인해 발생하는 잔존가치에 의해 차감되어야 한다.

사례 I: Brigham Tea사는 산성도가 낮은 차(tea) 전문기업이다. 회사는 추가적인 생산라인설비를 구입할지를 고민하고 있다. 이 투자로 매년 $90,000의 증분수익이 발생하고 증분 현금운영지출은 매년 $40,000가 발생할 것이다. 설비에 $180,000가 지출되고 투자수명은 9년이며 잔존가치는 없다.

단순수익률의 공식을 적용하기 위해 우선 투자안으로부터 연간 증분 영업이익을 결정해야 한다.

연간 증분수익		$90,000
연간 증분현금운영지출	$40,000	
연간 감가상각비($180,000 − $0) ÷ 9	20,000	
연간 증분비용		60,000
연간 증분 영업이익		$30,000

투자안으로부터 연간 증분 영업이익이 $30,000가 주어져있고 최초 투자금액은 $180,000라면 단순수익률은 아래와 같이 16.7%이다.

$$\begin{aligned}\text{단순수익률} &= \frac{\text{연간 증분 영업이익}}{\text{초기투자금액}}\\ &= \frac{\$30,000}{\$180,000}\\ &= 16.7\%\end{aligned}$$

사례 J: Midwest Farms사는 일용직을 고용하여 계란을 감별하고 있다. 손으로 감별하는 비용은 매년 $30,000이다. 이 회사는 $90,000의 비용이 들고 15년의 수명을 가지는 계란 감별 기계에 대해 알아보고 있다. 이 기계의 잔존가치는 없고 매년 운영유지비용으로 $10,000가 소요될 것이다. 현재 사용하고 있는 계란 감별기계는 현재 $2,500에 처분될 수 있다.

이 투자안은 추가적인 수익 없이 비용절감만 포함하므로 앞의 투자안과 약간 다르다. 그럼에도 불구하고 다음과 같이 매년 비용절감액을 증분수익으로 취급하여 매년 증분 영업이익을 계산할 수도 있다:

연간 증분비용절감액		$30,000
연간 증분현금운영지출	$10,000	
연간 감가상각비($90,000 – $0) ÷ 15	6,000	
연간 증분비용		16,000
연간 증분 영업이익		$14,000

따라서 신설비가 추가적인 수익을 창출하지 못함에도 매년 $14,000만큼 비용을 절감할 수 있다. 이는 매년 $14,000만큼 영업이익을 증가시키는 효과가 있다.

마지막으로 구설비의 잔존가치는 아래처럼 신설비의 최초비용에서 차감한다.

신설비원가	$90,000
구설비의 잔존가치	2,500
최초 투자금액	$87,500

매년의 증분영업이익이 $14,000이고 최초 투자액이 $87,500라면 단순수익률은 아래와 같이 16.0%로 계산된다.

$$\text{단순수익률} = \frac{\text{연간 증분 영업이익}}{\text{초기투자금액}} = \frac{\$14,000}{\$87,500} = 16.0\%$$

단순수익률법은 두 가지의 중요한 한계점을 가진다. 첫째, 이는 현금흐름 보다는 회계 영업이익에 중점을 둔다. 따라서 투자안의 유효 기간 동안 투자안이 일정한 증분수익과 비용을 가지지 않는다면 단순수익률은 매년 변동할 것이며 이로 인해 어떤 년도에는 매력적으로 또 다른 년도에는 매력적이지 않게 나타날 수 있다. 둘째, 단순수익률법은 할인 현금흐름을 포함하지 않는다. 이는 지금으로부터 10년 후의 $1와 오늘의 $1의 가치와 동일하게 여긴다.

이러한 한계점을 고려하면 왜 우리는 이 방법을 배우고 있는지 궁금해하는 것은 당연하다. 우선 몇몇의 회사들은 한계점을 가지고 있음에도 자금투자 결정안을 평가하기 위해 단순수익률법을 사용한다. 따라서 당신은 이 접근법에 익숙해져서 실제 이를 이용할 때 적절하게 비판할 수 있어야 한다. 더 중요한 것은 ROI를 바탕으로 평가받고 보상받는 투자 관리자들의 행동에 단순수익률법이 어떻게 영향을 미치는지 이해하는 것이다.

예를 들어 다음의 세 가지를 가정해보자. 첫째, 당신은 오직 ROI를 바탕으로 급여 인상을 받는 투자 관리자라고 가정해보자. 둘째, 작년 당신의 부서가 ROI의 20%를 받았다고 가정하자. 셋째, 당신의 부서가 양의 순현재가치와 17%의 단순수익률을 가지는 자본예산결정 투자안을 수행할 수 있는 기회를 가지게 되었다고 가정하자. 세 가지 가정하에 당신은 이 투자안을 채택할 것인가 기각할 것인가? 회사가 이 투자안이 양의 순현재가치를 가지므로 당신이 이를 채택하기를 원할지라도 당신은 17%의 단순수익률이 이전 년도의 ROI의 20%보다 낮으므로 이 투자안을 채택하지 않을 것이다. 이 기본 예시는 투자안의 단순수익률이 어떻게 투자 관리자의 결정에 영향을 미치는지 보여주고 있다. 이는 또한 회사의 목표에 맞추어 회사원들의 행동을 조정하는 성과 측정 시스템을 기획하는 것과 같이 회사가 직면하는 중요한 과제들을 강조한다.

투자안의 사후감사

투자안이 승인되고 실행된 이후에 **사후감사(postaudit)**가 수행되어야 한다. **사후감사**는 기대한 결과가 실제로 실현되는지 여부를 체크하는 것을 포함한다. 이것은 자본예산결정 과정에서 가장 중요한 부분이다. 왜냐하면 경영자가 투자안을 평가하는 데 있어서 정직하게 하도록 유도하기 때문이다. 사후감사를 몇 번 실행한 후 투자안에서의 수익을 과대 또는 비용을 과소시키는 어떠한 경향도 증거가 될 것이다. 또한 사후감사는 성공적인 투자안을 강화 및 확장하고 실패한 투자안에서 손실을 감소시킬 수 있는 기회를 제공한다.

최초 승인과정에서 이용된 것과 같이 동일한 자본예산기법이 사후감사에 이용되어야 한다. 만약 투자안이 순현재가치 분석을 기준으로 승인되었다면 사후감사 시 동일한 방법을 이용해야 한다. 그렇지만 사후감사에서 사용되는 자료는 예상 자료가 아니라 **실제 관찰된 자료**가 된다. 이것은 경영진에게 투자안이 얼마나 성공적인지를 동일선상에서 비교할 수 있는 기회를 제공해 준다. 또한 미래 투자안의 예상 자료를 주의 깊게 선정하도록 도와준다. 왜냐하면 자료를 제출하는 사람이 사후감사과정에서 예상치가 실제 결과와 비교될 것이라는 것을 알고 있기 때문이다. 실제 결과가 초기 예상치와 큰 차이가 있는 경우에는 주의 깊게 검토해야 한다.

Macy의 자본적 지출 증대 계획

IN BUSINESS | 기업현장

Macy's는 12억 달러의 자본 지출이 4년 연속 하락세인 매출 증가율을 반전시키기를 바라고 있다. 자본 투자 프로젝트는 새로운 매장의 포맷 개발, 온라인 운영과 소매 매장을 통합하는 것, 그리고 Macy와 **Blooming-dale**의 브랜드를 미국 밖으로 확장하는 것에 초점을 맞출 것이다. 이러한 자본 투자를 위한 자금 중 일부는 2,000명 이상의 직원을 해고하는 것에서 나올 것이다. 이 회사의 CFO인 Karen Hoguet는 투자자들에게 초기 투자에서 만족할 만한 수익을 얻는데 2-3년이 걸릴 것이라고 조언했다.

Source: Kapner, Suzanne, "With Sales Sluggish, Macy's Boosts Spending," *The Wall Street Journal*, February 25, 2015, B3.

요약

자본투자안을 평가하는 회수기간법은 회수기간에 초점을 맞춘다. 회수기간은 순현금유입이 창출하는 이윤으로부터 초기 비용을 회복하는 데 걸리는 시간의 길이를 말한다. 회수기간법의 기본 전제는 더 빨리 투자비용이 회수될수록 더 매력적인 투자안이라는 것이다.

투자안 의사결정은 오늘의 $1가 미래의 $1보다 가치가 크기 때문에 화폐의 시간가치를 고려해야 한다. 순현재가치와 내부수익률법 둘 다 이를 고려하고 있다. 순현재가치법에서 미래현금흐름은 현재가치로 할인된다. 현금유입의 현재가치와 현금유출의 현재가치의 차이를 투자안의 순현재가치라고 부른다. 만일 투자안의 순현재가치가 음수라면 투자안은 기각된다. 순현재가치법에서의 할인율은 일반적으로 기업의 자본비용과 같은 최소요구수익률에 기초한다.

내부수익률은 현금유입의 현재가치와 현금유출의 현재가치를 같게 하는 수익률이다. 결과적으로 순현재가치는 0이 된다. 만일 내부수익률이 기업의 최소요구수익률보다 낮다면 투자안은 기각된다.

투자안의 순현재가치가 음수이거나 내부수익률이 최소요구수익률보다 낮아서 투자안을 기각하고 난 후 이용 가능한 자금으로 지원할 수 있는 것보다 더 많은 투자안이 남아 있을 수 있다. 남아있는 투자안들은 수익성지수 또는 내부수익률을 이용하여 순위를 정할 수 있다. 수익성지수는 투자안의 순현재가치를 초기 투자금액으로 나누어서 계산된다.

단순수익률은 투자안의 회계상 영업이익을 초기 투자금액으로 나누어 계산한다. 이 기법은 중요한 한계점을 가지고 있지만 ROI를 바탕으로 평가받고 보상받는 투자 관리자들의 의사결정 과정에 영향을 미칠 수 있다.

종합예제: 자본예산결정 방법의 비교

Lamar사는 내용연수가 5년이며 $2,400,000가 소요되는 설비투자 계획을 고려하고 있다. 5년 말 시점에서 투자안은 종료되며 설비의 잔존가치는 없다. 이 투자안은 다음과 같이 매년 영업이익을 창출한다.

매출		$3,200,000
변동비		1,800,000
공헌이익		1,400,000
고정비		
광고, 급여, 기타 현금지출원가	$700,000	
감가상각비	300,000	
총고정비용		1,000,000
영업이익		$ 400,000

회사의 할인율은 12%이다.

요구사항:

1. 투자안의 연간 순현금유입을 계산하라.
2. 투자안의 순현재가치를 계산하라. 투자안은 채택할 만한가?
3. 투자안의 내부수익률을 최대한 정확하게 계산하라.
4. 투자안의 회수기간을 계산하라.
5. 투자안의 단순 수익률을 계산하라.

종합예제의 해답

1. 연간 순현금유입은 매출로부터 현금지출을 차감하여 계산할 수 있다.

매출	$3,200,000
변동비	1,800,000
공헌이익	1,400,000
광고, 급여, 기타 현금지출원가	700,000
연간 순현금유입	$ 700,000

또는 영업이익에 감가상각비를 더함으로써 연간 순현금유입을 계산할 수 있다.

영업이익	$400,000
가산: 감가상각비에 대한 비현금공제	300,000
연간 순현금유입	$700,000

2. 순현재가치는 다음과 같이 계산할 수 있다.

	A	B	C	D	E	F	G
1					연도		
2		현재	1	2	3	4	5
3	초기투자금액	$ (2,400,000)					
4	매출		$ 3,200,000	$ 3,200,000	$ 3,200,000	$ 3,200,000	$ 3,200,000
5	변동비용		$ (1,800,000)	$ (1,800,000)	$ (1,800,000)	$ (1,800,000)	$ (1,800,000)
6	고정 현금지출원가		$ (700,000)	$ (700,000)	$ (700,000)	$ (700,000)	$ (700,000)
7	총 현금흐름 (a)	$ (2,400,000)	$ 700,000	$ 700,000	$ 700,000	$ 700,000	$ 700,000
8	할인계수 (12%) (b)	1.000	0.893	0.797	0.712	0.636	0.567
9	현금흐름의 현재가치 (a) × (b)	$ (2,400,000)	$ 625,100	$ 557,900	$ 498,400	$ 445,200	$ 396,900
10	순현재가치 (SUM B9:H9)	$ 123,500					
11							
12	비고: 할인계수들은 부록 14B의 도표 14B-1에 있다.						

Sheet1 Sheet2 Sheet3

또는, 이를 다음과 같이 계산할 수 있다.

	A	B	C
1			연도
2		현재	1–5
3	초기투자금액	$ (2,400,000)	
4	매출		$ 3,200,000
5	변동비용		$ (1,800,000)
6	고정 현금지출원가		$ (700,000)
7	총 현금흐름 (a)	$ (2,400,000)	$ 700,000
8	할인계수 (12%) (b)	1.000	3.605
9	현금흐름의 현재가치 (a) × (b)	$ (2,400,000)	$ 2,523,500
10	순현재가치 (SUM B7:C7)	$ 123,500	
11			
12	비고: 할인계수들은 부록 14B의 도표 14B-2에 있다.		
13			

Sheet1 Sheet2 Sheet3

그렇다. 투자안의 순현재가치가 양(+)이므로 이 투자안은 수용된다.

3. 내부수익률의 계수를 계산하기 위한 공식은

$$\text{내부수익률 계수} = \frac{\text{투자금액}}{\text{연간 순현금유입액}}$$

$$= \frac{\$2,400,000}{\$700,000} = 3.429$$

이 장의 말미에 있는 부록 14B의 도표 14B-2를 보고 5년 줄을 훑어보면 계수 3.429가 약 14%의 수익률을 나타내고 있음을 알 수 있다.

4. 회수기간에 대한 공식은

$$\text{회수기간} = \frac{\text{투자금액}}{\text{연간 순현금흐름}}$$

$$= \frac{\$2,400,000}{\$700,000} = 3.4\text{년}$$

5. 단순 수익률에 대한 공식은

$$\text{단순수익률} = \frac{\text{연간 증분 영업이익}}{\text{초기투자금액}}$$

$$= \frac{\$400,000}{\$2,400,000} = 16.7\%$$

용어해설

내부수익률(internal rate of return) 투자안의 순현재가치가 0인 할인율; 투자안의 내용연수 동안의 수익률.

단순 수익률(simple rate of return) 투자안의 연간 증분 영업이익을 최초투자금액으로 나누어 계산한 수익률.

사후감사(postaudit) 투자계획이 승인되고 수행된 후에 예상 결과가 실제로 실현되었는지를 검증하는 것.

순현재가치(net present value) 투자안의 현금유입액의 순현재가치와 현금유출액의 순현재가치 간의 차이.

운전자본(working capital) 유동자산에서 유동부채를 차감한 것.

자본비용(cost of capital) 자금의 사용대가로 장기 채권자나 주주에게 지급해야하는 평균수익률.

자본예산(capital budgeting) 신규 설비 구입 또는 신규 제품의 도입과 같이 장기간의 수행기간이 소요되는 중요한 투자안을 계획하는 절차.

투자안 선택과정(preference decision) 받아들일 수 있는 대안들의 순위를 정해야 하는 의사결정.

투자안 수익성지수(project profitability index) 투자금액에 대한 투자안 현금흐름의 순현재가치의 비율.

투자안 심사과정(screening decision) 제안된 투자안이 수용되어야 하는지에 대한 의사결정.

현금지출비용(out-of-pocket costs) 급여, 광고비, 수리비와 같은 비용에 대한 실질적인 현금지출.

화폐의 시간가치(time value of money) 현재의 1달러는 지금으로부터 1년 후의 1달러보다 더 가치가 있다는 개념.

회수기간(payback period) 순현금유입으로 창출되는 현금으로부터 초기비용이 완전히 회수되는데 소요되는 시간의 길이.

질문

14–1 한 투자안의 기각 및 수용 의사결정과 복수의 투자안 중 어느 투자안을 채택할 것인가 하는 의사결정의 차이점은 무엇인가?

14–2 화폐의 시간가치는 무엇을 의미하는가?

14–3 기간에 대한 할인은 무엇을 의미하는가?

14–4 회계상의 순이익이 자본예산 의사결정시 NPV와 IRR에서 사용되지 않는 이유는 무엇인가?

14–5 자본예산 의사결정에 있어서 할인된 현금흐름법이 다른 방법들보다 우월한 이유는 무엇인가?

14–6 NPV란 무엇인가? NPV가 항상 음의 값을 가질 수 있는가? 설명하라.

14–7 자본예산 의사결정시 할인된 현금흐름법과 관련한 두 가지의 간단한 가정들을 확인해보라.

14–8 한 기업의 장기 차입금에 대하여 14%의 금리를 지불해야 한다면 자본비용은 14%이다. 이에 동의하는가? 설명하라.

14–9 투자안의 IRR은 무엇을 의미하는가? IRR은 어떻게 산출하는가?

14–10 자본비용이 *(a)* NPV와 *(b)* IRR 기법을 사용할 때 투자안승인 도구로써 어떤 역할을 하는지 설명하라.

14–11 할인율이 증가하면 미래 현금흐름의 현재가치 역시 증가한다. 동의하는가? 설명하라.

14–12 도표 14–8을 참조하라. 이 투자안의 수익률이 정확히 14%인가, 14%보다 큰가 또는 14%보다 작은가? 설명하라.

14–13 수익성 지수는 어떻게 계산하고, 이는 무엇을 측정하는가?

14–14 회수기간은 무엇을 의미하는가? 회수기간은 어떻게 결정되는가? 회수기간법은 어떤 경우에 유용하게 사용할 수 있는가?

14–15 자본예산 의사결정시 회수기간법과 단순수익률법의 주요 비판점은 무엇인가?

엑셀 응용 connect

학습목표 14-2, 14-3

아래의 엑셀 워크시트는 사례 E와 도표 14–8을 응용하는 데에 사용될 수 있다. 이 워크시트 파일과 그 사용법은 Connect에서 찾을 수 있다.

	A	B	C	D	E	F	G
1	**제14장: 엑셀 응용**						
2							
3	**자료**						
4	**예시 E**						
5	필요한 설비 구입비용						
6	필요한 운전자본						
7	4년 후 설비 수리비						
8	5년 후 설비의 잔존가치						
9	연간 수익과 비용:						
10	매출 수익						
11	판매 제품 비용						
12	현금 운영 비용						
13	할인율						
14							
15	*아래에 물음표 표시가 된 각 셀에 공식을 넣어라.*						
16	**도표 14–8**						
17					연도		
18		현재	1	2	3	4	5
19	설비 구입	?					
20	운전자본에의 투자	?					
21	매출		?	?	?	?	?
22	판매 제품 비용		?	?	?	?	?
23	현금 운영 비용		?	?	?	?	?
24	설비 수리비					?	
25	설비의 잔존가치						?
26	회수된 운전자본						?
27	총 현금흐름 (a)	?	?	?	?	?	?
28	할인계수 (14%) (b)	?	?	?	?	?	?
29	현금흐름의 현재가치 (a) × (b)	?	?	?	?	?	?
30	순현재가치	?					
31							
32	*부록 14B의 공식을 사용하라.						
33	$1의 현재가치 = 1/(1+r)^n						
34	연금 $1의 현재가치 = (1/r)*(1-(1/(1+r)^n))						
35	n은 연수, r은 할인율						

14장 엑셀응용

워크시트를 완성한 후 다음의 요구사항들을 해결해보아라. 정밀한 계산으로 인해 워크시트의 값과 당신이 계산할 순현재가치의 값이 조금 다를 수 있다.

요구사항:

1. 할인율을 10%로 바꾼후 워크시트를 확인해보라. 이제 순현재가치의 값은 정밀한 계산값을 고려해볼 때 $56,495와 $56,518 사이가 될 것이다. 만일 이 범위 내의 값을 구하지 못했다면 워크시트에서 잘못된 부분을 찾아 수정하라.

   할인율이 14%에서 10%로 줄어든 결과 순현재가치가 왜 낮아졌는지 설명하라.

2. 회사는 새설비 구입을 해야 하는 또 다른 투자안에 대해 고려하고 있다. 다음의 값에 맞게 워크시트의 자료의 값을 변경하라.

자료	
예시 E	
필요한 설비 구입비용	$120,000
필요한 운전자본	$80,000
4년 후 설비 수리비	$40,000
5년 후 설비의 잔존가치	$20,000
연간 수익과 비용:	
매출수익	$255,000
판매 제품 비용	$160,000
현금 운영 비용	$50,000
할인율	14%

a. 투자안의 현재가치는 무엇인가?

b. 할인율을 1%씩 바꿀 때의 변화를 보라(예. 13%. 12%, 15% 등). 어느 할인율에서 순현재 가치가 음의 값에서 양의 값으로 변하는가?

c. 내부수익률은 어떤 두개의 할인율 값의 사이에 있는가?
(예. 10-11%, 11-12%, 12%, 13%, 13-14% 등)

d. 할인율을 다시 14%로 바꾸어라. 잔존가치는 불확실한 상태라고 가정하자. 양의 순현재가 치의 값을 가지기 위해서 잔존가치의 값을 얼마나 되어야 하는가?

기본문제 connect

학습목표 14-1, 14-2, 14-3, 14-5, 14-6

Cardinal사는 내용연수 5년, 잔존가치는 없으며 $2,975,000의 설비 투자금액이 필요한 투자안을 고려하고 있다. 회사의 할인율은 14%이다. 투자안은 5년 동안 매년 다음과 같은 영업이익을 창출한다.

매출		$2,735,000
변동비용		1,000,000
공헌이익		1,735,000
고정비용:		
광고, 급여, 기타 고정 현금지출원가	$735,000	
감가상각	595,000	
총고정비용		1,330,000
영업이익		$ 405,000

요구사항:

(다른 지시사항이 없다면 원래의 자료를 참조하여 각 문제를 풀어라.)

1. 위의 손익계산서에서 어느 항목이 현금흐름에 영향을 미치지 않는가?
2. 투자안의 연간 순현금유입은 얼마인가?
3. 투자안의 연간 순현금유입액의 현재가치는 얼마인가?
4. 투자안의 순현재가치는 얼마인가?
5. 투자안의 수익성지수는 얼마인가? (소수점 아래에서 반올림하여 전체 퍼센트로 나타내라.)
6. 소수점 아래에서 반올림하여 전체 퍼센트로 나타낸 투자안의 내부수익률 값은 얼마인가?
7. 투자안의 회수기간은 몇 년인가?
8. 투자안의 5년간 매년 단순수익률은 얼마인가?
9. 회사의 할인율이 14%가 아니라 16%라면 투자안의 순현재가치가 요구사항 4의 값보다 클 것인가 낮을 것인가 혹은 똑같을 것인가? 계산은 필요 없음.
10. 5년도 말에 설비의 잔존가치가 $300,000라면 투자안의 회수기간이 요구사항 7의 값보다 클 것인가 낮을 것인가 혹은 똑같을 것인가? 계산은 필요 없음.
11. 5년도 말에 설비의 잔존가치가 $300,000라면 투자안의 순현재가치가 요구사항 3의 값보다 클 것인가 낮을 것인가 혹은 똑같을 것인가? 계산은 필요 없음.
12. 5년도 말에 설비의 잔존가치가 $300,000라면 투자안의 단순수익률이 요구사항 8의 값보다 클 것인가 낮을 것인가 혹은 똑같을 것인가? 계산은 필요 없음.
13. 사후감사 결과 실제로는 45%인 변동비용율을 제외하고 모든 측정치(총매출을 포함)들이 모두 정확했다고 가정하자. 투자안의 실제 순현재가치의 값은 얼마인가?
14. 사후감사 결과 실제로는 45%인 변동비용율을 제외하고 모든 측정치(총매출을 포함)들이 모두 정확했다고 가정하자. 투자안의 실제 회수기간은 어떻게 되는가?
15. 사후감사 결과 실제로는 45%인 변동비용율을 제외하고 모든 측정치(총매출을 포함)들이 모두 정확했다고 가정하자. 투자안의 실제 단순수익률의 값은 얼마인가?

연습문제

문제 14-1 회수기간법 [학습목표 14-1]

건축 디자인 기업인 Unter Corporation사의 경영진은 다음 현금흐름을 가지는 투자안을 고려하고 있다.

연도	투자비용	현금유입
1	$15,000	$1,000
2	$8,000	$2,000
3		$2,500
4		$4,000
5		$5,000
6		$6,000
7		$5,000
8		$4,000
9		$3,000
10		$2,000

요구사항:

1. 투자안의 회수 기간을 결정하라.
2. 투자안의 마지막 연도에 현금유입이 크다면 회수기간에 영향을 미치는가?

문제 14-2 NPV 분석 [학습목표 14-2]

Kunkel사의 경영진은 $27,000의 기계 구매를 고려하고 있다. 이 기계는 운영비를 연간 $7,000를 감소시킨다. 내용연수는 5년이며 5년 말의 잔존가치는 0이다. 회사의 요구수익률은 12%이다.

요구사항:

1. 기계장치 투자안의 NPV를 구하라.
2. 기계의 전체 내용연수 동안 할인하지 않은 현금유입과 현금 유출의 차이는 무엇인가?

문제 14-3 IRR [학습목표 14-3]

Wendell's Donut Shoppe는 $18,600의 새로운 도넛 제조기계 도입여부에 대하여 고려하고 있다. 새 기계는 파트타임 직원에 대한 지출을 연간 $3,800만큼 줄인다. 또한 새로운 기계는 새로운 형태의 도넛을 생산할 수 있는데 이는 연간 최소 1,000 더즌(dozen) 이상의 매출을 기록할 것이다. 도넛판매에 따른 공헌이익은 더즌당 $1.2이다. 새 기계의 내용연수는 6년이다.

요구사항:

1. 자본예산 의사결정에 있어 새로운 기계의 연간 현금유입은 총 얼마인가?
2. 새로운 기계의 IRR을 계산하기 위해 어떤 할인계수를 사용해야 하는가?
3. 부록 14B의 도표 14B-2를 사용하여, 새로운 기계의 IRR은 얼마인가?(소수점 이하 반올림)

4. 주어진 정보에 추가하여, 기계의 6년 후 잔존가치가 $9,125라 가정하자. 이러한 조건하에서 IRR을 구하시오.(소수점 이하 반올림) (힌트: NPV접근법을 이용한다면 도움이 될 것이다. NPV값이 0이 되는 할인율을 찾아라

문제 14-4 불확실한 미래 현금흐름 [학습목표 14-4]

Lukow Product는 자동화 장비 구입에 관하여 고려하고 있다. 이 장비는 인건비와 재고 운반비를 연간 $400,000 절감할 것이다. 이 장비 가격은 $2,500,000이며 내용연수는 15년, 잔존가치는 없을 것으로 예상된다. 모든 장비구입에 있어 회사의 요구 수익률은 20%이다. 경영진은 이 장비가 공정을 유연성 있게 하고 생산품의 품질을 향상시켜 추가적인 미래 현금유입이 발생하는 무형의 이익을 제공할 것으로 기대하고 있다.

요구사항:

1. 무형의 이익을 고려하기 전에 장비의 NPV는 얼마인가?
2. $2,500,000의 장비 투자를 결정하기 위해 매년 요구되는 최소 무형이익은 얼마인가?

문제 14-5 선호 순위 [학습목표 14-5]

네 가지 투자안에 대한 정보는 다음과 같다.

	투자안			
	A	B	C	D
투자금액	$(90,000)	$(100,000)	$(70,000)	$(120,000)
현금유입의 현재가치	126,000	138,000	105,000	160,000
순현재가치	$ 36,000	$ 38,000	$ 35,000	$ 40,000
투자안 수명	5년	7년	6년	6년

요구사항:

1. 각 투자안의 수익성 지수를 계산하라.
2. 투자안의 순위를 결정하라.

문제 14-6 단순 수익률법 [학습목표 14-6]

Ballard MicroBrew사의 경영진은 자동 병 주입기계를 $120,000에 구매할 것을 고려하고 있다. 새 기계는 연간 $30,000의 운영비용이 드는 오래된 기계를 대체할 것이다. 새로운 기계의 운영비용은 $12,000이다. 현재 사용 중인 오래된 기계는 잔존가치 $40,000에 매각할 수 있다. 새 기계의 내용연수는 10년이며 잔존가치는 없다.

요구사항:

1. 새로운 주입기계와 관련하여 연간 감가상각비용은 얼마인가?
2. 새로운 주입기계는 연간 얼마의 순영업이익을 발생시키는가?
3. 이 투자안과 관련하여 단순수익률 계산에 사용되는 사용해야 하는 초기 투자금액은 얼마인가?
4. 새로운 주입기계의 단순 수익률은 얼마인가?

문제 14-7 두 가지 투자안의 NPV분석 [학습목표 14-2]

Perit Industries는 투자를 위해 $100,000를 보유하고 있다. 회사는 다음의 두 가지 투자안 중 하나를 결정하여 투자하려 한다. 두 투자안은 다음과 같다.

	투자안 A	투자안 B
설비 구입비용	$100,000	$0
운전자본 비용	$0	$100,000
연간 현금유입	$21,000	$16,000
6년 후 잔존가치	$8,000	$0
투자안의 수명	6년	6년

투자안 B에 필요한 운전자본은 6년 말에 또 다른 투자를 위해 회수될 것이다. Perit Industries의 할인율은 14%이다.

요구사항:

1. 투자안 A의 순현재가치를 계산하라.
2. 투자안 B의 순현재가치를 계산하라.
3. 두 가지 투자안 중 어떤 투자안을 회사가 선택하도록 추천하겠는가?

문제 14-8 회수기간과 단순수익률 [학습목표 14-1, 14-6]

Nick's Novelties사는 오락실에 새로운 전자 게임기를 놓기 위해 새로 구매하는 것을 고려하고 있다. 게임기의 총 구입비용은 $300,000이며 내용연수는 8년, 총잔존가치는 $20,000이다. 회사는 이 게임기의 연간 수익과 비용을 다음과 같이 예상하고 있다.

수익		$200,000
감산 운영비용:		
오락실 임대료	$100,000	
보험료	7,000	
감가상각비	35,000	
수선유지비	18,000	160,000
영업이익		$ 40,000

요구사항:

1. 새로운 전자 게임기의 투자 회수기간은? Nick's Novelties사는 새로운 게임기의 회수기간이 5년 또는 그 이상의 회수기간이 소요될 경우 게임기를 구입하지 않는다고 가정하면, 회사는 새로운 게임기를 구매하겠는가?
2. 게임기의 단순수익률은 얼마인가? 만약 회사가 단순수익률을 최소 12%를 요구한다면 게임기를 구매해야 하는가?

문제 14-9 순현재가치 분석과 단순수익률 [학습목표 14-2, 14-6]

Derrick Iverson은 Holston사의 부서 책임자이다. 그의 연봉은 부서의 투자수익률에 의해 결정된다. 이 투자수익률은 지난 3년간 매년 20% 이상이었다. Derrick은 내용연수가 5년, 잔존가치는 없으며 설비 투자에 $3,000,000가 필요한 자본예산 투자안을 고려하고 있다. Holston사의 할인율은 15%이다. 투자안은 5년 동안 매년 다음과 같은 영업이익을 창출한다.

매출		$2,500,000
변동비용		1,000,000
공헌이익		1,500,000
고정비:		
광고, 급여, 기타 고정 현금지출원가	$600,000	
감가상각비	600,000	
총고정비		1,200,000
영업이익		$ 300,000

요구사항:

1. 투자안의 순현재가치를 계산하라.
2. 투자안의 단순수익률을 계산하라.
3. 회사는 Derrick이 이 투자안을 채택하기를 원할 것인가? Derrick은 이 투자안을 채택할 것인가? 설명하라.

문제 14-10 NPV 분석 [학습목표 14-2]

Kathy Myers는 자주 주식과 채권을 매입한다. 하지만 그녀는 투자에 대한 수익률을 어떻게 결정해야 하는지 잘 모르는 상태이다. 예를 들어 3년 전에 그녀는 Malti사의 보통주 200주를 $13,000에 매입했다. 그녀는 3년 동안 매년 말 $420의 현금 배당을 수령하였다. 3년이 지난 후, 그녀는 주식을 $16,000에 매도하였다. Kathy는 그녀의 모든 투자에 있어 최소 14%이상의 수익률을 기대하고 있다. 그녀는 Malti사 주식이 14%의 수익률을 달성했는지에 대해 확신하지 못하며 정확한 계산을 위한 도움을 필요로 하고 있다.

요구사항:

1. Kathy가 Malti사에 투자하여 벌어들인 NPV를 계산하라. 소수점이하는 반올림하여 달러 단위로 계산하라.
2. Malti사 주식은 14%의 수익률을 달성하였는가?

문제 14-11 투자안의 선택과정 [학습목표 14-5]

Oxford사는 투자안에 사용할 수 있는 자금이 한정되어 있고, 이 자금을 네 가지 투자안 사이에 분할하여야 한다. 네 가지 투자안에 대한 정보는 다음과 같다.

투자안	투자금액	NPV	투자안유효기간(년)	IRR(%)
A	$160,000	$44,323	7	18%
B	$135,000	$42,000	12	16%
C	$100,000	$35,035	7	20%
D	$175,000	$38,136	3	22%

위의 NPV의 계산에 사용한 할인율은 10%이다. 회사는 어느 투자안을 가장 먼저 채택할지, 두 번째로 채택할지 등을 결정하는데 있어 당신의 도움을 원하고 있다.

요구사항:

1. 각 투자안의 수익성 지수를 계산하라.
2. 다음의 기준으로 네 가지 투자안의 순위를 정하라.
   a. NPV
   b. 수익성지수
   c. IRR
3. 당신은 어떤 순위를 선택하겠는가? 이유는?

문제 14-12 불확실한 현금흐름 [학습목표 14-4]

Cambro Foundation은 비영리 단체로서 3년 만기의 투자안에 $104,950의 투자를 계획하고 있다. 이 투자안의 순현금유입은 다음과 같다.

1년도	$30,000
2년도	$40,000
3년도	?

요구사항:

투자안의 수익률이 정확히 12%라고 가정한다면, 3년도에 얼마의 순현금유입을 기대할 수 있는가?

문제 14-13 회수 기간법과 단순수익률법 계산 [학습목표 14-1, 14-6]

노동력을 절감할 수 있는 설비가 이제 막 시장에 출시되었다. Mitsui Electronics, Ltd.가 이 설비를 구입하여 일본 내에 있는 공장 중 하나에 대한 비용을 절감할 수 있게 되었다. 이 설비에 대한 자료는 다음과 같다.

설비 구입비용	$432,000
설비 구입으로 인한 매년 비용절감분	$90,000
설비의 내용연수	12년

요구사항:

1. 설비의 회수기간은 얼마인가? 만약 회사가 설비의 회수기간을 4년 또는 그 이하를 요구한다면, 이 설비를 구매해야 하는가?
2. 설비의 단순수익률은 얼마인가? 설비의 내용연수에 기초하여 정액법을 이용하라. 만약 회사가 14%의 수익률을 요구한다면 이 설비를 구매해야 하는가?

문제 14-14 NPV를 이용한 투자안 비교 [학습목표 14-2]

오스트레일리아 Perth에 위치한 Labeau Products, Ltd.는 투자를 위해 $35,000의 자금을 보유하고 있다. 회사는 다음의 두 투자안을 놓고 그 중 하나를 선택하려 한다.

	투자안 X	투자안 Y
투자금액	$35,000	$35,000
연간현금유입	$12,000	
6년도 말 1회 현금유입		$90,000
투자안 수명	6년	6년

회사의 할인율은 18%이다.

요구사항:

1. 투자안 X의 NPV를 구하시오.
2. 투자안 Y의 NPV를 구하시오.
3. 당신은 어느 투자안을 회사에 추천하겠는가?

문제 14-15 IRR과 NPV [학습목표 14-2, 14-3]

Henrie's Drapery Service는 천을 세탁하고 무늬를 새기는 새로운 기계 구입에 대하여 고려하고 있다. 이 기계는 운송료와 설치비를 포함하여 $137,320의 비용이 소요된다. 회사는 새로운 기계로 인하여 매년 $40,000의 현금흐름(순비용)이 증가할 것으로 추정하였다. 이 기계의 내용연수는 5년이며 잔존가치는 없다.

요구사항:

1. 기계의 IRR을 전체 퍼센트에 가깝게 계산하면 몇 퍼센트인가?
2. 할인율 14%를 사용하여 계산할 경우, 기계의 NPV는 얼마인가? 결과에 대해 해석하시오.
3. 새로운 기계가 매년 $37,150의 순현금유입을 증가하게 한다고 가정해보자. 이러한 조건하에서 전체 퍼센트에 가깝게 IRR을 계산하면 몇 퍼센트인가?

문제 14-16 NPV분석 [학습목표 14-2]

Namibia에 위치한 Windhoek Mines, Ltd.는 회사가 광물 개발권을 가지고 있는 지역에서의 광물 개발 장비구입을 고려하고 있다. 공학기술 마련과 비용분석은 마친 상태이며 그 지역의 광산을 뚫고 개발하는 데 다음의 현금흐름이 있을 것으로 예상된다.

새로운 장비와 목재 구입 비용	$275,000
운전자본 비용	$100,000
연간 순현금유입	$120,000*
3년 동안 새로운 도로 공사 비용	$40,000
4년 후 장비의 잔존 가치	$65,000

*광석 판매 매출에서 급여, 공공요금, 보험료 등을 차감.

광물 채굴은 4년 후 고갈될 것으로 예상된다. 운전자본은 광물이 고갈될 시점에 다른 어딘가에 재투자될 것이다. 이 회사의 요구 수익률은 20%이다.

요구사항:

광산채굴 투자안의 NPV를 계산하라. 이 프로젝트는 수락되겠는가? 설명하라.

문제 14-17 NPV분석; 내부수익률; 단순수익률 [학습목표 14-2, 14-3, 14-6]

Casey Nelson은 Pigeon사의 부서 책임자이다. 그의 연간 급여 증가는 거의 그의 부서의 투자수익률에 의해 결정된다. 이 투자수익률은 지난 3년 간 매년 20% 이상이었다. Casey는 내용연수가 5년, 잔존가치는 없으며 설비 투자에 $3,500,000가 필요한 자본예산 투자안을 고려하고 있다. Pigeon사의 할인율은 16%이다. 투자안은 5년 동안 매년 다음과 같은 영업이익을 창출한다.

매출		$3,400,000
변동비용		1,600,000
공헌이익		1,800,000
고정비:		
광고, 급여, 기타 고정 현금지출원가	$700,000	
감가상각비	700,000	
총고정비		1,400,000
영업이익		$ 400,000

요구사항:

1. 투자안의 순현재가치를 계산하라.
2. 투자안의 내부수익률을 최대한 정확하게 계산하라.
3. 투자안의 단순수익률을 계산하라.
4. 회사는 Casey가 이 투자안을 채택하기를 원할 것인가? Casey는 이 투자안을 채택할 것인가? 설명하라.

문제 14–18 NPV분석 [학습목표 14-2]

Oakmont사는 4년 동안 신제품을 생산, 판매할 수 있는 기회를 가지고 있다. 회사의 할인율은 15%이다. 신중히 검토한 후 Oakmont는 신제품에 대한 비용과 수익을 다음과 같이 추정하였다.

필요한 설비 구입비용	$130,000
필요한 운전자본	$60,000
2년 후 설비 수리비	$8,000
4년 후 설비의 잔본가치	$12,000
연간 수익과 비용:	
매출수익	$250,000
변동비용	$120,000
고정 현금지출원가	$70,000

4년 후 투자가 끝나는 시점에 운전자본은 회사의 또 다른 투자를 위해 회수될 것이다.

요구사항:

투자안의 순현재가치를 계산하라.

문제 14–19 단순 수익률; 회수기간 [학습목표 14-1, 14-6]

Paul Swanson은 The Yogurt Place사라는 프랜차이즈 업체의 지점을 낼 수 있는 기회를 갖게 되었다. 이는 The Yogurt Place라는 이름으로 요거트 아이스크림을 공급하는 업체이다. Swanson씨는 이 프랜차이즈 업체에 대하여 다음과 같은 관련 정보를 수집하였다.

a. 입지 여건이 좋은 큰 쇼핑몰의 임대료는 매월 $3,500이다.
b. 리모델링 비용과 장비구입에 $270,000가 소요된다. 장비의 내용연수는 15년이며 잔존가치는 $18,000이다. 감가상각은 정액법을 사용하며 잔존가치를 고려한다.
c. 다른 곳의 비슷한 형태의 지점들을 알아본 결과 Swanson씨는 매년 $300,000의 매출을 올릴 수 있을 것으로 예상한다. 원재료비는 매출의 20%이다.
d. 운영비용에는 매년 $70,000의 급여가 포함되어 있으며, 매년 $3,500의 보험료와 매년 $27,000의 공공요금이 포함되어 있다. 또한 Swanson씨는 The Yogurt Place사에 매출액의 12.5%를 수수료로 지급해야 한다.

요구사항:

1. 매년 프랜차이즈 지점의 기대 영업이익을 나타내는 손익계산서를 작성하라.
2. 지점 영업을 통한 단순 수익률을 계산하라. 만약 Swanson씨가 요구하는 단순수익률이 최소 12%라면 이 프랜차이즈 영업권을 취득하겠는가?
3. 지점 영업의 회수기간을 계산하라. 만약 Swanson씨가 4년 또는 그 이하의 회수기간을 원한다면 이 프랜차이즈 영업권을 취득하겠는가?

문제 14–20 NPV분석; 불확실한 현금흐름 [학습목표 14-2, 14-4]

"자동 용접 기계에 $250,000를 투자할지 확실하지 않습니다." Superior Equipment사의 사장인 Jim Alder가 말했다. "그것은 큰돈이며, 소프트웨어 설치를 위해서 $80,000가 소요되고 기계를 유지하기 위해 매년 $36,000의 비용이 소요됩니다. 게다가 생산부서에서 3년 말에 장비의 수리를 위해 $45,000 이상의 비용이 소요될 것으로 인정했습니다."

"저도 그것은 큰돈이라고 인정합니다." 실무자인 Franci Rogers가 말했다. "하지만 사장님은 회사에 현재 용접 팀의 이직 문제가 심각함을 알고 있을 겁니다. 새로운 기계는 여섯 명의 용접공을 대신할 것이며 이는 매년 $108,000의 비용을 절감할 수 있을 것입니다. 그리고 재료낭비를 줄여 기타 비용으로 $6,500을 절감할 수 있습니다. 사장님께서 자동 용접기계의 내용연수를 6년으로 어림잡으시면 우리 회사의 요구수익률인 16%보다 높은 수익률을 얻을 수 있을 것으로 확신합니다."

"나는 여전히 확신하지 못하겠습니다." Alder가 반박했다. "오래된 기계를 만약 지금 처분한다면 $12,000에 처분할 수 있는데, 새로운 기계는 6년 뒤에 $20,000의 가치 밖에 되지 않을 것입니다. 하지만 당신이 수치에 대해 철저히 조사하면 내일 있을 이사회 회의에서 이 문제에 대하여 얘기할 기회가 있을 것입니다."

요구사항:

1. 자동 용접 기계를 통하여 절약할 수 있는 연간 순비용 절약분을 계산하라.
2. 1에서 산출한 자료와 문제의 자료를 이용하여 자동 용접기계의 NPV를 계산하라. 자동 용접 기계 구입을 추천하겠는가? 설명하라.
3. 회사가 새로운 자동 용접기계를 도입함으로써 생산 공정의 유연성을 향상시키고, 생산품의 품질을 향상시키며 운송을 보다 빠르게 하여 생산 시간을 절감하는 등의 무형의 이익을 창출할 수 있음을 알게 되었다고 가정하자. 자동 용접기계 구입이 수락되기 위해서는 이러한 무형 이익이 달러 기준으로 최소한 얼마의 가치를 가져야 하는가?

문제 14–21 투자안의 선택과정 [학습목표 14-5]

Revco Product의 경영자는 서로 다른 네 가지의 투자안을 두고 고민하고 있다. 네 가지 투자안에 대한 정보는 다음과 같다.

	Project Number			
	1	2	3	4
투자비용	$(270,000)	$(450,000)	$(360,000)	$(480,000)
10%로 할인한 현금흐름의 현재가치	336,140	522,970	433,400	567,270
NPV	$ 66,140	$ 72,970	$ 73,400	$ 87,270
투자안의 내용연수	6년	3년	12년	6년
IRR	18%	19%	14%	16%

회사의 요구 수익률은 10%이므로 10%의 할인율은 위의 현재가치를 계산할 때 사용하였다. 투자 자금은 한정되어 있으므로 회사는 위의 모든 투자안을 수락할 수는 없다.

요구사항:

1. 각 투자안의 수익성 지수를 계산하라.
2. 네 가지 투자안을 다음의 기준에 따라 순위를 책정하라.
   a. NPV
   b. 수익성지수
   c. IRR
3. 어떤 순위 기준을 선택하겠는가? 이유는?

문제 14–22 NPV 분석 [학습목표 14-2]

The Sweetwater Candy Company는 새로운 기계 도입을 원하고 있는데, 이 기계는 자동으로 초콜릿을 발라주는 기계이다. 현재 초콜릿을 바르는 공정은 수작업으로 하고 있다. 새로운 기계의 가격은 $120,000이다. 제조업체는 기계의 내용연수는 5년으로 추정하고 있으며, 3년도 말에 중요한 부품들을 교체해 주어야 한다. 교체 비용은 설치비 포함 $9,000이다. 5년 후에 이 기계는 $7,500에 매각할 수 있다.

회사는 기계운영에 매년 $7,000의 비용이 소요될 것으로 추정하고 있다. 현재처럼 수작업으로 초콜릿을 바르는 작업을 할 경우, 매년 $30,000의 비용이 소요된다. 또한 원가를 절감하는 것뿐만 아니라 새로운 기계는 매년 6,000상자의 초콜릿 생산을 증가시킬 수 있다. 회사의 실현 공헌이익은 상자당 $1.50이다. 모든 투자안에 대한 요구 수익률은 20%이다.

요구사항:

1. 새로운 초콜릿 기계는 연간 얼마의 순 현금유입을 발생시키는가?
2. 새로운 기계의 NPV를 계산하여라. 반올림하여 달러 단위로 나타내어라.

문제 14-23 포괄적인 문제 [학습목표 14-1, 14-2, 14-3, 14-5, 14-6]

Sage사의 부서 책임자 Lou Barlow는 5년 동안 신제품 두 개 중 하나를 생산, 판매할 수 있는 기회를 가지고 있다. 그의 연간 급여 증가는 그의 부서의 수익률에 의해 결정된다. 이는 지난 3년 간 매년 18%를 넘었다. 그는 다음과 같이 각 제품의 비용과 수익을 추정하였다.

	제품 A	제품 B
초기 투자금액:		
설비비용(잔존가치 0)	$170,000	$380,000
연간 수익과 비용:		
매출수익	$250,000	$350,000
변동비용	$120,000	$170,000
감가상각비	$34,000	$76,000
고정 현금 운영비	$70,000	$50,000

회사의 할인율은 16%이다.

요구사항:

1. 각 제품의 회수기간을 계산하라.
2. 각 제품의 순현재가치를 계산하라.
3. 각 제품의 내부수익률을 계산하라.
4. 각 제품의 수익성지수를 계산하라.
5. 각 제품의 단순수익률을 계산하라.
6. Lou의 부서는 어떤 제품을 선택해야 하는가? 이유는?

문제 14-24 단순 수익률; 회수기간; IRR [학습목표 14-1, 14-3, 14-6]

Ontario에 위치한 The Elberta Fruit Farm은 매년 그 해의 체리를 수확하기 위해 단기노동자를 고용해 왔다. 이 농장의 매니저인 Janessa Wright는 다른 많은 과일 농장에서 체리 수확기계를 구매해서 사용하고 있다는 정보를 수집했다. 그 기계는 모터를 이용한 도구로써 체리나무를 흔들어 체리를 플라스틱 깔때기에 떨어뜨린 다음 이를 저장통에 넣는 기계이다. Wright씨는 체리 수확기가 The Elberta Fruit Farm에 이익이 되는 투자인지 결정하기 위해 다음과 같은 정보를 수집하였다.

a. 현재 농장은 체리를 수확하기 위해 매년 평균 $40,000를 단기 노동자에게 지급하고 있다.
b. 체리 수확기의 값은 $94,500이며, 감가상각은 정액법을 사용하며 잔존가치는 없으며 내용연수는 12년이다.
c. 연간 체리수확기와 관련된 기타 현금비용은 운전기사와 보조기사에 대한 비용 $14,000, 보험료 $200, 연료 $1,800, 수리유지비 $3,000이다.

요구사항:

1. 체리 수확기를 구매함으로써 절감할 수 있는 연간 운영비용은 얼마인가?

2. 체리 수확기의 단순 수익률을 계산하라. The Elberta Fruit Farm의 요구 수익률이 16%라면 체리 수확기를 구매하겠는가?
3. 체리 수확기의 회수 기간을 구하라. The Elberta Fruit Farm은 회수기간이 5년 또는 그 이하가 아닐 경우 구매하지 않을 것이다. 체리 수확기를 구매하겠는가?
4. 체리수확기의 IRR을 계산하라(소수점이하는 반올림). 계산에 근거하여 투자안에 대한 의사결정 시 단순수익률이 정확한 지표가 될 수 있는가?

문제 14–25 임대 또는 구매 의사결정의 NPV분석 [학습목표 14-2]

Riteway Ad Agency는 그들의 영업사원에게 자동차를 제공하고 있다. 과거에는 자동차를 딜러에게 구입하고 3년 후 처분해 왔다. 현재 회사가 보유하고 있는 차량들은 3년이 되었으며, 빠른 시일 내에 처분할 것이다. 차량을 대체 하는데 있어 다음 두 가지 대안 중 하나를 선택하려 한다.

구매 대안: 회사는 과거와 같이 자동차를 구매하고 3년 사용 후 처분한다. 10대의 자동차가 필요하며 한 대당 할인된 가격인 $17,000에 구매가 가능하다. 이 대안을 채택할 경우 다음과 같은 비용이 발생할 것이다.

연간 서비스비용, 세금, 등록세	$3,000
수리비(1년도)	$1,500
수리비(2년도)	$4,000
수리비(3년도)	$6,000

3년도 말에, 차량 모두를 구입가의 50%에 처분할 수 있다.

임대 대안: 회사는 3년을 계약기간으로 자동차를 임대할 수 있다. 임대가는 매년 $55,000이다(첫 번째 지불은 1년도 말에 한다). 임대비용의 일부분으로서, 임대인이 모든 서비스 비용, 수리비, 등록세 및 모든 세금을 지불한다. Riteway는 임대를 시작하는 시점에 $10,000의 보증금을 지불해야 하며, 이는 임대 계약이 종료되는 시점에 환불된다.

Riteway Ad Agency의 요구수익률은 18%이다.

요구사항:

1. 구매 대안의 현금흐름의 NPV는 얼마인가? 반올림하여 달러 단위로 나타내어라.
2. 임대 대안의 현금흐름의 NPV는 얼마인가? 반올림하여 달러 단위로 나타내어라.
3. 회사는 어떤 대안을 채택하겠는가?

문제 14-26 단순 수익률; 회수기간 [학습목표 14-1, 14-6]

Sharkey씨의 놀이공원에는 미니 골프 코스와 같은 많은 전자 게임 기계와 야외에 다양한 놀이기구가 있다. 소유자인 Paul Sharkey는 자신의 놀이공원에 워터슬라이드 기구를 만들고 싶어 한다. Sharkey씨는 워터슬라이드에 대하여 다음과 같은 자료를 수집하였다.

a. 워터슬라이드 설비를 구매하고 설치하는 데 소요되는 비용은 $330,000이다. 제조업자에 따르면 슬라이드의 내용연수는 12년이며 잔존가치는 없다.
b. 슬라이드 설비는 정액법으로 감가상각한다.
c. 워터슬라이드 설치를 위한 공간을 만들기 위해, 몇몇 놀이 기구는 철거하여 매각할 것이다. 이 놀이기구들은 완전히 감가상각되지만 옆 도시의 놀이 공원에 $60,000에 매각할 수 있다.
d. Sharkey씨는 현재 놀이기구 이용객들보다 매년 50,000명 이상이 워터 슬라이드를 이용할 것으로 결론지었다. 이용요금은 1인당 $3.60이다(놀이공원의 다른 놀이기구의 요금과 같다).
e. 다른 놀이 공원의 워터슬라이드의 경우를 살펴본 후 Sharkey씨는 워터슬라이드 운영의 연간 증분운영비가 급여 $85,000, 보험료 $4,200, 공공요금 $13,000, 수리유지비 $9,800와 같을 것으로 추정했다.

요구사항:

1. 슬라이드의 각 연도별로 기대 영업이익을 나타낸 손익계산서를 작성하라.
2. 워터 슬라이드의 단순 수익률을 계산하라. 이 계산을 근거로 Sharkey씨가 요구하는 단순 수익률이 최소 14%라면 워터 슬라이드를 설치하겠는가?
3. 워터 슬라이드의 회수기간을 계산하라. 만약 Sharkey씨의 요구 회수기간이 5년 또는 그 이하라고 한다면 워터 슬라이드를 설치하겠는가?

문제 14-27 NPV 분석 [학습목표 14-2]

5년 후, Kent Duncan은 은퇴할 것이다. 그는 셀프 세차장을 운영할 것을 고민 중이다. 세차장은 그의 직장으로부터 허락되는 개인 시간으로 관리가 가능할 뿐 아니라 그가 은퇴할 때에도 쉽게 그만둘 수 있다. 신중히 알아본 뒤, Duncan은 다음과 같은 결론을 내렸다.

a. 세차장을 운영할 수 있는 건물을 5년간 임대하는 비용은 매월 $1,700이다.
b. 장비를 구입하고 설치하는 비용은 총 $200,000이다. 5년 후 장비는 기존 비용의 10%에 해당하는 가격으로 매도 할 수 있다.
c. 추가적으로 $2,000가 운전자본에 소요되는데 이는 청소용역, 자금변화 등에 필요한 비용이다. 5년 후 운전자본은 회수될 것이다.
d. 세차와 진공청소 서비스가 제공된다. 고객은 세차 서비스는 회당 $2.00, 진공청소 서비스는 회당 $1.00를 지불한다.
e. 운영에 있어 유일한 변동비로는 세차서비스에 쓰이는 수도요금이 회당 20센트, 진공청소 서비스에 쓰이는 전기요금이 회당 10센트이다.
f. 임대료에 덧붙여 매월 청소비용 $450; 보험료 $75; 수리유지비 $500의 운영비용이 소요된다.
g. 세차장의 총수입은 주당 $1,350가 될 것이다. 다른 세차장의 사례에 따르면 세차 서비스를 받은 고객의 60%가 진공청소 서비스도 받는다.

Duncan은 만약 세차장의 수익률이 최소 10%가 되지 않는다면 세차장을 운영하지 않을 계획이다.

요구사항:

1. 자동차 세차장을 1년에 52주 동안 연다고 가정할 때, 연간 기대 순현금유입액(총현금유입에서 총현금유출 차감)을 계산하라. (장비에 대한 지출과 운전자본, 잔존가치는 계산에 포함하지 않는다.)
2. 세차장의 투자에 대한 NPV는 얼마인가? Duncan에게 세차장을 개업하도록 조언하겠는가? 반올림하여 달러 단위로 나타내어라.

문제 14-28 NPV 분석 [학습목표 14-2]

파나마에 위치한 Bilboa Freightlines, S.A.는 시내지역 배달에 사용하는 작은 트럭을 보유하고 있다. 트럭은 낡아서 수리를 하거나 새로운 트럭으로 교체해야 한다. 회사는 다음과 같은 정보를 수집하였다.

	헌 트럭	새 트럭
구입비용	$21,000	$30,000
남은 장부가격	$11,500	
현 수리비용	$7,000	
연간 순운영비용	$10,000	$6,500
현재 잔존가치	$9,000	
5년 후 잔존가치	$1,000	$4,000

만약 회사가 현재의 배달트럭을 유지보수 한다면 향후 트럭의 내용연수는 5년이 될 것이다. 만약 새로운 트럭을 구매한다면 5년을 사용한 후, 다른 트럭으로 교환이 가능하다. 새로운 트럭은 디젤엔진으로 경유를 사용하기 때문에 위에서 보듯이 잠재적으로 연간 운영비용을 절감할 수 있다.

회사는 정액법으로 감가상각비를 계산하며, 모든 투자안에 대하여 16%의 할인율을 사용한다.

요구사항:

1. "기존의 트럭 유지"안의 NPV값은 얼마인가? 계산은 반올림하여 달러 단위로 나타내어라.
2. "새로운 트럭 구매"안의 NPV값은 얼마인가? 계산은 반올림하여 달러 단위로 나타내어라.
3. Bilboa Freightlines는 기존의 트럭을 유지해야 하는가 또는 새로운 트럭을 구매해야 하는가?

문제 14-29 NPV 분석 [학습목표 14-2]

Linda Clark은 그녀의 어머니 재산 $175,000를 받았다. 그녀는 중개인의 수중에 돈을 넘겼고, 중개인은 Linda를 대신하여 다음과 같은 유가증권을 구매했다.

a. $95,000에 보통주를 구입하였다. 이 주식은 배당금을 지불하지 않았으며 3년도 말에 이 주식을 $160,000에 팔았다.

b. 우선주를 $30,000의 액면가로 구입하였다. 이 주식은 3년 동안 매년 액면가에 기초하여 6%의 배당금을 지급하였다. 3년도 말에 이 주식을 $27,000에 팔았다.

c. $50,000에 채권을 구입하였다. 이 채권은 $6,000의 연간 이자를 지불하였다. 3년 후 채권을 $52,700에 팔았다.

3년도 말에 유가증권들 모두를 팔았으므로 Linda는 새로운 사업을 시작할 수 있는 자금을 가질 수 있다. 중개인은 투자로부터 16%이상의 수익을 얻었다고 진술했으며 그는 Linda에게 그의 진술을 뒷받침하는 계산내역을 주었다.

보통주:	
주식 매도 이익 ($160,000 − $95,000)	$65,000
우선주:	
배당금 지불 (6% × $30,000 × 3년)	5,400
주식 매도 손실 ($27,000 − $30,000)	(3,000)
채권:	
이자 지불 ($6,000 × 3년)	18,000
채권 매도 이익 ($52,700 − $50,000)	2,700
모든 투자로부터의 순이익	$88,100

$$\frac{\$88{,}100 \div 3\text{년}}{\$175{,}000} = 16.8\%$$

요구사항:

1. 할인율 16%를 사용하여 세 가지 투자안 각각의 순현재가치를 계산하라. Linda는 어느 투자안에서 16%의 수익률을 얻었는가?(소수점 아래에서 반올림하여 달러로 나타내라.)
2. 세 가지 투자안을 모두 고려해보면 Linda는 16% 수익률을 얻었는가? 설명하라.
3. Linda는 12년간의 프랜차이즈 계약 하에 소매점을 열기 위해 유가증권 매도의 수익금 $239,700 ($160,000 + $27,000 + $52,700 = $239,700)를 사용하고 싶어 한다. Linda가 12년 간 14%의 수익을 얻기 위해서 소매점이 얼마만큼의 연간 순현금유입을 발생시켜야 하는가? 소수점 아래에서 반올림하여 달러로 나타내라.

문제 14–30 NPV 분석; 불확실한 미래 현금 흐름; 사후 감사 [학습목표 14-2, 14-4]

Saxon Products사는 회사의 조립라인에 로봇 구입 여부에 관하여 조사하고 있다. 로봇과 관련한 자료는 다음과 같다.

로봇 구입비용	$1,600,000
소프트웨어 설치비용	$450,000
연간 재고품 발주 비용 절감액	$210,000
매월 전기료와 수리유지비 증가분	$30,000
5년 후 잔존가치	$70,000
내용연수	5년

위의 자료와 더불어, 엔지니어링 연구부서는 로봇을 사용함으로써 매년 25,000 직접노동시간을 절감할 수 있다고 주장한다. 임금은 시간당 $16이다. 또한 자동화된 공정을 통하여 보다 유연하게 생산라인을 가동할 수 있게 되어 재고 보유 비용 $400,000를 절감할 수 있다. 이러한 재고 보유 비용 감소는 로봇 작동 첫 번째 년도 말에 발생한다. 이 비용은 회사의 다른 필요한 곳에 사용될 것이다. Saxon Products의 요구 수익률은 20%이다.

요구사항:

1. 로봇 구매에 따른 연간 순비용 감소분을 구하라($400,000 상당의 재고 감소분과 잔존가치는 계산에 포함하지 않는다).
2. 로봇 구매 투자안의 NPV를 구하라. 이에 근거하여 로봇 구매 투자안을 추천하겠는가? 설명하라.
3. 로봇을 구매했다고 가정하자. 그러나, 예상 밖의 문제로 인하여 소프트웨어와 설치비용이 추정된 것보다 $75,000가 더 소요되었으며, 직접노동시간 역시 당초 예상인 25,000시간 보다 덜한 연간 22,500시간 밖에 감소하지 않았다. 다른 모든 비용 관련 자료는 정확하다고 가정하면, 사후감사는 이 투자의 실제 NPV에 대하여 무엇을 제안하겠는가? 회사의 투자는 적절한 것인가?
4. 위의 요구사항 (3)의 분석을 보고, Saxon사의 사장은 말했다. "로봇 구매는 지금껏 우리의 투자 중 최악이었습니다. 또한 그것 때문에 몇 년간 자금사정이 악화될 것입니다."
   a. 새로운 자동화 장비를 사용함으로써 비용 절감 외에 어떤 이익이 발생하는지 사장에게 설명하라.
   b. (a)에서 20% 수익률을 창출하는 자동화 장비를 통한 이익에서 매년 필요한 현금 유입은 최소 몇 달러가 되어야 하는지 계산하라.

사례

connect

사례 14-31 윤리와 경영자

The Fore사는 24개국에서 규격화된 식품을 가공 처리하는 회사이다. 시카고에 위치한 Fore의 본사에서는 회사 간부들이 Fore의 해외 및 국내 지점으로 자주 시찰을 간다.

Fore는 국제선운항이 가능한 제트여객기 2대와 6대의 단거리용 경비행기를 보유하고 있다. 회사의 정책은 최소의 비용이 소요되도록 비행기를 할당하는 것이지만, 실제는 출장자의 회사 지위로 항공기가 할당된다. Fore사는 비행기 운항 계획이 없을 때마다 비행기를 단기 임대해주거나 전세용으로 다른 회사에 임대한다. Fore사는 자신들의 임대료 또는 전세료를 적정하게 유지하기 위하여 종종 시장 조사를 실시한다.

Fore사 재무부사장인 William Earle은 제트여객기를 한 대 더 구입하는 것이 재무적으로도 합당하다고 주장해왔다. 그러나 회사 운영진 중 몇몇은 제트여객기를 한 대 더 구입하자는 진짜 이유는 Earle 자신의 비행기를 업그레이드하기 위해서라고 짐작했다. 현재 Earle보다 지위가 높은 사람들이 두 대의 제트 여객기를 모두 사용하게 되면 Earle은 대개 작은 경비행기를 이용한다.

세 번째 제트여객기를 구입하는 비용은 $11,000,000이다. 이 정도 규모 자본 지출의 경우 현금흐름에 대한 정형화된 계획안이 요구되며 Fore의 최소 요구수익률을 이용하여 NPV를 산출해야 한다. 만약 Fore사의 회장과 이사진들이 계획안을 승인하면 이는 이사회에 제출될 것이다. 최종 이사회에서 $5,000,000를 초과하는 자금지출에 대한 승인절차가 있으며 회사의 정책상 부의 NPV를 가지는 계획안은 승인되지 않는다.

Earle은 제트여객기 구매에 대하여 회사 운영보조자인 Rachel Arnett에게 자문을 구했다. Arnett은 다음과 같은 자료를 수집했다.

- 비행기 안의 각종 장비들과 인테리어 비용이 포함된 비행기의 구입비용
- 회사가 비행기를 사용할 경우의 운영비용
- 비행기의 사용에 따른 회피 가능한 항공요금과 기타 회피 가능 비용의 추산액
- 제트 여객기를 사용함으로써 절약할 수 있는 관리상의 시간에 대한 가치의 추산액
- 증가하는 임대 또는 전세를 통한 공헌이익의 추산액
- 비행기의 재판매 가치 평가액

Earle이 Arnett의 완성된 계획안을 읽어보고는 매우 큰 음(–)의 NPV값이 나왔음을 알고 계획안을 Arnett에게 돌려보냈다. Earle은 Arnett을 쏘아보며 "당신이 실수한 게 분명해요. 계획안이 이보다는 좋단 말이에요."

무언가의 압력 속에서 Arnett은 자신의 계산을 다시 해보았다. 그녀는 실수를 발견하지 못했다. 그러나 Earle의 메시지는 분명했다. Arnett은 그녀가 합당하다고 생각했다고 생각했던 자신의 추정치 대신에, 실제 발생하는 경우와는 거리가 먼 수치로 대체함으로써 계획안을 좀 더 매력적으로 만들었다. 예를 들어 회사의 정책은 이등석이지만 절감할 수 있는 항공요금에 일등석 요금을 사용한 것이다. 그녀는 수정한 계획안이 문제가 될 것을 알았다.

수정한 계획안은 여전히 음(–)의 NPV를 나타냈다. Earle은 더욱 화를 내며 Arnett에게 $100,000의 양의 NPV로 시작하고 계획안을 다시 수정하라고 말했다.

요구사항:

1. Arnett의 수정된 계획안이 IMA의 윤리 기준에 위배하는지에 대하여 설명하라.
2. William Earle이 Arnett에게 계획안을 어떻게 수정할지 이야기한 것은 IMA의 윤리기준에 위배되는가? 당신의 답을 설명하라.
3. 재무 부사장의 비윤리적인 행동을 방지할 수 있는 Fore사의 내부 통제 제도를 설명하라.

(CMA 수정)

사례 14–32 신제품의 NPV분석 [학습목표 14-2]

Matheson Electronics사는 시장에서 수요가 많을 것으로 예상되는 새로운 전자 장비를 개발했다. 이 회사는 마케팅과 원가에 대한 연구를 통하여 다음과 같은 정보를 얻었다.

a. 장비를 생산하기 위해서는 새로운 설비가 필요하다. 설비는 $315,000의 비용이 소요되며 내용 연수는 6년이다. 6년 후 잔존가치는 $15,000이다.

b. 6년 동안 예상 단위 판매량은 다음과 같다.

연도	단위 판매량
1	9,000
2	15,000
3	18,000
4–6	22,000

c. 장치를 생산 판매하는 데 있어 $60,000의 운전자본이 필요하다. 운전자본은 미수금, 재고관리, 매일의 필요한 현금을 위한 것이다. 투자안의 내용연수 말에 회수된다.

d. 장비는 개당 $35에 판매한다. 생산비, 판매관리비에 대한 변동비용은 단위당 $15이다.

e. 급여, 수리유지비, 세금, 보험료, 정액 감가상각비에 대한 고정비용은 매년 총 $135,000이다.(감가상각은 비용에서 잔존가치를 뺀 것을 바탕으로 한다.)

f. 시장에서 빠르게 인지도를 높이기 위하여 회사는 많은 광고비를 지출해야 한다. 광고비는 다음과 같다.

연도	1년당 광고비
1–2	$180,000
3	$150,000
4–6	$120,000

g. 이 회사의 요구수익률은 14%이다.

요구사항:

1. 6년 동안 장비 판매에 따른 기대 순현금유입(증분공헌이익에서 증분고정비용을 차감)을 각 연도별로 계산하라.
2. 위의 (1)에서 계산한 수치와 문제에 주어진 자료 이용하여 이 투자안의 NPV를 계산하라. 당신은 Matheson Electronics사에게 신제품 생산을 추천하겠는가?

부록 14A: 현재가치의 개념

> **학습목표 14-7**
> 현재가치 개념을 이해하고 현가표를 이용할 수 있다.

오늘 받은 $1는 일 년 후의 $1보다 더 가치가 있다. 왜냐하면 당신이 지금 $1를 가지고 있다면 은행에 예치하여 1년 뒤에 더 많이 받을 수 있기 때문이다. 미래의 현금이 현재의 현금보다 더 가치가 있기 때문에 각각 다른 시기에 받는 현금흐름은 가중치를 다르게 해야 한다.

이자계산

은행이 5% 이자를 지급한다면 오늘 $100의 예금은 일 년 뒤에 $105가 된다. 이것은 다음과 같이 표현된다.

$$F_1 = P(1 + r) \tag{1}$$

여기서 F_1 = 기간 말의 잔액, P = 현재의 투자금액 그리고 r = 기간당이자율

5%의 이자를 받을 수 있는 $100를 예금한다면 P = $100이고 r = 0.05이다. 이 상황하에서 F_1 = $105이다.

$100를 1년 뒤에 받는 $105의 **현재가치(present value)**라고 부른다. 또한 미래 $105수취액의 할인가치라고도 부른다. $100는 이자율이 5%일 때 1년 뒤에 받아야 할 $105의 현재가치를 나타낸다.

복리이자 만일 $105가 두 번째 연도에도 은행에 있다면 어떤가? 이 경우에는 두 번째 연도 말에 초기 $100의 예금은 $110.25로 불어 있을 것이다.

초기 예금액	$100.00
첫해의 이자 $100 × 0.05	5.00
첫 년도 말 잔액	105.00
두 번째 해의 이자 $105 × 0.05	5.25
두 번째 년도 말 잔액	$110.25

첫해에 $5.00의 이자와 두 번째 해의 $5.25의 이자를 비교할 때 주의하자. 이 차이는 두 번째 해의 이자에도 이자를 지불해야 하기 때문에 발생한다. 즉 첫해에 받은 이자 $5.00가 예금 잔액에 남아 있고 이는 두 번째 해에 이자를 계산할 때 초기 $100에 더해진 것이다. 이를 **복리이자(compound interest)**라고 한다. 이 경우 계산은 매년 한다. 이자는 반기별, 분기별, 월별 또는 연속으로도 복리 계산할 수 있다. 복리계산을 더 자주 할수록 잔액은 더 급격히 증가할 것이다.

아래의 등식을 이용하여 기간 n 이후 복리로 계산한 계좌의 잔액은 다음과 같이 계산할 수 있다.

$$F_n = P(1 + r)^n \tag{2}$$

여기서 n = 복리계산의 기간 수이다.

만일 n = 2년이고 이자율이 매년 5%라면 2년 후의 잔액은 다음과 같이 계산된다.

$$F_2 = \$100(1 + 0.05)^2$$
$$F_2 = \$110.25$$

현재가치와 미래가치 도표 14A–1은 현재가치와 미래가치의 관계를 보여준다. 도표에서 보듯이 만약 $100가 매년 복리이자율 5%로 예치되어 있다면 5년 말에 $127.63가 될 것이다.

현재가치의 계산

투자안은 미래가치 또는 현재가치의 두 가지 방법으로 볼 수 있다. 우리가 현재가치 총액($100 예금액과 같은)을 알고 있다면 n년 뒤의 미래가치는 공식 (2)를 사용하여 계산할 수 있다. 그러나 이 상황이 반대이고 미래가치금액을 알고 있고 현재가치를 모른다면 어떻게 할 것인가?

예를 들어 2년 뒤에 $200를 받는다고 가정하자. 2년 뒤에 받을 금액이 $200이기 때문에 미래가치총액이 그 금액이라는 것을 알고 있다. 하지만 현재가치총액의 가치는 얼마인가? 현재가치총액은 등식 (2)를 변형하여 P를 계산할 수 있다.

도표 14A-1
현재가치와 미래가치와의 관계

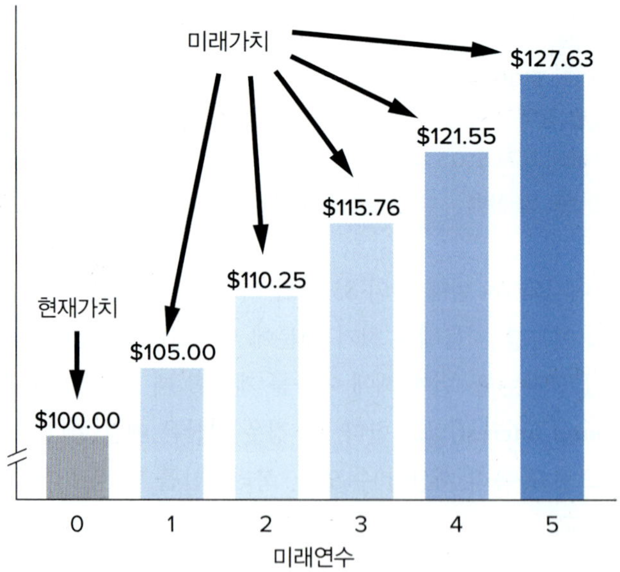

$$P = \frac{F_n}{(1 + r)^n} \qquad (3)$$

우리의 예제에서 $F_n = \$200$ (미래에 받을 금액), $r = 0.05$ (연간이자율), $n = 2$ (미래년도)

$$P = \frac{\$200}{(1 + 0.05)^2}$$

$$P = \frac{\$200}{1.1025}$$

$$P = \$181.40$$

앞의 계산에서 보듯이 지금부터 2년 뒤에 받는 총액 $200의 현재가치는 5%의 이자율에서 $181.40가 된다. 실제로 지금 받는 $181.40가 2년 받을 $200와 동일한 금액이다.

미래 현금흐름의 현재가치를 찾기 위한 과정을 **할인(discount)**이라고 부른다. $200를 할인하면 $181.40이 된다. 현재가치를 찾기 위해 사용한 5%의 이자는 **할인율(discounting rate)**이라고 한다. 미래금액총액을 현재가치로 할인하는 것은 사업에 있어서 특히 자본예산 의사결정에서 통상적인 실무이다.

계산기가(y^x)의 기능을 갖고 있다면 앞의 계산은 매우 쉽다. 그러나 우리가 사용할 현재가치 공식 중 몇몇은 더 복잡하다. 다행히도 계산기로 이미 계산한 이용가능한 표가 있다. 예를 들어 부록 14B에 있는 도표 14B-1는 다양한 이자율에서 여러 기간에 받을 수 있는 $1를 할인한 현재가치를 보여주고 있다. 이 표는 이자율 5%에서 지금부터 2년 뒤에 받을 수 있는 $1의 가치는 0.907이라는 것을 보여주고 있다. 우리의 예제에서 $1가 아니라 $200의 현재가치를 계산해야 하므로 우리는 단지 $200에 표의 이 계수를 곱하면 된다.

$$\$200 \times 0.907 = \$181.40$$

이 답은 등식 (3)의 공식을 이용해서 얻은 값과 동일하다.

연속 현금흐름의 현재가치

어떤 투자안이 미래의 단일 시점에 받을 단일 합계를 포함함에도 불구하고 다른 투자안은 연속적인 현금흐름을 포함한다. 연속의 동일한 현금흐름은 **연금(annuity)**이라고 한다. 예를 들어 기업이 국채를 취득했다고 하자. 이 채권은 매년 $15,000의 이자를 창출하고 5년간 보유할 것이다. 채권에서 받을 수 있는 이자수령액의 현재가치는 얼마인가? 도표 14A-2에서 보듯이 할인율이 12%라면 이것의 현재가치는 $54,075이다. 이 도표에서 사용하는 할인계수는 부록 14B의 도표 14B-1에서 얻을 수 있다.

도표 14A-2
일련의 현금 수령액의 현재가치

연도	12%에서의 계수 (도표 14B-1)	이자수령액	현재가치
1	0.893	$15,000	$13,395
2	0.797	$15,000	11,955
3	0.712	$15,000	10,680
4	0.636	$15,000	9,540
5	0.567	$15,000	8,505
			$54,075

도표 14A-2는 두 가지 중요한 점을 설명하고 있다. 첫째, $15,000의 이자의 현재가치는 시간이 갈수록 더 낮아진다. 1년 뒤의 $15,000의 현재가치는 $13,395이고 5년 뒤에 받는다면 이는 겨우 $8,505가 된다. 이점은 현금의 시간가치가 줄어든다는 것을 보여준다.

두 번째는 도표 14A-2에서 사용한 계산된 수치는 불필요한 작업을 포함하고 있다. $54,075와 동일한 현재가치는 부록 14B의 도표 14B-2를 참고해서 쉽게 얻을 수 있다. 도표 14B-2는 다양한 이자율 하에서 일련의 년도 동안 매년 받을 $1의 현재가치를 포함하고 있다. 도표 14B-2는 도표 14B-1의 계수들을 합하여 도출하였다.

연도	12%에서의 계수 (도표 14B-1)
1	0.893
2	0.797
3	0.712
4	0.636
5	0.567
	3.605

위 5개의 계수의 합계는 3.605이다. 도표 14-B에 12%로 5년간 매년 받을 $1에 대한 계수 또한 3.605라는 점에 주목하자. 이 계수와 매년의 현금유입 $15,000를 곱하면 이미 도표 14A-2에서 얻은 현재가치 $54,075와 동일한 값을 구할 수 있다.

$$\$15,000 \times 3.605 = \$54,075$$

그러므로 첫 번째 기간 말에 시작하는 일련의 동일한 현금의 현재가치를 계산할 때는 도표 14B-2를 이용해야 한다.

요약하면 부록 14B의 현재가치표를 다음과 같이 이용할 수 있다.

도표 14B-1: 이 표는 미래에 발생하는 단일 현금흐름(단일 지불금이나 단일 수령액과 같은)의 현재가치를 찾을 때 이용할 수 있다.

도표 14B-2: 이 표는 현 기간 말에 시작하여 미래에 계속되는 일련의 동일한 현금흐름의 현재가치를 찾기 위해 사용할 수 있다.

이 두 개의 표 사용에 대해 이 장 본문에서 다양한 표로 설명하고 있다. 현재가치요소가 도표에 나와 있을 때 이 표에 익숙해지기 위해서 도표 14B-1 또는 도표 14B-2로 돌아가서 찾아보아야 한다.

종합예제 (부록 14A): 기초 현재가치 계산 connect

다음의 각 상황은 독립적이다. 각 상황의 문제에 대한 답을 찾아보고 제시된 해답과 점검하라.

1. John은 12년 후에 퇴직할 계획이다. 퇴직할 때에 그는 장기간 여행을 하고 싶어 하는데 최소 $40,000가 소요될 것으로 예상한다. 12년 후에 $40,000가 되기 위해서 수익률이 다음과 같다면 현재 투자해야 하는 총금액은 얼마인가?
   a. 8%
   b. 12%
2. Morgan은 딸들을 앞으로 5년 간 각 연도 말에 음악캠프에 보내고 싶어한다. 캠프비용은 일 년에 $1,000이다. 만약 수익률이 다음과 같다면 매년 말에 $1,000가 되려면 현재시점에서 투자해야 하는 총금액은 얼마인가?
   a. 8%
   b. 12%
3. 당신은 친척으로부터 막 상속을 받았다. 당신은 10년 말에 총액 $200,000를 받거나, 앞으로 10년간 매년 연말에 $14,000을 받을 수 있다. 만약 할인율이 12%라면 당신은 어떤 대안을 선호하는가?

종합예제의 해답

1. a. 현재 투자해야 하는 총액은 할인율 8%를 사용한 $40,000의 현재가치가 될 것이다. 부록 14B의 도표 14B-1로부터 12년, 할인율 8%에 대한 계수는 0.397이다. 12년 후에 필요한 $40,000에 이 할인 계수를 곱하면 현재 투자에 필요한 금액이 산출된다. $40,000 × 0.397 = $15,880.
   b. (*a*)에서 한 것처럼 할 수 있으나, 할인율은 12%를 사용한다. 부록 14B의 도표 14B-1로부터 12년, 할인율 12%에 대한 계수는 0.257이다. 12년 후에 필요한 $40,000에 이 할인 계수를 곱하면 현재 투자에 필요한 금액이 산출된다. $40,000 × 0.257 = $10,280.
   할인율(요구 수익률)이 높아질수록 현재가치가 낮아짐을 보아라.
2. 여기서는 단일 미래 총액이 아니라 연금을 다룬다는 점에서 위의 (1)과는 다르다. 지금 투자해야 하는 금액은 5년 동안 매년도 말에 필요한 $1,000의 현재가치이다. 연금 또는 연간 연속 현금흐름을 다루고 있으므로 적절한 할인율 계수를 찾기 위해서 부록 14B의 도표 14B-2를 참조해야 한다.
   a. 부록 14B의 도표 14B-2로부터 5년, 8%에 대한 할인율 계수는 3.993이다. 그러므로 5년 동안 각 연도 말에 $1,000를 갖기 위해서 현재 투자해야 하는 금액은 $1,000 × 3.993 = $3,993이다.
   b. 부록 14B의 도표 14B-2로부터 5년, 12%에 대한 할인율 계수는 3.605이다. 그러므로 5년 동안 각 연도 말에 $1,000를 갖기 위해서는 현재 투자해야 하는 금액은 $1,000 × 3.605 = $3,605이다.
   다시 한 번 할인율은 높아짐에 따라 현재가치는 감소한다는 것을 주목하라. 수익률이 높으면 미래에 주어진 금액을 만들기 위해 현재 투자해야 하는 금액은 적다.

3. 여기서 우리는 부록 14B의 도표 14B–1과 14B–2 모두를 참조하여야 한다. 도표 14B–1로부터 10년, 12%에 대한 할인 계수를 찾은 후 10년 후에 수령할 총액 $200,000에 적용해야 한다. 도표 14B–2로부터 10년, 12%에 대한 할인 계수를 찾은 후 이것을 10년 동안 받아야 하는 $14,000의 연속 현금흐름에 적용시켜야 한다. 더 높은 현재가치를 갖는 대안을 선택하여야 한다.

$$\$200,000 \times 0.322 = \$64,400$$
$$\$14,000 \times 5.650 = \$79,100$$

따라서 당신은 총액으로 $200,000를 수령하기 보다는 10년 동안 매년 $14,000를 받는 것을 더 선호할 것이다. 이것은 매년도 말에 받는 $14,000를 12%에 투자한다면 10년 말의 $200,000보다 더 많이 받는다는 것을 의미한다.

용어해설 (부록 14A)

복리이자(compound interest) 투자에 대한 이자에 이자를 지급하는 절차.
연금(annuity) 동일한 현금흐름의 연속.
할인(discounting) 미래 현금흐름의 현재가치를 찾는 절차.
할인율(discount rate) 미래 현금흐름의 현재가치를 찾는데 사용하는 수익률.
현재가치(present value) 미래 시점에 수령할 금액의 현재가치.

연습문제 (부록 14A) connect

문제 14A–1 기본적인 현재가치 개념 [학습목표 14-7]

두 가지 투자안의 연간 현금흐름 유입이 다음과 같다.

연도	투자안 A	투자안 B
1	$ 3,000	$ 12,000
2	6,000	9,000
3	9,000	6,000
4	12,000	3,000
	$ 30,000	$ 30,000

할인율은 18%이다.

요구사항:

각 투자안에 대한 현금 유입의 현재가치를 구하라.

문제 14A–2 기본적인 현재가치 개념 [학습목표 14-7]

Julie는 이제 막 은퇴를 하였다. 그녀의 회사는 그녀에게 퇴직금을 수령하는 방법 두 가지를 가지고 있다. 첫 번째 옵션은 퇴직금 $150,000를 일시불로 즉시 수령하는 것이고, 두 번째 옵션은 매년 $14,000를 20년간 받고 20년 말에 총액 $60,000를 더 수령하는 조건이다.

요구사항:

그녀가 12%의 수익률로 투자가 가능하다면 그녀에게 어떤 옵션을 추천하겠는가? 현재가치 분석을 사용하라.

문제 14A–3 기본적인 현재가치 개념 [학습목표 14-7]

3년 후 Steve는 공군에서 전역할 때 $8,000 상당의 파워보트를 구입하고 싶어한다.

요구사항:

수익률이 다음과 같을 때 3년도 말에 $8,000를 가지기 위해서는 현재 총 얼마를 투자해야 하는가?

1. 10%
2. 14%

문제 14A–4 기본적인 현재가치 개념 [학습목표 14-7]

Fraser사는 5년 후에 새로운 창고가 필요할 것이다. 창고를 짓는 데에는 $500,000의 비용이 소요된다.

요구사항:

5년 후에 $500,000를 사용하려면 현재 총 얼마를 투자해야 하는가? 회사는 다음의 수익률로 투자할 수 있다고 가정하자.

1. 10%
2. 14%

문제 14A–5 기본적인 현재가치 개념 [학습목표 14-7]

Atlantic Medical Clinic은 연간 $7,000의 비용을 절약할 수 있는 새로운 컴퓨터 시스템을 구입할 수 있다. 컴퓨터 시스템의 내용연수는 8년이며 잔존가치는 없다.

요구사항:

회사의 요구수익률이 다음과 같다면 Atlantic Medical Clinic은 새로운 컴퓨터 시스템에 최대 얼마까지(지불비용이 연간 절약되는 금액의 현재가치와 정확하게 일치하는 금액) 지불할 수 있겠는가?

1. 16%
2. 12%

문제 14A–6 기본적인 현재가치 개념 [학습목표 14-7]

Caldwell Herald는 다음의 기사를 보도했다. Frank Ormsby가 캘트웰 주의 새로운 백만장자가 되었다. 지난 주, 주가 발행한 복권에서 6명 추첨을 하였는데 Ormsby씨에게 20년간 매년 $80,000씩 지급한다고 밝혔다.

요구사항:

1. 만약 Ormsby씨가 12% 수익률로 돈을 투자할 수 있다면 그의 당첨금의 현재 가치는 얼마인가?
2. Ormsby씨를 "캘드웰 주의 새로운 백만장자로" 부르는 것이 타당한가? 당신의 답변에 대해 설명하라.

부록 14B: 현재가치표

도표 14B-1 $1의 현재가치: $\frac{1}{(1+r)^n}$

Periods	4%	5%	6%	7%	8%	9%	10%	11%	12%	13%	14%	15%	16%	17%	18%	19%	20%	21%	22%	23%	24%	25%
1	0.962	0.952	0.943	0.935	0.926	0.917	0.909	0.901	0.893	0.885	0.877	0.870	0.862	0.855	0.847	0.840	0.833	0.826	0.820	0.813	0.806	0.800
2	0.925	0.907	0.890	0.873	0.857	0.842	0.826	0.812	0.797	0.783	0.769	0.756	0.743	0.731	0.718	0.706	0.694	0.683	0.672	0.661	0.650	0.640
3	0.889	0.864	0.840	0.816	0.794	0.772	0.751	0.731	0.712	0.693	0.675	0.658	0.641	0.624	0.609	0.593	0.579	0.564	0.551	0.537	0.524	0.512
4	0.855	0.823	0.792	0.763	0.735	0.708	0.683	0.659	0.636	0.613	0.592	0.572	0.552	0.534	0.516	0.499	0.482	0.467	0.451	0.437	0.423	0.410
5	0.822	0.784	0.747	0.713	0.681	0.650	0.621	0.593	0.567	0.543	0.519	0.497	0.476	0.456	0.437	0.419	0.402	0.386	0.370	0.355	0.341	0.328
6	0.790	0.746	0.705	0.666	0.630	0.596	0.564	0.535	0.507	0.480	0.456	0.432	0.410	0.390	0.370	0.352	0.335	0.319	0.303	0.289	0.275	0.262
7	0.760	0.711	0.665	0.623	0.583	0.547	0.513	0.482	0.452	0.425	0.400	0.376	0.354	0.333	0.314	0.296	0.279	0.263	0.249	0.235	0.222	0.210
8	0.731	0.677	0.627	0.582	0.540	0.502	0.467	0.434	0.404	0.376	0.351	0.327	0.305	0.285	0.266	0.249	0.233	0.218	0.204	0.191	0.179	0.168
9	0.703	0.645	0.592	0.544	0.500	0.460	0.424	0.391	0.361	0.333	0.308	0.284	0.263	0.243	0.225	0.209	0.194	0.180	0.167	0.155	0.144	0.134
10	0.676	0.614	0.558	0.508	0.463	0.422	0.386	0.352	0.322	0.295	0.270	0.247	0.227	0.208	0.191	0.176	0.162	0.149	0.137	0.126	0.116	0.107
11	0.650	0.585	0.527	0.475	0.429	0.388	0.350	0.317	0.287	0.261	0.237	0.215	0.195	0.178	0.162	0.148	0.135	0.123	0.112	0.103	0.094	0.086
12	0.625	0.557	0.497	0.444	0.397	0.356	0.319	0.286	0.257	0.231	0.208	0.187	0.168	0.152	0.137	0.124	0.112	0.102	0.092	0.083	0.076	0.069
13	0.601	0.530	0.469	0.415	0.368	0.326	0.290	0.258	0.229	0.204	0.182	0.163	0.145	0.130	0.116	0.104	0.093	0.084	0.075	0.068	0.061	0.055
14	0.577	0.505	0.442	0.388	0.340	0.299	0.263	0.232	0.205	0.181	0.160	0.141	0.125	0.111	0.099	0.088	0.078	0.069	0.062	0.055	0.049	0.044
15	0.555	0.481	0.417	0.362	0.315	0.275	0.239	0.209	0.183	0.160	0.140	0.123	0.108	0.095	0.084	0.074	0.065	0.057	0.051	0.045	0.040	0.035
16	0.534	0.458	0.394	0.339	0.292	0.252	0.218	0.188	0.163	0.141	0.123	0.107	0.093	0.081	0.071	0.062	0.054	0.047	0.042	0.036	0.032	0.028
17	0.513	0.436	0.371	0.317	0.270	0.231	0.198	0.170	0.146	0.125	0.108	0.093	0.080	0.069	0.060	0.052	0.045	0.039	0.034	0.030	0.026	0.023
18	0.494	0.416	0.350	0.296	0.250	0.212	0.180	0.153	0.130	0.111	0.095	0.081	0.069	0.059	0.051	0.044	0.038	0.032	0.028	0.024	0.021	0.018
19	0.475	0.396	0.331	0.277	0.232	0.194	0.164	0.138	0.116	0.098	0.083	0.070	0.060	0.051	0.043	0.037	0.031	0.027	0.023	0.020	0.017	0.014
20	0.456	0.377	0.312	0.258	0.215	0.178	0.149	0.124	0.104	0.087	0.073	0.061	0.051	0.043	0.037	0.031	0.026	0.022	0.019	0.016	0.014	0.012
21	0.439	0.359	0.294	0.242	0.199	0.164	0.135	0.112	0.093	0.077	0.064	0.053	0.044	0.037	0.031	0.026	0.022	0.018	0.015	0.013	0.011	0.009
22	0.422	0.342	0.278	0.226	0.184	0.150	0.123	0.101	0.083	0.068	0.056	0.046	0.038	0.032	0.026	0.022	0.018	0.015	0.013	0.011	0.009	0.007
23	0.406	0.326	0.262	0.211	0.170	0.138	0.112	0.091	0.074	0.060	0.049	0.040	0.033	0.027	0.022	0.018	0.015	0.012	0.010	0.009	0.007	0.006
24	0.390	0.310	0.247	0.197	0.158	0.126	0.102	0.082	0.066	0.053	0.043	0.035	0.028	0.023	0.019	0.015	0.013	0.010	0.008	0.007	0.006	0.005
25	0.375	0.295	0.233	0.184	0.146	0.116	0.092	0.074	0.059	0.047	0.038	0.030	0.024	0.020	0.016	0.013	0.010	0.009	0.007	0.006	0.005	0.004
26	0.361	0.281	0.220	0.172	0.135	0.106	0.084	0.066	0.053	0.042	0.033	0.026	0.021	0.017	0.014	0.011	0.009	0.007	0.006	0.005	0.004	0.003
27	0.347	0.268	0.207	0.161	0.125	0.098	0.076	0.060	0.047	0.037	0.029	0.023	0.018	0.014	0.011	0.009	0.007	0.006	0.005	0.004	0.003	0.002
28	0.333	0.255	0.196	0.150	0.116	0.090	0.069	0.054	0.042	0.033	0.026	0.020	0.016	0.012	0.010	0.008	0.006	0.005	0.004	0.003	0.002	0.002
29	0.321	0.243	0.185	0.141	0.107	0.082	0.063	0.048	0.037	0.029	0.022	0.017	0.014	0.011	0.008	0.006	0.005	0.004	0.003	0.002	0.002	0.002
30	0.308	0.231	0.174	0.131	0.099	0.075	0.057	0.044	0.033	0.026	0.020	0.015	0.012	0.009	0.007	0.005	0.004	0.003	0.003	0.002	0.002	0.001
40	0.208	0.142	0.097	0.067	0.046	0.032	0.022	0.015	0.011	0.008	0.005	0.004	0.003	0.002	0.001	0.001	0.001	0.000	0.000	0.000	0.000	0.000

도표 14B-2 $1 기말 연금의 현재가치: $\frac{1}{r}\left[1 - \frac{1}{(1+r)^n}\right]$

Periods	4%	5%	6%	7%	8%	9%	10%	11%	12%	13%	14%	15%	16%	17%	18%	19%	20%	21%	22%	23%	24%	25%
1	0.962	0.952	0.943	0.935	0.926	0.917	0.909	0.901	0.893	0.885	0.877	0.870	0.862	0.855	0.847	0.840	0.833	0.826	0.820	0.813	0.806	0.800
2	1.886	1.859	1.833	1.808	1.783	1.759	1.736	1.713	1.690	1.668	1.647	1.626	1.605	1.585	1.566	1.547	1.528	1.509	1.492	1.474	1.457	1.440
3	2.775	2.723	2.673	2.624	2.577	2.531	2.487	2.444	2.402	2.361	2.322	2.283	2.246	2.210	2.174	2.140	2.106	2.074	2.042	2.011	1.981	1.952
4	3.630	3.546	3.465	3.387	3.312	3.240	3.170	3.102	3.037	2.974	2.914	2.855	2.798	2.743	2.690	2.639	2.589	2.540	2.494	2.448	2.404	2.362
5	4.452	4.329	4.212	4.100	3.993	3.890	3.791	3.696	3.605	3.517	3.433	3.352	3.274	3.199	3.127	3.058	2.991	2.926	2.864	2.803	2.745	2.689
6	5.242	5.076	4.917	4.767	4.623	4.486	4.355	4.231	4.111	3.998	3.889	3.784	3.685	3.589	3.498	3.410	3.326	3.245	3.167	3.092	3.020	2.951
7	6.002	5.786	5.582	5.389	5.206	5.033	4.868	4.712	4.564	4.423	4.288	4.160	4.039	3.922	3.812	3.706	3.605	3.508	3.416	3.327	3.242	3.161
8	6.733	6.463	6.210	5.971	5.747	5.535	5.335	5.146	4.968	4.799	4.639	4.487	4.344	4.207	4.078	3.954	3.837	3.726	3.619	3.518	3.421	3.329
9	7.435	7.108	6.802	6.515	6.247	5.995	5.759	5.537	5.328	5.132	4.946	4.772	4.607	4.451	4.303	4.163	4.031	3.905	3.786	3.673	3.566	3.463
10	8.111	7.722	7.360	7.024	6.710	6.418	6.145	5.889	5.650	5.426	5.216	5.019	4.833	4.659	4.494	4.339	4.192	4.054	3.923	3.799	3.682	3.571
11	8.760	8.306	7.887	7.499	7.139	6.805	6.495	6.207	5.938	5.687	5.453	5.234	5.029	4.836	4.656	4.486	4.327	4.177	4.035	3.902	3.776	3.656
12	9.385	8.863	8.384	7.943	7.536	7.161	6.814	6.492	6.194	5.918	5.660	5.421	5.197	4.988	4.793	4.611	4.439	4.278	4.127	3.985	3.851	3.725
13	9.986	9.394	8.853	8.358	7.904	7.487	7.103	6.750	6.424	6.122	5.842	5.583	5.342	5.118	4.910	4.715	4.533	4.362	4.203	4.053	3.912	3.780
14	10.563	9.899	9.295	8.745	8.244	7.786	7.367	6.982	6.628	6.302	6.002	5.724	5.468	5.229	5.008	4.802	4.611	4.432	4.265	4.108	3.962	3.824
15	11.118	10.380	9.712	9.108	8.559	8.061	7.606	7.191	6.811	6.462	6.142	5.847	5.575	5.324	5.092	4.876	4.675	4.489	4.315	4.153	4.001	3.859
16	11.652	10.838	10.106	9.447	8.851	8.313	7.824	7.379	6.974	6.604	6.265	5.954	5.668	5.405	5.162	4.938	4.730	4.536	4.357	4.189	4.033	3.887
17	12.166	11.274	10.477	9.763	9.122	8.544	8.022	7.549	7.120	6.729	6.373	6.047	5.749	5.475	5.222	4.990	4.775	4.576	4.391	4.219	4.059	3.910
18	12.659	11.690	10.828	10.059	9.372	8.756	8.201	7.702	7.250	6.840	6.467	6.128	5.818	5.534	5.273	5.033	4.812	4.608	4.419	4.243	4.080	3.928
19	13.134	12.085	11.158	10.336	9.604	8.950	8.365	7.839	7.366	6.938	6.550	6.198	5.877	5.584	5.316	5.070	4.843	4.635	4.442	4.263	4.097	3.942
20	13.590	12.462	11.470	10.594	9.818	9.129	8.514	7.963	7.469	7.025	6.623	6.259	5.929	5.628	5.353	5.101	4.870	4.657	4.460	4.279	4.110	3.954
21	14.029	12.821	11.764	10.836	10.017	9.292	8.649	8.075	7.562	7.102	6.687	6.312	5.973	5.665	5.384	5.127	4.891	4.675	4.476	4.292	4.121	3.963
22	14.451	13.163	12.042	11.061	10.201	9.442	8.772	8.176	7.645	7.170	6.743	6.359	6.011	5.696	5.410	5.149	4.909	4.690	4.488	4.302	4.130	3.970
23	14.857	13.489	12.303	11.272	10.371	9.580	8.883	8.266	7.718	7.230	6.792	6.399	6.044	5.723	5.432	5.167	4.925	4.703	4.499	4.311	4.137	3.976
24	15.247	13.799	12.550	11.469	10.529	9.707	8.985	8.348	7.784	7.283	6.835	6.434	6.073	5.746	5.451	5.182	4.937	4.713	4.507	4.318	4.143	3.981
25	15.622	14.094	12.783	11.654	10.675	9.823	9.077	8.422	7.843	7.330	6.873	6.464	6.097	5.766	5.467	5.195	4.948	4.721	4.514	4.323	4.147	3.985
26	15.983	14.375	13.003	11.826	10.810	9.929	9.161	8.488	7.896	7.372	6.906	6.491	6.118	5.783	5.480	5.206	4.956	4.728	4.520	4.328	4.151	3.988
27	16.330	14.643	13.211	11.987	10.935	10.027	9.237	8.548	7.943	7.409	6.935	6.514	6.136	5.798	5.492	5.215	4.964	4.734	4.524	4.332	4.154	3.990
28	16.663	14.898	13.406	12.137	11.051	10.116	9.307	8.602	7.984	7.441	6.961	6.534	6.152	5.810	5.502	5.223	4.970	4.739	4.528	4.335	4.157	3.992
29	16.984	15.141	13.591	12.278	11.158	10.198	9.370	8.650	8.022	7.470	6.983	6.551	6.166	5.820	5.510	5.229	4.975	4.743	4.531	4.337	4.159	3.994
30	17.292	15.372	13.765	12.409	11.258	10.274	9.427	8.694	8.055	7.496	7.003	6.566	6.177	5.829	5.517	5.235	4.979	4.746	4.534	4.339	4.160	3.995
40	19.793	17.159	15.046	13.332	11.925	10.757	9.779	8.951	8.244	7.634	7.105	6.642	6.233	5.871	5.548	5.258	4.997	4.760	4.544	4.347	4.166	3.999

부록 14C: 법인세(Income Taxes)와 현재가치 기법

학습목표 14-8

순현재가치 분석시 법인세를 포함할 수 있다.

부록 14C에서는 법인세가 자본예산 의사결정시 사용하는 순현재가치법에 미치는 영향에 대해 다룰 것이다. 이 장에서 두 가지 이유로 법인세를 무시하였다. 첫째, 많은 조직에서 법인세를 납부하지 않는다. 병원, 자선단체와 정부대행업체와 같은 비영리조직은 법인세가 면제된다. 둘째, 자본예산 결정은 복잡하고 작은 단위에서 잘 적용된다. 우리는 현금흐름의 할인에 대한 개념을 탄탄히 했으므로 순현재가치법에의 법인세의 영향에 대해 알아볼 것이다.

적절한 범위 내에서 이를 다루기 위해 우리는 많은 단순화된 가정을 한다. 우리는 재무보고를 위해 계산된 순이익과 세무이익은 같고, 잔존가치가 0인 정액 감가상각법을 사용한다고 가정한다. 또한 우리는 세율은 세무이익의 일정 비율이며, 비유동자산 매각으로부터의 손실이나 이익은 없다고 가정한다.

주요 개념

이번 부록에서는 이미 배운 순현재가치법에 대한 것을 다루며 여기에 **현금유출**로써 법인세 비용을 현금흐름 계산에 추가할 것이다. 자본예산 의사결정과 관련한 법인세 비용을 계산하기 위해서 우리는 두 단계의 과정을 사용할 것이다. 첫 번째 단계는 투자안 내용연수 동안 매년 받는 증분 순이익을 계산하는 것이다. 두 번째 단계는 법인세를 결정하기 위해서 매년 증분순이익에 세율을 곱하는 것이다. 매년 법인세는 투자안 내용연수 동안 발생하는 모든 현금흐름과 함께서 현재가치로 할인된다.

자본예산 의사결정 투자안의 증분 순이익 계산은 (연간 수익 − 연간 현금운영비 (변동비용과 고정 현금지출원가를 포함))과 연간 감가상각비, 그리고 다른 일회 비용을 **포함한다. 감가상각비는 증분순이익계산에 포함됨**을 주목하라. 감가상각비는 비현금 비용이지만 이는 세무이익의 계산에 영향을 미친다. 자본예산 의사결정 투자안의 증분순이익 계산은 장비를 위한 초기 투자금액, 다른 자산 및 설치비용과 같은 형태의 즉각적인 현금유출을 **포함하지 않는다**. 이는 또한 투자안 내용연수 말에 받는 운전자본에의 투자와 비유동자산 매각으로부터의 이익이나 손실이 없을 때 비유동자산 매각 과정을 **포함하지 않는다**. 요약하면 자본예산 의사결정 투자안의 증분 순이익 계산에 포함되어야 할 항목과 포함하지 않아야 할 항목은 다음과 같다.

증분순이익 계산에 포함:
연간 수익
연간 현금 운영비
연간 감가상각비
일회 비용

증분순이익 계산에 비포함:
장비 등 다른 자산에의 초기 투자금액, 설치비용
운전자본에의 투자금액
투자안 내용연수 말의 운전자본 회수
비유동자산 매각으로부터의 이익이나 손실이 없을 때의 매각 과정

법인세와 순현재가치 분석: 사례

Holland사는 광석이 매장되어 있는 토지에 대한 광물 권리를 소유하고 있다. 회사는 설비를 매입하고 광산을 개발할지에 대해 확신이 없다. 세심히 조사해 본 후 회사는 다음의 자료를 모았다.

설비구입의 초기 투자금액	$275,000
운전자본에의 초기 투자금액	$50,000
광석 매출로 인한 연간 현금 회수 추정액	$250,000
연간 현금 운영비용의 추정액	$150,000
3년 후에 필요한 도로 수리비용	$30,000

광산의 광물은 5년 후에 고갈될 것이며, 이 때 광산은 폐쇄될 것이고 Holland사는 운전자본을 회수하고 이를 재배치할 것이다. 장비의 내용연수는 5년이며 잔본가치는 없다. Holland사는 재무보고와 세금목적상 정액 감가상각비를 사용한다. 회사의 세후 자본비용은 12%이며 세율은 30%이다. 일관성 있게 하기 위해 세후 현금흐름의 순현재가치를 계산할 때 우리는 세후 자본비용을 할인율로 사용한다.

Holland사는 설비를 매입하여 광산을 열어야 하는가? 도표 14C–1이 이 결정과 관련하여 법인세의 영향을 포함하는 순현재가치 분석에 대해 보여주고 있다. 도표의 맨 윗부분은 5년 동안의 투자안의 증분 순이익과 각 년도의 법인세를 보여주고 있다. 증분 순이익 계산은 연간 매출($250,000), 연간 현금 운영비($150,000), 3년 후 도로 수리비용($30,000)과 연간 감가상각비 $55,000($275,000 ÷ 5년 = 매년 $55,000)를 포함한다. 법인세를 결정하기 위해 매년 증분순이익에 세율 30%를 곱한다.

도표 14C–1의 마지막 부분은 광산 투자안의 순현재가치 계산 값을 보여주고 있다.

도표 14C-1 Holland사: 법인세와 순현재가치 분석

	A	B	C	D	E	F	G
1					연도		
2		현재	1	2	3	4	5
3	**연금 세금 계산:**						
4	매출		$ 250,000	$ 250,000	$ 250,000	$ 250,000	$ 250,000
5	현금 운영비용		$ (150,000)	$ (150,000)	$ (150,000)	$ (150,000)	$ (150,000)
6	도로 수리비				$ (30,000)		
7	감가상각비		$ (55,000)	$ (55,000)	$ (55,000)	$ (55,000)	$ (55,000)
8	증분 순이익		$ 45,000	$ 45,000	$ 15,000	$ 45,000	$ 45,000
9	세율		30%	30%	30%	30%	30%
10	법인세		$ (13,500)	$ (13,500)	$ (4,500)	$ (13,500)	$ (13,500)
11							
12	**순현재가치 계산:**						
13	설비 구입비용	$ (275,000)					
14	운전자본에의 투자금액	$ (50,000)					
15	매출		$ 250,000	$ 250,000	$ 250,000	$ 250,000	$ 250,000
16	현금 운영비용		$ (150,000)	$ (150,000)	$ (150,000)	$ (150,000)	$ (150,000)
17	도로 수리비				$ (30,000)		
18	운전자본 회수						$ 50,000
19	법인세		$ (13,500)	$ (13,500)	$ (4,500)	$ (13,500)	$ (13,500)
20	총 현금흐름 (a)	$ (325,000)	$ 86,500	$ 86,500	$ 65,500	$ 86,500	$ 86,500
21	할인계수 (12%) (b)	1.000	0.893	0.797	0.712	0.636	0.567
22	현금흐름의 현재가치 (a) × (b)	$ (325,000)	$ 77,245	$ 68,941	$ 46,636	$ 55,014	$ 77,396
23	순현재가치 (SUM B22:G22)	$ 231					
24							
25	비고: 할인계수들은 부록 14B의 도표 14B-1에 있다.						
26							

도표 14-10 / 도표 14-11 / 도표 14C-1

이 도표의 이 부분에서 요약된 현금흐름은 설비구입 초기 비용($275,000), 운전자본에 의 투자금액($50,000), 연간 매출($250,000), 연간 현금 운영비용($150,000), 3년 후 도로 수리비($30,000), 5년 후 운전자본 회수금($50,000)과 연간 법인세를 포함한다. 셀 C19부터 셀 G19까지의 법인세는 셀 C10에서 셀 G10까지 이전에 계산한 값들과 같다. 셀 B20에서 셀 G20까지의 매년 총현금흐름에 12%에 해당하는 할인계수를 곱하여 총 현금흐름의 현재가치를 계산한다. 셀 B22에서 셀 G22까지의 현재가치들은 투자안의 순 현재가치인 $231를 계산하기 위해 합해야 한다. 순현재가치가 양의 금액이므로 이는 Holland사가 이 광산 투자안을 채택해야함을 나타낸다.

요약 (부록 14C)

만일 학교나 정부단위조직과 같은 기관이 세금면제를 받지 못한다면 법인세는 자본예산 의사결정시 순현재가치분석법을 사용할 때 고려되어야 한다. 자본예산 의사결정 투자안와 관련된 법인세의 계산은 두 가지 과정을 거친다. 첫 번째 단계에서는 투자안의 내용연수동안 받는 연간 증분순이익을 계산한다. 두 번째 단계에서는 매년의 증분순이익에 세율을 곱하여 법인세를 결정한다. 그 다음 매년 법인세는 투자안의 내용연수동안 발생하는 다른 모든 현금 흐름들과 함께 현재가치로 할인된다.

자본예산 의사결정 투자안의 증분순이익 계산은 (연간 수익−연간 현금운영비), 연간 감가상각비와 다른 일회 비용들을 포함한다. 이는 운전자본에의 투자금액, 투자안 내용연수 말의 운전자본 회수금, 비유동자산 매각으로부터의 이익이나 손실이 없을 때의 매각 과정뿐만 아니라 장비나 다른 자산에의 초기 투자금액이나 설치비용과 같은 형태의 즉각적인 현금유출을 포함하지 않는다.

연습문제 (부록 14C)

문제 14C-1 법인세와 순현재가치 분석 [학습목표 14-8]

Gaston사는 잔존가치는 없으며 내용연수가 5년인 장비에의 투자금액 $2,000,000를 필요로 하는 자본예산 의사결정 투자안에 대해 고려하고 있다. 이 회사의 세율은 30%이고 세후 자본비용은 13%이다. 그리고 이는 재무보고와 세금 목적상 정액 감가상각법을 사용한다. 이 투자안은 5년간 매년 영업이익을 다음과 같이 창출한다.

매출		$2,800,000
변동비용		1,600,000
공헌이익		1,200,000
고정비:		
광고, 급여, 기타 고정 현금지출원가	$500,000	
감가상각비	400,000	
총고정비		900,000
영업이익		$ 300,000

요구사항:

투자안의 현재가치를 계산하라.

문제 14C-2 법인세와 순현재가치 분석 [학습목표 14-8]

Winthrop사는 5년 동안 신제품을 생산 판매할 수 있는 기회를 가지고 있다. 이 기회를 잡기 위해 이 회사는 $130,000의 장비를 구입해야 한다. 이 장비의 내용연수는 5년이며 잔존가치는 없다. 이는 재무보고와 세금 목적으로 정액법을 사용하여 감가상각 될 것이다. 신중히 검토한 후 Winthrop사는 신제품의 다음과 같은 연간 비용과 수익을 추정하였다:

연간 수익과 비용:	
매출수익	$250,000
변동비용	$120,000
고정 현금 운영비용	$70,000

회사의 세율은 30%이고 세후 자본비용은 15%이다.

요구사항:

투자안의 순현재가치를 계산하라.

문제 14C-3 법인세와 순현재가치 분석 [학습목표 14-8]

Lander사는 5년 간 자본예산 의사결정 투자안을 수행할 수 있는 기회를 가지고 있다. 신중히 검토한 후 Lander사는 다음과 같은 투자안의 수익과 비용을 추정하였다.

필요한 장비 구입비용	$250,000
필요한 운전자본	$60,000
2년 후 장비 수리비용	$18,000
연간 수익과 비용:	
매출수익	$350,000
변동비용	$180,000
고정 현금 운영비용	$80,000

위에서 언급한 장비의 내용연수는 5년이며 잔존가치는 없다. Lander사는 재무보고와 세금 목정상 정액 감가상각법을 사용한다. 이 회사의 세율은 30%이며 세후 자본비용은 12%이다. 투자가 5년 후 끝날 때 운전자본은 회사가 또 다른 곳의 투자를 위하여 회수할 것이다.

요구사항:

투자안의 순현재가치를 계산하라.

문제 14C-4 법인세와 순현재가치 분석 [학습목표 14-8]

Rosman사는 5년 간 자본예산 의사결정 투자안을 수행할 수 있는 기회를 가지고 있다. 신중히 검토한 후 Rosman사는 다음과 같은 투자안의 수익과 비용을 추정하였다.

필요한 장비 구입비용	$420,000
필요없는 구장비 판매	$80,000
필요한 운전자본	$65,000
3년, 4년 각 시기에 장비 유지비	$20,000
연간 수익과 비용:	
매출수익	$410,000
변동비용	$175,000
고정 현금 운영비용	$100,000

위에서 언급한 장비의 내용연수는 5년이며 잔존가치는 없다. 구장비는 투자 시작 시에 매각할 것이며 이로 인한 이익이나 손실은 없을 것이다. Rosman사는 재무보고와 세금 목적상 정액 감각상각법을 사용한다. 이 회사의 세율은 30%이며 세후 자본비용은 12%이다. 투자가 5년 후 끝날 때 운전자본은 회사가 또 다른 곳의 투자를 위하여 회수할 것이다.

요구사항:

투자안의 순현재가치를 계산하라.

문제 14C-5 법인세와 순현재가치 분석 [학습목표 14-5, 14-8]

Shimano사는 5년 동안 신제품을 생산 판매할 수 있는 기회를 가지고 있다. 이 회사의 세율은 30%이며 세후 자본비용은 14%이다. 각 제품의 비용과 수익 측정치는 다음과 같다.

	제품 A	제품 B
장비에의 초기 투자금액	$400,000	$550,000
운전자본에의 초기 투자금액	$85,000	$60,000
연간 매출	$370,000	$390,000
연간 현금 운영비용	$200,000	$170,000
3년 후 필요한 수리비용	$45,000	$70,000

두 제품 모두 내용연수는 5년이며 잔존가치는 없다. Shimano사는 재무보고와 세금 목적상 정액 감각상각법을 사용한다. 5년 말에 각 제품의 운전자본은 회사가 또 다른 곳의 투자를 위하여 회수할 것이다.

요구사항:

1. 각 투자안의 순현재가치는 어떤가?
2. 이 회사는 두 제품 중 어떤 것을 생산 판매해야 하는가? 이유는?

Chapter 15

현금흐름표

학습목표

15장을 공부한 후에 다음을 할 수 있어야 한다.

학습목표 15-1 현금 유입과 현금 유출을 영업활동, 투자활동, 재무활동으로 분류할 수 있다.

학습목표 15-2 영업활동으로 인한 순현금을 결정하기 위해서 간접법을 이용한 현금흐름표를 작성할 수 있다.

학습목표 15-3 잉여 현금 흐름을 계산한다

학습목표 15-4 (부록 15A)영업활동으로 인한 순현금을 결정하기 위해 직접법을 이용할 수 있다.

©Jonathan Weiss/Shutterstock

현금흐름의 이해

BUSINESS FOCUS

2011년 미국에서 가장 큰 식료품 및 의약품 소매업 회사인 **Kroger**는 $596백만의 순이익을 발표했다. 같은 해 동안 회사는 공장 및 설비를 위해 $19억, 배당금을 위해 총 $257백만, 장기 대출 상환을 위해 $547백만를 사용하고, $15억을 자회사 주식 구입에 썼다. 이는 Kroger가 순이익을 넘어서는 규모의 돈을 사용했다는 것을 보여준다. 이번 장에서는 현금흐름표를 설명하면서 회사의 순수익과 현금의 유입과 유출이 어떤 관계가 있는지 학습 할 것이다. ■

Source: The Kroger Company, 2011 Form 10-K Annual Report, www.sec.gov/edgar/searchedgar/companysearch.html.

세 **가지 주요 재무제표**(손익계산서, 재무상태표, 현금흐름표)는 대외 보고를 위해 만들어진다. **현금흐름표**는 현금흐름에 직간접적으로 영향을 미치는 중요한 주요 활동들과 이에 영향을 받는 전반적인 현금잔액을 보여준다. 관리자들은 매우 타당한 이유로 현금에 관심을 집중한다 — 필요한 때에 현금이 충분치 않아 좋은 투자기회를 상실한다는지 또는 심지어 파산으로 갈 수 있다.

현금흐름표는 손익계산서와 재무상태표의 검토로는 쉽게알 수 없는 물음에 답을 해준다. **Delta Airline**의 손익계산서에 따르면 $10억 이상의 손실을 기록했음에도 $140백만에 달하는 배당을 했다. 이러한 현금을 어디서 조달됐는가? **Walt Disney**사는 Euro Disney에 투자한 결과 $500백만의 손실을 입었음에도 불구하고 어떻게 테마파크를 확장하고 개축하는데 $800백만 가까이 투자할 수 있었는가? 순이익을 $79백만밖에 내지 못한 Wendy's International, Inc.,가 외식업체 체인을 확장하는 데 $125백만을 어떻게 조달했는가? 이런 물음에 대한 해답을 현금흐름표는 줄 수 있다.

현금흐름표는 예산 편성과정의 한 부분으로 예상 현금흐름표에 더 관심을 갖는 경향이 있는 경영자뿐만 아니라 주주와 채권에게도 가치 있는 분석도구이다. 현금흐름표는 다음과 같은 중요한 물음에 대한 답을 제시한다.

1. 기업이 계속 존속할 수 있도록 진행 중인 영업으로 충분한 현금흐름을 창출하고 있는가?
2. 기업이 부채상환능력이 있는가?
3. 기업이 배당능력이 있는가?
4. 순이익과 현금흐름의 차이의 원인은 무엇인가?
5. 필요한 투자를 수행하기 위해서 차입할 수 있는 범위는 얼마나 되는가?

경영자는 복식 부기(double-entry bookkeeping) 원리에 근거하여 현금흐름표를 작성해야 한다. 복식 부기에서는 현금 계정의 변화와 현금을 제외한 다른 모든 계정의 변화가 일치해야만 한다.[1] 이 원리로 인해 현금을 제외한 다른 모든 계정의 변화를 분석할 때는 항상 현금 계정의 변화인 현금유입과 현금유출의 양을 파악하는 것이 적절한 방법이 된다. 이번 장에서는 상당히 복잡한 원리로 작성된 숫자들을 분석하고 현금흐름표를 읽거나 작성하는 과정을 단계별로 알아보는 것을 목표로 한다.

어떻게 현금흐름표를 작성하는지 세부적으로 들어가기 전에, 두 가지 기본적인 공식에 대해서 기억해둬야 한다. 이는 자산과 비자산, 부채와 주주의 자본에 적용되는 공식이다.

1 현금흐름표는 재무상태표와 손익계산서에 기반 한다.

(1) 현금 변동 + 비현금 자산 변동 = 부채 변동+자본 변동

(2) 순 현금 흐름 = 현금 변동

(3) 자본 변동 = 순이익 − 배당액 + 주식 자본 변동

세 등식은 다음 등식으로 유도된다.

(4) 순 현금 흐름 = 순이익 − 비현금 자산 변동 + 부채 변동 − 배당액 + 주식 자본 변동

현금의 흐름을 보여주는 현금흐름표는 순이익을 기초로 비현금 잔액 계정의 변동으로 조정된 것으로 구성 된다.

자산 계정에 관한 기본 공식
기초 잔액 + 차변 항목 − 대변 항목 = 기말 잔액

비자산, 부채, 주주의 자본 계정에 관한 기본 공식
기초 잔액 − 차변 항목 + 대변 항목 = 기말 잔액

이런 공식들은 현금흐름표에 보고된 다양한 현금유입과 현금유출을 계산하는 데 도움을 줄 것이다.

현금흐름표: 주요 개념

현금흐름표는 일정 기간동안의 기업의 모든 현금유입과 유출을 종합한다. 그를 통해 현금계정의 변화를 보여준다. 현금흐름표에서 현금은 넓게 현금 및 현금성자산을 말한다. **현금성자산(cash equivalents)**은 국채, 상업어음, 일시적인 여유자금에서 수익을 얻을 목적으로 자본시장에 투자한 자금과 같이 단기간적으로 유동성이 높은 투자금액을 의미한다. 단순히 보유하는 현금을 제외하고는 대부분의 기업은 현금으로 쉽게 전환할 수 있는 이자를 창출하는 자산에 여유현금을 투자하고 있다. 이런 자산은 현금과 동일하므로 현금과 함께 현금흐름표에 포함되는 것이다.

이 장에서 현금흐름표를 이해하기 위해서 네 개의 주요 개념에 대해서 논의할 것이다. 네 개의 주요 개념은 현금흐름표의 구성, 현금흐름표 부기의 직접 방법과 간접 방법의 구분, 간접방법의 세 가지 단계 이해, 그리고 현금흐름표의 적절한 현금흐름 증가의 기록이다.[2]

학습목표 15-1

현금유입 또는 현금유출을 영업활동, 투자활동, 재무활동으로 분류할 수 있다.

현금흐름표의 구조

서로 다른 기업의 수치를 보다 쉽게 비교하기 위해서, U.S. GAAP(Generally Accepted Accounting Principles)과 IFRS(International Financial Reporting Standards)는 기업들에게 현금흐름표를 작성할 때 다음과 같은 규칙을 준수하도록 요구한다. 이러한 규칙중의 하나는 표의 구성이 세 개의 부분, **영업활동**, **투자활동** 그리고 **재무활동**으로부터 도출된 현금흐름으로 나눠져야 한다는 것이다. **영업활동(operating activities)**은 순이익에 영향을 주는 수입과 지출로 이어지는 현금 유입과 유출을 일으킨다. **투자활동(investing activities)**은 유형자산, 생산시설, 장비, 또 다른 기관에 대한 장기 투자 및 대출과 같은 고정자산을 매입하거나 처분하여 일어나는 현금 유입과 유출을 말한다. **재무활동(financing activities)**은 주식을 팔고 사거나 배당을

2 현금흐름표와 관련된 또 다른 개념은 직접 교환거래이다. 이는 고정 재무상태표 항목이 교환된 거래를 일컫는다. 예를 들어 기업이 자산의 직접교환으로 보통주를 발행한다. 직접 교환거래는 현금흐름표에 기제되지 않는다. 그러나 그것들은 표에 동반되는 개별 일정에서 공개된다. 보다 발전된 회계 과정은 이러한 주제에 대해서 더 자세히 다룬다. 여기 이번 장에서는 직접 교환거래에 대한 설명을 포함하지 않는다.

하는 것과 같이 채권자에게 원금을 갚거나 빌리고 기업 자체 거래를 통해 일어나는 현금 유입과 유출을 의미한다. 이러한 세 가지 활동을 통한 가장 보편적인 현금 유입과 유출 방식은 도표 15-1에 정리되어 있다.[3]

영업 활동: 직접법 또는 간접법?

U.S. GAAP과 IFRS는 기업들이 영업활동으로 발생된 현금 유입과 유출의 순 금액을 기록하도록 한다. **영업활동에 의해 제공되는 순현금흐름**으로 공식적으로 알려져 있으며, 직접법 또는 간접법으로 계산되어진다. 두 방법은 발생주의를 기본으로 하여 순이익을 현금으로 변환하여 기입한다는 동일한 목적을 갖는다. 그러나 이것을 하는 방법은 서로 다르다.

직접법(direct method)에서는 손익계산서가 현금을 기준으로 처음부터 끝까지 재구성된다. 예를 들어 소비자에게서 모아진 현금이 수입과 지출 대신 나열되고, 공급자에게 지불한 금액이 팔린 물건의 비용 대신 기입된다. 현금 수령은 수입으로 여겨지고, 현금 배분은 영업 활동에서 지출로 인식되는 것을 대신한다. 현금 수령과 배분의 차이는 영업 활동에서 제공되는 순현금이다.

도표 15-1
비현금성 재무상태표 계정의 분석에 의한 순현금흐름에 대한 설명

	현금 유입	현금 유출
영업활동		
고객으로부터의 현금 유입	√	
물품 구매에 대한 공급자 지불		√
보험, 공공요금 등에 대한 요금 지불		√
고용자에게 지불하는 급여		√
정부에 지불하는 세금		√
대출 기관에 지불하는 이자		√
투자활동		
유형자산, 생산시설과 장비 구입		√
유형자산, 생산시설과 장비 판매	√	
장기 투자로서 주식과 채권 구입		√
장기 투자한 주식과 채권 판매	√	
다른 기관에 대출 해주기		√
다른 기관에 해준 대출 원금 회수	√	
재무활동		
채권자로부터 대출하기	√	
대출 원금 상환		√
주식 매매 현금 회수	√	
자사 주식 재구입으로 현금 지출		√
주주에게 배당 지급		√

3 영업 현금 유입은 또한 이자 수익과 배당 수익을 포함한다. 그러나 이번 장에서는 판매에서부터 현금 수령의 범위에서 한정적으로 다루겠다.

간접법(indirect method)에서는 순이익이 현금을 기준으로 조정된 것이다. 현금 판매와 현금 지출 등이 직접적으로 계산되기 보다는 그만큼의 양이 현금흐름에 영향을 미치지 않는 요소들이 순이익에서 제거됨으로써 간접적으로 계산된다. 간접법은 영업활동으로 발생된 순이익과 순 현금의 차이가 나는 이유를 보여주기에 직접법에 비해 장점이 있다.

두 방법이 영업활동으로 발생한 순현금의 양을 똑같이 보여주긴 하지만, 단 1%의 기업만이 직접법을 사용하고 나머지 99%의 기업이 간접법을 사용한다.[4] 만약 기업이 현금 흐름표를 직접법을 사용하여 기술한다면, 간접법을 사용한 보충 보고서를 추가로 제공해야만 한다. 그러나 기업이 간접법을 사용한다면 직접법을 사용한 별도의 보고서는 필요없다. 이는 직접법은 더 많은 작업을 요하고 매우 적은 수의 기업만이 선택하는 방법이기 때문이다. 그러므로 우리는 직접법은 부록 15A에서 다루고 여기서는 간접법을 주요하게 다루겠다.

간접법: 3단계 과정

간접법은 순이익을 영업활동에서 제공되는 순현금으로 세 단계 과정을 통해서 조정한다.

1단계 첫 단계는 순이익에 감가상각비를 더하는 것이다. 감가상각비는 해당 기간동안 증가된 감가상각누계액의 모든 합인 감가상각누계액 계정의 대변 과목이다. 이것을 하는 이유는 감가상각누계액이 비현금 계정이고 순이익에서 해당 기간동안 발생한 비현금 계정의 변화 부분을 조정해야 하기 때문이다.

차변에 감가상각누계액을 계산하기 위해서는 위에서 언급한 비자산 계정에 관한 기본 공식을 이용한다.

비자산 계정에 관한 기본 공식

기초 잔액 − 차변 항목 + 대변 항목 = 기말 잔액

예를 들어 감가상각누계액 계정이 기초 잔액과 기말 잔액으로 각각 $300와 $500라고 가정하자. 또한 기업이 해당 기간동안 감가상각누계액이 $70인 장비를 팔았다고 가정하자. 차변 항목에서 팔리거나 처분된 자산의 감가상각누계액을 기록한 감가상각누계액 계정이 주어지면, 순이익에 더해져야 하는 감가상각비는 다음과 같이 계산된다.

기초 잔액 − 차변 항목 + 대변 항목 = 기말 잔액
$300 − $70 + 대변 항목 = $500
대변 항목 = $500 − $300 + $70
대변 항목 = $270

4 American Institute of Certified Public Accountants, Accounting Trends and Techniques: 2007 (Jersey City, NJ, 2007), p. 503.

동일한 논리가 감가상각누계액 T계정에서도 적용될 수 있다. 우리가 알고 있는 계정의 기초와 기말 잔액과 장비 판매로 기록된 차변 항목이 주어지면, T계정의 대변 측면은 $270로 같아야만 한다.

감가상각누계액

		기초 잔액	$300
장비 판매	70		270
		기말 잔액	$500

서비스와 상품 기업의 경우, 대변의 감가상각누계액 T계정과 차변의 감가상각비 비용 계정은 같아야 한다. 이러한 기업들은 첫 번째 단계의 조정에서 순이익에 감가상각비 비용을 추가하는 것을 포함한다. 그러나 제조업은 대변의 감가상각누계액 T계정 일부가 감가상각비 비용이 아닌 차변 항목에서 재고 관리 작업 중에 있는 생산품 자산의 감가상각비와 연관되어 있다. 이러한 기업들은 감가상각비 금액이 단순히 감가상각비 지출과 동일하지가 않다.

현금흐름표에서 순이익에 감가상각비가 가산된다는 것 때문에, 일부 사람들은 기업이 단순히 감가상각비 비용을 증가시키는 것으로 현금흐름을 증대시킬 수 있다고 잘못된 결론을 내린다. 이는 잘못된 생각이다. 기업은 감가상각비를 증가시키는 것으로 영업 활동으로 공급되는 기업의 순 현금을 증가시키지 못한다. 만약 X금액의 감가상각비가 증가하면, 순이익은 X금액만큼 감소하고 첫 번째 단계로 조정된 금액은 X금액만큼 증가 할 것이다. 순이익의 감소와 첫 번째 단계에서 조정된 금액의 증가는 정확하게 서로 상쇄되어, 영업활동으로 공급되는 순현금에는 어떠한 영향도 끼치지 못하게 되는 것이다.

2단계 두 번째 단계는 순이익에 영향을 주는 **비현금 계정에서의 변화를 분석하는** 것이다. 도표 15-2는 유동 자산과 유동 부채 계정을 어떻게 분석하는지 기본적인 가이드라인을 제공한다.[5] 도표에 있는 각 계정을 위해, 기말의 시작점으로부터 계정잔고의 변화를 계산하기 위해 재무상태표를 살펴보는 것부터 시작하게 될 것이다. 그 다음 도표 15-2에서 보여진 대로 순이익에서 이 금액을 더하거나 빼주게 된다. 모든 유동 자산(매출채권 계정, 재고, 선급비용)의 계정 변화는 순이익 조정과 같은 유형의 결과를 가져온다는 것에 주목하라. 만약 자산 계정 잔액이 해당 기간 동안 증가한다면 증가분은 순이익에서 빠진다. 만약 자산 계정 잔액이 해당 기간 동안 감소한다면 감소분은 순이익에 더해진다. 유동 부채 계정(매입채무 계정, 누적된 부채, 미지급법인세)은 반대로 작동된다. 만약 부채 계정 잔액이 증가하면 그 증가분은 순이익에 더해진다. 만약 부채 계정 잔액이 감소하면 감소분은 순이익에서 빠진다.

이 조정의 목적은 현금 기준으로 순이익을 변화시키는 것임을 기억하라. 예를 들어 매출채권 계정의 변화는 신용 판매와 구매 고객으로부터의 현금 수금의 차이를 재는 것이다. 매

5 이자 지출과 같은 다른 계정도 이러한 계산에 영향을 줄 수 있다. 그러나 이번 장에서는 단순하게 도표 15-2에서 보여지는 계정에만 집중하도록 하겠다.

도표 15-2

비현금 재무상태표 계정의 변화가 어떻게 현금흐름표의 순이익에 영향을 미쳤는지 분석하는 가이드라인

	계정 잔액의 증가	계정 잔액의 감소
유동 자산		
매출채권 계정	뺀다	더한다
재고	뺀다	더한다
선급 비용	뺀다	더한다
유동 부채		
매입채무 계정	더한다	뺀다
누적 부채	더한다	뺀다
미지급법인세	더한다	뺀다

출채권 계정이 증가했다는 것은 신용 판매 금액이 고객으로부터의 현금 수금액을 넘어섰다는 것을 의미한다. 이 경우 매출채권 계정의 변화는 순이익에서 빠져야 한다. 왜냐하면 이 변화는 신용 판매가 고객으로부터의 현금 수금액을 초과하는 금액을 반영하기 때문이다. 매출채권 잔고가 감소하는 것은 고객으로부터의 현금 수금액이 매출 채권을 초과했다는 것을 의미한다. 이 경우 매출채권 계정의 변화는 순이익에서 더해져야 한다. 왜냐하면 이는 고객으로부터의 현금 수금액이 신용 판매를 초과한 양을 반영하기 때문이다.

도표 15-2의 또 다른 계정도 유사한 저변의 원리를 갖고 있다. 재고와 매입채무의 조정은 판매된 상품의 비용이 재고 구매로 지불된 현금으로 바뀌는 것이다. 선급 비용과 누적된 부채의 조정은 판매와 관리상의 비용이 현금 기반으로 바뀌는 것이다. 미지급법 인세 조정은 법인세 비용을 현금 기반으로 바꾼다.

3단계 영업활동에서 발생하는 순현금을 계산하는 세 번째 단계는 손익계산서의 이득과 손실을 조정하는 것이다. U.S. GAAP와 IFRS의 법칙에서는 고정 자산의 판매로 발생한 현금은 현금흐름표의 투자 활동의 영역에 넣어야만 한다. 이 법칙을 준수하기 위해, 고정자산 판매와 관련된 이득과 손실은 현금흐름표의 영업 활동 부분에 기록된 순이익에서 제거되야만 한다. 이러한 조정을 위해, 영업 활동 부분에서 이득은 순이익에서 빠지고 손실은 순이익에 더해진다.

기업현장 | IN BUSINESS

Sears의 거래처는 대금을 더 빨리 받기를 원한다

Sears의 거래처 중 몇몇은 기존의 30~60일 이후에 대금을 받는 대신 15일 이내에 지급해줄 것을 원하고 있다. 거래처들은 상품을 10억 달러 이상의 연 손실을 기록하고 있는 불량 업체에게 물건을 판매하는 위험에 대해 더 빠른 거래대금 회수로 대응하려 한다. 현금흐름 측면에서 보면, 거래처에게 더 빨리 대금을 지급하면 Sears의 매입채무가 줄어들고 영업활동에 의한 현금흐름과 순 현금 잔액이 차례로 감소할 것이다.

Source: Suzanne Kapner, "Jittery Suppliers Press Sears to Pay Up Faster," *The Wall Street Journal*, March 19, 2015, pp. B1-B2.

투자 활동과 재무 활동: 총액

U.S. GAAP와 IFRS는 재무활동과 투자활동은 둘 다 순액보다는 총액으로 표현되어야 한다. 설명을 위해서 **Macy's Department Stores**가 해당연도에 $50백만으로 자산을 구입하고 다른 자산을 $30백만에 매각했다고 가정하자. 순지출액인 $20백만 대신 구입과 매각 둘 다 총액으로 보여주어야 한다. 구입은 현금유출로 기록되어질 것이고 매각은 현금 유입으로 기록될 것이다. 비슷하게 **Alcoa**가 장기채권의 발행으로 $80백만을 받고 다른 채권을 상환하는 데 $30백만을 지불했다면 두 거래는 상계하기 보다는 현금흐름표에 분리하여 보고되어야 한다.

총액기록법은 영업활동으로 확장되지는 않는다. 영업활동에서는 현금흐름표상에서 차변계정과 대변계정을 서로 상계하여 순액으로 기록해야 한다. 예를 들어 만일 **Sears**는 매출의 결과인 매출채권 $600백만이 발생했고 $520백만은 회수되었다면, $80백만의 순현금 증가만 현금흐름표상에 기록한다.

현금흐름표의 투자와 재무 활동의 총액을 계산하기 위해서, 각각에 해당하는 재무상태표의 잔액의 변화를 계산하는 것부터 시작할 것이다. 유동 자산과 함께, 고정 자산 계정의 잔액(유형자산, 생산시설, 그리고 장비, 장기 투자 그리고 다른 기관에의 대출을 포함)이 증가하면, 이는 현금흐름표의 투자 활동에 현금 유출을 빼는 것이 필요하다는 신호이다. 만약 해당 기간 동안 고정 자산 계정의 잔고가 줄어들었다면, 그것은 현금 유입을 더해야 한다는 신호이다. 부채와 자본 계정(회사채과 보통주)는 반대로 작동한다. 만약 부채 또는 자본 계정 잔액이 증가하면, 그것은 현금흐름표의 재무 활동 부분에 현금 유입을 더해야 할 필요에 대한 신호이다. 만약 부채 또는 자본 계정 잔액이 감소하면, 이는 현금 유출을 뺄 필요가 있다는 것이다. 이러한 가이드라인은 도표 15-3에 요약되어 있다.

도표 15-3
비현금 재무상태표 계정의 변화가 어떻게 현금흐름표의 투자와 재무 부분에 영향을 미쳤는지 분석하는 가이드라인

	계정 잔액의 증가	계정 잔액의 감소
고정 자산(투자 활동)		
유형자산, 생산시설, 장비	뺀다	더한다
장기 투자	뺀다	더한다
다른 기관에의 대출	뺀다	더한다
부채와 주주 자본 (재무 활동)		
회사채	더한다	뺀다
보통주	더한다	뺀다
이익 잉여금	*	*

* 지불된 현금 배당의 규모 분석을 요한다.

이러한 가이드라인이 유용한 시작점이 되지만, 각 계정의 현금 유입과 유출의 **총액**을 계산하려면 해당 기간동안 계정에서 발생한 거래를 분석할 필요가 있다. 여기에서 자산, 설비 그리고 장비와 이익잉여금을 이용하여 이런 분석을 어떻게 하는지 자세히 설명하고자 한다.

유형자산, 생산시설 그리고 장비 기업이 유형자산, 생산시설 또는 장비를 구입할 때, 이는 차변의 유형자산, 생산시설 그리고 장비 계정에 구입 금액을 기입한다. 이 같은 종류의 자산을 매각하거나 처분할 때는 대변에 자산의 원가를 유형자산, 생산시설, 장비 계정에 기입한다. 유형자산, 생산시설, 장비와 관련된 현금 유출을 계산하기 위해서 이번 장 초반에 언급했던 자산의 기본 등식을 이용한다.

자산 계정에 관한 기본 공식

기초 잔액 + 차변 항목 − 대변 항목 = 기말 잔액

예를 들어 기업이 유형자산, 생산시설, 장비 계정으로 기초잔액 $1,000, 기말잔액 $1,800가 있다고 가정하자. 또한 해당 기간 동안 장비를 현금 $40에 팔았다. 이 장비의 원가는 $100이고 감가상각누계액은 $70이다. 따라서 기업은 순이익을 포함하여 $10를 매각을 통해 얻은 것으로 기록했다.

유형자산, 생산시설, 장비 계정에서 $800 증가를 계산하는 것부터가 시작이다. 이 증가는 현금흐름표의 투자 활동 부분의 현금 유출을 빼라는 신호이다. 아마 이 사례에서 유형자산, 생산시설, 장비 계정을 분석할 때 $800의 현금 유출을 계정 잔액이 $800 증가하는 것으로 기록하는 것이 적절한 방법이라는 생각이 들 수도 있다. 그러나 그것은 기업이 한해 동안 어떤 유형자산, 생산시설, 장비를 매각하지 않았을 때만이 가능한 해석이다. 사례의 기업은 장비를 매각했기 때문에, 여기서는 기본 등식을 이용하여 자산 계정에 현금 유출을 다음과 같이 계산해야 한다.

기초 잔액 + 차변 항목 − 대변 항목 = 기말 잔액
$1,000 + 차변 − $100 = $1,800
차변 = $1,800 — $1,000 + $100
= $900

같은 논리가 유형자산, 생산설비, 장비 T계정을 이용할 때도 적용된다. 계정의 기초 잔액과 기말 잔액, 매각된 장비의 **원가**를 결산하여 기록되어 있는 대변의 총액이 주어져 있기에, 계정의 증가분은 정리된 T계정의 차변 측과 같이 $900와 같아야 한다.

유형자산, 생산설비, 장비

기초 잔액	$1,000		
증가분	900	장비 매각	100
기말 잔액	$1,800		

그래서 현금흐름표의 투자 활동 부분에 유형자산, 생산설비, 장비와 관련하여 $800 현금 유출을 기록하는 대신에, 적절한 회계는 표의 영업 활동 부분에 순이익으로부터 장비 매각으로 얻은 $10를 빼줘야 한다. 또한 장비 매각으로 인한 $40 현금 유입과 $900 현금 유출이 현금흐름표의 투자 활동 내 유형자산, 생산설비, 장비 증가분에 기록되어야 한다.

이익잉여금 기업이 순이익을 낼 때는 이를 이익잉여금 계정의 대변에, 그리고 기업이 배당금을 지불할 때는 이를 이익잉여금 계정의 차변에 부기한다. 현금 배당 지불액의 총액을 계산하기 위해 주주의 자본 계정에 관한 기본 공식을 이용한다.

주주의 자본 계정에 관한 기본 공식

기초 잔액 − 차변 항목 + 대변 항목 = 기말 잔액

예를 들어 기업이 이익잉여금의 기초 잔액과 기말 잔액으로 $2,000와 $3,000를 가지고 있다고 가정하자. 또한 기업이 $1,200의 순이익을 기록하고 현금 배당을 지불하지만 얼마인지 모른다고 하자. 이익잉여금 계정의 $1,000 증가에 대해 계산하는 것부터 시작해야 한다. 그러나 이 총액은 해당 기간 동안 순이익을 반영할 뿐만 아니라 배당 지불액의 총액을 의미한다. 그러므로 위의 공식을 이용하여 배당금 지불의 총액을 다음과 같이 계산해야만 한다.

기초 잔액 − 차변 항목 + 대변 항목 = 기말 잔액

$2,000 − 차변 항목 + $1,200 = $3,000

$3,200 = $3,000 + 차변 항목

차변 항목 = $200

같은 논리가 이익잉여금 T계정 사용에서도 적용된다. 계정의 기초 잔액과 기말 잔액, 그리고 T계정의 대변 측에 기록된 순이익이 주어져 있고, 배당은 T계정의 차변 측에 기록된 것과 같이 $200이어야 한다.

이익잉여금

		기초 잔액	$2,000
배당	200	순이익	1,200
		기말 잔액	$3,000

그래서 잘못하여 이익잉여금에 종합적 변화인 $1,000 현금 유입을 기록하는 대신에, 적절한 회계는 현금흐름표에 영업 활동 부분에 $1,200의 순이익을 기록하고 재무 활동 부분에 $200의 현금 배당을 기록해야 한다.

주요 개념의 요약

도표 15-4는 논의된 주요 개념들을 정리한 것이다. 첫 번째 주요 개념은 현금흐름표가 세 부분으로 나눠진다는 것이다. 세 부분은 영업 활동, 투자 활동 그리고 재무 활동이다. 세 가지 활동에 의해 사용되거나 제공된 순현금은 현금 및 현금 등가물의 증가나 감소 순량을 끌

도표 15-4 현금흐름표를 위해 필요한 주요 개념 정리

주요 개념 1

현금흐름표는 세 가지 부분으로 나눠진다.

영업활동	
영활활동의 (사용된) 순현금	$xx
투자활동	
투자활동의 (사용된) 순현금	xx
재무활동	
재무활동의 (사용된) 순현금	xx
현금및 현금성자산의 순증가/감소	xx
기초현금 및 현금성자산	xx
기말현금및 현금성자산	$xx

주요 개념 2

U.S. GAAP과 IFRS는 현금흐름표의 영업 활동을 두 가지 방법으로 기술이 가능하다.

직접법(부록 15A)	
고객으로부터 현금 수령	$ xx
물품 구입에 현금 지불	(xx)
판매와 관리 비용 현금 지불	(xx)
법인세 현금 지불	(xx)
영업 활동의 (사용된) 순현금	$ xx
간접법	
순이익	$ xx
다양한 조정(+/−)	xx
영업 활동의 (사용된) 순현금	$ xx

주요 개념 3

영업 활동을 통한 순현금을 간접법으로 계산하는 3 단계

	영업활동	
	순이익	$xx
	순이익을 현금 기준으로 변환시키는 조정 :	
1단계	더하기: 감가상각비	xx
2단계	비현금 재무상태표 계정의 순변화 분석:	
	유동 자산 계정의 증가	(xx)
	유동 자산 계정의 감소	xx
	유동 부채 계정의 증가	xx
	유동 부채 계정의 감소	(xx)
3단계	이득과 손해의 조정:	
	판매 이득	(xx)
	판매 손해	xx
	영업 활동의 (사용된) 순현금	$xx

주요 개념 4

현금흐름표의 투자와 재무 부분은 반드시 총현금 흐름을 보고해야 한다.

영업 활동의 (사용된) 순현금	$xx
투자활동	
유형자산, 생산시설과 장비의 구입	(xx)
유형자산, 생산시설과 장비의 매각	xx
장기 투자 구입	(xx)
장기 투자 매각	xx
투자 활동의 (사용된) 순현금	(xx)
재무활동	
회사채 발행	xx
회사채의 원금 상환	(xx)
보통주 발행	xx
자사의 보통주 구입	(xx)
배당금 지불	(xx)
재무 활동의 (사용된) 순현금	xx
현금 및 현금성자산의 순증가/감소	xx
기초 현금 및 현금성자산	xx
기말 현금 및 현금성자산	$xx

어내기 위해 결합된다. 이는 현금 잔액의 변화를 설명한다. 두 번째 주요 개념은 현금흐름표의 영업 활동 부분 직접법 또는 간접법으로 작성될 수 있다. 직접법은 매출, 매출 원가, 판매와 관리의 비용, 법인세 비용을 현금 기준으로 작성하는 것이다. 간접법은 발생주의를 기본으로 순이익과 조정된 순이익을 현금 기준으로 작성한다. 세 번째 주요 개념은 간접법은 영업 활동으로 발생된 순현금을 계산하는 데 3단계가 필요하다. 첫 번째 단계는 순이익에 감가상각비를 더한다. 두 번째 단계는 순이익에 영향을 주는 비현금 재무상태표 계정의 변화분을 분석한다. 세 번째 단계는 손익계산서의 이득과 손실을 조정한다. 네 번째 주요 개념은 현금흐름표의 투자 활동과 재무 활동 부분의 현금 유입과 현금 유출의 증가를 기록하는 것이다.[6]

현금흐름표의 예시

학습목표 15-2

영업활동으로 인한 순현금을 결정하기 위해서 간접법을 이용한 현금흐름표를 작성할 수 있다.

앞에서 소개된 개념들을 설명하기 위해 Apparel, Inc.라는 판매 기업의 현금흐름표의 새로 구성할 것이다. 기업의 손익계산서와 재무상태표는 도표 15-5와 15-6에 제시되어 있다.

Apparel, Inc.에 대하여 다음과 같은 사실이 있다고 가정하자.

1. 기업은 원가가 $15백만이고 $10백만의 감가상각누계액이 있는 매장을 매각했다. 매각에 의한 현금은 $8백만, 처분이익은 $3백만이다.
2. 한 해 동안 기업은 새로운 채권을 발행하지 않았다.
3. 한 해 동안 기업은 자사의 보통주를 재구매하지 않았다.
4. 한 해 동안 기업은 현금 배당을 지불하지 않았다.

도표 15-5

Apparel사 손익계산서

Apparel, Inc.* 손익계산서 (단위: 백만달러)	
순매출	$ 3,638
매출원가	2,469
매출총이익	1,169
판매관리비	941
순영업이익	228
영업외항목: 매장처분이익	3
세전이익	231
법인세	91
순이익	$ 140

6 이번 장은 보통주 거래와 관련된 두 가지 사항을 간소화하여 다룬다. 첫 번째, 기업은 액면가가 없는 보통주를 발행한다. 그래서 이 장은 추가로 유입된 자본을 제외한다. 두 번째, 이 장은 주식 재구매는 자사주로 불리는 비자본 계정의 차변 보다는 보통주 계정의 차변에 기입한다고 가정한다.

도표 15-6
Apparel사 재무상태표

Apparel, Inc*. 비교재무상태표 (단위: 백만달러)	기말	기초	증감
자산			
유동자산:			
현금 및 현금성자산	$ 91	$ 29	+62
매출채권	637	654	−17
재고자산	586	537	+49
총유동자산	1,314	1,220	
유형자산	1,517	1,394	+123
(감가상각누계액 차감)	654	561	+93
순유형자산	863	833	
총자산	$ 2,177	$ 2,053	
부채와 자본			
유동부채:			
매입채무	$ 264	$ 220	+44
미지급 채무	193	190	+3
미지급법인세	75	71	+4
총유동부채	532	481	
회사채	479	520	−41
총부채	1,011	1,001	
자본:			
보통주자본금	157	155	+2
이익잉여금	1,009	897	+112
총자본	1,166	1,052	
총부채와총자본	$ 2,177	$ 2,053	

도표 15−6의 재무상태표에 각 재무상태표 계정의 변화량이 포함되어 있다는 것을 주목하라. 예를 들어 현금 및 현금성자산의 기초 잔액과 기말 잔액은 $29백만과 $91백만이다. 계정은 $62백만이 증가한 것이다. 비슷한 계산이 모든 재무상태표 계정에서 이뤄진다. 이 재무상태표의 변화를 기억하라. 앞으로 이와 관련된 것들을 살펴볼 것이다. 예를 들어 Apparel사의 현금흐름표의 목적이 도표 15−6에서 보여진 현금 및 현금성자산의 $64백만 증가에 속하는 영업, 투자, 재무의 현금흐름을 밝히는 것에 있음을 기억하라. 또 한 계정 잔액의 변화가 도표 15−6에 계산되어 있더라도, 이 계정들을 스스로 현금흐름표와 대조하여 직접 계산할 필요가 있다.

영업 활동

앞에서 소개한 Apparel사의 영업활동으로 인한 순현금 계산과정을 세 가지 단계로 구분하여 설명하면 다음과 같다.

1단계 Apparel사의 영업 활동으로 발생한 순현금을 계산하는 첫 번째 단계는 순이익에 감가상각비를 더하는 것이다. 도표 15–6의 재무상태표는 Apparel사의 감가상각누계액 계정이 $561백만의 기초 잔액과 $654백만의 기말 잔액을 보여준다. 또한 위에 제시된 가정으로부터 Apparel사가 한 해 동안 $10백만의 감가상각누계액을 가진 매장을 매각했다는 것을 안다. 이러한 정보로 Apparel사가 $103백만의 감가상각액을 순이익에 더할 필요가 있는지를 결정하기 위해 비자산을 위한 기본 등식을 사용할 수 있다.

기초 잔액 – 차변 항목 + 대변 항목 = 기말 잔액

$561백만 – $10백만 + 대변 항목 = $654백만

대변 항목 = $654백만 – $561백만 + $10백만

대변 항목 = $103백만

2단계 영업 활동으로 발생한 순현금을 계산하는 두 번째 단계는 순이익에 영향을 주는 비현금 잔액 계정의 순변화를 분석하는 것이다. 도표 15–7은 이 단계를 완성하기 위해서 다섯 번의 조정이 필요한 것을 보여준다. 도표 15–7의 위쪽 부분은 도표 15–2에서 정리됐던 부분을 다시 보여주는 것으로 이 단계를 완성하는 가이드라인을 인용한 것이다. 도표 15–7의 아래 부분은 Apparel사의 재무상태표를 보여주는 윗부분으로부터 가이드라인을 적용한 것이다. 예를 들어 도표 15–6는 Apparel사의 매출채권 계정이 $17백만이 줄어들었음을 보여준다. 도표 15–7의 윗부분은 매출채권 계정의 감소가 순이익에 더해진다는 것을 보여준다. 이는 도표 15–7의 아래 부분에 Apparel사의 매출채권 계정이 $17백만 감소분 앞에 '+'표시

도표 15-7
현금흐름표의 순이익에 영향을 미치는 비현금 재무상태표의 변화를 분석하는 방법

	계정 잔액의 증가	계정 잔액의 감소
도표 15-2의 가이드라인 변화를 분석하는 방법		
유동 자산:		
매출채권 계정	뺀다	더한다
재고	뺀다	더한다
유동 부채		
매입채무 계정	더한다	뺀다
미지급 채무	더한다	뺀다
미지급법인세	더한다	뺀다

	계정 잔액의 증가	계정 잔액의 감소
Apparel의 계정 분석		
유동 자산:		
매출채권 계정		+17
재고	–49	
유동 부채		
매입채무 계정	+44	
미지급 채무	+3	
미지급법인세	+4	

가 붙은 이유가 무엇인지 알려준다. 이와 유사하게, 도표 15–6은 Apparel사의 재고 잔액이 $49백만이 증가했음을 보여준다. 이는 도표 15–7의 아래 부분에 재고 계정에 $49백만의 증가에 '–'표시가 붙은 이유를 설명해준다. 같은 논리로 도표 15–6의 증가가 도표 15–7의 아래 부분에서 보여지는 Apparel사의 순이익에 매입채무(+44), 미지급 채무(+3) 그리고 미지급 법인세(+4)를 더하는 결과로 이어지는 이유에 대해서 설명할 수 있다.

3단계 영업 활동으로 발생한 순현금을 계산하는 세 번째 단계는 손익계산서의 이익과 손실을 조정하는 것이다. Apparel사는 $3백만의 이익을 도표 15–5의 손익계산서에서 나타냈다. 그러므로 이만큼을 순이익에서 빼줘야 한다. 판매에서 이익을 빼는 것은 현금흐름표의 영업 활동부분에서 이익을 제거하는 것이다. 이러한 판매에 해당하는 현금 수익의 전체 양은 현금흐름표의 투자 활동 부분에 기록될 것이다.

도표 15–8은 Apparel사의 현금흐름표의 영업 활동 부분을 보여준다. 이 도표에 계산된 숫자들을 추적해서 보는 것이 도움이 될 것이다. 순이익을 조정한 최종 금액은 $119백만이다. 이는 영업 활동으로 제공된 순현금 $259백만의 결과로 이어진다.

도표 15-8
Apparel사: 현금흐름표의 영업활동 부분

	Apparel, Inc. (단위: 백만달러)		
	영업활동		
	순이익		$140
	순이익을 현금 기준으로 변환시키는 조정:		
1단계 →	순이익	$103	
2단계	감가상각비	17	
	매출채권의 감소	(49)	
→	재고의 증가	44	
	매입채무의 증가	3	
	미지급 채무의 증가	4	
3단계 →	미지급법인세의 증가	(3)	119
	매장 판매 이득		$259

투자활동

Apparel사의 투자활동(investing activities) 현금 흐름은 유형자산, 생산설비, 장비 계정으로 도표 15–6의 기초 잔액 $1,394백만, 기말 잔액 $1,517백만이고 $123백만의 증가를 보여준다. 이는 Apparel사가 장비를 구입한 것을 알려주지만, 현금흐름표에 기제될 총 현금흐름을 보여주지는 못한다.

앞에서 Apparel사는 원가 $15백만인 매장을 $8백만 현금으로 매각했다. 이 매각으로 인한 현금 흐름은 현금흐름표의 투자 활동부분에 기록되어야 한다. 유형자산, 생산설비, 장비 구매와 관련된 현금 유출을 계산하려면 이번 장의 처음에서 언급한 자산을 위한 기본 등식을 이용한다.

기초 잔액 + 차변 항목 − 대변 항목 = 기말 잔액

$1,394백만 + 차변 항목 − $15백만 = 1,517백만

차변 항목 = $1,517백만 − $1,394백만 + $15백만

차변 항목 = $138백만

위 등식에서 대변은 매각된 매장의 원가임을 주목하라. $138백만의 현금 유출이 매장 매각으로부터의 $8백만 현금 흐름을 포함하는 것이다. Apparel사가 투자 활동에서 사용한 순현금은 $130백만이다.

도표 15-9

Apparel사: 현금흐름표의 재무 현금 흐름에 영향을 미치는 비현금 재무상태표의 변화를 분석하는 방법

	계정 잔액의 증가	계정 잔액의 감소
도표 15-3의 가이드라인		
부채와 주주 자본 (재무 활동):		
회사채	더한다	뺀다
보통주	더한다	뺀다
	계정 잔액의 증가	**계정 잔액의 감소**
Apparel의 계정 분석		
부채와 주주 자본 (재무 활동):		
회사채		−41
보통주	+2	

재무활동

도표 15-9는 Apparel사가 회사채와 보통주 계정의 재무 현금 흐름을 어떻게 계산하는지 보여준다. 도표의 윗부분은 이전에 도표 15-3에서 정리된 재무 현금 흐름을 분석하는 방법을 설명한 가이드라인을 인용한 것이다. 도표 15-9의 아래 부분은 이 가이드라인을 적용하여 Apparel사의 재무상태표로부터 두 개의 계정을 나타낸 것이다. 각각의 계정을 차례차례 분석해보자.

도표 15-6에서 Apparel사의 회사채 잔고가 $41백만 감소한 것을 보여준다. 앞에서 언급된 가정에서 Apparel사는 한 해 동안 어떤 채권도 발행하지 않았기 때문에, 계정의 $41백만의 감소는 오로지 회사채를 회수한 것에 기인한다는 결론을 내릴 수 있다. 도표 15-9의 윗부분에서 회사채의 감소는 현금흐름표의 투자 활동 부분에서 현금 유출을 빼주라는 신호임이 나타나 있다. 아래 부분의 Apparel사의 회사채 $41백만의 감소에 '−' 부호가 있는 이유이다. 유사하게 도표 15-6은 Apparel사의 보통주 잔액 $2백만만큼 증가했다는 것을 보여준다. 가정에 따라, Apparel사가 한해 동안 어떤 주식도 재구매하지 않았기 때문에, $2백만의 증가는 오로지 보통주 발생으로 생긴 것을 알 수 있다. 도표 15-9의 윗부분은 보통주의 증가는 현금흐름표의 투자 활동 부분의 현금 유입을 더해야 한다는 신호임을 보여준다. 따라서

Apparel사의 $2백만의 보통주 증가에 '+'가 붙어야 한다.

Apparel사의 마지막 재무 현금 유출은 주주들에 대한 배당금 지불이다. 배당 지급은 주주 자본에 대한 기본 공식을 이용해 계산할 수 있다.

기초 잔액 − 차변 항목 + 대변 항목 = 기말 잔액
$897백만 − 차변 항목 + $140백만 = $1,009백만
$1,037백만 = $1,009백만 + 차변 항목
차변 항목 = $28백만

$69백만의 현금 유출(=$41백만 + $28백만)이 현금 유입 $2백만에 더해질 때, Apparel사의 재무 활동에 사용된 순현금은 $67백만이다.

도표 15–10은 Apparel사의 현금흐름표를 보여준다. 영업 활동 부분은 도표 15–8에서 차용된 것이다. 도표 15–10에 나온 투자와 재무의 현금흐름을 추적해보라. 현금 및 현금 성자산의 순변화($62)는 다음의 등식을 사용해서 계산된 것임을 알게 될 것이다.

현금 및 현금성자산의 순 변화 = 영업 활동의 (사용된) 순현금 + 투자 활동의 (사용된) 순현금 + 재무 활동의 (사용된) 순현금

현금 및 현금성자산의 순 변화 = $259 + $(130) + $(67)

현금 및 현금성자산의 순 변화 = $62

이 금액은 도표 15–6의 재무상태표에서 나타난 현금 및 현금성자산 계정의 $62 변화와 일치한다.

큰그림 보기

이 장의 처음에 현금흐름표는 비현금 재무상태표 계정의 변화를 분석하는 것으로 만들어질 수 있다고 밝혔다. 그리고 이제까지 현금흐름표 작성 방법을 살펴보았다. 이 방법은 현금흐름표를 만드는 과정을 단순화 한 것이다. 그리고 이제 비현금 재무상태표 계정의 변화를 분석하는 동일한 과정을 다시 한 번 보여주고자 한다.

도표 15–11은 T계정을 사용하여 Apparel, Inc.의 비현금 재무상태표 계정 변화가 어떻게 현금 잔액 변화를 설명하는 현금 유입과 유출로 변환할 수 있는지 요약한 것이다. 도표의 윗부분은 Apparel사의 현금 T계정이, 아랫부분은 재무상태표의 다른 T계정이 제시되어 있다. 현금 T계정에서 영업 활동으로 인한 순현금($259백만)과 현금 및 현금성자산의 순증가($64)는 도표 15–10의 현금흐름표에서 보여지는 숫자와 동일하다는 것을 알 수 있을 것이다.

도표 15-10
Apparel사: 현금흐름표

Apparel, Inc. 현금흐름표-간접법 (단위: 백만)		
영업활동		
순이익		$ 140
현금기준으로 전환하기 위한 조정:		
감가상각비	$103	
매출채권의 감소	17	
재고자산의 증가	(49)	
매입채무의 증가	44	
미지급채무의 증가	3	
미지급법인세의 증가	4	
매장처분이익	(3)	119
영업활동으로 인한 순현금흐름		259
투자활동		
유형자산, 생산설비와 장비의 취득	(138)	
매장처분금액	8	
투자활동으로 인한 순현금흐름		(130)
재무활동		
회사채의 회수	(41)	
보통주 발행	2	
현금배당	(28)	
재무활동으로 인한 순현금흐름		(67)
현금 및 현금성자산의 순증가		62
기초 현금 및 현금성자산		29
기말 현금 및 현금성자산		$ 91

5단계로 도표 15-11를 설명할 수 있다. (1)의 Apparel사의 순이익($140백만)은 이익잉여금 계정의 대변과 현금 계정의 차변에 기입한다. $140백만의 순이익은 현금 T계정이 현금 및 현금성자산의 $62백만 순증가가 반영될 때까지 조정된다. (2)의 감가상각비 $103백만은 순이익에 더해진다. (3)부터 (7)은 유동자산과 유동부채 계정의 변화에 맞춰 순이익을 조정한다. (8)부터 (11)은 유형자산, 생산설비와 장비, 회사채의 회수, 현금 배당 지불, 그리고 보통주 발행과 관련된 현금 유입과 유출을 정리한다. (12)는 매장 매각을 기록한 것이다. 매각을 통한 이익($3백만)은 현금 T계정의 대변에 기록한다는 것에 주목하라. 이는 순이익으로부터 이득을 빼는 것과 동일하다. 따라서 매각을 통한 전체 현금 흐름($8백만)은 현금흐름표의 투자활동 부분에 기록할 수 있다.

도표 15-11 계정 변화 이후의 T계정 — Apparel사(단위: 백만)

현금

순이익	(1)	140	49	(4)	재고의 증가
감가상각비	(2)	103	3	(12)	매장매각 수익
매출채권의 감소	(3)	17			
매입채무의 증가	(5)	44			
미지급채무의 증가	(6)	3			
미지급법인세의 증가	(7)	4			
영업활동으로 인한 순현금흐름		259			
매장매각 이익금	(12)	8	138	(8)	유형자산, 생산설비, 장비 증가
보통주 증가	(11)	2	41	(9)	회사채 감소
			28	(10)	현금 배당 지급
현금 및 현금성자산 순증가		62			

매출채권

잔액	654		
		17	(3)
잔액	637		

재고

잔액	537		
(4)	49		
잔액	586		

유형자산, 생산설비,장비

잔액	1,394		
(8)	138	15	(12)
잔액	1,517		

감가상각누계액

		561	잔액
(12)	10	103	(2)
		654	잔액

매입채무

		220	잔액
		44	(5)
		264	잔액

미지급채무

		190	잔액
		3	(6)
		193	잔액

미지급법인세

		71	잔액
		4	(7)
		75	잔액

회사채

		520	잔액
(9)	41		
		479	잔액

보통주

		155	잔액
		2	(11)
		157	잔액

이익잉여금

		897	잔액
(10)	28	140	(1)
		1,009	잔액

기업현장 | IN BUSINESS

Panera는 자사주매입을 증가시키고 있다

Panera Bread 회사는 7.5억 달러의 자금을 투입하여 자사주를 매입하겠다고 밝혔다. 회사는 5억 달러를 신규 부채를 통해 조달하고, 925개의 점포를 처분하여 자사주 매입에 사용하려는 계획이다. Panera의 계획이 알려지고 회사의 주가는 12%가 상승한 $182.89가 되었다. 회사는 또한 점심시간을 제외한 매출을 증가시켜 회사의 재무성과를 개선하려한다. 이를 위해 음식 준비 시간을 단축하고 계산대의 대기줄을 감소시키는 등 영업을 효율적으로 운영하려 한다.

Source: Ilan Brat, "Panera to Expand Buyback and Sell Some Stores," *The Wall Street Journal*, April 17, 2015, p. B3.

현금흐름표 해석

경영자는 현금흐름표를 탐색함으로써 유용한 통찰을 얻을 수 있다. 여기서는 경영자가 현금흐름표를 해석할 때 사용해야 하는 두 가지 가이드라인에 대해서 이야기한다.

기업의 특수 상황을 고려하라

현금흐름표는 기업의 특수한 상황을 배경으로 평가되어야 한다. 이점을 설명하기 위해서 스타트업 기업들과 판매가 증대하는 기업들 대비 감소하는 기업들과 관련된 예시에 대해 살펴보자. 스타트업 기업들은 대게 영업을 통해 양의 현금 흐름을 발생시키지 못한다. 그러므로 그들은 투자 활동인 주식 발행과 대출을 통한 자금에 의존한다. 이는 스타트업 기업들은 종종 영업 활동에 의한 음(−)의 순현금과 투자 활동에 사용된 순현금과 재무 활동에 의한 순현금의 큰 폭의 급등을 보여준다는 것을 의미한다. 그러나 스타트업 기업이 안정됨에 따라, 매일 매일의 영업을 계속하고 추가적인 주식 발행과 대출없이 생산시설과 장비를 유지하면서 충분한 현금이 발생하기 시작한다. 이것은 영업 활동에 의한 순현금이 음(−)에서 양(+)으로 이동한다는 것을 의미한다. 투자 활동에 사용된 순현금은 어느 정도 줄어들거나 안정화 되어야 하고 재무 활동에 의한 순현금은 줄어들어야 한다.

판매가 증가하는 기업은 당연히 매출채권, 재고, 매입채무 계정이 증가한다. 반면에 판매가 감소하는 기업이 이런 계정의 잔고가 증가한다면 이는 문제가 있다는 신호가 된다. 매출채권이 증가하는 것은 아마도 기업이 판매를 증가시키기 위해서 지불능력이 없는 소비자에게 판매를 하고 있다는 의미일 수 있다. 재고의 증가는 기업이 쓸모없는 재고를 상당량 적체하고 있다는 것을 의미한다. 매입채무가 증가하는 것은 기업에 공급자에게 지불을 연기하고 있고 이는 영업 활동에 의한 순현금을 늘리려는 노력의 일환이다. 이러한 계정 잔액 변화의 타당한 해석은 기업의 상황에 의해 달라질 수 있음을 기억하라.

숫자들 사이의 관계를 고려하라

현금흐름표의 각 숫자들은 유용한 정보를 제공하지만, 경영자에게는 숫자들 사이의 관계 파악을 통한 가장 의미 있는 통찰을 얻는 것이 중요하다.

예를 들어 일부 경영자들은 그들 기업의 매출과 영업 활동에 의한 순현금의 비교를 통해 기업의 현금 흐름 차액 동향을 분석한다. 이는 $당 판매에 대한 영업 현금 흐름을 지속적으로 증가시키는 데 목적이 있다. Apparel사 사례로 돌아가서 도표 15−5의 손익 계산서와 도표 15−10의 현금흐름표를 본다면, $당 판매의 현금 흐름 차액은 대략 $0.07가 될 것이다. (= $259 ÷ $3,638) 경영자는 또한 영업 활동에 의한 순현금과 유동 부채의 기말 잔액을 비교한다. 만약 영업 활동에 의한 순현금이 유동 부채보다 크다면(적다면), 이는 기업이 기한 내에 대금을 지불할 영업 현금 흐름이 충분이 발생한다는(발생하지 않는다는) 의미이다.

Apparel사의 영업 활동에 의한 순현금은 $259백만으로(도표 15-10) 연말에 유동 부채 $481백만(도표 15-6)를 지급하기에 충분하지 않았다.

세 번째 사례는 경영자들은 현금흐름표의 투자 활동 부분인 유형자산, 생산설비, 장비의 증가와 현금흐름표의 영업 활동 부분에 속하는 감가상각비를 비교한다. 만약 유형 자산, 생산설비, 장비의 증가가 계속해서 감가상각비 보다 적다면, 이는 기업이 고정 자산 유지를 위해 충분한 돈을 투자하고 있지 않다는 것을 의미한다. 다시 Apparel사의 현금흐름표인 도표 15-10으로 돌아가보면, 유형자산, 생산설비, 장비의 증가($138백만)는 감가상각비($103백만)보다 크다. 이는 Apparel사가 고정 자산 유지를 위해 충분히 투자하고 있다는 것을 의미한다.

학습목표 15-3

잉여현금흐름을 계산한다.

잉여현금흐름모형 잉여현금흐름은 경영자들이 현금흐름표의 세 개 숫자 간의 관계를 파악하기 위한 척도이다. 세 개의 숫자는 영업 활동에 의한 순현금, ('자본 지출'이라 불리는) 유형자산, 생산설비, 장비의 증가 그리고 배당금이다. **잉여현금흐름(free cash flow)**은 기업의 유형자산, 생산설비, 장비에 대한 자본 지출과 영업활동에 의한 순현금으로부터의 배당금 자금을 조달하는 능력을 측정한다.[7] 잉여현금흐름 계산을 위한 등식은 다음과 같다.

잉여현금흐름 = 영업활동에 의한 순현금 − 자본 지출 − 배당금

이 등식과 도표 15-10의 현금흐름표를 사용하여 Apparel사의 잉여 현금흐름(단위: 백만)을 다음과 같이 계산할 수 있다.

7 잉여현금흐름의 대체 정의 정리 출처: John Mills, Lynn Bible, and Richard Mason, "Defining Free Cash Flow," *CPA Journal*, January 2002, pp. 36-42.

기업현장 IN BUSINESS

오일회사들은 잉여현금흐름을 만들지 못한다

지출감소와 오일가격의 완만한 상승에도 불구하고, **ExxonMobil**, **Royal Dutch Shell**, **Chevron**, 그리고 **BP** 모두 올해 음(−)의 잉여현금흐름(free cash flow)이 발생했다고 최근 보고하였다. BP는 오일가격이 배럴당 $60까지 올라야 자본적 지출과 배당을 감당할 정도의 현금이 창출된다고 말했다. Macquarie Capital의 애널리스트인 Iain Reid는 "오일가격이 폭락하면서 손익분기점의 붕괴는 예견된 것이었으며, 단기적으로 투자자들이 배당에 민감하기 때문에 현금흐름이 중요하다."고 말했다.

Source: Sarah Kent, "Oil Companies' Goal: Break Even," *The Wall Street Journal*, April 3, 2017, pp. B1-B2.

$$잉여현금흐름 = \$259 - \$138 - \$28$$
$$잉여현금흐름 = \$93$$

잉여현금흐름의 해석은 간단하다. 양의 숫자는 기업이 영업 활동에 의한 현금 흐름을 충분히 만들어 내고 있어 자본 지출과 배당 지급 자금을 모을 수 있음을 의미한다. 음의 숫자는 기업이 유형자산, 생산설비, 장비에 대한 투자나 배당 지불 자금을 모으기 위해 다른 출처, 채권자에게 돈을 빌리거나 주식을 발행하여 현금을 구할 필요가 있다는 것이다. 음의 잉여현금흐름이 자동적으로 기업의 실적 부진을 나타내는 것은 아니다. 앞에서 살펴본 것과 같이 거대 성장을 예측하는 신규 기업도 스타트업 기간 동안 음의 잉여현금흐름을 나타낼 수 있다. 그러나 신규 기업들도 최종적으로는 양의 잉여현금흐름이 있어야 살아남을 수 있다.

이익의 질 경영자와 투자자는 진짜 영업 실적을 반영하는 기업 이익의 규모를 측정하기 위해 순이익과 영업 활동에 의한 순현금의 관계를 살펴본다. 경영자는 일반적으로 다음의 세 가지 이익에 대해서 더 양질의 또는 영업 실적을 더 잘 나타내는 이익으로 간주한다. (1) 인플레이션의 영향을 받지 않은 이익, (2) 보수적인 회계 원칙과 측적으로 계산된 이익, (3) 영업 활동에 의한 순현금과 연관된 이익이다. 기업의 순이익과 영업 활동에 의한 순현금이 서로 나란히 움직일 때(다시 말해, 상관관계에 있을 때), 이익은 매출과 영업비용의 변화로부터 발생했다고 볼 수 있다. 반대로, 만약 기업의 순이익은 꾸준히 증가하는 데 영업 활동에 의한 순현금은 감소하고 있다면, 이는 순이익이 영업 실적과는 관계없는 다른 요소, 즉 비경상 거래 혹은 공격적 회계 원칙과 예측 등에 의한 것임을 알 수 있다.

IN BUSINESS | 기업현장

General Electric(GE) 투자자들은 이익의 질을 측정하려고 노력하고 있다

GE 투자자들은 회사의 이익과 영업현금흐름의 상관관계를 찾지 못해 좌절하고 있다. "GE의 회계는 여러 부분으로 이루어져 있는데 성과의 측정, 변동사항 그리고 특별항목 등에 있어서 다양한 방식으로 처리하고 있으며 공시가 충분하지 않은 분야도 많이 있다. 그래서 현금흐름을 추정하는데 어려움이 있다."고 애널리스트들이 말한다. GE는 이런 문제에 대해 "우리의 목표는 주주들이 이해할 수 있는 자료를 꾸준하고 투명하게 제시하는 것이다. 우리는 보다 단순한 프리젠테이션을 포함하여 더 분명한 방법으로 보고하려고 노력하고 있다."

Source: Michael Rapoport, "General Electric's Cash-Flow Conundrum," *The Wall Street Journal*, November 11-12, 2017, p. B2.

요약

현금흐름표는 기업이 작성하는 세 가지 주요 재무제표 중 하나이다. 현금흐름표는 한 기간의 현금이 어떻게 창출되었는지 그리고 어떻게 사용되었는지에 대해 설명해준다. 현금흐름표는 기업의 재무건전성을 평가하는 도구로서 널리 이용되고 있다.

외부보고 목적을 위해서 현금흐름표는 영업, 투자, 재무활동의 항목으로 구성되어야 한다. 영업활동으로 인한 순현금은 중요한 측정치이다. 왜냐하면 이것은 성공적인 기업이 어떻게 현금을 계속해서 창출하고 있는지를 나타내기 때문이다. 영업활동으로부터 창출되는 순현금을 계산하는 간접법은 세 단계를 걸친다. 첫 단계는 순이익에 감가상각비를 더하는 것이다. 두 번째 단계는 순이익에 영향을 미치는 비현금 재무상태표 계정의 순변화를 분석하는 것이다. 세 번째 단계는 손익계산서에 포함된 이익이나 손실을 조정하는 것이다.

현금흐름표의 투자, 재무 부분은 총현금흐름을 반드시 보고해야 한다. 현금흐름표는 현금 잔액의 변화를 설명하는 한 기간 동안의 현금의 순증가 및 순감소와 현금 등가물을 요약한다.

종합예제

Rockford사의 2014년 비교재무상태표와 해당연도의 손익계산서가 다음과 같다.

Rockford사
비교재무상태표
(단위: 백만)

	올해	작년
자 산		
유동자산:		
현금과 현금 등가물	$ 26	$ 10
매출채권	180	270
재고자산	205	160
선급비용	17	20
총유동자산	428	460
유형고정자산	430	309
감가상각누계액 차감	218	194
순유형고정자산	212	115
장기투자자산	60	75
총자산	$ 700	$ 650

Rockford사
비교재무상태표
(단위: 백만)

	올해	작년
부채와 주주자본		
유동부채:		
매입채무	$ 230	$ 310
미지급비용	70	60
미지급법인세	15	8
총유동부채	315	378
사채	135	40
총부채	450	418
주주자본:		
보통주	140	140
이익잉여금	110	92
총주주자본	250	232
총부채와 주주자본	$ 700	$ 650

Rockford사
손익계산서
2014년 12월 31일 종료된 연도
(단위: 백만)

매 출	$ 1,000
매출원가	530
매출총이익	470
판매비와 관리비	352
순영업이익	118
비영업이익 계정:	
유형자산처분 손실	4
세전이익	114
법인세	48
순이익	$ 66

추가 자료:

1. Rockford는 2014년에 현금 배당금을 지급하였다.
2. \$400만의 유형자산처분의 손실은 최초 취득가액 \$1200만와 감가상각누계액 \$500만인 유형자산을 현금 \$300만에 매각한 것이다.
3. Rockford는 해당 년도 동안 장기 투자를 전혀 하지 않았다. 장기 투자 처분으로부터의 이익이나 손실은 없었다.
4. Rockford는 2014년 동안 어떤 사채도 회수하지 않았으며 어떠한 보통주도 발행하거나 재매입하지 않았다.

요구사항:

1. 간접법을 사용해서 2014년의 영업활동에 의한 순현금을 결정하라.
2. 2014년의 현금흐름표를 작성하라.

종합예제 해답

문제의 요구사항을 풀어보기 전에 첫 번째로 당신이 해야 할 것은 다음에 주어진 재무상태표의 각 계정의 변화를 계산하는 것이다(단위: 백만).

Rockford사
비교재무상태표
(단위: 백만)

	올해	작년	변동
자 산			
유동자산:			
현금과 현금성자산	$ 26	$ 10	+16
매출채권	180	270	−90
재고자산	205	160	+45
선급비용	17	20	−3
총유동자산	428	460	
유형고정자산	430	309	+121
감가상각누계액 차감	218	194	+24
순유형고정자산	212	115	
장기투자자산	60	75	−15
총자산	$ 700	$ 650	
부채와 주주자본			
유동부채:			
매입채무	$ 230	$ 310	−80
미지급비용	70	60	+10
미지급세금	15	8	+7
총유동부채	315	378	
사채	135	40	+95
총부채	450	418	
주주자본:			
보통주	140	140	+0
이익잉여금	110	92	+18
총주주자본	250	232	
총부채와 주주자본	$ 700	$ 650	

요구사항 1:

영업활동으로부터 발생하는 순현금을 계산하기 위해 세 단계를 수행해야 한다.

1단계: 순이익에 감가상각비를 더한다.

이를 위해 다음 등식을 적용하라.

기초 잔액 − 차변 + 대변 = 기말 잔액

$194 백만 − $5 백만 + 대변 = $218 백만

대변 = $218 백만 − $194 백만 + $5 백만

대변 = $29 백만

2단계: 순이익에 영향을 주는 재무상태표의 비현금 계정의 순변화를 분석하라.

이를 위해 도표 15–2의 논리를 다음과 같이 적용하라.

	계정 잔액 증가	계정 잔액 감소
유동자산:		
매출채권		+90
재고자산	−45	
선급비용		+3
유동부채:		
매입채무		−80
미지급비용	+10	
미지급법인세	+7	

3단계: 손익계산서에 포함된 이익 및 손실을 조정하라.

Rockford의 유형자산처분의 손실액 $4백만을 순이익에 반드시 가산하여야 한다.

세 단계를 거치고 난 후, 현금흐름표의 영업활동 부분은 다음과 같이 나타난다.

Rockford사
현금흐름표 – 간접법
2014년 12월 31일로 종료되는 연도
(단위: 백만)

영업활동		
순이익		$66
순이익을 현금기준으로 전환하기 위한 조정		
감가상각	$29	
매출채권의 감소	90	
재고자산의 증가	(45)	
선급비용의 감소	3	
매출채무의 감소	(80)	
미지급부채의 증가	10	
미지급법인세 증가	7	
유형자산처분 손실	4	18
영업활동으로 인한 순현금		$84

요구사항 2:

현금흐름표를 완성하기 위하여 투자, 재무 부분을 완성시켜야 한다. 이는 고정유형자산, 장기 투자, 사채, 보통주, 이익잉여금 분석을 요구한다. 아래의 표는 도표 15–3을 바탕으로 Rockford의 네 가지 계정 잔액 변화를 보여주고 있다.

	계정 잔액 증가	계정 잔액 감소
비유동자산 (투자 활동)		
유형고정자산	−121	
장기 투자		+15
부채와 주주자본 (재무 활동)		
사채	+95	
보통주 변화 없음	변화 없음	변화 없음
이익잉여금	*	*

* 지불된 현금 배당금을 수치화하기 위한 추가 분석을 요함

위에서 Rockford는 해당 년도 동안 어떠한 장기 투자도 하지 않았으며 장기 투자 처분으로 부터의 이익이나 손실이 없었다고 하였다. 이는 장기 투자 감소액인 $15백만과 현금흐름표의 투자활동 부분에 기록된 장기 투자의 처분으로부터 발생한 현금유입 $15백만과 대응됨을 의미한다. 또한 Rockford는 해당 기간 동안 어떠한 사채도 회수하지 않았다. 따라서 $95 백만의 사채 증가는 사채를 발행하였기 때문인 것이다. 이 현금유입은 현금흐름표의 재무활동 부분에 기록된다.

보통주 계정은 해당 기간 동안 변동이 없기 때문에 현금흐름표에 영향을 미치지 않는다. 이는 고정유형자산과 이익잉여금에 대한 추가 분석을 요구한다.

기업은 최초취득가액 $12백만의 유형자산을 현금 $3백만에 매각했다. 매출로부터의 현금수입은 현금흐름표의 투자 활동 부분에 기록되어야 한다. Rockford의 투자 활동과 관련된 현금유출은 다음 등식을 이용하여 계산할 수 있다:

$$\text{기초 잔액} - \text{차변} + \text{대변} = \text{기말 잔액}$$
$$\$309\text{백만} + \text{차변} - \$12\text{백만} = \$430\text{백만}$$
$$\text{차변} = \$430\text{백만} - \$309\text{백만} + \$12\text{백만}$$
$$\text{차변} = \$133\text{백만}$$

Rockford의 이익잉여금 계정과 주주자본의 기본 등식은 기업의 배당금 지불 계산을 위해 다 음과 같이 사용될 수 있다:

$$\text{기초 잔액} - \text{차변} + \text{대변} = \text{기말 잔액}$$
$$\$92\text{백만} - \text{차변} + \$66\text{백만} = \$110\text{백만}$$
$$\$158\text{백만} = \$110\text{백만} + \text{차변}$$
$$\text{차변} = \$48\text{백만}$$

기업의 환성된 현금흐름표는 다음에 주어져 있다. 현금의 순증가와 현금 등가물($16백만)은 현금과 현금성자산 계정 잔액의 변화와 같음에 주목하라.

Rockford사 현금흐름표 – 간접법 2014년 12월 31일로 종료되는 연도 (단위: 백만)		
영업활동:		
순이익		$66
순이익을 현금기준으로 전환하기 위한 조정:		
감가상각	$29	
매출채권의 감소	90	
재고자산의 증가	(45)	
선급비용의 감소	3	
매출채무의 감소	(80)	
미지급부채의 증가	10	
미지급법인세 증가	7	
유형자산처분 손실	4	18
영업활동으로 인한 순현금		84
투자활동:		
유형고정자산의 취득	(133)	
장기투자자산 감소	15	
유형자산처분으로부터 유입	3	
투자활동으로 인한 순현금 지출		(115)
재무활동:		
사채 증가	95	
현금배당금 지급	(48)	
재무활동에 의한 순현금유입		47
현금 및 현금성자산의 순증가		16
기초 현금 및 현금성자산		10
기말 현금 및 현금성자산		$26

용어해설

간접법(indirect method) 순이익에서 출발해서 현금기준으로 조정하여 영업활동으로 인한 순현금을 계산하는 방법.

영업활동(operating activities) 순이익에 영향을 미치는 이익과 지출 거래와 관련된 현금 유입과 현금유출을 창출하는 활동.

영업활동으로 인한 순현금(net cash provided by operating activities) 매일 매일 영업활동으 로부터 발생하는 현금의 유입과 현금유출의 순결과.

잉여현금흐름(free cash flow) 투자 활동으로 인한 순현금으로부터 자본 지출과 배당금의 자금을 충당할 수 있는 기업의 능력을 평가하는 측정치.

재무활동(financing activities) 보통주를 매도하거나 재매입하고 배당금을 지불하는 것과 같은 기업의 주주와의 거래뿐만 아니라 채권자로부터 자금을 차입하거나 상환하는 것과 관련된 현금유입과 현금유출을 창출하는 활동.

직접법(direct method) 영업활동으로 인한 순현금흐름을 계산하는 방법으로 손익계산서가 위에서 아래로 현금기준으로 재구성된다.

투자활동(investing activities) 고정유동자산, 장기 투자, 다른 기관에의 대출과 같은 비유동 자산의 취득과 처분과 관련된 현금 유입과 현금유출을 창출하는 활동.

현금성자산(cash equivalents) 재무성 증권(Treasury Bills), 상업어음(commercial paper), MMF 등과 같이 단기적이고 유동성이 매우 높은 투자자산으로 일시적으로 여유자금에 대한 수익창출을 목적으로 한 것으로 구성.

현금흐름표(statement of cash flows) 현금흐름에 영향을 주어서 전체 현금 잔액에 영향을 미치는 주요한 활동을 명확히 하는 재무보고서.

질문

15–1 현금흐름표의 목적은 무엇인가?

15–2 현금성자산은 무엇이며, 왜 이것들은 현금흐름표의 현금에 포함되는가?

15–3 현금흐름표의 세 가지 주요 분야는 무엇이며, 각 분야에 포함되어야 할 현금유입과 현금유출의 유형은 무엇인가?

15–4 현금흐름표를 해석하기 위해 어떠한 일반적인 지침을 제공할 수 있는가?

15–5 만일 자산이 이득으로 매각되었다면, 간접법 하에서 영업활동으로 인한 현금흐름을 계산할 때 이 이득이 순이익에서 차감되는 이유는 무엇인가?

15–6 매입채무을 포함하는 거래는 왜 재무활동으로 간주되지 않는가?

15–7 기업이 은행으로부터 대출 $300,000를 상환하고 난 후 같은 해에 $500,000를 차입하였다고 가정하자. 현금흐름표에 나타나는 금액은 무엇인가?

15–8 영업활동으로 인한 순현금을 계산하는 방법에 있어서 직접법과 간접법의 어떻게 차이가 나는가?

15–9 한 사업 경영자가 "감가상각은 우리의 가장 큰 현금유입의 하나이다."라고 언급했다. 이에 동의하는가? 설명하라.

15–10 한 기간 동안 매출채권의 잔액이 증가하였다면, 이 증가는 영업활동으로 인한 순현금을 계산하는 데 간접법을 사용하면 어떻게 인식되어지는가?

15–11 유형자산의 현금매각은 재무활동으로 간주되는가? 투자활동으로 간주되는가? 그 이유 는 무엇인가?

15–12 영업활동으로 인한 순현금과 잉여현금흐름의 차이는 무엇인가?

기본문제

학습목표 15-1, 15-2

Revenna사는 현금흐름표의 영업활동 부분을 작성하기 위해 간접법을 사용하는 판매업체이다. 기업의 올해의 재무상태표는 다음과 같다.

	기말 잔액	기초 잔액
현금	$ 48,000	$ 57,000
매출채권	41,000	44,000
재고자산	55,000	50,000
총유동자산	144,000	151,000
유형고정자산	150,000	140,000
감가상각누계액 차감	50,000	35,000
순유형고정자산	100,000	105,000
총자산	$ 244,000	$ 256,000
매입채무	$ 32,000	$ 57,000
미지급법인세	25,000	28,000
사채	60,000	50,000
보통주	70,000	60,000
이익잉여금	57,000	61,000
총부채 및 총자본	$ 244,000	$ 256,000

해당 연도 동안 Revenna는 $6,000의 현금 배당금을 지급했고 최초취득가액이 $6,000이고 감가상각누계액이 $4,000인 유형자산을 $3,000에 매각했다. 이 기업은 해당 연도 동안 어떠한 사채도 회수하지 않았고 자사 보통주 어떤 것도 재매입하지 않았다.

요구사항:

1. 기업의 현금흐름표의 현금의 순증가량 혹은 순감소량과 현금 등가량은 얼마인가?
2. 기업은 어떠한 순이익을 현금흐름표에 포함시킬 것인가?
3. 기업은 현금흐름표에 얼마의 감가상가액을 순이익에 더할 것인가?
4. (문제 해결을 돕기 위해 매출채권 T계정을 만들고 기초, 기말 잔액을 기입하라.) 만일 기업이 매출채권을 차변에 기입하고 당기 동안 $600,000의 매출을 대변에 기입한다면 당기 동안 매출채권의 대변의 총금액은 얼마인가? 대변은 무엇을 나타내는가?
5. 현금흐름표의 영업활동 부분에서 순이익으로 조정된 매출채권의 양과 부호 (+, −)는 무엇인가? 이 조정은 무엇을 나타내는가?
6. (문제 해결을 돕기 위해 재고자산과 매입채무의 T계정을 만들고 기초, 기말 잔액을 기입하라.) 만일 기업이 매출원가를 차변에 기입하고 당기 동안 $400,000의 재고자산을 대변에 기입한다면 재고자산 T계정의 차변과 매입채무 T계정의 대변에 기록된 재고자산 총 구입비용은 얼마인가? 1년 동안 매입채무 T계정의 차변의 총금액은 얼마인가? 차변은 무엇을 나타내는가?
7. 현금흐름표의 영업활동 부분에서 순이익으로 조정된 재고자산과 매입채무의 양과 부호(+, −)는 무엇인가? 이 조정은 무엇을 나타내는가?

8. (문제 해결을 돕기 위해 미지급법인세의 T계정을 만들고 기초, 기말 잔액을 기입하라.) 만일 기업이 법인세를 차변에 기입하고 당기 동안 $700의 미지급법인세를 대변에 기입한다면 1년 동안 미지급법인세의 차변의 총금액은 얼마인가? 차변은 무엇을 나타내는가?
9. 현금흐름표의 영업활동 부분에서 순이익으로 조정된 미지급법인세의 양과 부호 (+, −)는 무엇인가? 이 조정은 무엇을 나타내는가?
10. 기업의 현금흐름표의 영업활동 부분은 이익이나 손실에 대한 조정을 포함하고 있는가? 이 조정의 금액과 부호 (+, −)는 무엇인가?
11. 기업의 현금흐름표의 영업활동으로 인한 순현금의 양은 얼마인가?
12. 기업의 현금흐름표의 투자활동 부분에 기록된 총현금유출은 얼마인가?
13. 투자활동으로 인한 (이에 사용된) 기업의 순현금은 무엇인가?
14. 기업의 현금흐름표의 재무활동 부분에 기록된 총현금유입은 얼마인가?
15. 기업의 재무활동으로 인한 (이에 사용된) 순현금은 무엇인가?

연습문제 connect

문제 15-1 거래 분류 [학습목표 15-1]

아래는 작년 Hazzard사에서 발생한 거래이다.

a. 고객으로부터 현금 회수
b. 자사 주 재매입을 위해 현금 지급
c. 채권자로부터 돈 차입
d. 재고자산 구입에 대해 공급업체에 돈 지불
e. 부채의 원리금 상환
f. 대출자에게 이자 지급
g. 주주에게 현금 배당금 지급
h. 보통주 매도
i. 또 다른 기관에 돈 대출해줌
j. 정부에 세금 지불
k. 직원에게 임금과 급료 지급
l. 현금으로 유형자산 구입
m. 보험비와 공공요금 지불

요구사항:

답안 작성을 위해 필요한 표는 아래와 같다.

	활동		
거래	영업	투자	재무
a.			
b.			
기타			

위 표에 현금유출과 현금유입을 기입하고 각각 현금흐름표상 어떻게 분류되는지 표시하시오. 영업, 투자, 재무 열에 X 표시를 적절하게 표시하시오.

문제 15-2 영업활동으로 인한 순현금 [학습목표 15-2]

기말 현재 Hanna사는 $35,000의 순이익을 냈다. 기초와 기말의 재무상태표상 유동자산, 유동부채 현황은 다음과 같다:

	12월 31일	
	기말	기초
유동자산:		
현금	$30,000	$40,000
매출채권	$125,000	$106,000
재고자산	$213,000	$180,000
선급 비용	$6,000	$7,000
유동부채:		
매입채무	$210,000	$195,000
미지급비용	$4,000	$6,000
미지급법인세	$34,000	$30,000

1년 동안의 총감가상각누계액은 $20,000이다. Hanna사는 1년 동안 어떠한 이익이나 손실을 기록하지 않았다.

요구사항:

간접법을 이용하여 1년간 영업활동으로 인한 순현금을 구하시오.

문제 15-3 잉여현금흐름 계산 [학습목표 15-3]

Apex사는 올해의 현금흐름표를 아래와 같이 작성하였다.

Apex사 현금흐름표 – 간접법		
영업활동:		
순이익		$ 40,000
순이익을 현금기준으로 전환하기 위한 조정:		
감가상각	$ 22,000	
매출채권의 증가	(60,000)	
재고자산의 증가	(25,000)	
선급비용의 감소	9,000	
매입채무의 증가	55,000	
미지급비용의 감소	(12,000)	
미지금법인세 증가	5,000	(6,000)
영업활동으로 인한 순현금		34,000

(표 계속)

Apex사 현금흐름표 – 간접법		
투자활동:		
유형자산 처분으로부터 유입	14,000	
Thomas사에 대출	(40,000)	
유형고정자산 취득	(110,000)	
투자활동으로 인한 순현금 지출		(136,000)
재무활동:		
사채 증가	90,000	
보통주 증가	40,000	
현금배당금	(30,000)	
재무활동에 의한 순현금유입		100,000
현금 순감소		(2,000)
기초 현금 잔액		27,000
기말 현금 잔액		$ 25,000

요구사항:

올해의 Apex사의 잉여현금흐름을 계산하라.

문제 15-4 현금흐름표 작성 [학습목표 15-1, 15-2]

Pavolik사의 재무상태표에 작년에 다음과 같은 변화가 발생했다.

자산과 자산평가 계정			부채와 자본 계정		
현금	$5	D	매입채무	$35	I
매출채권	$ 110	I	미지급어음	$4	D
재고자산	$70	D	사채	$8	I
선급비용	$9	I	이연법인세부채	$ 150	I
장기투자자산	$6	D	자본금	$80	D
유형자산	$ 185	I	이익잉여금	$54	I
감가상각누계액	$60	I			

D = 감소; I = 증가

장기투자자산은 $6짜리 자산을 당기 $16를 받고 팔았고, 토지는 $15짜리 자산을 당기 $9를 받고 팔았다. 게다가 당기 기업은 $30의 현금배당금을 선언하고 이를 지급하였다. 당기 유형자산에 대한 판매나 폐기는 없었다. Pavolikms 당기에 사채를 회수하지도 새로운 보통주를 발행하지도 않았다.

기업의 당기 손익계산서는 아래와 같다.

매출		$700
매출원가		400
총이익		300
판매관리비		184
순영업이익		116
영업외비용:		
토지매도손실	$ (6)	
투자자산처분이익	10	4
세전이익		120
법인세		36
순이익		$ 84

기업의 기초 현금 잔액은 $90이고 기말 현금 잔액은 $85이다.

요구사항:

1. 간접법을 사용하여 당기 영업활동으로 인한 순현금을 작성하라.
2. 당기의 현금흐름표를 작성하라.

문제 15-5 영업활동으로 인한 순현금 [학습목표 15-2]

당기 Argon사의 영업자산과 관련된 계정과 이익, 손실의 변화는 다음과 같다.

계정	금액
매출채권	$90,000 감소
재고자산	$120,000 증가
선급비용	$3,000 감소
매입채무	$65,000 감소
미지급비용	$8,000 증가
미지급법인세	$12,000 증가
유형자산 처분	$7,000 수익
장기투자자산 처분	$10,000 비용

요구사항:

아래와 같은 양식에 따라 답안을 작성하라.

계정	금액	+	−

각 계정에 대해서 간접법에 의해 당기 영업활동으로 인한 현금흐름을 계산할 경우, 당기순이익에 대해서 금액을 더해야하는지(+), 빼야하는지(−)를 +, −열에 X자로 표시하라.

문제 15-6 현금흐름표 작성; 잉여현금흐름 [학습목표 15-1, 15-2, 15-3]

Carmono사의 비교 재무상태표는 아래와 같다.

	올해	작년
자산		
현금	$ 3	$ 6
매출채권	22	24
재고자산	50	40
총유동자산	75	70
유형고정자산	240	200
감가상각누계액 차감	65	50
순유형고정자산	175	150
총자산	$ 250	$ 220
부채와 주주자본		
매입채무	$ 40	$ 36
보통주	150	145
이익잉여금	60	39
총부채와 주주 자본	$ 250	$ 220

올해의 기업의 보고된 순이익은 다음과 같다.

매출	$ 275
매출원가	150
총이익	125
영업외 비용	90
순이익	$ 35

올해 Carmono는 현금 배당금을 선언하였고 지급하였다. 올해 동안 유형고정자산의 매매는 없었다. 기업은 올해 자사주를 재매입 하지 않았다.

요구사항:

1. 간접법을 사용하여 올해의 현금흐름표를 작성하라.
2. Carmono의 올해의 잉여현금흐름을 계산하라.

문제 15-7 현금흐름표 작성 [학습목표 15-1, 15-2]

Weaver Company의 비교재무상태표는 다음과 같다.

Weaver사 비교 재무상태표 2014, 2013년 12월 31일	올해	작년
자산		
현금	$ 9	$ 15
매출채권	340	240
재고자산	125	175
선급비용	10	6
총유동자산	484	436
유형고정자산	610	470
감가상각누계액 차감	93	85
순유형고정자산	517	385
장기투자자산	16	19
총자산	$ 1,017	$ 840
부채와 주주 자본		
매입채무	$ 310	$ 230
미지급비용	60	72
미지급법인세	40	34
총유동부채	410	336
사채	290	180
총부채	700	516
보통주	210	250
이익잉여금	107	74
총주주 자본	317	324
총부채 및 주주 자본	$ 1,017	$ 840
매출		$ 800
매출원가		500
총이익		300
판매관리비		213
순영업이익		87
영업외비용		
투자자산처분 이익	$ 7	
유형자산처분 손실	(4)	3
세전이익		90
법인세		27
순이익		$ 63

2014년 동안 Weaver는 감가상각누계액이 $16인 장부가액 $40의 장비를 $20를 받고 팔았다. 추가로 기업은 장기투자자산을 $10를 받고 처분하였는데 몇 년 전 취득 당시의 가액은 $3이었다. 현금배당금은 2014년에 지급되었고 기업은 $40의 자사주를 재매입하였다. Weaver는 2014년 동안 어떠한 사채도 회수하지 않았다.

요구사항:

1. 간접법을 사용하여 2014년 기업의 영업활동으로 인한 순현금을 구하라.
2. 1번의 답안과 남은 재무상태표의 계정을 이용하여 2014년의 현금흐름표를 작성하라.

문제 15-8 거래 분류 [학습목표 15-1]

아래는 작년 Seneca사에서 발생한 거래이다.

a. 재고자산 구입비용 공급업체에 지불
b. 유형자산 현금으로 매입
c. 자사주 재매입을 위해 현금 지불
d. 고객으로부터 현금 회수
e. 지권에게 임금 지급
f. 유형자산 현금 매도
g. 투자자들에게 보통주 현금 매도
h. 현금 배당금 선언 및 지급
i. 공급업체에 장기 대출
j. 정부에 법인세 지불
k. 대출자에게 이자 지급
l. 원금을 지불함으로써 채권 회수

요구사항:

답안 작성을 위해 필요한 표는 다음과 같다.

	활동			현금	현금
거래	영업	투자	재무	유입	유출
a.					
b.					
기타					

위 표에 거래들을 기입하고 각 거래가 현금흐름표상 어떻게 분류되는지 표시하라. 영업, 투자, 재무 열에 X 표시를 하고 현금유입과 현금유출 열에도 X 표시를 적절하게 표시하라.

문제 15-9 현금흐름표 이해하기 [학습목표 15-1, 15-2]

아래는 판매업체인 Brock사의 현금흐름표와 손익계산서이다.

Brock사 현금흐름표 – 간접법		
영업활동:		
순이익		$275
순이익을 현금기준으로 전환하기 위한 조정:		
감가상각	$140	
매출채권의 증가	(24)	
재고자산의 감소	39	
매입채무의 감소	(45)	
미지급비용의 감소	(5)	
미지급법인세 증가	6	
유형자산처분 이익	(4)	107
영업활동으로 인한 순현금		382
투자활동:		
유형고정자산의 취득	(150)	
유형자산처분으로부터 유입	19	
투자활동으로 인한 순현금 지출		(131)
재무활동:		
사채 발행	40	
보통주 발행	4	
현금배당금 지급	(35)	
재무활동에 의한 순현금유입		9
현금 및 현금성자산의 순증가		260
기초 현금 및 현금성자산		170
기말 현금 및 현금성자산		$430

Brock사 손익계산서	
매출	$5,200
매출원가	2,980
총이익	2,220
판매관리비	1,801
순영업이익	419
영업외비용: 유형자산처분 이익	4
세전이익	423
법인세비용	148
순이익	$ 275

요구사항:

당신이 Brock사의 워크샵에서 마케팅 부서의 직원들에게 현금흐름표가 손익계산서와 어떻게 다른지에 대해 설명해야 한다고 가정해보자. 청중들은 현금흐름표에 표기된 각 숫자들의 근본 논리를 설명해주길 기대한다. 현금흐름표의 구성 방식과 Brock사의 현금흐름표에 표기된 각 숫자들의 이유에 대해 설명하는 메모를 작성해보라.

문제 15-10 현금흐름표 작성; 잉여현금흐름 [학습목표 15-1, 15-2, 15-3]

다음은 Joyner사의 연도 2의 손익계산서이다:

매출	$ 900,000
매출원가	500,000
총이익	400,000
판매관리비	328,000
순영업이익	72,000
유형자산처분 이익	8,000
세전이익	80,000
법인세	24,000
순이익	$ 56,000

다음은 연도 1과 연도 2 말의 재무상태표이다.

	연도 2	연도 1
자산		
현금	$ 4,000	$ 21,000
매출채권	250,000	170,000
재고자산	310,000	260,000
선급비용	7,000	14,000
총유동자산	571,000	465,000
유형고정자산	510,000	400,000
감가상각누계액차감	132,000	120,000
순유형고정자산	378,000	280,000
Hymans사에 대출	40,000	0
총자산	$ 989,000	$ 745,000
부채와 주주 자본		
매입채무	$ 310,000	$ 250,000
미지급비용	20,000	30,000
미지급법인세	45,000	42,000
총유동부채	375,000	322,000
사채	190,000	70,000
총부채	565,000	392,000
보통주	300,000	270,000
이익잉여금	124,000	83,000
총주주 자본	424,000	353,000
총부채 및 주주 자본	$ 989,000	$ 745,000

최초취득가액은 $40,000, 감가상각누계액은 $30,000인 유형자산은 연도 2에 $18,000로 처분되었다. 기업은 연도 2년 동안 현금 배당금을 선언하고 지급하였다. 기업은 어떠한 사채를 회수하지 않았으며 자사주를 재매입하지 않았다.

요구사항:

1. 간접법을 이용하여 연도 2의 영업활동으로 인한 순현금을 계산하라.
2. 연도 2의 현금흐름표를 작성하라.
3. 연도 2의 잉여현금흐름을 계산하라.
4. 당기 동안 왜 현금이 급격히 감소하였는지 간단히 설명하라.

문제 15-11 자료 미비: 현금흐름표 [학습목표 15-1, 15-2]

다음은 작년 Yoric사의 재무상태표상 계정 잔액의 순변화이다.

	차변 > 대변에 의해:	대변 > 차변에 의해:
현금	$ 17,000	
매출채권	110,000	
재고자산		$ 65,000
선급비용		8,000
자회사에 장기대출		30,000
장기투자자산	80,000	
유형고정자산	220,000	
감가상각누계액		5,000
매입채무		32,000
미지급비용	9,000	
미지급법인세		16,000
사채		400,000
보통주	170,000	
이익잉여금		50,000
	$ 606,000	$606,000

다음은 작년 활동에 대한 추가적인 정보이다:

a. 당기 순이익은 $ ____?____ 이다.
b. 기업의 유형자산은 당기 $15,000에 처분되었다. 이의 최초취득가액은 $50,000이었고, 처분 당시 감가상각누계액은 $37,000이었다.
c. 당기 동안 $20,000의 현금배당금이 선언되고 지급되었다.
d. 당기 유형고정자산과 감가상각누계액의 기초 및 기말 잔액은 다음과 같다.

	기초	기말
유형고정자산	$ 1,580,000	$ 1,800,000
감가상각누계액	$675,000	$680,000

e. 기초 현금 계정의 잔액은 $23,000이다. 기말 현재 현금 계정의 잔액은 $ ____?____ 이다.
f. 계정에 대한 변화 자료가 주어지지 않은 경우, 변화에 대한 가장 합리적인 가정을 해보라.

요구사항:

간접법을 사용하여 당기 현금흐름표를 작성하라.

문제 15-12 현금흐름표 작성 [학습목표 15-1, 15-2]

다음은 Burgess사의 비교재무상태표와 손익계산서이다.

Burgess사
비교 재무상태표(단위: 백만)

	기말 잔액	기초 잔액
자 산		
유동자산:		
현금과 현금 등가물	$ 49	$ 79
매출채권	645	580
재고자산	660	615
총유동자산	1,354	1,274
유형고정자산	1,515	1,466
감가상각누계액 차감	765	641
순유형고정자산	750	825
총자산	$2,104	$2,099
부채와 주주자본		
유동부채:		
매입채무	$ 250	$ 155
미지급비용	190	165
미지급법인세	76	70
총유동부채	516	390
사채	450	620
총부채	966	1,010
주주자본:		
보통주	161	161
이익잉여금	977	928
총주주 자본	1,138	1,089
총부채와 주주 자본	$2,104	$2,099

Burgess사
손익계산서(단위: 백만)

순매출	$3,600
매출원가	2,550
총이익	1,050
판매관리비	875
순영업이익	175
영업외 비용: 유형자산처분 이익	3
세전이익	178
법인세	63
순이익	$ 115

Burgess는 추가로 다음과 같은 정보를 제공하였다.

1. 기업은 최초취득가액이 $13백만, 감가상각누계액이 $8백만인 유형자산을 처분하였다. 판매 현금 수익은 $8백만이었다. 판매 이익은 $3백만이었다.
2. 기업은 당기 동안 새로운 채권을 발행하지 않았다.
3. 기업은 당기 동안 현금 배당금을 지급하였다.
4. 기업은 당기 동안 어떠한 보통주 거래를 마치지 않았다.

요구사항:

1. 간접법을 이용하여 당기 현금흐름표를 작성하라.
2. Burgess사의 이전 년도 매출이 $3,800, $135의 순이익, 영업활동으로 인한 순현금이 $150라고 가정해보자(모든 금액의 단위는 백만). Burgess사의 재무성과에 대해 요약하여 작성해보라.

문제 15-13 현금흐름표 작성; 잉여현금흐름 [학습목표 15-1, 15-2, 15-3]

Rusco사의 회장인 Mary Walker는 영업목적상 최소한 $14,000의 현금을 유지하려고 한다. 재무상태표상에 보이는 대로 2014년도 말에 이용가능한 현금은 $8,000에 불과하다. Walker씨는 당기 순이익이 크게 보고되었고 당기 사채와 보통주를 발행한 것과 달리 현금이 급격히 감소함에 따라 당혹감을 감출 수가 없다.

Rusco사
비교 재무상태표
2014년, 2013년 7월 31일

	올해	작년
자 산		
유동자산:		
현금과 현금 등가물	$ 8,000	$ 21,000
매출채권	120,000	80,000
재고자산	140,000	90,000
선급비용	5,000	9,000
총유동자산	273,000	200,000
장기투자자산	50,000	70,000
유형고정자산	430,000	300,000
감가상각누계액감	60,000	50,000
순유형고정자산	370,000	250,000
총자산	$ 693,000	$ 520,000
부채와 주주자본		
유동부채:		
매입채무	$ 123,000	$ 60,000
미지급비용	8,000	17,000
미지급법인세	20,000	12,000
총유동부채	151,000	89,000
사채	70,000	0
총부채	221,000	89,000

(표 계속)

Rusco사 비교 재무상태표 2014년, 2013년 7월 31일	올해	작년
주주자본:		
보통주	366,000	346,000
이익잉여금	106,000	85,000
총주주 자본	472,000	431,000
총부채와 주주 자본	$ 693,000	$ 520,000

Rusco사 손익계산서 2014년 7월 31일		
매출		$ 500,000
매출원가		300,000
총이익		200,000
판매관리비		158,000
순영업이익		42,000
영업외 계정:		
투자자산처분 이익	$ 10,000	
유형자산처분 손실	(2,000)	8,000
세전이익		50,000
법인세		20,000
순이익		$ 30,000

다음은 2014년도의 추가적인 정보이다.

a. 기업은 현금배당금을 선언하고 지급하였다.
b. 유형자산은 당기에 $8,000에 판매되었다. 이는 최초취득가액 $20,000에 감가상각누계액이 $10,000이었다.
c. 장부가액이 $20,000인 장기투자자산은 당기에 $30,000에 처분되었다.
d. 기업은 어떠한 사채도 회수하지 않았거나 자사 보통주를 재매입하지 않았다.

요구사항:

1. 간접법을 이용하여 2014년의 영업활동으로 인한 순현금을 계산하라.
2. (1)의 답안과 문제의 자료를 이용하여 2014년의 현금흐름표를 작성하라.
3. 2014년의 잉여현금흐름을 계산하라.
4. 기업의 현금잔액 감소의 주요 이유를 설명하라.

문제 15-14 현금흐름표 작성 및 해석 [학습목표 15-1, 15-2]

Lomax사의 지난 2년간 비교 재무상태표는 다음과 같다.

Lomax사 비교 재무상태표	올해	작년
자산		
유동자산:		
현금과 현금성자산	$ 61,000	$ 40,000
매출채권	710,000	530,000
재고자산	848,000	860,000
선급비용	10,000	5,000
총유동자산	1,629,000	1,435,000
유형고정자산	3,170,000	2,600,000
감가상각누계액 차감	810,000	755,000
순유형고정자산	2,360,000	1,845,000
장기투자자산	60,000	110,000
자회사에 대출	214,000	170,000
총자산	$ 4,263,000	$ 3,560,000
부채와 주주 자본		
유동부채:		
매입채무	$ 970,000	$ 670,000
미지급비용	65,000	82,000
미지급법인세	95,000	80,000
총유동부채	1,130,000	832,000
사채	820,000	600,000
총부채	1,950,000	1,432,000
주주 자본:		
보통주	1,740,000	1,650,000
이익잉여금	573,000	478,000
총주주 자본	2,313,000	2,128,000
총부채 및 주주 자본	$ 4,263,000	$ 3,560,000

다음은 당기 기업의 추가 정보이다.

a. 기업은 현금배당금을 선언하고 지급하였다.

b. 당기에 원금 $350,000의 채권을 상환하였다.

c. 당기 $70,000를 받고 장비를 처분하였다. 장비의 최초취득가액은 $130,000이고 처분 당시 감가상각누계액은 $40,000이었다.

d. 당기 $110,000를 받고 장기투자자산을 처분하였다. 장기투자자산의 몇 년 전 구입가액은 $50,000이었다.

e. 자회사들은 당기에 대출금 상환을 하지 않았다.

f. Lomax사는 당기 동안 자사주 어떠한 것도 매입하지 않았다.

기업은 올해의 순이익을 다음과 같이 보고하였다.

매출		$2,000,000
매출원가		1,300,000
총이익		700,000
판매관리비		490,000
순영업이익		210,000
영업외 계정:		
투자자산처분 이익	$ 60,000	
유형자산처분 손실	(20,000)	40,000
세전이익		250,000
법인세		80,000
순이익		$ 170,000

요구사항:

1. 간접법을 이용하여 올해의 현금흐름표를 작성하라.
2. 작성한 현금흐름표상 기업의 활동과 관련되어 발견된 문제점은 무엇인가?

부록 15A: 영업활동으로 인한 순현금을 결정하기 위한 직접법

직접법 하에서 영업활동으로 인한 순현금을 계산하기 위해서 위에서부터 아래로 현금 기준에 따라 손익계산서를 재구성해야 한다. 도표 15A-1은 매출, 비용 등을 현금기준으로 조정해야하는 조정사항을 보여주고 있다. 이를 설명하기 위해 이 장에서 살펴본 Apparel사의 자료를 도표에 포함하였다.

학습목표 15-4

영업활동으로 인한 순현금을 결정하기 위해 직접법을 이용할 수 있다.

영업활동으로 인한 순현금 $259백만이 이 장에서 간접법에 의해 계산된 금액과 일치한다는 사실에 주목하자. 이 두 금액이 일치하는 이유는 직접법과 간접법은 동일한 목적지에 다른 길을 택한 것이기 때문이다. 현금흐름표의 투자와 재무활동은 도표 15-10의 간접법에서 본 것과 정확하게 일치한다. 간접법과 직접법의 유일한 차이는 영업활동 부분이다.

도표 15A-1

일반모형: 영업활동으로 인한 순현금을 결정하기 위한 직접법

수익 또는 비용 항목	현금기준으로 조정을 위한 가산(+) 또는 차감(−)	사례 − Apparel사 (백만)	
매출		$ 3,638	
현금 기준으로 조정			
매출채권 증가	−		
매출채권 감소	+	+17	$ 3,655
매출원가		2,469	
현금 기준으로 조정			
재고자산 증가	+	+49	
재고자산 감소	−		
매입채무 증가	−	−44	
매입채무 감소	+		2,474
판매관리비		941	
현금 기준으로 조정			
선급비용 증가	+		
선급비용 감소	−		
미지급비용 증가	−	−3	
미지급비용 감소	+		
감가상각	−	−103	835
법인세		91	
현금 기준으로 조정			
미지급법인세 증가	−	−4	
미지급법인세 감소	+		87
영업활동으로 인한 순현금			$ 259

자료를 처리함에 있어서 유사점과 차이점

직접법 하에서든 간접법 하에서든 동일한 목적지에 도달함에도 불구하고, 모든 자료가 조정 과정에서 같은 방법으로 조정되는 것은 아니다. 잠시 멈추고 도표 15-7의 아랫부분에 기입된 조정사항과 도표 15A-1에서 직접법을 사용한 조정사항을 비교해 보자. 수익에 영향을 주는 조정사항은(우리의 예시에서는 매출채권만 포함) 두 방법에서 동일하다. 두 가지 경우에 있어서 계정의 증가액은 차감하고 계정의 감소액은 가산한다. 그렇지만 비용에 영향을 주는 계정에 대한 조정사항은(도표 15-7의 나머지 모든 계정을 포함) 간접법과 직접법에서 반대로 되어야 한다. 그 이유는 간접법 하에서 조정은 **순이익**에서 하는 반면에 직접법 하에서는 조정은 자기 자신의 **비용계정**에서 해야 하기 때문이다.

이 차이점을 설명하기 위해서 간접법과 직접법에서 재고자산과 감가상각의 취급에 주목해보자. 간접법 하에서 (도표 15-7) 재고자산의 증가($49)는 영업활동으로 인한 순현금을 계산할 때 순이익에서 **차감한다**. 직접법 하에서 (도표 15A-1) 재고자산의 증가는 매출원가에 **가산한다**. 차이가 발생하는 이유는 다음과 같이 설명할 수 있다. 재고자산의 구입비가 해당 기간 동안 손익계산서에 포함된 매출원가를 초과하였음을 의미한다. 그러므로 순이익을 현금기준으로 조정하려면 순이익(간접법)에서 이 증가액을 차감하거나 매출원가(직접법)에 이 증가액을 가산해야 한다. 어느 방법을 이용하더라도 영업활동으로 인한 순현금에 대해 동일한 수치에 도달하게 될 것이다. 이와 유사하게 감가상각비도 현금 기준으로 조정하기 위해 간접법 하에서 순이익에 가산한다(도표 15-8). 반면에 직접법 하에서는 판매관리비에서 차감한다(도표 15A-1). 자료 처리의 이러한 차이점들은 두 방법에서 다른 모든 비용 계정에서도 동일하다.

자산 매각의 이익과 손실의 문제는 직접법 하에서 어떤 조정도 필요없다. 이들 이익과 손실은 무시할 수 있다. 왜냐하면 이것들은 매출, 매출원가, 판매관리비, 법인세의 일부가 아니기 때문이다. 도표 15A-1을 보면 Apparel의 매장 처분 이익 $3백만은 영업활동 부분에서 조정사항이 아니다.

특별한 규칙 – 직접법과 간접법

이미 보았듯이 직접법을 사용할 때 간접법에서의 경우와 같이 U.S. GAAP과 IFRS는 순이익과 영업활동으로 인한 순현금의 차이를 조정할 것을 요구하고 있다. 따라서 **기업이 직접법을 사용하기로 정했을 때** 현금흐름표와는 별개로 **간접법 정보도 제공해야** 한다.

한편 만일 기업이 영업활동으로 인한 순현금을 계산하기 위해 간접법을 사용하려 한다면 특별한 자료 분석 내역을 제공해야 한다. 기업은 당해 연도 동안의 이자와 법인세의 분류 내역서를 공개해야 한다. 정보 이용자가 간접법으로 인한 자료를 얻을 수 있도록 그리고 직접법을 사용했더라면 알 수 있었던 매출, 법인세, 기타 등등에 대한 견적을 낼 수 있도록 하기 위해 분류 내역서가 필요하다.

연습문제 (부록 15A)

문제 15A-1 현금 기준으로 순이익 조정 [학습목표 15-4]

연습문제 15-4의 Pavolik사의 자료를 참고하라.

요구사항:

직접법을 이용하여 기업의 손익계산서를 현금 기준으로 변환하라.

문제 15A-2 영업활동으로 인한 순현금 [학습목표 15-4]

Wiley사의 연도 2의 손익계산서가 다음과 같다.

매출	$150,000
매출원가	90,000
총이익	60,000
판매관리비	40,000
세전이익	20,000
법인세	8,000
순이익	$ 12,000

기업의 연도 2 판매관리비는 감가상각비 $7,500를 포함하고 있다. Wiley사의 연도 1과 연도 2 말의 부분 재무상태표 계정은 다음과 같다.

	연도 2	연도 1
유동자산		
매출채권	$40,000	$30,000
재고자산	$54,000	$45,000
선급비용	$8,000	$6,000
유동부채		
매입채무	$35,000	$28,000
미지급비용	$5,000	$8,000
미지급법인세	$2,000	$2,500

요구사항:

1. 직접법을 이용하여 기업의 손익계산서를 현금 기준으로 변환하라.
2. 연도 2에 Wiley사는 투자자산 처분으로 $9,000의 이익을 장비 처분으로 $3,000의 손실을 냈다고 가정하자. 이러한 거래가 위의 문제 1에서 당신의 계산에 어떠한 영향을 주는지 설명해보라.

문제 15A-3 영업활동으로 인한 순현금 [학습목표 15-4]

연습문제 15–6의 Carmono사의 자료를 참고하라.

요구사항:

직접법을 이용하여 기업의 손익계산서를 현금 기준으로 변환하라.

문제 15A-4 영업활동으로 인한 순현금 [학습목표 15-4]

연습문제 15–2의 Hanna사의 자료를 참고하라. 기업의 당기 손익계산서는 다음과 같다.

매출	$350,000
매출원가	140,000
총이익	210,000
판매관리비	160,000
세전이익	50,000
법인세	15,000
순이익	$ 35,000

요구사항:

직접법을 이용하여 (그리고 연습문제 15–2의 자료를 이용) 기업의 손익계산서를 현금 기준으로 변환하라.

문제 15A-5 현금흐름표 작성 및 해석 [학습목표 15-1, 15-4]

문제 15–13의 Rusco사의 재무제표를 참고하라. 2014년 동안 현금 계정이 급격히 감소하였기 때문에 기업의 집행 위원들은 현금 기준의 손익계산서를 살펴보기를 원한다.

요구사항:

1. 직접법을 이용하여 2014년도 기업의 손익계산서를 현금 기준으로 조정하라.
2. 위의 문제 1의 자료와 문제의 다른 자료를 이용하여 2014년도 현금흐름표를 작성하라.
3. 당기 동안 현금의 급격한 감소의 주요 이유를 간단히 설명하라.

문제 15A-6 현금흐름표 작성 [학습목표 15-1, 15-4]

문제 15–7의 Weaver사의 재무제표 자료를 참고하라.

요구사항:

1. 직접법을 이용하여 2014년도 기업의 손익계산서를 현금 기준으로 조정하라.
2. 문제 1의 자료와 재무상태표의 나머지 계정의 분석 자료를 이용하여 2014년도 현금흐름표를 작성하라.

문제 15A-7 현금흐름표 작성 및 해석 [학습목표 15-1, 15-4]

문제 15-10의 Joyner사의 재무제표 자료를 참고하라. 기업의 회장인 Sam Conway는 영업목적상 최소한 $15,000의 현금을 유지하려고 한다. 재무상태표상에 보이는 대로 현 년도 말에 이용가능한 현금은 $4,000에 불과하다. Conway씨는 매출과 이익이 높게 기록된 것과 달리 현금이 급격히 감소함에 따라 당혹감을 감출 수가 없다.

요구사항:

1. 직접법을 이용하여 연도 2의 기업의 손익계산서를 현금 기준으로 조정하라.
2. 위의 문제 1의 자료와 문제의 다른 자료를 이용하여 연도 2의 현금흐름표를 작성하라.
3. 당기 동안 현금의 급격한 감소의 이유를 설명하라.

Chapter

16

재무제표 분석

학습목표

16장을 공부한 후에 다음을 할 수 있어야 한다.

학습목표 16-1 비교형과 공통형 재무제표를 해석하고 작성할 수 있다.

학습목표 16-2 유동성을 평가하기 위한 재무비율을 계산하고 해석할 수 있다.

학습목표 16-3 자산 관리 목적의 재무비율을 계산하고 해석할 수 있다.

학습목표 16-4 부채 관리 목적의 재무비율을 계산하고 해석할 수 있다.

학습목표 16-5 수익성을 평가하기 위한 재무비율을 계산하고 해석할 수 있다.

학습목표 16-6 시장성과를 평가하기 위한 재무비율을 계산하고 해석할 수 있다.

©Sorbis/Shutterstock

Under Armour의 주가 급락

BUSINESS FOCUS

Under Armour는 26분기 연속 20% 이상의 매출 성장을 기록했다. 그러나 최근 분기에 회사의 매출액성장률이 12%로 둔화되었고 주가는 23% 이상 하락했다. Under Armour의 분기별 이익은 1억 490만 달러(주당 23센트)였지만 전년도 같은 분기에 벌어들인 이익 1억 560만 달러 미만이었다. 또한 애널리스트들이 주당 순이익을 23센트가 아닌 25센트로 추정했었기에 주가가 더욱 하락했다. ■

Source: Sara Germano and Anne Steele, "Under Armour Plunges After Slip," *The Wall Street Journal*, February 1, 2017, p.B3.

주주, **채권자 및 경영자**는 기업의 재무 건전성과 미래성장을 평가하기 위하여 재무제표 분석을 하는 이해관계자들이다. 주주들과 채권자들은 수익 증가, 주가 상승, 배당금 지급, 부채에 대한 원리금 상환 능력을 측정하기 위하여 기업의 재무제표를 분석한다. 경영자들은 두 가지 이유로 재무제표 분석을 한다. 첫째, 재무제표 분석은 주주나 채권자들이 기업의 재무 성과를 해석하는 방법을 경영자들이 더 잘 이해할 수 있도록 해준다. 둘째, 재무제표 분석은 기업의 성과와 관련한 중요한 피드백을 경영자에게 전달한다. 예를 들어 경영자들은 성과가 증가했는지 감소했는지 평가하기 위해 기업의 재무제표상의 추세를 분석하기도 한다. 또한 세계 최고의 기업들의 성과를 벤치마크 하기 위해 재무제표분석을 하기도 한다.

이 장에서 우리는 경영자들이 비교형, 공통형 재무제표를 어떻게 작성하는지, 그리고 기업의 유동성, 자산 관리, 부채 관리, 수익성, 시장성과를 평가하기 위하여 재무비율을 어떻게 사용하는지 알아볼 것이다.

재무제표 분석의 한계

이 절에서는 경영자들이 명심해야 할 재무제표의 두 가지 한계점에 대해 다룬다.

재무 자료의 비교

한 기업을 다른 기업과 비교하는 것은 조직의 재무건전성 파악에 매우 가치있는 실마리를 제공한다. 그러나 기업 간 회계처리방식의 차이는 재무자료를 비교하기 어렵게 한다. 예를 들어 한 기업이 재고를 LIFO 방법으로 평가하고 다른 기업은 평균 원가 방법으로 평가한다면 재고자산 및 매출원가 등 재무자료를 직접적으로 비교하는 것은 잘못된 결론을 도출할 수 있다. 어떤 경우에는 재무제표의 주석에 비교 가능한 충분한 정보가 주어진다. 그렇지 않은 경우에는 비교 가능성이 부족하다는 것을 명심해야 한다. 이러한 한계점 하에서도 다른 기업 및 산업 평균의 비율과의 비교는 것은 경영자가 개선점을 찾는 데 도움을 준다.

비율 이외의 검토 필요성

비율 비교만으로 끝났다고 생각해서는 안되며 **시작점**이라고 보아야 한다. 이 비율들은 많은 의문점을 야기하고 추가적인 분석의 필요성을 제기하지만 그 자체만으로는 의문에 대한 답을 하지 못한다. 재무 비율에 더해서 경영자들은 산업의 트렌드, 기술 변화, 소비자 취향의 변화, 거시 경제 변수의 변화와 같은 외재적 요소의 변화뿐만 아니라 직원 교육 및 성장, 사업 과정 평가, 고객 만족과 같은 다양한 내재적 요소들을 고려해야 한다.

비교형과 공통형 재무제표

학습목표 16-1

비교형과 공통형 재무제표를 해석하고 작성할 수 있다.

재무상태표나 손익계산서 자체에 있는 항목만으로는 의미가 별로 없다. 회사의 연간 매출이 2억 5천만 달러라고 가정해 보자. 이것은 특별히 의미있는 정보는 아니다. 작년의 매출과 비교해서 어떤가? 매출이 매출원가와 비교해서 어떤가? 이러한 비교를 하는데 있어서 세 가지 재무 분석 방법이 주로 사용된다.

1. 재무제표의 금액과 비율의 변화(수평적 분석).
2. 공통형 재무제표(수직적 분석).
3. 비율분석

첫 번째와 두 번째 방법은 이 절에서 다룬다. 세 번째 방법은 이 장의 끝에서 논의된다. 우리는 이러한 재무 분석 방법을 특수 전자 부품 생산회사인 Brickey Electronics사의 재무제표를 이용하여 설명할 것이다.

재무제표의 금액과 비율의 변화

수평적 분석(horizontal analysis, 추세 분석(trend analysis)이라고도 함)은 재무제표의 각 연도별 금액과 비율 변화 등 재무 자료를 시간에 걸쳐서 분석하는 것을 포함한다. 도표 16-1과 16-2는 Brickey Electronics사의 재무제표를 비교 형태로 보여준다. 금액의 변동은 경제적으로 가장 중요한 변동을 강조한다. 비율변화는 가장 예외적인 변동을 강조한다.

도표 16-1

Brickey Electronics
비교 재무상태표 (단위: 천 달러)

	올해	작년	증가(감소) 금액	증가(감소) 비율
자산				
유동자산:				
현금	$ 1,200	$ 2,350	$ (1,150)	(48.9)%*
매출채권	6,000	4,000	2,000	50.0%
재고자산	8,000	10,000	(2,000)	(20.0)%
선급비용	300	120	180	150.0%
총유동자산	15,500	16,470	(970)	(5.9)%
유형자산:				
토지	4,000	4,000	0	0.0%
건물 및 기계장치	12,000	8,500	3,500	41.2%
총유형자산	16,000	12,500	3,500	28.0%
총자산	$ 31,500	$28,970	$ 2,530	8.7%

Brickey Electronics 비교 재무상태표 (단위: 천 달러)			증가(감소)	
	올해	작년	금액	비율
부채와 주주자본				
유동부채:				
매입채무	$ 5,800	$ 4,000	$ 1,800	45.0%
미지급비용	900	400	500	125.0%
단기 지급어음	300	600	(300)	(50.0)%
총유동부채	7,000	5,000	2,000	40.0%
장기부채:				
사채, 8%	7,500	8,000	(500)	(6.3)%
총부채	14,500	13,000	1,500	11.5%
주주자본:				
보통주, 주당 $12	6,000	6,000	0	0.0%
주식발행초과금	3,000	3,000	0	0.0%
납입자본	9,000	9,000	0	0.0%
이익잉여금	8,000	6,970	1,030	14.8%
총주주자본	17,000	15,970	1,030	6.4%
총부채와 주주자본	$ 31,500	$28,970	$ 2,530	8.7%

* 올해와 작년의 변화는 작년 달러 기준 비율로 표시되어 있다. 예로 올해와 작년 사이에 현금이 $1,150 감소했다. 이러한 감소의 비율 형태는 다음과 같이 계산된다. $1,150÷$2,350=48.9%. 이 도표와 다음 도표 16-2의 다른 비율들도 동일한 방법으로 계산된다.

도표 16-2

Bricke Electronics 비교 손익계산서와 이익잉여금 조정 (단위: 천 달러)			증가(감소)	
	올해	작년	금액	비율
매출	$ 52,000	$ 48,000	$4,000	8.3%
매출원가	36,000	31,500	4,500	14.3%
총이익	16,000	16,500	(500)	(3.0)%
판매비와 관리비:				
판매비	7,000	6,500	500	7.7%
관리비	5,860	6,100	(240)	(3.9)%
총판매비와 관리비	12,860	12,600	260	2.1%
영업이익	3,140	3,900	(760)	(19.5)%
이자비용	640	700	(60)	(8.6)%
세전 순이익	2,500	3,200	(700)	(21.9)%
법인세(30%)	750	960	(210)	(21.9)%
당기순이익	1,750	2,240	$ (490)	(21.9)%
보통주주에게 배당금 지급, 주당 $1.44	720	720		
이익잉여금에 더해지는 순이익	1,030	1,520		
연초 이익잉여금	6,970	5,450		
연말 이익잉여금	$ 8,000	$ 6,970		

수평적 분석은 수년 간의 자료들을 사용하여 **추세 비율**을 분석하는 경우에 더 유용할 수 있다. **추세 비율(trend percentage)**을 계산하기 위해서는 기준연도를 선택해야 하며 모든 연도의 자료가 기준연도에 대한 비율로 표시되어야 한다. 예를 들어 전 세계적으로 37,000개 이상의 레스토랑이 있는 세계에서 가장 큰 음식 서비스 소매업체인 McDonald의 매출과 순이익을 살펴보자.

	2008	2009	2010	2011	2012	2013	2014	2015	2016	2017
매출액(백만)	$23,522	$22,745	$24,075	$27,006	$27,567	$28,106	$27,441	$25,413	$24,622	$22,820
순이익(백만)	$4,313	$4,551	$4,946	$5,503	$5,465	$5,586	$4,758	$4,529	$4,687	$5,192

2009년부터 2013년까지 매년 매출액이 증가했다가 그 후 점차 감소하는 것을 확인할 수 있다. 순이익은 2008년부터 2011년까지 꾸준히 증가했고, 2013년까지 정체되었으며, 2014년과 2015년에 감소하였고, 2016년과 2017년에 반등했다. 그러나 이러한 데이터를 추세 비율로 다시 변환하면 해석에 도움이 된다.

	2008	2009	2010	2011	2012	2013	2014	2015	2016	2017
매출액	100%	97%	102%	115%	117%	119%	117%	108%	105%	97%
순이익	100%	106%	115%	128%	127%	130%	110%	105%	109%	120%

위의 표에서 매출액과 순이익은 모두 2008년 매출액과 순이익의 백분율로 표시되었다. 예를 들어 2014년 매출 27,441백만 달러는 2008년 매출 23,522백만 달러의 117%이다. 이 추세 분석은 도표 16-3의 그림처럼 표시될 때 분석하기가 더 쉽다. McDonald는 2009년부터 2013년까지 지속적인 매출 성장을 경험했으며 그 후 매년 매출이 감소했다. 순이익은 2008년부터 2013년까지 꾸준히 증가했으며 2014년과 2015년에 급감했으며 2016년과 2017년에 상승 추세를 재개했다.

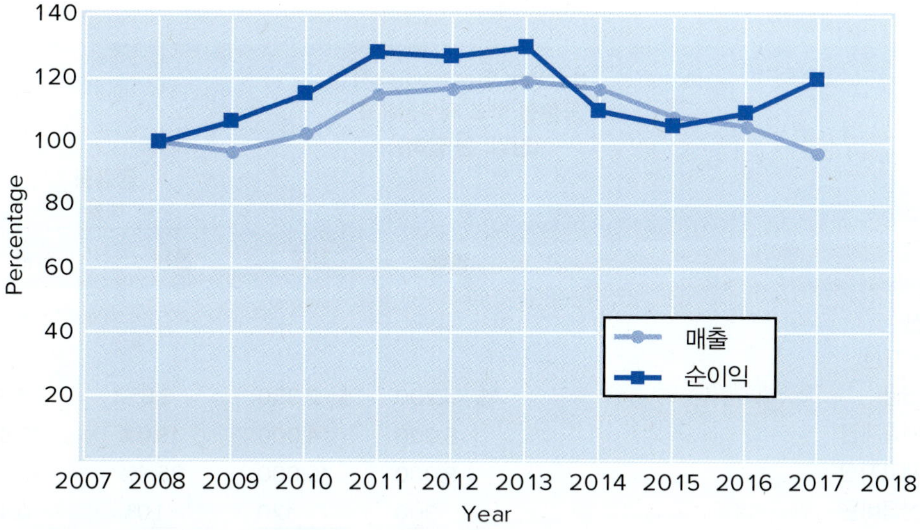

도표 16-3
McDonald: 매출과 순이익의 추세분석

공통형 재무제표

앞의 부분에서 언급한 수평적 분석은 재무제표가 시간에 따라서 변하는 것을 분석한다. **수직적 분석(vertical analysis)**은 특정 시점에서의 재무제표 계정 간의 관계를 분석한다. **공통형 재무제표(common-size financial statement)**는 각 재무제표의 계정이 비율로 표시된 수직적 분석이다. 손익계산서의 모든 계정은 매출에 대한 비율로 표시된다. 재무상태표에서의 모든 계정은 총자산에 대한 비율로 표시된다. 도표 16-4는 Brickey Electronics사의 공통형 재무상태표를 보여주고 도표 16-5는 회사의 공통형 손익계산서를 보여준다.

도표 16-4에서 보듯이 모든 자산을 공통 형태로 표시하는 것은 유동자산을 비유동자산과 비교하여 상대적 중요성을 보여준다. 또한 유동자산의 구성에 지난 1년간 중대한 변화가 있었다는 것을 보여준다. 예를 들어 매출채권은 상대적 중요성이 증가하였으며 현금과 재고는 모두 상대적 중요성이 감소하였다. 매출채권의 급격한 증가로 볼 때 현금계정의 급격한 감소는 고객들로부터 회수할 수 있는 능력이 저하되었기 때문이라고 할 수 있다.

도표 16-5의 공통형 손익계산서는 각 계정을 매출에 대한 비율로 보여주고 있다. 예를 들어 관리비는 작년에 매출의 12.7%이었고 올해엔 매출의 11.3%이었다. 만일 Brickey사의 관리 서비스의 질과 효율성이 지금과 같거나 좀 더 나아진다면 이 두 비율은 Brickey사가 관리 자원을 작년보다 더 비용 효율적으로 관리했음을 나타낸다. 관리비 뿐만 아니라 경영자들은 공통형 손익계산서에 나와 있는 다른 비율들에도 깊은 관심을 기울인다. 이 비율들은 다음 절에서 수익성 비율과 관련하여 다룰 것이다.

도표 16-4

Brickey Electronics사
공통형 비교 재무상태표
(단위: 천 달러)

	올해	작년	공통형 비율 올해	공통형 비율 작년
자산				
유동자산:				
현금	$ 1,200	$ 2,350	3.8%*	8.1%
매출채권	6,000	4,000	19.0%	13.8%
재고자산	8,000	10,000	25.4%	34.5%
선급비용	300	120	1.0%	0.4%
총유동자산	15,500	16,470	49.2%	56.9%
유형자산:				
토지	4,000	4,000	12.7%	13.8%
건물과 기계장치	12,000	8,500	38.1%	29.3%
총유형자산	16,000	12,500	50.8%	43.1%
총자산	$ 31,500	$ 28,970	100.0%	100.0%
부채와 주주자본				
유동부채:				
매입채무	$ 5,800	$ 4,000	18.4%	13.8%
미지급비용	900	400	2.9%	1.4%
단기 지급어음	300	600	1.0%	2.1%
총유동부채	7,000	5,000	22.2%	17.3%
장기부채:				
사채, 8%	7,500	8,000	23.8%	27.6%
총부채	14,500	13,000	46.0%	44.9%
주주자본:				
보통주자본금, 액면가 $12	6,000	6,000	19.0%	20.7%
주식발행초과금	3,000	3,000	9.5%	10.4%
납입자본	9,000	9,000	28.6%	31.1%
이익잉여금	8,000	6,970	25.4%	24.0%
총주주자본	17,000	15,970	54.0%	55.1%
총부채와 주주자본	$ 31,500	$ 28,970	100.0%	100.0%

*공통형 재무제표의 각 자산계정은 총자산의 비율로 나타나고 각 부채와 자본 계정은 총부채와 주주자본의 비율로 나타난다. 예를 들어 위의 올해 현금의 비율은 다음과 같이 계산된다. $1,200 ÷ $31,500=3.8%. 모든 공통형 비율은 소수점 한 자리로 반올림 하였다.

도표 16-5

Brickey Electronics사
공통형 비교 손익계산서
(단위: 천 달러)

	올해	작년	공통형 비율* 올해	공통형 비율* 작년
매출	$52,000	$48,000	100.0%	100.0%
매출원가	36,000	31,500	69.2%	65.6%
매출총이익	16,000	16,500	30.8%	34.4%
판매비와 관리비:				
판매비	7,000	6,500	13.5%	13.5%
관리비	5,860	6,100	11.3%	12.7%
총판매비와 관리비	12,860	12,600	24.7%	26.3%
영업이익	3,140	3,900	6.0%	8.1%
이자비용	640	700	1.2%	1.5%
세전 순이익	2,500	3,200	4.8%	6.7%
법인세(30%)	750	960	1.4%	2.0%
순이익	$ 1,750	$ 2,240	3.4%	4.7%

*각 연도의 비율은 해당연도 총매출 비율에 따라서 표시되었다는 것에 유의하라. 예를 들어 올해의 매출원가의 비율은 다음과 같이 계산된다. $36,000÷$52,000=69.2%. 모든 공통형 비율은 소수점 한 자리로 반올림하였다.

IN BUSINESS | 기업현장

GOPRO의 영업비용 절감

캘리포니아 샌마테오에 본사를 두고 있는 액션 카메라 제조사 **GoPro**는 최근 2년 동안 1,100만 대의 카메라를 판매했는데, 이는 이전 2년에 비해 25% 증가한 수치이다. 그러나 회사의 첫 번째 드론이 기술적인 문제에 직면하고 "더 넓은 소비자 기반을 위해 설계된 새 카메라 출시가 실패했을 때" 회사는 몇 가지 어려운 조정을 해야 했다. 6개월 동안 470명의 직원을 해고하여 연간 영업비용을 5억 8,500만 달러로 낮췄다. 이는 회사 매출의 47%에 해당하며, 전년도 매출의 70%를 차지했던 영업비용에서 감소시킨 것이다.

Source: Dan Gallagher, "GoPro Puts Its Focus on Profitability," *The Wall Street Journal,* March 17, 2017, p. B12.

비율분석—유동성

학습목표 16-2

유동성을 평가하기 위한 재무 비율을 계산하고 해석할 수 있다.

유동성은 얼마나 빨리 자산이 현금으로 전환되는지를 나타낸다. 유동자산은 현금으로 빨리 전환되지만 비유동자산은 그렇지 않다. 기업은 공급자 등 단기 채권자에게 진 채무의 양과 비교하여 유동자산의 양을 계속하여 주시해야 한다. 만일 기업의 유동자산이 단기 채권자들에게 적시에 지불할 수 있을 만큼 충분하지 않다면 중요한 경영상의 문제를 낳게 된다. 이를 해결하지 못한다면 파산에 이를 수 있다.

이 장은 Brickey Electronics사의 재무제표를 사용하여 경영자들이 그들 기업의 유동성과 단기 채권자들에게 지불할 수 있는 능력을 분석하기 위해 사용하는 두 비율을 설명한다. 이 장에서의 모든 계산은 작년이 아니라 당해연도를 대상으로 한다.

운전자본

유동자산이 유동부채를 초과하는 양을 **운전자본(working capital)**이라고 한다.

$$운전자본 = 유동자산 - 유동부채$$

Brickey Electronics사의 운전자본은 다음과 같이 계산된다.

$$운전자본 = \$15{,}500{,}000 - \$7{,}000{,}000 = \$8{,}500{,}000$$

경영자들은 두 가지 관점에서 운전자본을 해석해야 한다. 만일 기업이 충분한 운전자본을 가지고 있다면 기업은 단기 채권자들에게 적시에 완전히 지급받을 것이라는 어느 정도의 확신을 제공한다. 하지만 많은 양의 운전자본을 유지하는 것은 공짜가 아니다. 운전자본은 비싼 장기 부채와 자본으로 조달되어야 한다. 게다가 운전자본의 증가는 재고자산의 과도한 증가와 같은 문제를 나타낼 수 있다. 따라서 경영자들은 단기 채권자들에게 지불할 수 있는 능력을 유지함과 동시에 운전자본을 최소화하고자 한다.

유동비율

기업의 운전자본은 비율의 형태로 나타난다. 기업의 유동자산을 유동부채로 나눈 값을 **유동비율(current ratio)**이라고 한다.

$$유동비율 = \frac{유동자산}{유동부채}$$

Brickey Electronics사의 유동비율은 다음과 같이 계산된다.

$$\text{유동비율} = \frac{\$15,500,000}{\$7,000,000} = 2.21$$

유동비율이 단기 부채 상환능력을 측정하는 것으로 널리 알려져 있지만 조심스럽게 해석되어야 한다. **유동비율의 하락**은 재무상태가 나빠지는 것을 의미하거나 아니면 진부화된 재고자산이나 유동자산을 제거한 결과일 수 있다. **유동비율의 증가**는 재고자산 비축의 결과이거나 재무상태가 개선된 것을 나타내는 것일 수 있다. 유동비율은 유용하지만 해석이 까다롭다.

일반적인 경험에 의하면 유동비율은 최소한 2이어야 한다. 하지만 많은 기업들은 2이하의 비율로 성공적으로 운영된다. 유동비율의 적정성은 자산의 **구성**에 의해 좌우된다. 예를 들어 아래의 표에서 보듯이 Worthington사와 Greystone사는 유동비율이 2이다. 하지만 이 두 기업은 비교할 만한 재무 상태에 있지 않다. Greystone사는 유동자산의 대부분이 현금이나 매출채권과 같은 유동성 자산이 아닌 재고자산으로 구성되어 있어서 현재의 재무 약정 충족에 어려움이 있을 것이다.

	Worthington사	Greystone사
유동자산:		
현금	$ 25,000	$ 2,000
매출채권	60,000	8,000
재고자산	85,000	160,000
선급비용	5,000	5,000
총유동자산 (a)	$ 175,000	$ 175,000
유동부채 (b)	$ 87,500	$ 87,500
유동비율, (a) ÷ (b)	2	2

산성시험 (당좌)비율

산성시험 (당좌)비율(acid-test(quick) ratio)은 기업의 단기 부채 상환능력을 판단하는 데 있어서 유동비율보다 더 엄격한 방법이다. 재고와 선급비용을 총유동자산에서 제외하고 더 유동적인(또는 "당좌")자산만을 유동부채로 나눈다.

$$\text{당좌비율} = \frac{(\text{현금} + \text{시장성유가증권} + \text{매출채권} + \text{단기받을어음})}{\text{유동부채}}$$

산성시험 (당좌)비율은 기업이 재고자산에 크게 의존하거나 재고자산을 처분하지 않고 의무를 얼마나 잘 이행할 수 있는지를 나타낸다. 이상적으로 유동부채는 당좌자산에 의하여 뒷받침되어야 한다. 하지만 당좌비율은 0.3정도가 보통이다.

$$\text{당좌비율} = \frac{\$1,200,000 + \$0 + \$6,000,000}{\$7,000,000} = 1.03$$

Brickey Electronics사의 당좌비율이 수용할 만한 비율의 범위내이지만 경영자는 기업의 재무상태표에 나타난 몇몇 추세에 대하여 우려할 수 있다. 도표 16-1에서 현금이 감소하는 데 반해서 단기 부채가 상승하고 있다는 것에 주의하라. 어쩌면 이러한 낮은 현금은 매출채권의 상당한 증가 때문일 수 있다. 간단히 이야기하자면 유동비율과 마찬가지로 당좌비율도 기본 구성요소들에 관심을 기울이며 해석되어야 한다는 것이다.

비율분석—자산 관리

학습목표 16-3

자산 관리 목적의 재무 비율을 계산하고 해석할 수 있다.

기업의 자산은 대출기관이나 주주들에 의해 조달되며 이들은 그 자산이 능률적이고 효율적으로 사용되기를 기대한다. 이 절에서 우리는 경영자가 기업의 자산 관리 성과를 평가하기 위하여 사용하는 측정치들과 비율에 대해 다룰 것이다. 앞으로의 모든 계산은 당해연도를 대상으로 한다.

매출채권 회전율

매출채권 회전율과 평균 회수기간 비율은 회사의 외상매출이 현금으로 얼마나 빨리 전환되는지를 나타낸다. **매출채권 회전율(accounts receivable turnover)**은 외상매출(즉 신용매출) 계정을 해당 연도의 평균 매출채권으로 나누어서 계산된다.

$$\text{매출채권 회전율} = \frac{\text{외상매출금}}{\text{평균매출채권}}$$

Brickey Electronic사의 매출이 외상매출이라고 가정하면 매출채권 회전율은 다음과 같이 계산된다.

$$\text{매출채권 회전율} = \frac{\$52,000,000}{(\$6,000,000 + \$4,000,000) / 2} = 10.4$$

365일을 매출채권 회전율로 나누어서 외상금을 회수하는 데 걸리는 평균 일수[**평균 회수기간(average collection period)**]를 측정할 수 있다.

$$\text{평균 회수기간} = \frac{365\text{일}}{\text{매출채권회전율}}$$

Brickey Electronics사의 평균 회수기간은 다음과 같이 계산된다.

$$\text{평균 회수기간} = \frac{365\text{일}}{10.4} = 35.1\text{일}$$

이것은 외상매출을 회수하는 데 평균적으로 35일이 걸린다는 것을 의미한다. 이것이 좋은지 나쁜지는 Brickey Electronics사가 고객에게 제공하는 신용기간에 따라서 달라진다. 많은 고객들은 신용기간이 허용하는 한 최대한 지불을 미룬다. 만약에 신용기간이 30일이라면 35일의 평균 회수기간은 매우 좋다고 여겨질 것이다. 반면 회사의 신용기간이 10일이라면 35일의 평균 회수기간은 우려점이 된다. 장기의 회수기간은 아주 오래된 회수불가능 외상매출이 너무 많거나, 신속한 청구 및 오래된 계정 갱신에 실패한 결과일 수 있다. 실제로 평균 회수기간은 산업에 따라서 10일에서 180일까지 다양하게 분포하는 것이 통상적이다.

재고자산 회전율

재고자산 회전율(inventory turnover ratio)은 기업의 재고자산이 해당 연도 동안 몇 번이나 판매되었고 대체되었는지를 측정한다. 이 비율은 매출원가를 평균 재고자산[(기초 재고자산 + 기말 재고자산) ÷ 2]으로 나누어서 계산된다.

$$\text{재고자산 회전율} = \frac{\text{매출원가}}{\text{평균재고자산}}$$

Brickey사의 재고자산 회전율은 다음과 같이 계산된다.

$$\text{재고자산 회전율} = \frac{\$36{,}000{,}000}{(\$8{,}000{,}000 + \$10{,}000{,}000)\ /\ 2} = 4.0$$

전체 재고자산을 판매하는 데 필요한 일수[**평균 매출기간(average sale period)**]는 365를 재고자산 회전율로 나누어서 계산할 수 있다.

$$평균\ 매출기간 = \frac{365일}{재고자산회전율}$$

$$재고자산\ 회전율 = \frac{365일}{4시간} = 91^{1/4}일$$

평균 매출기간은 산업에 따라서 다르다. 부패하기 쉬운 재고를 갖고 있는 잡화점은 재고를 빨리 회전시키는 경향이 있다. 반면에 보석상점은 재고 회전 속도가 느린편이다. 실제로 산업에 따라 평균 매출기간이 10일에서 90일인 것이 보통이다.

재고자산 회전율이 산업평균에 비해 낮은 기업은 재고 보유량이 너무 많거나 잘못된 재고를 보유하고 있다. 어떤 경영자들은 수량 할인을 받기 위해 대규모로 구매해야 한다고 항변한다. 하지만 보험비용, 세금, 자금조달 그리고 추가재고 보유에 따른 진부화와 가치하락도 염두해 두어야 한다.

운영주기

운영주기(operating cycle)는 공급업체로부터 재고자산을 받은 때부터 고객으로부터 현금을 받을 때까지의 경과시간을 측정한다. 이는 다음과 같이 계산된다.

$$운영주기 = 평균매출기간 + 평균회수기간$$

Brickey Electronics사의 운영주기는 다음과 같이 계산된다.

$$운영주기 = 91^{1/4}일 + 35일 = 126^{1/4}일$$

경영자는 현금을 받으면 즉시 기업의 소유로 할 수 있기 때문에 운영주기를 줄이고자 한다. 기업이 공급업체 평균 지불기간보다 운영주기를 줄일 수 있다는 것은 기업이 재고자산 구입으로 공급업체에 돈을 지불하기 전에 고객들로부터 현금을 받는다는 것을 의미한다. 예를 들어 만일 기업의 운영주기가 10일이고 공급업체 평균 지불기간이 30일이라면 기업은 공급업체에 돈을 지불하기 20일 전에 고객들로부터 현금을 받을 것이다. 이 예시에서 기업은 공급업체에 현금 수령액을 지불하기 전 20일 동안 현금 회수 금액에 대하여 이자 소득을 벌 수 있다. 반대로 만일 기업의 운영주기가 공급업체 평균 지불기간보다 훨씬 더 길다면 이는 기업이 재고자산과 매출채권에 필요한 자금을 위해 돈을 빌려야 함을 의미한다. Brickey Electronics사의 경우 운영주기가 길어서 운전자본에 필요한 자금을 위하여 돈을 빌려야 함을 말해주고 있다.

총자산 회전율

총자산 회전율(total asset turnover)은 총매출과 평균 총자산을 비교한 비율이다. 이는 기업의 자산이 매출을 창출하는 데 얼마나 효율적으로 사용되는지를 측정한다. 이는 다음과 같이 계산된다.

$$\text{총자산 회전율} = \frac{\text{매출}}{\text{평균총자산}}$$

Brickey Electronics사의 총자산 회전율은 다음과 같이 계산된다.

$$\text{총자산 회전율} = \frac{\$52{,}000{,}000}{(\$31{,}500{,}000 + \$28{,}970{,}000)\ /\ 2} = 1.72$$

기업의 목표는 총자산 회전율을 높이는 것이다. 그렇게 하기 위해서 매출을 증가시키거나 자산투자를 줄여야 한다. 만일 기업의 매출채권 회전율과 재고자산 회전율이 증가하고 있지만 총자산 회전율이 감소하고 있다면 이는 비유동자산의 이용과 효율성과 관련된 문제가 있다는 것을 의미한다. 또한 만일 다른 조건이 변하지 않는다면 기업의 총자산 회전율은 시간이 지남에 따라 증가할 것이다. 왜냐하면 자산의 가치는 시간이 갈수록 감소하기 때문이다.

비율 분석—부채 관리

학습목표 16-4

부채 관리 목적의 재무 비율을 계산하고 해석할 수 있다.

경영자들은 기업의 부채 관리 결정을 장기 채권자와 보통주주 등 두 집단의 이해관계자 입장에서 평가해야 한다. 장기 채권자들은 장기간 동안 기업의 대출 상환 능력에 대해 우려한다. 예를 들어 기업이 배당금의 형태로 이용 가능한 현금을 모두 지불해버리면 채권자들에게 갚아야 할 현금이 남지 않게 된다. 결과적으로 채권자들은 기업에게 다양한 제한 제약이나 규정에 동의하기를 요구함으로써 보호받기를 원한다. 이러한 제한 제약은 보통 기업이 특정 수준에서 확실한 재무 비율을 유지해야 한다는 규정뿐만 아니라 배당금 지급에 대한 제한을 포함한다. 제한 제약이 널리 이용될지라도 이는 채권자들에게 대출 만기일에 돈을 받을 수 있다는 확신을 주지 않는다. 기업은 지급금을 충당하기 위하여 충분한 이익을 창출해야만 한다.

주주들은 재무 레버리지 관점에서 부채를 바라본다. **재무 레버리지(financial leverage)**는 매출과 이익을 증가시키기 위하여 자산을 취득하는 데에 쓸 자금을 빌리는 것을 말한다. 기업은 총자산에 대한 수익률과 채권자들에게 지불해야하는 자금의 이자율 차이에 따라 긍정적인 혹은 부정적인 재무 레버리지를 가질 수 있다. 만일 기업의 총자산에 대한 수익률이 채권자들에게 지불해야하는 자금의 이자율보다 높다면 재무 레버리지는 양의 값을 가진다. 반대로 총자산에 대한 수익률이 채권자들에게 지불해야하는 자금의 이자율보다 낮으면 재무 레버리지는 음의 값을 가진다. 우리는 다음 장에서 Brickey Electronics사가 양 또는 음의 레버리지를 갖는지 알아볼 것이다. 기업이 양의 재무 레버리지를 갖는다면 부채 보유는 보통주 주들에게 상당히 이익을 줄 수 있다는 것을 이해해야 한다. 반대로 만일 기업이 음의 재무 레버리지를 갖는다면 보통주주들은 피해를 볼 수 있다. 양의 재무 레버리지 유지를 위해 경영자들은 부채를 피하기 위한 노력을 하기보다 일반적인 수준의 부채를 유지한다.

이 장에서 우리는 경영자들이 부채를 관리하기 위하여 사용하는 이자보상비율, 부채비율, 자본승수를 다룰 것이다.

이자보상비율

기업의 장기 채권자들에게 보호를 제공할 수 있는 능력을 측정하는 가장 일반적인 방법은 **이자보상비율(times interest earned ratio)**이다. 이것은 이자 및 법인세 차감 전 순이익(즉 영업이익)을 이자비용으로 나누어서 계산한다.

$$\text{이자보상비율배수} = \frac{\text{이자 및 법인세 차감 전 순이익}}{\text{이자비용}}$$

Brickey Electronics사에게 있어서 올해의 이자보상비율은 다음과 같이 계산된다.

$$\text{이자보상비율} = \frac{\$3{,}140{,}000}{\$640{,}000} = 4.9$$

이자보상비율은 이자를 지급하는 데 사용할 수 있는 이익 금액이므로 이자 및 법인세 차감 전 순이익에 기초한다. 이자비용은 법인세가 결정되기 전에 공제된다. 채권자들은 세금 납부전 이익에 대한 첫 청구권을 갖고 있다.

이자보상비율이 1보다 낮은 경우에는 이자비용이 그 이자를 지불하는 데 필요한 이익을 초과하므로 불충분하다. 반대로 2 이상의 이자보상비율은 장기 채권자들을 보호하는데 효율적이라고 생각할 수 있다.

부채비율

부채비율(debt-to-equity ratio)은 기업의 재무상태표상의 특정 시점에서 부채와 자본의 비율을 나타내는 레버리지 비율 중 하나이다. 부채비율이 높을수록 기업이 재무 레버리지를 증가시키고 있다는 것을 의미한다. 다시 말하면 자금 조달을 하기 위해 기업이 자본보다 부채에 더 큰 비중을 의존하고 있다는 것이다. 부채비율은 다음과 같이 측정된다.

$$부채비율 = \frac{총부채}{주주자본}$$

Brickey사의 올해 부채비율은 다음과 같이 계산된다.

$$부채비율 = \frac{\$14,500,000}{\$17,000,000} = 0.85$$

올해 말 Brickey Electronics사의 채권자들은 주주들이 제공한 $1당 85센트를 제공하고 있다.

채권자와 주주들은 적정 부채비율에 대해서 다른 관점을 갖고 있다. 원래 주주들은 양의 재무 레버리지에 따른 이익을 누리기 위해서 많은 부채를 원한다. 이에 반해서 자본은 총자산이 총부채를 초과하는 금액을 나타내며, 이는 기업의 채권자들에게 완충 역할을 해주므로 채권자들은 더 낮은 부채와 더 많은 자본을 원한다. 실제로 부채비율은 0.0(부채 없음)에서부터 3.0까지인 것이 보통이다. 일반적으로 낮은 재무적 위험을 가진 산업에서 경영자들은 높은 부채비율을 유지하고, 더 높은 재무적 위험을 가진 산업에서 낮은 부채비율을 유지한다.

자본승수

자본승수(equity multiplier)는 자기자본 대비 기업의 자산 비율을 나타내는 레버리지 비율의 또 다른 유형이다. 부채비율과 비슷하게 자본승수가 증가할수록 기업이 재무 레버리지를 증가시키고 있다는 것을 나타낸다. 다시 말하자면 자금 조달을 하기 위해 기업이 자본보다 부채에 더 큰 비중을 의존하고 있다는 것이다. (부채비율에서 했던 것과 같이) 한 시점에서 분자와 분모의 값을 측정하는 대신 자본승수는 1년 동안 유지된 평균 금액에 초점을 두고 이는 다음과 같이 측정된다.

$$자본승수 = \frac{총자산의\ 평균}{주주자본의\ 평균}$$

Brickey사의 올해 자본승수는 다음과 같이 계산된다.

$$자본승수 = \frac{(\$31,500,000 + \$28,970,000)/2}{(\$17,000,000 + \$15,970,000)/2} = 1.83$$

부채비율과 자본승수는 기업이 부채와 자본을 함께 어떻게 관리하는지에 대한 정보를 제공한다. 다음 절에서 기업이 자기자본이익률(return on equity)을 어떻게 측정하고 해석할지에 대해 깊은 이해를 할 수 있도록 자본승수에 대해 다루어 보았다.

비율 분석—수익성

학습목표 16-5

수익성을 평가하기 위한 재무 비율을 계산하고 해석할 수 있다.

경영자들은 기업이 벌어들이는 이익의 크기에 많은 관심을 기울인다. 하지만 비율분석시에는 매출, 총자산이나 주주자본과 비교한 이익의 값에 집중하는 경향이 있다. 이익을 매출 등의 또 다른 비율로 나타내면 경영자가 기업을 시간에 따라 어떻게 경영하는지에 대한 결론 도출에 도움을 줄 수 있다. 예를 들면 기업이 1년도에 $10, 2년도에 $20의 이익을 얻었다면 기업의 성과가 향상되었다고 생각할 수 있다. 이때 1년도의 매출이 $100이고 2년도의 매출이 $1,000라고 가정한다면 기업이 $900의 추가 매출을 단지 $10의 추가 이익으로 전환했다고 볼 수 있다. 본 절에서 우리는 경영자들이 일반적으로 사용하는 매출총이익률, 순매출총이익률, 총자산이익률, 자본이익률 등 네 가지 수익성 비율에 대해 배움으로써 이 생각에 대해 확장해볼 것이다.

매출총이익률

도표 16–5는 Brickey사의 매출 비율로써 매출원가가 작년 65.6%에서 올해 69.2%로 증가했음을 보여준다. 이를 다른 관점에서 보면 **매출총이익률**이 작년 34.4%에서 올해 30.8%로 감소했음을 보여준다. 경영자들과 투자자들은 이러한 수익성의 측정하는데 많은 관심을 기울인다. **매출총이익률(gross margin percentage)**은 다음과 같이 계산된다.

$$\text{매출총이익률} = \frac{\text{매출총이익}}{\text{매출액}}$$

매출총이익률은 다른 업체보다 소매업체의 경우에 있어서 더 안정적이어야 하는데 그 이유는 소매업에서의 매출원가는 고정비용을 포함하지 않기 때문이다. 고정비용이 매출원가에 포함되면 총이익률은 판매량에 따라 변동한다. 판매량이 증가하면 고정비용은 더 많은 단위들에 의해 분산되고 총이익률은 증가한다.

IN BUSINESS 기업현장

ABERCROMBIE & FITCH는 특성을 잃었는가?

지난 5년 동안 **Abercrombie & Fitch**(A&F)는 중하위 60% 범위의 매출총이익률을 얻은 반면 **American Eagle Outfitters**와 **Aéropostale**은 40% 미만의 매출총이익률을 얻었다. A&F가 높은 이익률을 얻은 이유 중 하나는 회사 로고가 있는 의류에 기꺼이 높은 가격을 지불할 의향이 있는 십대들 사이에서 브랜드 인지도가 높았기 때문이다. 그러나 변덕스러운 10대 시장이 로고를 패션의 실수로 선언한 지금, A&F는 로고가 없는 의류를 판매하여 매출총이익률을 유지해야 하는 흥미로운 도전에 직면해 있다. 회사의 매출총이익률이 1% 하락할 때마다 영업이익은 14% 감소한다는 점을 감안할 때 재정적 위험은 높은 상황이다.

Source: Miriam Gottfried, "Abercrombie's Margins Aren't Cool," *The Wall Street Journal*, December 9, 2014, p. C10.

매출순이익률

도표 16-5는 Brickey사의 매출순이익률이 작년 4.7%에서 올해 3.4%로 감소했음을 보여준다. 경영자들이 주로 사용하는 **매출순이익률(net profit margin percentage)**는 다음과 같이 계산된다.

$$매출순이익률 = \frac{순이익}{매출액}$$

매출총이익률과 매출순이익률은 매출총이익과 순이익을 매출의 비율로써 나타낸다. 매출총이익률은 매출원가와 매출원가의 성과에 대한 영향에 집중을 하는 반면 매출순이익률은 판매 및 관리 비용, 이자 비용, 법인세가 성과에 미치는 영향을 고려한다. 이 절의 나머지 비율들은 재무상태표의 값들에 대한 수익성을 고려한다.

IN BUSINESS 기업현장

Dropbox, 최초의 공개 재무제표 제출

Dropbox가 상장기업으로서 첫 분기 재무제표를 제출했을 때 매출은 3억 1,630만 달러로 전년 동 분기 대비 28% 증가했다. 그러나 회사의 영업비용은 매출의 209%였으며 그 결과 4억 6,550만 달러의 순손실이 발생했다.

Dropbox는 기업공개(IPO)에서 7억 5,600만 달러를 조달했으며 2007년 설립 이후 아직까지 이익을 내지 못하고 있다. 그럼에도 불구하고 무료 및 유료 서비스에 등록된 5억명이 넘는 가입자를 보유하고 있다는 Dropbox의 주장에 근거한 회사의 성장전망에 많은 투자자들은 여전히 흥미를 보이며 남아있다.

Source: Jay Greene, "Dropbox Revenue Jumps by 28%," *The Wall Street Journal*, May 11, 2018, p. B4.

총자산이익률

총자산이익률(return on total assets)은 다음과 같이 산정한다.

$$총자산이익률 = \frac{순이익 + [이자비용 \times (1 - 세율)]}{평균\ 총자산}$$

먼저 부채가 없을 경우의 이익을 산정하기 위해 이자비용을 순이익에 더한다. 이러한 조정으로 부채와 자본의 변화에 대한 고려없이도 자산이익률을 산정할 수 있다. 게다가 이 조정은 경영자가 다른 규모의 부채를 가지고 있는 타 기업들과 더 의미있는 비교를 할 수 있도록 한다. 이자비용은 (1 − 세율)을 곱함으로서 세후기준으로 파악되었다는 것에 주의하라.

Brickey Electronics사의 총자산이익률은 다음과 같이 계산된다(도표 16–1과 16–2 참조).

$$총자산이익률 = \frac{\$1,750,000 + [\$640,000 \times (1 - 0.30)]}{(\$31,500,000 + \$28,970,000) / 2} = 7.3\%$$

Brickey Electronics사는 올해 투자된 평균총자산당 7.3%의 이익을 얻었다.

자기자본이익률

총자산이익률은 총자산에 대한 이익을 나타내지만 **자기자본이익률**은 주주자본의 장부가치에 대한 이익을 나타낸다. **자기자본이익률(return on equity)**은 다음과 같이 계산한다.

$$자기자본이익률 = \frac{순이익}{평균\ 주주자본}$$

Brickey Electronics사의 올해 자기자본이익률은 다음과 같다.

$$자기자본이익률 = \frac{\$1,750,000}{(\$17,000,000 + \$15,970,000) / 2} = 10.6\%$$

지금까지 총자산이익률과 자기자본이익률을 계산해 보았으니 Brickey Electronics사의 운영 재무 레버리지를 살펴보자. 도표 16–1에서 기업이 사채에 대해 8%의 이자를 지불하고 있다. 이 사채의 세후 이자비용은 5.6%[이자율 8%(1 − 0.30) = 5.6%]이다. 기업의 총자산이익률은 7.3%이다. 7.3%의 총자산이익률이 5.6%의 사채의 세후 이자비용보다 크기 때문에 레버리지는 양이고 차이 부분은 주주들에게 돌아간다. 이는 왜 10.6%의 자본이익률이 7.3%의 총자산 이익률보다 큰 지에 대해 부분적으로 설명한다.

또한 많은 경영자들과 투자자들은 **E.i. du Pont de Nemours and Company**(DuPont로 더 잘 알려짐)에 의해 구현된 원리를 사용하여 자기자본이익률에 더 깊은 주의를 기울인다는 것을 강조한다. 이 접근법은 자기자본이익률이 세 가지 요소인 운영 효율성(매출순이익률로 측정), 자산 이용의 효율성(총자산회전율로 측정), 재무 레버리지(자본승수로 측정)에 의해 영향을 받는다는 것이다. 다음 등식은 세 가지 요소를 이용하여 Brickey Electronics사의 자본이익률을 계산한다:

$$\text{자기자본이익률} = \text{매출순이익률} \times \text{총자산회전율} \times \text{자본승수}$$

$$\text{자기자본이익률} = \frac{\text{순이익}}{\text{매출}} \times \frac{\text{매출}}{\text{평균 총자산}} \times \frac{\text{평균 총자산}}{\text{평균 주주자본}}$$

$$\text{자기자본이익률} = 3.37\% \times 1.72 \times 1.83 = 10.6\%$$

등식에서 매출과 평균 총자산의 값은 없어지기 때문에 순이익을 평균 주주자본으로 나눈 값만 남는다. 이 등식이 조금 복잡해도 10.6%의 자기자본이익률은 이미 계산한 자기자본이익률과 동일하다. 또한 이 등식은 매출순이익률로 도표 16–5의 반올림한 값 3.4%이 아닌 3.37%를사용하고 있다. 총자산회전율 1.72와 자본승수 1.83은 앞에서 계산한 결과이다.

비율 분석—시장성과

이 절에서는 기업의 성과를 평가하기 위해 보통주주들이 사용하는 다섯 가지 비율을 요약한다. 보통주주들이 기업의 소유자라고 한다면 이는 논리적으로 경영자들이 그들의 성과를 판단하기 위해 사용할 측정치를 철저히 이해해야 함을 뜻한다.

> **학습목표 16-6**
> 시장성과를 평가하기 위한 재무 비율을 계산하고 해석할 수 있다.

주당순이익

투자자는 배당금이나 미래에 주식의 가치가 증가할 것을 기대하며 주식을 매입한다. 이익이 배당금 지급과 미래 주식가치 증가의 기초를 형성하므로 투자자들은 기업의 주당이익에 관심을 가진다.

주당순이익(earnings per share)은 일 년 동안의 순이익을 평균발행보통주식수로 나누어서 계산한다.

$$\text{주당순이익} = \frac{\text{순이익}}{\text{평균발행보통주식수}}$$

도표 16-1과 16-2의 자료를 이용해서 Brickey Electronics사의 주당순이익은 다음과 같이 계산된다.

$$주당순이익 = \frac{\$1,750,000}{(500,000주^{1} + 500,000주) / 2} = 주당\ \$3.50$$

기업현장 IN BUSINESS

이익을 위해 고군분투하는 Blue Apron

Blue Apron은 1인분에 평균 $8.75의 가격으로 고객이 집에서 조립할 수 있는 식사 키트를 제공한다. 회사가 고객당 수익을 236달러에서 250달러로 늘리고 주당 24센트의 예상 손실과 다르게 주당 17센트의 손실을 보고했을 때 주가는 9.5% 상승한 2.30달러를 기록했다.

Blue Apron은 완전한 채식주의자 및 육류애호가 등 틈새 소비자들에게 식사 키트를 제공하는 수많은 경쟁자들과의 경쟁 심화에 직면해 있다. 회사는 **Costco**와 같은 소매업체가 식사 키트를 판매하도록 하는 등 판매 채널을 확장하여 이 도전에 대응하고 있다.

Source: Heather Haddon, “Blue Apron to Sell Meal Kits in Costco to Stave Off Rivals,” *The Wall Street Journal*, May 4, 2018, p. B2.

주가이익비율

주가이익비율(price-earnings ratio)은 주당 시장가격과 주당 이익의 관계를 보여준다. Brickey Electronics사의 주식의 올해 말 주당 시장가격이 $40라고 가정한다면 기업의 주가이익비율은 다음과 같이 계산된다.

$$주가이익비율 = \frac{주당\ 시장가격}{주당\ 이익}$$

$$= \frac{주당\ \$40}{주당\ \$3.50} = 11.43$$

주가이익비율이 11.43은 현재 주당 이익 대비 11.43배에 거래된다는 것을 의미한다.

높은 주가이익비율은 투자자들이 기업의 주식에 기꺼이 프리미엄을 지불할 용의가 있음을 의미한다. 이는 기업이 평균적인 미래 이익의 성장보다 더 높은 이익을 얻을 것으로 예상되기 때문이다. 반대로 투자자들이 회사의 미래 성장이 제한적이라고 생각한다면 회사의 주가이익비율은 상대적으로 낮을 것이다. 1990년대 후반에 몇몇의 닷컴 기업들의 주가(특히 이

1 보통주자본금 $6,000,000 ÷ 액면가 $12 = 500,000주

익이 없거나 매우 낮은)는 엄청 높고 거의 예측 불가능한 수준에서 거래되고 있었다. 많은 분석가들은 이러한 주가이익비율은 장기적으로 불가능하다고 경고했고 그들이 옳았다. 거의 모든 닷컴 기업들의 주가는 폭락했다.

배당성향과 배당수익률

기업의 주식에 투자한 투자자들은 두 가지 방법(주식의 시장가치의 상승과 배당금 증가)으로 돈을 번다. 일반적으로 기업 내부에서 투자된 금액의 수익률이 기업 밖의 투자 가능한 다른 대안에서 주주들이 얻는 수익률보다 큰 경우 이익은 배당금으로 지급되지 않고 회사에 유보되어야 한다. 따라서 수익 성장전망이 좋은 기업은 배당금을 지급하지 않거나 매우 조금 지급한다. 성장전망이 거의 없지만 지속적이고 안정적인 이익을 가지는 회사는 영업 현금흐름 중 높은 비율을 배당금으로 지급하는 경향이 있다.

배당성향 **배당성향(dividend payout ratio)**은 배당금으로 지급되는 이익의 비율을 수량화한다. 이 비율은 주당 배당금을 주당 이익으로 나누어 계산된다.

$$\text{배당성향} = \frac{\text{주당 배당금}}{\text{주당 이익}}$$

Brickey Electronics사의 배당성향은 다음과 같이 계산된다.

$$\text{배당성향} = \frac{\text{주당 } \$1.44 \text{ (도표 16–2 참조)}}{\text{주당 } \$3.50} = 41.1\%$$

비슷한 산업 내에서의 기업은 배당성향이 비슷하지만 "옳은" 배당성향이라는 것은 존재하지 않는다. 위에 언급한 것과 같이 높은 수익률로 거대한 성장 기회를 가지는 기업은 낮은 배당성향을 갖고 있으며, 반면 제한된 재투자 기회를 가진 기업들은 높은 배당성향을 갖고 있다.

배당수익률 **배당수익률(dividend yield ratio)**은 주당 배당금을 주당 시장가격으로 나누어서 계산된다.

$$\text{배당수익률} = \frac{\text{주당 배당금}}{\text{주당 시장가격}}$$

Brickey Electronics사의 시장가격이 주당 $40이므로 배당수익률은 다음과 같이 계산된다.

$$\text{배당수익률} = \frac{\text{주당 } \$1.44}{\text{주당 } \$40} = 3.6\%$$

배당수익률은 현재 시장가격으로 보통주를 사는 투자자들의 수익률(현금 배당금의 형태로만)을 측정한다. 배당수익률이 낮다하더라도 그 자체만으로 나쁘거나 좋은 것이 아니다.

주당 장부가치

주당 장부가치(book value per share)는 모든 자산이 재무상태표에 기록된 가치(즉 장부가치)로 처분되었고 기업의 모든 채무가 완제된 후에 보통주주들에게 배부될 주당 금액을 말한다. 주당 장부가치는 완전히 역사적 원가에 근거한다. 계산공식은 다음과 같다.

$$\text{주당 장부가치} = \frac{\text{총주주자본}}{\text{발행보통주식수}}$$

Brickey Electronic사의 보통주 주당 장부가치는 다음과 같이 계산된다.

$$\text{주당 장부가치} = \frac{\$17{,}000{,}000}{500{,}000\text{주}} = \text{주당 } \$34$$

만일 이 장부가치를 시장에서 Brickey Electronics사의 시가인 $40과 비교한다면 주가는 과대평가된 것으로 보일지도 모른다. 하지만 앞에서 논의하였듯이 시장가격은 미래 이익과 배당금에 대한 기대를 반영하지만 장부가치는 주로 과거의 사건을 반영한다. 일반적으로 주식의 시장가격은 장부가치보다 크다. 예를 들어 **Microsoft**사의 보통주는 장부가치의 4배 이상으로 거래된 적이 있었고 **Coca-Cola**의 시장가치는 장부가치의 17배 이상인 적도 있었다.

비율의 요약과 비교되는 비율 자료의 출처

도표 16-6은 이 장에서 논의된 비율의 요약이다. 각 비율의 공식과 각 비율의 중요성에 대한 내용이 도표에 포함되어 있다

도표 16-7은 산업별로 정리된 비교 비율 정보를 제공하는 출처를 포함하고 있다. 이러한 출처들은 경영자, 투자자와 분석가들에 의해서 널리 사용된다. 도표 16-7의 **EDGAR** 데이터베이스는 많은 정보를 갖고 있다. 10-K 형태의 연간 보고서를 포함하여 1995년부터 SEC 내 기업의 모든 보고서의 사본을 포함하고 있다.

도표 16-6 비율 요약

비율	공식	중요성
유동성:		
운전자본	유동자산 − 유동부채	기업이 유동부채를 유동자산만을 이용하여 갚을 수 있는 능력을 측정
유동비율	유동자산 ÷ 유동부채	단기 부채상환능력을 측정
당좌비율	(현금 + 시장성유가증권 + 매출채권 + 단기 받을 어음) ÷ 유동부채	재고에 의존하지 않는 단기 부채상환능력을 측정
자산 관리:		
매출채권회전율	외상매출 ÷ 평균매출채권	기업의 매출채권이 1년 동안 몇 번이나 현금으로 전환되었는지를 측정
평균회수기간	365일 ÷ 매출채권회전율	매출채권을 회수하는 데 걸리는 평균 일수를 측정
재고자산회전율	매출원가 ÷ 평균재고자산	기업의 재고가 1년 동안 몇 번이나 판매되었는지를 측정
평균매출기간	365일 ÷ 재고자산회전율	재고를 한 번 파는데 걸리는 평균일수를 측정
운영주기	평균매출기간 + 평균회수기간	공급업체로부터 재고를 받는 시간부터 고객들로부터 현금을 받는 시간까지의 경과시간을 측정
총자산회전율	매출 ÷ 평균총자산	매출을 올리기 위해 자산이 얼마나 효율적으로 사용되는지를 측정
부채관리:		
이자보상비율	이자및법인세차감전순이익 ÷ 이자비용	이자를 지불할 수 있는 기업의 능력을 측정
부채비율	총부채 ÷ 주주자본	주주들이 제공하는 자기자본 대비 채권자 제공 부채 금액을 측정
자본승수	평균총자산 ÷ 평균주주자본	자본에 의해 조달되는 기업의 자산 비율을 측정
수익성:		
매출총이익률	매출총이익 ÷ 매출	판매 및 관리비 이전의 수익성을 측정
매출순이익률	순이익 ÷ 매출	일반적인 수익성 측정방법
총자산이익률	{순이익 + [이자비용 × (1 − 세율)]} ÷ 평균총자산	자산이 경영자에 의해서 얼마나 잘 운영되는지를 측정
자기자본이익률	순이익 ÷ 평균총주주자본	총자산수익률과 비교할 때 재무 레버리지가 보통주주에게 유리한지 불리한지를 측정
시장성과:		
주당순이익	순이익 ÷ 평균발행보통주식수	주가 – 이익 비율에 반영됨에 따라 주당 시장가격에 영향을 줌
주가이익비율	주당시장가격 ÷ 주당이익	현재의 이익에 비해 주식이 상대적으로 비싼지 싼지를 판단하는 기준
배당성향	주당배당금 ÷ 주당이익	기업의 대부분의 이익을 배당금을 지급하는지 내부에 재투자하는지를 보여주는 기준
배당수익률	주당배당금 ÷ 주당시장가격	주식이 제공하는 현금 배당금과 관련한 수익을 보여줌
주당장부가치	총주주자본 ÷ 발행보통주식수	모든 자산이 재무상태표에 기록된 가치로 처분되고 모든 채무가 지불된 경우에 보통주주들에게 배부될 주당 금액을 측정

도표 16-7 재무비율 출처

출처	내용
Almanac of Business and Industrial Finance Ratios, Aspen 출판사; 연간으로 출판됨.	공통형 손익계산서와 산업별, 산업 내 기업의 규모에 따른 재무비율을 심도 있게 제공함.
AMA Annual Statement Studies, Risk Management Association; 연간으로 출판됨.	공통형 재무제표와 개별 기업의 재무비율들을 제공하여 널리 사용되는 출판물; 기업들은 산업에 따라서 분류됨.
EDGAR. Securities and Exchange Commission; 지속적으로 업데이트되는 웹사이트; www.sec.gov.	SEC내의 기업들의 보고서를 보유한 철저한 인터넷 데이터베이스; 보고서들은 다운로드 가능.
Hoover's Online, Hoovers, Inc.; 지속적으로 업데이트되는 웹사이트; www.hoovers.com.	미국의 10,000개 기업의 요약정보를 제공해 주는 사이트로서 기업의 웹사이트, 연간 보고서, 주식차트, 새로운 기사, 그리고 산업 정보를 제공.
Industry Norms & Key Business Ratios, Dun & Bradstreet; 연간 출판.	800개 이상의 주요 산업 구분에 따라 자주 사용하는 14가지 재무비율들이 계산됨.
Mergent Industrial Manual and Mergent Bank and Finance Manual; 연간 출판.	New York 주식시장, 미국 주식시장, 그리고 미국 지역시장에 등록된 모든 기업의 재무비율을 제공함.
Standard & Poor's Industry Survey, Standard & Poor's; 연간 출판.	몇몇 재무비율을 포함한 여러 가지 수치들이 산업별로 구분되어 있고 각 산업의 1등 회사의 수치 제공.

요약

재무제표의 자료는 기업의 운영과 활동의 양적 요약을 나타낸다. 이러한 재무제표를 능숙하게 분석할 수 있는 경영자들은 기업의 강점, 약점, 출현되는 문제점, 운영 효율성, 수익성 등을 알 수 있다.

많은 기법들이 재무제표를 분석하고 추세와 변화의 방향과 중요성을 평가하는 데 이용된다. 이 장에서 재무제표(수평적 분석), 공통형 재무제표(수직적 분석), 비율 분석의 금액과 비율 변화와 같은 세 가지 분석기법을 논의하였다. 보다 자세한 비율들의 목록은 도표 16–6을 참조하라.

종합예제: 선택된 비율과 재무 레버리지

Mulligan사의 재무제표는 다음과 같다.

Mulligan사 비교 재무상태표 (단위: 백만)	올해	작년
자 산		
유동자산:		
현 금	$ 281	$ 313
시장성유가증권	157	141
매출채권	288	224
재고자산	692	636
기타 유동자산	278	216
총유동자산	1,696	1,530
유형자산	2,890	2,288
기타자산	758	611
총자산	$5,344	$4,429
부채와 주주자본		
유동부채:		
매입채무	$ 391	$ 341
단기은행차입금	710	700
미지급비용	757	662
기타 유동부채	298	233
총유동부채	2,156	1,936
장기부채	904	265
총부채	3,060	2,201
주주자본		
보통주 자본금과 주식발행초과금	40	40
이익잉여금	2,244	2,188
총주주자본	2,284	2,228
총부채와 주주자본	$5,344	$4,429

Mulligen사 손익계산서 (단위: 백만)	올해
매출액	$ 9,411
매출원가	3,999
매출총이익	5,412
판매비와 관리비:	
점포운영비	3,216
기타운영비	294
감가상각비	467
일반관리비	489
총판매비와 관리비	4,466
영업이익	946
이자수익 및 기타수익	110
이자비용	0
법인세비용차감전순이익	1,056
법인세비용(36%)	384
당기순이익	$ 672

요구사항:

1. 총자산이익률을 계산하라.
2. 자기자본이익률을 계산하라.
3. Mulligan사의 재무 레버리지는 양인가? 음인가?
4. 유동비율을 계산하라.
5. 산성 시험(당좌)비율을 계산하라.
6. 재고자산 회전율을 계산하라.
7. 평균매출기간을 계산하라.
8. 부채 비율을 계산하라.
9. 총자산회전율을 계산하라.
10. 순이익률을 계산하라.

종합예제 해답

1. 총자산이익률:

$$\text{총자산이익률} = \frac{\text{순이익} + [\text{이자비용} \times (1 + \text{세율})]}{\text{평균 총자산}}$$

$$= \frac{\$672 + [\$0 \times (1 - 0.36)]}{(\$5,344 + \$4,429)/2} = 13.8\% \text{ (반올림 함)}$$

2. 자기자본이익률:

$$\text{보통주자본이익률} = \frac{\text{순이익}}{\text{평균보통주주자본}}$$

$$= \frac{\$672}{(\$2,284 + \$2,228)/2} = 29.8\% \text{ (반올림 함)}$$

3. 자기자본이익률 29.8%가 총자산이익률 13.8%보다 크기 때문에 기업은 양의 재무 레버리지를 갖는다. 양의 재무 레버리지는 유동부채와 장기부채로부터 얻어진 것이다.

4. 유동비율:

$$\text{유동비율} = \frac{\text{유동자산}}{\text{유동부채}}$$

$$= \frac{\$1,696}{\$2,156} = 0.79 \text{ (반올림 함)}$$

5. 산성 시험(당좌)비율:

$$\text{당좌비율} = \frac{(\text{현금} + \text{시장성유가증권} + \text{매출채권} + \text{단기받을어음})}{\text{유동부채}}$$

$$= \frac{\$281 + \$157 + \$288}{\$2,156} = 0.34 \text{ (반올림 함)}$$

6. 재고자산회전율:

$$\text{재고자산회전율} = \frac{\text{매출원가}}{\text{평균재고자산}}$$

$$= \frac{\$3,999}{(\$692 + \$636)/2} = 6.0 \text{ (반올림 함)}$$

7. 평균매출기간:

$$\text{평균매출기간} = \frac{365\text{일}}{\text{재고자산회전율}}$$

$$= \frac{365 \text{ days}}{6.0} = 60.8\text{일 (반올림 함)}$$

8. 부채비율:

$$\text{부채비율} = \frac{\text{총부채}}{\text{주주자본}}$$

$$= \frac{\$3,060}{\$2,284} = 1.34 \text{ (반올림 함)}$$

9. 총자산회전율:

$$\text{총자산회전율} = \frac{\text{매출}}{\text{주주자본}}$$

$$= \frac{\$9,411}{(\$5,344 + \$4,429)/2} = 1.93 \text{ (반올림 함)}$$

10. 순이익률:

$$\text{순이익률} = \frac{\text{순이익}}{\text{매출}}$$

$$= \frac{\$672}{\$9,411} = 7.1\% \text{ (반올림 함)}$$

용어해설

(도표 16-6에 모든 재무비율에 대한 정의와 공식이 있다. 이러한 정의와 공식은 여기에서 다시 언급하지 않는다.)

공통형 재무제표(common-size statement) 재무제표는 금액($)과 함께 비율(%) 형태로 나타난 계정을 보여줌. 손익계산서에서 비율은 총매출액을 기초로 하며, 재무상태표에서의 비율은 총자산을 기초로 함.

산성시험비율(당좌비율)(acid-test(quick) ratio) 당좌비율은 유동비율보다 단기 부채를 충족할 수 있는 회사의 능력에 대한 보다 엄격한 비율. 재고자산 및 선급비용은 총 유동자산에서 제외되므로 유동성이 더 높은(또는 "당좌") 자산만 유동 부채로 나눌 수 있음.

수직적 분석(vertical analysis) 공통형 형태로 회사의 재무제표를 표시하는 것.

수평적 분석(horizontal analysis) 두 개 이상 연도의 재무제표를 나란히 비교하는 것.

운전자본(working capital) 유동 자산에서 유동 부채를 뺀 값.

유동비율(current ratio) 회사의 유동 자산을 유동 부채로 나눈 값.

유동성(liquidity) 자산을 현금으로 전환할 수있는 속도. 유동 자산은 현금으로 빠르게 전환할 수 있는 반면, 비유동자산은 그렇지 않음.

재무 레버리지(financial leverage) 자산수익률과 채권자에게 지불해야하는 이자율 간의 차이.

추세분석(trend analysis) 수평적 분석 참고.

추세비율(trend percentage) 기준 연도 성과비율로 표시되는 몇 개 연도의 재무자료.

질문

16-1 재무제표의 수평적 분석과 수직적 분석을 구별하라.

16-2 기업의 재무비율과 기타 정보의 추세를 분석하는 근본 목적은 무엇인가? 분석가가 수행하는 다른 종류의 비교 분석에는 어떤 것이 있는가?

16-3 동일한 이익을 창출하는 동종업종의 두 기업이 존재한다고 가정하자. 이 두기업의 주가이익비율이 다른 이유는 무엇인가? 만약에 한 기업의 주가이익비율이 20이고 현재 연도의 주당순이익이 $4이라면 시장에서 거래되는 주식가격은 얼마라고 예상할 수 있는가?

16-4 급속하게 성장하는 기술 산업의 배당성향이 높을 것으로 기대하는가? 아니면 낮을 것으로 기대하는가?

16-5 보통 주식 투자에서 배당수익이 의미하는 바는 무엇인가?

16-6 재무레버리지라는 용어가 의미하는 바는 무엇인가?

16-7 플라스틱 기업의 대표가 비즈니스 저널을 인용하여 다음과 같이 말하였다. "우리 기업은 지난 10년간 $1의 이자비용도 지불하지 않았다. 이렇게 얘기 할 수 있는 회사는 얼마 없을 것이다." 이 기업의 주주로서 이러한 무부채 경영에 대하여 어떻게 생각하는가?

16-8 만약에 주식의 시장가치가 장부가치를 초과한다면 이 주식은 과대평가된 것이다. 이 주장에 동의하는가? 설명하라.

16-9 은행에서 여신을 구하고자 하는 회사가 거절당했다. 은행은 기업의 2대 1의 유동비율이 적정하지 않다고 하였다. 왜 2대 1의 유동비율이 적정하지 않은지 설명하라.

기본문제

학습목표 16-2, 16-3, 16-4, 16-5, 16-6

Markus사의 보통주는 올해 말에 주당 $2.75에 거래됐다. 이 기업은 올해 주당 $0.55의 보통주 배당금을 지급했다. 기업은 올해의 재무제표로부터 다음과 같은 자료 발췌를 제공했다.

	기말 잔액	기초 잔액
현금	$35,000	$30,000
매출채권	$60,000	$50,000
재고자산	$55,000	$60,000
유동자산	$150,000	$140,000
총자산	$450,000	$460,000
유동부채	$60,000	$40,000
총부채	$130,000	$120,000
보통주, 액면가 $1	$120,000	$120,000
총주주자본	$320,000	$340,000
총부채와 주주자본	$450,000	$460,000
	올해	
매출(모두 신용매출)	$700,000	
매출원가	$400,000	
매출총이익	$300,000	
영업이익	$140,000	
이자비용	$8,000	
순이익	$92,400	

요구사항:

1. 주당순이익은?
2. 주가이익비율은?
3. 배당성향과 배당수익률은?
4. 총자산이익률은(세율은 30%로 가정)?
5. 자기자본이익률은?
6. 올해 말의 주당 장부가치는?
7. 올해 말의 운전자본과 유동비율은?
8. 올해 말의 당좌비율은?
9. 매출채권 회전율과 평균회수기간은?
10. 재고자산 회전율과 평균매출기간은?
11. 기업의 운영주기는?
12. 총자산회전율은?
13. 이자보상비율은?
14. 올해 말의 부채비율은?
15. 자본승수는?

연습문제

connect

문제 16-1 공통형 손익계산서 [학습목표 16-1]

토론토에 있는 McKenzie Sales사의 비교 손익계산서는 아래와 같다.

McKenzie Sales, Ltd.
비교 손익계산서

	올해	작년
매출	$8,000,000	$6,000,000
매출원가	4,984,000	3,516,000
매출총이익	3,016,000	2,484,000
판매관리비:		
판매비	1,480,000	1,092,000
관리비	712,000	618,000
총판매관리비	2,192,000	1,710,000
영업이익	824,000	774,000
이자비용	96,000	84,000
세전순이익	$ 728,000	$ 690,000

기업의 이사회 구성원들은 매출이 2백만 달러가 증가 했음에도 불구하고 순이익이 $38,000 밖에 증가하지 않은 사실에 대해 매우 놀라고 있다.

요구사항:

1. 각 연도의 손익계산서를 공통형 비율로 표시하라. 소수점 첫째자리까지 나타내라.
2. 두 연도간의 변화에 대해 간략히 설명하라.

문제 16-2 유동성 평가를 위한 재무비율 [학습목표 16-2]

12월 31일자로 종료되는 회계연도의 유통회사인 Weller Corporation사의 비교 재무제표는 아래에 나타나 있다. 회사는 해당 연도에 새 보통주를 발행하지 않았다. 총 800,000주의 보통주가 발행된 상태였다. 사채에 대한 이자율은 12%이며 법인세율은 40%이다. 그리고 보통주에 대한 주당 배당금은 $0.40이다. 기말 기업의 보통주의 시장가격은 $18이었다. 기업의 모든 매출은 신용 매출이다.

Weller사
비교 재무상태표
(단위: $1,000)

	올해	작년
자산		
유동자산:		
현금	$ 1,280	$ 1,560
매출채권	12,300	9,100
재고자산	9,700	8,200
선급비용	1,800	2,100
총유동자산	25,080	20,960
유형자산:		
토지	6,000	6,000
건물 및 기계장치	19,200	19,000
총유형자산	25,200	25,000
총자산	$ 50,280	$ 45,960
부채와 주주자본		
유동부채:		
매입채무	$ 9,500	$ 8,300
미지급비용	600	700
지급어음, 단기	300	300
총유동부채	10,400	9,300
장기 부채:		
사채	5,000	5,000
총부채	15,400	14,300
주주자본:		
보통주	800	800
주식발생초과금	4,200	4,200
총납입자본금	5,000	5,000
이익잉여금	29,880	26,660
총주주자본	34,880	31,660
총부채와 주주자본	$ 50,280	$ 45,960

Weller사 비교 손익계산서와 조정 (단위: $1,000)	올해	작년
매출	$ 79,000	$ 74,000
매출원가	52,000	48,000
매출총이익	27,000	26,000
판매관리비:		
판매비	8,500	8,000
관리비	12,000	11,000
총판매관리비	20,500	19,000
영업이익	6,500	7,000
이자비용	600	600
세전순이익	5,900	6,400
법인세	2,360	2,560
당기순이익	3,540	3,840
보통주 배당금	320	600
이익잉여금에 가산되는 순이익	3,220	3,240
기초 이익잉여금	26,660	23,420
기말 이익잉여금	$ 29,880	$ 26,660

요구사항:

올해의 다음 재무비율을 계산하라.

1. 운전자본
2. 유동비율
3. 당좌비율

문제 16-3 자산관리에 대한 재무비율 [학습목표 16-3]

문제 16-2의 Weller사의 자료를 참고하라.

요구사항:

올해의 다음 재무비율을 계산하라.

1. 매출채권회전율(모든 매출은 신용매출이라고 가정)
2. 평균회수기간
3. 재고자산회전율
4. 평균매출기간
5. 운영주기
6. 총자산회전율

문제 16-4 부채관리에 대한 재무비율 [학습목표 16-4]

문제 16-2의 Weller사의 자료를 참고하라.

요구사항:

올해의 다음 재무비율을 계산하라.

1. 이자보상비율
2. 부채비율
3. 자본승수

문제 16-5 수익성 측정을 위한 대한 재무비율 [학습목표 16-5]

문제 16–2의 Weller사의 자료를 참고하라.

요구사항:

올해의 다음 재무비율을 계산하라.

1. 매출총이익률
2. 매출순이익률
3. 총자산이익률
4. 자기자본이익률

문제 16-6 시장성과를 평가하기 위한 재무비율 [학습목표 16-6]

문제 16–2의 Weller사의 자료를 참고하라.

요구사항:

올해의 다음 재무비율을 계산하라.

1. 주당순이익
2. 주가이익비율
3. 배당성향
4. 배당수익률
5. 주당 장부가치

문제 16-7 추세비율 [학습목표 16-1]

뉴질랜드의 Rotorua Products사는 급부상하는 아시아 시장에 농산물을 판매하고 있다. 기업의 유동자산, 유동부채, 그리고 매출은 과거 5년 간 다음과 같이 보고되었다(5년도는 가장 최근의 연도임).

	1년도	2년도	3년도	4년도	5년도
매출	$1,800,000	$1,980,000	$2,070,000	$2,160,000	$2,250,000
현금	$ 50,000	$ 65,000	$ 48,000	$ 40,000	$ 30,000
매출채권	300,000	345,000	405,000	510,000	570,000
재고자산	600,000	660,000	690,000	720,000	750,000
총유동자산	$ 950,000	$1,070,000	$ 1,143,000	$1,270,000	$ 1,350,000
유동부채	$ 400,000	$ 440,000	$ 520,000	$ 580,000	$ 640,000

요구사항:

1. 자산, 부채, 매출 모두에 대하여 추세 비율로 나타내라(각 항목에 대해 %로 나타내라). 1년도를 기준으로 하며 소수점 첫째 자리까지 나타내라.
2. 당신의 분석 결과에 대해 설명하라.

문제 16-8 선별된 재무비율 [학습목표 16-2, 16-3, 16-4]

Castile Products사의 재무제표는 아래와 같이 주어져 있다:

Castile Products사 재무상태표 12월 31일	
자산	
유동자산	
현금	$ 6,500
매출채권	35,000
재고자산	70,000
선급비용	3,500
총유동자산	115,000
유형자산	185,000
총자산	$300,000
부채와 주주자본	
부채::	
유동부채	$ 50,000
사채, 10%	80,000
총부채	130,000
주주자본:	
보통주, 액면가 $5	30,000
이익잉여금	140,000
총주주자본	170,000
총부채와 주주자본	$300,000

Castile Products사 손익계산서 12월 31일로 종료하는 회계연도	
매출	$420,000
매출원가	292,500
매출총이익	127,500
판매관리비	89,500
영업이익	38,000
이자비용	8,000
세전순이익	30,000
법인세(30%)	9,000
순이익	$ 21,000

기초의 계정 잔액은 다음과 같다: 매출채권 $25,000, 재고자산 $60,000. 모든 매출은 신용매출이다.

요구사항:

다음의 재무비율을 계산하라.

1. 운전자본
2. 유동비율
3. 당좌비율
4. 부채비율
5. 이자보상비율
6. 평균회수기간
7. 평균매출기간
8. 운영주기

문제 16-9 수익성 평가와 부채관리를 위한 재무비율 [학습목표 16-4, 16-5]

문제 16-8의 Castile Product사의 재무제표를 참고하라. 기초 총자산은 $280,000이며 기초 총주주자본은 $161,600이다.

요구사항:

다음을 계산하라.

1. 매출총이익률
2. 매출순이익률
3. 총자산이익률
4. 자기자본이익률
5. 재무 레버리지가 양의 값인가 음의 값인가? 설명하라.

문제 16-10 시장성과 평가를 위한 재무비율 [학습목표 16-6]

연습문제 16-8의 Castile Product사의 재무제표를 참고하라. Castile Product사의 재무제표에 다음사항을 추가하여 가정하라. 해당 연도 동안 주당 $2.10의 배당금을 지급하였다. 또한 이 기업의 기말 보통주 시장가격은 $42이었고 해당 연도 동안 보통주 발행 주식수의 변동은 없었다.

요구사항:

다음의 재무비율을 계산하라.

1. 주당 순이익
2. 배당성향
3. 배당수익률
4. 주가이익비율
5. 주당 장부가치

문제 16-11 수익성 평가와 부채관리를 위한 재무비율 [학습목표 16-4, 16-5]

Safford사의 재무제표에서 선별된 재무자료는 다음과 같다.

총자산	$3,600,000
장기부채(12%의 이자율)	$500,000
총주주자본	$2,400,000
장기부채에 대한 이자비용	$60,000
순이익	$280,000

기초 총자산은 $3,000,000, 총주주자본은 $2,200,000이었다. 기업의 법인세율은 30%이다.

요구사항:

1. 총자산이익률을 계산하라.
2. 자기자본이익률을 계산하라.
3. 재무 레버리지가 양인가 음인가? 설명하라.

문제 16-12 유동성 평가를 위한 선별된 재무 측정치 [학습목표 16-2]

노르웨이 Bergen의 Norsk Optronics, ALS의 유동비율은 2.5이다. 기업의 자산은 다음과 같다.

현금	$ 90,000
매출채권	260,000
재고자산	490,000
선급비용	10,000
유형고정자산	800,000
총자산	$1,650,000

요구사항:

1. 기업의 운전자본은 얼마인가?
2. 기업의 당좌비율은 얼마인가?
3. 회사는 다음기 초에 $40,000의 매출채권을 지급하였다.
   a. 이 거래가 운전자본에 미치는 영향은 무엇인가? 계산내역을 제시하라.
   b. 이 거래가 유동비율에 미치는 영향은 무엇인가? 계산내역을 제시하라.

문제 16-13 거래가 각종 재무비율에 미치는 영향 [학습목표 16-2, 16-3, 16-4, 16-5, 16-6]

다음의 오른쪽 열에는 특정 재무비율들이 나열되어 있다. 각 비율의 왼쪽에는 Delta사의 운영과 관련된 각종 거래나 사건이 나열되어 있다(각 거래는 독립적이다).

사업 거래나 사건	비율
1. 현금 배당을 선언하였다	유동비율
2. 재고자산을 원가에 외상으로 처분하였다	당좌비율
3. 8%의 이자율로 채권을 발행하였다. 기업의 자산이익률은 10%이다.	자기자본이익률
4. 순이익이 지난해와 올해 사이에 10%가 감소하였다. 장기부채는 여전히 그대로다.	이자보상비율
5. 이전에 선언한 현금 배당을 지급하였다.	유동비율
6. 기업의 보통주 시장가격이 \$24.50에서 \$20.00로 하락하였다. 주당 배당금은 변동이 없다.	배당성향
7. 총 \$100,000의 진부화된 재고를 손실로 기록하였다.	재고자산회전율
8. 재고를 처분하여 이익을 남기고 현금을 수취하였다.	부채비율
9. 산업 관행의 변화에 따라서 고객 신용기간을 2/10에 n/30에서 2/15에 n/30으로 변경하였다.	매출채권회전율
10. 보통주주에게 주식 배당을 실시하였다.	주당장부가치
11. 기업의 보통주의 시장가격이 \$24.50에서 \$30.00로 상승하였다.	주당장부가치
12. 매입채무 \$40,000를 지급하였다.	운전자본
13. 보통주주에게 주식 배당을 실시하였다.	주당순이익
14. 매입채무을 지급하였다.	부채비율
15. 재고를 외상으로 구입하였다.	당좌비율
16. 회수 불능한 부실 채권을 장부에서 제각하였다.	유동비율
17. 기업의 보통주의 시장가격이 \$24.50에서 \$30.00로 상승하였다. 주당순이익은 변화 없다.	주가이익비율
18. 기업의 보통주의 시장가격이 \$24.50에서 \$30.00로 상승하였다. 주당 배당금은 변화 없다.	배당수익률

요구사항:

각 사업 거래나 사건이 맞은편에 나열된 비율에 미치는 영향을 설명하라. 관련된 비율에 대해 증가나 감소 또는 아무런 영향이 없음을 제시하고 당신의 답변에 대한 근거를 제시하라. 모든 경우에 대해 거래나 사건 전후에 유동자산이 유동부채를 초과한다고 가정하라. 다음의 양식을 사용하여 답하라.

비율에 미치는 영향	증가, 감소, 또는 영향 없음에 대한 이유
1.	
기타.	

문제 16-14 거래가 각종 비율에 미치는 영향 [학습목표 16-2]

Denna사의 당해 기초 운전자본은 다음과 같다.

현금	$50,000
시장성유가증권	$30,000
매출채권	$200,000
재고자산	$210,000
선급비용	$10,000
매입채무	$150,000
1년만기어음	$30,000
미지급비용	$20,000

당해 연도 동안 Denna사는 다음의 거래를 완료하였다.

x. 이전에 선언한 현금 배당금 지급, $12,000.
a. 추가로 보통주 발행, $100,000.
b. $50,000의 재고 외상판매, $80,000.
c. $10,000의 채권이 회수불능으로 장부에서 제각되었으며 이에 따라 매출채권이 감소됨.
d. 현금배당 선언, $15,000.
e. 매입채무 지급, $50,000.
f. 은행에서 단기지불어음으로 현금 차입, $35,000.
g. $15,000의 재고 현금 판매, $10,000
h. 재고 외상구매, $60,000.
i. 만기된 모든 단기지불어음 청산, $30,000.
j. 설비 현금구매, $15,000.
k. $15,000의 시장성유가증권 현금 매도, $18,000.
l. 매출채권 현금 회수, $80,000.

요구사항:

1. 기초의 다음에 해당하는 값을 계산하라.
   a. 운전자본
   b. 유동비율
   c. 당좌비율
2. 각각의 거래가 위의 운전자본, 유동비율, 당좌비율에 미치는 영향을 각각 증가, 감소, 영향 없음으로 나타내어라. 가령 (×)거래의 경우를 나타내어보면 다음과 같다.

거래	영향		
	운전자본	유동비율	당좌비율
(×) 이전에 선언한 현금 배당금 지급	영향 없음	증가	증가

문제 16-15 거래가 각종 비율에 미치는 영향 [학습목표 16-2, 16-3, 16-4, 16-5, 16-6]

당신은 안전 헬멧 제조업체인 Lydex사의 재무 분석가로 고용되었다. 사장은 당신에게 Lydex사의 성과와 주요 경쟁 업체의 성과를 비교하며 기업의 재무제표를 포괄적으로 분석하라고 요청하였다. 이 기업의 지난 2년 간 재무제표는 다음과 같다.

Lydex사 비교 재무상태표	올해	작년
자산		
유동자산:		
현금	$ 960,000	$ 1,260,000
시장성유가증권	0	300,000
매출채권	2,700,000	1,800,000
재고자산	3,900,000	2,400,000
선급비용	240,000	180,000
총유동자산	7,800,000	5,940,000
유형고정자산	9,300,000	8,940,000
총자산	$ 17,100,000	$ 14,880,000
부채와 주주자본		
부채:		
유동부채	$ 3,900,000	$ 2,760,000
지급어음, 10%	3,600,000	3,000,000
총부채	7,500,000	5,760,000
주주자본:		
보통주, 액면가 $78	7,800,000	7,800,000
이익잉여금	1,800,000	1,320,000
총주주자본	9,600,000	9,120,000
총부채 및 주주자본	$ 17,100,000	$ 14,880,000

Lydex사 비교 손익계산서와 조정	올해	작년
매출	$15,750,000	$12,480,000
매출원가	12,600,000	9,900,000
매출총이익	3,150,000	2,580,000
판매관리비	1,590,000	1,560,000
영업이익	1,560,000	1,020,000
이자비용	360,000	300,000
세전순이익	1,200,000	720,000
법인세(30%)	360,000	216,000
순이익	840,000	504,000
보통주 배당금	360,000	252,000
순유보이익	480,000	252,000
기초 유보이익	1,320,000	1,068,000
기말 유보이익	$ 1,800,000	$ 1,320,000

당신에게 주어진 임무를 수행하기 위해 다음의 Lydex사 산업에 속한 기업들의 재무자료와 비율을 수집했다.

유동비율	2.3
당좌비율	1.2
평균회수기간	30 days
평균매출기간	60 days
총자산이익률	9.5%
부채비율	0.65
이자보상비율	5.7
주가이익비율	10

요구사항:

1. 당신은 먼저 부채 관리와 수익성 측면에서 기업의 성과를 평가하기로 결정하였다. 올해와 작년에 대해서 다음을 계산하라.
   a. 이자보상비율
   b. 부채비율
   c. 매출총이익률
   d. 총자산이익률(작년 초의 총자산은 $12,960,000이었다.)
   e. 자기자본이익률(작년 초의 총주주자본은 $9,048,000이었다.)
   f. 기업의 재무 레버리지는 양인가 음인가? 설명하라.
2. 당신은 다음으로 기업의 시장성과를 평가하기로 결정하였다. Lydex사의 주식은 지난해 말 주당 $40이었고 올해 말에는 주당 $72에 거래 되었다.
   a. 주당순이익
   b. 배당수익률
   c. 배당성향
   d. 주가이익비율. 투자자들은 Lydex사를 산업내의 다른 기업과 비교하여 어떻게 평가하는가? 설명하라.
   e. 보통주 주당 장부가치. 주당 시장가격과 주당 장부가격의 차이는 현재의 주식이 과소평가되었음을 의미하는가? 설명하라.
3. 마지막으로 당신은 기업의 유동성과 자산 관리를 평가하기로 결정하였다. 올해와 작년에 대해서 다음을 계산하라.
   a. 운전자본
   b. 유동비율
   c. 당좌비율
   d. 평균회수기간(작년 초의 총매출채권은 $1,560,000이었다.)
   e. 평균매출기간(작년 초의 총재고자산은 $1,920,000이었다.)
   f. 운영주기
   g. 총자산회전율(작년 초의 총자산은 $12,960,000이었다.)
4. 경쟁 업체들과 비교하여 Lydex사의 성과를 요약하여 설명해보라.

문제 16-16 공통형 재무제표 [학습목표 16-1]

문제 16–15에 주어진 Lydex사의 재무제표 자료를 참고하라.

요구사항:

올해와 작년에 대한

1. 공통형 재무상태표를 나타내라.
2. 순이익이 표시되는 공통형 손익계산서를 나타내라.
3. 당신의 분석 결과에 대해 논하라.

문제 16-17 재무비율의 해석 [학습목표 16-2, 16-3, 16-6]

Pecunious Products사의 지난 3년 간 재무 결과가 다음과 같이 요약되어 있다:

	3년도	2년도	1년도
매출 추세	128.0	115.0	100.0
유동비율	2.5	2.3	2.2
당좌비율	0.8	0.9	1.1
매출채권회전율	9.4	10.6	12.5
재고자산회전율	6.5	7.2	8.0
배당수익률	7.1%	6.5%	5.8%
배당성향	40%	50%	60%
주당배당금*	$1.50	$1.50	$1.50

* 3년 동안 보통주 발행의 변동은 없었다.

당신의 사장은 이 결과를 검토한 뒤 다음의 질문에 답하라고 요청하였다.

a. 기업의 만기가 다가올수록 청구서에 대한 지불이 원활해지고 있는가?
b. 고객들이 첫 번째 연도만큼 채권을 빨리 상환하는가?
c. 매출채권이 증가하는가, 감소하는가, 변화가 없는가?
d. 재고자산 수준이 증가하는가, 감소하는가, 변화가 없는가?
e. 기업 주식의 시장가격이 상승하는가 하락하는가?
f. 주당이익이 증가하는가, 감소하는가?
g. 주가이익비율이 상승하는가, 감소하는가?
h. 기업은 보통주 주주들에게 유리하도록 재무 레버리지를 사용하고 있는가?

요구사항:

사장의 각 질문에 대한 답을 하라.

문제 16-18 대출 신청에 대한 공통형 재무제표와 재무비율 [학습목표 16-1, 16-2, 16-3, 16-4]

Paul Sabin은 10년 전에 Sabin전자를 설립하였다. Sabin전자는 보장된 특허권을 가지고 여러 전자제품을 생산하고 판매한다. 기업은 이익을 창출하고 있었지만 현재는 심각한 현금 부족 문제를 겪고 있다. 그래서 이 기업은 Gulfport State 은행으로부터 $500,000의 장기 차입을 하려고 한다. $100,000은 현금 계정 강화에 사용할 것이고, 나머지 $400,000은 최신 장비 구입에 사용될 것이다.

최근 2년 간 기업의 재무제표는 다음과 같다.

Sabin전자
비교 재무상태표

	올해	작년
자산		
유동자산:		
현금	$ 70,000	$ 150,000
시장성유가증권	0	18,000
매출채권	480,000	300,000
재고자산	950,000	600,000
선급비용	20,000	22,000
총유동자산	1,520,000	1,090,000
유형고정자산	1,480,000	1,370,000
총자산	$3,000,000	$2,460,000
부채와 주주자본		
부채:		
유동부채	$ 800,000	$ 430,000
사채, 12%	600,000	600,000
총부채	1,400,000	1,030,000
주주자본:		
보통주, 액면가 $15	750,000	750,000
이익잉여금	850,000	680,000
총주주자본	1,600,000	1,430,000
총부채 및 주주자본	$3,000,000	$2,460,000

Sabin전자
비교 손익계산서와 조정

	올해	작년
매출	$5,000,000	$4,350,000
매출원가	3,875,000	3,450,000
매출총이익	1,125,000	900,000
판매관리비	653,000	548,000
영업이익	472,000	352,000
이자비용	72,000	72,000
세전순이익	400,000	280,000
법인세(30%)	120,000	84,000
순이익	280,000	196,000
보통주 배당금	110,000	95,000
순유보이익	170,000	101,000
기초 유보이익	680,000	579,000
기말 유보이익	$ 850,000	$ 680,000

지난 한 해 동안 기업은 몇 개의 새로운 제품계열을 선보였으며, 이익률을 향상시키기 위하여 구형 모델 가격 인상을 단행하였다. 또한 기업은 새로운 영업 담당이사를 고용하였으며 영업지역을 새롭게 확장하였다. 판매조건은 2/10, n/30이다. 모든 매출은 신용매출이다.

요구사항:

1. Gulf State 은행의 차입관련 의사결정을 지원하기 위하여 Paul이 당신에게 올해와 지난해의 다음의 재무비율을 계산하라고 요청하였다.
   a. 운전자본
   b. 유동비율
   c. 당좌비율
   d. 평균회수기간(작년 초 총매출채권은 $250,000이었다.)
   e. 평균매출기간(지난해 초 총재고자산은 $500,000이었다.)
   f. 운영주기
   g. 총자산회전율(작년 초 총자산은 $2,420,000이었다.)
   h. 부채비율
   i. 이자보상비율
   j. 자본승수(작년 초 총주주 자본은 $1,420,000이었다.)

2. 올해와 지난해의
   a. 공통형 재무상태표를 나타내라.
   b. 공통형 손익계산서를 나타내라.

3. Paul Sabin은 다음과 같은 전기 산업 내 기업들의 재무 자료와 비율을 수집하였다.

유동비율	2.5
당좌비율	1.3
평균회수기간	18 days
평균매출기간	60 days
부채비율	0.90
이자보상비율	6.0

위의 (1)과 (2)에서의 분석 결과에 대해 논하고 Sabin의 성과를 전기 산업과 비교하라. 기업이 대출 승인을 받을 수 있을까?

문제 16-19 시장성과와 수익성을 평가하기 위한 재무비율 [학습목표 16-5, 16-6]

재무제표와 그 외 자료는 문제 16–18을 참조하라. Paul Sabin이 기업의 수익성과 주식 시장성과를 평가하라고 요청하였다고 가정하자.

요구사항:

1. 우선 기업의 주식 시장성과를 평가하기로 결정하였다. 올해와 지난해에 대해 다음을 계산하라.
   a. 주당이익. 지난 2년 동안 보통주의 변동은 없다.
   b. 배당수익률. 현재 기업의 주식 가격 $40이고, 작년에는 $36에 거래되었다.
   c. 배당성향
   d. 주가이익비율. 만일 산업 평균 주가수익률이 12라면 투자자들이 동일 산업의 다른 기업과 비교하여 Sabin전자를 어떻게 평가하겠는가? 설명하라.
   e. 보통주 주당 장부가치. 장부가치와 시장가치가 차이가 주식이 과대평가되었음을 나타내는가? 설명하라.
2. 다음으로 기업의 수익성을 평가하기로 결정하였다. 올해와 지난해에 대해 다음을 계산하라.
   a. 매출총이익률
   b. 매출순이익률
   c. 총자산이익률(작년 초 총자산은 $2,420,000이었다.)
   d. 자기자본이익률(작년 초 주주자본은 $1,420,000이었다).
   e. 기업의 재무 레버리지는 양인가 음인가? 설명하라.
3. 이 기업의 지난 2년 간 수익성과와 주식 시장 성과에 대해 논하라.

문제 16-20 윤리와 경영자 [학습목표 16-2, 16-4]

Venice InLine사는 Russ Perez가 공중 묘기를 위해 디자인한 특별한 인라인 스케이트를 제조하기 위해 설립되었다. 지금까지 기업은 Russ가 모아둔 돈과 사업을 통해 벌어들이는 돈으로 자금을 공급받아왔다. 그러나 Russ는 지금 현금 위기에 봉착해 있다. 연말 크리스마스 시즌을 대비하여 생산을 이제 막 시작할 때 고충격 롤러베어링의 극심한 부족 문제가 발생한 것이다. 공급업체는 Russ가 크리스마스 주문을 이행하도록 적시에 롤러베어링을 공급할 것을 약속했다. 그러나 공급업체는 그 약속을 100% 이행하지 못했다. 그 결과 기말에 Venice InLine사는 많은 양의 미완성 재고를 보유하게 되었다. 그리고 크리스마스 시즌을 위한 소매상들의 주문을 이행하지 못하였다. 결과적으로 그 해의 매출은 기대에 못 미쳤고, Russ는 그의 채권자에게 상환할 수 있는 충분한 현금 능력을 갖지 못하게 되었다.

매입채무의 만기가 다가왔을 때 그는 은행을 찾아가 대출을 요청하였다. 은행의 대출 담당자는(가장 최근의 재무제표 상의 유동비율이 2.0을 상회하고, 당좌비율이 1.0을 상회하고, 영업이익이 적어도 요청한 대출 이자의 4배가 된다면) 매입채무를 상환하기 위한 자금을 대출하는 것에 대해서는 아무런 문제가 없을 것이라고 확신하였다. Russ는 나중에 재무제표 사본을 은행에 제출하기로 약속하였다.

Russ는 연 10%의 이자율의 6개월 만기 $80,000의 대출을 원한다. 기업의 미감사 재무 보고서는 다음과 같다.

Venice Inline사 비교 재무상태표, 12월 31일자 (단위: $1,000)	올해	작년
자산		
유동자산:		
현금	$ 70	$ 150
매출채권	50	40
재고자산	160	100
선급비용	10	12
총유동자산	290	302
유형고정자산	270	180
총자산	$ 560	$ 482
부채와 주주자본		
유동부채:		
매입채무	$ 154	$ 90
미지급비용	10	10
총유동부채	164	100
장기부채	—	—
총부채	164	100
주주자본:		
보통주와 자본잉여금	100	100
이익잉여금	296	282
총주주자본	396	382
총부채 및 주주자본	$ 560	$ 482

Venice InLine사 손익계산서 12월 31일자로 종료 (단위: $1,000)	올해
매출(모두 신용매출)	$ 420
매출원가	290
매출총이익	130
판매관리비:	
판매비	42
관리비	68
총판매관리비	110
영업이익	20
이자비용	—
세전순이익	20
법인세(30%)	6
순이익	$ 14

요구사항:

1. 미감사 재무제표와 대출 담당자의 대출조건을 미루어보면 기업은 대출받을 자격을 가지는가?
2. 작년에 Russ는 오래된 플라스틱 주입 몰딩 기계를 교체하기 위해 새롭고 보다 효율적인 기계를 구입, 설치하였다. Russ는 원래 기존의 기계를 매각할 생각이었다. 그러나 그는 플라스틱 주입 몰딩 공정이 병목 공정이므로 그 기계가 여전히 필요하다는 사실을 알았다. Russ가 그의 처남과 현금흐름 문제에 대해 논의할 때, 처남은 Russ에게 기존의 기계는 쉽게 팔 수 있기 때문에 재무상태표에 재고자산으로 재분류하여야 한다고 충고하였다. 현재 그 기계는 유형고정자산으로 분류되어 있으며, 순장부가치인 $45,000에 처분될 수 있다. 은행은 감사받은 재무제표를 요구하지 않는다. 당신은 그 기계와 관련하여 어떤 자문을 해 줄 수 있는가?

문제 16-21 미완성된 재무제표; 비율분석 [학습목표 16-2, 16-3, 16-4, 16-5, 16-6]

Pepper산업의 미완성된 재무제표는 다음과 같다.

Pepper산업 재무상태표 3월 31일	
유동자산:	
현금	$?
매출채권	?
재고자산	?
총유동자산	?
유형고정자산	?
총자산	$?
부채:	
유동부채	$320,000
사채, 10%	?
총부채	?
주주자본:	
보통주, 액면가 $5	?
이익잉여금	?
총주주자본	?
총부채 및 주주자본	$?

Pepper산업 손익계산서 3월 31일자로 종료되는	
매출(모두 신용매출)	$4,200,000
매출원가	?
매출총이익	?
판매관리비:	?
영업이익	?
이자비용	80,000
세전순이익	?
법인세(30%)	?
순이익	$?

기업과 관련하여 추가적인 정보는 다음과 같다:

a. 해당 연도의 모든 매출은 신용매출이다.
b. 해당 연도에 발행 보통주 주식수의 변동은 없었다.
c. 손익계산서상의 이자비용은 사채와 관련된 것이다. 해당 연도에 발행된 사채금액의 변동은 없다.
d. 해당연도 초의 요약 재무상태표는 다음과 같다:

매출채권	$270,000
재고자산	$360,000
총자산	$1,800,000

e. 해당연도의 재무제표로부터 계산된 요약 재무비율은 다음과 같다.

주당이익	$2.30
부채비율	0.875
매출채권회전율	14.0
유동비율	2.75
총자산이익률	18.0%
이자보상비율	6.75
당좌비율	1.25
재고자산회전율	6.5

요구사항:

기업의 재무제표에서 빈칸을 계산하라. (힌트: 당좌비율과 유동비율의 차이는 무엇인가?)

종합 연습문제: 개요

성공적인 경영자는 복잡한 실무 문제를 해결하기 위해 통합된 관리회계 역량에 의존한다. 본 장은 20개의 종합 연습문제를 통해 이러한 매우 중요한 관리적인 기술을 개발할 수 있도록 지원한다. 이 종합 연습문제는 교재 전체의 학습목표가 서로 어떻게 상호작용 하는지를 보여줄 것이다. "모든 것이 어떻게 조화를 이루는지" 이해하기 시작하면 "숫자 결정자"에서 교육 중인 경영자로 흥미있는 발전이 시작될 것이다.

기본문제

McGraw Hill connect

문제 1 활동차이, 소비차이, 재료 가격차이, 재료 수량차이 [학습목표 9-1, 9-2, 9-3, 10-1]

Southside Pizzeria는 피자의 생산과 판매와 관련된 원가요소를 관리하는 능력을 개선하고자 한다. 6월 한 달 동안, 회사는 1,000개의 피자를 만들 계획이다. 회사는 피자 한 판당 $2.40의 모짜렐라 치즈가 소요되는 원가공식을 포함한 계획예산을 작성했다. 6월 말, Southside는 실제로 1,100개의 피자를 팔았고 그 달에 사용한 치즈의 실제가격은 $2,632였다.

요구사항:

1. 6월의 모짜렐라 치즈 활동차이는 얼마인가?
2. 6월의 모짜렐라 치즈 소비차이는 얼마인가?
3. 회사는 모짜렐라 치즈에 대해 온스당 $0.30의 가격표준, 피자당 8온스의 수량표준을 설정한다고 가정하자. 또한 회사는 실제로 한 달 동안 1,100개의 피자를 만들기 위해 9,400온스의 치즈를 사용했다고 가정하자.
   a. 6월의 모짜렐라 치즈 재료 가격차이는 얼마인가?
   b. 6월의 모짜렐라 치즈 재료 수량차이는 얼마인가?
   c. 6월의 모짜렐라 치즈 재표 소비차이는 얼마인가?

문제 2 다양한 목적의 다양한 원가, 원가-조업도-이익-관계
[학습목표 1-1, 1-2, 1-3, 1-4, 1-5, 1-6, 5-1, 5-3, 5-5, 5-7, 5-8]

Hixson사는 제품을 한 대당 $34에 제조하여 판매한다. 회사는 기초재고와 기말재고를 보유하지 않으며 생산 관련범위는 20,000개에서 30,000개이다. Hixson사가 25,000개를 생산하여 판매할 때, 단위당 원가는 다음과 같다.

	단위당 원가
직접재료원가	$8.00
직접노무원가	$5.00
변동제조간접원가	$1.00
고정제조간접원가	$6.00
고정판매비	$3.50
고정관리비	$2.50
판매수수료	$4.00
변동관리비	$1.00

요구사항:

1. 재무회계 목적으로 계산한다면, 25,000개를 생산할 때 발생한 총제품원가는 얼마인가? 또한 25,000개를 판매할 때 발생한 총기간원가는 얼마인가?
2. 24,000개를 생산한다면, 생산단위당 변동제조원가와 생산단위당 평균 고정제조원가는 얼마인가?
3. 26,000개를 생산한다면, 생산단위당 변동제조원가와 생산단위당 평균 고정제조원가는 얼마인가?
4. 27,000개를 생산한다면, 이 생산수준을 지원하기 위해 발생한 직접·간접제조원가 총액은 얼마인가?
5. Hixson사가 생산량을 25,000개에서 25,001개로 증가시키면 발생하는 증분제조원가는 얼마인가?
6. Hixson사의 단위당 공헌이익과 공헌이익률은 얼마인가?
7. Hixson사의 손익분기 판매량과 손익분기 매출액은 얼마인가?
8. Hixson사가 생산량과 판매량을 25,000개에서 26,500개로 증가시키면 영업이익은 얼마나 증가하는가?
9. 25,000개의 판매량에서 안전한계는 얼마인가?
10. 25,000개의 판매량에서 영업레버리지도는 얼마인가?

문제 3 전부원가계산, 변동원가계산, 원가-조업도-이익-관계 [학습목표 5-4, 5-5, 5-7, 6-1, 6-2]

Newton사는 하나의 제품을 생산하여 판매한다. 이 회사는 첫해 영업에 필요한 다음과 같은 예산을 수립하였다.

단위당 변동원가:	
제조원가:	
직접재료원가	$20
직접노무원가	$16
변동제조간접원가	$4
변동판매관리비	$2
연간 고정비:	
고정제조간접원가	$450,000
고정판매관리비	$70,000

Newton사는 영업 첫해 동안 25,000개를 생산해 20,000개를 판매할 것으로 예상했다. 회사 제품의 예산 판매가격은 단위당 $66이다.

요구사항:

1. Newton사의 예상이 정확하다고 가정할 때, 전부원가계산에 의한 영업 첫 해의 영업이익은 얼마인가?
2. Newton사는 직접재료원가를 단위당 $1 증가시킬 고품질 원재료에 대한 투자를 고려하고 있다. 고품질의 원재료가 판매량을 1,000개 늘릴 것으로 추정하고 있다. 고품질의 원재료에 투자하고 25,000개를 계속 생산한다면, 회사의 수정된 전부원가계산 영업이익은 얼마인가?
3. Newton사는 판매량이 1,500개 정도 감소할 것으로 예상하면서 단위당 $1.00의 판매가격 인상을 고려하고 있다. 판매가격을 $1.00 인상하고 25,000개를 계속 생산한다면, 회사의 수정된 전부원가계산 영업이익은 얼마인가?
4. Newton사의 예상이 정확하다고 가정할 때, 변동원가계산에 의한 영업 첫 해의 영업이익은 얼마인가?
5. Newton사는 직접재료원가를 단위당 $1 증가시킬 고품질 원재료에 대한 투자를 고려하고 있다. 고품질의 원재료가 판매량을 1,000개 늘릴 것으로 추정하고 있다. 고품질의 원재료에 투자하고 25,000개를 계속 생산한다면, 회사의 수정된 변동원가계산 영업이익은 얼마인가?
6. Newton사는 판매량이 1,500개 정도 감소할 것으로 예상하면서 단위당 $1.00의 판매가격 인상을 고려하고 있다. 판매가격을 $1.00 인상하고 25,000개를 계속 생산한다면, 회사의 수정된 변동원가계산 영업이익은 얼마인가?
7. Newton사의 손익분기 판매량과 손익분기 매출액은 얼마인가?
8. 영업 첫 해에 회사의 예상 안전한계는 얼마인가?

문제 4 현금예산, 손익계산서, 재무상태표, 현금흐름표, 비율분석

[학습목표 8-2, 8-3, 8-4, 8-8, 8-9, 8-10, 15-2, 16-3]

Millen사는 7월의 종합예산을 준비하는 회사이다. 6월 30일 현재 회사의 재무상태표는 다음과 같다.

Millen사 재무상태표 6월 30일	
자산	
현금	$ 120,000
매출채권	166,000
재고자산	37,200
감가상각비 차감 후 건물과 설비	554,800
총자산	$ 878,000
부채와 자본	
매입채무	$ 93,000
보통주 자본금	586,000
이익잉여금	199,000
총부채와 자본	$ 878,000

Millen의 경영진은 다음과 같은 추가 가정과 추정치를 제공하였다.

1. 7월과 8월의 예상 매출액은 각각 $310,000와 $330,000이다.
2. 매월 매출액은 현금매출이 20%이고 신용매출이 80%이다. 외상매출액의 30%는 판매 월에 회수되고, 70%는 판매한 다음 달에 회수된다. 6월 30일 매출채권 잔액은 모두 7월 중에 회수될 것이다.
3. 매월의 기말재고는 다음 달 매출원가의 20%이어야 한다. 매출원가는 매출액의 60%이다. 회사는 상품매입액의 40%는 매입한 달에 지급하며, 나머지 60%는 매입한 다음 달에 지급한다. 6월 30일의 매입채무 잔액은 모두 7월에 지급될 것이다.
4. 월간 판매비와 일반관리비는 항상 $70,000이다. 이 총액 중 감가상각비는 $10,000이며 나머지 $60,000는 발생한 달에 지급이 되는 비용과 관련이 있다.
5. 회사는 7월 중에 건물이나 설비를 취득하거나 처분할 계획이 없다. 또한 7월 중에 자금을 차입, 배당금 지급, 보통주 발행 및 자기주식을 매입할 계획이 없다.

요구사항:

1. 7월의 예상 현금회수액을 계산하라.
2. 7월의 상품매입에 대한 예상 현금지출액을 계산하라.
3. 7월의 현금예산을 작성하라.
4. 7월 31일로 종료되는 예산 손익계산서를 작성하라. 전부원가 형식을 이용하라.
5. 7월 31일로 종료되는 예산 재무상태표를 작성하라.
6. 7월의 추정 매출채권회전율과 재고자산회전율을 계산하라.
7. 7월의 추정 영업주기를 계산하라.(힌트: 한 달을 30일로 가정해서 평균회수기간과 평균판매기간을 계산한다.)
8. 간접법을 사용하여 7월의 영업활동에서 제공한 예상 순현금을 계산하라.

문제 5 현금흐름표; 비율분석 [학습목표 15-1, 15-2, 15-3, 16-2, 16-3, 16-4, 16-5, 16-6]

다음은 Rowan사의 비교재무상태표와 손익계산서이다.

Rowan사
손익계산서
(단위: 백만)

매출	$ 4,350
매출원가	3,470
매출총이익	880
판매관리비	820
영업이익	60
기타수익: 유형자산처분이익	4
세전이익	64
법인세	22
당기순이익	$ 42

Rowan사 비교 재무상태표 (단위: 백만)	기말 잔액	기초 잔액
자산		
유동자산:		
현금및현금성자산	$ 70	$ 91
매출채권	536	572
재고자산	620	580
총유동자산	1,226	1,243
유형자산	1,719	1,656
감가상각누계액 차감	640	480
순유형자산	1,079	1,176
총자산	$ 2,305	$ 2,419
부채와 자본		
유동부채:		
매입채무	$ 205	$ 180
미지급비용	94	105
미지급법인세	72	88
총유동부채	371	373
사채	180	310
총부채	551	683
자본:		
보통주	800	800
이익잉여금	954	936
총자본	1,754	1,736
총부채와 총자본	$ 2,305	$ 2,419

Rowan은 추가로 다음과 같은 정보를 제공하였다.

1. 기업은 최초 취득가액이 $16백만이고 감가상각누계액이 $9백만인 유형자산을 현금 $11백만에 처분하였다. 이 처분으로 $4백만의 처분이익이 발생하였다.
2. 기업은 당기 동안 새로운 채권을 발행하지 않았다.
3. 기업은 당기 동안 현금 배당금을 지급하였다.
4. 기업은 당기 동안 보통주 거래를 하지 않았다.

요구사항:

1. 간접법을 이용하여 당기 현금흐름표를 작성하라.
2. 당기의 잉여현금흐름을 계산하라.
3. Rowan사가 연말에 기업의 유동성을 평가하는 데 도움이 되도록 다음을 계산하라.
   a. 유동비율
   b. 당좌(산성시험)비율
4. Rowan사가 자산관리를 평가하는 데 도움이 되도록 다음을 계산하라.

a. 평균회수기간

b. 평균매출기간

5. Rowan사가 부채관리를 평가하는 데 도움이 되도록 다음을 계산하라.

a. 연말 부채비율

b. 자본승수

6. Rowan사가 수익성을 평가하는 데 도움이 되도록 다음을 계산하라.

a. 순매출총이익률

b. 자본이익률

7. Rowan사가 시장성과를 평가하는 데 도움이 되도록 다음을 계산하라.

a. 주당이익

b. 배당성향

문제 6 공장전체 및 부문별 제조간접비 배부; 활동기준원가계산; 부문별 손익계산서

[학습목표 2-1, 2-2, 2-3, 2-4, 6-4, 6-5, 7-1, 7-3, 7-4]

Koontz사는 기본모델과 고급모델의 두 가지 산업 부품을 생산한다. 회사는 모든 제조간접비가 고정된 것으로 간주하고 직접노동시간을 기준으로 공장전체 제조간접원가배부율을 사용한다. Koontz사의 관리자는 아래와 같이 최근 1년간의 부문별 손익계산서를 작성하였다(판매관리비는 매출액 기준으로 배부하였음).

	기본모델	고급모델	합계
생산량 및 판매량	20,000	10,000	30,000
매출액	$3,000,000	$2,000,000	$5,000,000
매출원가	2,300,000	1,350,000	3,650,000
매출총이익	700,000	650,000	1,350,000
판매관리비	720,000	480,000	1,200,000
영업이익(손실)	$ (20,000)	$ 170,000	$ 150,000

직접노무원가는 시간당 $20이고, 직접재료원가는 기본모델의 경우 단위당 $40이며, 고급모델의 경우 단위당 $60이다. Koontz사는 공장전체 제조간접원가 배부방식에서 부문별 제조간접원가 배부방식으로 변경을 고려하고 있다. 성형부문의 제조간접원가는 기계시간을 기준으로 배부되고 조립 및 포장부문의 제조간접원가는 직접노동시간을 기준으로 배부된다. 회사의 관리자는 추가적인 분석을 위해 다음의 정보를 입수하였다.

	성형	조립 및 포장	합계
제조간접원가	$787,500	$562,500	$1,350,000
직접노동시간:			
기본모델	10,000	20,000	30,000
고급모델	5,000	10,000	15,000
기계시간:			
기본모델	12,000	—	12,000
고급모델	10,000	—	10,000

요구사항:

1. 공장전체 배부방식 이용:
   a. 공장전체 제조간접원가를 계산하라.
   b. 각 부품에 배부되는 총제조간접원가를 계산하라.
2. 부문별 배부방식 이용:
   a. 부문별 제조간접원가 배부율을 계산하라.
   b. 각 부품에 배부되는 총제조간접원가를 계산하라.
   c. 부문별 제조간접원가 배부율을 이용하여 세분화된 손익계산서를 다시 작성하라(판매관리비는 매출액 기준으로 배부하였음).
3. Koontz사의 생산관리자는 공장전체 또는 부문별 배부방식 대신에 활동기준원가계산 방식을 제안하였다. 회사는 필요한 계산을 위해 다음과 같이 총제조간접원가를 5개의 활동원가집합으로 할당하였다.

활동원가집합	활동원가동인	제조간접원가
가공	성형 기계시간	$ 417,500
조립 및 포장	직접노동시간	282,500
주문처리	주문처리 횟수	230,000
작업준비	작업준비시간	340,000
기타(미사용량)		80,000
		$ 1,350,000

기본모델과 고급모델의 평균 주문크기는 각각 400단위와 50단위이다. 성형기계는 각 주문에 대해 작업준비시간이 필요하다. 기본모델은 주문당 1시간, 고급모델은 주문당 3시간의 작업준비시간이 필요하다.

회사는 기본모델에 5%, 고급모델에 10%의 판매수수료를 지급한다. 그리고 기본모델과 고급모델의 경우 각각 $150,000과 $200,000의 추적 가능한 고정광고비가 포함된다. 나머지 판매관리비는 회사의 유지비이다.

생산관리자가 제공한 추가 정보를 이용하여 다음을 계산하라:
   a. 각 활동원가집합별로 활동원가배부율
   b. 기본모델과 고급모델에 배부된 총제조간접원가
   c. 기본모델과 고급모델에 배부된 총판매관리비
4. 요구사항 3의 자료를 이용하여 도표 6-8과 같은 부문별 공헌이익 손익계산서를 작성하라(힌트: 회사의 모든 비용을 변동비, 추적가능고정비 및 공통고정비 세 가지로 범주로 구분함).
5. 요구사항 4의 부문별 공헌이익 손익계산서를 이용하여 고급모델의 손익분기점 매출액을 계산하라.
6. Koontz사의 활동기준원가계산 방식이 공장전체 및 부문별 배부방식과 어떻게 다른지 설명하라.

문제 7 정상원가 VS 실제원가 [학습목표 2-1, 2-2, 2-3, 3-3, 3-4, 6-1, 6-2]

Darwin사는 단위당 $200에 판매하는 제품을 생산한다. 회사는 생산량에 따라 공장전체 제조간접원가를 배부한다. 연초에 다음과 같은 추정치를 제공하였다.

생산량	50,000
총고정제조간접원가	$1,000,000
단위당 변동제조간접원가	$12

한 해 동안 회사는 어떤 종류의 기초재고와 기말원재료 및 기말재공품이 없었다. 모든 원재료는 생산에 직접재료로 사용되었다. 예상치 못한 사업침체로 연간 판매량이 38,000단위로 감소하였다. 회사는 판매감소에 대응하여 연간 생산량을 40,000단위로 줄였다. 당해 연도의 실제원가는 다음과 같다.

단위당 변동비:	
제조원가:	
직접재료원가	$78
직접노무원가	$60
변동제조간접원가	$12
변동판매관리비	$15
연간 고정비:	
고정제조간접원가	$1,000,000
고정판매관리비	$350,000

요구사항:

1. 회사는 정상원가계산을 적용한다고 가정한다.
   a. 공장전체 제조간접원가 예정배부율을 계산하라.
   b. 단위당 제조원가를 계산하라.
   c. 제조원가명세서와 매출원가명세서를 작성하라. 과소 또는 과대 배부된 제조간접원가는 매출원가에서 조정한다.
2. 회사는 실제원가계산을 적용한다고 가정한다.
   a. 단위당 제조원가를 계산하라.
   b. 전부원가계산의 영업이익을 계산하라.
3. 정상원가계산과 실제원가계산의 영업이익은 동일한가? 그 이유를 설명하라.

문제 8 자본예산, 투자수익률, 잔여이익 [학습목표 11-1, 11-2, 14-2]

Simmons사는 여러 곳에 매장이 있는 판매상이다. 한 매장의 점장은 경기호조를 기대하고 매장 내 제품구성의 전환을 고려하고 있다. 그 매장은 3년 동안 연간 매출액과 변동비가 각각 $400,000와 $300,000씩 증가할 것으로 예상하고 더 비싼 상품에 $800,000를 투자하고자 한다. 3년의 기간이 끝나면, 점장은 경기 급등세가 진정될 것으로 믿고 운전자본에 대한 추가투자를 끝낼 예정이다. 점장의 급여인상은 주로 매장의 투자수익률에 의해 결정되었고, 지난 3년 동안 매년 22%를 초과하였다.

요구사항:

1. 회사의 할인율이 16%라 가정하고 매장 투자기회의 순현재가치를 계산하라.
2. 매장 투자기회가 제공하는 연간 마진, 매출액 및 투자수익률을 계산하라.
3. 회사의 최소요구수익률이 16%라 가정하고, 1년부터 3년까지 매장의 투자기회로 얻은 잔여이익을 계산하라.
4. 점장은 이 투자기회를 선택할 것으로 생각하는가? 회사는 점장의 투자기회 선택을 원할 것으로 생각하는가? 그 이유는?
5. 16%의 할인율을 적용하여 1년에서 3년까지 잔여이익의 현재가치를 계산하라. 답이 요구사항 1에서 계산한 순현재가치보다 크거나 작거나 같은지 계산으로 설명하라.

문제 9 차이분석과 내부 비즈니스 프로세스 성과측정 [학습목표 10-1, 10-2, 10-3, 12-3]

Vorelli Industries의 부사장인 Ben Carrick은 "린생산이 우리를 더 효율적으로 만든다고 생각합니다." 라고 말했다. "하지만 Zets에 대한 6월의 제조차이를 보면, 노무 능률차이가 $240,000 불리한 차이가 발생했으며 이전보다 4배나 높았습니다. $102,000의 불리한 재료 가격차이를 더한다면, 한 개의 제품에 대해 한 달 만에 $342,000가 줄어듭니다."

"이제 안심하세요, Ben."라고 회사의 구매관리자인 Sandi Ship이 대답했다. "우리는 린생산으로 전환하는 것이 재료원가를 증가시킬 것이라고 알고 있었습니다. 하지만 지금 우리는 하루 세 번 원재료를 납품하는 일류 공급업체와 제휴하고 있습니다. 몇 달 안에 세 개의 대여창고를 비움으로써 높은 구매원가를 대부분 상쇄할 수 있을 것입니다."

"그리고 우리의 노무 능률차이가 나빠 보인다는 것을 알고 있습니다."라고 회사의 생산관리자인 Raul Duvall이 대답했다. "하지만 이것이 모든 것을 다 말해 주지는 않습니다. 생산라인의 적시흐름은 공장을 그 어느 때보다 효율적으로 만들었습니다. 또한 자동화에 대한 투자로 매월 재료낭비를 줄이고 있습니다."

"지난달에 30,000 Zets를 생산하는 데 90,000시간의 직접노동시간을 투자했는데 더 효율적이라고 말할 수 있습니까?"라고 Ben Carrick이 물었다."이것은 단위당 3시간이지만 Zets의 표준원가카드는 단위당 2.5시간만 허용합니다."

Raul은 "우리의 린전환 일부는 초과 완제품 재고를 줄이기 위해 생산을 줄여야 합니다"라고 설명했다. "몇 달 후면 완제품 재고가 고갈되어 생산량을 수요에 맞출 수 있을 것입니다. 한편, 생산라인 직원은 기계가 유휴상태일 때 서있는 것이 아니라는 점을 잊지 마십시오. 린생산방식에서, 그들은 자체적인 검사와 장비 유지보수를 수행하고 있습니다."

Ben은 "적어도 올해 보너스를 받고 싶다면 몇 달만 더 지켜볼 수는 없다. 저는 이 보고서를 30년 동안 살펴보았는데, 그것을 보면 비효율적이라는 것을 압니다. 일을 다시 통제합시다."라고 대답했다.

Ben의 사무실을 떠난 후 Raul은 회사의 린전환이 주는 이점을 강조할 몇 가지 성과측정을 개발하는 데 당신의 도움을 요청했다. Raul과 함께 당신은 다음의 정보를 수집했다.

a. Zets(회사의 많은 제품 중 하나)에 대한 표준원가카드는 다음과 같다.

	표준수량 또는 시간	표준가격 또는 임률	표준원가
직접재료원가	18피트	$3/피트	$ 54.00
직접노무원가	2.5시간	$16/시간	40.00
변동제조간접원가	2.5시간	$2.8/시간	7.00
총표준원가			$101.00

b. 6월에 회사는 Zets 생산을 위해 피트당 $3.2원가로 510,000피트의 원재료를 구입했다. 모든 원재료는 한 달 동안 30,000단위 Zets를 만드는 데 사용되었다.

c. 회사는 Zets를 생산하기 위해 안정적인 인력을 유지한다. 이전에 검사 및 유지보수 작업을 수행한 직원이 직접노동자로 재배치되었다. 6월 동안 직접노동자들은 Zets 생산라인에서 시간당 $15.85의 임금으로 90,000시간을 일했다.

d. 변동제조간접원가는 직접노동시간을 기준으로 제품에 배부한다. 6월에 Zets 제조와 관련된 변동제조간접원가는 $207,000이 발생하였다.

e. 노동자들은 린생산방식에 익숙해지면서 지난 3개월 동안 다음과 같은 추세를 보였다.

	4월	5월	6월
가공시간	2.6시간	2.5시간	2.4시간
검사시간	1.3시간	0.9시간	0.1시간
이동시간	1.9시간	1.4시간	0.6시간
대기시간	8.2시간	5.2시간	1.9시간

요구사항:

1. 직접재료원가 관련
   a. 가격 및 수량차이를 계산하라.
   b. Raul이 언급한 낭비감소가 차이 계산에서 분명한가? 설명하라.
   c. 회사는 앞으로 재료 가격차이를 계산하기 위해 피트당 어떤 표준가격을 사용해야 하는가? 그 이유는?
2. 직접노무원가 관련
   a. 임률 및 능률차이를 계산하라.
   b. 회사의 노무 능률차이가 린생산방식에서 유용한 성과척도인가? 그 이유는?

3. 변동제조간접원가 관련
   a. 소비(배부율) 및 능률차이를 계산하라.
   b. 직접노동시간이 회사의 린생산방식에서 변동제조간접원가의 적절한 원가동인 인가?
4. 4월, 5월 및 6월에 대해 다음을 계산하라.
   a. 단위당 처리량시간
   b. 제조주기효율성(MCE)
5. 회사의 린생산방식에서 노무 능률차이, 단위당 처리량시간 및 제조주기효율성 중에서 어떤 성과 척도가 더 적절하다고 생각하는가?

문제 10 부문별 손익계산서; 활동배부율과 활동기준원가배부 [학습목표 6-4, 7-3, 7-4]

Morley Products사는 커머셜, 가정 및 학교라는 세 가지 시장에서 경쟁하는 도매업체이다. 부문별 손익계산서는 다음과 같다.

	회사 합계		커머셜	가정	학교
매출액	$ 20,000,000	100.0%	$8,000,000	$5,000,000	$7,000,000
차감 비용:					
매출원가	9,500,000	47.5%	3,900,000	2,400,000	3,200,000
영업지원	3,600,000	18.0%	1,440,000	900,000	1,260,000
주문처리	1,720,000	8.6%	688,000	430,000	602,000
창고보관	940,000	4.7%	376,000	235,000	329,000
포장 및 배송	520,000	2.6%	208,000	130,000	182,000
광고	1,690,000	8.5%	676,000	422,500	591,500
일반관리	1,310,000	6.5%	524,000	327,500	458,500
총비용	19,280,000	96.4%	7,812,000	4,845,000	6,623,000
순영업이익	$ 720,000	3.6%	$ 188,000	$ 155,000	$ 377,000

커머셜 시장은 매출이 가장 높았지만 학교 시장보다 훨씬 낮은 이익을 보고한다. 따라서 경영진은 관심과 자원들을 커머셜 시장에서 학교 시장으로 이전하는 것을 고려하고 있다. 그들은 어떻게 진행할지 당신의 추천을 요청했다. 당신은 올바른 형식의 부문별 손익계산서를 작성하기로 결정했다. 이를 위해 다음의 정보를 수집했다:

a. 위의 손익계산서에 표시된 매출원가 수치는 해당 시장에서 추적가능하다.
b. 영업지원, 주문처리, 포장 및 배송은 변동원가이고, 창고보관, 일반관리 및 광고는 고정원가이다. 위 손익계산서에서 이러한 모든 원가들은 매출액 기준으로 세 시장에 배부하였다.
c. 활동기준원가에 대한 지식을 활용하여 다음의 자료를 수집하였다:

원가집합과 원가동인	총원가	활동량			
		학교	커머셜	가정	합계
영업지원(통화 횟수)	$3,600,000	11,000	8,000	5,000	24,000
주문처리(주문 횟수)	$1,720,000	1,650	1,750	5,200	8,600
창고보관(공간면적)	$940,000	17,500	35,000	65,000	117,500
포장 및 배송(선적한 파운드)	$520,000	64,000	24,000	16,000	104,000

d. 회사 광고비와 일반관리비는 다음과 같이 결정되었다.

	합계	커머셜	가정	학교
광고비:				
추적가능	$1,460,000	$700,000	$180,000	$580,000
공통	$230,000			
일반관리비:				
추적가능	$410,000	$150,000	$120,000	$140,000
공통	$900,000			

요구사항:

1. 위 c.부분의 자료를 참고하여 활동별 원가집합에 대한 활동배부율을 계산하라. 그리고 활동배부율을 사용하여 각 활동별 원가를 세 시장에 배부하라.
2. 회사의 수정된 부문별 공헌이익 손익계산서를 작성하라(회사 전체와 각 부문시장에 대해 "금액"열과 "비율"열을 포함시킴).
3. 부문별 손익계산서를 통해 경영진에게 어떤 통찰력을 제공해야 하는가?

문제 11 이전가격과 차이분석 [학습목표 11-3, 13-1]

Bend사는 Grant 부문, Able 부문 및 Facet 부문의 세 가지 부문으로 구성된다. 부문관리자는 부문의 이익을 기준으로 평가 및 보상을 받는다. 부문관리자는 자기 부문의 제품을 외부 고객들에게 판매하거나 회사 내의 다른 부문에 판매하도록 선택할 수 있다. 또한 외부 고객들에게 판매가격을 설정할 수 있고 다른 부문과 이전가격을 협상할 수 있는 권한을 가지고 있다.

Able 부문의 관리자는 다음 두 가지 대안의 주문을 고려하고 있다:

대안 1:

Able 부문은 모터당 $1,600의 이전가격으로 2,000대의 모터를 Facet 부문에 판매할 수 있다. 모터를 제조하기 위해 Able 부문은 Grant 부문으로부터 단위당 $400의 이전가격으로 부품을 구매했다. 그런 다음 Able 부문은 Grant 부문으로부터 받은 부품을 추가 가공하면서 단위당 $450의 변동원가가 발생했다. 또한, Able 부문은 모터를 완성하는 데 5시간의 기계시간을 사용하며, 고정제조간접원가 배부율은 기계시간당 $23이다.

Grant 부문의 부품은 Able 부문에 판매하기 전에 단위당 $200의 변동원가가 발생한다. 또한 Able 부문에 판매하는 부품을 제조하는 데 2.5시간의 기계시간이 필요하고, Grant 부문의 고정제조간접원가 배부율은 기계시간당 $38이다.

Able 부문이 이 기회를 거절하면(대안 2를 선택하면) Facet 부문은 Waverly사에서 모터당 $1,600의 가격에 2,000대의 모터를 구매할 것이다. 모터를 생산하기 위해 Waverly사는 Grant 부문에서 단위당 $350에 부품을 구매했다. Grant 부문은 부품을 제조하는 데 2.5시간의 기계시간을 사용했으며, 단위당 $175의 변동원가가 발생하였다.

대안 2:

Able 부문은 모터당 $1,200의 가격에 2,500대의 모터를 Tech사에 판매할 수 있다. 모터의 생산을 위해, Able 부문은 Grant 부문으로부터 부품을 개당 $200의 이전가격으로 구입하게 된다. Grant 부문은 이 부품을 생산하는 데 단위당 $100의 변동원가가 발생하며, 2시간의 기계시간이 필요하다. Able 부문은 Grant 부문으로부터 받은 부품을 추가가공하면서 단위당 $450의 변동원가가 발생하게 된다. 또한 Able은 모터를 완성하는 데 4시간의 기계시간이 필요하다.

Able 부문의 공장 생산능력은 제한적이다. 따라서 두 가지 대안 중 하나만 선택할 수 있다. 회사의 총고정제조간접원가는 이 결정의 영향을 받지 않는다.

요구사항:

1. Able 부문의 관리자가 부문의 이익을 극대화하려면 어떤 대안을 선택하여야 하는가? 계산근거를 제시하라.
2. 두 가지 대안 중 회사 전체의 이익을 극대화할 수 있는 것은 무엇인가? 계산근거를 제시하라.

문제 12 서비스 부문 원가배부; 단계배부법; 변동 및 고정원가 [학습목표 4-11, 11-4]

Bayview Resort는 세 개의 서비스 부문(일반관리, 원가회계 및 세탁)이 지원하는 세 개의 운영 부문(컨벤션 센터, 식품 서비스 및 게스트 숙박)이 있다. 청구 및 관리통제 목적으로 리조트 관리자는 각 운영 부문의 직접원가와 서비스 부문의 할당된 원가를 계산하려고 한다.

회사는 일반관리 부문에서 시작하여 원가회계, 세탁에 이어 서비스 부문의 원가배부에 단계배부법을 사용한다. 각 부문의 배부기준은 다음과 같다.

	배부기준
일반관리:	
고정원가	장기근무 직원수
원가회계:	
변동원가	각 기간 처리된 거래수
고정원가	최대 거래처리 필요비율
세탁:	
변동원가	각 기간 세탁물 파운드
고정원가	최대 세탁 필요비율

최근 분기에 입수한 추가자료는 다음과 같다.

	서비스 부문			운영 부문			
	일반 관리	원가 회계	세탁	컨벤션 센터	식품 서비스	게스트 숙박	합계
변동원가	$ 0	$ 70,000	$ 143,000	$ 0	$ 52,000	$ 24,000	$ 289,000
고정원가	200,000	110,000	65,900	95,000	375,000	486,000	1,331,900
총제조간접원가	$200,000	$180,000	$ 208,900	$95,000	$ 427,000	$ 510,000	$1,620,900
최대 자원 사용비율		10%	4%	30%	16%	40%	100%
처리된 거래수			800	1,200	3,000	9,000	14,000
최대 거래처리 필요비율			7%	13%	20%	60%	100%
세탁물 파운드				20,000	15,000	210,000	245,000
최대 세탁 필요비율				10%	6%	84%	100%

요구사항:

1. 단계배부법을 이용하여 서비스 부문 변동원가를 운영 부문에 할당하라. 각 운영 부문 내에 직접 및 할당된 변동원가의 총액은 얼마인가?
2. 단계배부법을 이용하여 서비스 부문 고정원가를 운영 부문에 할당하라. 각 운영 부문 내에 직접 및 할당된 고정원가의 총액은 얼마인가?
3. 각 운영 부문의 직접 및 할당된 변동원가 총액과 고정원가 총액의 합을 계산하라.

문제 13 서비스 부문 원가배부; 직접배부법; 공장전체 및 부문별 제조간접원가배부율

[학습목표 2-1, 2-2, 4-10, 11-4]

Hobart사는 서류용 가방과 여행용 가방을 생산하며, 5개의 제조 부문이 있다. 성형, 부품 및 조립 부문은 원재료를 완성품으로 가공한다. 따라서 세 부문은 운영 부문으로 취급된다. 전력과 유지관리 부문은 3개의 운영 부문을 지원하기 때문에 서비스 부문으로 취급된다.

Hobart사는 항상 제품원가계산 목적으로 직접노동시간의 공장전체 제조간접원가 예정배부율을 사용해 왔다. 제조간접원가배부율은 회사의 예상총제조간접원가를 예상총직접노동시간으로 나누어 계산한다.

회사는 이익이 감소하고 있기 때문에 원가배부 방법을 공장전체 제조간접원가 배부에서 부문별 배부 방식로 전환하는 것을 고려하고 있다. 부문별 배부방식에서는 먼저 서비스 부문의 원가를 3개의 운영 부문에 배부됩니다. 그런 다음 각 운영 부문은 자체 제조간접원가배부율을 계산합니다. 성형 부문의 제조간접원가는 기계시간을 기준으로 배부하고 부품 및 조립의 제조간접원가는 직접노동시간을 기준으로 배부한다.

내년도 서비스 부문의 예상원가는 다음과 같다.

	서비스 부문	
	전력	유지관리
변동제조간접원가	$ 640,000	$ 25,000
고정제조간접원가	1,200,000	375,000
총제조간접원가	$1,840,000	$400,000

전력 부문은 예상 킬로와트 시간을 기준으로 변동원가를 운영 부문에 배부하고 최대 필요량의 비율에 따라 고정원가를 배부한다. 그리고 유지관리 부문은 예상 유지관리 시간을 기준으로 변동원가를 운영 부문에 배부하고 최대 필요량의 비율에 따라 고정원가를 배부한다.

서비스 부문의 원가를 운영 부문에 배부하기 위한 자료는 다음과 같다.

	운영 부문		
	성형	부품	조립
전력 부문:			
예상 킬로와트 시간	36,000	32,000	12,000
최대 필요량 비율	50%	35%	15%
유지관리 부문:			
예상 유지관리 시간	9,000	2,500	1,000
최대 필요량 비율	70%	20%	10%

3개의 운영 부문에 대한 자료는 다음과 같다.

	운영 부문		
	성형	부품	조립
부문원가:			
직접재료원가	$1,630,000	$3,000,000	$ 25,000
직접노무원가	350,000	2,000,000	1,300,000
제조간접원가	1,960,500	1,620,000	2,399,500
부문 총원가	$3,940,500	$6,620,000	$3,724,500
배부기준:			
직접노동시간	50,000	200,000	150,000
기계시간	87,500	12,500	0

요구사항:

1. 회사의 공장전체 제조간접원가 예정배부율을 계산하라.
2. 회사가 부문별 제조간접원가배부율을 사용하기로 결정했다고 가정한다.
   a. 직접배부법을 사용하여 서비스 부문의 변동 및 고정원가를 운영 부문에 배부하라.
   b. 3개 운영 부문에 대해 부문별 제조간접원가 예정배부율을 계산하라.
3. Hobart사의 제품 중 하나인 서류용 가방은 3개의 운영 부문에서 다음과 같은 기계시간과 직접노동시간을 사용한다.

	기계시간	직접노동시간
성형 부문	3,000	1,000
부품 부문	800	2,500
조립 부문	0	4,000
총시간	3,800	7,500

a. 공장전체 배부방식을 이용하여 서류용 가방에 배부되는 제조간접원가를 계산하라.
b. 부문별 배부방식을 이용하여 서류용 가방에 배부되는 제조간접원가를 계산하라.

4. 서류용 가방의 사례에서 공장전체 배부방식은 부문별 배부방식에 비해 과대 배부인가? 아니면 과소 배부인가?

문제 14 서비스 부문 원가배부; 단계배부법 vs 직접배부법; 공장전체 및 부문별 제조간접원가배부율 [학습목표 2-1, 2-2, 4-10, 4-11]

Sendai사의 내년도 여러 부문의 예산원가는 다음과 같다.

공장관리	$ 270,000
보관서비스	68,760
인사	28,840
유지관리	45,200
가공—제조간접원가	376,300
조립—제조간접원가	175,900
총원가	$ 965,000

회사는 아래 나열된 순서대로 서비스 부문원가를 다른 부문에 배부한다.

부문	직원수	총노동시간	점유면적(평방피트)	직접노동시간	기계시간
공장관리	12	—	5,000	—	—
보관서비스	4	3,000	2,000	—	—
인사	5	5,000	3,000	—	—
유지관리	25	22,000	10,000	—	—
가공	40	30,000	70,000	20,000	70,000
조립	60	90,000	20,000	80,000	10,000
	146	150,000	110,000	100,000	80,000

가공과 조립은 운영 부문이며, 다른 부문은 서비스 부문이다. 공장관리 부문은 노동시간 기준, 보관서비스 부문은 점유면적(제곱피트) 기준, 인사 부문은 직원수 기준, 그리고 유지관리 부문은 기계시간 기준으로 배부한다.

요구사항:

1. 단계배부법을 이용하여 서비스 부문의 원가를 소비 부문에 배부하라. 그런 다음 가공 부문은 기계시간을 기준으로 조립 부문은 직접노동시간을 기준으로 운영 부문의 제조간접원가 예정배부율을 계산하라.
2. 직접배부법을 이용하여 위의 요구사항 (1)에 대해 답하라.
3. 회사는 서비스 부문 원가를 배부하지 않고 총제조간접원가를 총직접노동시간으로 나누는 공장전체 제조간접원가배부율 사용한다고 가정한다. 공장전체 제조간접원가배부율을 계산하라.

4. 작업에 필요한 기계 및 노동시간이 다음과 같다.

	기계시간	직접노동시간
가공 부문	190	25
조립 부문	10	75
총시간	200	100

요구사항 (1), (2) 및 (3)의 제조간접원가배부율을 이용하여 당해 작업에 배부될 제조간접원가를 계산하라.

문제 15 부문 손익계산서; 공헌이익률; 활동기준원가계산 [학습목표 5-3, 6-4, 7-4]

Diversified Prodicts사는 최근에 요리책, 여행 가이드, 편리한 철자 등 3권의 책을 판매하는 작은 출판사를 인수했다. 각 책은 $10에 판매된다. 출판사의 최근 월간 손익계산서는 다음과 같다.

		제품 라인		
	합계	요리책	여행 가이드	편리한 철자책
매출액	$ 300,000	$ 90,000	$ 150,000	$ 60,000
비용:				
인쇄비	102,000	27,000	63,000	12,000
광고비	36,000	13,500	19,500	3,000
일반판매비	18,000	5,400	9,000	3,600
급여	33,000	18,000	9,000	6,000
감가상각비—장비	9,000	3,000	3,000	3,000
판매수수료	30,000	9,000	15,000	6,000
일반관리비	42,000	14,000	14,000	14,000
창고 임대료	12,000	3,600	6,000	2,400
감가상각비—사무실	3,000	1,000	1,000	1,000
총비용	285,000	94,500	139,500	51,000
순영업이익	$ 15,000	$ (4,500)	$ 10,500	$ 9,000

추가정보는 다음과 같다.

a. 인쇄비와 판매수수료는 변동비이고, 나머지 모든 비용은 고정비이다. 인쇄비(재료비, 노무비 및 변동제조간접비 포함)는 위의 손익계산서에 제시된 3가지 제품라인에 따라 추적가능하다. 판매수수료는 매출액의 10%이다.

b. 동일한 장비가 3권의 책을 생산하는데 모두 사용되므로 장비 감가상각비는 3가지 제품라인에 균등하게 배부되었다. 회사 활동을 분석한 결과 요리책 제작에 30%, 여행가이드 제작에 50%, 편리한 철자책 제작에 20%의 장비를 사용한 것으로 나타났다.

c. 창고는 완제품을 보관하는 데 사용되기 때문에 임대료는 매출액 기준으로 제품라인에 배부되었다. 창고 임대료는 1평방피트당 연간 $3이다. 창고는 48,000 평방피트의 공간이있으며, 이 중 7,200 평방피트는 요리책 라인이 사용하고, 24,000 평방피트는 여행가이드 라인이 사용하며, 16,800 평방

피트는 편리한 철자책 라인이 사용된다.

d. 위의 일반판매비에는 판매관리자의 급여 및 특정 제품 라인으로 추적할 수 없는 기타판매비가 포함된다. 이 비용은 매출액 기준으로 제품라인에 배부되었다.

e. 일반관리비와 사무실 감가상각비는 모두 회사 전체의 관리와 관련이 있다. 이러한 비용은 3가지 제품라인에 동일하게 배부되었다.

f. 기타 모든 원가는 위의 손익계산서에 제시된 금액으로 3개의 제품라인으로 추적이 가능하다.

Diversified Products사의 경영진은 출판사의 매출총이익률을 5% 높이기 위해 노력하고 있다.

요구사항:

1. 당월의 새로운 공헌이익 부문 손익계산서를 작성하라. 제공된 추가정보대로 장비 감가상각비와 창고 임대료 배부를 조정하라.
2. 문제에 제시된 부문 손익계산서를 기반으로 이익을 돌려주지 않기 때문에 경영진은 요리책을 없애고, 모든 가용자원을 여행가이드 홍보에 집중할 계획이다. 당신이 작성한 새로운 공헌이익 부문 손익계산서에 따라 답하라.
   a. 요리책을 없애는 경영진의 계획에 동의하는가? 설명하라.
   b. 여행가이드 홍보에 모든 가용자원을 집중하는 결정에 동의하는가? 3가지 제품라인 모두에 대해 충분한 시장이 존재한다고 가정한다.(힌트: 각 제품의 공헌이익률을 계산하라.)

문제 16 종합예산 [학습목표 8-2, 8-3, 8-4, 8-5, 8-6, 8-7, 8-8, 8-9, 8-10]

Endless Mountain Company사는 아웃도어 레크리에이션 매니아들에게 인기 있는 단일의 제품을 생산한다. 이 회사는 미국 북동부 지역의 소매업체에게 제품을 판매한다. 2022년 종합예산을 작성 중이며, 2021년 12월 31일 현재 재무상태표는 다음과 같다.

	A	B	C
1	Endless Mountain사		
2	재무상태표		
3	2021. 12. 31		
4			
5	자산		
6	유동자산:		
7	현금	$ 46,200	
8	매출채권	260,000	
9	원재료 재고(4,500 야드)	11,250	
10	완성품 재고(1,500 단위)	32,250	
11	총유동자산		$ 349,700
12	공장 및 장비:		
13	건물 및 장비	$ 900,000	
14	감가상각누계액	(292,000)	
15	공장 및 장비(순액)		608,000
16	총자산		$ 957,700
17			
18	부채 및 자본		
19	유동부채:		
20	매입채무		$ 158,000
21	자본:		
22	보통주 자본금	$ 419,800	
23	이익잉여금	(379,900)	
24	총자본		799,700
25	총부채 및 총자본		$ 957,700
26			

Beginning | 도표 7A ...

1. 회사의 최고재무책임자(CFO)는 조직 전체에 걸쳐 다양한 관리자와 협의하여 2022년 예산편성을 지원하기 위해 다음과 같은 가정을 개발하였다.
2. 예산 판매량은 1~4분기에 각각 12,000단위, 37,000단위, 15,000단위, 25,000단위이다. 회사는 2분기와 4분기에 최고 판매를 달성했다. 연간 예산 판매가격은 단위당 $32이다. 2023년 1분기 예산 판매량은 13,000단위이다.
3. 모든 판매는 신용판매이다. 회수할 수 없는 채권은 무시한다. 모든 신용판매의 75%는 판매한 분기에 회수되고 25%는 판매 다음 분기에 회수된다.
4. 각 분기 말 완성품 재고는 다음 분기 판매량의 15%를 유지하여야 한다.
5. 완성품 한 단위당 3.5야드의 원재료가 필요하며, 가격은 야드당 $3이다. 각 분기 말 원재료 재고는 다음 분기의 생산 필요량의 10%를 유지하여야 한다. 2022년 12월 31일 예상 기말 원재료 재고는 5,000야드이다.
6. 각 분기 구입액의 70%를 구매한 분기에 지불하고, 나머지 30%는 다음 분기에 지불한다.
7. 직접노무원가는 시간당 $18이며, 완성품 한 단위당 0.25시간의 직접노동시간이 필요하다. 모든 직접노무원가는 발생한 분기에 지급된다. 직접노동시간당 예산 변동제조간접원가는 $3이다. 분기별 고정제조간접원가는 장비 감가상각비 $20,000를 포함하여 $150,000이다. 직접노동시간은 예산 공장전체 제조간접원가 배부기준으로 사용된다. 모든 제조간접원가(감가상각비 제외)는 발생한 분기에 지급된다.
8. 예산 변동판매관리비는 판매 단위당 $1.25이다. 분기별 고정판매관리비는 광고($25,000), 임원 급여($64,000), 보험($12,000), 재산세($8,000) 및 감가상각비($8,000)가 포함된다. 모든 판매관리비(감가상각비 제외)는 발생한 분기에 지급된다.
9. 회사는 매 분기 말에 $30,000의 최소 현금잔액을 유지할 계획이다. 차입금은 분기 첫날에 발생한다고 가정한다. 회사는 가능한 한 4분기 말에 차입금에 대한 원금과 이자를 상환한다. 그 회사의 대출자는 모든 대출금에 대해 분기당 3%의 단순 금리를 부과한다.
10. 매 분기마다 $15,000의 배당금이 선언되고 지급된다.
11. 회사는 후입선출법 원가흐름 가정을 사용한다. 이는 가장 최근에 구입한 원재료가 생산에 '선출'되고, 가장 최근에 완성된 제품이 고객에게 '선출'된다는 뜻이다.

요구사항:

회사의 CFO는 2022년 종합예산을 준비하기 위해 Microsoft Excel을 사용하도록 요청했다. Excel 파일에는 2021년 12월 31일, 재무상태표, 예산가정을 요약한 탭, 다음 예산계획 및 재무제표에 해당하는 탭이 포함되어야 한다.

1. 분기별 판매예산(예상 현금회수 계획 포함)
2. 분기별 생산예산
3. 분기별 직접재료비예산(예상 현금지출 계획 포함)
4. 분기별 직접노무비예산
5. 분기별 제조간접비예산
6. 2022년 12월 31일 기말 완성품 재고예산
7. 분기별 판매관리비예산
8. 분기별 현금예산

9. 2022년 12월 31일에 종료되는 당해 연도 손익계산서
10. 2022년 12월 31일 재무상태표

문제 17 현금흐름표 [학습목표 15-1, 15-2]

문제 16에서 제공하는 Endless Mountain Company사의 관련 정보를 참조하라. 문제 16에서 준비한 예산 계획 외에도 Microsoft Excel 워크시트에 "현금흐름표"라는 새 탭을 삽입하라.

요구사항:

1. 간접법을 사용하여 Endless Mountain Company사의 2022년 예상 영업활동에서 창출된 순현금을 계산하라.
2. 2022년 12월 31일로 종료되는 연도의 예산 현금흐름표를 작성하라.

문제 18 재무제표 비율분석 [학습목표 16-2, 16-3, 16-4, 16-5]

문제 16에서 제공하는 Endless Mountain Company사의 관련 정보를 참조하라. 문제 16에서 준비한 예산 계획 외에도 Microsoft Excel 워크시트에 "비율 분석"이라는 새 탭을 삽입하라.

요구사항:

(모든 질문에 대해 계산을 할 때 Microsoft Excel 워크시트의 다른 탭으로 연결되는 수식을 사용하라.)

1. 회사의 유동성을 평가하기 위해 2022년 12월 31일에 다음을 계산하라.
   a. 운전자본
   b. 유동비율
2. 회사의 자산관리를 평가하기 위해 2022년에 대해 다음을 계산하라.
   a. 매출채권 회전율
   b. 평균회수기간
   c. 재고자산 회전율
   d. 평균판매기간
   e. 영업주기
3. 회사의 부채관리를 평가하기 위해 2022년에 대해 다음을 계산하라.
   a. 이자보상비율
   b. 자본승수
4. 회사의 수익성을 평가하기 위해 2022년에 대해 다음을 계산하라.
   a. 순매출총이익률
   b. 자본이익률
5. 요구사항 1에서 4까지 계산한 각 측정치와 비율에 대해 일반적으로 경영진이 증가 또는 감소를 선호하는지 여부를 표시하라.(각 답변에 근거를 설명하라.)

문제 19 원가-조업도-이익분석, 변동원가계산 [학습목표 1-4, 5-1, 5-5, 5-7, 5-8, 6-1, 6-2, 6-3]

문제 16에서 제공하는 Endless Mountain Company사의 관련 정보를 참조하라. 문제 16에서 준비한 예산 일정 외에도 Microsoft Excel 워크시트에 "CVP 분석" 및 "변동원가계산"이라는 2개의 새 탭을 삽입하라.

요구사항:

(모든 질문에 대해 계산을 할 때 Microsoft Excel 워크시트의 다른 탭으로 연결되는 수식을 사용하라.)

1. 2022년에 대한 다음 예산 수치를 계산하라.
   a. 총고정비
   b. 판매 단위당 변동비
   c. 판매 단위당 공헌이익
   d. 손익분기점 판매량과 매출액
   e. 안전한계
   f. 영업레버리지도
2. 2022년에 대해 다음 예산 수치를 계산하라.
   a. 변동원가계산 손익계산서(영업이익까지 나타내라.)
   b. 전부원가계산과 변동원가계산 손익계산서의 영업이익 차이를 설명하는 조정

문제 20 종합예산, 현금흐름표, 비율분석, 원가-조업도-이익분석, 변동원가계산

[학습목표 5-5, 6-2, 8-5, 8-6, 8-8, 8-9, 8-10, 15-2, 16-3]

문제 16에서 제공하는 Endless Mountain Company사의 관련 정보와 문제 16에서 19까지의 요구사항에서 작성한 내용을 참조하라.

요구사항:

1. 회사가 판매한 분기에 신용판매의 75%를 회수하고 다음 분기에 나머지 25%를 회수할 것이라는 가정 대신 판매한 분기에 모든 신용판매를 회수할 것으로 가정한다. 예산가정 탭에서 기본가정을 변경하지 않고 2022년 예산과 관련하여 다음의 수정된 수치를 계산하라.
   a. 순이익(전부원가 기준)
   b. 매출채권회전율
   c. 영업활동에서 창출된 순현금
2. Microsoft Excel 워크시트의 예산가정 탭으로 이동한다. 판매한 분기에 수집된 판매비율을 100%로 변경하고 판매 후 분기에 수집된 판매비율을 0%로 변경한다. 1a~1c의 요구사항 답변이 Excel 워크시트에 나타나는 숫자와 일치하는가? 그렇지 않다면 그 이유는 무엇인가?

3. 문제 16의 본래 예산가정을 참조하라. 회사가 당초 예상했던 시간당 $18가 아닌 $19를 직접근로자에게 지급할 것으로 가정하라. 예산가정 탭에서 기본가정을 변경하지 않고 2022년 예산과 관련된 다음의 수정된 수치를 계산하라.
   a. 2022년 12월 31일 시점 기말 완성품 재고
   b. 손익분기점 판매량과 매출액
   c. 변동원가계산 영업이익

4. Microsoft Excel 워크시트의 예산가정 탭으로 이동한다. 시간당 직접노무비를 $18에서 $19로 변경한다. 3a~3c의 요구사항 답변이 Excel 워크시트에 나타나는 숫자와 일치하는가? 그렇지 않다면 그 이유는 무엇인가?

찾아보기 Index

ㄱ

ㄴ

ㄷ

ㄹ

ㅁ

ㅂ

ㅈ

ㅊ

ㅌ

ㅍ

ㅎ